קובץ מפרשים

סנהדרין דף ע"ב. – ע"ה.

סוגיא דבא במחתרת ורודף

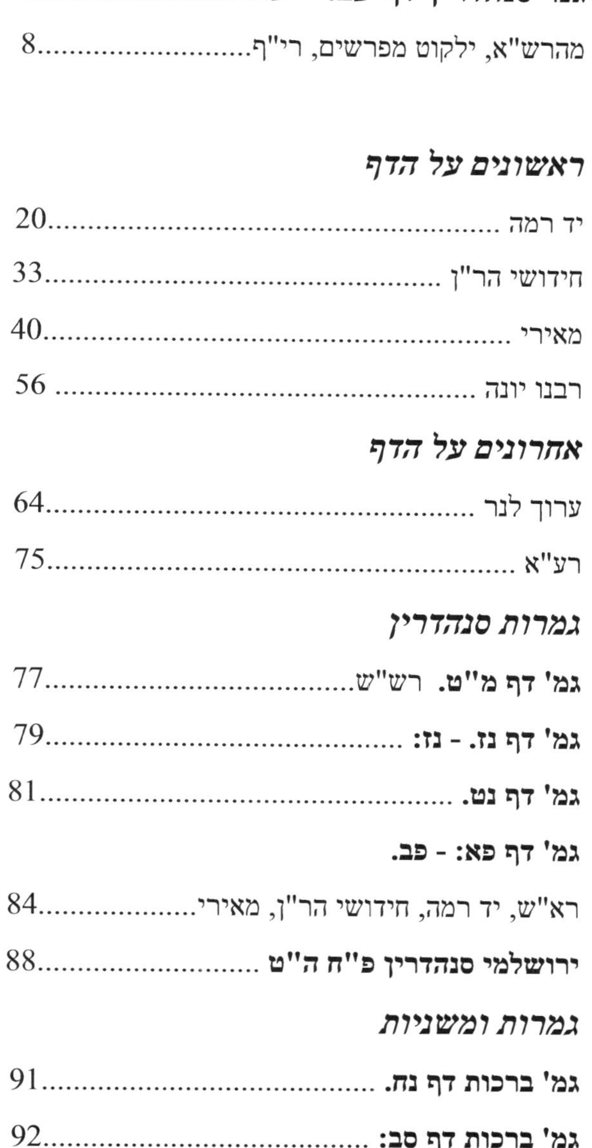

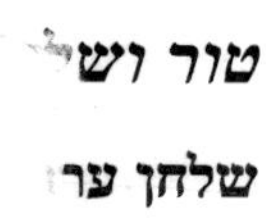

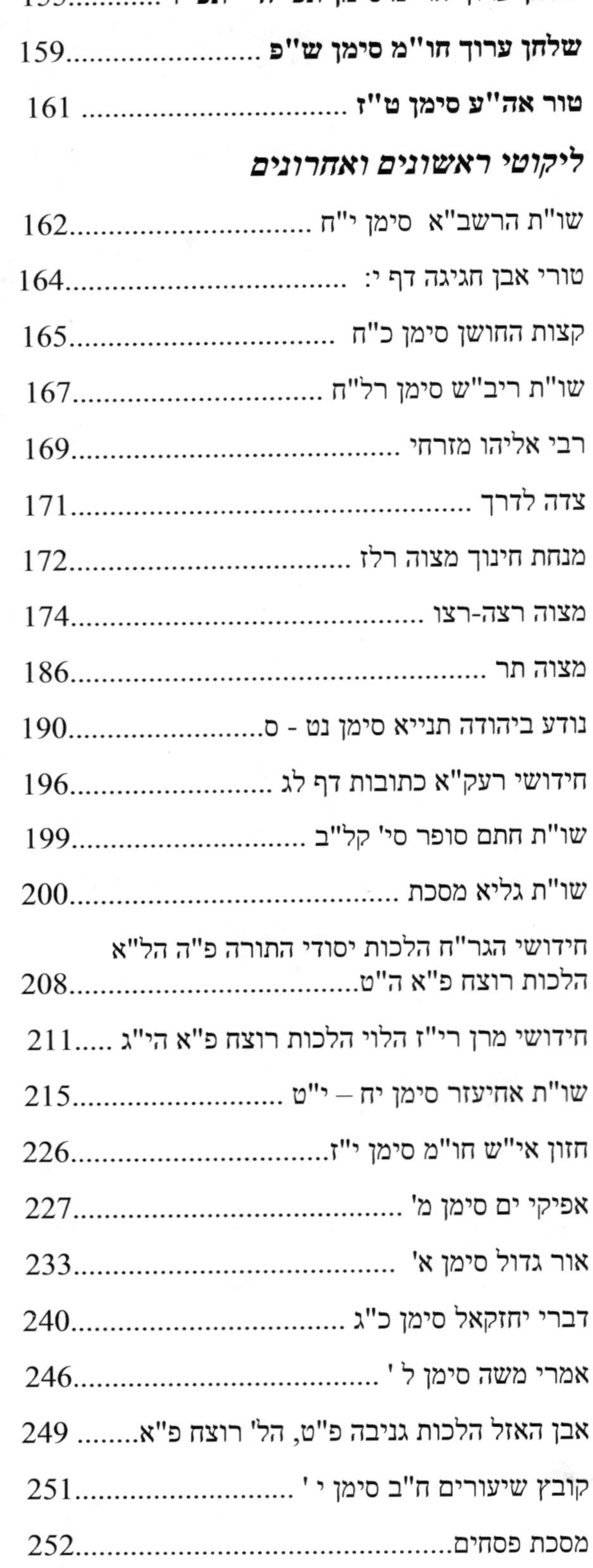

ליקוטי ראשונים ואחרונים

ישיבה דסנאו לייק

7322795412

גמ' תניא רבי יוסי הגלילי אומר וכי מפני שאכל זה תרטימר בשר ושתה חצי לוג יין האיטלקי אמרה תורה יצא לבית דין ליסקל אלא הגיעה תורה לסוף דעתו של בן סורר ומורה שסוף מגמר נכסי אביו ומבקש למודו ואינו מוצא ויוצא לפרשת דרכים ומלסטם את הבריות אמרה תורה ימות זכאי ואל ימות חייב שמיתתן של רשעים הנאה להם והנאה לעולם ולצדיקים רע להם ורע לעולם שינה ויין[א] לרשעים הנאה להם והנאה לעולם לצדיקים רע להם ורע לעולם שקט לרשעים רע להם ורע לעולם ולצדיקים הנאה להם והנאה לעולם פיזור לרשעים הנאה להם והנאה לעולם ולצדיקים רע להם ורע לעולם[ב]: **מתני'** [א]הבא במחתרת נידון על שם סופו [ב]היה בא במחתרת ושבר את החבית אם יש לו דמים חייב אם אין לו דמים פטור: **גמ'** [ג]אמר רבא מאי טעמא דמחתרת [ד]חזקה אין אדם מעמיד עצמו על ממונו והאי מימר אמר אי אזילנא קאי לאפאי ולא שביק לי ואי קאי לאפאי קטילנא ליה [ה]והתורה אמרה אם בא להורגך השכם להורגו אמר רב [ו]הבא במחתרת ונטל כלים ויצא פטור מאי טעמא בדמים קננהו [א] [ז]אמר רבא[ג] [ח]מסתברא מילתיה דרב בששיבר דליתנהו אבל נטל לא והאלהים אמר רב אפילו נטל דהא יש לו דמים ונאנסו חייב אלמא ברשותיה קיימי הכא נמי ברשותיה קיימי ולא היא כי אוקמינא רחמנא ברשותיה לענין אונסין אבל לענין מקנא ברשותיה דמרייהו קיימי מידי דהוה אשואל תנן[ד] בא במחתרת ושיבר את החבית יש לו דמים חייב אין לו דמים פטור טעמא דשיבר דכי אין לו דמים פטור הא נטל לא הוא הדין דאפילו נטל נמי והא דקא תני שבר את החבית קמ"ל דכי יש לו דמים אע"ג דשיבר נמי חייב פשיטא מזיק הוא הא קמ"ל דאפילו שלא בכוונה מאי קמ"ל אדם מועד לעולם תנינא [ז]אדם מועד לעולם בין בשוגג בין במזיד בין באונס [ח]בין ברצון קשיא מתיב רב ביבי בר אביי [ט]הגונב כיס בשבת חייב שהרי נתחייב בגניבה קודם שיבא לידי איסור שבת היה מגרר ויוצא[ה] פטור שהרי איסור גנבה ואיסור סקילה באין כאחד [י]והלכתא דשדנהו בנהרא רבא איגנבו ליה דיכרי במחתרתא אהדרינהו ניהליה ולא קבלינהו אמר הואיל ונפק מפומיה דרב ת"ר [א]אין לו דמים אם זרחה השמש עליו וכי השמש עליו בלבד זרחה אלא אם ברור לך הדבר כשמש שאין לו שלום עמך הרגהו ואם לאו אל תהרגהו תניא אידך אם זרחה השמש עליו דמים לו וכי השמש עליו בלבד זרחה [ח]אלא אם ברור לך כשמש שיש לו שלום עמך אל תהרגהו ואם לאו הרגהו קשיא סתמא אסתמא לא קשיא כאן

רש"י

גמ' מגמר. מכלה: **למודו.** מה שהורגל בבשר ויין: [ו] **שקט לצדיקים** הנייה להם והנייה לעולם. שיש להם פנאי לעסוק בתורה ובמצות: **מתני' הבא במחתרת.** שאמרה תורה יהרג: **נידון על שם סופו.** דהא לא קטל ומקטיל משום דסופו להרוג בעל הבית כשיעמוד כנגדו להציל ממונו: **יש לו דמים חייב.** אם אינו ראוי ליהרג כגון אב על הבן דתניא לקמן דאין הבן רשאי להרוג את אביו הבא עליו במחתרת משום דרחמי האב על הבן ולא בא על עסקי נפשות ואי הוה קאי בריה לאפיה להציל ממונו אין בדעתו של אביו להורגו: [ז] **חייב.** לשלם החבית כשאר מזיק: **אין לו דמים.** כגון שאר כל האדם שניתן רשות לבעל הבית להורגו פטור מלשלם דחיוב מיתה וחיוב תשלומין באין כאחד ואע"פ שניצל פטור מן התשלומין דקי"ל (כתובות דף לה.) חייבי מיתות שוגגין כגון שלא התרו בהן אין משלמין ממון שעם המיתה אע"פ שאין נהרגין: **גמ' מאי טעמא דמחתרת.** שאמרה תורה אין לו דמים כלומר הרי הוא לך כמי שאין לו דם ונשמה ומותר להורגו: **חזקה אין אדם מעמיד עצמו על ממונו.** שרואה שאחר נוטלו ושותק הלכך ידע הגנב הזה שבעל הבית עומד על ממונו להצילו ומימר אמר הגנב אי אזילנא לגביה קאי באפאי ואי קאי קטילנא ליה ואמרה לך תורה אין לו דמים ומלמדתך מאחר שהוא בא להרגך השכם אתה להרגו: **הבא במחתרת.** חתר את הבית ממש: **פטור.** מלהחזירם אע"פ שהם קיימין: **בדמים קננהו.** בדמי נפשו קנאן הואיל ונתחייב מיתה בלקיחתם: **מסתברא.** מילתא דרב דפטור בששבר בין עכשיו בין לאחר זמן דליתנהו ותשלומין מדידיה לא מצינן לחיוביה במקום מיתה: **אבל נטל לא.** מסתברא בהא מילתא דרב דפטר[פ] בה דכיון דקיימין הן כל היכא דאיתנהו דמרייהו ניהו ואין זה חייב בתשלומין דפקדון בעלמא ניהו גביה: **והאלהים.** שבועה אמר רב דפטור ואפי' איתנהו וטעמא מהכא דהאי[ט] אם יש לו דמים כגון אב על הבן דמודה בהו רב דלא קנה וחייב להחזיר אחרי כן אמרינן דאפילו נאנסו מיניה משבאו לרשותו חייב להחזיר דמיהן אלמא לא אמרינן פקדון הוו גביה ואבדו לבעלים אלא אמרינן ברשותו הן ואבדו לו הכא נמי לענין אין לו דמים אע"פ דאיתנהו אמרינן לאו פקדון ניהו אלא ברשותו ובאחריותו קיימי וכי גבו להו בי דינא מיניה יש כאן תשלומין עם חיוב מיתה כאילו גובין משאר נכסים[י]: **ולא היא.** מסקנא דמילתא דרבא[ק] הוא ולא היא לא מסתברא טעמא דרב בהא דאע"ג דהיכא דיש לו דמים חייבין באחריותו[ו] לאו קנין הן לו להיות כשאר נכסיו דכי אוקמיה רחמנא ברשותיה וחייב את הגזלנין לשלם ה"מ לענין שלומי דלא מצי למימר ליה נאנסו דאשכחן בשומרין דחייב הכתוב לישבע אם לא שלח יד במלאכת רעהו הא שלח אע"ג דטעין מת או נשבר דהיינו אונס חייב דנעשה עליה גזלן בשליחות יד: **אבל לענין מקנא.** לא קני אם קיימין הן אצלו והוא היה בא לעכבו[מ] ולומר דמים אני מחזיר לך לא קני ומהדר להו בעינייהו דכתיב (ויקרא ה) והשיב את הגזלה והאי דכי נאנסו מחזיר דמים ולא מצי אמר ליה נאנסו ומיפטר משום שואל דמשום דכל הנאה שלו[י] אוקמינהו רחמנא ברשותו לשלומי אם נאנס דכל[י] כמה דקיימא הדרא בעינא הא נמי כל הנאה שלו ומיחייב לשלומי: **מועד לעולם.** אפילו שלא בכונה: **קשיא.** קשיא מתניתין לתרוצה אליבא דרב ימ"מ תיובתא לא הוי דלאו בהדיא קתני לה נטל חייב ואיכא לשנויי בדוחקא כדשנין דמשום רישא נקט שבר והיינו דאיכא בין קושיא לתיובתא: **מתיב רב ביבי.** לרבא[פ] פריך דאמר נטל דאיתנהו חייב: **הגונב כיס בשבת.** שהגביהו וקנאו בהגבהה חייב להחזיר ואע"ג שהוציאו אח"כ לרה"ר ונתחייב בהוצאתו מיתה: **שהרי נתחייב בגניבה קודם שיבא לידי איסור שבת.** ובשביל חיוב מיתה הבא עליו לאחר מכן אינו נפטר מן התשלומין: **היה מגרר ויוצא.** שלא הגביהו ולא קנאו בתוך הבית אבל כשיוצא לרה"ר קנאו בשנוי רשות שהוציאו מרשות הבעלים וכירף ידו למטה משלשה וקבלה בידו דידו חשובה לו כארבעה על ארבעה והרי הוא לו כאגדו ואע"פ שאין כאן הגבהה והכי מוקים לה בכתובות: **פטור מתשלומין.** אלמא אע"פ שהכיס והמעות קיימין אמרינן בדמי קננהו ולא מפקינן ליה מיניה ותיובתא דרבא דאמר נטל לא: **והלכתא.** הא דקתני פטור כגון דשדנהו בנהרא דליתנהו: **דכרי.** אילים: **אהדרינהו ניהליה.** הגנבים: ה"ג[ע] **ת"ר אין לו דמים אם זרחה וגו' אלא אם ברור לך הדבר כשמש שאין לו שלום עמך הרגהו וכו'.** אין לו דמים וסמיך ליה אם זרחה השמש ודרשינן סמוכין אימתי מותר להורגו בזמן שהשמש זרחה עליו כלומר שברור לך שלהרגך בא אם תעמוד כנגדו אבל מספק אל תהרגהו: **ותניא אידך אם זרחה השמש עליו דמים לו.** אימתי אסור להרגהו בזמן שזרחה השמש עליו כלומר שברור הדבר לך כאור שהוא רחמני עליך ואפילו אתה עומד כנגדו להציל ממונך מידו לא יהרגך ואם לאו שספקא הוא לך הרגהו קשיין אהדדי: באב

תוספות

מסתברא מילתיה דרב בששיבר. ואם תאמר מאי קמ"ל תנינא ושיבר את החבית פטור ויש לומר אי ממתני' ה"א שיבר בעודו במחתרת קמ"ל רב[פ] אפילו שיבר אחר כך: **אפילו** נטל. תימה הא תנן במרובה (ב"ק דף סב:) אין הגונב אחר הגנב משלם תשלומי כפל פירוש כדדרשינן[ס] וגונב מבית האיש ולא מבית הגנב ואמר רב בגמרא[ט] לא שנו אלא לפני יאוש אבל לאחר יאוש קנאו גנב ראשון וגנב שני משלם תשלומי כפל לגנב ראשון אלמא קודם יאוש לא קני ויש לומר דהתם בגנב מגנו אלירו וקרפיפו דלאו בר קטלא הוא דבעי התראה אבל הכא במחתרת דמחתרתו זו היא התראתו כדלקמן[י]: **לא** קבלינהו הואיל ונפק מפומיה דרב. תימה הא מיחייב לצאת ידי שמים כדאמר בפ' הפועלים (ב"מ דף צא. ושם) גבי החוסם פרה ודש בה (ואתנן[ל]) אסרה תורה אפילו בא על אמו ויש לומר דכאן [*]לא היו רוצים להחזיר אא"כ יתחייבו בדיני אדם: כאן

עין משפט נר מצוה

לג א מיי' פ"ט מהל' גניבה הלכה ט סמג לאוין קנ טוש"ע ח"מ סי' תכה סעיף א בהג"ה:
לד ב מיי' שם הלכה יג:
לה ג מיי' שם הלכה ט:
לו ד מיי' שם הלכה יג במגיד משנה:
לז ה מיי' פ"א מהל' חובל הלכה יא ופ"ו הלכה א סמג עשין ע' טוש"ע ח"מ סי' שעח סעיף א וסי' תכא סעיף ג:
לח ו ז מיי' פ"ג מהל' גניבה הלכה ג:
לט ח מיי' פ"ט מהל' גניבה הלכה ז ובהשגת ראב"ד במ"מ סמג לאוין קט טוש"ע ח"מ סי' תכה סעיף א בהג"ה:

ליקוטי רש"י

הבא במחתרת. מה שנתנה לך תורה רשות על הבא במחתרת להורגו כדכתיב (שמות כב) אם במחתרת ימצא הגנב והוכה ומת [פסחים ב:]. **אין אדם מעמיד עצמו.** ורואה שנוטלין ממונו בפניו ושותק לפיכך על מנת כן בא שאם יעמוד בעל הממון כנגדו יהרגנו [שמות כב, א]. מלהציל את ממונו מיד גנב והאי גנב דאתי במחתרת מידע ידע דקאי בעל הבית באפיה ולדעתא דהכי אתא דמימר אמר כי קאי לאפאי קטילנא ליה ואין זה ספק נפשות אלא ודאי נפשות והתורה אמרה לו כאן אחרי שבא להורגך השכם להורגו [יומא פה:]. **והתורה אמרה אם בא להורגך השכם להורגו.** לפי שבא על עסקי נפשות שידע הוא שאם (ימצא) תמצאנו הותר לא תעמיד עצמך מלהציל ממונך והוא בא לדעת כן שיקום עליך ויהרגך אמרה תורה השכם אתה והרגהו [ברכות נח.]. **בדמים קננהו.** דהבא במחתרת בר מיתה הוא כדכתיב אם במחתרת ימצא הגנב וגו' [ב"ק קיד:]. **אדם מועד לעולם.** שוגג ומזיד אונס ורצון דנפקא לן בב"ק (כו:) פצע תחת פצע לחייב על השוגג כמזיד ואונס כרצון [ב"מ קיח:]. **הגונב כיס בשבת.** הגביהו ברשות הבעלים והוציאו לרה"ר [כתובות לא.]. **חייב.** בתשלומין ואע"פ שנדון בנפשו שכבר נתחייב בגניבה בשעה שהגביה הכיס בבית הבעלים [שבת צא:]. בתשלומין אף על פי שנהרג [כתובות שם]. בתשלומין דליכא למימר קם ליה בדרבה מיניה דליכא הכא שתי רשעיות כאחד [רשב"ם ב"ב פו.]. **שהרי נתחייב בגניבה.** לשלם דהגבהה קונה בכל מקום וקמה לה ברשותיה אף להתחייב באונסים [כתובות שם]. משעת הגבהה דהגבהה בכל מקום קונה ואיסור שבת ליכא עד שעת הוצאה [רשב"ם ב"ב שם]. **היה מגרר ויוצא.** שלא קנאה בהגבהה אלא בהוצאה מבית הבעלים [שבת שם]. שלא הגביהו ברשות הבעלים ולא קנאו אלא בהוצאה מרשות הבעלים פטור שאיסור שבת כו' [כתובות שם]. היה מגרר בקרקע והגבהה ליכא ולא קני ליה אלא בשינוי רשות שימשכנה לרשותו. **פטור.** מן התשלומין דקם ליה בדרבה מיניה וכתיב כדי רשעתו (דברים כה) משום רשעה אחת אתה מחייבו ואי אתה מחייבו משום שתי רשעיות [רשב"ם ב"ב שם]. **שהרי איסור גניבה בו'.** ובכתובות פריך אי דאפקיה לרה"ר גניבה ליכא דרשות הרבים לאו מקום קנייה היא ומוקי לה בגלדי רה"ר אי נמי שלירוף ידו למטה מג' וקבלה [שבת שם]. דבשעת הוצאה סוף קנייה ונתחייב בסקילה ובכתובות בפרק אלו נערות פרכינן דמשכיה להיכא אי לרשות הרבים איסור שבת איכא איסור גניבה ליכא ומוקמינן לה כשלירף ידו למטה מג' וקבלה וידו של אדם חשובה לו כד' על ד' וקמא ליה ולא בטלה לגבי רה"ר לגבי קנייה ויש כאן [איסור] שבת וגניבה באין כאחד והך קנייה לאו משום הגבהה היא אלא משיכה לתוך ידו שהרי ידו סמוכה בתוך ג' לקרקע ואית דמוקי ליה התם בגלדי רשות הרבים דלענין גניבה מיקנא קני ולענין שבת הוי רשות הרבים כרבי אליעזר [רשב"ם ב"ב שם]. **אין לו דמים.** אין זו רציחה הרי הוא כמת מעיקרו [שמות שם]. **וכי השמש עליו בלבד זרחה אלא וכו'.** אין זה אלא כמין משל. אם ברור לך הדבר שיש לו שלום עמך כשמש הזה שהוא שלום בעולם כך פשוט לך שאינו בא להרוג אפילו יעמוד בעל הממון כנגדו כגון אב הסותר לגנוב ממון הבן בידוע שרחמי האב על הבן ואינו בא על עסקי נפשות. **אל תהרגהו.** דמים לו, כחי הוא חשוב ורציחה היא אם יהרגנו בעל הבית [שם, ב].

מסורת הש"ס עם הוספות

א) יומא פה:, ב) [ברכות נח. ודף סב:], ג) [ב"ק קיד:], ד) משנה ב"ק כו. ע"ש, שם ג. ע"ש, ה) [עי' תוס' יבמות נג: ד"ה הבא על וכו'], ו) כתובות לא. ב"ב פו. שבת לא: [תוספתא ב"ק פ"ט], ז) ירושלמי רפ"ח דשבועות ועי' ב"מ צד:, ח) [שם סט:], ט) [שם סז:], י) ע"ב.

גליון הש"ס

גמ' **אמר רבא מסתברא.** כעין זה כתובות קב ע"ב גיטין יג ע"ב: **תוס' ד"ה לא וכו'. לא היו רוצים להחזיר.** עי' טורי אבן חגיגה באבני שהם דף י ע"א ד"ה נפש:

הגהות מהר"ב רנשבורג

א] **גמ' אמר רבא מסתברא מלתא דרב.** נ"ב עי' כתובות לד: תוס' ד"ה אבל וגרסתם היה כאן אמר רבה וכו' ומתמיהה על הגאון מהרש"א פיק שלא ציין עליהם גש"ס הקדשים:

תורה אור השלם

א) אִם בַּמַּחְתֶּרֶת יִמָּצֵא הַגַּנָּב וְהֻכָּה וָמֵת אֵין לוֹ דָּמִים: אִם זָרְחָה הַשֶּׁמֶשׁ עָלָיו דָּמִים לוֹ שַׁלֵּם יְשַׁלֵּם אִם אֵין לוֹ וְנִמְכַּר בִּגְנֵבָתוֹ: [שמות כב, א-ב]

הגהות וציונים

א] צ"ל יין ושינה (כ"ה בכת"י וכמו לעיל במשנה, דק"ס): ב] יש להוסיף כינוס לרשעים רע להם ורע לעולם ולצדיקים הנאה להם והנאה לעולם (דבש תמר, וכ"ה בכת"י ובראשונים): ג] רבה רש"ל (גליון) וכ"ה בילקו"ש (ועי' הג' מהר"ב רנשבורג כאן בגליון): ד] בכת"י נוסף היה: ה] יש להוסיף מגרר ויוצא (כת"י ודפו"ר) וכ"ה בכתובות ובב"ב: ו] [דיבור זה שייך לעיל במשנה עא ע"ב] (גליון): ז] הד"א (מהרש"ל): ח] צ"ל פטר (מהרש"ל דפו"ר): ט] צ"ל דהא (גליון): י] צ"ל נכסיו (באה"מ): כ] צ"ל דרבה (מהרש"ל, עיין לעיל אות ג): ל] צ"ל חייב באחריותן (באה"מ): מ] צ"ל לעכבן (באה"מ): נ] צ"ל וכל (רש"ש): ס] צ"ל לרבה (מהרש"ל): ע] רש"י בא לאפוקי מהגירסא שביד רמ"ה ובילקו"ש שסדר הברייתות להיפך ת"ר אם זרחה וכו' שיש לו וכו' תניא אידך אין לו דמים וכו' שאין לו וכו' לא קשיא כאן בבן על האב כאן באב על הבן" (ולגירסא זו דריש קודם פשוטו של מקרא ואח"כ מסרס ליה) ורש"י הופך כלפנינו וכסדרא דקרא (דק"ס): פ] צ"ל רבא (ערל"נ עיי"ש): צ] [צ"ל אתנן] (גליון) וזהו הגירסא בדפו"ר והמהרש"ל הגיה כלפנינו, וכ"כ הרש"ש שהגהת הגליון היא ללא צורך (עיי"ש):

[א]כאן באב על הבן כאן בבן על האב אמר רב כל דאתי עלאי במחתרתא קטילנא ליה לבר מרב חנינא בר שילא מאי טעמא אילימא משום דצדיק הוא הא קאתי במחתרתא אלא משום דקים לי בגוויה דמרחם עלי כרחם אב על הבן תנו רבנן [א]דמים לו בין בחול בין בשבת [ב]אין לו דמים [ב]בין בחול בין בשבת בשלמא אין לו דמים בין בחול בין בשבת איצטריך סלקא דעתך אמינא מידי דהוה אהרוגי בית דין דבשבת לא קטלינן קמ"ל דקטלינן אלא דמים לו בין בחול בין בשבת השתא בחול לא קטלינן ליה בשבת מבעיא אמר רב ששת לא נצרכא [ג]אלא לפקח עליו את הגל תנו רבנן [ב]והוכה [א][ד]בכל אדם [ב]ומת [ה]בכל מיתה שאתה יכול להמיתו בשלמא והוכה בכל אדם איצטריך סד"א בעל הבית הוא דקים (להו[א]) דאין אדם מעמיד עצמו על ממונו אבל אחר לא קמ"ל[ב] דרודף הוא ואפילו אחר נמי אלא ומת בכל מיתה שאתה יכול להמיתו למה לי מרוצח נפקא [ג]דתניא [ג]מות יומת המכה רוצח הוא אין לי אלא במיתה האמורה בו ומנין שאם אי אתה יכול להמיתו במיתה הכתובה בו שאתה רשאי להמיתו בכל מיתה שאתה יכול להמיתו ת"ל מות יומת מ"מ שאני התם דאמר קרא מות יומת וניגמר מיניה משום דהוה רוצח וגואל הדם שני כתובין הבאין כאחד [ד]וכל שני כתובין הבאין כאחד אין מלמדין תנו רבנן [ה]מחתרת אין לי אלא מחתרת גגו חצירו וקרפיפו מנין ת"ל [ב]ימצא הגנב מ"מ אם כן מה ת"ל מחתרת [ו]מפני שרוב גנבים מצויין במחתרת תניא אידך מחתרת אין לי אלא מחתרת גגו חצירו וקרפיפו מנין תלמוד לומר ימצא הגנב מ"מ א"כ מה תלמוד לומר מחתרת [ז][ז]מחתרתו זו היא התראתו אמר רב הונא [ח]קטן הרודף ניתן להצילו בנפשו קסבר רודף אינו צריך התראה לא שנא גדול ולא שנא קטן איתיביה רב חסדא לרב הונא [ט]יצא ראשו[ג] אין נוגעין בו לפי שאין דוחין נפש מפני נפש ואמאי רודף הוא שאני התם דמשמיא קא רדפי לה נימא מסייעא ליה רודף שהיה רודף אחר חבירו להורגו אומר[ד] לו ראה שישראל הוא ובן ברית הוא והתורה אמרה [ד]שופך דם האדם באדם דמו ישפך אמרה תורה הצל דמו של זה בדמו של זה ההיא רבי יוסי ברבי יהודה היא [ה]דתניא רבי יוסי בר' יהודה אומר חבר אין צריך התראה לפי שלא ניתנה התראה אלא להבחין בין שוגג למזיד ת"ש רודף שהיה רודף אחר חבירו להורגו אמר לו ראה שישראל הוא ובן ברית הוא והתורה אמרה שופך דם האדם באדם דמו ישפך [י]אם אמר יודע אני שהוא כן פטור ע"מ כן אני עושה חייב לא צריכא דקאי בתרי עיברי דנהרא דלא מצי אצוליה מאי איכא דבעי איתויי לבי דינא בי דינא בעי התראה איבעית אימא אמר לך רב הונא אנא דאמרי כתנא דמחתרת דאמר מחתרתו זו היא התראתו:

מתני'

רש"י

אב הבא על הבן. במחתרת מספק אל יהרגהו בנו דודאי רחמי האב על בנו ואפילו הוא מציל ממונו לא יהרגהו הלכך דמים לו עד שיודע לך כשמש שהוא אכזרי עליך ושונאך: **בן על האב.** וכ"ש איניש דעלמא הרגהו מספק דודאי אדעתא דהכי אתא דאי קיימת ליה לאפיה קטיל לך עד שיודע לך כשמש שהוא רחמני עליך כאב על הבן: **דמים לו.** לשון רבים הוא להכי אתא לומר לך דבין בחול בין בשבת אסור לבן להרוג את אביו במחתרת שהרי לא בא על עסקי נפשות: **אין לו דמים.** לשון רבים דכתיב גבי איניש דעלמא להכי אתא לומר לך אין לו דמים לא בחול ולא בשבת והרגהו: **הרוגי בית דין בשבת לא קטלינן.** כדאמרינן בפרק אחד דיני ממונות (לעיל דף לה:) מלא תבערו אש בכל מושבותיכם: **קא משמע לן.** דקטלינן משום פקוח נפש דהאיך: **לפקח עליו את הגל.** אם כשהיה חותר נפל עליו (את[ס]) הגל מפקחין עליו היכא דלא בא על עסקי נפשות אבל אם בא על עסקי נפשות כיון דניתן להרגו בלא התראה גברא קטילא הוא משעת (סתירה[ו]): **והוכה בכל אדם.** אפילו אינו בעל הממון מותר להרגו מדלא כתיב והכהו: **בעה"ב.** הוא דמותר להרגו משום דלהאי גנב קים ליה בגוויה דבעה"ב אינו מעמיד עצמו על ממונו הלכך אדעתיה דלמקטליה אתא: **אבל שאר כל אדם לא.** שהרי גנב זה לא בא אלא על עסקי נפשות של זה: **קמ"ל.** דכיון דעל עסקי נפשות ישראל אתא רודף הוא וניתן להצילו לבעל הבית בנפשו של זה: **שאם אי אתה יכול להרגו בסייף.** כגון שהיה מכסף או שהיה לו נהר מפסיק ואתה יכול לירות בו חץ או אבן: **שני כתובין הבאין כאחד.** בפרק נגמר הדין[ז] דלא בעינן בהו קרא כדכתיב הלכך אי לא רבייה הוה אמינא ליבעי מיתה הכתובה בו כגון הכאה אבל לא לחונקו להטביעו במים: **ואין לי אלא מחתרת.** שחתר כותל: **גגו.** ועלה לו בסולם: **חצרו וקרפיפו.** ונכנס בו דרך הפתח שמצאו פתוח מנין: **ת"ל ימצא הגנב.** מדלא כתיב אם במחתרת ימצאנו וכתיב הגנב יתירה משמע בכל צדדין שיהא נראה לך גנב: **מצויין במחתרת.** כלומר מצויין ורגילין לחתור: **זו היא התראתו.** שא"צ התראה אחרת אלא הורגו מיד דכיון דטרח ומסר נפשיה לחתור אדעתא דהכי אתא דאי קאי לאפאי קטילנא ליה ואמרה תורה כיון דרודף הוא א"צ התראה אלא מצילין אותו בנפשו אבל נכנס לחצרו וגגו דרך הפתח אינו הורגו עד שיתרו[ח] בו בעדים חזי דקאימנא באפך וקטילנא לך וזה יקבל עליו התראה ויאמר יודע אני ועל מנת כן אני עושה שאם תעמוד לנגדי אהרוג אותך אבל בלא התראה לא דדילמא לאו אדעתא דנפשות קא אתי אלא דאשכח פתחא להדיא ועל אדעתא דאי קאי באפאי ליפוק: **קטן הרודף.** את קטן אחר להרגו: **ניתן להצילו בנפשו.** כדילפינן לקמן (דף עג.) רוצח ניתן להצילו בנפשו והאי אע"ג דקטן הוא ולאו בר קטולי התראה הוא לגבי רדיפה דינו כגדול: **קסבר.** רב הונא רודף אין צריך התראה לענין להצילו בנפשו דלא ניתנה התראה אלא לענין ב"ד דלא מצי למקטליה אם הרג בלא התראה: **יצא ראשו.** באשה המקשה לילד ומסוכנת וקתני רישא החיה פושטת ידה וחותכתו ומוציאתו לאברים דכל זמן שלא יצא לאויר העולם לאו נפש הוא וניתן להורגו ולהציל את אמו אבל יצא ראשו אין נוגעים בו להורגו דהוה ליה כילוד ואין דוחין נפש מפני נפש ואם תאמר מעשה דשבע בן בכרי (שמואל ב כ) הנה ראשו מושלך אליך דדחו נפש מפני נפש התם משום דאפילו לא מסרוהו לו היה נהרג בעיר כשיתפסנה יואב והן נהרגין עמו אבל אם היה הוא ניצול אע"פ שהן נהרגין לא היו רשאין למסרו כדי להציל עצמן אי נמי משום דמורד במלכות הוה והכי מפרש לה בתוספתא (דתמורה[ט]): **משמיא קא רדפי לה.** לאמיה: **והתורה אמרה שופך דם האדם באדם דמו ישפך.** כל הרואה אותו ישפוך דמו בשביל אותו אדם שהוא רודף דהיינו באדם בשביל הצלת אדם הנרדף והא הכא דלא קתני יודע אני ועל מנת כן אני עושה ואין כאן קבלת התראה ואפילו הכי מיחייב: **ההוא ר' יוסי בר' יהודה היא.** דאפילו בהרוגי ב"ד לא בעי התראה אלא להבחין הלכך חבר לא בעי התראה ולא הבחנה ועם הארץ בעי לאיתרויי דלא נימא שוגג הייתי אבל קבלת התראה אפילו בעם הארץ לא בעי: **פטור.** כל כמה דלא אמר על מנת כן אני עושה שאהרג עליו כדילפינן בהיו בודקין (לעיל דף מא.) יומת המת עד שיתיר עצמו למיתה קא תני הכא גבי רודף דבעי התראה ואם לאו אין מצילין אותו בנפשו: **דקאי בתרי עברי נהרא.** המתרה מצד זה והרודף והנרדף מצד אחר: **דאצולי לא מצי.** והאי פטור וחייב דקאמר אמיתת בית דין קאי ולאחר שהרגו לנרדף: **מאי איכא.** כלומר מאי קא רמי עלייהו דהנך רואין למעבד: **דבעי לאיתויי לבי דינא ומקטליה.** דכתיב (דברים כב) ובערת הרע מקרבך[ס] הלכך בעי התראה דבלאו הכי לא מקטלי ליה: **זו היא התראתו.** אלמא משום דמחזקינן ליה רודף לא בעי התראה:

מתני'

תוספות

כאן באב על הבן. ברייתא דאם ברור לך כשמש שאין לו שלום עמך הרגהו הא סתמא אל תהרגהו ובשמעתא קמייתא דפסחים (דף ב: ושם) דדרשינן לאור יקום רוצח אי פשיטא לך מילתא כנהורא דלאנפשות קאתי רוצח הוא וניתן להצילו בנפשו ופירש שם בקונטרס כגון בן על האב או כל אדם ולא יתכן כדאמרינן הכא דהני אפילו בסתמא רוצח הוא ולא בעינן שיהא פשוט כנהורא אלא התם יש לומר כולה באב על הבן דאי קים ליה בגוויה שבולא רוצח הוא וניתן להצילו בנפשו ואי מספקא לך מילתא כלילא יהא בעיניך כגנב ולא ניתן להצילו בנפשו: **ישראל** הוא בן ברית הוא. ישראל ולא גוי בן ברית ולא מומר לעבודת כוכבים דמומרין לעבודת כוכבים היו מורידין ולא מעלין[ט]:

עין משפט נר מצוה

מ א מיי' פ"ט מהלכות גניבה הלכה י סמג שם:
מא ב מיי' שם הלכה ז:
מב ג מיי' שם הלכה יג:
מג ד ה מיי' שם הלכה ז:
מד ו ז מיי' שם הלכה ח:
מה ח מיי' פ"א מהל' רוצח הלכה ו סמג לאוין קסא טוש"ע ח"מ סי' תכה סעיף א:
מו ט מיי' שם הלכה ט טוש"ע שם סעיף ב:

ליקוטי רש"י

אין לו. אי לא כתיב אלא יומת. **אלא במיתה האמורה בו.** סייף כדיליף לקמן [בד' מיתות] (לעיל נב:) [לעיל מה:]. **שאם אי אתה יכול להמיתו במיתה הכתובה בו.** והיינו סייף כגון שהיה בספינה ובורח ואתה יכול לזרוק בו חץ או לטובעו [ב"מ לא:]. **מות יומת.** ריבויא הוא. **משום דהוה רוצח.** הנידון בבית דין. **וגואל הדם.** כלומר מיתה שגואל הדם ממיתו לרוצח שוגג שילא חוץ לעיר מקלטו שני כתובין הבאין כאחד כו' [לעיל שם]. **וכל שני כתובין.** כשגילה שני כתובין בשני דברים. **אין מלמדין.** דאמרי' דאי ניחא למילף מינייהו נכתוב חד ונילף אידך מיניה [מנחות ט: ע"ש]. מדלא כתיב חד ונגמור כולהו מיניה [קידושין כד.]. **מחתרת.** שהיה חותר את הבית [שמות כב, א]. **קרפיפו.** קרפף היקף גדול חוץ לעיר להכניס שם עצים לאוצר [עירובין יח.]. **להבחין בין שוגג למזיד.** שלא יכול לומר לא הייתי יודע שאסור [מכות ט:]. שלא יכול לומר סבור הייתי שמותר [לעיל ח:].

מסורת הש"ס עם הוספות

א) [עי' תוס' לקמן עג. ד"ה אף], ב) ב"מ לא: לעיל מה: נג., ג) [קידושין כד. וש"נ], ד) [כתובות דף לד.], ה) לעיל ח: מא. מכות ו: ט:, ו) [תוספתא פי"א], ז) לעיל מה:, ח) חולין קמ., ט) [ע"ז כו:].

תורה אור השלם

א) אִם זָרְחָה הַשֶּׁמֶשׁ עָלָיו דָּמִים לוֹ שַׁלֵּם יְשַׁלֵּם אִם אֵין לוֹ וְנִמְכַּר בִּגְנֵבָתוֹ: [שמות כב, ב]
ב) אִם בַּמַּחְתֶּרֶת יִמָּצֵא הַגַּנָּב וְהֻכָּה וָמֵת אֵין לוֹ דָּמִים: [שמות כב, א]
ג) אוֹ בְאֵיבָה הִכָּהוּ בְיָדוֹ וַיָּמֹת מוֹת יוּמַת הַמַּכֶּה רֹצֵחַ הוּא גֹּאֵל הַדָּם יָמִית אֶת הָרֹצֵחַ בְּפִגְעוֹ בוֹ: [במדבר לה, כא]
ד) שֹׁפֵךְ דַּם הָאָדָם בָּאָדָם דָּמוֹ יִשָּׁפֵךְ כִּי בְּצֶלֶם אֱלֹהִים עָשָׂה אֶת הָאָדָם: [בראשית ט, ו]

הגהות וציונים

א] [צ"ל ליה] (גליון) כ"ה מהרש"ל דפו"ר, וכ"ה בראשונים ובכת"י: ב] יש להוסיף כיון דרודף הוא (מהרש"ל) ונראה שנשתבש שם המשך הגהתו וצ"ל אפילו אחר נמי: ג] [אהלות פ"ז משנה ו ושם איתא יצא רובו וכן משמע בר"ש ובברטנורא ובתי"ט אמנם בתוספתא יבמות סוף פ"ט איתא "ראשו" ועי' תוס' לעיל נט ע"א ד"ה ליכא] (גליון): ד] צ"ל אומרין, וכן להלן בסמוך (כ"ה בכת"י ובראשונים. בדפו"י או', דק"ס): ה] עיין רש"ש: ו] [צ"ל חתירה] (גליון) ועי' בשו"ת דברי יציב או"ח סי' קסז אות א שבחנם הגיהו: ז] צ"ל שיתרה (באה"מ): ח] [צ"ל דתרומות פ"ז] (גליון):

מתני׳ ^א^ואלו הן שמצילין אותן בנפשן הרודף אחר חבירו להרגו ^ב^ואחר הזכר ואחר הנערה המאורסה ^ג^אבל הרודף אחר בהמה ^ד^והמחלל את השבת והעובד עבודת כוכבים אין מצילין אותן בנפשן: **גמ׳** ת"ר מניין לרודף אחר חבירו להרגו שניתן להצילו בנפשו ת"ל ^א)^ לא תעמוד על דם רעך והא להכי הוא דאתא האי מיבעי ליה לכדתניא ^ה^מניין לרואה את חבירו שהוא טובע בנהר או חיה גוררתו או לסטין באין עליו שהוא חייב להצילו ת"ל לא תעמוד על דם רעך אין ה"נ ואלא ניתן להצילו בנפשו מנלן אתיא בקל וחומר מנערה המאורסה מה נערה המאורסה שלא בא אלא לפוגמה אמרה תורה ניתן להצילה בנפשו רודף אחר חבירו להרגו על אחת כמה וכמה ^א)^ וכי עונשין מן הדין דבי רבי תנא הקישא הוא ^ב)^ ^ב)^ כי כאשר יקום איש על רעהו ורצחו נפש וכי מה למדנו מרוצח מעתה ^ג)^ הרי זה בא ללמד ונמצא למד מקיש רוצח לנערה המאורסה מה נערה המאורסה ניתן להצילה בנפשו אף רוצח ניתן להצילו בנפשו ונערה מאורסה גופה מנלן כדתנא דבי ר׳ ישמעאל דתנא דבי רבי ישמעאל ^ג)^ ואין מושיע לה הא יש מושיע לה בכל דבר שיכול להושיע גופא מניין לרואה את חברו שהוא טובע בנהר או חיה גוררתו או לסטין באין עליו שהוא חייב להצילו ת"ל לא תעמוד על דם רעך והא מהכא נפקא מהתם נפקא ^ד)^ אבדת גופו מניין ת"ל ^ד)^ והשבותו לו אי מהתם הוה אמינא ה"מ בנפשיה ^ו^אבל מיטרח ומיגר אגורי אימא לא קמ"ל תנו רבנן ^ה)^ ^ז^אחד הרודף אחר חבירו להרגו ואחר הזכר ואחר נערה המאורסה ואחר חייבי מיתות ב"ד ואחר חייבי כריתות^א]^ מצילין אותן בנפשו אלמנה לכהן גדול גרושה וחלוצה לכהן הדיוט^ב]^ אין מצילין אותן בנפשו ^ח^נעבדה בה עבירה אין מצילין אותה בנפשו יש לה מושיע אין מצילין אותה בנפשו רבי יהודה אומר אף האומרת הניחו לו שלא יהרגנה מנה"מ^ג]^ אמר קרא ^ב)^ ולנערה לא תעשה דבר אין לנערה חטא מות נער זה זכור נערה זו נערה המאורסה חטא אלו חייבי כריתות מות אלו חייבי מיתות ב"ד כל הני למה לי צריכי דאי כתב רחמנא נער משום דלאו אורחיה אבל נערה דאורחה אימא לא ואי כתב רחמנא נערה משום דקא פגים לה אבל נער דלא קא פגים ליה אימא לא ואי כתב רחמנא הני משום

רש"י

מתני׳ ואלו שמצילין אותן. מן העבירה: בנפשן. ניתנו ליהרג לכל אדם כדי להצילן מן העבירה ומקראי נפקי: **אבל הרודף אחר בהמה.** לרבעה והרוצה לעבוד עבודת כוכבים ולחלל שבת וכל שכן שאר כריתות ומיתות ב"ד שאינן עריות דלא ניתן להצילו בנפשו אלא מדבר שהוא ערוה ויש בה קלון ופגם לנרדף כגון זכר ונערה המאורסה ומיהו רולא בהדיא כתיב ביה והאי דנקט בהמה משום דדמיא לעריות ונקט נמי עבודת כוכבים משום דסד"א תיתי בק"ו כדלקמן^י)^ ושבת נמי תיתי בגזירה שוה^ז)^: **גמ׳** לא תעמוד. לא תעמוד עלמך על דמו אלא הצילהו: לפגמה. לביישה ולזלזלה אמרה תורה נתנה להצילה בנפשו כדילפינן לקמן מואין מושיע לה: מן הדין. ק"ו: הקישא הוא. שהוקש רולא לנערה המאורסה וכל היקש וגזירה שוה המופנת הרי הוא כמפורש במקרא ועונשין ממנו לפי שלא ניתנה למדרש מעצמו^ח)^ אבל מקל וחומר שאדם דן ק"ו מעצמו^ח)^ אע"פ שלא קבלו מרבו אין עונשין ממנו כדילפינן במכות (דף ה.): וכי מה למדנו מרוצח. כאן לפטור את האונס דקאמר ליה קרא אין לנערה חטא מות כי כאשר יקום איש דמשמע כי היכי דהתם אונס פטור הכא נמי פטורה אלא משמע שזה בא ללמד על הנערה ונמצא שנכתב כאן ללמד הימנה כלומר נמצא אף למד דמשום מילי אחריני איתקוש ותרוייהו ילפי מהדדי: ^ד]^ מה נערה המאורסה ניתן להצילה. מן העבירה בנפשו אף רולא וכו׳ ואכתי ילפא נערה מרולא שתהרג ואל תעבור כדלקמן^י)^ ומיהו הכא לא אסיקנא במילתיה דר׳ דלאגב גררא אתיא: ^ה]^ ומדקאמר אין מושיע. מכלל דבעיא תשועה: אבדת גופו. כגון נטבע בנהר מניין שאתה מצווה על השבתו: ת"ל והשבותו לו. קרא יתירא הוא למדרש השב את גופו לעלמו: הני מילי בנפשו. אם זה הרואהו יכול להצילהו יצילהו: קמ"ל. לא תעמוד על דם רעך לא תעמוד על עלמך משמע אלא חזור על כל צדדין שלא יאבד דם רעך: חייבי כריתות וחייבי מיתות ב"ד. דעריות קאמר דאיכא עבירה ופגם ותנא דמתני׳ נמי הכי סבירא ליה מדלא קא מרמינן סתמא אסתמא ותנא הני והוא הדין לכל עריות: אלמנה לכהן גדול. כ"ג הרודף אלמנה לאונסה אע"פ שיש שם פגם דקא משוי לה חללה אין מצילין אותה בנפשו כדמפרש לקמן דחייבי לאוין אין ניתנין להציל בנפשם: נעבדה בה עבירה. כבר: אין מצילין. דהא אפגימה^י]^ לה וקרא אפגימה קפיד מדגלי בהני ולא בעבירות אחרות: יש מושיע לה. ע"י דבר אחר בלא הריגה אין הורגין אותו ברדיפתו שהרי כשישיגוהו^ז]^ יהיה לה מושיע: האומרת. למצילין הרודפין אחריו הניחו לו ואל תרדפו אחריו שלא יהרגנה קודם שתשיגוהו אף על פי דאנוסה היא ומירצה היא דקאמרה אין מצילין אותה וטעמא מפרש לקמן^י)^: לנערה חטא מות. אכולהו קאי אין מושיע לה וקרא יתירא הוא ולדרשה דהא כתיב ולנערה לא תעשה דבר: נער כתיב וקרינן נערה נדרש מקרא ונדרש מסורת נער להביא את הזכור נערה כמשמעו: דלאו אורחיה. ליבעל ואיכא בזיון ובשת גדול: פגים לה. בבתולין ומגנה על בעלה: דלאורחייהו

תוספות

ומה נערה המאורסה שלא בא וכו׳. וא"ת ההוא פגם חמור מרוצח שזה בסקילה וזה בסייף לאו פירכא היא דהכא לא קפיד קרא אאיסורא אלא אפגימ׳ דהא נעבדה בה עבירה או שאין מקפדת על פגמה אין מצילין אותה בנפשו כדמוכח שמעתין ופשיטא דיש פגם גדול בנהרג מבנערה המאורסה שנאנסה וא"ת ומנא לן דאפגימ׳ קפיד רחמנא דילמא אאיסורא קפיד מדאיצטריך למעוטי עובד עבודת כוכבים ומחלל שבת ובהמה ובקונטרס פי׳ לקמן דאפגימ׳ קפיד מדגלי בהני ולא בעבירות אחרות ועוד י"ל דאין מושיע לה משמע דאבושתה קפיד קרא: **הרי** זה בא ללמד ונמצא למד. פירוש ונמצא אף למד דהא ללמד נמי אתא כדדרשינן לקמן^ט)^ מה רוצח יהרג ואל יעבור וכן בההוא דלעיל בפרק ד׳ מיתות (דף נד.) משכבי אשה מגיד לך הכתוב ששני משכבות באשה וקאמר הרי זה בא ללמד ונמצא למד והיינו נמי אף למד דהא ילפינן מיניה הערלה בזכור בההיא שמעתין ולשמואל דמחייב אזכר בבן ג׳ שנים והא דאמר בריש פ"ב דחולין (דף כט.) גבי לבי ואיל הרי זה בא ללמד ונמצא למד מה פסולי המוקדשים בשחיטה התם נמי יש לפרש דאף למד קאמר דללמד אפסולי המוקדשין נמי קא אתי לפטור מן המתנות כדדרשינן בפ"ק^י)^ דבכורות (דף טו.):

אף רוצח ניתן להצילו בנפשו. ואם תאמר מוהוכה בכל אדם נפקא כדדרשינן לעיל (דף עב:) וי"ל דהתם רשות ואשמעינן^ח]^ קרא דאין לו דמים אבל הכא קמ"ל דחובה להציל:

להצילו בנפשו כו׳. משמעות הלשון שמצילין הנרדף בנפשו של רודף אבל לא יתכן לפרש כן ברודף אחר הבהמה וכיולא בה לפיכך נראה לפרש דמצילין את האדם מן העבירה בנפשו של עצמו אבל קשה מנערה המאורסה דקאמר שניתן להצילה בנפשו וא"ת וכיון דמהכא ילפינן דרולא ניתן להצילו בנפשו למה לי קרא בטובע בנהר וחיה גוררתו השתא חברו הורג כדי להציל התם לא כ"ש ולא מסתבר למימר דחבירו הורג^ט]^ טפי לאפרושי מאיסורא אלא נראה דאי מהכא ה"א עשה קמ"ל התם דעובר בלאו דלא תעמוד על דם רעך:

תלמוד לומר והשבותו לו. הכא מוקי ליה לאבידת גופו ובפרק שני דבבא מליעא (דף כח:) מוקי ליה שלא יאכיל עגל לעגלים התם דריש והשבותו והכא לו יתירה:

חייבי כריתות וחייבי מיתות ב"ד. בעריות מיירי דומיא דנערה וא"ת תיפוק ליה מדאיתקוש כל עריות בפ׳ אחרי מות כדאמרינן בריש הבא על יבמתו (יבמות דף נד:) י"ל מדמעט בהמה ש"מ דלא מקשינן הכי^י]^ מיהו קשה הא בהמה לא איתקש מדמיבעיא לן קרא לרבות הערלה בבהמה בפרק ד׳ מיתות (לעיל דף נה.):

נער נערה. פירש בקונטרס נער כתיב וקרי נערה נדרש מקרא ומסורת ואף על גב דאמרינן בפרק אלו נערות (כתובות דף מ: ושם) גבי קנס כל מקום שנאמר נער אפילו קטנה במשמע הכא הוי מצי למיכתב נערה דעל כרחיך לאו בקטנה איירי אלא בבת עונשין ועוד יש לפרש דטובא נערה כתיבי בפרשה ומיהו בסמוך משמע דמחד דריש דקאמר איידי דכתב נער כתב נמי נערה פירוש איידי דכתב נער למעוטי בהמה כתב נערה כלומר כפשטיה דקרא דעל כרחיך נערה קרינן דהא בנערה מישתעי: משום

מסורת הש"ס עם הוספות

א) [לעיל נד. וש"נ], ב) [לקמן עד. פסחים כה: יומא פב.], ג) [פסחים כה: וש"נ], ד) ב"ק פא:, ה) [תוספתא פי"א], ו) עד., ז) לקמן ע"ב, ח) פסחים סו., ט) [דף עד.], י) צ"ל בפ"ב.

תורה אור השלם

א) לֹא תֵלֵךְ רָכִיל בְּעַמֶּיךָ לֹא תַעֲמֹד עַל דַּם רֵעֶךָ אֲנִי יְיָ: [ויקרא יט, טז]

ב) וְלַנַּעֲרָ לֹא תַעֲשֶׂה דָבָר אֵין לַנַּעֲרָ חֵטְא מָוֶת כִּי כַּאֲשֶׁר יָקוּם אִישׁ עַל רֵעֵהוּ וּרְצָחוֹ נֶפֶשׁ כֵּן הַדָּבָר הַזֶּה: [דברים כב, כו]

ג) כִּי בַשָּׂדֶה מְצָאָהּ צָעֲקָה הַנַּעֲרָ הַמְאֹרָשָׂה וְאֵין מוֹשִׁיעַ לָהּ: [דברים כב, כז]

ד) וְאִם לֹא קָרוֹב אָחִיךָ אֵלֶיךָ וְלֹא יְדַעְתּוֹ וַאֲסַפְתּוֹ אֶל תּוֹךְ בֵּיתֶךָ וְהָיָה עִמְּךָ עַד דְּרֹשׁ אָחִיךָ אֹתוֹ וַהֲשֵׁבֹתוֹ לוֹ: [דברים כב, ב]

הגהות וציונים

א] בראשונים ובכת"י הגי׳ ואחר חייבי כריתות ואחר חייבי מיתות ב"ד, וכסדר הדרשות להלן חטא מות: ב] "גרושה וחלוצה לכהן הדיוט" ליתא בראשונים ובכת"י, וצ"ל אין מצילין אותה בנפשו. וכ"ה נכון דבאלו משישה דאין מצילין בנפשו (דק"ס, עי"ש): ג] בראשונים ובכת"י נוסף אמר שמואל דאמר קרא: ד] הד"א (מהרש"ל): ה] יש להוסיף ואין מושיע. מדקאמר (דפו"י) אין מושיע מכלל (באה"מ): ו] במנוק׳ איפגימא: ז] צ"ל כשישיגה (רש"ש, ונראה דכצ"ל גם במהרש"ל דפו"ר): ח] צ"ל דאשמעינן (מהרש"ל): ט] יש להוסיף מחויב (באה"מ): י] צ"ל הכא (באה"מ):

עין משפט נר מצוה

מז א מיי׳ פ"א מהל׳ רוצח הלכה י סמג לאוין קסד קסה טוש"ע ח"מ סי׳ תכה סעיף א [וברב אלפס עוד בפסחי׳ פ"ג דף קמח:]:

מח ב ג מיי׳ שם הלכה י יא טוש"ע שם סעיף ג:

מט ד מיי׳ שם הלכה יא:

נ ה ו מיי׳ שם הלכה יד סמג שם טוש"ע ח"מ סי׳ תכו סעיף א:

נא ז ח מיי׳ שם הלכה יא יב סמג שם טוש"ע ח"מ סי׳ תכה סעיף ג:

ליקוטי רש"י

לא תעמוד על דם רעך. לראות במיתתו ואתה יכול להצילו [ויקרא יט, טז]. וכי עונשין מן הדין. דתניא בפ"ק דמכות (ה:) איש כי יקח את אחותו וגו׳ אין לי אלא בת אביו שלא בת אמו בת אמו שלא בת אביו בת אביו ובת אמו מנין תלמוד לומר ערות אחותו גילה והלא קל וחומר הוא למדתה שאין עונשין מן הדין וכו׳ ופליגי תנאי בפ׳ בתרא ואיכא דדריש להאי אחותו גילה דגבי עונש לדרשא [אחריתא] ועונש דבת אביו ובת אמו קסבר עונשין מן הדין [זבחים קו:]. **כי כאשר יקום וגו׳.** בנערה המאורסה כתיב [יומא פב.]. לפי פשוטו זהו משמעו כי אנוסה היא ובחזקה עמד עליה כאדם העומד על חבירו להרגו. ורבותינו דרשו בו הרי זה בא ללמד ונמצא למד וכו׳ [דברים כב, כו]. **מה למדנו מרוצח.** לנערה המאורסה שהוא כמשפט הרוצח כן משפט הדבר הזה [יומא שם]. לנערה המאורסה והלא פירש בה אונס פטור כדכתיב ולנערה לא תעשה דבר אלא כאן נראה כמי שהוא ללמד ונמצא למד כאן להיות למד מכאן וכי קאמר כרוצח כנערה שניהן שוין כמו והיה העם ככהן [ישעיה כד] ולא נאמר והיה הכהן כעם [פסחים כה:]. **ניתן להצילה.** מבעלת זו בנפשו של בועל זה להורגו עד שלא בא עליה כדכתיב אין מושיע לה (דברים כב) הא יש מושיע לה יושיענה בכל לידי תשועה [יומא שם]. ניתן רשות להורגו שהוא רודף אחריה שיצילה ממנו מפשט של רודף כדכתיב (דברים כב) ואין מושיע לה הא אם יש מושיע צריך להושיעה בכל אשר יכול אפילו בהריגתו אם אין יכול להציל באחד מאבריו יהרגנו [פסחים שם].

משום דהאי לאו אורחיה הוא והא קא פגים לה אבל שאר עריות דאורחייהו ולא נפיש פיגמייהו אימא לא כתב רחמנא [א] חטא ואי כתב רחמנא חטא הוה אמינא אפילו חייבי לאוין כתב רחמנא [א] מות ואי כתב רחמנא מות הוה אמינא חייבי מיתות בית דין אין חייבי כריתות לא כתב רחמנא חטא ולכתוב רחמנא חטא מות ולא בעי [א] נער ונערה אין ה"נ ואלא נער נערה [ב] חד למעוטי עובד עבודת כוכבים וחד למעוטי בהמה ושבת ולר"ש בן יוחי דאמר עובד עבודת כוכבים ניתן להצילו בנפשו למה לי חד למעוטי בהמה וחד למעוטי שבת סד"א תיתי שבת מחילול חילול מעבודת כוכבים ולרבי אלעזר ברבי שמעון דאמר מחלל את השבת ניתן להצילו בנפשו דאתיא שבת מחילול חילול מעבודת כוכבים מאי איכא למימר חד מיעוט למעוטי בהמה ואידך איידי דכתב רחמנא נער כתב נמי נערה: רבי יהודה אומר אף האומרת הניחו לו שלא יהרגנה: במאי קמיפלגי אמר רבא במקפדת על פיגמה ומניחתו שלא יהרגנה [א] רבנן סברי אפיגמה קפיד רחמנא והרי מקפדת על פיגמה ורבי יהודה האי דקאמר רחמנא קטליה משום דמסרה נפשה לקטלא הא לא מסרה נפשה לקטלא אמר ליה רב פפא לאביי אלמנה לכהן גדול נמי קא פגים לה אמר ליה אפיגמה רבה קפיד רחמנא אפיגמה זוטא לא קפיד רחמנא: [א] חטא אלו חייבי כריתות: ורמינהו [ב] ואלו נערות שיש להן קנס [ב] הבא על אחותו אמרוה רבנן קמיה דרב חסדא משעת העראה דפגמה איפטר ליה מקטלא ממונא לא משלם עד גמר ביאה [ג] הניחא למאן דאמר העראה זו נשיקה אלא למ"ד [ג] הערארה זו הכנסת עטרה מאי איכא למימר אלא אמר רב חסדא כגון שבא עליה שלא כדרכה וחזר ובא עליה כדרכה רבא אמר במניחתו שלא יהרגנה ור' יהודה היא

רב

דאורחייהו. בבעילות: ולא נפיש פגמייהו. כארוסה שחיבבה ויעלת חן על הארוס ועכשיו מתגנה עליו אבל שאר עריות פנויות בתולות לא מפגמי כולי האי וכן נשואות בעולות לא מפגמי כולי האי כמו ארוסה: ונכתב חטא מות. דאתרבו לה כריתות ומיתות ב"ד ולא בעי נער ונערה שהרי הן בכלל: חד למעוטי עבודת כוכבים. דסד"א תיתי בק"ו כדלקמן: וחד למעוטי בהמה. משום דדמי לעריות ושבת כדי נקטיה ואגב גררא איידי דתנן במתני' מיהו קרא לא בעי למעוטי דכיון דאמעיטא עבודת כוכבים מהיכא תיתי שבת הא לא סלקא דעתין לאתויי אלא בחילול חילול מעבודת כוכבים כדלקמן דרבי שמעון לקמן הוא (דף עד.): איידי דכתב נער. להביא את הזכור כתב נערה כלומר כפשטיה דקרא דעל כרחיה נערה קרינא ביה דהא בנערה משתעי ולנערה לא תעשה דבר: במקפדת על פגמה. דאי בשאינה מקפדת לא קאמרי רבנן למקטליה משום עבירה דלא חמיר מעבודת כוכבים ושבת: אפגמה קפיד רחמנא. מדלא כתיב בהאי קרא אלא מידי דפגמה שמע מינה אפגמה קפיד: דמסרה נפשה לקטלא. שיש נגועות שמוסרין עצמן למות שיהרגנה ולא תבעל לו ואמרה תורה הציל דמה בדמו: הא קא פגים לה. ואי טעמא דקרא משום פגימה היא אמאי אמעיטו חייבי לאוין ולדרבנן קא פריך דאמרי טעמא משום פגמה הוא: אפגמה רבה. כגון עריות דכריתות שהן חמורות והויא חרפתה מרובה שהולד ממזר ונעשית זונה בבעילתו [ג] אבל כהן גדול באלמנה אינה נעשית זונה אלא חללה [ד]: הבא על אחותו. כלומר אפילו בא על אחותו דלא קרינא בה ולו תהיה לאשה אפילו הכי קרינא בה ונתן האיש השוכב עמה דאתרבי מקראי בכתובות (דף כט:) ואע"ג דחייב כרת לא מפטר מתשלומין ואי ניתן להצילה בנפשו אמאי משלם הרי מיתה ותשלומין יש כאן ואע"ג דלא אקטול פטור מתשלומין כדקיימא לן (שם ד' לה.) בכל חייבי מיתות בית דין שוגגין דנפקא לן מדתנא דבי חזקיה מה מכה בהמה לא חלקת בה כו' אף מכה אדם לא תחלוק בו וכו': משעת העראה. קרי ליה נבעלה ואפגימה במקלת ושוב אין מצילין אותה מגמר ביאה בנפשו וקנסא לא מיחייבי אלא משום גמר ביאה שהוא מוליא בתולי' והאי גמר ביאה לאו דווקא ביאת המירוק שהוא מזריע דקרא אבתולים קפיד דכתיב (דברים כב) נערה בתולה אשר לא אורסה אלא גמר ביאה דהכא הכנסת עטרה היא: הניחא למאן דאמר. ביבמות (ד' נה:) הערארה דהויא כבעילה היינו נשיקת אבר איכא לאוקומה דפגימה (א) היא דמיקרי בעולה ועדיין בתולה לא יצאו לאיחוביה קנסא דחמשים: אלא למאן דאמר הערארה. שעשה הכתוב בכל התורה כבעילה זו הכנסת עטרה וגמר ביאה כגון דשפחה חרופה דכתיב בה שכבת זרע (ויקרא יט) היינו ביאת המירוק [ה] אין כאן הערא' פגם בלא הוצאת בתולים ונמצאו מיתה דניתן להציל ותשלומין באין כאחד: שבא עליה. הוא או אחר כבר שלא כדרכה וחזר ובא עליה כדרכה דלא ניתן בביאה זו להצילה בנפשו שכבר נפגמה: ר"י היא. דאמר לא ניתן להצילו בנפשו:

רב

משום דהאי לאו אורחיה והאי קא פגים לה. לאו פירכא גמורה היא דאיכא למימר אידך יוכיח וכי האי גוונא בפרק כילד צולין (פסחים דף עז. ושם) גבי תמיד ופסח דדחו שבת וטומאה ולא יליף מינייהו שאר קרבנות צבור [ו]: חד למעוטי עובד ע"ז וחד כו'. אי לאו כתיב אלא חד הוה מוקמינן ליה למעוטי בהמה ושבת ותימה דבהמה ושבת היכי ממעט מחד וטפי היה נראה לומר דמחד ממעט ע"ז ושבת וא"ת ולמה לי קרא למעוטי שבת הא מציל גופיה קא מחלל שבת דחובל בחבירו ואיך יחלל שבת להציל חבירו מחילול שבת דאין זה מקלקל בחבורה דאיכא תקוני גברא כיון דמיחייב מיתה כדפריך [ב] גבאחד דיני ממונות (לעיל דף לה. ושם) וי"ל דמ"מ ס"ד דגזירת הכתוב כרבי אלעזר בר"ש: חילול חילול מע"ז. כל הני דלקמן בפרק הנשרפין (דף פג.) דכתיב בהו חילול לא גמרינן מע"ז אלא שבת דשבת וע"ז כתיב בהו חילול במקום מיתה:

ממונא לא משלם עד גמר ביאה. פי' בקונטרס שהוא מוציא בתוליה וקשה דבלא השרת בתולים נמי משלם קנס כדאמר בפ"ק דקדושין (דף ט:) באו עליה עשרה בני אדם ועדיין היא בתולה רבי אומר הראשון בסקילה וכולן בחנק ואמרינן מודה רבי לענין קנס דכולהו משלמי ובפרק הבא על יבמתו (יבמות דף נט. ושם) מוקמינן ולו תהיה לאשה באשה הראויה לו פרט לאלמנה לכהן גדול בבא עליה שלא כדרכה אלא הכא היינו טעמא דלא משלם אתחילת ביאה משום דקם ליה בדרבה מיניה הלכך לא משלם הכא עד גמר ביאה אבל בעלמא משלם קנס משעת הערארה וי"מ דלא אתרבאי הערארה כגמר ביאה [אלא] לענין עריות וחייבי לאוין ועשה ויבמה ואשה לבעלה בפ' הבא על יבמתו (שם ד' נה.) אבל לענין קנס לא איתרבאי וא"ת על כרחיך למ"ד הערארה זו הכנסת העטרה אי אהערארה לא מיחייב הא בגמר ביאה לאו בתולה היא הא לאו פירכא היא דאהכי חייב רחמנא תדע מדלא ילפינן הערארה מנערה המאורסה דאי אהערארה פטור בגמר ביאה היכי מחייב הא לאו בתולה היא אלא בהכי חייב רחמנא ומיהו בירושלמי דכתובות [ז] משמע דאהערארה משלם קנס דאמרינן הערו בה עשרה ועדיין היא בתולה כולהו משלמין קנס:

במניחתו שלא יהרגנה ורבי יהודה היא. לא לגמרי כוותיה דהא קתני נערה אין קטנה לא ולרבי יהודה אפילו קטנה כדמוכח בפרק אלו נערות (כתובות כט. ושם):

[ג] במפותה ודברי הכל. תימה היכי מוקמ' במפותה הא קתני סיפא אשת אחיו דיש לה קנס ועל כרחיך בנתארסה ונתגרשה דאי בעודה תחתיו חייבי מיתות פטורין כדתנן התם ונערה שנתארסה ונתגרשה קנסה לעצמה כדקתני ר' עקיבא בסיפא [ח] ואי במפותה הרי מחלה כדמוכח בפ' אלו נערות (שם ד' לב.) דמוקי מתני' דאלו הן הלוקין ביתומה ומפותה וכ"ת דאתיא כרבי עקיבא דברייתא [ט] דאמר נערה שנתארסה ונתגרשה יש לה קנס וקנסה לאביה הא קתני סיפא הבא על בתו פטור משום דמתחייב בנפשו ובנתארסה ונתגרשה איירי ואי דאב תיפוק ליה דאפילו בא עליה אחר קנסה לאביה ואין לומר דאיצטריך היכא דלא הספיקה לעמוד בדין עד שבגרה דמה עמידה בדין שייך בדבר שהוא שלו ונראה לפרש דלעולם לעצמה ואפילו במפותה מיחייב אי אמרה בשעה שבא עליה שאינה מוחלת הקנס מיהו בירושלמי [י] פריך לה ומשני כגון שלא הספיקה לעמוד בדין עד שמת האב אבל יש להוכיח דעל כרחיך מתניתין לא מתוקמא כר' עקיבא דברייתא [°] דהא רב פפא אית ליה התם באלו נערות (ד' לד:) אידוש הוא שחידשה תורה בקנס כו' והש"ס קאמר התם (ד' לח:) דמאן דאית ליה אידוש כו' על כרחך סבר לה כרבי עקיבא דמתני' ובירושלמי בפרק אלו נערות אמתניתין דיתומה שנתארסה ונתגרשה [כ] איכא פלוגתא דאמוראי דאיכא למאן דאמר המפתה פטור בבשת ופגם אבל קנס אינה יכולה למחול ואיכא לאוקמי רב פפא דהכא כי ההוא ומאן דאמר התם פטור מן הכל סבר כאידך שינויא דהכא:

שלא

עין משפט נר מצוה

נב א מיי' פ"א מהל' רוצח הלכה יב סמג לאוין קסא טוש"ע ח"מ סי' תכה סעיף ד:

נג ב מיי' פ"א מהל' נערה בתולה הלכה יא סמג עשין לד:

נד ג מיי' פ"א מהל' איסורי ביאה הלכה י סמג לאוין כ:

ליקוטי רש"י

שבת מחילול חילול מעבודת כוכבים. מחלליה מות יומת (שמות לא) ומזרעך לא תתן להעביר למולך ולא תחלל (ויקרא יח) [לקמן עד.]. ואלו נערות. דוקא נערה משהביאה שתי שערות עד שתבגר והם ששה חדשים שבין נערות לבגרות אבל קטנה ובוגרת אין להם קנס. שיש להן קנס. אם אנסה אדם נותן לאביה חמשים כסף כדכתיב ונתן האיש השוכב וגו' (דברים כב) [כתובות כט.]. הניחא למאן דאמר. ביבמות (נה:) הערארה האמורה בתורה שהיא כגמר ביאה בכל העריות כדכתיב (ויקרא כ) את מקורה הערה את שארו הערה זו נשיקה. נשיקה. משיק השמש באותו מקום [סוטה כו:]. אבר נושק במקום תשמיש [יבמות נה:]. נשיקת אבר על הנקב. הכנסת עטרה. דהוא דבר מועט אבל יותר הוא על נשיקה מיהו גבי עריות קיי"ל (יבמות נה:) הערארה כגמר ביאה דכתיב בנדה את מקורה הערה וילפינן (שם ח.) שאר עריות מנדה בהקישא דר' יונה כי את כל אשר יעשה מכל התועבות האל הוקשו כולן זה לזה [לעיל נה.]. אבל נשיקה לאו הערארה היא [יבמות שם].

הגהות וציונים

[א] בכת"י נוסף למה לי (וכ"ה בילקו"ש): [ב] צ"ל כדפרישית, שם תוד"ה אין (באה"מ): [ג] שייך לדף עד ע"א (גליון):

מסורת הש"ס עם הוספות

א) כתובות כט., ב) [סוטה כו: יבמות נה:], ג) יבמות סא., ד) קידושין עז:, ה) יבמות נה:, ו) [וע"ע תוס' כתובות לב. ד"ה שכן], ז) פרק ג ה"ו והגירסא שם בענין אחר ועי"ש בשירי קרבן ד"ה בפנויה, ח) [דף לח.], ט) [שם לח.], י) כתובות פ"ג ה"ג, כ) שם ה"ז.

הגהות הב"ח

(א) רש"י ד"ה הניחא וכו' דאפגימה היא דמיקרי:

גליון הש"ס

תוס' ד"ה במפותה כו'. דהא רב פפא אית ליה. תמיהני הא ע"כ ר"פ אמר הכי רק לר"מ מדקאמר וטבח בשבת חייב ולא ניחא ליה לר"פ לאוקומי בטובח ע"י אחר וכדס"ל לרבה אבל מתני' הא קתני להדיא דבא על בתו פטור הרי דס"ל דגם בקנס אמרי' קלב"מ ומה"ט ניחא הא דמוקי ר"פ במפותה לתרץ קושיית הש"ס דניתן להצילו בנפשו אף דרב פפא ס"ל דבקנס מקטיל ומשלם. מ"מ מוכרח לתרץ דמתני' דפטור על בתו דגם בקנס אמרינן קלב"מ א"כ שפיר י"ל דאתא כר"ע דברייתא. ולע"ג אבל כך יש להוכיח דלא אתא כר"ע דברייתא מדקתני במתני' דבא על בתו דפטור מקרא דולא יהיה אסון ע"כ דילפינן קנס מממון מסברא וא"כ ל"ל קרא למעט ארוסה ומוכח כר"ע דמתני' דאלו לר"ע דברייתא הו"ל למתני' בבא על בתו להביא מקרא דאשר לא אורסה. וזהו לתד מירוץ בתוס' בכתובות דף לח ע"א ד"ה ס"ד ודברי תוס' לע"ג:

תורה אור השלם

א) וְלַנַּעֲרָ לֹא תַעֲשֶׂה דָבָר אֵין לַנַּעֲרָ חֵטְא מָוֶת כִּי כַּאֲשֶׁר יָקוּם אִישׁ עַל רֵעֵהוּ וּרְצָחוֹ נֶפֶשׁ כֵּן הַדָּבָר הַזֶּה: [דברים כב, כו]

רב פפא אמר במפותה ודברי הכל אביי אמר ביכול להציל באחד מאבריו ורבי יונתן בן שאול היא דתניא [א] רבי יונתן בן שאול אומר [א] רודף שהיה רודף אחר חבירו להורגו ויכול להצילו באחד מאבריו ולא הציל נהרג עליו מאי טעמא דרבי יונתן בן שאול דכתיב [א] וכי ינצו אנשים (יחדו) וגו' [ב] וא"ר אלעזר [ג] במצות שבמיתה הכתוב מדבר דכתיב [ב] ואם אסון יהיה ונתתה נפש תחת נפש ואפ"ה אמר רחמנא [א] ולא יהיה אסון ענוש יענש אי אמרת בשלמא יכול להציל באחד מאבריו לא ניתן להצילו בנפשו היינו דמשכחת לה דיענש כגון שיכול להציל באחד מאבריו אלא אי אמרת יכול להציל באחד מאבריו נמי ניתן להצילו בנפשו היכי משכחת לה דיענש [א] דילמא שאני הכא דמיתה לזה ותשלומין לזה (א) לא שנא [ד] דאמר רבא [ב] [ב] רודף שהיה רודף אחר חבירו ושיבר את הכלים בין של נרדף ובין של כל אדם פטור מאי טעמא מתחייב בנפשו הוא ונרדף ששיבר את הכלים של רודף פטור של כל אדם חייב של רודף פטור שלא יהא ממונו חביב עליו [ג] מגופו של כל אדם חייב שמציל עצמו בממון חבירו ורודף שהיה רודף אחר רודף להצילו ושיבר את הכלים בין של רודף בין של נרדף בין של כל אדם פטור ולא מן הדין שאם אי אתה אומר כן נמצא אין לך כל אדם שמציל את חבירו מיד הרודף: אבל הרודף אחר בהמה: תניא רשב"י אומר העובד עבודת כוכבים ניתן להצילו בנפשו מק"ו ומה פגם הדיוט ניתן להצילו בנפשו פגם גבוה לא כל שכן [ה] וכי עונשין מן הדין קא סבר עונשין מן הדין תניא רבי אלעזר ברבי שמעון אומר המחלל את השבת ניתן להצילו בנפשו סבר לה כאבוה דאמר עונשין מן הדין ואתיא שבת [ג] בחילול [ד] חילול מעבודת כוכבים א"ר יוחנן משום ר"ש בן יהוצדק נימנו וגמרו בעליית בית נתזה בלוד [ג] כל עבירות שבתורה אם אומרין לאדם עבור ואל תהרג [ה] יעבור ואל יהרג חוץ מעבודת כוכבים וגילוי עריות ושפיכות דמים ועבודת כוכבים לא והא תניא [ו] א"ר ישמעאל מנין שאם אמרו לו לאדם עבוד עבודת כוכבים ואל תהרג מנין [ד] שיעבוד ואל יהרג ת"ל [ה] וחי בהם [ו] ולא שימות בהם יכול אפילו בפרהסיא תלמוד לומר [ו] ולא תחללו את שם קדשי ונקדשתי אינהו דאמור כר"א [ח] דתניא ר"א אומר [ז] ואהבת את ה' אלהיך בכל לבבך ובכל נפשך ובכל מאדך אם נאמר בכל נפשך למה נאמר בכל מאדך ואם נאמר בכל מאדך למה נאמר בכל נפשך אם יש לך אדם שגופו חביב עליו מממונו לכך נאמר בכל נפשך ואם יש לך אדם שממונו חביב עליו מגופו לכך נאמר בכל מאדך גילוי עריות ושפיכות דמים כדרבי דתניא [ט] רבי אומר [ח] כי כאשר יקום איש על רעהו ורצחו נפש כן הדבר הזה וכי מה למדנו מרוצח מנערה המאורסה הרי זה בא ללמד ונמצא למד מקיש רוצח לנערה המאורסה מה נערה המאורסה ניתן להצילו בנפשו אף רוצח ניתן להצילו בנפשו ומקיש נערה המאורסה לרוצח מה רוצח יהרג ואל יעבור אף נערה המאורסה תהרג ואל תעבור רוצח [ה] גופיה מנא לן סברא הוא דההוא דאתא לקמיה דרבה [ו] ואמר ליה אמר לי מרי דוראי זיל קטליה לפלניא ואי לא קטלינא לך אמר ליה לקטלוך ולא תיקטול מי יימר דדמא דידך סומק טפי דילמא דמא דההוא גברא סומק טפי כי אתא רב דימי א"ר יוחנן לא שנו אלא שלא בשעת גזרת המלכות [י] [ד] אבל בשעת גזרת המלכות אפי' מצוה קלה יהרג ואל יעבור כי אתא רבין א"ר יוחנן אפי' שלא בשעת גזרת מלכות לא אמרו אלא בצינעא [ד] אבל בפרהסיא אפי' מצוה קלה יהרג ואל יעבור מאי מצוה קלה אמר רבא בר רב יצחק [ו] אמר רב אפילו

רש"י

רב פפא אמר. הא דקתני אחותו יש לה קנס במפותה קאמר דבת קנסא נמי היא ולהצילה לא ניתן דהא אינה מקפדת: אביי אמר. לעולם באנוסה וכגון דיכול המציל להציל באחד מאבריו של זה שלא ניתן להורגו מעתה ור' יונתן בן שאול היא: ויכול. הנרדף או הרואהו להציל באחד מאבריו ולא הציל אלא בנפשו נהרג עליו: במצות שבמיתה. שהוא מתכוין להרוג את חבירו והכה את האשה הכתוב מדבר: דכתיב ואם אסון יהיה. ואי לא מתכוין להרוג דשוגג הוא אמאי מקטיל אלא לאו ש"מ במתכוין וקתני רוצח ניתן להצילו בנפשו כדאמרינן לעיל וזה רודף היה שהיה מתכוין ואפ"ה כתיב דאם לא יהיה אסון שאין כאן חיוב מיתה ענוש יענש דמי ולדות: אי אמרת בשלמא וכו'. כגון שיכול הרואה להציל באחד מאבריו דהוא לא ניתן להורגו הלכך אין כאן מיתה ויענש: אלא אי אמרת וכו'. אמאי יענש הא רודף הוא וניתן להציל בנפשו: דילמא שאני הכא. להכי משלם ואע"ג (דליכא [ח]) לך מיתה משום דמיתה לזה ותשלומין לזה המיתה והתשלומין אינן באין לו ע"י אדם אחד שהמיתה באה עליו בשביל חבירו שהיה מריב עמו והתשלומין דבעל האשה הן דאיניש דעלמא הוא הלכך לא מיפטר מתשלומין דהאי משום חיוב מיתה דמיחייב אאידך: לא שנא. אם היה כאן חיוב מיתה אין חילוק להתחייב תשלומין בין שהמיתה באה עליו בשביל בעל התשלומין בין שבאה עליו בשביל אחר פטור: מתחייב בנפשו הוא. ברדיפה זו שהרי ניתן להציל בנפשו ואע"ג דכלים הללו של אחר כל אדם הן דמיתה לזה ותשלומין לזה פטור: ורודף שהיה רודף. אחר חבירו להורגו וזה רודף אחריו להצילו ושיבר את הכלים וכו': סבר לה כאבוה. בעבודת כוכבים דעונשים מן הדין והדר יליף שבת בחלול חלול מעבודת כוכבים מחלליה מות יומת (שמות לא) ומזרעך לא תתן להעביר למולך ולא תחלל (ויקרא יח): נתזה. שם האיש: יעבור ואל יהרג. [ט] וחי בהם ולא שימות בהם: חוץ מעבודת כוכבים וכו'. לקמן יליף לה: בפרהסיא. לקמן מפרש כמה פרהסיא: לא תחללו. בפרהסיא איכא חלול השם וצריך לקדש את השם וזהו ונקדשתי שמוסר נפשו על אהבת יוצרו: ואהבת את ה' אלהיך. משמע שלא תמירנו בעבודת כוכבים: לכך נאמר וכו'. כלומר תהא אהבתו חביבה לך יותר מכל החביב לך: מה רוצח יהרג ואל יעבור. ואם [י] אמר לו הוי רוצח והרוג את הנפש ואם לאו הריני הורגך יהרג ואל יעבור: סברא הוא. שלא תדחה נפש חבירו דאיכא תרתי אבוד נשמה ועבירה מפני נפשו דליכא אלא חדא אבוד נשמה והוא לא יעבור דכי אמר רחמנא לעבור על המצות משום וחי בהם משום דיקרה בעיניו נשמה של ישראל והכא גבי רוצח כיון דסוף סוף איכא איבוד נשמה למה יהא מותר לעבור מי יודע שנפשו חביבה ליוצרו יותר מנפש חבירו הלכך דבר המקום לא ניתן לדחות: מרי דוראי. אדון עירי ונכרי הוה: מאי חזית דדמא דידך סומק טפי. מי יודע שיהא דמך חביב ונאה ליוצרך יותר מדם חבירך הלכך אין כאן לומר וחי בהם ולא שימות בהם שלא התיר הכתוב אלא משום חביבות נפשם של ישראל להקב"ה וכאן שיש אבוד נפש חבירו [כ] לא ניתן דבר המלך לדחות שגוה על הבליחה: ואפילו מצוה קלה יהרג ואל יעבור. שלא ירגילו העובדי כוכבים להמריך את הלבבות לכך: ערקתא

תוספות

שלא יהא ממונו חביב עליו. דמדניתן להצילו בנפשו כל שכן דניתן בממונו:

קסבר עונשין מן הדין. לא דמי לעונשין מן הדין [ג] דאפליגו בה אביי ורבא לקמן בפ' הנשרפין (ד' עו.) (ב) כדפרישית בפרק ד' מיתות (ד' נג: ד"ה השתא) והא דאיצטריכא לעיל חד למעוטי עבודת כוכבים היינו נמי למאן דאמר עונשין ומ"ד אין עונשין הוה משני חד למעוטי בהמה דדמי לעריות ואידך איידי דכתיב נער כתיב נמי נערה:

אפילו

עין משפט נר מצוה

נה א מיי' פ"א מהל' רוצח הלכה יג סמג לאוין קסא טוש"ע ח"מ סי' תכה סעיף א:

נו ב מיי' פ"ח מהל' חובל ומזיק הלכה יג סמג עשין ע טוש"ע ח"מ סימן שפ סעיף ג:

נז ג ד ה ו מיי' פ"ה מהל' יסודי תורה הלכה א ב ג סמג עשין ה טוש"ע י"ד סי' קנז סעיף א:

מסורת הש"ס עם הוספות

א) [לעיל נז.], ב) לקמן עט. כתובות לג., ג) [עמ"ש לקמן עט. על הגליון], ד) ב"ק קיז., ה) [לעיל נד. וש נסמן], ו) [ע"ז כז:], ז) יומא פה. ע"ז כז: נד:, ח) ברכות סא: פסחים כה. יומא פב., ט) [לעיל עג. וש"נ].

הגהות הב"ח

(א) גמ' ותשלומין לזה. נ"ב עי' לעיל דף ט ע"ב ובב"ק דף כג ע"א בתוס': (ב) תוס' ד"ה קסבר וכו' כדמפרש בפרק ארבע מיתות:

גליון הש"ס

גמ' יעבור ואל יהרג חוץ. עי' סוטה י ע"ב תוס' ד"ה טוב:

תורה אור השלם

א) וְכִי יִנָּצוּ אֲנָשִׁים וְנָגְפוּ אִשָּׁה הָרָה וְיָצְאוּ יְלָדֶיהָ וְלֹא יִהְיֶה אָסוֹן עָנוֹשׁ יֵעָנֵשׁ כַּאֲשֶׁר יָשִׁית עָלָיו בַּעַל הָאִשָּׁה וְנָתַן בִּפְלִלִים: [שמות כא, כב]

ב) וְאִם אָסוֹן יִהְיֶה וְנָתַתָּה נֶפֶשׁ תַּחַת נָפֶשׁ: [שמות כא, כג]

ג) וּשְׁמַרְתֶּם אֶת הַשַּׁבָּת כִּי קֹדֶשׁ הוּא לָכֶם מְחַלְלֶיהָ מוֹת יוּמָת כִּי כָּל הָעֹשֶׂה בָהּ מְלָאכָה וְנִכְרְתָה הַנֶּפֶשׁ הַהִוא מִקֶּרֶב עַמֶּיהָ: [שמות לא, יד]

ד) וּמִזַּרְעֲךָ לֹא תִתֵּן לְהַעֲבִיר לַמֹּלֶךְ וְלֹא תְחַלֵּל אֶת שֵׁם אֱלֹהֶיךָ אֲנִי יְיָ: [ויקרא יח, כא]

ה) וּשְׁמַרְתֶּם אֶת חֻקֹּתַי וְאֶת מִשְׁפָּטַי אֲשֶׁר יַעֲשֶׂה אֹתָם הָאָדָם וָחַי בָּהֶם אֲנִי יְיָ: [ויקרא יח, ה]

ו) וְלֹא תְחַלְּלוּ אֶת שֵׁם קָדְשִׁי וְנִקְדַּשְׁתִּי בְּתוֹךְ בְּנֵי יִשְׂרָאֵל אֲנִי יְיָ מְקַדִּשְׁכֶם: [ויקרא כב, לב]

ז) וְאָהַבְתָּ אֵת יְיָ אֱלֹהֶיךָ בְּכָל לְבָבְךָ וּבְכָל נַפְשְׁךָ וּבְכָל מְאֹדֶךָ: [דברים ו, ה]

ח) וְלַנַּעֲרָ לֹא תַעֲשֶׂה דָבָר אֵין לַנַּעֲרָ חֵטְא מָוֶת כִּי כַּאֲשֶׁר יָקוּם אִישׁ עַל רֵעֵהוּ וּרְצָחוֹ נֶפֶשׁ כֵּן הַדָּבָר הַזֶּה: [דברים כב, כו]

הגהות וציונים

א] ראשונים וכת"י בנפשו אמאי יענש: ב] בב"ק איתא רבה [ועי' תוס' כתובות ל ע"ב בד"ה רב אשי (גליון)] ועי' מהרש"ל שכצ"ל: ג] צ"ל ממונו חמור מגופו (מהרש"ל): ד] תיבת "מנין" ליתא בכת"י ובע"י: ה] צ"ל ורוצח (כ"ה בכת"י): ו] [בכל המקומות (פסחים כה ע"ב יומא פב ע"ב) איתא דרבא וכ"א בשאילתות] (גליון) וכ"ה כאן ביד את ישראל מרחם לעבודת כוכבים (גליון) ובדפו"י שלפני הצענזור הנוסח בשעת השמד, וכן בסמוך: ח] (גליון) כ"ה ברפו"ר: ט] יש להוסיף דכתיב (באה"מ, וכ"ה בנמוקי יוסף): י] צ"ל אם (רש"ש, כ] צ"ל חבירך (דק"ס): ל] עי' נר"ב תנינא חו"מ סי' ס ד"ה ולכן, מה שהקשה והגיה בדברי התוס':

ליקוטי רש"י

ויכול. הנרדף להציל עצמו באחד מאבריו של רודף כגון לקטע רגלו. ולא הציל. אלא הרגו [לעיל נז.]. וכי ינצו אנשים. זה עם זה ונתכוין להכות את חבירו והכה את האשה [שמות כא, כב]. דכתיב ואם אסון יהיה. שמתה האשה. ונתתה נפש תחת נפש. ואע"פ שלא נתכוון אלא לחבירו ואשמעינן נתכוון להרוג את זה והרג את זה חייב [כתובות לג.]. ואי לא נתכוון להרוג היאך מקטיל וכי איתכוון מיהא חייב אף על גב דלא נתכוון אלא לחבירו דהא כתיב וכי ינצו אנשים וגו' [לקמן עט.]. ולא יהיה אסון. באשה. ענוש יענש. לשלם דמי ולדות לבעל שמין אותה כמה היתה ראויה למכר בשוק להעלות בדמיה בשביל הריונה. ענוש יענש, יגבו ממון ממנו כמו (דברים כב יט) וענשו אותו מאה כסף [שמות שם]. ושיבר את הכלים. בין של נרדף בין של כל אדם פטור מלשלם שהרי מתחייב בנפשו הוא ברדיפה זו ואפילו אין הורגו דתנן בפרק בן סורר ומורה ואלו ניתנו להציל בנפשו הרודף אחר חבירו להרגו ונמצא תשלומין וחיוב מיתה באין כאחד. מגופו. שהרי נרדף זה רשאי להרוג את רודפו שנאמר (שמות כב) אם במחתרת ימצא הגנב התורה אמרה אם בא להרגך השכם להרגו. ולא מן הדין. שהרי המציל עצמו בממון חבירו חייב כ"ש מציל אחרים בממון חבירו [ב"ק קיז:]. וכי עונשין מן הדין. דתניא בפ"ק דמכות (ה:) איש כי יקח את אחותו וגו' אין לי אלא בת אביו שלא בת אמו בת אמו שלא בת אביו בת אביו ובת אמו מנין תלמוד לומר ערות אחותו גילה יהלא קל וחומר הוא למדתה שאין עונשין מן הדין וכו' ופליגי תנאי בפ' בתרא ואיכא דדריש להאי אחותו גילה דגבי עונש לדרשא [אחריתא] ועונש דבת אביו ובת אמו קסבר עונשין מן הדין [זבחים קו:]. ושפיכות דמים. כגון אמרו לו הרוג ישראל חבירך ואם לאו איהרג [פסחים כה:]. ולא תחללו. לעבור על דברי מזידין ממשמע שנאמר ולא תחללו מה תלמוד לומר ונקדשתי מסור עצמך וקדש שמי יכול ביחיד תלמוד לומר בתוך בני ישראל וכשהוא מוסר עצמו ימסור עצמו על מנת למות שכל המוסר עצמו על מנת הנס אין עושין לו נס שכן מצינו בחנניה מישאל ועזריה שלא מסרו עצמן על מנת הנס שנאמר (דניאל ג, יח) והן לא ידיע להוא לך מלכא וגו' מציל ולא מציל ידיע להוא לך וגו' [ויקרא כב, לב]. למה נאמר בכל מאדך וכו'. יאמר החביב שבהן וכל שכן שאינו חביב [יומא פב.]. יאמר החביב משניהן ודיו ומפרש לפי שפעמים שזה חביב ופעמים שזה חביב לכך הוצרכו שניהן לומר אהוב את בוראך יותר מן החביב עליך [פסחים שם.]. כי כאשר יקום וגו'. בנערה המאורסה כתיב [יומא שם]. לפי פשוטו זהו משמעו כי אנוסה היא ובחזקה עמד עליה כאדם העומד על חברו להרגו הרי זה בא ללמד ונמצא למד וכו' [דברים כב, כו]. מה למדנו מרוצח. לנערה המאורסה שהוא כמשפט הרוצח כן משפט הדבר הזה [יומא שם]. לנערה המאורסה והלא פירש בה אונס פטור כדכתיב ולנערה לא תעשה דבר אלא בא ללמד כאן ונמצא שהוקש כאן להיות למד מכאן והכי קאמר כרוצח כנערה שניהן שוין כמו והיה כעם ככהן (ישעיה כד) ולא נאמר והיה העם ככהן [פסחים שם:]. כאן לפטור את האונס דקאמר ליה קרא אין לנערה חטא מות דמשמע כי היכי דהתם אונס פטור הכי נמי פטורה, אלא משמע שזה בא ללמד על הנערה, ונמצא שנכתב כאן ללמד סימנה כלומר נמצא אף למד דמשום מילי אחריני איתקוש ותרוייהו ילפי מהדדי [לעיל עג.]. מה נערה ן רשות למציל להצילה מבעילת זו בנפשו של בועל עד שלא בא עליה כדכתיב אין מושיע לה (דברים כב) הא יש מושיע יושיענה בכל לידי תשובה [יומא שם]. ניתן רשות לרואה שהוא רודף אחריה שילצנה ממנו בנפשו של ריס כב) ואין מושיע לה הא אם יש מושיע צריך להושיעה בכל אשר יכול אפילו בהריגתו אם אין יכול להציל באחד מאבריו יהרגנו [פסחים שם]. רוצח יהרג ואל יעבור. אם אמרו לו הרוג חבירך ואם לאו אהרוג אותך יהרג ואל כדמפרש לקמן. אף נערה המאורסה. אם יאמרו בעול ארוסת חבירך או תיהרג יהרג ואל יעבור אבל היא אינה מצווה למסור את נפשה דהיא אינה עושה כלום קרקע עולם בעלמא היא ורואיה לדבר אחר [יומא שם]. רוצח יהרג ואל יעבור [שם:]. גופיה מנלן. דיהרג ואל יעבור [פסחים שם]. מרי דוראי. מושל עירי [פסחים שם]. שלטון של כפר שאני דר שם [יומא שם]. דורא כפר כדאמר (עירובין ז:) דורא דרעותא, א"ל מרי דורלי [קידושין ע.]. מי יימר דדמא דידך סומק טפי. כלומר ל על כך אלא מפני שאתה יודע שאין מצוה עומדת בפני פיקוח נפש וסבור אתה שאף זו תדחה מפני פיקוח נפשך אין זו דומה לשאר עבירות דמכל מקום יש כאן אבוד נפש והתורה לא התירה לדחות את המצוה אלא מפני חיבת

אפילו [א] לשנויי [א] ערקתא דמסאנא וכמה פרהסיא אמר ר' יעקב אמר רבי יוחנן אין פרהסיא פחותה מעשרה בני אדם פשיטא ישראלים בעינן דכתיב א) ונקדשתי בתוך בני ישראל בעי רבי ירמיה תשעה ישראל ונכרי אחד מהו תא שמע דתני [ב] רב ינאי אחוה דרבי חייא בר אבא אתיא תוך תוך כתיב הכא א) ונקדשתי בתוך בני ישראל וכתיב התם ב) הבדלו מתוך העדה הזאת [ב] מה להלן עשרה וכולהו ישראל אף כאן א עשרה וכולהו ישראל והא אסתר פרהסיא הואי אמר אביי ב אסתר קרקע עולם היתה רבא אמר ג הנאת עצמן שאני דאי לא תימא הכי הני קוואקי ודימוניקי היכי יהבינן להו אלא הנאת עצמן שאני הכא נמי הנאת עצמן שאני ואזדא רבא לטעמיה דאמר רבא עכו"ם דאמר ליה להאי ישראל [ג] קטול אספסתא בשבתא ושדי לחיותאי ואי לא קטילנא לך ליקטיל ולא לקטליה שדי לנהרא ליקטליה ולא ליקטול מ"ט לעבורי מילתא קא בעי בעו מיניה מר' אמי בן נח מצווה על קדושת השם או ד אין מצווה על קדושת השם אמר אביי ת"ש ג) שבע מצות נצטוו בני נח ואם איתא תמני הויין א"ל רבא אינהו וכל אבזריהו מאי הוי עלה אמר רב אדא בר אהבה אמרי בי רב כתיב ג) לדבר הזה יסלח ה' לעבדך בבא אדני בית רמון להשתחות שמה והוא נשען על ידי והשתחויתי וכתיב ד) ויאמר לו לך לשלום ואם

רש"י

ערקתא דמסאנא. שרוך הנעל שאם דרך העובדי כוכבים לקשור כך ודרך ישראל בענין אחר כגון שיש צד יהדות בדבר ודרך ישראל להיות צנועים אפילו שנוי זה שאין כאן מצוה אלא מנהג בעלמא יקדש את השם בפני חביריו ישראל והאי פרהסיא מדבר בישראל: אתיא תוך תוך. דעשרה בעינן וכולהו ישראל: להלן. במרגלים: והא אסתר פרהסיא הואי. ונבעלה לעובד כוכבים ולא מסרה נפשה לקטלא: קרקע עולם היא. אינה עושה מעשה הוא עושה בה מעשה: הנאת עצמו. שאין העובד כוכבים מתכוין להעבירו מירא‌תו אלא להנאת עצמו מתכוין שאני ואין כאן חלול השם ליהרג על כך: הני קוואקי ודימוניקי. כלי נחשת שנותנין בהם גחלים וגבוהין הן ועומדין לפני שולחן מלכים להתחמם כנגדן: היכי יהבינן להו. יום חג היה לפרסיים שנוטלין משרתי עבודת כוכבים אור מכל בית ובית [ז] ומעמידין בבית עבודת כוכבים שלהם ומתחממין העם כנגדן והיו נוטלין אף מבית ישראל בעל כרחם היכי יהבינן להו ולא מסרי נפשייהו אקדושת השם הלא חק עבודת כוכבים הוא: אלא. הואיל והעכו"ם אינו מתכוין להעבירו אלא להנאת עצמו מתכוין שצריך לאותו הכלי אין כאן קידוש השם ליהרג עליו ואף על פי שהעכו"ם אינו צריך לו אלא לחוק עבודת כוכבים הנאת עצמו הוא שצריך לאותו כלי ואינו אומר לי שאעבוד אני: קטיל אספסתא. קצור עשב מאכל בהמה: ליקטול. האספסתא ולא לקטליה העכו"ם דכיון דאינו מתכוין להעבירו אלא לצורכי עצמו אין כאן חילול השם: שדי לנהרא. להעבירו הוא מתכוין ואי פרהסיא הוא או שעת גזרת המלכות [ד] לקטליה ולא ליקטול אספסתא: בן נח מוזהר על עבודת כוכבים כדאמר בד' מיתות (ד' נו.) ואם אמר עבור [ה] ואל תהרג מצוה היא לקדש את השם או לא: אבזרייהו. כל מידי דשייך בהו וקדושת השם שייכא בהו דאם [ו] אומר לו לעבור על אותן מצות או יהרג ואם לא יקדש את השם יעבור עליהם הלכך האי נמי בכללן הוא: אבזרייהו. לוד [ז] אפרטנמנ"ט ודוגמתו במנחות (דף עג:) עולה וכל אביזרהא [ח]: לדבר הזה. מאחר שקבל עליו נעמן שלא לעבוד עבודת כוכבים אמר לו לאלישע לדבר הזה יסלח ה' לעבדך שאני אנוס בדבר שאדוני נשען ע"י וכתיב ויאמר לו לך לשלום אלמא הודה לו: ואם

תוספות

אפילו לשנויי ערקתא דמסאנא. לכאורה משמע דמנעליהם משונין משל עכו"ם כדאמר נמי בפרק הכונס (ב"ק נט: ושם) גבי אלעזר זעירא דהוה סיים מסאני אוכמי וקאמר שהיה מתאבל על ירושלים וכן משמע במסכת תענית (דף כב.) גבי ההוא גברא דהוה מסיים מסאני אוכמי ולא רמי חוטי וקשה דבסוף פ"ק דביצה (דף טו.) תנן אין משלחין מנעל לבן ביו"ט מפני שצריך בילת הגיר להשחירו ומפרש ר"ת דדוקא רצועות המנעל היו משונות משל עכו"ם דשל עכו"ם שחורות ושל ישראל לבנות ומסאני אוכמי דבכל דוכתי היינו רצועות שחורות אבל המנעל ודאי היה שחור:

והא אסתר פרהסיא הואי. תימה דה"ל לאקשויי עריות הואי דרולא ונערה המאורסה לכולי עלמא יהרג ואל יעבור וכמו כן קשה בריש כתובות (דף ג: ושם) דאמר דאיכא צנועות דמסרו נפשייהו ופריך ולידרוש להו דאונס שרי ומאי קושיא הא שפיר עבדן דמסרו נפשייהו משום גילוי עריות ותירץ ר"ת דאין חייבין מיתה על בעילת עובד כוכבים משום דרחמנא אפקריה לזרעיה דעובד כוכבים כדאמרינן בפ' נושאין על האנוסה (יבמות לח.) דכתיב וזרמת סוסים זרמתם ומתוך כך היה רוצה ר"ת להתיר בת ישראל שהמירה ובא עליה עובד כוכבים ושוב נתגייר עמה לקיימה ביהדות דלא שייך למימר אחר לבועל בביאת עובד כוכבים דהויא כביאת בהמה והקשה הר"ר יצחק ב"ר מרדכי דע"כ בביאת עכו"ם נאסרה לבעל כדאמרי' התם דאיכא פרוצות ובפרק האשה שנתארמלה (כתובות כו: ושם) גבי האשה שנתפשה בידי עכו"ם על ידי נפשות אסורה לבעלה ואמרינן נמי במגילה (דף טו.) כאשר אבדתי מבית אבא כך אבדתי ממך אלמא לגבי בעלה לא חשיב' ביאת עובד כוכבים כביאת בהמה וגם לכהונה נפסלת בביאתו אע"פ שבביאת בהמה אינה נפסלת דאין זונה לבהמה כדאמרינן בפ' הבא על יבמתו (יבמות דף נט:) דזרעיה דעובד כוכבים הוא דאפקריה רחמנא לענין חיים אבל ביאת עובד כוכבים לא אפקריה [ט] וכיון דנאסרה לבעל אסורה לבועל מונטמאה ונטמאה [י] ואמרינן נמי בסוטה בפרק ארוסה (ד' כז: ושם) דגוי מקנין על ידו ופוסל בתרומה ופריך פשיטא ונסתרה והיא נטמאה אמר רחמנא אחד לבעל ואחד לתרומה ומשני מהו דתימא כי אמר ונסתרה והיא נטמאה הני מילי היכא דבהך ביאה אסירה ליה לאפוקי עכו"ם דבלאו הכי אסירה ליה קמ"ל אלמא אפילו גבי עובד כוכבים שייך ונטמאה לאסור לבעל והוא הדין לבועל והא דלא פריך הכא והא אסתר עריות הואי דקים ליה דמהני טעמא דקרקע עולם לענין דלא מחייב' למסור עצמה משום עריות דהא מרוצה ילפינן ורוצח גופיה כי מחייב למסור עצמו ה"מ קודם שיהרג [י] בידים אבל היכא דלא עביד מעשה כגון שמשליכין אותו על התינוק ומתמעך מסתברא שאין חייב למסור עצמו דמאי אמר אדרבה מאי חזית דדמא דחבראי סומקי טפי דילמא דמא דידי סומק טפי כיון דלא עביד מעשה והא דקאמר אף נערה המאורסה תהרג ואל תעבור יהרג גרסינן והבועל קאי דעביד מעשה אבל הנערה עצמה שהיא קרקע עולם אין חייבת למסור עצמה ואי גרס תהרג יש לפרש דתהרג הנערה קודם שתעשה מעשה שתביא עליה את הערוה אבל לענין חלול השם משום פרהסיא לא ס"ד דמהני טעמא דקרקע עולם וכן נמי יש לפרש בהסיא דריש פרק הבא על יבמתו (יבמות ד' נג: ושם) דאמר רבא אין אונס לערוה שאין קישוי אלא לדעת דאם אומר לו שיהרגוהו או יניח שיביאוהו על הערוה ויודע שאם יביאוהו אי אפשר שלא יתקשה לא מצינו למימר דלא עביד מעשה שהקישוי חשיב מעשה ואם היה כבר מקושה ועומד והעכו"ם הביאוהו על הערוה התם ודאי יש אונס ואין לו למסור עצמו והא דפריך פרק מצות חליצה (שם ד' קג. ושם) גבי יעל והא קא מתהניא מעבירה ומשני טובתן של רשעים רעה היא אצל צדיקים דכשבא נחש על חוה הטיל בה זוהמא לא בעי למימר דמהאי טעמא היה לה למסור עצמה אע"פ שהיא קרקע עולם משום דהנאה חשיבא כמעשה כדדריש בפרק המניח (ב"ק ד' לג.) ונכרתו הנפשות העושות דא"כ בשמעתין נמי ה"ל לאקשויי גבי אסתר ועוד דנראין הדברים שלא היתה אנוסה שהרי בורח היה ולא הוה רשאי לאנסה ואדרבה היה צריך שתטמינהו מן הרודפים כמו שמוכיח הענין והיא שידלתו בדברים עד שבא עליה להתיש כחו והתם פריך על מה שהכתוב משבחה מנשים באהל תברך שרה רבקה רחל ולאה דאמרינן בפ' מי שאמר ואני בנזיר (ד' כג: ושם) גדולה עבירה לשמה ממצוה שלא לשמה שהיו מתכוונות להבנות מבעליהן וחשיב לה שלא לשמה משום דנהנין מן המצוה ולא הוי לשמה כל כך ומש"ה פריך דיעל נמי מיתהניא והשתא ניחא שהכתוב משבחה דאם היתה אנוסה במה הכתוב משבחה וא"ת כשנתרצית אסתר לאחשורוש שאמרה כאשר אבדתי למה לא גירשה מרדכי תחילה כדי שתהא מותרת לחזור לו דמחזיר גרושתו לא אסירה בזנות בלא נישואין כדתנן בפ"ב דסוטה (ד' יח:[כ]) הכל מודים שאין מתנה עמה לא על קודם שתתארס ולא על אחר שתתגרש שתסתרי לאחר ותטמאי שאם תסתרי ותטמאי ואח"כ יחזירנה זה הכלל כל שתיבעל ולא תהא אסורה לו לא היה מתנה עמה וי"ל דלא היה רוצה לגרשה שהיה ירא פן יודע למלך [י]: קטול אספסתא ושדי לחיותא כו'. ההוא עובדא דשלהי יבמות (ד' קכא: ושם) דאמר ליה עכו"ם לישראל קטיל אספסתא ואי לא קטילנא לך כדקטילנא לפלניא בר ישראל דאמרי ליה בשל לי קדירה בשבתא ולא בשיל וקטילתיה שמא לא היה בקי בהלכה דמן הדין לא היה לו למסור עצמו במקום הנאת עצמן של עכו"ם: בן נח מצווה על קידוש השם. וא"ת והא ומי בהם בישראל כתיב ואפילו ישראל היה מחויב למסור עצמו אפילו בצינעא אי לא דכתיב ומי בהם ויש לומר דדילמא לא איצטריך ומי בהם אלא כי היכי דלא נילף שאר מצות מרוצח ונערה המאורסה דאפילו בצינעא יהרג ואל יעבור לכ"ע:

ואם

עין משפט נר מצוה

נח א מיי' פ"ה מהל' יסודי התורה הלכה ב סמג עשין ה טוש"ע י"ד סי' קנז סעיף א:
נט ב (מיי' שם הלכה ג) טוש"ע שם בהג"ה:
ס ג מיי' שם הלכה ב טוש"ע שם סעיף א:
סא ד מיי' פ"י מהל' מלכים הלכה ב:

ליקוטי רש"י

נפשו של ישראל [...] וכאן עבירה נעשית ונפש אבודה מי יאמר שנפשך חביבה לפני המקום יותר משל זה דילמא של זה חביבה טפי עליו ונמצא עבירה נעשית ונפש אבודה [פסחים שם]. כלומר מאי דעביד למשרי מילתא משום וחי בהם ולא שימות בהם טעמו של דבר לפי שחביבה נפשן של ישראל לפני המקום יותר מן המצות אמר הקב"ה תבטל המצוה ויחיה זה אבל עכשיו שיש כאן ישראל נהרג והמצוה בטילה למה ייטב בעיני המקום לעבור על מצותו למה יהיה דמך חביב עליו יותר מדם חבירך ישראל [יומא שם]. [ע"כ שייך לע"א]

עדה. אין פחותה מעשרה שנאמר עד מתי לעדה הרעה הזאת יצאו יהושע וכלב [מגילה כג:]. אספסתא. שחת, וקוצרין אותו שלשה פעמים בחדש וחוזר וצומח [שבת עג.]. מין זרע הוא לעשב בהמות ולסוף ל' יום הוא נגמר ועוקרין אותו וזורעין אחר במקומו ובתוך שלשים יום גוזזין אותו שלש פעמים [ב"ב כח:]. קטול אספסתא. קצוץ שחת לבהמותי [יבמות קכא:]. בית רמון. שם עבודה גלולים. והשתחויתי. על כרחי כשהוא לאדוני והוא נשען על ידי [מ"ב ה, יח].

מסורת הש"ס עם הוספות

א) [עי' תוס' שבת מט. ד"ה כנפים], ב) [ברכות כא: ע"ש מגילה כג: ע"ש], ג) [לעיל ט.], ד) גיטין דף יז. (עי"ש ברש"י), ה) סוטה כח., ו) [וע"ע תוס' מגילה טו. ד"ה כאשר].

תורה אור השלם

א) וְלֹא תְחַלְּלוּ אֶת שֵׁם קָדְשִׁי וְנִקְדַּשְׁתִּי בְּתוֹךְ בְּנֵי יִשְׂרָאֵל אֲנִי יְיָ מְקַדִּשְׁכֶם: [ויקרא כב, לב]
ב) הִבָּדְלוּ מִתּוֹךְ הָעֵדָה הַזֹּאת וַאֲכַלֶּה אֹתָם כְּרָגַע: [במדבר טז, כא]
עַד מָתַי לָעֵדָה הָרָעָה הַזֹּאת אֲשֶׁר הֵמָּה מַלִּינִים עָלָי אֶת תְּלֻנּוֹת בְּנֵי יִשְׂרָאֵל אֲשֶׁר הֵמָּה מַלִּינִים עָלַי שָׁמָעְתִּי: [במדבר יד, כז]
ג) לַדָּבָר הַזֶּה יִסְלַח יְיָ לְעַבְדֶּךָ בְּבוֹא אֲדֹנִי בֵית רִמּוֹן לְהִשְׁתַּחֲוֹת שָׁמָּה וְהוּא נִשְׁעָן עַל יָדִי וְהִשְׁתַּחֲוֵיתִי בֵּית רִמֹּן בְּהִשְׁתַּחֲוָיָתִי בֵּית רִמֹּן יִסְלַח יְיָ לְעַבְדְּךָ בַּדָּבָר הַזֶּה: [מלכים ב' ה, יח]
ד) וַיֹּאמֶר לוֹ לֵךְ לְשָׁלוֹם וַיֵּלֶךְ מֵאִתּוֹ כִּבְרַת אָרֶץ: [מלכים ב' ה, יט]

הגהות וציונים

א] בשאילתות וארא סי' מב ל"ג "לשנויי", עי"ש פירושו. ועי' אור שמח יסודי התורה פ"ה ה"ב שמגיה לפי פירוש השאילתות לשרויי: ב] [צריך להוסיף ואתיא עדה עדה דכתי' התם עד מתי לעדה הרעה הזאת כך איתא במגילה כג ע"ב ובזה תבין פירש"י ד"ה להלן במרגלים] (גליון) ועיין מהרש"א ברש"י שם: ג] ראשונים וכת"י דאמר רבא האי עכו"ם דאמר ליה לישראל קטול: ד] או שעת השמד (דפו"י): ה] צ"ל עבוד (כ"ה ברש"י שבע"י): ו] צ"ל אם אומר (מהרש"ל דפו"ר) ובאה"מ מגיה דאם אומר וכו' או יהרג אם לא יקדש (וכ"ה ברש"י שבע"י): ז] צ"ל לו"ר (דפו"י): ח] [כ"ה בי' הערוך שם אבל לפנינו איתא וכל חבירתה] (גליון): ט] צ"ל לא אפקרה (דפו"י): י] צ"ל שיהרוג (מהר"ם): כ] עי"ש הנוסחא (גליון):

ואם איתא לא לימא ליה הא בצנעה הא בפרהסיא אמר רב יהודה אמר רב מעשה באדם אחד שנתן עיניו באשה אחת והעלה לבו טינא ובאו ושאלו לרופאים ואמרו אין לו תקנה עד שתבעל לו [א] אמרו חכמים ימות ואל תבעל לו תעמוד לפניו ערומה ימות ואל תעמוד לפניו ערומה תספר עמו מאחורי הגדר ימות ולא תספר עמו מאחורי הגדר פליגי בה ר' יעקב בר אידי ור' שמואל בר נחמני חד אמר אשת איש היתה וחד אמר [ב] פנויה היתה בשלמא למאן דאמר אשת איש היתה שפיר אלא למ"ד פנויה היתה מאי כולי האי רב פפא אמר משום פגם משפחה רב אחא בריה דרב איקא אמר [ג] כדי שלא יהו בנות ישראל פרוצות בעריות ולינסבה מינסב לא מייתבה דעתיה כדר' יצחק דא"ר יצחק [א] מיום שחרב בית המקדש ניטלה[א] טעם ביאה וניתנה לעוברי עבירה שנאמר [א] מים גנובים [ג] ימתקו ולחם סתרים ינעם:

הדרן עלך בן סורר ומורה

ואלו [ד] הן הנשרפין הבא על אשה ובתה ובת כהן שזנתה[ב] יש בכלל אשה ובתה בתו ובת בתו ובת בנו ובת אשתו ובת בתה ובת בנה חמותו ואם חמותו ואם חמיו: **גמ'** הבא על אשה שנשא בתה לא קתני אלא הבא על אשה ובתה מכלל דתרווייהו לאיסורא ומאן נינהו חמותו[ג] ואם חמותו וקתני יש בכלל אשה ובתה מכלל דתרווייהו כתיבי בהדיא והנך מדרשא אתיא הניחא לאביי דאמר [ה] משמעות דורשין איכא בינייהו מתניתין מני רבי עקיבא היא אלא לרבא דאמר [ו] חמותו לאחר מיתה איכא בינייהו מתניתין מני אמר לך רבא תני הבא על אשה שנשא בתה: יש בכלל אשה ובתה חמותו ואם חמותו ואם חמיו: לאביי איידי דקא בעי למיתנא אם חמיו תני נמי חמותו ואם חמותו לרבא איידי דקא בעי למיתנא אם חמיו ואם חמותו תני נמי חמותו מנהני מילי דת"ר [ב] איש אשר יקח את אשה ואת אמה אין לי אלא אשה ואמה בת אשה ובת בתה ובת בנה מנין נאמר כאן [ג] זמה ונאמר להלן [ג] זמה מה להלן בתה ובת בתה ובת בנה אף כאן בתה ובת בתה ובת בנה מנין לעשות זכרים כנקבות נאמר כאן זמה ונאמר להלן זמה מה להלן זכרים כנקבות אף כאן זכרים כנקבות מנין לעשות למטה כלמעלה נאמר כאן זמה ונאמר להלן זמה מה להלן למטה כלמעלה אף כאן למטה כלמעלה ומה כאן למעלה כלמטה[ד] אף להלן למעלה כלמטה אמר מר מנין לעשות זכרים כנקבות מאי זכרים כנקבות אילימא בת בנה כבת בתה בהדי הדדי קאתיאן אלא אם חמיו כאם חמותו השתא אם חמותו לא קמה לן אם חמיו מיהדר עלה

אמר

ואם איתא. דבן נח מוזהר על קדושת השם לא נימא ליה לך לשלום דמשמע דהודה לו נהי דלהוכיחו לא היה מצווה דהוכח תוכיח את עמיתך כתיב (ויקרא יט) ולא גר תושב מיהו אודויי לדבר איסור לא לודויי: **בצנעה.** נעמן בצנעה הוה ולא היו ישראל בבית רמון שהוא משתחוה לשם וגבי קדושת השם בתוך בני ישראל כתיב ואפילו נצטוו בני נח עליה לא נצטוו לקדשו בתוך הכותים אלא בתוך ישראל: **העלה לבו טינא.** נימוק[ה] מרוב אהבה נטמטם לבו והעלה חולי: **משום פגם.** משפחת האשה שהיו בושין בדבר: **שלא יהו בנות ישראל פרוצות בעריות.** לעמוד בפני האנשים לתת בהם עיניהם ומסרוס להם לביאה: **ולינסבה מינסב.** דאין כאן פרוצות בעריות דכולהו ליעבדן הכי ולינסבן ואין כאן עבירה אלא מצוה: **לא מיתבא דעתיה.** ולא ירפא בכך: **מיום שחרב בית המקדש.** כשל הכח מדאגות רבות ואין רוח קמה באיש להיות תאב לאשתו לפיכך ניטל טעם ביאה: **וניתן לעוברי עבירה.** שיצר הרע תוקפן ומרבה תאותן: דכתיב **ולחם סתרים ינעם.** לישנא מעליא נקט כמו כי אם הלחם אשר הוא אוכל (בראשית לט):

הדרן עלך בן סורר ומורה

אלו הן הנשרפין הבא על אשה ובתה. בגמרא מפרש לה: **ובת כהן.** כלומר וכן בת כהן שזינתה היא בשריפה אבל בועלה לאו בשריפה הוא[ו]: **יש בכלל אשה ובתה.** כלומר אשה ובתה כתיבי בהדיא כדמפרש בגמרא דהאי אשה ובתה היינו חמותו דשריפה כתיבא בה כדכתיב (ויקרא כ) (כי יקח איש[ז]) את אשה ואת אמה זמה היא באש ישרפו אותו ואתהן: [ז] **ויש בכללן.** כלומר מינייהו ילפינן כולהו הנך בגזירה שוה כדלקמן בברייתא: **בתו.** מאנוסתו דלאו בת אשתו דנחייב עליה משום בת אשתו דהא אנוסה לאו אשתו היא: **בת בתו ובת בנו.** שהיו לו מאנוסתו: **בת אשתו.** בין שהיא בתו בין שהיא חורגתו: **גמ' הבא על האשה שנשא בתה לא קתני.** כלומר מכדי מדקתני סיפא יש בכלל וכו' מכלל דהאי אשה ובתה בהנך דכתיבן איירי ולאו באשתו ובבת אשתו קאמר אלא בחמותו דשריפה כתיב בה והא הבא על האשה דקתני לאו באשתו הוא דא"כ הבא על האשה ואמה מבעי ליה למתניה וא"כ הך אשה אחמותו קאמר הוה ליה למתנייה הבא על האשה שנשא בתה דהיינו חמותו הא לא קתני אלא הבא על אשה ובתה מכלל דתרווייהו לאיסורא ולא הוזכרה אשתו לכאן ומאן נינהו חמותו ואם חמותו והכי קאמר הבא על אם חמותו או על בתה דהיינו חמותו וקתני יש בכלל אשה ובתה כולהו הנך אלמא הך אשה ובתה כתיבי בהדיא: **הניחא לאביי דאמר.** בפירקין (דף עו:) גבי פלוגתא דרבי ישמעאל ורבי עקיבא: **משמעות דורשין איכא בינייהו.** ומסיק למילתיה דלרבי עקיבא כתיבא בהדיא אם חמותו מתניתין מני ר"ע היא: **אלא לרבא דאמר.** בין לרבי ישמעאל בין לרבי עקיבא לא כתיבא אלא בחמותו שבא עליה לאחר מיתת אשתו פליגי מתניתין מני: **אמר לך רבא תני על אשה שנשא בתה.** דהיינו חמותו דכתיבא בהדיא איש כי יקח את אשה דהיינו אשתו ואת אמה דהיינו חמותו: **יש בכלל אשה ובתה וכו'.** קתני נמי חמותו ומילתא דתמיה היא דההוא לאו מדרשא אתא וקתני בהדייהו: **לאביי.** דאמר חמותו ואמה כתיבן בהדיא איידי דתנא בהאי כללא אם חמיו דאתיא מדרשא נקט אגב ריהטא חמותו ואם חמותו: **אין לי אלא אשה ואמה.** דהיינו חמותו: **נאמר כאן.** בשריפה זמה היא: **ונאמר.** באזהרת בתה ובת בתה ובת בנה שארה הנה זמה היא: **אף כאן.** לענין עונש שריפה בתה ובת בתה ובת בנה בהאי דינא דהאי קרא: **מנין לעשות זכרים כנקבות.** לקמן מפרש: **מנין לעשות למטה כלמעלה.** לקמן נמי מפרש: **ומה כאן למטה כלמעלה אף להלן למעלה כלמטה.**[ח] לקמן מפרש: **בהדי הדדי אתיין.** הא רבינהו לתרווייהו בגזרה שוה דאתיא זמה זמה: **אלא אם חמיו כאם חמותו השתא אם חמותו אכתי לא קמה לן.** עדיין לא העמידה על בוריה בשריפה מן התורה דהא האי תנא לפום ריהטא שמעינן ליה דהאי אשה דקרא היינו אשתו ואפי' למאן דאמר אם חמותו כתיבא לאו ממשמעותא דאת אשה ואמה נפקא ליה אלא ממשמעותא דאותו ואתהן: **אם חמיו קא מהדר עלה.** מחזר עליה להביאה לתורת אם חמותו דקאמר זכרים כנקבות הא אכתי לא אשמעינן תנא אם חמותו:

אמר

ואם איתא לא לימא ליה. לא היה לו להודות לדבר איסור דא"ל לך לשלום ש"מ אין בן נח מצווה על קידוש השם ומשני הא בצנעה הא בפרהסיא נעמן בצנעה הוה דלא היו ישראל בבית רמון וגבי קדוש השם בתוך בני ישראל כתיב ואפילו למאן דאמר בצנעא נמי יהרג ואל יעבור הני מילי ישראל אבל כותי לא ולעולם אימא לך דבן נח מצווה על קדוש השם כגון פרהסיא ולמסקנא זו לא איפשטא בעיין ולשון מאי הוי עלה משמע דמסקנא דפשיטות היא ונראה יותר כספרים דגרסינן ואם איתא לימא ליה הא בצנעא הא בפרהסיא וקא פשיט דלא מפקיד מדאמר ליה סתם לך לשלום:

הדרן עלך בן סורר ומורה

ומאי נינהו חמותו ואם חמותו. הוה מצי למימר בתה ובת בתה אלא הני נקט דכתיב בהו שריפה בהדיא:

מנין

מסורת הש"ס עם הוספות

א) [עי' תוס' ב"ב יג. ד"ה אטו], ב) [נדרים לא:], ג) [לקמן עו:], ד) [שם], ה) לקמן צ ע"א.

הגהות וציונים

א] ניטל טעם ביאה וניתן (ראשונים): ב] תיבת "שזנתה" נמחק (מלא"ש בשם הר"ר יהוסף) וליתא בכת"י ובמשניות דפו"י ובמשבי"ר: ג] [ירו' ל"ג חמותו וכו'] (גליון) הגה"ה זו שייכת לסוף המשנה וכוונתו שבמשבי"ר ליתא חמותו וכו' עד סוף המשנה, אולם עיין בקרבן העדה שיש לגרוס זה גם במשנה שבירושלמי: ד] צ"ל ומה כאן למטה כלמעלה אף להלן למעלה כלמטה (כך משמע מסוגית הגמ' לקמן ע"ב וכן מבואר ברש"י שם ד"ה ורב אשי, מהרש"א ברש"י שם (עיי"ש) וחשק שלמה, וכ"ה בדפוס בסיליאה): ה] בס"א איתא לימו"ן, והוא לשון לעז (עי' רש"י עירובין צט ע"ב ד"ה שירטון, פסחים סח ע"א ד"ה שירקא). ובס"א ליתא כלל תיבה זו (מהרש"ל) וכן ברש"י שעל הרי"ף ליתא תיבה זו: ו] [צ"ל ואיש אשר יקח] (גליון): ז] בדפו"ר הד"א (ולפנינו הוא ע"פ המהרש"ל): ח] בדפו"ר "מה כאן למטה כלמעלה אף להלן למטה כלמעלה", והגיה המהרש"ל כלפנינו. ומהרש"א (לקמן ע"ב) מגיה "ומה כאן למטה כלמעלה אף להלן למעלה כלמטה", וכ"ה בדפוס בסיליאה (ראה לעיל אות ד, ועי' במהרש"א שם):

עין משפט נר מצוה

סב א ב ג מיי' פ"ה מהלכות יסודי התורה הלכה ט ועיין בב"י י"ד סימן קנז:
א ד מיי' פ"א מהלכות אסורי ביאה הלכה ה ופט"ו מהלכות סנהדרין הלכה יא סמג עשין קיב:

תורה אור השלם

א) מַיִם גְּנוּבִים יִמְתָּקוּ וְלֶחֶם סְתָרִים יִנְעָם: [משלי ט, יז]

ב) וְאִישׁ אֲשֶׁר יִקַּח אֶת אִשָּׁה וְאֶת אִמָּהּ זִמָּה הִוא בָּאֵשׁ יִשְׂרְפוּ אֹתוֹ וְאֶתְהֶן וְלֹא תִהְיֶה זִמָּה בְּתוֹכְכֶם: [ויקרא כ, יד]

ג) עֶרְוַת אִשָּׁה וּבִתָּהּ לֹא תְגַלֵּה אֶת בַּת בְּנָהּ וְאֶת בַּת בִּתָּהּ לֹא תִקַּח לְגַלּוֹת עֶרְוָתָהּ שַׁאֲרָה הֵנָּה זִמָּה הִוא: [ויקרא יח, יז]

ליקוטי רש"י

מים גנובים ימתקו. אין טעם ביאת פנויה כטעם א"א [משלי ט, יז]. כלומר דבר האסור לו יצרו רודף אחריו [סוטה ז.]. **משמעות דורשין.** לשון משמעות המקרא דורשין. **לרבא דאמר חמותו.** שבא עליה מתנה לאחר מיתת נחה איכא בינייהו אבל אם חמותו לתרווייהו מדרשא אתיא [לקמן עו:].

יסרתו אמו אמר שלמה להודות לאמו: **זה אדם הראשון.** פירש"י שנכשל ביין וכו'. ויהי' מ"ס מאיש מ"ס היותר כמ"ס ויתכס מכל האדם ועוד יש לפרש כי בער ששתיתי יין ולא למדתי מאיש ולא הבנתי מאדם שלא לשתות ולהשתכר ביין ויהי' מ"ס מאיש כמו מן כמ"ס מכל מלמדי השכלתי וגו' וק"ל: **ולא בינת אדם לי זה אדם הראשון כו'.** וכמ"ד לעיל א] אילן שאדם אכל ממנו גפן היה דהיינו היולא מהגפן א"כ לאינך תנאי שהיה לו ללמוד מאדם הראשון שהיה מסתפק בלא יין כדמשמע מקרא ויחל נח ויטע כרם וגו' שאז היה תחלת נטיעת הכרם שיהיה ראוי לשתות וק"ל:

ח"א דף עא ע"א מדקול בעינן שוה כו'. יש לעיין בזה היכי משמע מאינו שומע בקולנו ומהיכן בא לומר מדקול בעינן שוה מראה וקומה נמי וכו' ור"ש דקאמר וכי מפני כו' הוא תמוה לכאורה אם אינו ראוי ליסקל למה כתבה התורה שהוא ראוי ולא שייך בזה דרוש כו' ונראה כי הבן סורר אף כשהוכיחו אותו אביו ואמו כמה פעמים כמפורש בקרא ויסרו אותו אביו ואמו וגו' אמר כי מעולם לא הוכיחו אותו שניהם אלא אביו או אמו ואומר אלו הוכיחו שניהם היה מקבל תוכחתם וא"כ ע"כ בשקול שניהם שוה שיכול לומר שהיה סבור בכל התוכחות שלא היו רק מאחד מהם או מאביו או מאמו ואם כן ע"כ דמראה וקומה נמי שוין דאל"כ אף בשקולן שוה אכתי לא היה יכול לומר דאחד מהם היה כיון דמראיהן או קומתן אינן שוין וזה דבר שאי אפשר שיהיו שוין בכל דבר ולא היה ולא עתיד להיות ור' שמעון דקאמר וכי מפני שאכל כו' דודאי לדעת ר"ש התורה חייבה עליו מיתה שהגיעה תורה לסוף דעתו וכו' כדלקמן אלא דקאמר דאביו ואמו ודאי דלא יוליאו אותו בשביל זה לסקילה שהם ודאי לא יגיעו לסוף דעתו ויאמרו שסופו לחזור מדרכיו הרעים ויהיו חסים עליו וע"כ לא היה ולא עתיד להיות שאביו ואמו לא יגיעו לסוף דעתו (ויכסו) [ויחסו] עליו מלהוליאו לסקילה בשביל תרטימר אחד ולמה נכתב אלא דרוש שאביו ואמו ידרשו שהתורה הגיעה לסוף דעתו דבכזה הוא ראוי ליסקל וע"י זה יוכיחו ויסרו את בניהם ויקבלו על זה שכר וכדאמרינן ב] הני נשי במאי זכיין שמגדלין בניהן לת"ת אבל בזמן הזה אין נותנין לב לזה וכל אחד מחפה על בנו אף שהוא באמת חייב מלקות ומיתת ב"ד ואין מוכיחין אותן והנערים הולכים רוב ימיהם בביטול ת"ת ואמרי' פרק כל כתבי ג] לא חרבה ירושלים אלא בשביל שבטלו בו תינוקות של בית רבן כו' ודו"ק:

דף עא ע"ב גמ' ה"ק מתרין בו בפני שנים ומלקין אותו כו'. לא שהגיה המשנה דא"כ הל"ל חסורי מחסרא והכי קתני אלא דהכי משמע מתרין בו כדין עדות דעלמא בפני שנים ובפני שלשה דהיינו ב"ד מלקין ד] ורש"י בחומש ה] כתב לשון המשנה בעלמו וכמו שיתפרש לשון המשנה בעלמו כך תפרש לשונו ואין להאריך בזה ודו"ק: **תוס' בד"ה בן נח כו' ונראה שיש** לחלק דכולה שמעתין בדיני **אדם** והתם בדיני שמים עכ"ל. מיהו על כרחך לא אתיא שמעתין ככ"ע אלא אי כרבנן דהתם דבדיני שמים מיענשי והכא בדיני אדם הקילו בו ואי כר' יוסי דהתם דבדיני שמים הוה כקטן שנולד דמי והכא בדיני אדם יש להחמיר יותר ולהכי ליכא למימר כתנאי דזיל הכא קמדחי ליה וזיל הכא קמדחי ליה אבל ליכא למימר דאתיא שמעתין ככולי עלמא דא"כ הויא סברת רבי יוסי הפוכה מסברת רבנן דלר' יוסי החמיר בדיני אדם טפי מבדיני שמים ולרבנן הקילו טפי בדיני אדם מבדיני שמים וק"ל: **תוס' בד"ה קלה בחמורה כו' והא דאמר רבי יוחנן לתנא כו' והכא לא דיינינן ליה במיתה קמייתא כו' עכ"ל.** אין לפרש דבריהם דר"ל הכא בההיא דרבי חנינא בעובד גלולים שבירך השם דא"כ מאי קשיא להו דאימא דקושטא לר' יוחנן דדיינינן ליה במיתה קמייתא וכן פירש רש"י ו] הכא נמי נדייניה כדמעיקרא במיתתו הקלה ובההיא ברייתא נמי דקתני בה עשה כן בישראל ונתגייר חייב לרבי יוחנן אית לן למימר דחייב במיתה קמייתא גם מה ענין קושייתם מהא דאר"י לתנא כו' אהאי פירושא דאשתני גופה דבשמעתין נמי איכא למימר הכי אם נימא דלא פליג אדרבי חנינא וע"כ נראה לפרש דבריהם דלהאי פירושא הא דקאמר הואיל ואשתני אשתני גופה קשיא להו והא דאר"י לתנא תני תידון בסקילה במיתה קמייתא ולא מהני ליה הא דאשתני גופה להיות נידון בחנק והכא במתני' בגרת עד שלא נגמר דינו וא"כ הקיף התחתון דפטור ולא דיינינן ליה במיתה קמייתא דאע"ג דהשתא לאו בר קטלא הא לר"י לא אזלינן בתר השתא ואהא כתבו דמכל מקום התם לא אשתני דינא כי הכא דהתם לא אשתני דינא אלא מסקילה לחנק אבל הכא אשתני דינא לגמרי דהשתא לאו בר קטלא הוא כלל ואף שלשון אשתני דינא לא מתפרש הכי בגמרא גבי גר הכא לגבי אשתני גופה מקרי אשתני מיתה אשתני דינא דהיינו דין מיתה וכ"ה לשון התוספות בפרק אלו נערות אשתני דינא בכהאי גוונא דלא קאי התם אגר שנתגייר אלא לגבי אשתני גופה ותו לא מידי ודו"ק:

דף עב ע"א גמרא ת"ר אין לו דמים כו' אם ברור לך הדבר כשמש שאין לו שלום כו' דמים לו כו' אם ברור הדבר כשמש שיש לו שלום כו' כאן באב על בן וכאן בבן על אב כו'. לכאורה ודאי פירוש שמועה זו

חכמת שלמה

חידושים

בן סורר פרק שמיני

דף עא ע"ב רש"י **בד"ה למדנו ויסרו כו'** מבן דכתיב גבי בן ללמדנו כו' מבן והיה כו'. כצ"ל. נ"ב פי' למדנו ויסרו דסורר ומורה מבן שעמו כי היכא דנגמר נמי איסרו דמוליא שם רע דליהוי בן עמו וא"כ יליף בן דאייתי הכא בג"ש מבן אם בן הכות כו':

דף עב ע"א תוס' **בד"ה לא קבלינהו כו'** ודש בה ואתנן כו'. כצ"ל. ונ"ב פירוש שלוקה ומשלם ממון כדי ללאת ידי שמים דומיא דאתנן של אמו דמן התורה פטור מן אותה אתנן שהרי מתחייב בנפשו מכל מקום ללאת ידי שמים משלם לה ונקרא אתנן ואסרה תורה:

הגהות

דף עא ע"א רש"י **בד"ה עד שיגנוב כו' ויאכל ברשות אחרים כו'.** כצ"ל: רש"י **בד"ה אי נימא כו'** בת קדושין. הס"ד: רש"י **בד"ה בשוה לאביו כו'** מפרש לקמן. הס"ד: רש"י **בד"ה בקולנו חד קול כו'.** כצ"ל: רש"י **בד"ה אפי' מזוזה כו' שאזכרת השם כתובה שם ולא קרינא כו'.** כצ"ל והד"א:

דף עא ע"ב גמ' ויסרו מבן ובן מבן כו' ונשתנה דינו ונשתנה מיתתו כו'. כצ"ל: רש"י **בד"ה הואיל ונשתנה דינו ונשתנה מיתתו כו' ועדים ונשתנית כו'.** כצ"ל והד"א: רש"י **בד"ה שאני הכא כו' אבל הכא אלו עביד כו'.** כצ"ל: רש"י **בד"ה שהכה את כו'** בסייף וכן בא כו'. הד"א: רש"י **בד"ה עשה כן כו'** השתא מיתתו כו'. הד"א: רש"י **בד"ה ובסקילה מאי טעמא כו'.** נ"ל בסקילה מאי טעמא כו' **פטור לגמרי** הס"ד:

דף עב ע"א גמ' אמר רבה מסתברא כו'. כצ"ל: רש"י **בד"ה מגמר מכלה.** הס"ד: רש"י **בד"ה יש לו כו' להורגו חייב לשלם כו'.** הד"א: רש"י **בד"ה אבל נטל כו'** מילתא דרב דפטר בה כו'. כצ"ל: רש"י **בד"ה ולא היא מסקנא דמילתא דרבה הוא כו'.** כצ"ל: רש"י **בד"ה מתיב רב ביבי לרבה פריך כו'.** כצ"ל: רש"י **בד"ה פטור מן כו'** בדמי קננהו כו' **דאמר נטל לא.** כצ"ל: רש"י **בד"ה ה"ג כו' הרגהו כו' אין לו כו'.** והד"א:

מהר"ם

שלא יעשו הסעודה ביום אבל בלילה אפילו אם יעשו בלילה שלפני יום השלשים הרשות בידם וק"ל:

דף עא ע"א בתוס' ד"ה על מנת שאין לבעלך כו' דהא ר' אליעזר הוא דאמר בחזקת הבתים אחד זה ואחד זה וכו'. פי' בין שנתן לה בעלה במתנה בין שמכר לה בעלה קנתה וכו':

דף עא ע"ב תוס' בד"ה קלה בחמורה מישך שייכא חנק שהיתה מיתה קלה היה ראוי לו מתחלה ויותר. ר"ל ולכך לא מקרי זה אשתני קטלא ולקמן גבי סרחה ואחר כך בגרה דקאמר בסקילה מאי טעמא לא דכיון דאשתני אשתני רצה לומר דקרי ליה אשתני קטלא מחמת שמתחלה היה דינה בסקילה ועכשיו שנתבגרה דינה בחנק ולא אמרינן נמי קלה בחמורה מישך שייכא ולא מקרי אשתני קטלא אין הכי נמי דלא מקרי אשתני קטלא והא דקרי ליה אשתני לאו אמיתה קאי אלא אשתני גופה והא דקאמר רבי יוחנן לתנא תני תידון בסקילה והכא לא דיינינן ליה במיתה קמייתא וכו' ור"ל לפי מה דמסיק דאמר ר"י לתנא בהדיא דסרחה ואחר כך בגרה תני תידון בסקילה תקשי לך הברייתות אהדדי דהתם גבי סרחה ואחר כך בגרה נידונית במיתה קמייתא החמורה והכא בברייתא זו בבן נח שהכה או בא על אשת איש קתני עשה כן בישראל ונתגייר חייב משמע דדיינינן במיתה דהשתא דהיינו חנק ולא במיתה קמייתא ותירצו התוס' דהתם גבי סרחה ואח"כ בגרה לא אשתני דינא ולכך נידונית במיתה קמייתא אבל הכא גבי בן נח שעשה כן בישראל ונתגייר שנשתנה דינו דבעינן עדים והתראה אלו עביד השתא ולכך נידון במיתה דהשתא: **בא"ד ומיהו קשה דגבי סרחה ואחר כך בגרה לא משמע דאיירי בשינוי הגוף.** פירוש אלא דקרי ליה אשתני קטלא אף על גב דמעיקרא הוה דינה בסקילה החמורה ועכשיו הוי דינה בחנק הקלה וקלה בחמורה מישך שייכא והא דקאמר כל שכן הכא דאשתני לגמרי ר"ל דגבי בן נח שבירך השם ונתגייר איכא תרתי דמשתני דינא ואשתני קטלא ונראה לפרש דהא דקאמר קלה בחמורה מישך שייכא וכו' דמכל מקום קטלא אשתני וכו' ר"ל ולכך אתי נמי שפיר גבי סרחה ואחר כך בגרה דקאמר בסקילה מאי טעמא לא הואיל ואשתני דקרי ליה אשתני כפשוטו משום דאשתני קטלה והא דקאמר רבי יוחנן לתנא תני תידון בסקילה דהיינו מיתה קמייתא וגבי בן נח שעשה כן בישראל ונתגייר לא דיינינן ליה במיתה קמייתא מתורץ גם כן כמו שתירצו התוס' לעיל לפי פירוש הראשון של מישך שייכא דהיינו משום דגבי סרחה ואחר כך בגרה לא אשתני דינא אבל גבי בן נח שנתגייר אשתני נמי דינא דההוא קושיא ותירוץ שפירשו התוס' לעיל אמר ר"י דקאמר לתנא תני תידון בסקילה שייך שפיר בין לפירוש הראשון שפירשו התוס' על קלה בחמורה מישך שייכא בין לפירוש זה שפירשו השתא והארכתי בפירוש דברי התוס' זה הגם שדברים פשוטים הן משום שראיתי מי שפירש דבור זה בדרך זר משובש ושקר וכדי שלא יטעו אחריו הוכרחתי לבאר דברי התוס' על נכון ז]:

דף עב ע"א בתוס' ד"ה אפילו נטל וכו' אלמא קודם יאוש לא קני. פירוש לא אמרינן בדמי קנינהו אף על גב דכל גנב שלא נמצא במחתרת אלא שנכנס הגנב דרך פתחים בר קטלא הוא כדלקמן בסמוך בדף זה ע"ב ותירצו ויש לומר דהתם בגנב מגגו וכו' דלאו בר קטלא הוא פירוש אף על גב דילפינן לקמן מדכתיב ימצא הגנב מכל מקום דאפילו בגגו חצרו וקרפיפו בר קטלא הוא היינו כשהתרו בו ובמרובה איירי דלא התרו ביה דאז לאו בר קטלא הוא ולא שייך לומר בדמים קנינהו ולכך קודם יאוש לא קני:

הגהות והערות

א] דף ע ע"א. ב] ברכות דף יז ע"א. ג] שבת דף קיט ע"ב. ד] וכ"כ בפי' המשניות להרמב"ם וע"ע בהגהות חשק שלמה. ה] דברים כא, יח. ו] ד"ה תדון בסקילה. ז] ע' מהרש"א.

כמו שפירשה הרא"ש וז"ל שהברייתא המדבקת אם זרחה השמש עם אין לו דמים כו' שאין לו שלום עמך מיירי באב על בן דסתם אב מרחם על בנו כו' ולכך לא ניתן להרגו אלא כשיודע בבירור שבא להרגו כו' והברייתא המדבקת אם זרחה השמש עם דמים לו כו' שיש לו שלום עמך דמים לו מיירי בבן על האב דסתם בן אם יעמוד האב כנגדו יהרגהו ולכן אינו חייב על הריגתו אלא כשיודע בבירור שאם יעמוד כנגדו להציל ממונו לא יהרגהו כו' עכ"ל וכך הביאו התוספות בשמעתין א] שכתבו אהך דריש פסחים אי פשיטא לך מלתא כנהורא דאנפשות קאתי רוצח הוא כו' דיש לפרש כולה באב על בן דאי קים ליה בגויה שסונאו רוצח הוא כו' עכ"ל ע"ש אבל רש"י בחומש ב] פירש אם זרחה השמש כו' אם ברור לך הדבר שיש לו שלום עמך כשמש הזה שהוא שלום בעולם כך פשוט לך שאינו בא להרוג כו' כגון אב החותר לגנוב ממון הבן כו' עכ"ל ע"ש ותמה עליו הרא"ס ז"ל ורש"י ז"ל איך הניח מה שתירצו בגמ' שהסמיכות של אם זרחה השמש עם דמים לו מיירי בבן על אב ויפרש הוא באב על בן וצריך עיון והאי דקאמר אם ברור לך הדבר שיש לו שלום כו' כגון אב החותר כו' לאו בירור ממש קאמר כבירור הברייתות דלעיל דאם כן כו' אלא בירור של סברא והכי קאמר אם הסברא מוכחת שיש לו שלום כו' כגון אב החותר כו' עכ"ל ועוד האריך ע"ש אבל ממה שפירש רש"י לקמן ג] דמים לו לשון רבים הוא להכי אתא לומר דבין בחול בין בשבת אסור לבן להרוג את אביו כו' אין לו דמים לשון רבים דכתיב גבי איניש דעלמא להכי כו' עכ"ל הרי מוכח בהדיא מפירושו דהך ברייתא דאין לו דמים מיירי בבן על אב והך ברייתא דיש לו דמים איירי באב על בן והוא ממש כפירושו בחומש ולכך נראה דרש"י מפרש לה דלמאי דמשנינן בשמעתין כאן באב על הבן וכאן בבן על האב דהברייתא נמי לאו בבירור ממש קמיירי אלא בבירור של סברא ומסתמא קאיירי בהך בירור של פירש"י שבחומש כמ"ש גם הרא"ס דהשתא ברייתא קמייתא מיירי בבן על האב והכי קאמר אם זרחה השמש שברור לך מסברא שאין לו שלום עמך כגון בן על אב וכ"ש איניש דעלמא אין לו דמים והרגהו ואם לאו שילא מכלל סתם זה אל תהרגהו וברייתא בתרייתא איירי באב על בן והכי קאמר אם זרחה השמש שברור לך בסברא שיש לו שלום כגון האב על הבן אל תהרגהו ואם לאו שילא מכלל סתם זה תהרגהו והשתא הך ברייתא מפורשת בעצמה כההיא דמכילתא וכפירש"י בחומש וכן משמע מפירש"י בשמעתין במתניתין יש לו דמים חייב אם אינו ראוי ליהרג כגון אב על הבן דתניא לקמן כו' גם ממה שפירש האב הבא על הבן כו' הלכך דמים לו כו' מכל זה מוכח שהוא מפרש הך ברייתא דדמים לו באב על הבן והיינו בבירור של סברא וסתמא ולא כמו שהבין הרא"ס שמועה זו גם מה שהקשה הרא"ס לפירש"י שפירש בחומש כשמש הזה שהוא שלום בעולם כו' דמתוך שמעתין משמע דפירוש אם זרחה השמש אינו אלא לענין ברור שיהי' ברור כשמש ולא לענין השלום כמו שדרשו במכילתא כו' ויש לתמוה מדוע הניח הברייתות הללו כו' עכ"ל ועוד האריך ע"ש ולפי שיטתנו גם בזה אין כאן מקום תמיה לפירש"י בחומש שהרי רש"י בחומש לא הביא רק ברייתא בתרייתא דאם זרחה השמש דבק עם דמים לו כמשמעות הכתוב דאם זרחה השמש הוא תחלת הפסוק ודבק למטה עם דמים לו ואינו דבק עם אין לו דמים שהוא בפסוק אחר לעיל מיניה ולברייתא בתרייתא ודאי דאיכא לפרושי אם זרחה השמש לענין השלום כההיא ברייתא דמכילתא ובאב על הבן דמסברא יש לו שלום עמך כמו השמש שהוא שלום בעולם וזה הוא דרכו של רש"י בחומש להביא דרשה היותר פשוטה והשתא נמי ההיא דריש פסחים לאור יקום רוצח אי פשיטא לך מילתא כו' לפירש"י בחומש ובשמעתין ולדרש המכילתא יתפרש שפיר על הסתמא שברור לך מן הסברא כנהורא דאנפשות קאתי רוצח הוא כו' ובבן על האב כפירש"י שם והתוס' הכא ובפרק קמא דפסחים הבינו שמועה זו כמו שהבינה הרא"ס אבל בפירוש רש"י בחומש ובשמעתין אין לך אלא כמו שאמרו ותו לא מידי: **בפירש"י בד"ה ולא היא כו' דאשכחן בשומרים כו' הא שלח כו' חייב דנעשה עליה גזלן כו' אבל לענין** מקני כו' ומהדר להו בעיניהו דכתיב **והשיב את הגזלה** כו' עכ"ל. קלא קשה לפי זה למה ליה לתלמודא למימר מידי דהוה אשואל הא מדין שליחות יד וגזלן גופיה איכא לאוכחי נמי שפיר דלענין אונסין הוה ברשותיה ולא לענין מקני מלחייב ליה באונס בשלח יד ואי איתא הדרא בעיניה כמו שפירש רש"י ואפשר דלא קאמר מידי דהוה אשואל אלא לפרש טעמו של דבר דלכך הוה הכא ברשותיה לענין אונסין אע"ג דלא קני ליה דמידי דהוה אשואל דחייב באונסין משום דכל הנאה שלו הא נמי כל הנאה שלו ויש לחייבו באונסין וק"ל: **תוס' בד"ה מסתברא כו' קא משמע לן רב אפילו שיבר אחר כך** עכ"ל. וכן נראה מפירש"י וכ"כ בעל המאור אבל בעל מלחמות דחה דבריהם על פי שיטת הרי"ף ע"ש: **תוס' בד"ה אפילו נטל תימה הא תנן במרובה כו' ואמר רב בגמרא לא שנו כו' אלמא קודם יאוש לא קני ויש לומר כו'** עכ"ל. ואגופא דקרא ד] דמחייב ליה לגנב לשלם כפל לא תקשי להו לרב דאמר הכא דאפילו נטל ואיתנהו בעין בדמים קננהו דיש לומר דקרא דחיים שנים ישלם דכתיב בהאי פרשה דמחתרת קאי אאם זרחה השמש דמים לו דהיינו בברור לך כשמש דיש לו שלום עמך דאל תהרגהו דלא קננהו בדמים וחייב כפל והאי קרא דישלם שנים לרעהו דכתיב בפרשת שומרין אוקמינן ליה בפרק מרובה ה] בטוען טענת גנב דלא שייך ביה בדמים קננהו ו] ומיהו איכא למאן דאמר התם דהך דפרשת שומרים נמי איירי בגנב עצמו והוה מצי לאקשויי בפשיטות אדרב דהכא דאמר אפילו נטל הא בדמים קננהו והיאך יתחייב כפל אלא דניחא להו להקשות מדרב דהכא אדרב דהתם ודו"ק: **בא"ד ויש לומר דהתם בגנב מגגו כו' אבל הכא במחתרת דמחתרתו זו היא התראתו כו'** עכ"ל. ומאן דלית ליה לקמן דמחתרתו זו היא התראתו ולא מפליג בין גגו וחצירו ובין מחתרת דבכולהו קננהו בדמים ז] צ"ל דלית ליה הך מלתא דרב דאמר הכא אפילו נטל אי נמי דלית ליה הא דרב במרובה ח] ודו"ק:

ח"א **דף עב ע"א אלא הגיעה התורה לסוף דעתו וכו' ומלסטם כו'**. גם זה אין ממש סוף דעתו דאם כן אכתי לא היה חייב סקילה החמורה אלא שיבא לידי עבירות החמורות בתורה ויהי' בהם דינם בסקילה וכדאמרי' ט] החייב שתי מיתות נידון בחמורה וק"ל: **שמיתתן של רשעים הנאה כו'**. משמע דכל זה בענין בן סורר והוא שמיתתן של רשעים הנאה להם שלא יוסיפו לחטוא כמ"ש ימות זכאי כו' והנאה לעולם כמ"ש לסוף יולא ומלסטם את הבריות: ואמר **יין ושינה הנאה לרשעים** כו'. שמתוך הנאת יין שמשתכר בו בא לידי הנאת השינה בבקר עד ד' שעות כמ"ש במלכי עכו"ס י] וכן הוא בבן סורר ומורה שהנאה לו היין והשינה והנאה לעולם שכל זמן שיש לו ממה לקנות בו יין והוא ישן אינו מלסטם עד אחר שמגמר נכסיו. ואמר שקט לרשעים רע דלכך אמר בבן סורר ומורה שיסרו אותו אביו ואמו שלא יהיה שקט ושליו לעשות רע ורע לעולם. ואמר כנוס לרשעים רע כו' כמ"ש בבן סורר אכל בחבורה שכולה סריקין חייב אכל בחבורת מצוה פטור והיפך בזה הפיזור ובצדיקים בכל זה ההיפך וק"ל:

דף עב ע"ב גמרא אמר לו ראה שישראל הוא וב"ב כו'. לפי מאי דסלקא דעתך השתא דרודף אין צריך התראה ולכך לא בעי הכא קבלת התראה הא דצריך לומר לו ראה שישראל הוא כו' היינו נמי משום דלא נימא שוגג הייתי כמו שפירש"י לקמן יא] לר"י דלא בעי קבלת התראה וק"ל:

דף עג ע"א תוספות בד"ה ומה נערה כו' וזה בסייף לאו פירכא היא

חכמת שלמה

הגהות

דף עב ע"ב גמ' קא משמע לך כיון דרודף הוא ואפילו אחד נמי אלא כו' מ"מ שאני התם כו' בנפש דקסבר רודף כו' לבי דינא ובי דינא בעי התראה ואי בעית אימא כו'. כצ"ל: **רש"י בד"ה יצא ראשו כו' את** אמו כו'. הד"א: **רש"י בד"ה בעי לאתויי**. צ"ל דבעי:

דף עג ע"א גמ' נערה. צ"ל נער בכל מקום וכן ברש"י ותוספות וכן מעבר לדף: **רש"י בד"ה וכי מה כו'** מהדדי מה נערה כו'. הד"א: **רש"י בד"ה חייבי כריתות**

חידושים

דף עב ע"ב תוס' בד"ה כאן באב כו' יקום רוצח יקטול אי פשיטא כו' לך מילתא כליליא כו'. נ"ב סיפא דקרא ובלילה יהי כגנב (איוב כד):

מהר"ם

דף עב ע"ב בתוס' ד"ה כאן באב על הבן כו' ובשמעתא קמייתא דפסחים דדרשינן לאור יקום רוצח וכו' ופיר(ו)ש שם בקונטרס כגון בן על **האב או כל אדם ולא יתכן כדאמרינן הכא וכו'**. יש לתמוה על דברי התוס' שכתבו על דברי רש"י כך דהא כי מעיינת שם בפירוש רש"י גם רש"י ידע שפיר סוגיא דשמעתין דהכא ואינה סותרת כלל פירושו דהתם הכי דריש קרא דכתיב לאור יקום רוצח וגו' ובלילה יהא כגנב ודריש הכי אם פשיטא לך מילתא כנהורא דאנפשות קאתי רוצח הוא וניתן להצילו בנפשו ואם מספקא לך כלילה יהא בעיניך כגנב ולא ניתן להצילו בנפשו ופי' רש"י דרישא דקרא דקאמר אם פשיטא לך וכו' והיינו כל אדם ואפילו בן שבא במחתרת על האב מסתמא רוצח הוא ופשיטא לך דאנפשות קאתי לכך ניתן להצילו בנפשו ולהרגו וסיפא דקרא דקאמר ואם מספקא לך בלילה היינו האב על הבן או אוהב כיוצא בו שידוע לך שהוא אוהבך כמו אב ויש לו רחמים עליך אז מסתמא אי אתה רשאי להרגו שמסתמא אינו בא אנפשות ואם כן אין שום סתירה לפירש"י משמעתין דהכא אלא שהתוס' לא מסתבר להו לפלוגי רישא וסיפא דקרא מהדדי אלא מוקמי רישא וסיפא דקרא הכל בחד דוכתא ומפרשי דכולא קרא איירי באב שבא במחתרת על הבן ולכך קאמר אם פשיטא לך מלתא כנהורא דהוא שונא לך ואנפשות קאתי רוצח הוא ומותר לך להרגו אבל אם מספקא לך כלילה אז אי אתה רשאי להרגו דמסתמא אב אינו בא אנפשות כדאמר הכא בשמעתין ודו"ק שם ברש"י ותוס' ותמצא כי כן הוא ואם כן לא היה ראוי לכתוב על פירש"י ולא יתכן וכו' וק"ל:

דף עג ע"א בגמרא אי מהתם ה"א הני מילי בנפשיה אבל למטרח ומיגר אגורי פועלים אימא לא קא משמע לן. ויש לדקדק אם כן למה ליה למילף

הגהות והערות

א] לקמן עמוד ב ד"ה כאן. ב] שמות כב, ב וע"ש ברמב"ן. ג] עמוד ב ד"ה דמים לו וד"ה אין לו דמים. ד] שמות כב, ג ושם ח. ה] ב"ק דף סג ע"ב. ו] בערוך לנר הקשה ע"ז דא"כ גם הך דהגונב אחר הגנב מיירי הכי ומאי קשיא להו להתוס' וע"ש. ז] ואית ליה דנקט מחתרת משום דרוב גנבים מצויין במחתרת. ח] עיין בערוך לנר. ט] לקמן דף פא ע"ב. י] ברכות דף ד ע"א [ושם איתא עד ג' שעות]. יא] ד"ה ההוא ר"י בר' יהודה הוא.

דהכא לא כו' עכ"ל. כל"ל ר"ל דהכא לענין הצלת נפש לא קפיד קרא רק אפגימה אבל לענין מיתת בית דין ודאי אאיסורא קפיד קרא ונערה איסורה חמור מרוצח ולכך נערה בסקילה ורוצח בסייף וק"ל: **בא"ד דילמא אאיסורא קפיד מדאיצטריך למעוטי עובד עבודת כוכבים ומחלל כו' עכ"ל.** ר"ל דמדאיצטריך למעוטי הני משמע משום דאיסורא דהני חמור ומיתתן סקילה איצטריך למעטינהו והא תירצו דאדרבה מדגלי לן קרא למעט הני אית לן למימר דמשום פגימה היא ולא משום איסור דאם לא כן אמאי ממעט להו קרא כיון דאיסורן חמור ועוד יש לומר דאין מושיע לה כו' מיהו איצטריך למעט הני משום דבעבודת כוכבים סלקא דעתך דפגם גבוה הוא מקל וחומר מפגם הדיוט כדלקמן א] לרבי שמעון בן יוחאי ושבת משום דלא נילף חילול מעבודת כוכבים ובהמה דלא נילף מהיקשא כמ"ש התוספות ב] ואי משום דדמי לעריות כמו שפירש"י לקמן ג]: **תוס' בד"ה אף רוצח כו' ואם תאמר מוהוכה בכל אדם נפקא כו' עכ"ל.** דליכא למימר גבי ניתן להצילו בנפשו דאיצטריך תרי קראי למטרח ומיגר אגורי דא"כ הוה ליה לתלמודא לפרש הכא כדמפרש לה לקמן גבי רואה את חבירו שהוא טובע כו' וק"ל: **תוס' בד"ה להצילו בנפשו כו' דאי מהכא הוה אמינא עשה קא משמע לן התם דעובר בלאו כו' עכ"ל.** ודפריך והא מהכא נפקא כו' תלמוד לומר והשבותו לו כו' ליכא למימר דאצטריך לא תעמוד גו' ללאו דהתם ד] נמי לאו כתיב לא תוכל להתעלם דקאי אוהשבותו לו דמשמע אבדת גופו ועוד דמכ"מ והשבותו לו לא איצטריך לעשה בטובע בנהר דנפקא ליה במכל שכן מניתן להצילו בנפשו וק"ל:

דף עג ע"ב בפירש"י **בד"ה וחד כו' ושבת כדי נקטה ואגב גררא איידי** דתנן במתניתין מיהו קרא כו' עכ"ל. ודאי הא דתנא שבת במתניתין טפי מכל שאר איסורים היינו משום דאי לא אימעיט עבודת כוכבים לא אימעוט נמי שבת דהוה ילפינן ליה מעבודת כוכבים בגזרה שוה דחילול חילול אלא דהכא כדי נסבה גבי בהמה כיון דמההוא חד אימעיט עבודת כוכבים אימעיט נמי שבת וכמו שהקשו התוס' ה] ודו"ק: **בפירש"י בד"ה איידי דכתב נער להביא את הזכור כו' עכ"ל.** זכור גופיה ודאי דלא איצטריך דנפקיה ליה שפיר מחטא מות אלא דאיצטריך למכתב נער דהיינו זכור למעט בהמה וכ"ה לשון התוספות לעיל ו] וק"ל: **תוס' בד"ה ממונא כו' בבא עליה שלא כדרכה אלא הכא היינו טעמא כו' עכ"ל.** ודקאמר רב חסדא בשמעתין וחזר ובא עליה כדרכה הוא הדין שלא כדרכה וכן כתבו התוס' בפרק הבא על יבמתו ז] וק"ל: **בא"ד ויש מפרשים דלא איתרבאי העראה כו' עכ"ל.** מיהו שלא כדרכה איתרבאי גם לענין קנס כההיא דקידושין ח] ובפרק הבא על יבמתו ט] וכ"ה בתוספות שם י] ועוד הקשו שם לפירוש זה דאי לא מחייב קנס בהערא מאי פריך למאן דאמר זו הכנסת עטרה כו' ע"ש בתוספות ובחדושינו שם: **תוס' בד"ה במפותה כו' הא קתני סיפא אשת אחיו כו' הא קתני סיפא הבא על בתו פטור כו' עכ"ל.** ובפשיטות לא קשיא להו מהך דבא על בתו דפטור דאי איירי נמי במפותה למה לי טעמא דמתחייב בנפשו דתיפוק ליה במפותה דמחלה ליה דיש לומר דהך דבתו דאיירי בפטור קנס אפשר לומר דלא איירי במפותה דומיא דרישא דאחותו אבל אשת אחיו דאיירי נמי בחיוב קנס כמו אחותו על כרחך דאיירי נמי במפותה כמו אחותו משום הך קושיא דשמעתין דאי לאו במפותה אמאי משלם הא ניתן להצילה בנפשו ומיהו הא לא ניחא להו למימר דהך דאשת אחיו דאיירי בחיוב קנס אתיא כרבי עקיבא דברייתא דקנסה לאביה וסיפא דבתו דאיירי בפטור קנס אתיא כרבי עקיבא דמתניתין דקנסה לעצמה דזה הוא דוחק לומר דרישא וסיפא דמתניתין אתיא כתרי תנאי ודו"ק: **בא"ד ובנתארסה ונתגרשה איירי ואי כו' עכ"ל.** דאי נתארסה ולא נתגרשה למה לי דמתחייב בנפשו משום בתו הא בלאו הכי מתחייב בנפשו משום ארוסה ואחר נמי מתחייב בנפשו הוא ואי איירי בלא נתארסה כלל תיקשי לך הך גופא דתיפוק ליה דאפילו בא עליה אחר קנסה לאביה וק"ל: **בא"ד ואין לומר כו' עד שבגרה דמה עמידה בדין שייך בדבר שהוא שלו כו' ומשני כגון שלא כו' עד שמת האב כו' עכ"ל.** נראה לפרש דבריהם דהכא גבי מת האב לא קשיא להו כל כך מה עמידה בדין שייך בדבר שהוא שלו דעיקר קושייתם גבי בגרה שהוא שלו ותיפוק ליה דאפילו בא עליה אחר נמי קנסה לאביה מה שאין כן הכא גבי מת ניחא דלא קשיא תיפוק ליה דאפי' בא עליה אחר דאילו אחר שבא עליה ומת האב קודם העמדה בדין קנסה לעצמה דאין יורשיו יורשין הקנס ואפילו הכי בבא עליה האב עצמו יורשין פטורין משום דמתחייב בנפשו מיהו בתוספות ריש פרק אלו נערות יא] כתבו דלפי הירושלמי דמוקי לה במת האב הוא הדין דאיכא לאוקמא בבגרה ע"ש ודו"ק:

דף עד ע"א גמרא **וכי ינצו אנשים גו' ושיבר את הכלים בין של נרדף ובין של כל אדם כו' כי אתא רבין אמר רבי יהודה אפילו שלא בשעת גזירת כו'.** כל"ל: **בפירש"י בד"ה סבר לה כאבוה כו' חילול מעבודת כוכבים כו' לא תתן להעביר למולך ולא תחלל עכ"ל.** קצת קשה דהא רבי אלעזר בר' שמעון סבירא ליה לעיל בפרק ד' מיתות יב] דמולך לאו עבודת כוכבים הוא ויש ליישב כמו שפירש רש"י יג] גבי שלשה כריתות בעבודת כוכבים כו' דאי נמי מולך לאו עבודת כוכבים הוא מכל מקום קרי ליה עבודת כוכבים כו' ע"ש ובתוספות שם וק"ל:

חכמת שלמה

חידושים

דף עד ע"א גמ' דאמר רבה רודף שהיה רודף כו'. כל"ל. וכ"ב ה"ג רבה כו' כדמוכח בפרק בתרא דב"ק יד] וכן פירשו התוספות בפרק אלו נערות בד"ה רב אשי אמר בזר שאכל תרומה כו' דף ל"א:

הגהות

כו' דעריות קאמר דאיכא כו'. כל"ל: **רש"י בד"ה נערה וחטא.** צריך להיות לנער חטא: **רש"י בד"ה נער כתיב כו' מסורת נער להביא את הזכור נער כמשמעו.** כל"ל: **תוס' בד"ה ומה נערה כו' שזה בסקילה וזה בסייף לאו כו'.** כל"ל: **תוס' בד"ה אף רוצח כו' דהתם רשות דאשמועינן קרא כו'.** כל"ל:

דף עג ע"ב **רש"י בד"ה דאורחייהו כו' בארוסה שחביבה.** כל"ל: **רש"י בד"ה ונכתב חטא כו' שהרי הן בכלל.** כל"ל והס"ד ואחר כך מ"ה **חד למעוטי עובד כוכבים: רש"י בד"ה איידי דכתב כו' דקרא דע"כ כו'.** כל"ל: **רש"י בד"ה אפגמה רבה כו' בבעילתו אבל כ"ג.** הד"א: **רש"י בד"ה הבא על כו' ואע"ג דחייב כרת כו'.** כל"ל: **רש"י בד"ה אלא למ"ד כו' בכל התורה כבעילה זו כו'.** כל"ל:

דף עד ע"א גמ' ושיבר את הכלים בין של רודף בין של נרדף כו'. נמחק בין של רודף: **שם שלא יהא ממונו חמור מגופו כו' בנפשו סבר לה כו' דתניא**

מהר"ם

מוהשבתו לו תיפוק ליה מלא תעמוד על דם רעך לחוד ובלא פי' רש"י הייתי יכול לתרץ דמיתורא דתרי קראי ילפינן דחייב אפילו למטרח ולמיגר אגורי אבל אי לא הוה כתיב אלא חד קרא איזה שיהיה ה"א דוקא בנפשיה אבל למטרח ולמיגר אגורי לא אבל רש"י דפירש קא משמע לן לא תעמוד על דם רעך לא תעמוד על עצמך משמע אלא חזור על כל צדדים שלא יאבד דם רעך משמע מדבריו דמלא תעמוד על דם רעך לחוד נפקי ליה דחייב למטרח ולמיגר אגורי אם כן והשבותו לו למה לי וצריך לומר דגם לרש"י ר"ל דדייק השתא דכתיב גם כן והשבותו לו דרשינן הכי אבל אי לאו דכתיב כבר והשבותו לו לא הוה דרשינן מלא תעמוד על דם רעך הכי חזור על כל צדדים שלא יאבד דם רעך אלא הוה דרשינן לא תעמוד עצמך על דמו מלהצילו בנפשיה אבל לא למטרח למיגר אגורי וק"ל: **בתוס' ד"ה ומה נערה המאורסה וכו' ואם תאמר ומנא לן דאפגמא קפיד רחמנא וכו' מדאצטריך למעוטי עובד ע"ז וכו'.** כל זה מן הקושיא רצה לומר מדאצטריך למעוטי עובד ע"ז ומחלל שבת וכו' מכלל דאאיסורא קפיד קרא ובקונטרס פירש לקמן דאפגמא קפיד מדגלי בהני ולא בעבירות אחרות וצ"ל לפי' האי דאצטריך למעוטי עובד ע"ז ומחלל שבת היינו דאי לא מעטינהו הוה אמינא דאאיסורא קפיד אבל השתא דאימעטינהו חזינן דלא אאיסורא קפיד אלא אפגמא דידה וק"ל: **בתוס' ד"ה להצילו בנפשו וכו' אבל קשה מנערה המאורסה דקאמר שניתן להצילה בנפשו.** כך יש גורסין ומפרשין דקושיא היא מדקאמר לשון נקבה שניתן להצילה וקצת דוחק הוא דמאי מקשו התוס' דלמא אין הכי נמי דהגי' בגמרא ניתן להציל בנפשו ויש לפרש דהכי מקשין התוס' דהא גבי נערה המאורסה לא קפיד קרא אאיסורא כ"א אפגמא דידה כדלעיל וא"כ לא שייך לפרש דמצילין הרודף מן העבירה בנפשו של עצמו וק"ל:

דף עג ע"ב **בתוס' ד"ה חד למעוטי ע"ז וכו' אי לאו כתיב אלא חד הוה מוקמינן ליה למעוטי בהמה ושבת.** כתבו התוס' זה כדי לתרץ מה שכתב רש"י דשבת כדי נסבא דכיון דאימעט ע"ז מהיכי תיתי שבת לכך כתבו התוס' דשפיר אצטריך עוד קרא שני למעט שבת דאי לא כתיב אלא חד לא הוה מוקמינן ליה לע"ז אלא לשבת ולבהמה אבל ע"ז הוה אמינא דמצילין בנפשו לכך איצטריך תרתי: **בתוס' ד"ה ממונא לא משלם וכו' אלא הכא היינו טעמא וכו' י"מ דלא איתרבאי העראה וכו' אבל לענין קנס לא איתרבאי.** פירוש ולכך לא משלם עד גמר ביאה ובגמר ביאה מיהא מיחייב אפילו לא הוציא בתולים: **בתוס' ד"ה במפותה ודברי הכל וכו' ומיהו בירושלמי פריך לה וכו'.** ר"ל בירושלמי מוקי מתניתי' דקתני אשת אחיו כר"ע דברייתא דסבירא ליה דנערה שנתארסה ושנתגרשה קנסה לאביה ולכך מיתוקמא שפיר במפותה דכיון דקנסה של אביה אינה יכולה למחול אבל יש להוכיח דע"כ לא מתוקמא כר"ע דברייתא ולכך ליכא לאוקמא באוקימתא דהירושלמי וע"כ צריך לתרץ דקנסה לעצמה כר"ע דמתני' ובאמרה בשעה שבא עליה שאינה מוחלת הקנס:

דף עד ע"א **בתוס' ד"ה דקסבר עונשין מן הדין וכו' כדפרי' פ' ד' מיתות.** עיין שם בתוספות דף נ"ג ע"ב ד"ה השתא יש לומר אמו שאינה אשת אביו וכו':

הגהות והערות

א] דף עד ע"א. ב] ד"ה וחד למעוטי בהמה [וכן במתני' ד"ה אבל וכו']. ג] עמוד ב ד"ה חייבי כריתות. ד] עיין בקומץ מנחה [למנחת חינוך] מצוה רלז והעמק שאלה לשאילתות לח אות א שכתבו כעין זה שגם הלאו דלא תוכל להתעלם קאי על הצלת נפשות. ה] ד"ה חד למעוטי עובד ע"ז. ו] עמוד א ד"ה נער נערה. ז] יבמות דף נט ע"א ד"ה אלא לאו. ועי' בחי' רע"א שמקשה דלמ"ל כלל שבא תחילה שלא כדרכה, וע"ש שנשאר בצ"ע. ח] דף ט ע"ב. ט] יבמות דף נט ע"ב. י] ד"ה אלא לאו אביאה. יא] כתובות דף כט ע"א ד"ה ועל אשת. יב] לעיל דף סד ע"ב רש"י ותוס' ד"ה שלש כריתות בע"ז. יג] שם ד"ה שלש. יד] דף קיז ע"ב.

דף עד ע"ב בפירש"י בד"ה להלן במרגלים עכ"ל. ר"ל דמהאי קרא דכתיב גבי קרח הבדלו מתוך העדה אינו מפורש ביה דהיינו עשרה אלא דאתיא הך עדה מעדה דכתיב במרגלים עד מתי לעדה הרעה גו' דעשרה הוו והכי איתא במשנה בריש מכילתין א] גבי עדה שופטת כו' דילפינן ממרגלים ודברי מהרש"ל בזה אינן מבוררין וק"ל: **תוס' בד"ה אפילו לשנויי** כו' ומסאני אוכמי דבכל דוכתא היינו רצועות שחורות כו' עכ"ל. והיו נראות כאבלות אף שלא היו משונות משל עודדי כוכבים כיון שהיה גם כן לבוש שחורים ומתכסה שחורים כך נראה מתוספות דפרק הכונס וק"ל: **תוס' בד"ה והא אסתר** כו' דהוה ליה לאקשויי עריות כו' עכ"ל. (דליכא למתרץ) ב] הך קושיא דפרהסיא הוה הנאת עצמן שאני דודאי לא מיתרלה הך קושיא דעריות דודאי במתכוין להנאת עצמן לא שייך חילול השם כפירש"י ג] אבל אי הוה איסור עריות וחייב למסור עצמו אפילו בצנעא לא מהני הנאת עצמם וכן לפי מה שכתבו בתירוצם הא דלא פריך הכא והא אסתר עריות הואי דקים ליה דמהני קרקע עולם לענין דלא מחייבה למסור עצמה משום עריות כו' אבל לענין חילול השם משום פרהסיא לא ס"ד דמהניא טעמא דקרקע עולם כו' לרבא אענין עריות קאי תירולא משום דקרקע עולם הוה אלא דלענין חילול השם לא מהני טעמא דקרקע עולם וכסברת המקשה ומשני לה הנאת עצמן שאני וק"ל: **בא"ד ועוד דנראין הדברים שלא היתה אנוסה שהרי בורח כו'** עכ"ל. וליכא למימר דמשום הך מלתא דשלא היתה אנוסה פריך ליה התם והא קמתהניא מעבירה טפי מהכא דאם כן לא הוה ליה לתלות הדבר במתהניא מעבירה כיון דלא קשיא ליה הכא באנוסה משום דקרקע עולם הוה וק"ל: **בא"ד וא"ת כשנתרצית אסתר כו' כדי שתהא מותרת לחזור לו כו'** עכ"ל. וה"ה דהוה מצי להקשות למה לא גירשה מרדכי כדי שלא תעבור ד] על איסור אשת איש וכ"ה הקושיא במרדכי ישן ה] וק"ל: **תוס' בד"ה בן נח כו' וא"ת והא וחי בהם בישראל כתיב כו'** עכ"ל. יש לדקדק מנ"ל הא דוחי בהם בישראל דוקא כתיב הא אמרינן בפרק ד' מיתות ו] דרישא דקרא אשר יעשה אותם האדם וחי גו' בעובד כוכבים נמי כתיב דהכי אמרינן התם כהנים לוים וישראלים לא נאמר אלא האדם מלמד שאפילו עובד כוכבים כו' ע"ש וי"ל דמשמע להו דתלמודא ס"ל דלענין הך דרשא וחי בהם ולא שימות בהם לא הוי עובד כוכבים בכלל האי קרא דאל"כ מאי קמבעיא ליה אי מצווה בן נח על קידוש ה' הא ודאי דלא נצטוה מדכתיב וחי בהם דלא חילק הכתוב בין לינעא לפרהסיא ובישראל נמי אי לאו ונקדשתי וגו' דכתיב בישראל וודאי דהוה מוקמינן קרא דוחי בהם אפילו בפרהסיא אלא על כרחך דלית ליה לתלמודא דרשא דוחי בהם איירי בעובד כוכבים ולהכי קמבעיא ליה שפיר אי מצווה על קדוש השם משום דאינהו וכל אבזרייהו כדמסיק רבא או לא והא קשיא להו שפיר דאכתי מאי קא מבעיא ליה הא אפילו בצנעה חייב למסור עצמו מדאצטריך בישראל לכתוב וחי בהם ודו"ק: **בא"ד דאפילו בצנעה יהרג ואל יעבור לכ"ע** עכ"ל. ר"ל דרבי ישמעאל לא פליג אלא בעבודת כוכבים יעבור ולא יהרג בצנעה כמו בשאר עבירות מדכתיב וחי בהם ור"א פליג עליהם בעבודת כוכבים מדכתיב בכל נפשך אבל בשאר עבירות מודה דלא יהרג בצנעא מדכתיב וחי בהם אבל ברולח ונערה מאורסה ז] לכ"ע אפילו בצנעא יהרג ואל יעבור:

ח"א דף עה ע"א מיום שחרב בהמ"ק ניטלה טעם ביאה כו'. פירש"י בטל הכח מדאגות רבות כו' עכ"ל ואין צורך דגם שאר טעמים דלא שייך בהו דאגה נטלו כמ"ש בסוף סוטה ח] מיום שחרב בהמ"ק כו' הטהרה נטלה הטעם ואת הריח כו'. ושאמר וניתנה לעוברי עבירה שנאמר מים גנובים ימתקו האי קרא ודאי דלא אמרו שלמה אחר שחרב בית המקדש אלא דהכי קאמר דמתוך שהילר הרע תוקף יותר בעוברי עבירה ומרבה תאותן כמה שנאמר מים גנובים ימתקו לא ניטל מהם הטעם:

סליק פרק בן סורר ומורה

הנשרפין פרק תשיעי

דף עה ע"א בפירש"י בד"ה הבא כו' מכדי מדקתני סיפא יש בכלל וכו' מכלל דהאי אשה ובתה בהנך דכתיבן מיירי ולאו באשתו כו' אלא בחמותו דשריפה כו' עכ"ל. לכאורה דזו היא ההוכחה דלא איירי באשה ובתה ממש משום דמשמע דיש בכלל כו' דהסיא כתיבא בהדיא טפי והיינו דשריפה כתיב בה בחמותו אבל באשה ובתה לא כתיבא בה שריפה בהדיא ולא אתיא אלא מג"ש אבל לפי זה דברי התוס' ט] שכתבו למאי דמוקים לה בחמותו ואם חמותו דה"ה דהמ"ל בתה ובת בתה אלא כו' אין מקום לדבריהם דהא מעיקרא נמי דלא מוקמינן לה באשה ובתה ממש היינו משום דלא כתיב בה שריפה וכמה שכתב בזה גם מהרש"ל וע"כ נראה דודאי הא דקתני יש בכלל אשה ובתה כו' אע"ג דשריפה לא כתיבא בה בהדיא אלא בחמותו איכא לפרושי דיש בכלל אשה ובתה כו' דקתני קאי אאזהרה דכתיב' בה באשה ובתה ממש בהדיא אבל בחמותו אזהרה לא אתיא לה לחמותו אלא מג"ש אלא דליכא לפרושי הכי אהאי דמאי דס"ד השתא דאשה ובתה ממש ולא איירי בתרוייהו לאיסורא אי הוה מפרשינן יש בכלל אשה ובתה כו' אשה ובתה ממש דא"כ תקשי לך לישנא דחשיב דיש בכלל נמי אשה ובתה בת בתה לענין אזהרה דמאי אולמיה

חכמת שלמה

הגהות

דף עד ע"ב ר"א אומר ואהבת את ה' אלהיך בכל לבבך ובכל נפשך ובכל מאודך אם נאמר כו'. כצ"ל: רש"י בד"ה רודף שהיה רודף אחר רודף חבירו להורגו כו'. כצ"ל:

דף עד ע"ב גמ' פשיטא ישראלים בעינן כו' דתני רבינאי אחוה כו'. כצ"ל: שם אמר ליה דהא אינהו וכל אבזרייהו כו'. כצ"ל: רש"י בד"ה ערקתא דמסאני כו' ישראל והאי פרהסיא כו'. כצ"ל: תוס' בד"ה והא כו' המאורסה תהרג ואל תעבור כו'. כצ"ל:

הנשרפין פרק תשיעי

דף עה ע"א רש"י בד"ה יש בכלל כו' אותו ואתהן. הס"ד: רש"י בד"ה בת בנו כו'. נ"ל בת בתו ובת בנו: רש"י בד"ה מה כאן. לריך לומר ומה כאן למעלה כלמטה אף להלן למעלה כלמטה כו'. כצ"ל:

חידושים

דף עד ע"ב גמ' הני קוואקי ודימונקי היכי יהבינן להו כו'. נ"ב פירוש לנורא וכן נמלא להדיא בס"א וכן פירש בערוך קווק דלא היו נוטלין האור רק מבית היהודים ומה שפירש רש"י שלריך לאותו כלי כו' על האור קאמר ודו"ק: רש"י בד"ה להלן במרגלים. נ"ב כן מלאתי בספרים אחרים וכן בר"ן אבל מן התימה כי לא נאמר אלא גבי עדת קרח. ומסתפינא דלא דק (עיין במהרש"א):

דף עה ע"א רש"י בד"ה העלה לבו טינא נימוק כו'. נ"ב בספרים אחרים כתיב לימ"ן פירוש והוא לשון לע"ז וכן נראה לי דנימוק הוא ההיפך מטמטם וכן בספרים אחרים לא נאמר כלל:

הנשרפין פרק תשיעי

רש"י בד"ה הבא על האשה ולאו באשתו ובבת אשתו קאמר אלא בחמותו דשריפה כתיב בה כו'. נ"ב אין לפרש דעת רש"י דליכא למימר אשה ובתה קתני דהא גבי אשה ובתה לא כתיב שריפה ובכלל אשה ובתה משמע דכתיבה אם כן לא הל"ל מכלל דתרוייהו לאיסורא דמאי נפקא מיניה בזה ועוד מהו שפירש רש"י אחר כך דליכא למימר דאשה דקתני אשתו קאמר דאם כן הל"ל אשה ואמה מאי לריך לזה הלא כבר דייק רש"י דבתה דקתני אי אפשר לפרש על אשתו ובתה משום דלא כתיב שריפה לגבייהו אלא בחמותו ע"כ נראה לפרש דלא דקדק השתא מהא דלא כתיב שריפה לגבי אשתו ובתה דאפשר אשה ובתה הוא כאשה ואמה אלא דקשה ליה מתניתין דקתני הבא על אשה ובתה משמע דאלו הן הנשרפין וזה אינו דהא על אשה אינו בשריפה וליכא למימר דעל בתה לבד קאמר ונקט לישנא דקרא איש כי יקח אשה ואמה אם כן הכי הוה ליה למתני אשה ואמה ומדלא נקט הכי אלא אשה ובתה משמע דתרוייהו לאיסורא קאמר ומה שפירש רש"י כאן מכלל דהאי אשה ובתה בהנך דכתיבא מיירי ולאו באשתו ובת אשתו כו' כך הוא לפי האמת אבל לא שדייק מיניה דמ"ה ליכא לאוקמא מתניתין בהכי ומשום האי טעמא דפרישית דאפשר לומר דאשה ובתה היא כאשה ואמה ועוד תדע שכן הוא דאי מהכא דייק תלמודא אם כן מהו שכתבו התוספות הוה מצי למימר בתה ובת בתה הא עיקר הקושיא מהכא הוא דליכא לאוקמי מתניתין כלל בבת אשתו מכל שכן בבת אשתו ובת בת אשתו אלא עיקר כדפרישית דלא דייק

מהר"ם

דף עד ע"ב בתוס' ד"ה והא אסתר פרהסיא הואי וכו' ה"מ קודם שיהרוג בידים. כצ"ל: **בא"ד לא בעי למימר דמהאי טעמא היה לה למסור עצמה וכו'.** ר"ל אין הפירוש שהמקשה מקשה הכי דכיון דקא מתהני מהעבירה היה לה למסור עצמה אין הפירוש כן דאם כן בשמעתין נמי הוה ליה לאקשויי הכי אלא התם הכי פריך למה הכתוב משבחה וכו': **בא"ד כדתנן הכל מודים שאין מתנה עמה וכו'.** לשון זה של התוס' אינו מדוקדק וע"ש:

הדרן עלך פרק בן סורר ומורה וסליקא לה מסכת סנהדרין

הגהות והערות

א] דף ב ע"א. ב] צ"ל דלרבא דמתרץ (גליון). ג] ד"ה הנאת עצמו. ד] עיין בתוס' מגילה דף טו ע"א ד"ה כשם ובמהרש"א ורש"ש שם. ועיין בשו"ת קול מבשר סי' סח שדן בדברי הנוב"י תנינא אבהע"ז קיד שמדייק מדברי האו"ז שגט בעי שלשה. ועיין עוד שו"ת מים חיים אבהע"ז סי' סג אות לג, שו"ת חתם סופר אבהע"ז חלק ב סי' סה, שו"ת אמרי אש אבהע"ז סי' סט, תועפות ראם אבהע"ז סי' סא, כתב סופר סי' מח, שו"ת דברי חיים אבהע"ז חלק ב סי' צג צד, שו"ת שערי דעה חלק א סי' קיד, בית הלוי סוף חלק א ד"ה והנה, שתמהו כולם על הבנת הנוב"י בדברי האו"ז. ה] הערוך לנר מציין לדברי התוס' במס' יומא דף פב ע"א ד"ה מה רוצח שאכן הקשו כן ע"ש וברש"ש. ו] לעיל דף נט ע"א. ז] עיין אגרות משה חו"מ חלק ב סי' סט שמקשה על תוס' דף נט ע"א בד"ה ליכא מידעם דמנין לתוס' שגוי מוזהר על רציחת עוברין גם כשזה סכנה לאם הרי עכו"ם אינו מחויב בקדושת השם אף כשאין את הפסוק וחי בהם, ומיישב לפי דברי מהרש"א אלו שאף לר' ישמעאל שבע"ז יעבור ואל יהרג מ"מ ברוצח יהרג ואל יעבור, ומוכרחים לומר שהטעם בזה הוא משום שזה סברא מוסכמת של מאי חזית. ח] דף מט ע"א. ט] ד"ה ומאי נינהו.

שם התורה אמרה. נ"ב יעוין לקמן דף עט ע"א: [רב"פ תאומים]

שם ובדיני נפשות לא אזלינן בתר רובא. עי' בהה"מ פט"ו מא"ב הכ"ז: [גליון מהרש"א]

שם עדותן קיימת. נ"ב יעוין תוס' לעיל דף מא ע"ב ד"ה שזה: [רב"פ תאומים]

רש"י ד"ה זיל בתר דאזלינן בתר רוב נשים. עי' יבמות דף ל"ז א': [גליון מהרש"א]

דף סט ע"ב

גמ' ואמאי אימא איילונית היא. עי' מהרש"א קדושי' על תוס' דף י' ד"ה וחייבין עליה: [גליון מהרש"א]

שם בבא עליה אביה. עי' חולין י"א ב' ועי' בתוס' בכורות כ' א' סוף ד"ה ור' יהושע [נראה שהוקשה לו דאם לא אזלינן ב"ר בד"נ ניחוש דלמא לאו אביו הוא. וניחא לי' ע"פ דברי התוס' דבכורות וכעין סברת הפלאה בכתובות ועי' בשו"ת אמרת שלמה בשם הגאב"ד דליסא שהוקשה לו ג"כ כנ"ל. ואמנם באמת לק"מ דמ"מ בת אשתו היא ודו"ק]: [גליון מהרש"א]

שם ת"ר המסוללת. נ"ב מלשון מקרא עודך מסתולל: [יעב"ץ]

שם דל שבע דהיה שלמה. מתוך החשבון שמביא הגמרא כאן יוצא שכשמלך שלמה היה בן י"ב שנה, כי בעת מרד אבשלום היה ז' שנה ועוד ה' שנה מלך דוד כדאיתא בנזיר ה ע"א עיי"ש. אבל בתדב"א (מובא בילק"ש ש"ב אות קס) משמע שכשמלך שלמה היה בן כ' שנה, כי איתא שם שמעשה דבת שבע היה כ' שנה קודם מיתתו של דוד, וא"כ צ"ל שמעשה דאמנון לא היה תיכף אחר לידת שלמה רק ח' שנה אח"כ: [אור ישועה]

שם כי אולדה הרן לשרה בתמני אולידה. נ"ב מהר"ס [ורש"א] הקשו דהא כי מילדית ח' חדשים דעובר של שרה אשתכח דהרן הוליד לח' פחות ח' חדשים ואינו קושיא די"ל דשרה לא היתה בת תשעים בשלימות וכיון שנכנס חודש בשנה חשוב שנה ואברהם קשיש מינה עשר שנים וח' חדשים ודו"ק: [מלא הרועים]

שם אמר ר"ש בדין הוא שתהא בת כו'. נ"ב ק' הא י"ל הטעם כפשוטו דהא אסקינן דגם בן אחר ג' חדשים בגדלותו שראוי להוליד ולהיות ניכר העובר אינו נעשה בן סורר ומורה וכיון דקטנה מיעברה א"כ אימת תהי' בת סוררת אי בקטנותה אף בן פטור ואי משהביאה ב' שערות כבר ראוי' להיות עוברה ניכר וי"ל כדאמרינן לעיל דאזלינן בתר רובא ורובא לט' ילדן [וה"נ] אזלינן בתר רובא ורובא לא מיעברו בקטנותה דהא מייתו כדאמרינן ביבמות די"ב ב' וע' בתוס' שם כשיולדת בגדלות יכולה לחיות אף שנתעברה בקטנות אך אעפ"כ הוא מיעוט ומילתא דל"ש ואזלינן בתר רובא: [מלא הרועים]

רש"י ד"ה אי נימא שפיים יואב את דוד. דכתיב (ש"ב יד) שלאחר הג' שנים משברח אבשלום לגשור ניחם דוד על אמנון ורצה שיחזור אבשלום וידע יואב כי לב המלך על אבשלום וישלח יואב ויקרא אשה חכמה מעיר תקועה והיא אמרה לדוד בדרך משל שימחול לאבשלום וקרא דוד את יואב וא"ל שישיב את אבשלום מגשור אבל ופני לא יראה (ועי' בפי' על הפסוקים): [אור ישועה]

רש"י ד"ה ותדע דכתיב ביה וכאשר מת כו'. יש לעיין למה מביא רש"י ראיה מפסוק זה (פסוק כא) דלעיל פסוק טו כתיב להדיא ויגוף ה' את הילד אשר ילדה אשת אוריה לדוד ואח"כ כתיב וימת הילד וצ"ע: [אור ישועה]

תוס' סד"ה דל כו' דלא דק בשביל חדש. נ"ב ויש ליישב דספיר דק משום דס"ל יולדת לט' נמי יולדת למקוטעין ואפי' נכנס רק יום אחד נחשב לחדש ושפורא גריס ע"פ בנות כותים [נדה לח] נמצא לפי חשבון חדש מלא וחדש חסר הרי לפחות שמנה חדשים לעבור המלוי ברוב ב"א שהיא לתשעה: [יעב"ץ]

דף ע ע"א

גמ' שהכל מצויין אצלה בעבירה אלא גזה"כ הוא. נ"ב ר"ש לטעמיה דדרש טעמא דקרא וגם כאן רצה לדרוש כן עי' לקמן רש"י דף קי"ב ע"א ד"ה מפני מה נכסי צדיקים שבתוכה ע"ש: [מהר"ץ חיות]

שם ר' יוחנן בן מולדא. וכדף עא ע"א תנן: [ר' יחיאל היילפרין]

שם אית בי' שמחה. עיין מג"א סימן רמ"ט סק"ה ותמד משה שם וב"ח סי' תקכ"ט ותקנ"ב ותמד משה שם: [ר' משה סופר]

דף ע ע"ב

גמ' ר' יהודה אומר חטה היה כו'. נ"ב וקרי ליה עץ הדעת ע"ד שנאמר במדרש עתידה חטה שתתמר ועולה כדקל בראש ההרים כו'. והוא בילקוט תהלים מזמור ע"ב וכה"ג היה קודם שחטא אדם החטה לברכה ועדיין היא כן בג"ע שבארץ: [חכמת מנוח]

שם שבולה סריקין. נ"ב מלשון אילני סרק: [יעב"ץ]

שם בפת דגן וקטנית. נ"ב כי ההיא דתנן בר"פ [ז' דב"מ] ע"מ שא"ל עלי אלא פת וקטנית בלבד והתם מבעיא לן אי פת קטנית תנן כו' משום דתנא דידן לשנא קלילא נקיט. אבל תנא דברייתא אורחיה לפרושי כי היכי דלא ליתי למטעי נמי למגרס בלא ו"ו: [יעב"ץ]

שם דבר עבירה תענית צבור. נ"ב אע"ג דאכילה בתענית צבור אינו רק דרבנן מ"מ חייבים אנו לשמוע דברי חכמים מדבר תורה דכתיב על פי התורה אשר יורוך דמקרי שפיר אף בקולו של מקום אינו שומע דהתורה צוחה לשמוע להחכמים. ועיין רמב"ם פ"א מהל' ממרים: [מהר"ץ חיות]

רש"י ד"ה למואל מלך כו' כמו ידי כו'. נ"ב ר"ל אל הוא השכינה למו הוא השימוש כמו למו פי (איוב מ, ד) ר"ל אל פי וה"ה כאן אל אל: [מלא הרועים]

רש"י ד"ה בר בטני כו' ג' חדשים האחרונים כו'. נ"ב אף האמצעים יפין לולד אלא שקשים לאשה כדאיתא שם: [מלא הרועים]

דף עא ע"א

גמ' אם לא היתה אמו שוה לאביו בקול ובמראה ובקומה. נ"ב יומא פ"ו מ"א: [שער הלקוטות]

שם רא"א כל עיר שיש בה אפילו מזוזה אחת אינה נעשית עה"נ מ"ט א"ק ואת כל שללה תקבוץ וכו'. וקשה הא ר"א לא בעי קרא כדכתיב וכדאיתא לעיל דף מה ע"ב: [מצפה איתן]

שם בית המנוגע לא היה. עקידה פרשת תזריע עלה ס"ה ע"ג: [גליון מהרש"א]

שם מקום היה בתחום עזה כו'. נ"ב ש"מ דתחום עזה א"י היא דהא בנגעים בארץ אחוזתכם [כתיב] וכן עזה עצמה שכן כתוב [יהושע יג] חמשת סרני פלשתים לכנעני תחשב אלא שכך היה: [יעב"ץ]

מתני' בנינו זה ולא סומין. פסחים קט"ז ע"ב: [ר"ז ואלף]

רש"י ד"ה על מנת דלא עדיף ממציאתה. עי' בספר אבני מלואים ספ"ד ס"א: [גליון מהרש"א]

רש"י ד"ה חרשין כו' אינו שומע. נ"ב אינן שומעין: [מלא הרועים]

תוס' ד"ה על מנת ומכל מקום מתניתין לא תקשה. עי' שעה"מ פ"ז מנדרים וע' ספר אבני מלואים ח"ב סי' פ"ה: [גליון מהרש"א]

שם בסה"ד אוכל פירות. נ"ב איני מבין דהא במתנה לכ"ע קנתה ואין הבעל אוכל פירות ועי"ש ונראה כוונתם דלמ"ד במוכר אוכל פירות היינו משום דהקונה צריך לברר ולמ"ד במוכר אינו אוכל פירות היינו משום דהמוכר צריך לברר וא"כ למ"ש התוספות שם דאע"ג דהבעל אינו אוכל פירות מ"מ נ"מ הוי וקונה בהם ואוכל פירות עי"ש ואם כן גם מתנה לא מהני דאכתי של בעל הוי לקנות בהם קרקע ולאכול פירות אלא דגוף סברת התוספות אם הבעל כופה ליקח בהם קרקע היינו למ"ד דהקונה צריך לברר ומש"ה האשה צריכה לברר אבל למ"ד דהמוכר צריך לברר אם כן גם במתנה א"י לכופה לקנות קרקע ואם כן דברי התוספות ברורים והבן מיהו בלא"ה קשה דהרי אמו אע"פ שאינה אשת אביו וכמו באמו בת"כ וא"כ מה מקשה הש"ס מנ"ל וצ"ע: [קרני ראם]

דף עא ע"ב

גמ' אמר אביי ה"ק מתרין בו בפני שנים כו'. עי' מש"כ הרש"א בחי' וכלולין דבריו בדברי הרמב"ם בפירוש המשנה (מהג"מ רמ"ש הנ"ל): [חשק שלמה]

דף עב ע"א

מתני' בא במחתרת. נ"ב יעוין תוס' כתובות דף לד ע"ב ד"ה אבל: [רב"פ תאומים]

גמ' אמר רבא. (בעיא) [בתוס'] הנ"ל נראה שהגי' היתה לפניהם רבה: [רב"פ תאומים]

שם מידי דהוי. נ"ב יעוין תוס' ב"ק דף (לא) [יא] ע"א סד"ה אין שמין: [רב"פ תאומים]

שם איגנוב ליה. באסיפת זקנים לב"מ דף לא מביא בשם חדושי הרא"ש דהגי' בכאן רבה: [רב"פ תאומים]

רש"י ד"ה אבל לענין משום דלא גרע גזלן משואל. עי' בב"מ מ"א ב' ובתוד"ה חדא ובש"ע חו"מ סי' רל"ב א' ובס' מחנה אפרים הל' גזילה סי' ח': [גליון מהרש"א]

שם בא"ד דלא גרע גזלן משואל כו'. נ"ב יעוין ב"מ דף מא ע"ב: [רב"פ תאומים]

תוס' ד"ה אפילו ויש לומר דהתם בגנב מגגו. עי' רמב"ם סוף הל' גניבה וכן הבא במחתרת לתוך גינתו כו' יש לו דמים: [גליון מהרש"א]

תוס' ד"ה לא קבלינהו כו' תימה כו'. נ"ב יעוין תוס' ב"ק דף עא ע"א ד"ה אילו תבעה ליה בסופו: [רב"פ תאומים]

שם בסה"ד אא"כ יתחייבו בדיני אדם. עי' בספר קצות ריש סי' כ"ח ובתומים שם סק"ד: [גליון מהרש"א]

הגהות וחדושי הרש"ש

(מב) הוכחתי מהסוגיא דשם דרבינא לא דחה אלא ראייתו אבל בעיקר דבריו מודה ע"ש: **רש"י ד"ה קנאה. ובלבד שיקבל אביה את גיטה.** עי' מה שציינתי לעיל (נה ב) ע"ד:

דף סט ע"ב גמ' וכתיב אליעם בן אחיתופל כו'. כצ"ל בנ"ו: **שם וילך גשור.** כצ"ל בנ"ה: **שם אלכה נא ואשלם א"נ.** כצ"ל: **שם וילך אל ביתו אל עירו.** כצ"ל: **שם אברהם גדול מנחור שנה כו'.** כצ"ל עי' מהר"ס וש"א. ול"נ דל"ד נקט שנה שנה ושתי שנים אלא דכ"א לא היה גדול מחברו רק ח' חדשים כדי עבור (וימי נדות וטהרה) נמצא דאברהם גדול מהרן ע"ז חדשים וא"כ היה הרן גדול משרה ח' שנים וח' חדשים וכשעברה היה ח' שנים (ול"ד בשביל חדש דאכלו אין לחשוב ימי נדות וטהרה עי' תד"ה דל) אך צ"ע דהא משמע לעיל (נה ב) דאברהם והרן לא היו מאם אחת וא"כ ח' חדשים ללא צורך. וא"ת דגם נחור היה מאשה אחרת יפול עוד ח' חדשים ולהבנת הש"א יפול בש"ה שנתיים: **רש"י ד"ה והא א' מכל העריות. דאתו לה משום קדושין כו'.** כצ"ל ולמחוק לחייבה או להגיה לחייבם: **רש"י ד"ה אלא. אי בעית כו'.** כצ"ל בב' תיבות: **רש"י ד"ה פסלה.** ומיהו מיתה לא (מחייבו) כגון שלא התרו (בהן). נראה להגיה מחייבה בה'. דדוחק לומר דכיון דילפי מדורות הראשונים יהיו ג"כ בני עונשין מקודם כמוהם וכמ"ש התוס' לעיל בע"א: **רש"י ד"ה אי נימא. בלדת שלמה בנה ויקרא כו'.** כצ"ל: **בא"ד כדאמרי' בתמורה כו'.** עי' הגהת רש"ל: **רש"י ד"ה חצי ימיו. שבעים שנה.** הס"ד ומתחיל ד"ה פשו: **רש"י ד"ה ותדע. דהא הוה לה לב"ש.** כצ"ל:

דף ע ע"א במשנה אכל טבל כו' עד שלא נפדו. התוי"ט הכריח דל"ג לה דהא א"מ עד שיאכל בשר וישתה יין. ומשום הא לא איריא די"ל דהכוונה דהיין ששתה היה טבל ושתיה בכלל אכילה ושיגרא דלישני דהקודמים נקיט. ומע"ש של"נ דקתני אף שצריך שיקח במעות כמש"כ רש"י לקמן (ע"ב בד"ה אכל מע"ש) וא"כ ממילא נפדה מ"ל דלקחו דרך מקח ולא נתכוין שיהיו המעות נתפסים בקדושת מעשר (עי' בהרע"ב פ"ד דמע"ש מ"ו) או שלקחו באסימון והקדש מ"ל בנסכים שקדשו בכלי דשוב אין להם פדיון: **גמרא ותניא יין תוסס א"ב משום גילוי כו'.** כצ"ל: **שם התם משום שמחה כו' הכא כו' ובב"ש לא מימשך ויין עד מ' יום.** נל"פ דכ"ז בניחותא ופשיטות הבעיא. ודברי רמב"ם בזה תמוהים דלא פטר אלא ביום הג' למליאתו ויין מגתו סתם הדברים. (ובזה י"ל דסמיך אמש"כ בפ"ו מהל' איסורי מזבח ה"ט דיין מגתו הוא דלא שהה מ' יום) דהא אפי' לא איפשטא ה"ל למיפסק דספק נפשות להקל. אח"ז מצאתי להב"ח באו"ח סי' תקנ"ב שהעיר קצת מזה: **שם למי מדינים.** כצ"ל: **שם רמ"א אותו אילן שאכל א"ה ממנו כו'.** כצ"ל: **רש"י (במשנה) ד"ה ואע"פ. דדילמא ממאכל אחרינא כו'.** כצ"ל: **רש"י ד"ה כפל. שני תרטימרים.** כצ"ל: **רש"י ד"ה שיחי. צער כמו כו'.** כצ"ל: **רש"י ד"ה מתוך. קללו בבן רביעי שלו.** כצ"ל:

דף ע ע"ב גמרא שאביך ירא שמים היה. כצ"ל: **שם ואיהו אסיק בשר ויין ואכל כיון דבמצוה קא עסיק ל"מ.** בתו"ח כתב דבעבור חדש ודאי היה חבורה של חכמים ע"ש. ותמוה דא"כ בלא טעמא דבמצוה קעסיק תיפוק ליה דכולה סריקין בעינן: **רש"י ד"ה למואל. להקב"ה למואל כמו למו שכינה הוא כו'.** כ"א בע"י: **רש"י ד"ה אי שכר. כלומר אל לרוזנים כו' לא נאה להם לומר כן.** כצ"ל: **רש"י ד"ה בפת דגן.** ול"י משום מאי נקט פת דגן. ולעד"נ דכלפי דבר"פ הפועלים דתנן פת וקטנית איבעי ליה שם לר"א פת קטנית תנן או פת וקטנית ע"ש להכי תני הכא פת דגן דלא ליתי למטעי: **רש"י ד"ה אחריפו. בלילה היו יושבים כו' להשמיע קול.** נל"פ ע"פ הא דאיתא ביומא (ס"ד כ) דבלילה נשמע הקול יותר מביום: **רש"י ד"ה סתם שקצים. שאף בקולו ש"מ אינו שומע. הא טהורים חייב.** הס"ד ואח"כ מ"ד כי תנן וכהגהת הגרי"פ:

דף עא ע"א גמ' אבוה אבוה ואמיה אמיה נינהו. כצ"ל ועי' הלשון ברש"י: **שם וכיון דאיכא מזוזה לא אפשר.** כצ"ל: **רש"י ד"ה מציינין. דאבן מנוגעת מטמאה באהל.** ל"ד כמש"כ בס"ד ע"ד נב"ב (ע ב): **רש"י ד"ה מתרין בו. דהא התראת עדים בעי.** עי' לעיל (ע ב) ולע"ק: **תד"ה ע"מ.** בכה"ד צ"ל אלעזר בל"י:

דף עא ע"ב רש"י ד"ה למדנו ויסרו. דכתיב עם בן. כצ"ל: **רש"י ד"ה שהכה א"ח. אשת חברו.** הס"ד ואח"כ מ"ד פטור: **רש"י ד"ה לישראל. אי הוה עביד השתא.** הס"ד ואח"כ מ"ד מיתתו לא אישתני: **רש"י ד"ה בסקילה מ"ט לא. דכיון דאישתני גופה ואישתני קטלה.** וכסמוך בד"ה תדון. **אע"ג דאישתני גופה ואישתני קטלה.** כצ"ל דל"ל:

דף עב ע"א גמרא אמר רבא מ"ט דמחתרת כו'. כצ"ל בנ"ו: **רש"י ד"ה אבל לענין מקנה. לשלומי אם נאנס וכל כמה כו'.** כצ"ל: **תד"ה אפילו. וי"ל דהתם בגנב מגגו כו'.** לכאורה קשה דהא אמרי' אליביה דאפי' בית לו דמים ברשותיה קיימי. אבל לק"מ דהא בזה ל"פ רב דבקיימת מחזירה בעינה כדכתיב והשיב אה"ג כדפירש"י וכדמוכח מכמה משניות רק שסובר דזה גזה"כ הוא דמחזירנה בעינה אע"פ שקנאה כמו שפסקה התורה בנזקין לשלם מן העדית דוקא אם יש לו ולכן אין הגונב ממנו משלם תשלומי כפל הואיל דהוא מחויב להחזירה בעינה א"כ אינה שלו לגמרי אבל לאחר יאוש קנהו לגמרי אף לענין שא"ח להחזיר אלא דמיה. ודע דמש"כ דלאו בר קטלא הוא דבעי התראה. פשוט דל"ד

דף עב ע"ב

גמ' והוכה בכל אדם ומת בכל מיתה שאתה יכול להמיתו. ק"ל דבריש פרק הנחנקין מסקינן דכל היכא דכתיב הכאה סתם לאו מיתה היא וכ"מ בנזיר (דף ד ע"ב) גבי ויך דשמשון וא"כ הא איצטריך ימת לומר דאפי' אם המיתו לגמרי פטור. וי"ל דהא שמעינן מדכתיב אין לו דמים דלגמרי משמע. ומש"ה אייתר ומת לומר בכל מיתה שאתה יכול להמיתו: [מצפה איתן]

שם קסבר רודף א"צ התראה. נ"ב עי' רמב"ם פרק יו"ד הלכה ג' מהלכות מלכים. [לענ"ד ה"ק מדברי הלחם משנה הל' מלכים (פ"י הלכה א') שכתב דלהרמב"ם י"ל נהי דא"צ התראה בעי' שיהיה מזיד. וא"כ יש לחלק בין גדול לקטן. דקטן לא מיחשב מזיד. וחזק קושיתו (מפ"י הלכה ג') דמחאת הקטן ורילויו לאו כלום הוא]. (ולא"נ נלענ"ד שכיון (להלכה ד') למש"כ ולעולם אין עונשין מהן לא קטן כו' ולמה שאמר ר"ה דמשום דרודף א"צ התראה גם קטן ניתן להצילו בנפשו. א"כ גם עבודת כוכבים שא"צ התראה כמ"ש הרמב"ם (סוף פ"ט) וגם קטן נענש. ויש לדחות): [שער הלקוטות]

שם ראה שישראל הוא והתורה אמרה שופך דם אדם באדם דמו ישפך. נ"ב לא ידעתי מדוע נקטו מקרא אשר נאמר בבני נח ולא נקטו הרבה מקראות אשר נאמרו בתורה על חיוב מיתה בשפיכת דמים. ואולי דכאן מתרה בו דהרואה עצמו מותר להרגו ודמו של רודף הותר לכל אדם וזה לא נשמע רק מקרא זה: [מהר"ץ חיות]

רש"י ד"ה לפקה כיון דניתן להרגו. עי' מ"ש בגליון רמב"ם סוף הל' גניבה: [גליון מהרש"א]

רש"י ד"ה יצא שלא יצא לאויר העולם לאו נפש הוא. ול"ע על רמב"ם פ"א מרולח דנתן טעם משום דרודף והא מקשי' דמשמיא קא רדפי. ועי' ת' חות יאיר עלה ל"ז סוף ע"ב ות' הגאונים בתראי סי' מ"ה: [גליון מהרש"א]

שם בא"ד ואת מעשה דשבע בן בכרי. נ"ב עיין ירושלמי תרומות ספ"ח ובמדרש בראשית רבה פ' ל"ד ועיין ויקרא רבה פי"ט על קרא ואשה כי יזוב דנבוכדנלר אמר יהויקים מרד בי תנהו לי ואילך אמר יהויקים וכי דוחין נפש מפני נפש א"ל ולא כך עשתה זקנתך לשבע בן בכרי: [מהר"ץ חיות]

שם בא"ד משום דאפילו לא מסרוהו לו כו'. נ"ב עי' בירושלמי דתרומות פ"ח דמחלק דשאני בשבע בן בכרי שהי' מיחדים אותו בפירוש ור"י קאמר התם דווקא כשחייב מיתה כמו שבע בן בכרי שהי' מחוייב מיתה עבור שמרד במלך ועי' ברמב"ם פ"ח מהו"ת ובמגדל עוז שם: [מלא הרועים]

דף עג ע"א

תוס' ד"ה [ת"ל] והשבותו לו. נ"ב הכא דריש לו. ובב"מ דף כח ע"א דריש והשבות. ומהתם ניחא מה דק"ל מהא דאיתא בב"מ (דף קיג ע"א) במשנה ואם מת אינו מחזיר ליורשיו ופירש"י דהשב תשיבם לו כתיב ולא ליורשיו. וכה"ג איתא בקדושין (דף טו ע"א) גבי הענקה. ואמאי לא נדרוש נמי גבי אבדה והשבות לו ולא ליורשים לומר שאם מת אינו חייב בטיפול דאבדה והכרזתה ובשמירתה. ולפום דרשה דוהשבות לו לרבות אבדת גופו מיבעיא להך דרשא. ושוב מה לי הוא מה לי יורשין. וגם דרשי' לו דבר הראוי לו: [שער הלקוטות]

דף עג ע"ב

גמ' הבא על אחותו. עי' שעה"מ פרק כ"ד משבת ה"ז: [גליון מהרש"א]

רש"י ד"ה הבא על אחותו כו' ואי ניתן להצילה בנפשו אמאי משלם הרי מיתה ותשלומין יש כאן. והקשה בספר יד המלך דלוקמא שבא עליה בשבת דלא ניתן להצילה בנפשו כמ"ש המ"ל פכ"ד דשבת. ותירץ דמ"מ הוא ניתן להצילה בנפשו ע"י נכרי שהוא רשאי להורגו אפילו בשבת וכבר הקדימו בזה בס' שעה"מ ובס' אור חדש עה"ת פ' בראשית. אך מ"ש ביד המלך שהוא פשוט ליתא דאין זה עולה לפי' הריב"א בתוס' כתובות (דף לא) ובפ"ב דב"ק (דף כב) דבכה"ג לא מפטר מתשלומין לדידה כיון שאינו חייב מיתה לדידה גופה רק לנכרי ולא אמר דפטור אלא היכא דהכל חייבין להורגו להציל הנרדף. אלא י"ל דה"ט דלא בעא לאוקמי בשבת דאכתי התינח למ"ד בכתובות (דף ה) שאין איסור בבעילת בתולה בשבת אבל למ"ד דיש איסור מא"ל דהא משמע בכתובות (שם) דאית בה משום אב מלאכה וא"כ בלאו אחותו ה"ל למפטר מתשלומין הבועל בתולה בשבת: [מצפה איתן]

תוס' ד"ה חד. וצ"ל כגון שאמרו לראובן קטלי' לשמעון ואם לאו יהרגוך ושמעון מחלל שבת ואי לאו קרא ה"א דמותר להרגו דכל עבירות יעבור ואל יהרג חוץ וכו' וכאן אין לזה רק חילול שבת וזה הותרה לו אבל השתא דכתיב קרא דלא ניתן להצילו בנפשו והוי שפיכות דמים ולהכי איצטריך קרא לאסור: [רד"ל]

תוס' ד"ה חילול כו' לא גמרי' מעבודת כוכבים אלא שבת דשבת ועבודת כוכבים כתיב בהו חילול במקום מיתה. ולכאורה קשה דא"כ ל"ל דכ"ר חילול במקום מיתה. וי"ל דאיצטריך להא דדריש בשבת (דף ע) אבות מלאכות מהאי קרא דמחלליה מות יומת כמ"ש תוס' בשבת (דף קו) ואמר שם דא"ע למזיד דכתיב כל העושה בו מלאכה יומת. ומיהו ראב"ש דיליף כאן חילול חילול שבת מע"ז דניתן להצילו בנפשו ע"כ לא דריש חילוק מלאכות כאבוה דהא איצטריך למזיד להא דהכא: [מצפה איתן]

תוס' ד"ה ממונא וקשה דבלא השרת בתולין. הרמב"ם באמת דחה הסוגיא דקדושין ודיבמות משום קושיא זו ופסק בפ' א' מה' נערה בתולה שאינו חייב קנס עד שיבא עליה כדרכה. הר"ן סוף פ' אלו נערות: [גליון מהרש"א]

שם בא"ד ומיהו בירושלמי כו'. נ"ב פ"ג הלכה ו': [רב"פ תאומים]

שם בסה"ד משלמין קנס. נ"ב הגי' שלפנינו בירושלמי כולהו כו' בסקילה ויעו"ש בק"ע: [רב"פ תאומים]

תוס' ד"ה במניחתו כו' לא לגמרי כוותיה דהא קתני נערה אין קטנה לא ולר"י אפי' קטנה. ולד"מ דהתוספות עצמם הוכיחו בנדה (דף מד ע"ב) מסוגיא דפ"ק דכתובות דלרבא הא דקתני במתני' א"נ שיש להם קנס הוא לאו דוקא נערה אלא ה"ה קטנה. ולפ"ז א"ש סוגיא דשמעתין דרבא לשיטתו דמוקי רישא דמתני' דאלו נערות כוותיה דר' יהודה [עתוס' כתובות י"א א' ד"ה לכי]: [מצפה איתן]

תוס' ד"ה במפותה כו' קתני סיפא הבא על בתו כו'. נ"ב יעוין תוספות שבועות דף ל"ג ע"א ד"ה ושאנס: [רב"פ תאומים]

דף עד ע"א

גמ' ביכול להציל באחד מאבריו. נ"ב לפמ"ש הפוסקים דרק נגד אחרים שייך דין זה אבל לנרדף עלמו אף דיכול להציל עלמו באחד מאבריו מ"מ הותר דמו של רודף א"כ אין מקום לתירוץ זה של הש"ס. ועיין (ברכות ס"ב ע"א) דא"ל בר הריגה אתה שהרי רודף אתה ושם היה יכול להציל עלמו. עוד הקשו ע"מ שנסתפק המ"ל פכ"ד מהל' שבת ה"ז אם בשבת שייך דין זה ברודף אחר עריות אם ניתן להצילו בנפשו ומכאן פשוט דאף בשבת ניתן להצילו בנפשו דאל"כ אין מקום לקושית הש"ס דאפשר לאוקמה בשבת. ועיין יד המלך מ"ש לתרך ועיין שו"ת נו"ב מהדו"ק מאהע"ז סימן ל"ה להקשות על הרמב"ם ע"ש: [מהר"ץ חיות]

שם ור' יונתן. נ"ב יעוין לעיל דף מט ע"א ודף נז ע"א: [רב"פ תאומים]

שם כגון שיכול. נ"ב יעוין תוספות כתובות דף לא (ע"ב ד"ה י"נ) [ע"א ד"ה ה"נ]: [רב"פ תאומים]

שם דמיתה לזה ותשלומין לזה. עי' תוס' בב"ק כ"ב ב' ד"ה נגדי לחד: [גליון מהרש"א]

שם דאמר רבא. נ"ב יעוין תוספות כתובות דף לא ע"א ד"ה רב אשי ובתוס' ב"ק דף כ"ב ע"ב [ד"ה נגדי לחד]: [רב"פ תאומים]

שם רבא ברב יצחק. גם דף לח ע"ב איתא כן אך בדף לט ע"ב רבה ברב ילחק ובסוטה מו ע"ב רבא בר"י ול"ע: [ר' יחיאל היילפרין]

רש"י ד"ה ויכול הנרדף או הרואהו. עי' לעיל דף ל"ג ע"ב רש"י ד"ה טעה בנואף ונואפת ובריש דף מ"ט ד"ה היה לו לאבנר ודף נ"ז לעיל סוף ע"א. עי' במל"מ פ"ח מחובל ומזיק הלכה י' ובשעה"מ פכ"ד משבת ה"ז: [גליון מהרש"א]

שם בא"ד אלא בנפשו נהרג עליו. והרמב"ם פ"א מרולח הי"ג כתב וחייב מיתה אבל אין ב"ד ממיתין אותו והראב"ד השיגו מיואב ואבנר ועי' ת' חות יאיר ס' ל"א בעלה ל"ח א' כ' דטעמא דרמב"ם דל"ש התראה (וה"ט דכ' דב"נ בכה"ג נהרג) והוה כשוגג ויכול גואל הדם להרגו. וז"ש וחייב מיתה ומש"ה שפיר פטר ליואב: [גליון מהרש"א]

רש"י ד"ה מרי דוראי אדון עירי כו'. נ"ב עמ"ש בגליון פסחים שם: [מלא הרועים]

דף עד ע"ב

גמ' ת"ש דתני ר' ינאי. נ"ב רבנאי כן הגי' בברכות דכ"א ב' ועוד בכמה דוכתי רבנאי אחוה דר"ש ב"א ובקלת מקומות אי' רבנאה וע' בספרי כנוס סופרים: [מלא הרועים]

שם אלא הנאת עצמן שאני. עי' ע"ז מ"ד ב' תוד"ה נהנין ועי' בהר"ן ר"פ כל שעה סוף ד"ה ואף מעו"ג ועיין מה שכתבתי בגליון שם ועיין פסחים בתוס' דכ"ב ריש ע"ב דמה שמחזיקין לו טובה חשיב כמשתכר: [גליון מהרש"א]

שם ת"ש ז' מצות נצטוו בני נח כו'. נ"ב ק' לפמ"ש רש"י בסמוך דבלנעא דהיינו שלא בפני עשרה ישראלים אין ב"נ מלווה על ק"ה אע"פ שיש שם הרבה נכרים וא"כ בשעה שלוה הקב"ה לאדם ולב"נ על ז' מלות עדין לא הי' ישראלים בעולם וא"כ וודאי דלא הי' מלווה על ק"ה וי"ל דהיכא דיש עשרה ב"נ הכופרים בע"ז חשוב ג"כ פרהסיא ומלווה על ק"ה דווקא גבי נעמן שהיו כולם עע"ז לא חשיב פרהסיא שוב מלאתי בר"ן בחידושי' שמחלק כן: [מלא הרועים]

תוס' סד"ה אפילו כו' היינו רצועות שחורות. נ"ב א"כ אלעזר זעירא הלך בחק הנכרים עמ"ש בפ"ג דתענית (דכ"ב א') בס"ד: [יעב"ץ]

תוס' ד"ה והא אסתר כו' וגם לכהונה שפסלה בביאתה. נ"ב בבא מליעא קד ע"א [לא זכיתי לעמוד על עומק כונתו הקדושה]: [שער הלקוטות]

שם בא"ד מוגטמאה ונטמאה. פירוש דג"פ כתיב ונטמאה בפרשת סוטה (במדבר ה יד, כז, כט) ודרשינן לאוסרה לבעל ולבועל ולתרומה. ואמרינן נמי כו'. ז"ל הגמרא שם, עכו"ם מקינן על ידו פשיטא מהו דתימא נטמאה נטמאה ב"פ א' לבעל וא' לבועל היכא דקמיתסרא כו', ותיבות א' לבעל וא' לתרומה לכאורה הוא ט"ס וצ"ל א' לבעל וא' לבועל: [אור ישועה]

שם בא"ד שייך ונטמאה לאסור לבעל וה"ה לבועל. עיין באחרי כתובות שם דף ג' וחדושי מהרי"ט שם: [גליון מהרש"א]

שם בא"ד דהא מרוצח ילפינן. בבעל המאור כתב דמ"מ חלוק מרולח לענין הנאת עלמן: [גליון מהרש"א]

שם בא"ד דמצי אמר אדרבה מאי חזית. עי' בכסף משנה פ"ה מהל' יסודי התורה סוף הלכה ה': [גליון מהרש"א]

שם בא"ד יש לפרש דתהרג הנערה. הרמב"ן במלחמות תירץ בהעלתה טינא בלבה ע"ש [ועתוס' ביומא פ"ב ב']: [גליון מהרש"א]

שם בא"ד גבי יעל. עיין בפי' על שופטים ד כא. **שרה רבקה רחל ולאה.** ז"ל הגמרא במס' נזיר מאן נשים שבאהל שרה רבקה רחל ולאה, ופי' המפרש שרה רחל ולאה, שאמרו לבעליהן לבוא אל שפחתן ולא לשם מלוה נתכוונו אלא כדי שמתקנאות זו בזו רחל באחותה ושרה ולאה באמהות וכולן נאמר בהן אהל (ועיי"ל קה ע"ב רש"י ד"ה נשים באהל): [אור ישועה]

דף עה ע"א

גמ' ימות ולא תעמוד לפניו ערומה. עי' ת' זרע אברהם ביו"ד סי' ה': [גליון מהרש"א]

שם אלא למ"ד פנוי' היתה כו'. נ"ב ע' במשנה למלך פ"א מהל' יו"ט דין י"ז: [מלא הרועים]

שם ומה כאן למעלה כלמטה וכו'. ונ"ב מסוגיית הש"ס לקמן עמוד ב' משמע דלכל האוקימתות יש ט"ס בכאן וצ"ל ומה כאן למטה כלמעלה אף להלן למעלה כלמטה וכן מבואר ברש"י שם: [חשק שלמה]

רש"י ד"ה הבא על האשה כו' אם חמותו או על בתה. צ"ל ועל בתה: [רי"א חבר]

דף עה ע"ב

רש"י ד"ה רב אשי כו' רחוקות ואסורין למטה. צ"ל ואיסורין למטה: [רי"א חבר]

שם בא"ד באזהרה החמורה. צ"ל האמורה: [רי"א חבר]

הגהות וחדושי הרש"ש

להא דתני דבי חזקיה לקמן (עט ב) ועי' כתובות (לה) דהכא בלא התראה אמרי' דלא עביד כלל דבר שחייבין עליו מיתה דלא אתא אדעתא דנפשות: **תד"ה לא. ואתנן אסרה כו'.** מה שהגיה הגרי"פ דצ"ל אתנן הוא לנ"ל כמש"כ בס בס"ד:

דף עב ע"ב **גמ' כאן בבן על האב.** ועי' פירש"י ותוס'. מכאן ק"ל על הגי' בברכות (ז' ב') גבי דוד ואבשלום "אמר שתם ברא דרחים על אבא" וכ"ה גי' ע"י שם: **שם אין לי אלא במיתה האמורה כו'.** לעיל הגי' הכתובה כבסמוך: **שם מחתרתו זו היא התראתו.** עי' פירש"י. ולעד"נ טעם החילוק הוא דמחתרת היינו בבית שהבעה"ב שוכב שמה שקרוב מאד שירגיש בו יע"כ אדעתא דהכי אתי באם יעמוד כנגדו יהרגנו אבל גגו כו' נוכל לומר שסובר שהבעה"ב לא ירגיש בו. ולכן אפי' תנא דלעיל דלא מפליג נראה דדוקא בגגו כו' שסמוכים לשכיבתו של בעה"ב אבל בשדה וכיולא מודה ג"כ שלריך התראה. וכן מתבאר ברמב"ם סוף הל' גניבה. ומעתה מש"כ התוס' לעיל ד"ה אפי' "וי"ל דהתם בגנב מגגו כו'" ל"ד דה"ה אפי' לתנא דלא מפליג נמי מ"ל בגנב משדה וכי"ב ולא כמהרש"א שם: **רש"י ד"ה לפקח. אם כשהוא חותר נפל עליו גל.** כל"ל:

דף עג ע"א **רש"י** (במשנה) **בא"ד ומיהו רוצח כו'.** לשון ומיהו אינו מדוקדק דאין לך פגם גדול מזה כדלקמן בגמ' ותוס': **רש"י ד"ה יש מושיע לה. שהרי כשישיגה כו'.** כל"ל: **תד"ה ומה** (בסופו). **דאבושתה קפיד קרא.** כל"ל בס': **תד"ה אף. וי"ל כו' דחובה להציל.** ק"ל דחובה נמי תיפוק ליה משופך דם האדם כו' דלעיל דמשמע שם דאינה אסמכתא: **תד"ה ח"כ. ומיהו קשה הא בהמה כו'.** עי' יבמות (נד ב) תד"ה בזכור:

דף עג ע"ב **גמרא חד למעוטי עו"ג כו'.** ולשאר ח"כ ומיתות ב"ד לא איצטריך למעוטי דכיון דבעניינא דנעהמ"א כתיב משמע דוקא דומיא דידה:

דף עד ע"א **גמ' דכתיב וכי ינצו אנשים.** המליין לדברים טעה כי הכוונה על קרא דמשפטים: **שם אינהו דאמור כר"א דתניא כו'.** מכאן סתירה מפורשת לפי' הגר"א ז"ל בס' שנ"א בפ' הרואה דכוונת הש"ס בכ"מ על סיפא דברייתא המובאה שם בגמרא (סא ב) רע"א בכל נפשך אפי' נוטל את"נ. אבל ר"א ע"כ ס"ל דבכ"נ אין הכוונה על מסירת נפש ממש דא"כ אין לך אדם שממונו יהיה חביב עליו יותר מנפשו ע"ש. והכא אמר הש"ס בהדיא דאינהו כר"א וע"כ צ"ל דיגיה כר"ע ובהגהותיו כאן לא תקן: **רש"י ד"ה מה רוצח יהרג ואל יעבור. אם אמר כו'.** כל"ל:

דף עד ע"ב **רש"י ד"ה היכי יהבינן. הלא חוק כו'.** ר"ל ועובר ישראל על לפני עור עי' נ"י: [**תד"ה והא** (בסופו). עי' מהרש"א ועמש"כ עליו במגילה (טו)]:

דף עה ע"א **רש"י ד"ה ואם איתא. מיהו אודויי כו'.** נראה דהוא מטעם דלפני עור כו':

פרק ט **שם גמרא לאביי אידי כו' תני נמי חמותו ואם חמותו.** כל"ל. ואף דזה דוחק קלת לומר דתני תרתי איידי דחדא. וה"ל יותר דאתא כרי"ש. י"ל משום דלישנא דמתני' משמע טפי דתרוייהו לאיסורא: **שם ומה כאן למטה כלמעלה אף להלן למעלה כלמטה.** כן הגיה המהרש"א לקמן:

דף עה ע"ב **רש"י ד"ה אתיא הנה. מה להלן שרפה כו'.** לא דקדק לפרש אחר לשון

[סח: - עג.]

א *מיי' פ"ז מהלכות ממרים הלכה ה:
ב *מיי' פ"א מהלכות רוצח הלכה י והלכה י סמג לאוין קסד קסה טוש"ע חו"מ סימן תכה סעיף א:
ג ד *מיי' פ"א מהלכות רוצח הלכה יא טוש"ע חו"מ סימן תכה סעיף ג:
ה מיי' פ"א מהלכות רוצח הלכה יא:
ו ז *מיי' פ"א מהלכות רוצח הלכה יד סמג שם טוש"ע חו"מ סימן תכו סעיף א:

השגות הראב"ד

(א) כתוב שם: **והילכתא דשדנהו בנהרא אלמא הכי הילכתא ואף על גב דאהדרינהו רבה להנהו דיכרי דאיגנבו במחתרתא ההיא מדת חסידות הואי ולכבודו דרב דנפק מפומיה ואין למדין הימנה לעיקר הדין:** אמר אברהם: טובות ההנחות שהניח הרב ז"ל מן התפיסות שזה תופס משום דהאי מתניתין גופא דהגונב כיס בשבת קשיא ליה לרב רישא אמאי חייב בכיס תיפוק לי משום מחתרת דקני ליה לכיס ומתניתין דהכא נמי קשיא ליה דקתני שיבר אבל נטל לא ולרבה מתניתין דהכא לא קשיא ליה דאימר אפילו שיבר בתר דנפק מיניה קאמר דפטור אבל מתניתין דשבת קשיא קיפא אמאי פטור בכיס משום שבת והא איתיה לכיס בעיניה ורישא נמי מאי איריא דנתחייב בגניבה קודם איסור שבת תיפוק לי דהא איתיה בעיניה וכי מוקים ליה נמי דשדנהו בנהרא אכתי רישא קשיא להו אמאי חייב תיפוק לי משום מחתרת דבהדיה ודאי כי הדדי נינהו וכי שדנהו בנהרא נמי אמאי חייב אלמא איסור מחתרת לא פטר אלא בשיבר דמזיק הוא אבל בנטל לא ואפילו שיבר אחר מכאן ואיפשר טעמא דמילתא משום דאיסור מחתרת איסור שעה בלחוד הוא משום הכי נטל חייב ואפילו שיבר או השליך אחר מכאן בנהר חייב מה שאין כן בשבת דאיסור עולם הוא כדאיתא בכתובות (לד:) ומשום הכי אמר הילכתא דשדנהו בנהרא דלאו תירוצא הוא למילתייהו לענין מחתרת אבל לענין שבת מיהא מיתרצא ליה לרבא והיה אללנו תירוץ אחר בקושיא זו שהקשינו מענין מחתרת בגניבה זו של שבת אבל מכיון שהניח אותה הרב ז"ל הבינותי כי זה היה דעתו:

אמר רב הבא במחתרת ונטל כלים ויצא פטור מ"ט בדמיה קנגהו **אמר רבא מסתבר** מילתיה דרב בששבר דליתנהו **אבל** נטל לא.

[יז.]

בן ולא איש הקטן פטור שלא בא לכלל המצות וכו'. [עג.] **ואלו שמצילין** (א) **בנפשן** הרודף אחר חבירו להרגו ואחר הזכור ואחר נערה המאורסה אבל הרודף אחר הבהמה והמחלל את השבת והעובד עבודה זרה אין מצילין אותן בנפשן: **גמ'** תניא מנין לרואה את חבירו שטובע בנהר או חיה גוררתו או ליסטין באין עליו שהוא חייב להצילו בנפשו תלמוד לומר (ויקרא יט, טז) לא תעמוד על דם רעך ולא מבעיא אצוליה בנפשיה דחייב אלא מיטרח ואגיר אגירי נמי חייב:

פי' בדמיה קנגהו. (ב) **קנאם הואיל ונתחייב מיתה בדמיו בלקיחתם: מסתברא מילתיה וכו'.** פרש"י ז"ל בששבר בין שברן במחתרת בין נטלן ושברן אח"כ דכיון דנשתברו אינו חייב לשלם משלו דהא מתחייב בנפשו הוא: **אבל נטל** וכו'. כלומר ואיתנהו בעין: **לא.** דהא לאו תשלומין הוא דכל היכא דאיתיה ברשותא דמריה איתיה ופקדון נינהו גבי דהאי וכדמפרש לקמן: וכתבו עליו (חידושי הר"ן ד"ה אמר רב) דלא נהירא דהא לא אפשר למפטר שבר אחר שנטלן דהא מודית דבשנטלן ואיתנהו בעין חייב משום דפקדון הוא גביה וכיון שכן אם שברם אח"כ ודאי חייב שהרי הוא שולח יד בפקדון. אלא הנכון דה"ק מסתבר מילתיה דרב בששבר בעודו במחתרת אבל נטלה משם ויצא אע"פ ששברן אחר כך חייב שכבר נתחייב בהן משנטלן דהוו להו פקדון גביה וכששברן ה"ל שולח יד בפקדון וחייב כדפרישנא. ומשום דהכי הוא דכשנטלן והוליאן ואח"כ שברן חייב לשלם לא הביאה רבינו אלפסי ז"ל בהלכותיו דכיון דקי"ל כרבא דאינו פטור אלא כששבר בעודו במחתרת לא צריך לאשמעינן הא שכבר הביא [(ג)בפ' הגוזל בתרא](ד) הא דרודף שהיה רודף אחר חבירו ושבר את הכלים בין שלו בין של כל אדם פטור מ"ט מתחייב בנפשו הוא כך כתבו בשם הרמב"ן ז"ל (מלחמת ה'): [עג.] **אלו שמצילין**(ה) **ת"ל לא תעמוד** וכו' דמשמע לא תעמוד על עצמך אלא חזור בכל הצדדין שלא יאבד דם רעך אפילו לטרוח ולשכור שכירים להצילו: **גרסינן** בגמ' ת"ר **אחד הרודף אחר חבירו** (ו) **אחר הזכור אחר נערה מאורסה אחר חייבי כריתות אחר חייבי מיתות** ב"ד מצילין אותן בנפשו **אלמנה** לכ"ג **אין מצילין אותה בנפשו נעבדה בהן עברה אין מצילין אותן בנפשו:** פי' **חייבי כריתות ומיתות ב"ד דעריות קאמר דאיכא עברה ופגם: אלמנה** לכ"ג. **שרודף אחריה לאנסה אע"פ שיש** (ז) **פגם דקא משוי לה חללה: אין מצילין אותה בנפשו. כדמפרש בגמ'** (ע"ב) **דחייבי לאוין לא נתנו להצילן בנפשן:**

ואילו שמצילין אותם: מן העבירה: **בנפשן.** שניתן רשות לכל אדם להורגן להצילן מן העבירה וכולהו יליף תלמודא מקראי: **אבל הרודף אחר הבהמה.** לרבעה והרוצה לעבוד ע"ז או לחלל שבת וכ"ש שאר עבירות דלא ניתן להצילו בנפשו אלא מדבר שהוא עבירה(ח) וקלון ופגם לנרדף כגון זכור ונערה המאורסה מיהו רוצח בהדיא כתיב ביה(ט) לא תעמוד על דם רעך לא תעמוד עצמך על דמו אלא הצילהו ובהמה איצטריך משום דדמיא לעריות וע"ז **לאפוקי מתנאי דלקמן** שבת איתקש לע"ז: **גמ' אצולי.** להצילו בעצמו אם יכול: **ואגורי.** אם אין יכול להצילו לבד יטרח להשכיר שכירים לסייע לו:

הגהות וציונים
מהב"ח ושאר מפרשים

(א) נ"ב אותן (ב"ח): **(ב)** נ"ב ונפשו (ב"ח): **(ג)** גי' מהר"ם: **(ד)** נ"ב ע"ש (ב"ק) בסי' רכ"ד (ב"ח): **(ה)** תיבת אלו שמצילין נמחק (ב"ח): **(ו)** נ"ב להרגו (ב"ח): **(ז)** נ"ב שם (ב"ח): **(ח)** תי' עבירה נמחק ונ"ב ערוה (ב"ח): **(ט)** כאן הס"ד ואח"כ צ"ל הציון גמ' ואח"כ צלה"ד ובהמה איצטריך וכו' עד שבת איתקש לע"ז הס"ד ואח"כ צלה"ד לא תעמוד וכו' עד אלא הצילהו (ב"ח): **(י)** גירסת ב"ח:

המאור הגדול

[עב.] **[אמר רב הבא במחתרת ונטל כלים ויצא פטור מ"ט בדמים קנגהו].** תמה הוא שלא הביא הרי"ף ז"ל בהלכותיו שמעתא דרב דהבא במחתרת ונטל כלים ויצא פטור ומסתברא לן דהלכתא כרבא דאמר מסתברא מילתיה דרב בששבר דליתנהו ואי אמרת אי בששבר מאי קמשמע לן מתניתין היא היה בא במחתרת ושבר את החבית אם אין לו דמים פטור יש להשיב דאי ממתניתין הוה אמינא הני מילי בששבר במחתרת עצמה בשעה שנתחייב מיתה אבל נטל ויצא שכבר נפטר מן המיתה משעה שיצא כרודף שחזר מלרדוף אחר הנרדף שנפטר ממיתה ואי הוו כלים בעיניהו הוו הדרי למרייהו כי שבר בתר הכי אשתכח דהשתא הוא דקא גזל להו כדאמרינן (ב"ק סה.) במאן דגזל חביתא [דחמרא] מחבריה מעיקרא שויא זוזא ולבסוף שויא ארבעה תברא או שתיה משלם ארבעה משום דכיון דאלו איתא הדרא בעינא אשתכח דההיא שעתא הוא דקא גזיל ליה קמשמע לן דשאני דין רודף מדין גזלן דרודף מכי אתו לידיה קננהו בדמיה מההיא שעתא ולכי תבר לה [(י)בתר הכי דידיה קא תבר ופטור מלשלם] ואף על גב דכי איתנהו הדרי בעיניהו חומרא הוא דרמו רבנן עליה דליהדר ממונא למריה כיון דאיתיה בעיניה והיינו דאמר רבא אבל נטל לא כלומר בשלא שבר אלא עודם בעינם והאלהים אמר רב אפילו נטל דכיון דביש לו דמים ונאנסו קיימי ברשותיה לענין אונסין הכי נמי כי אין [(י)לו] דמים קיימי ברשותיה ואי מהדר להו מיחזי כמת ומשלם ולא היא כלומר ולא מסתבר טעמיה דרב בהא דכי אוקמינהו רחמנא ברשותיה לא אוקמינהו אלא לבישותיה לענין אונסין אבל לטיבותיה למקנה ממש לא אוקמינהו ברשותיה מידי דהוה אשואל הלכך כי אין לו דמים ואיתנהו בעיניהו חייב להחזיר ולא הוה מת ומשלם שאין זה נקרא תשלומים אלא חזרת ממון לבעלים.

וממאי דהלכתא כרבא וליתא לדרב חדא דקשיא מתני' עליה דרב ועוד דמסקינן בתיובתיה דרב ביבי בהגונב כיס בשבת והלכתא דשדנהו בנהרא אלמא הכי הלכתא ואף על גב דאהדרינהו רבא להנהו דינרי דאיגניבו ליה במחתרתא ההיא מדת חסידות הואי ולכבודו דרב דנפק מפומיה ואין למדין ממנה לעיקר הדין(א):

מלחמת ה'

כתוב בספר המאור: תמה הוא שלא הביא הרי"ף ז"ל בהלכותיו שמעתא דרב דהבא במחתרת ונטל כלים ויצא **פטור ומסתברא דהלכתא כרבא דאמר מסתברא מילתא דרב וכו' בששבר במחתרת עצמה בשעה שחייב מיתה אבל נטל ויצא** שכבר נפטר מן המיתה משעה שיצא כרודף שחזר מלרדוף.

אמר הכותב: אין (בו) [בי] כח לתפשו בזה מפני שדעת רבינו שלמה ז"ל (ד"ה מסתברא) כן אבל להודיע דעת רבינו הגדול ז"ל אני צריך לכתוב מה שנראה לי (שאפשר) [שאי אפשר] לומר דרבנ[א] נטל ושבר קאמר חדא דאי הכי היכי אמרינן סתם אבל נטל לא הא תרווייהו נטל נינהו והוה ליה למימר אבל לא שבר לא ועוד דאי הכי מתניתין נמי קשיא עליה דקתני היה בא במחתרת ושבר ואי רבא צריך לדחוקה דנטל ושבר קאמר הוה לן לפרוקה בגמרא ולפרושה היכי קאמר דהא פשטה דמתניתין לא משמע כוותיה ולא אפשר נמי למימר הכי מדקתני היה בא במחתרת ושבר דאלמא בהיותו במחתרת דרך ביאתו שבר מדלא קתני בא במחתרת ושבר או בא במחתרת ונטל ושבר וקשיא לרבא כדקשיא לרב ועוד כיון דאסיקנא בגמרא דלא אוקמינהו רחמנא ברשותיה אלא לענין אונסין והכי עיקר למה ליה למימר דרב אפילו נטל ואיתנהו ממש אמרה ולאקשויי עליה ממתניתין ולאסוקה בקשיא דלמא רב נטל ושבר קאמר כדרבא וניחא ליה מתני' כדניחא ליה לרבא ומנא ליה הא לפרושה לדרב כי היכי דתיקשי לך ואין זו דרך התלמוד דהא גורעים ומוסיפין במימרי ומתסרי נמי מתניאתא ומשבשי להו וממשכני נפשייהו טפי לתרולי מימרי דרביהו ועוד דאשתבעו עלה בגמרא באלהים דרב אפילו נטל אמר אלמא אי אפשר לפרושה לדרב אלא כן ומלתא היא פשיטא מגופה דמימרא דרב דנטל אמר ועוד מאי איכא בין נטל ולא שבר לשבר לאחר זמן כיון שלא קנאו משעה ראשונה ועל אותה שעה אתה פוטרו אם שבר לאחר זמן אמאי פטור הרי על שבירה זו אתה מחייבו כדאמרינן במאן דגזל חביתא דחמרא במסכת בבא קמא (סה.) ומציעא (מג.) והכא נמי כיון שנפטר ממיתה ועכשיו הוא שובר כליו של חבירו אמאי פטור.

ומה שאמר בעל המאור ז"ל דבדמיה קנגהו וכי איתנהו דהדרי חומרא דרבנן הוא דברי הבאי הם שהרי מפורש בגמרא דכי אוקמינהו רחמנא ברשותיה הני מילי לענין אונסין אלמא מדינא דאורייתא הדרי והרי דמוהו בפירוש (לשואלי) [(י)לשואל].

אלא פירוש שמועה זו כך הוא דכיון דאמר רב נטל ויצא פטור בין שבר אחר כך בין לא שבר פטר רב דשניהם שוים כמו שכתבתי ואמר רבא מסתברא לי מלתיה דרב דאמר בדמיה (קנה) [(י)קנינהו] בששבר במחתרת בעוד שהוא מתחייב בנפשו והיינו מתניתין אבל נטל חייב ולא מסתבר בה טעמיה דרב והוא הדין לשבר הוא חוץ למחתרת דחייב ואף על גב דליתנהו והיינו דינא דנטל וכדפרישית אלא דלא נחית גמרא השתא להאי דינא אלא למימר אי (קניהו) [(י)קנינהו] בשהוליאן או לא ובאמת שרב אמרה בכל ענין ואפילו נטל ומשום דקסבר דברשותיה קאי וטעה רב דלא אוקמינהו רחמנא ברשותיה אלא לענין אונסין ולא לענין מיקנא ואי קשיא לך בשבר למה לי דרב ואמאי אמר רבא מסתברא מלתיה דרב מתניתין היא לאו קושיא היא שכבר פירשתי דרבא הכי קאמר טעם זה שאמר רב אינו מספיק אלא לשבר ולא לנטל דלאו ברשותיה קאי.

והא דאמרינן והלכתא דשדינהו בנהרא [(י)דשדינהו] אחרינא קאמרינן לומר לך שאינו חייב כאן באונסין דלגבי אונסין אינו מתחייב אלא על שעת הוצאה מבית בעלים כדאיתמר בדוכתא והאי פטור הוא על אותה שעה והיינו דאמרינן דשדינהו ולא אמרינן דשדנהו הוא אי נמי יש לפרש דשדנהו איהו בנהרא מיד כגון ששלשל ידו ועשאה קטפרס וקבל וזרק מיד או שהפיל לנהר שהוא רשות הרבים כגון רקק שרשות הרבים מהלכת בו שאם באת לחייבו על שעת הוצאה אתה מחייבו

[עג. - עד.]

תנו רבנן אחד הרודף אחר עבירה(א) ואחר הזכור ואחר נערה מאורסה ואחר חייבי כריתות ואחר חייבי מיתות בית דין מצילין אותן בנפשו אלמנה לכהן גדול אין מצילין אותה בנפשו נעבדה בה עבירה אין מצילין אותה בנפשו(ב): [עד.] אמר רבי יוחנן משום רבי שמעון בן יוחי נמנו וגמרו בעליית בית נתזה בלוד כל עבירות שבתורה אם אומרים לו לאדם עבור ואל תהרג יעבור ואל יהרג חוץ מעבודה זרה וגילוי עריות ושפיכות דמים עבודה זרה כדתניא (ג) רבי אליעזר אומר אם נאמר (דברים ו, ה) בכל נפשך למה נאמר בכל מאדך אם יש לך אדם שממונו חביב עליו מגופו לכך נאמר בכל מאדך(ד) גילוי עריות ושפיכות דמים כדרבי כדתניא(ה) רבי אומר כי כאשר יקום איש על רעהו ורצחו נפש (שם כב, כו) וכי מה למדנו מרוצח מעתה הרי זה בא ללמד ונמצא למד (ו) מקיש נערה מאורסה לרוצח מה רוצח יהרג ואל יעבור אף נערה מאורסה יהרג ואל יעבור (ז) ורוצח גופיה מנלן סברא הוא כההוא דאתא לקמיה דרבא אמר ליה אמר לי מארי דוראי זיל קטליה לפלניא ואי לא קטלינא לך אמר ליה ליקטלך ולא תיקטול מי יימר דדמא דידך סומק טפי דילמא דמא דהוא גברא סומק טפי: כי אתא רב דימי אמר רבי יוחנן לא שאנו אלא שלא בשעת השמד אבל בשעת השמד יהרג ואל יעבור כי אתא רבין אמר רבי יוחנן אפילו שלא בשעת השמד

רש"י

וחייבי כריתות וחייבי מיתות בית דין. לעריות קאמר דאיכא עבירה ופגם: אלמנה לכהן גדול. כלומר כהן גדול הרודף אחר האלמנה לאונסה אע"פ שיש בהן פגם דמשוי לה חללה אין מצילין כיון דלא הוי חיוב כרת: נעבדה בה. כבר עבירה אפילו חייב מיתות ב"ד: אין מצילין אותה. דהא אפגמה כבר וקרא אפגמה קפיד: וכי מה למדנו מרוצח. כאן לפטור את האונס [(טו)מעתה] דאמר קרא אין לנערה חטא משפט מות דמשמע דכי היכי דהתם אונס פטור ה"נ פטרינן ליה אלא משמע שזה בא ללמד רוצח על נערה המאורסה ונמצא אף למד רוצח מנערה: מרי דוראי. מושל עירי ונכרי היה: מאי חזית דדמא דידך בסימק טפי. מי יודע שיהא דמך חביב ליוצרך מדם חבירך הלכך אין שייך כאן לומר וחי בהם ולא שימות בהם שלא התירה תורה אלא מפני שחביבה נפש ישראל להקב"ה וכיון שיש איבוד נפש חבירו לא ניתן דבר המלך לדחות שליוה על הצלתה:

נמוקי יוסף

נעבדה בהן עבירה. כבר: אין מצילין. דהא איפגימא לה וקרא אפגמה קפיד מדגלי בהני ולא בעבירות אחרות:

[עד.] אמר רבי יוחנן משום רבי שמעון בן יוחאי: בית ניתזה. שם העיר: יעבור ואל יהרג. דכתיב (ויקרא יח, ה) וחי בהם ולא שימות בהם (יומא פה:): אם נאמר וכו'. פי' יאמר אותו שהוא יותר חביב וכ"ש האחר שהרי גלוי וידוע לפניו איזו יותר חביב: אם יש לך אדם וכו'. פי' שאין דעת בני אדם שוות בכך יש שגופו חביב עליו יותר ממממונו ויש שממונו חביב עליו יותר לפיכך הזכירם תורה שניהם בפירוש שלא ליתן פתחון פה ליצר הרע לחלוק: לכך נאמר. כלומר תהיה אהבתו חביבה עליך יותר מכל החביב לך: ניתן להצילה. (ח) בנפשו של הרודף(ט) לאונסה דכתיב (דברים כב, כז) ואין מושיע לה דמשמע הא יש מושיע יושיענה (עג.): מה רוצח יהרג ואל יעבור. אם אומר לו הוי רוצח והרוג את הנפש ואם לאו הריני הורגך: [(י)אף נערה מאורסה] תהרג ואל תעבור. כן הלשון ברוב הספרים ופי' תהרג האשה אע"ג דאשה קרקע עולם כדאמרינן גבי אסתר לקמן (עד:) היינו כשבאו עליה באונס שאין בידה מה לעשות אבל אם אמרו לה נכרים הדביקי פלוני לעצמך תהרג ואל תדביקנו שאם כן הרי היא עושה מעשה בידים אי נמי כגון שהעלה לבה טינא ואיכא מאן דגריס יהרג ואל יעבור ואבועל קאי: סברא הוא. שלא תאבד נפש (יא) דליכא תרתי איבוד נפש ועבירה מפני נפשו דליכא אלא חדא איבוד נפש והוא לא יעבור.

והני שלשה עבירות דאמרינן דיהרג ואל יעבור לאו דוקא בעבירה גופה אלא איהו וכל אבזריהו קאמרינן ופי' אבזריהו השייך להם ודוגמתו במנחות (עג:) עולה וכל אבזרהא(יב) תדע דאבזריהו נמי יהרג דאמרינן לקמן (עה.) גבי ימות ואל תעמוד לפניו ערומה ימות ואל תספר עמו אחורי הגדר ואמרינן בשלמא למאן דאמר אשת איש שפיר ואע"פ שאין זו העבירה גופה ואמרינן נמי (פסחים כה.) בכל מתרפאין במקום סכנה חוץ מעצי אשרה:

מרי דוראי. אדון עירי וגזי הוה: מאי חזית דדמא דידך סומק טפי. מי יודע שיהיה דמך נאה וחביב ליוצרך מדם חבירך הלכך אין כאן לומר וחי בהם ולא שימות בהם שלא התירך(יג) הכתוב אלא מפני שחביבה נפש ישראל להקב"ה כאן שיש איבוד נפש חבירך לא ניתן דבר המלך לדחות (יד) על הצלתה:

עין משפט

א *מיי' פ"א מהלכות רוצח הלכה יא יב סמג לאוין קסד קסה טוש"ע חו"מ סימן תכה סעיף ג:
ב *מיי' פ"א מהלכות רוצח הלכה יב סמג שם טוש"ע חו"מ סימן תכה סעיף ג:
ג מיי' פ"ה מהלכות יסודי התורה הלכה א ב ג סמג עשין ה טוש"ע יו"ד סימן קנז סעיף א:
ד מיי' פ"ה מהלכות יסודי התורה הלכה ג סמג עשין ה טוש"ע יו"ד סימן קנז סעיף א:

המאור הגדול

[עד.] הכי גרסינן תניא רבי אומר כי כאשר יקום איש וכו' וכי מה ענין רוצח אצל נערה מאורסה אלא מקיש נערה המאורסה לרוצח מה רוצח יהרג ואל יעבור אף נערה המאורסה יהרג ואל יעבור ולא גרסינן הכא הרי זה בא ללמד ונמצא למד אלא בהך תניא אחריתי דלעיל בגמרא גרסינן לה דמקיש רוצח לנערה המאורסה שניתן להצילו בנפשו ונמצא שבוש בזה בהלכות הרי"ף ז"ל גם במקצת נוסחי הגמרא.

מלחמת ה'

ואיסור שבת וגנבה באין כאחת וכאוקמתי דמוקמי לה בכתובות (לא:) בשלשל ודאפקינהו לרשות הרבים ולאידי רשות הרבים.

וכיון שפירשנו השמועה כך נתגלה לנו שדעת רבינו אלפסי ז"ל שהשמיטה מפני שלא היה צריך לכתבה שכבר כתב רודף שהיה רודף אחר חבירו ושבר את הכלים בין של נרדף בין של כל אדם פטור מאי טעמא מתחייב בנפשו הוא ואלו רצה להביא משנתנו ללמד על בא במחתרת שנדון בנפשו אין צריך לדרב ולא לדרבא ומקרא מלא דבר הכתוב ואלהינו ידיננו לזכות.

ועוד: הכי גרסינן תניא רבי אומר כי כאשר יקום איש וכו' לא גרסינן הכא הרי זה בא ללמד ונמצא למד וכו' ונמצא שבוש בזה בהלכות הרב אלפסי ז"ל גם במקצת נוסחי הגמרא.

אמר הכותב: לא במקצת הנוסחאות בלבד הוא כתוב אלא בכל נוסחי ספרד ובהלכות רבינו הגדול ז"ל ובשאלתות רב אחא משבחא ז"ל (שאילתא מב) בכולם כתוב וכי מה למדנו לרוצח מעתה הרי זה בא ללמד ונמצא למד מקיש נערה המאורסה לרוצח מה רוצח וכו' ולפי זו הגירסא נראה שנערה המאורסה בא ללמד מפני שדינה מפורש בכתוב (דברים כב, כו) ולנערה לא תעשה דבר וכן מפורש בה שמצילין אותה בנפשו והיא שבאה ללמד על הרוצח שכמות זה כן מות זה ונמצא למד ממנו שיהרג ואל יעבור וכן מצאתי ענין זה בפירוש רבינו חננאל ז"ל בפסחים (כה:) ומה שנמצא כתוב במקצת נוסחי הלכות רבינו בפסחים (סי' תשי) תהרג ואל תעבור אינו שבוש דאפילו לאביי משכחת לה תהרג ואל תעבור בשהעלה לבה טינא ולא אמר אביי קרקע עולם היא אלא

שלטי הגבורים

א ונראה דכי היכי דבשעת השמד לא יעבור על מצוה קלה ה"ה נמי דאין דוחין התקנה מפני השמד כדמוכח פ"ק דכתובות בראשו (ג:) ומשמע שם דמ"מ אם נהגו העם ממילא להקל באותה תקנה כדי להציל מן השמד אין מוחין בידם דהא חזינן התם דכי תקנו רבנן לכנוס ברביעי בשבת ואירע שמד שאמרו כל הניסת ברביעי תבעל להגמון תחלה ואתי לידי סכנה משום צנועות דמסרן לקטלא נפשייהו ולא רצו חכמים לעקור התקנה ממקומה ואפ"ה היו נוהגין העם לכנוס בשלישי ולא מיחו בידם חכמים. ומיהו אם היתה שם סכנה בקיום אותה תקנה שלא מחמת השמד אז שפיר דמי לבטל התקנה ולעקור אותה לגמרי מכל וכל שאין לך שעומד בפני פקוח נפש וכו' (יומא פב.) ואפילו אין הסכנה ברורה אלא שאירע דבר בתקנה שמחמת אותו הדבר אתי לידי סכנה אפ"ה עוקרים התקנה דהא חזינן התם דלולי שהסכנה דתבעל להגמון תחלה הוא מחמת השמד שהיו דוחין התקנה אע"ג דלא היתה הסכנה ברורה. ולא מפני הסכנה בלבד עוקרין התקנה כי גם מחמת האונס מבטלין התקנה דהא חזינן התם דאיכא חשש משר לבא שיבא לאכול צרכי סעודה ביום רביעי או אירע אבל שמותר לכנוס ביום אחר שאינו יום רביעי ולעקור התקנה. ומיהו כל כמה דאפשר למעט בביטול התקנה ממעטין דאם אפשר להנצל מן הסכנה ומן האונס מבלי שיבטל כל התקנה יש לו להקל ולמעט בביטולה כפי האפשר דהא אמרינן התם דאי אתי שר לבא יתלף מעכבים עד יום רביעי אחר או מכניסין בשלישי אם אפשר להנצל בהכי מן האונס וכן מן הסכנה. ומשמע שם דלא אמר תקנה שבטלה מקצתה בטלה כולה דהא אע"ג דמחמת סכנה ואונס עקרינן לתקנתה יום אחד לא אמר מעקרא כולה. וגם משמע התם דכי עבר הסכנה והאונס חוזר קיום התקנה למקומה ולא אמר כיון דהותרה הותרה דהא לא הותרה מחמת שנעשה לה היתר אלא שאירע בה אונס וסכנה וכי עבר האונס והסכנה התקנה במקומה עומדת ובשעת השמד יכולין חכמים לעקור תקנתא כדי שלא יעברו עליה ובזה האופן דהיינו שיעקרו הב"ד התקנה שתקנו ביום זה לעשות דבר פלוני ויקבעו אותה ליום אחר כזה(טו) לא מיקרי נעקרה תקנת חכמים ממקומה הואיל ולא נשתנה גוף התקנה כדמוכח שם בתוס' (ד"ה תקנה) אבל אינן יכולים לעקור התקנה לגמרי לא בכל ולא במקצת דקי"ל (שם) דשמדא(יז) עבידא דבטלה ותקנתא דרבנן מקמי שמדא לא מבטלינן(יח) ושמעינן מהכא לפי מה שכתבו שם התוספות לשנות התקנה מיום ליום אחר כשאינו עושה שינוי בגוף התקנה לא מיקרי שנעקר התקנה דמשום הכי כתבו שם התוספות דבשעת השמד לא(יט) היה לנו להתיר לשנות התקנה מיום ליום אחר ולא היה בזה עיקור התקנה. ואין להביא מכאן ראיה דב"ד יכולין לבטל תקנת ב"ד חבירו היכא שעושין בסברא שאם היה אותו ב"ד קיים היה מסכים להתיר דהכא ליכא מש"ה היתר כלל דהתקנה במקומה עומדת והגהת הרא"ש שם (סי' ג') מפרש ההיא דתלמודא דקאמר התם מאי סכנה וכו' עד לגמרי נעקריה כלומר כיון שעקרוה ב"ד ליכא איסור משום שעת השמד שאפילו מצוה קלה יהרג וכו' אע"פ שהגה"ה מפרש פירוש זה על פירכא קמייתא דאיתא התם בתלמוד דקאמר אי למ"ד דאמר(כ) בתולה שניסת ברביעי תהרג נהגו לגמריה נעקריה ועל ההיא פירכא לא משני תלמודא שמדא עבידא דבטלה אלא שמגלא אופן הסכנה בפנים אחרים כדקא משני התם שנראה שהפירכא ההיא אליבא דהלכתא היא מ"מ אין לדקדק מפי' הגה"ה דמש"ה יהיה מותר לעקור לגמרי תקנת רבנן בשעת השמד לפי פי' דזה אינו דע"כ א"א לומר כך שיהיה מותר לעקור תקנת רבנן לגמרי בשעת השמד דהא מסיק תלמודא לבתר הכי תקנתא דרבנן מקמי שמדא לא מבטלינן אלא ודאי פי' זה שעשה הגה"ה (כא) להודיענו אם מותר לעקור תקנה דרבנן בשעת השמד או לאו אלא כל עצמו הוא לדקדק מכאן ראיה לדברי רבו וקרובו דב"ד יכולין לבטל תקנת ב"ד חבירו וכו' כדפי' שם ואין כאן קפידא בין יהיה הפי' ההוא שעושה הגה"ה על פירכא קמייתא או בתרייתא דעל כל אחד משני הפרכות שתעשה פי' זה איהו מוכיח כדברי רבו וה"ק כיון דמקשה תלמודא לגמרי נעקריה ולולי דתקנתא דרבנן מקמי שמדא מבטלינן(כב) היינו עוקרין התקנה א"כ מוכח להדיא דב"ד יכול לבטל דברי ב"ד חבירו באותה סברא שאילו היה אותו ב"ד קיים היה מבטלו דאל"ה הכא(כג) היאך מקשה תלמודא לגמרי נעקריה הא אפילו לא היה כאן סברא דשמדא עבידא דבטלה לא מצינו לעקור התקנה לגמרי משום דאין ב"ד יכול לבטל דברי ב"ד חבירו אא"כ גדול הימנו וכו' ומדלא חייש תלמודא להכי ש"מ דמצי בטיל כדברי רבו וכיון שכל עצמו של בעל ההגה"ה לא היה אלא להוכיח דבר זה אין לדקדק מפי' כלל שיהיה מותר לעקור התקנה בשעת השמד דשפיר יש לומר דבעל הגה"ה עשה הפי' ההוא על פירכא בתרייתא ולא חשש להאריך וקצר בלשונו ואפילו תימא דעל פירכא קמייתא פי' הכי ויתיקשי למה לא משני תלמודא שמדא עבידא דבטלה כדמקשו התוס' (שם) מ"מ לא תידוק מיניה שיהא מותר לעקור התקנה לגמרי בשעת השמד דהא לבתר הכי מסיק תלמודא כתירוץ פירכא בתרייתא דאסור ואולי כי ס"ל לבעל הגה"ה דתירוץ אחת עולה לכאן ולכאן או כי דרך אחרת לו לפרש דבר זה ואנו לא ידעינן ומ"מ כן דעת נותנת:

הגהות וציונים
מהב"ח ושאר מפרשים

(א) גי' הספרים אחר חבירו (מהר"ם): ובכ"י-ם: אחר חבירו להורגו: (ב) מתי' גמ' עד כאן ליתא בדפו"ר: (ג) עי' ברי"ף ר"פ כל שעה (סי' תשי) (חו"י): (ד) נ"ב וכו' (חו"י): (ה) דתניא רבי אומר כי כאשר וכו' כצ"ל (ב"ח): (ו) נ"ב מקיש רוצח לנערה המאורסה מה נערה מאורסה ניתן להצילו בנפשו אף רוצח ניתן להצילו בנפשו ומקיש וכו' כצ"ל (ב"ח): (ז) נ"ב וכו' (חו"י): (ח) לשון הברייתא הוא ה"ז בא ללמד ונמצא למד מקיש רוצח לנערה מאורסה מה נערה מאורסה נתן להצילה בנפשו אף רוצח נתן להצילו בנפשו ומקיש נערה המאורסה לרוצח מה רוצח יהרג ואל יעבור כו' (מהר"ם, א"ש):
(ט) בכמה דפוסים היה כתוב הרוצח, והמהר"ם הגיה: הרודף: (י) גי' מהר"ם: (יא) נ"ב חבירו (ב"ח): (יב) עמ"ש על הגליון ברש"י בגמ' (עד: ד"ה אבזרייהו): (יג) התיר הכתוב וכו' וכאן שיש כצ"ל (ב"ח): (יד) נ"ב שצוה (ב"ח): (טו) גי' מהר"ם: (טז) נ"ב כי בזה כצ"ל (ב"ח): (יז) לפנינו: דגזרה, וכן לקמן מקמי גזרה. ובש"ס דפו"ר איתא שמדא: (יח) צ"ל עקרינן (ב"ח): (יט) תיבת לא נמחק (ב"ח): (כ) דקאמר אילימא דאמרי בתולה כצ"ל (ב"ח): (כא) נ"ב לאו (ב"ח): (כב) לא עקרינן כצ"ל (ב"ח): (כג) תיבת הכא נמחק (ב"ח):

[יז: - יח.]

לא אמרן אלא בצינעא [א]אבל בפרהסיא אפילו מצוה קלה יהרג ואל יעבור מאי מצוה קלה אמר רבה בר יצחק אמר רב [ב]אפילו ערקתא דמסאנא [עד:] [(א)לא משנינן] פירוש הנכרים שבאותו הזמן היו עושין רצועות של מנעליהן אדומות וישראל היו עושין שחורות כדי שלא ילבשו מלבוש נכרי אם יאמר הנכרי לישראל עשה רצועות מנעליך אדומות בפרהסיא או נהרוג אותך יהרג ואל יעשה ואף על פי שהיא מצוה קלה. וכמה פרהסיא אמר רבי יעקב אמר רבי יוחנן אין פרהסיא פחותה מעשרה בני אדם בעי רבי ירמיה תשעה ישראל ואחד עכו"ם מהו ופשיטנה(ב) עד דהוו [ג]עשרה כולהו ישראל והא אסתר בפרהסיא הויא אמר אביי [ד]אסתר קרקע עולם היא(ג) רבא אמר [ה]הנאת עצמן שאני דאי לא [ט]תימא הכי יח.

[עד:]

אפילו על מצוה קלה וכו'. שלא ירגילו הנכרים *להדליך(ד) את הלבבות לכך: [עד:] ערקתא דמסאנא. הגויים שבאותו הזמן היו עושין רצועות של מנעליהם אדומות וישראל היו עושין שחורות כדי שלא ילבשו מלבוש נכרי ואם אומר הגוי לישראל עשה רצועות מנעליך אדומות בפרהסיא או נהרוג אותך יהרג ואל יעשה אפילו שהיא מצוה קלה כך פירש רבינו אלפסי ז"ל: אתיא תוך תוך. דעשרה בעינן וכולהו ישראל: מה להלן. במרגלים:

והא אסתר (ה) וכו'. נבעלת לנכרי ולא מסרה נפשה למות: קרקע עולם היא. אינה עושה מעשה כי הוא עושה בה מעשה. והא דלא מקשה הא אסתר שעת השמד הואי משום דלא מיקרי שמד אלא כשהגזרה מיוחדת באומה אחת לבד אבל אחשורוש לא על ישראל בלבד גזר אלא על כל מדינות מלכותו(ו). וא"ת אמאי לא מקשה אסתר גילוי עריות היא דודאי כיון שהגוי הבא על אשת ישראל נהרג על ידה כדאמרינן פרק ארבע מיתות (נז:) בא על עריות ישראל נדון בדיני ישראל גם היא ודאי נהרגת מאותו השם עצמו וקרא דאשת רעהו (ויקרא כ, י) לא ממעט אלא בישראל הבא על הגויה (נב:) דלא חשיב לן אישות דידהו (ז) אבל אישות דישראל ודאי אישות הוא אפילו לגבי בני נח י"ל דלא ברירא ליה דרשה דאל תקרי לבת אלא לבית (מגילה יג.).

והא דאמרינן קרקע עולם (ח) לפי שיכולין לכוף אותה על כך בעל כרחה ובכי הא אין לה למסור עצמה למיתה שהרי אפשר שאפילו תמסור עצמה יכופו אותה לדבר עבירה ובכי האי גוונא שרי ואפילו בשלשה עבירות חמורות(ט) דאי לא למאן דאמר (שם) אל תקרי לבת אלא לבית דאשת איש היתה אמאי לא מסרה עצמה למיתה על כך וליכא למימר דמשום דלהנאת עצמו(י) הוא שרי דבשלשה עבירות הללו לא שרי משום הנאת עצמן כדאמרינן גבי העלה לבו טינא לקמן (עה.) אלא ודאי משום דקרקע עולם היא לא מסרה עצמה למיתה. וה"ה לכל דבר שבידיהם להעביר בעל כרחנו שאין לנו למסור עצמנו למיתה בשב ואל תעשה כגון אסתר ואפילו בשעת השמד כדאמרינן (שבת מט.) גבי אלישע בעל כנפים שנטל תפילין מראשו כשראה קסדור ושעת השמד היתה ואעפ"כ נטלם הוא לפי שהיה בידם להעביר: הנאת עצמו(יא). שאין מתכוין הגוי להעבירו מירתו אלא להנאת עצמו הוא מתכוין ואין כאן חילול השם ליהרג על כך. ודעת רבותינו ז"ל(יב) דלא שרינן להנאת עצמן

המאור הגדול

[עד:] אביי אמר אסתר קרקע עולם היתה רבא אמר הנאת עצמן שאני. נקיטין השתא דעבודה זרה וגילוי עריות ושפיכות דמים לא שנא בצנעא ולא שנא בפרהסיא לא שנא בשעת השמד ולא שנא שלא בשעת השמד יהרג ואל יעבור ולא מיבעיא עבירה עצמה אלא אפילו כל מידי דמטי ליה לעובר העבירה הנאה מחמת העבירה בשלש עבירות הללו יהרג ואל יעבור כדגרסינן התם (פסחים כה.) בכל מתרפאין חוץ מעצי אשרה וכולה כדאיתא התם והרי רפואה דכי מתרפא מעצי אשרה לאו עובד עבודה זרה הוא אלא איתהנויי הוא דמתהני מינה ואפילו הכי אין מתרפאין ממנה אפילו רפוי נפשות כלומר חולה שיש בו סכנה ואין צריך לומר שאין בו סכנה ועוד (לקמן עה.) ההוא שנתן עיניו באשה אחת ואמרו חכמים ימות ואל תעמוד לפניו ערומה ימות ואל תספר עמו מאחורי הגדר אלמא אפילו מהנאה פורתא בלחוד אמרינן ימות ואל יעבור ואם תאמר דלמא שאני התם דתקנתא הוא שלא יהיה בנות ישראל פרוצות בעריות ההוא טעמא ליתיה אלא למאן דאמר פנויה היתה אבל למאן דאמר אשת איש היתה בלאו הכי נמי כיון דמטיא ליה הנאה מערוה אמרינן ימות ואל יהנה ושלש עבירות הללו שהזכרנו דינן שוה כמו שכתבנו.

מלחמת ה'

באחרים אונסין אותה שתבעל ואל תהרג מאחר שיכולין לבעול אותה על כרחה אבל כהאי גוונא תמות ואל תבעל לו וכל שכן לרבא כשם שאם העלה לבו טינא ימות ואל תבעל לו כך אם העלה לבה טינא תמות ואל תבעל לו ולפי דעת רב אחא גאון (שם) ורב שמעון בעל הלכות גדולות ז"ל (עמ' תקלא) כל אונס שהוזכר באדם בשמועה זו לא משכחת ליה אלא בכהאי גוונא כדאמר רבא אין אונס בערוה (יבמות נג:) אף על פי שאין דעת בעל החבור הזה ולא דעתנו כן הלכך אי גרסינן תהרג נמי אתי שפיר ואין בזה שבוש ומשכחת לה נמי כגון שנתקשה לאשתו ואמרו לה נכרים שתדביקנו לעצמה ואי לא קטלי דלאו קרקע עולם היא ולאו להנאת עצמו היא.

ועוד: אביי אמר אסתר קרקע עולם היתה וכו' נקיטינא השתא דעבודה זרה וגלוי עריות ושפיכות דמים לא שנא בצנעא ולא שנא בפרהסיא וכו' יהרג ואל יעבור עד הני מילי כולהו דקא מכוין הנכרי לעבוריה לישראל אבל להנאת עצמו לא שנא הכי ולא שנא הכי שרי דהא אסתר גלוי עריות הואי וכו' וכן נמי קואקי ודמונקי דיהבינן להו דפלחי בהו לבי נורא שהוא בית עבודה זרה שרי להנאת עצמן ואפילו בשעת השמד הלכך גויה נמי דאנסה ליה לבר ישראל בעבירה להנאת עצמה הוא ויעבור ואל יהרג.

אמר הכותב: יש לי להשיב ממעשה דרב כהנא דבפרק קמא דקדושין (מ.) דתבעיה ההיא מטרוניתא וסליק לאיגרא ואפיל נפשיה מאיגרא לארעא ומעודלא דרבי לדוק (נמי) דהתם (יהרג) [(יד)מוכח נמי דיהרג] ואל יעבור ולא מצית למימר [(יד)דהתם] לפנים משורת הדין דודאי לא הוה קטיל נפשיה אי לאו דינא הואי שהרי מקרא לווה ואומר (בראשית ט, ה) ואך את דמכם לנפשותיכם אדרוש מיד נפשותיכם אדרוש את דמכם (ב"ק צא:). וכל חכמי ישראל הנהרגים על קדושת השם, בשעת הגזירה אי נמי בפרהסיא היא. וכן אמרו בירושלמי (סנהדרין פ"ג ה"ה) אלו שמע רבי אבא למיליהון דרבנן דאמרי יעבור ואל יהרג הוה אזיל ליה ושם אמרו ר' בונא זעירא חמוניה פרי חורי חמרא בשבתא(טו) אלמא לא הוו מסרי נפשייהו לקטלא בלפנים משורת הדין ולא שמענו מדת חסידות לחולה של סכנה שלא יחללו עליו את השבת אלא המזרז משובח והמונע עצמו מתחייב בנפשו.

הלכך שמעינן מדרב כהנא דגויה אי נמי רשעת בת ישראל דקא אנסא ליה לבר ישראל בעבירה יהרג ואל יעבור [(טז)תדע] שהרי הוקשה נערה המאורסה לרוצח ורוצח לעולם יהרג ואל יעבור שהרי הודה בה בעל המאור ז"ל.

ועוד דאמרינן לקמן באותו שנתן עיניו באשה אחת והעלה לבו טינא ימות ואל תבעל לו ולמאן דאמר אשת איש הות שפיר דגלוי עריות הות ואסור והא התם להנאת עצמו של בועל היה ואפילו הכי אסור אלמא אף להנאת עצמו אסור(יז) ואם תאמר שאני התם דליכא אונסא לאיתתא ומשום הכי אסור דאף על גב דאיהו אניס איהי לא אניסא הא לאו מלתא היא דכיון דאיהו אניס אונסא דגופיה אי סלקא דעתך שרי להנאת עצמן הכא נמי הוה שרו רבנן שהרי בחולה שיש בו סכנה מחללין את השבת אף על פי שהמחלל אינו אנוס דהואיל ואיכא [(יח)איבוד] נפש מישראל אונס מיקרי והרי בעל זה המאור עצמו ז"ל אומר כן שהרי כתב מדקאמרינן ימות ואל תעמוד

רש"י

אפילו מצוה קלה יהרג ואל יעבור. שלא ירגילו העכו"ם (יג) לכך: אפילו לשינויי ערקתא דמסאני. שרוך נעל כדמסיק: והא אסתר פרהסיא הואי. דנבעלה לנכרי ולא מסרה עצמה למות: קרקע עולם היתה. היא לא עשתה מעשה והוא עשה מעשה: הנאת עצמו. הנכרי לא נתכוין להעביר דת אלא להנאת עצמו הלכך אין כאן חילול השם:

עין משפט נר מצוה

א ב ג מיי' פ"ה מהלכות יסודי התורה הלכה ב סמג עשין ה טוש"ע יו"ד סימן קנז סעיף א:

ד טוש"ע יו"ד סימן קנז סעיף א בהג"ה:

ה מיי' פ"ה מהלכות יסודי התורה הלכה ב טוש"ע יו"ד סימן קנז סעיף א:

הגהות וציונים
מהב"ח ושאר מפרשים

(א) מכת"י: (ב) נ"ב לשון הגמ' ת"ש דתני רבנאי אתיא תוך תוך כתיב הכא ונקדשתי בתוך בני ישראל וכתיב התם הבדלו מתוך העדה מה להלן עשרה וכולהו ישראל אף כאן עשרה וכולהו ישראל (ב"ח): (ג) צ"ל היתה (ב"ח): (ד) נ"א להמריך (מהר"ם): (ה) פרהסיא הוי ונבעלת כו' כצ"ל (ב"ח): (ו) עי' לחם משנה פ"ה מהל' יסודי התורה ה"ג דכן מוכיח גם לשון הרמב"ם שם: (ז) עי' רש"י שם ד"ה לאשת אחרים: (ח) נ"ב היא (ב"ח): (ט) נ"ב כוונת המחבר להוכיח דלאביי אפילו בשלש החמורות יעבור כל היכי דיכולין לכוף אותו על כך דאל"כ קשה למ"ד אל תקרי לבת כו' והא אסתר גילוי עריות הואי אע"פ שפירש תחלה דהמקשה לא דקדק ע"ז משום דלא ברירא ליה דרשא דאל תקרי לבת כו' מ"מ קשה לפי האמת למאן דדריש אל תקרי לבת כו' למה לא מסרה אסתר עצמה למיתה והלא גילוי עריות הואי דליכא למימר דס"ל לאביי דלענין ג"ע אמרי' הנאת עצמן שאני אלא דלענין פרהסיא לא מהני האי טעמא דסוף סוף חילול השם הוא ומש"ה קאמר אביי אסתר קרקע עולם היתה דמהאי טעמא ליכא אפילו חילול השם ומהשתא לא צריך לפרש דמשום דלא ברירא ליה דרשא דאל תקרי לבת כו' לא דקדק דאפילו את"ל דברירא ליה לא דקדק משום דמטעמא דהנאת עצמן שאני לא ה"ל ג"ע אלא דמ"מ פרהסיא הואי וקאמר אביי דמשום קרקע עולם לא הוי חילול השם נמי זה אינו שהרי בשלש עבירות החמורות לא שרינן ליה משום הנאת עצמן אלא ודאי דלפי האמת דקאמר אביי קרקע עולם הואי הרי טעמא נמי דלא הו"ל אסתר ג"ע אלא שהמקשה לא דקדק מזה משום דלא ברירא ליה כמו שפי' תחלה. אבל לרבא דלא ס"ל כאביי דקרקע עולם הוי טעמא להיתרא א"כ קשה למ"ד דאל תקרי לבת כו' והא אסתר ג"ע הואי דטעמא דהנאת עצמן לא מהני לשלש עבירות. ופי' המחבר בסמוך דרבא לא ס"ל דרשא דאל תקרי לבת. ופי' זה דוחק שא"כ מאי קא מוכח מאביי שס"ל אפילו בשלש עבירות החמורות יעבור כל היכי דיכולין לכוף אותו על כך דאל"כ קשה למ"ד דלא ס"ל הך דרשא ודלמא אביי נמי לא ס"ל הך דרשה דאל תקרי לבת ומאן דדרשא אל תקרי לבת אפשר דס"ל דאחשורוש לא נגע בה כדאיתא במדרש (זוה"ק פ' כי תצא רעו, א) ולדידיה לא קשה מידי לא מג"ע ולא מפרהסיא. אמנם לפי ענ"ד דלפי שיטת המחבר לא היה צריך כלל לפרש דרבא לא ס"ל דרשה דאל תקרי לבת דזה דוחק. אלא רבא מפרש דעת המקשה דמטעמא דקרקע עולם היתה לא קשה מג"ע מאחר דקרקע עולם היא מהני לענין דלא מחייבא למסור עצמה משום עריות דהא מרוצח ילפינן ורוצח גופא דוקא היכי דקעביד מעשה אבל לענין חילול השם משום פרהסיא לא ס"ל למקשה דמהני טעמא דקרקע עולם היא ולפיכך קאמר רבא דמטעמא דהנאת עצמן לא הוי נמי חילול השם לענין פרהסיא אבל לאביי ליכא לפרש הכי דפשיטא אם היתה דעת המקשה דמטעם קרקע עולם היא ליכא משום ג"ע אלא משום פרהסיא א"כ מאי קאמר אביי קרקע עולם היא וליכא פרהסיא וחולק על סברת המקשה בלי טעם וסברא ואיפכא ליכא לפרש דס"ל לאביי דדעת המקשה דמשום הנאת עצמן שאני מהני דליכא משום ג"ע אלא משום פרהסיא ולפיכך קאמר דמשום קרקע עולם ליכא נמי משום פרהסיא דהא כבר בירנו דטעמא דהנאת עצמן לא מהני כלל בשלש החמורות לכן צריך לפרש לדעת אביי דהמקשה לא דקדק מג"ע משום דלא ברירא ליה דרשא דאל תקרי לבת וכו'. אכן בתוס' נראה שדעתם לפרש שאביי מפרש דעת המקשה איפכא מדרבא וכדפרשתי ע"ש (ב"ח): (י) עצמן כצ"ל (ב"ח): (יא) עצמן כצ"ל (ב"ח): (יב) רמב"ן במלחמות והר"ן עד. ד"ה אבל: (יג) נ"ב להמריך את הלבבות (ב"ח): (יד) גי' ב"ח: (טו) נ"ב פי' רץ אחר החמור בשבת (ב"ח): (טז) גירסת ב"ח: (יז) נ"ב ונלע"ד דגם בעל המאור הרגיש בזה והודה בה כמ"ש הרב בסמוך ואעפ"כ ס"ל לבעל המאור לחלק דשאני התם שאותו שהעלה לבו טינא רוצה בהנאה מערוה וא"כ רוצה בגוף העבירה וכן המתרפא מעצי אשי וכן ההיא דיום הכפורים שכולם הם רוצים ליהנות מעבירה הלכך יהרג ואל יעבור אבל אסתר לא היתה רוצה ליהנות מהעבירה אלא שהעכו"ם היה מכוין להנאת עצמן וכההיא דקיקאי ודמינקי. וכההיא דשקל אספסתא בכה"ג ודאי אמרינן דיעבור ואל יהרג וזה נ"ל פשוט בדעת בעל המאור ומבואר כן בלשונו שוב מצאתי שגם הר"ן בפסחים [סי' תשי] כתב ענין זה ע"ש גם הנמוקי יוסף בפ' הגוזל בתרא דף מ"ג ע"ב [ב"ק סי' רז] כתב חילוק זה ע"ש (ב"ח): (יח) גירסת ב"ח:

[עד:]

אלא בשאר עבירות אבל בשלשה עבירות חמורות(א) לא דהני לאו משום חלול השם הוא דאסירי דהא אפילו בצנעא ואפילו שלא בשעת השמד דליכא חילול השם יהרג דמשום חומר עצמן הוא ומשום הכי אסירי בכל ענין ואפילו להנאת עצמן נמי תדע דאמרינן בסמוך (עה.) ימות ואל תעמוד לפניו ערומה וכיון דאיכא איבוד נפש מישראל *אונס מיקרי וליכא כוונה להעביר ואפילו הכי אסרינן ומדאמרינן נמי (פסחים כה.) בכל מתרפאין חוץ מעצי אשרה ופי' בירושלמי (שבת פי"ד ה"ד) אפילו א"ל הבא עלין סתם ולא מצא אלא של אשרה אסור אבל בשאר עבירות דאיסורא דידהו בשעת השמד או בפרהסיא משום חלול השם הוא דשרינן להנאת עצמן דליכא חלול השם כולי האי אלא במתכוין להעביר:

[יח.]

הני קוקי ודמינקי היכי יהבינן להו אלא הנאת עצמן שאני. ואזדא רבא לטעמיה דאמר רבא האי נכרי דאמר ליה לבר

הני קוקי ודימונקי. כלי נחושת הן שנותנים בהם גחלים וגבוהים והם עומדים לפני שולחן המלכים להתחמם כנגדן: היכי יהבינן להו. יום איד היה לפרסיים שנוטלין הכומרים יחד אור מכל בית ומעמידים בבית ע"ז שלהם ומתחממין העם כנגדן ונוטלין מבתי ישראל בעל כרחן: היכי יהבינן להו. ולא מסרינן נפשין על קדושת השם הלא חק ע"ז הוא: אלא. הואיל

רש"י

קוקי ודימינקי. כלי נחושת הם שנותנים בהם גחלים וגבוהים הם ועומדין לפני שולחן מלכים להתחמם כנגדן: היכי יהבינן. יום איד לפרסיים הוא שנוטלין **אומן** הכומרים אור מכל בית ובית ומעמידים **לפני** ע"ז שלהם ומתחממין כנגדן והיו נוטלין אף מבתי ישראל על כרחם: היכי יהבינן להו. ולא מסרי נפשייהו למות הלא חק לע"ז הוא: **אלא להנאת עצמו.** מכוין הנכרי שצריך לאותו כלי לעבודתו אע"פ שהוא חק לע"ז כי אינו אומר לישראל לעבוד:

המאור הגדול

ושאר עבירות שבתורה שלא בשעת השמד ובצינעא יעבור ואל יהרג דכתיב וחי בהם ולא שימות בהם ואף על גב דמכוין הגוי להעביר לישראל אבל בשעת השמד אפילו בצינעא אי נמי בפרהסיא אף שלא בשעת השמד אפילו מצוה קלה יהרג ואל יעבור והני מילי כולהו דקא מכוין הגוי לעבוריה לישראל אבל להנאת עצמו לא שנא הכי ולא שנא הכי שרי דהא אסתר גילוי עריות הואי ופרהסיא הואי ואפילו הכי מותר להנאת עצמן ומנא תימרא דאסתר גילוי עריות הואי דהא אמרינן התם לקחה מרדכי לו לבת אל תקרי לבת אלא לבית (מגילה יג.) וכן נמי קואקי ודמינקי דיהביה להו דפלחי בהו לבי נורא שהוא בית עבודה זרה שרי להנאת עצמן ואפילו בשעת השמד הלכך גויה נמי דקא אנסה ליה לבר ישראל לעבירה להנאת עצמה הוה ויעבור ואל יהרג ואפילו בפרהסיא ואפילו בשעת השמד(א) ואף על גב דאמר רבא אין אונס בערוה שאין קושי אלא מדעת הני מילי כשתקפוהו גוים ובא על הערוה דלא הוי אונס עד שמכוין לאשתו מעיקרא ותקפוהו גוים ודבקוהו לערוה אבל היכא דאמרי ליה עבור ואל תהרג הא מילתא אחריתי היא [(ב)ולאו] מדרבא דהתם גמרינן לה אלא משמעתין דהכא וכבר ברירנא דלהנאת עצמו של האונס אפילו ערוה שריא אבל לעבודה זרה עצמה איני יודע בו דרך שיהא בו הנאת עצמו כדי שיהא מותר לפיכך נראה לי בעבודה זרה עצמה לעולם יהרג ואל יעבור וכן בשפיכות דמים אף על גב דמכוין גוי להנאת עצמו אין שם דרך לעולם שיהא מותר דהא טעמיה משום סברא דמאי חזית דדמא דידך סומק טפי והאי סברא איתיה בכל ענין אפילו כשמתכוין הגוי להנאת עצמו ובהא מילתא בלחוד שאני דין גילוי עריות מדין עבודה זרה ושפיכות דמים (אתי) [ד]לא מקישין היקש גמור [לאו] שזה אסור להנאת עצמן וזה מותר להנאת עצמן. והא דאמר רבא האי גוי דאמר ליה לישראל קטול אספסתא וכו' בשעת השמד או בפרהסיא עסקינן דאי שלא בשעת השמד ובצנעה אפילו למקטל ולמשדא בנהרא יעבור ואל יהרג.

והא (דמקשינן) [(ג)דלא מקשינן] בגמ' והא אסתר גילוי עריות הואי (אלא) [(ג)י"ל] כיון שלא מיחוורא דרשא דלקחה מרדכי לו לבת ועוד יש לומר דנבעלת לגוי אין שם מיתת בית דין אף על פי שהיא אשת איש דאשת רעהו בעינן משום הכי אלימא ליה לאקשויי מפרהסיא דאמרינן בה אפילו מצוה קלה יהרג ואל יעבור. ושנויי דאביי ורבא עלה איתנהו לתרוייהו ולא פליגי אהדדי ואם תמצי לומר פליגי בגויה אי נמי רשעה בת ישראל שאנסה את ישראל לעבירה שהוא אינו קרקע עולם לפי שאין קשוי אלא מדעת וסברא למימר דלאביי אסור ולרבא שרי מכל מקום קיימא לן כרבא דכל להנאת עצמן שרי. ודאמרינן אף נערה המאורסה יהרג ואל יעבור הני מילי דקא אנסי ליה אחרים לעבור אבל היכא דאנסה ליה איהי לדידיה להנאת עצמן הוא ויעבור ואל יהרג ורב אחא משבחא ז"ל כתב בפרשת וארא ((ג)ו)כדומה לזה דכל להנאת עצמן שרי ואף בתלמוד ירושלמי (סנהדרין פ"ג ה"ה ע"ש) יש לנו סיוע לדברינו שאמרנו שבשאר מצות יעבור ואל יהרג אפילו במתכוין הגוי להעבירו דגרסינן התם רבי אבא בר זימנא הוה מחייט גבי חד ארמאי ברומי אייתו ליה בשר נבילה אמר ליה אכול ואי לא קטילנא לך אמר ליה אין בעית מיקטל יתי קטול דאנא לית אנא אכיל נבילה אמר ליה מאן אודע לך דאילו אכלת הוינא קטילנא לך אלא אי יהודאי יהודאי אי ארמאי ארמאי אמר רבי מונא אילו שמע רבי אבא למיליהון דרבנן דאמרי יעבור ואל יהרג הוי קא אזיל ליה:

סליק פירקא

מלחמת ה'

לפניו ערומה שמע מינה דאפילו מהנאה פורתא בלחוד אמרינן ימות ואל יעבור אלו דבריו הא מכלל שהוא אונס גמור לשניהם וכיון שזה אונס הוא לגבה שמעינן מינה שלש עבירות האמורות אסורות להנאת עצמן.

וכן נמי הא דאמרינן בפסחים (כה.) בכל מתרפאין חוץ מגילוי עריות וכו' בכהאי גוונא הוא אם העלה לבו טינא וכיון דבכל מתרפאין שמע מינה אונס הוא ואפילו הכי אין מתרפאין בגילוי עריות ואף על גב דאיכא אונס ולהנאת עצמן וכן הא דאמרינן בפרק יום הכפורים (יומא פב.) עוברה שהריחה בשר קדש או בשר חזיר מאכילין רוטב עצמו שאין לך דבר שעומד בפני פקוח נפש חוץ מעבודה זרה וגילוי עריות ושפיכות דמים [(ד)והא ודאי] להנאת עצמן היא דומיא דעוברה ואפילו הכי בהני שלש אסור.

עוד ראיתי סמך לדבר באגדה של בראשית רבה בפרשת משכו (שמות רבה פט"ז, ב) בכל מתרפאין חוץ מעבודה זרה וגלוי עריות ושפיכות דמים ומפרש עבודה זרה כיצד אם היה אדם מישראל חולה ויאמרו לו לך אצל עבודה זרה פלונית ואתה מתרפא אסור לילך להתרפאות וכו' וגלוי עריות כיצד אם יאמרו לו לאדם עסוק בגלוי עריות וכו' עד וכל הנוגע באשה שאינה שלו מביא מיתה שנאמר (משלי ז, כו-כז) כי רבים חללים הפילה וגו' רגליה יורדות מות והואיל ויש בה כל המדות הללו היאך יכולה היא ליתן חיים לחולה לפיכך אין מתרפאין בה ומדמתרפאין בשאר עבירות כגון שהיה צריך לאכול נבילות וטריפות לתאבון אוכל ולא ימות ובגילוי עריות ימות שמע מינה להנאת עצמן נמי אסור דהא ודאי הנאת עצמן הוא ובתר טעמא אזיל כיון שהנוגע בה מת ואינה יכולה ליתן חיים לו אסור בכל ענין.

עוד ראיה לדברינו שאמרו בירושלמי במסכת עבודה זרה בפרק אין מעמידין (פ"ב ה"ב) אמר רבי הונא זאת אומרת שאין מתרפאין מגלוי עריות דתני שבת הותרה מכללה נערה המאורסה לא הותרה מכללה שבת שהותרה מכללה לא להתרפאות ודכוותה נערה מאורסה לא הותרה מכללה אפילו להתרפאות. מדקתני בברייתא זו והיא שנויה בתורת כהנים (דבורא דחובה פ"א, יא) שלא הותרה מכללה כלל במשמע ושמע מינה אף להנאת עצמן לא הותר מכללה תדע שהרי שלש עבירות אלו החמורות לא מפני קדוש השם נאסרו לפיכך אף על פי שאינו מתכוין להעבירו אסור אבל שאר העבירות שנאסרו מונקדשתי הותרו להנאת עצמן דהא ליכא משום קדוש השם.

והא דאמרינן גבי אסתר דלהנאת עצמן מותר משום דלאו גלוי עריות הוא וכדאקשינן בגמרא והא אסתר פרהסיא הואי ולא אקשי גלוי עריות הואי משום דלא מיקרי גילוי עריות אלא בנערה המאורסה שזינתה אי נמי אשת איש אבל גוי הבא על בת ישראל לא מיקרי גילוי עריות דלאו מיתות [(ד)ב"ד] ולא חייבי כריתות נינהו [(ד)ו]לא אתיא מנערה המאורסה דקרא (וחייבי לאוין) [(ד)אלא חייבי לאוין ניהו] כדמפורש בשמעתא לעיל מיהו מעובדא דאמרינן לעיל מסתברא דישראל הבא על הגויה מיקרי גילוי עריות משום דקנאין פוגעין בו והוה ליה כחייבי מיתות דשייך בהו מיתה וכרת כדאיתא לקמן במכילתין אבל הנבעלת מן הנכרי אין פוגעין בה קנאין ובפרק אין מעמידין (ע"ז לו:) [(ד)נמי] אמרינן דזנות בית דינו של שם גזרו ולא משכח ליה קרא אחרינא לאיסורא וכל אותו מעשה דרך זנות היה שהרי [(ד)היה] מקבן הכל ובועל ואם תאמר שהיה לאסתר דרך חתנות אין חתנות באונס ואף החתנות עצמו (ושאר) [(ד)משאר] עבירות הוא ולאו גילוי עריות הוא

השגות הראב"ד

(א) כתוב שם: **אביי אמר אסתר קרקע עולם היתה רבא אמר הנאת עצמן שאני וכו'** עד ובן נמי קואקי ודמונקי דיהבינן להו דפלחו בהו לבי נורא שהוא בית לעבודה זרה שרי להנאת עצמן ואפילו בשעת השמד הילכך גויה דקא אנסה ליה לבר ישראל לעבירה להנאת עצמן הוא ויעבור ואל יהרג ואפילו בפרהסיא ואפילו בשעת השמד: אמר אברהם: זו טעות גמורה כי לעולם בשעת השמד אפילו להנאתן יהרג ואל יעבור ודברי רב אחא ז"ל (בשאילתות שאילתא מג) אף על פי שאינן מפורשין נראין כענין הזה ומן הענין עצמו שאמרו אפילו מצוה קלה יהרג ואל יעבור ואף על פי שהמצוה קלה שפירשו [לאו] לעבורי היא אפילו הכי החמירו אפילו למצוה קלה כי האי ערקתא דמסאנא שמע מינה כל בשעת השמד אסור ויש עוד לסמוך דבר זה מצלמו של נבוכדנצאר שלא נתכון אלא לכבודו להיות מוראו על כל העמים וחנניה מישאל ועזריה מסרו עצמן לשריפה מפני שהיה בשעת השמד כי כל גזירה כשעת השמד דמי אף על פי שהוא לכבוד עצמו וכן מעשה המן למרדכי לכבוד עצמו ולכבוד המלך היה ולא רצה מרדכי לזוע מפניו:

ומה שכתב דשלש עבירות הללו החמורות כל להנאת עצמן שרי דלאו לעבורי שפיר דמי וגמר להו מקואקי ודמונקי דכי נורא הוא לך עבודה זרה ומאסתר דעריות היתה ולהנאת עצמן מותר ואיפשר לשפיכות דמים משכחת לה להנאת עצמן כגון שהיה לו שונא ישראל והוא מיצר לו ואינו יכול לו כי אם על ידי ישראל חברו שלא ישמר ממנו כמעשה בעלים מלך בני עמון על ידי ישמעאל בן נתניה (ירמיהו מ, יד) ויאמר זה שמותר להורגו ואל יהרג והכל הבל כי אם התירו קואקי ודמונקי אבק עבודה זרה כשמשאילין להם כלים לכך ואינו אלא משום לפני עור אבל אין כאן עבודה זרה ויעד שהוא למד מזה להתיר ילמד מעצי אשרה לאיסור (פסחים כה.) שהרי אין כאן לעבורי והוא אנוס אונס מיתה וממעשה דבן דמא (עבודה זרה כז:) שלא הניחו רבי ישמעאל להתרפא מאותו מין ומת וכל מעשה שאין בו לעבורי כלהנאת עצמן דמי ואפילו הכי אסור וממעשה אסתר דקאמר עריות הוו ישרי טעה בזה דלאו הנהו עריות שנאמר עליה יהרג ואל יעבור [illegible] כי ברוצח הוקש ולא לנערה [illegible] והנערה כנרצח ועל הנערה לא החמיר הכתוב שתהרג אבל מכל מקום פרהסיא לא גרע משאר עבירות ועל כן הקשו והא אסתר פרהסיא הואי ולא הקשו עריות הואי ושני אביי קרקע עולם היתה דאפילו כשאר עבירות לא הויא דמאי הוה לה למעבד ורבא שני הנאת עצמן ושאר עבירות מותר ומנעמן (מלכים ב ה, יח) יש לנו ללמוד שהיה אדונו נשען עליו בהשתחואתו ועל כרחו נכרע עמו והרי הוא כלהנאת עצמן דשלא לעבוד איכוון וטעמא דבני נח [illegible] (יבמות ע:) איפשר ברפואתו כמו שפירש רב אחא ז"ל (שאילתות שם) אי נמי כגון שנתקפה לאשתו [illegible] ומה אנו צריכין לכך הלא בעילת גוי לישראלית ובעילת ישראל לגויה מקנאין פוגעין בו הוא (סנהדרין פב.) והוא כחייבי מיתות ומה שחשב בו קודש לכן לקחת מרדכי לאשה הבל הוא זה דאטו בעילות הכאו לאחשורוש:

הגהות וציונים
מהב"ח ושאר מפרשים

(א) החמורות כצ"ל (ב"ח): **(ב)** גירסת ב"ח: **(ג)** ב"ח מ"ז: **(ד)** גירסת ב"ח:

[עד:]

[יח. - יח:]

ישראל [(א)בשבתא] קטול אספסתא ושדי לחיותא ואי לא קטילנא לך יעבור(ב) ולא ליקטליה שדי לנהרא ליקטליה ולא ליקטול מאי טעמא לעבורי קא מיכוין. והא דגרסינן בפרק אין מעמידין בהמה בפונדקאות של נכרים (ע"ז כז:) היה רבי ישמעאל אומר מנין שאם אמר לו לאדם עבוד עבודה זרה ואל תהרג שיעבוד ואל יהרג תלמוד לומר (ויקרא יח, ה) וחי בהם ולא שימות בהם יכול אפילו בפרהסיא תלמוד לומר (ויקרא כב, לב) ולא תחללו את שם קדשי ודאמר רבא נמי בפרק רבי ישמעאל אומר (שם נד.) הכל היו בכלל לא תעבדם (שמות כ, ד) וכשפרט לך הכתוב וחי בהם ולא שימות בהם יצא אנום הדר כתיב (ויקרא כב, לב) ולא תחללו את שם קדשי ונקדשתי דאפילו אנום [א]הא בצנעא והא בפרהסיא דשמעת מינייהו דעבודת עבודה זרה נמי בצנעא יעבור ואל יהרג ליתינהו דקיימא לן כרבי אליעזר דאמר בכל נפשך (דברים ו, ה) אפילו הוא נוטל את נפשך וגרסינן נמי בפרק יום הכפורים (יומא פב.) [ב]בעוברה שהריחה שאין לך דבר שעומד בפני פיקוח נפש חוץ מעבודת [א] כוכבים וגילוי עריות ושפיכת דמים עבודה זרה מנלן דתניא רבי אליעזר אומר אם נאמר בכל נפשך למה

נמוקי יוסף

ואין הגוי מתכוין להעבירו אלא לעצמו הוא מתכוין שצריך אותו כלי לעבודתו. וא"ת והא אבזרהא דע"ז הוא ולא גרע מהבא עליו(ג) סתם דאסור י"ל דלא מיקרי אבזרהא דע"ז אלא בלאוין המיוחדין בהן כגון עבודה ואתהנויי מינה דאיכא משום ולא ידבק בידך מאומה מן החרם (דברים יג, יח) דאיירי בע"ז אבל קוקי ודמינקי דיהבינן להו ליכא איסורא אלא משום ולפני עור לא תתן מכשול (ויקרא יט, יד) והאי לאו בע"ז בלחוד איירי אלא כולל הוא כל המצות ולא מיקרו אבזרהא דע"ז(ד).

ולפי זה לא סבירא ליה לרבה דרשה דאל תקרי לבת אלא לבית דאם כן הויא ליה ערוה ואפילו להנאת עצמן אסור אלא סבירא ליה פנויה היתה וליכא איסורא דאורייתא דנכרי הבא על בת ישראל בית דינו של שם גזרו(ה) (ע"ז לו:) וא"ת מכל מקום הא איכא משום לא תתחתן בם (דברים ז, ג) יש לומר דאין חתנות באונס ואפילו תמצא לומר יש חתנות לא הוי אלא איסור לאו דלאו(ו) ערוה דלא יהרג בהם אלא יעבור.

מיהו נכרית דאנסה ליה לישראל לבא עליה יהרג ואל יעבור שזו ודאי בכלל עריות חמורות היא דהא זימנין דחייב מיתה כגון בפרהסיא וכמעשה שהיה דקנאין פוגעין בו ואם לא פגעו בו קנאין חייב כרת (פב.) הלכך אפילו בצנעא דליכא כרת יהרג ואל יעבור מדין אבזרהא דהא אשה זו פעמים שהיא ערוה גמורה וחייב עליה כרת.

הלכך נקיטינן דשלשה עבירות חמורות יהרג ואל יעבור לעולם ואפילו בצנעא ואפילו שלא בשעת השמד ואפילו הנאת עצמן בר מהיכא דבידם להעביר דהא שרי בשב ואל תעשה כגון אסתר דקרקע עולם היתה ובידם להעבירה בעל כרחה וה"ה לכל מצות עשה שיש בידם לבטלה ואפילו בשעת השמד כגון מעשה דאלישע בעל כנפים הא לאו הכי אסור. והני עבירות לאו דוקא אינהו גופייהו אלא כל אבזריהו נמי יהרג ואל יעבור. ושאר עבירות בצנעא יעבור ואל יהרג כל היכא דלאו שעת השמד ובפרהסיא אסור אפילו ערקתא דמסאנא כשמתכוין להעביר אבל להנאת עצמן מותר ופרהסיא שאמרו בעשרה ישראל(ז) ובשעת השמד אפילו בצנעא אסור ובכולן מותר כל שבידיים(ח) להעביר כמו שפירשתי.

ודע דכל היכא דאמרינן יהרג ואל יעבור אם עבר ולא נהרג אין ב"ד ממיתין אותו דאמרינן (קדושין מג.) הוא ולא אנוס ולא שוגג ולא מוטעה(ט) ואעפ"כ עבירה גדולה היא בידו שחלל שמו של הקב"ה שבראו לכבודו. והמקדש את השם ומוסר עצמו למיתה על קדושת שמו ומצותיו עליו הכתוב אומר (תהלים נ, ה) אספו לי חסידי כורתי בריתי עלי זבח (סנהדרין קי:).

וכל היכא דאמרינן יעבור ואל יהרג אין לו למסור עצמו למיתה על קדושת השם ואם מסר הרי זה מתחייב בנפשו. אבל אם הוא אדם גדול וחסיד ירא שמים ורואה שהדור פרוץ בכך רשאי לקדש השם ולמסור עצמו אפילו על מצוה קלה כדי שיראו העם וילמדו ליראה את השם ולאוהבו בכל לבם והיינו דאמרינן (פסחים נג:) מה ראו חנניה מישאל ועזריה שהפילו את עצמן לכבשן האש פירוש ולא השתחוו לצלם שהרי לאו ע"ז היתה אלא אנדרטי של מלכים לכבוד בעלמא(י) אלא מתוך שהיו רובן טועין וסבורים שהיתה ע"ז היה קדוש השם במה שעשאו. ואמרינן נמי במדרש (ויקרא רבה ריש פרשה לב) מה לך יוצא ליסקל שמלתי את בני מה לך יוצא ליצלב שנטלתי את הלולב דמשמע שהיו מוסרין עצמן על קדושת השם לפנים משורת הדין דודאי לא היו מחויבין בכך אפילו בשעת השמד כיון שבידם להעביר ולבטלם אלא דאפ"ה היו נהרגין מפני שהיתה השעה צריכה לכך:

קטול אספסתא. קצור עשב מאכל בהמה: יעבור. יקצור האספסתא ולא נקטליה נכרי דכיון שאינו מתכוין להעבירו אלא מפני צרכי בהמה אין כאן חילול השם: שדי לנהרא. להעבירו הוא מתכוין ואם פרהסיא הוא או שעת השמד ליקטליה ולא ליקטול אספסתא:

סליקו להו בן סורר ומורה

רש"י

קטול אספסתא. קצור עשב: **ושדי לחיותא. ותנו לבהמה לאכול:** לקטל. האספסתא ולא ליקטליה הנכרי כיון שהנכרי אינו מתכוין להעבירו כי אם להנאת עצמו אין כאן חילול השם: **שדי לנהרא.** להעבירו מתכוין ואי פרהסיא הוא או שעת הגזירה אז נקטליה ולא תקטול אספסתא:

עין משפט

א מיי' פ"ה מהלכות יסודי התורה הלכה ב טוש"ע יו"ד סימן קנז סעיף א:

ב *מיי' פי"ד מהלכות מאכלות אסורות הלכה יד ופ"ב מהלכות שביתת עשור הלכה ט סמג לאוין סט טוש"ע או"ח סימן תריז סעיף ב:

שלטי הגבורים

א ובהני שלש עבירות י"א(יד) שלש עבירות להנאת עצמן שרי מדאמר בפסחים (נג:) מה ראו חנניה מישאל ועזריה שהשליכו עצמן לתוך כבשן האש שהרי לכבוד עצמו עשאו ובמגילה (יב.) מפני מה נתחייבו ישראל שבאותו הדור כליה מפני שהשתחוו לצלם וכי משוא פנים יש בדבר כלומר א"כ למה ניצולו ועשה להם נס והשיבו הם לא עשו אלא לפנים והקב"ה לא עשה להם אלא לפנים. אבל הר"ס(טו) (במלחמות בסוגיין) ורש"י ז"ל(טז) סוברים דאף להנאת עצמו יהרג בשלש עבירות הידועות שאלו לא משום קדוש השם לבד נאסרו תדע שהרי בצנעא אסור אלא משום חומר העבירה והביא שלש ראיות הא דבכל מתרפאים חוץ משלשה (פסחים כה.) ורפוי היינו הנאת עצמו והביא ההוא שהעלה לבו טינא להנאת עצמו היה וכן בסוף יומא (פב.) עוברה שהריחה בשר קודש שאין לך דבר שעומד מפני פקוח נפש(יז) והביא ודאי להנאת עצמה היא ומה שאמר רבא באסתר הנאת עצמו שאני אסתר פנויה היתה ואיסור פנויה בהדי נכרים לאו דאורייתא אלא מבית דינו של שם אפילו נשאת לו מחמת אונס חתנות לא שמיה חתנות. ויש לדחות הראיות שאין באחד מהם אונס וגיזום של הריגה ואינו ברור שימות בשביל זה ואפילו אמרו כן הרופאים כי הרבה נידון למיתה בעיני הרופאים ורפואתן קרובה ועובדא דרב כהנא נמי בסוף פ"ק דקדושין (מ.) דנפל מאיגרא ואמר הרב (תורת האדם שער הסיכון ענין הסכנה ד"ה ולא) שאם היה ביעבור ואל יהרג המוסר עצמו למיתה אין זה חסידות אלא עבירה גדולה כדאמרינן (בראשית ט, ה) אך את דמכם לנפשותיכם ויש לומר דבקדוש השם מצוה כר'(יח) עקיבא דאמר (עירובין כא:) מוטב (שימות) [שאמות] מיתת עצמי ולא אעבור על מצות חבריי ואפשר לומר (יט) כי רב (חסדא) [כהנא] מכוין היה לברוח דרך גגות ונפל מאליו ועשה לו נס מן השמים והצילו אליהו הצדיק:

הגהות וציונים
מהב"ח ושאר מפרשים

(א) מכת"י: **(ב)** ליקטול כצ"ל ותיבת יעבור נמחק (ב"ח): **(ג)** עליה כצ"ל (ב"ח): **(ד)** עי' לקח טוב כלל א אות יב סוף ד"ה ואולם יקשה: **(ה)** עי' משנה למלך פ"ה מהל' יסודי התורה ה"ב: **(ו)** ולאו כצ"ל (ב"ח): **(ז)** נ"ב צ"ל **ביו"ד** מישראל (מלאכת יום טוב): **(ח)** שבידם כצ"ל (ב"ח): **(ט)** דרשה זו הובאה בקידושין שם אקרא דונכרת האיש ההוא (ויקרא יז, ד) ומינה יליף לה הריטב"א (ע"ז נד.) לדין זה אבל הרמב"ם בהל' יסודי התורה למד דין זה מדרשה זו שהובאה בתורת כהנים (קדושים פ"י) אקרא דואני אתן את פני באיש ההוא (שם כג). ועי' זבחים קח: רש"י ד"ה למעוטי: **(י)** כ"ה בתוס' ע"ז ג. ד"ה שלא בשם ר"ת ובחידושי הרמב"ן כתובות לג: **(יא)** גירסת ב"ח: **(יב)** נ"ב עיין בתוס' (ד"ה והא) (ב"ח): **(יג)** גירסת ב"ח: **(יד)** עיין מגן אבות סימן יט: **(טו)** הרמב"ן כצ"ל (ב"ח): **(טז)** בב"י יו"ד סי' קנז [ד"ה וכתב הר"ן] דייק כן מרש"י ד"ה והא, ובספר אור גדול סי' א (טז.) הוכיח כן גם מרש"י יומא ודלא כביאור הגר"א סק"ז: **(יז)** נ"ב חוץ משלש כו' (ב"ח): **(יח)** כדר' (ב"ח): **(יט)** **צוד** כי כו' כצ"ל (ב"ח):

מלחמת ה'

כדפרישית והטעם שבן שפחה ונכרית כמוה והוא מוליד בן לעבודה זרה אבל נכרי הבא על בת ישראל הולד כשר בין בפנויה בין באשת איש כדאיתא בפרק החולץ (יבמות מה:) ולפיכך אין קנאין פוגעין בה הלכך אף על פי שהאשה [(יא)עושה] להנאת עצמה מותרת איש אסור אפילו להנאת נכרית ואפילו בצנעא ואין צריך לומר להנאת רשעה בת ישראל האסורה עליו איסור ערוה וכן היא להנאת רשע האסור לה [(יא)איסור] ערוה שלא התירו להנאת עצמן אלא שאר עבירות בפרהסיא.

ונראה לי דמאן דגריס באגדה דאסתר אשת איש הואי כדאמרינן (מגילה יג:) שהיתה עומדת מחיקו של אחשורוש וטובלת ויושבת בחיקו של מרדכי ודריש (שם טו.) וכאשר אבדתי אבדתי אבדתי מבית אבא אבדתי ממך סבר לה כאביי בטעמא דקרקע עולם דההוא טעמא שייך אפילו באשת איש אבל רבא דפריש משום (הנאתן) [(יא)הנאת עצמן] ליתיה לטעמיה אלא בשאר עבירות דפרהסיא ובגמרא לא דייקינן בה באיסור כלל דלא מסייעא לן ולא סבירא לן אגדתא דרב ירמיה בר אבא דהתם ויש לומר כדברי בעל המאור ז"ל דנבעלת לנכרי אין שם מיתה ולא כרת אף על פי שהיא אשת איש ואף על פי שהוא חייב מיתה משום דאשת רעהו כתיב הלכך ליכא אלא שאר עבירות בפרהסיא וכדמפרש בגמרא.

והחכמי הצרפתים אומרים(יב) דאסתר גילוי עריות הואי ומשום קרקע עולם מותר ועיקר הלכה בנפש בדידיה כתיב דהוא איתקש לרוצח ולא הקשו ממנה אלא לאיסור בפרהסיא [(יג)דלענין חילול השם לא ס"ד דמהני טעמא דקרקע עולם ומשני אביי דכיון דקרקע עולם היא אפילו משום פרהסיא] אין כאן ורבא אמר להעביר אפילו לאשה בפרהסיא אסור לעולם אבל להנאת עצמן מותרת נמצאו באשה שני דברים מתירין לה קרקע עולם ולהנאתן הא באיש יהרג ואל יעבור לעולם וכן פירשה ה"ר אברהם ברבי דוד ז"ל וקאקי ודמונקי שאר עבירות נינהו ואין איסורן משום לאוי עבודה זרה אלא משאר חייבי לאוין שבתורה הן משום ולפני עור לא תתן מכשול כדתנן להשאילן ולשאול מהם שהרי לא עבדו הן עצמן ולא נהנו מעבודה זרה בכלום אלא דפרהסיא הואי. וכן דעת ה"ר אברהם ז"ל והביא ראיה ממה שאמרו אין מתרפאין בעצי אשרה ואמרינן דהתם לאו לעבורי הוא וכל היכא דלאו לעבורי הוא כהנאת עצמן דמי ואפילו הכי יהרג ואל יעבור והוא הדין לגילוי עריות ועוד סמך לדבר ממה שלא היה מרדכי כורע ומשתחוה להמן מפני שהיה נעבד והא התם להנאת עצמו ולכבודו היה ואפילו היה בשעת השמד ועבודה זרה להנאת עצמו מותר הוא מן הדין לפי דברי בעל המאור ז"ל ואף על פי שהוא אמר שאינו יודע בעבודה זרה דרך שיהא להנאת עצמו כדי שיהא מותר הרי אותו מעשה בודאי להנאת עצמו הוא ולא להעבירו ואף על פי כן היה דינו שיהרג ואל יעבור וכן מעשה נעמן הנאת עצמו היה כדכתיב (מלכים ב ה, יח) והוא נשען על ידיו אילו היה ישראל דינו [היה] שיהרג ואל יעבור אלא שגר תושב כל בצנעא אפילו בעבודה זרה וגילוי עריות יעבור ואל יהרג ולא החמירה בהם תורה בעבודה זרה וגילוי עריות יותר משאר שלהן שאין להם מקרא מן התורה בזה ולא כתיבי בהו קראי אבל על קדושת השם בפרהסיא שהוא דבר הנוהג בכל המצות נצטוו והיינו דאמרינן לא קשיא הא בצנעא הא בפרהסיא.

סליק פירקא

[עה. - עו. - עו: - פא.]

[עה.] **אלו** הן הנשרפין וכו'. פי' הבא על אשה ובתה. **בגמרא מפרש לה**: ובת כהן. **כלומר וכן בת כהן שזנתה שהיא**(ה) **בשריפה אבל בועלה לאו בשריפה הוא**: יש בכלל אשה ובתה וכו'. **כלומר אשה ובתה כתיבן בהדיא כדמפרש בגמ'** **דהאי אשה ובתה היינו חמותו דשריפה כתיבא ביה דכתיב** (ויקרא כ, יד) **ואיש אשר יקח את אשה ואת אמה זימה היא וגו'**: ויש בכללן. **כלומר מינייהו ילפינן כל הנך בגזרה שוה כדלקמן בברייתא**: בתו. **מאנוסתו דלאו בת אשתו היא דניחייב עלה משום בת אשתו דהא**(ו) **לאו בת אשתו היא**: בת בנו ובת בתו. **דהויא ליה מאנוסתו**. בת אשתו. **בין שהיא בתו בין שהיא חורגתו**:

גמ' [עו.] בתו לזקן. **מתוך שאינו מתקבל עליה היא מזנה עליו**: המשהה בתו בוגרת. **שמתאוה להפקירה ומזנה**:

[עו:] **אמר**(ז) רב כהנא משום רבי עקיבא הוי זהיר מן היועצך לפי דרכו. פי' לפי דרכו. **להנאתו**: המכבדה. **בתכשיטין נאים**:

אומר כונסין אותם לכיפה כל חייבי מיתות שנתערבו זה בזה נדונין בקלה הנסקלים בנשרפין רבי שמעון אומר נדונין בסקילה שהשריפה חמורה וחכמים אומרים נדונין בשריפה שהסקילה חמורה אמר להם רבי שמעון אילו לא היתה שריפה חמורה לא ניתנה לבת כהן שזנתה אמרו לו אילו לא היתה סקילה חמורה לא נתנה למגדף ולעובד עבודת כוכבים הנהרגין בנחנקין רבי שמעון אומר בסייף וחכמים אומרים בחנק:

[פא.] מי שנתחייב שתי מיתות ב"ד נדון בחמורה(יז) ר' יוסי אומר נדון בזיקה ראשונה הבאה עליו:

[פא:] מי שלקה ושנה בב"ד(יח) כונסין אותו לכיפה ומאכילין אותו שעורים עד שכריסו מתבקעת. ההורג נפש בלא עדים מכניסין אותו לכיפה ומאכילין אותו לחם צר ומים לחץ:

הגונב את הקסוה והמקלל בקוסם והבועל ארמית קנאין פוגעין בו כהן ששמש בטומאה אין אחיו הכהנים מביאין אותו לב"ד אלא פרחי כהונה מוציאין אותו(יט) לעזרה ומפציעים את מוחו בגזירין זר ששמש במקדש רבי עקיבא אומר בחנק וחכ"א במיתה בידי שמים:

נר מצוה

[יח:]

נאמר בכל מאדך וכו' והדין מסקנא דגמרא הוא ושמעינן מינה דהא דרבי ישמעאל ודרבא לאו הלכתא נינהו: [עה.] אמר רב יהודה אמר רב מעשה באדם אחד שנתן עיניו באשה אחת והעלה לבו טינא באו ושאלו לרופאים ואמרו אין לו תקנה עד שתבעל לו (א)אמרו חכמים ימות ואל תבעל לו תעמוד לפניו ערומה ימות ואל תעמוד לפניו ערומה תספר עמו מאחורי הגדר ימות ואל תספר עמו מאחורי הגדר פליגי בה רב יעקב בר אידי ורבי שמואל בר נחמני חד אמר אשת איש היתה וחד אמר (ב)פנויה היתה בשלמא למאן דאמר אשת איש היתה שפיר אלא למאן דאמר פנויה היתה אמאי כולי האי רב פפא אמר משום פגם משפחה רב אחא בריה דרב איקא אמר (ג)כדי שלא יהו בנות ישראל פרוצות בעריות ולינסבה מינסב לא מיתבא דעתיה כדרבי יצחק דאמר (א) מיום שחרב בית המקדש ניטל טעם ביאה וניתן לעוברי עבירה שנאמר (משלי ט, יז) מים גנובים ימתקו ולחם סתרים ינעם:

סליקא להו בן סורר ומורה

אלו (ד)הן הנשרפין הבא על אשה ובתה (ב) יש בכלל אשה ובתה בתו ובת בתו ובת בנו ובת אשתו ובת בתה ובת בנה חמותו ואם חמותו ואם חמיו וכו':

[עו.] **גמ'** תניא אל תחלל °את בתך להזנותה (ויקרא יט, כט) רבי אליעזר אומר (ה)זה המשיא בתו לזקן רבי עקיבא אומר זה המשהה בתו בוגרת אמר רב כהנא משום רבי עקיבא [עו:] איזהו עני ורשע ערום זה המשהה בתו בוגרת ואמר רב כהנא משום רבי עקיבא הוי זהיר מן היועצך לפי דרכו: תניא (ג) (ו)האוהב את אשתו כגופו והמכבדה יותר מגופו והמדריך את בניו בדרך ישרה (ז)והמשיאן נשים(ד) סמוך לפירקן עליו הכתוב אומר (איוב ה, כד) וידעת כי שלום אהלך ופקדת נוך ולא תחטא: [פא.] תניא (ח)הרי שהיה אביו עובר על דברי תורה לא יאמר לו אבא עברת על דברי תורה

אלף לט

אלף מ

ועוד תנן בפירקין ואלו הן הנהרגין רוצח(ח) ואנשי עיר הנדחת רוצח שהכה את רעהו בין באבן בין בברזל וכבש עליו לתוך המים או לתוך האור ואינו יכול לעלות משם ומת חייב דחפו לתוך המים או לתוך האור ואינו(ט) יכול לעלות ומת פטור שסה בו את הכלב שסה בו את הנחש פטור השיך בו את הנחש ר' יהודה מחייב וחכמים פוטרין: [עח.] המכה את חבירו באבן או באגרוף ואמדוהו למיתה והקל ממה שהיה ולאחר כך הכביד ומת ר' נחמיה פוטר (י) וחכמים מחייבים:

[עח:] נתכוון להרוג את הבהמה והרג את האדם לנכרי והרג את ישראל לנפלים והרג את בן קיימא פטור נתכוון להכותו במתניו ולא היה בה כדי להמית(יא) על מתניו והלכה לה על לבו והיה בה כדי להמית על לבו ומת. [עט.] נתכוון להכותו על לבו והיה בה כדי להמית על לבו והלכה לה על מתניו ולא היה בה כדי להמית על מתניו ומת נתכוון להכות את הגדול (יב) והלכה לה על הקטן ולא היה בה כדי להמית את הגדול והיה בה כדי להמית את הקטן ומת נתכוון להמית(יג) את הקטן והיה בה כדי להמית את הקטן והלכה (יד) על הגדול ולא היה בה כדי להמית את הגדול ומת פטור אבל נתכוון להכותו על מתניו והיה בה כדי להמית על מתניו והלכה לה על לבו ומת חייב נתכוון להרוג(טו) את הגדול [(טז)והיה בה כדי להמית את הגדול] והלכה לה על הקטן ומת חייב רבי שמעון אומר אפילו נתכוון להרוג את זה והרג את זה פטור:

[עט:] רוצח שנתערב באחרים כולן פטורין רבי יהודה

[עו:] הנהרגין. בסייף: וכבש עליו. פרימב"א **בלע"ז אוחז ראשו של חבירו ותוקפו במים** (כ) **שלא יוכל להרים ראשו** ונער ומת: שיסה. גירה: השיך. **שאחז את הנחש בידו והוליכו והגיע שיני הנחש ליד**(כא) **חבירו**: ר' יהודה מחייב. **פלוגתא דרבי יהודה ורבנן מפרש בגמרא** (עח.) **דמר אמר ארס נחש בין שיניו** (כב) **ומר אמר דמעצמו הוא מקיא מנשיכתו**(כג) **וכשנשאו**(כד) **זה עדיין לא היה בו כדי להמית לפיכך גרמא בעלמא הוא ואע"פ שידוע לו שסופו להקיא מיהו לאו מכחו מיית**:

[עח.] ואמדוהו למיתה. **ב"ד אבל אמדוהו תחלה לחיים אפילו לרבנן פטור כדלקמן**: והוקל ממה שהיה. **וחזרו ואמדוהו לחיים**: שרגלים לדבר. **שלא מת מחמת מכה זו שהרי הוקל**:

[עח:] נתכוון להרוג את הבהמה. **שהיה אדם עומד אצל הבהמה ונתכוון זה לבהמה והרג את האדם פטור משום דכי אתרו ביה התראת ספק הוא ואע"פ שקבל עליו התראה שאמר להם יודע אני שהוא בן ברית ועל מנת כן אני עושה שאם אהרגנו שאתחייב עליו מיתה פטור דשמא לא יהרגנו**: אנפלים לא מחייב. **דכמאן דקטיל דמי**: [עט.] כדי להמית על לבו. **אבן זאת אם תכה על הלב ראויה היא להרוג אבל על המתניס אין בה כדי להמית פטור דתרתי בעינן שיהא מתכוין למכת מיתה ושיכנו במכת מיתה דאי לא נתכוון למכת מיתה התראת ספק הוא דהתרו בו אל תזרוק שמא תלך על לבו**:

המאור הגדול

[עז:] [ההוא גברא דמצמצמא לחיותא דחבריה בשימשא ומתה רבינא מחייב רב אחא בר רב פטר]. מסתברא לי אף על גב דפליג רב אחא ורבינא במצמצם כיון דקיימא לן השתא דדיינינן דינא דגרמי מצמצם נמי חייב (לג) ולפיכך לא כתבה הרב אלפסי ז"ל בהלכותיו.

סליק פירקא

רש"י

העלה לבו טינא. מרוב[יח:] אהבה נטמטם לבו והעלה חולי: משום פגם. **משפחת האשה** שהיו בושים בדבר: שלא יהו בנות ישראל פרוצות(כה). **דכולהו ליעבדו הכי** (כו): מיום שחרב בית המקדש. **כשל כח**(כז) **מרוב דאגה ולא קמה עוד רוח להיות חושב לאשתו לכך ניטלה טעם ביאה**: וניתן לעוברי עבירה. **שילכן תוקפן**: לחם סתרים. **לישנא מעליא נקט כדכתיב** (בראשית לט, י) **כי אם הלחם אשר הוא אוכל**:

סליקו להו בן סורר ומורה

אלו הן הנשרפין הבא על אשה ובתה. **דכתיב ערות אשה ובתה לא תגלה את בת בנה ואת בת בתה**(כח): **ויש בכלל**. **זה כלומר מינה יליף**: בתו. **מאנוסתו דלאו בת אשתו היא דניחייב עליה משום בת אשתו וכן בת בתו מאנוסתו ובגמרא בתלמודא יליף לה בגזרה שוה**: ובת אשתו. **ובין**(כט) **שהיא בתו ובין שהיא חורגתו**: וחמותו ואם חמותו. **דכתיב איש כי יקח את אשה ואת אמה וגו'**: גמ' המשיא את בתו לזקן. **דמתוך שאינו מתקבל עליה היא מזנה עליו**: המשהה בתו בוגרת. **כי היא מתאוה לפקידתה**(ל) **ומזנה**: איזה עני ורשע ערום זה המשהה. **כלומר מתוך עניו**(לא) **הוא מערים להרשיע ומשהה את בתו בשביל מלאכתו שתשמשנו וזה הוא ערמת רשע שגורם** [(לב)להן שירשיעו] **בשביל הנאתו שאינו רוצה לקנות שפחה לשמשו**: לפי דרכו. **להנאתו**: והמכבדה. **בתכשיטים נאים**: סמוך לפירקן. **שנה או תלי שנה לפני גדלות**:

עין משפט

א ב ג *מיי' פ"ה מהלכות יסודי התורה הלכה ט ועיין בב"י יו"ד סימן קנז:
ד *מיי' פ"א מהלכות איסורי ביאה הלכה ה ופט"ו מהלכות סנהדרין הלכה יא סמג עשין קיב:
ה *מיי' פכ"א מהלכות איסורי ביאה הלכה כו סמג לאוין [פה] קכו טוש"ע אהע"ז סימן ג סעיף ט:
ו מיי' פט"ו מהלכות אישות הלכה יט:
ז *מיי' פכ"א מהלכות איסורי ביאה הלכה כה טור אהע"ז סימן ג:
ח *מיי' פ"ו מהלכות ממרים הלכה יא סמג עשין קיב טוש"ע יו"ד סימן רמ סעיף יא:

הגהות וציונים

מהב"ח ושאר מפרשים

(א) נ"ב ר' יצחק (ב"ח): **(ב)** נ"ב ובת כהן שזינתה (ב"ח): **(ג)** עי' ברי"ף יבמות פרק הבא על יבמתו (סי' פה) (חוי"י): **(ד)** בכת"י נ"י הגי' היא, **והמשיא את בנותיו** סמוך לפירקן. ולגי' זו לא קשה קושית תוד"ה סמוך. ועיין שאילת יעב"ץ ח"א סי' יד וערוך לנר יבמות סב: שהק' מהא דקאמר רב בפ"ב דקידושין (מא.) דאסור לקדש את בתו כשהיא קטנה ולגי' הרי"ף דלפנינו לק"מ: **(ה)** היא כצ"ל (ב"ח): **(ו) אנוסה** לאו **אשתו** היא כצ"ל ותי' בת נמחק (ב"ח): **(ז)** ואמר כצ"ל (ב"ח): **(ח)** הרוצח כצ"ל (ב"ח): **(ט)** לתוך האור **ויכול לעלות משם** כצ"ל (ב"ח): **(י)** נ"ב שרגלים לדבר (ב"ח): **(יא)** להמיתו כצ"ל (ב"ח): **(יב)** את הגדול **ולא היה בה כדי להמית את הגדול** והלכה לה על הקטן והיה בה [כדי להמית את הקטן] כו' כצ"ל (ב"ח): **(יג)** במתני' בגמ': להכות וכצ"ל: **(יד)** נ"ב לה (ב"ח): **(טו)** במתני' בגמ': להכות וכצ"ל: **(טז)** גי' מהר"ם: **(יז)** נ"ב עבר עבירה שיש בה שתי מיתות נידון בחמורה וכו' (ב"ח): **(יח)** ב"ד כצ"ל (ב"ח): **(יט)** מוציאין אותו חוץ לעזרה כצ"ל (פ"ש): **(כ)** נ"ב כדי (ב"ח): **(כא) לידו של חבירו** כצ"ל (ב"ח): **(כב)** נ"ב הוא (ב"ח): **(כג) בנשיכתו** כצ"ל (ב"ח): **(כד)** נ"א וכשהשיכו (מהר"ם): **(כה)** נ"ב בעריות. לעמוד בפני האנשים לתת בהם עיניהם שימסרו להם לביאה: ולינסבה מינסב. דאין כאן פריצות בעריות כו' (ב"ח): **(כו)** נ"ב ולינסבן ואין כאן עבירה אלא מצוה (ב"ח): **(כז)** הכח כצ"ל (ב"ח): **(כח)** נ"ב לא דק שהרי בגמ' מבואר דאשה ובתה דמתני' היינו חמותו ואשה שנשא בתה קאמר אליבא דרבא וחמותו דתני' בסיפא איידי דקא בעי למיתני אם חמיו ואם חמותו תני נמי חמותו ואביי מפרש אשה ובתה דמתני' תרווייהו לאיסורא ע"ש (ב"ח): **(כט) בין** שהיא בתו **בין** שהיא כצ"ל (ב"ח): **(ל)** להפקירה כצ"ל (ב"ח): **(לא)** עני כצ"ל (ב"ח) [וא"ה אולי צ"ל עניות כרש"י בגמ']: **(לב)** גי' מהר"ם: **(לג)** נ"ב וכן פסק הרא"ש (סי' ב') ע"ש (ב"ח):

תורה יסקל, אלא הגיעה תורה לסוף דעתו כו׳, ומאחר שהוא צריך לצאת לפרשת דרכים ללסטם את הבריות סוף בא לידי חלול שבת[137] ונמצא מתחייב סקילה אמרה תורה ימות זכאי ואל ימות חייב. ואם תאמר והלא המחלל את השבת והעובד ע״ז אין מצילין אותו בנפשו. שאני הכא דלא סגיא דלא הוי רודף[138] וניתן להצילו בנפשו. ובדין הוא דאי לא הוה איכא למיחש לה אלא לשפיכות דמים דינא הוה דלא לקטליה אלא בסייף שלא תהא תחילתו חמורה מסופו, אלא כיון דאיכא למיחש ליה נמי לחילול שבת דיינינן ליה בסקילה[139], וכי תימא לשבקיה עד דמתברר דרודף הוא, מוטב ימות זכאי ואל ימות חייב שמיתתן של רשעים הנאה להן, שאין מוסיפין לחטוא, והנאה לעולם, באבוד רשעים רנה[140], ולצדיקים רע להם, שאין מוסיפין זכיות, ורע לעולם, שאין מגינים על הדור דכתיב (משלי י) וצדיק יסוד עולם וכתיב (ישעיה נז) הצדיק אבד ואין איש שם על לב כו׳:

יין ושינה לרשעים הנאה להם [והנאה לעולם, ששותין וישנין ואינן חוטאים ולא מריעין לבריות, ולצדיקים רע להם, שמתבטלין מתלמוד תורה שמשתכרין ואין מתקיימין[141] מצות, ורע לעולם, שאין מגינין על דורם כבתחילה ופורענות באה לעולם. פיזור לרשעים הנאה להן והנאה לעולם, שאין מסייעין זה את זה להרע לבריות, ולצדיקים רע להם ורע לעולם, שאין מסייעין זה את זה להטיב לבריות. כינוס לרשעים רע להם ורע לעולם, שידיהם מתחזקת להרע לבריות, ולצדיקים הנאה להם והנאה לעולם, שידיהם מתחזקת להטיב לבריות. שקט לרשעים רע להם ורע לעולם, שיש להן פנאי להרע לבריות, ולצדיקים הנאה להם והנאה לעולם, שיש להם פנאי להטיב לבריות, ויש לפרש כל היכא דתני גבי רשעים רע להם ורע לעולם לפי שמוסיפין לחטוא ומכריעין עצמן ואת כל העולם כולו לכף חובה שאין העולם נידון אלא אחר רובו[142], וכל היכא דתנינן גבי צדיקים הנאה להן והנאה לעולם לפי שמוסיפין זכיות ומכריעין את עצמן ואת כל העולם כולו לכף זכות:

עב,א מתני׳ הבא במחתרת נידון על שם סופו, בגמרא מפרש לה. היה בא במחתרת ושבר את החבית, אם יש לו דמים, כלומר אם יש לו דין דמים שהשופך דמו נהרג עליו, חייב לשלם, דלא מתחייב בנפשו הוא, ואם אין לו דין דמים, שאם נשפך דמו אין חייבין עליו, פטור, דמתחייב בנפשו הוא ופטור מתשלומין דכתיב ולא יהיה אסון ענוש יענש הא אם יש אסון לא יענשו, ואע״פ שניצול ולא נהרג פטור מלשלם הואיל ונתחייב מיתה בשעת שבירת החבית, ואפילו למאן דאמר חייבי מיתות שוגגין חייבין לשלם, התם הוא דלא הוה חיוב מיתה כלל, הכא בההיא שעתא מיהת הוה איכא חיוב מיתה[143]. כיצד אמרו יש לו דמים ואין לו דמים, אם

137 רבינו בא לתרץ אמאי נידון בסקילה הא רוצח דינו בסייף (וכמבואר בסוף דבריו) וע״ז תירץ משום דסופו לבא לידי חילול שבת וכן תירץ ברא״ש שם עה״ת ובר״אם. ובזית רענן למג״א על הילקוט בפר׳ כי תצא תמה דמ״מ יהא פטור משום דינא דמקלקל בחבורה (וכעין קושיית התוס׳ לעיל לה,א לענין מיתת בי״ד) ותירץ דאזיל לר״ש דמקלקל בחבורה חייב, אולם בדברי רבינו י״ל דכוונתו משום דדילמא יוציא את הגניבה ד״א ברה״ר. ובלא״ה יש לדון דהורג את הנגזל הוי כמלאכה שאי״צ לגופה וכעין הא דמבואר בשבת קכא,ב דהריגת מזיקין חשיב מלאכה שאי״צ לגופה וצ״ע בזה. 138 דיהרוג העומד כנגדו כבא במחתרת כמש״כ רבינו לקמן פא,א ועי׳ לשון הרמב״ם בפיהמ״ש. 139 לכאו׳ יל״ע דכיון דמדין חילול שבת א״א לחייבו כיון דעדין לא חילל את השבת אמאי אין דנין אותו בסייף הקל ועי׳ בגור אריה פר׳ כי תצא דהק׳ כעי״ז דהא ספק נפשות להקל ובבית האוצר כלל כו אות יב. 140 וברש״י שקטה הארץ ובמאירי מחמס וע״ע במהרש״א. 141 נדצ״ל מקיימין. 142 כמ״ש קידושין מ,ב. 143 ועי׳ בערול״נ דהוכיח כן דאל״כ היאך ס״ד בכתובות לה,א דחיי״מ שוגגין חייבין הא הוי דלא כמתני׳, וע״כ דהכא חשיב כחיי״מ מזידין, אולם ברש״י במתני׳ וכן לקמן עג,ב לענין רודף כתב דחשיב כחיי״מ שוגגין, וכן משמע בשו״ת הרשב״א ח״ה סי׳ יח, וכ״כ בקרי״ס סוף הל׳ גניבה, [ועי׳ באפיקי ים ח״ב סי׳ מ׳ דהביא בזה שיטה ג׳ מהרמב״ן והרשב״ם עה״ת דילפינן מגזה״כ דבא במחתרת פטור], ועי׳ באחיעזר ח״א סי׳ כ׳ סק״ה ובאבן האזל ריש הל׳ גזילה ובקה״י מכות סי׳ יג דכתבו דרבינו אזיל לשיטתו במכות טז,א (הובא בריטב״א שם) דאף היכי דפקע החיוב ממון אינו לוקה וה״נ אף דנפטר מהחיוב מיתה מ״מ כיון דמעיקרא נפטר מהממון הוא פטור לעולם, אולם רש״י ס״ל כדעת התוס׳ שם וכ״ה בתוס׳ רי״ד ב״מ צא,א דהיכא דפקע החיוב ממון הוא חייב מלקות, ומשו״ה הוצרך לפוטרו מדינא דחיי״מ שוגגין. ולכאו׳ י״ל דאי״ז מוכרח די״ל דמש״כ רש״י דרודף פטור רק מדין חיי״מ שוגגין היינו משום דכיון דהחיוב מיתה לא חייל מעיקרא לעולם אי״ז דומיא דלא יהיה אסון דאיירי בחיוב מיתת בי״ד דהוא חיוב לעולם, אבל בעלמא חלות חיוב מיתה פוטר, אף לאחר דפקע החיוב מיתה [ונפק״מ לענין נקטעה יד העדים אם יהא חייב בתשלומין למ״ד דחיי״מ שוגגין חייבין, דלדעת האחיעזר כיון דלא נענש בעונש מיתה חייב ממון אולם להנ״ל י״ל דבכה״ג כיון דהחיוב מיתה חייל לעולם אף לרש״י פטור מן הממון, ועי׳ היטב בשיעורי הגרש״ר מכות פ״ק הערה תעה]. וכן יש לחלק לאידך גיסא לדברי התוס׳ במכות בין פטור ממון ומלקות דילפינן מכדי רשעתו, דבזה י״ל דהוא דין על הבי״ד דא״א לחייבו בב׳ עונשין, ומשו״ה היכא דפקע חיוב אחד חייל החיוב השני, אבל במיתה וממון דהוא מקרא דלא יהיה אסון שפיר י״ל דכל דחייל חיוב מיתה חייל פטור על החיוב ממון, ולא איכפ״ל דהשתא פקע החיוב מיתה, ושפיר י״ל דאף תוס׳ במכות ס״ל כדעת רבינו. וכעיקר דברי רש״י יל״ע דמשמע מדבריו דאם הרגוהו ניחא, והרי הרגוהו על הרגע השני של הרדיפה והיאך נפטר מהממון, וע״כ דמדין חיי״מ שוגגין הוא, ועוד יל״ע דהא שיטת רש״י בפסחים לב,א דבכרת ליכא פטור שוגגין, ולפי״ז באופן דניצל מהכרת לא יהא קלבד״מ, וא״כ כל היכא דעביד תשובה יהא חייב בממון, ולא שמענו כן. ועי׳ בקצוה״ח סי׳ כח סק״א דנקט בדעת רש״י דרודף חשיב כחיי״מ מזידין, וכבר תמהו עליו דזה נסתר מרש״י בסוגיין ועי׳ בהגהות קה״י שם. ועי׳

ברור לך הדבר שיש לו שלום עמך שאם תעמוד כנגדו להציל את ממונך, אינו נהרג ודמים לו אל תהרגהו, ואם לאו אין לו דמים והרגהו, ובגמרא מפרש לה שפיר לקמן ומשוי חילוק בין הבן שבא על האב ובין האב שבא על הבן:

אמר רבא מאי טעמא דמחתרת דאמר רחמנא אם במחתרת ימצא כו׳ אין לו דמים, חזקה אין אדם מעמיד עצמו על ממונו, אלא טורח להציל בכל דבר ואפי׳ בנפשו של גנב[144], והאי גנב כיון דאתי למיגנב ודאי אי לאו דדעתיה למקטליה לבעל הבית כי קאי באפיה לא הוה אתי, לפיכך אמרה תורה הבא להורגך השכם להורגו, וכי תימא אם כן הוה ליה בעל הבית נמי רודף[145], בעל הבית לאו רודף הוא[146], אי משום דקטיל ליה השתא, משום דאתי איהו למקטליה הוא דקטל ליה, מאי אמרת אי לאו חזקה דאין אדם עמיד[147] עצמו על ממונו לא הוה אתי איהו אדעתא דמקטליה, מכל מקום בעל הבית לא קא עביד השתא ולא מידי והשתא אמאי אתי איהו למקטליה, הוה ליה רודף והתורה אמרה הבא להרגך השכם להורגו, ולא מצינן למימר דהאי דקאמר חזקה אין אדם מעמיד עצמו על ממונו דלהצלה בעלמא הוא ולאו לאצוליה בנפשו של גנב, דאם כן אכתי מנא ידעי׳ דדעתיה דגנב למקטליה לבעל הבית כי היכי דלדייניה כרודף, האי מימר אמר אי יכילנא ליה לבעל הבית שקילנא ליה לממוניה בעל כרחיה ואי לא שביקנא ליה ולממוניה וערקנא, אלא משום דידע ביה בבעל הבית דאי יכיל ליה קטיל ליה הילכך כי אתי אדעתא דקדים איהו וקטיל ליה, הילכך הוה ליה רודף כדאמרן:

אמר רב הבא במחתרת ונטל כלים ויצא פטור מתשלומין מאי טעמא בדמיה קננהו, שהרי אלו הוכה באותה שעה ומת לא היו לו דמים, ונעשה כאלו קנאם בדמו ובנפשו דהוה ליה מתחייב בנפשו ופטור מתשלומין:

אמר רבא מסתברא מילתיה דרב בששבר בין עכשיו בין לאחר זמן דליתניהו, ותשלומין מדידיה לא מחייבינן ליה במקום מיתה דאין מת ומשלם, אבל נטל לא מסתברא כרב דפטר, דכיון דאיתנהו ברשותא דמרייהו איתנהו ולא מתשלומין[148] נינהו אלא פקדון בעלמא נינהו. ויש לפרש בששבר מיד אבל לאחר זמן לא מיפטר[149], כדרבא (ב״מ מג.) דאמר האי מאן דגזל חביתא דחמרא מחבריה כו׳ תברה או שתיה משלם ארבעה, דכיון דאילו הוה איתא הדרא בעינייהו השתא קא גזיל להו והשתא לאו מתחייב בנפשו הוא, והאלהים אמר רב אפי׳ נטל מאי טעמא דהא כי יש לו דמים ונאנסו לבתר הכי גביה, מיחייב לשלומינהו, אלמא ברשותיה דגנב קיימי, דאי לאו ברשותיה קיימי אמאי מיחייב כי איתנוס ברשותא דמרייהו איתנוס, הכא נמי כי אין לו דמים ברשותיה קיימי. ולא היא, אטעמא דרב קא פריך למימר דליתיה להאי טעמא דרב, דכי אוקמינהו רחמנא ברשותיה דגנב לענין אונסין, אבל לענין מקנא ברשותא דמרייהו קיימי, מידי דהוה אשואל דמיחייב באונסין וכי איתיה להוא מדעם מיחייב לאהדוריה:

ומקשינן עליה דרב ממתני׳ דקתני היה בא במחתרת ושיבר את החבית אם יש לו דמים חייב אם אין לו דמים פטור, טעמא דשבר הוא דכי אין לו דמים פטור הא נטל לא מיפטר. ופרקינן הוא הדין דאפילו נטל נמי פטור והאי דקתני שבר הא קמ״ל דכי יש לו דמים אע״פ דשבר נמי חייב. ומתמהינן פשיטא, כיון דיש לו דמים הוה ליה ככל מזיק דעלמא וחייב. ומפרקינן הא קמ״ל דאפי׳ שברה שלא בכוונה חייב. ומתמהינן

באו״ש בפ״ג מאישות הט״ז בהג״ה דנקט דכל דברי רש״י הם רק למ״ד דרודף בעי התראה, ולפי״ד א״ש דברי הקצוה״ח, וע״ע בחידושי ר׳ ראובן כתובות סי׳ יט ובשיעורי הגרש״ר מכות אות ריב ובמשאת משה סי׳ כה. **144** ומבואר מדברי רבינו דחיישינן דהבעה״ב יעמוד על הגנב להורגו, ומשו״ה הגנב נמי רוצה להורגו, ומה״ט חייל עליה דין רודף, וכ״ה דעת הר״ן וכן משמע ברשב״ם עה״ת שמות כ״ב א׳, אולם ברש״י בסוגיין ובברכות נח,א ובפסחים ב,ב ובתוס׳ ב״ב ז,ב ד״ה לפי משמע דחיישינן רק דהבעה״ב יעמוד על ממונו והגנב יבא לידי רציחה, וכ״כ בסמ״ע סי׳ תכ״ה סק״י וכן נקט באבן האזל בפ״ט מגניבה ה״ט בדעת הרמב״ם. ועי׳ באילת השחר דתמה על רבינו אמאי בבן על האב איכא דין בא במחתרת, הרי באב על הבן ליכא דין בא מחתרת משום דהאב לא יהרוג את בנו, וא״כ גם בבן על האב לא שייך דין בא במחתרת, דהא האב לא יעמוד עליו להורגו. ואולי י״ל דאעפ״י דהאב לא יהרוג את בנו בשביל לגנוב ממנו מ״מ יהרוג את בנו להצלת ממונו. אולם יל״ע על רבינו דלפי״ד בגוונא דיודע הגנב דהבעה״ב צדיק גמור וברור לו דלא יעמוד עליו להורגו לכאו׳ ליכא דין בא במחתרת, וא״כ אמאי מבואר בגמ׳ דבעובדא דגנבו מרבא, היה לגנב דין בא במחתרת, הא ודאי דרבא לא היה הורגו שלא כדין וצ״ע. **145** ויל״ע דהו״ל לרבינו לאקשויי דרק הבעה״ב חשיב רודף ולא הגנב, דהא שיטת רבינו דהבעה״ב התחיל ברדיפה לפני הגנב. וצ״ל דס״ל לרבינו דכיון דהגנב הורג את הבעה״ב משום דמפריע לו בגניבתו, וע״ז הרי אין לגנב זכות להורגו, משו״ה גם הגנב חשיב רודף, וע״ז תירץ רבינו דכיון דהגנב בא להרוג את הבעה״ב עוד לפני שהבעה״ב עומד כנגדו, משום דהוא רוצה להמשיך בגניבתו, והוא גורם לבעה״ב להפך לרודף, ומשו״ה רק הגנב יש לו דין רודף. **146** ומשמע דאילו חשבינן לבעה״ב רודף אף דהוא ג״כ נרדף איכא דין רודף לתרוייהו ועי׳ במשאת המלך הל׳ רוצח ושמ״נ (עמ׳ 18) דהאריך בזה ולקמן בהערה 213. **147** נדצ״ל מעמיד. **148** נדצ״ל תשלומין. **149** וכן דעת הרמב״ן במלחמות והר״ן. אולם רש״י ותוס׳ ובעה״מ ס״ל דאף בשבר לאחר החתירה פטור, והובאו ב׳ השיטות בשו״ע חו״מ רצ״א. ובקושיית רבנו מתברה ושתיה עי׳ בדברי רבנו לקמן מה דתירץ בזה. וע״ע בעונג יו״ט סי׳ קיח ובחידושי הגרש״ש ב״ק לו

מאי קמ״ל אדם מועד לעולם, תנינא, וסלקא ליה בקושיא. מיהו תיובתא לא הויא דהא לא בהדיא קתני נטל חייב ואיכא לשנויי כדשנינן וממשנה יתירה לא מסקינן תיובתא[150]:

מתיב רב ביבי בר אביי לרבא דאמר נטל לא, הגונב כיס בשבת, דרך גניבה קא מיירי ומשום הכי לא איצטריך לפרושי ברישא כגון דהגבהה היה ברשות בעלים והדר אפקיה, חייב לשלם, שכבר נתחייב בגניבה בשעת הגבהה ומתחייב בנפשו לא הוי עד דאפקיה לרשות הרבים, היה מגרר ויוצא, דלא זכה ביה עד שעת הוצאה, ומוקים לה בכתובות פרק אלו נערות (לא:) למאן דאמר משיכה לרשות הרבים לא קניא כגון דאפקיה לצדי רשות הרבים קסבר צדי רשות הרבים לאו כרשות הרבים דמו, ואיכא דמוקים לה התם בשלשל ידו למטה משלשה ברשות (בעלים) [הרבים] וקבלו, למאן[151] דאמר משיכה ברשות הרבים קניא מוקים לה ברשות הרבים ממש, קתני מיהת פטור שאיסור שבת ואיסור גניבה באין כאחת, בשעת הוצאה מרשות בעלים, והא הכא דבנטל קא מיירי וקתני פטור, ומפרקינן הכא במאי עסקינן דשדנהו בנהרא דליתנהו:

ואי קשיא לך היכי דמי אילימא דשדניהו[152] בנהרא לבתר דאפקינהו לרשות הרבים אמאי פטור, כיון דאי הוו קיימי גביה הוה מיחייב להדורניהו[153] השתא הוא דקא גזיל להו, והשתא מיהת איסור שבת ליכא, דאמר רבא (ב״מ מג.) האי מאן דגזל חביתא דחמרא מחבריה מעיקרא שויא זוזא ולבסוף שויא ארבעה תברה או שתיה משלם ארבעה, מאי טעמא כיון דכי איתא הוה הדרא בעינא ההוא שעתא הוא דקא גזיל לה, ואי דמקרב נהרא לרשות בעלים ואפקיה מרשות בעלים ושדייה בנהרא אכתי אמאי פטור, ליכא חיוב מיתה כלל, דנהרא כרמלית הוא ואשתכח דאפיק מרשות היחיד לכרמלית, ואי אפיק מרשות היחיד לנהר ורשות הרבים באמצע, האמרי רבנן (שבת ד.) קלוטה לאו כמי שהונחה דמיא. לא תקשי לך לעולם דשדנהו בנהרא לבתר דאפקינהו לרשות הרבים, ודקא קשיא לך ומאי שנא התם דמיחייב אגזילה בתרייתא ומאי שנא הכא דלא מיחייב אגזילה בתרייתא, אמרי התם כי מיחייב אגזילה בתרייתא משום דההוא ממונא דמיחייב השתא בגויה אי הוה שכיח בשעת גזילה קמייתא הוה מיחייב נמי בגויה, אבל הכא ההוא מידעם דמיחייב בגויה בגזילה דבתרייתא איתי בגזילה קמייתא, ואפי׳ הכי פטריה רחמנא עילויה הילכך תו לא מיחייב עליה בגזילה בתרייתא דהא איפטר ליה עילויה מעיקרא[154], והא דאמרינן לקמן (עג:) כגון שבא עליה שלא כדרכה וחזר ובא עליה כדרכה דאלמא אע״ג דמדינא הוה מיחייב אביאה ראשונה כדבעי למימר קמן, ומשום דניתן להצילו בנפשו הוא דמיפטר, כי חזר ובא עליה מיחייב אביאה שניה, שאני התם דתרי חיובי נינהו דהא אי לאו דהוה מתחייב בנפשו הוה משלם תרי קנסי, מידי דהוה אהיכא דבאו עליה שנים אחד שלא כדרכה ואחד כדרכה כדאיתא בפרק אלו נערות (כתובות מ:), הילכך לאו חדא חיובא אריכא הוא, אבל הכא דאי נמי לא הוה מתחייב בנפשו מעיקרא לא מיחייב אלא חד תשלומין כוליה חדא אריכא הוי:

ומסתברא לי נמי לאוקומה[155] להא דאמרינן כגון דשדנהו בנהרא כגון דמקרב נהרא לרשות בעלים והאי עומקיה פחות עשרה טפחים וקאי ברה״ר כדתנן בפרק הזורק (שבת ק:) אם היה רקק מים ורשות הרבים מהלכת בו הזורק לתוכו ד׳ אמות חייב וכמה הוא רקק מים פחות מעשרה טפחים, וכי תימא אי בפחות מעשרה הוה קאי קמן ליזול ולשקליה, הכא במאי עסקינן כגון דאשפליה מיא לנהרא רבא, ולרב אשי דמוקים לה בפרק אלו נערות כגון ששלשל ידו למטה משלשה וקבלו לא מצי לאוקומהו כגון דשדנהו בנהרא לבתר הכי דאם כן מיחייב כדרבא, אלא כגון דנפלו להו ממילא בנהרא, והאי טעמא בתרא מסתבר לן טפי מההוא קמא דלא מהני ליה פיטורא דמתחייב בנפשו אלא למפטריה ההוא מעשה דעבד בשעת איסור מיתה אבל למפטריה אמאי דעבד בתר הכי לא מהני ליה[156] אלא לטעמיה דרב דאמר בדמיה קננהו, ולית

סק״ח כתובות סי׳ מ׳ וברכת שמואל כתובות סי׳ מא ובאמרי משה סי׳ ל׳ אות כג, וסי׳ לד אות יג ובחידושי הגרש״ר ב״ק (עמ׳ קטו וקלב), ועי׳ בנימוק״י דכתב כדעת הראשונים דאם שבר אח״כ חייב. אולם ביאר דטעמא משום דהוה כשליחות יד בפקדון וצ״ע. **150** וכ״ה ברש״י ד״ה קשיא, ועי׳ במרגליות הים. **151** נדצ״ל ולמאן. **152** נדצ״ל דשדינהו. **153** נדצ״ל להדורינהו, ובדפו״ר לאדורניהו. **154** דברי רבינו צ״ב דמ״מ אמאי אינו מתחייב על שבירתו השתא, ועמד בזה בחידושי הגרש״ר שם. וידוע לבאר דברי רבינו עפי״ד הגר״ח בהל׳ חובל ומזיק דהחיוב של חברא ושתיה הוא משום דהוי כהמשך של הגניבה, וכמו דכתב רבינו בהמשך דבריו דהוי חד תשלומין כוליה חדא אריכא הוא, וכיון דנפטר מדין קלבד״מ על תחילת הגניבה א״א לחייבו על המשך הגניבה, ועי׳ חזו״א ב״ק ט״ז ס״ק ט׳ ד״ה כתובות ומשנת אליהו סי׳ יט סק״ג ובד קודש ח״ה סי׳ סג, וענפי ארז בשם הגרי״ד. ויש להעיר על פירוש זה מהא דפריך הגמ׳ מאי קמ״ל אדם מועד לעולם תנינא וכו׳, ואי נימא דחיובו מדין גנב הא כתב הקצוה״ח בסי׳ כה דליכא דין אדם מועד לעולם בגנב (ולהקצוה״ח לשיטתו בסי׳ לד דתברא ושתיא חיובו מדין מזיק לק״מ). ואולי י״ל דהגמ׳ לא איירי דשיבר את החפץ הגנוב אלא חפץ אחר. **155** וכן אוקי הרמב״ן לשיטתו. **156** עי׳ ברבינו יונה. ובבעל המאור פירש דכיון דהא דבעי להחזיר באיתניהו חומרא בעלמא הוא נפטר אף בכך, ועי׳ בקצוה״ח סי׳ שנא

הילכתא כותיה דרב מדאמרינן רבה[157] איגניבו ליה דכרי במחתרתא, זכרים לרחלים[158] במחתרת, אהדרונהו נהליה ולא קבלינהו אמר הואיל ונפק מפומיה דרב אלמא אין הלכה כרב דפטר, כלומר מדלא קא יהיב טעמא אלא משום דנפק מפומיה דרב מכלל דלחבובי מימריה דרב בעלמא הוא דעבד ושמע מינה לית הלכתא כרב[159]:

תנו רבנן אם זרחה השמש עליו דמים לו, יש אומרים הרי הוא לך כמי שיש לו דם ונשמה ואסור להרגו, אין לו דמים הרי הוא לך כמי שאין לו דם ונשמה ומותר להרגו. ויש לפרש דמים [לו יש] לדמיו תשלומין כענין שנאמר (בראשית ט) שופך דם האדם באדם דמו ישפך, ולארץ לא יכופר לדם אשר שפך בה כי אם בדם שפכו (במדבר לה)[160]. אם זרחה השמש כו׳ וכי השמש עליו לבדו זרחה, אלא אם ברור לך כשמש, שברור ונראה לכל, שהוא רחמני עליך שאם תעמוד כנגדו להציל את ממונך אינו הורגך, דמים לו אל תקדום להרגו, ואם אין הדבר ברור עליך הרגהו, תניא אידך אם זרחה השמש עליו אם ברור לך הדבר כשמש שאין לו שלום עמך שאם אתה עומד כנגדו הורגך, הרגהו, ספק אל תהרגהו, והאי תנא בתרא לאו דמים לו קא דריש דא״כ איפכא מסתברא, אלא משום דכתיב באידך קרא אין לו דמים וסמיך ליה אם זרחה השמש עליו מדכתיב אם ולא כתיב ואם משמע דאקרא קמא קאי[161], והכי קאמר רחמנא אין לו דמים אם זרחה השמש עליו, ודרשיה להאי אם זרחה השמש להכא ולהכא, קשיא סתמא אסתמא, מתניתא קמייתא משמע דמסתמא קטלינן ומתניתא בתרייתא משמע דמסתמא לא קטלינן:

עב,ב ומפרקינן, לא קשיא כאן בבן הבא על האב במחתרת, מסתמא ליקטליה אבא לברא דודאי אדעתא דהכי אתי דאי קאי אבוה באפיה קטיל ליה, וכ״ש באיניש מעלמא, והיינו דקתני אם ברור לך הדבר שיש לו שלום עמך ואינו הורגך אל תהרגהו ואם לאו הרגהו, וכאן באב הבא על הבן במחתרת, מסתמא לא ליקטליה ברא לאבא דרחמי אבא נפישין על בריה, וכי אתא לאו אדעתא דמקטליה לבריה הוא דאתא, והיינו דקתני אם ברור לך הדבר שאין לו שלום עמך הרגהו ואם לאו אל תהרגהו, ומהשתא קרא דאם זרחה השמש לתרי גיסי מדריש, אין לו דמים אם זרחה השמש עליו כלומר אם ברור לך שבא להרגך הא סתמא באב הבא על הבן יש לו דמים[162], ודרשיה נמי אסופיה דקרא אם זרחה השמש עליו שברור לך שיש לו שלום עמך דמים לו אל תהרגהו הא סתמא הרגהו ואפי׳ בבן הבא על האב וכ״ש באיניש דעלמא:

תנו רבנן דמים לו דמים תרי משמע, ומדהוה ליה למיכתב דם כענין שנאמר (במדבר לה) ורצח גואל הדם את הרוצח אין לו דם ואלו הכא כתב דמים, שמע מינה לרבויי כמה דמים הוא דאתא, לאשמועינן דבין בחול בין בשבת אין לו דמים, דמים לו בין בחול בין בשבת. ודייקינן בשלמא אין לו דמים איצטריך לאשמועינן בין בחול בין בשבת, ס״ד אמינא מידי דהוה אכל הרוגי ב״ד דבשבת לא קטלינן, דנפקא לן בפרק אחד דיני ממונות (לעיל לה.) מלא תבערו אש, קמ״ל דהכא קטלינן משום פיקוח נפשו של בעל הבית[163], אלא דמים לו בין בחול בין בשבת בשבת למה לי השתא בחול לא קטלינן בשבת מיבעיא. אמר רב ששת לא נצרכה אלא לפקח עליו את הגל בשבת, שאם הדבר ברור שלא

סק״ב. 157 ולפנינו רבא. 158 נדצ״ל של רחלים, וברש״י אילים. 159 וכ״ה בתוס׳ חכמי אנגליא. אולם במאירי הביא דיש שפסקו כרב. 160 וכ״ה ברשב״ם עה״ת וברבינו בחיי שם כעי״ז. 161 אולם ברש״י כתב דילפינן לה מסמוכין. 162 נדצ״ל הא סתמא יש לו דמים באב הבא על הבן. 163 וכ״כ ברש״י ד״ה קמ״ל דקטלינן משום פקו״נ. וצ״ע דא״כ למאי בעי קרא לאשמועינן דשרי להורגו בשבת הא פקו״נ דוחה שבת, וכבר תמה כן באור גדול סי א׳ עמ׳ כ״ז (וע״ש דר״ל דתלוי אם רודף הוא דין עונש או דין הצלה). ובפשוטו צ״ל דכיון דאי לאו חידוש התורה דבא במחתרת מותר להורגו היה אסור להורגו משום דאין דוחין נפש מפני נפש, משו״ה אף לבתר חידוש התורה דשרי להורגו עדיין י״ל דכ״ז בחול אבל בשבת ליכא היתר להורגו, ומשו״ה בעי ילפותא דאף בשבת איכא דין בא במחתרת, וע״ז ביארו רש״י ורבינו דטעמא דמילתא דכיון דסיבת החיוב הוא משום פקו״נ זה גופא גורם דאיכא חיוב מיתה אף בשבת (ועי׳ משנת ר׳ אהרון שבת סי׳ י״ז ואבי עזרי פ״ט מגניבה ה״ז), ולפי״ז מדוייק לשון הגמ׳ דקמ״ל דאף בשבת אין לו דמים אבל בלא״ה אמרינן דבשבת יש לו דמים ואסור להורגו. וראיה ברורה לזה דביומא פה,א יליף דפקו״נ דוחה שבת בק״ו מבא במחתרת, וכבר תמהו המצפה איתן שם והאור גדול דאמאי לא ילפינן דפקו״נ דוחה בשבת מהא דבא במחתרת דוחה שבת, ולהנ״ל א״ש דרק לבתר הק״ו דפקו״נ דוחה שבת איכא למילף דאף בא במחתרת דוחה שבת, ואה״נ אי לא ילפינן בק״ו דפקו״נ דוחה שבת לא הוי מצינן למימר דבא במחתרת דוחה שבת. ועוד יש להוכיח כן דהנה המל״מ בפכ״ד משבת ה״ז מסתפק אם ברודף אחר הערוה דוחה שבת (ועי׳ בביאור הגרי״פ על הרס״ג ח״ג בפתיחה אות י״ג דכתב דלשיטת רש״י ורבינו דהקמ״ל מחמת דין פקו״נ לא שייך כן ברודף אחר הערוה) ותמה באור גדול שם דהא אף ע״ז איכא למילף בק״ו מבא במחתרת דדוחה שבת, וע״כ דכיון דרק לבתר הק״ו דפיקו״נ דוחה שבת ילפינן מקרא דבא במחתרת ג״כ דוחה שבת שפיר י״ל דאעפ״י דגלי לן קרא לענין בא במחתרת מ״מ עדיין יש להסתפק ברודף אחר הערוה אם דוחה שבת כיון דאין לך בו אלא חידושו, ויש להוכיח כן בכוונת המל״מ, דבאור גדול שם הביא מהשער המלך דאי נימא דאין הורגין אותו בשבת ליכא בזה דין קלבד״מ, ובפשוטו צ״ב דהא אם יהרגנו אף דעבר על חילול שבת מ״מ אינו רוצח ואמאי ליכא בזה קלבד״מ, וע״כ דאי נימא דליכא דין רודף בשבת הדרינן לעיקר הכלל דאין דוחין נפש מפני נפש ואם הורגו

בא על עסקי נפשות ונפלה עליו מפולת דרך מחתרת שחתר מפקחין עליו ואפי׳ בשבת, אבל אם בא על עסקי נפשות אפי׳ בחול אין מפקחין עליו את הגל דהא ניתן להרגו בלא התראה[164]. ואי קשיא לך כי לא בא על עסקי נפשות נמי אמאי מפקחין עליו את הגל מי עדיף מהרועים בהמה דקה דתנן[165] הגויים והרועים בהמה דקה לא מעלין ולא מורידין, שאני הנך דעבידי תדיר[166]. הא דאמרינן משום דהוה רוצח וגואל הדם שני כתובים הבאים כאחד איתא בפרק נגמר הדין וכבר פירשנוהו שם (לעיל מה:):

תנו רבנן מחתרת אין לי אלא שחתר ונכנס דרך מחתרת, נכנס דרך גגו של בעל הבית על ידי סולם, או שהיה גגו שוה לרשות הרבים ומחיצה עשרה מפסקת, דרך חצרו וקרפיפו כגון שעבר המחיצה ונכנס דרך חצירו, מנין שאתה רשאי להרגו ת״ל ימצא הגנב מ״מ, הגנב יתירה הוא לאשמועינן כל היכא דאפשר לתפסר כגנב, ובכמה דוכתאי אמרינן דלא מיתפיס כגנב אלא במחיצה עשרה כדאיתא בפרק השותפין (ב״ב ו:)[167], אם כן מה תלמוד לומר מחתרת מפני שרוב גנבים מצוין במחתרת:

ותניא אידך אם כן מה תלמוד לומר [מחתרת] מחתרתו זו היא התראתו, כלומר מחתרתו מעידה עליו שגנב גמור הוא ואדעתא דנפשות קאתי לפיכך אין צריך התראה אלא ניתן להצילו בנפשו, אבל דרך גגו חצירו וקרפיפו איכא למימר דלאו גנב גמור הוא ולאו אדעתא דנפשות קאתי, אלא אדעתא דאי קאי באפיה שביק ליה ואזיל הילכך בעי התראה, ולא תימא הני מילי היכא דלא סליק דרך סולם או קפץ על גבי הכותל אלא דעייל דרך הפתח דלא מוכחא מילתא דלגניבתא קא מיכוין[168], אבל היכא דעלה דרך סולם או שנתלה בכותל ועלה דרך גניבה לא בעי התראה, דאם כן הדר קושיין לדוכתיה מה ת״ל מחתרת מאחר דדרך גגו חצרו וקרפיפו נמי לא בעי התראה, [אלא ודאי] דגבי גגו חצרו וקרפיפו נמי אף על גב דעייל דרך גניבה נמי בעי התראה[169]. ואיכא למימר דכי קא דייק תנא דרך גגו דרך חצרו דרך קרפיפו בנכנס דרך הפתח קאי והוא דמתרו ביה, והיינו דכתיב ימצא הגנב כלומר אם התרית בו נמצא שהוא גנב ממש דאתי אדעתא דנפשות אין לו דמים, אם כן מה ת״ל מחתרת לומר לך מחתרתו זו היא התראתו ולא בעי התראה, והוא הדין כל היכא דמוכחא מילתא דגנב ממש הוא כגון דסליק דרך סולם או שנתלה בכותל ועלה דלא בעי התראה, וכי בעינן התראה היכא דאשכח פתח פתוח ונכנס דלא מוכחא מילתא דגנב ממש[170]. ויש לפרש מחתרתו זו היא התראתו שמעידה עליו שדרך מחתרת נכנס, ומיגליא מילתא דגנב ממש הוא ואדעתא דנפשות קאתי ולא בעי התראה, אבל היכא דליכא מחתרת וקא חזינן ליה בגו ביתא בעי התראה, דהא לא ידעינן אי דרך גניבה קא עייל דרך סולם וכיוצא בו, ואי דרך הפתח קא עייל ולאו גנב ממש הוא ואמטול הכי בעי התראה[171]:

חייב מיתה. 164 ועי׳ ברש״י ד״ה לפקח דהוסיף דמשו״ה חשיב כגברא קטילא משעת חתירה, וכבר תמה המאירי דהא לבתר דנפל עליו הגל כבר אינו רודף, וע״ש דר״ל דהגמ׳ איירי בספק חי ספק מת, אולם לא משמע כן בלשון רש״י ורבינו. ועי׳ בישועות מלכו פ״ב משבת ה״א ובאבן האזל פ״ט מגניבה הי״ג ובאילת השחר דתירצו דס״ד דהוי כרועי בקר דלא מעלין ולא מורידין, וכקושיית רבינו לקמן, ודבריהם צ״ע דלכאו׳ כל קושיית רבינו דליהוי כרועי בקר שייך רק בנפל עליו ביציאתו לאחר שגנב, ובגמ׳ משמע דקמ״ל אף בגוונא דנפל עליו קודם שגנב, וע״ע באור גדול סי א׳ (עמ׳ ה) ובאחיעזר ח״א סי׳ יח סק״ב במוסגר ובקבא דקשייתא קושיא א׳. 165 לעיל נז,א והיא ברייתא. 166 וכ״ה ברמב״ם סופ״ד מרוצח, ע״ש בכס״מ, וכן משמע בתוס׳ חכמי אנגליה, אולם בחת״ס ח״ו סי׳ ס״ז כתב דתוס׳ בע״ז כו,א ד״ה הרועין פליגי, וכ״כ בביאור הגר״א יו״ד קנ״ח סק״ה, ועי׳ בספר סנהדרי קטנה דתמה אמאי מחללין עליו את השבת הא הוי מומר לחילול שבת, ולדברי רבינו א״ש דפעם אחת אין מורידין. 167 כ״כ רבינו בחידושיו לב״ב שם דמיתפס כגנב נפק״מ לבא במחתרת, אמנם נראה דלא בא למעט דרך פתח דמ״מ חשיב כנכנס במחיצה ורק ממעט במחיצה פחותה מי׳ ועי׳ בסמוך. 168 ועי׳ לעיל כתב דמחיצות י׳ מיתפיס כגנב, [ואפשר דלאו הוכחה גמורה להרוג על פיה], ויותר נראה דכוונתו כמ״ש בהמשך דר״ל גנב ממש דאתי אדעתא דנפשות, ועי׳ במאירי דפי׳ דרך פתח אע״פ שהוא עומד במסתורים כדרך גנב. 169 דדוקא חתר משום דטרח בחתירה משא״כ בסולם הוי טירחא פורתא. 170 ועי׳ ברש״י דבברייתא קמא פירש דגגו איירי דרך סולם ובברייתא בתרייתא פירש דאיירי דנכנס לגגו דרך הפתח, ונראה דברייתא קמא ס״ל דקרא איירי בהווה וממילא יש לחלק בין האופנים דחצר איירי דרך הפתח וגגו איירי דרך ע״י סולם, אבל ברייתא בתרייתא ס״ל דענין מחתרתו זוהי התראתו, הוא מחמת הטירחה, וכמו דפירש רבינו בפירוש הב׳, ומשו״ה ס״ל דבגגו דרך הפתח לא חשיב כטירחה ובגגו דרך הסולם חשיב כטירחה ויש לו דין מחתרת, וע״ע מ״מ פ״ט מגניבה סוף ה״ח דהביא בשם רבינו דמחתרתו זוהי התראתו לא אתי לאפוקי דרך פתח אלא דכל גנב הוא כבא במחתרת. 171 ומבואר מדברי רבינו דאם לא בא במחתרת אין הורגין אותו משום דלא ידעינן אם בא דרך הפתח או דרך הסולם ומספק א״א להורגו. והנה ברש״י ד״ה זו היא כתב דבחצירו וגגו בעינן שיתרו בו עדים ושיקבל עליו את ההתראה, ובמאירי נחלק עליו וס״ל דאעפ״י דבעינן שיתרו בו, מ״מ לא בעינן קבלת התראה, והנה לשיטת רש״י פשיטא דבלא קבלת התראה, הא דאין הורגין אותו לאו משום דמספק״ל אם בא על עסקי נפשות אלא בתורת ודאי א״א להורגו דהא ליכא קבלת התראה, וראיה לזה דאל״כ יקשה למאי בעינן אף קבלת התראה, הא כיון דהתרו בו ממילא ידעינן דבא על עסקי נפשות, וע״כ דס״ל לרש״י דאיכא גזה״כ דבמחתרת בעינן נמי קבלת התראה (וצ״ע מה המקור של רש״י), וכן מוכח בתוס׳ לעיל ע״א דתירצו דבגגו וחצירו כיון דבעי התראה לאו בר קטלא הוא וליכא דין קלבד״מ, וצ״ע דמ״מ הוי ספק קלבד״מ (עי׳ מג״א או״ח רע״א סק״א ובחידושי הגרש״ש ב״ק סי׳ ל׳) וע״כ דס״ל דבלא

אמר רב הונא קטן הרודף את חברו להרגו[172], ניתן להצילו בנפשו, ואע"ג דקטן לאו בר עונשין הוא, לאו משום חיובא דידיה הוא דקטל ליה אלא משום הצלה דהאיך[173], ואי משום דקטן לאו בר קבולי התראה הוא, קסבר רודף אינו צריך התראה הילכך לא שנא גדול ולא שנא קטן. איתיביה רב חסדא לרב הונא מהא דתנן באהלות פרק שביעי האשה שהיא מקשה לילד מחתכין את הולד במעיה ומוציאין אותו איברים איברים, מפני שחייה קודמין לחייו, יצא רובו[174] אין נוגעין בו שאין דוחין נפש מפני נפש, דכתיב שופך דם האדם באדם איזהו אדם שהוא באדם הוי אומר זה עובר[175]. ודוקא כשיצא רובו אבל כל זמן שהוא מבפנים לאו נפש הוא ולא חסה עליו תורה שהרי לא חייבה עליו מיתה דכתיב ויצאו ילדיה ענוש יענש[176]. דייקינן מינה אי ס"ד קטן הרודף ניתן להציל את הנרדף בנפשו האי עובר נמי רודף הוא ואמאי אין נוגעין בו. ופריק שאני התם דמשמיא קא רדפי ליה לדידה, וכתב ר"ש ז"ל אהא דקתני שאין דוחין נפש מפני נפש ואם תאמר מעשה דשבע בן בכרי דכתיב הנה ראשו משלך אליך בעד החומה, התם משום שאלו לא מסרוהו הוא היה נהרג בעירו כשיתפשנה יואב והן נהרגין, אבל אם היה ניצול הוא אע"פ שהן נהרגין לא היו רשאין למסרו כדי להציל את עצמן, אי נמי משום דמרד במלכות, וכתב ז"ל דהכי מפרש לה בתוספתא דתרומות, ודילמא אטעמא בתרא קאמר מרן דמפרש בתוספתא דאלו טעמא קמא תמה אני אם אפשר לאמרו דהא בהדיא תנן במסכת תרומות בפרק האשה שהיתה אוכלת בתרומה, וכן נשים שאמרו להם גויים תנו לנו אחת מכם ונטמא אותה ואם לאו הרי אנו מטמאין את כולכם, יטמאו את כולן ואל ימסרו להן נפש אחת מישראל. ואיכא לתרוצי דשאני התם דאחת[177] סתמא קא בעו מינייהו[178] ואמטול הכי יטמאו כולן ואל ימסרו להן נפש אחת דמאי חזית דיהבינן להו האי ניתיב להו אידך ודילמא ההיא דיהבי' להו היא ניהו דמיתצלא ומיתבא דעתייהו באחריתי דהא אינהו חדא בלחוד קא בעו מינן, אבל היכא דאמרי תנו לנו פלונית ואם לאו הרי אנו מטמאין את כלכן איכא למימר דיהבינן להו דסוף מיטמו כלהו וההיא פלונית בהדייהו דכיון דדעתייהו עילוה לחודה לא מיתבא דעתייהו באחריתי. ומילתא צריכא עיונא דהא הכא גבי עובר דכתנו לנו פלוני או פלונית דמי וקתני שאין דוחין נפש מפני נפש, ואיכא למימר דשאני הכא דאפשר דמיתציל עובר וצ"ע:

לימא מסייעא ליה רודף שהיה רודף (וקשה) [וקדייק] מדלא קא בעי קיבול התראה ש"מ רודף אינו צריך התראה והאי דאמרינן ליה הכי לאזהרה בעלמא דילמא הדר ביה ומיתצלי תרוייהו[179]. ודחינן לעולם אימא לך רודף צריך התראה והאי דאמרינן ליה ראה שישראל הוא כו' לשום התראה גמורה הוא דאמרינן ליה הכי, ודקא קשיא לך הא באעי קבול עליה התראה, ר"י בר' יהודה היא דאמר חבר אינו צריך התראה כלל שלא ניתנה התראה אלא להבחין בין שוגג למזיד, ומדלא בעי גבי חבר התראה כלל, וע"ה נמי נהי דבעי התראה לשוייה מזיד אבל קבולי עליה התראה לא בעי דאי ס"ד בעי גבי [חבר] נמי נהי דהוה ליה מזיד מאן לימא לן דעל מנת כן קא עביד דילמא דעתיה לאיתצולי[180], אלא לאו ש"מ לא בעי לקבולי עליה התראה והאי ברייתא דרודף רבי יוסי בר' יהודה ובעם הארץ קא מיירי:

קבלת התראה ליכא אפילו ספק ומשו"ה אינו נפטר מן הממון, וע"ש ברש"ש דהק' דמ"מ אמאי אינו נפטר מדין חיי"מ שוגגין. 172 וכ"ה ברש"י ד"ה קטן הרודף, ומשמע דברודף אחר העריות ליכא לדינא דר"ה, אולם הרמב"ם בל"ת רצג כתב לדינא דר"ה ברודף אחר העריות וצ"ע בזה. 173 וכ"מ בלשון הרמב"ם פ"א מרוצח ה"ו, ובנובי"ת חו"מ סי' ס' כתב דלולא חידושא דר"ה ס"ל דרודף הוי כחלק מעונשי בי"ד ור"ה קמ"ל דאי"ז אלא דין הצלה בעלמא, אולם בדברי רבנו חזינן דלכו"ע הוה דין הצלה בעלמא ומ"מ ס"ד דבעינן התראה ור"ה קמ"ל דאף התראה לא בעינן. 174 רבינו גריס כגרסת מתני' שם. אולם לפנינו איתא ראשו, ועי' במסורת הש"ס. 175 דברי רבנו צ"ע דמה ענין קרא דשופך דם האדם וכו' ליצא רובו דכבר אינו עובר, ועוד דהאי קרא איירי בב"נ ומה ענין לישראל. ואולם ברמב"ם פ"ב מרוצח ה"ג הביא האי קרא בישראל וכתב שם דבקרא כתוב מיתה בידי שמים, והא דב"נ נהרג ע"ז מטו משמיה דהגרי"ז דזה נתחדש במת"ת, ועי' בספר חמדת ישראל בקונטרס ז' מצוות ב"נ אות ז' (עמ' 175) דהאריך בדברי רבנו וע"ע בספר ברכת כהן עה"ת סי' ה'. 176 וכן הוכיח הרמב"ן נדה מד,א והסמ"ע בסי' תכה סק"ח, ועי' בנובי"ת חו"מ נט דהאריך בביאור דבריו עם הגר"י פיק זצ"ל. 177 עי' ירושלמי סוף פ"ח דתרומות דאיפליגו בהכי ר"י ור"ל עיי"ש. ועי' בתוספתא דתרומות סוף פ"ז. הגרי"פ. 178 וכ"ה בהדיא בתוספתא דמוסיפה על מתני' דתרומות וכו' אבל אם יחדוהו להם וכו' אל יהרגו ע"ש, וכתבו הריטב"א בפסחים כה,א ובכס"מ פ"ה מיסוה"ת ה"ה ונפסק ברמ"א יו"ד קנז דאיכא חילוק בין יחדוהו ללא יחדוהו, ועי' ברעק"א על המשניות באהלות פ"ז מ"ו דהביא מהפנים מאירות דבגוונא דחיי שניהם בסכנה מותר להורגו להצלת האם דהוי כמעשה דשבע בן בכרי, אולם רבנו בהמשך דבריו כתב דגבי עובר נמי חשיב כיחדוהו ומ"מ אסור להורגו דשמא ינצל ועי' במנח"ח מצוה רצו ובשפת אמת יומא פב,ב. 179 עי' במהרש"א דבעינן אזהרה דלא יהא שוגג, וצ"ע דלא גרע מקטן, ולרבינו דהגדר הוא כחשיב יכול להצילו בא' מאבריו ליתא בנרדף עצמו. ועי' היטב בבאור הגר"א חו"מ סי' תכה סקי"ז דמקור דברי הראב"ד דקנאים פוגעין בו הוי מאזהרת רודף וע"ש עוד בס"ק ח' ועי' במנח"ח מצוה תר דהתראה זו אינה אלא דין לכתחילה ועי' בספר משאת המלך פ"א מרוצח ה"ז. 180 עי' בתוס' לעיל מא,א ד"ה באשה דנסתפקו בזה, וקשה מסוגיין, ועי' בערל"נ, ומהר"ץ חיות

והדרינן לאקשויי עליה דר״ה מיהא דתניא רודף שהיה רודף כו׳, אם אמר יודע אני שהוא כן פטור, דבעינן עד שיתיר עצמו למיתה דכתי׳ יומת המת כדאיתא בפרק היו בודקין, על מנת כן אני עושה חייב, אלמא רודף בעי התראה, ואוקי׳ כגון דקאי האי רודף והאי מתרה בתרי עברי נהרא רודף מהאי גיסא ומתרה מהאיך גיסא ולא מצי לאצוליה לנרדף בנפשו של רודף, מאי איכא דמצי עביד דבעי אייתוייה לבי דינא בתר דקטיל, בי דינא בעי התראה, והאי פטור וחייב דקתני אמיתת ב״ד קאי, ואי בעית אימא לעולם דיכיל לאצולי ואמר לך רב הונא לאו מי איכא תנא דמחתרת דסבירא ליה כותי[181] אנא דאמרי כתנא דמחתרת דאמר מחתרתו זו התראתו אלמא כל היכא דמוכחא מילתא דרודף הוא לא בעי התראה, וקי״ל כרב הונא[182]:

עג,א מתני׳ ואלו שמצילין אותן, מן העבירה, בנפשן, ויש לפרש ואלו שמצילין אותן מיד רודפיהן בנפשם כלומר בנפשם של רודפים[183]. הרודף אחר חבירו כו׳, בגמרא מפרש מנא לן:

תנא דבי רבי כי כאשר יקום איש על רעהו ורצחו נפש כן הדבר הזה וכי מה למדנו מרוצח לנערה מאורסה מעתה ליפטור את האונס שהוצרך הכתוב להקיש דינה לדינו, אלא הרי הרוצח בא ללמד לנערה מאורשה, ובשלהי פרקין מפרש לה מה רוצח יהרג ואל יעבור אף נערה מאורסה יהרג ואל יעבור, ונמצא אף למד ממנה מה נערה מאורשה ניתן להצילה בנפשו של רודף אף רוצח ניתן להציל את הנרצח בנפשו של רוצח. דבר אחר מה נערה מאורסה ניתן להציל את הרודף מן העבירה בנפשו. ולאו מילתא היא, דהא להצילה גרסינן בכולהו נסחי[184]. ונערה המאורסה גופה מנא לן, כדתאנא דבי ר׳ ישמעאל ואין מושיע לה הא יש לה מושיע ניתן להושיע בכל דבר שהוא יכול להושיע ואפי׳ בנפשו של רודף, דאי לא ניתן להושיעה מה לי אין מושיע מה לי יש מושיע[185]:

תניא מנין לרואה את חבירו שהוא טובע בנהר כו׳ שהוא חייב להצילו ת״ל לא תעמוד על דם רעך לא תעמיד עצמך על דם רעך אלא מהר והצילו. ומקשינן והא מהכא נפקא מהתם נפקא אבידת גופו מנין שאתה מצווה על השבתו ת״ל והשבותו לו, מדהוה ליה למכתב והשבות לו בלא וא״ו ואנא ידענא דאאבידה דאיירי בה לעיל קאמר, והשבותו למה לי, למידרש ביה נמי לאבידת גופו, כלומר והשב את גופו לו, ולא מצית למימר דכוליה והשבותו לו יתירה הוא דהאי מיבעי ליה והשבותו לו ראה היאך תשיבנו לו שלא יאכיל עגל לעולם[186] כו׳ (ב״מ כח:)[187]. ומפרקינן אי מהתם הוה אמינא הני מילי היכא דיכיל לאצולי בנפשיה, כלומר על ידי עצמו, אבל מיטרח מיגר אגירי לאצוליה אימא לא מיחייב למיטרח, איצטריך לא תעמוד על דם רעך כלומר לא תעמיד עצמך כלל אלא חזור אחר הצלתו ובכל ענין שאתה יכול להצילו[188], ומסתברא לן דהיכא דטרח ואגר אגורי ואצליה שקיל מיניה[189], דעד כאן לא חייביה רחמנא אלא למטרח בלהדורי[190] בתר אגירי, אבל לאצוליה בממוניה לא מדאמרינן אי מהתם הני מילי בנפשיה אבל מטרח ומיגר אגירי לא קמ״ל ולא אמרינן אבל בממוני׳ לא קמ״ל[191]:

תנו רבנן אחד הרודף אחר חבירו להרגו ואחר הזכור ואחר נערה מאורסה, ואחר שאר עריות חייבי כריתות, כגון איסור אחוה, וחייבי מיתות ב״ד לבד מבהמה מצילין אותן בנפשן, דכל היכא דאיכא לנרדף קלון רבא או פגמא רבא[192] מצילין אותו בנפשו של רודף, ומתני׳ דלא קתני אלא הנך תלת לא פליגא אברייתא, דאם כן אדתאני סיפא אבל הרודף אחר הבהמה כו׳ בעריות גופייהו דדמו להנך אחרניאתא הוה ליה לפלוגי, אלא כי קתני הנך דכתיבי בהדיא כגון

שם. 181 צ״ל כוותי. 182 וכ״ה ברמב״ם בפ״א מרוצח ה״ו ועי׳ במרכה״מ שם. 183 עי׳ רש״י במתני׳ ותוס׳ ד״ה להצילו דנחלקו בזה. וצ״ע לרש״י מהא דאיתא לקמן פב,א דאם נהפך זמרי והרג לפינחס אין נהרג עליו שהרי רודף הוא והא פנחס לא עבר עבירה ואמאי מותר לזמרי להורגו, אולם נראה דרבינו לשיטתו בסוגיא שם דדינא דפנחס לא הוי רודף כלל וכשיטת הרא״ש שם (וע״ש בהערה). וע״ע ברמב״ם דפירש כרבנו והוסיף דמ״מ אף בשאר עבירות בעינן למונעו בכל מה שנוכל ועי׳ היטב במשובב סוף סי׳ ג׳ ובמנח״ח סוף מצוה ח׳ דכתב לחלק בין ג׳ עבירות לשאר עבירות אף דבתרווייהו כופין אותו עד שתצא נפשו. 184 ועי׳ בר״ן דהק׳ לפי׳ רבינו מאי שייך הצלה בנפש גבי מחלל שבת וכדו׳ ותי׳ דצ״ל דלא דייקא לישנא דמצילין אותן בנפשן. 185 ועיין ברמב״ן עה״ת שם דביאר דר״ל דלכן אין ראיה מדלא צעקה כיון דאין לה מושיע. 186 נדצ״ל לעגלים. 187 עי׳ ברש״י ובתוס׳ ד״ה תלמוד לומר, ובגמ׳ ב״ק פא,ב הובא דרשה דכאן בלא תיבת לו. 188 אולם בר״ן כתב דמיתורא דקרא דרשינן לה. ועי׳ במנח״ח מצוה רלז דנסתפק אם למסקנא היכא דלא סגי בלא טרח ומיגר איכא נמי עשה או רק לאו גרידא, ובפשוטו לדברי רבנו כיון דהוה גילוי במשמעות קרא דלא תעמוד ליכא אלא לאו גרידא, וע״ע בשו״ע הגר״ז הל׳ נזקי גוף ונפש סעיף ח׳. 189 וכ״כ הרא״ש ובטור חו״מ סי׳ תכו, ועי׳ ברמ״א יו״ד רנב סעיף יב דכ״ה לענין פדיון שבויים. ועי׳ בכלי חמדה פר׳ כי תצא (עמ׳ קצ) ואילך דהאריך בשיטת רבנו, וע״ע במרחשת ח״א סי׳ מג, ועי׳ אפיקי ים ח״ב סי׳ לד דדן מאין מציל עצמו בממון חבירו דמשמע דאין חייב ממזונו ע״ש, ועי׳ במאירי בסמוך, וע״ע גליוני הש״ס ב״ק ס׳ מש״כ בדברי רבינו. 190 צ״ל ולהדורי. הגרי״פ. 191 ועיין במאירי דכתב דבאין לחבירו מוזהר גם להוציא ממון. 192 לכאו׳ קלון אזיל על זכר ופגם

רוצח והרודף אחר הזכור ואחר נערה מאורשה דכתיב בהו נער נערה בהדיא, אבל חייבי כריתות ושאר חייבי מיתות ב"ד דלא נפקי לן אלא מדרשא דחטא מות לא איכפל למתניהו אלא תנא הני והוא הדין להנך[193], אבל אלמנה לכהן גדול[194] אין מצילין אותה בנפשו, [נעבדה בה עבירה אין מצילין אותה בנפשו], דהא פגמא וקימא, יש לה מושיע שלא על ידי הריגה אין מצילין אותה בנפשו, רבי יהודה אומר אף האומרת למצילין הניחו לו, שיעשה רצונו, כדי שלא יהרגנה אין מצילין אותה בנפשו, ולקמן מפרש במאי קמפלגי:

מנא הני מילי. אמר שמואל[195] דאמר קרא ולנערה לא תעשה דבר אין לנערה חטא מות, אין לנערה חטא מות כוליה יתירה הוא, דמכדי כתיב ולנערה לא תעשה דבר, אין לנערה חטא מות ל"ל, לדרשא לאיתויי זכור וחייבי כריתות וחייבי מיתות ב"ד שאם נבעלו באונס פטורין, ואכולהו כתיב ואין מושיע לה הא יש לה מושיע ניתן להצילה אפי' בנפשו של רודף, זכור דכתיב אין לנער חסר בלא ה"א ויש אם למסורת[196], נערה דכתיב ולנערה לא תעשה דבר, והאי דאקדמיה שמואל לדרשה דזכור לאו למימר דקדים בקרא אלא משום דאקדמיה תנא דברייתא, חטא אלו חייבי כריתות, מות אלו חייבי מיתות ב"ד, וצריכי דאי כתב רחמנא נער משום דלאו אורחיה בהכי כלל, ואיכא קלון טובא, אבל נערה דאורחא אימא לא ניתן להצילה בנפשו, ואי כתב רחמנא נערה הוה אמינא נערה הוא דפגים לה בבתוליה והיא מתגנית על בעלה, והאי פגמה לאו דאיסורא בלחוד הוא אלא דמאיסא על בעלה ודמי להיא דתנן (כתובות מ.) פגם רואין אותה כאלו היא שפחה נמכרת כמה היתה יפה כו' ואסיק בגמרא דהכי שיימינן אומדין כמה אדם רוצה ליתן בין שפחה בתולה לבעולה להשיאה לעבדו שיש לרבו קורת רוח הימנו, וגבי איתתא הוא דאיכא פגמא כי האי גוונא, אבל נער דלא קא פגים ליה, דהא לאו להכי קאי כי היכי דליחוש דילמא ממאיס אאחריני דאדרבא לימאיס ולימאיס, אימא לא:

עג,ב ואי כתב רחמנא הני תרתי הוה אמינא זכור משום דלאו אורחיה, נערה המאורסה נמי דקא נפיש פגמה כדאמרן, אבל שאר עריות דאורחייהו ולא נפיש פגמייהו, דאי בבעולה מאורשה ליכא פגם בבתולים, ואי בבתולה פנויה כגון אחותו ואחות אשתו וכיוצא בהן ליכא פגמא כולי האי דהשתא מיהת לא מינסבן ולא מיגניאן בעיני ארוסתן[197] ומאן דנסיב להו אדעתא דהכי נסיב להו, אימא לא קמ"ל, ואי כתב רחמנא חטא הוה אמינא אפי' חייבי לאוין, כתב רחמנא מות דמשמע חטא שיש בו שום מיתה, ולא מצית אמרת דחייבי מיתות ב"ד ותו לא קאמר, דאם כן לימא קרא מות ותו לא, חטא למה לי לאיתויי חייבי כריתות:

ומקשינן ולכתוב רחמנא חטא מות דמשמע אפילו חייבי כריתות וחייבי מיתות ב"ד ולא בעי נער נערה. ואסיקנא אין הכי נמי דלגופייהו לא אצטריך, אלא למעוטי שבת והעובד ע"ז[198] שאין מצילין אותן בנפשן, כלומר אין מצילין אלא את הזכור ואת הנערה המאורשה וכיוצא בהן שיש כאן פגם או קלון לנרדף, אבל שבת ועובד ע"ז לא. וכי תימא בשלמא ע"ז איצטריך למעוטי, אלא שבת למה לי כיון דאמעיטא לה ע"ז שבת מהיכא תיתי ליה דאצטריך קרא למעוטא. שתי תשובות בדבר, חדא דס"ד אמינא כי אתרבו להו חייבי מיתות ב"ד אפי' שבת נמי אתרבאי קמ"ל, ותו דאי כתב חד מיעוטא הוה אמינא שבת הוא דאצטריך למעוטי דלא תיתי בחילול חילול מע"ז אבל ע"ז לא (קמ"ל) ממעיטנא קמ"ל[199]. ומקשינן ולר' שמעון בן יוחאי דמרבי נמי ע"ז מק"ו לקמן תרי מיעוטי למה לי. ומפרקינן חד למעוטי בהמה וחד למעוטי שבת, ס"ד אמינא תיתי שבת בחילול חילול מע"ז, כתיב הכא (שמות לא) מחלליה מות יומת וכתיב התם (ויקרא יח) ומזרעך לא תתן להעביר למולך ולא תחלל כו' קמ"ל:

פיסקא ר' יהודה אומר אף האומרת הניחו לו כו'. ודייקינן במאי קא מיפלגי, הא ודאי ליכא למימר דבדניחא ליה לדילה קא מיירי, דא"כ לא הוו פליגי רבנן עליה, דאי משום עבירה לא חמיר מע"ז ושבת, אלא במקפדת על פגמה אלא שמניחתו שלא יהרגנה, רבנן סברי אפגמה קפיד רחמנא והרי מקפדת על פגמה, ור' יהודה סבר האי דקאמר רחמנא ליקטלי' היכא דקא ערקא מקמיה וקא מסרה נפשה לקטלא כדי שלא תיבעל לו, אמרה תורה הואיל והיא מוסרת עצמה למות כדי שלא תפגם מצילין אותה אפי' בנפשו של רודף, אבל הכא דלא קפדה אפגמה כולי האי דהא לא מסרה נפשה לקטלא לא חס רחמנא אפגמה[200]. ויש

אזיל על עריות, ונפק"מ דבעריות אין פגם אחר פגם אבל בזכר שייך אף בביאה שניה, ועי' מנח"ח ת"ר סוס"ק י"א. 193 וכ"כ הרמב"ם בפה"מ. 194 ול"ג גרושה וכו', וכ"ה בדק"ס, וביאר שם בהגהות דלר"מ הא הלאו בקידושין, ואף לראב"ד הא כבר פגומה קודם וכממזרת לישראל. 195 וכ"ה בדק"ס, ולפנינו ליתא. 196 ועי' ברש"י ותוס' וברי"ן. 197 נדצ"ל ארוסן. 198 לפנינו חד למעוטי ע"ז וחד למעוטי בהמה ושבת ורבינו לא גרס בהמה ולכך הק' לקמן דשבת פשיטא, אולם רש"י כתב דשבת אגב גררא נקטו והעיקר למעוטי בהמה. 199 וכ"ה ברבינו יונה, וע"ע בתוס'. 200 ולכאו' כ"ז לדעת רבינו לקמן עד,ב דאין לה חיוב למסור את עצמה כיון דהיא קרקע

לפרש דר׳ יהודה סבר מאי דאמר רחמנא ליקטליה משום דמסרה איהי נפשה לקטלא[201] הילכך אמר רחמנא ליקטליה לדיליה כי היכי דלא ליקטלה איהו לדילה[202]:

אמר ליה רב פפא לאביי לרבנן דאמרי אפגמה קפיד רחמנא אלמנה לכהן גדול נמי קא פגים לה, אמר ליה אפגמא רבא קפיד רחמנא, דחמיר איסוריה ואיכא פגמא טובא, אפגמא זוטא, דקיל איסוריה, לא קפיד רחמנא. ואית דאמרי[203] פגמא רבא כריתות ומיתות ב״ד שהולד ממזר ונעשית זונה בביאתו פגמא זוטא אלמנה לכהן גדול דאין הולד ממזר[204] ואין נעשית זונה אלא חללה:

חטא אלו חייבי כריתות. ורמינן עלה הא דתנן (כתובות כט.) אלו נערות, פסולות[205], שיש להן קנס הבא על אחותו, אי ס״ד חייבי כריתות ניתן להצילן בנפשו של רודף אחותו אמאי יש לה קנס, מחייבי כריתות היא וניתן להצילה בנפשו, וקי״ל דאין מת ומשלם. אמרוה רבנן קמיה דרב חסדא משעת הערראה הוא דפגמה. ומקשינן הא ניחא למאן דאמר הערראה זו היא נשיקה, נשיקת אבר באותו מקום כנותן אצבעו על פיו אי אפשר שלא ידחוק הבשר[206], היינו דמשכחת לה דלא אתי חיוב תשלומין אלא לבתר דאיפטר ליה ממיתה, דהא משעת נשיקה אתעביד איסורא ומכי אתעביד איסורא איפגמה לה ואיפטר ליה איהו ממיתה, ותשלומין לא אתו עד שעת הכנסת עטרה דאזלי להו בתולים, אלא למאן דאמר הערראה זו הכנסת עטרה, וגמר ביאה לא הויא אלא כדכתיב בשפחה חרופה שכבת זרע דהיינו ביאת מירוק, ולהאי טעמא אשתכח דלא מיפגמא עד הכנסת עטרה וההיא שעתא הוא דמיחייב קנסא אבתולים דהא בהכנסת עטרה אזלי להו בתולים נמצא חיוב מיתה וחיוב תשלומין באים כאחד. ואי קשיא לך להאי פירושא דפרשינן דכל כמה דלא אזלי להו בתולים לא חיילי עליה תשלומין, א״כ אשלא כדרכה לא ליחייב דאכתי היא בתולה, דאי לאו בתולה היא כי בא עליה אחר אמאי משלם קנס, וכי תימא הכי נמי והא בפרק הבא על יבמתו (יבמות נט:) מוקמינן ליה לקרא דלא[207] תהיה לאשה אפי׳ שלא כדרכה כדבעינן למימר קמן. אמרי שלא כדרכה נמי אע״ג דלא הויא בעולה לגמרי לא סגיא דלא מיפגמי בתולים פורתא ואההוא פורתא חייביה רחמנא. והרב ר׳ יצחק הלוי בר׳ אשר ז״ל פירש דכיון דאשלא כדרכה מיחייב קנס והוא[208] הדין להערראה, אבל הערראה דהכא דלא מיחייב קנס משום דמתחייב בנפשו הוא, והיינו טעמא דמיחייב קנסא אגמר ביאה דכיון דגמרא לה הערראה איפטר ליה ממיתה דכבר פגמה, הואיל ועדיין היא בתולה כי עבד תו גמר ביאה מיחייב קנס אגמר ביאה, אלא דלמאן דאמר הערראה זו הכנסת עטרה מכאן ואילך אינה בתולה ואפי׳ עבד תו ביאת המרוק כשפחה חרופה לא מיחייב עלה קנס ע״כ דבריו ז״ל, ונראין בעיני[209]:

אלא אמר רב חסדא כגון שבא עליה שלא כדרכה, דפגמה, דכתיב משכבי אשה שתי משכבות יש באשה[210], וחזר ובא עליה כדרכה, דהשתא מיהת ליכא חיוב מיתה דהא איפגמא לה מעיקרא ואמטול הכי מיחייב תשלומין, והוא הדין כשחזר ובא עליה שלא כדרכה דמשלם קנס[211], כדגרסינן בפרק הבא על יבמתו (שם) ולו תהיה לאשה באשה הראויה לו פרט לאלמנה לכהן גדול גרושה וחלוצה לכהן הדיוט, ודייקינן התם היכי דמי אילימא כדרכה מאי איריא משום איסורא דאלמנה תיפוק לי דהויא לה בעולה, אלא לאו בשלא כדרכה ומשום אלמנה אין משום בעולה לא אלמא אפילו שלא כדרכה נמי משלם קנס, וגרסינן נמי בפרק אלו נערות (כתובות מ:) ואימא חמשים כסף אמר רחמנא מכל מילי אמר רב זירא אלו באו עליה שנים אחד שלא כדרכה ואחד כדרכה יאמרו בעל שלימה חמשים בעל פגומה חמשים[212], והאי דנקט הכא שחזר ובא עליה כדרכה, רבותא קמ״ל דאע״ג דהשתא איכא פגמא טפי דאזלי להו בתולים דידה, אפ״ה כיון דאיפגמא מעיקרא כל דהו השתא מיהת לאו מתחייב בנפשו הוא, אבל שלא כדרכה דנקט בביאה ראשונה ודאי דוקא הוא, דאי בא עליה כדרכה תחלה תו לא מיחייב קנס אביאה שניה דהויא לה בעולה מביאה ראשונה, אבל ודאי

עולם, דאל״כ מנ״ל דבמוסרת נפשה היא מקפדת על פגמה, דילמא מוסרת את נפשה מפני שכ״ה הדין. 201 וכן משמע ברש״י ד״ה דמסרה וכו׳ (ויש דפוסים דגרסי ברש״י הציל דמה ודמו, ונראה דטעות, הוא וצ״ל דמה בדמו). 202 עי׳ במרגליות הים (בע״א אות יט) מה דהביא להק׳ על רבנו. 203 רש״י ד״ה אפגמה רבה. 204 ויש לדון לפי״ז בעכו״ם דאין הולד ממזר ובנדה דאף זונה לא נעשית אי ניתן להצילה בנפשו, ועי׳ במנח״ת מצוה תר ובאור גדול סי א׳ (עמ׳ ח-ט) דהביא מהריטב״א בפסחים דאיכא חילוק בין נדה דאיכא דין רודף לעכו״ם דליכא דין רודף, וע״ע במה דכתב הגר״ח שמואלביץ זצ״ל ביד אליעזר יבמות (עמ׳ ז). 205 כ״ה בכתובות שם דכוונת המשנה נערות ר״ל פסולות. 206 וכדאיתא ביבמות נה,ב. 207 צ״ל דלו. 208 צ״ל הוא. הגרי״פ. 209 עי׳ בתוס׳ בסוגיין, וביבמות נט,ב דהביאו כן משמיה דר״ת והריב״א ועי׳ במהרש״א שם דכיון לדברי רבנו בבאור כוונתם. וע״ע ברבינו יונה ובר״ן בסוגיין ובשטמ״ק כתובות מ,ב, וע״ע בתוס׳ ביבמות בתירוץ הב׳ שם, ובשו״ת רעק״א ח״א סי׳ קסד ובאחיעזר ח״א סי׳ יח. 210 לעיל נד. 211 וכ״ה בתוס׳ יבמות נט,א ד״ה אלא ובריטב״א שם ועי׳ בשטמ״ק שם ובמאירי בסוגיין דהאריכו בדעת רש״י דס״ל דליכא קנס על שלא כדרכה, ועי׳ בשו״ת הרשב״א ח״ג סי׳ שעז דהביא את תירוץ רבינו, וע״ע ברעק״א. 212 עי׳ במאירי ובשטמ״ק שם דהביא מכמה ראשונים דדחו דכוונת הגמ׳ בב׳ נשים.

השתא דאוקימנא לביאה ראשונה שלא כדרכה, אכתי איכא לחיוביה אביאה שניה דאכתי בתולה היא כדברירנא לעיל:

רבא אמר במניחתו שלא יהרגנה ור"י היא דאמר אין מצילין אותה בנפשו ואשתכח דליכא חיוב מיתה:

עד,א רב פפא אמר במפותה דלא ניתן להצילה בנפשו ודברי הכל, דאפי' רבנן לא פליגי עליה דר"י אלא במקפדת על פגמה אבל בשאין מקפדת אפי' רבנן מודו, אביי אמר לעולם באנוסה וביכול להציל באחד מאיבריו שלא ניתן להצילה בנפשו ורבי יונתן בן שאול היא, מאי טעמא דר' יונתן בן שאול, דכתיב וכי ינצו אנשים ונגפו וא"ר אלעזר במצות שבמיתה, שמתכוונין להמית זה את זה[213], הכתוב מדבר, דכתיב ואם אסון יהיה ונתת נפש תחת נפש, דאי בשאין מתכוונין להמית זה את זה אמאי ונתת נפש תחת נפש שוגג הוא, אלא במתכוין להרוג את חבירו והכה את האשה הכתוב מדבר, ואפ"ה אמר רחמנא ולא יהיה אסון ענוש יענש, אי אמרת בשלמא כל היכא דיכול להציל את הנרדף באחד מאיבריו של רודף אין מצילין אותו בנפשו[214], היינו דמשכחת לה דיענש כגון שיכול להציל באחד מאיבריו שלא ניתן להצילו בנפשו ונמצא שאין כאן חיוב מיתה כלל ולפיכך משלם, אלא אי אמרת לעולם ניתן להצילו בנפשו ואפי' בזמן שיכול להציל באחד מאיבריו, היכי משכחת לה דחייביה קרא לשלומי דמי ולדות, האי רודף הוא והו"ל מתחייב בנפשו ואין מת ומשלם:

וסברינן לאקשויי עלה ודילמא שאני הכא דמיתה לזה ותשלומין לזה, מיתה לנרדף ותשלומין לבעל האשה, ודחינן לא שנא מיתה ותשלומין לנרדף ולא שנא מיתה לזה ותשלומין לזה גבי דינא דרודף חדא מילתא היא, מ"ט כיון דמיתתו ביד כל אדם הו"ל כמאן דמיחייב נמי מיתה לבעל האשה[215], דאמר רבא רודף שהיה רודף אחר חבירו להרגו ושיבר את הכלים בין של נרדף בין של כל אדם פטור, מ"ט מתחייב בנפשו הוא, אלמא מיתה לנרדף ותשלומין לאחר פטור:

הא דאמרינן הכא דאסור לאדם להציל עצמו בממון חבירו[216] בדאפשר ליה לאיתצולי באנפא אחרינא קאי, אבל אי לא סגיא בלאו הכי מותר דאין לך דבר שעומד בפני פיקוח נפש אלא ע"ז וג"ע וש"ד[217], וה"מ לכתחלה לענין איסור אבל לענין חיובא לא שנא הכי ולא שנא הכי מיחייב[218], דלענין תשלומין מיהת מידי דאפשר הוא ומיבעי ליה לשלומי לחבריה ממוניה, ואמטול הכי קא נקיט לה גמרא טעמא משום דאסור להציל עצמו בממון חבירו, דכיון דלכתחלה כי יכול להציל ע"י דבר אחר אסור להציל עצמו בממון חבירו, כי אין יכול להציל ע"י דבר אחר נהי דלכתחילה מותר להנצל על איבוד ממון חבירו, אבל לענין תשלומין מידי דאפשר הוא ומיחייב[219]. ושאר השמועה פשוטה היא:

פיסקא אבל הרודף אחר הבהמה כו' תניא ר"ש בן יוחאי אומר העובד ע"ז ניתן להצילו בנפשו, מק"ו ומה פוגם הדיוט, שמתכוין לבזות את ההדיוט, ניתן להצילו בנפשו, פוגם גבוה, שכופר במקום, על אחת כמה וכמה, ולא מצינן למיפרך מה לפוגם הדיוט שכן עושה בו מעשה, דאפ"ה פוגם גבוה חמיר טפי. תניא ר"א ב"ר שמעון אומר המחלל את השבת ניתן להצילו בנפשו, סבר לה כר' שמעון אבוה דאמר העובד ע"ז ניתן להצילו בנפשו, ואתיא בג"ש דחילול חילול מע"ז, כתיב הכא (שמות לא) מחלליה מות יומת וכתיב התם (ויקרא יח) ומזרעך לא תתן ולא תחלל, מה להלן ניתן להצילו בנפשו אף כאן ניתן להצילו בנפשו:

אמר ר' יוחנן משום רבי שמעון בן יוחאי, ס"א בן יהוצדק, נמנו וגמרו כל עבירות שבתורה כו', ע"ז דתניא ר"א אומר אם נאמר בכל נפשך למה הוצרך

213 ודלא כרש"י דכתב דהוא מתכוין להרוג את חבירו, ולרבינו דקרא איירי דכ"א רודף ונרדף יהא מוכח דבכה"ג איכא דין רודף ובכה"ג דאין יכול להציל באחד מאבריו מותר להצילו בנפשו, ועי' בדברי הגרש"א בדו"ח בכתובות לג,ב דהאריך בזה ועי' עוד בדברי רבנו לעיל עב,א ובהערה שם. 214 וברש"י כתב ויכול הנרדף או רואהו, וכ"ה ברש"י לעיל נז,א, וכ"כ רבינו שם, ומשמע דדינא דיכול להציל קאי נמי על הנרדף, וכן משמע ברא"ש בב"ק פ"ג סי' יג, אולם הרא"ם בפר' וישלח ל"ב ח' כתב דלגבי הנרדף אף ביכול להצילו יכול להורגו. (עי' מל"מ פ"ח מחובל ומזיק ה"י). ובשער המלך שם תמה דא"כ מאי משני הגמ' על מתני' דאלו נערות דמיירי ביכול להצילו באחד מאבריו, הא מ"מ הוא מחוייב מיתה לנרדף ונימא קלבד"מ, ובאמת דהו"ל לאקשויי טפי דהא כל המקור של ר' יונתן בן שאול לדינא דיכול להצילו הוא מקרא דענוש יענש, דע"כ מיירי ביכול להצילו דאל"כ לא משכח"ל דיענש כיון דקלבד"מ, ואי נימא דלגבי הנרדף איכא חיוב מיתה, עדיין יקשה דנימא קלבד"מ מחמת החיוב מיתה לנרדף, וכן תמה בחידושי רעק"א כתובות לג,ב ובמשכנות יעקב חו"מ סי' עב, וע"כ צ"ל כמו דכתב השער המלך שם דלגבי החיוב לנרדף לא שייך דינא דקלבד"מ, וע"ע בחידושי רעק"א שם בהגהות הגרש"א דהאריך בכ"ז. 215 וכ"כ רבנו לעיל י,ב ונחלקו בזה הריב"ם והריב"א ור"ת בהאי סברא וכדאיתא בתוס' ב"ק כב,ב ד"ה בגדי ובתוס' כתובות לא,ב ועי' בר"ן בסוגיין, ועי' בתורת חיים דהביא בשם הראב"ן דטעמא דרבא דפטור משום דקדמה מיתה לתשלומין ועי' שם בתו"ח דתמה עליו, וע"ע בחידושי ר' ראובן כתובות סי' יט דהאריך בזה. 216 נראה דגריס בגמ' שאסור להציל עצמו בממון חבירו וכ"ה הגי' בב"ק קיז,ב, אמנם לפנינו במסכתין הגי' שמציל עצמו בממון חבירו וצ"ע. 217 וכ"ה בתוס' ב"ק ס,ב ד"ה מהו, ודלא כדמשמע ברש"י שם ד"ה ויצילה ע"ש, ועי' אור גדול סי' א' עמ' כ"ח. 218 וכ"כ רבנו לעיל עג,א ד"ה תניא, וע"ע בשטמ"ק ב"ק קיז,ב משמיה דהראב"ד וברמב"ם פ"ח מחו"מ ה"ד ובהשגות שם. 219 וכן לשון הגמ' ב"ק שם מהו להציל עצמו, ופי' התוס' אי משלם וכנ"ל, דכיון דאין חיוב להצילו

לומר בכל מאדך ואם נאמר בכל מאדך למה נאמר בכל נפשך, אם יש לך אדם שגופו חביב עליו מממונו לכך נאמר בכל נפשך אפילו נפשך ניטלת על ייחודו[220], יש לך אדם שממונו חביב עליו מגופו לכך נאמר בכל מאדך אפי׳ ממונך ניטל:

עריות ושפיכות דמים דתניא רבי אומר כי אשר יקום איש על רעהו כו׳ וכי מה למדנו מרוצח מעתה לענין אונס הרי הרוצח בא ללמד לנערה מאורשה ונמצא למד, ומה בא ללמד מקיש נערה מאורשה לרוצח מה רוצח יהרג ואל יהרוג את חברו אף נערה מאורשה יהרג הבועל ואל יעבור, ולא מצינן למימר[221] אף נערה מאורסה תהרג ולא תיבעל לו דהא אמרינן לקמן דאסתר קרקע עולם הואי[222], ואפי׳ לרבא[223] הנאת עצמן שאני[224], אין לך הרודף אחר נערה מאורסה שאינו עושה להנאת עצמו, ותו הא אמרי׳ לעיל במקפדת על פגמה ומניחתו שלא יהרגנה דניתן להצילה בנפשו אליבא דרבנן[225]:

ומאי נמצא למד מה נערה מאורסה ניתן להצילה בנפשו של רודף, אף רוצח ניתן להציל את הנרדף בנפשו של רודף כדאמרינן לעיל. ואיבעיא לן רוצח גופיה מנא לן דיהרג ואל יעבור. ומהדרינן סברא הוא שלא ניתנו מצות לידחות אצל פיקוח נפש משום דכתיב וחי בהם אלא מפני חיבוב נפשן של ישראל לפני המקום, אבל הכא גבי רוצח דבין הכי ובין הכי [איכא] איבוד נשמה לא ניתנה מצות המקום לידחות[226], ואם תאמר אני ראוי להאריך ימים יותר מזה וקא מיקיים בי וחי בהם טפי, דמאי חזית דדמא דידך סומק טפי, כלומר אדום ובריא ונפשך יקרה בעיני המקום וראוי לחיות יותר מחבירך, כדי שתאמר מוטב ידחו חייו של זה שהן מעוטין מפני חייך שהן מרובים דקא מיקיים בך וחי בהם טפי, דילמא דמא דחברך סומק טפי, והוא ראוי לחיות ולהאריך ימים יותר ממך ונפשו יקרה בעיני המקום יותר מחייך[227], ויש לפרש שלא ניתנו מצות לידחות אצל פיקוח נפש אלא כדי שיחיה ויקיים מצות הרבה[228], כדאמרינן התם (יומא פה:) חלל עליו שבת אחת כדי שישמור שבתות הרבה, אבל הכא גבי רציחה מאי חזית דדמא דידך סומק טפי וראוי להאריך ימים יותר מחבירך, כדי שתאמר ידחו חייו שהן מעוטין ואינן מספיקינן[229] לקיים בהם מצות הרבה מפני חיי שהן מרובין וראויים לקיים בהם מצות הרבה, דילמא דמא דחברך סומק טפי, כי ההוא דאתא לקמיה דרבא אמר ליה אמר לי מרי דורי, בעל דירתי. ויש אומרים שכך היה נקרא כלומר אמר לי אדוני פלוני, זיל קטליה לפלניא כו׳:

משלם. ועי׳ גליוני הש״ס שם. **220** בשנות אליהו בסוף ברכות מפרש דאליבא דר״א קאי בכל נפשך על יסורים וכוונת הגמ׳ דכל מקום להוכיח מסיפא דברייתא דרע״ק מוסיף דאף מחוייב למסור נפשו, ועי׳ ברש״ש דתמה עליו מסוגיין, ועי׳ באבי עזרי פ״ה מיסוה״ת ה״ז דהאריך בזה. **221** אולם בר״ח פסחים כה,ב גרס תיהרג דבכל אופן תיהרג ואל תעבור, וכן נקטו בתוס׳ יוהכ״פ יומא פב,א והגר״ח בהל׳ יסוה״ת בדעת הרמב״ם, וע״ש בחזו״א כגליונות שדחה, וע״ע בהעמק שאלה שאילתה מב אות יד ובחזון יחזקאל פסחים כה,ב. **222** וכ״כ ברש״י ביומא פב,א ד״ה אף וכ״ה דעת הריב״ם, ובתוס׳ בסוגיין קיימו הגירסא דתהרג בגוונא שאונסין אותה לעשות מעשה ולהביא עליה את הערוה, וברמב״ן במלחמות בסוגיין ובפסחים כ״ה כתב דמשכח״ל בהעלה ליבה טינה, דהא טעמא דקרקע עולם משום דלא יועיל מה שתמסור עצמה למיתה דמ״מ יבעלוה בע״כ, ובהעלה ליבה טינה ל״ש האי טעמא, וכתב בגליון מהרש״א יו״ד קנז ט״ז סק״ד ובהגהות הגרש״א לדו״ח כתובות ג,ב דכ״ז לטעם הרמב״ן, אבל לטעם הריב״ם דקרקע עולם שאני משום דגם בשפכ״ד אינו חייב למסור את עצמו אלא כשעושה מעשה, ממילא אף באופן דהעלה ליבה טינה תעבור ואל תיהרג, ועי׳ באור גדול סי׳ א׳ (עמ׳ 20) ד״ה ועוד במוסגר דנחלק על הגרש״א וכתב דבכה״ג לכו״ע תיהרג ואל תעבור, וכן הוכיחו באבני נזר יו״ד סי׳ קכ״ט ובזכרון שמואל סי׳ סה סק״ב מדברי חי׳ הר״ן בסוגיין דאף להריב״ם בכה״ג תיהרג ואל תעבור, [וצ״ע דבר״ן יומא פב (ד,א מדפי הרי״ף) משמע דרק לטעמא דהרמב״ן תיהרג בכה״ג], וע״ש בזכרון שמואל ביאור הדברים. **223** נר״צ להוסיף דאמר. **224** ולשיטתו בסמוך דמהני אפי׳ בג׳ עבירות, ובמאירי גרס תיהרג והוכיח מזה דל״מ הנאת עצמן בג׳ עבירות. **225** דברי רבינו צ״ב רב מה כוונתו להוכיח משם. ואולי כוונת רבינו דאם הדין הוא דתיהרג ואל תעבור חשיב דאינה אנוסה על הפגם דהא חייבת ליהרג, ולפי זה בהכרח צ״ל דרבינו ס״ל דעבר ולא נהרג חייב מיתה ואינו חשוב כאונס, דאי נימא דס״ל כהרמב״ם בפ״ה מיסוה״ת דעבר ולא נהרג פטור ואינו אלא מחלל את ה׳ א״כ בהכרח דחשיב עדיין כאנוס על המעשה. ועוד י״ל דכוונת רבינו דהסברא נותנת כדעת ר״י דקפיד קרא אקטלה ולא אפגימה, אלא דס״ל לרבנן דכיון דדינה דתעבור ואל תיהרג בהכרח דקרא קפיד רק על פגמה ולא על קטלה, וצ״ע בזה. **226** ומבואר מדברי רבינו דטעמא דמאי חזית הוי סברא דבכה״ג לא אמרה תורה וחי בהם, ועי׳ בחי׳ הגר״ח הל׳ יסוה״ת דנסתפק אם מאי חזית הוא טעם דבכה״ג לא נאמר וחי בהם או דאינו אלא סברא דמה״ט חשיב דאיכא ספק השקול, וע״ש דנפק״מ לענין קרקע עולם ברציחה, [ועי׳ אור גדול סי׳ א׳ (עמוד 18) ד״ה אמנם בגוף ובחי׳ ר׳ ראובן יבמות סי׳ לג ובחי׳ הגר״ש היימן כתובות סי׳ ב׳ ובזכרון שמואל סי׳ סה ס״ק י״א, ובמה דהוכיח הגר״ח שם מב״מ ס״ב א׳ דלא כהריב״ם עי׳ באחיעזר ח״ב סי׳ ט״ז סק״ה דס״ל דחשיב התם קו״ע], ולפי״ז צ״ל דהא דכתב רבינו לעיל דבעריות ליכא דין דתיהרג כיון דהיא קרקע עולם, אינו משום טעמא דהריב״ם דילפינן לה מרוצח, דהא לדברי רבינו הכא לא שייך כלל דינא דהריב״ם, וע״כ צ״ל דס״ל כרמב״ן והר״ן (המובא בהע׳ לעיל) דטעמא דקרקע עולם משום דאף אם תמסור נפשה יבעלוה בע״כ, וכן מוכח בדעת רש״י דבסוגיין כתב כדעת רבינו וביומא פב,א כתב כדעת הראשונים דלא גרסינן דתיהרג כיון דהיא קרקע עולם, וע״כ דס״ל בטעמא דקרקע עולם כדעת הרמב״ן. **227** וכ״ה בר״י מלוניל, ועי׳ בחידושי הרא״ה ע״ז כז,ב דאפילו אם שוין אינו דוחה ולא רק משום דדלמא חייו עדיף משל חבירו. **228** ויל״ע לפי״ז בסברת הפרשת דרכים (ב׳ ד״ה ודע דמשמע) דגם בבן נח איכא סברת מאי חזית, ואי סברא דקיום מצוות לכאו׳ לא שייך, ועי׳ ברש״י בסוגיין משמע כפירוש קמא, ועי׳ בתלמידי רבנו יונה ע״ז כח,א דנקט כפירוש הב׳ ועיי״ש דהאריך בזה, ועי׳ בחינוך מצוה רצה. וע״ע בר״י מלוניל, ולכאו׳ איכא נפק״מ לענין טריפה וקטן עי׳ בזכרון שמואל סי׳ פג (אות יד ואילך) דהאריך בזה. **229** נרצ״ל מספיקין.

כי אתא רב דימי א"ר יוחנן לא שנו דבשאר עבירות יעבור ואל יהרג אלא שלא בשעת השמד[230] אבל בשעת השמד אפי' בשאר עבירות יהרג ואל יעבור, מפני קידוש השם[231], ותו משום דאתי למסרך[232], ויש אומרים[233] שלא ירגילו הגויים להמריך את הלבבות בכך[234]:

כי אתא רבין א"ר יוחנן אפילו שלא בשעת השמד נמי לא אמרן יעבור על שאר עבירות ואל יהרג אלא בצינעה אבל בפרהסיא אפי' מצוה קלה יהרג ואל יעבור, מפני קידוש השם כדיליף לה ואזיל מונקדשתי בתוך בני ישראל. מאי מצוה קלה, אמר רבה בר' יצחק אמר רב אפי' ערקתא דמסאנא, כך שמענו שבאותו זמן היו רגילין ישראל לקשור סנדליהן ברצועות שחורות והגוים באדומות ואמר רבי יוחנן שאפילו אמרו לו בפרהסיא קשור סנדלך ברצועות אדומות[235], וכן לענין כל דבר שאין ישראל רגילין בו ועשוין לשנות בו ממנהג הגוים דלית ביה אלא משום ובחוקתיהם לא תלכו יהרג ואל יעבור[236]:

עד,ב ומקשינן והא אסתר בפרהסיא הויא, ונבעלה לאחשורוש ולא מסרה נפשה לקטלא אפי' בגילוי עריות וכל שכן בשאר עבירות[237]. ופריק אביי אסתר קרקע עולם הואי, שהכל עושין בו מעשה בעל כרחו והוא אינו עושה כלום אף אסתר לא היתה עושה שום מעשה אלא הוא היה עושה בה מעשה בעל כרחה, רבא אמר הנאת עצמן שאני, כל זמן שאין הגוי מתכוין להעבירו על דת אלא להנאת עצמו הוא מתכוין אין כאן חילול השם להמסר למיתה על כך, דאי לא תימא הכי הני קואקי ודמנקי היכי יהבינן להו ולא קא מסרינן נפשין אקדושת השם, אלא הנאת עצמן שאני הכא נמי הנאת עצמן שאני.

קוקאי ודמנקי, יש אומרים[238] מיני מחתות שמוציאין בהן אש ומוליכין לע"ז ביום אידם, דכיון דלעבודה דידהו קא מכווני ולא לעובדיה לישראל קא מכוין היינו הנאת עצמן ושרי. ויש אומרים שאין מתכוונין אלא להתחמם כנגדם בבית ע"ז שלהן ולפיכך מותר[239], ויש אומרים[240] קואקי כלי של טיט ודומה לעציץ וכשמתחמם אדם כנגד המדורה ורוצה לישן כופה אותו על הגחלים כדי שלא תצת האור בבית, דמינקי כלי עשוי לחתות בו גחלים ממקום למקום, ובמלכות פרס היו חברין שלהן מחזרין בכל בתי ישראל ומכבין הנרות וחותין הגחלים ומוליכין לבית האור שלהן שהיא ע"ז, ולא היו עוזבין לא אש ולא גחלים שילינו בלילה חוץ לבית ע"ז שלהן שהוא בית האור, כדאמרינן בהמביא גט (גיטין יז.) אתא ההוא חבארא שקליה לשרגא מקמייהו, והיו מוליכין אותו בקואקי ודמינקי דהוו משמשי ע"ז, ואע"ג דמשמשי ע"ז הן כיון דלאו לעבורי איסורא לישראל קא מיכווני אלא להנאת עצמן מותר לנו ליתן להם:

קטול איספסתא ושדי לחיותא, קצור לי שחת של תבואה והשלך לפני בהמתי, ואי לא קטילנא לך, ליקטול אספסתא ולא לקטליה גוי לדיליה, מאי טעמא להנאתו קא בעי לצורך בהמתו, ואי אמר ליה קטיל אספסתא בשבתא ושדי לנהרא לאיבוד ואי לא קטילנא לך, לקטליה לדיליה ולא ליקטול איהו אספסתא בשבתא, דכיון דאמר ליה שדי לנהרא לאיבוד גלי אדעתאי דלעבורי קא מכוין, להעבירו על המצות הוא מתכוין[241], ויהרג ואל יעבור, ודוקא בפרהסיא או בשעת השמד. מיהא שמעינן דכל היכא דמיכוין גוי להנאת עצמו ותו לא יעבור ואל יהרג ואפילו בגילוי עריות דהא אסתר ג"ע הוה וקאמר רבא הנאת עצמן שאני, ואפילו ג"ע נמי מסתברא דאפי' להנאת עצמן דהני מילי דומיא דקרקע עולם אבל מעבד מעשה

230 וכ"ה בדק"ס, ולפנינו גזירת מלכות. 231 ועיין בר"ן דכתב ואפילו אם גזרו בצנעה הדבר מתפרסם, ועי' גליוני הש"ס שהביא כן מתוספתא שבת פר' יז, ועי' בשאלתות פר' וארא ובפי' הנצי"ב שם ובאור גדול סי' א' (עמ' טז) בביאור דברי השאלתות. 232 והיינו דע"י שמקיימים את הגזירה נעשים המצוות בזויים בעיני ישראל, וממצוות קידוה"ש למסור הנפש ע"ז, ועי' היטב בלשון רש"י לעיל מו,א ד"ה אלא שהשעה. 233 רש"י ד"ה ואפילו וכ"ה בנימוקי יוסף. 234 ולכאו' איכא נפק"מ בהנך טעמי, דהנה בחי' הר"ן הביא דדעת הרמב"ם דאף היכא דעיקר הגזירה להנאת עצמן יהרג ואל יעבור, [ועי' בכנה"ג יו"ד קנ"ז דתמה מדברי הרמב"ם בספר המצוות ל"ת ס"ג], אולם הביא דדעת רבינו דוד דבכה"ג דגוזרין להנאת עצמן יעבור ואל יהרג, ולכאו' תלוי בטעמים דרבינו, דאי נימא כטעם הא' י"ל דבכה"ג דלהנאת עצמן ליכא חילול השם, ולטעם הב' י"ל דאף בכה"ג אתי למיסרך, ולטעם הג' י"ל דגוונא דגוזרין להנאת עצמן לא חיישינן שמא יבואו להמריך בכך את הלבבות. וע"ש בהערה, וע"ע בהערה 239.

235 וכן פירשו הרי"ף והרא"ש ובמאירי בסוגיין ודלא כתוס' הכא ובב"ק נח,א ד"ה הוה. 236 ומבואר מדברי רבנו דכיון דאיכא איסורא דחוקות הגוים יהרג ואל יעבור וכ"ה בריטב"א (מהר"ק) שבת קל,א ובכס"מ פ"ה מיסוה"ת ה"ב. אולם ברש"י ד"ה ערקתא וכו' משמע דהוה מנהג יהדות, ועי' בתוס' שבת מט,א ד"ה נטלם דדומה שמוציא עצמו מכלל ישראל, ועי' בריטב"א חולין קא,ב דכתב דרק באיסור דרבנן יהרג בפרהסיא, וע"ע באור גדול סי' א (עמ' 32) בדעת הרמב"ם. ועי' בחכמ"א כלל פ"ט סעיף א' דהביא דבזמן הגר"א גזרו שמי שלא ילבש מלבושי עכו"ם יהרג ופסק הגר"א דיהרג ואל יעבור וע"ע באו"ש פ"ה מיסוה"ת ה"ב. 237 ור"ל דלרבותא נקטיה, וכ"ה בר"י מלוניל, ועי' בתוס' דנתקשו בזה, ועי' בתוס' יומא פב,ב דכתבו די"מ דטעמא דלא פריך על אסתר משום גילוי עריות משום דלא נהנית מהעבירה. 238 רש"י ד"ה הני. 239 ועי' במרגליות הים אות כ"ג מה דהביא משו"ת הגאונים ובאות כ"ד מהריטב"א ע"ז ו,ב. 240 ועיין בערוך ערך קווק. 241 וכן הוא לשון רש"י, ומשמע מדבריהם דבאופן דגזרה

לא[242], וקואקי ודמנקי דקאמרי׳ דיהבי׳ להו, משום דלית בהו לגבן דידן אלא משום לפני עור לא תתן מכשול[243], וכיון דלית בה ע״ז ולא גילוי עריות ולא ש״ד שרי למיתב להו בידן, דלא עדיף לאו גרידא דלפני עור לא תתן מכשול מאיסור שבת דקאמרינן דגבי הנאת עצמן שרי[244], ודוקא היכא דאיכא ספק נפשות:

בעי מיניה מרבי אמי בן נח מצווה על קדושת השם, שאם אמרו לו עבור על שבע מצות[245] ואם לאו תהרג יהרג ואל יעבר, או אין מצווה על קדושת השם. אמר אביי ת״ש שבע מצות נצטוו בני נח ואם איתא דמצווה על קדושת השם תמאני הוו, אמר רבא אינהו וכל אביזרייהו, הן וכל תבליהן[246], כלומר הן וכל הדברים הצריכים להם לחזקן כלן בכללן הן כתבלין הללו שניתן בתבשיל להטיב טעמו ואין לתבלין שם בפני עצמו אלא הרי הכל נקרא בשם התבשיל ותבלין נקראין בטיית אבזאר, ואמרינן מאי הוי עלה, ואתינן למפשטה מנעמן דקביל עליה דלא למפלח לע״ז דכתיב כי לא יעשה עוד עולה וזבחים לאלהים אחרים כי אם לה׳, ואמר לו לדבר הזה יסלח השם לעבדך כו׳, כלומר בזכות מה שקבלתי על עצמי יסלח לי השם, כשאני משתחוה בית רמון שאני אנוס בדבר, שהרי אדוני נשען על ידי ואי אפשר שלא אעשה כאשר אדוני עושה, ואמר לו אלישע לך לשלום, ואם איתא דבן נח מצווה על קדושת השם אמאי אמר ליה לך לשלום, אלמא אודי ליה משום דאנוס היה לית ליה ולפני עור לא תתן מכשול[247]. ומפרקינן לא קשיא הא בצינעא אינו מצווה על קדושת השם כישראל, אלא מיהו בפרהסיא לא הויא אלא בעשרה ישראל דכתיב ונקדשתי בתוך בני ישראל, ונעמן כיון דלא הוו ישראל תמן צינעא קרי ליה ומשום הכי אודי ליה, והני מילי בבן נח אבל בישראל לא שנא בצינעא ולא שנא בפרהסיא יהרג ואל יעבור[248] כדאמרינן לעיל דלא קמפליג רבי יוחנן בין צינעא לפרהסיא אלא בשאר עבירות אבל בע״ז וגילוי עריות ושפיכות דמים לא שנא הכי ולא שנא הכי יהרג ואל יעבור:

עה,א אמר רב יהודה אמר רב מעשה באדם אחד שנתן עיניו באשה אחת והעלה לבו טינה, חלודה, כלומר נטמטם לבו מרוב החשק שסבבו, באו ושאלו לרופאים כו׳. ואיבעיא לן ולנסבה מנסב, ומהדרינן לא מיתבא דעתיה דאמר רבי יצחק מיום שחרב בית המקדש ניטל טעם ביאה וניתן לעוברי עבירה, כלומר שאין יצרו של אדם מתאוה אלא לדבר עבירה, וצד פורענות הוא שבא לעולם. ויש אומרים[249] מיום שחרב בית המקדש תשות כח ביאה מדאגם[250] הרבות ואין רוח קמה להיות תאב לאשתו לפיכך ניטל טעם ביאה וניתן לעוברי עבירה שהיצר הרע תוקפן ומרבה תאותן, שנאמר מים גנובים ימתקו ולחם סתרים ינעם גבי דבר עבירה כתיב במשלי ודרך משל הוא. ויש אומרים[251] לחם סתרים כמו (בראשית לט) כי אם הלחם אשר הוא אוכל. לאו מילתא היא, דהתם לאו איתתיה קאמר (דלא) [דהא] בלחם ממש קאי והכי קאמר (שם) ולא ידע אתי[252] מאומה כלומר מתוך שהאמינני על ממונו לא ידע אתי מאומה אינו יודע מאומה מכל ממוניה כי אם הלחם אשר הוא אוכל כשאני נותן את הלחם לפניו יודע בלבו שיש לו לחם לאכול[253], תדע דקראי מוכחי דהכי קאמר דכתיב מקמי הכי הן אדוני לא ידע אתי מה בבית וכל אשר יש לו נתן בידי:

סליק פירקא בס״ד

המלכות להעביר על דת והאנס מתכוין להנאתו, יעבור ואל יהרג, וכן דייק הנצי״ב בעמק שאילה שאילתא מ״ב אות ח׳, וכבר נחלקו בזה הרמב״ן והראב״ד בכתובות ג,ב, ועי׳ לעיל הערה 232. **242** וכ״כ במהרי״ק שורש קעד. אולם דעת הבעה״מ והמאירי דלרבא אף בעביד מעשה מותר. ודעת רבנו צ״ב דמנ״ל דאף לרבא איכא חילוק בין עביד מעשה ללא עביד מעשה. וצ״ל דס״ל דרבא אתי לשנויי רק על טעמא דפרהסיא, אולם לגבי הדין דגילוי עריות בעינן לטעמא דקרקע עולם וכדעת הרמב״ן במלחמות ומשו״ה ס״ל דבעביד מעשה אסור משום גילוי עריות, ועי׳ באור גדול סי׳ א׳ עמ׳ ג׳ ד״ה אמנם אפילו דהוכיח מדברי רבינו דיכול להחמיר ע״ע וליהרג אף דעבידי להנאת עצמן, דהא חזינן דרב צדוק ורב כהנא מסרו נפשם אף דהוי להנאת עצמן ולדעת רבינו יעבור ואל יהרג. **243** ולכאו׳ זה תלוי בפירושי רבינו לעיל, דאי נימא דקואקי ודמנקי היינו דלקחו אותו לעבוד לאור הרי״ז שפיר בלפנ״ע אבל אי נימא דלקחוהו בשביל להתחמם ל״ש בזה לפנ״ע. ועי׳ ביאור הגר״א יו״ד סי׳ קנז סק״ז דדיק מלשון רש״י דכתב הלא חוק לע״ז הוא, דדעתו כשיטת הבעל המאור דבהנאת עצמן שרי אף בג׳ עבירות, אבל בלא״ה אסור כיון דהוא ע״ז בעצם, ועי׳ באור גדול סי׳ א׳ (עמ׳ ט״ו טור א׳) ד״ה ומ״ש עוד דתמה על דברי הגר״א. **244** עי׳ במלחמות דכתב כדעת רבינו, אולם עי׳ בבעה״מ דנחלק ע״ז, ועי׳ באור גדול סי׳ א (עמ׳ 8) ד״ה ונראה דהק׳ מדברי הריטב״א פסחים כה,א דאומר לישראל תן כלי זיינך שאהרוג ישראל זה ואם לאו אהרוג אותך שיהרג ואל יעבור, אף דאינו עובר אלא בלפנ״ע וע״ש בתירוצו, (ועיקר דברי רבינו תלוי במה דנסתפקו האחרונים אי לאו דלפנ״ע הרי לאו בפנ״ע או מחלקי העבירה). **245** אולם עי׳ בערוך לנר דנקט בדעת רש״י דכל הספק הרי לענין ע״ז, וכ״מ ברמב״ם בפ״י ממלכים ה״ב, ועיין בשיי״ק על הירושלמי דהאריך בזה, וע״ע בפרשת דרכים דרך האתרים דרוש ב׳ דלענין שפ״ד אף עכו״ם מצווה על קידוה״ש. **246** עי׳ בערוך ערך אבזא. **247** ועיין רש״י דנתקשה הא אין מצות תוכחה בעכו״ם, ולרבינו הראיה מלאו דלפני עור. **248** עי׳ בר״ן דהביא כן משמיה דהרמב״ן. **249** רש״י ד״ה מיום. **250** נדצ״ל מדאגות. **251** רש״י ד״ה דכתיב. **252** בפסוק כתוב אותו והוא דברי התורה על יוסף, ולא דברי יוסף, וצ״ע. **253** וכ״ה ברשב״ם עה״ת, וברש״י כתב כמבואר במד״ר דהוא אשתו ודיברה תורה בלשון נקיה, ועי׳ בשמ״ר א׳ ל״ט עה״פ יאכל לחם דיתרו דהוא אשה כלחם דיוסף, אמנם לקמן קד,א מבואר דלחם דיתרו הוא לגימה ע״ש.

למימר שלענין ביאתו ביאה היה אפשר ללמוד שמ"מ אע"פ שאינו מוליד עכשיו ראוי הוא להיות ביאתו ביאה מידי דהוה אבן תשע לב"ה. אלא טעמא דב"ה דלא גמרינן מדורות הראשונים לשמנה מפני שאינו מזריע עכשיו בזמנינו זה עד שיהא בן ט' כדאיתא לעיל וכל שאינו מזריע אין ראוי שתהיה ביאתו ביאה:

דף ע"ב ע"א **מתניתין** הבא במחתרת נידון על שם סופו. איידי דתנא דבן סורר ומורה נידון על שם סופו תנא הבא במחתרת נידון על שם סופו אע"ג דדיניה דבא במחתרת נידון כהלכתו בסייף בסתם מיתה אלא דאם אינו יכול להמיתו בסייף יכול להמיתו באיזה מיתה שירצה וכדאיתא בגמרא. ואיידי דקתני בא במחתרת דהוי חיובו משום רודף ומצילין אותו בנפשו תנא ואלו שמצילין אותן בנפשם ובתר האי פירקא הדר לסידריה ותני ואלו הן הנשרפין:

ואי קאי לאפאי קטילנא ליה. ודאי שאין כל הגנבים באין על עסקי נפשות ואי קאי בעל הבית לאפיה ושקיל ממוניה מיד גנב לא קטיל ליה דאי לא יכול גנב למיגנב ליזיל לנפשי' אלא בעל הבית הוא העומד כנגדו על מנת להרוג אם לא יניח לו את הכלים מיד שאע"פ שאינו בדין להורגו על כך חזקה שאין אדם מעמיד עצמו על ממונו והגנב שהוא יודע זה כשהוא עומד כנגדו על עסקי נפשות הוא עומד והוא שהתחיל במריבה ובא במחתרת עשאו הכתוב רודף ואמר שאין לו דמים:

אמר רב הבא במחתרת ונטל כלים ויצא פטור. פי' ס"ל לרב דכי היכי דאם שיבר את הכלים במחתרת פטור דאין אדם מת ומשלם ה"נ אם נטל את הכלים והוליכן לביתו והם בביתו פטור והיינו דקאמר בדמי קננהו כלומר שבעת שנטלן וזכה בהן נתחיי' בנפשו והוא פטור מתשלומין לעולם שמשעת גניבה זכה בהן. וקאמר רבא מסתברא מילתא דרב בששבר כלומר ששברן הגנב במחתרת הן בשוגג הן במזיד דאין אדם מת ומשלם. **אבל** נטל והכלים הם ברשותו לא זכה בהם הגנב וחייב להחזירם שאע"פ שעל שעת הגניבה אינו חייב בתשלומין דההיא שעתא מתחייב בנפשו הוי מ"מ עכשיו שהכלים בבית הגנב שאינו מתחייב בהן היאך יזכה בממונו של זה. ורבה העיד על רבו שהוא רב והאלהים אמר רב אפילו נטל לומר שזכה הגנב בכלים עצמן ופי' טעמו של רב שהוא סבור שאלו הכלים הן קנויין לגמרי ביד הגנב לפי שבשעה שהגביהן בבית בעלים זכה בהן שבאותה שעה שהי' ראוי להתחייב עליהן דהיינו בשעת הגבהה ואלו גנב שיש לו דמים באות' שעה נתחיי' באונסין וזה שאין לו דמים כיון שהוא נפטר משום דנתחייב בנפשו שעה אחת בעת קנייתו הם קנויים לו לעולם לא שיהא סבור רב כל גנבים דעלמא שיש להם דמים יהיו זוכים בכלים מיד ולא יהיו חייבים לשלם לבעלים אלא דמי הכלים שהרי ודאי אין לגנב ולגזלן קנייה בכלי שגנב או גזל אלא לאחר יאוש ורב גופי' הוא דאמר הכי בפרק מרובה (דף סה) אלא כי אמר רב בענין זה שאין לו דמים הוא דאמר פטור והיא הנותנת שיפטר מהן מכל אע"פ שהכלים ברשותו בעין אבל כשאינו מתחייב בנפשו שחייב בתשלומין אין פוטרין אותו בנתינת הדמים מאחר שהכלים ברשותו אלא א"כ נתיאשו הבעלים שאחר שישלם ב) אין לומר שישלם לו דמים ויזכה בכליו בע"כ. ואמרינן ולא היא דכי אוקימנהו רחמנא ברשותי' ה"מ לענין אונסין. כלומר שאין סברת רב נכונה דודאי לעולם לא זכה בגוף הכלים בשעת גניבה שאעפ"י שבאותה שעה הוא מתחייב באונסין מ"מ בשביל חיוב האונסין אינן ברשותו לענין קנייה ממש בגוף הנכסים מידי דהוה אשואל וכו' וגנב עצמו יוכיח שאינו פטור בתשלום הדמים כל זמן שהכלים ברשותו וממנו יש לנו ללמוד לגנב שאין לו דמים שאין הכלים ברשותו אלא לחיוב אונסין ומאותה זכייה שזכה בגנבה לחיוב אונסי הכלים נפטר הגנב אם נאנסו אחר זמן אפילו בביתו. אבל אם הם בביתו פשיטא שלא קנאם דלמה לא

ב) אצ"ל שישנם.

יחזור לו את שלו כיון שלא קנה בגופן של כלים אלא לאונסין בלבד. ומיהו אם שבר הגנב הכלים אחר שיצא ממחתרתו פשיטא דחייב דכיון דלא זכה בגוף הכלים והרי הם עדיין ברשות בעלים אם משברן הרי הוא מזיק אותו בידים וחייב לשלם. זו היא שיטת הרמב"ן ז"ל אבל הר"ז הלוי ז"ל כתב שאף אם שברן הגנב בעצמו פטור מאחר שהוא זקוק לתשלו' דאף ע"ג דכי איתנהו בעיניהו הדרו חומרא בעלמא הוא דרמי רבנן עלי' דליהדר ממונא למרי' כיון דאיתנהו בעינייהו. והא לא מחוור דכן הדרי כלים שנטל לאו משום חומרא הוא אלא משום דלא הוו ברשותיה לענין מקנה דומיא דשואל והיא הנותנת להתחייב כשהוא בעצמו משברן. וזה ברור:

אהדרינהו ניהליה ולא קבלינהו. **הא** דאהדרינהו רבא להני דיכרי ודאי ממידות חסידות היתה שאין הלכה כרב דהא אמרינן בגמ' והילכתא דשדנהו בנהרא אבל מ"מ אע"פ שלגבי עצמו הי' חסידות שלא רצה לקבלם משום דקיננהו גנבי לפי סברת רב מ"מ לפי הפסק וההלכה דקי"ל כרבה תמה דאכתי היו הגנבים צריכין לצאת ידי שמים להחזיר מה שנטלו ממנו שלא כדין אע"פ שלא היו מחוייבין להחזיר בדיני אדם משום דנתחייבו בנפשם והראיה מדאמרי' בפרק הפועלים (ד' צא) אתנן אסרה תורה אפילו בא על אמו כלומר שאע"פ שהוא פטור מן האתנן מפני שהוא מתחייב בנפשו אע"פ כן צריך הוא לתת האתנן לה לקיים דבריו וכיון שכן חל עליו איסור אתנן ואסור להקריבו וכ"ש כאן שהממון של אחרים בידו שאינו בדין שיעכבוהו ברשותו חנם כך הקשו בתוספות ז"ל. ותירץ הר"ר דוד ז"ל דלא דמי דהתם גבי אתנן צריך האדם לעמוד בדבורו אעפ"י שלא יתחייב מן הדין אבל כאן אחר שקני הני דיכרי בדמיהו לפי סברתו של רב נמצא גנבה זו קנויה לגמרי ביד הגנבים ולא נתנה להשבון וכך הוא עובר אם הוא מחזיר כמי שאינו מחזיר שאחר שקנאה אם החזיר מתנה בעלמא הוא דקא יהיב. וגם אינו צריך למחילה של בעל הממון לפי שקנאם בדמו ולפיכך לא היה לו שום תועלת לגנב בחזרתו אם היה הדין כרב ורבא מדרך חסידות החמיר על עצמו כרב: אלו דבריו וצ"ע:

ע"ב **גמרא** חצרו קרפיפו מנין. פי' **דוקא** במקום שבעל הבית מצוי שם כדי שיהיה הטעם בו משום דאין אדם מעמיד עצמו על ממונו אבל במקום שאין בעל הבית מצוי שם ודאי זה אינו בכלל מחתרת:

דף עג ע"א **מתניתין** ואלו שמצילין אותן בנפשן. פי' ואלו הן הנרדפין שמצילין אותן בנפשן של רודפין והכי מוכח בגמ' דאמרינן בנערה המאורסה שמצילין אותה בנפשו כלומר בנפשו של רודף. אלא דקשה קצת מאי דאמרינן במחלל את השבת ובעובד ע"א שאין מצילין אותן בנפשן והכא לא שייך למימר להציל הנרדף דאין שם נרדף. ולפיכך צריך לפרש שמצילין את הרודפין לעשות עבירה בנפשם כלומר שהורגים אותם כדי שלא יעשו העבירה, ואם נראה לפרש הפי' הראשון צריך לומר דסיפא דמחלל את השבת לא דייקא לישנא דמצילין אותן בנפשם אלא דמשום רישא נקטיה:

גמרא וכי מה למדנו מרוצח וכו' כלומר מה למדנו מרוצח לנערה המאורסה שהוא אומר כמשפט הרוצח כן משפט הדבר הזה אם לומר שהיא אנוסה כמו שנראה מפשט הכתוב וכי צריכה התורה להמשילה לרוצח והלא כבר נאמר צעקה הנערה ואין מושיע לה אלא הרי זה בא ללמד ונמצא למד כלומר אף למד וכדמפרש בגמ' לקמן דמה רוצח יהרג ואל יעבור אף נערה המאורסה וכו' ומה נערה ניתן להצילה בנפשו אף רוצח רודף אחר חבירו להרגו ניתן להצילו בנפשו. וא"ת ולמה איצטרך לרוצח למילף מנערה מאורסה להצילו בנפשו ברוצח גופיה אית לן קרא בהדיא דניתן להצילו בנפשו דהיינו בא במחתרת דאמר רחמנא הבא להרגך השכם להורגו דאין לו דמים וילפינן לקמן והוכה ומת אפילו בכל אדם שיכולין להרוג הגנב כמו הבעל בית ואם כן הם מצילין הבעל הבית מיד הגנב בנפשו של גנב לפי שהוא רודף. ויש לומר דמאי דרשינן והוכה

בכל אדם היינו לומר שכל אדם יכולין להרגו אם ירצו כמו שנתן רשות לבעל הבית אבל אין בו חיוב מצוה להרגו אבל השתא דילפינן מנערה מאורסה אתא למצוה ממש לרודף אחר חבירו להרגו שמצוה להרוג הרודף ולהציל הנרדף. ואם תאמר וכיון שמצוה הוא להרוג הרודף כדי שיציל הנרדף למה לי קרא דלא תעמוד על דם רעך פשיטא דהוא מצווה לטרוח בהצלתו כגון טובע בנהר או ליסטים באים עליו. י״ל דמקרא דניתן להצילו בנפשו לא שמעינן אלא במי שברור לו כשמש שהוא רוצ׳ להרגו ובכה״ג במי שברור לו כשמש שיטבע בנהר אם לא יצילהו הוא דמחייב להצילו אבל על ספק לא שמעינן מידי מ״ה אתא קרא דלא תעמו׳ על דם רעך לומר שהוא מצוו׳ לטרוח בו אף על הספק:

אבל מיטרח ומיגר אגורי אימא לא קמ״ל. לאו למימרא דלא תעמוד על דם רעך משמע הכי דהא אפשר דלא אתא קרא אלא לגופיה אלא דמיתורא דקראי הוא דמרבינן גופי׳ וממוניה ומ״ה כתיבי תרי קראי והשבותו לו ולא תעמוד על דם רעך:

נער זה זכור נערה זו נערה המאורסה. ודאי מקרא ומסורת קא דריש מדכתיב נער וקרינן נערה וכמו שפירש רש״י ז״ל שאין לפרש דתרי נערה קא דריש דכתיב ולנערה לא תעשה דבר אין לנערה חטא מות. דהא אמרינן בסמוך ואידך אידי דכתב רחמנא נער כתב נערה ואי תרי נערה קא דריש ליכא למדרש הכי לפיכך משמע דלא דריש אלא קרא דאין לנערה חטא מות דכוליה לדרשא אתא דלא צריך כלל אבל ולנערה לא תעשה דבר לא מייתיר ליה דאף ע״ג דהוה מצי למימר ולה לא תעשה דבר אורחה דקרא הוא:

ע״ב **משעת** הערה דפגמה איפטר ליה מקטלא ממונא לא משלם עד שעת גמר ביאה. כלומר משעת הערה שפגם את הנערה איפטר ליה מקטלא דהא אמרינן לעיל נעבדה העבירה אין מצילין אותו בנפשו ובתר דאיפטר לי׳ מקטלא יתחייב בקנס דקנס אינו משלם אלא על השרת בתולים דהיינו גמר ביאה כך פירש״י ז״ל. ואין כוונת רש״י ז״ל שלא יתחייב קנס על שלא כדרכה כיון שאין בה השרת בתולים דהא אמרינן בפ״ק דקדושין (דף ט ע״ב) באו עליה עשרה בני אדם ועדיין היא בתולה כולן בסקילה ור׳ אומר הראשון בסקילה וכולן בחנק ומודה רבי לענין קנס דכולהו משלמי אלמא דשלא כדרכה איכא קנס. אלא כך הוא אומר דכשהביאה היא כדרכה אינו חייב עליה בהערעה שהוא תחילת ביאה אלא בגמר ביאה שתהא בת השרת בתולים שהיא חיוב הביאה הזאת לענין קנס. אבל ביאה שלא כדרכה מילתא אחריתא היא והיא חיוב אחר לעצמו דהוא משכב אחר אע״ג דלא שייך ביה השרת בתולים. והקשו עליו בתוספות ז״ל דאכתי לא ניחא דהא אמרינן בירושלמי הערו בה עשרה בני אדם כולן משלמין קנס. לפיכך פירשו בתוס׳ ז״ל שאין לנו לפרש ממונא לא משלם עד שיהא שעת גמר ביאה שלא יהא חיובו עד שעת גמר ביאה כמו שפירש רש״י ז״ל אלא לומר שיש חיוב קנס על תחלת ביאה ועל סיף ביאה כמו שאמרו בירושלמי ואע״פ שעל תחלת הביא׳ הוא מתחייב בנפשו דהא פגמה. מ״מ עדיין הוא מתחייב קנס בסוף ביאה לפי שיש בגמר ביאה כדי חיוב קנס בלא תחלת ביאה. וה״פ ממונא לא משלם עד שעת גמר ביאה כלומר זה הבא על אחותו דמשלם קנס אינו משלם הקנס מתחילת הביאה דהא מתחייב בנפשו הוי ההיא שעתא אלא מסוף ביאה הוא דמתחייב קנס דבההיא שעתא כבר איפטר מקטלא דהא איפגימה מעיקרא אבל היכא דלא מתחייב בנפשו מתחלת ביאה פשיטא דמשעת הערעה מתחייב קנס וכדאיתא בירושלמי. וזה נכון.

דף עד ע״א **דילמא** מיתה לזה ותשלומין לזה ל״ש דאמר רבה רודף שהוא רודף וכו׳. כך היא הגירסא הנכונ׳ בכל הספרים והיא ברורה לומר שכמו כן הוא פטור מיתה לזה ותשלומין לזה כמו במיתה ותשלומין לאחד והכי מוכיחות כל הסוגיות

היא דפרק אלו נערות ג) ופרק כיצד הרגל ד) ומאי דאמרינן בפ"ק דמכילתן ה) ממון לזה ונפשות לזה חייב אינו אלא לענין עדים זוממין בלבד משום דבעינן כאשר זמם לעשות לאחיו וכדכתיבנ' בריש מכילתן. ואית ספרי' דכתיב בהו ולא היא דאמר רבה רודף שהי' רודף וכו' כלומר שאין שם מית' לזה ותשלומין לזה אלא מית' ותשלומין לאחד לפי שהרודף לכל אדם הוא חייב מיתה שכל אדם מצווין להצילו בנפשו והיינו דרבה שהוא פוטר את הרודף מפני שהוא מתחיי' בנפשו:

חוץ מע"א וג"ע וש"ד לפי שאלו העבירות הם המורות מכולן אמרו חכמים יהרג ואל יעבור. ע"א טעמא מבואר שלא יכפור בהקב"ה. ושפיכות דמים ג"כ שלא יציל נפשו בדמו של חבירו. ג"ע נמי מפני שיש בהם פגם שהרי מצילין אותה בנפשו וא"כ בדין הוא שיהרג ואל יעבור. ולפי טעם זה אם יאמרו לו בא על הבהמה או תהרג כיון שאין שם פגם יעבור ואל יהרג שהרי למדו כל עריות מנערה המאורסה להצילן בנפשן ואין הבהמה בכלל ואין צריך לומר חייבי לאוין כאלמנה לכהן גדול. אבל אין לנו לחדש דין זה שלא פירשוהו חכמים ועוד שאין טעם יהרג ואל יעבור מפני שמצילין אותן בנפשן דהרי ע"א קי"ל דאין מצילין אותו בנפשו ויהרג ואל יעבור ולפיכך אפשר דאפילו בא על הבהמה אמרינן יהרג ואל יעבור כיון שיש בה מיתת ב"ד אבל בחייבי לאוין כאלמנה לכ"ג פשיטא דיעבור ואל יהרג ובאלו הג' מצות דאמרינן יהרג ואל יעבור מפני חומר שבהן אין הפרש בין צנעא לפרהסיא אלא בשאר עבירות. וטעמא דידהו משום ולא תחללו דבצנעא יעבור ואל יהרג ובפרהסיא יהרג ואל יעבור:

אבל בשעת הגזירה אפילו מצוה קלה יהרג ואל יעבור. פי' בין בצנעא בין בפרהסיא וטעמא דמילתא שבשעה שאומות העולם חושבין לבטל ישראל מן התורה צריך לעשות חזוק כנגדן שלא לקיים מחשבתן ומוטב שיהרגו כמה מישראל ואות אחת מן התורה לא תבטל בזמן שהם רוצים לבטל אותה מישראל בכלל ואם שמע להם אפילו בחדרי חדרים הדבר מתפרס' מפני שמצאו שהועילה גזרתם ולפיכך יהרג ואל יעבור וזהו קדוש השם ואהבת המקום הכוללת לכל בני ישראל. אבל כשאין דעתם להעביר כללות הישראל אלא יחיד א' מישראל או שנים אם הוא בפרהסיא בפני עשרה מישראל יהרג ואל יעבור ואם הוא בצנע' יעבור ואל יהרג. ומיהו היכא שהכותים עושין הגזירה להנאת עצמן בין בצנעא בין בפרהסיא כל שהן משאר עבירות חוץ מע"א וג"ע וש"ד לא אמרינן יהרג ואל יעבור והכי איתא בירושלמי במסכת שביעית בראשונה היתה המלכות אונסת הור' ר' ינאי שהי' חורשין חרישה ראשונ' חד מומר אעבר בשמיטתה חמתן רמיין קובעתא. פירש ראה אותן אוספין תבואתן ועושין אותן כובעות כלומר גדישין אמר להון הא סטו מאן שרא לכון מכדי כמאן שרא לכון מדמי כובעתא. פי' אמר להם הסטאה זו שאתם סטים מן המצות מי התיר לכם להיות חורשין וזורעין ולהטיל כובעות הללו והקשו שם אמר ר' יעקב בר זבדי קושיאתא קומי ר' אבהו לא כן א"ר זירא נמנו וגמרו בעלית בית נתזא על כל התור' כולה מנין שאם אמר הכותי לישראל לעבור על כל המצות שיעבור ואל יהרג חוץ מע"א וכו' הדא דתימא בינו לבין עצמו אבל ברבים אפילו מצוה קלה לא ישמע לו ופריקו אימר לא איתכוין מגזירתן לא איתכוון אלא למיגבי ארנונין כלומר שלא היה הדבר להעביר אלא להנאת עצמן לגבו' הארנוני' שאין רצון המלכים להוביר השדות וזה היה גזרה על הכל ולא עשו אותה שעה גזרה מפני שלא הי' להעביר וזאת ראי' ברורה. וכן הסכים ה"ר דוד ז"ל בלי שום חולק. ומשמע לי שאין כן דעת הרמב"ם ז"ל בפ"ה מה' יסודי התורה דקאמר וכל הדברים האלו שלא בשעת הגזרה וכו'. דאחר שהתיר הנאת

ג) כתובות לה.
ד) ב"ק כב ע"ב.
ה) לעיל י ע"א.

עצמן משמע דבשעת הגזירה לית ביה שריותא כלל:

ע"ב **והא אסתר** פרהסיא הויא. כלומר היכי אמרת דבשאר מצות אפילו שלא בשעת הגזר' אם הם בפרהסיא יהרג ואל יעבור דהא אסתר פרהסיא הויא דיותר מעשרה ישראל הי' בשושן כשלקחה המלך לאשה ואפ"ה לא מסרה עצמה למיתה צדקת זו. וא"ת ואמאי לא אקשי' דעדיפא מינה ולימא והא אסתר גילוי עריות הוה וג"ע אפילו בצנעא יהרג ואל יעבור ולא מיבעי' למ"ד ותהי לו לבת דהיתה אשת מרדכי דאפילו בלאו הכי איכא כרת בבא על ארמית ומשמע דה"ה לכותי שבא על בת ישראל. תירצו דלא נתרבו עריות ליהרוג ואל יעבור אלא כעין נערה מאורס' כגון כריתו' ומיתות ב"ד כדאיתא לעיל לענין מצילין אותן בנפשן. ואע"ג דישראל הבא על הכותי' איכא כרת כדאדכרי' רב לגמרי יכרת השם לאיש וכו' וכדאית' בפרק הנשרפין מ"מ בכותי הבא על בת ישראל לא שמענו שיהי' בה כרת ודין הוא דישראלי' הנבעלת לכותי בנה ימשך אחריה ויהי' ישראל. אבל ישראל הבא על הכותי' הולד נמשך אחריה ויהיה סותי וקורא אני בו ובעל בת אל נכר שנעשה חתן לע"א. ובת ישראל הנבעלת לכותי ב"ד של שם גזרו עלי' כדאיתא בפרק אין מעמידין (דף לו ע"ב) ולמ"ד דאסתר הית' אשת מרדכי ואיכא עריות ממש מ"מ י"ל דאפי' אשת איש הנבעל' לכותי פטורה מדרשא דאשת רעהו ולא אשת אחרים וכדכתיבנא בפ' ד' מיתות וכן דעת הרמב"ם ז"ל ולמאן דס"ל דא"א הנבעלת לכותי איכא איסורא דאורייתא ע"כ נאמר דמאן דמקשה ס"ל דלאו אשת איש הואי אלא ותהי לו לבת ממש. ובת ישראל הנבעלת לכותי לית ביה איסורא דאורייתא אלא דב"ד של שם גזרו עלי' ואיכא איסורא דרבנן וכיון דהוית מצות דרבנן והויא פרהסיא הוה לה לאסתר למסור נפשה עליה. ותירץ אביי דאסתר קרקע עולם הית' כלומר שלא עשתה שום מעש' וכיון דלא עבדא שום מעש' ואפי' הית' ערוה ממש דאוריית' אין לה למסור את עצמה למית' שאחר שאפשר לאנוס אותה בעל כרחה ולעשו' בה מעשה מה תועיל אם מוסרת עצמה להריג' הרי לא יהרגוה אלא שיעשו בה מעש' בעל כרחה. וכשהקשו והא אסתר פרהסיא הויא ה"נ הוה להו לאקשויי והא אסתר ג"ע הואי אלא דלא פסיקא להו אם הית' אשת איש אם לאו ולרווחא דמילתא קא מקשו פרהסי' הואי. ורבא תירץ הנאת עצמן שאני. לא בא לחלוק אמאי דאמר אביי דקרקע עולם הית' דקושטא הוא וכדכתיבנא. אלא שבא לחדש שאפילו במקום שעושה מעש' כל שהו להנא' עצמו אין לה למסור עצמה למיתה היכא דלא הוי"א עריו' ממש דאורייתא ואע"ג דהויא פרהסיא אבל בתוספו' ז"ל מפרשים דעיקר קושיא ליתא דמקשה ודאי ידע דאפילו ישראל האונס אשת ישראל אין לה למסור עצמה למיתה דמהיכא ילפינן לג"ע שיהרג ואל יעבור מרוצח ורוצח גופא הוי סברא דאמרינן מאי חזית דדמא דידך סומק טפי דילמא כו' שהכוונה בו שאינו בדין שינצל עצמו בדמו של חבירו. וכן נמי י"ל שאין סברא שימסור עצמו למיתה כדי שיציל את חבירו מן המיתה כגון אם יאמר לו הכותי שיהרגנו אם לא יניח לו להרוג את פלוני או אם יאמר הנח עצמך שנדחה אותך על תינוק כדי שימות בדחיפה זאת או אהרוג אותך פשיטא שאין לו למסור עצמו למיתה דמאי חזי' ואם הכותי ידחוהו וימות התינוק בדחיפתו הכותי הוא ההורג ולא הישראל. ומכאן הם למדין שהאשה שאינה עושה מעש' אלא שאומרים לה שתניח להם לעשות מעש' שאין לה למסור את עצמה למיתה. ומ"ה לא מקשו בגמ' והא אסתר ג"ע הואי דפשיטא להו שאין אשה בכלל יהרג מטעם ג"ע. אבל הקשו פרהסיא הואי שהי' המקשה סבור שאע"פ שאינה בכלל ג"ע החמור להיות נהרגת בצנעא משום עריות מ"מ ראוי לומר שלא יהא היתר גמור אלא הרי היא לכל הפחות כשאר כל המצות ובמקום פרהסיא דאיכא חילול השם היתה צריכה למסור עצמה למיתה. ותירץ אביי אסתר קרקע עולם היתה שאינה עושה שום מעש' כלל אפי' בפרהסיא דאיכא חילול השם אין לה למסור

את עצמה למיתה שהיא אינה מחללת את השם שאינה עושה שום מעשה. ורבא פליג עליה דאביי ואמר דאשת איש גמורה בצנעא אינ' מחוייבת למסור עצמה מ"מ כשהיא בפרהסיא אע"ג דאינה עושה מעש' ראוי למסור עצמה למיתה מפני חילול השם. אלא טעמא דאסתר לא מסרה עצמה למיתה משום דלהנאת עצמן היתה ולהנאת עצמן אין שם חילול השם. ולפי שיטה זו מאי דאמרינן בגמ' אף נערה מאורסה תהרג ואל תעבור קשה דלמה תהרג והלא אינה עושה שום מעש' ופטורה בין לאביי בין לרבא. לפיכך גרס הר"ז הלוי ז"ל אף נערה המאורס' יהרג ואל יעבור והיינו הבועל דקא עביד מעשה. אלא דלא קשיא גרסת תהרג ואל תעבור משום דמיירי כגון שאמרו לה אם לא תביאי עליך פלוני תהרג ובכה"ג בדין הוא שתהרג דהא עבדא מעשה. א"נ בשעלה בלבה טינא שאין לה להתרפאות בג"ע:

רבא אמר הנאת עצמן שאני. כבר פירשנו דרבא דשרי הנאת עצמן היינו דוקא בשאר מצות אבל ע"א ג"ע וש"ד אפילו להנאת עצמן יהרג ואל יעבור שלא כדברי הר"ז הלוי ז"ל שכתב שאפילו בג"ע הנאת עצמן מותר והביא ראיה מאסתר וליתא וכדכתיבנא לעיל דלאו ג"ע הויא. והביא עוד ראיה מקאווקי ודימונקי והיה מאבק ע"א והיה בדין יהרג ואל יעבור דודאי אביזרא דע"א היא אלא דמשום הנאת עצמן מותר. ואין זו ראי' ג"כ דקאווקי ודימונקי לאו משום ע"א היא כלל אלא שהיו משאילן להם הכלים והכותים היו משתמשים בכלים ההם לע"א ובהא לא עביד ישראל שום אבק ע"א אלא שהיה בהם לאו כולל כל התורה משום לפני עור לא תתן מכשול ובכה"ג להנאת עצמן שרי וראיה לדבר דהנאת עצמן בע"א ג"ע וש"ד אסור מההיא דפ' בכל שעה בכל מתרפאין במקום סכנה חוץ מעצי אשרה אע"פ שאינו משתמש מהאשרה אלא להנאת עצמן. וכן ממה שאמרנו בסמוך תמות ואל תספר עמו מאחורי הגדר אלמא אפילו אביזרייהו דעריות יהרג ואל יעבור ואין לומר דטעמא הוא משום שלא יהיו בנות ישראל פרוצות בעריות דההיא טעמא ליתיה אלא למ"ד פנויה הואי אלא למ"ד אשת איש הואי נקטינן מילתא כפשטא דיהרג ואל יעבור ואע"ג דהוי הנאת עצמן אלא ודאי דבכל אלו הג' עבירות החמורות מפני חומר שבהן אמרינן יהרג ואל יעבור והנאת עצמן לא שרי וש"ד יוכיח שאינו מותר להרוג חבירו להציל עצמו ואין לך הנאת עצמן יותר מלהציל עצמו. עוד הביא הרמב"ן ז"ל ראיה ברורה מירושלמי בפר' אין מעמידין א"ר חנא זאת אומרת שאין מתרפאין בעריות דתני שבת הותרה מכללה נערה המאורסה לא הותרה מכללה. כלומר שבת הותרה מכללה שמותר לעשות מלאכה לחולה בשבת אבל נערה מאורס' לא הותרה מכללה כלומר שאין לה שום צד היתר דמשמע אפילו הנאת עצמן דאלו הנאת עצמן שרי הרי נערה מאורסה הותרה באונס להנאת עצמן אלא ש"מ דהנאת עצמן אסור בג' העבירות. וכבר האריך הרמב"ן ז"ל בספר המלחמות וכן פסק הרמב"ם ז"ל בפ"ה מה' יסודי התורה:

דף עה ע"א **ואם איתא** לא לימא ליה הא בצנעא והא בפרהסיא

פיר' רש"י ז"ל ואם איתא דבן נח מוזהר על קדושת השם למה אמר אלישע לנעמן לך לשלום אדרבה היה לו למחות בנעמן שלא ישתחוה בבית רמון. אלא ודאי מדאמר לי' לך לשלום ש"מ דב"נ אינו מוזהר על קדושת השם ודחי תלמודא לעולם א"ל דב"נ מוזהר על קדושת השם וכי איתיה ק"ה ה"ד בפרהסיא בפני עשרה ישראל אבל בפני כותים אין שם ק"ה דכתיב ונקדשתי בתוך בני ישראל ובבית רמון שהיתה שם ע"א לא היו שם ישראלים ואיכא למידק דהא אמרינן לעיל דבג' עבירות החמורות יהרג ואל יעבור אפילו בצנעא וא"כ אמאי הותר לנעמן אפילו בצנעא. ותירץ הרמב"ן ז"ל דכי אמרי דבג' עבירות אלו אפילו בצנעא יהרג ואל יעבור היינו דוקא ישראל שהוזהרו במצות ואהבת את י"י אלהיך אבל כותים אינן מצווין באהבתו אלא שבמקום פרהסיא היתה שאלה אם מצווין על ק"ה אם לאו ועל זה תירצו שבצנעא התיר לו לנעמן ובכה"ג אין בו משום ק"ה. ואכתי

איכא למידק שאם ב"נ מוזהרים על ק"ה ולמה לי ישראל בעשרה בני נח הוא פרהסיא שלהן דלמה לא יהיה פרהסיא בבני נח כמו בבני ישראל כיון שאף הם מצווין על קדושת השם. וי"ל דאין ה"נ דכל דיש עשרה בני נח כופרים בע"א אם יעבור אפילו באונס בפניהם היינו פרהסיא שלהן ויהרג ואל יעבור אבל גבי נעמן בבית רמון כולם היו עובדים ע"א והי' צנעא שלא היו שם עשרה ב"נ כופרים בע"א. וזה נכון. ואכתי איכא למידק ואף אם היו בני נח מצווין על קדוש השם והיה פרהסיא למה יהרג להנאת עצמן היה שהמלך היה נשען ע"י נעמן ולא היה מכריחו להשתחוות אלא להנאת עצמו שהיה נשען על ידו. ולפי מה שתירצנו למעלה בן נח הרי הוא בע"א כישראל בשאר מצות וכל הנאת לעצמן מותר אפילו בפרהסיא. וי"ל שנעמן לא היה ידוע לכל שהיה כופר בע"א והרואה אותו שהיה משתחוה עם המלך היה סבור שישתחו' ממש לע"א והיה חלול השם בדבר. ולפי גרסא זו של רש"י ז"ל משמע דמסקנא דתלמודא דבן נח מוזהר על קדו' השם. אבל גרסת הספרים שלנו ואם איתא לימא לי' הא בצנעא והא בפרהסיא כלומר דמהכא מוכחינן דבן נח אינו מצווה על קדוש השם דאם איתא למה התירו אלישע במוחלט לנעמן לך לשלום היה לו לומר בצנעא מותר בפרהסיא אסור אלא ש"מ מדלא קאמר לי' מידי דבן נח אינו מוזהר על קדוש השם והכי מסקנא דתלמודא וזו גירסא נכונה גרסת ר"ת ז"ל כמו שהעידו בתוס' והכי איתא בהדיא בירושלמי במס' שביעית פ"ג ר' אבינא בעי קומי רבי אמי כותים מהו שיהיו מצווין על קדוש השם ר' ניסא בשם ר' אלעזר שמע לה מן הדא לדבר הזה יסלח י"י לעבדך בבאי בית רמון וגו' ישראל מצווין על קדוש השם כותים אינן מצווין על קדוש השם:

סליק פרק בן סורר ומורה

פרק ואלו הן הנשרפין

מתניתין. יש בכלל אשה ובתה בתו ובת בנו וכו' כלומר העריות המפורשת בתורה הן בת כהן ואשה ובתה וכל אלו העריות האחרות הן בכללן ונפקי מדרשא דאשה ובתה. וא"כ היה בדין לומר אשה ואמה שהיא המפורשת בתורה בעונש השריפה כדכתיב ואיש אשר יקח את אשה ואת אמה באש ישרפו כו' דאלו אשה ובתה באזהרה שמענו כדכתיב ערות אשה ובתה לא תגלה וכו' אבל בעונש שריפה לא שמענו. אלא שהתנא לקח לשון אשה ובתה במקום אשה ואמה וכדמפרש רבא בגמרא תני אשה שנשא בתה וכוונתו היה באומרו אשה ר"ל האשה האסורה דהיינו חמותו ובתה דהיינו אשתו הנשואה לו. אבל קרא דקאמר אשה ואמה מפני שאמר בלשון קיחה איש כי יקח וכו' שהקיחה היא באשה והאיסור הוא באמה:

חמותו ואם חמותו ואם חמיו. חמותו היינו אשה ובתה כמו שפירשנו אלא דכולהו מסדר להו ואזיל כמה נשים הן בכלל אשה ובתה שכולן בשריפה וחזר ומונה חמותו עמהן אע"פ שכבר נשנית בתחלה וזהו שאמרו בגמרא איידי דתנא אם חמותו ואם חמיו תנא נמי חמותו:

גמרא ומאן נינהו חמותו ואם חמותו וא"ת ואמאי לא אמר ומאן ניהו בתה ובת בתה ואמאי פשיטא לי' לאתויי חמותו ואם חמותו טפי מבתה ובת בתה. נ"ל דבתה ובת בתה פשיט' דלא כתיבה בהו שריפ' דמדרשא הוא דמייתי להו לקמן לשריפה אבל בחמותו ואם חמותו הוא דאיכא למימר בהו דבהדיא כתיבי לפום דרשיה דר' עקיבא וכפירושיה דאביי דלקמן דמשמעות דורשין איכא בינייהו:

ע"ב **מניין** לעשות שאר הבא ממנו כשאר הבא ממנה נאמר כאן זמה וכו'. ע"כ אית

דנין אותו בסקילה כמו שבארנו בפרק שביעי.[א] הואיל ואתה מחייב בהרג ישראל ונתגייר למה אתה פוטרו בברך את השם ונתגייר מפני שמיתתו עכשיו בסקילה ובשעת מעשה לא היה דינו אלא בסייף ומאחר שאי אתה יכול לדונו במיתה שלנו אתה פוטרו.

נערה המאורסה שזינתה ולא באו עדים עד לאחר שבגרה או נשאת או נבעלה הרי זו בסקילה מכל מקום ומקום סקילה זו.......

(מתני׳).[א] הבא במחתרת נדון על שם סופו היה בא במחתרת ושבר את הכלים[ב] אם יש לו דמים חייב ואם אין לו דמים פטור.

המשנה החמישית והכוונה לבאר בה ענין החלק הרביעי. והוא שאמר הבא במחתרת ידון על שם סופו כלומר זה שהתירה תורה בנמצא במחתרת להרגו אעפ״י שהיה לנו לומר אם ממון הוא מתחייב גופו מי מתחייב. על שם סופו הוא. והוא שחזקתו שהוא בא על מות. שאם יעמוד בעל הבית ויתרים כנגדו שיהרגנו. ומעתה הרי הוא כבא להרגו והתורה אמרה הבא להרגך השכם להרגו. והיכן אמרה. פירשוה במדרש תנחומא[ג] מצרור את המדינים כי צוררים הם לכם. ולשון צוררים ר״ל מתמידים להצר לכם. ומעתה הצרו להם אחר שדעתם להצר לכם. ולא סוף דבר שהרשות ביד בעל הבית להרגו אלא אף לכל המוצאו שהרי כרודף הוא חשוב. ומעתה כל שנתברר הדבר לבעל הבית ולכל אדם שגנב זה אינו בא על עסקי נפשות ושאפילו יעמוד בעל הבית כנגדו להציל ממונו אין גנב זה בא להרגו כגון אב הבא במחתרת בבית בנו שהדבר ידוע שרחמי האב על הבן אין לבעל הבית ולא לאחרים להרגו. ואם הרגו חייב עליו. הרי למדנו שיש נמצא במחתרת שאם הרגוהו חייב עליו כגון אב בביתו של בן. ויש שאין לו דמים כגון נמצא בביתו של נכרי או אף הבן בביתו של אב. מעתה כל שבא במחתרת בבית חברו ושבר בכניסתו את הכלים אם יש לו דמים חייב בתשלומין אחר שאינו נהרג ואפילו שלא בכוונה שהרי אדם מועד לעולם בין שוגג בין מזיד. ואם הוא מאותם שאין להם דמים פטור שהרי חיוב מיתה והתשלומין הוא. ואפילו נצל פטור שמכל מקום דין מיתה ודין תשלומין באין כאחד.

זהו ביאור המשנה וכן הלכה ודברים שנכנסו תחתיה בגמרא אלו הן.

זה שבארנו בשבר כלים שהוא פטור כבר בארנוה כששברם בביאתו ר״ל בעוד שהוא לשם שהיה עליו דין מיתה והרי מיתתו ותשלומין באין כאחד

א׳ בכ״י מסומן ״משנה ו׳ לר״ם״. ב׳ בדפוסים שלנו תחת הכלים ״החבית״. ג. פ׳ פנחס אות ג׳ ועיין רש״י ברכות נ״ח א׳ שכ׳ שהתורה אמרה במחתרת.

אבל אם נטלם ויצא חייב להחזירם. ואין אומרים שקנאם בדמו ובנפשו. ולא עוד אלא אפילו שברם אחר כן חייב לשלם הואיל ובשעת שבירה שהיא שעת חיוב התשלומין כבר נצול מן המיתה. מעתה כל שהם בעין ברשות בעלים הם ואעפ"י כן כל שנאנסו ברשותו הם להתחייב כדין שואל. וחכמי הראשונים שבנירונאה[א] פסקו בחבוריהם שאם נשברו אחר כן פטור. וקשה להם מה שאמרו בשביעי של קמא[ב] האי מאן דגזל חביתא לחבריה מעיקרא שויא זוזא ולבסוף שויא ארבעה זוזי תברה משלם ארבעה כיון דאלו איתא הדרא בעינה ההוא שעתא גזלה. ותירצו בשאני דין רודף מדין גזלן שהרודף קנאם בדמו מעכשיו לכששברו ואעפ"י שאם לא נשברו חוזרין חומרא בעלמא הוא מפני שאין זה תשלומין אלא חזרת ממון לבעלים. ושמא תאמר לדעת זה הגונב כיס בשבת יפטר משום מחתרת. אפשר שהיא עסוקה בשלא נכנס במחתרת שצריך התראה כמו שיתבאר. ויש פוסקין לפטור אף בנטל ושהם בעין מדקאמר והאלהים אמר רב. וממה שאמרו ברבא האי גניבי ליה תורי אהדרינהו ליה ולא קבלינהו.. ואין זה כלום שזה שאמרו והאלהים אמר רב כבר נדחה בסוגיא כדאמרינן ולא היא וכו׳. ומעשה של רבא מדת חסידות היתה ולכבודו של רב וכמו שאמר הואיל ונפק מפומיה דרב ועקר הדברים כדעת ראשון.

הגונב כיס בשבת והגביהו ברשות בעלים ואחר כך הוציאו לרשות הרבים והלך לו עמו חייב בתשלומי כפל שהרי נתחייב בגנבה משעה שהגביהו שהגבהה קונה בכל מקום ולחיוב נפשו לא בא עד שיצא והוציאו אבל אם לא הגביהו אלא שהיה מגרר ויוצא שנמצא שלא קנאו עד שהוציאו והגביהו בשעת הוצאה. או[ג] שצרף ידו למטה משלשה וקבלו שאלמלא כן הרי משיכה אינה קונה ברשות הרבים שנמצא חיוב שבת וגניבה באין כאחד פטור מתשלומי כפל ואם נאבד הכיס פטור אף מתשלומיו.

כל שנמצא במחתרת ונתברר הדבר לבעל הבית או לאחר שהוא אוהב נמור של זה ושיש לו ברית כרותה והרגו יש לו דמים אפילו נכרי. וכל שנתברר לו שאין שלום עמו אין לו דמים אפילו אב על הבן. אבל בסתם והוא שלא נתברר לו בעניניו כלום אין לך מי שיש לו דמים אלא אב על הבן שסתמו כברור אף בשעת מחתרת.

רשות זו שנתנה תורה להרוג זה שבא במחתרת לא סוף דבר בגנב ידוע או בחשוד אלא אפילו היה מפורסם בחסידות. שמכל מקום מתוך מחתרתו הערה את מקורו ונתגלית דעתו.

א. כ"כ בעל המאור בסוגיין. ב. ס"ה א׳ ובדפוסים שלנו ליתא שם כיון דאלו איתא וכו׳ וגירסא זו הוא בבבא מציעא מ"ג א׳. ג. מלת "או" צ"ב עיין רש"י בסוגיין ע"ב א׳ ד"ה היה מגרר ועיין סמ"ע חו"מ סי׳ שנ"א סק"ג.

כל שאמרנו עליו שאין לו דמים נתנה רשות להרגו בין בחול בין בשבת אעפ"י שהריגת בית דין אינה דוחה שבת. כנו התירו שכמת הוא[א] ואין לו דמים כלל. ואין צריך לומר אם נפלה חתירתו עליו שאין מפקחין עליו את הגל בשבת. וכל שאמרנו עליו שיש לו דמים כל שהרגו חייב כמו שביארנו ואם נפלה מחתרתו עליו מפקחין עליו את הגל. יראה לי שזה שאמרנו עליו שאין מפקחין עליו את הגל פירושו בספק חי ספק מת אבל אם הוא ודאי[ב] חי אומר אני שמפקחין שהרי עכשיו אינו רודף שהרי זה כרודף אחר חבירו והצילוהו באחד מאיבריו שאין לו עוד להרגו וזה כהריגה בידים הוא. או שמא כיון שיש לומר עליו שהוא משתדל בעצמו בפקוחו ולבו על גנבתו אין מפקחין.

כבר בארנו שלא סוף דבר שנתנה רשות לבעל הבית להרגו אלא אף לכל אדם מפני שהוא חשוב כרודף אחר חבירו להרגו. מכיון שאנו דנין אותו כרודף אחר חבירו להרגו ראוי להורג שיהא משתדל להרגו בסייף.[ג] ומכל מקום אם אינו רשאי להרגו בסייף או שאין חרב בידו ימיתהו בכל שהוא יכול להמיתו סקל יסקל או ירה יירה כדרך שבארנו ברוצח ובגואל הדם בפרק ששי.[ד]

כשם שבארנו בבא במחתרת שמותר להרגו אף בשבת כך הרודף אחר חברו להרגו יראה שנתן להצילו בנפשו אף בשבת.[ה]

בא במחתרת גדולי המחברים[ו] כתבו שאין בו חלוק בין יום ללילה. וכן הדברים נראין שהרי מה שכתוב[ז] אם זרחה השמש עליו דמים לו כבר הוציאוהו מפשוטו ודרשוהו בשנתברר לו שיש שלום עמו כמו שבארנו. ואם תמצא לומר שביום סתמו אינו בא להרוג לא הוצרכו להוציאו מפשוטו. ומכל מקום גדולי המפרשים כתבו בהגהותיהם[ח] שלא הוציאוהו מפשוטו אלא לחדש בה דבר להציל כל מי שנתברר שלא בא על עסקי נפשות וביום ודאי אינו רשאי להרגו שאין גנב ביום אלא דרך השמטה. ואפילו נמצא במחתרת כגון שהיה חותר בינו לבינו או בחדר מוצנע. ולא עוד אלא שיראה שלא הוצרכו להוציא המקרא מפשוטו אלא שאין הדבר באפשר שיהא צריך מקרא להפקיעו מדין מחתרת ביום.

בא במחתרת שהזכרנו. לא סוף דבר שהוא חותר ובא אלא כל שנמצא בתוך רשותו של חבירו ביתו או חצירו גגו או קרפיפו אפילו נכנס דרך הפתח

א. רש"י בסוגיין ע"ב ב' ד"ה קמ"ל כ' דקטלינן ליה משום פקות נפש דהאיך עכ"ל ואע"ג דרש"י בעצמו בד"ה לפקח עליו כ' סברא זו דגברא קטילא הוא ומזה נראה שרש"י תפס כרב הונא שטעם הריגת הרודף הוא משום הצלה עיין גר"ב מה"ת חו"מ סי' ס' ד"ה ועוד קאמינא. ב. חלוק זה צ"ב הלא הלכה מרווחת שגם ספק פ"נ דוחה שבת. ג. הרמב"ם הל' גניבה פ"ט ה"ז כ' סתם שממיתין אותו בכל מיתה וכן ברודף בהל' רוצח פ"א ה"ז לא כ' שישתדלו להרגו בסייף וגם רבינו בעצמו לקמן בסוגיית רודף לא כ' זה ועוד צ"ב כיון שרבינו מדמהו לרודף גם בזה מדוע לא פסק גם בבא במחתרת שצריך להצילו בא' מאבריו ורק אם א"א אז מותר להרגו כמו ברודף ובפרט לפ"מ שפסק רבינו לקמן שגם חותר ביום נהרג וגדחה מ"ש בחמרא וחיי בשם הר' יונתן ז"ל. ד. בסוגיית משנה ב'. ה. וכן כתב המל"מ בהל' שבת פכ"ד ה"ז. ו. רמב"ם הל' גניבה פ"ט ה"ז. ז. שמות כ"ב ב'. ח. הראב"ד שם ה"ח.

לא נאמר מחתרת אלא שדבר בהווה שדרך רוב גנבים לבא במחתרת בלילה. אבל גנתו או שדהו או כרמו או דיר וסהר שלו אפילו היה חותר שם יש לו דמים. סתם מקומות הללו שאין בעלים מצויים בהם ולא בא על עסקי נפשות. מכל מקום חלוק יש בין נכנס במחתרת לנכנס דרך הפתח שהבא במחתרת אינו צריך התראה מחתרתו זו היא התראתו ומתיר עצמו למיתה הוא. ועוד שהרי הוא כרודף. אבל כל שנכנס דרך הפתח אעפ״י שהוא עומד במסתרים וכדרך גנב צריך התראה בעדים שיצא משם ואם לאו שיהרגנהו. ומכל מקום אינו צריך שיקבלנה ויתיר עצמו למיתה כלומר יודע אני ועל מנת כן אני עושה שלא נאמר כן אלא במיתת בית דין. וגדולי הרבנים[א] חולקין בו ואין דבריהם נראין.

בא במחתרת זה שהזכרנו אין בו חלוק בין גדול לקטן בין איש לאשה אלא כל הנמצא ברשות חבירו בחזקת גנב יש רשות ביד כל אדם להרגו מפני שהוא רודף. וכל שהוא רודף הותרה הריגתו אפילו בקטן בין שהיה רודף אחר קטן בין שהיה רודף אחר גדול ואינו צריך התראה כמו שבארנו.

יצא לו הגנב מן הבית והולך לו הן בגנבה הן שלא בגנבה[ב] אינו נקרא עוד רודף ואם הרגו אחר כן יש לו דמים. הקיפוהו בני אדם אינו נהרג אעפ״י שהוא עדין במחתרת שהרי יש לו מצילים אם הוא קם עליו. והוא שאמרו במכילתא[ג] אם יש לו מושיעים אינו נתן ליהרג. אפילו לא היו בכדי להתירא זה מהם מכיון שיש ראויים שיעידו עליו אם יהרוג.[ד] והוא שרואה בעדיו נמנע הוא ואינו הורג ויש לו דמים. וכן יראה מדברי גדולי המחברים[ה] וכן יראה מתרגומו של אונקלוס[ו] אם עינא דסהדיא וכו׳.

זה שבארנו ברודף שנתן להצילו בנפשו פירושו אפילו בשהיה גדול רודף את הקטן שמצילין אותו בנפשו של רודף אעפ״י שהרודף גדול והנרדף קטן. ומתרין בו׳ שלא לעשות ושהוא מכלל הברים ובן ברית ולא מעובדי האלילים. וכל שאינו נמנע אפילו לא קבל עליו התראה מצילין אותו בנפשו שאין דין התראה לרודף. וכל החושב להכות את חבירו מכת מות רודף הוא. ואם יכולים להציל באחד מאיבריו עושין ואם לאו מצילין בנפשו. אפילו היה הרודף צדיק גדול והנרדף פחות שבפחותים. ואם לא היה יכול להצילו אלא שבא ליד בית דין אינו נהרג אלא אם כן קבל עליו התראה.

א. רש״י בסוגיין ע״ב ב׳ ד״ה זו היא. ב. גם הרמב״ם בהל׳ גניבה פ״ט הי״א כ׳ זה וצ״ב הא פשיטא הוא. מה אם גנב ויצא אסור להרגו אעפ״י שעדיין אפשר שבעה״ב לא יעמוד עצמו על ממונו עיין בירושלמי בפרקין ה״ח מכש״כ אם לא גנב כלל. ג. שמות כ״ב ב׳. ד. לא כמו שכ׳ הה״מ בהל׳ גניבה פ״ט הי״א בשם הרמב״ן שיעידו עליו שיגנוב. ה. כן הוא להדיא ברמב״ם שם וצ״ב מדוע כ׳ רבינו וכן "יראה". ו. עיין בהגהות ר״צ חיות שהקשה מדוע לא נקטו הרבה מקראות שבתורה שמורים על שפיכות דמים ורק זה שנאמר בבן נח ובקושיא זו כבר הקדימו בשו״ת חות יאיר סי׳ ל״א דף ל״ח א׳ ומה שתירץ הר״צ חיות בלשון ואולי. כן כתב רש״י כאן להדיא ע״ב ב׳ ד״ה והתורה אמרה.

עוברה שהיתה מקשה לילד ונסתכנה מרוב קשויה. מותר לחתוך העובר שבמעיה בין בסם בין ביד ולהוציאו חתיכות חתיכות שאין זה נקרא נפש[א] הואיל ולא יצא לאויר העולם. יצא ראשו הרי הוא..... ואין נוגעין בו לרעה שאין דוחין נפש מפני נפש. ואין דנין אותו ברודף כדי להציל את האם הנרדפת בנפשו שמן השמים רדפוה. זה שבארנו שכל שאין שם רודף אין דוחין נפש מפני נפש. לא סוף דבר באחרים שאין מצילין את זה בנפשו של זה. אלא אף בעצמו אסור לו להציל עצמו בנפש חברו. ואפילו רבים בנפש יחיד. והוא שאמרו בשמיני של תרומות[ב] נשים שאמרו להם גוים תנו לנו אחת מכם ונטמאנה ואם לאו נטמא את כלכם יטמאו כולן ואל ימסרו נפש אחת מישראל. ושנו עליה בתלמוד המערב.[ג] סיעת בני אדם מהלכין בדרך ופגעו בהם גוים ואמרו תנו לנו אחד מכם ונהרגהו ואם לאו הרי אנו הורגין את כלכם יהרגו כלם ואל ימסרו נפש אחת מישראל. למדת שאף בהצלת עצמו. ואף יחיד בהצלת רבים אין דוחין נפש מפני נפש. ואפילו קטן מפני גדול כמו שבארנו. מכל מקום אמרו שם[ג]. שאם ייחדוהו להם כשבע בן בכרי כלומר תנו לנו את פלוני ונהרגהו ואם לאו נהרג את כלכם ימסרוהו להם. כל שיש בו הצלת שנים בשביל אחד. אלא שאמרו שם אמר ריש לקיש והוא שנתחייב מיתה כשבע בן בכרי ור' יוחנן אמר אעפ"י שלא נתחייב מיתה. ויראה כר' יוחנן שהרי כל שנחלקו שניהם הלכה כמותו וכל שכן בתלמוד שלו. ומעתה אם לא נתחייב מיתה כל שאמר תנהו לי ואם לאו הריני הורג אותך יהרג ואל ימסרוהו שאין לו לדחות את זה מפני עצמו. אבל אם אמר הריני הורג את כלכם או אתה והוא ימסרהו ואל יהרגו שניהם או כלם. ואם נתחייב מיתה אם בדיני ישראל ימסרהו אף להצלת עצמו. ויראה לי אף להצלת אחר. ואם אינו חייב בדיני ישראל הרי הוא כישראל בעלמא. הא כל להצלת רבים אפילו לא נתחייב מיתה או שנתחייב ולא בדיננו הואיל וייחדוהו מותר.[ד] אלא שמדת חסידות לעכב וליתן מתון בדבר עד דכדוכה של נפש. וכל שממהר בכך הפקיע מעליו מדת חסידות. והוא שאמרו שם[ה] עילא בר קיסרי[ו] תבעתיה מלכותא ערק ללוד גבי ר' יהושוע בן לוי אתון אקפון מדינתא אמרין אין לית אתון יהבין לן אנן מחרבין מדינתא סלק גביה ר' יהושוע בן לוי פייסיה ויהביה לון הוה אליהו זכור לטוב יליף מתגלי ליה ולא איתגלי צם כמה צומין אתגלי ליה אמר ליה ולמסור אנא מתגלי אמר ליה ולא משנה שלימה עשיתי אמר ליה וכי משנת חסידים היא זו. ויראה לי שלא אמרה אלא על שמיהר את הדבר

א. עיין בנו"ב מהד"ת חו"מ סי' נ"ט ד"ה ואמנם שמביא זה מסמ"ע והקשה עליו ובאמת כ"כ רש"י להדיא בסוגיין ד"ה יצא ראשו. ב. מ"ב. ג. שם ה"ד. ד. עיין בטו"ז יו"ד קנ"ז סק"ח ודברי הט"ז ק"ק דמורד במלכות דוד הוא חייב מדין תורה ר"ל דהתורה נתנה רשות למלך ישראל! להרגו בלי התראה ושאר תנאים א"ב אין לדמותו למי שמורד במלכות שלו שאינו חייב מדין תורה. ה. ירושלמי תרומות פ"ח ה"ד. ו. בדפוסים שלנו בר "קושב" ובב"י יו"ד קנ"ז גרס קסרי.

ולא המתין עד שיראה אם יחריבו את העיר אם לאו.[א] ומכל מקום יש מפרשים שלא על מדת חסידות לבד היה מתרעם עליו אלא מן הדין. וממה שלא היה חייב מיתה בדיני ישראל. ומכאן פסקו[ב] כריש לקיש שאמר והוא שנתחייב מיתה כשבע בן בכרי. ופרשו בו שיהא מחוייב מיתה בדיני ישראל. והדברים ברורים כדעת ראשון. ולפי דרכך למדת במה שאמרו[ג] מאי חזית דדמא דידך וכו׳ דוקא שאמר לו קטליה לפלניא ואי לא קטילנא לך אבל אם אמר לו קטליה לפלניא ואי לא קטילנא לדידיה ולדידך מותר לו להרגו. ומכל מקום יראה שלא הותר אלא למסרו לו שמא יקח ממנו כפר או יתחרט עליו אבל להרוג בידים לא

יראה לי שאם היתה סיעה של נשים והיתה ביניהם זונה ידועה עומדת על מנהגה אפילו לא ייחד אלא שאמרו תנו לנו אחת ונטמאנה ימסרו את הזונה ואל יטמאו.[ד] ואין צריך לומר בסיעה של בני אדם והיה ביניהם טרפה שימסרוהו[ה] ואל יהרגו שהרי ההורגו פטור. ממה שראיתי בשמיני של תרומות.[ו] היה עובר ממקום למקום וככרות של תרומה בידו ואמר לו נכרי תן לי אחת ואטמאנה ר״ל לאכלה ואם לאו הרי אני מטמא את כלן ר׳ אליעזר אומר יטמא את כלן. ושנו עלה בירושלמי[ז] לא מסתברא כן אם היתה שם ככר טמאה.[ח] ויראה לי שאף בזונה כן. אלא שיש לפקפק שמא הרהרה תשובה בלבה.[ח] ומכל מקום לענין תרומה מיהא הלכה כר׳ יהושע שאמר לשם יניח אחת מהם על הסלע. ובתלמוד המערב של עבודה זרה ראיתי ששאלו בפרק שני[ט] מהו לדחות נפש קטן מפני גדול וכשהשיבו להם מיצא ראשו אין נוגעין בו שאין דוחין נפש מפני נפש. הם תירצו שניא היא שאין אנו יודעין מי הורג את מי. ולא נתבררה שם. ונראה שאף שאלתם במי שאמרו לו הרוג קטן זה ואם לאו נהרוג אותך אם מותר להציל עצמו בנפשו. ומכל מקום מסוגיא שבכאן יראה שהקטן דינו כגדול לענינים אלו שאם לא כן תהא האשה עצמה הורגתו אף ביצא ראשו. אלא שחכמי הדורות שלפנינו כתבו כן ר״ל שהאשה עצמה יכולה לחתכו שנרדף היא. ונרדף מיהא במקום שאין אחרים מחזיקין

א. ובזה מיושב קו׳ הטו״ז ביו״ד קנ״ז סק״ז. ב. כן פסק הרמב״ם בהל׳ יסודי התורה פ״ה ה״ה רק שמוסיף שאף בזה אין מורין כן לכתחלה. ג. במסכתין ע״ד א׳. ד. דלא כרשב״א מובא בכ״מ הל׳ יסוה״ת פ״ה ה״ה ועיין בדגול מרבבה יו״ד קנ״ז ס״א ודינו מסכים לרבינו. ה. עיין בנו״ב מה״ת חו״מ סי׳ נ״ט ד״ה ומה שתמה וגם רבינו לא התיר רק למסור את הטרפה כי אולי יתחרטו מלהרגו או יקוזו כופר כמו שסיים רבינו לעיל. ו. מי״א. ז. שם ה״ד ורבינו מפרש שדברי הירושלמי סובבים על משנת ככר ולא על משנת נשים דלא כפנ״מ ועיין במה״פ שם. ח. כן הוא בכ״י בבי״ת וא״כ אפשר שגם הרשב״א גריס כן בבי״ת ואעפ״כ כ׳ מ״ש יען דגם הרשב״א סבר שסובב על משנת ככר ורק חלק בין אשה לככר ודלא כמה״פ שם ולא כמש״כ בנו של הנוב״י בשו״ת מה״ת יו״ד סי׳ ע״ד ד״ה הן אמת עיי״ש. ח. כ״כ הרשב״א שם בתשובה. ט. ה״ב והנה סוגיא זו ממש אי׳ גם בירושלמי במסכתין פ״ח ה״ט ורבינו מביאו ממס׳ ע״ז ברור שבספרי רבינו לא היתה סוגיא זו במסכתין וכבר כתבתי לעיל בפ״ג סוף סוגיית משנה ג׳ שהרבה סוגיות בירושלמי שלנו הם במקום אחר ממה שהיו לפני קדמונינו ז״ל.

את הרודפו ברודף הוא עצמו רשאי. ומכל מקום מסוגית קטן הרודף אנו למדים שדינו כגדול אלא שיש לו ראיה ממנה על הטרפה וחברתה שמצילין עצמן באלו.

(מתני׳)[א] ואלו[ב] שמצילין אותם בנפשם הרודף אחר חבירו להרגו ואחר הזכור ואחר נערה המאורשה אבל הרודף אחר בהמה והמחלל את השבת והעובד ע״ז אין מצילין אותם בנפשם.

המשנה הששית והכוונה בה לבאר החלק החמישי. ונתגלגל בו על ידי בא במחתרת שנתן רשות לכל אדם להרגו. ואמר על זה אלו שמצילין אותם בנפשם הרודף אחר חברו להרגו וכבר בארנו שמזהירין אותו שלא לעשות ואם לא נמנע אלא שהוא רודף עדין אעפ״י שלא קבל עליו התראה הורגין אותו להציל את הנרדף. וכן בארנו שאם יכולין להצילו באחד מאיבריו עושין. וכן בארנו שכן הדין בכל שחושב להכות את חבירו מכה המביאה לידי מיתה. כמו שאמרה תורה[ג] במחזקת במבושיו של איש וקצותה את כפה. אחר הזכור כלומר שאף הרודף אחר הזכור לרבעו והזכור בורח לו. וכן הרודף אחר נערה המאורסה מצילין אותה בנפשו שנאמר[ד] בנערה המאורסה ואין מושיע לה הא יש לה מושיע אתה מושיעה בכל שאפשר להושיעה ואפילו בנפשו של רודף. והוא הדין לשאר העריות שבאיש ואשה בין כריתות בין מיתות בית דין. אבל הרודף אחר הבהמה לרבעה או שראוהו רודף לעשות מלאכה בשבת או לעבוד ע״ז. אעפ״י ששבת וע״ז יסודי התורה הם אין ממיתין אותו אלא יתרוהו ויניחוהו לעשות ויביאוהו לבית דין וידינוהו.

זהו ביאור המשנה וכלה הלכה היא ודברים שנכנסו תחתיה בגמרא אלו הן.

בתלמוד המערב[ה] שאלו ברודף שחזר ונעשה נרדף לנרדף שלו אם מצילין אותו בנפשו של רודף. ולא נתבררה שם[ו] שהרי אף כשהוא רודף אם היה יכול להצילו באחד מאיבריו ולא עשה חייב מיתה בידי שמים כמו שיתבאר. כל שכן שרואה הרודף הופך ונרדף שאעפ״י שהיה רודף מתחלתו כיון שעכשיו הוא נרדף מצילין אותו בנפשו של רודף.

מי שראה חברו טובע בנהר או חיה גוררתו או ליסטים באים עליו חייב להשתדל בהצלתו. ולא סוף דבר בעצמו אם הוא יכול בלא סכנה שהרי על

א׳ בכ״י מסומן ״משנה ז׳ לר״ם״. ב׳ בדפוסים שלנו נוסף ״הן״. ג׳ דברים כ״ה י״א י״ב. ד׳ שם כ״ב כ״ז. ה׳ בפרקין ה״ט ועיי״ש במה״פ. ו׳ בחמרא וחיי מביא דברי רבינו אלה ושם נוסף כאן ונראין הדברים שמצילין אותו שהרי וכו׳ כבפנים.

אבדת ממונו חייב על אבדת גופו כל שכן. אלא אף על ידי אחרים והוא שישכור שכירים ופועלים ובקיאים באותן הדברים להצילו. וחברו פורע לו מן הדין אם אין לו במה לפרעו.... לימנע בכך. שאעפ״י שאסור להציל עצמו בממון חברו דוקא שלא מדעת הבעלים אבל בעלים עצמן חייבין להציל חביריהם. וכל שלא עשה כן עובר משום לא תעמוד על דם רעך. וכן הענין בכל כיוצא באלו כגון שנודע לו שגוים או מוסרים מחשבים עליו רעה ואינו מודיעו. ובספרא אמרוה בפרשת קדושים[א] אף ביודע עדות לחברו ואינו מעידו וכל כיוצא בזה.

רוצח שאמרו בכאן יהרג ואל יעבור וכן בנערה המאורסה יש לפקפק בהן בקצת דברים ויתבאר ענינם למטה בע״ה.

כבר בארנו במשנה שכל העריות נתן להצילו בנפשו בין חייבי כריתות בין חייבי מיתות בית דין. אבל חייבי לאוין אין מצילין אותן בנפשן. וכן אם כבר התחיל בכדי חיוב כגון העראה אעפ״י שלא גמר לא נתנה עוד להצילה בנפשו. אבל כל שלא התחיל בעבירה אפילו היו הזכור והנערה צווחים ואומרים הניחו לו שמא יהרגנו אין שומעין להם אלא משתדלין להצילן על כל פנים. וכל המתרשל בזה כתבו גדולי המחברים[ב] שעבר על עשה וקצותה את כפה ועל שני לאוין לא תחוס עינך ולא תעמוד על דם רעך. אלא שאין לוקין עליהם. ומכל מקום כל ששניהם מתרצים בעבירה אין רשות ביד שום אדם להצילה כלל אלא יתרו בהם ויביאום לבית דין שלא נתן בערוה להציל בנפשו אלא על שמקפיד בעצמו.

האונס או המפתה נערה בתולה משלם קנס האמור בהם בתורה. ואם בא על אחת מן העריות שהן אצלו במיתת בית דין אינו משלם שהרי מיתה ותשלומין באין כאחד. ושמא תאמר הרי משעת העראה נתחייב מיתה וקנס אינו עד שינמור שזה הוצאת בתוליה. אין זה כלום שהרי מכל מקום מיתה קדמה. וכל שהמיתה קודמת נראה שאין תשלומין חלין עליו באותו מעשה בעצמו. ועוד שחיוב מיתה בכל שעת הביאה הוא ונמצא שבנמר ביאה מיתה ותשלומין באין כאחד. חייבי לאוין וחייבי כריתות אם התרו בו לוקה ואינו משלם קנס. ושמא תאמר תינח במפתה אבל באנוסה הואיל וכתבת שנתן להצילה בנפשה בחייבי כריתות מיהו למה משלם קנס הרי חיוב מיתה ותשלומין באין כאחד. ואעפ״י שלא היתה שם מיתה הרי מכל מקום אין הדבר תלוי אלא בדין מיתה. והרי יש כאן דין מיתה שהיה כל אדם יכול להמיתו. אין זה כלום שמשהערה פקע חיוב מיתה שהרי הואיל והערה לא ניתן עוד להצילה בנפשו. ותשלומין אחר העראה הם באים. ויראה שלא נאמרה שטה זו אלא לדעת האומר

א. ויקרא י״ט ט״ז. ב. הל׳ רוצח פ״א הט״ו ט״ז.

18

העראה נשיקה וגמר ביאה הכנסת העטרה. ומכל מקום אפשר לפרשה אף למה שכתבנו שהעראה הכנסת עטרה וגמר ביאה הכנסת האבר. שאין הוצאת בתולים אלא בהכנסת האבר. ומכל מקום אף אם תמצא לומר שהכנסת עטרה היא שעת הקנס ונמצאת מיתה ותשלומין באין כאחד תירצוה בפנים אחרים כגון שבא עליה שלא כדרכה וחזר ובא עליה עוד כדרכה. ופירושה על דרך זה בעצמו שמכיון שהערה בה אף שלא כדרכה יצא לו מדין מיתה של מציל וקנס אין כאן עד שיבא עליה כדרכה. ולמדת שהבא על הנערה שלא כדרכה אינו משלם. וכך כתבוה גדולי המחברים.[א] ויראה שמזו יצא להם.[ב] ויש[ג] מקשין לדבריהם ממה שאמרו בראשון של קדושין[ד] באו עליה עשרה בני אדם ועדין היא בתולה כלן בסקילה ר' אומר הראשון בסקילה וכלן בחנק ומודה ר' לענין קנס דכולהו משלמי. ודאי ביאת הראשונים בשלא כדרכה הוא. ומכל מקום הם נראה שפירשוה כדרכה. ולשונם בזה[ה] באו עליה עשרה והיא בתולה ברשות אביה בזה אחר זה הראשון בסקילה וכלן בחנק במה דברים אמורים שבאו עליה כדרכה אבל אם באו עליה שלא כדרכה כלן בסקילה. ומאחר שבכדרכה קורא לה בתולה יראה שביאת הראשונים נאמרה לענין העראה. ואיני מבין שהרי הם פירשו[ו] העראה הכנסת עטרה. ובסוגיא זו דנין הכנסת עטרה כבעילה גמורה. ומכל מקום בתלמוד המערב שבכתובות פרק שלישי[ז] מצאתיה כן בהדיא. הערו בה עשרה בני אדם ואחד גמר את הביאה כלן בסקילה גמרו כלן את הביאה הראשון בסקילה והשאר בחנק. ויש מפרשים לדעתם כלהו משלמי[ח] כל הבא בכדרכה אחר כל אלו. ואינו נראה דהא כלהו ודאי אאינהו גופיהו קאי. וכן קשה להם מה שאמרו בפרק אלו נערות[ט] אלו באו עליה שנים אחד שלא כדרכה ואחד כדרכה יאמרו בעל פגומה חמשים בעל שלימה חמשים ומדקאמר חמשים אלמא דאפילו קנס איכא. ומכל מקום יש מפרשים אותה לדעתם בעל שלימה דעלמא בכדרכה שלא נפגמה כלל חמשים בין הכל ר"ל בין בשת ופגם וקנס בעל פגומה זו בכדרכה הואיל ונפגמה בשלא כדרכה חמשים. אלא שהם נראה שפירשוה לענין בשת ופגם כמו שבארנו בשלישי של כתובות. ולשונם בזה[י] באו עליה שנים אחד שלא כדרכה ואחד כדרכה את שבא עליה שלא כדרכה אם הוא ראשון חייב בבשת ופגם ואם הוא אחרון חייב בבשת בלבד שהרי נפגמה וזה שבא עליה בכדרכה בין ראשון בין אחרון חייב בקנס ובשאר הדברים אבל אין בשת ופגם של בת שלא

א. רמב"ם הל' נערה בתולה פ"א ה"ח. ב. כ"כ גם הר"ן ספ"ג דכתובות שהרמב"ם סמך על סוגייא זו שבמסכתין. ג. כן הקשה הרא"ש ספ"ג דכתובות וגם הר"ן שם. ד. ט' ב'. ה. רמב"ם הל' איסורי ביאה פ"ג ה"ו וברמב"ם שלנו שינויים ועיי"ש במל"מ. ו. רמב"ם שם פ"א ה"י. ז. ה"ו. ח. רבינו קצר כאן לשון הירושלמי ושם אי' ובפנויה באו עליה עשרה שלא כדרכה ואחד כדרכה כולם ובקנס עכ"ל הירושלמי ועי"ז סובבים דברי הי"מ. ט. מ' ב'. י. רמב"ם הל' נערה בתולה פ"ב ה"ח ועיין ברמב"ם שלנו שהנוסחא אינה ברורה.

נבעלה כלל כבשת ופגם זו שנבעלה שלא כדרכה. ומכל מקום ביבמות פרק הבא[א] אמרו נבעלה שלא כדרכה פסלה לכהונה והקשו שם ממה שנאמר באונס ולו תהיה לאשה אשה הראויה לו פרט אלמנה לכהן גדול גרושה וחלוצה לכהן הדיוט היכי דמי אילימא בכדרכה מאי איריא משום אלמנה תיפוק ליה דהויא לה בעולה שהרי אנוסת עצמו ומפותת עצמו אסורה לו אלא בשלא כדרכה ומשום אלמנה אין משום בעולה לא אלמא אף בשלא כדרכה משלם קנס שהרי אלמלא שהיא אלמנה כהן גדול שבא עליה שלא כדרכה נושאה ומכיון שאתה קורא בה ולו תהיה לאשה למדת שהוא משלם שאלו היה פטור מלשלם קנס פטור הוא מלנשאה. ויראה לי שבבעולה כדרכה היא שנויה והוא הדין שהיה יכול ליגע בה מטעם בעולה אלא שתפס אחת מהן. ושאר הסוגיא שנויה דרך משא ומתן. ומכל מקום זו עקר. ויש מעמידין שמועות אלו לומר שאף הבא על הנערה שלא כדרכה משלם קנס ומפרשים בכאן הוא הדין שאפילו חזר ובא עליה שלא כדרכה משלם קנס אלא שסתם ביאה בכדרכה היא וכראשונה הוא שהוצרך להעמידה בשלא כדרכה כדי לחייב הבא עליה בקנס שהרי מיתת מציל אין כאן הואיל וכבר נפגמה בשלא כדרכה ויש על השני קנס אחר שעדין בתולה היא. הא מכל מקום אף כשחזר הבא עליה שלא כדרכה יש בה קנס אלא שהדברים נראין לדחות שאר הסוגיות בפירושם או לדחותם מכל וכל מפני זו וכדעת גדולי המחברים. ולגדולי הרבנים[ב] ראיתי בכאן דברים זרים והוא שכתבו שבא עליה הוא או אחר כבר שלא כדרכה שלא נתן בביאה זו להצילה בנפשו שכבר נפגמה. ואיני מבין פה קדוש האיך אמרה וכי אפילו נבעלה כמה כל שהיא ערוה לו לא נתן להצילה בנפשו. נעבדה בה עבירה אין מצילין אותה בנפשו פירושו בשהתחיל והערה[ג] כמו שכתבנו למעלה.

אף על פי שהותרה הרצועה להציל את הנרדף בנפש של רודף כבר בארנו שכל שהוא יכול להצילו באחד מאבריו עושה. וכל שהיה יכול להצילו בכך ולא עשה אלא שהמיתו הרי זה שופך דמים אלא שאין בית דין ממיתין אותו.

המתכוין להרוג את זה והרג את זה פטור הכה בלא כונה ומת פטור. נגף את האשה ויצאו ילדיה ומתה האשה פטור מדמי ולדות אעפ״י ששוגג הוא באשה שכל שיש בדבר דין מיתה אלו היה מזיד לא חלקתו בשוגג. ופירוש המקרא ואם יש שם דין אסון ודין נתינת נפש תחת נפש יפטר. אבל אם נתכון לחבירו ונגף את האשה הואיל ואפילו היה במזיד פטור מן המיתה משלם דמי ולדות על הדרך שבארנו בתשלומיהן בבבא קמא.[ד]

כל שאמרנו בכאן ובמקומות אחרים שאין אדם מת ומשלם. דוקא בשמיתה והתשלומין אלו באין כאחד על ידי אחד אבל אם מיתה באה בשביל אחד

א. נ״ס א׳. ב. רש״י בסוגיין ע״ג ב׳ ד״ה שבא עליה. ג. וכן פי׳ התו״ח ד״ה נעבדה שלא כרש״י ובוודאי נטה מפירש״י משום קושיית רבינו. ד. מ״ס א׳.

והתשלומין בשביל אחר הרי זה מת ומשלם. אם כן למה אמרו רודף שהיה רודף אחר חבירו אם להרוג אם לדבר עבירה ושבר את הכלים בין של נרדף בין של כל אדם פטור. טעם הדבר מפני שמצד רדיפתו נתחייב בנפשו אף לבעל הכלים. ונרדף ששבר את הכלים של רודף פטור שאין ממונו חביב מגופו. של אחרים חייב. שהמציל עצמו בממון חבירו חייב. מושיע שרדף אחר הרודף להציל ושבר את הכלים בין של רודף בין של נרדף בין של כל אדם פטור ולא מן הדין אלא שאם אין אתה אומר כן אין לך אדם שמציל את חבירו מיד הרודף.

מי שאנסוהו גוים או אי זה אנס לעבור עבירה עד שגזם לו שאם לא יעבור עבירה פלונית יהרגנו אין המדה שוה בענין זה בכל העבירות. אלא יש מצות שהוא רשאי לעבור עליהן כדי שלא יהרג ועל זה נאמר[א] וחי בהם ולא שימות בהם. ויש מהם שיהרג ואל יעבר ועל זה נאמר[ב] ונקדשתי בתוך בני ישראל וזה קדוש השם על דרך האמת שיהרגוהו ואל יעבור עבירות אלו. ודברים אלו הן באותן שיהרג ואל יעבור הן באותם שיעבור ואל יהרג לא הדבר מוחלט בהם כל כך אלא יש בהם תנאים שעל פיהם מתפרשים ענינים אלו. וכיצד הוא הדין. כל שבעבודה זרה וגילוי עריות ושפיכות דמים ואפילו בצנעה ואפילו שלא בשעת השמד כל שהוא מתכוין להעביר יהרג ואל יעבור. עבודה זרה שנאמר[ג] ואהבת את יי' אלהיך וכו' בכל נפשך אפילו נוטל את נפשך. וכן אמרו אם נאמר בכל נפשך למה נאמר בכל מאדך[ד] אלא מפני שיש לך אדם שממונו חביב עליו מגופו ויש לך אחר שגופו חביב עליו מממונו בא ללמדינו שיהא אוהב בחביב. שפיכות דמים סברא היא וכמו שאמרו מאי חזית דדמא דידך סומק טפי וכו' כלומר שאין אומרין לדחות המצוה מחשש נפשו אלא בזמן שהעבירה עשויה והנפש נצולת אבל כל שהעבירה עשויה ואף יש כאן נפש אבודה לא התירו. עריות שנאמר[ה] כי כאשר יקום איש על רעהו ורצחו נפש וכו' מה רוצח יהרג ואל יעבור אף נערה המאורסה יהרג ואל יעבור. ושמא תאמר והאיך אתה מוצא אונס בערוה לבועל והרי אין קשוי אלא מדעת. פרשוה ביבמות[ו] בשנתקשה לאשתו. ובשאלתות[ז] פירשוה בסכנת חולי כגון שעלה בלבו טינא עליה וחשקו מתלהב עד שהוא בא לידי סכנה ור"ל ימות ואל יעבור.[ח] ואעפ"י שלשון הריגה מונח על הריגה ביד אדם כבר מצינו[ט] הרגני נא הרוג. ואיני מבין מה היה קשה להם שאף כשאומרין לו לבא על נערה המאורסה שיהרג אלו הותרה לו הרצועה היה מתיר עצמו ומתקשה לדעתו ובא להשמיענו שאסור לו. וביבמות[י] לא אמרוה אלא שהוא

א· ויקרא י"ח ה'· ב· שם כ"ב ל"ב· ג· דברים ו' ה'· ד· גם ברי"ף לא גריס "ואם נאמר בכל מאדך למה נאמר בכל נפשך" ובאמת לשון זה קשה כמובן דהמקשן בוודאי ס"ל דנפש יותר חביב ממון ואח"כ מצאתי שעמד בקושיא זו בכפות תמרים יומא פ"ב אבל מרי"ף ורבינו נראה דלא גרסי לה· ה· דברים כ"ב כ"ו· ו· נ"ג ב'· ז· פ' וארא מובא בתוס' יומא פ"ב ב'· ח· עיי"ש בתוס' שהקשו כן על השאלתות ולא תירצו מידי· ט· במדבר י"א ט"ו·

מדקדק האיך מטיל עליו לשון אנוס שהרי היו עוסקים שם באדם שאומרים לו הנח עצמך שיתקעוך בערוה. אבל ללשון יהרג ואל יעבור אין כאן קושיא.

ויש גורסים מפני זה[א] תהרג ואל תעבור אם רצה זה לאנסה. ועל הנערה הוא אומר כן. ואף זו לענין פסק כך הוא. ואם תשיבני אסתר. על כרחה מוליכין אותה ודברינו אינן אלא למי שאומרין לה לכי מעצמך להבעל לפלוני ואם לאו אנו הורגין אותך. אבל מי שמוליכין אותו על כרחו אינו ממין זה ולא אמרו עליה בענין זה תהרג וכו׳. והוא אצלי שאמר קרקע עולם היתה. שלא היתה היא עושה כלום ואף שכר הליכה אין בידה שמוליכין היו אותה על כרחה. אבל באיש אפילו הוליכוהו על כרחו הואיל ומעשה בידו או האשה בזמן שיאמרו לה לילך היא מעצמה[ב] יהרגו ואל יעבורו. ואם תשיבני יעל שנשמעה לסיסרא אף ברצונה כמו שאמרו[ג] שבע בעילות בעל אותו רשע שנאמר בין רגליה כרע וכו׳. הצלת רבים שאני.[ד] וזהו שהקשו עליה ברביעי של נזיר[ג] הא מתהניא מעבירה ר״ל ברצון. ותירץ כל טובתן של רשעים רעה היא אצל צדיקים. אלמא שלא היה קשה להם אלא שנהנית מעבירה ברצון ולא על הליכתה. אבל באונס עצמה כל שאומרין לה לילך לעצמה תיהרג וכו׳ הא כל שמוליכין אותה לא. וכן ברוצח בלא שום מעשה אלו היו מעכבין אותו וזורקין עליו תינוק והתינוק סתמעך אין זה חייב להשמיט עצמו הואיל ומנזמין עליו במיתה שלא ישמט משם. וכן אם היה ישראל מושלך בבור ואמר לו אנס הזהר שלא תעלהו שאם תעלהו אני אהרוג אותך אינו חייב להעלותו. ומגדולי קדמונינו[ה] כתבו במסכת כתובות[ו] במה שאמרו שם ולדרוש להו דאונס בישראל משרי שרי שאין אומרים בגלוי עריות יהרג ואל יעבור אלא בבועל שלא יעבור את האשה אבל באשה תעבור. ועל זה הקשו והא אסתר פרהסיא הואי ולא אמרו בהא אסתר גלוי עריות הואי. ואין הדברים נראין אלא לא שנא איש ולא שנא אשה יהרוגו ואל יעבורו. וזו של אסתר כבר תירצוה. או שמא לרוחא דמלתא נאמרה כלומר גלוי עריות הואי ולא עוד אלא שהיה הענין בפרהסיא. למדת שבשלש אלו אפילו בצנעה ואפילו שלא בשעת השמד יהרגו ואל יעבורו. ולא סוף דבר בגוף העבירה אלא אף בחלקים דקים

א׳ תוס׳ בסוגיין ע״ד ב׳ ד״ה והא כ׳ גירסא זו אבל מטעם אחר. ב׳ מתוס׳ שם משמע דווקא אם אומרים לה לעשות מעשה בשעת העבירה אבל מרבינו משמע שאף אם בשעת ביאה תהיה קרקע עולם צריכה שתמסור נפשה על הליכתה להבעל ואולי דהוא בכלל אביזרייהו וצ״ב. ג׳ נזיר כ״ג ב׳. ד׳ וס״ל לרבינו דג׳ עבירות אלו לא דמיין להדדי דהא פסק לעיל בסוגיית רודף דאסור למסור א׳ להריגה גם להציל רבים ולפי רבינו מיושב איך אמרה אסתר כאשר אבדתי אבדתי שמעתה תבעל ברצון ותוס׳ בסוגיין מקשין מדוע לא גרשה מרדכי כדי שתהא מותרת לו יותר הו״ל להקשות הלא מחוייבת ליהרג אבל גם אסתר עשתה זאת בשביל הצלת רבים ולהצלת רבים שמותר רק להציל ממיתה אבל לא להצילן מעבירה כדתנן במשנת נשים שאמרו וכו׳ ופסקו רבינו לעיל ולשטת רבינו לקמן שמדמה ג״ע לע״ז גם בע״ז יהיה מותר בשביל הצלת רבים. ה׳ גם בתוס׳ בסוגיין ד״ה והא. ו׳ בתוס׳ שם ג׳ ב׳ ד״ה ולדרוש.

ממנה או בדומה לה. והוא שאמרו[א] בענין עבודה זרה שאין מתרפאין בעצי אשרה אפילו במקום סכנה. וכן אמרו בגלוי עריות באחד שנתן עיניו באשה והעלה לבו טינא ושאלו לרופאים ואמרו אין לו רפואה עד שתבעל לו ואמרו חכמים ימות ואל תבעל לו ואמרו אחר כן תספר עמו מאחורי הגדר ואמרו ימות ואל תספר לו מאחורי הגדר. ואעפ״י שפירשו הטעם שלא יהו בנות ישראל פרוצות בעריות לא נאמר אותו הטעם אלא למי שאומר פנויה היתה. ומכל מקום למי שאמר שאשת איש היתה לא הוצרך לכך.[ב] והוא שאמרו[ג] בשלמא למאן דאמר אשת איש שפיר וכו׳. שאר מצות שבתורה כל שבצנעה ושלא בשעת השמד אפילו מתכוין להעביר יעבור ואל יהרג אבל בפרהסיא אף שלא בשעת השמד או בשעת השמד אף בצנעה יהרג ואל יעבור מפני קדוש השם. ודברים אלו כלם במתכוין להעביר על הדרך שבארנו אבל אם אינו מתכוין אלא להנאת עצמו אף בע״ז וגלוי עריות[ד] ואף בשעת שמד ובפרהסיא יעבור ואל יהרג. והוא שאמרו באסתר להנאת עצמו שאני כלומר שאפילו לא היה בה טעם קרקע עולם כגון שהיו אומרים לה שתלך מעצמה ונמצא עונש הליכה מיהא בידה יש כאן צד אחר להתיר והוא מטעם הנאת עצמו אעפ״י שהיה גלוי עריות ופרהסיא. וכל שכן ביעל שהיה להנאת עצמו ובצנעה ודנה את עצמה כאנוסה להצלת רבים. ונמצאו שני תירוצין אלו של קרקע עולם ושל הנאת עצמן שניהם הלכה פסוקה. ונמצאו שכל שאנסתהו ערוה לבא עליה[ה] מחשש הריגה או אנס הוא ערוה אין לאנוס להתיר עצמו למיתה בכך. וכן בע״ז אמרו בפסחים[ו] מה ראו חנניה מישאל ועזריה שהפילו עצמן לכבשן האש. אלמא אעפ״י שהיה ע״ז ופרהסיא מותר היה להם הואיל ולא עשאה אלא להנאת עצמו[ז] לעבוד מה שעשה להטיל אימתו ולא לעלוי יראתו ולכוונת ע״ז. וכן אמרו במגלה[ח] מפני מה נענשו ישראל שבאותו הדור מפני שהשתחוו לצלם. ויש גורסין מפני שהשתחוו להמן. ושאלו וכי משא פנים יש בדבר כלומר והאיך נצולו. ותירץ הם לא עשו אלא לפנים אף הקב״ה לא עשה אלא לפנים כלומר הואיל ולא היה הדבר עשוי אלא להנאת עצמו. וכן אמר בכאן קוקי ודימוקני היכי יהבינן להו והם כלים שלנו שמתחממין בהם וביום אידם שואלין אותם להתחמם רוב העם הבא בבתי עבודות זרות שלהם.

א. פסחים כ״ה א׳. ב. אבל מרש״י בסוגיין ע״ה א׳ ד״ה שלא יהו וכו׳ שמסיים רש״י וימסרום להם לביאה עכ״ל מסיום זה משמע שרש״י מפרש קו׳ הגמ׳ מאי כולי האי שלא מסרוה לו „לביאה" והא דלא התירו הדברים אחרים אפשר משום שהחכמים ראו שהרופאים אינם עומדים בדבריהם ולכן לא סמכו עליהם וא״כ אין ראייה מזה שגם אחלקים דקים יהרג ואל יעבור וי״ל. ג. במסכתין ע״ה א׳. ד. שטת רבינו כשטת בעל המאור בסוגיין רק רבינו מוסיף שגם בע״ז מותר להנאתו משא״כ הבעה״מ מחמיר בע״ז ע״ש. ה. צ״ב הלא רבינו כ׳ דרבא מודה דאשה קרקע עולם היא בשעת ביאה והאיסור הוא משום הליכתה א״כ איך נאמר שאם אשה מאנסת לאיש שיבא עליה שמותר לו הלא הוא אינו קרקע עולם אולי רק הליכה שאינה העבירה ממש מתיר רבא מטעם הנאת עצמן. ו. נ״ג ב׳. ז. ובבעל המאור כ׳ וז״ל אבל לע״ז עצמה איני יודע בו דרך שיהא בו הנאת עצמו כדי שיהא מותר עכ״ל. ח. י״ב א׳.

אלא שמאחר שלהתחמם הם רוצים בהם לא ניתנו ליהרג עליהם ולעכבם שלא יטלוהו.[א] ומכל מקום בשפיכות דמים אף להנאת עצמו כגון שיש לו עליו דין נקמה אסור מסברא שכתבנו שהרי העבירה עשויה ויש שם נפש אבודה. זהו הכלל הברור בדין זה לדעתי.

ולמדת שמה שאמרו האי גוי דאמר ליה לישראל קטול אספסתא בשבתא ואי לא קטילנא לך אי אמר שדי לחיותא מותר ואי אמר ליה ושדי בנהרא אסור. פירושו בפרהסיא או בשעת שמד. אבל מה שהקשו והא אסתר פרהסיא הואי יש לך לדון בה אם גלוי עריות היה שם וכגון שהיתה אשת איש מה הוצרך לומר פרהסיא הואי. ואם לא היה שם גלוי עריות וכגון שהיתה פנויה מה עונש היה שם אף בפרהסיא. יראה לי שפנויה היתה אלא שכל שבפרהסיא כבר בארנו אפילו בחלקים ממנה יהרג ואל יעבור. ופירשנו בה אפילו למפסק ערקתא דמסאנא. כלומר אפילו שינוי חק שלנו לעשות כחק שלהם. שאנו רגילים להדביק המנעל ברגל על ידי רצועות והם על ידי חוטין. ושלנו מורה צניעות יותר. או שהם נוהגים ברצועות אדומות ואנו בשחורות. וכל שכן בגלוי עריות שמישראלית לגוי אפילו לפנויה וכל שכן בנבעלת לגוי דרך אישות שיש כאן מלקות. וכן לשטתנו אתה יכול לפרש שאשת איש היתה וכמו שדרשו[ב] לקחה מרדכי לו לבת אל תקרי לבת אלא לבית. אלא שכך פירושו גלוי עריות הואי ולא עוד אלא אף בפרהסיא ונמצא משני צדדין אתה בא להחמיר. ואעפ"י כן תירץ בה להנאת עצמו שאני אלמא שהנאת עצמו הותרה אף בגלוי עריות ואם כן הוא הדין לע"ז. ויש מתרצים[ג] בקושיא זו שאעפ"י שאשת איש הואי ביאת גוי אין שם מיתת בית דין אשת רעהו בעינן. ומפני זה הוצרך להקשות פרהסיא הואי הא מכל מקום אף בגלוי עריות היה תירוץ הנאת עצמן עולה על הדרך שכתבנו. וזו מכל מקום אינה ברורה לנו שכל שהיא אשת ישראל אף בנבעלת לגוי יש אומרים שיש שם מיתת בית דין. ומכל מקום לדבריהם אם לא שפרהסיא היה היינו מתירין לעבור. וקצת חכמי הצרפתים[ג] יצא להם מכאן שביאת גוי אינה אוסרת אשה לבעלה וכבר השבנו עליהם במסכת כתובות.[ד]

ויש מחדשים[ה] בשטה זו לומר שבע"ז וגלוי עריות אף להנאת עצמו יהרג ואל יעבור. ומפרשים בענין אסתר שפנויה היתה ולא הקשו אלא מפרהסיא דוקא וכדין שאר מצות. וכן נראה מלשון גדולי המחברים.[ו] ואף אני חוזרני לומר כן מצד שנערה המאורסה הנזכרת בכתובות[ז] אין ספק שלהנאת עצמו הוא כרוב עריות. וכן זו שאמרו[ח] בכל מתרפאין במקום סכנה חוץ מעצי

א. ולענ"ד אפשר לתרץ כיון שהגוי נוטל אותם והישראל רק אינו מעכב הדבר א"כ הו"ל כקרקע עולם וכמו שכ' תוס' ורבינו לעיל שגם ברוצח בלי שום מעשה אינו חייב ליהרג אבל בגמ' כ' היכי יהבינן להו משמע שנתנו במעשה ולכן בעי טעם דלהנאת עצמן שאני וצ"ב. ב. מגלה י"ג א'. ג. ר"ת בתוס' בסוגיין ד"ה והא. ד. ג' ב'. ה. כן הוא שטת הרמב"ן במלחמת בסוגיין. ו. רמב"ם הל' יסודי התורה פ"ה ה"ב. ז. ג' ב'. ח. פסחים כ"ה א'.

אשרה הא עצי אשרה לאו להנאת עצמו הוא דהיינו לרפואה. וכן מה שאמרו למעלה[א] ימות ואל תבעל לו הנאת עצמו היתה. וכן בעוברה שהריחה בשר קודש אמרו[ב] עליה שתוחבין לה בכוש שאין לך דבר שעומד בפני פקוח נפש חוץ מע״ז וכו׳. אלמא שכלן אף להנאת עצמו עומדין בפני פקוח נפש. ומכל מקום אפשר לומר בכל אלו דדווקא במקום חולי דשמא לא ימות בכך. אבל כל שבוודאי ימות בכך ר״ל שיהרגהו כל להנאת עצמו שרי. ומה שאמרו בראשון של קידושין[ג] ברב כהנא דתבעיתיה ההיא מטרוניתא וסלק לאיגרא ונפל ומית. בזה מכל מקום מדת חסידות היתה. והראיה שהרי אף היא לא נזמה לו להרוג. והיה צריך להכין עצמו בלא הריגה. או שמא יצא לה מזה עליו חלול השם ותגרר בו כוונת העבירה. ועוד אני אומר שלא חלקו בין הנאת עצמן לכוונת העבירה אלא בגוי הבא לאנס את ישראל אבל ישראל בחברו או לעצמו אעפ״י שטבעו מביאו לכך הכל אצלו כוונת העבירה. הא בגוי אצל ישראל מיהא כל להנאת עצמו מותר. ומעשה של רב כהנא מיהא כדרך שפרשנו. והדברים ברורים. ומכל מקום לדעתם כל שבהנאת ערוה אף להנאת עצמן יהרגו ואל יעבורו. ואם תשיבני אסתר הם פירשו שבשאר מצות היא כמו שכתבנו. ולא בגלוי עריות שפנויה היתה זנוי הבא על בת ישראל בזנות אין בו איסור תורה אלא שבית דינו של שם גזרו עליה. כמו שיתבאר בשני של ע״ז.[ד] ואם תאמר שאיסור חתון היה שם שהוא מן התורה אין חתון באונס. וכן שאין בו אלא איסור לאו ואין גלוי עריות גמור לומר שיהרג ואל יעבור אלא בחייבי מיתות בית דין או כרת. ואם תשיבני מה שהקשו[ה] מה ראו חנניה וכו׳ שהטילו עצמם וכו׳. אין זו ע״ז גמורה אלא אנדרטי של מלך להגדיל יראתו. ובזו כל שלבו לשמים מותר. וכן כתבו שטה זו גדולי הצרפתים. וכן יש חולקין לומר שבשעת השמד אף בכלן ולהנאת עצמן אסור. ועקר הדברים כדעת ראשון או אמצעי אלא שלענין ע״ז יראה לגדולי הדורות כשטה זו.

שעת השמד שכתבנו פירושו בשעה שיעמוד מלך אכזרי על ישראל כנבוכדנצר וחבריו ויגזור על ישראל לבטל דתם או מצוה מן המצות. ופרהסיא שכתבנו פירושה בעשרה בני אדם מישראל ואפילו תשעה ישראל ואחד גוי אינו כלום. ולא שצריך בפני עשרה אלא בידיעת. שהרי אסתר לא בפני עשרה אלא שכלם היו יודעים בכך או שמא רואים היו בשעה שהיו מוליכין אותה.

כל שאמרנו עליו יעבור ואל יהרג אם מת ולא עבר מתחייב בנפשו ואין כאן קדוש השם כלל. וכל שאמרנו עליו יהרג ואל יעבור ועבר ולא הניח עצמו ליהרג הרי זה מחלל את השם. אלא שאין בית דין עונשין אותו לא במיתה

א. בסוגיין ע״ה א׳. ב. יומא פ״ב א׳. ג. מ׳ א׳ ועיין במלחמות בסוגיין שכ׳ דממדת חסידות ודאי לא קטל נפשיה ולכן כ׳ רבינו עוד תי׳ שיצא מזה חלול השם ולכן מותר למסור עצמו אף אם אינו חייב משום ונקדשתי. ד. ל״ו ב׳. ה. פסחים נ״ג ב׳.

כחייבי מיתות ולא במלקות כחייבי כריתות. אף בע״ז אמרו[א] ונתתי פני באיש ההוא ההוא ולא אנוס ההוא ולא שוגג ההוא ולא מוטעה. וכן חייבי כריתות אינן בכרת אלא שהוא בעונש חלול השם. ומכל מקום אם יכול לברוח ולהשמט מאותה עבירה ולא עשה הרי זה מזיד גמור אלא שאף בזו יש אומרים[ב] שאין בית דין ממיתין אותו.[ב] ויש חולקין[ג] אף בראשונה לומר שממיתין אותו אם אתרו בו לומר שהוא חייב מיתה אף באונס. ולא יראה כן.

בני נח אין מצווין על קדוש השם כלל וכל שנאנסו בשבע מצות שלהם אפילו לעבוד ע״ז פטורים לגמרי ויעבור ואל יהרג.

ונשלם הפרק תהלה לאל.

פרק תשיעי בעזרת הצור.

אלו הן הנשרפין וכו׳. כבר בארנו בפתיחת המסכתא על חלק חמישי שבה שהוא אמנם בא לבאר במחוייבי מיתות בית דין אי זה מהם בסקילה ואי זה מהם בשריפה ואי זה מהם בהרג ואי זה מהם בחנק. וכן בארנו בפרק שביעי שהותחל בו זה החלק בענין הנסקלים והושלם ענינם בין השביעי והשמיני. ובא עכשיו זה הפרק בעניני זה החלק גם כן וכפרט בבאור עניני הנשרפים ועניני הנהרגים. והאריך בו הרבה בעניני הרציחה על אי זה צד חייב ועל אי זה צד פטור. ונתגלגל בו ברוצח שנתערב עם אחרים כיצד עושין בו. וכן נתגלגל על ידי זה במחוייבי מיתות שנתערבו ובמחוייבי שתי מיתות באי זו מהן הוא נדון. והשלים הענין במיתה שאינה מסורה לבית דין. ועל זה הצד יחלקו עניני הפרק לארבעה חלקים. הראשון בענין פרטי הנשרפים. השני בענין פרטי הנהרגים ועניני רציחתם על אי זה צד חייב בה ועל אי זה צד פטור. השלישי במחוייב מיתה שנתערב עם אחרים או מחוייבי מיתות שנתערבו או במחוייבי שתי מיתות כיצד דנין בהם. הרביעי במי שהורג שלא בעדים והתראה שאין בית דין יכולין להמיתו כיצד עושין בו. ונתגלגל על ידי דבר זה בהרבה

א. קידושין מ״ג א׳. ב. כן נראה מרמב״ם הל׳ יסודי תורה פ״ה ה״ד. ג. רמ״ך מובא בכ״מ שם ה״א ד״ה כתב.

דף ע"ב ע"א

הבא במחתרת [ונטל כלים ויצא פטור] וכו'. כלו' פטור מלהחזירן, ואעפ"י שהן בעין [הן] שלו. א"ר מסתברא [מילתיה דרב בששיבר] וכו', כלומר בין עכשיו ובין לאחר זמן, דליתנהו, ובתשלומין מדמיה (לא) מצי לדחוייה[32] כיון דמחייב מיתה בלקיחתו. אבל נטל [לא] מסתבר בהו מילתיה דרב כיון דאכתי (קיימינן) [קיימין] הם[33] כל היכא דאיתנהו ברשותא דמרייהו איתנהו, דאין זה אלא כמחזיר את פקדונו. וקאמר רבא דלא תימא מתני' דקתני שבר דוקא [במחתרת אלא[34]] ל"ש שבר במחתרת[35] ול"ש [°לא שבר במחתרת אלא ש]שבר לאחר שיצא בתרווייהו מיפטר, כך פירש"י. ואינו מחוור, חדא, כיון דלא שבר אמרי' אליבא דרבא דחייב להחזיר, כששבר נמי איכא לחיובי, דהא אשתכח דבההיא שעתא דקא תבר להו (קאזיל דבההיא) [קגזיל ובההיא] שעתא לא מיחייב מיתה, שהרי הוא כרודף שחזר מלרדוף שהוא פטור, ולפיכך יש בדין לחייבו[36]. ועוד שאין נראה כן מהלשון, דהא קאמר אבל נטל, דמשמע דעד השתא לא בשנטל איירי. ולפי(') פי' הי"ל[37] מסתברא מילתיה בשנטל ושבר אבל נטל ולא שבר לא. וא"ת דאנטל [°כדקאמר רב קאי דנטל דקאמר רב פטור דוקא[38]] כששבר מסתברא, מ"מ הל"ל אבל לא שבר דאיתנהו בעין לא, ולא הול"ל אבל נטל, דתרווייהו נטל נינהו. ועוד דא"כ מתני' נמי קשה לרבא דקתני היה [°בא] במחתרת ושבר דמשמע שבדרך ביאתו שיבר, ולא קתני ונטל ושבר, והו"ל לאקשויי מינה כי היכי דמקשי' לרב[39]. וליכא למימר דלתרווייהו מקשי', דהא קאמר טעמא דשבר אבל נטל לא, והל"ל אבל נטל ושבר לא. [°ועוד] דרבא לא מצי לשנויי הא קמ"ל דכי יש לו דמים אע"ג דשבר חייב, דהא אף בנטל ושבר מצי לאשמעינן הכי, ולרב הוא דלא מצי לאשמעינן הכי אלא כששבר במחתרת כיון דבנטל ויצא לא מפליג בין שבר ללא שבר. והרמב"ן ז"ל דחק עצמו לפרושי מסתברא (כ)מילתיה דרב, כאלו אמר לא מסתברא מילתיה דרב אלא כששיבר, דהיינו דינא דמתני', כלומר כששיבר במחתרת. ולאו למימרא דרב (בהני) [בהכי] איירי ורבא נמי דקאמר בדשיבר מסתברא לי[40] הכי דבשבר דינא דמתני' היא[41], אלא ה"ק אין לך לפוטרו אלא כששיבר במחתרת כדתנן במתני'. והא דאוקימנא לההיא דקתני היה (משבר) [מגרר] ויוצא וכו' דשדינהו בנהרא, אית לן למימר כפום האי פי' דשדינהו אותן](ו) מיד כשהוציא[ן](ו) ולא עמדו בידו וברשותו אחר הוצאה כלל[42], ואינו מחוור.

ומ"מ יש לנו לדקדק לרב דאמר בנטל ויצא נמי פטור, גנב דחייב רחמנא תשלומי כפל היכי משכחת לה וכו'. וכן למי[43] שפי' דרבא דאמר דבלא שבר חייב להחזיר מדרבנן

32 ובדפו"ר הגיה: ותשלומי' מדידיה לא מצי' לחיובי', והוא ע"פ ל' רש"י. 33 ד: הא. 34 המגיה בדפו"ר. ואפשר דצ"ל: וקאמר רבא (דלא תימא) מתני' שבר דוקא, ול"ש כו'. 35 כ: לי' ונוסף: דוקא. 36 כן הקשו הראשונים, ואייתו לה מההיא דגזל חביתא דחמרא מחבריה כו' תברה או שתיה כו'. ע' בבעה"מ ובמלחמות וברמ"ה. 37 ד: ולפיכך פי' דה"ק. 38 ד: דקאמר רב פטור קאי דדוקא. 39 קושיות אלו מהמלחמות, ורבינו הוסיף דליכא למימר דלתרווייהו מקשי' כו'. 40 ד: ליה. 41 יש כאן שיבוש, ואולי צ"ל: ורבא נמי דקאמר בדשיבר מסתברא לי — לאו למימרא דרב בהכי איירי — (הכי) [ואולי: שהרי] דבשבר דינא דמתני' היא אלא ה"ק כו' [ושמא נשתרבב כאן קטע מגליון מבחוץ]. 42 וכ"כ ברמ"ה, ע"ש שהאריך בזה. וע' במאירי. ובמלחמות כ' דיש לפרש גם דשדנהו אחר, והיינו דאין חייב באונסין שאח"כ, וכן בר"ן. 43 ד: למה.

קאמר ומן התורה אינו חייב להחזיר[44], קשה גנב דחייב רחמנא תשלומי כפל היכי משכחת לה. וליכא למימר דבאב על הבן עסיקינן. ואיכא למימ' [°ד]כשבא לגינה או לגג או לקרפף וגנב משם עסיקינן, דכה"ג לאו על עסקי נפשות קא אתי, דלא שכיח בעל הבית התם[45].

דף ע"ג ע"א

ואלו שמצילין אותם בנפשם. פי' מצילין הנרדף בנפשו של רודף, כדאמרי' בגמרא מה נערה ניתן להצילה בנפשו וכו', אלמא הצלה אנרדף הוא. והא דקאמר גבי מחלל שבת אין מצילין אותם בנפשם, איכא למימר דאגב דתנן מצילין ברישא, תנא נמי הצלה, ולאו משום דשייכא הצלה בשבת ובע"ז. והתם ודאי אית לן לפרושי דבדידיה קאמר דאין מצילין אותם מן העבירה בנפשו[ן](ו)[46].

ואיכא דק"ל[47] גבי מחלל אמאי[48] איצטריך למיתני שאין מצילין בנפשו, פשיטא דמחלל הוי איהו אי קטיל ליה. ולאו מילתא היא, דהא איכא תנא דס"ל דמחלל שבת ניתן להצילו בנפשו ואעפ"י שמחלל שבת נמי[49], והכי נמי[50] גבי כל הני דמצילין אותם בנפשן[51] משמע דלא מפלגינן בין חול לשבת[52], כי היכי דגבי בא במחתרת לא מפלגינן בין חול לשבת[53].

[°**והאי** דקתני] רודף אחר בהמה ומחלל שבת ועובד ע"ז שאין מצילין אותם בנפשם, ה"ה דמצי למיתני שאר חייבי מיתות שאין מצילין, אלא הני איצטריכו, בהמה

44 הוא פי' הבעה"מ (ותשו' הרשב"א ח"ה סי' י"ח). 45 המגיה בדפו"ר כ' בזה: **דאז אינו יכול להורגו עד שיתרו בו** כצ"ל. וזה התי' אתי שפיר **דוקא לתניא אידך דאמרינן לקמן דמחתרתו זו היא התראתו אך לפי הברייתא הראשונה דבכל אופן חייב מיתה אף בלא התראה לא אתי שפיר ודו"ק**. וכונתו לדברי התוס' בד"ה אפי', ולמש"כ על דבריהם במהרש"א. אבל לכאו' כונת רבינו מיירי במקום דלא שכיח בעל הבית התם (וכן ממה שהביא דוגמא דגינה), וע' מש"כ בזה ברש"ש. 46 ע' בחי' הר"ן כדברי רבינו. ורש"י פי' במתני' דמצילין אותן מן העבירה. וכבר עמדו בתוס' ד"ה להצילו בהיפוך המשמעות גבי נערה ושבת. וברש"י בד"ה מה נערה פי' אף בנערה דניתן **להצילה** מן העבירה בנפשו. והרמ"ה הביא ב' הפירושים. ובפה"מ להר"מ פי' כרבינו דמצילין הנרדף בנפשו של רודף, וכ"פ בפסקי רי"ד. וע' ברש"ש לעיל מ"ט א' ראיה לפי' התוס'. 47 קטע זה הועתק במחזיק ברכה או"ח של"ט ס"ק ה' ובכסא דוד דרוש ג' לשה"ג. 48 כ"ה במחזב"ר, ולפנינו: למאי. 49 וכ"כ התוס' בע"ב ד"ה חד, וי"ל דמ"מ ס"ד דגזה"כ היא כר"א בר"ש. 50 כ"ה במחזב"ר, ולפנינו בד: שמחלל שבת ואה"נ גבי כו'. ובכ: שמחלל שבת נהי הכי נמי גבי כו'. 51 כ"ה במחזב"ר. ולפנינו: בנפשו. 52 כונתו לכאו' דפשטות הסוגיא משמע דלא מפלגי', ומש"ה נמי ס"ד דאף במחלל שבת שייך הצלה ולא חיישי' בחילול שבת שבהריגתו. אבל לכאו' אין לפרש דשמעי' לה מהא דאיכא מ"ד דמחלל שבת מצילין אותו בנפשו אף דיש בזה חילול שבת, דהא לדידי' גזיה"כ הוא, וכמו שכ' בזה במל"מ פכ"ד משבת ה"ז (וע"ש בס' הלקוטים לר"מ פרנקל). וע' במחזיק ברכה שם. 53 ע' ברש"י לעיל ע"ב ב' שפי' בד"ה קמ"ל דקטלי' משום פקוח נפש דהאיך, וכן ברמ"ה שם. ומשמע דאי לאו ה"ט אין מצילין הרודף בנפשו בשבת, וע' במשנת ר"א שבת סי' י"ז ובאבי עזרי פ"ט מגניבה ה"ז. וע' במל"מ שם שנסתפק בזה, והביא להרי"ף ורש"ג דאף רודף אחר הערוה ואחר הזכור ניתן להצילו בנפשו אפי' בשבת, וע' בחמו"ח לעיל שם בשם כללים. וע' בפי' הגרי"פ להרס"ג בפתיחה לח"ג או' י"ג שעמד בדברי רבינו, ובד' רש"י והרמ"ה. ויל"ע בד' המאירי בזה ע' בכל דבריו בסוגיין. וע' בזה באו"ג דף כ"ז א' ובשיעורי הגרש"ר סי' ט"ו.

משום דדמיא לעריות, ומחלל וע״ז לאפוקי ממ״ד מצילין[54].

מה נערה ניתן וכו׳. הא דלא גמרינן מבא במחתרת דאמר לעיל (והוא בא) [והוכה] לכל אדם. איכא מ״ד דאי מהתם הו״א דאי בעי למעבד עביד, אבל מ״מ לא רמיא עליה למעבד קמ״ל[55].

דף ע״ג ע״ב

[**חד** למעוטי ע״ז. וק׳] מנ״ל דהאי תנא ס״ל עונשין מן הדין[56], דילמא [°האי תנא אין עונשין] ס״ל, ונער למעוטי בהמה ונערה איידי דכתב רחמנא נער כתב נמי נערה, ומנ״ל לאוסופי מחלוקת ד׳[57]. דע״כ אית לך למימר דלמ״ד אין עונשין וכו׳[58], נער למעוטי בהמה ונערה איידי דכתב נער כתב נמי נערה. ומשמע דמדקתני נער זה זכור נערה זו נערה המאורסה שמיע ליה דהאי תנא דריש נער ונערה, דאע״ג דלהכי לא איצטריך [ו]אלו לא נאמר קאמר אלו לא נאמר חטא מות הייתי אומר וכו׳, ומ״מ שמעי׳ מינה דדריש נער ונערה. וכ״ת לוקמה כדרשב״י ולימא נער למעוטי בהמה נערה למעוטי שבת. איכא למימר דאי רשב״י ה״ל למתני בברייתא בהדיא דעובד ע״ז ניתן להצילו בנפשו מק״ו דעריות.

וכתב רש״י ז״ל שבת כדי נסבה ואגב גררא איידי דתניא במתני׳, ומיהו קרא לא בעי למעוטי דכיון דאימעיט ע״ז מהיכא תיתי שבת, הא לא ס״ד לאיתויי אלא בחילול חילול. ואיכא מ״ד דודאי אי לאו [°דמשמע] דממעיט[59] אף שבת מינה לא הוה ממעטינן ע״ז מינה, והוה מוקמי׳ מיעוטא לשבת דלא נגמור חילול חילול ולאו לע״ז[60], וצ״ע.

וממונא לא משלם עד גמר ביאה. פי׳ דקנסא לא מחייב אלא משום גמר ביאה שהוא מוציא בתוליה. ואיכא דק״ל מדתניא בפ״ק דקידושין (דף ט:) באו עליה י׳ ועדיין היא בתולה כולן בסקילה ר״מ[61] אומר הא׳ בסקילה וכלן בחנק. ואמרי׳ [°אר״ז] מודה ר״מ לענין קנס דכולהו משלמי. אלמא אף שלא כדרכה (דלית) [דאית] לה בתולים קאמרינן דמחייב קנס. ונראה לפרש דמשעת (ההריגה) [ההעראה] (לא) אפטר ליה מקטלא וממונא לא משלם עד גמר ביאה, כלומר בשעת העראה לא היה אפשר לחייבו קנס כיון שהיה מתחייב בנפשו, שאין אדם מת ומשלם. משהערה ואילך כיון דאפטר מקטלא בהא[62], אי גמר (לא) מיחייב קנס כיון דאכתי בתולה היא בשעה שהוא מתחיל לגמור הביאה, אבל באדם אחר ודאי שאינו מחייבי כריתות אלא שהוא מותר בה ודאי מתחייב

54 וברש״י במתני׳ דס״ד תיתי מק״ו ומג״ש, והיינו הך. וע׳ בפיה״מ להר״מ, ובפ״א מרוצח הי״א. 55 כ״כ התוס׳ ד״ה אף. [וע׳ באר״ש פ״א מרוצח הי״ג בד׳ התוס׳, ובדברי יחזקאל סי׳ כ״ג ס״ק ו׳ ז׳ וחי׳ ר׳ ראובן ב״ק סי׳ י״ג סק״ד שהק׳ דאחר דאיכא רשות שוב איכא חובה משום לא תעמוד ע״ד רעך, ע״ש. ויל״ע בל׳ התוס׳ אם אליבא דאמת איכא מצוה בבא במחתרת או דס״ל כהרמב״ם פ״ט מגניבה ה״ז שאינו אלא רשות, ע׳ בזה ביד דוד ובאפיקי ים ח״ב ס״ס מ׳, ויל״ע גם בל׳ רבינו]. 56 דבעי׳ למעוטי לע״ז דלא תיתי בק״ו. 57 פי׳ דהאי תנא הוא שיטה ד׳, מלבד רשב״י ור״א בר״ש ומאן דס״ל אין עונשין מן הדין. ואיהו ס״ל דעונשין מן הדין ומ״מ מעטי׳ קרא בהדיא. ובכ לי׳: ד׳. 58 מאן דפליג אדרשב״י, לקמן ע״ד א׳. וכ״כ בתוס׳ שם ד״ה קסבר. 59 ד: דאימעיט. 60 וכ״כ הרמ״ה, וע׳ גי׳ שם בגמ׳, ולגי׳ רבינו צ״ב לכאו׳. וע״ע בתוס׳ דטפי הי׳ נראה לומר חד למעוטי ע״ז ושבת. 61 כן גם גי׳ הרמ״ה לעיל ס״ו ב׳, ולפנינו: רבי. אבל בדברי רבינו לעיל שם מבואר דגרס ג״כ רבי. 62 ואפשר: דאפטר מקטלא, בהא כו׳. ובד: דהא.

בלא הסרת בתולים. וה"נ כדמוקימנן לה בבא עליה שלא כדרכה וחזר לכדרכה, כי היכי דמשעה שנתחייב קנס לא מתחייב מיתה קאמרי' הכי, ולאו משום דבשלא כדרכה ליכא חיוב קנס היכא דליכא חיוב מיתה[63].

ויש שחלקו בין בא עליה שלא כדרכה לכדרכה ולא נשרו בתוליה[64] כדי לקיים דברי רש"י, ואין החילוק ברור דבירושלמי גרסינן הערו בה י' כולן משלמין קנס.

והא דקאמר רב חסדא כגון שבא עליה שלא כדרכה וחזר וכו' לאו דוקא, דה"ה אם חזר לשלא כדרכה דמחייב קנס כדאיתא התם.

ומצינו להרמב"ם בפ"א [מנערה ה"ח] שכת' אין האונס וכו' חייב עד שיבא עליה כדרכה, (וחדא) [והדא] מילתא איטרח[65] לרב שכבר כתבתי דהא לאו דוקא[66], וע"כ אית לן למימר הכי מההיא דפ' האשה נקנית [°וכו'].

דף ע"ד ע"ב

והא אסתר פרהסיא הואי. ראיתי לר' זרחיא הלוי ז"ל שכת' (דברים) [דבדין] הוא שתקשי ליה והא אסתר גילוי עריות הואי, אלא כיון דמיתורא דרשי' דלקחה מרדכי לו לבת לא אקשיה מינה. ועוד י"ל דנבעלת לגוי אין שם מיתת ב"ד אעפ"י שהיא א"א דאשת רעהו בעי'[67]. ופליאה דעת ממני מה ראה לומר כן, הא בהדיא אמרי' בפ"ד מיתות (דף נז:) בן נח שבא על עריות ישראל נידון בדיני ישראל על עריות בן נח נידון בדין בן נח, ואמרי' אנו אין לנו אלא נערה המאורסה ואקשי' ולחשוב נמי נכנסה לחופה ולא נבעלה, ומשני האי תנא תנא דבי מנשה הוא דאמר כל מיתה האמורה לבן נח אינה אלא חנק אידי ואידי חנק הוא. אלמא בן נח הבא על עריות ישראל נהרג, ואם לא היתה אשה נהרגת היאך הוא נהרג, והרי אין שום תקלה בא לה על ידו[68]. ועוד לכאורה [°אי] איכא למעוטי מקרא דאשת רעהו לדידיה הוא

63 ע' בכ"ז בתוס' כאן וביבמות נ"ט א', ובמהרש"א שם שביאר דבריהם דחייב אגמר ביאה כיון דעדיין בתולה היא ויש בזה כדי לחייבו, וכמבואר בדברי רבינו כאן, וכן כ' הרמ"ה ובחי' הר"ן. וע"ע בתוס' הרא"ש יבמות שם. 64 ע' בתוס' בשם י"מ ובחי' הר"ן וברמ"ה (ומה שמשמע מדבריו דהחילוק במציאות, צ"ל בכונתו דאף שיש לה בתולים מ"מ פגומה היא, וע' פרי יצחק ח"ב ל"ט). וע' בתוס' יבמות שם בסוף דבריהם שהקשו ע"ז מסוגיין, ובתו' הר"פ מה שתי' בזה. ובריטב"א כתובות מ' ב' הביא דדעת רש"י דאין קנס לא בהעראה ולא בשלא כדרכה דליכא השרת בתולים. וכן משמע מפירש"י שם גבי יאמרו בעל שלמה כו', וע"ש בשמ"ק. 65 ד: אית. ואולי: איטרא – התבלבל (כמו בחולין מ"ה ב' דטרייה לרישיה). 66 ע' במאירי דהרמב"ם למד מכאן שאמרו וחזר ובא עליה כדרכה. וכבר כ' רבינו למעלה דלאו דוקא קאמר, וכ"כ התוס' ביבמות שם. וכ"כ הרמ"ה ע"ש שנתן טעם לזה, והובא בתשו' הרשב"א ח"ג סי' שע"ג. וע' במאירי שהאריך לתרץ סוגיא דקידושין ושאר סוגיות דמשמע לחייב קנס בשלא כדרכה. וע"ע בתוס' ר"י הזקן קידושין שם בד' הרמב"ם. וע"ע באו"ש שם וביונת אלם סי' ג'. 67 ע' במלחמות שנראה שהסכים לסברא זו, וכמ"ש בחי' הר"ן לעיל נ"ב ב' (אבל בתורת האדם בענין הסכנה (שעוועל עמ' ל"ו) נראה דס"ל דאשת איש דישראל לגוי הוי בכלל ג"ע). וע' בחי' הר"ן כאן ולעיל שם שהביא לב' השיטות. והרמב"ם סתם בפי"ב מאסו"ב ה"ט ופ"ט ממלכים ה"ז דגוי הבא על בת ישראל א"א נהרג עליה, ולא הזכיר דין האשה. וע' במנ"ח מ' ל"ה או' י' ובקומץ המנחה שם. 68 כעי"ז בנמוק"י, וכן הביא בחי' הר"ן לעיל

דאיכא למעוטי ממיתה דלאו אשת רעהו היא[69], ובין הוא ובין היא לא ממעטי מקרא, דקרא לא מיעט אלא אשת גוי משום דלגבי ישראל אין אישות לגוי, אבל ודאי יש אישות לישראל לגבי גוי ובין הוא ובין היא חייבין. ומעולם לא עלה על לב לפטור א"א ישראל הנבעלת לגוי.

ומ"ש הרב דלהנאת עצמן אפי' בג"ע לא אמרי' יהרג ואל יעבור. ראיתי מי שהשיב עליו מעובדא דר' צדוק דאיתי בפ' האשה נקנית (דף מ.) דר' צדוק תבעתיה ההיא מטרוניתא וכו' ומעובדא דר' כהנא וכו', והתם להנאת עצמן היא ואפ"ה הוו מסרי נפשייהו, אלמא אפי' להנאת עצמן אסור בג"ע[70]. והתם ג"ע הוא שהרי הבא על הגויה קנאין וכו'. ודברים אלו בעיני תמוהים, חדא דהא אמרי' בפ' אין מעמידין (ע"ז לו:) שאין הקנאין רשאין וכו' אלא בפרהסיא, וההיא מטרוניתא לא היתה אומרת לו לבועלה בפרהסיא, ונמצא שאין זה ג"ע כלל כשהוא בצנעה[71]. ועוד איך יעלה על לב להביא ראיה מאותן ב' מעשים שהרי ר' צדוק ור' כהנא הם עצמם היו ממיתין עצמן, וכגון אלו לא מצאנו בשום מקום, וכי מפני היראה היו ממהרים הם מיתתם. אלו הרגתם אותה הגבירה מפני שלא רצו לבעול היה ראוי להביא ראיה משם, ויהרג ואל יעבור כגון זה לא נמצא בשום מקום בתלמוד[72]. ור' צדוק ורב כהנא סמכו על הנס או שהיו יודעים שלא ימותו בכך, ע"כ אין ראוי להביא ראיה משם[73].

אבל מ"מ עיקר הדין נראה דבג"ע וש"ד וע"ז אפי' להנאת עצמן אסור, שלא אמרו הנאת עצמן שאני (דכיון דלהנאת עצמן[74]) אלא גבי פרהסיא. כלומר, דבמידי דבצנעא שרי ובפרהסיא אסור אמרי' דלהנאת עצמן שאני, דכיון דלהנאת עצמן עביד ההוא גוי ליכא חילול בהו. אבל אלו ג' עבירות אין החומרא תלויה בצנעה ובפרהסיא, אלא

נ"ב ב'. וע"ש בחי' הר"ן בד' בעה"מ. **69** היינו דהו"ל למעוטי לב"נ הבא על אשת ישראל דפטור דלאו אשת רעהו היא, ומדלא אמרי' הכי, וכדאי' שם בדף נ"ז ב' דנידון בדיני ישראל, ע"כ דלא שייך דרשא דרעהו באשת ישראל הנבעלת לב"נ. וזו ראי' נוספת מכח סוגיא דהתם. **70** כן הק' הרמב"ן במלחמות ושא"ר. **71** ע' בב"י א"ה סי' ט"ז בשם ארחות חיים שכ' בשם הרמב"ן דבועל ארמית יהרג ואל יעבור, ודוקא בפרהסיא. וכן בריטב"א קידושין מ' (וכ' שם ובפסחים כ"ה דההיא עובדא הוה בפרהסיא). וכ"כ הרמ"א שם ס"ב ובביאור הגר"א שם סק"ט. וע' ברמב"ם בסה"מ ל"ת נ"ב ובפיה"מ לק' בפ' הנשרפין דבועל ארמית בצנעא יש בו כרת, ובחי' הר"ן לק' פ"ב דן בזה. וע' בזה בפי' הגרי"פ לרס"ג בפתיחה לח"ג סי' י"ט. וע' ברמב"ן כאן דאסור אפי' להנאת נכרית ואפי' בצנעא. ולכאו' היינו משום דס"ל דכרת איכא אף בצנעא. אכן בנמוק"י כ' דהוי בכלל עריות חמורות משום דזמנין דחייב מיתה כגון בפרהסיא דקנאיז פוגעיז בו. וע"ע בזה בברכ"י יו"ד קנ"ז.

ובנובי"ת א"ה סי' ק"נ, ובאגרו"מ חיו"ד סי' ע"ה. **72** כונתו דבלא"ה א"א לפרש דהתם מעיקר הדין דיהרג ואל יעבור הוה, דהרי זה לא מצינו, שימהר הוא מיתתו בעצמו ואפי' במקום שמחוייב ליהרג ולא לעבור. וע' בקובץ הערות סי' מ"ח ח' במש"כ בד' רבינו. וע' בזכרון שמואל סי' ס"ה ל"ב. **73** ע' במגן אבות למאירי ענין י"ט ובשלטי הגבורים שכתבו כעי"ז דמתכוין הי' לברוח דרך גגות ונזדמן שנפל, ונעשה לו נס והצילו אליהו. וע' עוד כעי"ז בארחות חיים שם. ומ"מ דברי רבינו מחודשים, דאף דאסור להמית עצמו, מ"מ מותר להפיל עצמו מן הגג ולסמוך על הנס (עכ"פ למי שהוא בר הכי שיעשו לו נסים). וע' במאירי ובשה"ג שם כתבו לתרץ עוד דמידת חסידות הוא דעבדי. ורבינו נראה דלא ניחא לי' בתי' זה. וע' ברמב"ן שכ' לדחות תי' זה דודאי לא הוה קטיל נפשיה אי לאו דינא הואי שהרי מקרא צווח ואומר ואך את דמכם לנפשותיכם אדרוש. וכן דעת הרמב"ם בפ"ה מיסוה"ת דהמחמיר מתחייב בנפשו ואכמ"ל. **74** לכאו' נכפל בטעות מפני הדומות דלקמן.

הכתוב גזר עלינו שלא לעבור על א׳ מאותן מצות בשום פנים[75]. תדע שהרי ברוצח הודה [ה]רב שאין אומרי׳ בו יעבור ואל יהרג, [°וכיון דלא משכחת ברוצח יעבור ואל יהרג] אף בג״ע לא אמרי׳ הכי, דהא מקשי׳ ג״ע לרוצח[76], וכשאמ׳ רבא להנאת עצמן שרי, משום דלא (צריכא) [סבירא] ליה דר״י[77] דלקחה מרדכי לו לבת קאמר הכי אבל אי ודאי הויא א״א ל״ש שעת השמד ול״ש שלא בשעת השמד, ל״ש בצנעא ול״ש בפרהסיא, ל״ש להנאת עצמן וכו׳, בכולהו אסור[78].

ועוד י״מ שמביאין ראיה מאותו שנתן עיניו באשה והעלה לבו טינא ואמרו חכמים ימות ואל תבעל לו ימות ואל תעמוד לפניו ערומה ימות ואל תספר עמו וכו׳. וכיון שהיה מסתכן כהנאת עצמן דמי, ואמרי׳ דלמ״ד א״א היתה [שפיר], ואמאי כיון דלהנאת עצמו קעביד ואי לאו הכי (אין) [יש] איבוד נפש, אמאי ימות לישרו ליה. וכ״ת שאני התם דכיון (דאיהו) [דאיהי] לא אניס[א], כלומר דהכא איהי לא אנסא ליה[79] אע״ג דאיהו אניס לה לא שרינן לה[80]. הרי אמרו בכל מתרפאין חוץ מעצי אשירה וכו׳, ואפי׳ במקום סכנה כדאמרי׳ התם גבי ערלה (פסחים כה:) אימור דאמור רבנן במקום סכנה שלא במקום סכנה מי אמור, ואפ״ה בעצי אשרה אסור[81],

(ואולי הך: כלומר דבמידי ... עצמן שאני, הוא גליון, ובפנים הי׳ כתוב שלא אמרו הנאת עצמן שאני אלא גבי פרהסיא דכיון דלהנאת עצמן עביד ההוא גוי כו׳, והכנסת הגליון בפנים גרם לכפילות ושבוש). 75 כן נקט הרמב״ן וסייעתו, מדאסור אף בצנעה, וע״כ דלאו משום חילול ה׳ אלא מפני חומרתן, וע׳ ביתר ביאור במהר״ם חלאוה פסחים כ״ה בשם הראב״ד. וע״ע בריטב״א שבת ע״ב ב׳ שלא אמרה תורה שיהרג מפני שיש במעשה ע״ז ממש אלא מפני ק״ה להוציא מדעת הבאים להעבירו ואזהרתיה מונקד׳ בתוך בני ישראל. וע׳ בדברי רבינו לעיל ס״א שכ׳ דהא לקמן **משמע** לכ״ע דיהרג ואל יעבור אמרי׳ למצוה משום ונקדשתי בתוך בנ״י אבל מ״מ אם עובר ולא נהרג אין ממיתין אותו. ומשמע כד׳ הריטב״א הנ״ל, וצ״ע משי׳ דכאן. וכעי״ז הוא לשונו גם לקמ׳ בסוף הדיבור והאונס האמור כאן באדם יהרג ואל יעבור **דמשמע** דאם עבר ולא נהרג פטור מדיני אדם. ועמש״כ לקמ׳ שם. וע׳ גם בחי׳ רבינו יונה לאבות ד׳ ד׳ דג׳ עבירות משום קידוש ה׳, ע״ש. **76** כן הק׳ ברמב״ן. אבל בבעה״מ כ׳ ובהא מילתא בלחוד שאני דין ג״ע כו׳ לא מקישין היקש גמור שזה אסור להנאת עצמן וזה מותר להנאת עצמן. 77 לפנינו במגילה י״ג א׳ אמרה ר״מ. **78** וכן דעת רוב הראשונים כהרמב״ן. אבל בשאילתות משמע בפשטות כדעת הבעה״מ שכ׳ דקאקי ודמונקי הוי ע״ז ומ״מ שרי משום הנאת עצמן (כמו שהביא בעה״מ משמו). ובמאירי במגן אבות ענין י״ט האריך לקיים שי׳ בעה״מ, וע׳ בחידושיו כאן. וע׳ בביאור הגר״א קנ״ז סק״ז שנקט גם בדעת רש״י כבעה״מ. ובמהר״ם חלאוה בפסחים כ״ה כ׳ בדעת הבעה״מ דמודה בע״ז ושפי״ד, דהא אין מתרפאין בעצי אשירה אף דהוי להנאת עצמן. וצ״ע דבבעה״מ מבואר להדיא דמתיר אף באביזרייהו דע״ז, והוכיח מקאקי ודמונקי. (וע׳ במהרי״ק שורש קל״ז גבי יעקב מינאה דע״ז לעולם הוי ח״ה אף להנאת עצמן. וזו כנראה סברת המהר״ם חלאוה). 79 כ: דהכא איהו לא אניס, ונראה משובש. וכונתו לקושיית הרמב״ן במלחמות ע״ש. **80** ד: ליה. **81** לכאו׳ זו ראי׳ בפנ״ע דאסור אף להנאת עצמן מדאסור להתרפאות בעצי אשירה, אף דמיירי במקום סכנה דמתרפאין בשאר איסורין. וכמו שהקשה ברמב״ן בסוף דבריו. [אלא דמוכח גם דאף לאחרים מותר לעבור]. ואולי צ״ל הרי אמרו בכל מתרפאין חוץ מע״ז ג״ע כו׳ ואפ״ה בעצי אשרה וג״ע אסור כו׳, וקאי על ג״ע, כמו שהוא ברמב״ן. וע׳ מה שתי׳ ע״ז הר״ן בפסחים והובא גם בהגה׳ הב״ח על הבעה״מ. וע׳ באו״ג דף י״ד א׳ שהאריך בביאור דבריו. וע׳ במאירי כאן ובמגן אבות י״ט שתי׳ דבכל הנך אין ברור שימות בכך, והובא גם בשה״ג כאן. ועוד חילק במאירי דל״ש הנאת עצמו אלא בגוי ולא בישראל. ועוד תירצו בזה עפ״י מ״ש

וכל כה"ג אותם[82] מיקרי, [והרי] מחללי' את השבת על חולה שיש בו סכנה, כמו שהתירו לעקור (ולדות) [שחת] לבהמת גוי בשבת[83] אלמא אונסים אלו שקולין הם ואין לחלק ביניהם כלל[84].

ובאלו ג' עבירות דאמרי' בהו יהרג ואל יעבור, אם עבר ולא נהרג הרי זה חלל את ה' אבל לא נהרג[85].

והרמב"ם כתב[86] שהבועל אין לו אונס, וכן דעת מקצת הגאונים[87].

והאונס האמור כאן באדם יהרג ואל יעבור דמשמע דאם עבר ולא נהרג פטור מדיני אדם, משכחת לה כגון שנתקשה[88] לאשתו וא"ל גוי שיבא על אשת חבירו ואי לא קטיל ליה, דבכה"ג איכא אונס[89]. אבל אם אין נתקשה כבר אין זה אונס, וכדאמרינן התם (יבמות נג:) אין אונס בערוה ולפי שאין קושי אלא לדעת. ודברים אלו אינן נראין בעיני האחרונים[90], דכי אמרי' התם דאין אונס בעריות כגון שתקפוהו לבא על אשת חבירו והדביקו בה ואין שם פחד מיתה, דבכה"ג ודאי לאו אונס הוא, שלא הי"ל להתקשות. אבל ודאי אם אמר לו גוי לבא על אשת חבירו ואם לא יעשה כן יהרגנו, בכה"ג ודאי יש לו אונס, כמו שאם א"ל גוי עבוד ע"ז (מעצמם) [מעצמו] בלי שיתקפנו[91] בידים[92]. ואין להשיב על דבר זה כלל. ואף יש מתרצים דברי הרמב"ם בשתקפו[93].

ה"ג שם רש"י ואם איתא לא לימא ליה, ומשני הא בצנעא הא בפרהסיא. ואית דמקשו עליה דא"כ בעיין לא איפשיטא, ולא משכחת כה"ג דבעי תלמודא מאי הוי עלה ולא איפשיטא. וגרסי' הכי, ואם איתא לימא ליה הא בצנעא הא בפרהסיא. כלומר אם איתא דב"נ מצווה על קדושת ה' לימא ליה

האחרונים (ע' במנ"ח ריש מ' רצ"ו שהאריך, ובאו"ש וצ"פ, וע' באו"ג דף כ' א') לחלק בין אונס לרפואה, דבמתרפאין באיסורי הנאה חשיב כרצון ומזיד. וע"ע בזכרון שמואל סי' ס"ה ס"ק כ"ג ואילך. 82 אשר יעשה אותם האדם וחי בהם. 83 דאמר רבא גוי דא"ל לישראל קטול אספסתא בשבתא ושדי לחיותא כו'. 84 בין אונס עצמו לאונס של חבירו כי הכא דאיהי לא אניסא (או דכונתו דאין לחלק בין האונסין למתרפאין. אבל זה לכאו' לא יתכן, דע"ז א"א להוכיח משבת דהתם ודאי יש היתר דפקו"נ משא"כ בע"ז דאין היתר דפקו"נ אלא דאונס וזה לא חשיב אונס). 85 כעין ל' הרמב"ם פ"ה ה"ד וכן ד' הרמב"ן בשבת ע"ב וביבמות נ"ד וע"ז נ"ד, וע"ש בכ"מ בשם הרמ"ך. וע' בחי' הר"ן בדף ס"א בשם רבינו דוד דס"ל דבג' עבירות חייב מיתה בהתרו ביה. וע' בב' תירוצי התוס' לעיל ס"א ב', ובתוס' ע"ז נ"ד א' בשם הסמ"ג. וע"ע בענין זה באו"ג דף כ"ג. 86 בפ"א מאסו"ב ה"ט ופ"כ מסנהדרין ה"ג. 87 ע' בשאלתות מ"ב וכן הביא הרמב"ן במלחמות כאן בשם הלכות גדולות. וע' תוס' יומא פ"ב ב' בדברי השאלתות. 88 ד: שנזקק. 89 ע' מש"כ בהעמ"ש מ"ב סוף או' ה' בדברי רבינו. וכ"כ ברמב"ן במלחמות כאן ובמ"מ בהל' אסו"ב דבזה מודה הרמב"ם להראב"ד שם. וכן בכס"מ בהל' סנהדרין ובלח"מ שם. אבל ע' ברבינו אברהם מן ההר שכ' בדעת הרמב"ם דבכה"ג נמי חייב (וכדמ' בשאלתות שם). וע' בחזו"א בגליונות להל' יסוה"ת. וע"ע במש"כ בדברי רבינו בברכת שמואל כתובות סי' ז' ח'. 90 ע' בתוס' יומא שם וביבמות שם, ובראשונים יבמות שם. ובבעה"מ ורמב"ן במלחמות ובמאירי כאן. 91 כ: שיכופינו. 92 כן הק' הראשונים ביבמות שם. וע' בכס"מ בהל' סנהדרין שחילק דהכא הוי רצון. וע' בקובץ הערות סי' מ"ט. 93 דגם הרמב"ם אין כונתו לאונס מיתה, שאם בא על הערוה להנצל ממיתה פטור, וכע"ז ושפ"ד דפטור אפי' שעושה מעשה. אלא מיירי באנסוהו שתקפוהו והדביקוהו על הערוה, דאם נתקשה אחר

הא בצנעא הא בפרהסיא וכו', כלומר היכי א"ל [לך] לשלום סתמא לימא ליה הא בצנעא (וכו') והא בפרהסיא, כלומר בפרהסיא אסור. וש"מ דב"נ אינו מצווה על קידוש ה'[94]. וברוב הספרים נמצא כדברי רש"י אבל פי' אחרון יותר נכון.

ע"כ נמצא מחדושי רבינו יונה ז"ל זיע"א.

שהדביקוהו חייב שאין קישוי אלא לדעת, וכמו לאידך פירושא שהביא כאן. וע' בחזו"א א"ה סי' ל"ג שכ"כ בד' הרמב"ם, וע' גם בחזו"א בגליונות שם ובקובה"ע סי' מ"ט. וברדב"ז אלף תקל"ה כ' בד' הרמב"ם להיפך, דכה"ג שהדביקוהו לערוה ונתקשה ע"י התעוררות הטבע יש לפטור משום אונס, ומה שחייב הרמב"ם דוקא באיימו עליו להרגו אם לא יבא על הערוה, ודייק כן מל' הרמב"ם. וע' ברדב"ז בה' סנהדרין שם. 94 וכ"כ התוס', ובחי' הר"ן דכן גי' הספרים שלנו. וכן פסק הרמב"ם פ"י ממלכים ה"ב (וע' באו"ג דף י"ז ב'). וברמ"ה פי' כרש"י.

דליכא למימר דהברייתא אתיא כרחב"ג דא"כ אכתי ר"ח דלא כרחב"ג מצי סבר מדפטר ב"נ שבירך השם ואכתי כתנאי אמר למילתי' ולכן פריך שפיר:

בד"ה קלה בחמורה. והא דאמר ר"י לתנא. עיין בפי' המהרש"א ולענ"ד י"ל דדעת התוס' להקשות מדר"ח אדר"י דודאי מודה ר"ח להא דר"י דנידון בסקילה דאל"כ אכתי קשה לימא מסייע ליה ומה מתרץ הש"ס וכן מוכח דעת הרמב"ם שפסק להא דר"ח וגם פסק דסרחה ואח"כ בגרה תידון בסקילה כר"י וע"כ דלא פליגי והשתא הקשו התוס' מ"ש דהתם תידון בסקילה והכא בדינא דר"ח לא דיינינן במלתא קמייתא ותירצו דבאמת נגד שינוי הגוף בסרחה ואח"כ בגרה איכא ג"כ שינוי מיתה גבי ב"נ שבירך את השם אבל איכא ג"כ התם אישתני דינא דליכא הכא ולכן התם דוקא אשתני ולא הכא אכן ממה שכתב רש"י בד"ה תידון בסקילה נראה שסובר דר"י פליג אדר"ח וא"כ קשה ממנ"פ או דמסייע ליה ברייתא לר"ח אי תני תידון בחנק או דקשיא עליו מינה אי תני תידון בסקילה וי"ל דבאמת תני תידון בחנק ואעפ"כ לא קשיא תו לימא מסייע ליה די"ל דהיא גופא אתי לאשמעינן שלא נטעה לתנות תידון בסקילה כר"י דאז גם הכא נידייני' במיתה קלה וקמ"ל דלא:

בא"ד. מדקאמר כ"ש הכא. פי' דבשלמא אי איירי בשינוי מיתה שייך שפיר כש"כ דהתם איכא ג"כ שינוי הדין בהדייהו אבל אי איירי בשינוי הגוף מאי כש"כ שייך כאן דלמא שינוי הגוף עדיף משינוי מיתה ודין:

בא"ד. דמכ"מ קטלא אשתני. א"ל דא"כ דאיכא ג"כ שינוי מיתה אכתי איך קאמר כש"כ הכא דאשתני לגמרי מאי לגמרי איכא הכא הא התם ג"כ תרי אשתני איכא שינוי הגוף ושינוי מיתה די"ל דפשיטא ליה דשינוי הדין עדיף משינוי הגוף וכן מוכח דהא ר"י סבירא ליה תידון בסקילה ולפמש"כ לעיל גם ר"ח סובר הכי אלמא דלא אשתני ובב"נ שבירך את השם פטור לגמרי אלמא דגם לפי האמת עדיף שינוי הדין משינוי הגוף גם א"ל דא"כ דקלה בחמורה מישך שייכא מקרי ג"כ אשתני קטלא איך מתרץ לעיל אעשה כן בישראל ונתגייר דהאי דינו אשתני מיתתו לא אשתני הא לא משכחת אלא ע"י קלה בחמורה מישך שייך כדאמרינן בש"ס והאי מקרי אשתני מיתתו די"ל דכדמתרץ אלא קלה בחמורה מישך שייך באמת חזר ממה שתירץ מיתתו לא אשתני ואף דרש"י לא פי' כן לשיטתו אזל דגם כאן לא פי' כפי' התוס' אלא דהאי אשתני שינוי הגוף קאמר גם א"ל דא"כ דשינוי הדין דוקא מקרי אשתני ולא שינוי הגוף מאי מקשה לעיל מאם משנגמר דינו ברח הא התם ליכא רק שינוי הגוף משא"כ בדר"ח דהוי שינוי דין ומיתה י"ל דבאמת הוי מצי לתרץ הכי אלא דבלא"ה משני שפיר:

דף עב. בגמרא ומלסטם את הבריות. ק"ק למה קרי ליה זכאי בתחלתו כשגנב מאביו ולבסוף כשגזל את הבריות מקרי חייב מ"ש לאו דגניבה מלאו דגזילה י"ל דבאמת משום איסור לאו מקרי זכאי לגבי דין מיתה והא דקאמר ומלסטם את הבריות היינו שיהרגם דאיכא חיוב מיתה וכן פי' הרמב"ם בפי' המשניות והא דדיינינן ליה בסקילה אף דרוצח גופא אינו אלא בסייף היינו משום שיבא גם לידי איסור סקילה כגון שיגזול את הבריות או יהרגם בשבת והא דאמרינן לעיל (ע.) שהכל מצויין אצלה בעבירה ופי' רש"י ומרגלת לבריות לעבירה בשביל אתנן התם ג"כ תבא לידי איסור סקילה כשתרגיל את הבריות לעבירה כשתהיה נערה המאורסה:

בגמרא הגונב כיס בשבת. ק"ק מאי קשיא ליה דלמא באמת הכיס גופא צריך להחזיר שאין זה תשלומין אלא חזרה כדין פקדון והתשלומין דאיירי ביה בברייתא היינו הכפל שזה תשלומין מעליא הוא ופטור גם לרבא כמו בשיבר וכן משמע ג"כ מדנקטה הברייתא גונב דוקא ולא גוזל:

בגמרא קשיא סתמא אסתמא. א"ל כיון דהברייתא ראשונה ע"כ דרשה סמוכים כמו שפי' רש"י וביבמות (ד.) אמרינן דר"י לא דריש סמוכים רק במשנה תורה א"כ מאי מקשה דלמא ברייתא ראשונה כרבנן ושני' כר"י די"ל דמ"מ פריך שפיר לרבנן כיון דדרשי אין לו דמים לאם זרחה השמש כש"כ דצריכין למדרש גם דמים לו לאם זרחה דכתיב בהאי קרא גופא וא"כ סתרי אהדדי:

ברש"י ד"ה אין לו דמים. דקי"ל חייבי מיתות שוגגין. ק"ק דא"כ תקשי לרב דימי אליבא דר"י דסבר שם בכתובות (לד:) דחייב והוא לא אקשי שם אלא מהא דתנא דבי חזקיה:

בתוס' ד"ה מסתברא. וא"ת מאי קמ"ל תנינא. ודאי ארב ל"ק מאי קמ"ל דהא קמ"ל טובא דאפילו נטל

פטור דלא שמעינן ממתניתן אלא הקושיא היא ארבא למה ליה למימר דבשיבר סובר כרב פשיטא מתניתן היא ולפ״ז מה שתירצו התוס׳ קמ״ל רב אפילו שיבר אח״כ האי רב צ״ל רבא:

בד״ה אפילו נטל. אלמא קודם יאוש לא קני. עיין במהרש״א ולא זכיתי להבין דעתו דאי דין תורה איירי ביש לו דמים א״כ גם הך דגונב אחר גנב איירי הכי ומאי קשיא להו להתוס׳ ולפענ״ד י״ל דוודאי אקרא לא קשיא ליה איך משכחת דין כפל לרב די״ל דמשכחת בבן שגנב מאביו אבל אהתם מקשה שפיר דגם אי בגנב שני ליכא מיתה כגון שהוא בן אצל אביו מכ״מ אביו גופא קננהו בדמים וזה דוחק להו לאוקמי מתניתן ומיעוטא דמבית האיש ולא מבית הגנב כגון שאביו גופא גנב מאביו דהיינו מאבי אביו של הגנב השני ובזה א״ש ג״כ הא דלא הקשו התוס׳ איך משכחת דין כפל גם לרבא דאף דקרן בעי לאשתלומי כשהוא בעין מטעם פקדון הא הכפל תשלומין הוא וקננהו בדמים אבל לפ״ז ניחא ג״כ דמשכחת בבן אצל אביו:

בא״ד. דמיתתו זו היא התראתו כדלקמן. עיין במהרש״א שנדחק איך יתרץ רב לאידך ברייתא דסברה דמחתרת ג״כ בעי התראה. ולפענ״ד לק״מ דהתוס׳ לא נקטו רק חד מהנך דינים שאין בהם מיתה אבל ודאי משכחת טובא כגון בגנב מן השדה ודייר וסוהר דליכא דין מיתה כמו שכתב הרמב״ם (פ״ט מהל׳ גניבה ה״ג) וכן בשהיו עדים שם וכן ביום ליכא דין מיתה להראב״ד שם וי״ל דבהכי איירי:

בד״ה לא קבלינהו. כדאמר בפרק הפועלים. פירוש דרבא גופא אמר שם הכי ולא ניחא להו למימר דרבא רצה להחמיר על עצמו לצאת גם ידי דעת אביי דמשמע שם דלא סבר הכי מדאוקי לברייתא כיחידאי כר״מ ושלא אליבא דהלכתא ולא אוקי באוקימתא דרבא דרק ידי רב שייך לומר שרצה לצאת שהיה רבו וכן משמע מדקאמר הואיל ונפיק מפומיה דרב משמע שמפני כבודו של רב נהג כן:

דף עב: בגמרא ס״ד אמינא מידי דהוה אהרוגי ב״ד. הא דלא קאמר בקיצור דמסברא לא הוי מוקמינן רק לחול דליכא רק איסור רציחה ולא גבי שבת דאיכא איסור שבת ג״כ היינו משום דביומא (פה.) יליף ר״ע דפקוח נפש דוחה שבת כיון דדוחה עבודה דלהחיות אפילו מעל מזבחי ועבודה דוחה שבת דכש״כ דלהחיות דהיינו פקוח נפש דוחה שבת ומה״ט ילפינן ג״כ לעיל (לה:) דרציחה דוחה שבת אי לאו קרא דלא תבערו והנה בכלל להחיות איכא ג״כ להציל את הנרדף בנפשו של רודף א״כ שפיר נילף בק״ו דדוחה מיתת הרודף שבת מדדחי עבודה שדוחה שבת ולכן קאמר דסד״א דאינו דוחה מ״ד אהרוגי ב״ד דאיכא ג״כ הך ק״ו ואעפ״כ לא דחי א״כ ה״א דגם לגבי רודף לא נימא הך ק״ו. וק״ק דא״כ ל״ל לא תבערו לעיל הא מדאצטריך אין לו דמים דדחי שבת מכלל דמיתת ב״ד אינו דוחה וע״ק לר״א בר״ש דאית ליה לקמן (עג:) דאף מחלל שבת ניתן להצילו בנפשו הא האי גנב שנמצא במחתרת בשבת שדיינינן ליה כרודף של בעה״ב הוא רודף לחלל שבת ג״כ דרציחה אב מלאכה היא ומהיכי תיתי שלא יהיה נידון להצילו בנפשו ול״ל אין לו דמים לשון רבים:

בגמרא השתא בחול לא קטלינן ליה. ק״ל הא אי לא הוי כתיב אלא דם לו הוי מוקמינן למסתבר טפי דהיינו לשבת דווקא ובהא הוי מחלקינן בין זרחה השמש ללא זרחה אבל אכתי בחול לא הוי ידעינן דהכא ע״כ צ״ל ג״כ באין לו דמים דמוקמינן בין בחול בין בשבת ג״כ והשתא בשבת קטלינן בחול מבעי׳ ול״ל דמים אע״כ דאי לא הוי כתיב רק דם הוי מוקמינן לחול דווקא וא״כ ה״ה כאן אפכא. וי״ל דבשלמא באין לו דם שפיר הוי מוקמינן לחול דווקא אבל שבת ה״א דלא מחללין לכן כתיב אין לו דמים אבל השתא דגלי קרא דהיכי דזרחה השמש עליו שרוצח הוא ניתן להצילו בנפשו אפילו בשבת מקשה שפיר השתא בחול לא קטלינן בשבת מבעיא דא״ל דילמא לא הוי מוקמינן רק לשבת דמכ״מ הוי מוכח דגם בחול לא קטלינן דאי ס״ד דבחול קטלינן דיש לו דין רודף א״כ גם בשבת ליקטל כמו באין לו דמים. עוד י״ל דהכי קא פריך השתא בחול לא קטלינן בשבת מבעי׳ דע״כ עיקר קרא לחול קדריש דאי ס״ד לשבת לכתוב איפכא בברייתא בין בשבת בין בחול דהא עיקר קרא מסברא לשבת מוקמינן ורק מיתורא דדמים מרבינן חול ולכן מתרץ דלא נצרכה אלא לפקח עליו את הגל ובזה הוי שבת חדוש טפי ולכן נקט חול ברישא אך דזה לא מוכח אלא מדדריש דמים לו ברישא אבל אי הוי דריש אין לו דמים ברישא לא הוי מוכח דלפקח עליו את הגל אתי דאי מדנקט בין בחול ברישא ה״א איידי דברישא דברייתא נקט חול ברישא דהתם לענין אין לו דמים צריך למינקט הכי דחול

פשיטא טפי נקט ג"כ הכי בסיפא גבי דמים לו אבל השתא דנקט דמים לו ברישא ואעפ"כ קתני בין בחול בין בשבת שפיר מוכח דלענין מפקח את הגל איירי דבכ"מ סיפא בתר רישא ולא רישא בתר סיפא גרירא. ובהכי א"ש מה שי"ל בברייתא למה דדרשה קרא המאוחר דדמים לו ברישא והדר קרא דאין לו דמים המוקדם ולפ"ז ניחא דרצתה לאשמועינן דלענין מפקח את הגל איירי:

בגמרא והוכה בכ"א ומת בכל מיתה שאתה יכול להמיתו. ק"ק לכתוב והומת דשמעינן תרווייהו. ונ"ל דהרמב"ם בפ"ט מהל' גניבה (ה"ו) כתב כסוגיין דיכול להמיתו בכל מיתה שאתה יכול להמיתו ומשמע דלכתחילה יכול להמיתו כן אכן לא כן ד' הר"ן ריש שמעתין שכתב דלכתחילה ימיתו בסייף ואם אין יכול להמיתו בסייף ימיתו בכ"מ. ונ"ל דלהר"ן יצא זה מדכתיב והוכה והדר ומת ולא כתיב והומת כי קושיין אע"כ דגלי קרא דלכתחילה והוכה דהיינו מיתה שיש בה הכאה שהוא סייף כשאר רוצח והדר ומת בכ"מ שאי"ל ולכן לא כללם קרא יחד:

בגמרא אבל אחר לא קמ"ל. ק"ק כיון דרודף הוא מהיכי תיתי שלא ימיתו אחר הא לקמן ילפינן מאין מושיע לה דרודף כל אדם מותר להורגו. וי"ל דלכאורה אין זה רודף גמור דהא אינו הורג בעה"ב אלא מפני שיודע שהבעה"ב יהרוג אותו אם ירצה לילך עם הגניבה א"כ הלא נרדף הוא ולא רודף ולמה מותר להורגו רק דכבר כתב הר"ן דהכתוב דנו כרודף כיון דהוא הוא המתחיל במחלוקת של עסקי נפשות ולכן אכתי לא הוה ידעינן אלא דהוא מותר להורגו דבו גלתה התורה ואין לך בו אלא חדושו אבל אחר לא להכי קמ"ל קרא דדנינן ליה כרודף גמור ואפילו אחר. ובהכי א"ש מאי דקשה לכאורה דהתוס' הקשו לקמן ל"ל קרא דרוצח ניתן להצילו בנפשו תיפוק ליה מוהוכה בכל אדם ותירצו ע"ש. אכן לכאורה אכתי קשה אפכא ל"ל קרא דאין לו דמים תיפוק ליה מרוצח ולפ"ז ניחא דמהתם לא ידעינן אלא מי שהוא רודף גמור ולהכי אשמועינן קרא באין לו דמים דגם זה רודף מקרי וכמו שפי' הר"ן:

בגמרא וכל ב' כתובים הבכ"א אין מלמדין. ולמ"ד מלמדין כבר כתבו התוס' לעיל (מה:) דאיכא ג"כ עיר הנדחת ונסקלין וה"ה דהוה מצי להביא שם ג"כ קרא דוהוכה דהכא:

בגמרא מחתרתו זו היא התראתו. מדקאמרינן לקמן אמר לך רב הונא כו' כתנא דמחתרת משמע דלפי ברייתא קמייתא כולהו בעי התראה דאל"כ לא הוי צריך למימר דכתנא דמחתרת ס"ל דכש"כ דלאידך תנא א"ש אכן לא כן דעת הרמב"ם שפסק כתנא דברייתא קמא ולא הזכיר שום התראה משמע דס"ל דלא צריך וכן מוכח ממה שכתב המהרש"א לעיל בתוס' ד"ה אפילו נטל. אכן מה שכתב שם דברייתא קמייתא דלא כרב אינו מן הצורך די"ל דרב סובר דהך ברייתא סברה כברייתא' דלקמן דרודף שהיה רודף דסברה לפי תירוץ האיבעית אימא דרודף בעי התראה וא"כ ע"כ דין דבא במחתרת איירי עם התראה ובלא"ה א"ש מה דקאמר רב התם ל"ש אלא לפני יאוש דהתם איירי בלא התראה:

בגמרא אר"ה קטן הרודף ניתן להצילו בנפשו. ק"ק כיון דהא דרוצח ניתן להצילו בנפשו ילפינן לקמן מכאשר יקום איש על רעהו ורצחו נפש א"כ היה לנו למעט מאיש קטן כמו בכ"מ:

בגמרא שאני התם דמשמיא קא רדפי. ובירושלמי מתרץ דאינו יודע מי רודף את מי שמא אמו הרודפת והוא הנרדף דשמא ימות הוא ע"י קושי הלידה ולכן אין נוגעין בשניהם:

בגמרא והתורה אמרה שופך דם האדם. ק"ק דא"כ מקרא זה אתיא דרודף ניתן להצילו בנפשו ולקמן לא משכח לילף כן אלא מכאשר יקום איש על רעהו ועוד הא קרא זה דשופך דם האדם נדרש לעיל (נז:) לב"נ נהרג על העוברים ולענין דמיתתו בחנק ועוד אי מקרא זה אתיא ינהוג דין רודף גם בבני נח וצ"ל דלא מייתי קרא זה הכא אלא לאסמכתא בעלמא אבל באמת עיקר קרא לדרשות דלעיל אתיא:

בגמרא החיא ריבר"י היא. א"ל דבחבר איירי דא"כ ל"ל לומר והתורה אמרה שופך דם האדם הא לא ניתן זה אלא להבחין בין שוגג למזיד וגבי חבר ל"צ לזה אע"כ בע"ה איירי וכמו שפירש רש"י וא"כ מוכח דר"י בר"י לא מצריך שיתיר עצמו למיתה אפילו בע"ה ומזה קשה על התוס' לעיל (מא. ד"ה באשה חבירה) דמשמע שמסופקים בזה אי בעי ר"י שיתיר עצמו למיתה ע"ש:

ברש"י ד"ה יצא ראשו. וא"ת מעשה דשבע בן בכרי. עיין מה שכתב הר"ש בזה ספ"ח דתרומות:

דף עג. במתניתין ואלו הן שמצילין אותן בנפשן. הא דחשיב הני דווקא ולא ג"כ שאר עריות ותני ושייר ליכא למימר כיון דואלו קתני וכדאמרינן בקידושין (טז:) י"ל דואלו לאו דווקא וכמש"כ רש"י במכות ריש פרק אלו הן הלוקין ע"ש. א"נ י"ל דהכא ליכא למיטעי דלא תני ושייר כיון דקתני בסיפא אבל הרודף אחר בהמה כו' מכלל דבשאר עריות מצילין:

בגמרא אין ח"נ ואלא ניתן להצילו מנ"ל אתיא מק"ו. לכאורה לא מתרץ בזה ברייתא קמייתא דהא בפירוש קתני דמלא תעמוד על דם רעך נפקא ולא רצה לתרץ כאן רק לפי הך ברייתא דילפינן מל"ת על דם רעך רואה את חבירו טובע בנהר מנ"ל דין רודף אך דלפ"ז ק"ק מאי פריך לקמן וכי עונשין מן הדין דילמא הך ברייתא אתיא כר"ש דס"ל לקמן (עד.) דעונשין מן הדין אלא ע"כ אליבא דידי' פריך ולכן נ"ל דבאמת מל"ת על דם רעך נפקא והך ק"ו הוא רק גילוי מלתא בעלמא דנכלול גם רודף בקרא דלא תעמוד דאי לא"ה ה"א דרק לרואה א"ח טובע בנהר אתיא וא"ל דאכתי מאי פריך וכי עונשין מן הדין הא היכי דלא הוי רק גילוי מילתא עונשין מן הדין כדאמר אביי לקמן (עו.) די"ל דפריך לרבא דפליג על זה ובלא"ה יש לחלק בין גילוי מילתא דהכא להתם:

בגמרא וכי עונשין מן הדין. ק"ק הא ע"כ לאו משום עונש נגענו בזה אלא מטעם דהקפידה התורה להציל את הנרדף דאל"כ איך אמרינן לעיל דקטן הרודף ניתן להצילו בנפשו אף דרודף לא בעי התראה הרי מ"מ קטן בכ"מ לאו בר עונשין הוא:

בגמרא והא מהכא נפקא מהתם נפקא. ק"ק לפי מה שכתב הב"י בח"מ (סי' תכ"ו ס"א) בשם הירושלמי דאפילו בספק נפשות צריך להכניס את עצמו כדי להציל את חבירו א"כ מאי פריך הא ודאי צריך לזה לא תעמוד על דם רעך דמוהשבותו לו לא הוי ידעינן למימר הכי ולפי שיטת הפוסקים שהשמיטו דין זה א"ש די"ל דסברו דהש"ס דילן באמת פליג על הירושלמי אבל לדעת הב"י קשה וי"ל דהקושיא היא דבאמת והשבותו לו ל"ל אבל לא תעמוד על דם רעך לכתוב וכמו שפירש גם המהרש"א בתוס'. אך דלפ"ז קשה לפי מה שמשמע מפירוש רש"י בהא דמתרץ אבל מיטרח ומיגר אגורי אימא לא קמ"ל דממשמעות דל"ת על דם רעך דריש כן א"כ אכתי והשבותו ל"ל ובפשטות י"ל דאי מל"ת לא ידעינן אלא דמחוייב להציל נפש אבל להשיב תועה בדרך שאינו פקוח נפש לא ולהכי מצרכינן והשבותו אך דלפ"ז הקושיא הנ"ל על הב"י במקומה עומדת דהא שפיר מצרכינן והשבותו וי"ל דלהב"י מפרשינן פירוש הגמרא כמו שפירש הר"ן דמיתורא דל"ת דרשינן מיגר אגורי ולא ממשמעות ולכן שפיר מצרכינן לפי התירוץ והשבותו ובאמת הקושיא היה והשבותו ל"ל ורש"י דלא פירש הכי י"ל דסובר באמת כדעת הרי"ף והרמב"ם ושאר פוסקים שלא הביאו הך דין דב"י:

בגמרא נעבדה בה עבירה. מפירוש רש"י נראה שמפרש הכי שנבעלה קודם לכן אכן דעת הרמב"ם לא נראה כן אלא דקאמר דהיכא דנעבדה בה עבירה דהיינו שהערה בה כבר אע"פ שלא גמר ביאתו לא ניתן עוד להצילו בנפשו כיון שכבר עבר אלא מביאין אותו לב"ד דכן כתב בפ"א מהל' רוצח (הי"ב) ולפי הנראה מכאן יצא לו כן ולפ"ז אפשר לדעת הרמב"ם אפילו היכי שנבעלה מקודם לכן בעילת זנות לא מקרי ע"י כן פגומה:

בגמרא אבל נער דלא קא פגים ליה. פירוש דפגם הוא שנעשה זונה בבעילתו והולד ממזר וכמו שפירש רש"י לקמן (בעמ' ב' ד"ה אפגמה) ותרווייהו לא שייכי גבי זכר ואף שכאן פירש רש"י הפגם גבי נערה המאורסה דפגים לה בבתולי' ומגנה על בעלה לא בא רק לפרש לענין מאי קרי לנ"ה נפיש פגמה טפי משאר עריות:

ברש"י ד"ה אבל הרודף. ושבת נמי תיתי בגז"ש. א"ל דאכתי לא ליתני רק ע"ז דכיון דע"ז אין מצילין א"כ מהיכי תיתי שיצילו מחלל שבת הא ליכא למילף חיובו מגז"ש די"ל דתני בכל הני דחשיב סדרא דקרא נקיט דרוצח דחשיב כתיב בפרשת משפטים מכה איש ומת מות יומת וזכור כתיב מיתתו בפרשת קדושים ואיש כי ישכב את זכר וגו' ונערה המאורסה כתיב בפרשת כי תצא והוצאתם את שניהם וכן רודף אחר בהמה כתיב בפרשת משפטים כל שוכב עם בהמה מות יומת והמחלל את השבת בפרשת שלח לך רגום ירגמו וע"ז בפרשת שופטים והוצאת את האיש ההוא וגו' ואף דכתיב ע"ז ג"כ בפרשת משפטים זובח לאלהים יחרם הך לא איירי רק בד' עבודות שלא כדרכה ולא בע"ז סתם כמבואר לעיל וגם לא כתיב שם מיתה בפירוש כמו בפרשת שופטים ולכן שפיר נקיט מחלל שבת ג"כ כיון דבדרך סדורו לפי המקראות קדים לע"ז:

בד"ה היקש הוא. וכל היקש וגז"ש כו' לפי שלא נתנה למידרש מעצמו. עיין במל"מ (פ"ב מהל' קרבן פסח הי"ג) שהוכיח שם דעת רש"י דהיקש אדם דן מעצמו ואין להקשות מדברי רש"י דהכא דכתב לפי שלא נתנה למידרש מעצמו ומשמע דאהיקש וגז"ש קאי דודאי לענין הא הוי כמפורש בקרא דאי לאו דכתבם התורה ב' הדברים שהוקשו סמוכים זה לזה לא הוי נוכל להקישם אבל השתא דכתיבי שפיר נקיש אותן מעצמנו ולכן לענין היקש ל"צ רש"י לפרש כלום ורק לענין גז"ש ולכן כתב שלא נתנה למידרש דמשמע דאגז"ש לחוד קאי אכן בסוכה (לא. ד"ה לא מקשינן) כתב רש"י בפירוש דאין אדם דן היקש מעצמו והתוס' (ד"ה ור"י סבר) כתבו עליו דתימא גדולה היא ע"ש ובספרי ערוך לנר שם שהארכתי ליישב שיטת רש"י:

בתוס' ד"ה הרי זה. וכן בחהיא דלעיל פרק ד' מיתות. לפי מה שכתבתי לעיל שם מזה אפשר אין ראיה כ"כ ע"ש:

בא"ד. דללמד אפסולי המוקדשין נמי קאתי לפטור מן המתנות. עיין בבכורות (לג.) דדריש שם ג' דרשות מצבי ואיל ולא ידעתי למה מסופקים התוס' בזה וגם למה נקטו הך דרשא דווקא:

בד"ה להצילו בנפשו. ל"ל קרא בטובע בנהר. ק"ק הא איצטריך קרא למיטרח ומיגר אגורי כדאמרינן לקמן וזה לא מוכח רק מיתורא דלא תעמוד דמוהשבותו לו נפקא וכמו שפי' הר"ן וא"ל דאכתי והשבותו לו ל"ל דא"כ דזה קושית התוס' מאי מתרצי דאי מהכא ה"א עשה הא לענין והשבותו לו לא שייך זה דג"כ לא הוי רק עשה אכן לפי מה שכתב המהרש"א דבוהשבותו הוי לאו ג"כ דלא תוכל להתעלם קאי עליו א"ש. א"נ י"ל דקושית התוס' כפשטי' דלא תעמוד על דם רעך ל"צ כיון דידעינן הצלת חבירו מק"ו מדניתן להצילו בנפשו א"כ מיתורא דוהשבותו לו ג"כ ידעינן מיגר אגורי:

בא"ד. קמ"ל התם דעובר בלאו. לפי מה שכ' הרמב"ם (פ"ב מהל' מאכלות אסורות ה"א, ומ"מ שם) דהיכי דאיכא עשה עם ק"ו עונשין מן הדין א"כ הכא דהוי ק"ו בהדי עשה יחשב זה כמו לאו אכן בזה יש לחלק כיון דהך הוי ק"ו מכח עשה לא מיחשב כמו ק"ו ועשה ובלא"ה כבר הוכחתי במ"א מהא דאמרינן מנחות (ה:) מן הבהמה להוציא את הטריפה והלא דין הוא גם דעת הרמב"ם אינו כן דאמרינן בעלמא הכי רק התם גבי סימני טהרה. ועיין מש"כ בספרי ערוך לנר מכות (יד:) בביאור שיטת הרמב"ם:

בד"ה חייבי כריתות. וא"ת תיפוק ליה מדאיתקוש כל העריות. ק"ק הא אי מהיקש אתיא צריך נערה אלגופא דממנה נלמד ההיקש וגם נער צריך לזכר אלגופא דזכר אינו בכלל ההיקש וכמו שהוכיחו התוס' ביבמות (נד: בזכור) וא"כ מנ"ל למעט ע"ז ובהמה ושבת דאתיא מנער ונערה כדאמרינן בש"ס. ועוד קשה אמה שהקשו התוס' אבל קשה הא בהמה לא איתקש כו' פירוש דא"כ אין ראיה מבהמה ועדיפא ה"ל להקשות כיון דבהמה אינו בכלל ההיקש בלאו הכי לא מתרצי מידי דהא אי מהיקש אתיא שאר עריות באמת לא צריך מיעוט לבהמה. והנראה דקושית התוס' אינה דחטא ומות לא לכתוב דבאמת מות צריך לכנ"ל אבל חטא דאתיא לחייבי כריתות לא לכתוב כיון דכתיב מות דהיינו עריות דחייבי מב"ד נילף שאר עריות מהיקשא ואכתי מיותר נער ונערה לדרשה דכולהו הוי בכלל מות וכן בהמה הוי בכלל ולכן שפיר צריך מיעוט לבהמה כן נלענ"ד ברור בכוונת התוס':

בד"ה נער ונערה. ומיהו בסמוך משמע דמחד דריש דקאמר. אכתי שייך תירוצם דבאמת זכר ונערה המאורסה מחד קרא נפקא אכן הא דאפילו קטנה במשמע זה אתי מנער אחרינא דכתיב בפרשה:

דף עג: בגמרא וחד למעוטי בהמה ושבת. ק"ק הא זה ע"כ קאי למאן דאמר עונשין מן הדין דלמאן דאמר אין עונשין לא צריך קרא למעט ע"ז דמהיכי תיתי לרבויי וא"כ באמת מנ"ל דקרא למעט ע"ז אתי דילמא באמת חד למעוטי בהמה וחד למעוטי שבת וע"ז מרבינן מק"ו וכמו לר"ש:

בגמרא סד"א תיתי שבת מחלול וחלול מע"ז. פי' כיון דגמרינן הך גז"ש דחלול חלול לענין שאר מילי לקמן (פג.) ה"א דגם לענין הא גמרינן לכן איצטריך מיעוטא וא"ל דאכתי השתא דכתיב מיעוטא גבי שבת נילף אפכא ע"ז משבת דלא ניתן להצילו בנפשו ואף דאיכא ק"ו לחיוב דהא ר"ש גופא סבר דג"ש עדיף מק"ו וכמו שכתבו התוס' בחולין (קטז. ד"ה מה להלן) ע"ש די"ל דשאני הכא דלא נמסרה הגז"ש בפירוש להכי לא דחינן ק"ו לגבה:

בגמרא איידי דכתב רחמנא נער כתב נמי נערה. ופירש רש"י איידי דכתיב נער להביא את הזכור. אכן ק"ק הא לזכור לא צריך דבכלל שאר עריות הוא ולמעט בהמה אכתי לא לכתוב רק נערה ולא נער דמדרבי רחמנא נערה המאורסה ג"כ ממעטינן בהמה וכמו לת"ק ולר"ש ונ"ל דוודאי לא שייך למעוטי מנער ונערה אלא כל מה שדומה להם וכיון דבנערה שייך פגם ולא בזכור וכמבואר לעיל וכן גבי ע"ז שייך פגם וכמו דאמרינן לקמן פגם גבוה לא כש"כ ובבהמה ושבת לא שייך פגם כלל לכן ממעטינן מנערה ע"ז דהיינו בהך פגם דווקא ניתן להצילו ולא בפגם אחר דהיינו ע"ז וכן מנער דאין בו פגם נמי אין למעט אלא מה שלא שייך בו פגם ג"כ דהיינו בהמה ושבת ולכן הכא דרצונו למעט בהמה ע"כ צריך לכתוב נער דמזכר דווקא ממעטינן בהמה. ובזה מתורץ מה שהקשו התוס' בד"ה חד ותימא דבהמה ושבת היכי ממעט מחד וטפי ה"ל למעט ע"ז ושבת ולפ"ז א"ש דבהמה ושבת דתרווייהו אין בהם פגם שפיר ממעטינן מנער אבל לא ע"ז ושבת דבא' יש פגם ובאחד לא:

בגמרא משום דמסרה נפשה לקטלא. א"ל דאכתי ל"ל קרא למעט ע"ז ושבת מהיכי תיתי לרבויי כיון דהך טעמא לא שייך בהם די"ל דמהא יליף ר"י הך טעמא ואי לא קרא באמת ה"א דהטעם הוא משום פגם והוה מרבינן ע"ז מק"ו ושבת מגז"ש א"נ י"ל דר"י סבר בהא כר"א בר"ש דלעיל דלא דריש הני מיעוטי לע"ז ושבת רק חד למעוטי בהמה והאי גם לר' יהודא מצריך צריכי כיון דדמי לעריות:

בגמרא ממונא לא משלם עד גמר ביאה. ק"ק דא"כ מאי פריך בכתובות (לה:) אי כר' נחוניא בן הקנה קשיא אחותו אי כר' יצחק קשיא ממזרת הא כרת וכן מלקות ותשלומין לאו אחדא מילתא הם דכרת ומלקות חייב מתחילת ביאה דהיינו משעת הערצאה וקנס לא הוי רק אגמר ביאה וכ"ת כיון דעכ"פ אמקצת ביאה חייב כרת ומלקות א"כ אין לחייב עוד אביאה זו ממון א"כ ה"נ נימא הכי כיון דבמקצת ביאה היה דין מיתה דניתן להצילו בנפשו לא יתחייב עוד אסוף ביאה זו ממון וכן קשה אהא דאמרינן שם (לו:) דבא על חייבי מב"ד פטור מקנס דלמה יפטר דהא מיתה ותשלומין אינו אדבר אחד וכיון שהם אב' דברים מיחייב בתשלומין אף שכבר נתחייב מקודם כדאמרינן ערכין (ו:) דהיוצא ליהרג אם הזיק חייב והת"ק לא פליג שם רק דאינו גובה מן היורשים אבל משום קים ליה בדרבה לא מיפטר אף שחיוב התשלומין בא לבסוף וי"ל דסמיך אקושיא הניתא למ"ד זו נשיקה אלא למ"ד הערצאה מא"ל ומה שתירץ רב חסדא כגון בבא עליה שלא כדרכה לא שייך שם דאכתי יקשה דלמ"ד הערצאה זו נשיקה למה חייבי מיתות ב"ד פטורין מקנס:

בגמרא אלא למ"ד הערצאה זו הכנסת עטרה מא"ל. ק"ק דמאן שמעת ליה דאית ליה הכי ביבמות (נה:) רב דימי אמר ר' יוחנן והרי הוא ס"ל בחולין (פא:) דחייבי מיתות שוגגין ודבר אחר חייבין וא"כ לדידיה בלא"ה לק"מ ממתניתן דאלו נערות כיון דלא מיקטל שפיר משלם ממון. וי"ל דקושית הש"ס הכא הוא לרבין אמר ר' יוחנן דס"ל ג"כ ביבמות שם דהערצאה זו הכנסת עטרה והוא גופא ס"ל בכתובות (לה.) דחייבי מיתות שוגגין גם לר' יוחנן פטור מתשלומין ולדידיה מקשה שפיר:

ברש"י ד"ה במקפדת על פגמה. משום עבירה דלא חמיר מע"ז ושבת. ק"ק הא גם משום פגם לא חמיר מע"ז דהא קאמרינן לקמן פגם גבוה לא כש"כ. וי"ל דוודאי כל כמה דלא גלי לן קרא דאין מצילין מסברא איכא פגם טובא בע"ז אבל לבתר דכתיב מיעוטא א"כ אין כאן פגם דרחמנא מחל על פגמו אבל מכ"מ עבירה איכא ובהכי א"ש ג"כ מאי דכפיל רש"י למילתיה בד"ה אפגמא קפיד רחמנא מדלא כתיב בהאי קרא אלא מידי דפגמה עכ"ל ומאי בעי עוד בזה הא כבר כתב דמשום עבירה לא חמיר מע"ז ושבת. ולפ"ז י"ל דבאמת הא דקפיד רחמנא אפגמא אתי שפיר מדלא כתיב בהאי קרא אלא מידי דפגמה אך הא דבעינן מקפדת על פגמה אכתי לא אתי מזה דאימא גם כשאינה מקפדת מכ"מ התורה הקפידה על פגמה כיון דעכ"פ פגם איכא וכעובדא דהאשה שגלתה ראשה בשוק וחייב ר' עקיבא לאשר גילה לה ד' מאות זוז אף שלא הקפידה על פגמה וקלונה מפני שהיא בת אברהם יצחק ויעקב (ב"ק צא.) וה"נ י"ל כאן אך דזה מוכח מע"ז דאף דרחמנא מחל על פגמו מכ"מ הרי פגם איכא והיה לנו להצילו בנפשו אע"כ הכל בהקפדה על הפגם תלוי ולזה שפיר הביא רש"י ראיה מע"ז:

בד"ה אפגמא רבה. שהולד ממזר ונעשה זונה. זונה לחוד לא מהני דגם מחייבי לאוין נעשה זונה כדאמרינן ביבמות (סא:) ואף דממזר הבא על בת ישראל הולד ממזר

וא״כ משכחת חייבי לאוין ג״כ דהולד ממזר ונעשה זונה מכ״מ האי לאו מכח איסור הוא שנעשה הולד ממזר אלא מפני שהולד הולך אחר הפגום. אכן לפ״ז צ״ל דר׳ יהושע דסבר ביבמות ס״פ החולץ דאין ממזר רק מחייבי מב״ד ולא מח״כ וכן ר״ע דסבר שם דאפילו מחייבי לאוין הוי ממזר הם ע״כ לא ס״ל טעם דפגם כרבנן אלא טעם דמסרה נפשה לקטלא דזה לא שייך רק גבי עריות דיהרג ואל יעבור ולא גבי חייבי לאוין:

בתוס׳ **ד״ה חד למעוטי. אי לאו כתיב.** צ״ב מה בעו התוס׳ בזה ונ״ל דרצו לתרץ מה דבעי לאתויי שבת הא כיון דממעטינן ע״ז שבת ממילא ממועטת ורש״י כתב דכדי נסבה אכן התוס׳ רצו לפרש דהכי קאמר דחד למעוטי שבת ובהמה דהיינו אי לא הוי כתיב רק חד הוי מוקמינן להכי והוי מרבינן ע״ז וממילא שפיר צריך מיעוטא לשבת ואהא הקשו דא״כ האיך ס״ד למיגמר בהמה ושבת מחד קרא ובשלמא לשיטת רש״י דפי׳ דכדי נסבה ואגב גררא איידי דתנן במתניתן א״ש הא דנקט שבת אחר בהמה ולא אחר ע״ז דלישנא דמתניתן נקט דקתני בה ג״כ שבת אחר בהמה כסדר הכתובים במקרא וכנ״ל ולכן רק לשיטתו דלא רצו לומר דכדי נסבה הקשו שפיר ובזה א״ש מאי דקשה לכאורה אמה שהקשו עוד דאיך יחלל שבת להציל חבירו מחלול שבת דאין זה מקלקל דאיכא תיקונא גברא דלכאורה לת״ק ל״ק מידי דהא באמת לא צריך מיעוט לשבת ורק כדי נסבה לפי לישנא דמתניתן ולר״ש ל״ל הך טעמא דאיכא תיקונא גברא דהא ר״ש אית ליה מקלקל בחבורה חייב בשבת (קו.) ולפ״ז ניחא דבאמת גם לת״ק הקשו לפי מאי דס״ל דמיעוט גמור הוא לענין שבת ולא כדי נסבה:

בא״ד. **ואיך יחלל שבת להציל חבירו מחלול שבת.** א״ל דגם ארוצח ליקשו הכי די״ל דברוצח איכא הצלת הנרדף בהדי עבירה דרציחה ולכן שפיר דחינן הא מקמא הא ואף דהתוס׳ ס״ל לעיל דאין מצילין ומצילין אותו בנפשו דקתני היינו מצילין אותו מן העבירה ולא מצילין הנרדף מכל מקום הרי בהדי הצלה מן העבירה איכא הצלת הנרדף ג״כ. ולכן ל״ק גם כן איך מצילין אותו מאיסור א״א דקיל בחנק והורגין אותו שהיא עבירת סייף דהתם ג״כ איכא הצלת הנרדפת ג״כ אבל א״ל דשאני גבי רוצח דהתורה גלתה בפירוש דא״כ אכתי לא מקשו מידי דנילף גם שבת מניה ועוד הרי גבי א״א לא גלתה התורה בפירוש:

בד״ה **ממונא לא משלם. הא לאו פרכא היא דאהכי חייב רחמנא.** עיין ביבמות שהקשו התוס׳ על זה דא״כ מאי פריך הניחא למ״ד כו׳ הא גם למ״ד הערעה זו הכנסת עטרה א״ש. והמהרש״א הקשה למה דלא מקשו התוס׳ כן גם אתי׳ קמא ותירץ דזה ודאי אין סברא דמשום קים ליה בדרבה מניה ישלם קנס אגמר ביאה שכבר היא בעולה ע״ש. אכן לפי מה שהוכיחו התוס׳ הנערה המאורסה דבהכי חייב רחמנא ושפיר מקרי בתולה לכאורה נסתר תירוץ זה:

בא״ד. **תדע מדלא ילפינן הערעה מנ״ה.** א״ל דא״כ היאך אמרינן בקידושין (י.) ואי נמי לכה״ג דקא קני בתולה בביאה מאי ופירש רש״י דאי סוף ביאה קונה נמצאת בעולה משעת הערעה שלא לשם קידושין ואסירא ליה דכתיב בתולה מעמיו יקח עכ״ל. ומאי קמבעי׳ ליה הא כיון דע״י אותה בעילה נעשית בעולה שפיר קרינן בה בתולה וכמו שהוכיחו התוס׳ כאן די״ל דזה שייך דוקא לענין חיוב דקנס ונ״ה דהתם לא בעי הכתוב רק שיבא עליה בעודה בתולה והרי בא עליה אף שבגמר ביאה כבר היא בעולה אהכי לא קפיד רחמנא רק שיבא תחלת ביאה אבתולה ואז יחוייב אגמר ביאה אבל התם לענין קידושין דכתיב בתולה מעמיו יקח דמשמע בשעת לקיחה דהיינו בשעת קידושין תהיה בתולה והרי כאן בשעת קידושין שהיא בגמר ביאה כבר בעולה היא:

בד״ה **במפותה. שאינה מוחלת הקנס.** ק״ק דא״כ מאי פריך ריש פרק נערה שנתפתתה פשיטא דלאביה דאי לעצמה הרי מחלה ע״ש דילמא לעולם ה״א דלעצמה ובהתנה בפירוש שאינה מוחלת הקנס ושאר דברים וצ״ע:

בא״ד. **כגון שלא הספיקה לעמוד בדין עד שמת האב.** ק״ק כיון דע״כ איירי במפותה לרב פפא גם הך סיפא דבתו דאי באנוסה בלא שמתחייב בנפשו תיפוק ליה דניתן להצילו בנפשו וא״כ מ״ש בתו דנקט אפילו באחותו ג״כ פטור בכה״ג שלא הספיקה לעמוד בדין עד שמת האב ובמפותה כיון דלעצמה והרי מחלה ואפילו בנערה שנתגרשה מן הארוסין דעלמא נמי ואיך תליא זה במתחייב בנפשו דבתו דוקא ואי הך דבתו איירי באנוסה דוקא א״כ גם באחותו פטור כה״ג דניתן להצילו בנפשו ועכ״פ יקשה מ״ש בתו דנקט:

בא״ד. **דהא רב פפא אית ליה חידוש הוא.** ק״ק הא רב פפא לא אמר אלא כרבה שם בכתובות (לד:)

ורבה גופיה לא אמר הכי אלא לר״מ כמו שכתבו התוס׳ שם ומאי קשיא לרב פפא ממתניתן דהא מתניתן ע״כ לית ליה דמיקטל ומשלם קנס מדפטרה מקנס בא על חייבי מיתות ב״ד:

דף עד. בגמרא אביי אמר ביכול להצילו באחד מאבריו. הרמב״ם (פ״א מהל׳ נערה בתולה הי״א) כתב דהבא על אחת מחייבי כריתות בין ע״י אונס בין ע״י פיתוי ולא התרו בהם שאינם נלקים משלמין קנס ע״ש ולפי סוגיא דלפנינו ק״ל כיון דפסק שם דחייבי מיתות שוגגין פטורין מן התשלומין ופסק ג״כ בפ״א מהל׳ רוצח (ה״י) דחייבי כריתות ניתן להצילו בנפשו א״כ לדידיה קשה ג״כ קושית הגמרא דכאן ותירוץ קמא דהגמרא לא שייך דהוא פסק בפ״א מהל׳ איסורי ביאה דהעראה זו הכנסת עטרה וגם תירוץ רב פפא לא שייך דכתב בפירוש בין באונס בין במפתה ולא משכחת במתניתן שלא יהרגנה כתי׳ רבא דהרמב״ם לא פסק כר׳ יהודה וא״כ לא משכחת אלא בבא עליה שלא כדרכה מקודם כתי׳ רב חסדא או ביכול להצילו באחד מאבריו כתי׳ אביי ולפ״ז ה״ל להרמב״ם לפרש זה בפירוש כיון דמבואר בגמרא הכי ולא לסתום בסתמא שמשלם קנס דמשמע בכל גווני:

בגמרא ור׳ יונתן בן שאול היא. מלשון זה משמע דרבנן פליגי אר״י בן שאול ומטעם זה הקשה הלח״מ בפ״ט מהל׳ מלכים (ה״ד) על הרמב״ם דפסק כוותיה ע״ש. ולפענ״ד אדרבה מוכח מכאן דאדרבה כ״ע ס״ל הכי דלכאורה קשה מי דחק לאוקמי ביכול להצילו באחד מאבריו דווקא הא לעיל קאמרינן בברייתא דיש לה מושיע אין מצילין אותו בנפשו א״כ לוקמיה ביש לה מושיע אע״כ דכ״ע אית להו הך דריב״ש וא״כ הך יש לה מושיע גופא יש לפרש הכי דיכול להושיע בהצלת אחד מאבריו ועכ״פ ליכא נפקותא בין ב׳ אוקימתות הללו כיון דתרוויהו כ״ע ס״ל. אלא דקשה מאי מוכיח ריב״ש מהך דלא יהיה אסון דניתן להצילו באחד מאבריו לא ניתן להצילו בנפשו דילמא התם איירי ביש לו מושיע לגמרי וזה לא ניתן להצילו ברוצח כמו בנערה המאורסה דכתיב קרא בפי׳ דהא רוצח מנערה המאורסה אתיא:

בגמרא קסבר עונשין מן הדין. א״ל דאכתי אזהרה מנ״ל דאזהרה ליכא למילף מק״ו דהא במכות (יז:) קאמרינן לר״ש דאין מזהירין מן הדין די״ל דאזהרה לא מצרכינן לרודף לחוד דבכלל אזהרה דעע״ז הוא ולא מצרכינן ילפותא אלא לענין עונש דבזה לא שייך דהוא בכלל עונש דעע״ז דאינו עד לאחר שעבר:

בגמרא חוץ מע״ז וג״ע ושפ״ד. עיין בר״ן שמסופק בבא על הבהמה אי ניתן להצילו בנפשו ודעתו לפי המסקנא דניתן אכן לכאורה צ״ע כיון דהא דכל העריות ילפינן מנערה המאורסה ע״כ לאו משום דח״כ הן כמוה דא״כ נרבה גם משאר ח״כ ומיתת ב״ד וגם לאו משום דניתנו להצילם בנפשם הוא דזה לא שייך בבהמה ואי משום דילפינן עריות מנערה המאורסה בהיקשא דר׳ יונה א״כ לא נרבה זכר ובהמה דהם אינם בכלל היקשא לפי חד תירוץ של התוס׳ ביבמות (נד: ד״ה בזכור) וצ״ל דלפי הך תירוצא באמת בבהמה יעבור ואל יהרג:

בגמרא והא תניא אמר ר׳ ישמעאל. ק״ק לפי מש״כ התוס׳ לעיל (סא: ד״ה רבא אמר) בשם י״מ דהא דאמר יהרג ואל יעבור היינו בסתם ע״ז וע״ז דהתם איירי בע״ז שהכל עובדים מאהבה ומיראה דומיא דהתם ע״ש ובה אמרינן יעבור ואל יהרג א״כ מאי פריך מהא דר״י ומנ״ל לומר דר׳ ישמעאל פליג אהא דלמא ר׳ ישמעאל איירי בע״ז כה״ג דעובדין מאהבה ומיראה וכבר הקשו התוס׳ גופא קושיא כה״ג והוצרכו לשנות דעדיפא מניה משני וזה לא שייך כאן דמי עדיפא לעשות פלוגתא חדשה בין התנאים:

בגמרא ת״ל וחי בהם. א״ל כיון דבג״ע ושפ״ד ע״כ גם ר״י מודה דיהרג ואל יעבור מהני טעמי דאמרינן לקמן דהרי ר״י באמת לא קאמר רק ע״ז א״כ מאי קאמר מוחי בהם אכתי נילף ע״ז בק״ו דלעיל מנערה המאורסה דבזה לא שייך אין עונשין מן הדין דאין זה עונש דאיך שייך עונש קודם שעבר עבירה די״ל דלא שייך ק״ו הנ״ל לדידן כיון דע״ז לא ניתן להצילו בנפשו ועריות ורוצח נתנו א״כ הרי בלא״ה קיל ע״ז מהם:

בגמרא לכך נאמר בכל מאדך. ק״ק למה מצרכינן בכל מאודך מהיכי תיתי שלא יתן כל ממונו דהא גם בכל נפשך לא בעינן אלא מדכתיב וחי בהם וזה לא שייך לענין ממון ואי משום דיש לך אדם שממונו חביב עליו מגופו והוי בכלל וחי בהם א״כ בשאר מצות דלא קאי עליהם בכל מאודך דלא איירי רק בע״ז כמו בכל נפשך לא יחוייב ליתן ממונו כדי להציל עצמו מעבירה וזהו נגד דעת הר״ן פ׳ לולב הגזול שפסק כוותיה הרמ״א ביו״ד (סי׳ קנ״ז ס״א) ע״ש:

בגמרא **הרי זה בא ללמד ונמצא למד.** ק"ק הרי בא ללמד ג"כ לענין יהרג ואל יעבור והתוס' לעיל הרגישו בזה ופירשו דאף למד קאמר אכן הול"ל הכי והלשון משמע דהעיקר הוא מה שנמצא למד וגם הכא נקט הך דרשה דיהרג ואל יעבור לבסוף משמע דלאו עיקר דרשה הוא. והנראה בזה דודאי היכי דהוקשו ב' דברים להדדי מבלי דפרט הכתוב לענין מה הוקשו ומי הוקש למי בזה אמרינן אין היקש למחצה והוקשו בכל דרכי ההיקש ולכל הצדדים אבל היכא דפרט הכתוב מה נקיש ולענין מה נקיש כגון הכא דכאשר יקום איש ע"כ לענין הך דינא דאיירי ביה קרא הוקש וזה לא שייך לענין אונס דלא ידעינן ברוצח ג"כ אע"כ דקאי אהך דואין לה מושיע דסיפא דקרא דאיירי בניתן להצילו בנפשו ובזה רוצח ללא ללמד אתי אלא נמצא למד ואף דמקשינן נערה המאורסה ג"כ לרוצח לענין יהרג ואל יעבור היינו משום דאין היקש למחצה אבל ע"כ עיקר היקש דקרא לאו היינו הך כיון דלא איירי בקרא שם מהך דיהרג ואל יעבור וכן הוא ג"כ בהך דמשכבי אשה דהביאו התוס' לעיל דודאי עיקר ההיקש לאו לענין הערעה איירי דהא מזה לא איירי קרא שם אלא מביאה גמורה ואיך יאמר על זה משכבי אשה אע"כ אתי לחייב אשה בשלא כדרכה ובזה נמצא למד וכן גם כן בהיקש דצבי ואיל דגם שם עיקר ההיקש ודאי לאו לענין מתנות אתי דביה לא איירי קרא שם רק לענין זביחה ובזה ג"כ נמצא למד:

ברש"י **ד"ה ויכול. הנרדף או דרואהו להציל בא' מאבריו.** עיין במל"מ (סוף הל' חובל) שכ' בשם הרא"ם דהנרדף עצמו א"צ להצילו בא' מאבריו וזה דלא כדעת רש"י דכאן אכן הסוגיא דהכא מוכח כדעת רש"י דאל"כ אכתי יקשה למה בלא יהיה אסון ענוש יענש הא ניתן להצילו בנפשו ע"י הנרדף:

בד"ה **סבר לה. ומזרעך לא תתן להעביר למולך.** לפי מש"כ התוס' לעיל דלכך לא ילפינן ג"כ הני דפ' הנשרפין לקמן משום דהכא חלול במקום מיתה עומדת א"כ ע"כ לאו מהך קרא דמזרעך לא תתן יליף דהתם לא כתיב מיתה אלא מקרא דאם העלם יעלימו דפ' קדושים דשם כתיב חלול במקום מיתה אכן גם לשיטת רש"י יש ליישב מה שהקשו התוס' דא"כ נילף גם הני דפ' הנשרפים מגז"ש זו די"ל ע"כ לא מרבינן כיון דכולהו הם חייבי כריתות ומיתה בידי שמים א"כ אי ס"ד דמרבינן הני ל"ל חטא לחייבי כריתות דעריות נילף מהני דליכא בהו פגם ואעפ"כ נתנו להצילם בנפשם ח"כ דעריות דאית בהו פגם לכ"ש דהא הך תנא סבר עונשין מן הדין אבל השתא דלא מרבינן אלא שבת לא שייך להקשות דא"כ מות לחייבי מיתות ב"ד ל"ל נילף בק"ו משבת דהא אצטריך למיתות ב"ד דקילי מסקילה א"נ אי לאו מות הוי מרבינן אפילו חייבי לאוין ג"כ כמבואר לעיל:

בד"ה **סברא הוא. דאיכא תרתי איבוד נשמה ועבירה.** הא דבעינן הך טעמא דאיכא עבירה ג"כ היינו דאי רק משום דמחי חזית דדמך סומק טפי אין לנו לחייבו שיהרג דהוא יאמר שמקפיד על אבוד נשמתו טפי ולכן בעינן דאיכא עבירה ג"כ והיינו דבכה"ג לא התירה התורה משום וחי בהם כלל כיון דממנ"פ איכא איבוד נשמה ונשארה עבירה דרציחה:

דף עד: **בגמרא תשעה ישראל וכותי א' מהו.** פי' דקס"ד דטעמא דעשרה בעינן משום דסברא הוא דבהני מקרי פרהסיא ואף דפשיטא ליה ג"כ דישראל בעינן לגבי קדוש השם מ"מ אפשר דכותים משלימים מנין העשרה כיון דאיכא פרהסיא ואיכא ישראל ופשיט ליה דמגז"ש דתוך תוך ילפינן דעשרה בעינן ולכן דוקא בעינן ישראל וזה שכ' רש"י אתיא תוך דעשרה בעינן וכולהו ישראל דזה חידש לו דמתוך ילפינן דעשרה בעינן:

ברש"י **ד"ה בן נח. מוזהר על ע"ז.** הא דנקט רש"י ע"ז דוקא ולא סתם ז' מצות דהא בכולהו שייך משום קידוש השם נ"ל שרצה לפרש מהיכי תיתי שמצות ק"ה דכתיבי גבי ישראל תנהוג גם גבי ב"נ טפי משאר המצות ולהכי מפרש דס"ד דבכלל אזהרת ע"ז היא כיון דהטעם דק"ה הוא לפרסם יחוד השם וכמו שכתב הרמב"ם בחבורו וביותר ביאר כן בס' המצות וזה היפך ע"ז לכן שפיר שייך חילול השם לגבי ע"ז ובהכי א"ש מאי דפריך מז' מצות נצטוו ב"נ ואם איתא תמני הוויין ומאי קושיא דלמא לא קחשיב אלא הני דנצטוו ב"נ קודם מתן תורה אבל לא קידוש השם דלא שייך רק משעת מ"ת ואילך דקודם שנצטוו ישראל מהיכי תיתי בב"נ אבל לפ"ז א"ש דבכלל אביזרייהו דע"ז הוא:

בתוס' **ד"ה אפילו לשנויי. וק' דבסוף פ"ק דביצה.** ק"ק מאי ק"ל הא רק ר"י קאמר התם אף לא מנעל לבן ופי' הרמב"ם דבאתריה דר' יהודה לא היו רגילים לנעול מנעל לבן וכיון דת"ק לא קחשיב הך משמע

דבאתריה היו רגילין ללבוש לבנים ואם כן מאי קשיא להו להתוס' מכל הני דלמא התם נמי איירי באתריה דלבשו לבנים:

בד"ה והא אסתר. ושוב נתגייר עמה לקיימה ביהדות. א"ל תיפוק ליה דלא שייך גבי' איסור לבועל כלל דגר שנתגייר כקטן שנולד דמי די"ל דמה שאסור לבועל נקרא דיני אדם ולא שייך בזה גר שנתגייר כקטן שנולד דמי וע' בתוס' לעיל (עא: ד"ה בן נח) וא"ע ראיתי שכבר הרגישו בזה בתוס' ישנים ביומא (פב. ד"ה חוץ מע"ז) ע"ש וע' במרדכי שהתיר באמת מטעם זה:

באו"ד. אלמא אפילו גבי כותי שייך ונטמאה לאסור לבעל וה"ה לבועל. לפענ"ד י"ל דאדרבה משום ראיה לשיטת ר"ת דאי ס"ד דשייך ונטמאה לגבי בועל אחר שנתגייר א"כ מאי מתרץ מהו דתימא כי אמר ונסתרה והיא נטמאה כו' לאפוקי כותי דבלא"ה אסירא ליה הא גם גבי כותי שייך לענין אם נתגייר אח"כ אלא ע"כ דאי נתגייר לא אסירא ליה והיינו משום דביאתו ביאת בהמה והא דאסורה לבעל היינו משום דגבי בעל בהקפדה דידיה תליא מילתא והרי מקפיד ומה"ט בעינן מיעוט דשכבת זרע בסוטה (כו:) דלא תיתסר בשקינא לה דרך אברים אבל בבהמה דאין דרכו להקפיד ולקנאות דלא נחשדו ישראל על הרביעה כדאמרינן בע"ז (כב.) לא נאסרה גם לבעל והא דנאסרה לתרומה ע"י ביאת נכרי היינו משום דילפינן בסוטה (שם) מקרא דבת כהן כי תהיה אלמנה אבל לעולם בעיקר הדבר י"ל דאין ביאת נכרי חשובה ביאה:

באו"ד. משום דהנאה חשיב כמעשה כדדריש בפ' המניח. לכאורה איפכא שמעינן מהתם דאמרינן בפי' דהנאה יש לשניהם אבל מעשה איהו דוקא הוא דקעביד וצ"ל דהתוס' כוונו למה שכתבו שם דלכך חייבת מלקות וחטאת אף דאינה עושה מעשה משום דהנאה חשובה כמעשה אך דלפ"ז יקשה לפי האמת איך קאמר הכא אסתר קרקע עולם היתה הא ההנאה חשובה כמעשה וי"ל דלא שייך לומר הנאה היא כמעשה אלא הנאה הבאה לה ברצונה היינו שנבעלה ברצון אבל כשנבעלה באונס הנאה זו באה לה בעל כרחה ואיך יחשב זה לה כמעשה כיון שאינה רוצה בה ולכן הכא גבי אסתר שהיתה אנוסה לא שייך דהנאה יחשב מעשה אבל לענין מלקות וחטאת שהיא מזידה או שוגגת שפיר מיחשב ההנאה מעשה כיון שרוצה היא בהך הנאה דכיון דברצונה באה לה מיחשב כאילו עשתה מעשה להביא הנאה זו עליה. ולפ"ז גבי על שלא היתה אנוסה כמו שהוכיחו התוס' שפיר י"ל דהקושיא היא דלא מיחשב קרקע עולם כיון שנהנית והנאה חשיבא כמעשה והאה מתרץ דטובתן של רשעים רעה היא אצל צדיקים וא"כ לא נהנית כלל ומיהו לפ"ז גם גבי אסתר א"ש דגם בה שייך הך טעמא ורק לפי שיטת המקשן שמקשה על יעל דוקא ולא על אסתר שייך לחלק חילוק הנ"ל בין אונס למזיד ושוגג:

באו"ד. וא"ת כשנתרצית אסתר לאחשורוש. ע' במהרש"א שהקשה דעדיפא מניה ה"ל להקשות מפני מה הניחה להיות נבעלת באונס לאחשורוש ולא גרשה מתחלה וראיתי ביומא (פב. ד"ה מה רוצח) שהקשו התוס' באמת כן אכן הא דלא רצו התוס' להקשות כן הכא י"ל כיון דמצינו לפעמים דפליגי תנאי אאנשי כנה"ג ואפילו אדברי נביאים אחרונים כדאמרינן בקדושין (מג.) שמאי אומר משום חגי הנביא שולחיו חייב ולית הלכתא כוותיה וביבמות (ס"פ הבא על יבמתו) פליגי תנאי אי אשה מצווה על פריה ורביה או לא וא"כ י"ל דמרדכי ואסתר כהך מ"ד דחייבת ס"ל ולכן ע"כ היתה צריכה להנשא למרדכי משום פריה ורביה ולכן עומדת מחיקו של אחשורוש וטובלת ויושבת בחיקו של מרדכי כדאמרינן (מגילה יג:) וע"ש בתוס' (ד"ה וטובלת) אבל השתא שנכנסה ברצון וע"כ נאסרה למרדכי כמו שאמרה וכאשר אבדתי מבית אבי אבדתי ממך שפיר הקשו התוס' דה"ל לגרשה דאיכא תועלת גדול הא' שלא תהא נבעלת ברצון באיסור והב' שתהיה מותר לחזור למרדכי:

בד"ה בן נח. אי לא דכתיב וחי בהם. אפשר לומר דודאי לא מסתבר לומר דיהיה חייב למות ולא לעבור אמצות הכתוב כיון דאונס הוא ואינו עובר מדעתו אין כאן איסור כלל והא דאצטריך וחי בהם היינו מדכתיב בכל נפשך אפילו נוטל את נפשך ואי לאו וחי בהם הוי מוקמינן בכל המצות כמו בכל מאודך דכתיב שם ואיירי בכל המצות וכדעת הר"ן הנ"ל ולכן גבי ב"נ דלא כתיב בכל נפשך גם וחי בהם לא מצרכינן:

באו"ד. דלא נילף שאר מצות מרוצח ונערה המאורסה. ברוצח דהוי הטעם דיהרג ואל יעבור משום מאי חזית דדמא דידך סומק טפי ודאי מסתבר דגם בב"נ יהרג ואל יעבור דהא טעם זה שייך ג"כ גביה ולכן ע"כ אין כוונת התוס' דמרוצח ילפינן דא"כ גם גבי ב"נ נילף ואפילו בצינעה ואכתי מאי קמיבעיא ליה אלא ודאי

מרוצח לא ילפינן דשאני רוצח דטעמא רבה הוא והתוס׳ לא נקטו רוצח אלא אגב גררא דנערה המאורסה דילפינן מניה ולכן לא נקטו ג״כ ע״ז דגם מע״ז לא שייך למילף שהיא מצוה החמורה בתורה ואין אנו צריכים למש״כ המהרש״א דמשום ר״י לא נקטו ע״ז:

דף עה. בגמרא הא בצינעה הא בפרהסיא. א״ל לפמש״כ הרמב״ם (פ״ה מהל׳ יסוה״ת ה״ד) דמי שדינו ליהרג ואל יעבור ועבר חילל את השם ואם עשה כן בפני עשרה מישראל חילל את השם ברבים משמע דשייך ק״ה גם בצינעה י״ל דזה שייך דוקא אי בלאו ק״ה המצוה ליהרג א״כ כשעובר מחלל את השם אבל הכא גבי ב״נ דאין דינו ליהרג רק מכח ק״ה וק״ה לא שייך לענין זה רק בפרהסיא דאי בצנעה מאי ק״ה איכא דלענין שלא לעבור עבירה לא שייך דאין כאן עבירה כיון דאונס הוא:

בגמרא ימות ולא תספר עמו מאחורי הגדר. הנימוקי יוסף כתב הטעם בזה דמיקרי ביזרייהו דעריות והוצרך לחלק בין הך דהכא לקוואקי ודימוניקי דלעיל דלא מקרי ביזרייהו דע״ז ולפענ״ד אפשר לומר דלענין דברים הללו לא רצו לסמוך עוד אדברי הרופאים דכבר הוחזקו לשקר דבתחלה אמרו אין לו תקנה עד שתבעל ואח״כ חזרו מדבריהם והש״ס לא שקיל וטרי אלא למה לא התירו חכמים בתחלה לבא עליה ובהכי א״ש מאי דקאמר משום פגם משפחה דלכאורה לא שייך זה לענין תספר מאחורי הגדר דאיזה פגם משפחה שייך בזה אלא ע״כ לא קאי רק אבא עליה דמעיקרא:

בגמרא משום פגם משפחה. הא דלא קאמר משום פגמה דאיהי יכולה למחול אבל במשפחה לא שייך מחילה דדלמא איכא חד במדינת הים דלא מחיל ליה:

בגמרא מים גנובים ימתקו. א״ל דכאן משמע דביאה על הפנויה נקרא מים גנובים ולעיל (כו:) אמרינן מהו דתימא הא עדיפא ליה דכתיב מים גנובים ימתקו משמע דדוקא גבי אשת איש שייך כן ולא גבי פנויה די״ל דאף דגבי פנויה שייך ג״כ מים גנובים מ״מ כשהיא א״א ניחא ליה טפי כיון דגדלה העבירה ולפי גודל העבירה רבתה הנאתו:

ברש״י ד״ה ואם איתא. ולא גר תושב. פי׳ ונעמן גר תושב היה כדאמרינן לקמן (צו:):

פרק תשיעי - ואלו הן הנשרפין

ברש״י ד״ה ובת כהן. אבל בועלה לאו בשריפה. פי׳ דרצה לתרץ למה נקט בתרי לישני ולא כלל ותני הבא על אשה ובתה ובת כהן רק דאי הוי מתני הכי הוי משמע דגם הבועל בשריפה כמו בבא על אשה ובתה ולכן פרט ותני ב״כ לחוד:

בד״ה הבא על האשה. אלא בחמותו דשרפה כתיב בה. פי׳ דזה ודאי פשיטא ליה להגמרא דלא איירי באשה ובתה רק דהא צריך להסביר דלמא איירי באשה ובנשא בתה והא קאמר דא״כ הי״ל לפרש בפי׳ הכי אע״כ דאיירי באופן דתרוייהו לאיסורא דהיינו בחמותו ואם חמותו והא פריך הניחא אבל לא דמלשון המשנה מוכח דמיירי בתרוייהו לאיסורא ואי אפשר לפרש בענין אחר וע׳ במהרש״ל ומהרש״א שנדחקו בביאור דעת רש״י והנראה לפענ״ד כתבתי:

דף עה: בגמרא אתיא הנה הנה אתיא זמה זמה. עיין במהרש״א שהקשה ל״ל למילף מכח זמה זמה נילף בקיצור מהנה הנה מה להלן בשריפה אף כאן בשריפה ולכאורה א״ל עפ״י מה שפי׳ המהרש״א גופא בתוס׳ ד״ה מניין אמה שכתבו דכיון דיליף מאי דכתיב בהדיא לא שייך למיפרך דהיינו משום דכתיב זמה כמו דכתיב שריפה בפירוש גביה דמי וזה לא שייך אי הוי אתי דין שריפה מכח הגז״ש דהנה הנה וא״כ הוי מצינו למיפרך כקושית התוס׳ אכן ז״א דבלא״ה קושית התוס׳ צ״ב הא הגז״ש מופנה מב׳ צדדים ולמדין ואין משיבין לכ״ע כדאמרינן בנדה פ״ג (כב:) אכן כבר כתבו התוס׳ גופא לקמן דאין הגז״ש מופנה מב׳ צדדים אך דזה לא שייך רק לענין הגז״ש דזמה דהיא אינה מופנה כיון דנדרשת הכא גם לשאר מילי אבל לא לענין הג״ש דהנה הנה דלא נדרשת רק להך מילתא דהא לאביי קיימינן

קטנה אביה ולא היא, דקטנה א״י להיות שניה עיי״ש, לפ״ז ניחא לראיה הנ״ל דלפי״מ דדחי התרצן דנערה לא מצי לשוי שליח לא הו״מ לאוקמי ביש לה אב ובנשואה דמ״מ יקשה עדיין דבקטנה דעדיין אף אחר שנשאת יד אביה קיימת לקבל גיטה הדין ממילא דאביה ולא היא, ואף בהגיע גט לידה לא תתגרש, מש״ה צריך לאוקמי באין לה אב וא״כ י״ל דרש״י בסנהדרין קאי לפי שיטתו קודם חזרה, דבקטנה אביה ולא היא, וליתא לראיה הנ״ל, ואין זה הצד דוחק דבלא״ה צ״ל דרש״י בסנהדרין קאי לקודם חזרה מדכתב ובלבד שאביה יקבל הגט, דמשמע דוקא אביה, ובממנ״פ אי בקטנה לגמרי דא״י לשמור גיטה, הא ס״ל לרש״י בקידושין וגיטין דאף ע״י אביה א״י להתגרש, וע״כ דמיירי בקטנה, דיכולה לשמור גיטה ואף על פי כן דוקא אביה מקבל גיטה, והיינו לפי מה דס״ל לרש״י קודם חזרה דאביה ולא היא וכון כן נראה לענ״ד.

והנה הדבר פשוט דאף אם בלא אוכל זו אם לא אוכל זו לא הוי התראת ספק כיון דמחוסר מעשה, מ״מ לא מנקי׳ ליה עד שעבר ממש ולא אכל להתנאי דרק ההתראה לא מקרי בכלל התראת ספק כיון דמחוסר מעשה אבל פשיטא דא״י להלקות בספק ומזה נ״ל לדון במ״ש תוס׳ גיטין דף ל״ג ע״א ד״ה ואפקעינהו דהקשו דבא על א״א איך ממיתין הא הוי התראת ספק שמא ישלח לה גט ויבטל הגט שלא בפניו דאפקעינהו רבנן לקידושיה מיניה ותהיה פנויה למפרע. וכן בנזיר יין דקתני במתני׳ לוקה הא הוי התראת ספק שמא ישאל על נדרו ומדלא הקשו דאף למ״ד שמה התראה מ״מ איך ממיתין בבא על א״א קטנה או באונס במקום דאין ממיתין אותה איך ממיתין אותו שמא ע״י ביטול גט שלא בפניו תהיה פנויה למפרע ולא נתחייב מיתה. וכן בנזיר שמא ישאל ולא נתחייב מלקות. נלע״ד די״ל דבאמת אין ממיתין אותו מיד אלא דממתינים עד שתמות היא או בעלה. ובנזיר מלקין אותו אחר שכלו ימי נזירתו, דאף דקי״ל אכלה כולה נשאל עליה מ״מ הא כתב בתשובת שער אפרים סימן ע״ב דדוקא היכא דליכא עונש כרת או מלקות אבל במזיד ולא אתרו לא. וכ״כ בכנה״ג בשם הרא״ד בס׳ תמים דעים. ואף דהרא״ש כתב דגם במזיד ולא אתרו נשאל, מ״מ הא כתב הרא״ש הטעם ומיהו היכא עונש מלקות. א״כ במה שמלקים אותו אין עוד ספק שישאל לאחר שלקה דהרי הוא כאחיך אין מה לחול עליו השאלה. לזה נקטי הקושיא רק למ״ד התראת ספק ל״ש התראה. ולפ״ז י״ל דאף לאחר דתירצו תוס׳ דלא מקרי התראת ספק דרוב אין מגרשים וכן בנזיר, היינו דלא מקרי בגדר התראה ספק וכדדייקי בלשונם שם דהתראה כה״ג שמה התאה, אבל מ״מ י״ל דאין ממיתין אותו עד שיתברר שאינה פנויה למפרע דהיינו אחר שתמות היא. ובנזיר אחר שיכלו ימי הנזירות.

וכן בתוס׳ בנדה דמ״ו ב׳ ד״ה ר״י וכו׳ וי״ל דאזלי בתר רוב שמביאים ב״ש. היינו ג״כ דמקרי התראה מעליא אבל מ״מ אין מלקים עד אחר שנתברר דהיה מופלא סמוך לאיש דהרי בכל מילי דאורייתא לא סמכי׳ על רוב זה שהביאו ב״ש בזמנן לחליצה וכדומה כך היה נלע״ד.

ואולם קשה לי מסוגיא דסנהדרין דף ס״ט ואמאי דלמא איילונית היא, ועיין במהרש״א קדושין דף ע״ו הא אפשר לומר דממיתין אותו אחר שתגדל ויתברר דאינה איילונית היינו דא״כ הוי התראת ספק ע״ש ולפי הנ״ל הא מ״מ י״ל דכה״ג כיון דרובן לאו איילונית מקרי התראה מעליא אבל מ״מ אין ממיתין אותו עד שיתברר שאינה איילונית. ובאמת בלאו כל הנ״ל קשה מסברא דאיך אפשר לדמות העונש המיתה להתראה, דהא כיון דבכל התורה אזלי׳ בתר רוב א״כ מקרי התראה ודאי דזהו הוי כמו כה״ת דרוב כודאי. אלא לענין נפשות לא אזלי׳ בתר רובא וממתינין להמית אותו עד שתגדיל ויתברר דאינה איילונית.

וכן יש ראיה לכאורה מתוס׳ סנהדרין דף ס״ח ע״ב ד״ה בן סורר וא״ת דלמא שנה לפני גדלות כדאשכחן נדה דף מ״ו וכו׳. והיינו דלאו התראת ס׳ הוא דשמא לא יביא ב״ש לסוף השנה ואינו סמוך לאיש. היינו ג״כ כיון דרוב מביאים ב״ש בזמנן לא מקרי התראת ס׳ ואם נימא דזהו רק לענין ההתראה אבל מ״מ אין עונשים על זה עד שיתברר א״כ א״כ אם נדרוש סמוך לאיש דהיינו שנת י״ג. א״כ לאחרי י״ג אינו נעשה בן סו״מ דהוא איש וממילא לא משכחת במופלא סמוך לאיש דין בן סו״מ דהא עתה א״י להענישו דשמא לא יביא ב״ש סוף השנה ואינו עתה סמוך לאיש ואם נמתין עד אחר שיביא ב׳ שערות סוף השנה הא אח״כ יפטר כיון דאשתני דינא כדאיתא במתני׳ סנהדרין דף ע״א ע״ב ברח עד שלא נגמר דינו ואח״כ הקיף זקן התחתון פטור. ואמרינן שם בסוגיא הטעם דכיון דאשתני דינא ה״נ בזה כשיביא ב״ש אשתני דינא כיון דאלו עבד השתא אינו מחייב. ואם דגומרים דינו עתה וממתינין בעונש עד אחר שיביא ב״ש הא הוי בכלל עינוי הדין לגמור דינו עתה להמיתו אח״ז. כדאיתא בסנהדרין דף ל״ה ע״א ולומר דגומרים דינו שמחייב מיתה אם יביא ב״ש בסוף השנה. ובזה ליכא עינוי הדין כיון דעדיין ליכא חיוב מיתה ודאי רק על תנאי, הא מ״מ בכה״ג נימא אשתני דינא דהא הטעם דנגמר דינא ואח״כ הקיף זקן התחתון דפטור דגברא קטילא הוא וזהו שייך אם היה ראוי להמיתו אז דבזה קודם שהקיף זקן בר קטלא הוא והוי כהוקף אחר דקטלו ליה אבל אם זהו עצמו הגמר דין שמחייב מיתה לאחר שיביא ב״ש ועתה א״י להמיתו א״כ עדיין אינו בר קטלא עד זמן שהביא ב״ש וא״כ מקרי אשתני דינו. אע״כ דבאמת יכולים להמיתו מיד מכח הרוב דיביא ב״ש בזמנו ולע״ג.

דף ע״א ע״א גמ׳ כמאן כר״י. עי׳ ת״י יומא סב ע״א ד״ה שני.

שם וישבתי על קברו. עי׳ ש״ע י״ד רסי׳ שסד.

ע״ב גמ׳ אלא קלה בחמורה מיסך שייכי עי׳ לקמן דף פ ע״ב תוספות ד״ה הוי.

דף ע״ב ע״א מתני׳ ושבר את החבית. דעת רש״י והר״ה דאף אם נטל הכלים ושברן אחר שיצא ממחתרת פטור ואינו חייב רק כשהם בעין בשעה שתובעם זה. אבל דעת הרמב״ן דוקא כשברם בעודו במחתרת אבל שברן אחר שיצא חייב.

שם אמר רבא מסתברא. כעין זה כתובות קב ע״ב גיטין יג ע״ב.

שם והלכתא דשדינהו בנהרא, עיין ברמב״ן במלחמות דדוקא בשיבר בעודו במחתרת, אבל ביצא ואח״כ שיבר חייב דבשעה ששברם לא הוי קלבד״מ, וכן בגונב כיס מיירי דשלשל ידו ועשאו קטפרס וקיבל וזרקו מיד, אבל בזרק לאחר מיכן חייב דבשעה שזרקו לא הוי קלבד״מ, ועיין בב״ח חו״מ (סימן שנ״א) שכתב דגם דעת הרמב״ם כן, ודייק כן מלשון הרמב״ם (פ״ג מהל׳ גניבה) דכתב או שגנב כיס בשבת והיה מגררו עד שהוציאו מרשות בעלים שהיא רה״י לרה״ר ואבדו שם הרי זה פטור, דיקדק למנקט ואבדו שם היינו מיד אבל לא לאחר מכן ע״ש, וזהו גם כן דעת תוס׳ בב״ק (דף ע׳ ע״ב) ד״ה כמאן כרע״ק עיי״ש, והנה בדרישה סימן הנ״ל כתב דמדכתב הטור גבי מחתרת בשם הר״ר ישעי׳ דבעינן דוקא שיבר בעודו במחתרת ולא כתב כן מקודם גבי גונב כיס דבעי׳ השליכו מיד, ע״כ דס״ל לחלק דדוקא במחתרת דמיד שיצא ממחתרת אזדא לחיוב מיתה דעתה אסור להורגו ול״ש תו קלבד״מ, משא״כ בגונב כיס דחיוב מיתה ע״י חילול שבת עוד עליו קאי ולא פקע מיניה מש״ה אף בשדינהו אחר מיכן פטור, ויעוין בדרישה (בסימן ש״ן) בהביא דכתב הטור שם גנב ומכר בשבת אם נעשה המכירה באיסור כגון דא״ל עקוץ תאינה וכו׳ פטור דאיסור שבת ואיסור גניבה באים כאחד וכן טבח בשבת ולפ״ז פטור, וכתב עלה בדרישה דהא דלא כתב רבינו בזה ג״כ דמיתה ותשלומים באים כאחד. משום דבאמת אין באים כאחד דמיד שפושט סי׳ א׳ נתחייב מיתה, אלא דמכל מקום פטור כיון דנתחייב מיתה באותו מעשה בתחלה לא מחייב תו ממון על אותו מעשה וכדמוכח סברא זו (בסימן

שנ"א) (והיינו כדבריו הנ"ל גבי גונב כיס) ע"ש, ודברי הדרישה תמוהים לכאורה דאם מדברי הטור בטבח בשבת יהיה מוכרח דאף דנתחייב בתחילת שחיטה לא מחייב ממון א"כ יקשה מזה על סברת הרמב"ן הנ"ל בגונב כיס דהא הך מלתא דטבח בשבת דהוי קלב"מ הוא סוגיא ערוכה ואיך יתיישב זה לשיטת הרמב"ן, ורציתי לדחוק בכוונת הדרישה דלהרמב"ן י"ל דס"ל דלא נתחייב מיתה קודם גמר שחיטה דהוי מקלקל וכדעת הר"ן בחידושיו [בפ"ק דחולין דף י"ד], ורק מדקדוק לשון הטור דלא כתב גם בטבח דמיתה ותשלומין באים כאחד, מש"ה בנה יסודו דס"ל להטור דלא הוי מקלקל ואין באים כאחד ומ"מ פטור מתשלומין.

אמנם מלבד דדחוק ורחוק בכוונת הדרישה דמבואר בלישנא דמפשט פשיט ליה זה דנתחייב בתחילה שחיטה גם אינו מספיק ליישב שיטת הרמב"ן דיקשה מסוף הסוגיא דב"ק הנ"ל דפריך מי מלית מוקמית מתני' כר"מ וכו' מכלל דבכולהו מתני' מודה וכו', ובזה יקשה הא לר"ש נשיעתי' דסבר בחובל וצריך לכלבו דחייב וממילא גם בתחילת שחיטה חייב וכמש"כ לעיל, א"כ משום הכי מחייב בטבח ביה"כ דכבר נתחייב מלקות בתחילת שחיטה.

ולזה אחרי המחילה אלף פעמים מכבודו הגדולה של הדרישה ז"ל נלע"ד דטבח בשבת לא דמי לגונב כיס, דדוקא בגונב כיס דלאחר שהוציא לרה"ר אינו מחלל שבת והחיוב מיתה רק על מה שעשה כבר, מש"ה חייב בהשליכו לאחר מיכן דעל מעשה השלכה זו אינו חייב מיתה כלל, וה"נ כוונת התוס' בב"ק ד"ה כמאן כרע"ק, דמיד שבא לאויר החלר ונתחייב משום קלוטה ונגמר מלאכת שבת ובמה שיורד אח"כ החפץ בתוך חלל כותלי החלר אין בזה חיוב שבת כלל דכבר נח מקודם, משא"כ בטבח בשבת דאף דנתחייב מיתה בתחילת שחיטה, מ"מ גם על הגמר דבא חיוב התשלומין באותו מעשה גם כן מתחייב מיתה דהוא ג"כ חובל, ואף דלא אתרו ביה שנית, מ"מ הוי מחייבי מיתות שוגגים דקי"ל דפטור, וסברא זו הובאה בהקדמת הפני' לכתובות בחידושי חתנו הגאון מו"ה בעריש ז"ל בשם הירושלמי במדליק גדיש.

תוס' ד"ה לא. לא היו רוצים להחזיר. עי' טורי אבן חגיגה באבני שוהם דף י ע"א ד"ה נפש.

ע"ב שאני התם דמשמיא קא רדפי לה. והרמב"ם פ"א מהלכות רולח ה"ט כתב אף זו מלות ל"ת שלא לחום על נפש רולח לפיכך התירו החכמים שהעוברת שהיא מקשה לילד מותר לחתוך העובר שבמעיה בין בסם ובין ביד מפני שהוא כרודף אחריה כו', והוא תמוה לכאורה דהא הכא לאו משום רודף אתינן עליה דהרי ביולא רובו אין נוגעין בו אלא ע"כ הטעם משום דעובר לא נקרא נפש ועיין שו"ת גאוני בתראי סי' מ"ה שהאריך בזה, (דברי הרמב"ם הובא בח"מ סי' תכ"ה, ואפשר משום דב"נ אסור להרוג העוברים אף שישראל אינו נהרג ע"ז, לריך לטעם דהוי כרודף אף דמשמיא קרדפו לה).

רש"י ד"ה ילא ראשו כו' וא"ת כו' והן נהרגין עמו. ולפ"ז יש לדון ה"ה בולד שילא רובו אם ידוע ששניהם ימותו דמותר להליל האשה ולריך להתיישב בדין זה עכ"ל שו"ת פמ"א ח"ג סי' ה'.

דף ע"ג ע"ב אלא למ"ד העראה כו' (עיין מש"כ חי' כתובות דף ל"א ע"ב).

שם כגון שבא אחר שלא כדרכה וחזר ובא עליה כדרכה. ועיין במהרש"א דהוא לאו דוקא דה"ה וחזר ובא עליה שלא כדרכה, ותמהני דלמ"ל כלל שבא תחילה שלא כדרכה, לוקי מתני' בפשוטו דהבא על אחותו בשלא כדרכה ונתקיי' ממילא תירולא הראשון דמשעת העראה אפגימתו, דהא ר"ח לא דחו לתירוץ הראשון רק משום דלמ"ד הערה זו הכנסת עטרה מה"ל, ובשלא כדרכה הא לא נעשית בעולה ומתחייב גם ממון על גמר ביאה, ולע"ג.

תוס' ד"ה במפותה כו' דהא רב פפא אית ליה. המיהני הא ע"כ ר"פ אמר הכי רק לר"מ מדקאמר וטבח בשבת חייב ולא ניחא ליה לר"פ לאוקומי בטובח ע"י אחר וכדס"ל לרבה אבל מתני' הא קתני להדיא דבא על בתו פטור הרי דס"ל דגם בקנס אמרי' קלב"מ ומה"ט ניחא הא דמוקי ר"פ במפותה להרן קושיית הש"ס דניתן להלילו בנפשו אף דרב פפא ס"ל דבקנס מקטיל ומשלם, מכל מקום מוכרח לתרן דמתניתין דפטור על בתו דגם בקנס אמרינן קלב"מ א"כ שפיר י"ל דאתא כר"ע דברייתא ולע"ג. (אח"כ מלאתי שתמה כן במגן אבות רפ"ג דכתובות. כ"ה בכת"י). אבל כך יש להוכיח דלא אתא כר"ע דברייתא מדקתני במתני' דבא על בתו דפטור מקרא דולא יהיה אסון ע"כ דילפינן קנס מממון מסברא וא"כ ל"ל קרא למעט ארוסה ומוכח כר"ע דמתני' דאלו לר"ע דברייתא הו"ל למתני' בבא על בתו להביא מקרא דאשר לא אורסה, וזהו לחד תירוץ בתוס' בכתובות דף לח ע"א ד"ה ס"ד ודברי תוס' לע"ג.

לא זכיתי להבין דבריהם הקדושים דהא ר"פ מודה דמתני' ס"ל דגם בקנס אין מת ומשלם, דהא קתני בא על בתו, אלא ר"פ קאמר דר"מ ס"ל חידוש שחידשה בקנס מת ומשלם ומוכח דר"מ ס"ל כר"ע דמתני', אבל מתני' דס"ל בדקנס אין מת ומשלם שפיר מלי אתיא כר"ע דברייתא ולע"ג.

ובאמת יש להקשות כך לדברי תוס' כתובות ל"ח א' ד"ה סד"א חידוש הוא וכו' אי נמי מתני' כת"ק דרבי חנניא בן עקביא. בזה יקשה אם איתא דמתני' כר"ע דברייתא ואשר לא ארוס איצטריך דאפילו בקנס אינו ומשלם דלא אתיא מולא יהיה אסון דהתם ממונא, א"כ איך נקט מתני' קרא דלא יהיה אסון הא התם ממונא והו"ל למתני' להביא קרא אשר לא אורסה, אמנם י"ל דהך תירולא ג"כ דאפשר לומר כתירוץ א' דשם קאי עלה וכל המתחייב בנפשו, אלא דכתבו לרווחא דמילתא עוד תירוץ ולר"פ דמוקי במפותה ומוכח דמתני' אתיא כר"ע דברייתא מוכרחים באמת לומר כתירולם, וראיה לזה דאל"כ יקשה על תירולם השני על המקשן דפריך שם לרבה דאמר חידוש וכו' כל חרס מאי עביד ליה אמאי לא הקשה בחוזקה יותר ולמתני' דיליף מולא יהיה אסון, דמסברא ילפינן קנס מממון כל חרס מאי עביד ליה, אלא ע"כ כתירולם א', אלא דהוסיפו לומר דלמסקנא יש עוד תירוץ דמתני' כרחב"ע.

אולם קשה לי אם נימא דלר"פ דמוקי במפותה דמתני' כר"ע דברייתא, א"כ דרשינן אשר לא אורסה ומדלא כתיב לא ארוסה, היינו דלא היה מופנה דלריך לגופיה דארוסה אינו מת ומשלם אף דהוי קנס, א"כ למאי לריך ר"פ לשנויי בתחילת פירקין על קושיא איקרי כאן ולו תהיה לאשה דכתיב בתולה ובתולות, הא לדידי' דמתני' כר"ע דברייתא מוכח דלא בעינן יש בה הויה ולא בעינן ראוי לקיימה מדכתיב לא אורסה ולא כתיב ארוסה, היינו דלא היה מופנה, ואם איתא דבעינן הויה היה מופנה, דהא לגופיה לא איצטריך דפשיטא דליכא קנס, כיון דאין ראוי לקיימה ולית ביה הויה, וק"ל.

דף ע"ד ע"א גמרא יעבור ואל יהרג חוץ. עיין סוטה דף י ע"ב תוס' ד"ה נוח.

דף ע"ו ע"ב גמרא מפני מה לא נאמרה יד בברזל. עי' מרדכי פרק הגוזל קמא סימן קלח.

דף ע"ז ע"ב ואמר רבא זרק בו חץ וסמנין בידו וכו' נזדמנו לו סמנין מהו. תמוה לי על השמטות הרמב"ם את כל זאת.

שם איצטריך לי' מהו דתימא התרא' ספק. קשה לי אמאי לא בפשוטו דאשמעי' דכה"ג כחו הוא דהא זהו לאו מלתא דפשיטא הוא דהא מקשי' אח"כ וכה"ג כחו הוא והתנן, ולע"ג.

דף ע"ח ע"א תודה ההורג. (עי' בחי' חולין דף מ"ב ע"א).

מסורת הש"ס עם הוספות

א) לעיל כח. קידושין עו: ע"ש, ב) שמואל א' כד ד, ג) ע' יבמות קה., ד) לעיל ח:, ה) ה"ח.

עין משפט נר מצוה

סג א מיי' פ"ג מהלכות מלכים הלכה ט:

תהא לוטא ולא לטה. נוח לך להיות מן המקוללים ולא מן המקללים לפי שסוף קללת חנם לשוב אל המקלל: היה לו. לאבנר להציל את עצמו באחד מאיבריו של עשאל ולא יהרגנו דהכי אמרינן [בבן סורר ומורה] (לקמן דף עד.) רודף אחר חבירו להרגו ויכול זה להציל את עצמו באחד מאיבריו של רודף ולא עשה כן אלא חזר כנגדו והרגו נהרג עליו: אמרו ליה לא יכיל ליה. אבנר לכוון באחד משאר איבריו: אמר להו. יואב השתא בדופן חמישית כנגד צלע חמישי: אמר ליה ניזיל לאבנר. דינו של אבנר פטור אתה עליו: אכין ורקין דרש.

תהא לוטא ולא תהא לאטה אתיוה ליואב דייניה אמר ליה מאי טעמא קטלתיה לאבנר אמר (א) ליה גואל הדם דעשאל הואי עשאל רודף הוה אמר ליה היה לו להצילו באחד מאבריו [א] אמר ליה לא יכיל ליה א"ל השתא בדופן חמישית כיון ליה דכתיב א) ויכהו אבנר באחרי החנית אל החומש וא"ר יוחנן בדופן חמישית במקום שמרה וכבד תלויין בו באחד מאיבריו לא יכיל ליה אמר ליה ניזיל אבנר מאי טעמא קטלתיה לעמשא אמר (ב) ליה עמשא מורד במלכות הוה דכתיב ב) ויאמר המלך לעמשא הזעק לי את איש יהודה שלשת ימים וגו' וילך עמשא להזעיק את יהודה ויוחר וגו' אמר ליה עמשא אכין ורקין דרש אשכחינהו דפתיח להו במסכתא אמר כתיב ג) כל איש אשר ימרה את פיך ולא ישמע את דבריך לכל אשר תצונו יומת יכול אפילו לדברי תורה א תלמוד לומר ג) רק חזק ואמץ אלא ההוא גברא מורד במלכות הוה דכתיב ד) והשמועה באה עד יואב כי יואב נטה אחרי אדניה ואחרי אבשלום לא נטה מאי לא נטה אמר רב יהודה שביקש לנטות ולא נטה ומאי טעמא לא נטה אמר רבי אלעזר עדיין ליחלוחית של דוד קיימת רבי יוסי ברבי חנינא אמר עדיין איצטגניני של דוד קיימין ה) דאמר רב יהודה אמר רב ארבע מאות ילדים היו לו לדוד כולן בני יפת תואר היו ומגדלי בלורית היו ומהלכין בראשי הגייסות היו והן הן בעלי אגרופין של דוד ופליגא דרבי אבא בר כהנא דאמר רבי אבא בר כהנא אילמלא דוד לא עשה יואב מלחמה ואילמלא יואב לא עסק דוד בתורה דכתיב ה) ויהי דוד עושה משפט וצדקה לכל עמו ויואב בן צרויה על הצבא מה טעם דוד עשה משפט וצדקה לכל עמו משום דיואב על הצבא ומה טעם יואב על הצבא משום דדוד עושה משפט וצדקה לכל עמו ו) ויצא יואב מעם דוד וישלח מלאכים אחרי אבנר וישיבו אותו מבור הסירה מאי בור הסירה אמר רבי אבא בר כהנא בור וסירה גרמו לו לאבנר שיהרג ז) ויטהו יואב אל תוך השער לדבר אתו בשלי אמר רבי יוחנן שדנו דין סנהדרי א"ל מ"ט קטלתיה לעשאל עשאל רודף היה היה לך להצילו באחד מאיבריו לא יכילי ליה השתא בדופן חמישית כוונת ליה באחד מאיבריו לא יכלת ליה לדבר אתו בשלי אמר רב יהודה אמר רב על עיסקי שלו ו) ז) ויכהו שם אל החומש אמר רבי יוחנן בדופן חמישית מקום שמרה וכבד תלויין בו ח) והשיב ה' את דמו על ראשו אשר פגע בשני אנשים צדיקים וטובים ממנו טובים שהיו דורשין אכין ורקין והוא לא דרש צדיקים שהן בפה ולא עשו והוא באיגרת עשה ט) ועמשא לא נשמר בחרב אשר ביד יואב אמר רב שלא חשדו י) ויקבר בביתו במדבר אטו ביתו מדבר הוא אמר רב יהודה אמר רב כמדבר מה מדבר מופקר לכל אף ביתו של יואב מופקר לכל דבר אחר כמדבר מה מדבר מנוקה מגזל ועריות אף ביתו של יואב מנוקה מגזל ועריות כ) ויואב יחיה את שאר העיר אמר רב יהודה אפילו מוניני וצחנתא [ט] טעים פרים להו:

הדרן עלך נגמר הדין

מאי טעמא קטלתיה לעמשא. ואם תאמר היאך נתחייב יואב במאי דקטליה לעמשא הא בעי התראה ואפילו למ"ד [ז] חבר אינו צריך התראה הכא לא היה חבר בדבר זה שהיה חושבו מורד במלכות וה"ל שוגג וי"ל דלא נתחייב אלא משום הוא גופיה דהוה מורד במלכות:

הדרן עלך נגמר הדין

אשכחן [ג] שמלאן שהיו עסוקין במסכתא ולא רצה לבטלן כדמפרש ואזיל דאינו מורד במלכות דכתיב רק חזק ואמץ רקין מיעוטין שאם בא המלך לבטל דברי תורה אין שומעין לו: והשמועה. כשנכנסת שלמה באה אל יואב ונתיירא: כי יואב נטה אחרי אדוניהו ואחרי אבשלום לא נטה. כשמרד בדוד אביו: מאי לא נטה. כלומר מה לנו להזכיר כאן וכי מה היה לו לירא שלא נטה אחר אבשלום וכאן נטה אלא מגיד לך הכתוב שבקש לנטות גם אחרי אבשלום אלא שלא גמר מחשבתו כדמפרש מפני שעדיין היה ליחלוחית גבורתו של דוד קיימת אבל עכשיו שהזקין יצא מדרכו ונטה אחרי אדוניה: איצטגניני דוד. בעלי אגרופי' שלו שעל ידם הוא נלחם ויוצא ובא על פיהם איצטגנינות דכל הש"ס לשון מזלות וחוזים בכוכבים והכא קרי הכי משום שהיה דוד נסמך עליהם ועושה על פיהם והולך אחר דבריהם: ילדים. בחורים: ומגדלי בלורית. כמשפטי העובדי כוכבים כדי שייראו בעלי אימה [ז] ויפחדו מהן ובני יפת תואר [ט] נשי עובדי כוכבים שהיו לוקחים בשביה והתירן הכתוב כדכתיב (דברים כב) וראית בשביה וגו': אילמלא דוד. שהיה עוסק בתורה לא עשה יואב מלחמה אלא זכותו של דוד עומדת לו ליואב במלחמותיו של דוד: בור וסירה גרמו לו לאבנר שנהרג. בור לפחת מים שלקח דוד מראשותיו של שאול כשהיה ישן במעגל ° וכשאמר להם דוד בני מות אתם שלא שמרתם את אדוניכם שכבר הייתי יכול להורגו (שמואל א כו) ראו נא איפוא חנית המלך ואיה [ו] צפחת המים וגו' היה לו לאבנר למחות בשאול ולומר לו ראה כמה צדיק הוא שלא הרגך ולא מיחה אלא אמר שמא אחד מבני הצבא נתנם לו. וסירה קוץ כשכרת דוד את כנף מעילו של שאול במערה [ג] היה לו לאבנר ללמד זכות על דוד ולומר לשאול ראה כמה חס עליך ולא הרגך בהיותך יחד [ו] עמו במערה ולא לימד זכות אלא אמר שמא כשעברתם אצל הקוצים והסירים נכנס אחד מן הקוצים בכנף מעילך והוא היה טמון שם ותתכו: שדנו דין סנהדרי. כמו (דברים כא) אל זקני עירו ואל שער מקומו דסתם שער לשון סנהדרי הוא שהיו דנין שם: על עסקי שלו. לשון של נעלך (שמות ג) שאל לו בערמה יבמה גדמת היאך חולצת [ו] התחיל שוחה מלפניו ומראהו כך היא חולצת בשיניה והוא שלף חרבו והרגו כדכתיב (מלכים א ב) בחגורתו אשר במתניו ובנעלו אשר ברגליו: שהם דרשו אכין ורקין. שלא לקיים מצות המלך לעבור על דברי תורה עמשא כדאמרן אבנר כשאמר לו שאול לעבדיו (שמואל א כב) סובו והמיתו את כהני ה' וגו' וכתיב (שם) ולא אבו עבדי שאול לשלוח ידם ולפגוע וגו': והוא לא היה דורש. והרג [ט] אוריה במצותו של דוד אע"ג שלא צוה דוד אלא באיגרת כדכתיב (שם ב יא) ויכתב בספר לאמר הבו את אוריה וגו': ויקבר בביתו במדבר. ביואב כתיב: מופקר לכל. לעניים להתפרנס מביתו: אפי' מוניני וצחנתא טעים. אפילו דברים דקים ועגוגים: טעים. שהיה טועם: פרים להו. משלח להם למזונות לעניים של עיר: פרים לשון פרס שנוטלין מבית המלך ופסוק זה בדברי הימים כשלכד דוד את מצודת ציון: מוניני. דגים קטנים (ג) ולחנתא מין דגים קטנים:

הדרן עלך נגמר הדין

רבינו חננאל

במשיח ה' וחסר לחם זה יהויכין שנאמר וארוחתו ארוחת תמיד ניתנה לו מאת המלך דבר יום ביומו: **פודגרא.** בלשון יון אלנקרם פודגרא. **אתיוה ליואב ודיינוה.** א"ל [גואל הדם דעשאל הוי], מאי טעמא [דכתיב] וימת בדם עשהאל אחיו אמרו ייזיל אבנר. **לעמשא בן יתר אמאי קטלתיה.** א"ל עמשא מורד במלכות הוה שנאמר ויוחר מן המועד אשר יעדו, א"ל עמשא אכין ורקין מיעוטין דרש דאשכחינהו דפתחו במסכת אמר כתיב ביהושע כל איש אשר ימרה את פיך וגו' **יכול אפילו** לדברי תורה ישמע לו ת"ל רק חזק ואמץ. וכ' קרא אחרינא רק חזק ואמץ מאד לשמור ולעשות ככל התורה אשר צוה משה עבדי אל תסור ממנו ימין ושמאל למען תשכיל בכל אשר תלך, וקיימא לן אכין ורקין מיעוטין כ"מ שכ' אך (ואך) [ורק] למעט באו, וכיון דכתב הכא רק למעט כי בדברי תורה אין שומעין לו. אדרבה אתה הוא מורד במלכות שנאמר והשמועה באה אל יואב כי יואב נטה אחרי אדניה וגו', ונגמר הדין בכך. **כתיב ואחרי אבשלום לא נטה.** מ"ט לא נטה אמר עדיין לחלוחית של דוד קיימת אסטגנינו, דאמר רב ת' ילדים בני יפת תואר מגדלי בלורית היו לו לדוד ומהלכין בראשי הגייסות והן הן אגרופין של בית דוד, כלומר ומהן מתיירא יואב לנטות אחרי אבשלום. **ופליגא דר' אבא בר כהנא** דאמר אלמלא דוד לא עשה [יואב] מלחמה, ואלמלא יואב לא עסק דוד בתורה, שנא' ויהי דוד עושה משפט וצדקה ויואב על הצבא ומה טעם יואב על הצבא משום דדוד עשה משפט וצדקה: **וישיבו אותו מבור הסירה א"ר אבא בר כהנא בור וסירה גרמו לו לאבנר שיהרג.** מפורש בתלמוד א"י בסוטה פ"א, שרצה שאול להשיב את דוד מפני שאמר בעת שלקח הצפחת והחנית היה יכול להורגני וכיון שלא הרגני צדיק הוא אין לרודפו, וא"ל אבנר לא כי אלא הצפחת והחנית הנערים הלכו להביא מים מן הבור ושכחום שם בבור, ובא דוד ומצאם בבור של מים ולקחם א"ל הצפחת והחנית הנה אמרת בבור נשארו כנף מעילו מה תאמר בו א"ל כנף מעילך בסירה הוערת, כלומר נסבך בקוצים ונחתך ומצאו דוד ולקחו משם, וכיון שלא הניחו אבנר להתפייס לדוד נענש עליהן, וזהו פי' בור וסירה גרמו לו לאבנר שיהרג. **אמר רב יהודה אמר רב** מאי דכתיב ויטהו יואב אל תוך השער לדבר אתו בשלי, על עסקי השל, פי' שאלה שאלו בענין חליצה כדכתיב של נעלך מעל רגליך. **אשר פגע בשני אנשים צדיקים וטובים ממנו וגו'**, צדיקים ממנו שהן בפה. **ולא עשו.** שאמר להם שאול המלך להרוג הכהנים ולא קבלו ממנו, וכך הוא מפורש בתלמוד א"י בפרק חלק, ויאמר המלך לרצים הנצבים עליו סבו והמיתו כהני ה' וגו', מי היו, א"ר שמואל אבנר ועמשא היו, אמרו לו כלום אית לך עלינן אלא הדין זונרא והדין כלינרין, פי' כלי זיין ורסן הסוס בלשון יון כך שמן, אמרו ליה הא טריפין לך, כלומר אין אנו חפצים לא במתנותיך ולא בעבודתיך, ולא אבו עבדי המלך לשלוח את ידם לפגוע בכהני ה' ויואב באיגרת שכתב לו דוד על אוריה החתי קבל והרגו. **טובים ממנו.** שדרשו אכין ורקין כדאמרן והוא לא דרש אלא קבל האיגרת ועשה. **ויקבר בביתו במדבר.** מלמד שהיה ביתו של יואב מנוקה מגזל ועריות, כמו המדבר שאין אדם מצוי לגזול ולא לערוה: הדרן עלך פרק נגמר הדין

הגהות הב"ח

(א) גמ' אמר להו גואל הדם וכו' אמר להו היה לו להצילו וכו' אמר להו השתא דופן: (ב) שם אמר להו עמשא מורד: (ג) רש"י ד"ה מוניני דגים קטנים נ"ב וכן בע"ג ריש דף כט:

גליון הש"ס

רש"י ד"ה בור וסירה וכו' וכשאמר להם דוד. הכי איתא בירושלמי פ"א דסוטה [ה]:

הגהות מהר"ב רנשבורג

א] גמ' אמר ליה היה לו להצילו באחד מאיבריו אמרו ליה. כצ"ל:

ליקוטי רש"י

[נדפס בסוף המסכת]

הגהות וציונים

א] [גי' הערוך ערך של ד' של]: [גליון]: ב] [פי' ציר של דגים וצחנתא פי' דגים קטנים. ערוך ערך מנוני. ואפשר דכך צ"ל בפירש"י ד"ה מוניני כו' וכן בשבת קי ע"ב פירש"י על מוניני ציר] (גליון) ועיי' מהרש"א בח"א: ג] יש להוסיף דפתיח להו במסכתא (באה"מ): ד] רש"י שבע"י בעלי קומה: ה] יש להוסיף היו (מהרש"ל): ו] בקרא כתיב ראה אי חנית המלך ואת צפחת המים (גליון): ז] רש"י שבע"י יהודי: ח] ברש"י שבע"י נוסף את:

תורה אור השלם

א) וַיְמָאֵן לָסוּר וַיַּכֵּהוּ אַבְנֵר בְּאַחֲרֵי הַחֲנִית אֶל הַחֹמֶשׁ וַתֵּצֵא הַחֲנִית מֵאַחֲרָיו וַיִּפָּל שָׁם וַיָּמָת תַּחְתָּיו וַיְהִי כָּל הַבָּא אֶל הַמָּקוֹם אֲשֶׁר נָפַל שָׁם עֲשָׂהאֵל וַיָּמֹת וַיַּעֲמֹדוּ: [שמואל ב׳ ב, כג]

ב) וַיֹּאמֶר הַמֶּלֶךְ אֶל עֲמָשָׂא הַזְעֶק לִי אֶת אִישׁ יְהוּדָה שְׁלֹשֶׁת יָמִים וְאַתָּה פֹּה עֲמֹד: וַיֵּלֶךְ עֲמָשָׂא לְהַזְעִיק אֶת יְהוּדָה וַיּוֹחֶר מִן הַמּוֹעֵד אֲשֶׁר יְעָדוֹ: [שמואל ב׳ כ, ד-ה]

ג) כָּל אִישׁ אֲשֶׁר יַמְרֶה אֶת פִּיךָ וְלֹא יִשְׁמַע אֶת דְּבָרֶיךָ לְכֹל אֲשֶׁר תְּצַוֶּנּוּ יוּמָת רַק חֲזַק וֶאֱמָץ: [יהושע א, יח]

ד) וְהַשְּׁמֻעָה בָּאָה עַד יוֹאָב כִּי יוֹאָב נָטָה אַחֲרֵי אֲדֹנִיָּה וְאַחֲרֵי אַבְשָׁלוֹם לֹא נָטָה וַיָּנָס יוֹאָב אֶל אֹהֶל יְיָ וַיַּחֲזֵק בְּקַרְנוֹת הַמִּזְבֵּחַ: [מלכים א׳ ב, כח] ה) וַיִּמְלֹךְ דָּוִד עַל כָּל יִשְׂרָאֵל וַיְהִי דָוִד עֹשֶׂה מִשְׁפָּט וּצְדָקָה לְכָל עַמּוֹ: וְיוֹאָב בֶּן צְרוּיָה עַל הַצָּבָא וִיהוֹשָׁפָט בֶּן אֲחִילוּד מַזְכִּיר: [שמואל ב׳ ח, טו-טז] ו) וַיֵּצֵא יוֹאָב מֵעִם דָּוִד וַיִּשְׁלַח מַלְאָכִים אַחֲרֵי אַבְנֵר וַיָּשִׁבוּ אֹתוֹ מִבּוֹר הַסִּרָה וְדָוִד לֹא יָדָע: [שמואל ב׳ ג, כו] ז) וַיָּשָׁב אַבְנֵר חֶבְרוֹן וַיַּטֵּהוּ יוֹאָב אֶל תּוֹךְ הַשַּׁעַר לְדַבֵּר אִתּוֹ בַּשֶּׁלִי וַיַּכֵּהוּ שָׁם הַחֹמֶשׁ וַיָּמָת בְּדַם עֲשָׂהאֵל אָחִיו: [שמואל ב׳ ג, כז] ח) וְהֵשִׁיב יְיָ אֶת דָּמוֹ עַל רֹאשׁוֹ אֲשֶׁר פָּגַע בִּשְׁנֵי אֲנָשִׁים צַדִּקִים וְטֹבִים מִמֶּנּוּ וַיַּהַרְגֵם בַּחֶרֶב וְאָבִי דָוִד לֹא יָדָע אֶת אַבְנֵר בֶּן נֵר שַׂר צְבָא יִשְׂרָאֵל וְאֶת עֲמָשָׂא בֶן יֶתֶר שַׂר צְבָא יְהוּדָה: [מלכים א׳ ב, לב] ט) וַעֲמָשָׂא לֹא נִשְׁמַר בַּחֶרֶב אֲשֶׁר בְּיַד יוֹאָב וַיַּכֵּהוּ בָהּ אֶל הַחֹמֶשׁ וַיִּשְׁפֹּךְ מֵעָיו אַרְצָה וְלֹא שָׁנָה לוֹ וַיָּמֹת וְיוֹאָב וַאֲבִישַׁי אָחִיו רָדַף אַחֲרֵי שֶׁבַע בֶּן בִּכְרִי: [שמואל ב׳ כ, י] י) וַיַּעַל בְּנָיָהוּ בֶּן יְהוֹיָדָע וַיִּפְגַּע בּוֹ וַיְמִתֵהוּ וַיִּקָּבֵר בְּבֵיתוֹ בַּמִּדְבָּר: [מלכים א׳ ב, לד] כ) וַיִּבֶן הָעִיר מִסָּבִיב מִן הַמִּלּוֹא וְעַד הַסָּבִיב וְיוֹאָב יְחַיֶּה אֶת שְׁאָר הָעִיר: [דברי הימים א׳ יא, ח]

שם בא"ד שטיחין. נ"ב פרש"י שטיחין למטה ולקתדרא ישב עליהם ששוטחים עור על גבי מטה במקום תבלים: [חכמת מנוח]

תוס' ד"ה נתנו כו' דהא אין כלי עולה מטומאתו אלא בשינוי מעשה. עי' מ"ש תוס' בשבת דף נ"ח ע"א ד"ה אע"פ: [מצפה איתן]

שם בא"ד ובדין שעשאו וילון. נ"ב תוס' שבת נח ע"א ד"ה אע"פ: [שער הלקוטות]

שם בסה"ד דייחוד דדיבור בעלמא ל"מ אלא א"כ נטלו. לענין תיק תפילין דאזמניה למילר ביה האם סגי בדיבור בעלמא, עיין משנ"ב וביאור הלכה סימן מב סעיף ג ד"ה סודר דאזמניה וד"ה שרי למילר. ועיין עוד ביאור הלכה סימן לד סעיף ד ד"ה לא יניח:

שם בסה"ד אלא א"כ נטלו כו'. מבואר מדברי התוס' דמחלקין בין קרקע לכלי המטלטל שיכול ליטול וכשנוטלו הוי הזמנה בלא מעשה וע' בש"ג פ"ג דברכות דמחלק כן והך דנתנו לספר מיירי שהגביהו ולא עביד בי' שינוי מעשה ואע"ג דאין כלי עולה מטומאתו בלא שינוי מעשה שאני הכא כיון דע"י הגבהה והזמנה נחתא עליו קדושת ספר מיגו דמהני הזמנה להוריד עליו קדושת ספר מהני ג"כ להוציא מטומאתו: [מלא הרועים]

תוס' סד"ה מותר המת כו' דחזי למיקני בהו כל מילי. נ"ב כה"ג תמצא בתוס' ב"מ מה ע"א ד"ה בכל אשר תאוה: [שער הלקוטות]

דף מח ע"ב

גמ' מצורע מעוזיהו דכתיב כו'. עי' ערכין דף טו: [מצפה איתן]

שם ואבע"א סוד ה' ליראיו. נ"ב סוטה ד ע"ב: [שער הלקוטות]

רש"י ד"ה ציפן זהב לתפילין. ר"ל לפרשיות וכמבואר ברש"י מנחות מ"ב ב' ועי' ת' נ"ב חלק א"ח סימן א': [גליון מהרש"א]

רש"י ד"ה אע"פ שלא עבדו כו' דהזמנה לאו מילתא היא. וק"ל דבעירובין (דף לו ע"ב) משמע התם דרבא בעי טויה לשמה גבי חוטי ציצית ואיהו הא ס"ל הזמנה לאו מילתא היא ובפ' התכלת מדמה טויה לשמה לעיבוד דתפילין. וי"ל לפמ"ש הרמב"ן במלחמות בפ"ק דסוכה לדעת הרי"ף דס"ל דהסוגיא דמנחות דמדמה ציצית לתפילין אזלא לפי הס"ד דסוגיא דפ"ק דסוכה דב"ה לא דרשי לך גדילים תעשה לך לשם חובך אבל לפי המסקנא דב"ה דרשי לך לשם חובך אינו דומה ציצית לתפילין דשאני ציצית דכתיב בהו קרא ולכך מודו כ"ע דבעי' בהו לשמה. ובחי' הריטב"א בסוכה כתב בע"א דיש לחלק בין טויית ציצית שהיא עשיית גוף המצוה ובין חפוי עור דתפילין. ולפ"ז א"ש פרש"י. וכן א"ש ונסתלקה קושיית התוס' על פר"ת מפ' התכלת [ועי' בהגר"א א"ח ס"ס מ"ב]: [מצפה איתן]

תוס' ד"ה אע"פ כו' ואין לחלק בין עור של תפילין לגויל של ס"ת כו'. נ"ב ר"ל דיש לחלק כיון דרבא דאמר לאו מילתא לא יליף מעגלה ערופה דגופא קדושה משמע דבגוף קדושה ס"ל הזמנה מילתא וכ"כ בנימוקי יוסף ולפ"ז י"ל גויל ספר גופו קדושה והזמנה מילתא לכך צריך עבוד לשמו משא"כ בתי דתפילין משמשי קדושה הן ובמשמשין ס"ל לרבא לאו מילתא לכך א"צ עבוד לשמן וע"ז מדחי משי"ן של תפילין וא"כ ג"ז גופו קדושה וא"כ היכי קאמר הכא דא"צ עבוד לשמה דהזמנה לאו מילתא הא הכא גופה קדושה וע"כ דאף בגופו קדושה ס"ל לרבא לאו מילתא וא"צ עבוד לשמה וא"כ ה"ה גוילין דס"ת: [מלא הרועים]

תוס' ד"ה בשלמא ובירושלמי. דמכות פרק ב' הלכה ו': [ר"ז וואלף]

דף מט ע"א

גמ' אתיוה ליואב כו'. כדי להבין סוגית הגמרא בעמוד זה אכתוב בקיצור סיפור המעשה של יואב כמבואר בפסוקים, יואב בן צרויה היה שר צבא דוד, ואחר שנהרג שאול במלחמה עם הפלשתים לקח אבנר בן נר שר צבא שאול את איש בושת בן שאול והמליכו על ישראל (חוץ משבט יהודה שהמליכו עליהם את דוד). פעם פגש אבנר ואנשיו את יואב ואנשיו ואמר אבנר ליואב שישחקו הנערים בטכסיסי מלחמה לראות איזה צד גובר ועשו כן ויגף אבנר ואנשיו לפני עבדי דוד. וירדוף עשהאל אחי יואב אחרי אבנר והרגו אבנר (ש"ב ב כא-כג). אחר זמן בא אבנר לדוד ואמר לו שרוצה להסב שכל השבטים ימליכוהו עליהם והסכים דוד וכשיצא אבנר מדוד רדף אחריו יואב והרגו (שם ג כו כז). כששמע דוד שיואב הרג את אבנר בכה ויקונן עליו והתאבל על מיתתו וידעו כל העם וכל ישראל שלא היה יד דוד בהריגת אבנר. וכתיב שיואב הרגו לאבנר על אשר המית את עשהאל אחיו. כתיב (ש"ב טו-יט) שאבשלום בן דוד המלך מרד בדוד אביו ורצה למלוך ושם את עמשא לשר צבאו. לאחר שהרג יואב את אבשלום אמר דוד לעמשא שהוא יהיה שר הצבא במקום יואב. כתיב (שם כ) שאיש משבט בנימין שבע בן בכרי מרד בדוד ולכן ויאמר המלך וגו' וכשאיחר הזמן שלחו דוד לאבישי אחי יואב שירדוף אחרי שבע וגם יואב הלך עמו. בדרך מצאו יואב לעמשא והרגו. סמוך למיתת דוד מרד בו אדוניהו בנו ורצה למלוך ומכיון שידע יואב שלב דוד עליו על שהרג את שני שרי הצבא ואת אבשלום חיזק את יד אדוניהו. אחר מיתת דוד הרגו שלמה ליואב ולאדוניהו (מ"א ב): [אור ישועה]

שם להצילו. נ"ב יעוין לקמן דף נ"ז ע"א: [רב"פ תאומים]

שם בור וסירא גרמו לו לאבנר שיהרג. נ"ב עיין רש"י דהאריך לבאר הענין ונמצא בירושלמי פ"ק דפאה ובמדרש רבה פרשת אמור דאבנר נהרג שהיה לו להתפייס שאול בדוד ולא הניחו אבנר וא"ל בסירא הועזת ע"ש. ומכאן יש ג"כ ראיה דהש"ס בבלי סמך עצמו על מה שמבואר בירושלמי ומפ"ז לא ביארו כאן הענין רק סמכו הבבלי על המבואר בירושלמי [עיין בחידושיו לתענית ט"ז ע"א ד"ה למה יוצאין]: [מהר"ץ חיות]

שם היה לך להצילו באחד מאיבריו. עיין מל"מ פ"א מחובל ומזיק ה"י בסוף הדבור: [גליון מהרש"א]

שם על עסקי שלו. נ"ב נ"ל מלשון מקרא שלהות והשגגה היא שיצא מן הדעת: [יעב"ץ]

שם צדיקים שהם בפה ולא עשו והוא באגרת עשה. נ"ב עי' בחושן המשפט סוף סימן קכ"א ובב"ח: [שער הלקוטות]

שם והוא באגרת עשה. נ"ב וי"ל עליו זכות שלא הרגו בידים ולא היה שם אלא גרמא בעלמא. ותו דהאמרינן [שבת נ"ו א' קדושין מ"ג א'] אוריה מורד הוה [אבל נראה דיואב לא ידע מזה]: [יעב"ץ]

רש"י ד"ה בור וסירה. דכתיב ששאול היה רודף אחרי דוד ורצה להרגו, ופעם כשהיו דוד ואנשיו טמונים במערה נכנס שאול שם להפנות ולא ראה את דוד וכרת דוד את כנף מעיל שאול. כשיצא שאול מהמערה והיה רחוק מדוד יצא דוד מן המערה וקרא לו שיראה שהיה בידו להרגו ולא הרגו וא"כ בחנם רודף אחריו. עוד פעם היה שדוד הלך אל מחנה שאול בלילה כשהיו ישנים ולקח את חרב שאול וכד המים אשר מראשותיו ואח"כ הראה לשאול פעם שני שאין רודף אחריו ושאול רודף אחריו בחנם. ולשון הפסוק הוא (ש"א כו ה) ושאול שוכב במעגל, ופי' המפ' שהדרך הוא ששרי המלך שוכבים בעגול סביב המלך: [אור ישועה]

רש"י ד"ה מוניני דגים קטנים. נ"ב בשבת ק"ה ב' וק"י ע"ב פרש"י ציר וכן פי' הערוך ע' מניני ובכתובות ס' ע"ב ובע"ז כ"ט א' פרש"י ג"כ דגים קטנים: [מלא הרועים]

דף מט ע"ב

גמ' כל מקום ששנו חכמים דרך מנין אין מוקדם ומאוחר כו'. עי' פסחים דף ל"ט ע"א ועי' בתב"ש ר"ס ו' דהיכא דאיכא טעמא לאקדומי מסתמא שנה כסדר. ועי' תוס' סוטה יז ב: [מצפה איתן]

תוס' ד"ה אף סדר תמיד תימה דלא קאמר אף סדר ברכות וסדר תקיעות ע"כ. אפ"ל דכל היכי דקתני סדר מעיקרא לא בעי למחשב כלל דכיון דתני סדר ודאי הן כסדרן וכן משמע מדאמר רב הונא אף סדר תמיד מדתני עלה זה סדר תמיד משמע דהיכי דקתני סדר דוקא הוא כדתשיב: [פורת יוסף]

שם בא"ד תימה כו'. נ"ב לענין סדר ברכות עמ"ש בלח"ש ובמשנה לחם שלהי ר"ה וסדר תקיעות י"ל ג"כ חומרא הוא ולא משום תקיעות: [יעב"ץ]

דף נ ע"א

גמ' ואימא סייף חמור שניתנה לעיר הנדחת ומה חומר שממונם אבד. נ"ב לקמן קי"א ע"א אמרו במשנה זו חומר ביחידים מבמרובים שהיחידים בסקילה לפיכך ממונם פלט. פירש"י מתוך חומר שהחמרת במיתתו הקלת בממונו והמרובים בסייף לפיכך ממונם אבד. וצריכין לפרש ג"כ דכיון שהקלת בעונשו החמירו בממונו או כיון שהחמירו בממונו הקלת בעונשו עכ"פ מהך דממונם אבד אין ראיה על חומרת העונש רק אדרבה כיון דממונם אבד מפ"ז לא הטילה רק עונש קל וצ"ע: [מהר"ץ חיות]

שם ומאי חומריה שכן הוקש כבודו לכבוד המקום. נ"ב בבא מציעא לב ע"א: [שער הלקוטות]

דף נ ע"ב

רש"י ד"ה הא מה אני כו' והאי תנא לית ליה האי דרשא דלקמן כו'. לבד מה שהקשו התוס' ד"ה כשהוא כו' יש להקשות דא"כ ר"מ דהוא אמר לקמן האי דרשא מוכרח לסבור כר' ישמעאל דארוסה דוקא ולא נשואה. וא"כ תקשי דר"מ אדר"מ מפ"ז דתרומות שהובא בגמ' לקמן נ"א א' ניסת לאחד מכל הפסולין כו' מיתתה בחנק. וזה מן הנשואין ובריסא מיתתה בשריפה ועיין: [נמוקי הגרי"ב]

תוס' סד"ה ת"ל כו' וצ"ל דס"ל כר"א. נ"ב ע' רש"א. ותמיה לי על דבריהם הא בהדיא ס"ל לכ"ע הכין ביבמות דס"א ב' רע"א זו מופקרת ופרש"י אפילו פנוי' מאחר שהפקירה עצמה לכל קרויה זונה אבל משום ביאה אחת לא חשיבה זונה הפנוי' עכ"ל גם לעיל דכ' מ"מ נעשה זונה בכמה ביאות כאילו היא סברא דנפשייהו הרי בהדיא ס"ל לר"ע הכין ועוד דמשמע מדברי התוס' דנעשית זונה בכמה ביאות אפילו מאדם אחד ור"ע קאמר מופקרת משמע שהפקירה עצמה לכמה בני אדם: [מלא הרועים]

דף נא ע"א

גמ' אין לי אלא שניסת לכהן כו' לנכרי כו'. לכאורה קשה הא ודאי ל"ש קדושין ונשואין בנכרי ומ"ש רש"י בזה צ"ע. ועי' מ"ש בזה בס' פני יהושע בקדושין (דף עה) [ועי' בספר מנחת אהרן]: [מצפה איתן]

שם מאי שנא מיניה דידיה ס"ד אמינא איהו הוא דאישתריה ליה שבת לגבי עבודה היא כיון דלא אשתריא שבת לגבה אימא תידון בשריפה קמ"ל. כל זה בילקוט ליתא: [מצפה איתן]

שם דאישתרי ליה שבת לגבי עבודה. נ"ב עי' מתנה ראובן יבמות לג ע"ב: [שער הלקוטות]

שם היא כיון דלא אשתריא שבת לגבה כו'. יש לעיין דהא גבה שבת ניתנה לדחות ג"כ לענין שחיטה כדאיתא פ"ג דזבחים. וצ"ל דהכל משום שיש כהן וגם בזה הוא שוה לכל ישראל ואין בה יתר מעלה והבן: [נמוקי הגרי"ב]

רש"י ד"ה עבו"ם איכא לאו דלא תתחתן בם. עי' מנ"ח מ"ע ל"ט שתמה ע"ד רש"י אלו דהא בלא"ה אין קידושין תופסין בנכרית. ולק"מ דכוונת רש"י בגירותן כמ"ש רמ"ה להדיא: [טל תורה]

דף נא ע"ב

גמ' אמר ר"י הלכתא למשיחא. נ"ב דכתיב [ישעיה סה כ] והחוטא בן מאה שנה יקולל: [יעב"ץ]

שם הכי קאמר הלכתא ל"ל סוגיא דשמעתא הלכה קאמר. עיין פירש"י ולכאורה מאי סברא דרב דקאמר הלכתא אחרי שאין שום נפקותא כלל לדינא ואפשר דנ"מ לדינא משום דהתוס' לקמן נ"ג ע"א ד"ה קמפלגי כתבו וז"ל ותימה לר' ישמעאל מנ"ל דא"א בחנק דאי מדר' יאשיה מסתמא מדסבר כר"ש דשריפה חמורה סבר נמי כוותיה דסייף קיל וא"כ אפ"ל דס"ל לר"י ב"ח דלאו הא בהא תליא דהא קרי חנק למטה משריפה וא"כ ע"כ צ"ל דס"ל סקילה שרפה חנק והרג משא"כ רבינא ס"ל דהא בהא תליא וא"כ שפיר איכא נפקותא לדינא: [פורת יוסף]

שם ת"ל אשר ינאף את אשת רעהו. נ"ב נ"ל אשר ינאף את אשת איש אשר ינאף וכו': [מראה כהן]

שם אף כשהוציא הכתוב בת כהן לשריפה ארוסה ולא נשואה. נ"ב קשה מנ"ל דילמא ארוסה בת כהן כארוסה בת ישראל דסתמא כתיב ארוסה משמע בין ישראלית ובין כהנת וקרא מיירי בפנוי' לחוד דבת כהן פנוי' בשריפה וי"ל דר' ישמעאל ס"ל שריפה חמורה וא"כ א"א לומר כן דארוסה חמורה בסקילה ופנוי' קילה בשריפה וי"ל עוד דאפילו ס"ל סקילה חמורה אעפ"כ א"א לומר דבפנוי' דבר הכתוב דהשתא נשואה דחמורה בחנק דלכ"ע קיל משריפה פנויה דקיל תדון בשריפה החמורה אך י"ל דנשואה אין מחללת אביה ברשות בעלה גרס לה הזנות משא"כ פנויה שהיא בבית אביה אך דא"כ נתת דבריך לשיעורין דפנוי' שאינה ברשות אבי' לא תדון בשריפה עי"ל דס"ל פנוי הבא על הפנוי' לא עשאה זונה א"כ ליכא לאוקמי קרא בפנוי' דלזנות כתיב בי' [וס"ל כמ"ד דאף במופקרת לא נעשית זונה ועי' יבמות ס"א ב']: [מלא הרועים]

שם ורבי ישמעאל האי בת ובת מאי דריש בי'. נ"ב ע' תוס' יבמות ס"ח ב' ד"ה כמאן וע' סוטה דכ"ט א' מבואר דר"י לא דריש ווין: [מלא הרועים]

הגהות וחדושי הרש"ש

דגם אביי מודה דלאו כלום הוא. וי"ל דגם לר"ח דבעינן תרתי הזמנה וצר הסומנה אינה ביחוד לבד אלא במעשה כדמוכח הטיא דהוסיף בו דימוס דמוקי לה אליבא דר"ח ורבא דרמא ביה מת וכן הסוא דכיס שעשאו להניח בו תפילין דמוקי לה דהניח ג"כ:

דף מט ע"א גמרא **א"ל ה"ל להצילו בא' מאבריו.** מבואר דאף הנרדף עצמו אינו רשאי להרגו אם יכול להציל א"ע בא' מאבריו וכן פירש"י לקמן (נז סע"א ובר"ד עד) ותימה על המגיה במל"מ סוף הל' חובל שמביא בשם כ"י של המל"מ דהנרדף עצמו א"צ לדקדק בזה: **שם היה לך להצילו בא' מאבריו.** מבואר דכינוי להצילו שב על הרודף וכפי' התוס' לקמן (עג) ד"ה להצילו ודלא כפירש"י לעיל ברה"ע: **רש"י ד"ה ומגדלי בלורית. והתירן הכתוב כו'.** כצ"ל:

פרק ז דף מט ע"ב גמרא **ואידך ההוא למצוה בעלמא.** נראה דלר"ה ברדר"י הוא לעיכובא דאל"כ יאמר גם מצות תלויה ולפמש"כ המהרש"א בכוונת רש"י י"ל דגם ר"ם ורפ"ם ס"ל דתמיד ה"ל לעיכובא וצ"ע להלכה. ומה שתמהו התוס' מסדר ברכות התם הוה ג"כ לעיכובא וכדאיתא ר"פ הקורא למפרע וכן סדר התקיעות וכמש"כ התוס' בר"ה (לד ב) ד"ה מתשעה והר"ן שם על הא דתקיעות וברכות של ר"ה ויוה"כ מעכבות ולא עמדתי ע"ד התוס' שהליגו תמיהתם על הא דר"ה ברדר"י דאמר אף סדר תמיד: **רש"י** (במשנה) **וג"מ למתחייב שתי מיתות כו'.** התוי"ט תמה מדוע לא נקיט הנ"מ דב' חייבי מיתות שנתערבו כו' דקדים ע"ש ופשוט דרש"י נקיט לישנא דגמרא לקמן (נ ב) נ"מ למי שנתחייב ב' מב"ד נידון בחמורה וע"ש במהרש"א: **רש"י ד"ה ולאפוקי וד"ה היא אומרת** נ"ל כד"א:

דף נ ע"ב תד"ה כשהוא (בסופו). **והא דקאמר כהאי תנא כו'.** עי' בר"ן בס"פ אלו עוברין דהביא דוגמאות לזה דאמר האי לישנא אע"ג דלית ביה פלוגתא: **תד"ה ת"ל. והא דקאמר בסמוך כר' אלעזר כו'.** כצ"ל בל"י וכן כולם:

דף נא ע"א גמרא **ניסת כו' לעו"ג כו'.** עפירש"י ותמוה לקרותה בעבור נשואי עו"ג זיקת בעל הלא אין כו' עי' יבמות (מה ב עו א) ואולי ר"ל א' מז' עממין אחר שנתגייר: **שם ותו מידי כהנת לכהן כתיב.** לכאורה הייתי פירכא קמייתא וצ"ל דקושיא זאת שבה על הא דקיים בברייתא אע"פ שאינה כהנת דר"ל שאינה נשאת לכהן דמשמע דבקרא כתיב הכי להכי פריך מידי כו':

דף נא ע"ב תד"ה סירכא. **ומיהו קשה כו'. אבל בכלתו כו'.** נראה דצ"ל אבל בזאת תמיה לא כו': **גמ' ת"ל איש כו' אשת רעהו כו' הכל היה בכלל כו'.** מזה אנכי תמה על מש"כ בתוס' הרא"ש ביבמות (לד) דנערה המאורסה אין בה קרבן בשוגג משום

דכתיב [א] ותשחת הארץ לפני האלהים ותנא דבי רבי ישמעאל כל מקום שנא' [ס] השחתה אינו אלא דבר ערוה ועבודת כוכבים דבר ערוה שנא' [ב] כי השחית כל בשר את דרכו עבודת כוכבים דכתיב [ג] פן תשחיתון ועשיתם וגו' ואידך אורחיהו דקא מגלי שפיכות דמים דכתיב [ד] שופך דם האדם וגו' ואידך קטליהו הוא דקמגלי גזל דכתיב [ה] כירק עשב נתתי לכם את כל וא"ר לוי כירק עשב ולא כירק גנה ואידך ההוא למישרי בשר הוא דאתא אבר מן החי דכתיב [ו] אך בשר בנפשו דמו לא תאכלו ואידך ההוא [ג] למישרי שרצים הוא דאתא סירוס דכתיב [ז] שרצו בארץ ורבו בה ואידך לברכה בעלמא כלאים דכתיב [ח] מהעוף למינהו ואידך ההוא לצותא בעלמא אמר רב יוסף אמרי בי רב על שלש מצות בן נח נהרג: גש"ר סימן: על גילוי עריות ועל שפיכות דמים ועל ברכת השם מתקיף לה רב ששת בשלמא שפיכות דמים דכתיב [ד] שופך דם האדם וגו' אלא הנך מנא להו אי גמר משפיכות דמים אפילו כולהו נמי אי משום דאיתרבאי [ט] מאיש איש עבודת כוכבים נמי איתרבי [י] מאיש איש אלא אמר רב ששת אמרי בי רב על ארבע מצות בן נח נהרג ועל עבודת כוכבים בן נח נהרג והתניא [ג] בעבודת כוכבים דברים שב"ד של ישראל ממיתין עליהן בן נח מוזהר עליהן אזהרה אין מיתה לא אמר רב נחמן בר יצחק אזהרה שלהן זו היא מיתתן רב הונא ורב יהודה וכולהו תלמידי דרב אמרי [א] על שבע מצות בן נח נהרג גלי רחמנא בחדא והוא הדין לכולהו ועל הגזל בן נח נהרג והתניא [ד] על הגזל גנב וגזל וכן יפת תואר וכן כיוצא בהן [ב] כותי[א] בכותי וכותי בישראל אסור וישראל בכותי מותר ואם איתא ניתני חייב משום דקבעי למיתני [ה] סיפא ישראל בכותי מותר תנא רישא אסור והא כל היכא דאית ליה חיובא מיתנא קתני דקתני רישא [ו] [ג] על שפיכות דמים כותי בכותי וכותי בישראל [ד] חייב ישראל בכותי פטור התם היכי ליתני ליתני אסור ומותר והתניא[ו] [ה] כותי ורועי בהמה דקה לא מעלין ולא מורידין כיוצא בו בגזל מאי היא אמר רב אחא בר יעקב לא נצרכה אלא לפועל בכרם אימת אי בשעת גמר מלאכה התירא הוא [י] אי לאו בשעת גמר מלאכה גזל מעליא הוא אלא אמר רב פפא לא נצרכה [י] אלא לפחות משוה פרוטה אי הכי כותי בישראל אסור הא [פ] בר מחילה הוא נהי דבתר הכי מחיל ליה צערא בשעתיה מי לית ליה כותי בכותי כיוצא בהן[ב] כיון [ט] דלאו בני מחילה נינהו גזל מעליא הוא אלא אמר רב אחא בריה דרב איקא לא נצרכה אלא [ח] לכובש שכר שכיר כותי בכותי וכותי בישראל אסור ישראל בכותי מותר כיוצא[ג] ביפת תואר מאי היא [י] כי אתא רב דימי א"ר אלעזר א"ר חנינא [ט] בן נח שייחד שפחה לעבדו ובא עליה נהרג עליה כיוצא בו דשפיכות דמים לא תניא אמר אביי אי משכחת דתניא רבי יונתן בן שאול היא דתניא [ס] רבי יונתן בן שאול אומר [י] רודף אחר חבירו להורגו ויכול להצילו באחד מאבריו ולא הציל

נהרג

רש"י

ותשחת הארץ. מדאיענש עלייהו שמע מינה איפקוד עלייהו: כי השחית כל בשר את דרכו על הארץ. גלוי עריות דכתיב (משלי ל) דרך גבר בעלמה ודור המבול על העריות נענשו כדכתיב (בראשית ו) ויראו בני האלהים את בנות האדם כי טובות הנה: ואידך. מאן דדריש ויאו אמר לך אזהרה מיהו הוזהר אדם הראשון וגבי דור המבול אורחייהו מגלי להודיעך על מה נענשו: קטלייהו קא מגלי. באיזו מיתה ימיתם ולעולם הוזהרו מיהו: כירק עשב. עשב קרי עשב השדה וכל הגדל מאליו שאין בו טורח לחרוש ולזרוע: למישרי בשר הוא דאתא. כדאמר לקמן בפרקין (דף נט:) אדם הראשון לא הותר לו בשר באכילה אלא עשבים ואילנות דכתיב הנה נתתי לכם את כל עשב זורע זרע לכם יהיה לאכלה ולחית הארץ העשבים והאילנות תאכלו אתם וחית הארץ ולא חית הארץ לכם והוזהרו על אבר מן החי מאכול תאכל[ג] וללמדך דאפי' אינך ממיתה אלא שנפל ממנה אבר מאליו לא תאכלנו ובאו בני נח והתיר להם להמית ולאכול ואתו למדרש מינה ולא כירק גנה אתא דלגופיה אצטריך לפי שירק עשב הותר לאדם הראשון תלה להו לבני נח בהמות וחיות כירק עשב: בשר בנפשו דמו. בעוד שהוא הבשר בנפשו דהיא דמו לא תאכלו הבשר: למישרא שרצים הוא דאתא. משום שהוזהרו באבר מן החי מאכול תאכל אתא האי קרא למשרא אבר מן החי בשרצים והכי דרשינן לקמן בפרקין (דף נט:) אותו בשר שקרוי דמו בנפש והבשר קרוי בשר דהיינו דמו חלוק מבשרו אסרנא לכו באבר מן החי ולא בשרצים שאין דמו קרוי נפש אלא הרי הוא כבשרו דאילו בישראל לא מחייבי עליה כרת כדאמר בכריתות (דף כא.) דלית ביה אלא לאו דדם דשרצים כבשר: לברכה בעלמא. לא לפרות ולא לרבות לווס אלא ברכם בפריה ורביה: מן העוף למינהו. מדנצטווה להביא זכר ונקבה לתיבה מכל מין ולא שיזדווג לו מין אחר שמע מינה אסורין להרביע כלאים: ואידך. לאו משום איסור כלאים אלא לצוות בעלמא שכל אחד ואחד נוח לו לצוות מינו מלצוות מין אחר: על שלש מצות בן נח נהרג. ואף על פי שנצטוו בשבע אין נהרגין אלא על שלש כדפריש להו רב ששת דבשפיכות דמים כתיבא בהדיא דמו ישפך וגלוי עריות וברכת השם כתיב גבי ישראל איש איש ודרשי' להו לרבות את הכותים להיות במיתה כישראל: בעבודת כוכבים נמי. כתיב גבי מולך איש איש בקדושים תהיו: על ד' מצות. עבודת כוכבים הוסיף עמהם: בעבודת כוכבים דברים שב"ד ישראל וכו'. הכי קאמר באיסור עבודת כוכבים אותם דברים שב"ד ישראל ממיתין עליהם כגון כל עבודות שדרכן של עבודת כוכבים בכך וזבוח וקיטור אפי' שלא כדרכה כדלקמן בפירקין (דף ס:): אזהרה שלהם. כלומר כל אזהרה דתנא תנא גבי בני נח זו היא מיתה שלהם דלא דייק בהו תנא למיתני מיתה גבי חייבי מיתות ואזהרה בשאין בהן מיתה כלגבי ישראל: גלי רחמנא בחדא. בשפיכות דמים: על הגזל. כך הוא מלות בני נח גנב וגזל וכן יפת תואר דהוי נמי גזל שגוזלין את אשתו במלחמה: וכן כיוצא בהן. שאינן ממש גזל אלא דומין להם ולקמן מפרש להו: ישראל בכותי מותר. דלא תעשוק את רעך כתיב (ויקרא יט) ולא כותי[ח] ומדרבנן [א] איכא למאן דאסר משום חילול השם בהגוזל בתרא (ב"ק דף קיג.): משום דקבעי למיתנא סיפא ישראל בכותי מותר. ואי תנא גבי כותי בכותי חייב הוה תני ישראל בכותי פטור ומשמע פטור מן המיתה אבל עובר עליו בלאו ומשום הכי תנא ברישא לשון איסור דליתני גבי ישראל מותר דס"ל כמאן דאמר מותר ממש: הא כל היכא דאיכא חיוב מיתה[ז] מתנא. תנייה בלשון חיוב ומדנקט הכא לשון איסור ש"מ דווקא תנגהו: היכי ליתני. לעולם הכא לאו דוקא איסור נקט אלא משום סיפא ודקשיא לך רישא מדלא נקט נמי לשון איסור ש"מ דוקא תני להו התם לא מצי למיתנא לשון איסור משום דנבעי למימר ישראל בכותי מותר ולא מצי מתני ליה: ה"ג[ס] הכותי וכן רועי בהמה דקה ישראל. שסתמן גזלנים שמרעים בהמתן בשדות אחרים: לא מעלין ולא מורידין. לא מעלין אותם מן הבור להצילם מן המיתה ולא מורידין אותם לבור להמיתם בידים: פועל בכרם. ואוכל מן הענבים: בשעת גמר מלאכה. כגון ששכרו לבצור: התירא הוא. ואפי' ישראל בישראל דכתיב (דברים כג) ואכלת ענבים כנפשך שבעך ואל כליך לא תתן בשעה שאתה נותן לכליו של בעל הבית אתה אוכל[י] ובריתא קתני ישראל בכותי מותר הא ישראל בישראל אסור ותו בכותי היכי אסור ליה מי איכא מידי דישראל בישראל שרי ולכותי אסור[ס]: אי לאו בשעת גמר מלאכה גזל מעליא הוא. וגזל תנא ליה רישא: צערא בשעתא מי לית ליה. הלכך גזל הוא אלא שאין ב"ד ישראל נזקקין להשיבו דבתר הכי מחיל ליה ובישראל בישראל נמי אסור ומעבר לא עבר דכתיב (ויקרא יט) לא תגזול (שם ה) והשיב את הגזילה אמידי דהשבון קרי גזל[ע] ואידך לא אבל בכותי דלאו בר השבון הוא שכל דינו למיתה לא נפיק פחות משוה פרוטה מכלל פרוטה ואפי' מישראל דמחיל ליה בתר הכי: כותי בכותי כיוצא בו. בתמיהה וגבי[ו] כותי בכותי מוליא פחות משוה פרוטה מכלל פרוטה וקרי כיוצא בו בגזל ולא גזל ממש: בכובש שכר שכיר. דגזל לא הוי אלא בחוטף דבר מיד חבירו כדאמר בב"ק במרובה (דף עט:) מקרא דויגזול את החנית מיד המצרי: כיוצא בו בגנב נראה בעיני מדלא קבעי לה מאי היא לא משכחת ליה ולאו עליה קאי אלא אגזל ויפת תואר: נהרג עלי'. משום גזל ואף על פי שאין זו בעולת בעל דאישות אלא זנות בעלמא כחמורו ובהמתו כותי בישראל שפחה כנענית שייחד ישראל לעבד עברי ובא עליה כותי נהרג ישראל בכותי מותר כותי שייחד שפחה לעבדו ובא ישראל ולקחה בשביה מותר דהא אפי' אשתו גמורה מותרת לו[פ] ישראל בישראל אסור דהיינו שפחה חרופה שחייבין עליה אשם[צ]: כיוצא בו גבי שפיכות דמים לא תנא. האי תנא דלעיל משום דלאין לשפיכות דמים שאינו חייב גמור או מותר לגמרי (א) כגון נרדף שניתן להנצל[ז] עצמו בנפשו של רודף דאילו[ק] שופך דם בשוגג שפיכות דמים גמור הוא אלא רחמנא חס עליה: ויכול. הנרדף להציל עצמו באחד מאבריו של רודף כגון לקטע רגלו: ולא הציל. אלא הרגו:

מסורת הש"ס עם הוספות

א) ע"ז כג: חולין כג. תמורה כח: בכורות נז., ב) [לקמן נט.], ג) לעיל ט:, ד) [תוספתא דע"ז פרק ט], ה) [שבת ל. וש"נ], ו) [שם בתוספתא], ז) ע"ז כו. ע"ש [ודף יג: ובתוספתא בב"מ פ"ג], ח) פסחים כ., ט) [לקמן נט.], י) [לקמן נח:], כ) [לקמן עד.], ל) לעיל נו:, מ) ב"מ קיא: ע"ש, נ) ב"מ פז:, ס) כמו לקמן נח:, ע) עי' ב"ק קי סע"א, פ) קידושין כא:, צ) גיטין מג. ע"ש.

הגהות הב"ח

(א) רש"י ד"ה כיוצא וכו' כגון (נרדף) תז"מ ונ"ב ס"א רודף: (ב) תוס' ד"ה דכתיב ...ולא ענש אלא:

ליקוטי רש"י

כי השחית כל בשר את דרכו. אפילו בהמה חיה ועוף נזקקין לשאינן מינן [בראשית ו, יב]. תשמיש דור המבול בעבירה קלקלו דכתיב ויראו בני האלהים וגו' [ע"ז כג:]. בדור המבול כתיב ודור המבול בערוה קלקלו כדכתיב (בראשית ו) ויקחו להם נשים וגו' שהיו נזקקין לנשי ריעיהן ולכל בהמה וחיה [חולין כג.]. וזה קלקולו של דור המבול מוציאים שכבת זרע לבטלה דכתיב כי השחית כל בשר וגו' (בראשית ו) [שבת מא.]. למישרי בשר הוא דאתא. שלא הרשיתי לאדם הראשון [לאכול] בשר אלא ירק עשב ולכם כירק עשב שהפקרתי לאדם הראשון נתתי לכם את כל [בראשית ט, ג]. לא הרשה לאדם ולאשתו להמית בריה ולאכול בשר אך כל ירק עשב יאכלו יחד כולם וכשבאו בני נח התיר להם בשר שנאמר (בראשית ט, ג) כל רמש אשר הוא חי וגו' כירק עשב שהתרתי לאדם הראשון נתתי לכם את כל [שם א, כט]. כירק עשב שהפקרתי לאדם לאכול נתתי לכם מעכשיו את כל אפילו בהמות וחיות [לקמן נט:]. בשר בנפשו. אסר להם אבר מן החי כלומר כל זמן שנפשו בו לא תאכלו הבשר. בנפשו דמו. בעוד נפשו בו [בראשית ט, ד]. ההוא למישרי שרצים. אך מישוט וכל אכין ורקין מעוטין. מאי תלמודא, היכי משמע דשרצים ממעטי מייה דילמא בהמה וחיה ממעטין מייה ולא שרצים אמר רב הונא דמו האי דמו יתירה הוא דהוה ליה למכתב בשר בנפשו לא תאכלו דהייט בעוד שהנפש בו אל תאכלו את בשרו האי בנפשו דמו למה לי וכי לא ידענא דנפש זה הוא הדם אלא לומר לך מי שדמו חלוק מבשרו שהדם קרוי נפש והבשר בשר יצאו שרצים שאין דמן חלוק מבשרן שאין דמם קרוי דם שכשהוזהרו ישראל על הדם לא הוזהרו על דם שרצים משום דם אלא משום שרצים כבשר והכי אמרינן בכריתות בפרק דם שחיטה (כא:) דם שרצים התרו בו משום שרץ לוקה משום דם אינו לוקה [לקמן שם]. כותי ורועי בהמה דקה. הן ישראל והן גזלנים הרי הן כעובדי כוכבים. לא מעלין. אותן מן הבור אם נפלו לתוכה אלא יניחם וימותו. ולא מורידין. אותן לבור להמית אותן בידים אלמא עובד כוכבים אסור להמיתו בידים [ע"ז יג:]. בר מחילה הוא. שפחות משוה פרוטה אינו נחשב גזל בעיניהם שמוחלין על מדתן שרחמנין הן ומוחלין על דבר קל. דלאו בני מחילה נינהו. בני נח אכזרים הם [לקמן נט.]. ויכול. הנרדף או הרואהו להציל באחד מאבריו ולא הציל אלא בנפשו נהרג עליו [לקמן עד.]. זה להציל את עצמו באחד מאבריו של רודף ולא עשה כן אלא חזר כנגדו והרגו נהרג עליו [לעיל מט.].

עין משפט נר מצוה

פח א מיי' פ"ט מהל' מלכים הלכה יד סמג עשין קכב:
פט ב מיי' שם הלכה ט:
צ ג מיי' שם הלכה ד:
צא ד מיי' פ"ב מהלכות רוצח הלכה יא סמג לאוין קסג:
צב ה מיי' פ"י מהלכות עכו"ם הלכה א ופ"ד מהלכות רוצח הלכה יא סמג לאוין קסג טור שו"ע יו"ד סימן קנח סעיף א וטוש"ע חו"מ סימן תכה סעיף ה:
צג ו ז ח מיי' פ"ט מהל' מלכים הלכה ט:
צד ט מיי' שם הלכה ח:
צה י מיי' שם הל"ד:

הגהות הגר"א

[א] רש"י ד"ה ישראל בנכרי כו' ומדרבנן איכא כו'. נ"ב תמוה מאד ועמ"ש (בחו"מ) בסימן שמח (ס"ק ת. ובאה"ע סי' כ"ח סק"ה):

תורה אור השלם

א) וַתִּשָּׁחֵת הָאָרֶץ לִפְנֵי הָאֱלֹהִים וַתִּמָּלֵא הָאָרֶץ חָמָס: [בראשית ו, יא]
ב) וַיַּרְא אֱלֹהִים אֶת הָאָרֶץ וְהִנֵּה נִשְׁחָתָה כִּי הִשְׁחִית כָּל בָּשָׂר אֶת דַּרְכּוֹ עַל הָאָרֶץ: [בראשית ו, יב]
ג) פֶּן תַּשְׁחִתוּן וַעֲשִׂיתֶם לָכֶם פֶּסֶל תְּמוּנַת כָּל סָמֶל תַּבְנִית זָכָר אוֹ נְקֵבָה: [דברים ד, טז]
ד) שֹׁפֵךְ דַּם הָאָדָם בָּאָדָם דָּמוֹ יִשָּׁפֵךְ כִּי בְּצֶלֶם אֱלֹהִים עָשָׂה אֶת הָאָדָם: [בראשית ט, ו]
ה) כָּל רֶמֶשׂ אֲשֶׁר הוּא חַי לָכֶם יִהְיֶה לְאָכְלָה כְּיֶרֶק עֵשֶׂב נָתַתִּי לָכֶם אֶת כֹּל: [בראשית ט, ג]
ו) אַךְ בָּשָׂר בְּנַפְשׁוֹ דָמוֹ לֹא תֹאכֵלוּ: [בראשית ט, ד]
ז) וְאַתֶּם פְּרוּ וּרְבוּ שִׁרְצוּ בָאָרֶץ וּרְבוּ בָהּ: [בראשית ט, ז]
ח) מֵהָעוֹף לְמִינֵהוּ וּמִן הַבְּהֵמָה לְמִינָהּ מִכֹּל רֶמֶשׂ הָאֲדָמָה לְמִינֵהוּ שְׁנַיִם מִכֹּל יָבֹאוּ אֵלֶיךָ לְהַחֲיוֹת: [בראשית ו, כ]
ט) אִישׁ אִישׁ אֶל כָּל שְׁאֵר בְּשָׂרוֹ לֹא תִקְרְבוּ לְגַלּוֹת עֶרְוָה אֲנִי יְיָ: [ויקרא יח, ו]
וְאֶל בְּנֵי יִשְׂרָאֵל תְּדַבֵּר לֵאמֹר אִישׁ אִישׁ כִּי יְקַלֵּל אֱלֹהָיו וְנָשָׂא חֶטְאוֹ: [ויקרא כד, טו]
י) וְאֶל בְּנֵי יִשְׂרָאֵל תֹּאמַר אִישׁ אִישׁ מִבְּנֵי יִשְׂרָאֵל וּמִן הַגֵּר הַגָּר בְּיִשְׂרָאֵל אֲשֶׁר יִתֵּן מִזַּרְעוֹ לַמֹּלֶךְ מוֹת יוּמָת עַם הָאָרֶץ יִרְגְּמֻהוּ בָאָבֶן: [ויקרא כ, ב]

הגהות וציונים

א] בדפו"י (לפני הצענזור) בכל העמוד גוי במקום "כותי": ב] בכת"י כיוצא בו (וכ"ה ברש"י): ג] בכת"י נוסף בו: ד] כאן הס"ד (מהרש"ל) ונראה שתיבת "מיתה" פירוש רש"י הוא: ס] "ה"ג" ליתא בדפוס שונצינו: ו] צ"ל גבי (באה"מ): ז] צ"ל להציל (באה"מ): ס] צ"ל ואילו (באה"מ):

נהרג עליו אשכח ר' יעקב בר אחא דהוה כתיב בספר אגדתא דבי רב [א]בן נח נהרג בדיין א' ובעד אחד שלא בהתראה מפי איש ולא מפי אשה ואפילו[א] קרוב משום רבי ישמעאל אמרו [ב]אף על העוברין מנהני מילי אמר רב יהודה דאמר קרא [א]אך את דמכם לנפשותיכם אדרוש אפילו בדיין אחד [א]מיד כל חיה אפילו שלא בהתראה [א]אדרשנו ומיד האדם אפילו בעד אחד [א]מיד איש ולא מיד אשה [א]אחיו אפילו קרוב משום רבי ישמעאל אמרו אף על העוברין מאי טעמיה דרבי ישמעאל דכתיב [ב]שופך דם האדם באדם דמו ישפך איזהו אדם שהוא באדם הוי אומר זה עובר שבמעי אמו ותנא קמא [ג]תנא דבי מנשה הוא דאמר כל מיתה האמורה לבני נח אינו אלא חנק ושדי ליה האי באדם אסיפיה דקרא ודרוש ביה הכי באדם דמו ישפך איזהו שפיכות דמים של אדם שהוא בגופו של אדם הוי אומר זה חנק מתיב רב המנונא ואשה לא מפקדה והכתיב [ג]כי ידעתיו למען אשר יצוה וגו' הוא מותיב לה והוא מפרק לה [ג]בניו לדין [ג]ביתו לצדקה אמר ליה רב אויא סבא לרב פפא אימא בת נח שהרגה לא תיהרג מיד איש ולא מיד אשה כתיב אמר ליה הכי אמר רב יהודה שופך דם האדם מכל מקום אימא בת נח שזינתה לא תיהרג דכתיב [ד]על כן יעזב איש ולא אשה א"ל הכי אמר רב יהודה [ד]והיו לבשר אחד הדר ערבינהו קרא ת"ר איש מה תלמוד לומר [ה]איש איש [ג]לרבות את הכותים[ב] שמוזהרין על העריות כישראל והא מהכא נפקא מהתם נפקא [ו]לאמר [ג]זה גילוי עריות התם בעריות דידהו והכא בעריות דידן דקתני סיפא בא על עריות ישראל נידון בדיני ישראל למאי הלכתא אמר רב נחמן אמר רבה בר אבוה לא נצרכה אלא לעדה ועדים והתראה מגרע גרע אלא א"ר יוחנן לא נצרכה אלא לנערה המאורסה דלדידהו לית להו דדיינינן להו בדינא דידן אבל אשת איש בדינא דידהו דיינינן להו והתניא [ד]בא על נערה המאורסה נידון בסקילה על אשת איש נידון בחנק ואי בדינא דידהו סייף הוא אמר רב נחמן בר יצחק [ה]מאי אשת איש דקתני כגון שנכנסה לחופה ולא נבעלה דלדידהו לית להו דיינינן להו בדינא דידן דתני ר' חנינא [ו]בעולת בעל יש להן נכנסה לחופה ולא נבעלה אין להן תניא כוותיה דר' יוחנן [ג]כל ערוה שב"ד של ישראל ממיתין עליה בן נח מוזהר עליה אין ב"ד של ישראל ממיתין עליה אין בן נח מוזהר עליה דברי רבי מאיר וחכמים אומרים [א] הרבה עריות יש שאין בית דין של ישראל ממיתין עליהן ובן נח מוזהר עליהן בא על עריות ישראל נידון בדיני ישראל בא על עריות בן נח נידון בדיני בן נח ואנו אין לנו אלא נערה המאורסה בלבד ונחשוב נמי נכנסה לחופה ולא נבעלה האי תנא תנא דבי מנשה הוא דאמר כל מיתה האמורה לבני נח אינו אלא חנק אידי ואידי חנק הוא וסבר רבי מאיר כל ערוה שבית דין של ישראל ממיתין עליה בן נח מוזהר עליה והא תניא [ז]גר

שהיתה

נהרג עליו. היינו כיולא בו דשפיכות דמים דהוי קרוב להתיר ואינו מותר כותי בכותי וכותי בישראל חייב וכן ישראל בישראל אבל ישראל בכותי פטור ואליבא דרבי יונתן אבל רבנן פליגי עליה ואמרי היתר גמור הוא וליכא כיולא בו: מפי איש. על ידי דיין איש או עד איש: אף על העוברין. הכה את האשה ויצאו ילדיה נהרג עליהן ובישראל עד שיצא לאויר העולם כדתנן במס' [נדה] (דף מד.) תינוק בן יום אחד ההורגו חייב היכא דקים ליה בגוויה שכלו לו חדשיו ואינו נפל: מיד כל חיה. מיד כל דבר חי: שופך דם האדם באדם. שבתוך האדם דמו ישפך: זה חנק. דאין דמו יוצא לחוץ: ואשה. בת נח לא מפקדה על הדין: ביתו. היינו נשים: מה תלמוד לומר איש איש. אל כל שאר בשרו וגו': בעריות דידן. באשת איש ישראל: למאי הלכתא. נדון בדיני ישראל: שצריך עדה ועדים והתראה. כישראל: מגרע גרע. זה הבא על אשת ישראל מהבא על אשת כותי שנהרג בעד אחד ובדיין אחד ושלא בהתראה מגרע גרע לשון קושיא ובתמיהה: לא נצרכה. האי דקתני נידון בדיני ישראל: אלא. שבא על נערה המאורסה ישראלית: דלדידהו לית להו. מיתה בנערה המאורסה אלא בבעולת בעל וגבי ישראל נהרג מריבויא דאיש איש על כרחך (א) האי דקטלוה משום דאתרבי באיש איש כישראל ולגבייהו[ג] לאו אשת איש דנחייב קטלא דידהו אלא[ד] נידון בסקילה אבל אין צריך עדה ועדים והתראה דלא גרע מעריות דידהו: אבל. בא על אשת איש ישראל בדינא דידהו דיינינן ליה בתמיה: בא על נערה המאורסה נידון בסקילה. כישראל [א] דהא בדינא דידהו סייף הוא דכל מיתת בן נח אינו אלא סייף לרבנן דפליגי אתנא דבי מנשה: נכנסה לחופה ולא נבעלה. בדיני ישראל חנק הוא כשאר אשת איש דגבי סקילה כתיב נערה בתולה מאורסה וגו' ודרשינן (כתובות דף מח.) בתולה ולא בעולה מאורסה ולא נשואה ומאי נשואה אילימא נשואה ונבעלה מבתולה ולא בעולה נפקא אלא שנכנסה לחופה ולא נבעלה ומעטה קרא מסקילה וישנה בחנק דהכל היו בכלל נואף ונואפת ויצאה ארוסה לידון בעצמה וזו שלא יצאה עמדה בכללה: בעולת בעל יש להם. דכתיב (בראשית כ) והיא בעולת בעל ולא כתיב והיא אשת איש אלמא הכך מת משום בעילתו של בעל ולא מפני קדושין וחופתו: תניא כוותיה דרבי יוחנן. דאמר בא על עריות ישראל דקתני[ה] נידון בדיני ישראל לא מתוקמא אלא בנכנסה לחופה[ו] או בנערה המאורסה וכו' דלדידהו לית להו: אין ב"ד של ישראל ממיתין עליה. כגון חייבי כריתות אחותו ואחות אביו ואחות אמו ואשת אחיו ואשת אחי אביו ואחות אשתו: אין בן נח מוזהר עליה. כדמפרש לקמן דר' מאיר אליבא דר"ע אמרה דנפקי ליה עריות בבני נח מעל כן יעזב איש וגו' והתם חייבי מיתות הוא דכתיבי: הרבה עריות יש. כגון כל חייבי כריתות בן נח מוזהר עליהם דלרבנן אתרבו בני נח מאיש איש לכל האמור בפרשה ור"מ לא דריש איש איש לרבוי: בא על עריות ישראל. עבריות: עריות בני נח. כותיות: ואנו אין לנו. שיהא בן נח חלוק בין ישראלית לכותית אלא נערה המאורסה משום דלדידהו לית להו קטלינן ליה בקטלא דידן: אידי ואידי חנק הוא. דינו ודיניהן שוין בה:

שהורתו

לנערה המאורסה דלדידהו לית להו. והא דאמר בסוף פ"ק דב"ב (דף טו: ושם) אותו היום עבר אותו רשע חמש עבירות בא על נערה המאורסה אע"ג דלא נצטוו דבר מכוער הוא דקחשיב נמי ושט את הבכורה אע"פ שלא הוזהרו על כך ואשכחן נמי שסיפר הכתוב בגנותו[ו] בדבר שעתידה תורה לאסור דאמרי' לקמן (נח:) כותי[ס] מותר בבתו ובפ' כהן משוח (הוריות י:) אמרי' לוט ושתי בנותיו הם נתכוונו לדבר מצוה צדיקים ילכו בם הוא שנתכוין לדבר עבירה ופושעים יכשלו בם: ואי בדינא דידהו סייף הוא. המ"ל דתנא דבי מנשה הוא דאמר כל מיתה האמורה לבני נח חנק:

וחכמים אומרים הרבה עריות. פ"ה כגון כל חייבי כריתות דלרבנן איתרבו להו בני נח מאיש איש לכל האמור בפרשה ור"מ לא דריש איש איש לרבויא אע"ג דלעיל (דף נו.) גבי ברכת השם דריש ר"מ איש איש ומשמע דמאן דדריש חדא דריש כולהו דמתוך כך מסיק לעיל[ע] על שבע[ע] מצות בני נח נהרג התם משמיה דנפשיה והכא ר"מ אליבא דר' עקיבא כדמוקי לה בסמוך מיהו הא דמרבינן לעיל נכרי מאיש איש היינו בעריות דידן אבל דידהו נ"ל מדכתיב לאמר א"כ בין לר' מאיר בין לרבנן הא דדריש איש איש היינו בעריות דידן אבל דידהו מדכתיב לאמר ודרשי להו רבנן לכל עריות דידהו אבל לר"מ ס"ל כיון שפירש בבני נח על כן יעזב איש דהיינו חייבי מיתות הן הן העריות שמוזהרין עליהן ואין להרבות יותר:

[י]הורתו שלא בקדושה ולידתו בקדושה. פ"ה[י] דנקט הכי משום למעוטי הורתו ולידתו בקדושה כיון דדמי לישראל גזר בו ר"מ אפי' בשאר האב ואפי' שנולדו אותן הקרובים בהיותו נכרי וי"ל איפכא דאדרב' כיון דהורתו ולידתו בקדושה הרי הוא כישראל ומותר אפי' באחותו מן האם שנולדו מקודם[כ] דליכא למיגזר שלא יאמרו באנו מקדושה חמורה לקדושה קלה כיון דלית בהו צד פסלות[ל] דהנהו ודאי כשתי אמהות דמו וי"ל דהורתו ולידתו בקדושה נמי כך דינו והא דלא נקטי[מ] לרבותא משום דלא פסיקא ליה למתני שאין לה[נ] שאר האב דמה שנולד לאביו בקדושה אסור מדאורייתא:

נשא

מסורת הש"ס עם הוספות

א) [לקמן דף עה:], ב) [לעיל דף נו:], ג) [תוספתא דע"ז פ"ט ע"ש], ד) יבמות לח. ע"ש, ה) ע"א, ו) נח. ד"ה וחכ"א יקיים.

הגהות הב"ח

(א) רש"י ד"ה דלדידהו וכו' על כרחך כיון [ס] דקטלוה:

הגהות הגר"א

[א] גמ' הרבה עריות. נרסם קו על תיבות הרבה עריות וכ"כ הרמב"ם לא גרס לה ומפרש דגם חכמים ס"ל כר"מ ואין מוסיפין רק אחותו מאמו כפשטא דקרא וגם אמנה וגו' ולא כדהויא דלקמן וכתב שש עריות לב"נ וכר"ע וחכמים (ועמ"ש רבינו ביו"ד סי' רסט ס"ק ג'):

הגהות מהר"ב רנשבורג

א] רש"י ד"ה בא על נערה המאורסה נידון בסקילה כישראל. כאן הס"ד ואח"כ מה"ד ואי בדינא דידהו וכו'. כצ"ל:

הגהות וציונים

א] בכת"י ובדפו"ר נוסף מפי: ב] צ"ל הגוים (דפו"י שלפני הצענזור): ג] צ"ל דלגבייהו (וכ"ה בדפו"י, דק"ס): ד] תיבת "אלא" מיותר ושבוש הוא (דק"ס): ה] "דקתני" ליתא בדפוס שונצינו: ו] כאן יש להוסיף וכו' במקום להלן (באה"מ): ז] בתוס' הרא"ש בגנותן: ס] צ"ל גוי (דפו"י שלפני הצענזור): ע] צ"ל ארבע (גליון) וכ"ה בדפו"ר אד' מצות (ועיין רש"ש): י] שייך לקמן נח ע"א: כ] צ"ל שנולדו בגיות (דפו"י שלפני הצענזור): ל] צ"ל צד גיות (דפו"י שלפני הצענזור): מ] צ"ל נקטיה (מהרש"ל (דפו"ר) וכן העתיק מהרש"א, וכ"ה בתוס' הרא"ש): נ] צ"ל לו (מהרש"ל (דפו"ר) ורש"ש, וכ"ה בתוס' הרא"ש): ס] וכ"ה בדפו"י:

עין משפט נר מצוה

צו א מיי' פ"ט מהלכות מלכים הלכה יד:
צז ב מיי' שם הלכה ד:
צח ג מיי' שם הלכה א והלכה ה:
צט ד ה ו מיי' שם הל"ז:

תורה אור השלם

א) וְאַךְ אֶת דִּמְכֶם לְנַפְשֹׁתֵיכֶם אֶדְרֹשׁ מִיַּד כָּל חַיָּה אֶדְרְשֶׁנּוּ וּמִיַּד הָאָדָם מִיַּד אִישׁ אָחִיו אֶדְרֹשׁ אֶת נֶפֶשׁ הָאָדָם: [בראשית ט, ה]

ב) שֹׁפֵךְ דַּם הָאָדָם בָּאָדָם דָּמוֹ יִשָּׁפֵךְ כִּי בְּצֶלֶם אֱלֹהִים עָשָׂה אֶת הָאָדָם: [בראשית ט, ו]

ג) כִּי יְדַעְתִּיו לְמַעַן אֲשֶׁר יְצַוֶּה אֶת בָּנָיו וְאֶת בֵּיתוֹ אַחֲרָיו וְשָׁמְרוּ דֶּרֶךְ יְיָ לַעֲשׂוֹת צְדָקָה וּמִשְׁפָּט לְמַעַן הָבִיא יְיָ עַל אַבְרָהָם אֵת אֲשֶׁר דִּבֶּר עָלָיו: [בראשית יח, יט]

ד) עַל כֵּן יַעֲזָב אִישׁ אֶת אָבִיו וְאֶת אִמּוֹ וְדָבַק בְּאִשְׁתּוֹ וְהָיוּ לְבָשָׂר אֶחָד: [בראשית ב, כד]

ה) אִישׁ אִישׁ אֶל כָּל שְׁאֵר בְּשָׂרוֹ לֹא תִקְרְבוּ לְגַלּוֹת עֶרְוָה אֲנִי יְיָ: [ויקרא יח, ו]

ו) וַיְצַו יְיָ אֱלֹהִים עַל הָאָדָם לֵאמֹר מִכֹּל עֵץ הַגָּן אָכֹל תֹּאכֵל: [בראשית ב, טז]

ליקוטי רש"י

על כן יעזב איש. רוח הקודש אומרת כן לאסור על בני נח את העריות. לבשר אחד. הולד נוצר על ידי שניהם ושם נעשה בשרם אחד [בראשית ב, כד].

והא דינין קום עשה הוא וקא חשיב קום עשה ושב אל תעשה נינהו ואמר[א] ר' יוחנן [א] ° עובד כוכבים שעוסק בתורה חייב מיתה שנאמר [א] תורה צוה לנו משה מורשה לנו מורשה ולא להם וליחשבה גבי שבע מצות מ"ד מורשה מיגזל קא גזיל לה מאן דאמר [ב] מאורסה דינו כנערה המאורסה דבסקילה מיתיבי היה [ג] ר"מ אומר מניין שאפילו עובד כוכבים ועוסק בתורה שהוא ככהן גדול שנאמר [ב] אשר יעשה אותם האדם וחי בהם כהנים לוים וישראלים לא נאמר אלא האדם הא למדת שאפילו עובד כוכבים ועוסק בתורה הרי הוא ככהן גדול התם בשבע מצות דידהו: ר' חנינא בן גמליאל אומר אף הדם מן החי: ת"ר [ג] אך בשר בנפשו דמו לא תאכלו זה אבר מן החי רבי חנינא בן גמליאל אומר אף הדם מן החי מ"ט דרבי חנינא בן גמליאל קרי ביה בשר בנפשו לא תאכל דמו בנפשו לא תאכל ורבנן ההוא [ד] למישרי שרצים הוא דאתא כיוצא בדבר אתה אומר [ד] רק חזק לבלתי אכל הדם כי הדם הוא הנפש וגו' [א] (רק חזק לבלתי אכל הדם זה אבר מן החי כי הדם הוא הנפש זה דם מן החי[ב]) ורבנן ההוא לדם הקזה שהנשמה יוצאה בו הוא דאתא למה לי למיכתב לבני נח ולמה לי למשני בסיני כדר' יוסי בר' חנינא דא"ר יוסי בר' חנינא כל מצוה שנאמרה לבני נח ונשנית בסיני לזה ולזה נאמרה לבני נח ולא נשנית בסיני לישראל נאמרה ולא לבני נח ואנו אין לנו אלא גיד הנשה ואליבא דר' יהודה אמר מר כל מצוה שנאמרה לבני נח ונשנית בסיני לזה ולזה נאמרה אדרבה מדנשנית בסיני לישראל נאמרה ולא לבני נח מדאיתני[ג] עבודת כוכבים בסיני ואשכחן דענש עובדי כוכבים עילווה ש"מ לזה ולזה נאמרה: לבני נח ולא נשנית בסיני לישראל נאמרה ולא לבני נח: אדרבה מדלא נישנית בסיני לבני נח נאמרה ולא לישראל ליכא מידעם דלישראל שרי ולעובד כוכבים[ד] אסור ולא והרי יפת תואר התם משום דלאו בני כיבוש נינהו והרי פחות משוה פרוטה התם [ה] משום דלאו בני מחילה נינהו: כל מצוה שנאמרה לבני נח ונישנית בסיני לזה ולזה נאמרה

והרי

רש"י

והא דינין קום עשה. משפט הוא וקא חשיב: ומשני קום עשה ושב אל תעשה הוא. קום עשה משפט ושב ואל תעשה עול אפילו אינו מצוה לעשות משפט והוא יושב ובטל מוזהר הוא שלא לעשות עול ואזהרת לא תעשו עול (ויקרא יט) אינה קום עשה משפט אלא לחודה קיימא שב והבטל מלא תעשה[ה] עול אבל אזהרת לא תשבית על כרחיך אינה אלא קום עשה: **מורשה לנו.** ולא להם ואיכא משום גזל כדמפרש: **מורשה מאורסה.**[ו] אמוראי איכא דדרשי בהו[ז] גבי עם הארץ בפרק אלו עוברין בפסחים (דף מט:): **מיגזל קא גזל לה.** והא קא חשיב גזל וכן נערה המאורסה דהא בכלל גילוי עריות הוא: **האדם.** ר"מ דלית[ח] ליה אתם קרוין אדם ולא עובדי כוכבים קרוין אדם ור"ש היא דדרש לה במסכת יבמות (דף סא.): **בשבע מצות דידהו.** עוסקין בהלכות אותן שבע מצות להיות בקיאין בהן: **בשר.** בעוד נפשו קיימת לא תאכלו זהו אבר מן החי ודמו לדרשא אחרינא למשרי אבר מן החי דשרצים כדלקמן בשמעתין: **כיוצא בדבר אתה אומר.** שאף ישראל הוזהרו על דם מן החי בסיני ומשום חיות ורבי חנינא קאמר לה: **כי הדם הוא הנפש ולא תאכל הנפש עם הבשר כו'.** כלומר לא תאכל הדם הנזכר בראש המקרא בעוד הנפש עם הבשר: **ורבנן ההוא.** דסמך דם לאזהרת אבר מן החי לא למסרי משום חיות סמכי' אלא למיסר דם הקזה שהנפש יוצאה בו משום דם הוא דסמכיה דלא תימא אזהרת דם גבי וזבחת מבקרך ומצאנך כתיב (דברים יב) דם שחיטה הוא דהוי דם אבל דם הקזה לא הוי דם להכי אקשייה לאבר מן החי מה אבר מן החי אסור מחמת איסורו אף דם מן החי מוזהר עליה משום דם ובלבד שיהא דם הנפש אבל דם הקזה שאין הנפש יוצאה בו אינו קרוי דם אבל איסור חיות לא נזכר בו ולא בשום דם ובכריתות (דף כב) מפרש איזהו דם הקזה שהנפש יוצאה בו מטיפה המשחרת ואילך משהוא מתחיל לצאת שחור: **למה לי למכתב.** אבר מן החי בסיני ובבני נח אטו ישראל משום דקבלו תורה יצאו מכלל מצות הראשונות בשלמא עבודת כוכבים וגילוי עריות בסיני למילתייהו נשנית לפי שלא פרשו כ"כ בבני נח על אלו עבירות[ט] עונשן[י] עליהם וכן בעריות לפרש עונשן אלא אבר מן החי למה לי לאהדורי: **לזה ולזה נאמרה.** כדמפרש לקמן מדנשנית עבודת כוכבים וגילוי עריות בסיני ואשכחן דאיענש עובדי כוכבים עלייהו אף לאחר מתן תורה כדכתיב (דברים יח) לא ימצא בך מעביר בנו ובתו וגו' ובגלל התועבות האלה וכן בעריות (ויקרא יח) כי את כל התועבות האל שמע מינה כי יהיב קודשא בריך הוא תורה לישראל לא שקלינהו להנך מבני נח ודקיימי להו קיימי וכל שלא נשנית בסיני נאמר לישראל ולא לבני נח מסיני ואילך אף על גב דעד סיני נצטוו עליה מדלא הדר תנייה בסיני כדאיתא בעבודת כוכבים וגילוי עריות דאשכחן דאיענוש עובדי כוכבים עלייהו שמע מינה ישראל שיצאו לקדושה עמדו באיסורן אבל עובדי כוכבים נטלן מהן ולקמן פריך דילמא להכי לא נשנו דלבני נח הוא דאסירי ולא לישראל ומשני ליכא מידי דלישראל שרי ולעובדי כוכבים אסור שכשיצאו מכלל בני נח להתקדש יצאו ולא להקל עליהם ולזה ולזה ליכא למימר דא"כ אמאי אתני עבודת כוכבים הילכך על כרחיך אותה שלא נשנית אינה בבני נח הילכך אם לא נשנית אבר מן החי הוה אמינא נטלוה מבני נח ממתן תורה ואילך: **ואנו אין לנו.** אזהרה בבני נח ולא נשנית בסיני אלא גיד הנשה: **ואליבא דרבי יהודה.** דאמר בפרק גיד הנשה (חולין דף ק:) מבני יעקב נאסר גיד הנשה שהיו בני נח קודם מתן תורה ורבנן פליגי ואמרו בסיני נאמר ולא להם אלא שנכתב במקומו ואחר מתן תורה כתבו משה במקום המעשה על העתיד לידע מאיזה טעם נאסר להם ולרבי יהודה גופיה לישראל נאמר ולא לשאר בני נח דהא בני ישראל כתיב והא דקאמר הכא דאותן העומדות באיסורן לבני נח לעולם הוצרך לשנותן בסיני לאו משום דאי לא אהדרינהו הוה אמינא נעקר מגיד הנשה דלא נשנית ולישראל נאמר ולא לבני נח דמהא ליכא למיגמר שהרי לא נאסרה אלא לישראל ובעוד שהיו בני נח נמי להם נאסר ולא לאחרים אלא מדאתני עבודת כוכבים הוה גמרינן להו: **ואשכחן דאיענש עובדי כוכבים עלייהו.** שבע אומות כדכתיב לא ימצא בך מעביר בנו ובתו באש[כ]: **אדרבה מדלא נישנית בסיני אימא לבני נח נאמרה.** לבני יעקב בעוד שהיו בני נח נאסר להם ולא משבאו לכלל ישראל: **והרי יפת תואר.** שאסורה להם כדאמר לעיל (דף נז.): **לאו בני כיבוש נינהו.** לא נתנה ארץ לכבוש כי אם לישראל שאף לישראל לא הותר יפת תואר אלא במלחמה ע"י כיבוש: **משום דלאו בני מחילה נינהו.** שאף ישראל נצטוו על הגזל אלא שפחות משוה פרוטה אינו נחשב גזל בעיניהם שעוברין על מדתן שרחמנין הן[ל] ומוחלין על דבר קל אבל בני נח אכזרים הם:

והרי

תוספות

אלא האדם. פרש"י ולית ליה לר"מ אתם קרוין אדם וקשה דבפ"ק דכריתות (דף ו:) פטר סך משמן המשחה לעובד כוכבים ומשמע דהיי טעמא משום דכתי' על בשר אדם לא יסך אתם קרוין אדם מיהו מצינו למימר דטעמא משום דכל שישנו בסך ישנו בבל יסך וכל שאינו בסך אינו בבל יסך[י] וי"ם דגרסי הכא רבי ירמיה ור"ת מפרש דיש חילוק בין אדם להאדם (כי אדם רלוט ע"ד היתרון לאדם המעולה ומעוטר בתורת ה') תדע דלא מייתי בפרק הבא על יבמתו (יבמות דף סא. ושם) מדכתיב במצרים כל האדם והבהמה (שמות ט)[ל] והא דקאמר הכא כהנים לוים וישראלי' לא נאמר ה"ק לא נאמ' אדם דלישתמע כהנים לוים וישראלים וה"ר משולם פי' דוקא גבי פורענות קורא אותם אדם דאין ראוי לכתוב שם ישראל אבל גבי האדם וחי בהם ה"ל למכתב כהנים לוים וישראלים כמו שרגיל בכל מקום כדכתיב (ויקרא כא) אמור אל הכהנים (במדבר יח) ואל הלוים תדבר (שמות יד) דבר אל בני ישראל והכי איתא במדרש ויכולו[מ] מה אקוב לא קבה אל שלא הזכיר שמו על פורענות אדם כי יהיה בעור בשרו נגע צרעת כי תהיה באדם ולא בישראל אלה יעמדו לברך את העם וגבי פורענות אלה יעמדו על הקללה והא דפריך התם מהנך קראי[נ] אף ע"ג דעובדי כוכבים נמי קרויים אדם מ"מ פריך שפיר כיון שמכנה גבי פורענות את ישראל באדם היכא דלא איירי אלא בעובדי כוכבים לא היה לו לקרותן אדם[ט]: **אף** דם מן החי. ולרבנן אבר מן החי וקשה דתנא דלעיל (דף נו:) (לדריש) דנ"ל[נ] אבר מן החי מאכל תאכל ולא מוקי האי קרא אלא למישרי שרצים כדנפקא לקמן מי שדמו חלוק מבשרו:

ורבנן ההוא לדם הקזה. בפרק גיד הנשה (חולין קב:) מוקי לה דאבר מן החי נוהג בין בטמאים בין בטהורי' והכא דמוקים לה לדם הקזה כמ"ד התם (שם) אינו נוהג אלא בטהורין: **נאמרה** לבני נח[ס]. עובד כוכבים ששבת[י] לא שייך כאן דישראל הוזהרו לשבות:

ליכא מידעם דלישראל שרי. בדבר שהוא מצוה לישראל לא אמרינן הכי דעובד כוכבים ששבת חייב ולישראל מצוה אף על גב דבשבי בשבת אין מצוה לישראל מ"מ יש עליו מצות שביתת שבת ועל העוברים דעובד כוכבים חייב וישראל פטור[כ] אע"ג דפטור מ"מ לא שרי מיהו קשה דאמרינן בפרק בן סורר ומורה (לקמן דף עב:) יצא ראשו אין נוגעין בו דאין דוחין נפש מפני נפש אבל קודם שילא ראשו הכי' פושטת ידה וחתכתו לאברים ומוציאה כדי להציל את אמו וכה"ג בעובד כוכבים אסור כיון שהוזהרו על העוברים וי"ל דהא נמי בישראל מצוה כדי להציל ואפשר דאפילו בעובד כוכבים שרי:

והא

עין משפט נר מצוה

קיב א מיי' פ"י מהל' מלכים הל"ט:

תורה אור השלם

א) תּוֹרָה צִוָּה לָנוּ מֹשֶׁה מוֹרָשָׁה קְהִלַּת יַעֲקֹב: [דברים לג, ד]

ב) וּשְׁמַרְתֶּם אֶת חֻקֹּתַי וְאֶת מִשְׁפָּטַי אֲשֶׁר יַעֲשֶׂה אֹתָם הָאָדָם וָחַי בָּהֶם אֲנִי יְיָ: [ויקרא יח, ה]

ג) אַךְ בָּשָׂר בְּנַפְשׁוֹ דָמוֹ לֹא תֹאכֵלוּ: [בראשית ט, ד]

ד) רַק חֲזַק לְבִלְתִּי אֲכֹל הַדָּם כִּי הַדָּם הוּא הַנָּפֶשׁ וְלֹא תֹאכַל הַנֶּפֶשׁ עִם הַבָּשָׂר: [דברים יב, כג]

ליקוטי רש"י

מאורסה. לכל קהילות יעקב [פסחים מט:]. **למישרי שרצים הוא דאתא.** משום שהוזהרו באבר מן החי מאכול תאכל אתא האי קרא למשרא אבר מן החי בשרצים והכי דרשינן לקמן בפרקין (נט:) אותו בשר שקרוי דמו בנפש והבשר קרוי בשר דהיינו דמו חלוק מבשרו אסרנא לכו באבר מן החי ולא בשרצים שאין דמו קרוי נפש אלא הרי הוא כבשרו דאילו בישראל לא מחייבי עליה כרת כדאמר בכריתות (כא.) דלית ביה אלא לאו דדם דשרצים כבשר [לעיל נז.]. **ורבנן ההוא לדם הקזה.** מה אבר מן החי אסור באיסור האמור בו אף דם מן החי אסור באיסור האמור בו כלומר כרת משום דם גמור מהו דתימא רק חזק לבלתי אכול הדם אוזבחת מבקרך ומצאנך דכתיב לעיל קאי ודם זביחה הוא דאסור אבל דם הקזה מותר. **שהנשמה יוצאה בו.** דם הנפש כתיב על דם הקזה של בהמה שהנפש יוצאה בו יש ארבע מיני דמים בהיקז כדאמרינן בכריתות (כב.) בתחלה שותת ולבסוף מקלח ואחר כך משחיר וסופו שותת יש מהן שאין הנשמה יוצאה בו ויש מהן שהנשמה יוצאה בו יהתם תניא איזהו דם היקז שהנשמה יוצאה בו כל זמן שמקלח כו' [פסחים כב:]. **יפת תואר.** הנשבית במלחמה כדכתיב (דברים כא) וראית בשביה [לעיל כא.].

מסורת הש"ס עם הוספות

א) [עי' תוס' חגיגה יג. ד"ה אין מוסרין], ב) [ברכות נז. פסחים מט:], ג) כ"ק לח. ע"ז ג., ד) [לעיל נז.], ה) [לעיל נז.], ו) יבמות עט ע"א, ז) כריתות שם, ח) מדרש זה אבד מאתנו. ועי' תנחומא תזריע אות ט ביתר אריכות, ט) [וע"ע תוס' יבמות סא. ד"ה ואין], י) לעיל נח:, כ) לעיל נז: עי"ש ברש"י.

הגהות הגר"א

[א] גמ' רק חזק לבלתי אכול הדם זה אבר מן החי כי הדם הוא הנפש. נמחק:

גליון הש"ס

גמ' עובד כוכבים שעוסק בתורה. עי' חגיגה דף יג ע"א תוס' ד"ה אין:

הגהות וציונים

א] בכ"י ובע"י איתא **אמר** ר"י (גליון): ב] ס"א אינו (גליון) כ"ה במהרש"ל, ועיי' הגהות הגר"א דלא מחק תיבות "זה דם מן החי": ג] נדצ"ל **מדאתני**: ד] [צ"ל **ולבני נח**] (גליון): ה] צ"ל והבטל **מלעשות** עול (רש"ש): ו] צ"ל מורשה **ומאורסה** אמוראי (מהרש"ל) והכל הוא לשון רש"י בלי הפסק נקודה: ז] **להו** (רש"י על ע"י): ח] צ"ל **לית** (מהרש"ל דפו"ר): ט] נדצ"ל **עבודות** (באה"מ): י] ס"א **נענשים** (גליון) ע"פ מהרש"ל: כ] יש להוסיף וגו' (באה"מ): ל] צ"ל מדכתיב **האדם** והבהמה הבקר והצאן (יונה ג ז) (חמרא וחיי): מ] צ"ל דפריך **התם מקראי** (דבש תמר): נ] צ"ל דתנא דלעיל **דרישא נפקא** ליה (רש"ש, וכצ"ל במהרש"א): ס] יש להוסיף בד"ה **ולא נשנית בסיני.** וכ"ה בתוס' הרא"ש:

אמר ליה אדא ברי בתרי קטלי קטלת ליה: **מתני'** מי שלקה ושנה ב"ד מכניסין אותו לכיפה ומאכילין אותו שעורין עד שכריסו מתבקעת: **גמ'** משום דלקה ושנה ב"ד כונסין אותו לכיפה אמר ר' ירמיה אמר רבי שמעון בן לקיש הכא במלקיות של כריתות עסקינן דגברא בר קטלא הוא וקרובי הוא דלא מיקרב קטליה וכיון דקא מוותר לה נפשיה מקרבינן ליה לקטליה עילויה א"ל רבי יעקב לר' ירמיה בר תחליפא תא אסברא לך במלקיות של כרת אחת אבל של שתים ושל שלש כריתות איסורי הוא דקא טעים ולא מוותר כולי האי: מי שלקה ושנה: שנה אע"ג דלא שילש לימא מתני' דלא כרשב"ג דאי רשב"ג הא אמר עד תלת זימני לא הויא חזקה אמר רבינא אפילו תימא רשב"ג קסבר עבירות מחזיקות מיתיבי עבר עבירה שיש בה מלקות פעם ראשונה ושניה מלקין אותו ושלישית כונסין אותו לכיפה אבא שאול אומר אף בשלישית מלקין אותו ברביעית כונסין אותו לכיפה מאי לאו דכולי עלמא מלקיות מחזיקות ובפלוגתא דרבי ורשב"ג קמיפלגי לא דכולי עלמא אית להו דרשב"ג והכא בהא קא מיפלגי דמר סבר עבירות מחזיקות ומר סבר מלקיות מחזיקות והדתניא התרו בו ושתק התרו בו והרכין ראשו פעם ראשונה ושניה מתרין בו שלישית כונסין אותו לכיפה אבא שאול אומר אף בשלישית מתרין בו ברביעית כונסין אותו לכיפה והתם מלקות ליכא במאי קמיפלגי אמר רבינא בכיפה צריכה התראה קמיפלגי ומאי כיפה אמר רב יהודה מלא קומתו והיכא רמיזא אמר ריש לקיש תמותת רשע רעה ואמר ריש לקיש מאי דכתיב כי [גם] לא ידע האדם את עתו כדגים שנאחזים במצודה רעה מאי מצודה רעה אמר ר"ל חכה: **מתני'** ההורג נפש שלא בעדים מכניסין אותו לכיפה ומאכילין אותו לחם צר ומים לחץ: **גמ'** מנא ידעינן אמר רב בעדות מיוחדת ושמואל אמר שלא בהתראה ורב חסדא אמר אבימי כגון דאיתכחוש בבדיקות ולא איתכחוש בחקירות כדתנן מעשה ובדק בן זכאי בעוקצי תאנים: ומאכילין אותו לחם צר ומים לחץ: מאי שנא הכא דקתני נותנין לו לחם צר ומים לחץ ומאי שנא התם דקתני מאכילין אותו שעורין עד שכריסו מתבקעת אמר רב ששת אידי ואידי נותנין לו לחם צר ומים לחץ עד שיוקטן מעיינו והדר מאכילין אותו שעורין עד שכריסו מתבקעת: **מתני'** הגונב את הקסוה והמקלל בקוסם והבועל ארמית קנאין פוגעין בו כהן ששמש בטומאה אין אחיו הכהנים מביאין אותו לב"ד אלא פרחי כהונה מוציאין אותו חוץ לעזרה ומפציען את מוחו בגזירין זר ששמש במקדש רבי עקיבא אומר בחנק וחכ"א בידי שמים: **גמ'** מאי קסוה אמר רב יהודה כלי שרת וכן הוא אומר ואת קשות הנסך והיכא רמיזא ולא יבאו לראות כבלע את הקדש ומתו: והמקלל בקוסם: תני רב יוסף יכה קוסם את קוסמו רבנן ואיתימא רבה בר מרי אמרי יכהו קוסם לו ולקונו ולמקנו: והבועל ארמית: בעא מיניה רב כהנא מרב

לא

רש"י

אמר ליה אדא ברי בתרי קטלי קטלת ליה. בתמיהה אמת שאלו שתיהן עליו ועבירה שיש בה שתי מיתות הוא נדון בחמורה והיאך אתה בא לדונו אף באשת איש וכי תהרגנו שתי פעמים וכי חייל אשת איש אחמותו לרבי יוסי לענין שוגג הוא ולהתחייב שתי חטאות: **מתני'** מי שלקה ושנה. שלקה שתי פעמים על שתי עבירות: **גמ'** של כריתות. לאו שיש בו כרת והתרו בו למלקות: דגברא בר קטלא הוא. בידי שמים יכרתוהו: וקרובי הוא דלא מקרב קטלא. עדיין לא נתקרבה מיתתו: דמוותר נפשיה. למפקיר עצמו לעבירות: של כרת אחת. שעבר אותה עבירה עצמה שלש פעמים על השתים לוקה ובשלישית יכנסוהו לכיפה: דרבן שמעון. ביבמות נשאת לראשון ומת לשני ומת לשלישי תנשא לרביעי לא תנשא דעד תלתא זימנין לא הויא מוחזקת לקבור את בעליה: לימא מתניתין. דבשתי מלקיות מחזקא ליה רשע ובעי כיפה דלא כרבן שמעון בן גמליאל: עבירות מחזיקות. אותו בחזקת רשע הוא והתראה ולא מלקות הלכך בשלישי כונסין אותו לכיפה דהא איתחזק ליה בשלש עבירות: מיתיבי. לרבינא דמהדר לאוקומה למתני' כרבן שמעון בן גמליאל מדפליג אבא שאול ואמר כר' שמעון בן גמליאל מכלל דת"ק לאו כרשב"ג: ומר סבר לא הוחזק עד שילקה שלש מלקיות. וכיון דלקי על השלישית אע"ג דאיתחזק השתא רשע לא מעיילינן ליה לכיפה דבתרי דיני לא דיינינן ליה: התרו בו ושתק. שהראה בעצמו כמקבל התראה ומיהו לא התיר עצמו למלקות בהדיא וכן בהרכין בראשו ורמז שהוא מקבלה אע"פ דלא לקי בהתראות כי הני דלא התיר עצמו למלקות מ"מ התראות ניהו להחזיקו רשע ופעם ראשונה מתרין ביה ושבקינן ליה וכן בעבירה שניה ושבקינן ליה ובשלישית מתרין ביה למלקות וכונסין אותו לכיפה עליה שהרי הוחזק רשע בשלש עבירו' של התראת מלקות: אבא שאול אומר וכו'. והא הכא מלקות ליכא דלא התיר עצמו למלקות שהרי שתק דנימא טעמא דאבא שאול משום דמלקיות מחזיקות ולא הוחזק עד שילקה וכיון דלקה על השלישית לא עייל ליה לכיפה: במאי קא מיפלגי. והא לא לרבינא מותיב דהא לדידן נמי קשיא דפלוגתא דרבי ורשב"ג לא מצינו לאוקומה דהא ע"כ עבירות מחזיקות סבירא להו דהא אין כאן מלקות ואמאי בעי אבא שאול רביעית: אמר רבינא. בין הכא בין במתניתין קמייתא בכיפה צריכה התראה קא מיפלגי ודכולי עלמא כרשב"ג ולא הוחזק עד שלש עבירות של התראת מלקות מקובלות או בפיו או בשתיקה או בהרכנת ראש וקמיפלגי בכיפה אי צריכה התראה ת"ק סבר כיון שהוחזק רשע על שלש התראות של מלקות כונסין אותו לכיפה ואע"פ שלא הותרה על כך ואבא שאול סבר על ג' התראות של מלקות הוחזק רשע ולא על השתים ומהשתא בעינן עבירה רביעית להתרות בו אם תעבור תכנס לכיפה: מלא קומתו. גובה: והיכא רמיזא. ודאי הלכה למשה מסיני היא הך עונש דכיפה ומיהו היכא רמיזא מקרא: תמותת רשע רעה. מי שהוחזק רשע תמיתתו רעתו אלמא מוחזק רשע בר מיתה הוא: במצודה רעה. אידי דאיירי הכא ריש לקיש בהאי קרא מייתין לאידך דרשא דר"ל: מאי מצודה רעה חכה. אמ"ו בלע"ז שהוא רע ותלש וקטן ואוחז בו דגים גדולים פתאום ואינו רואה ואינו דומה לנאחז ברשתות ע"י מארב ותחבולות: **מתני'** שלא בעדים. שלא ניתן לב"ד להרגו: לחם צר. לקמן בעי מאי שנא מכיפה קמייתא: **גמ'** מנא ידעינן. הואיל וליכא עדות: בעדות מיוחדת. דשנים מעידין עליו ועדותן אמת אלא שאין מיתתו מסורה לב"ד כגון שנים רואין אותו אחד מחלון זה ואחד מחלון זה דאמר במסכת מכות (דף ו:) דלא מיקטל עליה ומיהו הכא תנינן דעייל לכיפה אבל על פי עד א' מוליא דבה בעלמא הוא: בעוקצי תאנים. בדיקות יתירא הוא ונהי דבן זכאי פטר ליה בההוא הכחשה מקטלא מיהו עדות אמת הוא ועייל לכיפה: מעייניה. בני מעיו: והדר מאכילין אותו שעורין. שנופחין בתוך מעיו ומתוך שהוקטן מעיינו הוא נבקע: **מתני'** הקסוה. מפרש בגמרא: ארמית. בת עובד כוכבים: קנאין פוגעין בו. בני אדם כשרין המתקנאין קנאתו של מקום פוגעין בו בשעה שרואין את המעשה אבל לאחר מיכן אין מיתתו מסורה לבית דין והלכה למשה מסיני הוא: פוגעין. ממיתין כמו לך ופגע בו (מלכים א ב): גזירין. פקעין אשעל"ש בלע"ז: **גמ'** והיכא רמיזא. דשייכא בה מיתה: כבלע את הקדש. לשון גנב שמבליעין ומחביאין ורמז בעלמא הוא ולא מקרא נפיק דעיקר קרא בלוים כתוב שהוזהרו שלא לראות בסלוק מסעות בשעת הכנסת כלים לנרתק שלהן שהיו אהרן ובניו מכסין הארון והמזבחות כמו שכתוב שם ובא אהרן בנסעם והורידו: יכה קוסם את קוסמו. שמקלל כלפי מעלה בקוסם יכה הקוסם זה את קוסמו היינו כלפי מעלה שנותן קסמים האלו בלבו (קסבר המקלל דקא מחשב ליה) האי קוסם בעיניו שהוא ראוי ויש בו כח לקלל בו: יכהו קוסם. מקלל את חבירו ואומר יכהו הקוסם הזה: לו ולקונו ולמקנו. דהיינו כלפי מעלה שהוא קונה את העולם ומקנה לבריותיו את טובו:

לא

תוספות

ומר סבר מלקיות מחזקות. פי' בקונטרס לא הוחזק עד שילקה ג' מלקיות וכיון דלקה על השלישית אע"ג דהשתא איתחזק רשע לא מעיילינן ליה לכיפה דבתרי דיני לא דיינינן ליה ועל חנם דחק לפרש כן דמלקיות מחזקות היינו שאין מתייסר אע"פ שהלקוהו ב' וג' פעמים ואינו נמנע מלעבור שוב לא יתייסר:

נסג"ז

עין משפט נר מצוה

נג א ב ג מיי' פי"ח מהלכות סנהדרין הלכה ד סמג עשין קה:
נד ד מיי' שם הלכה ה:
נה ה מיי' שם הלכה ד:
נו ו ז ח ט מיי' פ"ד מהל' רוצח הלכה ח סמג לאוין קסג:
נז י מיי' שם ופי"ח מהלכות סנהדרין הל' ד סמג שם וסי' קה:
נח כ מיי' פי"ח מהל' סנהדרין הל"ו סמג עשין קה:
נט ל מיי' שם ופי"ב מהלכות איסורי ביאה הלכה ד סמג שם ולאוין קיב טוש"ע אה"ע סימן טז סעיף ב וטוש"ע חו"מ סימן תכה סעיף ד בהג"ה:
ס מ מיי' פי"ח מהלכות סנהדרין הל"ו ופ"ד מהלכות ביאת מקדש הל' ג סמג עשין קה:
סא נ מיי' פ"ט מהלכות ביאת מקדש הל"א סמג לאוין סט:
סב ס מיי' פי"ה מהל' סנהדרין הל"ו סמג עשין קה:

ליקוטי רש"י

אמר ליה וכו'. לאו פירכא היא דודאי אית ליה לר' יוסי איסור מוסיף כגון אשת איש חל על איסור חמותו ותרווייהו איסורי עליה והא דקאמר ונידון בחמותו משום דזו היא החמורה דאי אמרת נידון באשת איש אם כן אין זה איסור חל על איסור אלא איסור מבטל איסור. בתרי קטלי קטלת ליה. האי דקאמר רבי יוסי נידון בחמותו משום דבמיתות עסקינן ואי אתה יכול להמיתו בב' מיתות הואיל ושתיהן עליו ידון בחמורה אבל אם היה שוגג היה חייב ב' חטאות [יבמות לב:]. הלכך חמותו ונעשית אשת איש אף על גב דאיכא איסור מוסיף דאיתוסף איסורא דאשת איש אכולי עלמא אפ"ה נידון בחמותו משום דחמורה היא אבל אשת איש ונעשית חמותו ליכא לא כולל ולא מוסיף [כריתות יד:]. מכניסין אותו לכיפה. אם חזר וחטא בשלישית דמחזקינן ליה ברשעא מתרי זימני שלקה [יבמות סד:]. תמותת רשע רעה. תמותתו את הרשע הרעה שהוא עושה. תמותת. תמית [תהלים לד, כב]. כדגים שנאחזים במצודה. כדגים גדולים שנאחזים במצודה גרועה וחלושה ופירשו רבותינו היא חכה שאינה אלא כמין מחט ודג גדול נלכד בה [קהלת ט, יב]. עדות מיוחדת. אחד רואה אותו מחלון זה ואחד רואה מחלון זה ואין רואין זה את זה [מכות ו:]. בבדיקות. שאינה משבע חקירות באיזו יום באיזו שעה שהזומה תלויה בהן אבל בכליו שחורין וכליו לבנים שאין דין הזומה תלויה בהן [לעיל ל:]. בעוקצי תאנים. שאמרו העדים תחת תאנה נעשה מעשה אמר לו תאנה זו עוקציה דקין או עוקציה גסין עוקצין זנבות תאנים כמו (סוכה לד:) ניטל עוקצו [שם ט:]. שהיו מעידים עליו שהרגו תחת תאנה ובדק בן זכאי תאנה זו עוקציה גסין או דקין. עוקץ, זנב הפרי מקום חיבורו לאילן [שם מ.]. קנאין. בני אדם המקנאין קנאתו של מקום לנקום נקמותיו. פוגעין בו. בשעת בעילה לפי שאינו במיתת ב"ד וכמעשה שהיה דזמרי וכזבי [ע"ז לו:]. בגזירין. מקלות כמו גזירי עצים [תענית יח:].

מסורת הש"ס עם הוספות

א) [לקמן פב:] יבמות סד., ב) יבמות סד: ב"מ קו., ג) [עי' תוס' יבמות סד: ד"ה דתנן], ד) [תוספתא פרק י"ג], ה) [תוספתא שם], ו) מכות ו:, ז) לעיל ט: משנה מ. מא., ח) [לקמן פב. ע"ז לו:], ט) [עי' תוס' זבחים לג. ד"ה ובטמאים וכו' ותוס' יבמות ז: ד"ה ורבא קרי], י) [לקמן פד.], כ) [לקמן דף פג:], ל) [שם], מ) פסחים קיג., נ) לקמן פב., ס) [יומא נד.].

תורה אור השלם

א) תְּמוֹתֵת רָשָׁע רָעָה וְשֹׂנְאֵי צַדִּיק יֶאְשָׁמוּ: [תהלים לד, כב]

ב) כִּי גַּם לֹא יֵדַע הָאָדָם אֶת עִתּוֹ כַּדָּגִים שֶׁנֶּאֱחָזִים בִּמְצוֹדָה רָעָה וְכַצִּפֳּרִים הָאֲחֻזוֹת בַּפָּח כָּהֵם יוּקָשִׁים בְּנֵי הָאָדָם לְעֵת רָעָה כְּשֶׁתִּפּוֹל עֲלֵיהֶם פִּתְאֹם: [קהלת ט, יב]

ג) וְנָתַן לָכֶם אֲדֹנָי לֶחֶם צָר וּמַיִם לָחַץ וְלֹא יִכָּנֵף עוֹד מוֹרֶיךָ וְהָיוּ עֵינֶיךָ רֹאוֹת אֶת מוֹרֶיךָ: [ישעיה ל, כ]

ד) וְעַל שֻׁלְחַן הַפָּנִים יִפְרְשׂוּ בֶּגֶד תְּכֵלֶת וְנָתְנוּ עָלָיו אֶת הַקְּעָרֹת וְאֶת הַכַּפֹּת וְאֶת הַמְּנַקִּיֹּת וְאֵת קְשׂוֹת הַנָּסֶךְ וְלֶחֶם הַתָּמִיד עָלָיו יִהְיֶה: [במדבר ד, ז]

ה) וְלֹא יָבֹאוּ לִרְאוֹת כְּבַלַּע אֶת הַקֹּדֶשׁ וָמֵתוּ: [במדבר ד, כ]

הגהות וציונים

א] [וז"ל הרמב"ן בפירוש החומש "שהגניבה והגזל יקראו בליעה מלשון חיל בלע ויקיאנו (איוב כ, טו) והוצאתי את בלעו מפיו (ירמיה נא, מד)"] (גליון): ב] צ"ל יכה (מהרש"ל דפו"ר) וכצ"ל ברש"י: ג] תיבת "הוא" נמחק (רש"ש) וליתא בדפו"ר והוסיפוהו בטעות בדפוסים המאוחרים (דק"ס): ד] יש להוסיף מלקיות מחזיקות. ומכאן מתחיל פירוש רש"י (ע"פ תוס'): ה] צ"ל במתניתא (דפו"ר במתני'): ו] "ואינו רואה" ליתא ברש"י שבע"י, והבאה"מ כתב דצ"ל ואוחז בו דג גדול פתאום ואינו רואה: ז] צ"ל בקעים (מצור דבש) ועיי' ליקוטי רש"י כאן: ח] וצ"ל וקחשיב ליה וכן גי' רש"ל (גליון): ט] ובס"א יראה (גליון) ע"פ מהרש"ל: י] כאן הוא סוף הדבור הקודם וצ"ל "הקוסם הזה לו", ומה"ד "ולקונו ולמקנו" (מהרש"ל): כ] צ"ל כשאין (באה"מ):

לא פגעו בו קנאין מהו אינשייה רב לגמריה אקריוהו לרב כהנא בחלמיה א) בגדה יהודה ותועבה נעשתה בישראל ובירושלים כי חלל יהודה קדש ה' אשר אהב ובעל בת אל נכר אתא א"ל הכי אקריון אדכריה רב לגמריה בגדה יהודה זו עבודת כוכבים וכן הוא אומר ב) [כן] בגדתם בי בית ישראל נאום ה' ותועבה נעשתה בישראל ובירושלים זה משכב זכור וכן הוא אומר ג) ואת זכר לא תשכב משכבי אשה תועבה היא כי חלל יהודה קדש ה' זו זונה וכן הוא אומר ד) לא (יהיה קדש[א]) ובעל בת אל נכר זה הבא על הכותית[ב] א וכתיב בתריה ה) יכרת ה' לאיש אשר יעשנה ער ועונה (מאלהי[ג]) יעקב ומגיש מנחה לה' צבאות [ד] ב אם ת"ח הוא לא יהיה לו ער בחכמים ועונה בתלמידים אם כהן הוא לא יהיה לו בן מגיש מנחה לה' צבאות א"ר חייא בר אבויה ג כל הבא על הכותית כאילו מתחתן בעבודת כוכבים דכתיב א) ובעל בת אל נכר וכי בת יש לו לאל נכר אלא זה הבא על הכותית [ה] וא"ר חייא בר אבויה כתוב על גלגלתו של יהויקים זאת ועוד אחרת זקינו דרבי פרידא אשכח ההוא גולגלתא דהות שדיא בשערי ירושלים והוה כתוב עילויה זאת ועוד אחרת קברה והדר נבוג קברה והדר נבוג אמר[ו] האי גולגלתא של יהויקים דכתיב ביה ו) קבורת חמור יקבר סחוב והשלך מהלאה לשערי ירושלים אמר מלכא[ס] הוא ולאו אורח ארעא לבזויי שקלה כרכה בשיראי ואותביה בסיפטא אתאי דביתהו חזיתה נפקת אמרה להו לשיבבתהא אמרי לה האי דאיתתא[ו] קמייתא היא דלא קא מנשי לה שגרתא לתנורא וקלתה כי אתא אמר היינו דכתיב עילויה זאת ועוד אחרת [ו] כי אתא רב דימי אמר בית דינו של חשמונאי גזרו הבא על הכותית חייב עליה משום נשג"א כי אתא רבין אמר ד משום נשג"ז נדה שפחה גויה זונה אבל ד) משום אישות לית להו ואידך [ה] נשייהו ודאי לא מיפקרי א"ר חסדא ה הבא לימלך אין מורין לו איתמר נמי אמר רבה בר בר חנה א"ר יוחנן הבא לימלך אין מורין לו ו ולא עוד אלא שאם פירש זמרי והרגו פנחס נהרג עליו נהפך זמרי והרגו לפנחס אין נהרג עליו שהרי רודף הוא ז) ויאמר משה אל שופטי ישראל וגו' הלך שבטו של שמעון אצל זמרי בן סלוא אמרו לו הן דנין דיני נפשות ואתה יושב ושותק מה עשה עמד וקיבץ כ"ד אלף מישראל והלך אצל כזבי אמר לה השמיעי לי אמרה לו בת מלך אני וכן צוה לי אבי לא תשמעי אלא לגדול שבהם אמר לה אף הוא נשיא שבט הוא ולא עוד אלא שהוא גדול ממנו שהוא[ז] שני לבטן והוא שלישי לבטן תפשה בבלוריתה והביאה אצל משה אמר לו בן עמרם זו אסורה או מותרת ואם תאמר אסורה בת יתרו מי התירה לך נתעלמה ממנו הלכה געו כולם בבכיה והיינו דכתיב ח) והמה בוכים פתח אהל מועד וכתיב ט) וירא פנחס בן אלעזר מה ראה אמר רב ז ראה מעשה ונזכר הלכה אמר לו אחי אבי אבא לא כך לימדתני ברדתך מהר סיני ח הבועל ארמית קנאין פוגעין בו אמר לו ט קריינא דאיגרתא איהו ליהוי פרוונקא ושמואל אמר ראה [ט] י) שאין חכמה ואין תבונה ואין עצה נגד ה' י כל מקום שיש חילול השם אין חולקין כבוד לרב ר' יצחק אמר ר"א [פ] ראה שבא מלאך והשחית בעם ט) ויקם מתוך העדה ויקח רומח בידו מיכן שאין נכנסין בכלי זיין לבית המדרש שלף שננה והניחה באונקלו והיה

נשען

רש"י

לא פגעו בו קנאין מהו. מה עונש בדבר: אנשייה רב לגמריה. שכח מה שגמר מרבו בדבר זה ולא ידע להשיבו: וכן הוא אומר ואת זכר וגו'. סיפיה דקרא תועבה היא: זונה. מופקרת ואפי' ישראלית: קדש. מפקיר קדושתו והולך לרדוף זונות קדשה מחללת קדושתה וכן קדש מחלל קדושתו: כתוב על גלגלתו של יהויקים. משום ר' חייא בר אבויה נקט לה: זאת ועוד אחרת. נקמה נעשית בה כבר ועוד אחרת תעשה בה: זקינו דר' פרידא. הוא ר' חייא בר אבויה והכי אמרי' בחלק: נבוג. בגבלה ויצאה מקבורתה: קבורת חמור. מושלך ברחובות[כ]: בסיפטא. ארגז: לשיבבתהא. לשכנותיה: דלא קא מנשי לה. אינה נשכחת מלבו: שגרתה לתנורא. הסיקה את התנור: חייב עליה. כלומר נענש בה משום כל אלו: נדה. ואע"פ שדם כותית כדם בהמה מכל מקום מיאוס וחילול לקדושת השם הוא: שפחה. שהיא כשפחה אצלו שכנסת ישראל גבירה נקראת[ל]: עובדת כוכבים. לא תתחתן בם כי יסיר וגו' כל המסירות את הלב במשמע[מ] ומיהו לאו דלא תתחתן ליכא דאורייתא דדרך חתנות משמע[נ] ובית דינו של חשמונאי גזרו דלפרוש מינה משום כל הני: א"א. ולאו ממש דקדושין לית להו ומיהו לא"א דמיא וחייב לפרוש הימנה שלא יהא רגיל באשת איש: אבל אישות אין להם (א). שסתם כותית מופקרת ואינה מיוחדת לבעלה ולא דמיא לא"א: אמר רב חסדא. קנאי הבא לימלך בבית דין בשעת מעשה אם יפגע בו אין מורים לו שלא נאמרה אלא למקנא מעצמו ואינו נמלך: ולא עוד אלא שאם פירש זמרי. מן האשה והרגו פנחס אחר כן נהרג עליו שלא נאמרה הלכה זו אלא בשעת מעשה: זמרי. הוא שלומיאל נשיא שבט שמעון כדלקמן[ס]: שמעון שני לבטן לוי שלישי לבטן: בת יתרו מי התירה לך. משה קודם מתן תורה נשא וכשנתנה תורה כולן בני נח היו ונכנסו לכלל מצות והיא עמהם וגרים רבים של ערב רב: נתעלמה ממנו הלכה. שנאמר לו בסיני הבועל כותית וכו': אחי אבי אבא. היינו משה שהיה אחי אבי אביו אהרן: פרוונקא. שליח: שמואל אמר מאי וירא ראה שאין חכמה. כלומר נזכר פסוק אין חכמה ואין תבונה נגד ה' שכל מקום שיש חילול השם אין חולקין כבוד לרב לפיכך הורה פנחס הלכה בפני רבו ולא המתין ליטול רשות ממשה שלא יראו הרואים וילמדו להתיר את כותית: ויקם ויקח. מכלל דעד השתא לאו בידו הוה: העדה. סנהדרין שהיו יושבים ודנין כדכתיב קח את כל ראשי ואמרי' בפר' ד' (לעיל לה.) חלק להם בתי דינין לדונם דיני נפשות על עון פעור: שלף שננה. שלף הברזל שבראש העץ של רומח: אונקלי. מלבוש:

תוספות

נשג"ז. זונה אם הוא כהן: ואידך נשיידו לא מפקרי. ולא מחייבי משום זונה הקשה ה"ר משה מפונטויז"א מהא דאמר פרק הבא על יבמתו (יבמות סא. ושם) אין זונה אלא גיורת ומשוחררת וכ"ש כותית וי"ל דכיון דכתיב זונה לא יקח לא מחייב משום זונה אלא אם כן יש בה ליקוחין כגון גיורת דתפסי קידושי אבל כותית לא ועוד משמע קרא דאיירי בההיא דשריא לישראל ואסירה לכהן לאפוקי כותית דאסורה לתרווייהו ומיהו קשה דבפרק כל האסורין (תמורה כט: ושם) קאמר רבא בכהן הבא על כותית לוקה עליה משום זונה מדאורייתא ודוחק הוא לאוקמי שמעתא דהכא כאביי ועוד קשה דבפ' עשרה יוחסין (קדושין דף עח.) פליגי רבי יהודה ורבי יוסי ור"ש בגיורת לכהן ואפי' לרבי שמעון לא שרי אלא בנתגיירה פחותה מבת שלש שנזרעו בתוליה בישראל אבל כותית לא ונראה לפרש דהך שמעתא במשומרת שלא נבעלה ואפילו אינה משומרת לא לקי מדאורייתא מספיקא אבל ודאי בעולה לוקה מדאורייתא כרבא בתמורה וההיא דקדושין אע"ג דמדאורייתא אסורה לאו משום זונה מיתסרה אלא גזירת הכתוב וכן משמע בירושלמי פרק בתרא דקידושין[ע] דא"ר יעקב בר אידי בשם רבי יהושע בן לוי מעשה במשפחה בדרום שהיו קורין עליה ערעור ושלח רבי את ר' רומנוס לבודקה ומצא שנתגיירה זקנתה פחותה מבת ג' שנים ויום אחד והכשירה רבי לכהונה רב הושעיא אמר כרבי שמעון הכשירה[פ] א"ר זעירא דברי הכל הוא דא"ר זעירא בשם רב אדא בר אחוה ר' יודן מטו בה בשם רב ר' אבהו בשם ר' יוחנן ולד בוגרת כשר שהיא בלא תעשה ובא מכח עשה והוא אשה בבתוליה יקח ולא בוגרת כל לא תעשה הבא מכח עשה הוא ודכוותיה כי אם בתולה מעמיו ולא גיורת כל לא תעשה הבא מכלל עשה עשה משמע מהתם בהדיא דליכא מלקות והוצרכו חכמים לגזור כדי לחייבו מלקות ומיהו סוגיא דידן משמע דעובדא דירושל' משום זונה דמייתי לה בפ' הבא על יבמתו [פ] ובעי למפשט מינה דהלכה כר"ש ודחי שאני התם הואיל ואינסב אינסב דהא רב ורבי יוחנן דאמרי בוגרת ומוכת עץ לא ישא ואם נשא נשוי ומסיק בשלמא התם סופה להיות בעולה תחתיו הכא סופה להיות זונה תחתיו[ק] וצ"ל זונה לאו דווקא:

היולך

עין משפט נר מצוה

סג א מיי' פי"ב מהל' איסורי ביאה הל"ו סמג לאוין קיב טוש"ע אה"ע סימן טז סעיף ב:

סד ב ג מיי' שם טור שו"ע שם:

סה ד מיי' שם הלכה ב וסמג שם טור שו"ע שם סעיף א:

סו ה ו מיי' שם הלכה ח וסמג שם טור שו"ע חו"מ סימן תכה סעיף ד בהגה:

סז ז מיי' פ"ה מהלכות ת"ת הלכה ג סמג עשין ז טור שו"ע יו"ד סימן רמב סעיף יא:

תורה אור השלם

א) בָּגְדָה יְהוּדָה וְתוֹעֵבָה נֶעֶשְׂתָה בְיִשְׂרָאֵל וּבִירוּשָׁלָיִם כִּי חִלֵּל יְהוּדָה קֹדֶשׁ יְיָ אֲשֶׁר אָהֵב וּבָעַל בַּת אֵל נֵכָר: [מלאכי ב, יא]

ב) אָכֵן בָּגְדָה אִשָּׁה מֵרֵעָהּ כֵּן בְּגַדְתֶּם בִּי בֵּית יִשְׂרָאֵל נְאֻם יְיָ: [ירמיה ג, כ]

ג) וְאֶת זָכָר לֹא תִשְׁכַּב מִשְׁכְּבֵי אִשָּׁה תּוֹעֵבָה הִוא: [ויקרא יח, כב]

ד) לֹא תִהְיֶה קְדֵשָׁה מִבְּנוֹת יִשְׂרָאֵל וְלֹא יִהְיֶה קָדֵשׁ מִבְּנֵי יִשְׂרָאֵל: [דברים כג, יח]

ה) יַכְרֵת יְיָ לָאִישׁ אֲשֶׁר יַעֲשֶׂנָּה עֵר וְעֹנֶה מֵאָהֳלֵי יַעֲקֹב וּמַגִּישׁ מִנְחָה לַייָ צְבָאוֹת: [מלאכי ב, יב]

ו) קְבוּרַת חֲמוֹר יִקָּבֵר סָחוֹב וְהַשְׁלֵךְ מֵהָלְאָה לְשַׁעֲרֵי יְרוּשָׁלָיִם: [ירמיה כב, יט]

ז) וַיֹּאמֶר מֹשֶׁה אֶל שֹׁפְטֵי יִשְׂרָאֵל הִרְגוּ אִישׁ אֲנָשָׁיו הַנִּצְמָדִים לְבַעַל פְּעוֹר: [במדבר כה, ה]

ח) וְהִנֵּה אִישׁ מִבְּנֵי יִשְׂרָאֵל בָּא וַיַּקְרֵב אֶל אֶחָיו אֶת הַמִּדְיָנִית לְעֵינֵי מֹשֶׁה וּלְעֵינֵי כָּל עֲדַת בְּנֵי יִשְׂרָאֵל וְהֵמָּה בֹכִים פֶּתַח אֹהֶל מוֹעֵד: [במדבר כה, ו]

ט) וַיַּרְא פִּינְחָס בֶּן אֶלְעָזָר בֶּן אַהֲרֹן הַכֹּהֵן וַיָּקָם מִתּוֹךְ הָעֵדָה וַיִּקַּח רֹמַח בְּיָדוֹ: [במדבר כה, ז]

י) אֵין חָכְמָה וְאֵין תְּבוּנָה וְאֵין עֵצָה לְנֶגֶד יְיָ: [משלי כא, ל]

הגהות וציונים

א] [צ"ל תהיה קדשה מבנות ישראל וכ"א בשאלתות] (גליון) וכ"ה ברש"י שבת נה ע"ב ד"ה אפשר (רש"ש, גליון עין יעקב): ב] צ"ל על הגויה, וכן בכל העמוד גויה במקום "כותית" (דפו"י): ג] [צ"ל מאהלי] (גליון): ד] בכמה ראשונים וכת"י נוסף דילמא: ה] יש להוסיף דישראל (מהרש"ל): ו] דאתתיה (דפו"י): ז] בילקוט שמעוני ובמנוה"מ הגי' אמר לה אף אני נשיא שבט ולא עוד אלא שאני גדול ממנו שאני שני: ס] "ר"א" מיותר וליתא בכת"י ובדפו"י (דק"ס): ט] מהרש"ל מגיה הכשירוה, ועי' מהרש"א: י] פי' בתמיה (מהרש"ל):

מסורת הש"ס עם הוספות

א) שבת נה: ע"ש, ב) [לקמן קד. ע"ש], ג) ע"ז לו:, ד) [עי' תוס' ע"ז לו: ד"ה משום], ה) [חולין דף יג:], ו) [פסחים סו.], ז) [לעיל פא:] ע"ז לו:, ח) ב"מ פג: לקמן לו., ט) [משלי כא ועי' פירש"י דהכא ד"ה שמואל אמר כו' נזכר פסוק אין חכמה וכו' ודע שסברא לומר כן הכא כמ"ש תוס' גיטין סח. ד"ה וכתיב זונות כו'], י) עירובין סג. שבועות ל: [ברכות יט:], כ) תרגום יונתן שם, ל) עי' תענית כא:, מ) יבמות כג., נ) יבמות עו., ס) ע"ב, ע) ה"ו, פ) [דף ס:].

הגהות הב"ח

(א) רש"י ד"ה אבל אישות. נ"ב עי' לעיל בפרק ד' מיתות סוף דף נג בתוספות:

ליקוטי רש"י

כי חלל יהודה. את עצמו שהיה קדש לה' ראשית תבואתו (ירמי' ב'). ובעל בת אל נכר. שנשאו נשים נכריות בבבל ואפילו הכהנים כמו שמפורש בספר (עזרא ט) ורבותינו אמרו מלאכי זה עזר' [מלאכי ב, יא]. לא [תהיה קדשה]. מופקרת, מקודשת ומזומנת לזנות [דברים כג, יח]. ער. חריף להבין ולהורות בין החכמים כדאמרינן בעירובין (עג:) אהרנית ערנית [שבת נה:]. ער ל' אדם חריף [מלאכי שם, יב]. פרידא. כן שמו [לקמן קד.]. נשג"א. גזרו עליהן משום נדה דרבנן ואע"ג דעובדת כוכבים אין דמה מטמאה מן התורה שהרי היא כבהמה חכמים גזרו עליה ומשום שפחה משום עובדת כוכבים כאילו מתחתן בה דרך אישות ומשום אשת איש דבעולת בעל יש להן לבני נח דכתיב והיא בעולת בעל וישראל הרגיל בכך הואיל ובא עליה בנדתה אתי למיבעל נמי נדה ישראלית ואתי למינסב שפחה ועבר משום לא יהיה קדש ואתי למנסבה לעובדת כוכבי' ועבר אלא תתחתן ואתי למיבעל אשת איש ישראל. משום נשג"ז. נדה שפחה עובדת כוכבים זונה שאם כהן הוא יש כאן משום לאו דזונה ולא לאו ממש אלא גזירה משום זונה ישראלית שנבעלה לאסור לה [ע"ז לו:]. אצל זמרי. שהיה נשיא שלהם. אמרו לו. אנו נדונין במיתה ואתה יושב וכו'. נתעלמה ממנו הלכה. [כל הבועל ארמית קנאין פוגעין בו]. געו כולם בבכיה. בעגל עמד משה כנגד ששים רבוא שנאמר (שמות לב, כ) ויטחן עד אשר דק וגו' וכאן רפו ידיו אלא כדי שיבא פינחס ויטול את הראוי לו [במדבר כה, ו]. קריינא דאיגרתא. משל הוא [ב"מ פג:]. שאין חכמה וגו'. אין כל חכם ונבון חשוב לנגד ה' כל מקום שיש חלול השם אין חולקין כבוד לרב [משלי כא, ל]. אין תורת חכמה ובתבונה ויועץ עומדת כנגד חילול השם [עירובין סג.].

[דף עג ע"ב - פב ע"א]

רוצח יהרג ואל יעבור אף נערה המאורסה תהרג ואל תעבור. ורוצח גופיה מנלן סברא הוא כי ההוא דאתי לקמיה דרבא א"ל מריה דדוראי אמר לי זיל קטליה לפלוני ואי לא קטלינא לך. א"ל ליקטלך ולא תקטליה. מאי חזית דדמא דידך סומק טפי דילמא דמא דידיה סומק טפי. כי אתא רב דימי אמר רבי יוחנן לא שנו אלא שלא בשעת גזירת המלכות אבל בשעת גזירת המלכות יהרג ואל יעבור. כי אתא רבין אמר רבי יוחנן אפילו שלא בשעת גזירת המלכות לא אמרן אלא בצנעא אבל בפרהסיא אפילו מצוה קלה יהרג ואל יעבור ומאי מצוה קלה אמר רב נחמן בר יצחק [דף עד ע"ב] אפילו לשנויי ערקתא דמסאנא פי' העכו"ם היו נוהגין שהיו עושין שרוך מנעליהם אדומות וישראל היו עושין שחורות כדי שלא ילבשו מלבוש עכו"ם ואם אומר העכו"ם לישראל בפרהסיא עשה רצועות מנעליך אדומות או נהרוג אותך יהרג ואל יעבור: וכמה פרהסיא אמר רבי יעקב אין פרהסיא פחותה מעשרה בני אדם דכתיב ונקדשתי בתוך בני ישראל ותנא רבנאי אחוה דר' חייא בר אבא אתיא תוך תוך כתיב הכא ונקדשתי בתוך בני ישראל וכתיב התם הבדלו מתוך העדה הרעה הזאת מה להלן עשרה וכולהו ישראל אף כאן עשרה וכולהו ישראל. והא אסתר פרהסיא הואי והיה לה למסור עצמה על קדושת השם אבל הא לא קשיא ליה דגלוי עריות הואי דאשת מרדכי היתה כדאיתא במגילה (דף יג.) והיה לה למסור עצמה להריגה אפילו בצנעא קודם שתבעל לעכו"ם דהא פשיטא ליה דאהני טעמא דקרקע עולם לענין זה דלא מחייבת לה למסור עצמו [א] כיון דלא עבדה מעשה. דהא מרוצח ילפינן ורוצח גופיה דחייב למסור עצמו להריגה היינו קודם שיהרג בידים אבל אם אמרו לו הנח להשליך עצמך על התינוק ויתמעך או נהרוג אותך מסתברא שאינו חייב למסור עצמו. דמאי למימר מאי חזית דדמיה דההוא גברא סומק טפי דלמא דמא דידי סומק טפי אבל משום חלול השם ופרהסיא לא ס"ד דמהני האי טעמא דקרקע עולם. ומשני דאפי' לענין קדושת השם מהני טעמא דקרקע עולם. [ב] רבא אמר להנאת עצמן שאני. דאי לא תימא הכי הני קאקי ודמונקי היכי יהבינן להו אלא הנאת עצמן שאני. ואזדא רבא לטעמיה דאמר רבא האי עכו"ם דא"ל לבר ישראל קטול אספסתא ושדי לחיותא בשבת ואי לא קטילנא לך. ליקטול ולא ליקטליה. דכיון דלהנאתו קעביד שרי. שדי לנהרא ליקטליה ולא ליקטול מ"ט לעבורי מילתא קעביד. וגרסי' במס' ע"ז [ג] פ' אין מעמידין (דף כז:) היה ר' ישמעאל אומר מנין שאם אומר לו עבוד עבודת כוכבים ואל תיהרג שיעבור ואל יהרג ת"ל וחי בהם ולא שימות בהם יכול אפילו בפרהסיא. ת"ל לא תחללו את שם קדשי. ואמר רבא נמי בפרק רבי ישמעאל (דף נד.) הכל היו בכלל לא תעבדם וכשפירש לך הכתוב וחי בהם יצא אנוס. הדר כתב ולא תחללו את שם קדשי ונקדשתי אפילו באונס הא בצנעא והא בפרהסיא. וש"מ דאפילו בעבודת כוכבים בצנעא יעבור ואל יהרג. ליתא דקיי"ל כר' אליעזר דאמר בכל נפשך ואפילו הוא נוטל את נפשך. וגרסי' נמי ביומא בפ' יוה"כ (דף פב.) בענין עוברה שהריחה דאין לך דבר עומד בפני פקוח נפש אלא עבודת כוכבים ג"ע ושפיכות דמים עכו"ם מנ"ל דתניא רבי אומר אם נאמר בכל נפשך למה נאמר בכל מאודך וכו' ומוכח מסקנא דגמרא דליתא לדרבי ישמעאל ולדרבא:

ד [דף עה ע"א] **אמר** רב יהודה אמר רב מעשה באדם אחד שנתן עיניו באשה אחת והעלה לבו טינא. ושאלו לרופאים אמרו אין תקנה עד שתבעל לו. ואמרו חכמים ימות ואל תבעל לו. תעמוד לפניו ערומה ימות ולא תעמוד לפניו ערומה. תספר עמו מאחורי הגדר ימות ואל תספר עמו. פליגי בה רבי יעקב בר אידי ורבי שמואל בר נחמני חד אמר אשת איש היתה וחד אמר פנויה היתה. בשלמא למ"ד אשת איש היתה היינו דקאמר ימות ואל יעבור. אלא למ"ד פנויה היתה אמאי כולי האי. רב פפא אמר משום פגם משפחה. רב אחא בריה דרב איקא אמר כדי שלא יהו בנות ישראל פרוצות בעריות. ולינסבה מינסב. לא מייתבא דעתיה. כדרבי יצחק דאמר מיום שחרב בית המקדש ניטל טעם ביאה וניתן לעוברי עבירה שנאמר מים גנובים ימתקו ולחם סתרים ינעם:

פרק תשיעי

א אלו הן הנשרפין. [דף עו ע"א] תניא אל תחלל את בתך להזנותה רבי אליעזר אומר זה המשיא בתו לזקן רבי עקיבא אומר [דף עו ע"ב] [איזה עני ורשע ערום] זה המשהה בתו [א] בוגרת ואמר רב כהנא משום ר"ע הוי זהיר ממי שמייעצך לפי דרכו:

ב אמר רב יהודה אמר רב המשיא בתו לזקן והמשיא אשה לבנו קטן והמחזיר אבידה לכותי עליו הכתוב אומר למען ספות הרוה את הצמאה וכתיב לא יאבה ה' סלוח לו: ת"ר האוהב את אשתו כגופו והמכבדה יותר מגופו והמדריך בניו ובנותיו בדרך ישרה והמשיאן סמוך לפירקן עליו הכתוב אומר וידעת כי שלום אהלך וגו': ת"ר האוהב את שכיניו והמקרב את קרוביו והנושא את בת אחותו והמלוה סלע לעני בשעת דוחקו עליו הכתוב אומר אז תקרא וה' יענה. ההוא גברא דצמצמיה לחיותא דחבריה בשימשא ומתה רבינא מחייב רב אחא [א] בר רבא פוטר רבינא מחייב ק"ו ומה רוצח שלא עשה בו שוגג כמזיד ואונס כרצון חייב בו את המצמצם [דף עז ע"א] מזיד [נזקין] לכ"ש אמר רב משרשיא מ"ט דפוטר דאמר קרא מות יומת הרוצח רוצח הוא דחייב מצמצם בנזקין לא חייב מצמצם: יש שפוסקין כרבינא דבתרא הוא ונ"ל דרבינא דהכא [ב] לאו היינו רבינא שהיה בימי רב אשי ורב אחא דהכא אין רב אחא בר פלוגתי' דרבינא בכל דוכתא אלא קדמון היה בנו של רב [ג] אבי אביו של רב משרשיא שהוא [ג] תלמידו של רבא היה ושניהם היו מן האמוראים הקדמונים. אלא נ"ל דהלכתא כרבינא דמחייב משום דדמי לדינא דגרמי ולא לגרמא בניזקין. לפי הטעמים שפירש התם [ד] בפרק לא יחפור (דף כב:) [ג] וחילקו בין דינא דגרמי לגרמא בניזקין. כי הוא עצמו עושה ההיזק לממון חבירו שהוא מצמצם בהמתו ובודאי היזיקא כי ודאי תמות. וההיזק מתחיל מיד והולך וחזק:

ג [דף פא ע"א] **דרש** רב אחא בר חנינא מאי דכתיב אל ההרים לא אכל שלא אכל בזכות אבות. ועיניו לא נשא אל גלולי בית ישראל שלא הלך בקומה זקופה. ואת אשת רעהו לא טמא שלא ירד לאומנות חבירו. ואל אשה נדה לא קרב שלא נהנה מקופה של צדקה. וכתיב צדיק הוא חיה יחיה:

ד הבועל כותית קנאין פוגעים בו. [דף פב ע"א] והבא לימלך אין מורין לו. אלא אם ירצה לעשות מעצמו בלא הוראה הרשות בידו. ודוקא בשעת מעשה ובפרהסיא כמעשה שהיה. ואם פירש זמרי והרגו פינחס נהרג עליו. ואם נהפך זמרי והרג לפינחס לא היה נהרג עליו שהרי רודף (גמור) הוא. לפי שאין מצוה להורגו אלא רשות בעלמא. אבל אינש אחרינא נהרג עליו דלאו רודף גמור הוא כיון דברשות קעביד. ולזמרי דוקא ניתן להציל עצמו בנפשו של פינחס אבל לא לאיניש דעלמא. דלכל איניש איתיהיב רשותא להרוג את זמרי הלכך לית ליה רשות להצילו בנפשו של פינחס:

ה כי אתא רב דימי אמר בית דינו של חשמונאי גזרו הבא על הנכרית חייב עליה משום [ה] נדה שפחה אשת איש וסימן נש"א. כי אתא רבין אמר חייב עליה משום נשג"ז ומוסיף עליה משום זונה אם הוא כהן:

הגהות הגרי"ב [א] בגמרא שלפנינו בר רב: [ב] ובגמרא שלפנינו איתא הכי להדיא אמר רב משרשיא מ"ט דאבוה דאבא דפוטר וכו': [ג] ובראש התם סימן י"ז:

פלפולא חריפתא

פרק שמיני [א] כיון דלא **עבדה מעשה**. עי' ברפ"ק דכתובות: [ב] **רבא אמר להנאת עצמן שאני**. ובטוי"ד סימן קנ"ז לא פסק כן ונראה לפי דסוגית רבינו בפרק הבא על יבמתו וברפ"ק דכתובות מוכח דס"ל דלא כרבא: [ג] **פרק אין מעמידין**. גבי בכל מתרפאין ועיין שם:

פרק תשיעי [א] ה"ג **בוגרת א"ר כהנא** משום ר"ע איזהו עני ורשע ערום זה המשהה בתו בוגרת **וא"ר כהנא**: [ב] **לאו היינו רבינא** כו'. מדעני רב משרשיא בתריה מ"ט כו'. גם בתוס' דמס' חולין פ' אלו טריפות דף מח בד"ה אמר רבינא כתבו דתרי הוו וכ"כ שם רבינו ועיין ברפ"ב דמס' ע"ז ובפ' המקבל: [ג] **תלמידו של רבא**. גרסינן. וכן הוא בס' יוחסין גבי רב אחא בר נתן: [ד] **בפ' לא יחפור**. ושם כתבם רבינו לשני תירוצים חלוקים וכ"כ בהגוזל קמא ועיין מה שכתבתי שם בשם המרדכי: [ה] **נדה שפחה א"א**. כן כתב הרי"ף אבל בגמרא איתא נמי נכרית וכן עוד בגמרא פ"ב דמסכת ע"ז דף ל"ו ע"ב:

קיצור פסקי הרא"ש

יעבור והני מילי שהעכו"ם מכוין להעבירו על דת אבל אם מכוין להנאתו יעבור ואל יהרג. ובע"ז וגילוי עריות ושפיכות דמים אפי' בצינעה [ג] יהרג ואל יעבור. והני מילי שאמר לו לעשות מעשה אבל אם אמר לו הנח להשליך אותך על התינוק ויתמעך או בגילוי עריות האשה שאינה עושה מעשה יעבור ואל יהרג: **ד** מי שחשק אפי' בפנויה ומאהבתו אותה נפל בחולי אפי' אם ימות בשבילה אין מתירין לו אפילו לספר עמה מאחורי הגדר:

פלפולא חריפתא

[ג] **יהרג ואל יעבור**. ואפילו אין הכותי מכוין להעבירו על דת אלא להנאתו לי' הטור י"ד סי' קנ"ז:

פרק ט [א] ה"ג **מקופה למי שאפשר**. מדנפשיה כתב כן ונ"ל משום הסוה ירושלמי דסוף פיאה שכתבו בטור י"ד ס"ס רנ"ה וזהו כל מי שצריך ליטול ואינו נוטל כאלו שופך דמים:

פרק ט **א** אסור להשיא בתו לזקן ולהשהותה מלישא אחר שבגרה: **ב** אסור להשיא אשה לבנו קטן ומצוה להשיאו כשהוא סמוך להיות גדול ומצוה לאהוב את אשתו כגופו ולכבדה יותר מגופו ולהדריך בניו בדרך ישרה ולאהוב שכניו ולקרב קרוביו ולישא בת אחותו וליתן סלע לעני בשעת דחקו. ואסור להחזיר אבידה לכותי: **ג** אסור לירד לאומנות חבירו ולילך בקומה זקופה. וטוב שלא ליהנות [א] מקופה של צדקה למי שאפשר: **ד** הבא על הכנענית המקנא לשם יכול להרגו מעצמו. אבל אם בא לימלך אין מורין לו להרגו ואפי' מעצמו דוקא בשעת מעשה אבל אם פירש הבועל והרגו המקנא נהרג עליו ואם הרג הבועל את המקנא אינו נהרג עליו אבל אמר שרצה להציל לבועל והרג למקנא נהרג עליו: **ה** הבא על הכותית נענש משום נדה שפחה כותית זונה:

שדה צופים

דף עד ע"ב דאלת"ה הני קוואקי ורימוניקי היכי יהבינן להו. הרא"ש בע"ז פ"ד ס"ג: דף עז ע"א סוף חמה לבוא סוף צנה לבוא פטור. הרא"ש בב"ק פ"ח סימן ג':

איש. ואידך דאמר משום אשת איש אמר לך נשייהו ודאי לא מיפקרי, ועל כרחיך דמו לא"א. איכא דאמר דהאי חיובא דקאמרינן הכא לענין מלקות קאמר דמחינן ליה מכת מרדות מדרבנן משום הני איסורי כולהו[177]. וצריכא עיונא:

א"ר חסדא הבא על הגויה אין מורין לו, אם בא אדם ושאל הנה פלוני בועל גויה מהו לילך ולהרגו אין מורין לו, שלא ניתנה רשות אלא למקנא מעצמו דעושה מעשה ע"י עצמו אבל ע"י שליח לא, והאי כי אתי ומימלך [אין] אמרינן ליה זיל קטול הו"ל שלוחין[178]. ולא עוד אלא שאם פירש זמרי, דוגמא נקט שמא דזמרי לבועל ושמא דפנחס לקנאי, שאם פירש הבועל מן הגויה והרגו הקנאי לאחר פרישה נהרג עליו, שאין פוגעין בו אלא בשעת מעשה וכמעשה שהיה, ואם נהפך זמרי והרגו לפנחס אעפ"י שלא פירש[179] אין זמרי נהרג עליו, מ"ט דפנחס רודף הוה שהרי אין מצווה להרגו אלא רשות בעלמא הוא שהרי אין מורין לו[180], וכשם שניתן לפינחס רשות להרגו לזמרי כך ניתנה רשות לזמרי להציל את עצמו בנפשו של פינחס. והני מילי זמרי אבל איניש אחרינא לא, דלאו רודף גמור הוא דהא ברשות קא עביד, ומאי שנא איניש אחרינא כיון דלדידיה נמי (אתי) איכא רשותא למקטליה לזמרי לא אתיהיבא רשותא לאצוליה, אבל זמרי גופיה לא אתיהיבא ליה רשותא למקטל נפשיה הילכך אית ליה רשותא לאצולי נפשיה[181]:

(דכתיב) [כתיב] ויאמר משה אל שופטי ישראל הרגו איש אנשיו כו', באותה שעה הלך שבטו של שמעון אצל זמרי נשיאם אמרו לו הן דנין דיני נפשות ואתה יושב ושותק, מה עשה עמד וקיבץ כ"ד אלף מישראל, והן הן שמתו אח"כ במגפה[182], ולמה קבצן כדי שיסייעוהו כנגד משה וסנהדרי שהיו דנין דיני נפשות, והלך אצל כזבי והביאה אצל משה, א"ל זו אסורה או מותרת ואם תאמר אסורה, לפי שהיא מדינית[183], בת יתרו כהן מדין מי התירה לך. נתעלמה הלכה ממנו שנאמרה לו בסיני הבועל ארמית קנאין פוגעין בו, ואי משום דאמר ליה בת יתרו מי התירה לך הוה ליה למימר ליה ניתנה תורה ונתחדשה הלכה ולא אסרה תורה אלא מכאן ואילך אבל מי שהיה נשוי ועומד קודם מתן תורה לא נאסרה עליו[184]. וירא פינחס מה ראה, אמר רב ראה מעשה ונזכר הלכה[185]. ושמואל אמר ראה שאין חכמה ואין תבונה כו', לפיכך אמר הלכה לפני רבו ולא המתין ליטול הימנו רשות שמא יבואו אחרים בין כך ובין כך להפקיר עצמן בדבר. ויקם מתוך העדה היינו סנהדרי, ויקח רומח בידו, שלא היה מצוי לו אלא לאחר עמידתו מתוך העדה, מכאן שאין נכנסין בכלי זיין לבה"מ. שלף שננא, הברזל שבה, ובטיית סנהא, והניחה באונקלו, כדי שלא יראו אותה, והיה נשען על מקלו והלך, להראות שלא היה תופשה אלא לישען עליה. כיון שהגיע אצל שבטו של שמעון אמר היכן מצינו ששבטו של לוי גדול משבטו של שמעון בפרישות, ולמה אהיה פרוש יותר מכם, אמרו

ברמב"ם פי"ב מאסו"ב ה"ב] וא"כ אי ליכא איסורא דאורייתא בחתנות לא שייך למיגזר בשאר אומות. 177 וכ"ה בפה"מ לרמב"ם. וכתב שם דחייב מלקות הרבה משום כל הני איסורי. וע"ע בפי"ב מאיסו"ב ה"ב ובסה"מ ל"ת נב. וכ"ה בחי' הר"ן. וע"ע באשכול ח"ג הל' ע"ז סו"ס מז ובביאור נחל האשכול שם. 178 ברש"י פי' שלא נאמרה הל' זו אלא למקנא בעצמו ואינו נמלך. ומדברי רבינו משמע שהחיסרון באתי ומימלך הוא דחשיב כשליח. ואולי לפי"ז ניחא הא דאמרינן בסמוך דא"ל משה לפנחס קרינא דאיגרתא וכו' דשינה הלשון ולא א"ל זיל קטול, משום דזיל קטול דהוי כשליח ואסור אבל לומר לו דיש הל' דקנאין פוגעין בו מותר, שהוא לשון הוראה ואין נראה כשלוחו. וצ"ע. ועי' בחי' הר"ן בסמוך דנתקשה בזה. וע"ע בירושלמי שכתב תני שלא ברצון חכמים וכו' ופי' בפני משה דמשום ששאל. 179 וברמב"ם פי"ב מאיס"ב כתב אם נשמט , וע"ש בספר המפתח. ובחי' רא"מ הורבי"ץ כאן. 180 וכ"כ ברבינו ירוחם ל"ב ח"ב ובר"אש סי' ד' דרשות הוי ולא מצוה. אך בחי' הר"ן כתב שהקנאי מצווה בדבר. [וכן דקדק הגרי"פ בביאורו לרס"ג ח"ג פתיחה סי' יח בדעת הרמב"ם]. וע"ש בר"ן שביאר לפי"ז למה רשאי זמרי להרגו אף דהוי מצוה, הרי לכאו' הוי כרודף דעלמא דאם נתהפך הרודף והרג לרודפו נהרג עליו. [וכן כתב במשל"מ ספ"א דרוצח דכל רודף שמתהפך להרוג רודפו נהרג עליו וכן הביא באו"ש שם מהירושלמי. וע"ע באגרו"מ א"ה סי' לט ובחי' הגרש"ר זצ"ל במסכתין סי' טו אות ח']. 181 וכ"ה ברא"ש ובפסקי רי"ד וכן פסק בטור חו"מ סי' תכה. וטעם החילוק כתב רבינו והרא"ש משום דלהם נמי איכא רשות להרגו וממילא אין להם דין הצלה. צ"ב. ועי' באגר"מ שם סו"ס לט, ובחי' הגרש"ר במסכתין סי' יד אות ב' כתב דטעמא דכיון דהוא רק רשות ממילא איכא לפנחס דין רודף, אלא דליכא עליה חיובי הרדיפה (כמש"כ הגר"ח ע"ש) כיון דברשות קעביד, אבל הנרדף עצמו רשאי להורגו מדין הבא להרגך השכם להורגו וזה התר מיוחד לנרדף, דבזה סגי דאית ליה שם רודף, ואי"צ לדיני הרדיפה. וע"ש דהביא דברי המאירי לעיל עב,ב בשם חכמי הדורות דאף דביצא ראשו אין נוגעין בו היינו אחרים אבל האשה עצמה יכולה לחותכו שנרדף היא ונרדף במקום שאין אחרים מחזיקין את רודפו הוא עצמו רשאי, ודן שם אי תלי בהא. 182 ועי' רש"י עה"ת במדבר כו יג דמתו משבט שמעון. והלשון מישראל משמע גם משאר שבטים. אך בספרי שם גרס שקיבץ משבטו, וכ"ה ברש"י בראשית מט ו'. 183 עי' בתו"ח דדייק כן מדכתיב ויקרב את "המדינית" לעיני משה משמע דא"ל דא"ת זו אסורה לפי שהיא מדינית, בת יתרו וכו' כיון דמדינית היא, ועי' בערל"נ. 184 בגליוני ש"ס תמה בזה טובא הא פשיטא דנתגירה וכמש"כ ברש"י כאן, ועי' ביעב"ץ. וע"ע בגליוני הש"ס דיל"ע מאיבעי' דר' ירמיה חולין יז,א, ועי' תוס' נזיר נד,א ד"ה או וכו' בדין דינים שקודם הדבור, ועי' שבת קלב על עסקי משפחותיו. 185 בביאור קריינא דאיגרתא איהו להוי פרונקא, ביאר רבינו לקמן צו,א וז"ל: לשון משל הוא הקורא האיגרת כיון שלא נמצא מי שיודע לקרותה זולתו הוא ראוי להיות שליח להשיב עליה תשובה עכ"ל.

סוברים חכמי תוספות והרמב"ם ז"ל דבגונב את הקסוה ליכא מיתה בידי שמים אבל מ"מ רמז מיתה הוזכרה בענין כלי הקודש דבלועו ודאי היינו כשגנבו וא"כ שפיר נרמזה מיתה זו בתורה ומקלל בקוסם נמי מחזי כמברך את השם וכיון שכן משמע ודאי דטמא ששמש חייב מיתה בידי שמים ולקמן בשמעתין מייתינן ליה בג"ש מחלול חלול דתרומה טמאה.

דף פ"ב ע"א. בית דין של חשמונאי גזרו הבא על הכותיה חייב עלי' משום נשג"א. וא"ת והרי אמרו שקנאין פוגעין בו והיא הלל"מ וכיון שכן למאי איצטרך בית דין של חשמונאי, ובפ' אין מעמידין (ל"ב ב') אמרי' שאין קנאין פוגעין בו אלא בפרהסיא וכמעשה שהיה ואתו אינהו וגזור אפילו בצנעא, ומעתה אף הכרת האמור בקבלה כמו כן אינו אלא בפרהסיא שאם היה הכרת אף בצנעא למה הוצרך ב"ד של חשמונאי לגזור על הכותית הרי יש בו כרת, אלא שמ"מ יש לתמוה מה ענין לחלק הכרת בין צנעא לפרהסיא, ואפשר שהכרת הוא מפני חלול השם וחלול ליתיה אלא בפרהסיא, או אפשר לומר שכמו כן יש כרת בצנעא כמו בפרהסיא אלא שמפני שבדיני אדם אין עושין לו כלום מאחר שהקנאין אין פוגעין בו אלא בפרהסיא גזרו ב"ד של חשמונאי שיהו מלקין אותו ד' מלקיות משום נשג"א כדי להרחיק האדם מהעבירה שיש בני אדם רשעים שאין עומדים בעצמן בשביל כרת המסור לשמים ובשביל המלקיות יתרחק מן האיסור ומעתה אף בפרהסיא הועילה גזרתם כשלא פגעו בו קנאין, ומאי דאמרינן בע"א שלא היתה גזרתם אלא בצנעא לאו דוקא בצנעא ולא בפרהסיא אלא שעיקר כוונתם היתה בצנעא שהיה פטור מדיני אדם יותר מפרהסיא דאלו בפרהסיא לא ימסור אדם לעבירה זו שאם יבא קנאי אחד שיהרגנו אלא עיקר גזרתם הית' בצנעא וה"ה בפרהסיא היכא דלא הוה ביה קנאי.

מ"ט רודף הוא. פי' אע"פ שברשות הוא עושה וגם שהוא מצווה בדבר אין האחר נהרג עליו מאחר שאין עושה ברשות ב"ד דאם בא לימלך אין מורין לו ואינו דומה לרודף שהיה רודף אחר רודף להציל שאם נהפך והרגו שודאי נהרג עליו שהאותו הרודף ברשות ב"ד הוא עושה (ש)אם בא ליטול רשות, והטעם בזה שזה שהוא רודף אחר חבירו להורגו ניתן להצילו בנפשו וכשאחר בא להורגו היה לו לעמוד בעצמו שלא ירדוף אחר זה להרגו אין לו שיהפך להרוג הבא להרגו כדי שיציל הנרדף ולמה יפטר עליו יותר משהרג את הנרדף אין לו אלא שישב ולא יעבור עבירה אבל זה שהוא בא על הכותית אין הקנאין פוגעין בו כדי להצילו מן העבירה שכבר נדבק בה אלא לעשות בו נקמה והבא להרגן השכם להרגו בכל שאינו מחוייב מיתת בית דין בדבר.

קריינא דאגרתא איהו ליהוו פרוונקא. יש שואלין היאך אמר משה כך לפנחס שילך ויהרוג והא אמרינן שאם בא לימלך אין מורין לו, והתשובה שמשה לא הורה לו ופנחס לא נמלך בו אלא שהוא הזכיר שמועתו בפני משה והוא השיב לו אם לעשות בו דין לא אמרת כלום ואם לקנא בו עד שאתה אומר לאחרים אמור לעצמך שאין לך ראוי ממך, א"נ שמשה רבינו לא ראה באותה שעה להניח הדבר ברשות המקנאין אלא ראה לרמוז לו רמז על הדבר להוראת שעה בשביל שתעצר המגפה מישראל.

ע"ב. מוציאין אותו חוץ לעזרה. פי' לאו דוקא חוץ לעזרה דאף חוץ לחיל הר הבית היו צריכין להוציאו כדתנן במס' כלים פ"ק והחיל מקודש ממנו שאין טמא מת נכנס לשם וכ"ש מת עצמו שצריך שלא ימיתוהו שם ואיכא למימר דהתם מיירי במעלות דרבנן אבל מדאורייתא מת מותר במחנה לויה דהיינו בחיל כדדרשינן במס' סוטה (כ' ב') ויקח משה את עצמות יוסף עמו עמו במחיצתו מכאן דמת מותר במחנה לויה והתם אוקמה אדינא דאורייתא אם יארע כך ששימש בטומאה.

וכהן טמא שאכל את התרומה. וא"ת וליתני נמי וטבול יום שאכל את התרומה דאין לומר שבכלל טמא הוא שהרי שנו טמא ששמש וטבול יום ששמש ומחוסר בגדים ששמש, בסמוך תראה תירוץ דבר זה.

דף פ"ג ע"א. וטמא ששימש. וא"ת ולמה לן טעמא דשימש תיפוק לי' דחייב כרת בכניסתו בטומאה לפנים אפילו לא שימש, וי"ל דמשכחת לה בשניטמא בעזרה ובתוך שיעור השהייה הפך בצינורא

והכי מוקי לה התם בפ' ידיעת הטומאה, א"נ אפשר דמיירי כגון ששגג על הכניסה והזיד על העבודה.

ושתוי יין ופרועי ראש. אמרו בתוספתא דהני דברייתא דחשיב דהוו במיתה אינו חייב אלא על עבודה תמה דהכי אמרי' בעלמא דאין חייבין משום שתוי יין ופרועי ראש, אלא דתנא ושייר דהכי נמי תנא ושייר ביוצק ובולל דלא חשיב כולהו עבודות דלא מחייב בהו דלא הוו עבודות תמות.

אשר ירימו לה' בעתידין לתרום הכתוב מדבר. מהאי קרא נמי ילפינן בעלמא דקדשים שלא הורמו דלאו כמי שהורמו דמיין דא"ק אשר ירימו אין לך בהן אלא משעת הרמה ואילך משמע לכאורה דלשון ירימו לשעבר משמע והכי אמרי' דמשמע לעתיד על העתידין לתרום, וי"ל דירימו לשון עתיד הוא אלא דהתם דריש משום דכתיב ירימו לה' שאינן לה' אלא לאחר הרמה.

ע"ב. פרט לזו שמחוללת ועומדת. תמה הוא א"כ טמא שאכל את התרומה טהורה היכי משכחת לה דמחייב שהרי הוא מטמא אותה קודם אכילתה, ואפשר לומר דמיירי בשתחב לו חבירו בגרונו א"נ בפירות שלא הוכשרו א"נ בפחות מכביצה למ"ד שאין אוכל מקבל טומאה בפחות מכביצה, אבל בתוס' אמרו בשם ר"י ז"ל שאע"פ שטמא אותם קודם אכילתה חייב עליה לא אמרו שאינו חייב על התרומה טמאה אלא על שנטמאת קודם שנטמא הוא שאין איסור של טומאת הגוף חל על איסור טומאת הבשר דלא פסיקא לן אי הוי איסור מוסיף, דאע"ג דטומאת הגוף בכרת או במיתה וטומאת בשר בלאו איכא למימר דטומאת בשר חמיר שאין לו טהרה במקוה והכי איתא בהדיא בפ' גיד הנשה ובפ' כל הבשר.

זר ששמש מנלן מדכתיב והזר הקרב יומת. וא"ת כיון דילפינן טמא ששמש לקמן מקרא דולא יחללו את קדשי בני ישראל ויליף חלול חלול מתרומה לא הוה צריך קרא אחרינא לזר ששמש שהרי בכלל וינזרו מקדשי בני ישראל הוא כמו כן שבני ישראל עצמם ינזרו מן הקדש דהכי דריש לה התם בזבחים לענין חלול עבודה, ומהכא נפקא ליה לתנא דלעיל שאין חייב משום טומאה אלא בעבודה תמה דבהאי קרא איתרבו זרות וטומאה וילפי מהדדי וגבי זרות כתיבא עבודה תמה דכתיב ועבדתם גבי והזר הקרב [וא"כ] חלול חלול סגי ליה לענין זרות כמו לענין תרומה, ואית לן למימר דמהאי קרא דוינזרו לא חזינן עבודה תמה דבדידיה לא כתיב ועבדתם דהיינו עבודה תמה מ"ה נקיט ליה לחיוב מיתה גופיה דפשיטא ליה טפי, אלא דאכתי איכא למיקשי אדמייתי טמא ששמש חלול חלול מתרומה אמאי לא מייתי לה מהקישא דזר ששמש דהא בדידיה כתיב זרות כמו שאמרנו וכיון דגלי קרא בהדיא בזרות שהוא במיתה נימא נמי דטמא ששמש נמי במיתה בהיקישא, ואיכא למימר דניחא ליה לאתויי בג"ש כדי שיבא טמא ששמש ללמד על אחרים כמו שתראה לפנינו שלמד לבעל מום ששמש מטמא ששמש ואם היה טמא ששמש בא בהקש ה"ל דבר הלמד בהקש שאינו חוזר ומלמד בג"ש והכי איתא בפ' איזהו מקומן (מ"ט ב').

מחוסר בגדים מנלן וכו'. ואיכא למידק והא קרא כתיבי בהדיא בסדר ואתה תצוה והיו על אהרן ועל בניו בבואם וכו' ולא ישאו עון ומתו, ואיכא למימר דההוא קרא כפשטיה משמע שיש חיוב מיתה אפילו על מקצת עבודה ואפי' על ביאה ריקנית ואינו כן שמן הפסוק של והיתה להם כהונת עולם נלמוד שבזמן שאין בגדיהם עליהם אין כהונתם עליהם ולא גריעי מזרים ובזרים בעינן עבודה תמה הילכך ניחא ליה לאתויי קרא דוהיתה להם כהונת עולם שהוא מלמד על חיוב מיתה ועל עבודה תמה, והרמב"ן ז"ל כתב בפירוש התורה דהאי קרא והיו על אהרן וכו' אינו על הבגדים כולם אלא על המכנסים בלבד כי בסמוך לו נאמר ועשה להם מכנסי בד ועליהם הוא אומר והיו על אהרן וכו' שייחד העונש על המכנסים כדי לכלול בהן אהרן ובניו שכולן שוין בהם ועל שאר הבגדים נאמר והיתה להם כהונת עולם אחר שהזכיר סדר לבישת הבגדים כולם ולא הזכיר שם המכנסים לפי שכבר הזכיר ענשם במקום אחר, ומעתה נסתלקה הקושיא מאליה שלא היה להם ללמוד מחוסר בגדים שהוא במיתה אלא מפסוק של והיתה להם כהונת עולם.

דא"ק וכפר עליה הכהן וטהרה מכלל שהיא טמאה. איכא למידק לענין טבול יום ששמש נמי אמאי לא דרשינן ובא השמש וטהר מכלל שהוא טמא, ואפשר לדחות דלמא ס"ל דמאי וטהר טהר יומא אלא שאין

האלילים לוקה מלא תתחתן [139], ואין בה הפרש בין שבעה עממין לשאר אומות. וכל שלא פגעו בו הקנאים ולא הכוהו בית דין ענשו מסור לשם שנאמר [140] חלל יהודה קדש י״י ובעל בת אל נכר יכרת י״י לאיש אשר יעשנה ער ועונה, למדת שענשו מסור לשם. ואעפ״י שיש באותו מקרא רמז לשאר עבירות שענשן מסור לבית דין [141], מכל מקום אשר יעשנה אינה מוסב אלא לסמוך לה ר״ל לבת נכר, וקראה בת אל נכר מפני שהוא כמי שנתחתן בע״ז מפני שהיא סיבה גדולה להמשך אחריהן ואחר נימוסיהן כמו שהתפרסם במעשה השטים.

פגיעה קנאים שבבועל ארמית הרבה תנאים יש בה, אחד שיהא הוא בועל בפרהסיא ר״ל לעיני [142] עשרה מישראל. ב׳ דוקא בשעת מעשה, אבל אם פירש אין הורגין אותו, ואם הרגו נהרג עליו. ג׳ שאף בשעת מעשה אם נהפך בועל והרג את הקנאי להציל עצמו אין נהרג עליו שהרי רודף הוא, ואעפ״י שבשאר רודפים שהיו רודפים להציל אם נהפך רודף והרג ודאי חייב [143], אינו דומה שברודף כדי להציל הוא מתרה באחר והוא מתכוין לעשות דבר שהוא בו בר מיתה אבל זה אינו בן מיתה, ואף זה אינו יכול להתרות במיתת בית דין. ומכל מקום אחר שבא והרג את הקנאי נהרג עליו שאין הקנאי רודף גמור. ד׳ שאם בא הקנאי ליטול רשות מבית דין אף בשעת מעשה אין מורין לו להרג. התבאר במקום אחר [144] שלא נאמר אלא דוקא בארמית גמורה, אבל בת גר תושב אין קנאין פוגעין בו אלא שמכין אותו מכת מרדות.

יראה שאף גונב את הקסוה ומקלל בקסמו אין קנאין פוגעין בהם אלא בשעת חמום [145]. וכן יראה שאין מורין בהם אם באו הקנאים לישאל, אבל פרהסיא נראה שאינה צריכה בהם, ובלבד שהיו שם עדים. וכן יראה שאם נהפך זה והרג את הקנאי נהרג, ואין הדבר ברור בידי.

כל מקום שיש חלול השם אין חולקין כבוד לרב, או למי שגדול הימנו שלא להורות לפניו אלא כל הקדם זכה.

לעולם אין נכנסין בכלי זין בבית המדרש, והוא שנאמר בפנחס [146] ויקם מתוך העדה ויקח רמח בידו.

התוס׳. 139 דברים ז, ג. 140 מלאכי ב, יא יב. 141 ודבריו אינם מובנים דמה בכך אם הכתוב כולל ג״כ עבירות אחרות שענשן מסור לב״ד וכשעברו במזיד בלא התראה הם בכרת בדיני שמים. ומצאתי שעמד בזה בפירוש ר״י פערלא על הרס״ג ח״ג בפתיחה סימן יט בד״ה אמנם, ותירץ ע״פ מה שהוכיח מהשאילות דרב כהנא דקמיבעיא אם הוא מחויב בדיני אדם ורב פשט שאין דינו מסור אלא לשמים, וע״ז הוקשה לרבינו מה ראיה היא והא כיון דבהך קרא כלול ג״כ עריות דע״ז ומשכב זכור שעונשן מסור לב״ד אלא שיש בהם ג״כ עונש כרת א״כ גם בועל ארמית נהי דשמעינן שענוש כרת מ״מ אכתי אפשר שענשו מסור לב״ד אלא שאם לא ענשוהו ב״ד הרי הוא מחויב כרת. ואע״ג דכתיב יכרת ה׳ משמע שעיקר דינו מסור לשמים מ״מ ע״כ לאו דוקא דהרי משכב זכור וע״ז ודאי עיקרו מסור לב״ד וע״ז תירץ רבינו דאע״ג דרישא דקרא כולל ג״כ שאר עבירות, מ״מ סיפא דקרא דכתיב יכרת ה׳ אינו מוסב אלא לבועל ארמית, עכת״ד. 142 לקמן עד, ב כתב רבינו לענין פרהסיא בקידוש השם שלא צריך שיראו עשרה אנשים אלא בידיעת עשרה. וכן איתא בש״ך יו״ד סימן קנז, וא״כ צ״ע למה כתב כאן „לעיני עשרה מישראל״. ובחמו״ת כתב בגליון הוציא שבועל ארמית פוגעין בו לא צריך בפרהסיא וא״נ שבידיעת עשרה סגי אין ראיה. 143 וכ״כ המל״מ רוש״נ פ״א הט״ו מטעם אחר. 144 כ״כ הרמב״ם איסורי ביאה פי״ב ה״ה, והמקור לזה כתב ה״ה שלא מצא דבר זה מבואר. 145 בערוך לנר פא, א ד״ה קנאין פוגעין בו כתב דדעת רש״י דבכולהו בעינן בשעת מעשה דוקא דמימריה דר״ח דהבא לימלך אין מורין לו אכולהו קאי אכן דעת הרמב״ם והפוסקים אינו כן אלא דוקא בבועל ארמית, וקשה איך שייך באחרינא שעת מעשה דקודם שהגביה עדיין לא גנב ולאחר שהגביה כבר הוא לאחר מעשה, וכן מקלל בקוסם אי אפשר לכוון אותו רגע דוקא שעובר ולכן דעת רש״י ק״ל, עכת״ד. וחמו״ח הביא גירסא בשם ר׳ יהונתן שכהן ששימש בטומאה קנאין פוגעין בו הוסיף דוקא בשעת מעשה כמו בועל ארמית, ע״ש, ומצאתי בשו״ת הרדב״ז ח״ב סימן תרלא שדן בזה ולבסוף מסיק שדוקא בשעת מעשה, וכן המקלל בקוסם דוקא בשעה ששמעו דהיינו בתוך כדי דבור אבל לאחר זמן לא היו יכולין לפגוע והיינו דתנא תנא לכל הני בהדי בועל ארמית משמע דדין אחד להם ולא היו קנאין פוגעין אלא בשעת מעשה. 146 במדבר כה, ז.

הלכה ט מתני' [מ"ז] א*א) אלו שמצילין אותן בנפשם הרודף אחר חבירו להורגו ג ואחר הזכור ואחר נערה המאורסה. אבל הרודף אחר הבהמה והמחלל את השבת והעובד עבודה זרה ג אין מצילין אותן בנפשן: גמ' אלו שמצילין אותן בנפשן וכו': ד הרודף אחר חבירו להורגו בין בבית בין בשדה מצילין אותו בנפשו. אחד הרודף אחר חבירו להורגו ה ואחד הרודף אחר כל ב) שאר עבירות שבתורה מצילין אותו בנפשו. אבל אם היתה אלמנה לכהן גדול גרושה וחלוצה לכהן הדיוט ממזרת ונתינה לישראל בת ישראל לנתין ולממזר אין מצילין ג) אותו בנפשו. ד ד) נעשה המעשה אין מצילין אותו בנפשו. ה אם יש שם מושיעים אין מצילין אותו בנפשו. ו ר' יודה אומר ה) אם אמרה ו) הנח לו אין מצילין אותו בנפשו שאם ממחין הן על ידיו נמצאו באין לידי שפיכות דמים. פשיטא דא מילתא רוצח ששיבר את הכלים או שהזיק חייב לשלם. היה משבר עד שהוא מגיע לעיר. ר' זעירא ור' הושעיה חד אמר נותן דמים ז וחרנה אמר ח אינו נותן דמים. רודף שנעשה נרדף מהו להציל את הרודף בנפשו של נרדף. גדול שנעשה קטן ט מהו להציל את הגדול בנפשו של קטן. התיב ר' ירמיה והתנינן י ס) יצא ז) ראשו ורובו אין נוגעין בו שאין דוחין נפש מפני נפש.

פני משה

דעתו לעשות כזאת, טוב אין זה במעלת חנניה בן שילא*: מתני' אלו שמצילין אותן. מן העבירה: בנפשם. שניתן רשות לכל אדם להרגן, כדי להצילן מן העבירה: הרודף אחר חבירו להרגו. דכתיב אצל נערה המאורסה (דברים כב כו) כי כאשר יקום איש על רעהו ורצחו נפש כן הדבר הזה, מקיש רוצח לנערה המאורסה, מה נערה המאורסה ניתן להצילה בנפשו, אף רוצח ניתן להצילו בנפשו. ונערה המאורסה נפקא לן מדכתיב (דברים שם כז) צעקה הנערה המאורסה ואין מושיע לה, מכלל דאם יש מושיע לה חייב להושיע לה בכל דבר שיכול להצילה, ואפי' בנפשו של רודף אחריה: ואחר הזכור. נפקא לן מדכתיב (דברים שם כו) ולנער תעשה דבר, ולנער חסר ה"א, זה זכר. וה"ה לכל חייבי כריתות ומיתות בי"ד שבעריות דיש בהן קלון ופגם לנרדף, מצילין אותן בנפשן, דכתיב (שם) חטא מות, חטא אלו חייבי כריתות, מות אלו חייבי מיתות בי"ד: אבל הרודף אחר הבהמה. אע"פ שדומה לעריות: והמחלל את השבת והעובד ע"ז. אע"פ שנהרגים בעיקר: אין מצילין אותן בנפשן, וכ"ש שאר חייבי כריתות ומיתות בי"ד שאינן של עריות שאין מצילין בנפשן, ואין מותר להרגו כלל עד שיעברו עבירה בעדים ויהיו חייבים מיתה בבי"ד: גמ' אחר כל שאר עבירות שבתורה. עריות של חייבי כריתות ומיתות בי"ד, לאפוקי עריות דחייבי לאוין כדמסיק: נעשה המעשה. כבר, אסור להרגו, אלא אם יש עדים מביאין אותו לבי"ד: אם יש שם מושיעים. בדבר אחר, וכגון שיכול להציל באחד מאבריו, אין מצילין אותו בנפשו: אם אמרה הנח לו. לפי שהיא מתפחדת שמא יהרגנה, אין מצילין אותה בנפשו. כדמפרש ואזיל, שסוף סוף אם ירדפו שרוצין למחות בידו יהרגנה: פשיטא דא מילתא רוצח ששיבר את הכלים. אחר רדיפתו, או שהזיק איזה דבר, שחייב לשלם. שאע"פ שמתחייב בנפשו הוא, אין חיוב מיתה ותשלומין באין כאחד: אלא האי הוא דקמיבעיא לן היה משבר עד שהוא מגיע לעיר. כלומר אם בשעת רדיפתו אחרי זה להרגו שיבר מהו: רודף שנעשה נרדף. היה רודף אחר חבירו להרגו, ונתחזק הנרדף מן הרודף וגברה ידו עליו, וחזר ורדף הוא אחריו להרגו. מהו להציל את הרודף דמעיקרא בנפשו של נרדף, מי אמרינן הואיל והוא רדף אחריו בתחלה לא ניתן להצילו בנפשו של הנרדף אע"פ שהוא עכשיו הרודף, או דילמא אמרינן אפשר שלא היה זה רוצה להרגו מתחלה, ונמצא עכשיו הוא רודף, וניתן להצילו להראשון בנפשו של זה. ולא איפשיטא: גדול שנעשה קטן. כלומר שנתחזק הקטן על הגדול ממנו ורדף אחריו, ונמצא זה הגדול נרדף, ונעשה קטן בכח ממנו: מהו להציל את הגדול בנפשו של קטן. מי אמרינן הואיל והרודף לאו בר מיתה ועונשין הוא אין מצילין את הגדול בנפשו, או דילמא לא שנא דהא מ"מ רודף הוא. ובשבת פרק שמנה שרצים (ה"ד - נג:) וכן בפ"ב דע"ז (ה"ב - ט:) גרים מהו להציל את הגדול בנפשו של קטן, והיינו הך: התיב ר' ירמיה. מאי קא מיבעיא ליה, הא מתני' היא, דתנן בסוף פ"ז דאהלות (מ"ו) האשה שהיא מקשה לילד מחתכין את הולד במעיה ומוציאין אותו איברים איברים מפני שחייה קודמין לחייו, יצא רובו אין נוגעין בו, שאין דוחין נפש מפני נפש. ואף ע"פ שרודף הוא, אלמא דאין מצילין את הגדול בנפשו של קטן:

קרבן העדה

מתני' ואלו שמצילין אותם. מן העבירה: בנפשן. שניתן רשות לכל אדם להרגן כדי להצילן מן העבירה. מייתי ליה הכא דהוי דומיא דמחתרת שנהרג מפני שהוא רודף: הרודף אחר חבירו להרגו. דכתיב בנערה המאורסה (דברים כב כו) כי כאשר יקום איש על רעהו ורצחו נפש כן הדבר הזה, מקיש רוצח לנערה המאורסה מה נערה המאורסה ניתן להצילה בנפשו אף רוצח ניתן להצילו בנפשו, ונערה המאורסה נפקא לן מדכתיב (דברים שם כז) צעקה נערה המאורסה ואין מושיע לה, הא יש לה מושיע חייב להושיעה בכל דבר שיכול להצילה: ואחר הזכר. נפקא לן מדכתיב (דברים שם כו) ולנער לא תעשה דבר, חסר ה"א זה זכר, וה"ה כל חייבי כריתות ומיתות בי"ד שבעריות שמצילין [אותן] בנפשן דומיא דנערה המאורסה: אבל הרודף אחר בהמה. אע"פ שדומה לעריות: והמחלל את השבת והעובד עבו"ם. אע"פ שנסקלים בעיקר: אין מצילין אותן בנפשן. וכ"ש שאר חייבי כריתות ומיתות בי"ד שאינן של עריות שאין מצילין בנפשם ואין נהרגין אלא בבי"ד חוץ מרוצח דגלי ביה קרא: גמ' בין בבית בין בשדה. כלומר לא תאמר בנערה המאורסה כתיב כי בשדה מצאה, דוקא בשדה מושיעין לה ומצילין אותה בנפשו אבל בעיר לא, קמ"ל דבין בבית בין בשדה מצילין בנפשו ולא דיבר הכתוב אלא בהווה: ה"ג ואחד הרודף אחר כל העריות שבתורה. וכ"ה בתוספתא (פי"א ה"ה), ותנא דמתני' נמי הכי סבירא ליה מדלא רמיזן סתמא אסתמא, ותני הני וה"ה לכל העריות: אלמנה לכהן גדול. כהן גדול הרודף אלמנה לאנסה אע"ג שיש שם פגם דמשוי לה חללה בביאתו, אין מצילין אותה בנפשו, דחייבי לאוין וכ"ש חייבי עשה לא ניתנו להציל בנפשם: נעשה המעשה. כבר נעבדה העבירה: אין מצילין. דהא איפגמה לה, וקרא אפגימה קפיד מדגלי בהני ולא בשאר עבירות: אם יש שם מושיעים. ע"י דבר אחר בלא הריגה, אין הורגין אותו ברדיפתו, שהרי כשישיגוה יהיה לה מושיע: אם אמרה. למצילין הרודפין אחריו הניחו לו ואל תרדפו אחריו שלא יהרגנה קודם שתשיגוהו, אע"ג דאנוסה היא ומילתא הוא דקאמרה הכי, אין מצילין אותה בנפשו*: שאם. ירדפוהו להצילה שלא יפגמנה, נמצאו יבואו לידי שפיכות דמים שע"י רדיפתן יהרגנה: פשיטא. לן דבר זה, רוצח שרדף אחר חבירו להרגו ושיבר או היזק כלים של אחרים ברדיפתו: חייב לשלם. אע"ג דקיי"ל כל המת אינו משלם וכדתנן לעיל בפרקין, הכא שאני דמיתה לזה ותשלומין לזה, ולא מיפטר מתשלומין דהאי משום חיוב מיתה דמחייב אאידך: היה. הנרדף משבר כלים עד שיגיע לעיר וימצאו לו מושיעים, פליגי בה ר' זעירא ור' הושעיא: חד אמר נותן דמים. שאין מצילין את עצמו בממון חבירו: אינו נותן דמים. דהשתא חבירו מחוייב להצילו בגופו מדאורייתא, כ"ש בממונו: רודף שנעשה נרדף. שהפך הנרדף לרדוף הרודף וכבר נחלש הרודף שאינו יכול לעשות דבר לנרדף: מהו להציל הרודף בנפשו של הנרדף. מי אמרינן לא גרע מגואל הדם דכתיב ביה כי יחם לבבו ומותר להרוג הרוצח ואין אדם שימחה על ידו ה"ה הכא נמי, או דלמא שאני הכא שלא נעשה מעשה הלכך ניתן להצילו: ה"ג גדול שרדפו קטן מהו להציל הגדול בנפשו של קטן. מי אמרינן רודף צריך התראה וקטן לאו בר קבולי התראה הוא הלכך אין מצילין, או דלמא רודף א"צ התראה דלא ניתנה התראה אלא לבי"ד, וכיון שכן לא שנא גדול ולא שנא קטן מצילין בנפשו: יצא ראשו. באשה המקשה לילד ומסוכנת תנן ברישא החיה פושטת ידה וחותכו ומוציאתו לאיברים, דכל זמן שלא יצא לאויר העולם לאו נפש הוא וניתן להורגו ולהציל את אמו, אבל יצא ראשו אין נוגעין בו ואין להרגו דהו"ל כילוד: שאין דוחין נפש מפני נפש. וא"ת מעשה דשבע בן בכרי הנה ראשו מושלך אליך (שמואל-ב כ כא) דדחו נפש מפני נפש, התם משום דאפילו לא מסרוהו היה נהרג בעיר כשיתפסנה יואב והן נהרגין עמו, אבל אם היה הוא ניצל אע"פ שהן נהרגין לא היו רשאין למסרו כדי להציל עצמן. אי נמי משום דמורד במלכות הוי כן מפורש בתוספתא (דתמורה) [דתרומות] (פ"ז הכ"ג), ש"מ מיהת ממתני'

עין משפט

א מיי' פ"א מהלכות רוצח הלכה י סמ"ג לאוין קסד קסה טוש"ע חו"מ סימן תכה סעיף א:
ב מיי' שם הלכה י יא טוש"ע חו"מ סימן תכה סעיף ג:
ג מיי' שם הלכה יא:
ד מיי' שם הלכה יב סמ"ג לאוין קסד קסה טוש"ע חו"מ סימן תכה סעיף ג:
ה מיי' פ"ח מהלכות חובל ומזיק הלכה יב סמ"ג עשין ע טוש"ע חו"מ סימן שפ סעיף ג:
ו מיי' פ"א מהלכות רוצח הלכה ט סמ"ג לאוין קסד טוש"ע חו"מ סימן תכה סעיף ב:

שינויי נוסחאות

א] אלו. במשניות ובבבלי (עג.) ואלו הן:
ב] שאר עבירות. בתוספתא (פי"א ה"ח) עריות:
ג] אותו. כ"ה גם בתוספתא (שם) בי"ע. בתוספתא דפ"ר אותה, וכן בהמשך, [וראה לעיל ע"א אות ג]:
ד] נעשה המעשה. בתוספתא (שם) ושנעבד בה עבירה, ובעי"ן בבבלי (שם):
ה] אם. בבבלי (שם) אף אם:
ו] הנח וכו'. בתוספתא (שם) ובבבלי (שם) הניחו לו מצילין אותה בנפשו. ומפני מה מצילין אותה בנפשו, שאם היו מוחין בידם מאים של עמכי נפשותם. בתוספתא בי"ע כעין מה שלפנינו:
ז] ראשו ורובו. בבבלי (עב:) ראשו. באהלות (פ"ז מ"ו) ובירושלמי שבת (פי"ד ה"ד - צג:) וע"ז (פ"ב ה"ב - ט:) רובו:

מסורת הש"ס

א) [סוטה פ"ג ה"ד - יח., תוספתא פי"א ה"ה, ספרי כי תצא רמג, ספרא קדושים פרק ד ה"ח, מדרש תנאים לדברים כב כו, ילקו"ש כי תצא תתקלג; פסחים כה: יומא פב. וילקו"ש אחרי תקפה בשינוי] ב) תוספתא פי"א ה"ה [כל הענין] ג) סנהדרין עג. [פסיקתא זוטרתא דברים כב כו, ילקו"ש כי תצא תתקלג] ד) [ספרי זוטא נה יב, ילקו"ש מסעי תשפו] ה) [סנהדרין מט., ע., עד., פסיקתא זוטרתא דברים כה יב, ילקו"ש משפטים שלב, תהלים א קענו] ו) [סנהדרין עג., ספרי כי תצא רמג, פסיקתא זוטרתא דברים כב יט, ילקו"ש כי תצא תתקלג] ז) [ב"ק קיז:] סנהדרין עב. ח) שבת פי"ד ה"ד - צג:, ע"ז פ"ב ה"ב - ט: ט) אהלות פ"ז מ"ו, סנהדרין עב: [תוספתא יבמות פ"ט ה"ט]

ר' יוסי בר' בון בשם רב חסדא שנייא היא תמן שאין את יודע מי הרג את מי. תני ר' לעזר בר' שמעון אומר ההולך לעבוד עבודה זרה מצילין אותו בנפשו אם מפני כבוד בשר ודם מצילין אותו בנפשו לא כל שכן מפני חי העולמים:

הדרן עלך פרק בן סורר ומורה

אלו הן הנשרפין הבא על אשה ובתה ובת כהן. יש בכלל אשה ובתה בתו ובת בתו ובת בנו ובת אשתו ובת בתה ובת בנה: גמ' אלו הן הנשרפין וכו': תמן תנינן נושאין על האנוסה ועל המפותה. כיני מתניתא נושאין אחר האנוסה ואחר המפותה. אנס אשה מותר באמה פיתה אשה מותר בבתה. האונס והמפתה על הנשואה חייב. אמר ר' יוחנן דרך נישואין שנו נשא אשה ואחר כך אנס את אמה חייב נשא אשה ואחר כך פיתה את בתה חייב. אמר ר' לעזר סומכוס ור' יוחנן בן נורי אמרו דבר אחד דתנינן תמן שחטה ואת בת בתה ואחר כך שחט את בתה סופג את הארבעים. סומכוס אומר משום ר' מאיר סופג את שמונים. תמן תנינן ר' יוחנן בן נורי אומר הבא על חמותו חייב עליה משום חמותו ואם חמותו ואם חמיו. אמרו לו שלשתן שם אחד הן. ר' יודה בר פזי בשם ר' יוחנן מודה סומכוס לר' יוחנן. אשכח תני עוד היא במחלוקת. מה טעמא דר' יוחנן בן נורי.

קרבן העדה

אע"ג דקטן זה רודף דאמו הוא, אפ"ה אסור להרגו ולאפשטא בעיין דקטן רודף אין מצילין בנפשו: שנייא היא תמן. שאני התם שאין אנו יודעים מי הוא הרודף אם האם מעכבתו שלא יצא או הוא בדחיפתו לצאת הורג את אמו, הלכך אין נוגעין בו: ההולך לעבוד עבו"ם מצילין אותו בנפשו. דקסבר עונשין מן הדין, והכא איכא ק"ו דהשתא מפני פגם כבוד הדיוט ניתן להצילו בנפשו כ"ש שמצילין בנפשו מפני כבוד חי העולמים ברוך הוא לעד ולעולמי עולמים:

הדרן עלך פרק בן סורר ומורה

אילו הן הנשרפין הבא על אשה ובתה. על אשה שכבר נשא בתה, דהיינו חמותו: ובת כהן. וכן בת כהן שזנתה היא בשרפה, אבל בועלה בחנק: יש בכלל אשה ובתה. כלומר באשה ובתה כתיבה שרפה בהדיא ואיש (כי) [אשר] יקח את אשה ואת אמה וגו' באש ישרופו (ויקרא כ יד), ומיניה ילפינן כולהו הנך נמי דאיתנהו בשרפה: בתו. מאנוסתו, דלאו בת אשתו היא דנחייב עליה משום בת אשתו דהא לאו בת אשתו היא: בת בתו ובת בנו. שהיו לו מאנוסתו: בת אשתו. בין שהיא בתו בין שהיא חורגתו: ה"ג ובת בנה חמותו ואם חמותו ואם חמיו. וכ"ה בבבלי (עה.), וחמותו אע"ג דתני ליה ברישא בהדיא הבא על אשה שנשא בתה ולא מדרשא אתיא, איידי דתני בהך כללא אם חמותו ואם חמיו דאתיין מדרשא, תני נמי אגב רהיטא חמותו בהדייהו: גמ' תמן תנינן. יבמות ריש פרק עשאן (פי"א - ס.): נושאין על האנוסה ועל המפותה, האונס והמפתה על הנשואה חייב: כיני מתני'. כן הוא פירושא דמתני': נושאין אחר האנוסה ואחר המפותה. דעל האנוסה משמע שעדיין היא אצלו ונושא אחד מקרובותיה עליה, וזה ודאי אסור, אלא הכוונה אחר שאנס או שפתה אשה ועכשיו אינה עמו, מותר לישא בתה או אחת מקרובותיה: דרך נישואין שנו. הא דתנן האונס והמפתה על הנשואה חייב, לאו דוקא שעכשיו נשואה לו, אלא אפילו נשא אשה ומתה או גירשה ואחר כך אנס אמה: חייב. הואיל והיתה בתה נשואה לו מעיקרא: דתנינן תמן. חולין פרק אותו ואת בנו (פב.): שחטה ואת בת בתה. לא עבד איסורא: ואח"כ בו ביום שחט את בתה. של הראשונה, נמצא בשחיטה זו עבד תרי איסורא משום אותה ואת בנה דהייט הראשונה והשלישית, ושנייה ושלישית הו"ל בנה ואותה דחייב עליה נמי משום אותו ואת בנו: סופג את הארבעים. דחד לאו ותדא התראה וחד מעשה הוא: סופג שמנים. אע"ג דשם אחד הן, מ"מ תרי איסורי נינהו אותו ואת בנו ובנו ואותו: ותמן תנינן, כריתות פרק אמרו לו (פ"ג מ"ו): חייב עליה. פעמים משום חמותו ואם חמותו ואם חמיו, כגון שהיה נשוי את בתה ואת בת בתה מנכתה האחרת ואת בת בנה: שלשתן שם אחד הן, בחד קרא ובחד לאו כתיבי הלכך אין חילוק חטאת ביניהם, ס"ת ר' יוחנן בן נורי סובר אע"ג דשם אחד הן הואיל והם שני איסורים חייב שלשה: ה"ג ר' יודה בר פזי בשם ר' יוחנן מודה סומכוס בראשונה אשכח וכו'. וה"פ ברישא דהך דאותו ואת בנו תנן ששחט שני בניה ואח"כ ששחטה סופג ארבעים, וקאמר ר' יודה בר פזי ברישא לא פליג סומכוס דשם אחד הן, אבל סיפא דשני שמות הן אותו ואת בנו ובנו ואותו פליג, נמצא סומכוס ור' יוחנן בן נורי לא אמרו דבר אחד דהתם שם אחד הן: אשכח תני. מצא ברייתא דתניא בה דאף ברישא פליג סומכוס, דתניא בתוספתא פרק אותו ואת בנו (חולין פ"ה ה"א) שחט ממנה בניה ואח"כ שחטה סומכוס אומר משום ר"מ חייב משום חמשה לאוין:

פני משה

שנייא היא תמן. דלא קרי ליה רודף: שהרי אין את יודע מי הורג את מי. כלומר כמו שהיא מסוכנת ועומדת למות מחמת הולד, כן נמי הולד עומד למות מחמת קושי לידתה, ויש לקרות לה רודפת אחריו כמו שהוא רודף אחריה, הילכך מניחין כמות שהוא ואין נוגעין בו. כי קמיבעיא לן שהקטן רודף אחר הגדול ואינו נרדף ממנו. ולא איפשיטא: לא כל שכן מפני חי העולמים. לא כל שכן שיהרגו אותו למנעו מן העבירה מפני כבוד חי העולמים:

הדרן עלך בן סורר ומורה

אלו הן הנשרפין הבא על אשה ובתה. על אשה שכבר נשא בתה דהיינו חמותו: ובת כהן. וכן בת כהן שזנתה היא בשריפה: יש בכלל אשה ובתה וכו'. כלומר באשה ובתה כתיבא שריפה בהדיא ואיש כי יקח את אשה ואת אמה וגו' באש ישרפו (ויקרא כ יד), ומינה ילפינן כולהו הנך נמי דאיתנהו בשריפה: בתו. מאנוסתו, דלאו בת אשתו היא דניחייב עלה משום בת אשתו: בת בתו ובת בנו. שהיו לו מאנוסתו: ובת אשתו. בין שהיא בתו בין שהיא חרגתו: גמ' תמן תנינן. ריש פרק י"א דיבמות (ס:) וכל הסוגיא שם עד סוף הלכה. אפס כי נשתנית ונשתבשה במקצת, וברדתי הגירסא הנכונה משתי הסוגיות: כיני מתני' נושאין אחר האנוסה ואחר המפותה. כלומר, הא דקתני על מפרש לה, דכמו סמוך ואחר הוא, כדמפרש ואזיל: מותר באמה. וה"ה בבתה. וכן בסיפא פיתה וכו', וה"ה באמה. וחדא מגווני נקט במרווייהו: דרך נישואין שנו. האי על הנשואה דרך נישואין קאמר, דאם הראשונה דרך נישואין היא, וכלומר דאם שייך בה נישואין ומותרת לו, אז הוא חייב על האונס ועל הפיתוי בשניה: דתנינן תמן. פרק אותו ואת בנו (חולין פב.): שחטה ואת בת בתה. ועדיין אין כאן איסור, ואח"כ שחט את בתה, ועכשיו יש בשחיטה זו שני איסורין, אותו ואת בנו משום אמה, ובנו ואותו משום בתה של זו שכבר נשחטה: סופג את הארבעים. דחד לאו הוא, וחד התראה, וחדא מעשה: סומכוס אומר משום רבי מאיר סופג שמונים. דס"ל היכא דעביד שני איסורין מיחייב בהתראה אחת ובלאו אחד שתי מלקיות: תמן תנינן. בפ"ג דכריתות (מ"ו). והשתא מפרש למאי דקאמר סומכוס ור' יוחנן בן נורי אמרו דבר אחד: הבא על חמותו וכו'. כגון שהיה נשוי בתה ובת בנה, וכשבא עליה חייב משום חמותו ואם חמותו ואם חמיו. והא כסומכוס אתיא, דבחדא מעשה עביד לכולהו איסורי וחייב על כל אחת ואחת: מודה סומכוס בראשונה. כל"ל, וכן הוא ביבמות. כלומר דר' יודא בר פזי מפרש לטעמא דסומכוס דמשום דשמות מחולקין הן, אותו ואת בנו ובנו ואותו, והלכך מודה הוא במשנה ראשונה דתנינן התם ברישא שחט שני בניה ואחר כך שחטה סופג את הארבעים, דהתם שם אחד הוא. ולאו דטעמיה משום דגופין מחולקין הן, דא"כ מאי שנא בין רישא לסיפא, ואמאי לא פליג סומכוס נמי ברישא: אשכח תני. בתוספתא (חולין פ"ה ה"א) דעוד היא מחלוקת, וחלוק היה סומכוס אף בראשונה, וטעמיה משום דגופות מחולקות הן: מאי טעמא דר' יוחנן בן נורי. בחמותו הרי אין גופין מחולקין:

מסורת הש"ס

א) סנהדרין עג. וילקו"ש כי תצא תתקלג] ב) [תוספתא פ"ט ה"ז, פסיקתא זוטרתא ויקרא כ יד] ג) [סנהדרין עו: נג: עט:, תוספתא פ"ט ה"א, תנחומא וירא יח] ד) יבמות פי"א מ"א, [ירושלמי יבמות פי"א ה"א - ס: כל הענין [ספרא קדושים פ"ט הט"ו, ספרי כי תצא רמז, מדרש תנאים לדברים כב, ילקו"ש קדושים תרכב] ה) עי' יבמות נג. [ילקו"ש אחרי תקפג, כי תצא תתקלג] ו) כריתות יד: ז) חולין פ"ה מ"ג, פב. [ספרא אמור פרק ח ה"ז, פסיקתא זוטרתא אמור כב כח, ילקו"ש אמור תרמג] ח) כריתות פ"ג מ"ג, יד: ט) [תוספתא חולין פ"ה ה"א]

עין משפט

א מיי' פט"ו מהלכות סנהדרין הלכה יא ופ"א מהלכות איסורי ביאה הלכה ה סמ"ג לאוין נו:
ב מיי' פ"ב מהלכות איסורי ביאה הלכה יא סמ"ג לאוין קא קד טוש"ע אהע"ז סימן טו סעיף יג:
ג מיי' פי"ב מהלכות שחיטה הלכה יב:
ד מיי' פ"ד מהלכות שגגות הלכה ד:

שינויי נוסחאות

א] רב חסדא. בירושלמי ע"ז (פ"ב ה"ב - ט.) ר' לוי:
ב] הרג. בירושלמי ע"ז (שם) הורג:
ג] אלו. כ"ה גם בנוסח המשנה שבפיה"מ לרמב"ם. במשניות ובבבלי (עה.) ואלו. ואמנם במלאכת שלמה תמה יוצ"ע אמאי קתני ואלו' בו"י הבא מפי מאלו הן הנחנקין וכו'. והר"י יהוסף מחק הוי"ו, וצ"ע תוס' יו"ט:
ד] כהן. במשניות ובבבלי (שם) נוסף שזינתה. אמנם בנוסח המשנה שבפיה"מ לרמב"ם כמו שלפנינו, וכן הגיה הר"י יהוסף ז"ל, הובא במלאכת שלמה:
ה] בנה. במשניות ובבבלי (שם) נוסף חמותו ואם חמותו ואם אביו, וכן הגיה בקה"ע:
ו] לר' יוחנן. [לגי' זו יש להוסיף בן נורי]. בירושלמי יבמות (פי"א ה"א - ס:) בראשונה, וכן הגיהו קה"ע ופנ"מ:

רידב"ז

אלו הן הנשרפין. תמן תנינן נישאין על האנוסה וכו' כיני מתניתא נישאין אחר האנוסה ואחר המפותה אנס אשה מותר באמה פיתה אשה מותר בבתה האונס והמפתה על הנשואה חייב אמר ר' יוחנן דרך נישואין שנו נשא אשה ואח"כ אנס את אמה וכו'. פי' משום דבמתניתין (ביבמות) גרסינן נושאין על האנוסה ועל המפותה. בלשון על, וכן בסיפא נקט גם כן בלשון על האונס והמפתה על הנשואה, והיכי משכחת לה לשון על, דלשון על מורה דעדיין הוא נושא את אשתו ואח"כ אנס את בתה עליה, כמו מלשון נושא אשה על אשתו (יבמות לב.), פי' דמחזיק עדיין את אשתו ונושא אחרת עליה. וא"כ בשלמא בסיפא שפיר שייך הלשון דעל כלומר דאנס ופיתה על אשתו בשעה שעדיין נושא ומחזיק את אשתו אנס בתה עליה, משא"כ ברישא לשון על האנוסה ועל המפותה קשה דמשמע דאנוסה ומפותה אשתו היא ונשא בתה עליה, בתמיה, והאיך שייך לשון על הא אנס אותה פעם אחת או כמה פעמים ואחר האונס והפתוי הרי היא כנכרית אצלו והאיך שייך לשון על דנשא בתה או אמה עליה. ועל כן אמר כיני מתניתא נושאין אחר האנוסה ואחר המפותה לא בלשון על אלא בלשון אחר, פי' אנס אשה נושא אח"כ אמה וכדמסיק אנס אשה מותר באמה פיתה אשה מותר בבתה, האונס והמפתה על הנשואה חייב, פי' אבל בסיפא גרסינן שפיר על, וס"ל דדוקא על או חייב אבל לאחר שמתה אשתו אינו חייב שריפה על אמה או על בתה, וכמו שמבואר בסוף הסוגיא דס"ל דדוקא כשאנס או פיתה על אשתו בחיי אשתו אבל אם מתה או נתגרשה אשתו אז אינו חייב שריפה על אמה. ועל זה קאמר ר' יוחנן דאינו כן דעל דתני במתניתין לאו דוקא, וכיני מתניתא במתניתא בסיפא כמו כיני למתניתא ברישא דמסיק נשא אשה ואח"כ אנס את אמה חייב נשא אשה ואח"כ פיתה את בתה חייב. פי' לא תימר דאינו חייב אלא כשאנס ופיתה על אשתו, זה אינו, דאפילו לאח"כ נמי חייב, דאפילו לא אנס ופיתה על אשתו אלא נשא אשה ואח"כ אנס את אמה ולא עליה נמי חייב. והא דקתני על הנשואה פי' דרך נישואין שנו, והנפק"מ בין רישא לסיפא היא דברישא נושא על האנוסה ובסיפא אנס על הנשואה. ועל דרישא ועל דסיפא חדא היא דפירושו לאח"כ, ותיבת על האנוסה ועל המפותה או על הנשואה הוא לאו דתיבת על מורה דעדיין היא אנוסה ועדיין היא נשואה, אלא כונת על הוא מורה על איזה דרך הוי

עין משפט נר מצוה

כה א מיי׳ פ״י מהלכות ברכות הל׳ יא סמג עשין כז טוש״ע או״ח סי׳ רכד סעיף ה:
כו ב מיי׳ שם טוש״ע שם סעיף ו:
כז ג מיי׳ שם טוש״ע שם סעיף ז:
כח ד מיי׳ שם טוש״ע שם סעיף ח:
כט ה שם סעיף ט:
ל ו מיי׳ פי״ב מהלכות איסורי ביאה הלכה ב סמג לאוין קיב טוש״ע אה״ע סי׳ טז סעיף א:

מסורת הש״ס עם הוספות

א) עירובין דף יח:, ב) [תוספתא פרק ו], ג) [עי׳ תוס׳ ב״מ כג: ד״ה באושפיזא], ד) [יבמות דף עו: ע״ש], ה) [לעיל ט: יט:], ו) שבת לד. [ב״ב עה. סנהדרין ק.], ז) תענית כד:, ח) [לקמן סב: סנהדרין עב.], ט) נגעים פי״ב מ״ו סוכה נו:, י) סנהדרין עב., כ) עיין תנחומא ס״פ תצא.

הגהות הגר״א

[א] גמרא לבריותיו. נ״ב ליראיו: [ב] שם לבריותיו. נ״ב ליראיו:

ליקוטי רש״י

[נדפס בסוף המסכת]

רש״י

נתקללה בבל נתקללו שכניה. כלומר אוי לרשע אוי לשכנו[ח]: קאת וקפוד[מ]. חיות ועופות רעים ומזיקין את השכנים אצל עי השדה ומטעי כרם שנתקללו בה ערי ישראל הנאה היא לשכנים: אוכלוסי. חיל גדול של ששים רבוא: חכם הרזים. היודע מה שבלב כל אלו: לשמשני. שהם חורשים וזורעים ואני מוצא מוכן: כל אומות[ט] שוקדות ובאות לפתחי. עשיר היה והכל באין אצלו לסחורה: שאם יזכה. לעולם הבא ויראה בכבוד מלך המשיח: יבחין. כמה יתר כבוד נוטלי שכר מצות יותר ממה שהיה כבוד[י] האומות בעוה״ז: חצבי לנהרא. הכדין השלמים הולכים לנהר לשאוב מים: כגני לייא. השבורים להיכן כלומר למה הולכים ואף אתה שאתה סומא ולא תראהו להיכן תלך: גונדא. כת: ורחמי דינא. אוהבים משפט: [כ] כחלינהו לעיניה. נקרו לעיניו[ל]: קולפא. מקל לרדות: התורה אמרה אם בא להרגך השכם להרגו. [מ] אם במחתרת וגו׳ (שמות כב) לפי שבא על עסקי נפשות שיודע הוא שאם ימצא ותמצאנו הותר לא תעמיד עצמך מלהציל ממונך והוא בא לדעת כן שיקום עליך ויהרגך אמרה תורה השכם אתה והרגהו: הממלכה זו מלחמת עמלק. דכתיב בה כסא מלכות כי יד על כס יה (שמות יז) כלומר על ידי מלחמה לי״י בעמלק יתעלה כסאו: המתנשא. מדכתיב לשון נשיאות משמע על נשיא ראש משך ותובל: לכל לראש. לכל הקם להיות לראש הוא מתנשא כלומר שהוא גוזר ומעמידו: ריש גרגיתא. בור הממונה על החופרין חפירות למלאותן מים כדי להשקות בהן שדותיהן:

גמרא

אמר רבי ירמיה בן אלעזר נתקללה בבל נתקללו שכניה נתקללה שומרון נתברכו שכניה נתקללה בבל נתקללו שכניה דכתיב ושמתיה למורש קפוד ואגמי מים נתקללה שומרון נתברכו שכניה דכתיב ושמתי שומרון לעי השדה למטעי כרם וגו׳ ואמר רב המנונא הרואה אוכלוסי ישראל אומר ברוך חכם הרזים אוכלוסי עובדי כוכבים אומר בושה אמכם וגו׳ ת״ר הרואה אוכלוסי ישראל אומר ברוך חכם הרזים שאין דעתם דומה זה לזה ואין פרצופיהן דומים זה לזה בן זומא ראה אוכלוסא על גב מעלה בהר הבית אמר ברוך חכם הרזים וברוך שברא כל אלו לשמשני הוא היה אומר כמה יגיעות יגע אדם הראשון עד שמצא פת לאכול חרש וזרע וקצר ועמר ודש וזרה וברר וטחן והרקיד ולש ואפה ואח״כ אכל ואני משכים ומוצא כל אלו מתוקנין לפני וכמה יגיעות יגע אדם הראשון עד שמצא בגד ללבוש גזז ולבן ונפץ וטוה וארג[א] ואחר כך מצא בגד ללבוש ואני משכים ומוצא כל אלו מתוקנים לפני כל אומות[ב] שוקדות ובאות לפתח ביתי ואני משכים ומוצא כל אלו לפני הוא היה אומר אורח טוב מהו אומר כמה טרחות טרח בעל הבית בשבילי כמה בשר הביא לפני כמה יין הביא לפני כמה גלוסקאות הביא לפני וכל מה שטרח לא טרח אלא בשבילי אבל אורח רע מהו אומר מה טורח טרח בעל הבית זה פת אחת אכלתי חתיכה אחת אכלתי כוס אחד שתיתי כל טורח שטרח בעל הבית זה לא טרח אלא בשביל אשתו ובניו על אורח טוב מהו אומר זכור כי תשגיא פעלו אשר שוררו אנשים על אורח רע כתיב לכן יראוהו אנשים וגו׳ והאיש בימי שאול זקן בא באנשים אמר רבא ואיתימא רב זביד ואיתימא רב אושעיא זה ישי אבי דוד שיצא באוכלוסא ונכנס באוכלוסא ודרש באוכלוסא אמר עולא נקיטינן אין אוכלוסא בבבל תנא אין אוכלוסא פחותה מששים רבוא ת״ר הרואה חכמי ישראל אומר ברוך שחלק[ג] מחכמתו ליראיו חכמי עובדי כוכבים אומר ברוך שנתן מחכמתו [א] לבריותיו הרואה מלכי ישראל אומר ברוך שחלק[ג] מכבודו ליראיו מלכי עובדי כוכבים אומר ברוך שנתן מכבודו [ב] לבריותיו א״ר יוחנן לעולם ישתדל אדם לרוץ לקראת מלכי ישראל ולא לקראת מלכי ישראל בלבד אלא אפי׳ לקראת מלכי עובדי כוכבים שאם יזכה יבחין בין מלכי ישראל למלכי עובדי כוכבים רב ששת סגי נהור הוה הוו קאזלי כולי עלמא לקבולי אפי מלכא וקם אזל בהדייהו רב ששת אשכחיה ההוא צדוקי אמר ליה חצבי לנהרא כגני לייא אמר ליה תא חזי דידענא טפי מינך חלף גונדא קמייתא כי קא אוושא אמר ליה ההוא צדוקי אתא מלכא אמר ליה רב ששת לא קאתי חלף גונדא תניינא כי קא אוושא אמר ליה ההוא צדוקי השתא קא אתי מלכא אמר ליה רב ששת לא קא אתי מלכא חליף תליתאי כי קא שתקא אמר ליה רב ששת ודאי השתא אתי מלכא אמר ליה ההוא צדוקי מנא לך הא אמר ליה דמלכותא דארעא כעין מלכותא דרקיעא דכתיב צא ועמדת בהר לפני ה׳ והנה ה׳ עובר ורוח גדולה וחזק מפרק הרים ומשבר סלעים לפני ה׳ לא ברוח ה׳ ואחר הרוח רעש לא ברעש ה׳ ואחר הרעש אש לא באש ה׳ ואחר האש קול דממה דקה כי אתא מלכא פתח רב ששת וקא מברך ליה[ד] אמר ליה ההוא צדוקי למאן דלא חזית ליה קא מברכת ומאי הוי עליה דההוא צדוקי איכא דאמרי חברוהי כחלינהו לעיניה ואיכא דאמרי רב ששת[ה] נתן עיניו בו ונעשה גל של עצמות ר׳ שילא נגדיה להוא גברא דבעל מצרית[ו] אזל אכל ביה קורצי בי מלכא אמר איכא חד גברא ביהודאי דקא דיין דינא בלא הרמנא דמלכא שדר עליה פריסתקא כי אתא אמרי ליה מה טעמא נגדתיה להאי אמר להו דבא על חמרתא אמרי ליה אית לך סהדי אמר להו אין אתא אליהו אדמי ליה כאיניש ואסהיד אמרי ליה אי הכי בר קטלא הוא אמר להו אנן מיומא דגלינן מארעין לית לן רשותא למקטל אתון מאי דבעיתון עבידו ביה עד דמעייני ביה בדינא פתח ר׳ שילא ואמר לך ה׳ הגדולה והגבורה וגו׳ אמרי ליה מאי קאמרת אמר להו הכי קאמינא בריך רחמנא דיהיב מלכותא בארעא כעין מלכותא דרקיעא ויהב לכו שולטנא ורחמי דינא אמרו חביבא עליה יקרא דמלכותא כולי האי יהבי ליה קולפא אמרו ליה דון דינא כי הוה נפיק אמר ליה ההוא גברא עביד רחמנא ניסא לשקרי הכי אמר ליה רשע לאו חמרי איקרו דכתיב אשר בשר חמורים בשרם חזייה דקאזיל למימרא להו דקרינהו חמרי אמר האי רודף הוא והתורה אמרה אם בא להרגך השכם להרגו מחייה בקולפא וקטליה אמר הואיל ואתעביד לי ניסא בהאי קרא דרשינא ליה לך ה׳ הגדולה זו מעשה בראשית וכן הוא אומר עושה גדולות עד אין חקר והגבורה זו יציאת מצרים שנאמר וירא ישראל את היד הגדולה וגו׳ והתפארת זו חמה ולבנה שעמדו לו ליהושע שנאמר וידום השמש וירח עמד וגו׳ והנצח זו מפלתה של רומי וכן הוא אומר ויז נצחם על בגדי וגו׳ וההוד זו מלחמת נחלי ארנון שנאמר על כן יאמר בספר מלחמות ה׳ את והב בסופה וגו׳ כי כל בשמים ובארץ זו מלחמת סיסרא שנאמר מן שמים נלחמו הכוכבים ממסלותם וגו׳ לך ה׳ הממלכה זו מלחמת עמלק וכן הוא אומר כי יד על כס יה והמתנשא זו מלחמת גוג ומגוג וכן הוא אומר הנני אליך גוג נשיא ראש משך ותובל לכל לראש אמר רב חנן בר רבא אמר ר׳ יוחנן[ז] אפילו ריש גרגיתא מן שמיא מנו ליה במתניתא תנא משמיה דרבי עקיבא לך ה׳ הגדולה זו קריעת ים סוף והגבורה זו מכת בכורות והתפארת זו מתן תורה והנצח זו ירושלים וההוד זו בית המקדש:

תנו

רב נסים גאון

נביאים האחרונים חגי זכריה ומלאכי נסתלקה רוה״ק מישראל אף הוא אומר בשעת מיתתו שמעון וישמעאל לחרבא ושאר עמא לביזא ועקן סגיאן עתידין למיתי על עמא עיקרה דהא בריי׳ בתוס׳ סוטה ובפ׳ העור והרוטב במסכת שחיטת חולין (דף קכג) אמרו אל תתמה שהרי קרקפלו של ר׳ (יהושע) [ישמעאל] מונח בראשי מלכים: א) שלשה תלמידין הן בן עזאי ובן זומא ואחר. הני בן עזאי ובן זומא הן חשובין יושבין בראש התלמידין כדתנן במס׳ קדושין בפ׳ האיש מקדש (דף מט) על מנת שאני תלמיד אין אומרים כשמעון בן עזאי ושמעון בן זומא ובפירקא קמא דמס׳ הוריות (דף ב) אמרי׳ או תלמיד וראוי להוראה אלא (מי שחסידותו) [אולי צ״ל שבן עזאי היה חסידותו] יתירה על חכמתו והאי אחר הוא אלישע בן אבויה וגם הוא היה גדול בחכמה ומזורז ובקי בתלמידים מיהו כיון שאירע לו אותו המאורע המפור׳ בחגיגה בפ׳ אין דורשין בעריות (דף יד) וקצץ בנטיעות נקרא אלישע אחר מפני שחזר לאחוריו ובפרק האשה נקניח (קדושין ד׳ לט) ובפרק שילוח הקן (חולין דף קמב) אמרי אלמלא לא דרשיה אחר להאי קרא כרבי יעקב בר ברתיה לא חטא ואחר מאי חזא איכא דאמרי כי האי גוונא חזא ואיכא דאמרי לישניה דגברא רבה חזא דהוה [גריר] ליה דבר אחר אמר פה שהפיק מרגליות ילחך עפר נפק חטא ולפיכך מי שרואהו בחלומו ידאג מן הפורענו׳: א) גדגדניו׳. ב) (הזכיכוס) בפרק בכל מערבין (עירובין ד׳ כח) (ואינון) [משמע דאינון] הינדקוקי ובטייה אלא הנדקוקה כי השמועה שנאמרה משמו של רב מערבין בגודגדניות בדאקשינן עליה מבריי׳ מסקינן בה איבעי תימא כי קאמר רב בהינדקוקי ובפרקין בגמרא דבני מערבא גרסי בר שילת בשם רב פעפועין וגודגדניית וחלוגלוגות מערבי בהון בעון קומוי אילין אינון אמר לון קקולי והנדקוקי ופרפחיני: א) הרוא׳ את המרקולי׳. היא ע״ז וכבר מפורש כי בתחלה מציבין ג׳ אבנים ב׳ מהן סדורין על גבי קרקע אחת בצד חברתה והשלישית על גביהן כדתניא (ע״ז דף נ) אלו הן אבני מרקוליס אחת מיכן ואחת מיכן ואחת על גביהן ואמר רבא כי תניא ההיא בעיקר מרקוליס כל שהוא מוצב בזה המעשה נקרא מרקוליס והיו

חשק שלמה על רב נסים גאון

א) [שייך לעמוד הקודם]. ב) [אולי צ״ל הזכורות]:

תורה אור השלם

א) וְשַׂמְתִּיהָ לְמוֹרַשׁ קִפֹּד וְאַגְמֵי מָיִם וְטֵאטֵאתִיהָ בְּמַטְאֲטֵא הַשְׁמֵד נְאֻם יְיָ צְבָאוֹת: [ישעיה יד, כג]
ב) וְשַׂמְתִּי שֹׁמְרוֹן לְעִי הַשָּׂדֶה לְמַטָּעֵי כָרֶם וְהִגַּרְתִּי לַגַּי אֲבָנֶיהָ וִיסֹדֶיהָ אֲגַלֶּה: [מיכה א, ו]
ג) בּוֹשָׁה אִמְּכֶם מְאֹד חָפְרָה יוֹלַדְתְּכֶם הִנֵּה אַחֲרִית גּוֹיִם מִדְבָּר צִיָּה וַעֲרָבָה: [ירמיה נ, יב]
ד) זְכֹר כִּי תַשְׂגִּיא פָעֳלוֹ אֲשֶׁר שֹׁרְרוּ אֲנָשִׁים: [איוב לו, כד]
ה) לָכֵן יְרֵאוּהוּ אֲנָשִׁים לֹא יִרְאֶה כָּל חַכְמֵי לֵב: [איוב לז, כד]
ו) וְדָוִד בֶּן אִישׁ אֶפְרָתִי הַזֶּה מִבֵּית לֶחֶם יְהוּדָה וּשְׁמוֹ יִשַׁי וְלוֹ שְׁמֹנָה בָנִים וְהָאִישׁ בִּימֵי שָׁאוּל זָקֵן בָּא בַאֲנָשִׁים: [שמואל א יז, יב]
ז) וַיֹּאמֶר צֵא וְעָמַדְתָּ בָהָר לִפְנֵי יְיָ וְהִנֵּה יְיָ עֹבֵר וְרוּחַ גְּדוֹלָה וְחָזָק מְפָרֵק הָרִים וּמְשַׁבֵּר סְלָעִים לִפְנֵי יְיָ לֹא בָרוּחַ יְיָ וְאַחַר הָרוּחַ רַעַשׁ לֹא בָרַעַשׁ יְיָ: וְאַחַר הָרַעַשׁ אֵשׁ לֹא בָאֵשׁ יְיָ וְאַחַר הָאֵשׁ קוֹל דְּמָמָה דַקָּה: [מלכים א יט, יא-יב]
ח) לְךָ יְיָ הַגְּדֻלָּה וְהַגְּבוּרָה וְהַתִּפְאֶרֶת וְהַנֵּצַח וְהַהוֹד כִּי כֹל בַּשָּׁמַיִם וּבָאָרֶץ לְךָ יְיָ הַמַּמְלָכָה וְהַמִּתְנַשֵּׂא לְכֹל לְרֹאשׁ: [דברי הימים א כט, יא]
ט) וַתַּעְגְּבָה עַל פִּלַגְשֵׁיהֶם אֲשֶׁר בְּשַׂר חֲמוֹרִים בְּשָׂרָם וְזִרְמַת סוּסִים זִרְמָתָם: [יחזקאל כג, כ]
י) עֹשֶׂה גְדֹלוֹת עַד אֵין חֵקֶר וְנִפְלָאוֹת עַד אֵין מִסְפָּר: [איוב ט, י]
כ) וַיַּרְא יִשְׂרָאֵל אֶת הַיָּד הַגְּדֹלָה אֲשֶׁר עָשָׂה יְיָ בְּמִצְרַיִם וַיִּירְאוּ הָעָם אֶת יְיָ וַיַּאֲמִינוּ בַּייָ וּבְמֹשֶׁה עַבְדּוֹ: [שמות יד, לא]
ל) וַיִּדֹּם הַשֶּׁמֶשׁ וְיָרֵחַ עָמָד עַד יִקֹּם גּוֹי אֹיְבָיו הֲלֹא הִיא כְתוּבָה עַל סֵפֶר הַיָּשָׁר וַיַּעֲמֹד הַשֶּׁמֶשׁ בַּחֲצִי הַשָּׁמַיִם וְלֹא אָץ לָבוֹא כְּיוֹם תָּמִים: [יהושע י, יג]
מ) פּוּרָה דָּרַכְתִּי לְבַדִּי וּמֵעַמִּים אֵין אִישׁ אִתִּי וְאֶדְרְכֵם בְּאַפִּי וְאֶרְמְסֵם בַּחֲמָתִי וְיֵז נִצְחָם עַל בְּגָדַי וְכָל מַלְבּוּשַׁי אֶגְאָלְתִּי: [ישעיה סג, ג]
נ) עַל כֵּן יֵאָמַר בְּסֵפֶר מִלְחֲמֹת יְיָ אֶת וָהֵב בְּסוּפָה וְאֶת הַנְּחָלִים אַרְנוֹן: [במדבר כא, יד]
ס) מִן שָׁמַיִם נִלְחָמוּ הַכּוֹכָבִים מִמְּסִלּוֹתָם נִלְחֲמוּ עִם סִיסְרָא: [שופטים ה, כ]
ע) וַיֹּאמֶר כִּי יָד עַל כֵּס יָהּ מִלְחָמָה לַייָ בַּעֲמָלֵק מִדֹּר דֹּר: [שמות יז, טז]
פ) וְאַתָּה בֶן אָדָם הִנָּבֵא עַל גּוֹג וְאָמַרְתָּ כֹּה אָמַר אֲדֹנָי אֱלֹהִים הִנְנִי אֵלֶיךָ גּוֹג נְשִׂיא רֹאשׁ מֶשֶׁךְ וְתֻבָל: [יחזקאל לט, א]

הגהות וציונים

א] בכת״י ובע״י ובירושלמי ובדפוס שונצינו נוסף וארג ותפר (ונשמטה כאן בטעות, דק״ס): ב] [צ״ל אומניות] (גליון) המהרש״א בח״א מפרש הגמ׳ לפי גרסתינו עיי״ש: ג] הרמב״ם (הל׳ ברכות פ״י הי״א) כתב שנתן (ועיין פרישה או״ח סימן רכד סק״ד), ותירוצים רבים נאמרו למה תקנו בחכמי ומלכי ישראל ״שחלק״, ובחכמי ומלכי אוהו״ע ״שנתן״, עיין ב״י, ב״ח (ס״ד) לבוש, ט״ז (סק״א) ובפמ״ג משב״ז שם. ועיין מהרש״א בח״א ד״ה ברוך: ד] בע״י הגירסא וקאמר ברוך (ועיין מגן אברהם סימן רכד סק״ו ובאליה רבה סק״ו ובשערי תשובה סק״ה שם): ה] [גי׳ הערוך מלתא אמר רב ששת ונפקי בוסיטא דנורא וכבינהו לעיניה ערוך ערך בטט א׳] (גליון) ובכת״י איתא אמר מילתא ואתו בוטטי דנורא וביביה לעיניה ואיכא דאמרי הב ביה עינא ועשאו גל של עצמות: ו] בדפו״י דבעל גויה: ז] [ב״ב צא ע״ב ושם איתא א״ר חנן ב״ר אמר רב וכו׳ והתם מייתי ליה בהדי שאר מימרות שאמר בשם רב ע״ש] (גליון): ח] זה כתוב בישעיה לד, יא על אדום, וברש״י שבע״י ליתא ב׳ תיבות אלו, והוא דבור אחד עם דבור הקודם והגירסא שם ואוי לשכנו שאין בה אלא חיות רעות ועופות רעים וכו׳, ועיין רש״ש: ט] צ״ל כל אומניות (חכמת מנוח) וכ״ה בכת״י: י] יש להוסיף מלכי האומות (באה״מ): כ] [שייך לעיל קודם ד״ה ורחמי דינא] (גליון): ל] בכל התלמוד משמע דכחול לעין לשון יפוי ורפואה לעין הוא ואפשר דלישנא מעליא נקט (מהרש״א ח״א): מ] יש להוסיף דכתיב (באה״מ): נ] זו היא גי׳ הרי״ף הרמב״ם רא״ש טור ושו״ע או״ח סימן רכד:

עין משפט
נר מצוה

פה א ב [ליתא ברמב"ם]:
ג מיי' פי"א מהל' תפלה הלכה י סמג עשין יט טוש"ע או"ח סי' קנא סעיף ה:
פו ד מיי' פ"ז מהלכות בית הבחירה הלכה ז סמג עשין קסד:
פז ה מיי' שם הלכה ב:

תנא בן עזאי אומר על כל משכב שכב חוץ מן הקרקע על כל מושב שב חוץ מן הקורה אמר שמואל שינה בעמוד השחר כאסטמא לפרזלא יציאה בעמוד השחר כאסטמא לפרזלא בר קפרא הוה מזבן מילי בדינרי עד דכפנת אכול עד דצחית שתי עד דרתחא קדרך שפוך קרנא קריא ברומי בר מזבין תאני דאבוך זבין אמר להו אביי לרבנן כי עייליתו בשבילי דמחוזא למיפק ביה בחקלא לא תחזו לא להך גיסא ולא להך גיסא דלמא יתבי נשי ולאו אורח ארעא לאסתכולי בהו רב ספרא על לבית הכסא אתא רבי אבא נחר ליה אבבא אמר ליה ליעול מר בתר דנפק אמר ליה עד השתא לא עיילת לשעיר וגמרת לך מילי דשעיר לאו הכי תנן מדורה היתה שם ובית הכסא של כבוד וזה היה כבודו מצאו נעול בידוע שיש שם אדם מצאו פתוח בידוע שאין שם אדם אלמא לאו אורח ארעא הוא והוא סבר מסוכן הוא דתניא רבן שמעון בן גמליאל אומר עמוד החוזר מביא את האדם לידי הדרוקן סילון החוזר מביא את האדם לידי ירקון רבי אלעזר על לבית הכסא אתא ההוא פרסאה דחקיה קם ר' אלעזר ונפק אתא דרקונא שמטיה לכרכשיה קרי עליה רבי אלעזר א) ואתן אדם תחתיך אל תקרי אדם אלא אדום: ב) ואמר להרגך ותחס עליך ואמר ואמרתי מיבעי ליה ותחם וחסתי מיבעי ליה אמר רבי אלעזר אמר לו דוד לשאול מן התורה בן הריגה אתה שהרי רודף אתה והתורה אמרה בא להרגך השכם להרגו אלא צניעות שהיתה בך היא חסה עליך ומאי היא דכתיב ג) ויבא אל גדרות הצאן על הדרך ושם מערה ויבא שאול להסך את רגליו תנא גדר לפנים מן גדר ומערה לפנים ממערה להסך אמר ר' אלעזר מלמד שסכך עצמו כסוכה: ד) ויקם דוד ויכרת את כנף המעיל אשר לשאול בלט אמר ר' יוסי בר' חנינא כל המבזה את הבגדים סוף אינו נהנה מהם שנאמר ה) והמלך דוד זקן בא בימים ויכסוהו בבגדים ולא יחם לו: ו) אם ה' הסיתך בי ירח מנחה אמר רבי אלעזר אמר ליה הקב"ה לדוד מסית קרית לי הרי אני מכשילך בדבר שאפי' תינוקות של בית רבן יודעים אותו דכתיב ז) כי תשא את ראש בני ישראל לפקודיהם ונתנו איש כפר נפשו וגו' מיד ח) ויעמוד שטן על ישראל וכתיב ט) ויסת את דוד בהם לאמר לך מנה את ישראל וכיון דמנינהו לא שקל מינייהו כופר דכתיב י) ויתן ה' דבר בישראל מהבקר ועד עת מועד מאי עת מועד אמר שמואל סבא חתניה דרבי חנינא משמיה דרבי חנינא משעת שחיטת התמיד עד שעת זריקתו רבי יוחנן אמר עד חצות ממש: כ) ויאמר למלאך המשחית בעם רב אמר רבי אלעזר אמר ליה הקב"ה למלאך טול לי רב שבהם שיש בו ליפרע מהם כמה חובות באותה שעה מת אבישי בן צרויה ששקול כרובה של סנהדרין: ל) ובהשחית ראה ה' וינחם מאי ראה אמר רב ראה יעקב אבינו דכתיב מ) ויאמר יעקב כאשר ראם ושמואל אמר אפרו של יצחק ראה שנאמר נ) אלהים יראה לו השה רבי יצחק נפחא אמר כסף כפורים ראה שנאמר ס) ולקחת את כסף הכפורים מאת בני ישראל וגו' רבי יוחנן אמר בית המקדש ראה דכתיב ע) בהר ה' יראה פליגי בה ר' יעקב בר אידי ורבי שמואל בר נחמני חד אמר כסף הכפורים ראה וחד אמר בית המקדש ראה ומסתברא כמאן דאמר בית המקדש ראה שנאמר אשר יאמר היום בהר ה' יראה: לא יכנס אדם להר הבית במקלו וכו': מאי קפנדריא אמר רבא קפנדריא כשמה ורב חנא בר אדא משמיה דרב סמא בריה דרב מרי אמר כמאן דאמר אינש אדמקיפנא אדרי איעול בהא אמר רב נחמן אמר רבה בר אבוה הנכנס לבית הכנסת על מנת שלא לעשותו קפנדריא מותר לעשותו קפנדריא רבי אבהו אמר אם היה שביל מעיקרו מותר אמר ר' חלבו אמר רב הונא הנכנס לבית הכנסת להתפלל מותר [א] לעשותו קפנדריא שנאמר פ) ובבא עם הארץ לפני ה' במועדים וגו': ורקיקה מקל וחומר: אמר רב ביבי אמר ר' יהושע בן לוי כל הרוקק בהר הבית בזמן הזה כאילו רוקק בבת עינו שנאמר צ) והיה עיני ולבי שם כל הימים אמר רבא רקיקה בבית הכנסת שריא מידי דהוה אמנעל מה מנעל בהר הבית אסור בבית הכנסת מותר אף רקיקה בהר הבית הוא דאסור בבית הכנסת שרי אמר ליה רב פפא לרבא ואמרי לה רבינא לרבא ואמרי לה רב אדא בר מתנא לרבא אדיליף ממנעל נילף מקפנדריא אמר ליה תנא יליף ממנעל ואת אמרת מקפנדריא מאי היא דתניא לא יכנס אדם להר הבית לא במקלו שבידו ולא במנעלו שברגלו ולא במעות הצרורים לו בסדינו ובפונדתו מופשלת לאחוריו ולא יעשנה קפנדריא ורקיקה מקל וחומר ממנעל ומה מנעל שאין בו דרך בזיון אמרה תורה ק) של נעליך מעל רגליך רקיקה שהיא דרך בזיון לא כל שכן רבי יוסי בר יהודה אומר אינו צריך הרי הוא אומר ר) כי אין לבא אל שער המלך בלבוש שק והלא דברים קל וחומר ומה שק שאינו מאוס לפני בשר ודם כך רקיקה שהיא מאוסה לפני מלך מלכי המלכים לא כל שכן אמר ליה אנא הכי קאמינא נימא הכא לחומרא והכא לחומרא ואימא

רש"י

על כל מושב שב חוץ מן הקורה. שמא תפול: באסטמא לפרזלא. אצייי"ר בלעז. שמועיל לברזל כך מועיל לגוף: יציאה. להפנות: אדכפנת אכול. שאם תשהא תעבור ממך תאות המאכל ואין המאכל מועיל: עד דרתחא קדרך שפוך. קודם שתצטנן. משל הוא זה כשאתה צריך לנקביך שפוך ואל תשהא אותם: קרנא קריא ברומי. אם תשמע קול קרן ברומי הוא סימן למבקשי תאנים לקנות ולהוליך למקום אחר: בר מזבין תאני דאבוך זבין. אם אין אביך בבית הזהר אתה בנו למכור תאניו בעוד שיש תובעים: בשבילי. שביל קטן שפונים בו לשדות: נחר ליה אבבא. לידע אם יש שם אדם. נחר טושי"ר בלעז: אמר ליה. ר' אבא לרב ספרא: עד כאן לא עיילת לשעיר. שאינך צנוע בבית הכסא: וגמרת לך מילי דשעיר. שאינך צנוע: לאו הכי תנן. במסכת תמיד: מדורה היתה שם. בעזרה היסק גדול של אור להתחמם שם הכהנים המהלכים רגליהם בבית הכסא שצריכין טבילה כדתנן במסכת יומא (ד' כח.) כל המיסך [ב] רגליו טעון טבילה: ובית הכסא של כבוד. אלמא אין מספרים בבית הכסא ואת אמרת ליעול מר: והוא סבר. רב ספרא שמהר לומר ליעול מר סבר מסוכן הוא בעמוד החוזר אם ישוב לאחוריו ויחזור העמוד: הדרוקן. כרסו נבה:

דרקונא. נחש: שמטיה לכרכשיה. אלחולת שהרעי יוצא בו סקורין עבמיא: ואמר להרגך ותחס עליך. דוד אמר לשאול כן בצאתו מן המערה שנכנס בה לפנות וכרת דוד את כנף מעילו ואמר להרגך הקב"ה התיר לי להרגך: התורה אמרה וכו'. אם במחתרת ימצא הגנב וגו' (שמות כב). וכבר פירשנוהו למעלה במעשה דר' שילא (ד' נח.): צניעות שראיתי בך. שנכנס למערה בשביל הצנע ואף שם נהג צניעות כדמפרש ואזיל: שסכך רגליו. בבגדיו כסוכה: שיש בו ליפרע במה. שיש במיתתו כדי לכפר על כמה עונות: ובהשחית ראה ה' וינחם. מקרא הוא באותה פרשה בדברי הימים: כסף כפורים ראה. שנתן במנין ראשון של ישראל למשכן והוא כפר על מנין זה שהרי לזכרון נתן כדכתיב והיה לבני ישראל לזכרון לכפר ועכשיו הוצרכו כפרתו: כשמה. כמשמעה פירוש שמה: אדמקיפנא אדרי איעול בהא. בעוד שאני מקיף כל שורות הבתים הללו אכנס כאן לקצר דרכי: אדרי. שורות: קפנדריא. טריי"א בלעז: מעיקרא. קודם שנבנה עליו בית הכנסת: נילף מקפנדריא. לאיסורא דתנן במסכת מגילה (ד' כח.) אין עושין בית הכנסת קפנדריא: תנא יליף. רקיקה ממנעל: פונדתו. אזור חלול שנותנין בו מעות: ואימא

תורה אור השלם

א) מֵאֲשֶׁר יָקַרְתָּ בְעֵינַי נִכְבַּדְתָּ וַאֲנִי אֲהַבְתִּיךָ וְאֶתֵּן אָדָם תַּחְתֶּיךָ וּלְאֻמִּים תַּחַת נַפְשֶׁךָ: [ישעיה מג, ד]

ב) הִנֵּה הַיּוֹם הַזֶּה רָאוּ עֵינֶיךָ אֵת אֲשֶׁר נְתָנְךָ יְיָ הַיּוֹם בְּיָדִי בַּמְּעָרָה וְאָמַר לַהֲרָגְךָ וַתָּחָס עָלֶיךָ וָאֹמַר לֹא אֶשְׁלַח יָדִי בַּאדֹנִי כִּי מְשִׁיחַ יְיָ הוּא: [שמואל א כד, י]

ג) וַיָּבֹא אֶל גִּדְרוֹת הַצֹּאן עַל הַדֶּרֶךְ וְשָׁם מְעָרָה וַיָּבֹא שָׁאוּל לְהָסֵךְ אֶת רַגְלָיו וְדָוִד וַאֲנָשָׁיו בְּיַרְכְּתֵי הַמְּעָרָה יֹשְׁבִים: [שמואל א כד, ג]

ד) וַיֹּאמְרוּ אַנְשֵׁי דָוִד אֵלָיו הִנֵּה הַיּוֹם אֲשֶׁר אָמַר יְיָ אֵלֶיךָ הִנֵּה אָנֹכִי נֹתֵן אֶת אֹיְבְךָ בְּיָדֶךָ וְעָשִׂיתָ לּוֹ כַּאֲשֶׁר יִטַב בְּעֵינֶיךָ וַיָּקָם דָּוִד וַיִּכְרֹת אֶת כְּנַף הַמְּעִיל אֲשֶׁר לְשָׁאוּל בַּלָּט: [שמואל א כד, ד]

ה) וְהַמֶּלֶךְ דָּוִד זָקֵן בָּא בַּיָּמִים וַיְכַסֻּהוּ בַּבְּגָדִים וְלֹא יִחַם לוֹ: [מלכים א א, א]

ו) וְעַתָּה יִשְׁמַע נָא אֲדֹנִי הַמֶּלֶךְ אֵת דִּבְרֵי עַבְדּוֹ אִם יְיָ הֱסִיתְךָ בִי יָרַח מִנְחָה וְאִם בְּנֵי הָאָדָם אֲרוּרִים הֵם לִפְנֵי יְיָ כִּי גֵרְשׁוּנִי הַיּוֹם מֵהִסְתַּפֵּחַ בְּנַחֲלַת יְיָ לֵאמֹר לֵךְ עֲבֹד אֱלֹהִים אֲחֵרִים: [שמואל א כו, יט]

ז) כִּי תִשָּׂא אֶת רֹאשׁ בְּנֵי יִשְׂרָאֵל לִפְקֻדֵיהֶם וְנָתְנוּ אִישׁ כֹּפֶר נַפְשׁוֹ לַייָ בִּפְקֹד אֹתָם וְלֹא יִהְיֶה בָהֶם נֶגֶף בִּפְקֹד אֹתָם: [שמות ל, יב]

ח) וַיַּעֲמֹד שָׂטָן עַל יִשְׂרָאֵל וַיָּסֶת אֶת דָּוִיד לִמְנוֹת אֶת יִשְׂרָאֵל: [דברי הימים א כא, א]

ט) וַיֹּסֶף אַף יְיָ לַחֲרוֹת בְּיִשְׂרָאֵל וַיָּסֶת אֶת דָּוִד בָּהֶם לֵאמֹר לֵךְ מְנֵה אֶת יִשְׂרָאֵל וְאֶת יְהוּדָה: [שמואל ב כד, א]

י) וַיִּתֵּן יְיָ דֶּבֶר בְּיִשְׂרָאֵל מֵהַבֹּקֶר וְעַד עֵת מוֹעֵד וַיָּמָת מִן הָעָם מִדָּן וְעַד בְּאֵר שֶׁבַע שִׁבְעִים אֶלֶף אִישׁ: [שמואל ב כד, טו]

כ) וַיִּשְׁלַח יָדוֹ הַמַּלְאָךְ יְרוּשָׁלַם לְשַׁחֲתָהּ וַיִּנָּחֶם יְיָ אֶל הָרָעָה וַיֹּאמֶר לַמַּלְאָךְ הַמַּשְׁחִית בָּעָם רַב עַתָּה הֶרֶף יָדֶךָ וּמַלְאַךְ יְיָ הָיָה עִם גֹּרֶן הָאֲרַוְנָה הַיְבֻסִי: [שמואל ב כד, טז]

ל) וַיִּשְׁלַח הָאֱלֹהִים מַלְאָךְ לִירוּשָׁלַיִם לְהַשְׁחִיתָהּ וּכְהַשְׁחִית רָאָה יְיָ וַיִּנָּחֶם עַל הָרָעָה וַיֹּאמֶר לַמַּלְאָךְ הַמַּשְׁחִית רַב עַתָּה הֶרֶף יָדֶךָ וּמַלְאַךְ יְיָ עֹמֵד עִם גֹּרֶן אָרְנָן הַיְבוּסִי: [דברי הימים א כא, טו]

מ) וַיֹּאמֶר יַעֲקֹב כַּאֲשֶׁר רָאָם מַחֲנֵה אֱלֹהִים זֶה וַיִּקְרָא שֵׁם הַמָּקוֹם הַהוּא מַחֲנָיִם: [בראשית לב, ב]

נ) וַיֹּאמֶר אַבְרָהָם אֱלֹהִים יִרְאֶה לּוֹ הַשֶּׂה לְעֹלָה בְּנִי וַיֵּלְכוּ שְׁנֵיהֶם יַחְדָּו: [בראשית כב, ח]

ס) וְלָקַחְתָּ אֶת כֶּסֶף הַכִּפֻּרִים מֵאֵת בְּנֵי יִשְׂרָאֵל וְנָתַתָּ אֹתוֹ עַל עֲבֹדַת אֹהֶל מוֹעֵד וְהָיָה לִבְנֵי יִשְׂרָאֵל לְזִכָּרוֹן לִפְנֵי יְיָ לְכַפֵּר עַל נַפְשֹׁתֵיכֶם: [שמות ל, טז] ע) וַיִּקְרָא אַבְרָהָם שֵׁם הַמָּקוֹם הַהוּא יְיָ יִרְאֶה אֲשֶׁר יֵאָמֵר הַיּוֹם בְּהַר יְיָ יֵרָאֶה: [בראשית כב, יד] פ) וּבְבוֹא עַם הָאָרֶץ לִפְנֵי יְיָ בַּמּוֹעֲדִים הַבָּא דֶּרֶךְ שַׁעַר צָפוֹן לְהִשְׁתַּחֲוֹת יֵצֵא דֶּרֶךְ שַׁעַר נֶגֶב וְהַבָּא דֶּרֶךְ שַׁעַר נֶגֶב יֵצֵא דֶּרֶךְ שַׁעַר צָפוֹנָה לֹא יָשׁוּב דֶּרֶךְ הַשַּׁעַר אֲשֶׁר בָּא בוֹ כִּי נִכְחוֹ יֵצֵא: [יחזקאל מו, ט] צ) וַיֹּאמֶר יְיָ אֵלָיו שָׁמַעְתִּי אֶת תְּפִלָּתְךָ וְאֶת תְּחִנָּתְךָ אֲשֶׁר הִתְחַנַּנְתָּה לְפָנַי הִקְדַּשְׁתִּי אֶת הַבַּיִת הַזֶּה אֲשֶׁר בָּנִתָה לָשׂוּם שְׁמִי שָׁם עַד עוֹלָם וְהָיוּ עֵינַי וְלִבִּי שָׁם כָּל הַיָּמִים: [מלכים א ט, ג] ק) וַיֹּאמֶר אַל תִּקְרַב הֲלֹם שַׁל נְעָלֶיךָ מֵעַל רַגְלֶיךָ כִּי הַמָּקוֹם אֲשֶׁר אַתָּה עוֹמֵד עָלָיו אַדְמַת קֹדֶשׁ הוּא: [שמות ג, ה] ר) וַיָּבוֹא עַד לִפְנֵי שַׁעַר הַמֶּלֶךְ כִּי אֵין לָבוֹא אֶל שַׁעַר הַמֶּלֶךְ בִּלְבוּשׁ שָׂק: [אסתר ד, ב]

מסורת הש"ס עם הוספות

א) תמיד כז:, ב) שם כו., ג) שם ולעיל כה. [בכורות מד:], ד) [עי' תוספות ב"ק לא. ד"ה אלא], ה) [לעיל נח. סנהדרין עב.], ו) מגילה כט. ע"ש, ז) [תוספתא פ"ו], ח) [עי' תוס' ב"מ כו. ד"ה בהר ותוס' פסחים ז. ד"ה בהר], ט) [עי' תוספות חגיגה ד: ד"ה כי תבואו], י) שמות ל טז.

גליון הש"ס

גמ' אל תקרי אדם. עי' יבמות ס"א ע"א תוס' ד"ה ואין:

הגהות הגר"א

[א] שם הנכנס לבהכ"נ להתפלל מותר. נ"ב גירסת הרי"ף מצוה וכן הרא"ש במגילה: [ב] רש"י ד"ה כל המיסך כו' אלמא אין כו'. נ"ב וצ"ע למה לא פירש כמ"ש בתמיד למימרא דלא כו':

ליקוטי רש"י

[נדפס בסוף המסכת]

הגהות וציונים

א] [עי' בערוך ערך אסטמא ועי' עוד במוסף הערוך ערך שן ו' שפירש השתנה מלשון את שיניהם מלכים ב יח] (גליון): ב] [בערוך ערך כפן פירש הדברים אלו על דרך מוסר יפה ע"ש] (גליון): ג] בכת"י דלמא יתבי ביה אינשי דלאו אורח ארעא (וגירסא ישרה היא כי לפי גירסתינו איסור יש בדבר ולאו משום אורח ארעא בלבד, שפ"ח): ד] רומאה (כל הדפו' ובכת"י, תשתנה מן הצנזור, דק"ס) ועיין בהגהות הגרא"מ הורויץ: ה] לפי גירסתינו משמע דפליגי, דלרבא היא מלה בלשון רומי שפירושה "קיצור דרך" (הגהות הגר"י לנדא, ברכת ראש ע"פ הערוך ערך קפנדר) ולרב חנא היא מלה המחוברת משתי מילים בארמית, אולם בכת"י הגירסא אמר רב חנא וכו' וכתב הדק"ס (אות י) שהיא הגי' האמיתית דלא פליגי אהדדי דרב חנא בא לפרש המשמעות וכ"ה במגילה כט ע"א עיי"ש, וכן פירש במנחם משיב נפש עיי"ש, ועיין גליוני הש"ס: ו] ומה שק שאינו מאוס, ולפני בשר ודם כך [וכ"ה בדפו"ר], רקיקה שהיא מאוסה, ולפני מלך מלכי המלכים הקב"ה לא כ"ש (שפתי חכמים, ועיין הג' בן ארי', מנחם משיב נפש): ז] כדאיתא מועד קטן כח ע"א מיתת צדיקים מכפרת: ח] כשמה. כמשמעה פירוש שמה קפנדריא טריי"א בלע"ז (הילוך אלכסון) והס"ד, ומה"ד אדמקיפנא וכו' אדרי שורות, הס"ד, ומה"ד מעיקרא (מנחם משיב נפש עיי"ש):

לעזי רש"י

אצויי"ר. פירוש תיפוס (ר"ש כלים פי"ד מ"ד ועיין רמב"ם שם). טושיי"ר. פירוש להשתעל (הוסטע"ן). טבחיי"א. פירוש תלחולת (רש"י חולין דף ע"א), המעי הדטוק כפי הטבעת (ערוך ערך כרכשתא א' ועיין רמב"ם שמונה פ"ג הט"ו). טרי"א. פירוש קפנדריא, שביל המקצר את הדרך, (מתוך הערוך ערך קפנדל ועיין רש"י מגילה דף כט ע"א ד"ה אדמקיפנא).

אור

א לארבעה עשר בודקין את החמץ לאור הנר כל מקום שאין מכניסין בו חמץ אין צריך בדיקה ובמה[א] אמרו ב' שורות במרתף מקום שמכניסין בו חמץ בית שמאי אומרים ב' שורות על פני כל המרתף ובית הלל אומרים שתי שורות החיצונות שהן העליונות:

גמ' מאי אור רב הונא אמר נגהי ° ורב יהודה אמר לילי קא סלקא דעתך דמאן דאמר נגהי נגהי ממש ומאן דאמר לילי לילי ממש מיתיבי א) הבקר אור והאנשים שולחו אלמא אור יממא הוא מי כתיב האור בקר הבקר אור כתיב כמאן דאמר צפרא נהר וכדרב יהודה אמר רב דאמר רב יהודה אמר רב [ב] לעולם יכנס אדם בכי טוב ויצא בכי טוב מיתיבי ב) וכאור בקר יזרח שמש אלמא אור יממא הוא מי כתיב אור בקר וכאור בקר כתיב והכי קאמר וכאור בקר בעולם הזה כעין זריחת שמש לצדיקים לעולם הבא[ג] מיתיבי ג) ויקרא אלהים לאור יום אלמא אור יממא הוא הכי קאמר ° למאיר ובא קראו יום אלא מעתה ולחשך קרא לילה למחשיך ובא קרא לילה והא קיימא לן דעד צאת הכוכבים יממא הוא אלא הכי קאמר קרייה רחמנא לנהורא ופקדיה אמצותא דיממא וקרייה רחמנא לחשוכא ופקדיה אמצותא דלילה מיתיבי ד) הללוהו כל כוכבי אור אלמא אור אורתא הוא הכי קאמר הללוהו כל כוכבים המאירים אלא מעתה כוכבים המאירים הוא דבעו שבוחי שאינן מאירין לא בעו שבוחי והא כתיב ה) הללוהו כל צבאיו אלא הא קמ"ל דאור דכוכבים נמי אור הוא[ו] למאי נפקא מינה לנודר מן האור (דתנן[ז]) אי הנודר מן האור אסור באורן של כוכבים מיתיבי ו) לאור יקום רוצח יקטל עני ואביון ובלילה יהי כגנב הא

אור לארבעה עשר גרסי'[ד]: לאור הנר. בגמרא (דף ז:) מפרש טעמא: בודקין. שלא יעבור עליו בבל יראה ובבל ימצא: ובמה אמרו. לקמן במתניתין: שתי שורות. של חביות הסדורות במרתף של יין צריך לבדוק ביניהם אחרי שאמרו כל מקום שאין מכניסין בו חמץ אין צריך לבדוק למה הוצרכו לבודקן ומפרש לא אמרו אלא במרתף שמכניסין בו חמץ כגון מרתף שמסתפק ממנו יין לשולחנו ופעמים שהשמש עומד למזוג יין ופתו בידו וכשהיין כלה נכנס למרתף להביא יין: שתי שורות על פני כל המרתף. בגמ' (דף ח:) מפרש מאי היא: שתי שורות החיצונות כו'. מפרש בגמ' (שם): גמ' ה"ג קא סלקא דעתך מאן דאמר נגהי נגהי ממש. כשיאיר השחר שחרית של י"ד: מאן דאמר לילי לילי ממש לא גרסי' דהא ודאי לילי הוא ממש: הבקר אור. קס"ד דה"ק ולבקר דהיינו אור כלומר שמו אור האנשים שולחו: מי כתיב האור בקר. דלשתמע ולאור דהיינו בקר דתימלי לומר דאור שם דבר הוא וקרי לבקר אור: הבקר אור כתיב. האי אור לאו שם דבר הוא אלא הבקר האיר והאנשים שולחו כמאן דאמר צפרא נהר ולפי דרכו לימדך הכתוב דרך ארץ מאחי יוסף שהמתינו עד שהאיר המזרח כדרב יהודה אבל אור שהוא שם דבר אינו אלא לילה: בכי טוב. היוצא לדרך יכנס ערבית לבית מלון בעוד החמה זורחת ולמחר ימתין עד הנץ החמה ויצא ואז טוב לו שהאור טוב לו שנאמר באור כי טוב ומה היא טובתו ° מפני החיות ומפני הלסטים[ז]: וכאור בקר. השתא משמע לן דשם דבר הוא והכי קאמר דוד וכאור זה דהיינו בקר כן יזרח שמש לצדיקים שיצאו מאפילתן לעולם הבא: מי כתיב אור בקר. דהיינו שם דבר ונימא אור הוא בקר וכן יזרח שמש: וכאור בקר כתיב. ואין זה שם דבר אלא כמאיר של בקר יזרח שמש כשמתחיל הבקר להאיר בעולם הזה והוא תשך ואפל בעלות השחר[ח] נוגה כזריחת השמש של עכשיו תהיה אותה שעה לצדיקים לעתיד לבא לפי שיהא אור החמה גדול מאד ואפילו עלות השחר שלה יאיר כהנץ החמה של עכשיו: למאיר ובא קראו יום. משעה שמתחיל להאיר והאי אור לאו שם דבר הוא: והא קיימא לן. במעתא קמייתא דברכות[ט]: עד צאת הכוכבים יממא. כדכתיב מעלות השחר ועד צאת הכוכבים דעזרא (נחמיה ד): אלא. תריץ הכי: קריה רחמנא לנהורא כו'. האי ויקרא לאו קריאת שם הוא דתימא שקרא את שם האור יום אלא קרא לבריאה המאירה שברא מהוד מעטה לבושו[י]: ופקדיה אמצותא דיממא. נוהו לשמש ביום ולחושך נוה לשמש בלילה. קרא כמלך שקרא לעבדו שיבא לפניו: הא קמ"ל דאור כוכבים נמי אור הוא. לעולם כוכבים המאירים קאמר ודקא קשיא לך הא שאינן מאירין לא הא דנקט כוכבי אור לאו למעוטי כוכבים שאינן מאירין דלכל כוכבים יש להם אור וליכא למעוטי מידי וקרא אשמעינן דאור כוכבים קרוי אור ונפקא מינה לנודר הנאה מן האור שיאסר באורן של כוכבים:

מדקאמר

אור לארבעה עשר בודקין את החמץ. פ"ה שלא לעבור עליו בבל יראה ובל ימצא וקשה לר"י כיון דצריך ביטול כדאמר בגמ' (דף ו:) הבודק צריך שיבטל ומדאורייתא בביטול בעלמא סגי[י] אמאי הצריכו חכמים בדיקה כלל[כ] ונראה לר"י דאע"ג דסגי בביטול בעלמא החמירו חכמים לבדוק חמץ ולבערו ° שלא יבא לאכלו וכן משמע לקמן (דף י:) דבעי רבא ככר בשמי קורה וכו' או דלמא זימנין דנפל ואתי למיכליה והטעם שהחמירו כאן טפי מבשאר איסורי הנאה שלא הצריכו לבערם משום דחמץ מותר כל השנה ולא נאסר רק בפסח ולא[ז] בדילי מיניה כדאמר לקמן (דף יא.) ולא דמי לבשר בחלב וערלה וכלאי הכרם שאיסורם נוהג איסור עולם [ח] ונזיר נמי איסוריה שרי לאחריני[ט] אי נמי שאני חמץ שהחמירה בו תורה לעבור בבל יראה ובל ימצא החמירו חכמים לבדוק ולבערו אפילו היכא דביטלו משום דילמא אתי למיכליה ונראה לרשב"א דאפילו לפי טעם האחרון נ"ל דהחמירו חכמים בכל חמץ אפי' בחמץ נוקשה ועל ידי תערובת אף על גב דליכא בל יראה לפר"ת בריש אלו עוברין (דף מג.) דהא אמר [ט] שיאור ישרף והיינו חמץ נוקשה כדמוכח התם ואיכא למ"ד נמי התם דכ"ש חמץ גמור על ידי תערובת משמע דאסור להשהותו דאי מותר להשהותו אמאי ישרף ישהה אותו עד אחר הפסח ויהא מותר אפילו לרבי יהודה דלא אסר רבי יהודה חמץ אחר הפסח אלא בחמץ גמור דאיכא ג' קראי לתוך זמנו ולפני זמנו ולאחר זמנו (לקמן דף כח:) אבל בנוקשה דליכא אלא חד קרא אפי' ר' יהודה מודה:

קא סלקא דעתך מ"ד נגהי וכו'. לא נקט קס"ד אלא משום מאן דאמר נגהי דלא קאי הכי ואגב אורחיה נקט נמי לילי ממש ומש"ה אין לשבש הספרים:

וכדרב יהודה. לא קאי אמאי דמשני כדאמר צפרא נהר אלא מילתא באפי נפשה היא ומפרש מה השמיענו הפסוק לכ"ע:

יכנס בכי טוב. אור"י דבפרק הכונס (דף ס. ושם:) משמע דטעם הוי משום מזיקין דמפיק ליה התם מלא תצאו איש מפתח ביתו[י] וקרא משום מזיקין קא מזהיר דמפקינן מיניה התם כיון שניתן רשות למשחית וכו' ולפי זה אפילו מעירו אדם צריך ליזהר שילא בכי טוב והא דנקט כניסה תחלה היינו משום דאורחא דגמרא למינקט הכי כמו מטפס ועולה ומטפס ויורד בפרק עושין פסין (דף כא.) דנקט עליה תחלה ובפ' במה מדליקין (דף לד:) בין השמשות כהרף עין זה נכנס וזה יוצא וקשה הא דריש רב יהודה הא דרשה גופה[ט] מקרא אחרינא דלא תצאו בפרק הכונס (דף ס. ושם:) ואומר רשב"א[י] דצריכי תרי קראי הבקר אור צריך לעיר אחרת ואפי' היכא דליכא למיחש למזיקין כגון אחי יוסף דהוו י"א[כ] והטעם מפני הפחתים וקרא דלא תצאו איצטריך לעירו ומפני המזיקין:

וכאור בקר בעולם הזה. פי' ר"ת דהיינו עד חצי היום כדמוכח בפ' תמיד נשחט (דף נח.) דעד ו' שעות נקרא בקר כעין זה יהיה תחלת זריחת השמש דהיינו הנץ החמה לצדיקים לעתיד לבא:

והא קיימא לן עד צאת הכוכבים יממא הוא. אומר ר"י דפשיטא ליה לגמרא דעד צאת הכוכבים יממא משום דמסקינן בספ"ב דמגילה (דף כ:) דמעלות השחר יום הוא דכתיב[ל] ואנחנו עושים במלאכה מעלות השחר עד צאת הכוכבים ואומר[מ] והיה לנו הלילה משמר והיום מלאכה ומהתם נמי מוכח דעד צאת הכוכבים יום הוא ולא קשה מההוא קרא לתנאי דפרק במה מדליקין (דף לד: ולה.) דקאמר ר' יהודה משתשקע החמה כל זמן שפני מזרח מאדימין ואיכא למאן דאמר התם שני חלקי מיל שהוא לפי הנראה שעה גדולה לפני צאת הכוכבים דאין אנו בקיאין בצאת הכוכבים כדאמר התם[נ] לא כוכבים גדולים הנראין ביום ולא כוכבים קטנים הנראין בלילה אלא בינונים:

(כדתנן[ס]) הנודר מן האור. מיהו היכא דלשון בני אדם אינו כלשון המקרא אזלינן אחר לשון בני אדם כדאמרינן בערכין (ד' יט:) גבי האומר משקל ידי עלי מדאורייתא קיבורת כולה בנדרים הלך אחר לשון בני אדם דהיינו עד האציל[ס]:

אי

עין משפט נר מצוה

א א מיי' פ"ג מהלכות חמץ ומצה הלכה ג סמג עשין לט טור וש"ע א"ח סי' תלא סעיף א:

רבינו חננאל

אור לארבעה עשר בודקין את החמץ לאור הנר כו'. [מאי אור] רב הונא אמר נגהי רב יהודה אמר לילי. אף על גב דאסיקנא לדברי הכל אור אורתא הוא קס"ד דמאן דאמר נגהי קסבר האי אור צפרא הוא ומאן דאמר לילי קסבר לילי הוא. **ואותבינן עליה והכתיב הבקר אור** ואיך תאמר האור לילי הוא. ופריק מי כתיב האור בקר דשמעת מינה שהאור בקר הוא הבקר אור כתיב ופי' הבקר האיר ולא כי האור הוא הבקר: **מיתיבי וכאור בקר יזרח שמש** אלמא אור יממא הוא ושנינן וכאור בקר כתיב. כלומר כאור בקר קודם זריחת שמש לצדיקים לעתיד לבוא הוא כעין זריחת שמש בעולם הזה נמצא זריחת שמש בעולם הזה כעין אור בקר קודם זריחת שמש לצדיקים לעתיד לבוא: **ויקרא אלהים לאור יום**. ושני' למאיר ובא קראו יום. כלומר משיאיר היום [בבקר] קרא יום: **הללוהו כל כוכבי אור**. פי' בא הכתוב להודיע דאפילו זוהר הכוכבים נקרא אור נפקא מינה לנודר דאמר מר הנודר מן האורה אסור באורן של כוכבים:

הגהות וציונים

א] [במשנה שבמשניות ובri"ף איתא **ולמה**] (גליון): ב] ראשונים וכ"י **לעתיד לבא**: ג] [**דתניא**] (גליון): ד] אולי היתה לפניו נוסחא אור י"ד וכלקמן י ע"ב (שינויי נוסחאות במשניות) ועי' בר"ן על הרי"ף ומהר"ם, ועי' תוס' זבחים נו ע"ב ד"ה אור: ה] צ"ל **יהודה נוגה**, (ע"י): ו] אולי צ"ל **לא** (בכור שור, ועיין ילקוט מפרשים): ז] עיין מהרש"א (גליון): ח] גליון כת"י **ועוד נראה דלא דמי לערלה ולשאר איסורין דחמץ איכא כרת ולא בדילי** וכן המרדכי הביאו בשם ר"י ועי' צל"ח שדן למה תוס' לא מביא טעם זה שחמץ בכרת משא"כ בכל האיסורין (ד"ס): ט] בכ"י מובא בד"ס, רב יהודה **גופיה האי דרשה**, וכן בתוס' שאנץ וחידושי הר"ן מקשה סתירה ממסכת תענית ששם רב יהודה עצמו דורש דרשה זו מהבקר אור וכו': י] כ"י מובא בד"ס **ר"י**, וכ"ה בחידושי הר"ן: כ] [**כדתניא**] (גליון): ל] ע"ש שמגיה לנודר מן האור **שאסור באורן** וכו'. ודתנן הנודר מן האור ל"ג:

מסורת הש"ס עם הוספות

א) בבא קמא ס: תענית י: ע"ש, ב) מגילה כ:, ג) עיין תוס' ע"ז דף כז. ד"ה אלמא, ד) סוטה כא., ה) ב:, ו) ב"ר ג ד, ז) לקמן דף ד:, ח) עי' רש"י דף ד. ד"ה חובת, ט) לקמן דף מג., י) שמות יג כב, כ) עי' ברכות ריש ג:, ל) נחמיה ד טו, מ) שם טז, נ) לה:, ס) [וע"ע תוס' יבמות עא. ד"ה והני מולין].

גליון הש"ס

גמ' ור"י אומר לילי. עי' תוי"ט תרומות פ"ח מ"ג: רש"י ד"ה בכי טוב וכו' מפני החיות ומפני הלסטים. עיין יומא כא ע"א ברש"י ד"ה היוצא יחידי: תוס' ד"ה אור לי"ד וכו' שלא יבא לאכלו. עי' לקמן י ע"ב תוס' ד"ה ואם לא בדק:

הגהות מהר"י לנדא

א] גמרא דתנן הנודר מן האור. אין זה לא משנה ולא ברייתא (ועי' צל"ח ל):

תורה אור השלם

א) הַבֹּקֶר אוֹר וְהָאֲנָשִׁים שֻׁלְּחוּ הֵמָּה וַחֲמֹרֵיהֶם: [בראשית מד, ג]

ב) וּכְאוֹר בֹּקֶר יִזְרַח שָׁמֶשׁ בֹּקֶר לֹא עָבוֹת מִנֹּגַהּ מִמָּטָר דֶּשֶׁא מֵאָרֶץ: [שמואל ב כג, ד]

ג) וַיִּקְרָא אֱלֹהִים לָאוֹר יוֹם וְלַחֹשֶׁךְ קָרָא לָיְלָה וַיְהִי עֶרֶב וַיְהִי בֹקֶר יוֹם אֶחָד: [בראשית א, ה]

ד) הַלְלוּהוּ שֶׁמֶשׁ וְיָרֵחַ הַלְלוּהוּ כָּל כּוֹכְבֵי אוֹר: [תהלים קמח, ג]

ה) הַלְלוּהוּ כָל מַלְאָכָיו הַלְלוּהוּ כָּל צְבָאָו: [תהלים קמח, ב]

ו) לָאוֹר יָקוּם רוֹצֵחַ יִקְטָל עָנִי וְאֶבְיוֹן וּבַלַּיְלָה יְהִי כַגַּנָּב: [איוב כד, יד]

ליקוטי רש"י

יכנס אדם בכי טוב. בערב בעוד שהחמה זורחת שאין ליסטין מצוין. א"נ שלא יפלו בגומות ובקעים שבעיר שלא יעלילו עליו עלילות מרגל אתה או גנב [תענית י:]. בכי טוב. לישנא מעליא האור כי טוב כלומר טוב הוא לבא בו וליכנס בו מפני המזיקין והליסטין [ב"ק ס:]. וכאור בוקר. והבטיחני שתלך גדולתי הלוך וגדל כאור נוגה אשר הולך ואור [שמואל-ב' כ"ג ד']. הללוהו כל כוכבי אור. כוכבי לילה [תהלים קמ"ח ג']. לאור יקום. אם היו עומדים ביום היו הורגים עוברי דרכים [איוב כ"ד י"ד].

הא מדקאמר ובלילה יהי כגנב אלמא אור יממא הוא התם הכי קאמר אי פשיטא לך מילתא כנהורא דאנפשות קאתי רוצח הוא וניתן להצילו בנפשו ואי מספקא לך מילתא כליליא יהי בעיניך כגנב ולא ניתן להצילו בנפשו מיתיבי [א] יחשכו כוכבי נשפו יקו לאור ואין ואל יראה בעפעפי שחר מדקאמר יקו לאור ואין אלמא אור יממא הוא התם מילט הוא דקא לייט ליה איוב למזליה אמר יהא רעוא דליצפיה הך גברא לנהורא ולא לישכחיה מיתיבי [ב] ואומר אך חשך ישופני ולילה אור בעדני אלמא אור יממא הוא התם הכי קאמר דוד אני אמרתי אך חשך ישופני לעוה"ב שהוא דומה ליום עכשיו [ו] העולם הזה שהוא דומה ללילה אור בעדני מיתיבי [ג] ר' יהודה אומר בודקין אור (לארבעה[א]) עשר ובארבעה עשר שחרית ובשעת הביעור מדקאמר רבי יהודה בודקין אור ארבעה עשר ובארבעה עשר שחרית אלמא אור אורתא הוא ש"מ מיתיבי [ד] מאימתי ארבעה עשר אסור בעשיית מלאכה ר' אליעזר בן יעקב אומר משעת האור רבי יהודה אומר [א] משעת הנץ החמה אמר ליה ר"א בן יעקב לרבי יהודה וכי היכן מצינו יום שמקצתו אסור בעשיית מלאכה ומקצתו מותר בעשיית מלאכה אמר ליה הוא עצמו יוכיח שמקצתו מותר באכילת חמץ ומקצתו אסור באכילת חמץ מדקאמר רבי יהודה משעת הנץ החמה אלמא אור דקאמר ר"א בן יעקב אורתא הוא לא מאי אור עמוד השחר אי הכי דקאמר ליה היכן מצינו יום שמקצתו מותר בעשיית מלאכה ומקצתו אסור בעשיית מלאכה [ז] נימא איהו לנפשיה[ב] הא איכא לילה דקא שרי ר"א בן יעקב ה"ק בשלמא לדידי אשכחנא דקא פלגי רבנן בין יממא לליליא (דתנן[ג]) [ה] גבי תענית צבור [ב] עד מתי אוכל ושותה עד שיעלה עמוד השחר דברי ר' אליעזר בן יעקב ר'[ד] שמעון אומר עד קרות הגבר אלא לדידך היכא אשכחנא יממא גופיה דפלגי ביה רבנן אמר ליה הוא עצמו יוכיח שמקצתו מותר באכילת חמץ ומקצתו אסור באכילת חמץ שפיר קאמר ליה ר' יהודה לר"א הכי קאמר ליה רבי אליעזר אמינא לך אנא מלאכה דרבנן ואת אמרת לי חמץ דאורייתא דעד הכא אסר רחמנא ועד הכא שרא רחמנא ואידך שעות דרבנן ואידך הרחקה הוא דעבוד רבנן לדאורייתא מיתיבי [ו] אין משיאין משואות אלא על החדש שנראה בזמנו לקדשו ואימתי משיאין משואות לאור עבורו אלמא אור אורתא הוא ש"מ מיתיבי [ז] [ג] היה עומד כל הלילה ומקריב על המזבח לאורה טעון קידוש ידים ורגלים דברי רבי אורה שאני: מיתיבי[ה] מר זוטרא

מדקאמר ובלילה יהי כגנב. מכלל דאור דרישיה דקרא יממא הוא והכי קאמר ביום כשעוברי דרכים הולכים עומד רוצח בחם הדרכים והורגן ונוטל את ממונם ובלילה הוא נעשה כגנב לחתור בתים ולגנוב: הכי קאמר. מה שנתנה לך תורה רשות על הבא במחתרת להורגו כדכתיב (שמות כב) אם במחתרת ימצא הגנב והוכה ומת אין לו דמים אם ברור לך הדבר כאור שהוא בא על עסקי נפשות דהיינו כל אדם חוץ מאב על הבן וכיוצא בו שמכיר בו שהוא אוהבו מאד אבל שאר כל אדם אם היה בעל הממון עומד כנגדו להציל ממנו ממונו זה עומד עליו והורגו רוצח הוא וניתן רשות לכל הקודם להציל את בעל הממון בנפשו של בא במחתרת. ובלילה אם מספקא לך כלילה כגון שאדם[ו] אוהבך שהוא[ז] אביך ורחמיו עליך ואם היית עומד כנגדו להציל ממונך אינו הורגך יהי בעיניך כגנב ולא ניתן להורגו והכי אמרינן בסנהדרין (דף עב:) דאב על הבן אינו נהרג במחתרת: כוכבי נשפו. כוכבי לילו: יקו לאור. יצפה ליום: עפעפי. זיהור[ח]: לנהורא. לדבר המאיר ולא שיהיה שם היום אור ולא קאמר יקו ליום אלא יקו שיאיר ואין: ואומר אך חושך ישופני. ואומר סבור הייתי בעוניי כשהייתי נרדף אך בחשך זה אמות והוא ישופני והוא יחשיך תמיד עלי לשון נשף. ולילה וחשך שהייתי שרוי בו נעשה אור בעדני אלי וגבי לילה שייך למימר יום אלמא הכי קאמר דוד הלילה נעשה לי יום: אני אמרתי. מפני חטאי שאף מן העולם הבא אטרד ועכשיו שמחל לי על אותו עון אף מן העולם הזה שהייתי שרוי בו בחשך ובחרפה האיר בעדני שהודיע הקב"ה לשונאי דוד בימי שלמה שמחל לדוד כשבקש להכניס ארון לבית קדשי הקדשים ודבקו שערים זה בזה במועד קטן (דף ט.[ט]): בודקין. תמן: מדקאמר ובי"ד שחרית מכלל דאור אורתא הוא. וטעמא דר' יהודה מפרש לקמן בפירקין [ט]: אסור בעשיית מלאכה. במקום שנהגו בו לנהוג איסור דאמרינן לקמן (דף נ) מקום שנהגו שלא לעשות מלאכה אין עושין: משעת האור. אבל קודם לכן אפילו נהגו בטלה דעתן: מותר באכילת חמץ. עד שש שעות כדלקמן בפרקין (ד' יא:): אורתא הוא. משתשיכה ושקעה חמה של שלשה עשר: נימא איהו לנפשיה. היכן מצינו שהיום אסור והלילה מותר: הכי קאמר ליה. הך איסורא דרבנן היא ולאו דאורייתא ובשלמא לדידי דאמינא משעת עמוד השחר אשכחן בעלמא במידי דרבנן דהלילה מותר והיום אסור: דפליגי ביה רבנן. שנתנו חילוק בשיעורים זה לאיסור וזה להיתר: אמינא לך אנא דרבנן. היכן הורגלו לעשות כן דנימא דהכא נמי כך גזרו: ואת אמרת לי. ראיה במילי דאורייתא שגזירת הכתוב כך היא ואין זו מדת חכמים: שעות דרבנן. לגבי איסור של תורה שהוא משש שעות ולמעלה כדלקמן (ד' יא:[י]) הוסיפו חכמים שתי שעות כדתנן אוכלין כל ארבע ותולין כל חמש ושורפין בתחלת שש הרי לך בשל דבריהם שתי שעות אסורות והארבע ראשונות לא אסרו: ואידך. ההוא לא דמי להכא דהרחקה עבוד רבנן לדאורייתא משום יום המעונן [כ] ובני אדם שאינן בקיאין בשעות ויטעו בין שש לשבע אבל באיסור זה כוליה דרבנן אחר שגזרו איסור כל היום גזרו: אין משיאין משואות. אבוקות בראשי הרים היו שלוחי בית דין עושין להודיע שהיום קידשו בית דין את החדש: אלא על החדש שנראה בזמנו לקדשו. ביום שלשים שנראה לקדש דאילו כשהחדש מעובר ועושין ראש חדש ביום שלשים ואחד אין מקדשין אותו שכבר קדשוהו שמים [ל] ואשמעינן האי תנא דאחסר עבדינן משואות ואמלא לא עבדינן משואות וכשאין רואין משואות יודעין שהחדש מעובר: לאור עבורו. ליל שעבר שלשים להודיע שהיום נתקדש. (ליל) שלשים [ואחד] קרי (אור)[מ] עבורו על שם שבו נעשה החדש מעובר כשאין קובעין בו את ראש חדש: אלמא אור אורתא הוא. דהא ביום אין משואות של אור נראין מרחוק: עומד ומקריב כל הלילה לאורה טעון קידוש ידים ורגלים. דקסבר רבי לינה פוסלת בקידוש ידים ורגלים וטעמא מפרש בזבחים[נ]: אורה שאני. היכא דתני אורה לא פליג רב יהודה דהוא לשון יום:

המפלת

אי פשיטא לך דאנפשות קאתי. אומר ר"י וריב"א דהאי קרא באב על הבן מיירי דסתם אב מרחם על הבן ולא יהרגנו אם יעמוד נגדו להציל ממונו ולכך לא ניתן להצילו בנפשו אלא כשיודע בברור שלהורגו בא כדמוכח בפרק בן סורר (דף עב: ושם) דמוקי הברייתא דתניא אם זרחה עליו השמש [מ] וכי עליו בלבד זרחה אלא אם ברור לך כשמש שאין לו שלום עמך הרגהו ואם לאו אל תהרגהו באב על הבן והאיא דתניא אם ברור לך שיש לו שלום עמך אל תהרגהו מוקי בבן על האב:

מאימתי י"ד אסור בעשיית מלאכה. פירש רש"י אסור בעשיית מלאכה במקום שנהגו ואין נראה לר"י דבפ' מקום שנהגו (דף נה.) מוכח בהדיא דרבי יהודה אית ליה איסורא ולא מנהגא ועוד תני [ו] תנא איסורא ואת אמרת מנהגא ועוד ניחזי היכי נהוג לכך נראה דבאיסור ודאי פליגי ובגליל כי היכי דפליגי התם במתני' ב"ש וב"ה:

רבי אליעזר ב"י אומר משעת האור. למאי דמסקינן אור ממש נקט ר' אליעזר בן יעקב שיעור למילתיה בתחלת היום ור' יהודה נקט הנץ החמה משעת כניסת פועלים למלאכה שהוא אחר זריחת השמש כדאמר בהשוכר את הפועלים (דף פג: ושם) פועל בכניסתו משלו ביציאתו משל בעה"ב פי' ביציאתו מביתו למלאכה כדכתיב (תהלים קד) תזרח השמש יאספון וגו' יצא אדם לפעלו ולא הוי ר"א בן יעקב לא כב"ש ולא כב"ה דבית שמאי אוסרין [ס] הלילה וב"ה מתירין עד הנץ ולמאי דס"ד דאור אורתא כב"ש יאמר רבי אליעזר בן יעקב לא נחלקו ב"ש וב"ה בדבר הזה[ע]:

היכן מצינו יום שמקצתו מות' ומקצתו אסו'. פי' היכא דליכא סברא כי הכא וכן תמן דאקשי ליה מיניה אבל היכא דאיכא סברא כגון [פ] לא יאכל אדם מן המנחה ולמעלה משום תיאבון וכיוצא בו לא מיירי:

אם

עין משפט נר מצוה

ב א מיי' פ"ח מהלכות יו"ט הלכה יח: [סמג לאוין עה]:

ג ב מיי' פ"א מהלכות תענית הלכה ח סמג עשין דרבנן ג טוש"ע א"ח סי' תקסד:

ד ג מיי' פ"ה מהלכות ביאת מקדש הל' ח:

רבינו חננאל

תא שמע בודקין אור ארבעה עשר ובארבעה עשר שחרית ובשעת הביעור מדקתני ובארבעה עשר שחרית מכלל דאור אורתא הוא ש"מ. וכיון שנתברר כי זה האור ששנינו במשנתנו אורתא הוא למה לי למימר עוד ת"ש. יש לומר כי לא מזו המשנה לבדה שמענו כי אור אורתא הוא אלא גם יש לנו ללמוד מזו האחרת: מאימתי ארבע' עשר אסור בעשיית מלאכה ר' אליעזר בן יעקב אומר משעת האור ר' יהודה אומר משעת הנץ החמה ש"מ מדקאמר ר"י משעת הנץ החמה מכלל דאור דקאמר ר' אליעזר בן יעקב אורתא הוא. ודחי' מאי משעת האור דקאמר ר' אליעזר בן יעקב משיעלה עמוד השחר ויאיר אור היום והכי קאמר ליה בשלמא לדידי דאמינא בלילי י"ד שרי למיעבד מלאכה וביממא אסור אשכחן דשרו בליליא ואסרו בימאא כי האי גונא בתענית דתניא עד מתי אוכל ושותה עד שיעלה עמוד השחר אלא לדידך היכא אשכחן משיעלה עמוד השחר עד הנץ החמה מותר ושאר היום אסור. אמר ליה ר' יהודה הוא עצמו ערב הפסח יוכיח שהוא מותר באכילת חמץ עד ארבע שעות ומכאן ולהלן אסור. ודחי ר' אליעזר שאני חמץ דהוא מדאורייתא והתורה התירה מקצת היום ואסרה מקצת היום ולא שמעי' אסור מדרבנן [דהיינו] המלאכה בארבעה עשר שהיא מדרבנן מן אכילת חמץ שהיא מן התורה אסורה. ור' יהודה אמר לך אנא נמי לא אמרי' אלא בשעה ששית שאיסורה מדרבנן שמן התורה אכילת חמץ מותר עד חצי היום דקיימא לן אך ביום הראשון אך חלק והנה מצאנו לרבנן ביום אחד שאסרו מקצתו. ודחי ר' אליעזר לאו משום איסורא הוא אלא הרחקה עבוד כו': תא שמע אין משיאין משואות אלא על החדש שנראה בזמנו לקדשו ואימתי משיאין עליו לאור עבורו ש"מ אור אורתא הוא. ועוד יש משנה אחרת כי אור אורתא הוא

תורה אור השלם

א) יֶחְשְׁכוּ כּוֹכְבֵי נִשְׁפּוֹ יְקַו לְאוֹר וָאַיִן וְאַל יִרְאֶה בְּעַפְעַפֵּי שָׁחַר: [איוב ג, ט]

ב) וָאֹמַר אַךְ חֹשֶׁךְ יְשׁוּפֵנִי וְלַיְלָה אוֹר בַּעֲדֵנִי: [תהלים קלט, יא]

מסורת הש"ס עם הוספות

א) [חגיגה יב: בבא מציעא פג:], ב) [לקמן י: מנחות קז:], ג) תוספתא פ"ג, ד) [בבא קמא דף מב:], ה) [תענית דף יב. ע"ש], ו) ראש השנה דף כב:, ז) זבחים דף יט: תוספתא יומא פרק א ומנחות פרק א, ח) [שבת ל.], ט) י:, י) לקמן יב:, כ) ר"ה כד., ל) יט:, מ) שמות כב ב, נ) [ראש השנה טו: ועי' תוס' שם ד"ה וכי], ס) [לקמן נה.], ע) כבשבת דף מב., פ) [לקמן לט:].

הגהות וציונים

א] [ארבעה] (גליון) והחכמת מנוח כתב כלפנינו: ב] "הא איכא לילה דקא שרי ראב"י", ליתא בכת"י (דק"ס) וכן משמע מפירוש רש"י: ג] [דתניא] (גליון): ד] צ"ל דברי רבי ר' אלעזר בר' שמעון אומר (ד"ס): ה] צ"ל מתיב (ב"ש, וכ"ה בכ"י): ו] בכ"י נוסף זה: ז] בכ"י: כגון אביך, נ"א: שהוא כאביך: ח] כ"י והרורי וכ"ה ברש"י איוב ג' ט': ט] צ"ל ד' ד: י] [יום שלשים קרי יום עבורו. כצ"ל, עי' רש"י ראש השנה כב ע"ב] (גליון), ומהרש"א גרס ליל שלשים וא' קרי אור וכו':

ליקוטי רש"י

כוכבי נשפו. חושך אישונו. בעפעפי. בזהרורי כמו ועפעפינו יזלו מים (ירמיה ט') [איוב ג' ט']. ואומר אך חשך. אם אמרתי אסיה נסתר במחשך והחשך יחשיך עלי ולא תראני [תהלים קל"ט י"א]. אסור בעשיית מלאכה. כדי שלא יהא טרוד במלאכה וישכח ביעור חמצו ושחיטת פסחו ותקון מצה לצורך הלילה דמצוה לטרוח מבעו"י כדי להסב מסר כדאמר בפ' בתרא (דף קט.) חוטפין מצה בלילי פסחים בשביל תינוקות שלא ישנו [לקמן ג. בד"ה שלא]. עד מתי אוכל ושותה. בלילה כשמתענה למחר בכל תעניות שהוא אוכל משתחשך ואפילו בתענית יחיד קא מיירי [תענית יב.]. לאור עיבורו. לערב יום שלשים נגהי ל"א, יום שלשים קרי יום עיבורו כדאמרי' לעיל (דף יט:) על שני אדרים שמקדשין אותם ביום עיבוריהם ועל שם שממנו מעברין את חדש היוצא קרוי יום עיבור [ר"ה כב:].

דף ב ע"א

גמ' ובמה אמרו ב' שורות. עי' ביאור הלכה סימן תלג סעיף ט ד"ה א"ל לבדוק:

רש"י ד"ה בודקין שלא יעבור עליו. עי' רש"י ו' סוף ע"א ד"ה אפילו מר"ה נמי ובמהרש"ל וברש"י ו' ב' ד"ה ודעתי' עליה ועי' ב"ח סי' תל"א ובס' אור חדש ריש מסכתא אות ג': [גליון מהרש"א]

בא"ד. והתוס' הקשו עליו דהא מדאורייתא בביטול בעלמא סגי ולכן פירשו דטעם הבדיקה משום שמא יבוא לאוכלו. ונ"ל ליישב דברי רש"י ז"ל בפשיטות דהוצרך לטעם דבל יראה בחמץ של נכרי שקיבל עליו אחריות דלא מהני ליה ביטול וכמש"כ השאג"א בסי' ע"ז וגם הטעם דשמא יבוא לאוכלו לא שייך שם אם עושה לו מחיצה י' וכמש"כ לקמן דף ו' ומ"מ הלאו דבל יראה איכא אם קיבל עליו אחריות ואף דעשה לו מחיצה לשיטת רש"י בעצמו שם ודו"ק ואף דלרש"י נפק"ל דין ביטול מתשביתו מ"מ הדבר ברור דבחמץ של נכרי לא שייך ביטול אף לרש"י כיון דהחמץ אינו שלו ודו"ק. ועוד אפשר דעשה דתשביתו אינו נוהג בחמץ של נכרי דהא לענין הלאו דבל יראה גופא נפק"ל מלשון לא ימצא וא"כ לא מצינו ביטול בתורה בחמץ של נכרי ובזה ניחא נמי מה שלא כתב רש"י דבודקין משום עשה דתשביתו ודו"ק. ובזה יתיישב עוד מה שהקשה הצל"ח בריש ביצה דמאי נ"מ בפלוגתא דב"ש וב"ה לענין חמץ בכותבת הא בבל יראה ליכא מלקות ולהנ"ל י"ל דפליגי בחמץ של נכרי שקיבל עליו אחריות שאינו ניתק לעשה ובזה יתיישב עוד מה שהוצרך רש"י ז"ל לפרש לקמן דף י' במשנה שם דבודק לאחר המועד דהיינו לאחר מועד הביעור ולא כפי' הרי"ף והתוס' דלאחר הפסח ממש שלא יכשל בחמץ שעבר עליו הפסח אכן לפמש"כ ניחא דבחמץ של נכרי שקיבל עליו אחריות אינו נאסר כלל אם עבר עליו הפסח וכמש"כ הט"ז בסי' ת"מ סק"ד בשם הירושלמי ע"ש ודו"ק וגם מן דין נראה דבלא"ה לק"מ דנראה דאף דעיקר הטעם משום שמא יבוא לאוכלו מ"מ לאחר שגזרו חז"ל דלא מהני ביטול או אפי' במקום דלא שייך הגזירה אסור וראיה לזה דהא גם בעושה לו מחיצה דלא שייך שמא יבוא לאוכלו מ"מ אסור להשהותו דעשו כעין דאורייתא והלכך אף לאחר הביטול צריך בדיקה וביעור שלא יעבור בבל יראה מדרבנן ומה שפירש"י שלא יעבור בבל יראה ר"ל בבל יראה מדרבנן ואין מקום כלל למה שהקשו התוס' עליו כן נ"ל ודו"ק: [חשק שלמה]

רש"י ד"ה בכי טוב וכו' ולמחר ימתין עד הנץ החמה. בפ' היה נוטל דף כ"א איתא כיון שעלה עמוד השחר ניצול מכולן משמע דלא בעי לאמתוני עד הנץ החמה כפי' רש"י וכן בפרק הכונס דף ס' מפיק ליה מקרא ואתם לא תצאו איש מפתח ביתו עד בקר ובקר ר"ל עמוד השחר והא דאמר בפ"ק דתענית דף ט' הכנסו חמה לעיר י"ל דמיירי לעת ערב ודלא כפי' רש"י דהתם ולפ"ז כי טוב בתרא לא הוי דומיא דכי טוב קמא ודו"ק: [מים חיים]

תוס' ד"ה אור לי"ד כו' חכמים בדיקה כו'. נ"ב וי"ל דסבר רש"י דחשו חז"ל שמא ישכח מלבטל לכך הצריכוהו בדיקה ג"כ דכולי האי ליכא למיחש שמא ישכח לבטל וגם לבדוק ודו"ק: [חכמת מנוח]

בא"ד ולא בדילי מיניה. נ"ל לא בדילי. ופי' דלפי שמותר כל השנה לכן לא בדילי מיניה או דגרסי' ולא בוא"ו ואז הוא טעם אחר וגם דלא בדילי מיניה משום דעל הלחם יחיה האדם, עי' ש"ך יו"ד סי' פח ס"ק ג: [ברכת שמים]

בא"ד ונזיר נמי איסוריה שרי לאחרינא. נ"ב שבת י"ג ע"א וש"נ ב"מ נ"ב ע"א ע"ז נ"ח ע"ב נ"ט ע"א וכמה מקומות: [פתחי שערים]

בא"ד לפר"ת בריש כו'. נ"ב עיין לקמן דמ"ב ע"א בתוס' בד"ה ואלו עוברין כו': [חכמת מנוח]

בא"ד דאי מותר להשהותו אמאי ישרף. עי' שעה"מ עלה ס"ג ע"ד וריש עלה ס"ד: [גליון מהרש"א]

תוס' ד"ה יכנס אור"י דבפ' הכונס כו'. ע' תוס' חולין דל"א דדבריהם סותר למ"ש כאן ועיין תוס' ב"ק דף ס' ותבין דשיטה דהכא הוא שיטת ר"י ושיטה דחולין הוא שיטת ר"ת: [מלא הרועים]

דף ב ע"ב

גמ' אי פשיטא כו'. עי' תוס' ול"ע דאמאי נקיט קרא דאיוב מילתא במאי דלא שכיח כאב על הבן ושביק מאי דבכולי עלמא. ולו"ד היה נ"ל דבני נח שאני דדוקא ישראל דכתיב בי' וחי בהם ודרשינן ולא שימות בהם וילפינן מיני' שידחה ספק פ"נ כל המצות כמ"ש ביומא פ"ה אשכחן ודאי כו'. והוי בהן כללא גם איסור ש"ד היכי דלא שייך מאי חזית דדמא דידך סומק כגון בבא במחתרת שהוא עצמו גורם הספק ואמרינן להיפך מאי חזית דדמא דחברך ספק. אבל בב"נ דליכא קרא דוחי בהם ורק מסברא אמרינן בספ"ח דסנהדרין שאינו מצוה על קה"ש. עי' תוס' שם. משום דליה בי' קרא דבכל נפשך [ואפשר למיתליי' בהנך סברא דתנאי דיומא שם] להכי דוקא בוודאי ניתן להצילו בנפשו ולא בספק: [רא"מ הורוויץ]

שם ה"ק דוד כו'. לפרש"י ז"ל אינו מובן כ"כ מאי תיקון בחילוף הזמנים בין עוה"ב ועוה"ז. מ"מ לגבי לילה הל"ל יום. ולו"ד ה"א דמעיקרא ס"ד דולילה אור הוי כפל הענין של חשך ישופני היינו שיהיה האור לילה. וע"ז אמר גם חשך לא יחשיך כו' וע"כ דאור יממא הוא. ומשני לי' דקרא פלגיה לגנאי ופלגיה לשבח ומש"ה הוכרח לחילוף הזמנים דאי לא"ה הל"ל ואור בעדני: [רא"מ הורוויץ]

שם אור לארבעה עשר כו'. כל"ל: [חכמת מנוח]

שם שפיר קאמר ליה ר"י לר"א. לכאורה אין זה ענין לדבריו. ונ"ל משום דבלא"ה ה"א דר"א לא מדמי חילוק מלאכה לחילוק אכילה אבל כדאמר לי' דבין יממא ללילא אשכחן בת"ל פריך שפיר: [רא"מ הורוויץ]

רש"י ד"ה לאור עבורו ליל שעבר שלשים כו'. נ"ב עי' תוס' זבחים נ"ו ע"ב ד"ה אור כו': [בן אריה]

בא"ד. עי' בהגהות רי"פ. וכן פירש"י בסנהדרין (דף ע' ע"ב) דיום שלשים הוא יום עבור: [מצפה איתן]

דף ג ע"א

גמ' מה להלן תיכף לאכילה שריפה. רש"י מפיק ליה מקרא דכתיב גבי פסח והנותר ממנו עד בקר באש תשרפו ותודה יליף מינה. וקשה דאמרי' פ' ב"מ דף כ"ד בא הכתוב ליתן בקר שני לשריפתו וכ"ת התם טעמא לפי שאין שורפין קדשים ביו"ט ליתא דהא בליל מוצאי יו"ט נמי אינו יכול לשריפה וע"כ אינו אלא גזרת הכתוב דהא השתא אכתי לא ידעינן דרשה דאי אתה שורפו בלילה וא"כ אדרבה נילף מינה דלא בעינן תיכף לאכילה שריפה והנכון כפי' רש"י דזבחים דף ע"ז ע"ב דתודה יליף ממלואים הכתוב בפרשת תצוה ואם יותר מבשר המלואים ומן הלחם עד הבקר ושרפת את הנותר באש אלמא תיכף לאיסורי אכילה שריפה ודו"ק: [מים חיים]

שם ת"ש דתני דבי שמואל כו'. לקמן דף ז' ב' איתא תנא דבי ר' ישמעאל וכל"ל דשמואל לאו תנא הוא ומיהו אשכחן בכמה דוכתא תנא דבי שמואל לקמן דל"ט א': [מלא הרועים]

שם ת"ש דתני דבי כו'. כל"ל: [חכמת מנוח]

שם ולא הוציא דבר מגונה מפיו. נ"ב עי' ב"ב קכ"ג ע"א: [פתחי שערים]

שם שהרי בזב קראו מרכב. הרבה יש לדקדק בסוגיא זו כמו שדקדקו בתו' כאן. ובתר הכי דאמר משום בניו אורחא הוא. קשה דמ"מ ה"ל למינקט טפי ל' מושב וישיבה דהוי לשון נקיה גם גבי אשה וגם לשון קצרה. ועוד ק' בשמואל כ"ה מ"ב דכתיב ותרכב על החמור וחמש נערותיה למה לא אמר ותשב דהוי לשון קצרה ונקיה. ועוד דפריך תו בתר הכי והא רכבת ויושבת כו' ואיהו כבר שני לי' תלתא שינויי אעובדא דאביגיל. ושנויא בתרא דרכבת כתיב אינו מובן כלל ודקדקו בו מאד רבותינו המפרשים ועוד כמה דקדוקים בסוגיא. ונ"ל לומר דגוף פעולת התחלת הרכיבה ל"ש לכנותה בלשון ישיבה כלל שהרכיבה נעשית ע"י פיסוק רגלים שאינה נכללות בלשון ישיבה כלל אבל הרכוב מכבר נוכל לכנותו יושב כי הוא יושב באמת אלא שאין נכלל בזה הלשון פיסוק הרגלים להכי באשה כייל מרכב בלשון הוה היא יושבת. ופריך ובאשה לא כתיב מרכב כו' ותרכבנה כו' לא מלישנא דקרא קפריך דהא מוכרח לומר האמת כנ"ל אלא מגופא דעובדא היכי עבדה הכי ומשני התם כו' ופריך מקרא דמשה ומשני משום בניו שכולם היו על החמור אורחא הוא למירכב כדי שלא יפלו [וה"ט הוי נמי באביגיל ונערותיה שהזכרנו] והדר פריך מאביגיל שרכבה ומשני תלתא שנויי שהוכרחה לרכוב. ומ"מ פריך בתר הכי אמאי כתב רכבת ולא כתב יושבת כי הרכוב מכבר נוכל לכנותו בלשון יושב ומשני רכבת חסר כתיב שבאותה הרגע התחילה בפעולת הרכיבה וא"א לכוללו בלשון ישיבה כלל. ולזה כוונו לעיל שאמרו ואב"א משום בעתותא דלילא ליכא למיותר לכאורה דהל"ל דלילא ודדוד ודהר. אלא שהכוונה לתת טעם וסבה להרכיבה באותה הרגע דוקא. ואתי הכל על נכון בס"ד. ועי' במאור: [רא"מ הורוויץ]

רש"י ד"ה אשר איננה טהורה ואע"ג דבדאורייתא כתיב טמא כו'. ומדברי ר"י בשערי תשובה שער ג' סי' ר"ל נמצאתי תי' אחר דדווקא כאן דכתיב בנח קודם מ"ת והיה טמאה מותר באכילה אך לא טהורה לקרבן חשוב דבר מגונה אם יגונה דברים אשר הם למאכל אדם עכ"ד. ובזה מתיישב קושית רש"י דבאורייתא כתיב טמא אחר מ"ת שהוא אסור באכילה אף להדיוט ואז אינו דבר מגונה אך לכאורה יקשה על זה דהא לקמן מקשה בש"ס ובאורייתא מי לא כתיב טמא אלמא דלא ס"ל לחלק כמ"ש ר"י ונ"ל דיש להקשות על ר"י שכתב שם דאף אם יבאו הנתתו לשון מגונה להאריך יאריך ואל יספר בלשון מגונה ובשמעתין אמרינן כל היכי דנפישין מיליה משתעי בלשון קצרה [ונ"ל שהוקשה לו] דהכי בקרא האריך וכתב לשון נקיה ולא ניחא ליה לשנויי כמ"ש רש"י והר"ן לקמן דלכך האריך ללמדך לתפוס לשון נקיה היכי דכי הדדי ניניהו דא"כ לא הוצרך להאריך רק במקום אחד ולא בג' מקומות כמבואר בשמעתין ועוד דמי לא ידע דבהדדי עדיף לתפוס לשון נקיה ובאמת לפי' הר"ן נראה שהרגיש בזה ומיישב דמשמיענו דלשון נקי ארוך שוה ללשון מגונה וקצר אך כ"ז דוחק ע"כ העמיק הרחיב התסיד הר"י וחילק דבאמת לשון מגונה גמור צריך להניחו לגמרי אף שיאריך בהניחו וזהו מימרא דריב"ל כאן ודו"ק באמרו אל יוציא דבר מגונה מפיו דהיא מגונה ממש וע"ז ל"ק ממה דכתיב באורייתא טמא דהתם אחר מ"ת שהוא אסור באכילה אינו דבר מגונה וא"כ הוסיף תנא דבי ר"י אף באינו מגונה יחזור אחר לשון נקיה וז"ש יספר בלשון נקיה ולא אל יספר לשון מגונה כמו ריב"ל דבא ללמדך אף דאינו מגונה מ"מ יחזור אחר לשון נקיה ולפ"ז שפיר מקשה על זה באורייתא מי לא כתיב טמא דנהי דאינו לשון מגונה מ"מ יתפוס לשון נקיה וע"ז מחלק דהיכי דאינו מגונה רק שזה נקי היכי דנפיש מילי משתעי בקצרה כיון שאינו מגונה אבל מגונה אף שהוא קצר לא משתעינן ביה והיינו ההוא דריב"ל ועי' בבעל המאור שחלק ג"כ בין מגונה לאינו נקי ועי' ברש"א מ"ש עליו ודברי ר"י כמו שביארתי נכונים בטעמם וגם בפי' הסוגי' דשמעתין ודו"ק: [מלא הרועים]

תוס' ד"ה ת"ל ביום תימה דלמאי איצטריך כו' וי"ל דאי לאו עד יום כו' למעוטי שלא ישרף בלילה של אחר בן עכ"ל. והכוונה אם עבר ולא שרף מיד עי' צל"ח שהק' למ"ד ביבמות דנותר שלא בזמנו אינו נשרף אלא ביום ג"כ כמו בזמנו מרבוי דוי"ו ע"ש דף ע"ב ב' א"כ הדרי קושית התוס' לדוכתא דל"ל עד יום וא"ל כתירוצם א"כ ל"ל רבויא לנותר שלא בזמנו דהא בזמנו לא משכחת לה (מ"ש שם לברייתא דת"כ ליתא בת"כ כי אם הא דמילה שלא בזמנו ור"א בן פדת הוא דיליף משם) והנה הצל"ח תי' שם דכאן יליף לה רק מפסח למ"ד דאינו נאכל מה"ת רק עד חצות והוא ר"א בן עזרי' דתפסת מועט תפסת וא"כ לדידי' לא קשה קושית התוס' מעיקר דמשכחת לה בזמנו מיד אחר חצות מעתה איכא למימר דהא דדריש והנותר לרבות שלא בזמנו ס"ל כראב"ע דפסח אינו נאכל אלא עד חצות וקושית התוס' הוא לר"ע דס"ל פסח נאכל כל הלילה זהו תורף דבריו. ותי' נפלאת בעיני מאד דהא גם לראב"ע הפסח אינו נשרף רק ביום בבוקר ככתוב והנותר ממנו עד בוקר באש תשרופו וא"כ גם לראב"ע תקשי ל"ל ביום כיון דיליף מפסח הוה כמו פסח ובהדיא אמרינן לראב"ע בברכות ט' מועד לאחך ממצרים אתה שורף וממ"נ מהיכי דיליף לא הוה שריפתו עד בוקר שוב שנית דלשיטתו מאן דדריש לנותר שלא בזמנו ס"ל כראב"ע והנה בת"כ פ' תזריע גבי מילה שלא בזמנו דמינה יליף ר"א בן פדת לנותר מבואר שם דר"ע ס"ל הכי כמבואר שם שאלת תלמיד אחד לר"ע והשיב שם ור"ע הא ס"ל דפסח נאכל כל הלילה ועוד איך יפרנס דעת הרמב"ם דפסק דגם נותר שלא בזמנו אינו נשרף אלא ביום כמבואר בפי"ט מהל' פסוהמ"ק וגם פסק כר"ע דפסח נאכל כל הלילה כמבואר בהל' קרבן פסח ועוד

הגהות וחדושי הרש"ש

מאת הרב הגאון הגדול כו' מוהר"ר שמואל שטראשון זצ"ל מווילנא

דף ב ע"א במשנה בודקין כו'. בהרע"ב אית דמפרשי דטעמא דלא סמכינן אביטול דחיישינן שמא ימצא גלוסקא יפיפיה ונמלך על ביטולו כו' ומלא התוי"ט א"ד דמחשבה מבטלת מחשבה וא"ל לזה דאפי' לר"ל (בקדושין נט ב) לפי דמתני רב זביד הכא כיון דדעתו לקנות קני ליה רשותו עי' (ב"מ יא) ובתוד"ה זכתה. אמנם לכאורה עיקר דברי הרע"ב תמוה דהא לקמן (ו ב) מוכח להדיא דבביטול אזלא לה חששא דגלוסקא וגם דאף אחר הבדיקה איכא חששא דגלוסקא וי"ל דבלא בדיקה ודאי מצוי שימצא גלוסקא ולכן חיישינן שמא ימלך על ביטולו אבל אחר הבדיקה אינו אלא חששא שמא ימצא כו' ושמא ימלך ולתרי שמא תו לא חיישינן: **גמ' מיתיבי הבוקר אור כו' אלמא אור יממא הוא.** עיין פירש"י וק"ל לפי מאי דאיתא ביומא (כ ב) דחצות לילה נמי איקרי בוקר (ועמש"כ בס"ד (בברכות ט) לא תיקשי הכא מידי): **רש"י ד"ה הבוקר אור כתיב. שהמתינו עד שהאיר המזרח.** ובד"ה בכי טוב כתב ימתין עד הנה"ח משמע דאידי ואידי חד הוא עמש"כ (במגילה כ) בס"ד ומש"כ לקמן בד"ה וכאור בקר כתיב בעלות השחר כו' ואפי' עה"ש כו' היינו התחלת האור וכמ"ש שם כשמתחיל הבקר להאיר ועי' (בסוכה כט) בפירושו ובמש"כ המהרש"א ע"ד שם. אבל דעת התוס' בר"פ הפועלים בסד"ה פועל וכפי שבארם המהרש"א שם דבכי טוב היינו ג"כ בעה"ש ונ"ל ראיה לדבריהם מלקמן (צד) דמשבון מהלך אדם בינוני יו"ד פרסאות ביום הוא מעה"ש עד צה"כ לפירש"י שם אלמא שדרך לילך באותו זמן. אמנם לשיטת הגר"א ז"ל באו"ח סי' תנ"ט סק"ה בסוגיא דשם אין ראיה: **תוס' ד"ה יכנס.** והא דנקט בניסה תחלה כו' **דאורחא דגמרא** כו'. ובמקרא מלינו ג"כ במספר יציאות ובמספר יוצאות (דה"א ט כח) ע"ש בלשון המפרש המכונה בשם רש"י:

דף ב ע"ב גמ' ואידך הרחקה הוא דעבוד רבנן לדאורייתא. ופירש"י אבל איסור זה כוליה דרבנן כו'. בס' ב"א הקשה דהא לקמן ר"פ מש"כ כתבו התוס' בשם הירושלמי דאחר חצות אסור מדאורייתא הנה כוונת הגמרא יל"פ דר"ל דכאן ע"כ אינו משום הרחקה (כמו גבי חמץ) דא"כ לא היה להם לאסור זמן גדול כ"כ מקודם מהנה"ח ויש לכוין גם לשון רש"י לזה או דס"ל דהירושלמי אינו אומר אלא לאסמכתא וכמ"ש הר"ן שם ומש"כ המחבר הנ"ל ליישב דרא"בי אזיל לשיטתיה (בחגיגה יז ב) דל"ל היא דירושלמי כוונתו למ"ש התוס' שם בסד"ה אלא שאף הש"ס שלנו כו' דמדרבנן מיהא מיתסר כבר כתבתי שם בס"ד שאין הכרח לדבריהם ומצי סבר דמדאורייתא אסור כהירושלמי עיין שם:

דף ג ע"א גמ' לישנא מעליא. עמש"כ (בכתובות יג) בס"ד: **רש"י ד"ה אם שיוה לו לטומאה. שעד שקה"ח כו'.** עי' תוס' (זבחים נו) ד"ה מנין: **רש"י ד"ה אשר איננה טהורה. שני אורחיה בחד דוכתא כו'.** לשונו תמוה עי' מהרש"א לקמן ע"ב בד"ה וכל היכא:

מסכת פסחים

אור לארבעה עשר

א) דף ב'. למחשיך ובא [כשמתחיל להחשיך] קרא לילה והא קיי"ל דעד צאה"כ יממא הוא. וזה ניחא לשיטת ר"ת דעד סוף שקיעה הוא ודאי יום אף שכבר התחיל להחשיך מתחלת שקיעה, אבל לשיטת הגאונים דתיכף מתחלת שקיעה הוי בהש"מ דהוא ספק יום ספק לילה מאי פריך, דהא שפיר אפשר דהוא לילה מיד כשמתחיל להחשיך. וצ"ל דקושית הגמ' דמקרא משמע דהוא ודאי לילה ובין השמשות אינו אלא ספק.

ב) דעד צאת הכוכבים יממא. ויש לחקור בהא דמצאת הכוכבים הוי לילה אם הכוכבים עצמן הן הלילה או שאין הכוכבים אלא סימן וראי' שהוא לילה. ונ"מ למ"ש בשיטה ב"ב נ"ו דמשו"ה בשתי כיתי עדים המעידים כל כת על שערה אחת מיקרי חצי דבר משום דהשערות עצמן הן הגדלות אבל בעדי חזקת ג"ש החזקה אינה אלא ראיה שהיא שלו, ולפי"ז אם באו ג' כיתי עדים כל כת מעידה על כוכב אחד אי מיקרי חצי דבר, ויש להביא ראיה ממע"ב דהכוכבים נבראו ביום רביעי וכתוב ויהי ערב ויהי בוקר יום אחד אלמא דאפשר להיות לילה בלא כוכבים כלל.

ג) תוד"ה אור לארבעה וכו' מבשאר איסורי הנאה שלא הצריכו לבערם. וקשה דהא כל איסורי הנאה טעונין קבורה מחשש תקלה שלא יבא ליהנות מהן, וה"נ חמץ טעון ביעור מה"ט. וצ"ל דכונת קושיתם היא מבדיקה, דבחמץ היא מצוה בפ"ע ומברכין על הבדיקה, אפילו לא מצא כלום בבדיקתו לא הוי ברכה לבטלה.

ד) ע"ב תוד"ה אי פשיטא לך דאנפשות קאתי. ומשמע מדבריהם דבאב על הבן פשיטא לן דאינו בא על נפשות, ובאחר פשיטא לן דבא על נפשות. ולפי"ז אינו מבואר כאן איך הדין היכא דמספקא לן אם בא על נפשות או לא אם מותר להורגו, ואף דלשון הגמ' ואי מספקא לך לא ניתן להצילו בנפשו, אבל לפי המבואר בתוס' כונת הגמ' דמספיקא תלינן בודאי שאינו בא על נפשות וביומא פ"ה יליף דפיקוח נפש דוחה שבת מק"ו מבא במחתרת דמה רציחה החמורה נדחית מפני פיקו"נ שבת לא כ"ש, ומוכח מזה דהריגת הגנב מיתקריא רציחה ולא אמרינן כיון דכתיב אין לו דמים אין זו רציחה כלל, דא"כ א"א ללמוד מזה דרציחה נדחית מפני פיקו"נ, אלא ודאי דהויא רציחה רק דנדחית מפני פיקו"נ, ואף דבכל דוכתי אין פיקוח נפש דוחה רציחה, היינו משום דמאי חזית דדמא דידך סומק טפי, וכפירש"י סנהדרין ע"ד, דליכא פיקוח נפש כלל, כיון דע"כ נפשו של ישראל אבודה ושמא נפש חבירך חביבה לפני המקום יותר מנפשך, אבל בבא במחתרת גלי רחמנא דנפשו של בעל הבית חביבה יותר מנפשו של הגנב, וכיון דליכא טעמא דמאי חזית איסור רציחה נדחה מפני פיקוח נפש, [מכאן קשה למ"ש בכ"מ בהלכות יסודי התורה פ"ה דאפילו היכא דליכא טעמא דמאי חזית יהרג ואל יעבור] ופריך שם בגמ' אשכחן ודאי ספק מנלן, ומשמע דדין מחתרת אינו נוהג בספק רק בודאי. וי"ל דלפי המסקנא דיליף מקרא דגם ספק פיקוח נפש דוחה אפשר דה"ה במחתרת נדחה גם מפני ספק פיקו"נ. וי"ל לאידך גיסא כיון דשריותא דמחתרת היא משום דליכא טעמא דמאי חזית, דנפשו של גנב אינה חשובה כנפשו של בעל הבית, וזה אינו אלא בבא על נפשות, אבל אם בא על ממון הרי איכא למימר מאי חזית ואין כאן הצלת נפש כלל כמו בכל דוכתי לענין רציחה, וא"כ איכא ספק פיקו"נ גם בגנב. אלא דעדיין י"ל דבעה"ב הוא ודאי פיקו"נ ובגנב הוא ספק ומוטב לתפוש את הודאי ולהניח את הספק, כמו שפיר' רש"י בחומש פ' מקץ גבי בנימין, וכן כתב בכ"מ פ"א מהל' רוצח בשם הירושלמי אלא דבסמ"ע סי'

מתני' ◦ התינוקות אין מענין אותן ביוה"כ אבל מחנכין אותן לפני שנה ולפני שנתיים בשביל שיהיו רגילין במצות: **גמ'** השתא בפני שתים מחנכין להו בפני[א] שנה מבעיא אמר רב חסדא לא קשיא הא בחולה הא בבריא א"ר הונא בן ח' ובן ט' מחנכין אותו לשעות בן י' ובן י"א משלימין מדרבנן בן י"ב משלימין מדאורייתא בתינוקת[ב] ורב נחמן אמר א בן ט' בן י' מחנכין אותן לשעות בן י"א בן י"ב[ג] משלימין מדרבנן בן י"ג[ד] משלימין מדאורייתא בתינוק ור' יוחנן אמר ◦ השלמה דרבנן ליכא בן י' בן י"א מחנכין אותו לשעות בן י"ב משלימין מדאורייתא[ה] תנן התינוקות אין מענין אותן ביוה"כ אבל מחנכין אותן לפני שנה ולפני שתים בשלמא לרב הונא ורב נחמן לפני שנה ולפני שתים[ו] לפני שנה [א] לדבריהן ולפני שתים (א) לדבריהן אלא לרבי יוחנן קשיא אמר לך רבי יוחנן מאי[ז] שנה או שתים [ב] סמוך לפירקן ת"ש דתני רבה בר שמואל תינוקות אין מענין אותן ביוה"כ אבל א מחנכין אותן שנה או שתים סמוך לפירקן בשלמא לר' יוחנן ניחא אלא לרב הונא ולרב נחמן קשיא אמרי לך רבנן מאי חינוך נמי דקתני השלמה ומי קרי לחינוך השלמה והא תניא ב אי זה חינוך היה רגיל לאכול בשתי שעות מאכילין אותו לשלש בשלש מאכילין אותו בארבע אמר רבא בר עולא תרי חנוכי הוו: **מתני'** עוברה שהריחה מאכילין אותה עד שתשיב[ח] נפשה חולה מאכילין אותו ע"פ בקיאין ואם אין שם בקיאין מאכילין אותו על פי עצמו עד שיאמר די: **גמ'** ת"ר ג עוברה שהריחה בשר קודש או בשר חזיר תוחבין לה כוש ברוטב ומניחין לה על פיה אם נתיישבה דעתה מוטב ואם לאו מאכילין אותה רוטב עצמה[ט] ואם נתיישבה דעתה מוטב ואם לאו מאכילין אותה שומן עצמו שאין לך דבר שעומד בפני פקוח נפש ד חוץ מע"ז וגילוי עריות ושפיכות דמים ע"ז מנלן דתניא ה ר"א אומר אם נאמר א) בכל נפשך למה נאמר א) בכל מאדך ואם נאמר בכל מאדך למה נאמר בכל נפשך (ב) אם יש לך אדם שגופו חביב עליו ממממונו לכך נאמר בכל נפשך ואם יש לך אדם שממונו חביב עליו מגופו לכך נאמר ובכל מאדך גילוי עריות ושפיכת דמים מנא לן דתניא ו רבי אומר ב) כי כאשר יקום איש על רעהו ורצחו נפש כן הדבר הזה וכי מה ענין למדנו מרוצח לנערה המאורסה אלא ז ה"ז בא ללמד ונמצא למד מה נערה המאורסה ה ניתן להצילה בנפשו י אף רוצח (כו'[י]) מה רוצח יהרג ואל יעבור אף נערה המאורסה יהרג ואל יעבור

ורוצח

רש"י

מתני' אין מענין אותן. אין חייבין למנוע מהן מאכל: **מחנכין אותן.** לשעות לפני שנה שהיא סמוכה לפירקן פירקן הוי בן שלש[כ] עשרה לנקבה וארבע עשרה לזכר שדרך תינוקות להביא שתי שערות בשתים עשרה ויום אחד דהיינו בתוך שנת י"ג והיא פירקה לעונשין ותינוק בי"ג ויום אחד נמלא שנת י"ד פרקו לעונשין ושנת י"ג היא שנה הסמוכה לפרקו ושנת י"ב היא שנה לפני שנה הסמוכה לפרקו: **או לפני שתי שנים.**[ל] שהיא לפני שתי שנים סמוך לפרקו דהיינו שלש שנים לפני פרקן. ובגמרא פריך השתא לפני שתים דהיינו ג' שנים אמרת מחנכין לפני שנה דהיינו שתים מיבעיא: **גמ' בחולה.** כחוש ותשוש כח: **אמר רב הונא בן שמונה.** לבריא[מ] שעברה שמנה ונכנסה לתשע ובתינוקת כדמסיים מילתיה דהוי שנת תשע ארבע שנים לפני פרקה: **ובן תשע.** לחולה שעברה שנת תשע ונכנסה לתוך עשר דהיינו ג' שנים לפני פרקה מחנכין לשעות: **בן עשר.** לבריאה שעברה עשר ונכנסה לאחד עשר ובן אחת עשרה לתינוקת חולה ונכנסה לי"ב משלימין מדרבנן.[נ] **בן י"ב** ונכנסה לי"ג משלימין מדאורי' שהיא פירקן בתינוקת הבריאה[ס] והחולה שוות בו: **ורב נחמן אומר וכו'.** לא פליג רב נחמן אדרב הונא אלא מר פירש מילי דתינוקת ומר פירש מילי דתינוק: **תנן.** מחנכין אותו לשעות לפני שנה דהיינו שתי שנים ולפני שתים דהיינו שלש בשלמא לרב נחמן ולרב הונא[ע] דאמרי איכא השלמה מדרבנן כדקאמרי אע"ג דלדידהו הוי חינוך הבריא ארבע שנים מלי לתרוצ' למתני' כולה בחולה וה"ק מחנכין אותו לשעות שתי שנים לפני השלמת דבריהם שהם שלש לפני השלמת דד"ת כדקאמר רב הונא דשנה עשירית מחנכין את התינוקת החולה לשעות שהיא לפני שנה הסמוכה לפרק השלמת דבריהם שהיא בשנת י"ב לחולה דהיינו לפני שתים הסמוכים לפרק דאורייתא: **אלא לר' יוחנן קשיא.** לדידיה לא מיתוקמא מתניתין כלל דהא אמרינן[פ] השלמה מדרבנן ליכא דתימא מתני' חדא קתני כדאוקימנא אליבא דרב הונא ורב נחמן. ורישא בחולה וסיפא בבריא כדאוקימנא רב חסדא נמי לא תוקמא דמתני' קתני שלש לבריא ושתים לחולה ור' יוחנן אמר שתים לבריא ואחת לחולה: **אמר לך רבי יוחנן.** לא תתני לפני שנה דמשמע שתים ולפני שתים דמשמע ג' שנים אלא אימא מחנכין אותה שנה סמוך לפרק' בחולה ושתים לבריא: **תא שמע דתנא רבה בר שמואל.** שנה או שתים כר' יוחנן ולא תני לפני שנה ולפני שתים: **לר' יוחנן ניחא.** ומוקי לה שנה לחולה ושתים לבריא: **אלא לרב הונא ולרב נחמן קשיא.** דהא חינוך לשעות הוא ופחות שבחינוכין לשעות לדידהו ג' שנים הוי דהא אמר רב הונא בתינוקת חולה שמחנכין אותה בעשירית ובריאתא קתני גדול שבחינוכין שתי שנים: **מאי חינוך דקתני השלמה.** לדבריהם ולדידן נמי השלמה לדבריהם שתים לבריא לפני השלמה דאורייתא אחת לחולה: **מתני' עוברה שהריחה.** העובר מריח ריח תבשיל והוא[צ] מתאוה לו ואם אינה אוכלת שניהן מסוכנין: **ע"פ בקיאין.** אם יאמרו שני רופאים שהוא מסוכן אם אינו אוכל: **גמ' כוש.** פלך. תוחבין לה כוש ברוטב של אותו בשר ומוללתו: **למה נאמר בכל מאודך וכו'.** יאמר החביב שבהן וכ"ש שאינו חביב: **כי כאשר יקום.** בנערה המאורסה כתיב: **מה למדנו מרוצח לנערה המאורסה.** שהוא[ק] כמשפט הרוצח כן משפט הדבר הזה: **מה נערה המאורסה ניתן רשות.** למציל להצילה מבעילה זו בנפשו של בועל זה להורגו עד שלא בא עליה כדכתיב אין מושיע לה (דברים כב) הא יש מושיע יושיענה בכל לידי תשועה[ר]: **רוצח יהרג ואל יעבור.** אם אמרו לו הרוג חבירך ואם לאו אהרוג אותך יהרג ואל יעבור עבירה זו כדמפרש לקמן: **אף נערה המאורסה.** אם יאמרו בעול ארוסת חבירך או תיהרג יהרג ואל יעבור. אבל היא אינה מצווה למסור את נפשה דהיא אינה עושה כלום דקרקע עולם בעלמא היא ורמיה לדבר אחר[ש]:

ורולח

תוספות

אלא לרב הונא ולרב נחמן קשיא. ולא מצי לשנויי דסמוך לפירקן והשלמת[י] דדבריהם קאמר דסמוך לפירקן משמע פרק דגדלות י"ב שנים ויום אחד לתינוקת וי"ג שנים ויום אחד לתינוק: **מה** רוצח יהרג ואל יעבור אף נערה המאורסה יהרג ואל יעבור. פירש רש"י דלא גרס תיהרג דאיהי לא מחייבא למימסר נפשה דקרקע עולם היא והא ניחא הא דבסוף פ' בן סורר (סנהדרין עד:) פריך והא אסתר פרהסיא הואי ואמאי לא פריך והא ג"ע יהרג ואל יעבור אפי' בצינעא ולמאי דלא גרס תיהרג ניחא דלענין ג"ע ידע שפיר המקשה דמהני קרקע עולם אבל לענין פרהסיא דטעמא משום חילול השם לא אסיק אדעתיה דמהני ולהכי פריך והא אסתר פרהסיא הואי ומשני לענין פרהסיא נמי קרקע עולם היתה ומהני ותדע דאיהי דלא עבדה מעשה אין לה ליהרג דהא מרוצח ילפינן ורוצח גופיה דיהרג היינו משום דמאי חזית דדמא דידך סומק טפי וכו' וה"מ היכא דעביד מעשה אבל אי לא עביד מעשה כגון שרוצים להפילו על התינוק כדי להורגו ואם יעכב על ידם יהרגוהו כל

כי

פרהסיא הואי ולא פריך והרי אסתר גילוי עריות היכא ומה"ט התיר רבינו יעקב בעכו"ם אחד שבא על בת ישראל תחת בעלה וגירשה ונשאה העכו"ם והמירה דתה וחזרו ונתגיירו שניהם והתיר רבינו יעקב לעכו"ם [illegible]

[illegible]

נט א ב מיי' פ"ב מהל' שביתת עשור הל' י סמג לאוין סט טוש"ע או"ח סי' תרטז סעיף ב:
ס ג מיי' פי"ד מהל' מ"א הל' יד ופ"ב מהל' שביתת עשור הלכה ט סמג לאוין סט טוש"ע או"ח סי' תריז סעיף ב:
סא ד מיי' פ"ה מהלכו' יסודי התורה הל' ב סמג עשין ה טוש"ע י"ד סי' קנז סעיף א [רב אלפס כאן ובסנהד' ס"פ ח דף רעד:]:
סב ה ו מיי' פ"א מהל' רוצח הל' ח והל' י סמג לאוין קסד וסמג עשין עד:

הגהות הגר"א

[א] גמ' לפני שנה לדבריהן ולפני שתים לדבריהן. נ"ב פי' דלפ"ז הפי' דמתני' אבל מחנכין אותן לפני שנה וכו' אינו קאי על התחלת זמן של חינוך אלא קאי על המסכת זמן דעד לפני שנה של חיוב דאורייתא מחנכין ואותו השנה משלימין מדבריהן וזה לחולה ולפני שנתים פי' ג"כ לפני חיוב דאורייתא מחנכין ואותן השתי שנים משלימין לדבריהן וזה לבריא: **[ב] שם סמוך לפרקן.** פי' דמאי דקתני במשנה שנה כו' אהתחלת זמן קאי ולא תתני לפני כו' אלא אימא מחנכין שנה סמוך לפרקן שהוא י"א לחולה ושנתים סמוך לפרקן שהן עשר ואחד עשר לבריא ומשם ואילך משלימין מדאורייתא:

תורה אור השלם

א) וְאָהַבְתָּ אֵת יְיָ אֱלֹהֶיךָ בְּכָל לְבָבְךָ וּבְכָל נַפְשְׁךָ וּבְכָל מְאֹדֶךָ: [דברים ו, ה]
ב) וְלַנַּעֲרָ לֹא תַעֲשֶׂה דָבָר אֵין לַנַּעֲרָ חֵטְא מָוֶת כִּי כַּאֲשֶׁר יָקוּם אִישׁ עַל רֵעֵהוּ וּרְצָחוֹ נֶפֶשׁ כֵּן הַדָּבָר הַזֶּה: [דברים כב, כו]

תוספות ישנים

בן שמונה בן תשע מחנכין ובתינוקת. ק"ל דאמרי' בנזיר פרק מי שאמר הריני נזיר מגלח (דף כח:) גמרא האיש מדיר את בנו בנזיר כדר"ל דאמר כדי לחנכו במצות בנו אין בתו לא דבתו אין חייב לחנכה וי"ל דהתם לא איירי אלא דוקא לענין נזירות אבל ודאי לענין שאר מצות חייב לחנכה וא"ת הא דאמרינן בכל דוכתא[ו] קטן אוכל נבילות אין ב"ד מצווין להפרישו השתא תנוקי מחנכין אפרושי מאיסורא מיבעיא ואומר ה"ר אליעזר ממיץ דחינוך לא שייך אלא שיעשה מצוה ולא פרושי מאיסורא והא (דמחסרין)

[דקרין] הכא (סיוך] במה שמענין אותו ביוה"כ אין זה אפרושי מאיסורא שמפרישין אותו מלאכול אלא במצות ועינוס את נפשותיכם ור' אומר דחינוך לא שייך אלא בזה אבל באדם אחר לא שייך ביה [illegible] להפרישו ומעשה דהילני המלכה שישבה היא ושבעה בניה בסוכה[ס] שמא הוה להם אב והכנס בכך ואפי' [illegible] מתחנכים למצוה בעלמא. ת"ר: חוץ מע"ז וגילוי עריות ושפיכות דמים. הקשה רבינו יצחק [illegible] בריש כתובות (דף ג:) גבי נגועות שהיו מוסרות עצמן לפי שאסורות לבעליהן ולדרוש להו דאונס שרי [illegible] אסורה לבעלה מ"מ יש לה למסור נפשה כדאמרי' הכא ואומר ר"ת דעכו"ם לא שייך גילוי עריות [illegible] דעובד כוכבים וכבהמה דמי כדאמרינן בנושאין על האנוסה (יבמות סא) ומביא ראיה מדאמרינן פ' בן סורר [illegible]

מסורת הש"ס עם הוספות

א) [תוספתא פ"ד ה"ב], ב) [ברכות סא:] סנהדרין עד. פסחים דף כה., ג) [פסחים שם: סנהדרין שם. ודף עג.], ד) [פסחים דף כה: ושם נסמן], ה) סנהדרין דף עג., ו) סנהדרין עד:, ז) יבמות קיד. וש"נ, ח) סוכה ב: עי"ש גליון הש"ס.

הגהות הב"ח

(א) גמ' לפני שנה לדבריהן ולפני שתים לדברי תורה אלא לר' יוחנן קשיא: (ב) שם למה נאמר בכל נפשך אלא לומר לך אם יש לך אדם:

גליון הש"ס

[מכת"י מתני' התינוקות אין מענין אותן וכו'. ע' נזיר דף (כד ע"א) [כח ע"ב] בתוס' ד"ה (בניס) [בנו] אין וכו']: גמ' השלמה דרבנן ליכא. עיין כתובות דף נ ע"א תוס' ד"ה ובת תריסר:

רבינו חננאל

והשלמה נמי דמדרבנן חינוך קרי ליה: **עוברה שהריחה מאכילין אותה עד שתיישב נפשה.** ת"ר עוברה שהריחה בשר קדש או בשר חזיר תוחבין לה כוש ברוטב. נתיישבה דעתה מוטב ואם לאו מאכילין אותה רוטב עצמה. לא נתיישבה מאכילין אותה איסור עצמו. שאין לך דבר שעומד לפני פקוח נפש חוץ מע"ז וג"ע וש"ד ופשוטה היא:

ליקוטי רש"י

[נדפס בדף פא:]

הגהות וציונים

א] בכת"י השתא לפני שתים וכו' לפני שנה: ב] כ"ג רש"י. והרי"ף ל"ג "בתינוקת" ול"ג "בתינוק" בדברי רב נחמן: ג] כ"ג רש"י. והרי"ף ל"ג "בן י"ב": ד] כ"ג רש"י. וגי' הרי"ף י"ב: ה] יש להוסיף בתינוקת (הג"ר שמחה מדעסוי, וכ"ה בראשונים ובכת"י, עי"ש המשך הנוסח בתינוק): ו] ולפני שתים ניחא כצ"ל (גליון) עי' מהרש"א. בדק"ס ל"ג כלל "לפני שנה ולפני שתים": ז] כת"י אימא, וכ"נ מרש"י (דק"ס): ח] שתשוב (משנה שבירושלמי ומשניות דפו"ר ורוב הראשונים וכת"י): ט] כת"י עצמו. "אם נתיישבה דעתה מוטב ואם לאו מאכילין אותה רוטב עצמה" ליתא בכמה ראשונים ונראה שכ"ה ישר לשיטת ר"ת דטעם כעיקר לוקין עליו (דק"ס, עי"ש): י] [צ"ל ניתן להצילו בנפשו כ"א בכל המקומות] (גליון): כ] צ"ל הוי בשלש עשרה (בארות המים, וכ"ה ברש"י על הרי"ף): ל] יש להוסיף תיבת שנה (רש"ש, וכ"ה ברש"י על הרי"ף, והגהת חו"י שם שנת י"א): מ] לבריאה (או"ז סי' רצח, ב"י): נ] הס"ד (מהרש"א): ס] או"ז וכת"י והבריאה: ע] באו"ז בשלמא לרב הונא ולרב נחמן: פ] צ"ל אמר (רש"ש, וכ"ה באו"ז): צ] ר"ן וברטנורה וכת"י והיא: ק] יש להוסיף אומר (בארות המים, וכ"ה בכת"י ובר"ן וברש"י על הרי"ף): ר] דפו"י להשלמה, מהרש"א והשלמה: ש] נדצ"ל דאיך: ת] נדצ"ל שנאסרה לו:

ורוצח גופיה מנא לן [א]סברא היא [א]דההוא דאתא לקמיה (דרבא[א]) אמר ליה אמר לי מרי דוראי קטליה לפלניא ואי לא קטילנא לך א"ל נקטלך ולא תקטול מאי חזית דדמא דידך סומק טפי דילמא דמא דההוא גברא סומק טפי [ב]ההיא עוברה דארחא אתו לקמיה דרבי אמר להו זילו לחושו לה דיומא דכיפורי הוא לחושו לה ואילחישא קרי עליה [א]בטרם אצרך בבטן ידעתיך וגו' נפק מינה רבי יוחנן ההיא עוברה דארחא אתו לקמיה דרבי חנינא אמר להו לחושו לה ולא אילחישא קרי עליה זורו

רש"י

ורוצח גופיה מנלן. דיהרג ואל יעבור: מרי דוראי. שלטון של כפר שאני דר שם[ב]: מאי חזית דדמא דידך סומק טפי. כלומר מאי דעתיך למשרי מילתא משום וחי בהם ולא שימות בהם[ג] טעמו של דבר לפי שחביבה נפשן של ישראל לפני המקום יותר מן המצות אמר הקב"ה תבטל המצוה ויחיה זה אבל עכשיו שיש כאן ישראל נהרג והמצוה בטילה למה ייטב בעיני המקום לעבור על מצותו למה יהיה דמך חביב עליו יותר מדם חבירך ישראל: ההיא עוברה דארחא. שהריחה ויום הכפורים היה: לחושו לה. בלחשה שיוה"כ הוא היום אולי תוכל להתאפק: ואלחישה. קיבלה את הלחישה[ד] שפסק העובר מתאותו: זורו

תוספות

כי האי גוונא אין לו ליהרג דאדרבה נימא מאי חזית דדמא דידיה סומק טפי דילמא דמא דידי סומק טפי ועוד דהיקישא דקרא ברוצח שהורג בידים כתיב[ד] כאשר יקום איש על רעהו ורצחו נפש וגו' ורבא דפליג בפ' בן סורר ומורה (סנהדרין דף עד:) אשינויא דקרקע עולם ומשני הנאת עצמו שאני פירוש כשאונסין את האדם לעבור בדבר שיש לו הנאה לעצמו ליכא חילול השם לא פליג אלא לענין פרהסיא דלא מהני קרקע עולם אבל לענין גילוי עריות מודה דמהני קרקע עולם אי נמי אפילו לענין פרהסיא לא פליג אלא מוסיף עוד טעם שני ויש מפרשים להכי לא פריך התם והא אסתר גילוי עריות הואי משום דלא מיתהניא מעבירה שהטיל בה זוהמא כדמשני גבי יעל בפרק רביעי דנזיר (דף כג:) ובפרק מצות חליצה (יבמות דף קג:) כי פריך והא קמתהניא מעבירה ומפרש[ה] כך וכיון דמיתהניא היה לה ליהרג משום גילוי עריות ומשני טובתן של רשעים רעה היא אצל צדיקים ולא נהירא חדא לענין דלא מיחייבא למימסר נפשה לא מהני האי דלא מתהניא דבלאו הנאה נמי איכא איסור ערוה אע"ג דאמרינן פרק המניח (ב"ק דף לב.) ונכרתו הנפשות העושות הנאה לתרווייהו אית להו [ס]מכל מקום בלא הנאה נמי מיחייבא כגון שלא כדרכה אע"ג דמיקרי עינוי[ו] ועוד דאי אפשר שלא תיהנה קצת ועוד אם נתכוונה להציל עצמה במה הכתוב משבחה והלא לצורך עצמה עשתה ועוד פשיטא דלא היה חפץ להורגה כי היה טורח על נפשו ואדרבה היה צריך שתטמינהו שלא ימצאוהו הרודפים והיא שידלתו בדברים עד שבא עליה כדי להתיש כחו כמו שמוכיח בענין אלא יש לומר משום דקאמרינן לעיל מינה גדולה עבירה לשמה ממצוה שלא לשמה דכתיב מנשים באהל תבורך מאן נינהו מנשים באהל שרה רבקה רחל ולאה פי' שהאמהות נתכוונו להבנות מבעליהן ופריך אמאי הכתוב משבחה טפי מנשים באהל והא קא מיתהניא מעבירה ומשני לא הוה לה הנאה כולי האי דלערה היה גדול מהנאתה דטובתן של רשעים רעה היא אצל צדיקים ואף על גב דבפרק מצות חליצה (יבמות דף קג.) פריך נמי הכי אף על פי שאין לשם גדולה עבירה לשמה כו' י"ל אההיא דנזיר קא סמיך וכמו שפירש רש"י דגרס יהרג בן גורס בשאלתות בפר' וארא[ז] והקשה השאלתות מהא דאמר רבא בריש פרק הבא על יבמתו (שם דף נג:) אין אונס בערוה לפי שאין קישוי אלא לדעת ואם כן אונס בדידיה מי איכא דקאמר אף גילוי עריות יהרג ואל יעבור והא לאו אונס הוא אלא רצון כיון דאין קישוי אלא לדעת ותירץ משכחת לה להתרפאות כי ההיא דסוף פרק בן סורר ומורה (סנהדרין דף עה.) באדם אחד שנתן עיניו באשה אחת והעלה לבו טינא אחריה וכו' עד ימות ואל תיבעל לו ולשון יהרג לא משמע כפי' דהוה ליה למימר ימות ואל יעבור ור"י פירש דההוא דרבא מיירי שהנכרים מדביקין אותו בערוה ואינו יכול לישמט מזה אלא אם כן יהרגוהו ועל זה קאמר דאין טענת אונס לומר דאין עושה מעשה אלא אחרים עושים בו מעשה כמו קרקע עולם וס"ד אמינא דיעבור ואל יהרג קמ"ל כיון שיודע בעצמו שאם ידביקוהו אי אפשר שלא יתקשה הקישוי דקא עביד חשיב כעושה מעשה אע"ג דעל ידי אונס בא לו ואע"ג דאיכא למ"ד המשמש מת בעריות חייב ואפילו הכי כשמדביקין אותו ומשמש מת פטור כיון דאונס א"כ מה לי משמש באבר מת מה לי בקישוי י"ל רבא לטעמיה דאמר בפרק שני דשבועות (דף יח.) המשמש מת פטור ועוד י"ל שהיה לו לפרוש בהנאה מועטת ופירש בהנאה מרובה כדאמר גבי משמש עם הטהורה ואמרה לו נטמאתי בפ"ב דשבועות (ג"ז שם) ופירש באבר חי חייב אפי' למאן דאמר המשמש מת חייב משום דהיה לו לפרוש בהנאה מועטת ופירש בהנאה מרובה הכא נמי אם הדביקוהו ושמש מת או אם נתקשה לאשתו בהיתר והדביקוהו פטור אבל אם הדביקוהו ושוב נתקשה חייב והשתא למאי דפרישי' גרס יהרג ואי נמי גרס אף נערה המאורסה תיהרג ניחא ונוקמה כגון דעבדה מעשה שמאנסין אותה להביא הערוה עליה והא דפריך בכתובות (דף ג:) ולידרוש להו דאונס שרי אע"ג דגילוי עריות יהרג ואל יעבור התם נמי קרקע עולם הוו ורבינו תם היה מפרש בההיא דכתובות ודאסתר דלא מיחייבא למימסר נפשה בביאת עכו"ם שאין ביאתו ביאה ולא מיחייבא מיתה בביאתו דרחמנא אפקריה לזרעיה דעובד כוכבים כדכתיב אשר בשר חמורים בשרם וזרמת סוסים זרמתם והוי כביאת בהמה בעלמא ומתוך כך התיר לבת ישראל שהמירה דתה ונשאת לעכו"ם וחזרה בתשובה והעכו"ם נתגייר לקיימה דאע"ג דאמר כשם שאסורה לבעל כך אסורה לבועל הני מילי בביאת ישראל אבל עכו"ם לא ולא נהירא לר"י בר מאיר דכיון דנאסרת לבעלה בביאת עכו"ם כדקאמר בכתובות (שם) איכא פרוצות כו' וכן בפרק שני דכתובות (דף כו:) האשה שנחבשה בידי עכו"ם על ידי נפשות אסורה לבעלה וכן באסתר[ו] וכאשר אבדתי אבדתי[ס] אלמא לגבי לאוסרה על בעלה לא חשיבא כביאת בהמה הכי נמי יש לאוסרה על הבועל וכן לפסול לכהונה פנויה שנבעלה לעכו"ם[י] אע"ג דנבעלה לבהמה כשירה לכהונה בפרק הבא על יבמתו (יבמות דף נט:) אלמא לא חשיבא כבהמה ודוקא לענין חיים אמר בפ' נושאין (שם דף לה.) דרחמנא אפקריה לזרעיה דעובד כוכבים ובפ' ארוסה (סוטה דף כו:) אמרינן דמקנין ע"י נכרי ופוסל בתרומה ופריך פשיטא ונסתרה והיא נטמאה אמר רחמנא אחד לבעל ואחד לבועל ואחד לתרומה מהו דתימא כי אמרינן ונסתרה והיא נטמאה הני מילי היכא דבהך ביאה אסירה ליה קא משמע לן אלמא דאפי' גבי עכו"ם שייך נטמאה לאסור לבעלה והוא הדין לבועל וליכא למידק איפכא מהתם מדקאמר דס"ד אמינא כיון דבלאו האי ביאה אסירה ליה לא מיתסרא עליה דבעל מכלל דלעכו"ם גופיה לא צריך קרא לאוסרה על ידי אותה ביאה וא"כ גר מותר ע"י ביאה שבעל בהיותו עכו"ם דאי אסור הוה מיתוקם קרא שפיר אפילו בעכו"ם ומיתסרא עליה בהאי ביאה לכשיתגייר דבלאו הך ביאה[ז] (לא) הוה מיתסרא עליה היינו בהיותו עכו"ם שהיא אסורה ליבעל לעכו"ם ותימה כיון דאיכא איסור מיתה בביאת עכו"ם למה לא גירש מרדכי את אסתר בשעה שבאתה להצלת כלל ישראל וי"ל היה ירא פן יודע הדבר למלך ויתפרסם על ידי גט שהיתה אשתו דאי לא תימא הכי למה לא גירשה כדי שלא תאסר עליו ביאותה ויחזירנה א"כ דמחזיר גרושתו לא מיתסרא בביאת זנות כדמוכח בסוטה פרק היה מביא (דף יח:) שלא היה מתנה עמה מאחר שתתגרש וא"ת הא דקאמר במס' ע"ז פ' ר' ישמעאל (דף נד.) גבי נעבד באונס דאסור דמפרש כגון שאנסוהו נכרים והשתחוה לבהמה דידיה ופריך עלה אונס רחמנא פטריה דכתיב ולנערה לא תעשה דבר ומאי קושיא הא קרא בקרקע עולם דוקא איירי אבל עושה מעשה חייב למסור עצמו ומשתחוה לע"ז עושה מעשה הוא דבכפפו[ח] נכרים לפני ע"ז ליכא לאוקומיה דא"כ לאו מידי עבד ואין זה משתחוה ואפילו נראה כמשתחוה כעין שוחה ונוטל מעותיו בפני ע"ז[ו] אינו ועוד דאם כן אין כאן אדם אוסר דבר שהוא שלו אלא הנכרים הכופפים קומתו הם האוסרים בהמתו לע"ז אם היתה נאסרת בכך וי"ל דהכי פירושו אונס רחמנא פטריה ממיתה וכיון דפטריה ממיתת בית דין אע"ג דמיחייב למסור עצמו לא חשיב נעבד ליאסר בהך עבודה ושפיר יליף מהאי קרא דפטור ממיתה באונס אפילו בעושה מעשה אע"ג דנערה לא עבדה מידי דהא איתקש בהאי קרא נערה המאורסה לרוצח מה רוצח יהרג ואל יעבור בעשיית מעשה אף נערה יהרג הבועל או תיהרג היא בעשיית מעשה ובהאי קאמר קרא ולנערה שבעשיית מעשה עבדה בדיעבד מחמת אונס לא תעשה דבר והוא הדין משתחוה לע"ז כדי שלא יהרגוהו איכא למילף מיניה לפוטרו בדיעבד אפי' בעשיית מעשה וקסבר רבי זירא כיון דבדיעבד מיפטר העובד לא מיתסר נעבד בהא עבודה אע"פ שלא באונס מיתה היה חייב לאביי אע"ג דלא קבליה באלוה ולרבא דקבליה באלוה[ח] שהשתחוה בפירוש לשם קבלת אלהות אע"פ שאין פיו ולבו שוין שבפיו מפרש שעובד לשם אלהות ולבו לאביו שבשמים ורבא מהדר ליה לרבי זירא דחשיב שפיר נעבד אע"ג דפטור ממיתה [ס]ועוד י"ל דמשמע ליה לענין מיתת ב"ד דאין חילוק בין עביד מעשה ללא עביד מעשה דהא אשה ברצון חייבת אף על גב דהויא קרקע עולם וכשפטר התם אונס ממיתת בית דין כדכתיב ולנערה לא תעשה דבר לא שנא עביד מעשה ול"ש לא עביד מעשה:

הא

מסורת הש"ס עם הוספות

א) פסחים כה. סנהדרין עד., ב) לקמן דף פה:, ג) ב"ר ורש"י בראשית לד ב, ד) [סי' מג], ה) מגילה דף טו., ו) כדאיתא ביבמות מה: (הג"ר שמחה מדעסרי), ז) ע"ז יב., ח) סנהדרין סא:, ט) כג:, י) י ע"ב.

תורה אור השלם

א) בְּטֶרֶם אֶצָּרְךָ בַבֶּטֶן יְדַעְתִּיךָ וּבְטֶרֶם תֵּצֵא מֵרֶחֶם הִקְדַּשְׁתִּיךָ נָבִיא לַגּוֹיִם נְתַתִּיךָ: [ירמיה א, ה]

ליקוטי רש"י

סברא היא. שלא תדחה נפש חבירו דאיכא תרתי אבוד נשמה ועבירה מפני נפשו דליכא אלא חדא אבוד נשמה והוא לא יעבור דכי אמר רחמנא לעבור על המצות משום וחי בהם משום דיקרה בעיניו נשמה של ישראל והכא גבי רוצח כיון דסוף סוף איכא איבוד נשמה למה יהא מותר לעבור מי יודע שנפשו חביבה ליוצרו יותר מנפש חבירו הלכך דבר המקום לא ניתן לדחות [סנהדרין עד.]. מרי דוראי. מושל עירי [פסחים כה:]. אדון עירי ונכרי הוא [סנהדרין שם]. מאי חזית דדמא דידך סומק טפי. כלומר כלום באתה לישאל על כך אלא מפני שאתה יודע שאין מצוה עומדת בפני פיקוח נפש וסבור אתה שאף זו תדחה מפני פיקוח נפשך אין זו דומה לשאר עבירות דמכל מקום יש כאן אבוד נפש והתורה לא התירה לדחות את המצוה אלא מפני חיבת נפשו של ישראל וכאן עבירה נעשית ונפש אבודה מי יאמר שנפשך חביבה לפני המקום יותר משל זה דילמא של זה חביבה טפי עליו ונמצא עבירה נעשית ונפש אבודה [פסחים שם]. מי יודע שיהא דמך חביב ונאה ליוצרך יותר מדם חבירך הלכך אין כאן לומר וחי בהם ולא שימות בהם שלא התיר הכתוב אלא משום חביבות נפשם של ישראל להקדוש ברוך הוא וכאן שיש אבוד נפש חבירו לא ניתן דבר המלך לדחות שלוה על הרציחה [סנהדרין שם]. סומק. אדום [נדה יט:]. בטרם אצרך בבטן וגו'. מימי אדם הראשון הראהו הקב"ה לאדם דור דור וגביאיו. אצרך. לשון צורה. ידעתיך. קנייושטו"י בלעז כמו לא נודעתי להם (שמות ו) [ירמיה א, ה].

עין משפט נר מצוה

פג א מיי' פ"ה מהל' יסודי התורה הל' ז סמג עשין ה:

פד ב מיי' פ"ג מהלכות שביתת עשור הל' ט סמג לאוין סט טור וש"ע א"ח סי' תריז סעיף ג:

רבינו חננאל

עוברה דארחא ואתיא לקמיה דרבי ולחשו לה באודנא ואילחישא וקרו עליה טרם תצא מרחם הקדשתיך ונפק מינה ר' יוחנן. ואחרת לא אילחישא וקרו עליה

תוספות ישנים

שהוא לא אנסה לבא עליה אלא היא הסיתתו להתיש כחו ועוד מה היה מתרך טובתן של רשעים כו' וכי בשביל כך לא היה לה למסור עצמה אלא הכי פי' התם דאמאי משתבח בה קרא דכתיב תבורך מנשים יעל ואמרי' בנזיר[ט] ובהוריות[י] כעין נשים דסיטו שרה רבקה רחל ולאה ודרשינן נמי התם גדולה עבירה לשמה ממצוה שלא לשמה והא הכא נמי עבירה שלא לשמה היא שנהנית מעביר' ומשני טובתן של רשעים כו' ולא נהנית כלל ואע"ג דבפרק מצות חליצה לא מייתי התם הך דגדולה עבירה לשמה ממצוה שלא לשמה מכל מקום עלה קאי ובשמעתין גרסינן גבי נערה יהרג ואל יעבור כדפריש רש"י ואי גרסינן תהרג כגון דעבדא איהי מעשה. מ"ר:

גליון הש"ס

תוס' ד"ה מה רוצח וכו' מ"מ בלא הנאה נמי מיחייבא כגון שלא כדרכה. עיין קדושין דף כב ע"ב ובתוס' שם ט]. ובסנהדרין דף נח ע"ב ברש"י ד"ה שלא כדרכה: בסה"ד ועוד י"ל דמשמע ליה דלענין מיתת ב"ד אין חילוק. לא זכיתי להבין דבריהם הקדושים דמה בכך דלדין מיתה אין חילוק הא מ"מ מכח דלא עבדא מעשה הדין דמותרת ותעבור ולא תהרג אם עשתה בהיתר וברשות ב"ד פשיטא דא"מ מיתה. ואיהו דיהרג ואל יעבור ר"ל דאם עבר ח"מ. ובאמת גם בדידה אלו היה הדין דתהרג ואל תעבור היתה חייבת מיתה אף דלא עבדא מעשה אבל טעם פטור דידה כיון דכך הדין דתעבור ואל תהרג ועשתה בהיתר. וה' יאיר עיני:

הגהות וציונים

א] [בסנהדרין אי' דרבה] (גליון): ב] ברש"י שבריו"ף נוסף דוראי שם כפר. בר"ן דוראי לשון בקעה: ג] או"ז ור"ן ורש"י שבריו"ף וכת"י הדברים: ד] צ"ל דכתיב (בארות המים):

ה] צ"ל מפרשי כך דכיון (בארות המים): ו] יש להוסיף שאמרה (בארות המים): ז] גי' שיח יצחק: דבלאו הך ביאה אסירה ליה לא הוה מיתסרא עליה. הג"ר שמחה מדעסרי: דבלאו הך ביאה לא הוה מיתסרא עליה דהתם היינו. בארות המים: דבלאו הך ביאה הא הוה מיתסרא עליה: ח] צ"ל דבכפפוהו (בארות המים): ט] ליתא שם בתוס' (ואולי הכוונה לתוס' ב"ק לב ע"א ד"ה איהו קעביד מעשה, עיי"ש):

ושמואל אמר לפקח עליו את הגל כי איתמר דשמואל ארישא איתמר אם רוב כותיים כותי אמר שמואל [א] ולענין פקוח נפש אינו כן אם רוב כותיים כותי למאי הילכתא אמר רב פפא [ב] להאכילו נבלות אם רוב ישראל ישראל למאי הילכתא [א] [ג] להחזיר לו אבידתו מחצה על מחצה ישראל למאי הילכתא אמר ריש לקיש [ד] לנזקין היכי דמי אי נימא דנגחיה תורא דידן לתורא דידיה נייתי ראיה ונשקול לא צריכא דנגחיה תורא דידיה לתורא דידן פלגא יהיב ליה אידך פלגא נימא ליה אייתי ראיה דלאו ישראל אנא ושקול: מי שנפל עליו מפולת וכו': מאי קאמר לא מיבעיא קאמר לא מיבעיא ספק הוא שם ספק אינו שם דאי איתיה חי הוא דמפקחין אלא אפילו ספק חי ספק מת מפקחין ולא מיבעיא ספק חי ספק מת דישראל אלא אפילו ספק כותי ספק ישראל מפקחין: מצאוהו חי מפקחין: מצאוהו חי פשיטא לא צריכא [ה] דאפי' לחיי שעה [א]: ואם מת יניחוהו: הא נמי פשיטא לא צריכא (א) לר' יהודה בן לקיש דתניא [ו] אין מצילין את המת מפני הדליקה אמר רבי יהודה בן לקיש [ו] שמעתי שמצילין את המת מפני הדליקה ואפילו רבי יהודה בן לקיש לא קאמר אלא [ז] מתוך שאדם בהול על מתו אי לא שרית ליה אתי לכבויי אבל הכא אי לא שרית ליה מאי אית ליה למעבד תנו רבנן עד היכן הוא בודק [ח] עד חוטמו ויש אומרים עד לבו בדק ומצא עליונים מתים לא יאמר כבר מתו התחתונים מעשה היה ומצאו עליונים מתים ותחתונים חיים נימא הני תנאי כי הני תנאי דתניא [ט] מהיכן הולד נוצר מראשו שנאמר [א] ממעי אמי אתה גוזי ואומר [ב] גזי נזרך והשליכי אבא שאול אומר מטיבורו ומשלח שרשיו אילך ואילך אפילו תימא אבא שאול עד כאן לא קא אמר אבא שאול התם אלא לענין יצירה דכל מידי ממציעתיה מיתצר אבל לענין פקוח נפש אפי' אבא שאול מודי דעיקר חיותא באפיה הוא דכתיב [ג] כל אשר נשמת רוח חיים באפיו אמר רב פפא מחלוקת ממטה למעלה אבל ממעלה למטה כיון דבדק ליה עד חוטמו שוב אינו צריך דכתיב כל אשר נשמת רוח חיים באפיו [ט] וכבר היה ר' ישמעאל ורבי עקיבא ורבי אלעזר בן עזריה מהלכין בדרך ולוי הסדר [ב] ורבי ישמעאל בנו של רבי אלעזר בן עזריה מהלכין אחריהן נשאלה שאלה זו בפניהם מניין לפקוח נפש שדוחה את השבת נענה ר' ישמעאל ואמר [ד] אם במחתרת ימצא הגנב ומה זה שספק על ממון בא ספק על נפשות בא [י] ושפיכות דמים מטמא את הארץ וגורם לשכינה שתסתלק מישראל ניתן להצילו בנפשו ק"ו לפקוח נפש שדוחה את השבת נענה ר"ע ואמר [ה] וכי יזיד איש על רעהו וגו' מעם מזבחי תקחנו למות מעם מזבחי ולא מעל מזבחי ואמר רבה בר בר חנה אמר רבי יוחנן לא שנו אלא להמית אבל

רש"י

ושמואל אמר לפקח עליו את הגל. קאמר דאם רוב ישראל (ב) אבל במחצה על מחצה לא וכ"ש ברוב כותים: אינו כן. דאמר [ג] אפילו ברוב כותים מפקחין: למאי הילכתא. הוי כותי אליבא דשמואל כיון דאמר מפקחין עליו כל שכן דמלוה להחיותו ולמאי הילכתא הוי כותי: להאכילו נבילות. עד שיגדל ויקבל עליו גירות: אם רוב ישראל ישראל למאי הילכתא. הוי ישראל ברוב ישראל טפי ממחצה על מחצה (ג) אי שלא להאכילו נבילות במחצה על מחצה לא ספינן ליה: לנזקין. שור של ישראל שנגח של כותי פטור ושור של כותי שנגח של ישראל בין תם בין מועד משלם נזק שלם ושל ישראל שנגח של ישראל תם משלם חצי נזק מועד משלם נזק שלם [ז]: אי נימא דנגחיה תורא דידן לתורא דידיה. וקאמרינן דמחייבינן ליה לשלומי: נייתי ראיה. דישראל הוא ונשקול וכל זמן שלא טבל בבית דין לשם גירות לא מצינן (ד) לישראל לחיובי לשלומי: פלגא. משלם כישראל אידך פלגא ספק הוא וזה תובעו נזק שלם כדין כותי אמר ליה אייתי ראיה דלאו ישראל אנא ושקול: מאי קאמר. כל הני ספיקי דקתני מאי אתו לאשמועינן: שמצילין את המת. לחצר המעורבת דליכא איסור אלא טלטול: אבל הכא. כי לא שרית ליה לפקוחי מאי אית ליה למיעבד דתיהוי איסורא דאורייתא דנשרי הא מקמי הך: עד היכן הוא בודק. אם דומה למת שאינו מזיז איבריו עד היכן הוא מפקח לדעת האמת: עד חוטמו. ואם אין חיות בחוטמו שאינו מוציא רוח ודאי מת ויניחוהו: הכי גרסינן אמר רב פפא מחלוקת מלמטה למעלה. מחלוקת דהנך תנאי דמר אמר עד לבו ומר אמר עד חוטמו מלמטה למעלה שמוצאו דרך מרגלותיו תחלה ובודק והולך כלפי ראשו דמר אמר בלבו יש להבחין אם יש בו חיות שנשמתו דופקת שם ומר אמר עד חוטמו דזימנין דאין חיות ניכר בלבו וניכר בחוטמו: (ה) גזי נזרך. ונזר הוא שער הראש: אפילו תימא אבא שאול. נמי סבירא ליה עד חוטמו: ולוי הסדר. [ט] לא פורש לי מהו: ושפיכות דמים. שהותר לבעל בית לשפוך דמו של זה להצלת ספק נפשו עבירה חמורה היא שמטמאת את הארץ כדכתיב (במדבר לה) ולא תטמא את הארץ גבי פרשת רוצחין: וגורם לשכינה שתסתלק. כדכתיב (שם) אשר אני שוכן בתוכה הא אם תטמאו איני שוכן [ד] וגבי רוצח כתיב: מעם מזבחי. אם כהן הוא שבא לעבוד עבודה: ולא מעל מזבחי. [ט] אם התחיל בעבודה אין מפסיק לבא לידון אלא משלים עבודתו: אבל

תוספות

ולפקח הגל אינו כן. אומר ר"י דהיינו טעמא דאין הולכין בפקוח נפש אחר הרוב משום דכתיב (ויקרא יח) וחי בהם ולא שימות בהם [ח] שלא יוכל לבוא בשום ענין לידי מיתת ישראל: להאכילו נבילות. לא הוה מצי למימר שלא להחיותו משום דאפילו מחצה על מחצה אינו חייב להחיותו דדוקא ברוב ישראל אמרינן לא שנו אלא להחיותו: להחזיר לו אבידתו. הא דלא קאמר להחיותו כדקאמר רב לעיל פירש רש"י דלשמואל איצטריך דסבירא ליה דאפילו לפקח את הגל בשבת אין הולכין אחר הרוב כל שכן להחיותו ואע"ג דסבירא ליה לשמואל (ב"ב דף כג:) אין הולכין בממון אחר הרוב הני מילי היכא דאתי לידיה ברשות בעלים כמו מוכר שור לחבירו ונמצא נגחן אבל הכא דלא אתא לידיה ברשות בעלים אזלינן בתר רובא [ט] ובכתובות סוף פ"ק (דף טו:) פירש דרבותא נקט אפילו להחזיר לו אבידה דאיכא עבירה גדולה כדאמרי' (סנהדרין דף עו:) המחזיר אבידה לכותי עליו הכתוב אומר למען ספות הרוה את הצמאה וגו' ואפי' הכי מחזירין היכא דאיכא רוב ישראל וכל שכן להחיותו דליכא עבירה כולי האי דמפרנסין עניי כותים עם עניי ישראל מפני דרכי שלום [גיטין סא.]: להחזיר לו אבידה. אבל מחצה על מחצה לא דאמר ליה אייתי ראיה דישראל את ואחזיר לך: לא צריכא דנגחיה תורא דידיה לתורא דידן. תימה לי דהוה מצי למימר כולהו לנזקין אם רוב ישראל דנגחיה תורא דידן לתורא דידיה מחצה על מחצה ישראל דנגחיה תורא דידיה לתורא דידן ולא משלם אלא פלגא אם רוב כותים כותי משלם נזק שלם אלא ניחא למימר חידוש בכל חד: אבא שאול אומר מטיבורו. הקשה רבינו תם דבפרק המפלת (נדה דף כה.) תניא איזהו שפיר מרוקם אבא שאול אומר תחילת ברייתו מראשו ועוד הקשה דהא התם משמע דלא איירי אלא בגודל האיברים ובקוטן כדקא מסיים עלה שתי עיניו כשני טיפין של זבוב וכו' להכי גרס ר"ת תחילת ברייתו כרשון פירוש יום שנגמר תחילת צורתו הוי כל גופו גדול כסלעם כדמתרגמינן [י] רשונא וכן פירש בערוך [ערך רשון]: עם

עין משפט נר מצוה

פא א ב ג ד מיי' פט"ו מהל' איסורי ביאה הל' כו טוש"ע אה"ע סי' ד' סעיף לד:

פב ה מיי' פ"ב מהלכות שבת הלכה יח סמג לאוין סה טוש"ע או"ח סי' שכט סעיף ד:

פג ו מיי' פכ"ו מהל' שבת הל' כא סמג לאוין סה טוש"ע או"ח סי' שיא סעיף א:

פד ז מיי' פ"ב מהלכות שבת הל"ט טוש"ע או"ח סי' שכט סעיף ד:

רבינו חננאל

[כמה]. איכא [פלוגתא] באמוראין חד אמר עד חוטמו וחד אמר עד טבורו. אמר שמואל לא הילכו בפקוח נפש אחר הרוב כו' הא דרב א) דאמר את הגל כו' כבר פירשנוהו ב) בבבא קמא: מי שנפלה עליו מפולת ספק הוא שם ספק אינו שם ספק חי ספק מת ספק כותי ספק ישראל מפקחין עליו. מצאוהו חי מפקחין עליו מצאוהו מת יניחוהו. אוקימנא אפי' לר' יהודה בן לקיש דאמר שמעתי שמצילין את המת מפני הדליקה הכא מודה שאם מצאו (חי) [מת] יניחהו ופשוטה היא: ת"ר עד היכן בודק עד טבורו. ר"א עד חוטמו. בדק ומצא עליונים מתים לא יאמר שכבר מתו התחתונים. מעשה היה ובדקו ומצאו עליונים מתים ותחתונים חיים. אמר רב פפא מחלוקת כשבדק ממטה למעלה. שלא יאמר כיון שאין חיותא בטבורו כבר מת אלא צריך לבדוק עד חוטמו אבל אם בדק ממעלה למטה כיון שבדק בחוטמו ואין לו חיותא תוב לא צריך שנאמר כל אשר נשמת רוח חיים באפיו. מניין לפיקוח נפש שדוחה את השבת כו'.

חשק שלמה על ר"ח

א) אולי צ"ל הא דרב דאמר ל"ש אלא כו' ודשמואל דאמר לפקח עליו את הגל כבר פירשנוהו וכו'. ב) אולי צ"ל בפ"ק דכתובות דף טו.

גליון הש"ס

רש"י ד"ה ולוי הסדר. לא פורש לי. עי' ברכות כה: רש"י ד"ה מאן שמעת ליה וש"נ: שם ד"ה ולא מעל מזבחי אם התחיל בעבודה. עי' ברש"י מכות יב. ד"ה טעה יואב וצ"ע:

תוספות ישנים

אמר רב פפא להאכילו נבילות. וה"נ הוה מצי למינקט לענין [ס] להחיותו אי במחצה על מחצה מלוה להחיותו אבל גבי רוב ישראל לא הוה מצי למינקט להחיותו כיון דאפילו במחצה על מחצה חייב להחיותו אם כן לא היה זה שום חידוש ואם נאמר דבמחצה על מחצה אינו חייב להחיותו הוה מצי למימר על רוב ישראל דחייב להחיותו אלא רבותא נקט דאפילו להחזיר לו אבידה שיש בכותים עבירה כמו ששנינו בסנהדרין (דף עו:) לא יאבה ה' סלוח לו זה המחזיר אבידה לכותי אפילו הכי אם רוב ישראל כישראל אבל להחיותו אין כל כך עבירה כדתנן [ו] בגיטין (דף סא.) מפרנסין עניי נכרים עם עניי ישראל וכן נראה לרבי שאין צריך להחיותו כיון דליכא פקוח נפש אלא ברוב ישראל והשתא אתי שפיר דלא הוי מצי למינקט במחצה על מחצה כדי להחיותו ורב דאמר לעיל לא שנו אלא להחיותו ארוב ישראל קאי והכי נמי הוה מצי למינקט במחצה על מחצה כדי להחיותו כרב דאמר לעיל לא שנו כו' אלא דנקט החזרת אבידה שהיא חידוש יותר כדפרישית: לא נצרכה אלא לחיי שעה. והא דאמר בפרק שני דמס' ע"ז (דף כז:) דלחיי שעה לא חיישינן פי' ומתרפא מן הכותי ואע"פ שיש לחוש שמא ימית אותו לאלתר היינו הכא והתם לטובתו כי כאן מפקחין כדי להחיותו ושם מרפאין אותו אולי יחיה: מתוך שאדם בהול על מתו אי לא שרית ליה אתי לכבויי. ולא דמי לממון דאמר בפרק כל כתבי (שבת קיז:) מתוך שאדם בהול על ממונו אי שרית ליה אתי לכבויי דהתם כיון שאינו טרוד להציל (לא יבא להציל) לא יבא לחלל [illegible] מ"ר.

מסורת הש"ס עם הוספות

א) עי' תוס' ע"ז כז: ד"ה לחיי, ב) שבת דף מג: [תוספתא שבת פי"ד ה"ז], ג) שבת דף מג: קיז:, ד) סוטה דף מה., ה) מכלתא פ' כי תשא, ו) [שבת לג. וע"ש], ז) ב"ק לח., ח) לקמן ע"ב, ט) [ועי' תוס' ב"ק דף כו: ד"ה קמ"ל], י) ויקרא יא כב.

הגהות הב"ח

(א) גמ' לא צריכא אלא לר' יהודה בן לקיש: (ב) רש"י ד"ה ושמואל כו' דאם רוב ישראל ישראל אבל: (ג) ד"ה אם רוב כו' על מחצה דאי שלא להאכילו וכו' על מחצה נמי לא ספינן: (ד) ד"ה נייתי כו' לשם גירות לא מצינן לחיוביה לישראל לשלומי: (ה) ד"ה גזי נזרך וד"ה אפילו תימא צ"ל קודם ד"ה הכי גרסינן:

תורה אור השלם

א) עָלֶיךָ נִסְמַכְתִּי מִבֶּטֶן מִמְּעֵי אִמִּי אַתָּה גוֹזִי בְּךָ תְהִלָּתִי תָמִיד: [תהלים עא, ו]

ב) גָּזִּי נִזְרֵךְ וְהַשְׁלִיכִי וּשְׂאִי עַל שְׁפָיִם קִינָה כִּי מָאַס יְיָ וַיִּטֹּשׁ אֶת דּוֹר עֶבְרָתוֹ: [ירמיה ז, כט]

ג) כֹּל אֲשֶׁר נִשְׁמַת רוּחַ חַיִּים בְּאַפָּיו מִכֹּל אֲשֶׁר בֶּחָרָבָה מֵתוּ: [בראשית ז, כב]

ד) אִם בַּמַּחְתֶּרֶת יִמָּצֵא הַגַּנָּב וְהֻכָּה וָמֵת אֵין לוֹ דָּמִים: [שמות כב, א]

ה) וְכִי יָזִד אִישׁ עַל רֵעֵהוּ לְהָרְגוֹ בְעָרְמָה מֵעִם מִזְבְּחִי תִּקָּחֶנּוּ לָמוּת: [שמות כא, יד]

ליקוטי רש"י

ושמואל אמר לפקח עליו את הגל. בשבת חשבינן ליה לישראל [כתובות טו:]. אתה גוזי. אתה מראשי ילדת ראשי תחילה דגזי לישנא דרישא כמו גזי נזרך שער ראשך תלשי וגלי ראשך [סוטה מה:]. גזי נזרך. תלשי שערך כמו ויגז שלוים (במדבר יא) ויגז את ראשו (איוב א) [ירמיה ז, כט]. נשמת רוח חיים. נשימה של רוח חיים [בראשית ז, כב]. אם במחתרת. כשהיה חותר את הבית [שמות כב, א].

הגהות וציונים

א] בכתובות נוסף אמר רב פפא, וכ"ה כאן בכת"י: ב] [בערוך ערך סרד ד' איתא ולוי הסרד פי' גאון יש אומרים שהי' עושה בגדי שרד לפיכך נקרא סרד או שהיה עושה כלי שרד כגון מצודות] (גליון): ג] "דאמר" ליתא בכת"י, והנוסח דאפילו: ד] הס"ד, ואח"כ מה"ד מעם מזבחי. גבי רוצח כתיב אם כהן הוא וכו' (שיח יצחק): ה] לענין שלא להחיותו דאי במחצה וכו' וה"נ הר"מ למנקט ברוב ישראל כדי להחיותו אלא נקט החזרת אבידה שהוא חידוש יותר כדפרי' כצ"ל עיין ש"י (גליון): ו] צ"ל כדתניא (גליון):

עין משפט
נר מצוה

פה א מיי' פ"א מהלכות תשובה הלכה ג:
פו ב ג מיי' שם פ"ד הלכה א:
פז ד ה מיי' שם פ"ג הלכה ט:
פח ו מיי' פ"ג מהלכות שגגות הלכה ט:

עם התשובה אין בפני עצמה לא נימא דלא כרבי. תימה לי דהוה מצי לשנויי מיתה ויוה"כ מכפרות עם התשובה על כל עבירות שבתורה אבל בלא תשובה יש עבירות שאין מכפרות עליהן כגון פורק עול ומגלה פנים ומיפר ברית ויש לומר דשפיר טפי משני אי נמי י"ל דומיא דסיפא דקתני ועל החמורות הוא תולה עד שיבא יוה"כ ויכפר דההיא בכל עבירה איירי דאינה מכפרת בלא יוה"כ ה"נ רישא[ס]:

חוץ מפורק עול. בסוף פ"ק דשבועות (דף יג.) נפקא ליה מקרא כי דבר ה' בזה זה הפורק עול ומגלה פנים בתורה ואת מצותו הפר זה המפר ברית בשר הכרת תכרת הכרת לפני יום הכפורים תכרת לאחר יוה"כ יכול אפילו עשה תשובה ת"ל עונה בה לא אמרתי אלא בזמן שעונה בה והקשה הרב רבי יעקב מאורלינ"ש זצ"ל אמאי

אבל להחיות אפילו מעל מזבחי ומה זה שספק יש ממש בדבריו ספק אין ממש בדבריו ועבודה דוחה שבת קל וחומר לפקוח נפש שדוחה את השבת נענה רבי אלעזר[א] ואמר ומה [ה]מילה שהיא אחד ממאתים וארבעים ושמונה[ב] איברים שבאדם דוחה את השבת קל וחומר לכל גופו שדוחה את השבת רבי יוסי בר' יהודה[ג] אומר [א]את שבתותי תשמורו יכול לכל ת"ל [ו]אך חלק רבי יונתן בן יוסף אומר [ב]כי קודש היא לכם היא מסורה בידכם ולא אתם מסורים בידה ר' שמעון בן מנסיא אומר [ג]ושמרו בני ישראל את השבת[ד] (ג) אמרה תורה חלל עליו שבת אחת כדי שישמור שבתות הרבה א"ר יהודה אמר שמואל אי הואי התם הוה אמינא דידי עדיפא מדידהו [ד][ז] וחי בהם ולא שימות בהם אמר רבא [ח]לכולהו אית להו פירכא בר מדשמואל דלית ליה פירכא דר' ישמעאל דילמא כדרבא [ט]דאמר רבא מאי טעמא דמחתרת חזקה אין אדם מעמיד עצמו על ממונו והאי מידע ידע דקאי לאפיה ואמר אי קאי לאפאי קטילנא ליה והתורה אמרה בא להרגך השכם להרגו ואשכחן ודאי ספק מנלן דר' עקיבא נמי דילמא כדאביי דאמר אביי [י]מסרינן ליה זוגא דרבנן לידע אם (א) ממש בדבריו ואשכחן ודאי ספק מנא לן וכולהו אשכחן ודאי ספק מנא לן ודשמואל (ב) ודאי לית ליה פירכא אמר רבינא ואיתימא רב נחמן בר יצחק [כ]טבא חדא פלפלתא חריפא ממלא צנא דקרי: **מתני'** חטאת ואשם ודאי מכפרין [א]מיתה ויוה"כ מכפרין עם התשובה תשובה מכפרת על עבירות קלות על עשה ועל לא תעשה ועל החמורות הוא[ה] תולה עד שיבא יוה"כ ויכפר [ב]האומר אחטא ואשוב אחטא ואשוב אין מספיקין בידו לעשות תשובה [ג]אחטא ויוה"כ מכפר אין יוה"כ מכפר [ד]עבירות שבין אדם למקום יוה"כ מכפר[ו] [ה]עבירות שבין אדם לחבירו אין יוה"כ מכפר עד שירצה את חבירו דרש[ז] ר' אלעזר בן עזריה [ה]מכל חטאתיכם לפני ה' תטהרו עבירות שבין אדם למקום יוה"כ מכפר עבירות שבין אדם לחבירו אין יוה"כ מכפר עד שירצה את חבירו אמר רבי עקיבא אשריכם ישראל לפני מי אתם מטהרין מי[ח] מטהר אתכם אביכם שבשמים שנאמר [ו]וזרקתי עליכם מים טהורים וטהרתם ואומר [ז]מקוה ישראל (ה'[ט]) מה מקוה מטהר את הטמאים אף הקב"ה מטהר את ישראל: **גמ'** אשם ודאי אין אשם תלוי לא והא כפרה כתיבא ביה הנך מכפרי כפרה גמורה אשם תלוי אינו מכפר כפרה גמורה אי נמי הנך אין אחר מכפר כפרתן אשם תלוי אחר מכפר כפרתן דתנן [ט][י]חייבי חטאות ואשמות ודאין שעבר עליהן יוה"כ חייבין אשמות תלוין פטורין: מיתה ויוה"כ מכפרין עם התשובה: עם התשובה אין בפני עצמן לא נימא דלא כרבי דתניא [כ]רבי אומר על כל עבירות שבתורה בין עשה תשובה בין לא עשה תשובה יום הכפורים מכפר חוץ (מפורק עול[י]) ומגלה פנים בתורה ומיפר ברית בשר שאם עשה תשובה יוה"כ מכפר ואם לא עשה תשובה אין יוה"כ מכפר אפילו תימא רבי תשובה בעיא יוה"כ יוה"כ לא בעיא תשובה: תשובה מכפרת על עבירות קלות על עשה ועל לא תעשה: השתא על לא תעשה מכפרת על עשה מיבעיא אמר רב יהודה הכי קאמר על עשה ועל לא תעשה שניתק לעשה ועל לא תעשה גמור לא ורמינהו [ל]אלו הן קלות עשה ולא תעשה חוץ

אבל להחיות. כגון שיודע ללמד זכות על אדם שנדון בב"ד ליהרג: **ועבודה.** תמורה שדוחה את השבת מפסיקה להצלת נפש: **ומה מילה.** שהיא תיקון אחד מאיבריו של אדם דוחה את השבת[ק] לפי שחייבין עליה כרת לאחר זמן כך שנויה בתוספתא דשבת (ג): **יכול לכל.** אפי' לפיקוח נפש: **ושמרו בני ישראל את השבת.** כדי לעשות שבתות אחרות יזהרו בשבת זו בקיום שמירת שבתות הרבה: **אין אדם מעמיד את עצמו.** מלהציל את ממונו מיד גנב והאי גנב דאתי במחתרת מידע ידע דקאי בעל הבית באפיה ואדעתא דהכי אתא דמימר אמר כי קאי לאפאי קטילנא ליה ואין זה ספק נפשות אלא ודאי נפשות והתורה אמרה לו כאן אחרי שבא להורגך השכם להורגו[ר]: **דאמר אביי.** בסנהדרין (דף מג.) על היוצא ליסקל ואמר יש לי זכות ללמד על עצמי דקתני התם מחזירין אותו אפילו ארבע וחמש פעמים ובלבד שיהא ממש בדבריו והוינן בה מנא ידעי ואמר אביי מסרינן ליה זוגא דרבנן שמלוין אותו עד בית הסקילה ואם אמר יש לי ללמד זכות על עצמי ישמעו אלו אם יש ממש בדבריו אם לאו והכי נמי גבי כהן העובד איכא למימר נמי דהכי עבדי ליה: **ואשכחן.** מהכא דאודאי פיקוח נפש מחללין אבל ספק לא שמעינן מינה. וכולהו נמי כגון אך חלק איכא למימר דודאי פיקוח נפש קא ממעט ולא ספק וכן ולא אתם מסורין בידה למות (ד) ודאי וכן חלל עליו כדי שישמור ודאי שבתות הרבה: **דשמואל לית ליה פירכא.** אשר יעשה האדם המצות שיחיה בהם ודאי ולא שיבא בעשייתן לידי ספק מיתה אלמא מחללין על הספק: **חדא פלפלתא.** גרעין אחד: **מתני' חטאת ואשם ודאי.** הם אשם גזילות ומעילות ויש אשם[ש] שהוא תלוי הבא על שגגת ספק כרת ובגמ' פריך והא ביה נמי כפרה כתיבא: **חטאת ואשם ודאי מכפרין.** ומסתמא תשובה איכא שאם לא היה מתחרט לא היה מביא קרבן (ה): **גמ' הא כפרה כתיב ביה.** וכפר עליו הכהן על שגגתו אשר שגג (ויקרא ה) באשם תלוי כתיב: **אשם תלוי אינו מכפר כפרה גמורה.** אלא תולה להגן עליו מן היסורין עד שיודע לו שודאי חטא ויביא חטאת הכי ילפי' לה בכריתות (דף כו:): **פטורין.** דיום הכפורים מכפר עליהן וטעמא מפרש בכריתות (דף כה:): **חוץ מפורק עול.** כופר בהקב"ה: **מגלה פנים בתורה.** דורש את התורה לגנאי כגון מנשה[ת] שהיה דורש באגדות של דופי לא היה לו למשה לכתוב אלא ותמנע היתה פלגש וגו': **ומיפר ברית בשר.** מילה ובמסכת שבועות[י] יליף לה מקראי:

רבינו חננאל

אסיקנא כשמואל דאמר אשר יעשה אותם האדם וחי ולא שימות בהן. מניין א) **לפקוח נפש** שהיא אחד מאבריו כו'. פי' מצאנו שהמל התינוק מצילו מן המיתה. מאליעזר בנו של משה רבינו שנא' ויהי בדרך במלון ויפגשהו ה' ויבקש המיתו. ויבקש המיתו לתינוק מפני שנתעצלה אמו ולא מלה אותו וכיון שהרגישה מלה אותו וקראתו חתן דמים. והצילו מן המיתה שנא' וירף ממנו. פי' וירף חולי המות מאת' מן התינוק. אז אמרה חתן דמים אתה לי בדמי המילה. ב) ואמרינן תו למולו ואפי' בשבת כדי לפדותו מן המיתה וכתיב וערל זכר אשר לא ימול את בשר ערלתו ונכרתה מלמד שהקטן נתפש בעון האב והגדול בעון עצמו ושניהם בחיוב מיתה. זה טעם של ר' אלעזר בן עזריה: מתני' [חטאת] **ואשם ודאי מכפרין** אבל אשם תלוי אע"ג דכתיבא ביה כפרה אינו מכפר כפרה גמורה דלכי מתידע ליה בעי איתויי קרבן אחר. אי נמי כדתנן חייבי חטאות ואשמות ודאין שעבר עליהן יוה"כ חייבין. חייבי אשמות תלוין פטורין. **מיתה ויוה"כ מכפרין עם התשובה.** מתניתא דלא כרבי דתניא רבי אומר כל עבירות שבתורה בין עשה תשובה בין לא עשה תשובה יוה"כ מכפר חוץ מפורק עול והמגלה פנים בתורה והמפר בריתו של אאע"ה שאם עשה תשובה יוה"כ מכפר. ואם לא אין יוה"כ מכפר. **ושנינן אפי' תימא רבי** הכי קתני תשובה צריכא יוה"כ אבל יוה"כ מכפר אפי' בלא תשובה. כדתנן תשובה מכפרת על עבירות קלות

חשק שלמה על ר"ח

א) נראה דצ"ל מנין לפיקוח נפש שדוחה את השבת ומה מילה שהוא אחד מאבריו וכו'. ב) ואמרה תורה כצ"ל.

תוספות ישנים

תשובה בעיא יום הכפורים יום הכפורים לא בעי תשובה. ואם תאמר הכא משמע דיום הכפורים עיקר ואפילו הכי קאמר עם תשובה וקשה מכאן על מה שרגיל רבינו יעקב לומר דתלמוד תורה טפל לגבי דרך ארץ מדקתני (אבות פ"ב מ"ב) יפה תלמוד תורה עם דרך ארץ אלמא דרך ארץ עיקר כדדייקינן ביבמות פרק החולץ (דף לח:) גבי שומרת יבם שנפלו לה נכסים דיורשי האב עיקר ומיירי בנכסי מלוג מדקתני יחלקו יורשי בעל עם יורשי האב אלמא יורשי האב עיקר ואילו הכא קאמר עם התשובה אע"פ שאינה עיקר **א]** י"ל דהכי קאמר עם התשובה שעשה כבר צריך יוה"כ ואינו בא לומר שצריך שניהם אי נמי משום מיתה דנהדיה[מ] תנא עם התשובה דתשובה עיקר גבי מיתה ועוד יש לומר דלרבי נמי צריך תשובה לכפרה גמורה אע"ג דמהני יום הכפורים למעט מכרת מ"מ כפרה גמורה בלא תשובה ליכא דאל"כ למה חרב הבית בשביל עונותינו כיון שיום הכפורים מכפר חוץ מג' דברים דפורק עול וכו' ועוד מקשי' על פירוש ר"ת מדכתיב[ע] ראה חיים עם אשה וגו' וחיים עיקר וי"ל דחיים דקרא הא דרשינן ליה בפרק קמא דקידושין (דף ל:) שאין זה אלא אומנות והכי קאמר כשם שחייב להשיאו אשה כך חייב אביו ללמדו אומנות ואי תורה היא [כשם שחייב ללמדו תורה כך חייב ללמדו אומנות] א"כ הוה[פ] עיקר החיים דאין זה אלא אומנות. מ"ר. אבל לא היה נראה לה"ר אלחנן לומר כי תורה אינה עיקר דהא קאמר בתר הכי וכל תורה שאין עמה מלאכה אדרבה תידוק איפכא מבתרייתא ואמרי' נמי בפרק כילד מברכין (דף לה:) ראשונים עשו תורתן קבע ומלאכתן עראי כו' ותנן (אבות פ"ו מ"ח) במ"ח דברים תורה נקנית במיעוט דרך ארץ כו' והא דיוקא דהחולץ אינו ראיה דלא דייק אלא מדתני יחלוקו יורשי הבעל עם יורשי האב ולא קתני יחלוקו סתמא דייקינן מדקא משני בלשונו לשנות יחלוקו יורשי הבעל עם יורשי האב ש"מ דיורשי האב הוו עיקר ולא ידעתי מנ"ל דהא אם היה מאריך בלשונו יחלוקו יורשי הבעל ויורשי האב לא הוה דייקינן מידי וא"כ על כרחין מלשון עם דייק ולי נראה כי היה לו לומר יחלוקו יורשי הבעל ויורשי האב ועם ייתור לשון הוא לדקדק כן אבל כי תני יפה תלמוד תורה עם דרך ארץ (דהוה משמע) אין זה ייתור לשון כי לא היה לו לשנות יפה תלמוד תורה ודרך ארץ דהוה משמע או זה או זה קאמר וכן נראה עיקר:

מסורת הש"ס עם הוספות

א) שבת קלב., ב) [פסחים ה. וש"נ], ג) [שבת קנא:], ד) סנהדרין עב. ע"ז כו: נד., ה) [חגיגה י. וש"נ], ו) סנהדרין דף עב., ז) [סנהדרין דף מג.], ח) חגיגה י. מגילה ז., ט) כריתות כה., י) [לקמן פו:] שבועות יג. כריתות ז., כ) [שבועות לט. תוספתא פ"ד], ל) סנהדרין עב., מ) [סנהדרין לט:], נ) דף יג., ס) [ועי' תוס' שבועות יג. ד"ה בעומד], ע) קהלת ט ט, פ) הי"ג.

הגהות הב"ח

(א) גמ' לידע אם יש ממש: (ב) שם ודשמואל לית ליה פירכא כצ"ל ותי' ודאי נמחק: (ג) רש"י ד"ה ומה מילה וכו' בתוספתא דשבת. נ"ב פט"ו[פ] וע"ש: (ד) רש"י ד"ה ואשכחן כו' מסורין בידה למות וכן חלל עליו כצ"ל ותיבת ודאי נמחק: (ה) ד"ה חטאת כו' מביא קרבן הס"ד ואח"כ מה"ד מכל חטאתיכם לפני ה' תטהרו ולא חטאתיכם שבין זה לזה:

הגהות מהר"ב רנשבורג

א] בתוס' ד"ה תשובה וכו' ואלו הכא קאמר עם התשובה אע"פ שאינה עיקר וכו'. נ"ב עיין בזה באורך בהגהת מיימוני פ"ג מהל' ת"ת אות ב:

תורה אור השלם

א) וְאַתָּה דַּבֵּר אֶל בְּנֵי יִשְׂרָאֵל לֵאמֹר אַךְ אֶת שַׁבְּתֹתַי תִּשְׁמֹרוּ כִּי אוֹת הִוא בֵּינִי וּבֵינֵיכֶם לְדֹרֹתֵיכֶם לָדַעַת כִּי אֲנִי יְיָ מְקַדִּשְׁכֶם: [שמות לא, יג]

ב) וּשְׁמַרְתֶּם אֶת הַשַּׁבָּת כִּי קֹדֶשׁ הִוא לָכֶם מְחַלְלֶיהָ מוֹת יוּמָת כִּי כָּל הָעֹשֶׂה בָהּ מְלָאכָה וְנִכְרְתָה הַנֶּפֶשׁ הַהִוא מִקֶּרֶב עַמֶּיהָ: [שמות לא, יד]

ג) וְשָׁמְרוּ בְנֵי יִשְׂרָאֵל אֶת הַשַּׁבָּת לַעֲשׂוֹת אֶת הַשַּׁבָּת לְדֹרֹתָם בְּרִית עוֹלָם: [שמות לא, טז]

ד) וּשְׁמַרְתֶּם אֶת חֻקֹּתַי וְאֶת מִשְׁפָּטַי אֲשֶׁר יַעֲשֶׂה אֹתָם הָאָדָם וָחַי בָּהֶם אֲנִי יְיָ: [ויקרא יח, ה]

ה) כִּי בַיּוֹם הַזֶּה יְכַפֵּר עֲלֵיכֶם לְטַהֵר אֶתְכֶם מִכֹּל חַטֹּאתֵיכֶם לִפְנֵי יְיָ תִּטְהָרוּ: [ויקרא טז, ל]

ו) וְזָרַקְתִּי עֲלֵיכֶם מַיִם טְהוֹרִים וּטְהַרְתֶּם מִכֹּל טֻמְאוֹתֵיכֶם וּמִכָּל גִּלּוּלֵיכֶם אֲטַהֵר אֶתְכֶם: [יחזקאל לו, כה]

ז) מִקְוֵה יִשְׂרָאֵל יְיָ כָּל עֹזְבֶיךָ יֵבֹשׁוּ וְסוּרַי בָּאָרֶץ יִכָּתֵבוּ כִּי עָזְבוּ מְקוֹר מַיִם חַיִּים אֶת יְיָ: [ירמיה יז, יג]

הגהות וציונים

א] בראשונים ובכת"י נוסף **בן עזריה**: **ב]** "מאתים וארבעים ושמונה" ליתא בראשונים ובכת"י, וגורסים "שהיא אחד **מאבריו של אדם**" (וראה גם להלן אות כ): **ג]** ראשונים וכת"י רבי יוסי **הגלילי**, וכ"ה במכילתא: **ד]** יש להוסיף וגו' (רש"ש): **ה]** [גי' רא"ש **תשובה** תולה] (גליון): **ו]** עיין שבועות יג ע"א תוד"ה דעבד אי יוה"כ מכפר אף בלא שעיר המשתלח: **ז]** [צ"ל **את זו** דרש וכן אי' במשנה שבמשניות] (גליון): **ח]** גי' ירושלמי ומי (גליון): **ט]** [בקרא וכן במשנה שבמשניות לית' וע' תוי"ט] בירמיה י"ד כתוב בלא מלת ה' אולם שם יז כתוב מלת ה' כמו שהוא לפנינו וכ"ה בירושלמי וברי"ף ובע"י (גליון): **י]** [בשאלתות פרש' הברכה סימן קסז איתא **מהלועג על חבירו**] (גליון): **כ]** כאן צ"ל הפסק הנקודה (דק"ס ע"פ ילק"ש הגורס בגמרא "שהיא תקון אחד מאבריו"): **ל]** אשם **אחר** שהוא (כת"י, רש"י שברי"ף, ר"ן): **מ]** צ"ל **דבהדיה]** (שיח יצחק): **נ]** צ"ל **לא** הוה (גליון):

ליקוטי רש"י

אך חלק. כלומר אכין ורקין מיעוטין כל אתין וגמין רבויין, חלק, מיעט [עירובין קה.]. **מאי טעמא דמהתרת.** שאמרה תורה אין לו דמים כלומר הרי הוא לך כמי שאין לו דם ונשמה ומותר להורגו. **חזקה אין אדם מעמיד עצמו על ממונו.** שרואה שאחר נוטלו ושותק הלכך יודע הגנב הזה שבעל הבית עומד על ממונו להצילו ומימר אמר הגנב אי אזילנא לגביה קאי באפאי ואי קאי קטילנא ליה ואמרה לך תורה אין לו דמים ואלמדתך תורה אם בא להרגך השכם להרגו וזה להרגך בא שהרי יודע הוא שאין אדם מעמיד עצמו ורואה שנוטלין ממונו בפניו ושותק מאחר שהוא בא להרגך השכם אתה להרגו [סנהדרין עב.]. אין לו דמים, אין זו רציחה הרי הוא כמת מעיקרו כאן למדתך תורה אם בא להורגך לפיכך על מנת כן בא שאם יעמוד בעל הממון כנגדו יהרגנו [שמות כב, א]. **זוגא דרבנן.** שני תלמידי חכמים לילך עמו [סנהדרין מג.]. **פלפלתא.** גרעין אחד של פלפל [חגיגה י.]. **צנא דקרי.** סל של דלועין [ע"פ מגילה כח: ברכות נו:]. **מים טהורים.** אכפר עליכם ואעביר טומאותיכם כהזית מי חטאת המעבירין טומאת המת [יחזקאל לו, כה]. **שעבר עליהן יוה"כ חייבין.** דאשמות ודאין לא מכפר יום הכפורים עלייהו [כריתות כה:]. **פורק עול.** של כל המצות [שם ז.]. **כופר בעיקר. ומגלה פנים בתורה.** בא על דברי תורה בחוצפה ובגלוי עזות פניו כגון (סנהדרין דף צט:) מנשה שהיה יושב ודורש באגדות של דופי לא היה למשה לכתוב אלא ותמנע היתה פלגש וילך ראובן בימי קציר חטים (בראשית ל) [שבועות יג.].

דיהבו לי מינה איסתכנית. רב פפא אמר אפילו תמרא דהינוניתא. כללא דמילתא כל [ה] דאית ליה ריחא ואית ליה קיוהא [ו] וכן כתב הרמב״ן ז״ל. [ז] וכתב הרמב״ן ז״ל מסתברא הא דתותבין לה כוש הני מילי בעוברה שאין לנו אומד ביישוב דעתה פעמים מתיישבת בכוש ברוטב ה ופעמים צריכה לשומן עצמו. אבל חולה שמאכילין אותו על פי בקיאין [ח] מאכילין אותו דבר הצריך לו [ט] וכדי הצריך לו כמו שאמרו הרופאים ואין מדקדקין עליו על ידי כוש ורוטב אלא להאכילו הקל הקל. וגרסינן בכריתות בפרק אמרו לו (דף יג.) התירו לה לעוברה לאכול פחות (פחות) מכשיעור מפני הסכנה. ופריך מפני הסכנה ואפילו טובא נמי תיכול. אמר רב פפי הכי קאמר התירו לה לעוברה לאכול פחות פחות מכשיעור כדי שלא יצטרף לכזית בכדי אכילת פרס וכן כתב בעל הלכות. ונראה שאף בחולה עושין כך כדי להקל מעליו מאיסור כרת ומלקות לאיסור בלבד ע״כ. ונראה לי דבחולה אין עושין כן אלא ע״פ רופא אם אומר שיספיק לו להאכילו ממנו מעט מעט וכן בעוברה נמי אם אין דעתה מיושבת בכך צריך להאכילה כשיעור. כתב בעל הלכות אשה עוברה דידעינן דאי לא אכלה מתעקר וולדה אע״ג דספק בן קיימא הוא ספק נפל שפיר דמי ליתן לה. והרי״ץ גיאות ז״ל כתב דלאו בידיעה דידן תליא מילתא אלא בידיעה דידה ו ובדעתה תליא מילתא דמשהריחה נותנים לה וכחולה דמי. וכתב הרמב״ן ז״ל משמע מתוך דברי בעל הלכות [י] דמשום סכנת וולד לחודיה מחללין אפילו ליכא למיחש לדידה. דהיינו דגרסינן בשילהי פרק קמא דערכין (דף ז.) האשה שישבה על המשבר ומתה בשבת מביאין סכין וקורעין כריסה ומוציאין את הוולד. פשיטא מאי עביד מחתך בבשר בעלמא הוא. אמר רבה לא נצרכה אלא להביא סכין דרך רשות הרבים. מאי קא משמע לן דעל ספיקא מחללין שבת. תנינא ספק חי ספק מת ספק נכרי ספק ישראל מפקחין. מהו דתימא התם הוא דהוה ליה חזקה דחיותא אבל הכא דלא הוה ליה חזקה דחיותא מעיקרא אימא לא קא משמע לן. ואיכא דסבירא ליה דאין מחללין משום נפלים אלא עוברה שהריחה חששא דמיתה דידה היא שכל המפלת בחזקת סכנה היא. וטעמא דיושבת על המשבר שמתה טעמא אחרינא הוא א הרי הוא כילוד דתו לאו ירך אמו הוא דלאו בדידה תליא אלא חי הוא ודלת נעולה בפניו וליכא חששא אלא דלא ה״ל חזקה דחיותא וספק נפשות להקל. ולא ידעתי מה צורך לכל אלו הדקדוקים [כ] דלא משכחת סכנת עובר בלא סכנת עוברה ולא סכנת עוברה בלא סכנת עובר. דהמפלת בחזקת הסכנה היא וכן פרש״י דאם אינה אוכלת שניהם מסוכנים: [דף פב ע״ב] ההיא עוברה דארחה אתיא לקמיה דרבי אמר להו זילו לחישו לה ב יום הכפורים האידנא הוא. לחישו לה ואילחשה. קרא עליה בטרם אצרך בבטן ידעתיך וגו׳ נפיק מינה רבי יוחנן. ההיא עוברה דארחה אתיא לקמיה דרבי יוחנן אמר להו זילו לחישו לה. לחשו לה ולא אילחשה. קרא עליה זורו רשעים מרחם [דף פג ע״א] נפיק מינה שבתאי אוצר פירי: חולה מאכילין אותו על פי בקיאין וכו׳. אמרי דבי ר׳ ינאי חולה אומר צריך אני ורופא אומר אינו צריך שומעין לחולה. פשיטא ספק נפשות להקל מהו דתימא הא דקאמר חולה צריך אני בעותי הוא דקא מבעית סבר אי לא אכילנא מיתנא קא משמע לן לב יודע מרת נפשו. חולה אומר איני צריך ורופא אומר צריך שומעין לרופא פשיטא ספק נפשות להקל מהו דתימא לב יודע מרת נפשו קא משמע לן שומעין לרופא. והאי דקאמר חולה לא צריכנא [ל] תונבא פירוש טירדא בעלמא נקיט ליה ורש״י פי׳ שטות אשדירדשו״ן הוא דנקיט ליה. [מ] כתבו התוספות הא דקאמר הש״ס חולה אומר צריך אני היינו שאומר שהוא ירא שאם לא יאכל ג שיכביד ויהיה מסוכן למות. ויש ספרים שכתוב בהן מילתא דרבי ינאי פשיטא ספק נפשות להקל מהו דתימא האי דקאמר חולה צריך אני בעותי הוא דקא מבעית [נ] סבר אי לא אכילנא מיתנא קא משמע לן. אלמא דוקא משום ספק מיתה מאכילין אותו עד כאן. [ס] ונראה לי דתומרא גדולה היא זאת בספק ד דאין לך רופא שיאמר אם לא יאכל שמא ימות אלא הרופא דרכו לומר אם לא יאכל אפשר שיכביד חליו ויסתכן. ואפי׳ לספרים שכתוב בהן אי לא אכילנא מיתנא אין ללמוד מזה דדוקא על ספק מיתה מאכילין דלישנא דמיתנא לאו דוקא אלא שדרך החולה לומר כן מחמת פחד המיתה. ואי אמר איהו ואחרינא בהדיה לא צריכנא ואומר חד רופא צריך אין דבריו של אחד במקום שנים. ואי אמר איהו ואחרינא בהדיה צריכנא ושני רופאים ואפי׳ הן מאה אומרים לא צריך תרי כמאה ומאכילין אותו. ואע״ג דאמר רב ספרא הא דאמרי תרי כמאה ומאה כתרי ה״מ לענין עדות אבל לענין אומדנא בתר רוב דעות אזלינן. [ע] הני מילי אומדנא דממונא אבל הכא ספק נפשות להקל. אמר איהו צריך ושני בקיאין אומרים אינו צריך אין דבריו כלום במקום שנים. [פ] דהכי מיפרשא מתניתין חולה מאכילין אותו על פי בקיאין. [צ] בד״א דאמר לא צריך אבל אמר צריך אם אין שם שני בקיאין מאכילין אותו על פי עצמו מאי טעמא לב יודע מרת נפשו ומהימן כלפי חד כלפי תרי לא מהימן. מר בר רב אשי אמר היכא דאמר צריך אני אפי׳ אי איכא מאה דאמרי לא צריך עליה דידיה סמכינן דכתיב לב יודע מרת נפשו. והלכתא כמר בר רב אשי דבתרא הוא ועוד דבתשובת הגאונים כתב דבכולי הש״ס הלכתא כמר בר רב אשי בר ממיפך שבועה ואודיתא. ובשאלתות דרב אחאי א) כתוב דאזלינן בתר רוב דעות וכן דעת רש״י שהרי פירש לקמן (דף פד:) אבל מצטרפין לדעת אחרת כגון שנים אומרים צריך ושלשה אומרים אינו צריך ואשה או נכרי אומרים צריך מצטרפין למהוי פלגא ופלגא וספק נפשות להקל. [ק] וכתב הרמב״ן ז״ל ואע״ג דאמרינן בהדיא כי אזלינן בתר דעות באומדנא הני מילי בממונא. הני רבוותא סברי דהך אוקימתא ליתא. דהא משום דאקשינן על פי בקיאין תרי פשיטא תרי ותרי נינהו הוא דאתוקם הכי וכיון דאתא מר בר רב אשי ואמר דכל היכא דאמר חולה צריך אני אפילו איכא מאה דאמרי לא צריך לדידיה שמעינן קמה לה מתניתין כדמעיקרא ה דאיכא אחרינא בהדי חולה דאמר לא צריך מאכילין אותו על פי בקיאין תרי סלקא דעתך אמינא כשם שהחולה אומר צריך אני שומעין לו ואפילו כנגד מאה בקיאין. כך כשהוא אומר איני צריך נשמע ליה דהכא והכא לב יודע מרת נפשו הוא קא משמע לן דלהקל אמרי׳ אבל להחמיר כחד בקי בעלמא הוא ולא כתרי. הלכך היכא דאיכא אחרינא בהדיה לתרי דאמרי צריך לדידהו שמעינן הא לחד לא שמעינן. ז ולא אמרי׳ תונבא בעלמא הוא דנקט ליה אלא חד מנינן ליה תרי לא מנינן ליה. ומיהו כיון דאיתמר בהדיא בגמרא דלא אזלינן בתר רוב דעות לא דחינן סוגיא בפירקא ותפסינן סברא בעלמא ע״כ. וכן נראה לי כיון דאיכא פלוגתא דרבוותא אזלינן לקולא בספק נפשות. ירושלמי (הל׳ ד) חולה אומר יכולני לצום ורופא אומר איני יודע רבי אבהו בשם רבי יוחנן נעשה ספק נפשות וספק נפשות להקל. כתב הרמב״ן ומסתברא הני מילי בחולה דאמר יכולני דשכיח ביה תונבא אבל רופא אומר יכול וחולה אומר איני יודע שומעין לרופא דאיני

הגהות הב״ח ה פעמים מתיישבת בכוש ברוטב ופעמים צריכה לשומן: ו ובדעתה דידה תליא מילתא וכו׳ דכחולה דמיא: א טעמא אחרינא הוא דהרי: ב זילו לחישו לה דהאידנא יוה״כ הוא לחישו לה: ג שיכביד חליו ויהיה וכו׳ במילתא דר׳ ינאי: ד בספק נפשות דאין לך רופא: ה כדמעיקרא דהיכא דאיכא אחרינא בהדי חולה ואמרי לא צריך וכו׳ כשם כשהחולה אומר וכו׳ נשמע לו דהכא וכו׳ לתרי דאמרי צריך שמעינן כצ״ל ותיבת לדידהו נמחק: ז ולא אמרינן חולה תונבא בעלמא הוא דנקט ליה אלא חד וכו׳ בהדיא בגמרא דגבי אומדנא דחולה לא אזלינן בתר רוב דעות לא דחינן סוגיא מפורשת ותפסינן סברא בעלמא:

תפארת שמואל

לכפר עליו בוידוי דברים וא״כ אם מת קודם שנשחט או נזרק השני אזי יקח אחד בלא הגרלה ושוחט השני וזורק ואחר כך מתוודה עליו והוא הדין אם מת אחר וידוי אין צריך אחר כלל. וכל זה מבואר היטב בדף מ׳ בתוס׳ ד״ה ואזדו לטעמייהו כו׳ ודו״ק:

סליק סדר עבודת יום הכפורים

קרבן נתנאל

[ה] **דאית לי׳ ריהא ואית לי׳ קיוהא.** פרש״י או אית ליה קיוהא כמו חלך ועשה מאמר. כי מזיק את מי שאוכלין לפניו ואינו אוכל: [ו] **וכ״כ הרמב״ן** ז״ל. בספר תורת האדם שער הסכנה דף ט׳ ע״א: [ז] **וכתב הרמב״ן** ז״ל. שם דף ח׳: [ח] **ה״ג מאכילין אותו בתחילתו דבר הצריך לו וכדי הצריך לו:** [ט] **וכדי הצריך לו.** אבל מ״מ מאכילין אותו מעט מעט כדי להקל מכרת ומלקות לאיסור בלבד כדמסיים ואזיל דלא כב״ח סי׳ תרי״ח ס״ק ח׳: [י] **דמשום סכנת וולד להודיה.** ואפילו בהגלת עובר פחות מבן ארבעים יום שאין בו חיות כלל מחללין לדעת בעל הלכות. הרמב״ן שם: [כ] **דלא משכחת סכנת עובר בלא סכנת עוברה.** ולא ידעתי מה קא קשיא ליה וכי לא ימצא אשה שמוחזקת בנפלים ולא הזיק לה כל פעם כלל. וכן הטור בסימן תרי״ז העתיק בזה כרבינו שכתב תסתכן היא או הולד ולא כב״י שנתקשה בזה: [ל] **תונבא פירוש טירדא בעלמא.** כ״פ הערוך ונאיד מפרש״י דלפירושו יכול לבדוק אותו כמו שפסק בסי׳ קכ״א לענין גט ולהכי בעירובין פ׳ הדר סימן י״ב לא פירש בו רבינו כלום דאין נ״מ דהא אמר רבא נשיילי לאימיה ע״ש: [מ] **כתבו התוספות.** בתוס׳ שלפנינו אינו וקצת מדבריהם איתא בתוספות ישנים: [נ] **סבר אי לא אכילנא מיתנא.** התוס׳ פירשו בעותי הוא דקא מבעית. שאומר אי לא אכילנא מיתנא. וע״ז קאמר סבר הוא אי לא כו׳. דאי לא אמר הכי ה״ל למימר סבר הוא שמסוכן הוא: [ס] **ונראה לי דהזומרא גדולה היא זאת בספק נפשות דאין לך רופא שיאמר כו׳.** דלפי׳ תוס׳ חולה שאמר צריך אני [צריך] שיאמר שירא אם לא יאכל יהי׳ מסוכן למות. א״כ ה״ה ברופא נמי שאמר צריך אומר אם לא יאכל ימות. דהא תרוייהו בחד לישנא קתני: [ע] **הני מילי אומדנא דממונא אבל הכא ספק נפשות להקל.** והא דתני לקמן אבל מצטרפין לדעת אחרת. אינו כפרש״י אלא ה״פ כגון שלשה שאומרים לא צריך ורופא א׳ ואשה אומרים צריך מצרפין דעתה למהוי כתרי ותרי כמאה לענין ספק נפשות: [פ] **דהכי מיפרשא מתני׳.** מייתי ראי׳ על כל מה דמפורש לעיל: [צ] **בד״א דאמר לא צריך.** ומוקי לה בגמרא דאיכא אחרינא דאמר לא צריך. וקתני מאכילין על פי בקיאין ש״מ ע״פ רופא אחד שאמר צריך אין מאכילין אותו דאין דבריו של אחד במקום שנים. ועלה פריך פשיטא דמאכילין אותו דהא הוי תרי ותרי וספק נפשות להקל ומשני דאיכא תרי בהדיה ואומרים לא צריך ושומעין לבקיאין דתרי כמאה נשמע מזה אי אמר איהו ואחרינא בהדיה צריכנא ושני רופאים ואפי׳ הן מאה אומרים לא צריך תרי כמאה ומאכילין אותו. דמאי שנא. ועוד ק״ו הוא: [ק] **וכתב הרמב״ן** ז״ל. שם דף ח׳:

שדה צופים דף פג ע״א החושש בגרונו מטילין לו סם בתוך פיו בשבת. הרא״ש בשבת פי״ד ס״ה:

קובץ מפרשים א) פרשה שמות סימן לח [גליון]:

[פב.]

לתינוק הוא כדאמרינן במסכת נזיר (כט.) בנו חייב לחנכו במצות בתו אין חייב לחנכה(ה).

ופסק הרב אלפסי ז"ל בחנוך והשלמה דרבנן כרב נחמן משום דאמר מילתא מציעתא. הלכך בן תשע שלמות בבריא ובן עשר שנים שלמות בחולה מחנכין אותן לשעות שאם היה רגיל לאכול בשתי שעות מאכילין אותו בשלש בשלש מאכילין אותו בארבע ולא מפליגינן בחנוך שעות ובהשלמה דדבריהם בין תינוק לתינוקת כלל אבל לענין השלמה דאורייתא נקטינן כר' יוחנן ומשום דאיפסיקא(ו) התם במסכת נדה (מו.) דתוך זמן כלפני זמן הלכך תינוקת בת י"ב שלמות ותינוק בן י"ג שלמות שהביאו שתי שערות משלימין מדאורייתא וכך הם דברי הר"ם במז"ל בפ' שני מהל' שביתת עשור (הי"א) והרב רבי יצחק בן גיאת ז"ל (הל' יוה"כ עמ' נה) פסק כר' יוחנן דהשלמה מדבריהם ליכא:

מתני' עוברה שהריחה. **העובר מריח התבשיל והיא מתאוה לו ואם אינה אוכלת שניהם מסוכנים.** והאי דנקט עוברה אורחא דמילתא נקט אבל הוא הדין לבריא שהריח ונערערה נפשו שמאכילין אותו על פי עצמו או ע"פ בקי המכיר בו וראיה לדבר מדאמרינן בפ' אע"פ (כתובות סא.) אמימר ומר זוטרא ורב אשי יתבי אפתחא דבי דוניגר(ז) מלכא חזייה רב אשי למר זוטרא דהוורן אנפיה שקל באצבעתיה אנח ליה אפומיה אמרי ליה פסלתיה לסעודתא דמלכא וכו' אמרי ליה רבנן מ"ט עבדת הכי אמר להו (ח)חזאי רוח נרעת דקא פרחא עילויה אלמא מכי חוור אפיה חיישינן לסכנתא:

גמ' תוחבין לה כוש ברוטב. **ומוצצתו** לפי שמאכילין אותה הקל הקל תחילה. ומסתברא דה"מ בעוברה שאין לנו אומד בישוב דעתה שפעמים מתיישבת בטעם הרוטב ופעמים ברוטב עצמו ופעמים צריכה לשומן עצמו אבל חולה שמאכילין אותו ע"פ בקיאין מאכילין אותו בתחילתו דבר הבריא לו וכפי הצורך לו כמו שאמרו הרופאים ואין מדקדקין עליו להאכילו הקל הקל:

וכתוב בהלכות גדולות (הל' יוה"כ עמ' קפח) אשה עוברה דידעינן דאי לא אכלה מתעקר ולדה אע"ג דאמרינן ספק בן קיימא ספק נפל הוא שפיר דמי למיתן לה. וכתב הרמב"ן ז"ל (תורת האדם שער המיחוש ענין הסכנה) דמדקאמר משום סכנת ולד משמע דאפילו ליכא למיחש לדידה מחללין והיינו דגרסינן בשלהי פ"ק דערכין (ז.) אמר רב נחמן אמר שמואל האשה שישבה על המשבר ומתה בשבת מביאין סכין ומקרעין את כריסה ומוציאין את הולד פשיטא מאי עביד מחתך בשר בעלמא הוא אמר רבה לא נצרכה אלא להביא סכין דרך רשות הרבים מאי קמ"ל דמספיקא מחללינן שבתא תנינא ספק חי ספק מת ספק עכו"ם ספק ישראל מפקחין מהו דתימא התם הוא דה"ל חזקה דחיותא אבל הכא דלא ה"ל חזקה דחיותא מעיקרא אימא לא קמ"ל. ואע"ג דתנן (אהלות ספ"ז) (ט)האשה המקשה לילד מביאין סכין ומחתכין אותו אבר אבר יצא ראשו אין נוגעין בו שאין דוחין נפש מפני נפש דאלמא מעיקרא לית ביה משום הצלת נפשות ותנן נמי גבי תינוק בן יום אחד (נדה מד.) וההורגו חייב ודוקא בן יום אחד אבל עובר לא וקרא נמי כתיב (שמות כא, כב) דמשלם דמי ולדות אפ"ה לענין שמירת מצות מחללין עליו(י) אמרה תורה חלל עליו שבת אחת שמא ישמור(יא) שבתות הרבה (פה:) הלכך אפילו בהצלת עובר פחות מבן ארבעים יום שאין בו חיות כלל מחללין כדעת בעל הלכות ז"ל*. ואיכא מ"ד שאין מחללין משום נפלים אלא עוברה שהריחה חששא דמיתה דידה היא שכל המפלת בחזקת סכנה היא וטעמא דיושבת על המשבר טעמא אחרינא הוא* דכיון שמתה הוא כילוד* ולא כירך אמו הוא ולאו בדידה תלי אלא חי הוא ודלת ננעלה בפניו אלא דלא הוה ליה חזקה דחיותא אלו דבריו ז"ל בספר תורת האדם. ואין צריך לכל הדקדוקין הללו דהא לא משכחת סכנת עובר בלא סכנת עוברה ולא סכנת עוברה בלא סכנת עובר דמפלת בחזקת סכנה היא וכן פרש"י ז"ל (ד"ה עוברה) **דאם אינה אוכלת שניהם מסוכנים:**

חוץ מעבודה זרה וגלוי עריות ושפיכות דמים. לאו דוקא אינהו גופייהו דכל אביזרייהו נמי אסירי ואפילו במקום סכנה וראיה לדבר מדאמרינן בפרק כל שעה (פסחים כה.) אמר ר' יעקב אמר ר' יוחנן בכל מתרפאין חוץ מעצי אשרה ואמרינן היכי דמי אי דאיכא סכנה אפילו עצי אשרה נמי ואי דליכא סכנה אפילו כל אסורין שבתורה נמי לא ואסיקנא לעולם דאיכא סכנה ואפ"ה עצי אשרה לא והא עצי אשרה דאי אכיל מינייהו או שייף בהו לאו ע"ז פלח אלא משום לא ידבק בידך מאומה מן החרם הוא (דברים יג, יח) דעבר ואפ"ה אסור ובגלוי עריות נמי אמרינן בפרק סורר ומורה (סנהדרין עה.) מעשה באדם אחד שנתן עיניו באשה אחת והעלה לבו טינא ובאו ושאלו לרופאים ואמרו אין לו תקנה עד שתבעל לו אמרו חכמים ימות ואל תבעל לו תעמוד לפניו ערומה ימות ואל תעמוד לפניו ערומה תספר עמו אחורי הגדר ימות ואל תספר עמו אחורי הגדר (יב)אלמא שלש עבירות הללו ל"ש עבירה גופה ול"ש באבקה של עבירה אין מתרפאין וכן נמי לא מיבעיא היכא שהעובד כוכבים מתכוון להעביר ישראל על מצות הללו אלא אפילו להנאתו של מעביר אסור דהא עצי אשרה להתרפאות בהן ליכא מאן דבעי לעבורי ליה דחולה להנאת עצמו ולרפואתו הוא דקא עביד ואפ"ה מסקינן דאע"ג דאיכא סכנה אסור וכן נמי אותו שהעלה לבו טינא הנאת עצמו הוא ופקוח נפש הוא ואפ"ה מסקינן דימות ואל תספר עמו אחורי הגדר ובסוף פרק קמא דקדושין (מ.) אמרינן דרב כהנא תבעתיה ההיא מטרוניתא ור' צדוק נמי תבעתיה ההיא מטרוניתא וכולהו סכינו נפשייהו למיתה כדאיתא התם ואי סלקא דעתך דלהנאת עצמו של עובד כוכבים מותר היכי מסכני נפשייהו וכי חולה שיש בו סכנה ואמרו בקיאין לחלל עליו שבת מדת חסידות לו(יג) שימנע עצמו אינו אלא שופך דמים (יד)והזריז הרי זה משובח (פד:) והנשאל מגונה והשואל שופך דמים (ירושלמי ה"ה) וכ"ש המונע עצמו שמתחייב בנפשו אלא ש"מ דשלש עבירות הללו לעולם אסור ואפילו להנאת עצמו ובע"ז נמי אשכחן דמרדכי סכין נפשיה וכולהו ישראל לגבי המן משום דנעבד הוה (מגילה יט. סנהדרין סא:) ואף על גב דלהנאת עצמו ולכבודו הוא כדכתיב (אסתר ג, א) גדל המלך אחשורוש את המן וכתיב (שם, ב) וכל עבדי המלך כורעים ומשתחוים להמן אלמא דבג' עבירות הללו אפילו להנאת עצמן אמרינן יהרג ואל יעבור. ואע"ג דהא אסתר גלוי עריות הואי ואפ"ה מסקינן התם פרק בן סורר ומורה (סנהדרין עד:) דלהנאת עצמן שרי י"ל דעובד כוכבים הבא על בת ישראל לאו בכלל גלוי עריות הוא(טו) דאי בזנות גזירת בית דינו של שם הוא (ע"ז לו:) ואי דרך חתנות מלא תתחתן בם (דברים ז, ג) נפקא דמשאר עבירות היא ולא הוי בכלל גלוי עריות אלא אשת איש דישראל אי נמי ישראל הבא על הגויה דחייבי מיתות הוא דהא קנאין פוגעין בו (סנהדרין פא:) ומחייבי כריתות נמי קא חשיב (שם פב.) דאדכרה רב לגמריה יכרת ה' לאיש אשר יעשנה (מלאכי ב, יב). ודאמרינן התם (עד:) בקאקי ודמונקי דיהבינן להו(טז) ופלחינן בהו לגבי נורא(יז) משום להנאת עצמו(יח) הוא התם היינו טעמא משום דלאו עבודת כוכבים ואבק עבודת כוכבים הוא אלא משום ולפני עור לא תתן מכשול (ויקרא

[ג:]

דמשלימין מדרבנן כדי לחנכן מבן אחת עשרה בין לתינוק בין לתינוקת ובן תשע ובן עשר מחנכין אותן לשעות כדרב נחמן(א) שאם היה רגיל לאכול בשתי שעות מאכילין אותו בשלש בשלש מאכילין אותו בארבע: **מתני'** ס"א עוברה שהריחה מאכילין אותה עד שתשוב נפשה חולה מאכילין אותו על פי בקיאין ואם אין שם בקיאין מאכילין אותו ע"פ עצמו עד שיאמר די: **גמ'** תנו רבנן ב עוברה שהריחה בשר קדש או בשר חזיר(ב) תוחבין לה כוש ברוטב ומכניסין לה בתוך פיה(ג) אם נתיישבה דעתה א מוטב ואם לאו מביאין לה (ד)רוטב עצמו אם נתיישבה דעתה מוטב ואם לאו מביאין לה שומן עצמו שאין לך דבר שעומד בפני ס"ג פקוח נפש חוץ מעבודה זרה וגילוי עריות ושפיכות דמים עבודה זרה

רש"י

מתני' עוברה שהריחה. העובר מריח (יט)תבשיל והוא מתאוה לו ואם אינה אוכלת שניהם מסוכנין: על פי בקיאין. אם אמרו ב' רופאים שהוא מסוכן אם אינו אוכל: **גמ'** כוש. פלך תוחבים לה כוש ברוטב של אותו בשר:

שלטי הגבורים

א [טור סי' תריז] וכתב הרמב"ן (תורת האדם ענין הסכנה אות ד') דוקא עוברה שאין לנו אומד בישוב דעתה פעמים מתיישבת ברוטב ופעמים שצריכה לשומן עצמו אבל חולה שמאכילין אותו ע"פ בקיאין (כ) וכל אדם שהריח מאכל ונשתנו פניו מסוכן הוא אם לא יתנו לו ומותר ליתן לו: וכתב הרא"ש ז"ל (סי' יג) ולאו דוקא עוברה אלא הוא הדין כל אדם שהריח מאכל ומתאוה ופניו משתנים מסוכן הוא ומאכילין אותו ע"פ עצמו או ע"פ בקי כדאמרינן בפרק אע"פ (כתובות סא.) אמימר ומר זוטרא ורב אשי הוי יתבו אפתחא דבי דונגר(כא) מלכא חליף ואזיל (אדונגר) [אטרונגא] דמלכא חזיא רב אשי לאמימר דחוור אפיה שקל באצבעיה ואנח ליה בפומיה וכו' ואמרו ליה רבנן מאי טעמא סמכת אניסא אמר חזינא לרוח נרעת דקא פרחא עילויה ש"מ דכי חיור אפיה חיישינן לסכנתא וקאמר התם (שם) הכל משהין בפני שמש חוץ מיין ובשר אמר רב אשי הוה קאימנא קמיה דרב כהנא ואייתי ליה גרגלידי דליפתא בחלא ואי לאו דיהבו לי אסתכנא ורב פפא אמר אפילו תמרא דהנוניתא כללא דמילתא כל דאית ליה ריח ואית ליה קיוהא וכן כתב הרמב"ן ז"ל (שם ד"ה בפרק אע"פ): כתב הרא"ש ז"ל (שם) כתב בעל הלכות (הלכות יוה"כ עמ' קפח) אשה עוברה דידעינן דאי לא אכלה מתעקרה וולדה אף ע"ג דספק בן קיימא הוא ספק נפל שפיר דמי ליתן והרי"ן גיאות ז"ל (שערי שמחה עמ' ט) כתב דלאו בידיעה דידן תליא מילתא אלא בידיעה דידה ובדעתה תליא מילתא דמשהריחה נותנין לה וכחולה דמיא וכתב הרמב"ן ז"ל (שם ד"ה והלכות) משמע מתוך דברי בעל הלכות דמשום סכנת וולד לחודיה מחללין אפילו ליכא למיחש לדידה והיינו דגרסינן בשלהי פ"ק דערכין (ז.) האשה שישבה על המשבר ומתה בשבת מביאין סכין וקורעין כריסה ומוציאין את הוולד פשיטא מאי עביד מחתך בבשר בעלמא הוא אמר רבא לא נצרכה אלא להביא סכין דרך רה"ר מאי קמ"ל דעל ספיקא מחללין שבת תנינא ספק חי ספק מת ספק עכו"ם ספק ישראל מפקחין מהו דתימא התם הוא דהוה ליה חזקה דחיותא אבל הכא דלא הוה ליה חזקה דחיותא מעיקרא אימא לא קמ"ל ואיכא דס"ל דאין מחללין משום נפלים אלא עוברה שהריחה חששא דמיתה דידה היא שכל המפלת בחזקת סכנה היא וטעמא דיושבת על המשבר שמתה טעמא אחרינא הוא כיון שמתה הרי הוא כילוד דמו לאו ירך אמו הוא ולא בדידה תליא אלא חי הוא ודלת נעולה בפניו וליכא חששא אלא דלא הוה ליה חזקה דחיותא וספק נפשות להקל (כב) ולא ידעתי מה צורך לכל אלו הדקדוקים דלא משכחת סכנת עובר בלא סכנת עוברה דהמפלת בחזקת סכנה היא וכן פירש רש"י דאם אינה אוכלת שניהם מסוכנים:

עין משפט

א ב *מיי' פ"ב מהלכות שביתת עשור הלכה ט ופי"ד מהלכות מאכלות אסורות הלכה יד סמג לאוין סט טוש"ע או"ח סימן תריז סעיף ב:

ג מיי' פ"ה מהלכות יסודי התורה הלכה ו סמג עשין ה טוש"ע יו"ד סימן קנז סעיף א:

שיטת ריב"ב

מתני' עוברה שהריחה כו' וחולה מאכילין אותו על פי בקיאין וכו'. בגמרא מפרשינן לה:

גמ' תוחבין לה כוש ברוטב. תוחבין לה פלך ברוטב של אותו בשר ומוצצתו:

הגהות וציונים
מהב"ח ושאר מפרשים

(א) תי' כדרב נחמן ליתא (כת"י נ"י): (ב) ואיצטריך בשר חזיר הקל שאפ"כ מאכילין אותה הקל הקל תחלה ואיצטריך בשר קדש החמור למי שצריכה שמאכילין אותה שומן עצמו (א"י כ"י): (ג) תי' ומכניסין לה בתוך פיה ליתא. בגמ' ומניחין לה על פיה (כת"י נ"י וי-ם): (ד) מתי' רוטב עד מביאין לה ליתא (כת"י נ"י וי-ם מחזור ויטרי ראבי"ה וב"י סי' תרי"ז ועיין במאמ"ר שם): (ה) והני מילי במצות עשה אבל במצות לא תעשה וכ"ש החמורות שבהן איתנהו בחנוך שהרי השוה הכתוב אשה לאיש לכל עונשין שבתורה (א"י כ"י): (ו) דאיפסיקא הלכתא (ד"ח): (ז) בגמ' הגי' אזוגר מלכא: (ח) נ"ב אמר (ב"ח): (ט) לפנינו גירסא אחרת: (י) בתוס' נדה מ"ד ע"ב בדיבור הראשון הביא ראיה מגוסס בידי אדם דההורגו פטור ומ"מ מחללין עליו את השבת (גליון מהרש"א): (יא) לפנינו בגמ' הגירסא כדי שישמור: (יב) עיין בר"ן פסחים (בדף קלו ע"א) (סי' תשין) ד"ה וקשה דהא ראוית אלו (גליון מהרש"א): (יג) חסידות היא (ד"ח): (יד) כדאמרינן הזורע הרי (ד"ח). (טו) לא אתי האי תירוצא אלא כמאן דלא דריש לו לבת (מגילה יג.) ותי' רבא דאמר הנאת עצמו שרי לא חלק אתירוצא קמא דאביי שאמר אסתר קרקע עולם היתה, אלא רבא מוסיף דאפילו דלא תלינא טעמא בקרקע עולם כגון קוקי ודמונקי הנאת עצמו שרי [ולי נראה לתרץ] דלא הותרה הנאת עצמו בעריות בכלל אלא בתוקע עצמו ואחשורוש לגבי אסתר תוקע עצמו [והמן לגבי מרדכי לאו תוקע עצמו הוי] [וקושית] נימוקי יוסף שכתב התם בפרק בן סורר דלא פריך והא אסתר גלוי עריות הואי אלא פרהסיא הואי גם זה אינו כלום דחדא מנייהו נקט ולעולם פרהסיא כופלת האסור (טז) פירוש מיני מחתות משאלינן להו ביום אידם (גליון מהרש"א): (יז) דיהבינן להו ופלחי בגורא (א"י כ"י): (יח) עצמן כצ"ל (ב"ח): (יט) נ"ב ריח (ב"ח): (כ) בטור נוסף: מאכילין אותו מתחילה דבר הצריך לו וכדי הצורך לו על פי בקיאין: (כא) בגמ': אזוגר מלכא: (כב) עכ"ל הרמב"ן ומכאן המשך לשון הרא"ש:

מאי אית ליה למעבד דתהוי איסורא דאורייתא דתשרי הא מקמי הך, ובפרק כירה (שבת מד, א) איתא אמר רבי יוחנן הלכה כרבי יהודה בן לקיש, והנה כיבוי זה היא מלאכה שאינה צריכה לגופה וזה הוא מחלוקת ר״י ור״ש, והוא מה ששנינו בפרק המצניע (שבת צג, ב) המוציא את המת במטה חייב ור״ש פוטר, וטעמו דר״ש משום דמלאכת הוצאה זו הוי מלאכה שאינה צריכה לגופה, דאינו מוציא המת רק כדי שלא יטמאנו או כדי לקוברו, משא״כ במוציא מרא וחצינא לחפור בה וספר תורה לקרות בו דחייב, דהוי מלאכה שצריכה לגופה ומודה ר״ש דחייב כמו שאמרו בגמרא שם (צג, ב), גם בפרק במה־מדליקין (שם כט, ב) שנינו המכבה את הנר חייב כחס על הנר וכו׳ ורבי יוסי פוטר וכו׳, ונתבאר שם בגמרא (ל, א) דתנא קמא סבר כרב יהודה דמלאכה שאינה צריכה לגופה חייב עליה, ורבי יוסי סבירא ליה כרבי שמעון.

ולענין הלכה נחלקו הפוסקים ז״ל, דהרמב״ם בהלכות שבת (פ״א ה״ז) פסק כרבי יהודה ויש חולקין עליו כמ״ש שם הרב־המגיד ז״ל. ולעניות דעתי יש ראיה להרמב״ם מהך דקי״ל מצילין את המת מן הדליקה כדי שלא יבא לידי איסור דאורייתא דהיינו כיבוי, אלמא דהמכבה כדי שלא ישרף המת שהיא מלאכה שאינה צריכה לגופה חייב עליה. ושוב ראיתי אחר החיפוש דהר״ן בפרק כירה (שבת קיז, ב; כ, ב בדפי הרי״ף ד״ה לימא כתנאי) נדחק וכתב בזה״ל: אי לא שרית ליה טלטול דרבנן אתי לידי כיבוי דאורייתא, לאו דוקא דאורייתא דהא קי״ל כר״ש דאמר מלאכה שאינה צריכה לגופה פטור עליה, יעויין שם.

והנה הטור (סימן רעח) פסק כר״ש, וקשה דבחו״מ (סימן תכד) פסק דהחובל בחברו בשבת פטור מתשלומין אפילו הוא שוגג כיון שיש בו מיתת בית־דין, והחובל בחברו הויא מלאכה שאינה צריכה לגופה, דחבלה דצריכה לגופה היינו בהחובל וצריך את הדם לכלבו כדמוכח בפרק האורג (שבת קו, א). וראיתי בשלטי־הגבורים פרק במה־מדליקין (שם קי, א; יג, א בדפי הרי״ף) דעמד בקושיא זו ולא תירץ כלום. ומתוך דברי הרמב״ם בהלכות שבת (פ״ח ה״ח) נתיישבה לי קושיא זו, שכתב שם דהא דאמרינן דחבלה שתהיה צריכה לגופה הויא כגון דצריך הדם לכלבו היינו דוקא בחובל בבהמה, אבל החובל בחבירו דרך נקמה הוי מלאכה שצריכה לגופה דהיינו מפני נחת רוחו שנתקררה דעתו במה שעשה חבלה בחברו. וכן מצאתי אח״כ בים־של־שלמה בפרק החובל (ב״ק קו, ג סימן כג), יעויין שם, ודוק.

מנין לפיקוח נפש שדוחה את השבת וכו׳. כוונת הבעיא היא לספק פיקוח נפש, וכל אחד מהתנאים מייתי ראיה והתלמוד דוחה ראיות שלהם דאין ראיה מהתם אלא לודאי ולא לספק, ואסיק דעיקר הראיה מדכתיב (ויקרא יח, ה) ״וחי בהם״. וקשה איך נעלם מרבי ישמעאל ראיה זו, והלא בסוף פרק בן־סורר (סנהדרין עד, ב) אמרינן דרבי ישמעאל ס״ל דאפילו בעכו״ם יעבור ואל יהרג משום דכתיב וחי בהם.[355] ויש לומר דס״ל לרבי ישמעאל דמ״וחי בהם״ אין ראיה אלא לאדם עצמו, אבל שיחלל שבת ישראל זה בעד חבירו לא שמענו, ולכך מייתי לה מהא דבא במחתרת דלא צריכי

עלי עשור

355. וכאן ס״ל לר״י דיליף מבא במחתרת ושמואל יליף לה מקרא ד״וחי בהם״. אמנם עיין בצל״ח כאן דהקשה כעין זה למה שבקו כולהו תנאי מקרא מפורש ״וחי בהם״ ונדחקו מק״ו, ותירץ דמ״וחי בהם״ ילפינן רק מצוות שניתן להם בסיני דאלו ניתן להם בתנאי ו״חי בהם״ משא״כ מצוות שנצטוו קודם מתן תורה, כמו שבת, שניתן להם במרה קודם שנאמר וחי בהם, י״ל דשבת אינו נדחה מפני פיקו״נ, ואף ששבת נשנית בסיני מ״מ אזהרת שבת שנאמר במרה לא היה

בעל־הבית דיכול להורגו אלא אפילו אחר יכול להורגו משום דהוא רודף, כמו שאמרו בפרק בן־סורר (סנהדרין עב, ב) והוכה בכל אדם, יעויין שם.[356] ואין להקשות דילמא התם רשות, ומנ״ל דחייב הרואה להורגו כי היכי דניליף מהתם דחייבין אנו לחלל שבת על המסוכן. דיש לומר דהתם נמי חייב מכח היקש דנערה המאורסה לרוצח, דמה נערה ניתן להצילה בנפשו אף רוצח כן, וכ״כ התוס׳ שם (עג, א בד״ה אף רוצח), יעויין שם, ודוק.

[פה, ב]

נענה רבי אלעזר אמר ומה מילה שהיא אחד ממאתיים וארבעים ושמונה אברים שבאדם דוחה את השבת קל־וחומר לכל גופו שדוחה את השבת. ופירש רש״י: לפי שחייבים עליה כרת לאחר זמן, כך שנויה בתוספתא דשבת. וראיתי התוספתא דשבת (פ״ז הי״ג) וז״ל: רבי אליעזר אמר מילה דוחין עליה השבת מפני מה מפני שחייבין עליה כרת לאחר זמן, והרי הדברים קל־וחומר ומה אם על אבר אחד ממנו דוחה את השבת, דין הוא שידחה השבת על כולו, אמרו לו ממקום שבאת, מה להלן ודאי ולא ספק אף כאן ודאי ולא ספק.

וצריך להבין מה היה דעתו של רבי אליעזר וכי אינו יודע דמילה אינה דוחה שבת אלא כשהיא ודאי ולא כשהיא ספק. ויש לומר דודאי רבי אליעזר מודה דספק מילה אינה דוחה את השבת אבל ראייתו היא באופן זה, דאם לא ימול בשבת אינו ודאי שיהיה חייב כרת לאחר זמן דאפשר אחר שבת למולו, ואפילו שהדבר הוא ספק שמא לא ימול לאחר זמן ויהיה חייב כרת לאחר זמן, אנו מחללין עליו עתה את השבת למולו כדי שלא יבא לידי ספק כרת, וחכמים דחו לה, דלזה הטעם גם בספק ערלה הוי ליה למול דאפילו ספק ספיקא דפיקוח נפש דוחה את השבת. ומ״מ יש לי גמגום על ק״ו זה דר״א, מכח דהמילה הוא באבר אחד ופיקוח נפש הוא בכל הגוף, ולא ידעתי למה קרא את המילה אבר אחד, והלא אם לא ימול ויתחייב כרת לאחר זמן הוא מת בכרת והמיתה היא בכל הגוף ופיקוח נפש הוי דיש לו מכה גדולה באבר אחד ואם לא יעשו לו רפואה באותו שבת ימות, וא״כ למה המילה קרי לה אבר אחד והחולה קרי ליה כל הגוף, ודוק.[357]

רבי שמעון בן מנסיא אומר ״ושמרו בני ישראל את השבת״ אמרה תורה חלל עליו

עלי עשור

בו תנאי ולכן הוצרך לילף מק״ו דווקא. ומסברא דאינו מחויב לאבד חייו בשביל קיום המצוה וכמו״כ גם בשבת, עי״ש. ולפי״ז א״ש ג״כ קושית רבינו.

356. בלבוש או״ח (סימן שכח ס״ב) כתב דמלשון הפסוק ״וחי בהם״ בלשון נסתר משמע שבא לצוות ולומר לאחרים, שיסייעו שיחיה אבל הוא עצמו אתי בק״ו, עיי״ש. אמנם רבינו לקמן (ד״ה אמר שמואל) כתב, דמדיוקא דקרא יליף לה, דהול״ל אשר תעשו אותם ותחיו בהם דהוי לשון רבים והוא לדעת שמואל משא״כ לר״י הוא כמש״כ כאן ובמנחת חינוך (מצוה רצו אותיות ב-ד) הביא קושית רבינו, ותירץ דר״י לא דריש מ״וחי בהם״ אלא אונסים אבל חלאים אי אפשר למילף מזה. עיי״ש בארוכה.

ובזכרון־שמואל (להגר״ש רוזובסקי ז״ל, סימן סה אות טז) כתב דתירוץ רבינו ותירוץ המנח״ח חד תירוצא הוא ועיקר הכוונה בתירוצם הוא דר״י ס״ל דמקרא דוחי בהם ילפינן שאינו חייב למסור נפשו, אבל היתר דפיקו״נ לא שמענו מזה, ולהכי בחלאים או לגבי שיהיה מותר לעבור בשביל אחר, בזה צריך לדין דחיה דפקו״נ איצטריך ילפותא אחריתא, עיי״ש. ובמנח״ח תירץ עוד דר״י לא יליף מוחי בהם אלא ודאי ולא ספק.

357. לכאורה י״ל דהכרת הוא עבור תיקון אבר אחד, ודוחה שבת, ק״ו לפיקו״נ, ועיין בספר שיח־יצחק. והנה בהקדמה

שבת אחת כדי שישמור שבתות הרבה. ויש להתבונן היכא רמיזא. ולכאורה היה נראה לומר דרך הלצה דהכי קאמר: ושמרו בני ישראל את השבת, כלומר: שישמרנו בחיבה ויחללנו כדי לעשות שבתות הרבה. אמנם הנכון הוא לפרש הפסוק כפשוטו, ושמרו בני ישראל את השבת שלא יחללוהו, בתנאי דשמירה זו דשבת תהיה בצירוף לעשות שבתות הרבה דהיינו דהאדם הוא בריא, ודייקינן מינה הא אם שמירת שבת זו היא גרמא שלא יעשה שבתות הרבה שימות מחמת חוליו בכה״ג לא צויתיך לשמור את השבת, ונמצא דמדיוקא דקרא שמעינן חלל שבת אחת כדי לשמור שבתות הרבה, וכן פירש רש״י למדקדק בדבריו.[358] אך קשה קצת היכי קאמר כדי לשמור שבתות הרבה, והלא אפילו לחיי שעה חיישינן ומחללין עליו את השבת כדלעיל (פה, א). ויש לומר שישמור שבתות הרבה לאו דוקא, אלא ר״ל ציוויים הרבה דה׳ צונו, ובחיי שעה דאדם הוא חי עושה כמה מצות והם הנקראים שבתות הרבה, ודוק.[359]

אמר שמואל דידי עדיפא, וחי בהם ולא שימות בהם. וקשה דמה ראיה יש מהתם, דילמא קרא איירי על האדם עצמו דאינו חייב לקיים המצות אם הוא אנוס והולך למות בעבור שמירת המצות אלא יעבור עליהם, אבל שיחלל שבת ישראל זה על ישראל חבירו מנא לן. ויש לומר דמדיוקא דקרא יליף לה דהול״ל ״אשר תעשו אותם ותחיו בהם״ דהוי לשון רבים ולנוכח, כעין רישא דקרא דכתיב ושמרתם את חקותי וכו׳, השתא דשני קרא בדיבוריה, משמע דבא לומר שיחללו שבת שאר אנשים להציל לחבריהם, וקרא הכי קאמר אימתי אני אומר ושמרתם את חוקותי, כלומר: שלא תחללו את השבת בעבור חבריכם, היינו במקום דחבריכם אינו מסוכן, והיינו דסיים אשר יעשה אותם האדם וחי בהם, אבל אם חבריכם אינו חי בהם לא תשמרו את חוקותי. ואפשר דלזה רמז מה שאמר לכולהו אית להו פירכא בר מדשמואל וכו׳ וחזר ואמר דשמואל ודאי לית ליה פירכא, דרצה לרמוז דגם בדברי שמואל לכאורה יש פירכא, אבל לפי האמת

עלי עשור

לספר אגלי-טל בהגהה שם דייק מהגמ׳ דהקו״ח ממילה (שהיא תיקון לאבר אחד) היא על פיקו״נ דכל גופו. אמנם על אבר אחד ליכא קו״ח, ומילה שאני משאר אברים, וכמו שהביא מהזוהר (ח״ב צב) דאבר הברית כולל כל הגוף, וכמו שבת שכוללת כל התורה, עיי״ש, ולכן דוחה שבת. אמנם אבר פרטי לא למדנו. ובזה רמז ראב״ע גופיה במה שאמר ומה מילה שהיא אחד ממאתיים וארבעים ושמונה אברים, ולמה ליה להאריך כ״כ והיה לו לומר בקיצור ומה מילה שהיא אבר אחד. אלא משמע דשאני מילה דכלולה מרמ״ח אברים, קו״ח כל גופו דהוא רמ״ח אברים בפועל. ולפי״ז ע״כ אין סכנת אבר אחד זולת אבר הברית דדוחה. ולפי״ז ביאר דברי הש״ך ביו״ד (סימן קנז סק״ג) דנסתפק באנס שאמר לו לעבור עבירה פלונית ואם לאו אחתוך אבר אחד, וסיים שם דנראה להקל, ואף דהרי על סכנת אבר אין מחללין, רק יש שבות (עיין או״ח סימן שכח סעיף יז). אלא דיש ללמוד ממילה דדוחה שבת, שכשם שתיקון אבר הברית הכולל כל הגוף דוחה שבת הכוללת כל התורה, כמו״כ אבר פרטי דוחה מצוה פרטית, עיי״ש.

358. מלשון רש״י דכתב ״יזהרו בשבת זו בקיום שמירת שבתות הרבה״, והיינו דתנאי שמירת שבת זו תהיה בצירוף לעשות שבתות הרבה, ובזה מקיים מצות ושמרו בני ישראל את השבת.

359. עיין בשו״ע או״ח (סימן שכט ס״ד). ובביאור-הלכה שם כתב, דמחללין שבת אפילו על חיי שעה אע״ג דלא שייך הטעם כדי שישמור שבתות הרבה, משום דלאו דוקא שבת וה״ה לשאר מצוות, וכמש״כ המאירי כאן שבאותה שעה ישוב בלבו ויתודה, וכן כתב ברבינו יהונתן מלוניל דשמא באותה שעה שיחיה יזכה לחיי העולם הבא שישוב בתשובה. ועיין בגליוני-הש״ס (להגר״י ענגיל) בסוגיין, ובמנחת-חינוך (מצוה לב אות לט).

לית ליה פירכא דהכתוב מדוקדק לשמואל כדפירישית, ודוק.

מתני': חטאת ואשם ודאי מכפרין. ופירש רש"י ז"ל: הם אשם גזילות ומעילות וכו'. וקשה במאי שכתב רש"י ז"ל ואשם ודאי הם אשם גזילות ומעילות, דאמאי נקט הנך תרי בלבד והלא חמשה הם אשם ודאי, וכדתנן בפרק איזהו־מקומן (זבחים נד, ב) אלו הן אשמות וכו'. וכן גם בפרק בתרא דמסכת כריתות (כה, ב) ת"ר חמשה אשמות מכפרין אשם תלוי אין מכפר כפרה גמורה.[360] ונראה לומר דרש"י ז"ל נקט רישא דמתניתין והוי כמו וכו'. ועוד אפשר היה לומר משום דבגמרא פריך אשם ודאי אין אשם תלוי לא, ומשני בתירוץ בתרא הנך אין אחר מכפר כפרתם דהיינו יום הכיפורים, כלומר: דמי שמחוייב חטאת או אשם ודאי שעבר עליו יוה"כ חייב להביא קרבנותיו, ואלו הוה נקט רש"י אשם נזיר אשם מצורע הוה משמע דוקא אשם ודאי אבל שנטמא בספק או ספק מצורע הוה אמינא דלא יביא אחר יוה"כ, והא ליתא, דדין הוא דיביא נזיר גם שנטמא בספק או ספק מצורע קרבנותיו אחר יוה"כ, כמו שאמרו בגמרא כריתות (כו, א) דאע"ג דחייבי אשמות תלוין פטורין אחר יום הכיפורים משום דכתיב (ויקרא טז, ל) מכל חטאתיכם לפני ה' תטהרו, חטא שאין מכיר בו אלא הית"ש יוה"כ מכפר, אפ"ה נזיר שנטמא בספק או ספק מצורע צריך שיביא קרבנותיו אחר יום הכיפורים, משום דהקרבנות שלהם אתי לאשתרויי להו שיאכלו בקדשים, א"כ לכך לא נקט רש"י ז"ל אשם ודאי מכפרין אלא אשם גזילות ומעילות דאשם נזיר ומצורע אפילו בספק צריכין להביא אחר יוה"כ כדי לאשתרויי בקדשים.

ומיהו כל זה איננו שווה דהתניא בגמרא כריתות (כה, ב) ת"ר חמשה אשמות מכפרין, אשם תלוי אין מכפר כפרה גמורה, ומפרש רבינא דהכי קאמר חמשה אשמות אין אחר מכפר כפרתם דכי מתידע ליה מייתי, אשם תלוי אחר מכפר כפרתן דלכי מתיידע ליה לא מייתי, יעויין שם.

ומה שכתב רש"י אשם תלוי הבא על שגגת ספק כרת, הוא כסברת רבנן אבל ר"ע סבירא ליה דגם על ספק מעילה אתיא אשם תלוי כדתנן בכריתות (כב, א), ונקט רש"י סברת רבנן משום דהלכתא כוותייהו כדפסק הרמב"ם בהלכות מעילה (פ"א ה"ה) ובהלכות שגגות (פ"ט הי"א), יעויין שם.

ומה שכתב רש"י ובגמרא פריך והא ביה נמי כפרה כתיבא. צריכין אנו למודעי מה בא רש"י ללמדנו. ונראה דהוקשה לו ז"ל בגופא דמתניתין דקתני חטאת ואשם ודאי מכפרין מה בא ללמדנו, והלא מילתא דפשיטא דהם מכפרים דכפרה כתיב בהו, ע"כ בא רש"י ללמדנו דמתניתין לאו לגופא אלא לדיוקא אתא למעוטי אשם תלוי דאינו מכפר, והראיה דמתניתין לדיוקא אתא דבגמרא פריך וכו'. והנה התלמוד תירץ אהך קושיא הנך מכפרי כפרה גמורה אשם תלוי אינו מכפר כפרה גמורה וכו'. וקשה לי כיון דמתניתין לדיוקא דאשם תלוי אתא, למה לי למנקט חטאת, לא לימא אלא אשם ודאי מכפר וחטאת למה לי לא לגופיה ולא לדיוקא אצטריך. ולכאורה יש לומר דאיידי דהוצרך לומר אשם ודאי נקט נמי חטאת אע"ג דלא אצטריך.

אמנם נראה דיש ליישב דגם בחטאת אצטריך למתניתין למעוטי מין חטאת דאין מכפר כפרה גמורה, והענין הוא כגון דאכל חלב בשוגג או

עלי עשור

360. עיין בספר שיח־יצחק מה שכתב בכל ענין זה.

יעבור, השתא דאיכא קל וחומר לכל המצות שפיקוח נפש דוחה אותן מהשתא בע"כ וחי בהם לעבודה זרה אתי שיעבור ואל יהרג:

[איך אפשר ללמוד דין פקוח נפש מבא במחתרת הא שאני התם דהוא מדין רודף]

ומה זה שספק על ממון בה כו' קל וחומר לפיקוח נפש שדוחה את השבת. קשה לי היכי נפקא ליה פיקוח נפש מבא במחתרת[קלג] הא התם לאו מטעמא דפיקוח נפש דוחה רציחה הוי דהא אמרינן לעיל אין לך דבר שעומד בפני פיקוח נפש חוץ מעבודה זרה גילוי עריות ושפיכות דמים, ואע"ג דפליג ר' ישמעאל אעבודה זרה כדפירשתי בסמוך אשפיכות דמים ודאי לא פליג דהא סברא היא מאי חזית דדמא דידך סומק טפי כדאמרינן לעיל (דף פב:), ותדע דהא בפ"ד דע"ז (דף נד.) משמע לכאורה דרבא כר' ישמעאל סבירא ליה דאמר רבא התם הכל היה בכלל לא תעבדם כשפרט הכתוב וחי בהם ולא שימות בהם יצא אונס ואפילו הכי בשפיכות דמים מודה שיהרג כדאמרן לעיל, אלא שהתוס' שם בפ"ד פירשו דרבא שפיר אית ליה דבעבודה זרה יהרג, מכל מקום הדבר מוכרע מעצמו דבשפיכות דמים מודה דיהרג מסברא דמאי חזית, וכיון שכן הא דניתן להצילו בנפשו של בא במחתרת לאו משום פיקוח נפש הוא דהא אין פיקוח נפש דוחה רציחה אלא ודאי לאו משום האי טעמא הוא ואיך יליף מיניה לפיקוח נפש שדוחה שבת[קלד], וכי תימא היינו הא דקאמר בסמוך מדר' ישמעאל דילמא כדרבא דאמר מאי טעמא דמחתרת חזקה פירוש טעמא לא הוי משום פיקוח נפש אלא משום התורה אמרה בא להרגך השכם והרגו דהוה ליה רודף משום הכי ניתן להצילו בנפשו אבל פיקוח נפש לא תלמוד מהא, אם כן איך מסיים עלה אשכחן ודאי ספק מנלן הא ודאי נמי לא אשכחן מהא דהכא לאו משום פיקוח נפש הוא אלא משום דרודף הוא וכמו דלא נפקא מהא ספק ודאי נמי לא נפקא מהא:

דף פ"ה ע"ב

[מת מצוה דוחה עבודה דוקא קודם שהתחיל בעבודה]

ועבודה דוחה את השבת קל וחומר לפיקוח נפש שדוחה את השבת. קשה לי הא איכא למימר קבורת מת מצוה תוכיח שדוחה עבודה מולאחותו ואינו דוחה שבת, דהכי אמרינן בפ"ק דיבמות (דף ז.) שתהא רציחה דחייבי מיתות ב"ד דוחה שבת מקל וחומר דעבודה שדוחה שבת רציחה דוחה אותה שנאמר מעם מזבחי תקחנו למות שבת שנדחית מפני עבודה אינו דין שתהא רציחה דוחה אותה וקאמר קבורת מת מצוה תוכיח שדוחה את העבודה ואינו דוחה את השבת. ויש לומר דודאי הא דקבורת מת מצוה דוחה עבודה היינו קודם שהתחיל בעבודה דהוי דומיא דמעם מזבחי אבל כשהתחיל כבר בעבודה דהוי מעל מזבחי אינו דוחה עבודה[קלה], דהרי הא

[קלג] בעצם הדבר דכדי ללמוד מבא במחתרת בעינן ק"ו הקשו האחרונים מהא דתניא (סנהדרין עב:) אין לו דמים בין בחול ובין בשבת דסד"א מידי דהוה אהרוגי ב"ד דבשבת לא קטלינן קמ"ל דקטלינן משום פיקוח נפש דבעה"ב ע"ש, אלמא מבואר בעיקר דין בא במחתרת דפיקוח נפש דוחה שבת ולמה לי להך ק"ו. ובמצפה איתן כתב ליישב דמההוא דמחתרת אין ראיה לפיקוח נפש שדוחה שבת דהתם איכא תרתי פיקוח נפש דבעה"ב והצלה מחילול שבת לגנב דמסתמא מחלל באיזה מלאכה, אבל משום פיקוח נפש לחוד הו"א דלא דחי ולכן איצטריך ר' ישמעאל למילף דפיקוח נפש דוחה שבת מק"ו מהא דרשאי להרוג לבא במחתרת בימות החול דליכא רק חדא משום הצלת נפשות. וע"ע במשנה למלך (פכ"ד משבת) שנסתפק אם מותר בשבת להרוג את הרודף אחר הערוה כדי להצילו מן העבירה בנפשו [אבל ברודף אחר חבירו להרגו פשיטא דמותר משום פיקוח נפש], ומסיק דלרי"ף ולרב שרירא גאון מותר, ולהתוס' אין הכרע. וע"ע כנסת הגדולה (חו"מ סי' תכה).

[קלד] בשפת אמת גם הקשה דאיך יליף מבא במחתרת והא שאני התם דרודף הוא, וכתב דאפשר דר' ישמעאל לשיטתו דס"ל דגם בע"ז בצינעה יעבור ואל יהרג וי"ל דגם בשפיכות דמים ס"ל הכי, וצ"ע.

[קלה] וכן כתב הרש"ש. ומשמע מדבריהם דדין דמת מצוה נלמד מדין רוצח דשניהם דוחים עבודה דוקא כשעוד לא התחיל בעבודה אבל אם התחיל אין להפסיק. אמנם יש לחלק על פי מה שכתב באבי עזרי (פ"ב מביאת מקדש

מסורת הש"ס עם הוספות

א) גיטין נג. ע"ש, ב) [שבת קנד: וש"נ], ג) [גיטין נג. וע"ש בתוס' ד"ה בראשונה ותוס' מנחות נח: ד"ה וא"ד ודע דבתוספתא דגיטין פ"ג הי"ב תני' כמו דאיתא הכא], ד) כתובות לא., ה) גיטין נב:, ו) [ע"ז ו:], ז) [עי' פרש"י ב"מ לט. ד"ה מחמת מרדין], ח) גיטין נג ע"א.

הגהות הב"ח

(א) רש"י ד"ה עקירה וכו' מעשה שבת ומעשה קריעה באין כאחד ולא אמרינן משעת קריעה חייב:

גליון הש"ס

גמ' דיקא נמי דקתני הושיט כו'. כעין זה ע"ז דף ו ע"ב:

תורה אור השלם

א) בָּנַיִךְ עֻלְּפוּ שָׁכְבוּ בְּרֹאשׁ כָּל חוּצוֹת כְּתוֹא מִכְמָר הַמְלֵאִים חֲמַת יְיָ גַּעֲרַת אֱלֹהָיִךְ: [ישעיה נא, כ]

לעזי רש"י

תפי"ד. פירוש סטיח:

הגהות וציונים

א] [צ"ל לסוף יעב"ץ] (גליון) וכ"ה בכת"י ודפו"י: ב] צ"ל רבא (ש"ך סי' שפו סק"א, וכתב שכ"ה ברי"ף ובראש"ש, והיינו בדפו"ר. וכ"ה בגמ' דפו"ר וכת"י ובאו"ז ובריי"ד): ג] בכת"י נוסף א"ל: ד] צ"ל א"ל לרב כהנא (דפו"י כת"י): ה] ס"א יוונאי (גליון): ו] ס"א פרסאי (גליון): ז] פי' כרים וכסתות (גליון): ח] אולי צ"ל הוה, או שצ"ל הוינן (כת"י): ט] צ"ל שא (כ"ה בכת"י וברש"י שעל הרי"ף ובנמוק"י): י] כת"י ותאו: כ] נדצ"ל שיקחוהו (באה"מ):

אי דינא אי קנסא א"ל אי דינא גמרינן מיניה אי קנסא לא גמרינן מיניה ומנא תימרא דמקנסא לא גמרינן דתניא א) בראשונה היו אומרים א המטמא והמנסך חזרו לומר אף ב המדמע חזרו אין לא חזרו לא מאי טעמא לאו משום דקנסא הוא וקנסא לא גמרינן מיניה לא מעיקרא סברי ב) להפסד מרובה חששו להפסד מועט לא חששו ולבסוף סברי להפסד מועט נמי חששו איני והא תני אבוה דרבי אבין ג) בראשונה היו אומרים המטמא והמדמע חזרו לומר אף המנסך חזרו אין לא חזרו לא מאי טעמא לאו משום דלא גמרינן מקנסא לא מעיקרא סברי כרבי אבין ולבסוף סברי כרבי ירמיה מעיקרא סברי כרבי אבין ד) דאמר רבי אבין ג זרק חץ מתחילת ארבע ולבסוף א] ארבע וקרע שיראין בהליכתו פטור שהרי עקירה צורך הנחה היא ומתחייב בנפשו ולבסוף סברי כר' ירמיה ה) דא"ר ירמיה משעת הגבהה קנייה איחייב ליה ממון מתחייב בנפשו לא הוי עד שעת ניסוך רב הונא בר יהודה איקלע לבי אביוני אתא לקמיה דרבא א"ל כלום מעשה בא לידך א"ל ישראל שאנסוהו עובדי כוכבים והראה ממון חבירו בא לידי וחייבתיו א"ל אהדר עובדא למריה דתניא ד ישראל שאנסוהו עובדי כוכבים והראה ממון חבירו פטור ואם נטל ונתן ביד חייב אמר רבה ב] ה אם הראה מעצמו כנשא ונתן ביד דמי ההוא גברא דאנסוהו עובדי כוכבים ואחוי אחמרא דרב מרי בריה דרב פנחס בריה דרב חסדא א"ל דרי ואמטי בהדן דרא ואמטי בהדייהו אתא לקמיה דרב אשי פטריניה א"ל רבנן לרב אשי והתניא אם נשא ונתן ביד חייב א"ל הני מילי היכא דלא אוקמיה עילויה מעיקרא ו אבל היכא דאוקמיה עילויה מעיקרא מיקלי קלייה איתיביה רבי אבהו לרב אשי אמר לו אנס הושיט לי פקיע עמיר זה או אשכול ענבים זה והושיט לו חייב ג] הכא במאי עסקינן ו) כגון דקאי בתרי עברי נהרא ט דיקא נמי דקתני הושיט ולא תני תן ש"מ: ההוא שותא דהוו מנצו עלה בי תרי האי אמר דידי הוא והאי אמר דידי הוא אזל חד מנייהו ומסרה לפרהגנא דמלכא אמר אביי יכול לומר אנא כי מסרי דידי מסרי א"ל רבא וכל כמיניה אלא אמר רבא ז משמתינן ליה עד דמייתי ליה וקאי בדינא ההוא גברא דהוה בעי אחווי אתיבנא דחבריה אתא לקמיה דרב א"ל לא תחוי ולא תחוי א"ל מחוינא ומחוינא יתיב רב כהנא קמיה דרב שמטיה ח לקועיה מיניה קרי רב עילויה א) בניך עולפו שכבו בראש כל חוצות כתוא מכמר מה תוא זה כיון שנפל במכמר אין מרחמין עליו אף ממון של ישראל כיון שנפל ביד עובדי כוכבים אין מרחמין עליו א"ל רב ד] כהנא עד האידנא הוו פרסאי ה] דלא קפדי אשפיכות דמים והשתא איכא יוונאי ו] דקפדו אשפיכות דמים ואמרי ז) מרדין מרדין קום סק לארעא דישראל וקביל עלך דלא תקשי לרבי יוחנן שבע שנין אזיל אשכחיה לריש לקיש דיתיב וקא מסיים מתיבתא דיומא לרבנן אמר להו ריש לקיש היכא אמרו ליה אמאי אמר להו האי קושיא והאי קושיא והאי פירוקא והאי פירוקא אמרו ליה לריש לקיש אזל ריש לקיש א"ל לרבי יוחנן ארי עלה מבבל לעיין מר במתיבתא דלמחר למחר אותבוה בדרא קמא קמיה דר' יוחנן אמר שמעתתא ולא אקשי שמעתתא ולא אקשי אנחתיה אחורי שבע דרי עד דאותביה בדרא בתרא א"ל רבי יוחנן לר"ש בן לקיש ארי שאמרת נעשה שועל אמר יהא רעוא דהני שבע דרי להוו חילוף שבע שנין דאמר לי רב קם אכרעיה א"ל נהדר מר ברישא אמר שמעתתא ואקשי אוקמיה בדרא קמא אמר שמעתתא ואקשי ר' יוחנן הוה יתיב אשבע בסתרקי ז] שלפי ליה חדא בסתרקא מתותיה אמר שמעתתא ואקשי ליה עד דשלפי ליה כולהו בסתרקי מתותיה עד דיתיב על ארעא רבי יוחנן גברא סבא הוה ומסרחי גביניה אמר להו דלו לי עיני ואחזייה דלו ליה במכחלתא דכספא חזא דפרטיה שפוותיה סבר אחוך קמחייך ביה חלש דעתיה ונח נפשיה למחר אמר להו רבי יוחנן לרבנן חזיתו לבבלאה היכי עביד אמרו ליה דרכיה הכי על לגבי מערתא חזא דהוה הדרא

רש"י

אי דינא. הוא שמסור ישלם: גמרינן. מהאי מעשה דרב נחמן לשאר גרמי דנזקין דעלמא: ואי קנסא. הוא דקנסיה רב נחמן משום דרגיל היה בכך לא גמרינן מיניה: המטמא. טהרותיו של חבירו או מנסך יינו של חבירו לע"ז דאע"ג דקמיה מנח ואין היזקו ניכר משלם ח): לא חזרו לא. היינו ט] גמרי' מדמע ממנסך: המדמע. ערב חולין בתרומה דהפחית דמי החולין דלא חזו מהשתא אלא להמכר לכהנים: להפסד מרובה. מטמא תרומה הפסד מרובה הוא דתו לא חזיא לאכילה מדמע הפסד מועט הוא דהא מזדבן לכהנים בדמי תרומה: אף המנסך [כו'] לא חזרו לא. גמרינן מנסך אע"ג דהפסידו מרובה ממדמע ומטמא דהפסידן מועט לגבי מנסך: זרק חץ. בשבת: עקירה צורך הנחה. דכיון דבין עקירה להנחה קרע נמצא מעשה שבת ומעשה (א) עקירה באין כאחד ולא אמרינן משעת עקירה חייב ממון ומתחייב בנפשו לא הוי עד שעת הנחת חץ והכא נמי הגבהת יין צורך ניסוך הוא ותשלומין וחיוב מיתה דע"ז באין כאחד: לבי אביוני. מקום: נשא ונתן ביד חייב. דהציל עצמו בממון חברו: מעצמו. בלא אונס: דרי ואמטי. שא י] והולך עמנו לבית המלך: ה"מ. דאם נשא ונתן ביד חייב: היכא דלא אוקמינהו. העובדי כוכבים על הממון מעיקרא ע"י האונס אלא הלך ונטל ונתנו להם אבל הכא דאוקמינהו על היין קלייה והההיא שעתא פטור כי אמטי תו דידהו אמטי: פקיע. קשר: חייב. ואע"ג דקאי עכו"ם ע"ג הממון הואיל ונשא ונתן ביד חייב: בתרי עיברי נהרא. עכו"ם אצל זה והעמיר אצל זה דאי לא יהביה נהליה לא מצי אנס למשקליה: שותא. מכמורת לדגים או לחיות: לקועיה. לצואריה שבר מפרקתו: תוא. חיה והוא שור הבר כדמתרגם (דברים יד) תוא כ] ומר תורבלא תור שור בלא יער: אין מרחמין עליו. ושפיר עבדת דקטלתיה: מסיים מתיבתא דיומא לרבנן. היה מחזר ושונה להם מה שדרש רבי יוחנן אותו היום לפי שר"ל חכם גדול היה ולאחר ששמעו כולן מפי הרב חוזר ומכוונה בידם: בדרא קמא. שבע שורות תלמידים יושבים לפניו זו לפנים מזו: ביסתרקי. תפי"ד בלעז: מסרחי גביניה. גבות עיניו גדולים ומכסין עיניו: פריטא שפתיה. נקרעה שפתו על ידי מכה:

תוספות

לאו משום דקנס הוא. והא דמעיקרא לא גזרו על זה כמו על זה למאי דלא מסיק אדעתיה השתא טעמא דהפסד מועט איכא למימר דמעשה אירע במטמא ובמנסך לכך גזרו עליהם בשעת מעשה: כיון שנפל בידי עובדי כוכבים אין מרחמים עליו. כלומר שפיר מיקרי מסור שדבר ברור הוא שיקחו כ] מאחר שהראהו: השתא יוונאי נינהו כו'. קשה לר"י דבפ"ב דגיטין (דף טז: ושם יז. ד"ה הא) אמר רבה בר בר חנה חלש על לגביה כו' אמר רחמנא או בטולך או בטולא דבר עשו ופריך למימרא דרומאי מעלי מפרסאי אלמא משמע שאז עדיין היו פרסיים בבבל ולכאורה משמע שאותו מעשה היה אחר מעשה שבכאן ואור"י שהשרים והפקידים היו משתנים והיו פעמים מפרסיים ופעמים מיוונים: דילכון

עין משפט נר מצוה

קד א ב מיי' פ"ז מהל' חובל ומזיק הל' א ב סמג עשין ע טוש"ע ח"מ סי' שפה סעי' א:

קה ג מיי' פ"ג מהל' גניבה הל' ב:

קו ד ה ו מיי' פ"ח מהל' חובל ומזיק הל' ג ד ועיין בהשגות ובמ"מ סמג עשין ע טוש"ע ח"מ סי' שפח סעי' ב:

קז ז מיי' שם הלכה ה טוש"ע שם סעי' ה:

קח ח מיי' שם הל' י טוש"ע שם סעי' י:

ליקוטי רש"י

המטמא. טהרותיו של חברו כגון תרומה. והמדמע. תרומה בחולין של חברו ומפסידו שאוסרו לזרים וצריך למוכרו לכהנים בזול. והמנסך. יין חברו [גיטין נב:]. בראשונה היו אומרים המטמא והמנסך. מנסך מפסיד לגמרי שאוסרו בהנאה אבל מטמא אע"ג דמפסיד ליה לגמרי לענין שהוא עצמו אינו יכול לאכול אבל חזי הוא עדיין להסקה או למאכל בהמה דאפי' מטמא תרומה חזי להסקה או לבהמת כהן [שם נג.]. שהרי עקירה צורך הנחה היא. הלכך אע"ג דחיוב ממון מקמי הנחה אתיא ליה פטור הואיל ובין עקירה והנחה אתיא ליה מיתה ותשלומין באין כאחד שעקירה צורך הנחה היא ומההיא שעתא אתחלה לה מלאכה [כתובות לא.]. משעת הגבהה. ע"מ לגוזלו [גיטין נב:]. לפרהגנא. ממונה של מלך [ב"מ פג:]. גבאי המס [עירובין לו:]. מליק [גיטין מד.]. לקועיה. חרטומו בי"ק בלע"ז [לעיל נה.]. תוא. תורבלא תור היער. בלא"א. יער בלשון ארמי [דברים יד, ה]. תאו מתרגמינן תורבלא. שור הלבנון [חולין פ.]. מרדין. היא רליחה בלשון פרסי וכן מפורש בשערים דרב האי גאון (שער מ) [ב"מ לט.]. דלו ליה במכחלתא דכספא. שהיו עפעפיו מכסין את עיניו ומגביהן במזלגא דכספא. ואחזייה. שהיה רוצה לראותו מפני שהוא חריף [תענית ט.].

הדרא ליה עכנא א"ל עכנא עכנא פתח פומיך ויכנס הרב אצל תלמיד ולא פתח יכנס חבר אצל חבר ולא פתח יכנס תלמיד אצל הרב פתח ליה בעא רחמי ואוקמיה א"ל אי הוה ידענא דדרכיה דמר הכי לא חלשא דעתי השתא ליתי מר בהדן א"ל אי מצית למיבעי רחמי דתו לא שכיבנא אזילנא ואי לא לא אזילנא הואיל וחליף שעתא חליף תיירדה אוקמיה שייליה כל ספיקא דהוה ליה ופשטינהו ניהליה היינו [א] דאמר ר' יוחנן דילכון אמרי דילהון היא: ההוא דאחוי אמטכסא דר' אבא יתיב ר' אבהו ור' חנינא בר פפי ור' יצחק נפחא ויתיב ר' אילעא גבייהו סבור לחיוביה מהא דתנן [ב] דן את הדין זיכה את החייב וחייב את הזכאי טימא את הטהור וטיהר את הטמא מה שעשה עשוי וישלם מביתו א"ל ר' אילעא הכי אמר רב והוא שנשא ונתן ביד אמרי ליה זיל לגבי דר"ש בן אליקים ורבי אלעזר בן פדת דדייני דינא דגרמי אזל לגבייהו חייבי' [א] ממתני' [ג] אם מחמת הגזלן חייב להעמיד לו שדה אחר ואוקימנא דאחוי אחוויי: ההוא גברא דהוה מפקיד ליה כסא דכספא סליקו גנבי עילויה שקלה יהבה להו אתא לקמיה דרבה פטריה א"ל אביי האי מציל עצמו בממון חבירו הוא אלא אמר רב אשי [א] חזינן אי איניש אמיד הוא אדעתא דידיה אתו ואי לא אדעתא דכספא אתו: ההוא גברא דהוה מפקיד גביה ארנקא דפדיון שבויים סליקו גנבי עילויה שקלה יהבה ניהלייהו אתא לקמיה (א) דרבא פטריה א"ל אביי והא מציל עצמו בממון חבירו הוא א"ל [ב] אין לך פדיון שבויים גדול מזה: ההוא גברא [ג] דאקדים ואסיק חמרא למברא קמי דסליקו אינשי במברא בעי לאטבועי אתא ההוא גברא מלח ליה לחמרא דההוא גברא ושדייה לנהרא וטבע אתא לקמיה דרבה [ג] פטריה אמר ליה אביי והא מציל עצמו בממון חבירו הוא א"ל האי מעיקרא רודף הוה רבה לטעמיה [ו] דאמר רבה [ד] רודף שהיה רודף אחר חבירו להורגו ושיבר את הכלים בין של נרדף בין של כל אדם פטור שהרי מתחייב בנפשו [ה] ונרדף ששיבר את הכלים של רודף פטור [ה] שלא[ג] יהא ממונו חביב עליו מגופו אבל של כל אדם חייב [ז] דאסור להציל עצמו בממון חבירו [ו] ורודף שהיה רודף אחר רודף להציל ושבר כלים בין של נרדף בין של כל אדם פטור ולא מן הדין אלא שאם אי אתה אומר כן אין לך אדם שמציל את חבירו מן הרודף: **מתני'** [ז] שטפה נהר אומר לו הרי שלך לפניך: **גמ'** [י] ת"ר הגוזל שדה מחבירו ושטפה נהר חייב להעמיד לו שדה אחר[ד] דברי ר' אלעזר[ה] וחכ"א אומר לו הרי שלך לפניך במאי קא מיפלגי ר"א דרש ריבויי ומיעוטי [א] וכחש בעמיתו ריבוי בפקדון מיעט (ב) [ב] כל אשר ישבע עליו לשקר חזר וריבה ריבה ומיעט וריבה ריבה הכל ומאי רבי כל מילי ומאי מיעט מיעט שטרות ורבנן דרשי כללי ופרטי וכחש כלל בפקדון פרט או מכל חזר וכלל כלל ופרט וכלל אי אתה דן אלא כעין הפרט מה הפרט דבר המיטלטל וגופו ממון אף [ח] כל דבר המיטלטל וגופו ממון יצאו קרקעות שאין מטלטלין[ס] יצאו עבדים שהוקשו לקרקעות יצאו שטרות שאע"פ שמטלטלין אין גופן ממון והדתניא הגוזל את הפרה ושטפה נהר חייב להעמיד לו פרה דברי ר' אלעזר וחכמים אומרים אומר לו הרי שלך לפניך התם במאי קמיפלגי אמר רב פפא התם במאי עסקינן כגון שגזל שדה מחבירו והיתה פרה

רש"י

הדרא ליה עכנא. נחש גדול עשה עצמו כגלגל ומקיף את פי המערה וטומן[ו] זנבו לתוך פיו ואין אדם יכול ליכנס: פתח פיך. הרחיבי פתחיך להסיר זנבך מפיך ועשה פתח ליכנס: אי מצית למבעי רחמי דתו לא שכיבנא. אי אקשינא לך אזלינא בהדך ולעמוד אצלך בבית המדרש: ואי לא הואיל וחליף שעתא. ואתרחיש ניסא חליף ולא אלך עוד עמך שמא תכעוס עלי ואמות עוד פעם אחרת אלא אלך לביתי חי ולא אעמוד עוד אצלך פן אמות פעם אחרת ואית דמפרש הואיל וחליף שעתא וקבלתי צער מיתה לא אקבל עוד פעם אחרת לילך מכאן ובפסחים (דף מט.) מוכח שהלך לביתו דאמר רב כהנא אי לאו דנסיבנא כהנתא לאו אנא גלאי אמרי ליה והא למקום תורה גלית א"ל לאו אנא גלאי כדגלו שאר אינשי שהרי לא בעבור מקום תורה גליתי אלא מאימת מלכות ברחתי אלמא בתר הכי חי הוה ועוד אמרי' בברכות ירושלמי[א] דפגע ביה ההוא גברא אמר ליה מאי עביד[ו] בשמיא כלומר שליעג עליו שהיה מת וחיה א"ל גזר דיניה דההוא גברא מחתם ומת ההוא גברא פגע ביה אחרינא אמר ליה הכי נמי ומית אתי לקמיה דר' יוחנן אמר ליה בר איניש דאמיה מבסרא ליה ואנתתיה דאבוה מיקרא כו': תיירדה. הקילו משנתו: א"ל[פ] דילכון אמרי. שלכם הייתי אומר תורה של בני א"י היא: דילהון היא. של בני בבל: מטכסא. תכשיט משי: וישלם מביתו. דאדבורא בעלמא חייב: שנשא ונתן ביד. ובכולם מפרש[ט] שנשא ונתן ביד באחד דיני ממונות בסנהדרין[ט]: אמיד. עשיר: אסיק חמריה למברא. מכנים חמורו לספינה מעבר הנהר והיו בה אנשים: בעא. חמרא לטבועי מעברא: מלח ליה. דחפו לחמור והשליכו למים לשון אחר מלח ליה כמו המלחים (יונה א) התחיל המלח להציל הספינה ודחפו והשליכו: [האי]. בעל החמור רודף הוא להרוג נפשות: ושיבר את הכלים. בין של נרדף בין של כל אדם פטור מלשלם שהרי מתחייב בנפשו הוא ברדיפה זו ואפילו אין הורגו דתנן בפרק בן סורר ומורה[י] ואלו ניתנו להציל בנפשו הרודף אחר חבירו להרגו ונמלא תשלומין וחיוב מיתה באין כאחד: מגופו. שהרי נרדף זה רשאי להרוג את רודפו שנאמר (שמות כב) אם במחתרת ימצא הגנב התורה אמרה אם בא להרגך השכם להרגו[י]: ולא מן הדין. שהרי המציל עצמו בממון חבירו חייב כ"ש מציל אחרים בממון חבירו: [מתני'] שטפה נהר. שהיתה על שפת הנהר והגביה שפתו והמים שוחקים וכורין תחת השפה ומתפשט[ו] בתוך השדה: [גמ'] רבי כל מילי. ואפילו קרקעות לשבועה ולהשבון: מיעט שטרות. שאין גופן ממון דיהיב ליה ניירא בעלמא:

תוספות

דילכון אמרי דילהון היא. פי' הקונטרס התורה היא של בני בבל וקשה בפרק לולב וערבה (סוכה דף מד. ושם ד"ה והא) גבי הא דקאמר ערבה יסוד נביאים היא ושכחום וחזרו ויסדום ופריך מי א"ר יוחנן הכי והא"ר יוחנן דילכון אמרי דילהון הוא ופירש בקונטרס אלמא לא שכחוה בגולה ומאי פירכא היא וכי מפני שהיו בעלי תורה אין יכול להיות ששכחו תורת ערבה ועוד בכמה דוכתין[ק] אמר שכחום וחזרו ויסדום ולא פריך עלה הכי ואור"ת כפר"ח שלתלמידיו מבבל שהיו בפניו היה מדבר וה"ק דילכון אמרי[ו] רב כהנא שהיה שלכם אמר שערבה דילהון היא כלומר מנהג של נביאים ופריך אמאי דקאמר התם לעיל תסתיים דרבי יוחנן דאמר יסוד נביאים היא והאמר ר' יוחנן דילכון אמרי[מ] דילהון הוא[י] ולשון דילהון משמע ליה מנהג נביאים ולא יסוד נביאים וכן צ"ל בהמגרש (גיטין פד: ושם ד"ה ר"י) גבי ההיא דא"ר יוחנן דילכון אמר הואיל וקנאתו להתגרש[פ] בו שלתלמידיו מבבל היה אומר כן על רב כהנא ובקונט' פי' שם דלחזקיה רבו שהיה חולק עם עליו היה אומר כן ואין נראה [לומר] שבשעה שלמד רב כהנא לפני ר' יוחנן היה רבי יוחנן ראש ישיבה בעוד שרבו חזקיה היה בחיים: [ועיין תוספות מנחות כג: ד"ה כי]:

ואי לאו אדעתא דכספא אתו. ואע"ג דאמר לעיל נשא ונתן ביד חייב אור"י דשאני שומר שלדעת כן הפקידוהו שיציל עצמו בו אם יבואו עליו אדעתא דכסא דכספא:

אין לך פדיון שבויים גדול מזה. אע"ג דמשמע דהוי אמיד מדלא מפליג כדמפליג לעיל מ"מ הואיל ולא היה לו בשעה מה ליתן להם חשיב פדיון שבויים:

והלה

עין משפט נר מצוה

קט א מיי' פ"ה מהל' שאלה ופקדון הל' ג סמג עשין פח טוש"ע ח"מ סי' רצב סעיף ח:

קי ב מיי' שם הלכה א סמג שם טוש"ע שם סעי' ט וסי' שא סעי' ז:

קיא ג מיי' פ"ח מהל' חובל ומזיק הל' טו ועיין בהשגות ובמ"מ סמג עשין ע טוש"ע ח"מ סי' שפ סעי' ד ובהג"ה:

קיב ד ה ו מיי' שם הלכה יב הל' יג הל' יד טוש"ע שם סעי' ג:

קיג ז מיי' פ"ט מהל' גזלה ואבדה הל' א ועיין שם טוש"ע ח"מ סי' שעא סעי' ב:

קיד ח מיי' פ"ו מהל' שבועות הל' ד ופ"ה מהל' טוען ונטען הל' א סמג לאוין רמח ועשין קכ טוש"ע ח"מ סי' צה סעי' א:

הגהות וציונים

א] צ"ל חייבוה (ב"ש) ובדפו"ר חייבה, ובכת"י חייב': ב] [עיין ברא"ש גרס' אחרת] (גליון): ג] בכת"י הגירסא לא יהא ממונו חביב מגופו: ד] צ"ל אחרת (ובדפו"ר אח'): ה] בשבועות איתא אליעזר ביו"ד וכן משמע בסוכה ריש דף לא ע"א ברש"י ותוס' (רש"ש) וכ"ה בכת"י: ו] צ"ל ונתן: ז] מאי עבדי (כ"ה ברש"י שבע"י): ח] בגמרא דאמר ר' יוחנן: ט] נדצ"ל מפרש כיצד נשא ונתן (באה"מ): י] צ"ל ומתפשטין (באה"מ): כ] שבת קד ע"א: ל] אמר (דפו"ר): מ] צ"ל אמר: נ] צ"ל היא: ס] צ"ל ליפסל בו (באה"מ, דבש תמר ע"פ גמ' שם):

מסורת הש"ס עם הוספות

א) סוכה מד., ב) לעיל ק. סנהדרין ו. לג. בכורות כח:, ג) [לעיל קטו:], ד) סנהדרין עד. [וע' תוס' כתובות ל: ד"ה רב אשי], ה) [לקמן קיט.], ו) [לעיל ס:], ז) שבועות לז: [ע"ש], ח) עיין תוס' סוכה ל: ד"ה וקרקע, ט) דף לג., י) סנהדרין עג., כ) שם עב ע"א.

הגהות הב"ח

(א) גמ' דפדיון שבוים וכו' לקמיה דרבה פטריה: (ב) שם בפקדון מיעט או מכל אשר ישבע:

הגהות מהר"ב רנשבורג

א] רש"י ואי לא כו' בברכות ירושלמי. נ"ב פ"ב הלכה ח יעו"ש:

תורה אור השלם

א) נֶפֶשׁ כִּי תֶחֱטָא וּמָעֲלָה מַעַל בַּייָ וְכִחֵשׁ בַּעֲמִיתוֹ בְּפִקָּדוֹן אוֹ בִתְשׂוּמֶת יָד אוֹ בְגָזֵל אוֹ עָשַׁק אֶת עֲמִיתוֹ: [ויקרא ה, כא]

ב) אוֹ מִכֹּל אֲשֶׁר יִשָּׁבַע עָלָיו לַשֶּׁקֶר וְשִׁלַּם אֹתוֹ בְּרֹאשׁוֹ וַחֲמִשִׁתָיו יֹסֵף עָלָיו לַאֲשֶׁר הוּא לוֹ יִתְּנֶנּוּ בְּיוֹם אַשְׁמָתוֹ: [ויקרא ה, כד]

ליקוטי רש"י

עכנא. נחש. דהדרא ליה. למערה הקיפה את המערה כעין גלגל וזנבה אצל פיה [ב"מ פד:]. דילכון אמרי דילהון היא. רב כהנא היה מתלמידי רב והיה חריף מאד וברח לא"י לפני ר' יוחנן מחמת מרדין [שהרג לאדם אחד] כדאמרינן בפרק בתרא דב"ק והוצרך לו ר' יוחנן לכמה ספיקות והיה אומר ר' יוחנן לבני א"י סבור הייתי שתורה שלכם שלא גליתם מארצכם ולא היה לכם טירוף הדעת אבל ראיתי שהיא של בני בבל שאע"פ שגלו עמדה להם חכמת החרש והמסגר שגלו עם יכניה כדכתיב (מ"ב כד) הכל גבורים עושי מלחמה ותניא בסדר עולם וכי מה גבורה עושין בני אדם הנתונים בשלשלאות של ברזל אלא שגבורים היו במלחמתה של תורה [סוכה מד.]. והוא שנשא ונתן ביד. שנטל הוא המעות ממנו בידו ופרעו לבעל דין [בכורות כח:]. וזיכה את החייב שהיה לו משכון למלוה ממנו ונטל דיין למשכון והחזירו ללוה. וחייב את הזכאי נטל ביד ממון מן הנתבע ושילם לתובע. וטימא את הטהור נטל שרץ בידים וזרקו עליה לטמאו ודאי להזיק דבריו. וטיהר את הטמאה ונטל הדין לפירות טמאים ועירבן עם שאר פירות האים השואל והוא ליה עושה מעשה בידים ומזיק והכי מפרש בסנהדרין (דף לג.) בפרק אחד דיני ממונות [לעיל ק.]. שהרי מתחייב בנפשו. ברדיפה זו שהרי ניתן להציל בנפשו ואע"ג דכלים הללו של שאר כל אדם הן לדמיהם [illegible] פטור. ורודף שהיה רודף. אחר חבירו להורגו וזה רודף אחריו להצילו ושיבר את הכלים וכו' [סנהדרין עד:]. חייב להעמיד לו שדה אחר. דקסבר קרקע נגזלת וקיימא לה ברשות גזלן וקרינן ביה והשיב את הגזלה. הרי שלך לפניך. קסבר קרקע אינה נגזלת וכי שטפה נהר ברשותיה דמרא קמא היא קיימא. מיעט שטרות. שאין גופן ממון שאינן אלא לראיה שבהן [שבועות לז:]. שאין גופן ממון. אלא גורמין לגבות ממון [לעיל סב:].

מסורת הש"ס עם הוספות

א) חולין ב. תמורה ב., ב) [סנהדרין סג. מכות ד: עח. כ: שבועות ג: זבחים כט: תמורה ג.], ג) כתובות לג: לד: לו. בבא קמא עה., ד) [בבא קמא ע:], ה) [כתובות לד:], ו) פסחים ל. לו. זבחים לה., ז) [עיין תוספות בבא בתרא קי. ד"ה גשוט], ח) מכות ז., ט) (עבודה זרה ז), י) [פסחים ג. וש"נ], כ) עבודה זרה כ:, ל) כתובות לב:, מ) ושם ד: ד"ה סבר, נ) מכות ד:, ס) [כדאיתא בחולין קל: ושם ד"ה תנא], ע) [פרק ו דף כט:], פ) עי' תמורה כט. במשנה, צ) עיי"ש בתוס' ד"ה הלכתא ריש קיב ע"א.

הגהות הב"ח

(א) גמ' רבא אמר בבא לצאת ידי שמים אתנן אסרה. נ"ב זה גי' תוס': (ב) שם דאמר שמואל במנאפים כל"ל ואות ו נמחק: (ג) תוס' ד"ה בבא וכו' וא"ת תנא תני משלם וקאמר בבא לצאת י"ש דהכי איתא בפרק הזרוע דף קל ע"ב תנא תני ישלם ואת אמרת דמדת חסידות:

גליון הש"ס

רש"י ד"ה רבא אמר וכו' אי תפיס לא מפקינן. כ"י מורי אבן חגיגה באמני שהם דף י ע"ב ד"ה נפש ובקצו' החושן רסי' כח:

תורה אור השלם

א) אֶת חֻקֹּתַי תִּשְׁמֹרוּ בְּהֶמְתְּךָ לֹא תַרְבִּיעַ כִּלְאַיִם שָׂדְךָ לֹא תִזְרַע כִּלְאָיִם וּבֶגֶד כִּלְאַיִם שַׁעַטְנֵז לֹא יַעֲלֶה עָלֶיךָ: [ויקרא יט, יט]

הגהות וציונים

א] בכמה כת"י משיראו, וכ"ה במכות ובשט"מ וכפרש"י (דק"ס), וכ"כ הריטב"א דל"ג "עד": ב] צ"ל מגיד (רש"ש, וכ"ה בכת"י): ג] יש להוסיף באש תשרופו: ד] צ"ל לן (ב"ש): ה] צ"ל לר"מ (באה"מ, וכ"ה בכת"י): ו] נדצ"ל דיברי (ב"ש) כ"ה בגמ' שם אבל גם בתוס' הרא"ש כלפנינו, ועיין גם בתוס' ב"ק צא ע"א ד"ה אילו שכתוב בדפו"ר "דינרי" ותיקנו המדפיסים דיברי: ז] צ"ל קרא (באה"מ, וכ"ה בכת"י): ח] שייך לעמוד ב (גליון):

גמרא

לא שאדם רשאי להמיר אלא שאם המיר מומר וסופג את הארבעים א"ל הא מני ר' יהודה היא דאמר לאו שאין בו מעשה לוקין עליו ומי מצית מוקמת לה כר' יהודה והא קתני רישא הכל ממירין אחד האנשים ואחד הנשים והוינן בה הכל לאתויי מאי לאתויי יורש ודלא כר' יהודה דאי כר"י האמר יורש אינו ממיר יורש אינו סומך האי תנא סבר לה כוותיה בחדא ופליג עליה בחדא ת"ר החוסם את הפרה ודש בה לוקה ומשלם ד' קבין לפרה וג' קבין לחמור והא אינו לוקה ומת ואינו לוקה ומשלם אמר אביי הא מני ר"מ היא דאמר לוקה ומשלם (א) רבא אמר אתנן אסרה תורה ואפילו בא על אמו רב פפא אמר משעת משיכה איחייב לה במזונותיה ומילקא לא לקי עד שעת חסימה אמר רב פפא הני מילי בעו מינאי דבי רב פפא בר אבא ופשטי להו לאיסורא חדא כהלכתא וחדא דלאו כהלכתא בעו מינאי מהו ללוש את העיסה בחלב ופשטי להו לאיסורא כהלכתא דתניא אין לשין את העיסה בחלב ואם לש כל הפת כולה אסורה מפני הרגל עבירה כיוצא בו אין טשין את התנור באליה ואם טש כל הפת כולה אסורה עד שיסיק את התנור ואידך בעו מינאי מהו להכנים מין ושאינו מינו לדיר ופשטי להו לאיסורא דלאו כהלכתא דאמר שמואל (ב) ובמנאפים עד שיראו כדרך המנאפים ובכלאים עד שיכנים כמכחול בשפופרת מתיב רב אחדבוי בר אמי אילו נאמר בהמתך לא תרביע הייתי אומר לא יאחוז אדם הבהמה בשעה שעולה עליה זכר ת"ל כלאים לאו מכלל דכלאים אחיזה נמי לא מאי אחיזה הכנסה ואמאי קרי לה אחיזה לישנא מעליא אמר רב יהודה מין במינו מותר להכנים כמכחול בשפופרת ואפילו משום פריצותא ליכא מ"ט בעבידתיה טריד מתיב רב אחדבוי בר אמי אילו

רש"י

לא שאדם רשאי להמיר. רישא דמתני' הכל ממירין אחד האנשים ואחד הנשים ומפרש ואזיל דהאי הכל ממירין לא שהאדם רשאי להמיר אלא יש בהן כח לתפוס בתמורה בדיעבד: וסופג את הארבעים. משום לא יחליפנו (ויקרא כז) והא הכא דדיבור בעלמא הוא ולקי אלמא עקימת שפתים שאדם מגיד בשפתיו מעשה הוא: ר' יהודה היא. בכמה דוכתי מייתינן לה (מכות דף ד:) לא תותירו ממנו והנותר ממנו עד בקר בא הכתוב ליתן עשה אחר לא תעשה לומר שאין לוקין עליו שניתק לעשה הוא טעמא דבא הכתוב הא לאו הכי לקי המותיר ואע"ג דאין בו מעשה: לאתויי יורש. שאם המיר בקרבן אביו לאחר מיתת אביו תומר: יורש אינו ממיר. ואם המיר אינו תומר וטעמא מפרש בתמורה בריש פ"ק (דף ב): ג' קבין לחמור. כך שיערו חכמים אכילתו: ה"ג והא אין לוקה ומת ואין לוקה ומשלם. דהוו להו שתי רשעיות וכתיב (דברים כה) כדי רשעתו: ר"מ היא. במס' מכות (דף ד.) מעידין אנו על איש פלוני שחייב לחבירו מאתים זוז לוקין ומשלמין אם נמצאו זוממין: רבא אמר אתנן אסרה תורה אפילו בא על אמו. ונתן לה טלה באתנן אתנן הוא ואסור לקרבן דאתנן סתמא כתיב (דברים כג) ל"ש אמו ול"ש פנויה ואע"ג דאי תבעה ליה בדינא קמן תן לי אתנני לא מחייבינן ליה דהא קם ליה בדרבה מיניה כי יהביה ניהלה אתנן הוא אלמא אפילו במקום מיתה נמי רמו תשלומין עליה אלא שאין כח לענשו בשתים אבל ידי שמים לא יצא עד שישלם דאי לא רמו תשלומין עליה כי יהביה ניהלה מי הוה אתנן מתנה בעלמא הוא דיהיב לה וגבי חוסם נמי תשלומין רמו עליה אלא שאין כח בב"ד לענשו שתים וכיון דרמו תשלומין עליה לא יצא ידי חובתו עד שישלם אי נמי אי תפיס לא מפקינן מיניה כך שמעתי מפי מורי הזקן ויש דוגמתו בב"ק בפרק מרובה (דף ע:) ושם מפורש יותר והביא לי מורי ראיה על זה: רב פפא אמר. חיובי נמי מחייבינן ליה לשלומי דאין באין כאחד דמשעת משיכה איחייב ליה במזונותיה: כל הפת אסורה. ואפילו לאכלה במלח: מפני הרגל עבירה. שלא יאכל בשר עמה: טשין. טחין: מין ושאינו מינו. והן זכר ונקבה: מהו להכנים לדיר. מי הוי כמרביע כלאים או לא עד שיאחז הוא בעצמו אבר הזכר ויכניס: ופשטי להו לאיסורא. שלא יכלו: במנאפים. מעידין עליהם העדים לחייבן מיתה ומלקות משישכבו זה על זה כדרך מנאפים וא"צ לעדים שיראו כמכחול בשפופרת דלא הזקיקתן תורה להסתכל כ"כ: בכלאים. אינו חייב עד שיכניס בידו אבר הזכר בנקבה כמכחול בשפופרת כדרך בני אדם להכניס מין במינו: מכחול. קיסם או כנף שמכניסין בשפופרת סלולה שהכחול לתוכה ומוציאין מן הכחול במכחול ומעביר על העין: אילו נאמר בהמתך לא תרביע. ולא נאמר כלאים הייתי אומר לא יאחוז את הבהמה בקרניה בשעה שעולה עליה זכר ואפילו מין במינו ת"ל וכו': ואפילו משום פריצותא אין כאן. משום דשמא יבא לידי הרהור דבר כדאמרינן (עבודה זרה דף כ:) לא יסתכל בחמור ובחמורה בחזיר ובחזירה בשעה שהן מזדווגין ומזקקין זה עם זה דהתם כשאינו שלו שאינו צריך לסייע אבל האי בעבידתיה טריד ולא מהרהר:

תוספות

לא שאדם רשאי להמיר. ... יהודה קאמר אמאי לא דייק נמי ממילתיה דהתראת ספק שמה התראה כדדייק רבי יוחנן אלא קאמר התם דסבר לה כאידך דרבי יהודה דאמר לא שמה התראה אלא ודאי משמע דסבר הכי ובפ"ג דשבועות (דף כא.) נמי פריך מהתם דרבי יוחנן אדר' יוחנן משמע דאליבא דנפשייהו פליגי וי"ל דריש לקיש לא פטר הכא אלא אליבא דמאן דבעי לאו שיש בו מעשה אבל איהו ודאי סבר כר' יהודה והא דקאמר בסמוך הא מני ר' יהודה היא ה"ק ר' יהודה היא וסבירא ליה כוותיה:

הא מני ר"מ היא דאמר לוקה ומשלם. ותימה דלא שמעינן ליה לר"מ אלא בפ"ק דמכות (דף ד. ושם ד"ה לוקין) גבי עדים זוממין והתם יליף ליה ר"מ ממוציא שם רע דלוקה ומשלם ופריך מה למוציא שם רע שכן קנס ומשני סבר לה כרבי עקיבא דאמר עדים זוממין קנסא היא א"כ הכא דהוה ממונא מנלן דלוקה ומשלם וי"ל דהא דלרבנן אין לוקה ומשלם היינו מכדי רשעתו דכתיב גבי עדים זוממין דדרשינן מיניה משום רשעה אחת אתה מחייבו ואי אתה מחייבו משום שתי רשעיות אבל ר"מ דסבר דעדים זוממין קנסא הוא יליף ממוציא שם רע דלוקין ומשלמין א"כ תו ליכא לדידיה לאוקמי כדי רשעתו אלא במיתה ומלקות ומהיכא נילף דלא ילקה ומשלם וה"ק דבכל דוכתא אית ליה לר"מ דלוקה ומשלם וא"ת והא אכתי איכא לאוקמי כר"מ כדי רשעתו במלקות וממון כגון דבהדי דמסהדי עדות שקר קרעו שיראין של שום אדם דהני תשלומים אינם קנס וליכא למילף ממוציא שם רע וי"ל דלית לן לאוקמי קרא דואי אתה מחייבו משום ב' רשעיות אלא בשניהם מחמת עדות שקר והכי לא מתוקמא בממון ומלקות דבשתי רשעיות מחמת עדות שקר לוקה ומשלם והכי לא מתוקמא אלא במיתה ומלקות:

בבא לצאת ידי שמים. וא"ת דאמרי' בפרק בן סורר ומורה (סנהדרין דף עב ע"ש) רבא איגנבו ליה דינרי במחתרתא אהדרינהו ניהליה ולא קבלינהו אמר הואיל ונפק מפומיה דרב דאמר הבא במחתרת ונטל כלים ויצא פטור דבדמים קננהו ואמאי לא קבלם והא חייבין לצאת ידי שמים וי"ל דהתם לא רצו לצאת ידי שמים אלא היו סבורין שבדין חייבין להחזיר ולכך לא קבלינהו וא"ת תנא תני (ג) ישלם ואת אמרת דמדת חסידות שנו כאן וי"ל דישלם משמע טפי לשון חיוב ממשלם אי נמי התם פריך משום דאפילו לצאת ידי שמים אינו חייב אבל הכא דחייב לצאת ידי שמים חיובא מעליא הוא ושפיר קתני משלם ועוד ר"י פי' שם מתוך הסוגיא דה"ק תנא תני ישלם דברי ר"א ורבנן פליגי עליה ואי מדת חסידות קאמר לא הוו פליגי עליה:

אתנן אסרה תורה אפילו בא על אמו. דעיקר אתנן בעריות כתיב דזונה מחייבי כריתות היא ובתמורה נמי פ"ק (דף ה) גמרינן תועבה מעריות וי"מ דנפקא לן מדתניא ביבמות (דף נט: ושם) יכול אף אתנן כלב ומחיר זונה ת"ל גם שניהם שנים ולא ד' ומדאיצטריך קרא למעט אתנן כלב אע"ג דרובע בהמה קם ליה בדרבה מיניה ש"מ דאתנן אסרה תורה אפילו בא על אמו ואין נראה דמי כתיב ב' ולא ד' שניהם כתיב ונימא ב' ולא ג' ולא אתי למעוטי אלא מחיר זונה וא"ת והא איכא לאוקמא קראי באומר הילך טלה זה ותבעלי לבנך או לאביך דלא קים ליה בדרבה מיניה וי"ל דאית לן לאוקמא קרא בסתם אתנן דהיינו שהבועל נותן וא"ת דאתנן אינו נאסר אלא בדקאי בתלירה בשעת ביאה כדאמר בפ' בתרא דע"ז (סג. ושם) אבל בא עליה ואח"כ נתן לה מותר א"כ היכי מוכח מאתנן דחייב לצאת ידי שמים אע"ג דקם ליה בדרבה מיניה והא משמע במרובה (ב"ק דף ע: ושם ד"ה אילו) דאגר קני ליה קנין גמור אפילו היכא דקם ליה בדרבה מיניה וי"ל דנהי דאגר קני לה קנין גמור לא היה לו ליחשב אתנן אלא מתנה אם לא היה חייב לצאת ידי שמים כשאינה בתלירה:

ואם טש כל הפת כולה אסורה עד שיוסק התנור. תימה למה לי עד שיוסק בקיסם סגי דתו לא הוי אלא כנ"ט בר נ"ט ושרי כמו (חולין דף קיא:) דגים שעלו בקערה דמותר לאכלן בכותח ושם מפורש:

ופשטי להו לאיסורא דלא כהלכתא דאמר שמואל כו'. תימה לר"י היכי מוכח משמואל דליכא איסורא מדרבנן דשמואל לא איירי אלא מדאורייתא דומיא דמנאפין עד שיראו כדרך המנאפין דאיירי להורגם דהכא מייתי לה בפ"ק דמכות (דף ז.) גבי אם היינו שם לא היה אדם נהרג מעולם:

מין במינו נמי אחיזה אין הכנסה לא. תימה כיון דלא איירי קרא אלא בכלאים מנלן לאסור הכנסה מין במינו וי"ל דדייק מדנקט תנא לא יאחוז דלא יכניס הוה ליה למינקט דלא תרביע הכנסה משמע אלא משום הכי נקט אחיזה דלהכנסה לא איצטריך דקים ליה לתנא דאפילו מין במינו אסורה מוגשמרת מכל דבר רע דדריש מיניה בפ"ק דע"ז (דף כ:) שלא יסתכל אדם לא בחמור ולא בחמורה לא בחזיר ולא בחזירה לא בעוף ולא בעופפת בשעה שנזקקין זה לזה והכי מוקי לא תרביע באחיזה באם אינו ענין:

עין משפט נר מצוה

סו א מיי' פ"א מהל' תמורה הלכה א סמג לאוין שמה:
סז ב מיי' שם הלכה ה:
סח ג מיי' פי"ג מהל' שכירות הל' ב סמג לאוין קפד טוש"ע ח"מ סי' שלח סעיף ד:
סט ד מיי' פי"ח מהל' סנהדרין הל' ב:
ע ה מיי' שם ופ"ג מהל' גניבה הל' א' ופ"א מהל' נערה הל' יא ופ"ו מהל' תרומות הל' ו ופ"ד מהל' חובל הל' ט טוש"ע ח"מ סי' שנא:
עא ו מיי' פ"ד מהל' איסורי מזבח הל' ח סמג לאוין שטו:
עב ז מיי' פי"ג מהל' שכירות הל' ב סמג לאוין קפד טוש"ע ח"מ סי' שלח סעיף ד:
עג ח ט מיי' פ"ט מהל' מ"א הלכה כב סמג לאוין קמא טוש"ע י"ד סי' צז סעיף א:
עד י מיי' פ"ט מהלכות כלאים הלכה ג סמג לאוין רפא טוש"ע י"ד סי' רצז סעיף ג:
עה כ מיי' פ"א מהל' איסורי ביאה הלכה יט סמג לאוין קכו טור ש"ע אה"ע סי' כ סעיף א בהג"ה [רב אלפס כאן וביבמות פ"ב דף ז: ובסוף פ"א דמכות דף רפד:]:
עו ל מיי' פ"ט מהלכות כלאים הלכה א סמג לאוין רפא טוש"ע י"ד סי' רצז סעיף ב:
עז מ מיי' פכ"א מהל' איסורי ביאה הלכה כ סמג לאוין קכו טור ש"ע אה"ע סי' כג סעיף ג:

ליקוטי רש"י

לא שאדם רשאי להמיר. דכתיב לא יחליפנו [חולין ב.]. דהא כתיב לא ימיר [תמורה ב.]. מומר. נתפסת השניה ושתיהן קדושות. [חולין שם]. דמתפיס עלה קדושה ושתיהן קדושות. וסופג את הארבעים. משום לאו דלא ימיר. לאתויי יורש. שהמיר בקרבן שהפרישם אביו בחייו שתמורתו תמורה. יורש אינו סומך. על קרבן אביו שהפרישו אביו בחייו ולא הספיק להקריבו עד שמת [תמורה שם]. לוקה ומשלם. שלא השם המביאן לידי מות מביאן לידי תשלומין [ב"ק עא.]. אתנן אסרה תורה. להביא לבית המקדש לכל נדר. ואפילו בא על אמו. ונתן לה טלה באתננה אסור ואף על גב דאי לא הוה יהיב לה ניהלה והואיל תבעה ליה בדינא לא אמרינן ליה קיים לה תנאה דהאי מתחייב בנפשיה הוא אפי' הכי כי יהיב לה הייל עליה דטלה איסור אתנן [ב"ק צ-צא.]. אין לשין את העיסה בחלב וכו' מפני הרגל עבירה. כל ימות השנה שלא יאכל בשר עמה [פסחים לו.]. שלא יאכל הפת עם הבשר [זבחים צה:]. עד שיראו כדרך המנאפים. משינהגו ענין ניאוף שסוכבין בקירוב בשר ונוהגים כדרך תשמיש [מכות ז.]. לישנא מעליא. שמלוה ודרך נקיי הדעת לספר בלשון נקיה, ...לשון חכמים לחזור אחר לשון נא ונקי [פסחים ג.]. מין במינו. בהרבעת בהמה. מותר. לאדם להכנים בידים אבר הזכר. כמכחול בשפופרת. מכחול הוא קיסם שמכניסין בשפופרת קנה שהמכחול בתוכה והקיסם קרוי מכחול על שם שמוכלין בו. בעבידתיה טריד. לבו על מלאכתו ושוכח בהרהור [ע"ז כ:].

דס

מר ינוקא ומר קשישא בריה דרב חסדא לרב אשי נהרדעי לטעמייהו [א] דאמר ר"נ אמר שמואל א האחין שחלקו אין להן לא דרך זה על זה ולא חלונות זה על זה ולא סולמות זה על זה ולא אמת המים זה על זה והזהרו בהן שהלכות קבועות הן (א) ורבא אמר יש להן: ההוא שטרא דיתמי דנפיק עליה תברא אמר רב חמא ב אגבויי לא מגבינן ליה ומיקרע לא קרעינן ליה אגבויי לא מגבינן ליה דנפק תברא עליה מיקרע לא קרעינן ליה דכי גדלי יתמי דילמא מייתו ראיה ומרעי ליה אמר ליה רב אחא בריה דרבא לרבינא הלכתא מאי א"ל בכולהו הלכתא כרב חמא לבר מתברא דסהדי בשקרי לא מחזקינן מר זוטרא בריה דרב מרי אמר ג בהא נמי הלכתא כרב חמא דאם איתא דתברא מעליא הוא איבעי ליה לאפוקי בחיי אבוהון ומדלא אפקיה שמע מינה זיופי זייפיה: **מתני'** [ג] ד כופין אותו לבנות בית שער ודלת לחצר רבן שמעון בן גמליאל אומר לא כל החצרות ראויות לבית שער[ג] ה כופין אותו לבנות לעיר חומה ודלתים ובריח רשב"ג אומר לא כל העיירות ראויות לחומה [ד] ו כמה יהא בעיר ויהא כאנשי העיר י"ב חדש ז קנה בה בית דירה הרי הוא כאנשי העיר מיד: **גמ'** למימרא דבית שער מעליותא היא והא ההוא חסידא דהוה רגיל אליהו דהוה משתעי בהדיה עבד בית שער ותו לא משתעי בהדיה לא קשיא הא מגואי הא (ב) מבראי ואי בעית אימא הא והא מבראי ולא קשיא הא דאית ליה דלת הא דלית ליה דלת אבע"א הא והא דאית ליה דלת ולא קשיא הא דאית ליה פותחת הא דלית ליה פותחת אי בעית אימא הא והא דאית ליה פותחת ולא קשיא הא דפותחת דידיה מגואי הא דפותחת דידיה (ג) מבראי: כופין אותו לבנות בית שער ודלת לחצר: תניא רבן שמעון בן גמליאל אומר לא כל חצרות ראויות לבית שער אלא חצר הסמוכה לרשות הרבים ראויה לבית שער ושאינה סמוכה לרשות הרבים אינה ראויה לבית שער ורבנן זימנין דדחקי בני רשות הרבים ועיילו ואתו: כופין אותו לבנות לעיר כו': (ת"ר כופין אותו לעשות לעיר דלתים ובריח[א]) ורבן שמעון בן גמליאל אומר לא כל העיירות ראויות לחומה אלא עיר הסמוכה לספר ראויה לחומה ושאינה סמוכה לספר אינה ראויה לחומה ורבנן זימנין דמקרו ואתי גייסא בעא מיניה רבי אלעזר מרבי יוחנן כשהן גובין לפי נפשות גובין או דילמא לפי שבח ממון גובין אמר ליה לפי ממון גובין ואלעזר בני קבע בה מסמרות איכא דאמרי בעא מיניה רבי אלעזר מרבי יוחנן כשהן גובין לפי קירוב בתים הן גובין או דילמא לפי[ב] ממון גובין אמר ליה ח לפי קירוב בתים הן גובין ואלעזר בני קבע בה מסמרות רבי יהודה נשיאה רמא דשורא אדרבנן[ג] אמר (ד) ריש לקיש [ה] ט רבנן לא צריכי נטירותא דכתיב א) אספרם מחול ירבון אספרם למאן אילימא לצדיקים דנפישי מחלא השתא כולהו ישראל כתיב בהו ב) כחול אשר על שפת הים צדיקים עצמם מחול ירבון אלא הכי קאמר אספרם למעשיהם של צדיקים מחול ירבון וק"ו ומה חול שמועט[ד] מגין על הים מעשיהם של צדיקים שהם מרובים לא כל שכן שמגינים עליהם כי אתא לקמיה דרבי יוחנן אמר ליה מאי טעמא לא תימא ליה מהא [י] ג) אני חומה ושדי כמגדלות אני חומה זו תורה ושדי כמגדלות אלו

רש"י

נהרדעי לטעמייהו. רב חמא דמן נהרדעא הוא דלא ס"ל הא דאידור בה כדדרו אבהתי ואם כך חילקנו אזיל לטעמייהו דנהרדעי דאמר שמואל דהוא מנהרדעא: **האחין שחלקו.** ונטל זה שדה לצפון וזה לדרום והיה אביו רגיל[ס] להיות לו ליכנס דרך זו לתוך זו אין יכול לומר דרך לי עליך: **ולא חלונות.** לערער על סתימת אורו: **ולא סולמות.** אם נטל זה בית ותאר וזה נטל עלייה אין לו לקבוע סולם בחצירו של זה לעלות לעלייתו: **ולא אמת המים.** להביאה מן הנהר דרך שדהו של זה לתוך שלו: **תברא.** שובר שהוא פרוע לאביהם: **ומרעי ליה.** לשובר שהן עדי שקר: **מתני' כופין אותו.** את בן החצר שאינו רוצה לסייע את בני החצר לבנות להן בית שער להיות שומר הפתח יושב שם בצל ומרחיק את בני רשות הרבים מלהציץ בחצר: **ודלת.** לשער החצר לנועלו: **לא כל החצרות ראויות לבית שער.** בגמ' מפרש איזו היא הראויה: **ויהא כאנשי העיר.** לשאת עמהם בעול: **גמ' ולא אישתעי בהדיה.** לפי שמפסיק בעניים הצועקין ואין קולם נשמע: **מגואי.** לחצר גריעותא הוא לפי שדלת החצר נעול והעני צועק ובית שער שבפנים מפסיק הקול: **מבראי.** אינו מפסיק בפניו שהרי נכנס לתוכו וכשאין לו דלת עסקינן: **פותחת דידיה מאבראי.** העני פותחה ונכנס. פותחת שירוד"ר בלע"ז והוא של עץ ותמיד המפתח לתוכו: **שאינה סמוכה.** שמשוכה להלן מרשות הרבים: **כשהם גובים.** לחומת העיר: **קבע בה מסמרות.** הזהר לדון כן ולא תזוז ממנה: **קירוב בתים.** בית הקרוב לחומה צריך לחומת העיר יותר מן הרחוק: **רמא דשורא אדרבנן.** הטיל יציאת חומת העיר על החכמים כמו על שאר בני אדם: **חול.** שהוא מועט ממעשיהם של צדיקים: **מגין על הים.** והוא לו לחומה כדכתיב אשר שמתי חול גבול לים (ירמיה ה): אלו

תוספות

מר ינוקא. הוא הגדול ועל שם שנולד בינקותו של רב חסדא קרי ליה מר ינוקא ומר קשישא הוא הצעיר ונולד בקשישותו של רב חסדא (ועיין רש"י כתובות פט: ד"ה מר[ו]): **נהרדעי** לטעמייהו. רב חמא נהרדעי הוא כדאמרינן בפרק קמא דסנהדרין (דף יז:) [אמוראי] דנהרדעי רב חמא ושמואל נמי נהרדעי הוא כדאמר שמואל (ברכות דף נח:) נהירין לי שבילי דרקיע כשבילי דנהרדעי: **אין** להם דרך זה על זה. טעמא משום דפסיק שמואל בפרק המוכר את הבית (לקמן דף סה.) כר"ע דאמר מוכר בעין יפה מוכר ולפיכך אין להם דרך זה על זה שלא שייר לעצמו כלום כל אחד (ה) חלק בחלק חבירו והוה לו כמוכר[ז] ואף על גב דאמרינן[ח] המוכר בית ושייר חצר מכר לו עם הדרך למ"ד מוכר בעין יפה מוכר לא דמי דהכא כולם מוכרין וכל אחד מכר ולא שייר לעצמו כלום בחלק חבירו וה"ל כמוכר חצר ושייר בית דצריך ליקח לו דרך מבעל החצר: **ולא** סולמות זה על זה. פי' בקונט' אם נטל זה בית וחצר וזה נטל עלייה אין לקבוע סולם בחצירו של זה לעלות לעלייתו וקשה לר"י דהיינו ולא דרך זה על זה ונראה לר"י כגון שלקח זה בית וזה עלייה וחצר אין לו לסמוך הסולם בכותל של זה ולעלות בעלייתו: **ואי** בעית אימא הא והא מבראי. ולא גרסינן הא והא מגוואי דמגוואי אין שייך לחלק בין אית ליה דלת ללית ליה ובין אית ליה פותחת ללית ליה דבכל ענין הוא רע כיון שאין יכול לבא אלא עד פתח החצר ואין לפרש הא דאית ליה דלת כו' אחצר קאי דהא במתני' בהדיא קתני כופין אותו לבנות דלת לחצר ולמאי דגרסי' מבראי קצת קשה דלא הוי כשאר שינויי דנקט כד דלא מעלי הא והא דאית ליה דלת והא והא דאית ליה פותחת והכא נקיט ההוא דמעלי: **לפי** שבח ממון הן גובין. כיון דאין (ו) סכנת נפשות לא אזלינן אלא בתר ממון והכי נמי אמר בהגוזל בתרא (ב"ק דף קטז:) שיירא ההולכת במדבר ועמד עליה גייס מחשבין לפי ממון דליכא סכנת נפשות כיון דאין הגייס בא רק בשביל ממון ואף על גב דאמר בפ' בן סורר (סנהדרין דף עב.) דהבא במחתרת נידון על שם סופו ומפרש רבא טעמא בגמ' משום חזקה דאין אדם מעמיד עצמו על ממונו כו' ואפי'[ו] הכי אין מחשבין אלא לפי ממון כיון דהגייס ברצונו אינו בא על הנפשות דאם לא יעמדו נגדם לא יזיק לגופם הילכך לא חשיב סכנת נפשות לפיכך אם יעמדו עליהם לסטים ונתפשרו עמהם גובין לפי ממון אבל היכי (ז) דטעו במדבר אמר התם[ט] דמחשבין אף לפי הנפשות משום כיון דטעו איכא סכנת נפשות: **לפי** קירוב בתים הן גובין. פירש ר"ת ונותנין עניים קרובים יותר מרחוקים וכן עשירים קרובים יותר מעשירים רחוקים אבל עשירים רחוקים נותנין יותר מעניים קרובים דלפי שבח ממון נמי הן גובין: **אילימא** לצדיקים כו'. דהכי מיירי קרא דלעיל מיניה כתיב ולי מה יקרו רעיך אל מה עצמו ראשיהם וכתיב בתריה אספרם מחול ירבון:

עין משפט נר מצוה

נ א מיי' פ"ב מהלכות שכנים הל' יג סמג עשין פב טוש"ע ח"מ סי' קעג סעיף ג:
נא ב ג מיי' פי"ז מהל' מלוה הל' ח סמג עשין צד טוש"ע ח"מ סי' קח סעיף טז:
נב ד מיי' פ"ה מהל' שכנים הל' א סמג עשין פב טוש"ע ח"מ סי' קסא סעיף א:
נג ה מיי' שם פ"ו הל' א סמג שם טוש"ע ח"מ סי' קסג סעיף א:
נד ו ז מיי' שם הל' ה טוש"ע שם סעיף ב:
נה ח מיי' שם הל' ד טוש"ע שם סעיף ג:
נו ט מיי' שם הלכה ו טוש"ע שם סעיף ד וטוש"ע י"ד סי' רמג סעיף ב:

רבינו גרשום

נהרדעי לטעמיהו. דרב נחמן ושמואל ורב חמא מנהרדעי: **האחין שחלקו אין להם דרך זה על זה.** כגון בתחלה היו כל השדות בחיזוק א' של אביהם ולא הוה בכולהו אלא דרך אחד לילך מזה לזה והשתא כשחלקו אין להם דרך אם לא יקנו זה מזה **וחלונות.** שאם הגיע חצר לזה ולזה בית והיו חלונות הבית פתוחים לחצר יכול זה לבנות כנגדן ולסותמן וכן **לאמת המים** צריך ליקח דרך זה מזה. כה"ג יכול בעל תרביצא לבנות אשיתא נגד אספלידא: **שהלכות קבועות הן.** לדון הכי: **דנפיק עליה תברא.** דפריע השטר של יתומין: **דגדלי יתמי.** (למייתי) **[דלמא מייתו] ראיה** דהאי תברא מזויף הוא שהוחזק בפני עדים לאחר מיתת אביהן שעדיין היה חייב לו: **לבר מהא.** דודאי קרעי' לשטר. **דסהדי** דחתימי על שובר **בשקרי לא מחזקינן:** א) לעולם לא קרעי' לשטרא כדרב חמא. דאם כן הוה מפיק ליה האי שובר בחיי האב מדלית עדים דאפקה בחיי האב משום הכי לא קרעי' לשטרא: **בית שער.** ב) מקום שהשומר ישן ששומר החצר כופין לא' מבני חצר המעכב: **מעליותא הוא.** בית שער: **ולא אשתעי אליהו בהדיה.** משום דכי אתי עני צועק על פתח שער מפסיק אותו בית שער קולו ואינו נשמע לבעל הבית: **הא מגואי,** גריעותא הוא. כלומר אם נעשה בנין בית שער מבפנים לחצר מפסיק הקול שאין העני יכול ליכנס לתוכו אבל אם בנו **מאבראי** ברה"ר ודאי מעליותא היא והיו כופין אותו לבנות הואיל והחצר פתוח לרה"ר יכול העני ליכנס בתוך מחיצות בית שער עד השער וצועק ויכול לשומעו דאין מפסיק אלא שער לחודיה: **אית ליה דלת.** לבית שער גריעותא. שהשער והדלת מעכבין קולו. **אית ליה פותחת,** מנעול לדלת לאו מעליותא היא שאין העני יכול לפותחו מפני המנעול. **הא** דמשנתנו דכופין לבנות בית שער **דלית ליה דלת** לבית שער. ואי קשיא דהא תנא כופין לבנות בית שער ודלת הא לא תקשי דהא תני דלת [לחצרן במתני' ולחצר תנן לא לבית השער: **חצר הסמוכה לרה"ר,** צריכה בית שער. כלומר אם מבוי שאינו מפולש ויש בו חצירות אותן שבפנים אין צריכות שער ולא היו כופין אבל אותה הסמוכה לרה"ר צריך והיו כופין: **ורבנן** דמתני' דלא פליגי בין סמוכה לשאינה סמוכה **דזימנין דדחקי רבים** במבוי **ועיילי ואתי** וקא חזו לההוא ואיכא היזק ראיה מבני רה"ר: **הסמוכה לספר.** משום גייסות: **כשהן גובין** מבני העיר. לצורך חומה הדלתים: **לפי שבח ממון.** מי שהוא עשיר נותן יותר **או לפי נפשות** שבעיר שכולן יתנו בשוה: **קבע בה מסמרות.** קבע הלכה (שם) [יתדן] הוא שלא תמוט: **לפי קירוב בתים.** כלומר אותן בתים חיצוניות שצריכין להם יותר לחיזוק החומה יותר מן הפנימית ויתנו יותר אי לא: **דשורא אדרבנן.** שפסק עליהם ליתן חלקם לבנות החומה: **רבנן לא צריכי נטירותא.** שתורה ומעשים טובים שלהם משמרים אותן: **השתא כל ישראל** עם הצדיקים **כחול וצדיקים לבדם יותר מחול** בתמיה. ומה חול שמועט ממעשיהם של צדיקים מגין על הים שאין עוברין אותו גלי ים. על אחת כמה וכמה שמגינין עליהם מעשיהם ולא צריכי נטירותא: **כי אתא.** ריש לקיש **לקמיה דר' יוחנן: אני חומה.** זו **תורה** שמגינה על לומדיה כחומה שמגינה על אנשי העיר: **ושדי כמגדלות אלו ת"ח.** שלומדין זה מזה כתינוק יונק משדי אמו: **וריש לקיש** דמפיק מאספרם מחול ירבון דריש האי **אני חומה** בכל ישראל ולא בצדיקים בלבד: **כרגא.** כסף גולגלתא: **אע"פ שאתה מחבב אומות העולם.** שאתה נותן להם על ישראל ממשלה בזמן שישראל בגלות אעפ"כ **קדושיו** של ישראל העוסקים בתורה יהיו מסורין **בידך: לרגלך.** משמע בשבילך ומשמע רגל ממש: **יתנו בגוים.** בלשון ארמי כמו ושננתם ותתנינהו כלומר גם **יתנון** שעוסקים בתורה כולהו **עתה אקבצם** מגלותם **ואם מעט מהם יעסקו ויחלו** אותו מעט ויחלו כמו לא יחל דברו: **מנת המלך.** שנותנין מתנות למלך מסים: **ארנונא.** מס של קרקע: **כריא חדתא.** חפירה גדולה שחופרין ליכנס שם מים הרבה להשקות ממנה שדות ע"י דלייה ודרך נגרים ופסק ג) ליתן **ליתומין** חלק בחפירה זו שהן נהנין ממנה כאחרים: **לא מידויל.** שלא ינבעו המים ותמצאת מוציא מעות יתומים בכדי: **לאגלי גפא.** זהו שעושין מחיצה או גדר סמוך לחומת העיר מבחוץ כדי להגן על החומה ועל

חשק שלמה על רבינו גרשום א) נ"ב בהא נמי הלכתא כרב חמא ולעולם לא קרעינן וכו'. ב) נ"ל מקום ששומר החצר ישן כופין וכו'. ג) נראה דצ"ל ופסק שיתנו היתומים חלק וכו'.

מסורת הש"ס עם הוספות

א) [לקמן סה.], ב) [לעיל ב:], ג) עיין תוס' לעיל דף ב: ד"ה הזיקא, ד) [סנהדרין דף קיב.], ה) [לקמן ח. ב"מ קח.], ו) [פסחים פז.], ז) עיין תוס' לקמן עא. ד"ה האחין, ח) עיין לקמן סד., ט) ב"ק קטז ע"ב.

הגהות הב"ח

(א) גמ' ורבא[ס] אמר יש להן: (ב) שם הא מאבראי וכו' הא והא מאבראי: (ג) שם דפותחת דידיה מאבראי רשב"ג אומר כו' תניא רשב"ג אומר לא כל כצ"ל ופיסקא כופין אותו לבנות בית שער ודלת לחצר נמחק: (ד) שם אמר ליה ר"ל רבנן: (ה) תוס' ד"ה אין להם וכו' כל אחד בחלק חבירו כצ"ל ותיבת חלק נמחק: (ו) ד"ה לפי כו' דאין בה סכנת: (ז) בא"ד אבל היכא דתעו במדבר וכו' כיון דתעו איכא:

תורה אור השלם

א) אֶסְפְּרֵם מֵחוֹל יִרְבּוּן הֱקִיצֹתִי וְעוֹדִי עִמָּךְ: [תהלים קלט, יח]

ב) כִּי בָרֵךְ אֲבָרֶכְךָ וְהַרְבָּה אַרְבֶּה אֶת זַרְעֲךָ כְּכוֹכְבֵי הַשָּׁמַיִם וְכַחוֹל אֲשֶׁר עַל שְׂפַת הַיָּם וְיִרַשׁ זַרְעֲךָ אֵת שַׁעַר אֹיְבָיו: [בראשית כב, יז]

ג) אֲנִי חוֹמָה וְשָׁדַי כַּמִּגְדָּלוֹת אָז הָיִיתִי בְעֵינָיו כְּמוֹצְאֵת שָׁלוֹם: [שיר השירים ח, י]

לעזי רש"י

שירוד"ר. פירוש פותחת, מנעול (רש"י עירובין דף קא ע"ב ד"ה למקומו):

ליקוטי רש"י

[נדפס בסוף המסכת]

הגהות וציונים

א] רש"ל מ"ז וצ"ל תניא רשב"ג כו' (גליון) והר"ש מדעסוי כתב דצ"ל לעשות לעיר חומה דלתים ובריח, ולדבריו א"צ למחיקת מהרש"ל מכיון שנזכר תיבת "חומה" בת"ק (ב"ש): ב] [שבח ממון וכן הוא ברא"ש] (גליון): ג] צ"ל ארבנן, וכן צ"ל ברש"י (יעב"ץ): ד] בכת"י שהיא מועט וכ"ה ברש"י, וצ"ל הפסק הנקודה אחר תיבת מועט (דק"ס): ה] והיה אביו רגיל ליכנס כצ"ל ותיבות "להיות לו" נמחק, וכן ליתא ברש"י שבריי"ף (רש"ש) והב"י (בסימן קעג ס"ג) העתיק לשון רש"י רגיל להיות לו דרך ליכנס מזו לתוך זו: ו] עי' יעב"ץ: ז] נדצ"ל אפילו (באורות המים, וכ"ה במהר"ם): ח] עיין רש"ש:

אבדת חבירו אבל הכא כיון שגם הוא נהנה מזה כמו חבירו אין זה הפסד ממון.

מב) שם. לפי ממון גובין או לפי נפשות, והיינו דמספקא ליה אם הגייס בא משום ממון או משום נפשו׳ כמש״כ בנמו״י, ולכאו׳ קשה כיון דנתפשרו עם הגייס בממון הא איגלאי מילתא שלא היה סכ״נ ולמה גובין לפי נפשות ואף דאילו לא נתפשרו היה הורג הנפשות אבל א״כ בבא על ממון אילו לא נתנו לו ממון היה הורגן, ומלשון הרא״ש נראה דתלוי מה היה עיקר כונתו של הגייס וצריך ביאור מה לנו בכונת הגייס מ״מ הדבר שוה בשני האופנים שאם לא יתנו לו ממון יהרגו ואם יתנו ינצלו וצ״ל דהיכא דהגייס בא מתחלתו על ממון, נמצא דבמה שאין נותנין לו, הן מביאין הסכנה על עצמן, אבל היכא דעיקר כונתו על נפשות, הסכנה באה מאליה אלא שיכולין להציל עצמן בממון [ודוגמא רחוקה לחילוק זה ברמב״ם פ״ה מיסודי התורה דאם עבר ולא נהרג פטור מעונש דאנוס הוא, אבל המתרפא באיסוה״נ לוקה אף דעשה כן להנצל מסכנה, לא מקרי אונס].

מג) שם. תוד״ה לפי שבח ממון וכו׳ דהגייס ברצונו אינו בא אלא על עסקי ממון דאם לא יעמדו כנגדו לא יזיק לגופן, וקשה דא״כ למה במחתרת מותר להורגו יתן לו כל ממונו, וצ״ל, כיון דזה אין עליו חיוב לעשות כן, ממילא הגנב הוא בכלל רודף ומותר להורגו, וכעין סברא זו ברשב״א — יבמות פ״ט — לענין מת מצוה בכהן, דאינו חייב לשכור ישראל ומותר להיטמאות, אף דבשביל ממון לא הותר להיטמאות, אלא כיון דאינו חייב לשכור, ממילא הוא בכלל מת מצוה.

מד) דף ח׳. רבי פתח אוצרות, אמר ע״ה אל יכנסו, וקשה דהא גם ע״ה מצווין להחיותן ולכאורה י״ל דמיירי שלא היה סיפוק לכל וע״כ ת״ח קודם לע״ה להחיותו כמבואר שלהי הוריות, אבל קשה דקאמר רבי לטעמיה דאמר אין פורעניות בא לעולם אלא בשביל ע״ה, ומשמע דהיה בידו לפרנס לכל ומ״מ לא רצה לפרנסן, והוא תימה דאטו משום דע״ה הוא אינן מצווין להחיותן.

מה) שם. הנודר מיושבי העיר כל ששהא ל׳ יום, וכן לענין עיר הנדחת. ושיעור זה נמצא לענין מזוזה בשוכר בית, עד ל׳ יום פטור ממזוזה, ושם חקרו האחרונים בשוכר בית ליותר מל׳ יום אם חייב לאלתר במזוזה או שלא יתחייב רק לאחר ל׳, ובנמו״י כאן כתב, מדאמר סתמא דבפחות מותר ולא חלק בין אם ירד להשתקע או לגור ש״מ שאין תלוי בכונתו אלא אם גר שם, ולפי״ז נראה דכן הוא גם לענין מזוזה דאינו תלוי בכונתו להשתקע אלא אם דר שם ל׳ יום, אבל במרדכי כתב בשם ספר החכמה דהבא להשתקע הוי כקונה בית דירה וכו׳ שהקנין מוכיח שדעתו להשתקע, ולפי״ז אפשר דגם לענין ל׳ יום תלוי בדעתו, שאם בדעתו לשהות בעיר ל׳ יום הוא מיד מיושבי העיר, וה״ה למזוזה, [ויש לחלק].

מו) שם ע״ב. צדקה נגבית בשנים שאין עושין שררות על הציבור פחות משנים, ומאי שררותא שממשכנין על הצדקה, ומבואר דא״צ שלשה למשכן וסגי בשנים, ותימה דהא כל כפיה צריכה בי״ד ואין בי״ד פחות מג׳, ועיין במשובב נתיבות סימן ג׳, וברמב״ם כתב בי״ד יורדין לנכסיו וכו׳ וממשכנין על הצדקה, ומשמע דקאי ארישא דמילתי׳ דבי״ד ממשכנין, אבל בגמ׳ הרי מפורש דשנים ממשכנין, ושמא י״ל דהגבאים יש להן רשות מבי״ד למשכן והן שלוחי בי״ד דהא מיירי שכבר היה קצוב כמה יתן כל אחד כמש״כ בתוס׳.

מז) שם. בגמ׳ יליף מקרא והם יקחו את הזהב דצריך שנים. וקשה דהא בנדבת המשכן לא היו ממשכנין כמפורש בכתוב כל אשר ידבנו לבו ולא היתה שם כפיה כלל ולמה צריך שנים, אלא דהכתוב והם יקחו את הזהב איירי בבגדי כהונה דזה בא מתרומת הלשכה מהשקלים ובזה ממשכנין.

מח) שם תוד״ה אכפיא לרב נתן וכו׳ דבצדקה כופין משום דאית ביה לאו, ומ״מ העוסק במצוה פטור מלמיתב רפתא לעניא, דהלאו בא מכח חיוב המצוה וכיון דפטור מהמצוה ממילא ליכא לאו [כעין מש״כ רמב״ן וריטב״א — קדושין ל״י — לענין מ״ע שהזמ״ג בנשים עיי״ש] אלא דהתינח אם נפרש דבשעה שעוסק במצוה הוא פטור ממצוה ואם יקיים המצוה

א) ונוחל ומנחיל ב) וההורגו חייב ג) והרי הוא לאביו ולאמו ולכל קרוביו כחתן שלם: **גמ'** א) מנהני מילי דת"ר ד) אשה אין לי אלא אשה בת יום אחד לנדה מנין ת"ל א) ואשה: בת י' ימים לזיבה: מנא ה"מ דת"ר ו) אשה אין לי אלא אשה בת י' ימים לזיבה מנין ת"ל ב) ואשה: תינוק בן יום אחד כו': מנא הני מילי דת"ר ג) איש איש מה ת"ל ה) איש איש לרבות בן יום אחד שמטמא בזיבה דברי רבי יהודה רבי ישמעאל בנו של רבי יוחנן בן ברוקא אומר אינו צריך הרי הוא אומר ד) והזב את זובו לזכר ולנקבה לזכר כל שהוא ב) בין גדול בין קטן לנקבה כל שהיא בין גדולה בין קטנה אם כן מה ת"ל איש איש ו) דברה תורה כלשון בני אדם: ומטמא בנגעים: דכתיב ה) אדם כי יהיה בעור בשרו ז) אדם כל שהוא: ומטמא בטמא מת: דכתיב ו) ועל הנפשות אשר היו שם נפש כל דהו: זוקק ליבום: דכתיב ז) כי ישבו אחים יחדיו אחים שהיה להם ישיבה אחת בעולם ח): ופוטר מן היבום: ט) ובן אין לו אמר רחמנא והא אית ליה: ומאכיל בתרומה: דכתיב ח) ויליד ביתו הם יאכלו בלחמו קרי ביה יאכילו בלחמו ט): ופוסל מן התרומה: ט) וזרע אין לה אמר רחמנא והא אית לה מאי איריא זרע אפילו עובר נמי דכתיב ט) כנעוריה י) ג) פרט למעוברת צריכי דאי כתב רחמנא וזרע אין לה משום דמעיקרא חד גופא והשתא תרי גופי אבל הכא דמעיקרא חד גופא והשתא חד גופא אימא תיכול כתב רחמנא כנעוריה ואי כתב רחמנא כנעוריה משום דמעיקרא גופא סריקא והשתא גופא מליא אבל הכא דמעיקרא גופא סריקא והשתא גופא סריקא אימא תיכול צריכא קראי אתרוץ אלא מתניתין מאי איריא בן יום אחד אפי' עובר נמי אמר רב ששת הב"ע בכהן שיש לו שתי נשים אחת גרושה ואחת שאינה גרושה ויש לו בנים משאינה גרושה ויש לו בן יום אחד מן הגרושה ד) דפוסל בעבדי אביו מלאכול בתרומה ולאפוקי מדר' יוסי כ) דאמר עובר נמי פוסל קמ"ל בן יום אחד אין עובר לא: נוחל ומנחיל: נוחל ממאן מאביו ומנחיל למאן לאחיו מאביו אי בעי ג) מאבוה לירתי ואי בעי מיניה לירתי ל) אמר רב ששת ה) נוחל בנכסי האם להנחיל לאחיו מן האב ו) ודוקא בן יום אחד אבל עובר לא מ"ט דהוא מיית ברישא ז) ואין הבן יורש את אמו בקבר

רש"י

ונוחל ומנחיל. מפרש בגמרא: כחתן שלם. מפרש בגמרא: **גמ'** אשה. ואשה כי תהיה זבה וגו' והאי קרא בנדה משתעי: בת עשרה ימים כו'. ואשה כי תזוב ד) זוב דמה קא דריש: אדם. משמע כל שהוא מין אדם אפילו קטן כדכתיב (במדבר לא) ונפש אדם מן הנשים וגו' ובקטנות משתעי קרא: נפשות. כל שיש בו נפש: כנעוריה. ושבה אל בית אביה כנעוריה כלומר אם דומה לימי נעוריה ושבה ואם לאו לא תשוב: קראי אתרוץ. דתרוייהו צריכי: אלא מתניתין. מדנקט ה) יום אחד ולא נקט עובר דוקא נקט: אמר רב ששת. האי פוסל לאו אאמו קאי אלא אעבדיו קאי והכא בכהן שהיו לו שתי נשים וכו': אחת גרושה. שהיתה גרושה ועבר ונשאה: ויש לו בנים משאינה גרושה. והן כהנים כשרים ועבדים שנפלו להן בירושה אוכלין בתרומה בשבילן דכתיב (ויקרא כב) וכהן כי יקנה נפש קנין כספו וגו': ויש לו בן יום אחד מן הגרושה. והוא חלל ואינו ראוי לכהונה ויש לו חלק בעבדים ופוסל את כולן מן התרומה שאין אנו יודעין לברור מי מגיע לחלקו ודוקא בן יום אחד דראוי לירושה אבל כל זמן שלא נולד אוכלין כולן דאין זכייה לעובר: ולאפוקי מדר' יוסי. דאמר במסכת יבמות בפרק אלמנה לכהן גדול (דף סז.) יש לו זכייה ואפילו הוא במעי אשה זרה הכשרה לכהונה פוסלן דקסבר כל זמן שהוא במעי זרה זר הוא וכל שכן האי דבמעי גרושה הוא דאפילו כשיולד לא יהא ראוי: לאחיו מן האב. דהא אין ירושה אלא לקרובי האב: אי בעי מאבוה לירת. ו) אפי' חשיבנא ליה כמאן דליתיה ירתי לאחר מיתת אביהם ואיהו מאי אהני: נוחל בנכסי האם. אם מתה אמו ביום שנולד הרי הוא יורשה וכשמת הוא באין אחיו מאביו ויורשין הימנו נכסי אמו דאי לאו איהו הוו שקלי ליה קרובי האם. הבן נוחל את אמו אבל האם אינה נוחלת את בנה וכל שכן קרובי האם שאין נוחלין אותו דכתיב (במדבר א) למשפחותם לבית אבותם משפחת ז) האם אינה קרויה משפחה מ): אבל עובר. שבמעיה אם מתה מעוברת אינו נוחל ס) להנחיל את קרוביו מן האב: בקבר

תוספות

כנעוריה פרט למעוברת. ואם תאמר תיפוק ליה מוזרע אין לה עיין עליה כי היכי דפסלינן בריש החולץ (יבמות לה:) חלילת מעוברת מאין לו עיין עליו וי"ל דהתם לא קאמר אלא עיין והמתן אם יהיה ולד של קיימא אבל לא מיפטרא מן היבום משום דכתיב אין לו וה"נ לא מיפסלא מן התרומה בהכי: **אמר** רב ששת הכא במאי עסקינן בכהן שיש לו ב' נשים. וא"ת למה לי ב' נשים לוקמה באשה אחת גרושה ויש לו בן אחד ממנה דדוקא בן יום אחד פוסל ולא עובר ואכלי העבדים בשביל כל המשפחה כולה לרבנן דר' יוסי כדאמר ביבמות בפרק אלמנה (דף סז.) ועוד הקשה ה"ר אפרים דבפרק מי שמת (ב"ב דף קמב.) אמר רב ששת אחד זה ואחד זה קנה בין מזכה לעובר בין לכשתלד ופריך ליה ממתני' דבן יום אחד נוחל אבל עובר לא ומשני דהתם משום דאיהו מיית ברישא והשתא ליפרוך מרישא דבן יום אחד פוסל אבל עובר לא משום דעובר לית ליה זכייה כדמפרש הכא רב ששת גופיה ולא ה"מ לשנויי מידי י) וי"ל דסבר רב ששת דלרבנן דר' יוסי נמי עובר אית ליה זכייה וטעמא דעובר אינו פוסל משום סמוך מיעוטא דמפילות למחזה דנקבות והוה ליה זכרים מיעוטא ולמיעוטא לא חיישינן פ) כדחייש רבי יוסי ולהכי אוקי הכא בכהן שיש לו ב' נשים ויש לו בנים משאינה גרושה דכיון דיש לו בנים לא פסיל עובר אף ע"ג דיש לו זכייה דלא חיישינן למיעוט דזכרים כדפי' אבל אם אין לו בנים פוסל עובר גם לרבנן דאית ליה זכייה דבין הוא זכר בין היא נקבה הרי הן שלה ופליג רב ששת אשמואל דאמר בפרק אלמנה (יבמות דף סז.) דלרבנן אוכלין בשביל כל המשפחה כולה דסבר שמואל דלרבנן לית ליה זכייה לעובר והשתא ניחא הא דקאמר התם ס) רב ששת מנא אמינא לה דתניא גר שמת כו' ולא דחי ליה דהך ברייתא כר' יוסי דרבנן נמי לא פליגי אלא דלא חיישי למיעוטא כדפי' ואם תאמר דבפרק מי שמת (ב"ב דף קמב.) גבי גר שמת ובזבזו ישראל נכסיו והיתה אשתו מעוברת לא קנו שמעו אחרי כן שהפילה אשתו המחזיק בשניה קנה בראשונה לא קנה אמאי לא קנה המחזיק בראשונה כיון דלבסוף הפילה הא בפ' אלמנה (יבמות סז:) אמרינן דזכרים הוו מיעוטא משום מיעוטא דמפילות יאין לעובר שסופו להיות נפל חלק בעבדים וי"ל דהתם משום דתלינן שמא כבר בשעת אכילת העבדים מת העובר בבטן ולית ליה זכייה: **ואי** בעי מיניה לירות כו'. וא"ת דבפרק מי שמת (ב"ב קמב.) דפריך לרב ששת מהך דבן יום א' נוחל ומנחיל אבל עובר לא ומשני נוחל את האם להנחיל לאחים מן האב והשתא מה היתה סברת המקשה דע"כ צריך לומר כדמשני רב ששת דאי לאו הכי תקשה ליה אי בעי מיניה לירות אי בעי מאבוה לירות כדמקשה הכא וי"ל דיפרש כמר בריה דרב יוסף שממעט בחלק בכורה אבל עובר לא ולאו משום וילדו לו אלא משום דעובר לית ליה זכייה א"נ ידע שפיר כדמשני רב ששת נוחל את האם להנחיל לאחיו מן האב אך היה סבור דאיהי מייתא ברישא וקאמר עובר לא משום דלא קנה ובשילהי פ"ק דערכין (דף ז.) דאמר שמואל אשה שישבה ליהרג מכין אותה כנגד הריון שלה כדי שימות הולד תחלה הא לאו הכי הולד מת לבסוף ופריך ליה מהא דבן יום אחד נוחל י) אלמא ולד מת תחלה הוה מצי לשנויי אבל עובר לא לומר שממעט בחלק בכורה כדאמר בשמעתין אלא דניחא ליה לאוקמי מילתא דרב ששת דאמר הכא איהו מיית ברישא אליבא דשמואל ולחלק האמת שיש חילוק בין מתה לנהרגה:

איהו מיית ברישא. והא דתנן בפ' בהמה המקשה (חולין דף עד.) השוחט את הבהמה ומצא בה בן ט' חי יש חילוק בין מתה לנהרגה כדאמר בערכין (דף ז.) והא דאמר נמי בהשוחט ע) דמתה אמיה והדר ילדתיה היינו נמי כשנהרגה אי נמי כגון דמתה אמו מחמת לידה דכיון דעקר הולד לצאת אז לא מיית כדאמר שמואל שילהי פ"ק דערכין (דף ז.) ישבה על המשבר ומתה מחתכין אותה בשבת ומוציאין הולד וא"ת אם כן עובר נוחל ומנחיל בישבה על המשבר ומתה תחלה וי"ל דאין הכי נמי ונקט בן יום אחד משום דפסיקא ליה דנוחל ומנחיל אבל עובר לא פסיקא ליה ומיהא בן יום אחד ההורגו חייב דקתני אבל עובר לא היינו אפילו נהרגה או ישבה על המשבר עד שיצא ראשו כדתנן במסכת אהלות פ"ז (משנה ו) ומייתי לה בפרק בן סורר ומורה (סנהדרין דף עב:) אשה המקשה חותך אבר

עין משפט נר מצוה

ב א מיי' פ"א מהל' נחלות הל"ג וע"ש סמג עשין צו טוש"ע חו"מ סי' רעו סעיף ה:
כא ב מיי' פ"ב מהל' רולח הלכה ו:
כב ג מיי' פ"ח מהל' תרומות הל"ג:
כג ד מיי' שם הל"ד [וברב אלפס פ"ח דב"ב דף ריא]:
כד ה מיי' פ"א מהל' נחלות הל"ג וער' בהשגות ומג"מ סמג עשין צו טוש"ע חו"מ סי' רעו סעיף ה [וברב אלפס שם]:
כה ו שם בהג"ה:
כו ז מיי' שם הל"ג סמג שם טוש"ע שם [וברב אלפס שם]:

תוספי הרא"ש

כנעוריה פרט למעוברת. ותימה תיפוק לי מוזרע אין לה עיין עליה כי היכי דפסלינן בריש החולץ חליצת מעוברת מאין לו עיין עליו וי"ל דהתם לא קאמ' אלא עיין והמתן אם יבא הוולד לידי בן קיימא אבל לא פטר ליה מן ק) שהיא מעוברת הכא נמי הוה אמרי' שתמתין מלאכול עד שתראה אם הוולד יהיה בן קיימא אבל לא מיפסלא מתרומה ללקות עליה כמו זר: בכהן שיש לו שתי נשים. תימה כיון דאתיא כרבנן דסברי דעובר אין לו זכייה כדקאמרינן לאפוקי מר' יוסי א"כ למה לי ב' נשים הוה מצי למימר באשה אחת גרושה ואין לו בנים ממנה דדוקא בן יום אחד פוסל ולא עובר אלא אוכל בשביל כל המשפחה לרבנן כדאיתא ביבמות פ' אלמנה ועוד הקשה ה"ר אפרים דבפ' מי שמת פריך לרב ששת דאמר המזכה לעובר קנה ממתניתין דבן יום אחד נוחל ומנחיל אבל לא עובר ומשני דהוא מיית ברישא כדמשני הכא (והכא) [והשתא] אדפריך מסיפא הו"ל למיפרך מהך רישא ולא הוה מצי לשנויי הכי. ובהך פירכא אחריתי מיתרצא פירכא קמייתא דרב ששת דמוקי לה בכהן שיש לו שתי נשים לטעמיה דאית ליה דעובר אית ליה זכייה והא דאמרי רבנן דעובר אינו פוסל משום דהוו להו זכרים מיעוטא ור' יוסי דקאמר דעובר פוסל דחייש למיעוט והשתא איצטריך לאוקומי בכהן שיש לו שתי נשים ויש לו בנים משאינה גרושה דאי אין לו אלא אשה אחת גרושה אפי' עובר פוסל דבין הוא זכר בין היא נקבה זכה בנכסים ואין למשפחה זכות בנכסים כיון דעובר אית ליה זכיה: **אמר רב ששת נוחל בנכסי האם.** בפ' מי שמת פריך לרב ששת דאמר המזכה לעובר [קנה] ממתניתין דקתני בן יום אחד אבל עובר לא ומתרץ רב ששת התם דפירושא דמתניתין כדמתרץ הכא ותימה מה היתה שם סברת המקשה דבלאו רב ששת תיקשי פי' דמתני' כדפריך הכא אי בעו מיניה לירתו אי בעו מאבוה לירתו וי"ל דמשמע ליה לפרושי מתניתין כגון שהקנה נכסיו לאחר אם לא יהיה לו יורש בשעת מיתה וקמ"ל דבן יום אחד הוי יורש אבל עובר לא דלא קנה ופירושא דמנחיל הוי כמו דמפרש הכא דמנחיל לאחיו מן האב נכסי אמו אבל עובר לא משום דלא קנה ורב ששת משני דנוחל ומנחיל חדא מילתא היא. א"נ ס"ד כדמפרש רב יוסף לומר שממעט בחלק בכורה אבל עובר לא בלאו טעמא דוילדו לו אלא משום דאין לו זכיה. א"נ הוה ידע שפיר כמו שמפרש רב ששת נוחל מאחי[ל] האם להנחיל לאחים מן האב והוה מפרש ליה משום דעובר אין לו זכיה:

מסורת הש"ס עם הוספות

א) [ב"ב קמב. ערכין ז.], ב) [שמחות פרק ג], ג) [לעיל לב.] ועי"ש במסורת הש"ס, ד) לעיל לב:, ה) [לעיל לג: ערכין ג.], ו) ב"מ לא: ודף לד: נדרים ג. סנהדרין נו. סד: פה: ל: מכות יב. (ר"ה ח) כתובות סז: גיטין מא: יבמות עא. קדושין יז: [ברכות לא: ע"ז כז. כריתות יא. זבחים קח:], ז) [עי' ערכין ג.], ח) יבמות יז: עי"ש, ט) עי' תו"כ אמור סי' צ (ובמלבי"ם שם), י) יבמות פז., כ) יבמות סז., ל) ב"ב קמב. [ערכין ז.], מ) ב"ב קט:, נ) עי' מהר"מ, ס) [בב"ב דף קמב.], ע) [חולין לח:].

ליקוטי רש"י

[המשך בסוף המסכת]

הגהות וציונים

א] תינוקת בת יום אחד. מנהני מילי וכו' (כת"י): ב] לזכר כל שהוא זכר בין גדול בין קטן ולנקבה כל שהיא נקבה בין גדולה בין קטנה (כת"י, וכ"ה לעיל לב ע"ב): ג] בכמה ראשונים וכ"ה בהעתקת רש"י ותוס' בב"ב שם אי בעו מיניה לירתו אי בעו מאבוה (וברש"י שם מאביהם) לירתו: ד] צ"ל כי יזוב זוב דמה: ה] מדנקט בן יום אחד וכו' (כת"י): ו] בכת"י אי בעו מאבוה לירתוה. כלומר אפי' חשבינן ליה כמאן דליתיה וכו': ז] בכת"י נוסף (כהנוסח בגמ' שם ובכ"מ) משפחת אב קרויה משפחה משפחת אם אינה קרויה משפחה: ח] אינו נוחלה להנחיל וכו' (כת"י): ט] צ"ל ולמיעוטא לא חיישי (באה"מ): י] יש להוסיף מהא דבן יום אחד נוחל אבל עובר לא אלמא וכו' (באה"מ): כ] נראה דחסר ויש להוסיף מן היבום מפני שהיא וכו': ל] נדצ"ל נוחל בנכסי האם:

תורה אור השלם

א) וְאִשָּׁה כִּי תִהְיֶה זָבָה דָּם יִהְיֶה זֹבָהּ בִּבְשָׂרָהּ שִׁבְעַת יָמִים תִּהְיֶה בְנִדָּתָהּ וְכָל הַנֹּגֵעַ בָּהּ יִטְמָא עַד הָעָרֶב: [ויקרא טו, יט]

ב) וְאִשָּׁה כִּי יָזוּב זוֹב דָּמָהּ יָמִים רַבִּים בְּלֹא עֶת נִדָּתָהּ אוֹ כִי תָזוּב עַל נִדָּתָהּ כָּל יְמֵי זוֹב טֻמְאָתָהּ כִּימֵי נִדָּתָהּ תִּהְיֶה טְמֵאָה הִוא: [ויקרא טו, כה]

ג) דַּבְּרוּ אֶל בְּנֵי יִשְׂרָאֵל וַאֲמַרְתֶּם אֲלֵהֶם אִישׁ אִישׁ כִּי יִהְיֶה זָב מִבְּשָׂרוֹ זוֹבוֹ טָמֵא הוּא: [ויקרא טו, ב]

ד) וְהַדָּוָה בְּנִדָּתָהּ וְהַזָּב אֶת זוֹבוֹ לַזָּכָר וְלַנְּקֵבָה וּלְאִישׁ אֲשֶׁר יִשְׁכַּב עִם טְמֵאָה: [ויקרא טו, לג]

ה) אָדָם כִּי יִהְיֶה בְעוֹר בְּשָׂרוֹ שְׂאֵת אוֹ סַפַּחַת אוֹ בַהֶרֶת וְהָיָה בְעוֹר בְּשָׂרוֹ לְנֶגַע צָרָעַת וְהוּבָא אֶל אַהֲרֹן הַכֹּהֵן אוֹ אֶל אַחַד מִבָּנָיו הַכֹּהֲנִים: [ויקרא יג, ב]

ו) וְלָקַח אֵזוֹב וְטָבַל בַּמַּיִם אִישׁ טָהוֹר וְהִזָּה עַל הָאֹהֶל וְעַל כָּל הַכֵּלִים וְעַל הַנְּפָשׁוֹת אֲשֶׁר הָיוּ שָׁם וְעַל הַנֹּגֵעַ בַּעֶצֶם אוֹ בֶחָלָל אוֹ בַמֵּת אוֹ בַקָּבֶר: [במדבר יט, יח]

ז) כִּי יֵשְׁבוּ אַחִים יַחְדָּו וּמֵת אַחַד מֵהֶם וּבֵן אֵין לוֹ לֹא תִהְיֶה אֵשֶׁת הַמֵּת הַחוּצָה לְאִישׁ זָר יְבָמָהּ יָבֹא עָלֶיהָ וּלְקָחָהּ לוֹ לְאִשָּׁה וְיִבְּמָהּ: [דברים כה, ה]

ח) וְכֹהֵן כִּי יִקְנֶה נֶפֶשׁ קִנְיַן כַּסְפּוֹ הוּא יֹאכַל בּוֹ וִילִיד בֵּיתוֹ הֵם יֹאכְלוּ בְלַחְמוֹ: [ויקרא כב, יא]

ט) וּבַת כֹּהֵן כִּי תִהְיֶה אַלְמָנָה וּגְרוּשָׁה וְזֶרַע אֵין לָהּ וְשָׁבָה אֶל בֵּית אָבִיהָ כִּנְעוּרֶיהָ מִלֶּחֶם אָבִיהָ תֹּאכֵל וְכָל זָר לֹא יֹאכַל בּוֹ: [ויקרא כב, יג]

בקבר להנחיל לאחיו מן האב איני והא הוה עובדא ופרכס עד תלת פרכוסי אמר מר בריה דרב אשי מידי דהוה אזנב הלטאה דמפרכסת מר בריה דרב יוסף משמיה דרבא אמר לומר שממעט בחלק בכורה ואמר מר בריה דרב יוסף משמיה דרבא בן שנולד אחר מיתת האב אינו ממעט בחלק בכורה מאי טעמא וילדו לו בעינן בסורא מתנו הכי בפומבדיתא מתנו הכי אמר מר בריה דרב יוסף משמיה דרבא בכור שנולד לאחר מיתת אביו אינו נוטל פי שנים מאי טעמא יכיר בעינן והא ליכא והלכתא ככל הני לישני דמר בריה דרב יוסף משמיה דרבא: וההורגו חייב: דכתיב ואיש כי יכה כל נפש מ"מ: והרי הוא לאביו ולאמו ולכל קרוביו כחתן שלם: למאי הלכתא אמר רב פפא לענין אבלות כמאן דלא כרשב"ג דאמר כל ששהה שלשים יום באדם אינו נפל הא לא שהה ספק הוי הכא במאי עסקינן דקים ליה שכלו לו חדשיו: **מתני'** בת שלש שנים ויום אחד מתקדשת בביאה ואם בא עליה יבם קנאה וחייבין עליה משום אשת איש ומטמאה את בועלה לטמא משכב תחתון כעליון נשאת לכהן תאכל בתרומה בא עליה אחד מן הפסולין פסלה מן הכהונה בא עליה אחד מכל העריות האמורות בתורה מומתין עליה והיא פטורה פחות מכן כנותן אצבע בעין: **גמ'** ת"ר בת ג' שנים מתקדשת בביאה דברי רבי מאיר וחכ"א בת ג' שנים ויום אחד מאי בינייהו אמרי דבי רבי ינאי ערב ראש השנה איכא בינייהו ור' יוחנן אמר ל' יום בשנה חשובין שנה איכא בינייהו מיתיבי בת ג' שנים ואפי' בת שתי שנים ויום אחד מתקדשת בביאה דברי רבי מאיר וחכמים אומרים בת שלש שנים ויום אחד

בשלמא

רש"י

בקבר. כי מת הוא קודם לה: **ופרכס.** עובר שבמעי אמו אחר מיתתה תלתא פרכוסי אלמא היא מייתא ברישא: **לומר שממעט כו'.** מתניתין דקתני נוחל ומנחיל לומר שממעט בחלק בכורה כגון אם היה בן יום אחד כשמת אביו והיה לו אח בכור ואח פשוט ומת הוא אחר אביו נוחל הוא מאביו את חלק רביעי שבנכסיו ומנחילו לשני אחיו וחולקין הבכור והפשוט את חלקו של זה בשוה ונמצא ממעט בחלק הבכור דאי לאו איהו הוה שקיל בכור תרי תילתי כגון משנה זהובים ארבעה ופשוט נוטל ב' זהובים ועכשיו נוטל הבכור ג' זהובים כנגד שני אחין ומחלקו של זה ג' רבעי זהוב נמצאו ביד בכור ד' זהובים חסר רביע וביד פשוט ג' זהובים ורביע ודוקא בן יום א' אבל עובר אינו ממעט כדאמר לקמן[ט] בן שנולד לאחר מיתת אביו אינו ממעט בחלק הבכורה ונוטל הבכור שליש בכורתו ובין שלשתן יחלקו ב' שלישים: **מאי טעמא.** אמרינן בן יום אחד דממעט אבל עובר לא: **וילדו לו בעינן.**[י] משמע בחייו: **בבור שנולד אחר מיתת אביו.** כגון מת אביו והאשה מעוברת תאומים אין היוצא ראשון נוטל פי שנים ובלאו תאומים לא משכחת לה דכיון דבכור לא נולד עד מות אביו פשוט מהיכן בא אי נמי שהניח ב' נשים מעוברות: **כמאן דלא כר' שמעון.** אכולה מתני' קאי דקא חשיב בן יום אחד בן קיימא: **באדם.** דאילו בבהמה שמונה ימים לא הוי נפל: **מתני' בת ג' שנים.** ביאתה ביאה לכל דבר: **מתקדשת.** אם מסרה אביה לכך: **אם בא עליה יבם קנאה.** וזכה בנכסי אחיו ליורשה[ל] ולטמא לה: **וחייבין עליה.** אם קבל בה אביה קדושין מזה ובא אחר עליה נהרג דביאתה ביאה: **ומטמאה את בועלה.** אם היא נדה אבל פחות מכן אע"ג שמטמאה במגע אינה מטמאה את בועלה משום בועל נדה לטומאת ז' אלא משום נוגע ולטומאת ערב: **תחתון.** של בועל נדה: **כעליון.** של זב[מ]: **מן הפסולין.** כגון חלל נתין וממזר ועבד ועובד כוכבים: **פסלה.** מתרומת אביה אם היא בת כהן כדתניא בגמרא דאלמנה לכהן גדול ביבמות (דף סח.) מנין לכהנת לויה וישראלית שבא עליהן כו' ת"ל כי תהיה לאיש זר כיון שנבעלה לפסול לה פסלה: **מכל העריות.** כגון אביה או חמיה: **והיא פטורה.** מפני שהיא קטנה ולאו בת עונשין: **גמ' ערב ראש השנה.** של שנה רביעית לרבי מאיר גופיה[ס] לא הויא בת ביאה עד יום אחרון של שלישית דהוא ערב ראש השנה ולרבנן עד למחר דמיקלע יום ראשון[ע] ברביעית: **שלשים יום איכא בינייהו.** לרבי מאיר מכי איקלע שלשים יום בשנה שלישית הויא בת ביאה ולרבנן עד דמיקלע שנה רביעית ואיכא בינייהו טובא:

בשלמא

תוספות

אבר[ו] ילא ראשו אין דוחין נפש מפני נפש ומיהו אפשר דדוקא היכא דאמו חיה לא מיחייב ההורגו עד שילא ראשו שתלוי קלת בחיות אמו אבל היכא דמתה חייב משום דכמונח בקופסא דמי וא"ת אם תמצי לומר דמותר להורגו בבטן אפי' מתה אמו ולא הוי כמונח בקופסא אמאי מחללין עליו את השבת שמביאין סכין דרך ר"ה לקרוע האם כדמוכח בפ' קמא דערכין (דף ז:)[ם] וי"ל דמכל מקום משום פקוח נפש מחללין עליו את השבת אף ע"ג דמותר להורגו[ס] דהא גוסס בידי אדם ההורגו פטור כדאמר פרק הנשרפין (סנהדרין עח.) דרוב גוססים למיתה ומחללין את השבת עליו כדאמר פרק בתרא דיומא (ד' פד:) דאין מהלכין בפקוח נפש אחר הרוב: **מאי טעמא וילדו לו בעינן.** למ"ד המזכה לעובר לא קנה לא איצטריך למדרש מוילדו כדאמר בפ' מי שמת (ב"ב דף קמב:): **איש כי יכה כל נפש אפילו כל דהו.** האי קרא כתיב באמור אל הכהנים ותימה דבריש הנחנקין (סנהדרין דף פד:) דריש מקרא אחרינא דכתיב באלה מסעי כל מכה נפש[ט]: **הא לא שהה ספקא הוי.** משמע הכא דלרבנן הוי טפי בר קיימא מלרשב"ג דאפילו בן יום א' הוי לדידהו בן קיימא וכן בפ' החולץ (יבמות דף לו:) ואילו בתוספתא[י] מתניא פלוגתייהו על בן ח' דלרבנן אפילו שהה שלשים יום הוי נפל ואתא רשב"ג למימר דאם שהה ל' יום הוי בר קיימא דאמר בן ז' הוא ואישתהוי אשתהי וכן בפרק הערל (יבמות דף פ:) ויש לומר דבתרתי פליגי ודייק מדלא קאמר רשב"ג אם שהה ל' יום אינו נפל כיון דקאי ארבנן דאמרי בבר ח' דהוי נפל ומדנקט כל ששהה משמע דבכל ולדות בעי רשב"ג יום ל'[ל] ואם כן שמעינהו לרבנן דלאו בל' תלוי אלא בחדשי ההריון: **דקים ליה דכלו לו חדשיו.** הא לא קים ליה ספקא הוי ובנפל מן הגג או אכלו ארי איירי דבפיהק ומת אפילו לרבנן הוי נפל כדאמר פרק רבי אליעזר אם לא הביא (שבת קלו.) ואם תאמר אם כן מאי טעמא דרשב"ג כיון דליכא ריעותא אמאי אינו מתאבל עליו דניזיל אחר רוב ולדות דהוו בני קיימא ובפ' רבי אליעזר אם לא הביא (שם) דאסר ההוא עגלא דאשתחיט ביומא דשביעאה משום דהתם פסיק הלכה כרשב"ג אמאי לא אזלינן בתר רובא וי"ל דנפלין הוי מיעוט דשכיח ודבר ההווה הוא ולכך החמירו חכמים ולענין אבלות הקילו וגדולה מזאת מלינו דאמר בפרק יש בכור (בכורות דף מט.) דיום ל' כשלפניו לענין אבלות אע"ג דקי"ל בהחולץ (יבמות לו:) דמת ביום ל' ועמדה ונתקדשה אם אשת כהן היא אינה חולצת דחשיב בר קיימא וא"ת דהכא אמר דבלא שהה ספקא הוא ואינו מתאבל עליו ובמסכת שמחות (פ"ד ה"ג) תנן ספק אחיו ספק אינו אחיו מתאבל עליו וי"ל דשאני התם כיון דבר קיימא הוא אי אין מתאבל עליו סברי עלמא דאין מתאבלין על אחין א"נ בספק בן ט' לראשון או בן ז' לאחרון דמה נפשך חד מינייהו חייב וגנאי הדבר לפטור שניהם: **שלשים יום איכא בינייהו.** הא דלא קאמר יום אחד בשנה חשוב שנה איכא בינייהו דלרבי מאיר בג' שנים ויום אחד סגי ולא הוי פליג אברייתא דבסמוך היינו משום דשנת ג' בשביל יום אחד לא הוה קרי ליה שלש שנים וא"ת ולימא דיום ראשון של שנה רביעית איכא בינייהו דלרבי מאיר במקצת היום סגי ולרבנן בעינן מעת לעת עד שעה שנולדה כדאמר פ"ב דזבחים (דף כה:) דשעות פוסלות בקדשים וי"ל דקים ליה דרבנן לא בעו מעת לעת ועוד דאם כן אף לר' מאיר הוה ליה למתני ג' שנים ויום אחד והוה ליה לפרושי דלא בעינן מעת לעת והא דתנן בפרק אלו נערות (כתובות דף כט.) הגיורת שנתגיירה פחותה מבת ג' שנים ויום אחד יש לה קנס לא אתיא כרבי מאיר מדמצריך יום אחד אחר שלש שנים ואם תאמר והיכי מוכח התם דרישא כרבי מאיר דקאמר פרק[מ] אלו נערות נערה אין קטנה לא והתם ע"כ אסיפא דמתני' סמיך דקתני (א) כל מקום שיש מכר אין קנס דמנערות איכא למימר דלא אתי למעוטי קטנות אלא בוגרות דבפרק ארבע מיתות (סנהדרין דף סו:) תנן אין חייב הבא על נערה המאורסה עד שתהא נערה ודייק התם דאתא לאפוקי קטנה דאי לאפוקי בוגרת אלא על נערה מבעי ליה אלמא נערה אפילו קטנה משמע אלא אסיפא סמיך כדפרישית והיכי דייק מסיפא דמתני' דרישא נמי ר"מ כיון דמליעתא לא אתיא כוותיה וי"ל דלאו ממש ר"מ היא קאמר אלא דדייק דתנא דההוא פירקא סבר דקטנה אין לה קנס כדקתני בסיפא וא"כ נערות נקט לאפוקי קטנות ורבא דפריך בפ"ק דכתובות (דף יא.) הגיורת יש לה קנס יהבינן לה קנס דאזלה ואכלה בהיותה נכרית אלמא סבר דמתני' סברה דקטנה יש לה קנס היינו משום דסבר כיון דהך בבא דגיורת לא אתיא כר' מאיר במאי דנקט שלש שנים ויום אחד אם כן גם לענין דקטנה יש לה קנס אתיא כרבנן (ב) וה"ה דפריך בפ' ד' וה' (ב"ק לח:) ממתני' דאלו נערות (דף כט.) דקתני כותית יש לה קנס לרבי מאיר אע"ג דההיא דגיורת לא אתיא כר"מ מ"מ כיון דסתם מתני' ר"מ היא מאי דמצינן לאוקומי כוותיה מוקמינן:

אמר

עין משפט נר מצוה

סז א ב מיי' פ"ב מהל' נחלות הל"ה סמג עשין צו טוש"ע חו"מ סי' רעז סעיף ה:
סח ג מיי' שם הל' ב טוש"ע שם סעי' ג:
סט ד ה ו מיי' פ"א מהל' אבל הל"ו והל"ז סמג עשין מד"ס טוש"ע יו"ד סי' שעד סעי' ח:
ע ז מיי' פ"ג מהל' אישות הל"א טוש"ע אה"ע סי' לז סעי' א:
עא ח טוש"ע אה"ע סי' קסז סעי' ד:
עב ט מיי' פ"ג מהל' איסורי ביאה הל"ב:
עג י מיי' פ"ג מהל' מטמאי משכב ומושב הלכה ג:
עד כ מיי' פ"ו מהל' תרומות הל"ג:
עה ל מיי' פי"ח מהל' איסורי ביאה הל"ג ופי"ט שם טוש"ע אה"ע סי' ו סעי' ט וסי' ז סעי' י:
עו מ מיי' פ"א מהל' איסורי ביאה הל"ג:

תוספי הרא"ש

מ"ט וילדו לו בעינן. למ"ד המזכה לעובר לא קנה לא איצטריך וילדו לו כדפרשי' לעיל וה"נ אמרינן בפרק מי שמת: **איש כי יכה כל נפש אדם אפי' כל דהו.** האי קרא כתיב באמור אל הכהנים ותימה דבריש אלו הן הנחנקין דריש ליה מקרא אחרינא דכתיב באלה מסעי כל מכה נפש לפי עדים: **הא לא שהה ספיקא הוי.** משמע הכא דחשיב בן קיימא לרבנן טפי מלרשב"ג. ותימה דבפ' הערל משמע איפכא דבן שמונה אמרי רבנן דאפי' שהה ל' יום הוי נפל ולרשב"ג לא הוי נפל אלא אמרינן דבר ד' הוא ואישתהויי אישתהוי וי"ל דבתרתי פליגי דבבן ח' פליגי דהכי מיתניא פלוגתייהו בתוספתא והא דאמרינן הכא דפליגי בסתם וולדות דייק תלמודא מדקתני במילתי' דרשב"ג כל ששהה ל' יום באדם אינו נפל דאי לא פליגי אלא בבן ח' כדמשמע בתוספתא ה"ל למימר אם שהה ל' יום אינו נפל ומדנקט האי לישנא כל ששהה ל' יום באדם אינו נפל משמע דשמעינהו לרבנן דמקילי בסתם וולדות לומר שיצא לאלתר מידי נפל וקאמר רשב"ג דוקא אם שהה ל' יום באדם אינו נפל ולא מפליג רשב"ג בין סתם וולדות לבן ח' להכי אמר כל ששהה שכולל כל הוולדות. ותימה היאך ניחא ליה מתניתין אליבא דרבנן והא בפיהק ומת אפי' רבנן מודו ואמאי חייב באבילות וי"ל דמיתוקמא מתני' בנפל מן הגג ואכלו ארי ותימה בנפל מן הגג דליכא ריעותא מ"ט דרשב"ג ניזיל בתר רוב נשים דוולד מעליא ילדן וע"ק דבפ' ר"א דמילה[כ] פסקינן כרשב"ג ואסרי' עגלא תליתאה דאישתחיט ביומא דשבעה וי"ל כיון דמיעוטא דנפלים מצוי והווה חיישינן למיעוטא כזה כדאמרינן גבי מים שאין להם סוף[ל] כיון דמיעוט ניצולין [חיישינן] ליה. ולענין אבלות נמי כיון תפלים מצויין הן לא אזלינן בתר רובא להחמיר דלענין אבילות הקילו חכמים וגדולה מזו בפ' יש בכור כדאמרינן יום ל' כיום שלפניו לענין אבילות משום דקי"ל דהלכה כדברי המקיל באבל אע"ג דקי"ל בפ' החולץ דאם (ילדה) [מת] בתוך ל' ועמדה ונתקדשה אם אשת כהן היא איתה חולצת דחשיב בר קיימא והיינו כקולי דמר וכקולי דמר לא חשו באבילות דרבנן. ותימה הכא אמרינן דהיכא דאינו שהה דאינו מתאבל על הספק ובמס' שמחות תנן הספיקות מתאבלין עליהן וי"ל דהתם אמרי' בספק בן ט' לראשון ובן ד' לאחרון דממה נפשך חד מינייהו חייב להתאבל וגנאי הדבר לפטור שניהן: **וחייבין עליה משום אשת איש.** פרש"י אם קבל בה אביה קדושין ובא עליה נהרג דביאתו ביאה וק' לפי' למה לי למיתני הך בבא היינו אם בא עליה אחד מן העריות האמורות בתורה מומתין על ידה. ונראה לפרש דקאי אהא דקאמר אם בא עליה יבם קנאה דלא תימא לא קנאה אלא מדרבנן מידי דהוה אביאת בן ט'[מ] קמ"ל דקנאה מדאורייתא וחייבין עליה משום אשת איש: **ערב ראש השנה איכא בינייהו.** לר' מאיר סגי ליה בערב ראש השנה לרבנן צריך שתכנס לשנה רביעית: **שלשים יום בשנה חשובין שנה איכא בינייהו.**

מסורת הש"ס עם הוספות

הגהות הב"ח

תורה אור השלם

א) כי תהיין לאיש שתי נשים האחת אהובה והאחת שנואה וילדו לו בנים האהובה והשנואה והיה הבן הבכור לשניאה: (דברים כא, טו)

ב) כי את הבכר בן השנואה יכיר לתת לו פי שנים בכל אשר ימצא לו כי הוא ראשית אנו לו משפט הבכרה: (דברים כא, יז)

ג) ואיש כי יכה כל נפש אדם מות יומת: (ויקרא כד, יז)

ליקוטי רש"י

[נדפס בסוף המסכת]

הגהות וציונים

... ע"א ד"ה ליכא) וראה עוד בילקוט מפרשים: ל] צ"ל בעי רשב"ג ל' יום (רש"ש ועוד): מ] בדפו"ר הנוסח דקתני אלו נערות נערה אין וכו' (ולפנינו הוא ע"פ המהר"ם שהגיה כן כפי הנראה משום שבדפוס שהיה לפניו איתא "דקתני בפר' אלו נערות"):

ממילא שמעת מינה כל שהוא זכר וכל שהיא נקבה, ויש לומר דלרבנן איצטריך למעוטי טומטום ואנדרוגינוס כדדרשינן מקרא דמזכר ועד נקבה תשלחו לעיל בפרק המפלת (כ״ח ב׳) למעוטי טומטום ואנדרוגינוס, ואם תאמר אדרבה למעוטי טומטום ואנדרוגינוס הא נפקא להו ממזכר ועד נקבה תשלחו כדאיתא התם, יש לומר דההוא איצטריך לאשמועינן שאינן חייבין על ביאת מקדש והכא אשמועינן שאינן בתורת זיבה כלל ואין שורפין עליהן את התרומה, ודלא כרב דאמר בפרק המפלת (כ״ח א׳) ששורפין עליהן את התרומה, ורב תנא הוא ופליג, אי נמי רבי יוחנן בן ברוקה אית ליה הכין, אלא דלא מיחוור דנימא דרבנן פליגי בהא, דלא שמעינן להו הכין, אלא איכא למימר דאיצטריך להו לרבנן כוליה קרא לרבות מעיינות מצורע ומצורעת ולא תידוק מינה אם כן ליכתוב לאיש ולאשה, ותדע לך מדאקשינן עליה דרב לעיל בפרק המפלת (כ״ח ב׳) ורב מאי שנא ביאת המקדש דלא דכתיב מזכר ועד נקבה תרומה לא ישרוף דכתיב והזב את זובו לזכר ולנקבה זכר ודאי ונקבה ודאית ולא טומטום ואנדרוגינוס, ופרקינן ההוא מיבעי ליה לכדרבי יצחק דאמר רבי יצחק לזכר לרבות מצורע למעיינותיו וכו׳ ולא דייקינן עליה אי הכי ליכתוב לאיש ולאשה, כן נראה לי.

ומטמא בטומאת מת. ואם תאמר והא כתיב ואיש אשר יטמא ולא יתחטא, לא היא דבפרק קמא דכריתות (ערכין ג׳ א׳) מקשינן הכי ופרקינן איש למעוטי קטן מכרת.

ומטמא בנגעים. ואף על גב דכתיב איש צרוע דמשמע גדול ולא קטן, הא אמרינן התם בפרק קמא דערכין איש למה לי לכדתניא איש אין לי אלא איש אשה מנין כשהוא אומר והצרוע הרי כאן שנים אם כן מה תלמוד לומר איש לענין שלמטה איש פורע ופורם ואין אשה פורעת ופורמת.

הכא במאי עסקינן בכהן שיש לו שתי נשים אחת גרושה ואחת שאינה גרושה ויש לו בן אחד מן הגרושה ולאפוקי מדרבי יוסי דאמר העובר פוסל. פירש רש״י ז״ל והרב אלפסי ז״ל דטעמא משום דעובר אין לו זכייה, ואינו נכון דרב ששת דמתרץ לה הכין אית ליה בהדיא בריש פרק מי שמת (קמ״ב א׳) דהמזכה לעובר קנה, ועוד דאם איתא למה ליה דנקט לה הכא בשיש לו שתי נשים, לימא בכהן שיש לו אשה אחת גרושה ויש לו בן אחד ממנה דבן יום אחד אין עובר לא משום שאין לו זכייה והעבד אוכל בשביל משפחה וכדתניא ביבמות פרק אלמנה לכהן גדול (ס״ז א׳) יש לו בנים אוכלין בשביל בנים אין לו בנים אוכלין בשביל אחין אין לו אחין אוכלין בשביל משפחה כולה, ועוד דהתם בריש פרק מי שמת אותבינן עליה דרב ששת דאמר המזכה לעובר קנה מסיפא דהא מתניתין דקתני נוחל ומנחיל בן יום אחד אין עובר לא, ופירקה כדפרקינן הכא נוחל בנכסי האם להנחיל לאחין מן האב בן יום אחד אין עובר לא מאי טעמא איהו מאית ברישא, ואם איתא לותביה מרישא דקתני ופוסל מן התרומה בן יום אחד אין עובר לא אלמא עובר אין לו זכייה, אלא ודאי עובר אית ליה זכייה לרב ששת מיהא דהוא מודה בהאי אוקימתא, והכא היינו טעמא משום דכל היולדות מחצה זכרים ומחצה נקבות ומיעוט מפילות וסמוך מיעוט מפילות למחצה נקבות והוו להו זכרים בני קיימא מיעוט ולא חיישינן למיעוטא, הילכך בן יום אחד פוסל עובר אינו פוסל, אבל לדברי רבי יוסי דחייש למיעוטא אפילו עובר פוסל והכי איתא בהדיא ביבמות פרק אלמנה לכהן גדול.

מאי טעמא הוא מאית ברישא. ואם תאמר אם כן בן פקועה היכי משכחת לה, ועוד דאמרינן בשילהי פרק השוחט (ל״ח ב׳) דמתה והדר יולדת, ואמרינן נמי בשילהי פרק קמא דערכין (ז׳ א׳) האשה שהיא יושבת על המשבר ומתה בשבת מביאין סכין וקורעין אותה ומוציאין הולד ממנה אלמא אף על גב דהיא מתה אכתי אפשר לו לולד לחיות, יש לומר דלא אמרינן איהו מאית ברישא אלא כשמתה האם על ידי מלאך המות מחמת חולי וכדאמרינן התם בפרק קמא דערכין האשה שיוצאה ליהרג מכין אותה כנגד בית הריון שלה כדי שימות הולד תחילה, ואקשינן עלה ממתניתין דהכא דאלמא איהו מאית ברישא, ופרקינן הני מילי לגבי מיתה דאגב דולד זוטר חיותיה עיילא ביה טפה דמלאך המות וחתוך להו לסימנין, אבל נהרגה איהי מתה ברישא והוא הדין למתה מחמת קושי לידה.

דף מ״ד ע״ב. *וההורגו חייב. מהכא משמע דדוקא בן יום אחד הא עובר לא דלא קרינן ביה נפש אדם, וקרא נמי הכי כתיב ויצאו ילדיה ולא יהיה אסון כלומר באשה, ענוש יענש כאשר ישית עליו בעל האשה כלומר ממון, ואמרינן נמי בסנהדרין (ע״ב ב׳) האשה שהיא מקשה לילד מביאין סכין ומחתכין אותו אבר אבר יצא ראשו אין נוגעין בו

* שייך למתניתין.

מפני שאין דוחין נפש מפני נפש אלמא עובר לאו נפש הוא, ואיכא למידק אם כן היכי אמרינן בשילהי פרק קמא דערכין (ז' א') האשה שהיא יושבת על המשבר ומתה בשבת מביאין סכין וקורעין אותה ומוציאין הולד ממנה ואמאי מחללין את השבת כיון דליכא הצלת נפש, ויש מפרשים דהתם אמרה תורה חלל עליו שבת אחד כדי שישמור שבתות הרבה, וההיא דאמרינן במסכת שבת (קנ"א ב') תינוק בן יום אחד מחללין עליו את השבת לאו לאפוקי עובר אלא גוזמא בעלמא קאמר לומר דבן יום אחד חי מחללין עליו את השבת ודוד מלך ישראל מת אין מחללין עליו את השבת, עוד נראה לי בעיקר קושייתינו דליתה כלל דקריעת האשה אין בה אלא מצות פרוש מדבריהם דמחתך בשר בעלמא הוא כדאמרינן בשבת (קל"ד א') סתם תינוקות היכא מהלינן להו בשבת ואמר אביי מה נפשך אי בן שמונה הוא מחתך בשר בעלמא הוא, ובמקום דאיכא הצלת ולד חי שרו רבנן, והא ליתא דבהדיא אוקמה רבא התם להביא סכין דרך רשות הרבים.

דף מ"ה ע"א. הא דאמר כגון שבעל בתוך שלשה ומצא דם ובעל לאחר שלשה ומצא דם. לאו דוקא כשבעל לאחר שלשה דעיקר בעיין אינה אלא כשבעל בתוך שלשה ומצא דם אלא משום סירכא דלישנא קמא נקט, וכן פירש רש"י ז"ל, ודוחק הוא לומר דבכדי נקטיה, אלא נראה דדוקא נקטיה ולומר דכל שבעל בתוך שלשה ומצא דם ובעל לאחר זמן ולא מצא דם למאן דאמר מיזל אזלי והדר אתו הא ודאי זינתה, אבל למאן דאמר איתצורי לא מיתצרי הא לא זינתה דכיון דבעל תוך שלשה ומצא דם בודאי זו מיהרו בתוליה לבא ומקטנותה נוצרו, וכן פירשו בתוספות ועיקר.

הא דרבן שמעון בן גמליאל דאמר כל ששהה שלשים יום באדם אינו נפל. כתבתיה ביבמות פרק הערל (פ' ב') בסייעתא דשמיא.

דף מ"ה ע"ב. אלא לעונשין. פירוש וכשהביא שתי שערות וקא מיבעיא ליה אם הביא סימנין תוך זמן אי חשבינן ליה כגדול לגמרי או לא, דאי לא הביא שתי שערות לאו בר עונשין הוא, והוא הדין דהוה מצי למימר אין לנדרים וכשהביא שתי שערות, אלא דעדיפא מינה קאמר דיש בכלל עונשין הבאת סימנין כדאמרן בנדרים, דאי גדול הוא גדול הוא לכל מילי.

דף מ"ו ע"א. הא דאותבינן למאן דאמר תוך הפרק כלאחר הפרק ואסיקנא לה בתיובתא. איכא למידק דהא לקמן בפרק בא סימן (מ"ח ב') איפליגו רבי יהודה ורבי שמעון אי תוך הפרק כלאחר הפרק או כלפני הפרק וקסבר רבי יהודה דתוך הפרק כלאחר הפרק אם כן היכי אסיקנא בתיובתא לימא תנאי [היא], ואיכא למימר דמאן דאסקה בתיובתא לא הוה שמיע ליה ההיא פלוגתא דבפרק בא סימן, וטובא איכא בתלמודא תיובתא ותנאי, אבל רבינו תם ז"ל פירש התם דלכולי עלמא תוך זמן כלפני זמן דלא כרבי יוחנן ורבי יהושע בן לוי וכמתניתין ומתניתא דהכא ועד שיהא בן י"ג ויום אחד אינו גדול, והתם בתוך הפרק דהיינו תוך אותו יום שלאחר שלש עשרה שנה קא מיפלגי דמר סבר תוך אותו יום כלאחר היום ומר סבר תוך אותו יום כלפני היום די"ג שנה ויום אחד שלם בעינן, אבל רש"י ז"ל פירש שם תוך הפרק ולאחר הפרק תוך זמן ולאחר זמן.

הא דתניא בן תשע שנים ויום אחד שומא מבן תשע שנים ויום אחד ועד י"ב שנה שומא. פירוש משום הכי חלקן לשתי בבות משום דרבי יוסי מודה בקמייתא ופליג בבתרייתא דהיינו מבן תשע שנים ויום אחד ועד בן י"ב שנה ויום אחד, וקשיא לן דהיא גופה קשיא דברישא דהיינו בן תשע שנים ויום אחד מודה רבי יוסי דהוי שומא אלמא שנת עשרה גופה שומא, והדר תני דמבן תשע ויום אחד עד י"ב סימן לרבי יוסי אלמא שנת עשרה גופה סימן, ומשום הכי נראה דלא גרסינן ויום אחד אלא בן תשע שנים שהביא שתי שערות שומא מבן תשע שנים ויום אחד עד בן י"ב שנים ויום אחד שומא רבי יוסי ב"ר יהודה אומר סימן, ובתוספות דוחקין להעמיד גירסת הספרים ואומרים דבן תשע שנים ויום אחד מיירי בשאין עודן בו דמודה ביה רבי יוסי ומבן תשע ויום אחד עד י"ב ויום אחד מיירי בעודן בו דפליגי, ואינו מחוור בעיני כלל, חדא דבחד גוונא מיירי כולה ברייתא, ועוד דאי רישא בשאין עודן בו מאי שנא בן תשע ויום אחד דנקט אפילו בן י"ב שנה ואין עודן בו שומא אפילו לרבי יוסי ב"ר יהודה.

הא דאמר רבי יוסי ב"ר יהודה דמבן תשע ויום אחד עד י"ב שנה ויום אחד סימן. לאו למימרא דהוי גדול עד י"ג שנה ויום אחד, דבבן תשע ליכא מאן דפליג אף על גב דהביא שתי שערות שיהא גדול, דעד כאן לא פליגי אמוראי אלא בתוך זמן

אבל עובר לא מ״ט הוא מיית ברישא. כבר פרשנו דרב ששת דוקא מוקים ליה כהאי, אבל אנן מוקמינן לה משום דעובר אין לו זכייה. וא״ת א״כ דעובר מיית ברישא בן פקועה חי היכי משכחת לה, י״ל שכבר פירשנוהו[282] במ׳ ערכין בפ״ק[283] שלא אמר דמיית ברישא אלא כשמתה אמו ע״י מלאך המות דאיידי דזוטר חיותיא עיילא ביה טיפה דמלאך המות וחתיך להו לסימנין, אבל נהרגה לא אמרינן הכי, והיינו דתנן התם בפי׳[284] האשה שיוצאה ליהרג מכין אותה כנגד בית ההריון שלה כדי שימות הולד תחלה, אלמא אי לא עבדינן הכי איהי מייתי ברישא, והיינו נמי דתנן התם האשה שהיא יושבת על המשבר ומתה בשבת מביאין סכין וקורעין אותה[285] ומוציאין הולד ממנה, דאלמא אפשר לולד להיות חי אחר שמתה היא, והיינו משום דמתה מחמת הריון כנהרגה דמיא, כן פי׳ בתוס׳[286]. וא״ת ולרב ששת היכי קתני בן יום אחד, דהא משכחת לה אפי׳ בעובר וכגון שנהרגה אמו או קשתה ומתה ומתה היא ברישא, וי״ל דבההוא לא מיירי תנא דהוי מילתא דלא שכיח[287], ומיהו דלדידן אתיא בכל הנשים ומשום דעובר אין לו זכיה[288].

[מד, ב] **דבעינן וילדו לו וליכא**[289]. לרווחא דמילתא נקט האי טעמא כי היכי דלוקמא לדברי הכל, דאלו רבנן טעמא[290] משום דעובר אין לו זכייה, ולדידהו וילדו לו לאידך דבסמוך בלחוד הוא דאתו.

מ״ט יכיר בעינן. וא״ת ותיפוק לי דוילדו לו בעינן וליכא, וי״ל דאה״נ אלא דנקיט האי לרווחא דמילתא דהאי יכיר[291] לדרשא צריכין ליה כדאיתא בפ׳ יש נוחלין[292]. [והכא נמי בעינן ליה לבן שנולד כשהוא גוסס דילדו לו איכא יכיר ליכא][293]. וי״מ[294] דלאחר מיתה האמור כאן היינו כשהוא גוסס[295], ולא נהירא כלל[296].

והלכתא ככל הני לישנא דמר בריה דרב יוסף.

נפ״מ אי ירשו מאביו או ממנו. — עפ״י דרכו של רבנו יש להוכיח נמי דהא אמר רבא בב״מ לט,א דאין מהזיקין בנכסי קטן ואפי׳ הגדיל, שאם מת וירשוהו אחיו הגדולים המחזיק בו ג״ש זכה.
282 צ״ל: פירשוהו. 283 ז,א. 284 צ״ל: גבי.
285 ברש״י שם ד״ה ומקרעין כתב זמנין דמיקרי דהיא מייתא ברישא, והיינו דמחללין שבת מדין ספק פקוח נפש. ועי׳ שו״ת רמ״א סי׳ מ, מרכבה״מ (אלפנדרי) הל׳ שבת פ״ב הי״ח על מ״מ שם.
286 בד״ה איהו. וכ״ה בחי׳ הרמב״ן והרשב״א כאן, ובשו״ת הרשב״א ח״א סי׳ פז. ובשו״ת הגאונים אסף תש״ב עמ׳ פה: ואיתתא דמיתא לה על מתברא וקא מפרכס ולד במעיה קורעין לכרסיה בשבת לאפוקה מינה ולד, דכל פיקוח נפש מחללין עליה שבתא וכו׳ ומחללין שבת על ספק נפשות. ואלו בתשוה״ג מנטובה (שנו) סי׳ רמח השיב בענין זה דלא קרעינן אלא משהינן לה ומנחינן אבנא על כריסה עד דימות הולד וקברינן ליה. [ובשו״ת רדב״ז ח״ב סי׳ תרצה כתב שאסור לעשות כן]. ועי׳ כנה״ג או״ח סי׳ של ושו״ת שבות יעקב ח״א סי׳ יג מש״כ ליישב תשובה זו מהגמ׳ ערכין ז,א. — בתוס׳ ד״ה איהו כתבו דמשכחת לה עוד דהעובר לא מת כשעקר לצאת, ואלו רבנו כאן ובחי׳ לב״ב שם לא הזכיר תירוץ זה, ונראה לבאר משום דס״ל כשיטת הרא״ש בשטמ״ק ערכין שם אות ה דהיכא דהולד עקר לצאת הוי ממונא דבעל, ולא הוי בכלל ומתו גם שניהם, אבל עדיין לא נחשב כילוד לגבי ירושה עד שהוציא ראשו. ועי׳ שו״ת רמ״א סי׳ מ, מג״א סי׳ של ס״ק י, שבו״י שם, ואורחות חיים (ספינקא) שם אות ז. [בהג״ה שם כתב שאין נוהגין בזה״ז לקרוע בטן האשה אפי׳ בחול משום שאין אנו בקיאין להכיר במיתת האם בקירוב כל כך שאפשר לולד לחיות. ויש לומר דבזמנינו דבכח הרופאים להוציא הולד חי לאחר מות האם, חזר הדין כמו בזמן הגמ׳ דמקרעין האשה ומוציאין הולד חי ואין בזה משום חשש נוול המת, ועצ״ע בזה].
287 כ״כ רבנו בחי׳ לב״ב קמב,ב. ועי׳ תוד״ה איהו.
288 בב״ב קמב,ב והלכתא המזכה לעובר לא קנה. ובתוס׳ שם בשם ריב״ם דפסק כר׳ יוסי בירושה הבאה מאליה. ומדברי רבנו כאן משמע דאף בירושה הבאה מאליה לא זכה העובר, וכ״כ רבנו להדיא בב״ב שם ד״ה והלכתא. ועי׳ נמוק״י שם, ובקצוה״ח סי׳ קי ס״ק א, ובמרומי שדה כאן.
289 לפנינו: מאי טעמא וילדו לו בעינן.
290 כ״כ התוס׳ ד״ה מאי ובתוס׳ הרא״ש כאן, וכן מוכח בב״ב שם.
291 נראה דצ״ל: וילדו.
292 ב״ב קכז,א. וראה חי׳ רבנו לב״ב קמב,ב בד״ה אינו בסופו, רשב״א ותוס׳ שם בד״ה בכור.
293 המלים המוקפות בסוגריים אין מקומן כאן, שהרי זהו התירוץ של הוי״מ דלהלן, ונשתרבב כאן שלא במקומו. וראה להלן ציון 295.
294 כ״כ רבנו, הרשב״א והנמוק״י ב״ב שם בשם התוס׳, והראב״ד (בשטמ״ק) בשם רש״י.
295 שמא כאן צ״ל הנאמר לעיל ילדו לו איכא יכיר ליכא. והובא כן להלכה ברמ״א חו״מ סי׳ רעז סע׳ ג.
296 רבנו בב״ב שם לא העיר כלום על פירוש זה. ומש״כ כאן לא נהירא, אולי כונתו לקושית הערל״נ כאן על

ונקט [297] כל הני להביא בכלל אוקמתא קמיתא דמתני', ולאפוקי מאוקמתא דרב ששת, דאתא כמ"ד עובר אין [298] לו זכיה כדפרישנא לעיל, ולא ניחא לן לאוקומי מטעם זכיה כיון [299] דאפשר דטעה בדרב ששת.

דכתיב ואיש כי יכה כל נפש אדם [300]. פי', ואפי' קטן בן יום א' קרוי נפש [300*]. הקשו בתוס' [301] דאלו הכא משמע דעובר לא חשיב נפש, וכן משמע [302] מהכא [303] או [304] האשה ויצאו ילדיה שאין שם [305] תשלומי ממון דמי ולדות כשפחה הנמכרת בשוק [306] כדאיתא בפ"ק [307], והכי נמי משמע מהא דאמרינן בסנהדרין [308] האשה שהיא מקשה לילד חותכין את הולד ומוציאין אבר אבר, יצא ראשו [309] אין נוגעין בו שאין דוחין נפש מפני נפש, אלמא עובר לאו נפש הוא, ואיכא למידק דא"כ היכי אמ' בפ"ק דערכין [310] האשה שישבה על המשבר ומתה בשבת מביאין סכין וקורעין אותה ומוציאין את הולד, וכיון דלאו נפש הוא היכי מחללין עליה את השבת, וראיתי מי שכתב [311] דהא לא קשיא כלל דהחתוך בשר מת אין בו אלא מצות [312] פרוש מדבריהם, והיינו טעמא דמהלינן ספקות בשבת ממה נפשך כדאיתא בפ' ר"א [313]. ונר' שנעלמה ממנו מה שאמר במס' ערכין [314] דאקשי' פשיטא מאי עביד מחתך בשר הוא, ואמר רבא לא נצרכה אלא להביא סכין דרך ר"ה [315]. ומעתה קושיית התוס' צריכה רבה. ותירצו [316] דאע"ג דלאו נפש [317] הוא היינו לחייב [318] ההורגו [319] או לדחות [320] נפש אמו כדי

שיטה זו. ועי' סמ"ע חו"מ שם ס"ק ז. 297 רבנו בחי' לב"ב שם ד"ה והלכתא ביאר דבריו, עיי"ש. 298 צ"ל: יש. 299 כונתו כאן צ"ע. ובחי' לב"ב שם לא נמצא כן, ועי' רשב"א שם. 300 לפנינו בגמ': ואיש כי יכה כל נפש מ"מ. ובתוס' ד"ה איש הגירסא ואיש כי יכה כל נפש אפי' כל דהו. 300* מדברי רבינו מבואר כהתורת חיים סנהדרין פד, ב, ודלא כמהרש"ל שם. ור' מש"כ בספר זכרון "אחר האסף". 301 מד, א ד"ה איהו 302 ראיה זו הביאו הרמב"ן והרשב"א כאן, ספר האשכול הל' מילה סי' לו, יד רמה סנהדרין נח,א ו־עב,ב, ומאירי שבת קז,ב. וכיוונו לזה הסמ"ע חו"מ סי' תכה ס"ק ח ובשו"ת מהרי"ט ח"א סי' צט. וה"ר ישעי' פיק (בשו"ת נובי"ת חו"מ סי' נט) דחה ראית הסמ"ע משום דאיכא למימר דקרא מיירי בלא כלו חדשיו, אבל בכלו חדשיו פטור מממון כיון דחייב מיתה, והביא ראיה דעובר מיקרי נפש מתוס' סנהדרין פד,ב. והנודע ביהודה שם דחה דבריו וראיתו מהתוס'. וכן מוכח מרבינו כאן והראשונים הנ"ל דאין לחלק בהכי, ועי' ביאור הדבר בנוב"י שם. ובפשטות י"ל דקרא מיירי בכל גווני, וכפי שכתב הרמב"ן כאן דקרא מיירי אפילו ביושבת על המשבר. ועי' שו"ת תפארת צבי או"ח סי' יד. 303 צ"ל: מהכה. 304 צ"ל: את. 305 צ"ל: שאין שם אלא. 306 [כיצד היא שומת הולדות ר' רמב"ם הל' חובל ומזיק פ"ד ה"ב, ותוס' ב"ק מז,א ד"ה וכן]. 307 צ"ל: בב"ק. וכ"ה במשנה שם מח, ב. 308 עב,ב. 309 ר' הערת הגר"י פיק על גליון הגמ' שם. 310 ז,א. 311 ר' רשב"א וחי' הר"ן כאן. 312 כ"ה הלשון ברשב"א. לשון זה מצינו במאכלות אסורות באיסור דם בכריתות כא,ב, ובמלאכת שבת דרבנן אמרו אסור משום שבות או אסור מדרבנן, וכ"ה בחי' הר"ן כאן איסורא מדרבנן. 313 שבת קלו,א. 314 שם. 315 גם הרשב"א דחה משו"ה תירוץ זה, אבל בחי' הר"ן נשאר בזה. ובספר יקר הערך ערכי"ן שם הקשה מדנפשיה קושיא זו על הר"ן. 316 רמב"ן ורשב"א כאן. התוס' לא כתבו הטעם דלהלן הלל עליו שבת אחת וכו' אך הביאו ראיה מגוסס, ורבינו וכן רבותיו דלא הביאו ראיה זו, יש לבאר משום דס"ל דמחללין שבת גם על חיי שעה, ובזה שאני עובר מגוסס. וכן ראיתי ביד המלך הל' שבת פ"ב הי"ח שתמה משו"ה על התוס'. וראה בשו"ת בית יעקב סי' נט וכנה"ג או"ח סי' של דס"ל דאין מחללין שבת על הגוסס. ובתרומת הדשן סי' נח כתב להלכה כתוס'. ובשו"ת שבות יעקב ח"א סי' יג דחה דברי הבית יעקב והכנה"ג הנ"ל. 317 ראה ויכוח הגר"י פיק והנודע ביהודה בשו"ת נוב"י שם אם עובר מקרי נפש, ומכאן ראיה להנוב"י. 318 מד"ר (בדעת התוס') משמע דאינו חייב מיתה, אבל אסור להורגו מהתורה. ור' מאירי שבת קז,ב ד"ה הושיט, ומש"כ בשם גדולי הדורות. ועי' שו"ת חות יאיר סי' לא, הגהות וחי' יעב"ץ כאן, ושו"ת מהרי"ט ח"א סי' צז. ומה שהעיר על המהרי"ט בספר פרי האדמה הל' נחלות פ"א ה"ג. — בספר טל אורות (הספרדי) דף סג ע"ב הביא מחי' הריטב"א שבת (כת"י) קז, ב וז"ל: ונראה משום נטילת נשמה הוא דמיחייב, והא קמ"ל דאע"פ שאין חיותו מעצמו אלא אגב אמו, על הפסק אותו חיות הוא מיחייב משום נטילת נשמה. ע"כ. ובטל אורות שם מסיק על פי הנ"ל (וכן הביא מעוד ראשונים) דאף דבהמתת עובר אין משום איבוד נפשות, מ"מ לענין שבת חשיבא איבוד נפש, וחייב משום נטילת נשמה והוא פשוט. ויש להעיר שלא היה לפניו חי' הריטב"א נדה שלפנינו שכתב להדיא דעובר אינו נפש רק כדי לחייב ההורגו מיתה משום רציחה. ויש לדייק מדבריו שיש בעובר איסור רציחה, וא"כ ההורגו בשבת חייב משום נטילת נשמה, דלא גרע מטריפה דההורגו פטור, והחובל בו בשבת חייב משום נטילת נשמה כמבואר ברשב"א שבת קלו, א.

שלא יגעו בו, אבל לענין הצלתו בשבת דינו כנפש, דהא שייך לומר כן טעמא דאמרי' [321] גבי בן קיימא חלל [322] עליו שבת א' כדי שישמור שבתות הרבה [323] ולפי' זה עוברה שהריחה בושם שמחללין [324] שבת מפניה או הוריקו פניה, כך מחללין מפני הולד [325] וכן כתב בעל ה"ג ז"ל [326]. ויש מתרצים [327] דשאני התם דכיון שכבר מתה האם הרי הוא עומד לעצמו ואינו נגרר אחרי אמו ואינו אלא כמי שנפלה עליו מפולת או שננעלה דלת לפניו שמחללין עליו את השבת, אלא דכיון דספקא הוא ואין לו חיות גמור אפילו כזה ההורגו פטור [328], אבל כשאמו בחיים הרי הוא כא' מאבריה וכירך אמו ואין מחללין עליו את השבת [329], ועוברה שהריחה אין מחללין שבת אלא בשבילה. והפי' הראשון [330] יותר נכון [331].

והיינו דאיסור נטילת נשמה בשבת אינו תלוי בחיוב רציחה אלא באיסור רציחה. ויש להאריך בזה ואכ"מ. וראה בס' טל אורות שם מה שדן בדברי גדולי הדורות שבמאירי הנ"ל. 319 ר' ברמב"ם הל' מלכים פ"ט ה"ד דבן נח שהרג את הנפש אפילו עובר במעי אמו נהרג עליו, ומקורו מסנהדרין נז,ב. ומוכח מזה שיש איסור לא תרצח בעובר, רק שבן נח נהרג עליו, ולא ישראל. וראה רש"י שם ד"ה אף על העוברין. ובתוס' חולין לג,א ד"ה אחד כתבו דבישראל נהי דפטור מ"מ לא שרי, ור' תוס' סנהדרין נט,א ד"ה ליכא. ובתוס' כאן כתבו בלשון דמותר להרגו. ועי' מהרצ"ח ומי נדה כאן וערל"נ יבמות מב,א. ובדגל ראובן ח"ג סי' ה בסופו כתב דהריגת עובר ע"י ישראל אסור משום אביזרייהו של שפיכות דמים. ובמנ"ח מצוה רצו דן אי איכא יהרג ואל יעבור באנסוהו להרוג עובר. ועי' שו"ת בית יהודה (עייאש) אהע"ז סי' יד. [ור' תו"ש פ' נח עמ' תעא אות מד ועמ' תעג אות נא]. 320 היינו כההיא דסנהדרין עב,ב. וכן פירשו רש"י ויד רמ"ה סנהדרין שם משום דלא הוי נפש. אך מדברי הרמב"ם הל' רוצח פ"א ה"ט מבואר דהוי נפש גם לגבי הא דאין נפשו נדחית מפני נפש אמו, ומשום כך הוצרך לבאר דמחתכין העובר כיון דהוא רודף. ויש לבאר דבריו בב' אופנים. **א.** דהך טעמא שכתב רבנו להלן חלל עליו שבת אחת כדי שישמור שבתות הרבה, אין הפירוש דשרי לחלל שבת בשביל חיים שבעתיד אף דעתה לא הוי נפש, אלא דהיים שלעתיד דין חיים להם גם בהוה. **ב.** דעובר חשיב נפש, אלא דנתמעט מקרא דאין ההורגו חייב מיתה. ועי' שו"ת גאוני בתראי סי' מה, חות יאיר סי' לא ונובי"ת חו"מ סי' נט מה שכתבו בדעת הרמב"ם. ור' עוד בחי' רחה"ל שם ומה שתמה עליו החזו"א, אחיעזר ח"ג סי' עב, הליכות אליהו ואבן האזל הל' רוצח שם, ובצ"פ הל' יסוה"ת פ"ה ה"ה. 321 יומא פה,ב. וכ"כ הרמב"ן הרשב"א והר"ן כאן, ובתוה"א להרמב"ן (מהדורת שעוועל) עמ' כט מבואר דלאו דוקא משום שמירת שבת, אלא דלענין שמירת מצוות מחללין שבת, וכ"כ המאירי יומא שם. ובתוה"א שם חלל עליו שבת אחת שמא ישמור שבתות הרבה. ובקרי"ס הל' שבת פ"ב מבאר דלא קפיד קרא על היה מקודם בחזקת חי אלא מכיון שמכאן ואילך אפשר שיחיה מחללין עליו את השבת. ומדבריו נראה דה"ה אי ילפינן לה מדכתיב וחי בהם, ור' ציון 323. 322 בבית מאיר או"ח סי' של נחלקו המחבר ורע"א אם מחללים שבת על תינוק שנשבה לבין העכו"ם כיון דלא שייך ביה טעם זה. ויש להסתפק לפי טעם זה אם מצילין עובר לחיי שעה בלבד. ועי' מנ"ח מצוה לב אות לט. 323 בהעמ"ש שאילתא קסז אות יז כתב דלטעמא דשמואל דפקו"נ דוחה שבת מדכתיב אשר יעשה אותם האדם וחי בהם, אין פקוח נפש דוחה שבת דלא הוי אדם. ובהערות הגרי"מ בן מנחם על הרשב"א כתב כן גם לטעמא דשמואל, והוצרך לכך משום דבגמ' שם אמרו דכולהו אשכחן ודאי, ספק מנלן, בר משמואל. ובירושלמי יומא פ"ח ה"א מבואר דלטעמא דחלל עליו שבת וכו', ילפינן דאף ספק פקוח נפש דוחה שבת. [ובחי' רחה"ל שם כתב בדעת בה"ג והרמב"ם דוחי בהם נאמר גם בעובר]. ויש להעיר שלא כדבריו אמאי נקטו הראשונים כאן רק טעם זה דחלל עליו וכו', ומזה מוכח לכאו' כהעמ"ש, ועוד אי וחי בהם שייך גם בעובר, אמאי נפש העובר נדחית מחמת נפש אמו. 324 יומא פב,א. 325 הרא"ש יומא פ"ח סי' יג והר"ן שם כתבו דליכא נפ"מ בזה משום דלא משכחת סכנת ולד בלי סכנת עוברה. ועי' ק"נ שם אות כ. אך רע"א [בבית מאיר שם] ובספר החיים (להר"ש קלוגר) או"ח סי' תריז כתבו דמשכחת לה דין הצלה בעובר לבדו, היכא דאין מחויבים להציל האם, וכיון לזה הישועות מלכו הל' שבת פ"ב ה"א. 326 הל' יוהכ"פ ד"ו דף לא. הרמב"ן בתוה"א הנ"ל עמ' כח הביא ב' דעות בזה, וכתב בדעת בה"ג שכן הדין בעובר גם קודם מ' יום. ובישועות מלכו שם לא ראה דבר זה. ועי' בית מאיר שם. 327 רמב"ן בתוה"א שם רא"ש ור"ן יומא שם, ור' תוס' כאן בד"ה איהו, ובשטמ"ק ערכין שם תירוץ שלישי בשם הרא"ש. 328 משום דספק נפשות להקל. ובתוס' כתבו דאפשר דהיכא דמתה אמו חייב ההורגו דהוי כמונח בקופסא. [ור' קצוה"ח סי' רט ס"ק ג וביד דוד אישות פ"ג הי"א אות קמד מה שרצו להוכיח מהתוס']. 329 בטור או"ח סי' תריז מבואר כהתירוץ הראשון דמשום סכנת עובר בלחוד שרי לאכול ביוהכ"פ, ועי' ב"י וב"ה שם. 330 רבנו בחי' לכתובות לט,א כתב כפי' הראשון דמשום סכנת העובר שרי לשמש במוך אף דמשחית זרע. ועי' מנ"ח מצוה רצו וקוב"ש כתובות שם. 331 יש להעיר דבחי' ר' חיים

תרומות פרק ח

ר' עובדיה מברטנורא

בידים. והלכה כרבי יהושע: **יב תנו לנו אחת מכם.** שרוצים לבא עליה באונס: **יטמאו כולן.** דאין דוחים נפש מפני נפש. ובהא מודו רבי אליעזר ור' יהושע:

משנה

הַסֶּלַע[סג]: **יב** וְכֵן נָשִׁים שֶׁאָמְרוּ לָהֶם עוֹבְדֵי כוֹכָבִים, תְּנוּ לָנוּ אַחַת מִכֶּם וּנְטַמֵּא[סד], וְאִם לָאו, הֲרֵי אָנוּ מְטַמְּאִים אֶת כֻּלְּכֶן, יְטַמְּאוּ אֶת כֻּלָּן, וְאַל יִמְסְרוּ לָהֶם נֶפֶשׁ אַחַת מִיִּשְׂרָאֵל[סה]:

תוספות יום טוב

הרמב"ם: **יב [יטמאו את כולן.** פירש הר"ב שאין דוחין וכו'. עי' מ"ש בזה בסוף פרק ז' דאהלות]:

ציונים

לפניו. שם ה"ו: **יב וכן נשים.** מיי' פ"ה מהל' יסוה"ת ה"ה סמג לאוין קסה ש"ע י"ד סי' קנז ס"א:

שינויי נוסחאות

יב תנו ובירוש' תנו לנו. **ונטמא** בירושל' ונטמאה. **את כולכם** בירושל' ל"ג את.

חידושי מהרי"ח

לו להביא הדין זה יכול להביא בכל מקום שאפילו בלא דימוע צריך כלי מאוס והגמ' הוצרך להביא זה בפסחים דף כ' משום שהיה קשה מזילוף ע"ש אבל להרע"ב למה לו להביא זה שלא במקומו והקושי' מפ"ה לא יתורץ כנ"ל ואפשר י"ל דבשמן מהני בכלי מאוס דשם יתן תיכף השמן ולא אתי למיכל מיניה משא"כ בתבואה דעד דימאס יהיה זמן גדול וכן יש לדקדק מהגמ' דף ל"ג הנ"ל דשמן לא הזכיר חזקי' ע"ש והיו דברים אחרים מתורצים בדברי התוי"ט אבל לא כולו אבל לא יכולתי להאריך כל הצורך כי גם בזה יצאתי הרבה חוץ מגדרי והש"י יודע האמת ודו"ק רק שכמה פרקים כמה פעמים נראה דעת התוי"ט שבלא דימוע לא חיישינן כלל לתקלה וגם פי' בהדי' בפ"ה משנה ב בד"ה תרום ותשרף כן וז"א הלא חזקי' ור"י פלוגתייהו בלא דימוע ואפ"ה לשניהם חיישינן לתקלה וגם בדף כ בפלוגתא זו של ר"א ור"י חיישינן לתקלה ולא זכרו כלל טעם דדימוע קיל וכן מוכח שם ואם באתי לדקדק למה באמת זכרו חזקי' ור"י חילוק בין פת לחטים ולא זכרו שמן דתני ג"כ דהלא הכי מתחיל המשנה שם אלא משום דשם אמר באמת שמן ניחא דרמז לי' בבלי מאוס ע"ש:

פירוש המשניות להרמב"ם

יב הכל מודים בזה רבי יהושע אינו חולק וכמו כן כל הדומה לזה:

מלאכת שלמה

ויטמאנה בידים ובעבור שהזכיר הדין הזכיר המחלוקת ע"כ: **יב תנו אחת מכם.** ס"א תנו לנו אחת מכם: **יטמא את כולן.** כלומר ימסור נפשו עליהן וימות ויטמא העובד כוכבים את כולן. הר"ש שירילי"ו ז"ל: **ואל ימסרו להם נפש אחת.** פי' ה"ר יהוסף ז"ל וכאן כ"ע מודו משום דמאי חזית למסור בידים את זו שמא אחרת ע"כ. ובירוש' מוכח דאם ייחדו להם אחת מוסרין אותה וכן נמי תני התם דאם אמרו תנו לנו אחד מכם ונהרוג אותו ואם לאו נהרוג את כולכם יהרגו כולם ואל ימסרו להם נפש אחת מישראל ואם ייחדו להם אחד כשבע בן בכרי ימסרוהו להם ואל יהרגו ומ"מ אינה משנת חסידים כדמוכח התם בעובדא דר"י בין לוי והביאו ב"י בי"ד סי' קנ"ז:

תפארת ישראל

יכין

ההולכת לאבוד: סג ולא יתנה לו בידים: סד בבעילת אונס: סה דאין דוחין נפש מפני נפש וה"ה באומרים תנו לנו א' מכם ונהרגנו. מיהו בייחדו ואמרו תנו לנו פלוני או פלוני. באשה לכ"ע שרו למסרה כדי להציל האחרות מלהטמאה. אבל באיש להרגו י"א שאע"ג שיחדוהו אסור למסרו אא"כ חייב מיתה מדינא מדפשע בנפשו. וי"א דגם באין חייב מיתה מותר למסרו כשיחדוהו והכי קיי"ל [י"ד קנ"ז מ"א]:

תוספות אנשי שם שאינה שופכת אלא ממקום אחד (הר"ע): **יב** במשנה **וכן נשים.** לכאורה דאף על גב דא"ג מוסרים אין כאן עבירה על לאו דעריות דהא אשה קרקע עולם ולא קעבדה מעשה כדמשני תלמודא גבי אסתר וכמו שכתבו התוספות בריש כתובות אפ"ה אל ימסרו כו'. וכזה א"ש דנקט בנשים דוקא דה"נ הוה"ל אנשים וכגון שתבעוהו לעבירה א"נ שאלו א' להורגו דדינא נמי הכי וכדתני בירוש' הכא אלא דנקט הא לרבותא וכדאמרן (ש"ל): תוי"ט סד"ה **יטמאו כו' בספ"ז דאהלות.** ע"ש שהביא מרש"י בסנהדרין. ותי' הא' של רש"י שם הוא דברי ר"י בתוספתא כאן ותי' הב' הוא דברי ר"ש. וצ"ל לכאו' דר"ש ג"כ מודה דכשהוא לא היה ניצול מוסרין אפי' כשאינו חייב מיתה אלא שמוסיף דאפי' כשהיה ניצול מ"מ מוסרין כשהיה חייב מיתה. ואפשר עוד דגם ר"י לא פליג בהא ומר אמר חדא ומר אמר חדא ולא פליגי וזהו מיושב דלק"מ אמאן דס"ל דדוקא בחייב מיתה מוסרין ביחדו א"כ בנשים דלא שייך לומר שחייבת להטמאה ה"ל למיסר אפי' ביחדו. אלא ש"מ דגם הוא מודה דבא"א שתנצל גם כאינו חייב שרי בייחדו. וא"ל שיהא חייב אלא כאפשר שינצל ואפשר דר"י ור"ל בירוש' דר"י אמר כר"י ור"ל כר"ש ג"כ לא פליגי כנ"ל מיהו למש"ל בשם הש"ל אין ראיה מהך דנשים. דאפשר לומר דאע"ג דדוקא בחייב מיתה מוסרין ביחדו מ"מ בנשים דא"כ מוסרין אין כאן עבירה דעריות דהוי קרקע עולם מוסרין בייחדו אע"ג דלא שייך לומר שחייבת להטמאה אבל מד' הר"מ בפ"ה ה"ה מה' יסוה"ת משמע דס"ל דפליגי. ולדעת ר"ש ור"ל דס"ל כוותיה אפי' כשלא היה ניצול אין מוסרין בייחדו אא"כ חייב מיתה. ופסק כוותייהו ולא קיים באמת להתירא דייחדו רק באנשים ולא בנשים. וכבר תמהו כל נו"כ שהוא נגד הכלל דהלכה כר"י לגבי ר"ש וכר"י לגבי ר"ל וע"ש היטב:

חי' ר"א מגריידיץ יב יטמאו את כולן. נ"ב דין זה איתא ברמ"א יו"ד קנז ומביא דגול מרבבה ע"ז דברי הה"מ בשם הרשב"א בפ"ה מיסודי התורה שדין זה הוא גם אם היתה אחת מחוללת, ותמה הד"מ הרבה ע"ז שבהדיא איתא בירושלמי כאן לא מסתברא אם היתה ככר טמאה וכתבתי שם בגליון באורך קצת, ותוכן הוא שנעלם לפי שעה לרבינו הדגול פשט בירושלמי, דעל ב' בבי דמתני' נקבעו דברי הירושלמי על ככרות של תרומה אמר הירושלמי לא מסתברא אם היתה ככר טמאה, ועל נשים אמר לא מסתברא אם היתה שפחה, וחידוש על הדגול שהרשב"א כפי שהובא בהה"מ כתב דלא דמי למה שאמרו שם שאם היתה ככר של תרומה טמאה יתמסרו אותה וכו' ולא נמצא שום מקום לא בבבלי ולא בירושלמי דבר זה, אך כוונתו למ"ש דז"ש הירוש' דלא מסתברא הראשון קאי על ככרות, ולכן מחלק מככר לאשה מחוללת ורק בשפחה אחת הקילו לתת אותה ולפי הנראה היה לפני הרשב"א בירושלמי תמורת אם היה ככר תיגת ככר, וכמפרש בירוש' משמע יותר שהבין כמו שהבין הדגול ובודאי אינו כן כמו שהוכחתי שם בגליון.

הלכתא גבירתא כללא דפרק ח'

משנה א אשת כהן שאכלה בתרומה והודיעוה שקודם שאכלה כבר מת בעלה או גרשה. וכן עבד כהן שאכל תרומה והודיעוהו שכבר קודם שאכל מכרו רבו או נתנו במתנה לישראל או שחררו. וכן כהן שאכל תרומה ונודע שהוא בן גרושה או חלוצה. אם זמן אכילתן היה ערב פסח והתרומה חמץ. שזמנו בהול. שאין פנאי לחקור אם רשאי בתרומה. פטור מקרן וחומש ואם לאו חייב בשניהן [ולרמב"ם פ"י מתרומה רק בקרן חייב]. וכן כהן שנודע שהוא בן גרושה או חלוצה כל קרבנות שהקריב מקודם כשירים. ורק כשנודע שבזמן הקרבה היה בעל מום. פסולים:

משנה ב וכולן אם בעוד התרומה בפיהן שמעו פסולן. או שנטמא הוא או התרומה באותה שעה. יפלטוה. וכ"ש כשנזכר אז שמקודם היה הוא טמא או שכבר מקודם היתה התרומה טמאה. או בשנודע לו בשעת אכילה. שטבל בפיו. או מעש"ר שלא ניטל תרומ"ע שלו. או מעשש"נ או הקדש שלא נפדה. או שמרגיש במאכל שבפיו טעם מאוס. יפלוט. ולא חיישי' להפסד תרומה וקדשים:

משנה ג היה אוכל טבל אכילה עראי בגנה. ונכנס בשוגג לחצר. והרי שם אסור גם עראי. או שאכלו בערב שבת. וקדש היום. והרי גם שבת קובע למעשר. ונאסר בו אכילת עראי. לא די שבחצר ובשבת לא יגמור אכילתו. אלא אפי' יחזור לגנה או ימתין למוצאי שבת. אסור לאכול אותו הגוף:

משנה ד יין תרומה שנתגלה ישפך. ולא יניחנו לזילוף פן יכשל בו. ג' משקין אסורים משום גלוי. מים. יין. חלב [ודבש וציר רגים. חולין דמ"ט כ']. בין שהם בכלי או בקרקע. אבל בשאר משקין אין איסור גלוי. שיעור שהוי בגלוי. בכדי שיהיה המשקה מגולה נעלם מעין שומר כל כך זמן כדי שיצא נחש דק כשערה מחור דק כשער אשר אולי בקרקע תחת אזן הכלי ויזחל אל המשקה. וישתה ויחזור לחורו:

משנה ה שיעור ביטול הארס. אם רבו המשקין כל כך עד שלא יהיה הארס ניכר בהן מותרים:

משנה ו כל פרי עץ או אדמה שנמצא בו נקב אפי' קטן אפי' הוא פרי גדול. כל שמין פרי זה יש בו ליחה. אסור כולו. בהמה נשוכת נחש. אסורה אפי' בס"ס. ואין בשר ממנה בטל ברוב:

משנה ז משקה שנאסר בגלוי אפי' סיננו אסור:

משנה ח ב' חביות גם ברשות היחיד. ומספק איזה מהן נטמא. ושניהן תרומה. שניהן תלויות. ואל יחדש דבר בהן. בין לשמרה טפי מטומאה וגלוי. או לגרום לה טפי א' משניהן:

משנה ט חבית תרומה טהורה שנשברה בגת העליון ונמצא שהיין תרומה שותת ויורד לבור שלפניו שבו חולין טמאין שאין בהן ק' לבטל התרומה. אם יכול להציל רביעית בטהרה בכלים וידים טהורים יציל. ואם לאו רשאי להציל גם בכלים וידים טמאים. כדי שלא להפסיד החולין שבבור:

משנה י אבל שמן דגם כשהוא טמא חזי להדלקה ואף שיאסר החולין שבבור לזר אפ"ה אסור לטמאו בידים כדי להציל החולין מהפסד:

משנה יא היה בידו כמה ככרות תרומה. וא"ל עובד כוכבים א' שיתן לו א' ויטמאו ואם לאו יקח ויטמא כולם. יניח לפניו א' ולא ימסרו לו מיד ליד:

משנה יב וכן נשים שאמרו להן גזלנים שיתנו להן א' לטמאה ואם לאו יטמאו כולן. יעשו מה שירצו ואל ימסרו להן נפש מישראל. ורק ביחדו להן פלונית מותר למסרה כדי להציל האחרות:

ולכתחילה צריך הזייה מדאורייתא, ועי"כ נהי דאזלינן בי' לקולא, אבל מ"מ ספק הוי, ולפיכך שפיר הוי ידיעת ספק. אך נראה, דלפי הנ"ל, דעל ספק טומאה ברה"י אין הנזיר מגלח, שפיר מצי איירי ברה"י, ואפ"ה אם הלך רק בשביל הראשון אינו מחויב עדיין על ביאת מקדש, דהא תנן בנזיר ד' נ"ו דכל טומאה שאין הנזיר מגלח אינו מתחייב עלי' על ביאת מקדש, ונמצא דעל ספק טומאה ברה"י אינו מתחייב ג"כ משום ביאת מקדש.

פ"ח מי"ב: נשים שאמרו להם נכרים תנו לנו אחת מכם ונטמאה ואם לאו אנו מטמאין כולכם יטמאו כולן ואל ימסרו נפש א' מישראל.

בירושלמי תני: סיעת בני אדם שמהלכין בדרך ופגע בהם נכרי וא"ל תנו א' מכם ונהרוג אותו ואם לאו נהרוג כולכם יהרגו ואל ימסרו נפש א' מישראל, ייחד להם א' כגון שבע בן בכרי ימסרו אותו ואל יהרגו, אר"ל והוא שיהא חייב מיתה כשבע בן בכרי, ור' יוחנן אמר אע"פ שאינו חייב מיתה.

הנה, הרמב"ם בפ"ה מיסודי התורה ה"ה פסק כר"ל דדוקא כשחייב מיתה מותר למוסרו. וצ"ע דלמה פסק כר"ל במקום ר' יוחנן, הא בכל דוכתי הילכתא כוותי' דר"י.

אולם עיקר טעמא דר"י צריך ביאור, דלמה יהא מותר למוסרו כשייחדוהו להם, הא אין דוחין נפש מפני נפש.

ונראה, דהנה בסנהדרין ד' ע"ב מקשה הגמ' למ"ד דגם קטן הרודף ניתן להצילו בנפשו מהא דתנן אשה המקשה לילד ומסוכנת יצא ראשו אין נוגעין בו ואמאי רודף הוא ומשני שאני התם דמשמיא קרדפי לה. ובירושלמי שם פ"ח ה"ט מקשה נמי קושיא זו ומשני ר"י בר' בון בשם ר"ח שנייא היא תמן שאין את יודע מי הורג את מי, פי' דאין ידוע מי הוא הרודף אם הולד להאשה או האשה להולד, דשניהם הוו סיבת הסכנה זל"ז, משמע אבל אם הי' ידוע דסיבת הסכנה הוא הולד הי' מותר להורגו משום דין רודף, אף דאנוס הוי בררדיפה זו, דהרי משמיא קרדפי לה, אפ"ה כיון דסוף סוף רודף הוא מותר להורגו להציל הנרדף. אבל הבבלי פליג ע"ז וסבר דבמקום שאנוס הוי בהרדיפה אין לו דין רודף.

ולפ"ז נראה, דטעמא דר"י דכשייחדוהו מותר להורגו, משום דהוי רודף עליהם, כיון דהוא הסיבה למיתתם אם לא ימסרוהו, ועי"כ יש לו דין רודף, וכדעת הירושלמי; אבל כיון דהבבלי פליג ע"ז, דהיכא דמשמיא קרדפי אין לו דין רודף, ועי"כ פסק הרמב"ם דלא כר"י וכדעת הבבלי.

פ"ט מ"ד: גידולי הקדש ומע"ש חולין ופודה אותם בזמן זרעם.

פי', דפודה להעיקר, אבל הגידולין הם חולין.

ובירושלמי מפרש ר' יוחנן דמע"ש מיירי בין זרעו כלה ובין אין זרעו כלה, אבל הקדש דוקא שזרעו כלה אבל אין זרעו כלה פודה כל האוצר, והיינו גם הגידולין. ונראה דהיינו כמ"ד במעילה ד' י"ג דיש מעילה בגידולי הקדש, אבל זרעו כלה אין הגידולין באין מהקדש.

ובעיקר הפלוגתא אי יש מעילה בגידולי הקדש, צ"ע לפי שיטת הר"ן בנדרים ד' נ"ז, וכן הוא להדיא בירושלמי פ"א דערלה לחד מ"ד שם, דגידולין הבאין מתוך עיקר האסור אסורין כעיקר, א"כ צ"ע דמ"ט דמ"ד דאין מעילה בגידולין, הא דינם כעיקר האסור.

וראיתי להרשב"ם בב"ב ד' ע"ט שכתב, דהא דאין מעילה בגידולין הוא מטעם דמעילה תלוי בממון דהקדש ובהגידולין אין ממון דהקדש מעורב בהן. ואינו מובן, דאדרבה מצד ממון דהקדש אין כאן חסרון, דודאי כיון דגדלו ברשות הקדש הם של הקדש, ולא גרע רשות הגבוה מרשות הדיוט, דכל מה שגדל ברשותו הוי שלו ואין צריך קנין חדש עליהם.

אולם נראה, דהא דאין מעילה בגידולין הוא מטעם דמעילה תלוי בקדושת פה דוקא, אבל במאי דקדיש ממילא ליכא מעילה. וכן כתב הרמב"ן בב"ב שם, דהא דהקדיש בור ואח"כ נתמלא מים דאין מועלין בהן אף דהחצר של הקדש קונה אותם להקדש, מטעם דמעילה תלוי' בקדושת פה. שוב מצאתי בש"מ שם שכתב כן בשם הר"ן.

אך עדיין קשה, בהא דקאמר הירושלמי דבמע"ש אפי' אין זרעו כלה הגידולין חולין, ולפי שיטת הר"ן למה לא יהיו הגידולין מע"ש מטעם דבאין מתוך עיקר האסור.

ונראה דר' יוחנן לשיטתי' אזיל, דהרי הבעל המימרא כאן הוא ר' יוחנן, ור"י סבר בירושלמי דערלה שם דגידולין הבאין מתוך עיקר האסור מותרין. וכן הא דקאמר ר"י בירושלמי בסמוך דהא דטבל גידוליו אסורין בדבר שאין זרעו כלה דוקא עד ג' גרנות אבל גורן הרביעי מותר, נראה נמי דזה דוקא לשיטתי' דגידולין עצמן מותרין וכל איסורן אינו אלא מטעם שמעורב בהן העיקר האסור, ועי"כ כיון שבכל גורן וגורן מתמעט בהן העיקר ע"י הזריעה, ושיערו חכמים דעד ג' גרנות יש בו עדיין מן העיקר אבל לא בגורן הרביעי. אבל למ"ד דהגידולין הבאין מן העיקר האסור אסורין, לפ"ז אסורין הגידולין לעולם.

טָמֵא[יח]. רַבִּי מֵאִיר אוֹמֵר, בְּשָׁפִיר אֶחָד, טָמֵא. בִּשְׁנֵי שְׁפִירִים, טָהוֹר[נט]: ו הָאִשָּׁה

בשפיר אחד טמא. כלומר אם יצאו שניהם כעין שפיר אחד שיצאו בבת אחת, טמא. שפיר, שליא שהולד נתון בה: **בשני שפירין.** כלומר כעין שני שפירין זה אחר זה, אפילו ראשון חי ושני מת: **טהור.** דסבר ר' מאיר, אע"פ שנפתח הקבר אין מטמא עד שילא לאויר העולם.

[**בשפיר אחד טמא.** פי' הר"ב כלומר אם יצאו שניהם כעין שפיר אחד כו'. וכ"פ הר"ש. וטעמא דשפיר אינו מעלה ולא מוריד שאם יצאו בבת אחת אע"פ שיהיו בשני שפירים מ"מ נוגעים זה בזה ואין טעם לומר שהשפירים מפסיקים. ועיין לקמן]: [**בשני שפירים.** פירש הר"ב קסבר ר' מאיר אע"פ כו'. אין מטמא עד שילא לאויר העולם. וכ"פ הר"ש. ומסיים כרבי ישמעאל דאמר בפרק בהמה המקשה [דף ע"ב]. וכל אשר יגע על פני השדה (במדבר יט) להוליא עובר במעי אשה. ודלא כר"ע דאמר התם עובר במעי אשה טמא דאמר קרא (שם) הנוגע במת בנפש האדם. איזהו מת שבנפשו של אדם הוי אומר עובר שבמעי אשה [פירש"י על פני השדה משמע גילוי. להוליא עובר שהוא טמון. במת בנפש. מת שהוא בתוך נפש אחרת] והשתא כו'. לא נריכין לאוקמה להאי דבהמה המקשה בשלא עיגלו ראש כפיקה. דאיכא לאוקמא כרבי ישמעאל וכר"מ ובכל ענין. ע"כ. ומעתה הר"ב שפירש גם כן בבהמה המקשה דכל שלא ילא חוץ לפרוזדור טהור. והיא כרבי ישמעאל כמ"ש שם [ד"ה ר"י] וכן לא פי' התם דדוקא כשלא נתעגל כפיקה. וגם בכאן הוא מטמא אף כשלא נתעגל כפיקה. תקשה דאתיא דלא כהלכתא ומאי דוחקיה לאוקמא כר"ע דמטמא מן התורה מגזירת הכתוב. ואדרבה בסוגיא דהתם אמרינן לא תימא ר"ע היא כלומר ולא ר' ישמעאל. וא"ת אשה אמאי טהורה כבר פירש"י הטעם באותה סוגיא דף עב. דהיה טמאה משום דטומאה בלועה מטמאה וטהרה בלועה מיטמאה ואשה טהורה משום דמגע בית הסתרים היא. עכ"ל. ולי ק"ק דהא טומאה בבית הסתרים תמירא מבמקום בלוע דבלוע חשיבא כמאן דליתא. ובבית הסתרים יש לה טומאת משא. כדאיתא בהדיא בפרק יולא דופן דף מב ע"ב. ולכן נ"ל דמפשטי' דקרא איכא למילף דלא מטמא אלא אחר הנוגע. דכן כתוב והנוגע במת בנפש. משמע אבל הנפש עלמו שהמת בתוכו אינו מתטמא. שהוא כמו שאר טומאות בלועות שאין מטמאות לשבו הם בלועים. כך נ"ל. ויש להתוס' שיטה אחרת בפלוגתא דר"י ור"ע ואין להאריך כאן. ועוד דאפילו כי קא מפרש למתני' כר' ישמעאל אכתי לא ה"ל להר"ב למשתק שם בבהמה המקשה לפרש שהיא כיחידאה ואינה הלכה. אלא ודאי מהא שפיר מוכח שהר"ב מפרש חוץ לפרוזדור בא' משני הפירושים האחרים שכתבתי לפי לשון הרמב"ם. או שהשמיט חוץ בכוון. או שהוא השמטת הסופר וא"כ ר"מ הוא שסובר למודיה עד שילא לאויר העולם. ולאו דאתיא כר"י כדברי הר"ש שג' מחלוקות בדבר ר"ע ור"י ור"מ. ועוד נראה בעיני שהר"ב מפני שלא ראה להרמב"ם שפי' כלום בדר"מ. משום כך העתיק לפירושו של הר"ש. אבל לפי דעתי אילו היה דעת הרמב"ם בדר"מ כדפי' הר"ש לא ה"ל למשתק מלפרש דשפיר אחד ושני שפירים לאו דוקא אלא כעין כו'. דכל כי האי לריך לאודועי ולפרושי. אלא ודאי שדעת הרמב"ם בדר"מ כפשטן. דאה"נ דמחלק בין שנולדו שניהם בשפיר אחד דהשתא נגעי בהדדי. ובין שנולדו בשני שפירים. ואע"ג דת"ק אינו מחלק משום דס"ל דשפיר אינו מעלה ולא מוריד. כמ"ש לעיל. ר"מ מלי סבר דשפיר הואיל ואינו מגוף הולד. כי נולדו בשני שפירים הוו השפירים כלבושים. והוו כי הא דתנן במ"ב דפ"ק. ג' כלים במת וכלים בכלים ואדם בכלים אינו טמא אלא טומאת ערב. ומאי טהור נמי דקאמר ר' מאיר טהור מטומאת ז' וכדתרלתי לעיל לדבריו של הרמב"ם בטהור דת"ק. וכמו דלעיל בדברי ת"ק לא הוצרך הרמב"ם לפרש דטהור מטומאת ז'. ה"נ בדר"מ. ותרווייהו ת"ק ור"מ שניהם לדבר א' נתכונו באמרם טהור. ופלוגתייהו בשפירים. אי הוי הפסקה בנגיעה. אי לא. ואתי השתא נמי

פירוש המשניות להרמב"ם

ושפיר. שם השליא אשר יהי' בה הולד ואין הלכה כר"מ: ו זה כולו פשוט אין צריך ביאור:

מלאכת שלמה

וספר אחר דטומאה בלועה אינה מטמאה ושניהם נכונים. **עוד בסוף פי' ר"ע ז"ל.** דר"מ ס"ל אע"פ שנפתח הקבר אין מטמא עד שילא לאויר העולם. אמר המלקט כר' ישמעאל דאמר בפרק בהמה המקשה כו' וכתב הר"ש ז"ל והשתא הא דפליגי ר' ישמעאל ורבי עקיבא בנפתח הקבר פליגי אבל לא נפתח לכ"ע טהור דבגופה דמי וכר' מאיר ע"כ ות"ק דמתני' היינו ר' יוסי כדמוכח מן התוספתא. **ו האשה שהיא מקשה וכו'.** תוס' בנדה פ' יולא דופן דמ"ד כתבו דמתני' מייתי לה בפרק בן סורר ומורה

תפארת ישראל

יכין

נז] אף שהוליאו החי מהבית קודם שנולד המת עכ"פ מיד שנפתח הקבר להראשון החי הו"ל גם המת שעדיין בהרחם כילא וטימא לכל אשר בהבית. ואפי' בעוד החי תחוב בפה הרחם וסותמו. אפ"ה מדעכ"פ החי מק"ט. וכל המק"ט אינו חולץ בפני הטומאה שלא יטמא המת שברחם את כל מה שבבית. וכ"ש שנטמא הולד החי בשעה שילא. [והרי"ש והר"ב כתבו דלהכי חי טמא משום שכשנפתח הרחם סוף טומאה ללאת. ותמהני דסוף טומאה ללאת לא שייך רק כשחדר הפנימי נעול [וכרפ"ד] אבל כפתוח ממילא מתפשטת הטומאה מחדר לחדר דרך הפתח טע"ט. ותו כיון שנפתח הקבר והו"ל כילוד. אפי' לא ימלא סוף טומאה ללאת. הרי גוף האם שמק"ט אינו חולץ בפני הטומאה והו"ל כאילו מונח המת בהבית וטמא' כל מה שבבית]. נט] דס"ל לר"מ דדוקא כשנולדו בשפיר א'. להכי מדמונחין שניהן בכיס א' על כרחך שלא נסגר פי הרחם בין לידת ראשון החי ללידת השני שמת. נמלא שפתיחת הקבר להראשון היה ג"כ פתיחת הקבר להשני. לפיכך

משנה אחרונה

בשני שפירין טהור. פי' הר"ב דסבר אינו מטמא עד שילא וכתב הר"ש דס"ל כר' ישמעאל עובר במעי אשה טהור. וקלת קשה הא בפתחים הנעולים גזרו אע"ג דמדאורייתא טהור שהתחילה מפסקת גזרו בה משום סוף טומאה ללאת. וה"נ נהי דמדאורייתא עובר במעי אשה טהור מדרבנן

הג' וחי' הרש"ש

רע"ב ד"ה **שפיר. שליא כו'.** קשה דהא בבכורות רפ"ג אמר שפיר ושליא וכן בכ"ד, א"כ ש"מ דב' מילי נינהו. וי"ל ע"פ הא דאיתא שם (מ"א) גבי גרב ועיין בפרש"י עה"ת שם. תוי"ט ד"ה **בשני שפירין. כבר פירש"י הטעם כו' ולי ק"ק כו' דבלוע חשיבא כמאן דליתא כו'.** במחכ"ת ל"ד דרש"י לא פי' כן אלא דאם מאמר טומאה בלועה מטמאה. אבל אליבא דאמת דמסקינן כרבה שם דטומאה בלועה א"מ, קילא טפי מבית הסתרים.

ציונים

ו האשה. מיי' פ"א, מהל' רולח ה"ט סמג לאוין קסד ועשין עד טוש"ע ח"מ סי' תכ"ה ס"ב:

תוספות אנשי שם

בר"ב ד"ה [**בשפיר**]. **שפיר שליא.** קשה דהא בבכורות רפ"ג אמר שפיר ושליא וכן בכ"ד א"כ ש"מ דב' מילי נינהו וי"ל ע"פ הא דאיתא שם מ"א גבי גרב וע' בפירש"י עה"ת שם. תוי"ט ד"ה **הוו השפירים כלבושים כו'.** סובר דשפיר ושליא נחשבים לקבלת טומאה ככלים ולדעתי הוא דבר זר ואינו מתקבל על הלב חדא דבמס' חולין פ"ד מ"ז מבואר דבלא מחשבת אכילה אין השליא מק"ט

אליהו רבה

ר"מ אומר בשפיר אחד טמא. ואפילו הראשון מת והשני חי דסבר פתיחת הקבר כיליאה לאויר העולם דמי וקודם פתיחת הקבר לא אמרינן סוף הטומאה ללאת דטומאה בלועה היא הלכך בשפיר אחד ואפי' יצאו זה אחר זה הואיל ובשפיר אחד תרווייהו בפתיחת הקבר אחת יצאו וכי ילא המת כבר נפתח הקבר של החי וכמאן דילא לאויר העולם דמי ונטמא באהל המת ולאו טהרה בלועה היא. וכן הראשון חי והשני מת אם בשפיר אחד טמא הואיל וכי ילא החי כבר נפתח הקבר של המת ובפתיחת הקבר נטמא החי. וכן כל הבית נטמא בהאי פתיחה. בשני שפירין שכל היולאין בשני שפירין אינם יולאים בפתיחת הקבר אחת אלא לכל אחד ואחד נפתח הקבר בפני עלמו אפי' הראשון חי והשני מת הואיל וכי ילא החי עדיין לא נפתח הקבר של המת והוליאוהו קודם פתיחת הקבר של המת הלכך טהור. ואף ע"ג דסוף הטומאה ללאת. קסבר ר"מ אין להולד טומאה עד שילא לאויר העולם דטומאה בלועה

פי' רב האי גאון

ה שפיר. זה מפורש הוא בנדה (דף כ"ד ב') אבל כאן נפרש גופו של דבור שהן כשפופרת של בילה:

שפיר מאי דמקשה הר"ש לפי פירושו. וז"ל ומיהו תימה דקשיא דר"מ אדר"מ דבפרק הלוקח בהמה אמר רבי מאיר כפיקה של שתי [וכלומר לפרש כפיקה דמתני' דלעיל מטמא בפתיחת קבר] [והא] ר"מ אפילו בנפתח הקבר טהורי מטהר עכ"ל ולדידי ניחא ואין כאן שום תימה. דרבי מאיר אינו חולק כלל על ת"ק בענין מתני' דלעיל. ואילו היה דייק הר"ב הכי לא ה"ל מן הצורך לכתוב לפירוש הר"ש כלל. וא"ת ר' ישמעאל מאי איצטריך לקרא דעל פני השדה. הא טומאה בלועה ילפינן לה ממשמעות הכתוב

שֶׁהִיא מַקְשָׁה לֵילֵד[ס], **מְחַתְּכִין אֶת הַוָּלָד בְּמֵעֶיהָ וּמוֹצִיאִין אוֹתוֹ אֵבָרִים אֵבָרִים, מִפְּנֵי שֶׁחַיֶּיהָ קוֹדְמִין לְחַיָּיו**[סא]**. יָצָא רֻבּוֹ**[סב]**, אֵין נוֹגְעִין בּוֹ**[סג]**,**

ואין הלכה כרבי מאיר: ו **יצא רובו.** של ולד. ומשיצא רוב ראשו שהוא משתצא פדחתו,

(ויקרא יא) והאוכל מנבלתה יכבס בגדיו מי לא עסקינן דאכל סמוך לשקיעת החמה כו'. כדמייתי לה הר"ש בסוף מסכת מקואות. כבר הרגישו התוס' [דחולין דף ע"ב ד"ה גזירה] בזה ולפי שיטתם שרמזתי לעיל שיש להם בפלוגתא דר"ע ור"י ניחא אבל לשיטתינו דאליבא דפירש"י מי ניחא. ונ"ל דר"י ס"ל דהיא לא מכרעא דדלמא קרא מיירי דוקא לאחר שנתעכלה דלטהר. וכי לא מוקמינן לכמה וכמה מקראות שלא כמשמען ולהכי איצטריך לקרא דהכא והשתא איגליא לן נמי דההוא [קרא] דוהאוכל מנבלתם. מיירי בכל גווני. ואפילו כי אכל סמוך לשקיעת החמה. נ"לן: ו **מחתכין את הולד במעיה.** דכל זמן שלא יצא לאויר העולם לאו נפש הוא וניתן להרגו ולהציל את אמו. רש"י פ"ח דסנהדרין דף ע"ב. ועיין מה שכתבתי במשנה ג פ"ה דנדה [ד"ה וההורגו]: **יצא רובו.** כתב הר"ב ומשיצא רוב ראשו כו'. כדתנן במשנה ה' פ"ג דנדה:

מלאכת שלמה

ע"כ ואני הדיוט לא מצאתי שם רק סיפא דמתני' דיצא רובו וכו' איתא התם בדף ע"ב וגם הרא"ש ז"ל כתב בתוספותיו בספ"ק דערכין דהתם בפרק בן סורר ומורה מייתי לה אלא ששם היה כתוב יצא ראשו אין נוגעים בו.

תפארת ישראל

יכין

כשנולד הולד החי. הו"ל גם השני המת כאילו כבר יצא וטימא להחי מיד כשנולד. אבל כשנולדו בב' כיסין. שנסגר הרחם בין לידת ראשון להשני. להכי אין פתיחת הקבר של הראשון מועיל שיהיה עי"ז גם המת הבא אחריו דינו כאילו כבר יצא. להכי אמרינן החי טהור. ואע"ג שהקבר היה פתוח טפח. אפ"ה לא התפשטה טומאה מהמת שבתוך הרחם. לתוך הבית. דמדהו"ל עכ"פ כאילו לא יצא. הרי טומאה בלועה אין בה טומאה כלל [ועי' רב"א]. ס וחוששין שתמות האם ע"י קישוי לידתו. והכא ודאי בולד בן קיימא מיירי. דאל"כ מה קמ"ל. ותו דבסיפא בילא רובו אמאי להצלת האם לא יגע בו. סא לכאורה קשי' מה זה טעם. והרי זהו עצמו דקאמר ברישא. ונ"ל דה"ק דאפי' ידעינן בודאי שכלו לו חדשיו. וכגון שבעל ופירש [כשבת קל"ו א'] אפ"ה חייה קודמין לחייו קדימה ומניית דכל עוד שהוא במעי אמו. לאו נפש חי מקרי. דהרי בנוגף אשה הרה ויצאו ילדיה פטור ממיתה [רש"י סנהדרין ע"ב ב']. סב היינו שיצא פדחתו כבר. דאז כבר יצא רוב ראשו. והו"ל כילוד. סג ואפי' לא ידעינן בודאי שכלו לו חדשיו. לא אמרינן אין ספק מוציא מידי ודאי [כנדה טו"א] אלא אמרינן רוב נשים ולד מעליא ילדן [כש"ס יבמות קי"ט]. ואע"ג דאין הולכין בנפשות אחר הרוב [סנהדרין דע"ט] היינו לעשות מעשה להרוג אדם. אבל לענין שב ואל תעשה מלהרגו כי הכא הולכין אחר הרוב. וא"כ לא גרע הוא מאמו. ולהכי אין נוגעין בו [ועי' יומא פד"ב בענין פקוח הגל ודו"ק] (י).

בועז

(י) והא דלא דיינין ליה כרודף דניתן להצילו בנפשו (כסנהדרין דעב"ב) שאני הכא שלא התכוון הולד להמיתה. ואע"ג דשבע בן בכרי נמי לא התכוון שיהרגו בני אבל על ידו ורק להציל א"ע המליט א"ע אליהן. ואפ"ה מדימדו אותו שימסרוהו חשבוהו כרודף ומסרוהו להריגה. והרי הכא בהולד ג"כ איכא הך סברא. מדהוא גרם מיתתה ולא היא גרמה מיתתו בצאתו מרחם. נהווי ליתדוהו ודינו כרודף. ואת"ל שאני שבע בן בכרי דהרי אילו לא מסרוהו. היה הוא והן נהרגין מחיל יואב כשיכבשו העיר. מדמרדו במלכות. משא"כ הכא אפשר שכשתמות אמו ינצל הוא כשיקרעו בטנה וככל יוצא דופן. וא"כ מה עדיף חיי אם מחיי ולד. ליתא דהרי הבא במחתרת נמי אינו מתכוון להרוג. ורק על עסקי ממון בא. ולולי שהיה הבעה"ב מעמיד על עצמו כשיקח זה ממונו היו גם שניהן נצולין. ואפ"ה אמרינן מדחזקה שאין הבעה"ב יכול להתאפק בעצמו הו"ל פסיק רישא שיהרג הבעה"ב וכל פסיק רישא הו"ל כמתכוון (כשבת קג"א). וא"כ בהולד נמי נימא. מדודאי תמות האם ע"י יציאת הולד. הו"ל כפסיק רישא שתמות ע"י יציאתו. ונדיינה לולד כמתכוון להרגה. והו"ל כרודף שניתן להצילו בנפשו. י"ל דשבע בן בכרי וגם הבא במחתרת. אע"ג שלא התכוונו לרדוף. עכ"פ הן עצמן גרמו ברצונם הפסיק רישא להסכנה. לפיכך דיינינן להו שפיר כרודף במתכוון. ועוד שגם הגרמא עצמה שלא כדין עשו. והרי מה"ט נמי קיי"ל (בח"מ תכ"ה) דהמזייף מטבעות. שג"כ גרם הפסיק רישא להסכנה ליושבי הארץ בישראל בכוונה וגם שלא כדין עשה. להכי ג"כ דינו כרודף. אבל הכא הולד הזה לא גרם הפסיק רישא בכוונה. וגם שלא כדין לא עשה. דכך דרך הטבע הוא. להכי לא דיינינן ליה כרודף. מיהו נ"ל דדוקא בשאפשר שכשתמות האם יגלגל הולד או בשאפשר ששניהם ינצלו אבל אם כשלא נמיתו ימותו שניהן מעצמן. אפשר שמותר להמית הולד

משנה אחרונה

מיהא יש לטמא ומי עדיף ממתילה. ולמאי דפי' לעיל דגזרת הפתחים משום קבר סתום הוא. באשה לא גזרו דבבית סתום נמי לא שייך קבר סתום אא"כ פרץ את פלימיו כדאמרי' פ"ק דנ"ב: ו **מחתכין את הולד.** ופי' רש"י דכל זמן שלא יצא לאו נפש הוא ע"כ והא דאמרי' ספ"ק דערכין ישבה על המשבר ממתינין לה עד שתלד ואמר בגמ' התם כיון דעקר גופא אחרינא הוא והכא אמרי' כל כמה דלא יצא רובו מחתכין. נ"ל דודאי לא הוי גופא אחרינא עד דנפיק רובו. והתם לאו גופא אחרינא דוקא אלא דדמי לגופא אחרינא ומשום עינוי הדין פורתא לא קטלינן לי'. והכא להציל נפש אמו לא חיישי' וקטלינן לי' דמדינא גופה דאמו הוא. ומיהו כל כמה דלא עקר אמרי' התם שאין ממתינין לה. ופריך התם בגמ' פשיטא גופה הוא ומשני מהו דתימא ולדות ממונא דבעל ולא מפסדינן ליה קמ"ל ומתו גם שניהם לרבות את הולד ע"כ. וצריך טעם דלענין מיתה לא חשיב נפש וקטלינן ליה. ודמי ולדות יהבינן לבעל מדאורייתא אע"פ שעכשו אינו ממון משום שסופו להיות ממון. וצ"ל דגזרת הכתוב הוא דהא גם עיקר תשלומי דמי ולדות ע"כ גזרת הכתוב הוא. דאיהו ממון וזכות יש לבעל בולדות בשלמא נקבה זכאי למוכרה לשפחות וזכאי בקידושי' ובמציאתה. אבל זכר איזו זכות ממון יש לו. ובנקבה נמי כל זכות שיש לו בה ועדיין לא בא לעולם לא מיקרי הפסד דלא עדיף מגרמי דאינו אלא מדרבנן. ובסמ"ע סי' תכ"ת כתב יש לך אדם שקונה אשה הרה כדי שיהא הולד שלו ע"כ. ואכתי אי הוי שלו מה זכות ממון יש בו. וע"כ צ"ל דגזרת הכתוב הוא ומיהו י"ל דהולד גופו ממון כמו שפחה לשמשו: **אין נוגעין בו.** נראה דהיינו בידוע שכלו לו חדשיו. או ספק אם כלו. אבל אם ודאי לא כלו הורגין אותו:

אליהו רבה

היא. וכן הראשון מת והשני חי טהור. הואיל ולא נפתח הקבר של החי טהרה בלועה היא. ובתוספתא תניא אמר רבי יוסי אני אומר דבר אחד והם אמרו דבר אחד אני אומר הטומאה דרכה לצאת ואין דרכה ליכנס והם אמרו לי אין להולד טומאה עד שיצא לאויר העולם פי' רבי יוסי בתוספתא היינו רבנן דמתני' ורבנן דתוספתא היינו ר"מ דמתניתין. דסבר אין להולד טומאה לטמא משום שסופו לצאת עד שיצא לאויר העולם דטומאה בלועה היא ופתיחת הקבר הו"ל יצא לאויר העולם.

חי' ר"א מגריידיץ ו תוי"ט ד"ה **יצא רובו. רוב ראשו.** נ"ב בהרמב"ם איתא משיצא ראשו וכן הוא העתקת משנה זו בסנהדרין ע"ב ע"ב. ובכל זאת אפשר דרוב ראשו נקרא ראשו.

ציונים

יצא רובו. סנהדרין עב. ירושל' ספ"ח ובע"ז פ"ב ה"ב:

שינויי נוסחאות

ו רובו בסנהדרין ראשו.

ראשון לציון

פ"ז ו [מתני'] **יצא רובו** כו'. סנהדרין עב. ושם איתא יצא ראשו וכן ברש"י שם וכן איתא בתוספתא דיבמות ספ"ט וכן העתיקו תוס' סנהדרין נט. ד"ה ליכא מדעם כו' המשנה דהכא יצא ראשו ועיין ישל"מ.

תוספות אנשי שם

ואחר המחשבה מקבלת טומאת אוכלין שיהא ראשון לטמא אוכלין ומשקין ולא אדם וכלים ומהיכי תיתי ישתנה דין אדם מבהמה ותו דבב"ק ד' י"א איתא שליא שיצתה מקצתה ביום ראשון כו' ומסקי' דלחוש חוששין שמא יצא ראשו ורובו של הולד המת בתוך מקצת השליא שיצא בראשון ומטמא לטהרות שנוגעת בראשון ע"ש ואי ס"ד כדעת התי"ט ממילא האשה טמאה טומאת ודאי מחמת שנגעה בשליא ונעשית אה"ט כנדה ויולדת. ותו דנעלם מהתי"ט הגמ' דבכורות ד' ע"ב עור הבא כנגד פניו של אדם בין חי בין מת טהור ופירש"י שהוא כעין שליא שהולד נולד בה ומסיק שם בגמ' דאפי' הולד והאם מתו אפ"ה העור טהור שאין מקבל טומאה יכן פוסק הרמב"ם בפ"ג מהט"מ הי"ב. ולפ"ז יש לתרץ קושיית הראב"ד שהביא התי"ט בד"ה יצא הראשון מת כו' דאם נולד הולד המת בתוך שפיר ושליא ממילא האשה טהורה מכלום ולא קשה כלל (מש"ח):

שינויי נוסחאות שאין שם לפי שאין.

ראשון לציון [תוי"ט ד"ה] **שאין דוחין נפש כו' והכי מפרש לה בתוספתא (דתמורה) כו'.** נ"ל בתוספתא דתרומות פרק ז' וכן הגהתי ברש"י בסנהדרין עב. שלפני נדפס בתוספתא (דתמורה) וצ"ל תרומה. ע"ש.

שאין דוחין נפש מפני נפש. וא"ת מעשה דשבע בן בכרי. הנה ראשו מושלך אליך דדחו נפש מפני נפש. התם משום דאפילו לא מסרוהו לו. היה נהרג בעיר כשיתפסנה יואב. °והן נהרגים עמו. אבל אם היה הוא ניצל. אע"פ שהן נהרגים לא היו רשאין למסרו כדי להציל עצמן א"נ משום דמורד במלכות הוי והכי מפרש לה בתוספתא [דתרומה] *) רש"י שם בסנהדרין והר"ש בספ"ח דתרומה כתב דבירושלמי מוכח דאם יחדו מוסרי'. ואפי' אינו חייב מיתה וזה מן הדין אבל מדת חסידות שלא למסור:

*) כ"ה בד"ק במוסגר שהתי"ט בעצמו הגיה בדברי רש"י כמו שהגיה ברל"צ ובד"ח החזירו הטעות ליושנו וע"כ מצא הרל"צ מקום להתגדר בו.

°**שֶׁאֵין דּוֹחִין נֶפֶשׁ מִפְּנֵי נָפֶשׁ:** אין נוגעים בו: **שאין דוחים נפש. הולד: מפני נפש. האשה:**

תום' רעק"א פ"ז ו [אות טו] **שאין דוחין נפש.** והא דלא מקרי הולד רודף דניתן להצילו בנפשו דמשמי' קרדפו אחרי' גמ' סנהדרין דף ע"ב. והרמב"ם פ"א מהלכות רוצח הלכה ט' כתב אף זו מצות ל"ת שלא לחוס על נפש רוצח לפיכך התירו החכמים שהעוברת שהיא מקשה לילד מותר לחתוך העובר שבמעיה בין בסם ובין ביד מפני שהוא כרודף אחריה כו'. והוא תמוה לכאורה דהא הכא לאו משום רודף אתינן עליה דהרי ביוצא רובו אין נוגעין בו אלא ע"כ הטעם משום דעובר לא נקרא נפש ועיין שו"ת גאוני בתראי סימן מ"ה שהאריך בזה (דברי הרמב"ם הובא בחו"מ סי' תכ"ה. ואפשר משום דב"נ אסור להרוג העוברים אף שישראל אינו נהרג על זה. צריך לטעם דהוי כרודף אף דמשמיא קרדפו לי'): [אות טז] תוי"ט ד"ה **שאין דוחים נפש. והן נהרגים עמו.** ולפ"ז יש לדון ה"ה בולד שיצא רובו אם ידוע ששניהם ימותו דמותר להציל האשה וצריך להתישב בדין זה עכ"ל שו"ת פמ"א ח"ג סי' ה':

בועז

כדי להציל עכ"פ אמו וכמעשה דשבע בן בכרי. ואע"ג דלא דמו אהדדי וכדאמרן. עכ"פ מדאיכא רק חיי שעה להולד. דבל"ז ימותו שניהן. לא דיינינן ביה כולה האי נולד שעכ"פ ספק נפל הוא. ואין לו חזקת חי עדיין כל זמן שהוא ברחם אמו. ובכה"ג וודאי דמא דידה סומק טפי ומותר להציל עכ"פ נפש אחת מישראל [ועמ"ש בס"ד בפירושינו למשנה סוף יומא בענין זה].

תוספות אנשי שם ו תוי"ט ד"ה **שאין דוחין כו'. דבירוש' מוכח.** נ"ל מפורש וע"ש דזהו דעת ר' יוחנן אבל ר"ל ס"ל דוקא היכא שהוא חייב מיתה כשבע ב"ב ונ"ל דר"י למד דיש דמותר למסור אף שא"ח מיתה בייחדו ממעשה דשמשון (שופטים ט"ו) שמסרוהו אנשי יהודה לפלשתים דדוחק לומר שסמכו על גבורתו דכי סומכין על הנס בפקוח נפש ור"ל אפשר אית ליה האי סברא ובזה מתיישב מה שהקשה רש"י בסנהדרין ממעשה דשבע ב"ב שהוא [מאוחר] (שמואל ב' כ') ולא הקשה מקודם ממעשה דשמשון הנ"ל ולמ"ש א"ש דשם לא הי' רק מסירה משא"כ בשבע ב"ב הרגוהו הם בעצמם ודו"ק (בי"ש). ועמ"ש בספ"ח דתרומות וע' בנו"ב מהד"ת חו"מ סי' נ"ט.

בית שאול ו תוי"ט ד"ה **שאין דוחין נפש מפני נפש.** עי' ר"ן ביומא גבי עוברה שהריחה שהביא דברי הירושלמי הנ"ל. ואני הרגשתי ג"כ במ"ש רש"י בסנהדרין דף ע"ב הנ"ל. ומ"ש כרש"י והכי איתא בתוספתא דתמורה צ"ל דתרומה, ועי' ברא"ש פ"ח דתרומות שהביא הך דרש"י, ועיין בהגהות הגאון מוהרע"א ז"ל. ועי' שו"ת נו"י מהד"ב חחו"מ סי' נ"ט מה שפלפלו הוא והגאון מוהרי"ב ז"ל, ועי' בהגהות לנו"י מ"ש בזה.

משנת רב ו תוי"ט ד"ה **שאין. והכי מפרש לה.** נ"ב יעוין במד"ר פ' ל"ד. בא"ד. **ואפי' אינו חייב מיתה.** נ"ב יעוין ברמב"ם פ"ה מיסודי התורה ובטוש"ע יו"ד סי' קנ"ז.

מסכנות נפתלי ו תוי"ט ד"ה **שאין דוחין נפש. וא"ת מעשה דשבע בן בכרי.** התיקון בתוי"ט והכי מפרש לה בתוספתא דתרומות (עי' מסורת הש"ס סנהדרין עב ע"ב) צריך עוד תיקון נ"ל בתוספתא דתרומות סוף פרק השביעי. ח"ל כגון שיחדו לשבע בן בכרי. ורש"י בסנהדרין מעתיק רק תוספתא זו והר"ש ספ"ח דתרומות משנה י"ב בשם הירושלמי. וכן איתא במדרש רבה בראשית פ' צ"ד ואם יחדוהו להן כשבע בן בכרי נותנין. ועל קושיתם (עי' בני יששכר) מה שהקשה רש"י בסנהדרין ממעשה דשבע ב"ב (שמואל ב כ') ולא הקשה מקודם ממעשה דשמשון. נראה בעיני לומר דהתם לא מסרוהו למיתה תחת נפשם כאמרם (שופטים ט"ו י"ב) לאסרך ירדנו לתתך ביד פלשתים. ואת אשר טען שמשון השופט מדן קאמי (ראש השנה כה ע"א) השבעו לי פן תפגעון בי אתם אז אין רשאין הנכס לדחות נפשי מפני נפשכם. אמנם אם רק לאסור אותי ירדתם אז אין מסירה למיתה כלל. ולכן אין ראיה כלל משמשון.

הלכתא גבירתא כללא דפרק ז'

משנה א טע"ט בגובה טפח אויר שתחת אהל שכולו סתום בלי פתח טע"ט. וטומאה בתוכו. זה נקרא קבר סתום שמטמא במגע כל סביבות הבנין שע"ג הקבר. ואפי' י' עליות זעג"ז שנסמכין תקרותיהן תוך בנין זה שע"ג הקבר. מתפשטת הטומאה תוך כל העליות. אבל אם יש חלול עליה ע"ג בנין זה החלול הזה מפסיק שלא תבקע הטומאה מתקרת עליה זה ולמעלה. **כותל** שנעשה מעצמו מקרקע עולם ויש בתוכה אויר טע"ט ברום טפח ממעל להטומאה הטמונה בתוכו אינו כקבר סתום שיבקע כל חללו למעלה ולמטה כנגדו אלא רק כנגד טומאה רצוצה בוקע. דתרתי בעינן לשיהיה דינו כקבר סתום. שיהי' עליו בנין בידי אדם. ושיהיה תוך החלול שהטומאה טמונה בו טע"ט ברום טפח אויר ממעל להטומאה. **אהל** שסמוך להקבר סתום. עד שפני הבנין שעל הטומאה הוא מכותליו. כיון שפני הבנין הוא תוך האהל. הר"ל כאילו האהל מאהיל על הקבר סתום ונטמא כולו:

משנה ב אהל שתקרתו הוא בשפוע. באופן שהדופן הוא תקרתו. דינו כשאר אהל. **אהל** שבצד א' יש בו טע"ט ובצדו הב' אויר פחות מזה. מבטל בטל האויר הצר לגבי האהל. והטומאה מתפשטת אפי' מהגבוה להגמוך. **אהל** המק"ט אהלים (כרפכ"ז דכלים) והיה בתוכו מת ויצא. הנוגע בצדו הפנימי טמא טו"ז ובצדו החיצון טטו"ע. אבל כל טהור שנכנס לתוכו ולא נגע בו. או אפי' נשאו. טהור. **ואם** נגע טומאה ממת באחורי האהל או האהילה עליו שם טומאה. והאהל לא היה מחובר. ופירשה הטומאה מהאהל. אז גם הנוגע באחורי האהל טטו"ז. והנוגע בו בפנים טטו"ע. **ואם** נגע בהאהל חצי זית מבשר המת בפנים וחצי זית מבחוץ והאהל אינו מחובר. האהל עצמו טטו"ז. והנוגע בו בכל מקום טטו"ע. דכל חד מצטרף לחבירו כאילו הוא בצד האחר מנגיעת הטהור בו. **אהל** שסרח העודף שלו אינו טע"ט תחתיו. והאויר הפחות הזה אינו מעורב עם אויר האהל. אז הטומאה שתחת הסרח או ע"ג בוקעת למעלה ולמטה ואינה מתפשטת כלל לצדדים לטמא גם מה שבתוך האהל. אפי' בעוד הטומאה נוגע בהרדוד. ורק הנוגע בהאהל אפי' אחר שהסירו הטומאה מהרדוד. הר"ל כנוגע בכלי שנגע במת. **טומאה** בבית ועליה ע"ג וארובה ביניהן. ואהל פרוס תוך העליה וסרח העודף מיריעת האהל פרוס ע"ג הארובה. הרדוד הזה דינו כאהל להציל שלא תתפשט הטומאה מהבית לעליה אף שעליה מקורה:

משנה ג מת בבית שבו פתחים הרבה וכולן נעולים. כולן מטמאין את מה שתחת משקוף הפתח אפי' חוץ להדלת הסגור. ובנפתח א' מהדלתות. או חישב להוציא הטומאה בא' מהן. והוא דע"ד טפחים כשיעור הוצאת המת. נטהרו האחרים להבא. ובסתום פתח א' באבנים הוא טהור. ובנמלך והתחיל לסתור האבנים נטמא הוא. והאחרים טהורים להבא. ובנמלך לסתור ולפתוח פתח בכותל ולהוציאו דרך שם. לא נטהרו הפתחים האחרים עד שיסתור בה דע"ד טפחים למת שלם:

משנה ד יולדת שנשאוה מחדר לחדר ובחדר הב' ילדה ולד מת. חיישינן שבחדר הא' כבר נפתח רחמה והר"ל כיצא. ולפיכך נטמא גם כל אשר בחדר הא' מספק מדהו"ל ספק טומאה ברה"י (ועי' רפ"ו דטהרות ודו"ק). מיהו בהלכה מחדר לחדר. מדהלכה ודאי לא נפתח רחמה עדיין. וכ"כ בהיה ראש הנפל פחות מגודל פיקה של פלך שכרוך עליו שתי הרי אפי' ודאי נפתח רחמה כשיעור זה אינו כיצא. וי"א דאדרבה כשראש הנפל קטן מפיקה. אף שהלכה יש ספק לטמא בית הא'. דמדנפתח רחמה רק מעט. שפיר תוכל לילך גם כשנפתח. והרי הר"ל כיצא:

משנה ה תאומים אף שיצא הראשון מת. הרי הב' שנולד אחריו חי אחר שהוציאו המת מהבית. טהור מטו"ז. דנגיעתן ברחם אמ"ט. ואף שהרחם היה נשאר פתוח ביני ביני. עכ"פ דוקא לענין יציאת הטומאה כבמשנה ד' חשבינן פתיחת הרחם כיצא המת שבתוכו. מדסופו לצאת. אבל לטמא הטהור שעדיין הוא בתוך הרחם. לא חשבינן פתיחת הרחם כיצא. והרי בפנים אמק"ט. דשאני עילוי טומאה מאפוקי טומאה (ככריתות כא"א). אבל בראשון חי והב' מת. אע"ג שהוציאו החי מהבית קודם לידת המת. הרי הראשון טמא. דפתיחת הרחם שהיה בלידת הראשון מועיל שיהיה הב' המת כיצא. ונטמא החי:

משנה ו מקשה לילד. מותר להרוג הולד במעי אמו אף שנפתח הרחם. כדי להציל האם. וגם בזה לא חשבינן פתיחת הרחם כיצא. אבל כשבאמת כבר יצא רוב ראש הולד. אין דוחין נפש מפני נפש:

מצוה רלו היא שצונו בדין חובל בחבירו. והוא אמרו יתעלה וכי יריבון אנשים, וזו היא הנקרא דיני קנסות. וכבר בא הכתוב שהוא כולל דיני קנסות כולם, והוא אמרו יתעלה כאשר עשה כן יעשה לו שילקח ממנו תמורת מה שציערו לפי שיעור הצער, כמו שבאה בה הקבלה ואפילו לא היה אלא שביישו לבד, הנה הוא יקנס בממונו השעור ההוא. ודע שדיני הקנסות אלו כלם דיני אדם באדם, וכן כשהזיקה בהמה את האדם או האדם את הבהמה, הנה לא ידונו בהם ויקנסו זולת הבית דין הסמוכין בארץ ישראל. וכבר התבארו דקדוקי דין מצוה זו בפרק א' מבבא קמא. (ואלה המשפטים, הלכות חובל ומזיק פ"א):

מצוה רלז היא שצונו לדין בדיני השור. והוא אמרו יתעלה וכי יגח שור וכי יגוף שור. וכבר התבאר דין זה בששה פרקים הראשונים מקמא. (ואלה המשפטים, נזקי ממון פ"א):

מצוה רלח היא שצונו לדון בדיני הבור. והוא אמרו יתברך וכי יפתח איש בור. וכבר התבארו דקדוקי דין מצוה זו בפרק שלישי וחמישי מקמא. (ואלה המשפטים, הלכות נזקי ממון פי"ב):

מצוה רלט היא שצונו להורות בדין הגנב שנקנום אותו בדין תשלומי כפל או תשלומי ארבעה וחמשה או נהרגהו אם בא במחתרת או נמכרהו, ובכלל כל משפטי הגנב כמו שהתבאר בכתוב. וכבר התבארו דקדוקי דין זה כלם בפרק ז' מקמא ובח' מסנהדרין ובג' ממציעא ובמקומות מעטים מכתובות וקדושין ושבועות. (ואלה המשפטים, הלכות גנבה ואבדה פ"ג):

מצוה רמ היא שצונו בדין ההבער. והוא אמרו יתברך כי יבער איש. וכבר התבארו דקדוקי דין זה כלו בכללו בשני וחמישי מקמא ובחמישי מגיטין. (ואלה המשפטים, הלכות נזקי ממון פרק א' ג'):

מצוה רמא היא שצונו בדין ההבערה. והוא אמרו יתברך כי תצא אש וגו'. וכבר התבארו דקדוקי דין זה בפרק שני וששי מקמא. (ואלה המשפטים, הלכות נזקי ממון פרק י"ד):

מצוה רמב היא שצונו בדין שומר חנם. והוא אמרו יתעלה כי יתן איש אל רעהו כסף. וכבר התבארו דיני מצוה זו בפ"ט מקמא וממציעא וח' משבועות. (ואלה המשפטים, הלכות שאלה ופקדון בחמשה פרקים):

מצוה רמג היא שצונו בדין נושא שכר ושוכר שדין שניהם אחד כמו שבארו ואמרו (שבועות מ"ט:) שלשה דינין לארבעה שומרים. והוא אמרו יתעלה כי יתן איש אל רעהו וגו'. וכבר התבארו משפטי מצוה זו כלם בפ"ו וח' מקמא ובפ"ג וח' ממציעא וח' משבועות. (ואלה המשפטים, הלכות שאלה ופקדון בחמשה פרקים):

מצוה רמד היא שצונו בדין שואל. והוא אמרו יתברך וכי ישאל איש מעם רעהו. וכבר התבארו דקדוקי דין זה בפ"ח ממציעא וח' משבועות. (ואלה המשפטים, הלכות שאלה ופקדון בשלשה פרקים):

מצוה רמה היא שצונו בדין מקח וממכר רוצה לומר הפנים אשר בה יתקיים המכר בין המוכר והקונה. וכבר לקחו ראיה על אלה הפנים מאמרו וכי תמכרו ממכר לעמיתך או קנה מיד וגו'. וכבר אמרו (ב"מ מ"ז:) דבר הנקנה מיד ליד כלומר משיכה. וכבר התבאר שם שמדבר תורה מעות קונות והמשיכה במטלטלין תקנת חכמים היא וכן המסירה וההגבהה. ובבאור אמרו שם כדרך שתקנו משיכה במוכרין תקנו משיכה בלקוחות. הנה התבאר לך שהיותם מצריכים המשיכה בממכרים מפני שהיא תקנה כמו שהתבאר במקומו. ואולם שאר הפנים שקונין בהם הקרקעות וזולתם כלומר שטר וחזקה הנה סמכו אותו לכתוב גם כן. וכבר התבארו משפטי דין זה רוצה לומר הפנים שיתקיים המקח בהם בכל מין ומין בפרק א' מקדושין ובפ"ד וח' וט' ממציעא וג' וד' וה' וו' וז' מבתרא. (בהר סיני, הלכות מכירה בי"א פרקים):

מצוה רמו היא שצונו בדין טוען ונטען. והוא אמרו יתעלה ויתברך שמו על כל דבר פשע אשר יאמר עליו כי הוא זה. ולשון מכילתא כי הוא זה עד שיודה במקצת. ובזה הדין יכנס כל מה שהוא נופל בין בני אדם מהתביעות קצתם על קצתם שיכנס בהם ההודאה והכפירה. וכבר התבארו דיני מצוה זו בג' מקמא וה' וו' משבועות וממנו שאלות רבות הם מפוזרות במקומות רבים מהתלמוד גם כן, ובפרק א' וח' ממציעא. (ואלה המשפטים, הלכות טוען ונטען בט"ז פרקים):

מצוה רמז היא שצונו להציל הנרדף אפילו בנפשו של רודף, כלומר שאנו מצווים להרוג הרודף אם לא נוכל להציל הנרדף אלא בנפש הרודף. והוא אמרו יתעלה וקצותה את כפה. ולשון ספרי במבושיו, מה מבושיו מיוחד שיש בה סכנת נפשות הרי הוא בוקצותה את כפה מלמד שאתה חייב להצילו בכפה מנין שאם אין אתה יכול להצילו בכפה שאתה יכול להצילו בנפשה תלמוד לומר לא תחוס עינך. הנה כבר התבאר לך ענין הצווי הזה ושאמרו אשת האחד אמנם דבר הכתוב בהווה, והכונה הוא להציל הנרדף באיבריו של רודף. ואם אי אפשר להצילו כי אם במיתת הרודף בפעם אחת המיתהו. וכבר התבארו דיני מצוה זו בפ"ח מסנהדרין. (כי תצא, הלכות רוצח פ"א):

מצוה רמח היא שהורנו בדיני נחלות. והוא אמרו יתעלה איש כי ימות ובן אין לו, ומכלל דין זה בלא ספק היות הבכור יורש פי שנים שזה משפט ממשפטי הירושות. וכבר התבארו משפטי מצוה זו בח' וט' מבתרא. (פינחס, בי"א פרקים בנחלות):

ודע כי מה שאמרנו שנתבארו משפטם במקום פלוני, אין כונתנו בזה שזה הפרק או המסכת ההיא תכלול כל משפטי המצוה ההיא עד שלא תמלט מהם שאלה אבל אזכיר מקום אשר בו עיקר דין המצוה ההיא ורוב משפטיה ואולם יהיו שאלות רבות למשפטי המצוה ההיא מפוזרות במקומות רבים מהתלמוד ולא אזכור מקומם עתה. וכשתסתכל כל אלו המצות שקדם זכרם עתה שתמצא מהם מצות שהם חובה על הצבור לא כל איש ואיש כמו בנין בית הבחירה והקמת מלך והכרתת זרעו של עמלק. ומהם מצות שהם חובה לאיש אחד אם עשה פעולה פלונית או שימצאהו ענין כגון קרבן שוגג ומזיד ופעמים יעמוד אחד מן האנשים כל ימי חייו ולא יעשה הפעולה ההיא ולא ימצאהו הענין ההוא ומאלו המצות גם כן דינן כמו שבארנו כמו עבד עברי ודין אמה העבריה ועבד כנעני ושומר חנם ושואל וזולתם ממה שקדם זכרם, יתכן שיעמוד אחד מן האנשים כל ימי חייו ולא ישפט בזה ולא תתחייב לו המצוה ההיא. ומהם גם כן מצוה אינה נוהגת אלא בהיות הבית קיים, כגון חגיגה וראיה ומצות

הקהל

לב שמח

אבל תחלת הלשון קשה לזה כתב שבלשונינו לשלם לעבד וכו', ופשטן של דברים שהבעלים הם המצווין לשלם לו, ואף אם גם זה נפרשהו על ב"ד מ"מ פשוטו של צווי לחפשי ישלחנו תחת שנו עכ"פ אבעלים קאי מדל"ק ישלחוהו ולפי דעת הרמב"ן כך היה ראוי לכתוב. ועוד אם דעתו ז"ל שזו מצוה לב"ד אין לה ענין עם הגירושין שלא דמות לה עמהם להביא שהם מצוה על המגרש. ופה נשלם מה שזכני ה' להלך על הרב ז"ל במה שהושג על מנין מ"ע. ובעזרו יתברך שמו אבא אל מה שהושג על מנין מצות ל"ת:

כתב

מאד הנה תכלית מה שיהיה שנפטור החוטא, וכאשר חתכנו הגדרים* בדמיון ובאומד הנה פעמים נהרוג נקי. וכן כשהעידו שני עדים עליו בשתי עבירות בכל אחת מהן דין מיתה, כגון אחד משניהם לבדו ראה אותו עובר על אחת והאחד ראה אותו עובר על אחרת הנה לא יהרג, והמשל בזה כגון שהעיד עליו עד אחד שהוא עשה מלאכה בשבת והתרו בו והשני יעיד עליו שעבד ע"ז והתרה בו, זה לא יסקל, אמרו ז"ל אחד מעידו עובד לחמה ואחד מעידו עובד ללבנה שומע אני יצטרפו תלמוד לומר ונקי וצדיק אל תהרוג. (ואלה המשפטים, הלכות סנהדרין פ"כ):

מצוה רצא שהזהיר העד מדבר בדין שהעיד עליו ואע"פ שהוא חכם ויודע הוא לא יהיה עד ודיין וטוען אבל יעיד במה שראה וישתוק והדיינין יעשו בעדותו לפי מה שיראה להם ובאה האזהרה שלא לדבר בדבר נוסף על העדות, וזה בדיני נפשות לבד, והוא אמרו יתעלה ועד אחד לא יענה בנפש למות, וכפל האזהרה בזה ואמר לא יומת על פי עד אחד כלומר לא יומת בטענת העדים. ובסנהדרין אמרו ועד אחד לא יענה בנפש בין לזכות בין לחובה, ובארו טעם זה משום דהוי כנוגע בעדותו, ובדיני נפשות לבד אסור ללמד לא זכות ולא חובה. (מסעי, הלכות עדות פ"ה):

מצוה רצב שהזהירנו מהרוג מחוייבי מיתה כשנראה שכבר עשה חטא שנתחייב עליו הריגה קודם הגיעו לבית דין אבל נביאהו לבית דין בהכרח ונעיד עליו בעדים לפניהם ונהיה אנחנו עדים לבית דין והם ישפטו עליו במה שיהיה חייב, והאזהרה שבאה בזה הענין הוא אמרו לא יומת הרוצח עד עמדו לפני העדה למשפט. ולשון מכילתא יכול יהרגו אותו משהרג או משנאף תלמוד לומר עד עמדו לפני העדה. ואפילו היה בית דין הגדול הם שראוהו הורג והם כלם עדים תבא העדות אצל בית דין אחר ואחר ידינוהו. ובמכילתא הרי עדה שראו באחד שהרג את הנפש יכול יהרגוהו תלמוד לומר עד עמדו לפני העדה עד שיעמוד אצל בית דין. (שם, הלכות רוצח פ"א):

מצוה רצג שהזהירנו שלא לחום על הרודף, ובאור זה כי מה שזכרנו במצוה שלפני זאת מהציל החוטא שלא יהרגוהו העדים עד שידינו אותו בית דין אמנם הוא כשעבר ועשה המעשה שיתחייב עליו מיתה והשלים אותו. אמנם בעת השתדלותו ובקשו לעשות אז יקרא רודף וחובה עלינו למנעו מעשותו מה שלבו מתאוה ונצר לו כדי למנעו מן העבירה, ואם לא רצה לשמוע אלינו נלחם בו, ואם יכולנו למנעו בחסור אחד מאיבריו כגון שנחתוך ידו או רגלו או נסמא עינו הנה זה הוא הקודם, ואם לא היה אפשר למנעו אלא באבידת נפש הנה יהרג כדי שלא יעשה מעשה הרע ההוא. ובאה האזהרה שלא לחום עליו ומהמנע להרגו והוא אמרו וקצותה את כפה לא תחוס עינך. ולשון ספרי וקצותה מלמד שאתה חייב להצילו בכפה ומנין שאם לא היו יכולין להציל בכפה שמצילין אותו בנפשה תלמוד לומר לא תחוס עינך, ושם אמרו מה מבושיו מיוחד שיש בו סכנת נפשות והרי הוא בוקצותה אף כל דבר שיש בו סכנת נפשות הרי הוא בוקצותה. וזה שאמרנו שיהרג הרודף אינו בכל מי שישתדל לעשות איזו עבירה ואמנם הוא באחד הרודף אחר חבירו להרגו ואפילו היה קטן או הרודף אחר אחת מן העריות לגלות ערותה ובתנאי שיהיה בן תשע ויום אחד, ומבואר הוא כי הזכר הוא בכלל העריות, ואמרו צעקה הנערה ואין מושיע לה הא יש לה מושיע צריך להושיעה בכל מה שתוכל, והשוה בין רודף אחריה ובין רודף אחר חבירו להרגו ואמר כי כאשר יקום איש על רעהו ורצחו נפש וגו'. וכבר התבארו משפטי מצוה זו בפ"ח מסנהדרין. (תצא, שם):

מצוה רצד הזהיר מענוש האנוס על חטאו אם עשאו אחר שהיה אנוס על המעשה. והוא אמרו ולנערה לא תעשה דבר. [ובסנהדרין אמרו אנוס רחמנא פטריה שנאמר ולנערה לא תעשה דבר]. (שם, שם):

מצוה רצה הזהיר מקחת כופר מן ההורג בשוגג כדי שנפטור אותו מגלות אבל יגלה על כל פנים. והוא אמרו לא תקחו כופר לנוס אל עיר מקלטו. והתבארו משפטי מצוה זו במכות. (מסעי, הלכות רוצח פ"א):

מצוה רצו הזהיר מקחת כופר מן ההורג במזיד אבל יהרג על כל פנים. והוא אמרו לא תקחו כופר לנפש רוצח אשר הוא רשע למות. וכבר התבארו משפטי מצוה זו במכות. (שם, שם פ"ה):

מצוה רצז הזהירנו מלהתרשל בהצלת נפש אחד כשנראהו בסכנת מות או ההפסד ויהיה לנו יכולת להצילו כמו שהיה

טובע

*ר"ל העונשים.

ומנה לבן בהכחשה אם נאמר בשאינן מכחישין אלי עדות היא וכבר יולא לנו פטור מפסוק לא ימות על פי עד אחד בכילד העדים (מכות י') אמרו לא יומת על פי עד אחד להביא שנים שרואין אותו אחד מחלון זה ואחד מחלון זה ואין רואין זה את זה שאין מלטרפין ולא עוד אלא אפילו שנים בזה אחר זה מחלון אחד אין מלטרפין והעמידוה אפי' בבועל את הערוה דהאי קא חזי כולי מעשה והאי קא חזי כולי מעשה, כלומר שכל אחד רואה באותה בעילה מעשה המחייבו ואעפ"כ אינן מלטרפין והוא המניעה שנמנענו מלא יומת על פי עד אחד, וכן מאומד אף בדיני ממונות הוא פסול דקי"ל כרבנן דפליגי עליה דר' אחא בגמל האוחר כמתבאר שם ברביעי של סנהדרין (דף ל"ז:) ולא בא הכתוב הזה ונקי ולדיק אל תהרוג אלא לפטור בדיני נפשות המחוייבין בדין ממון. וזה ראו בעלי הגמרא ותפשו להם סוף המתניתא השנייה במכילתא שהיא עיקר המדרש בכתוב הזה ומ"מ שתי מניעות הן:

כתב הרב והמלוה רצ"ד שנמנענו מלדון האנוס על חטא שיעשה והוא אמרו יתעלה ולנערה לא תעשה דבר ובסנהדרין אמרו אנוס רחמנא פטריה שנאמר ולנערה לא תעשה דבר. וכבר ביארנו אנחנו שאין זה הלאו (א) מניעה אלא שלילות לפטור הנערה האנוסה, ומאמרם שהביא מסנהדרין אנוס רחמנא פטריה ראיה שהוא פטור לא אזהרה וכבר קדם לנו זכרון זה (שורש ח'):

כתב

עד אחד מעידו שעבד לחמה וכו' שאינו כלום מפני שהוא חלי עדות הנה לא ידענו ענין הרודף אחר חבירו להרגו וכו' לומר שאין הורגים אותו מאומד והדרשה הזאת בודאי היא עיקר ולא אסמכתא מפני שלא ידענו אותה ממקום אחר וגם במה שדרשו בו אחד אומר עבד לחמה וכו' נוכל לומר שהיא דרשה גמורה גם שזה הדין כבר נודע אללנו אפילו בדיני ממונות על הכלל שאללנו מלתא דאתיא בק"ו טרח וכתב לה קרא, והכלל שנמנה זה הפסוק ללאו אחד, וכן מנאו ג"כ הסמ"ג בלאו ר' והוא כלל בו מדרש הגמרא והיא דמכילתא שגם הוא רמז בגמרא וכמו שהביא בספרו:

נראה לי שהנכון כדברי הרב (א) שזה הלאו הוא מניעה כי השלילות הוא אין לנערה חטא מות, אבל לנערה לא תעשה דבר אינו שלילה רק אזהרה לבלתי הרגה על היותה אנוסה. ומה שאמר הרמב"ן כי מאמרם פטור הוא ראיה שאינו אזהרה, נ"ל שמאחר שהתורה פטרתו בודאי הוא לווי לנו לפטור שאם באנו לחייבו הנה סתרנו דעת התורה א"כ מלוה היא עלינו לפטרו, וכבר זכרתי גם אני למעלה, וגם הסמ"ג מנאו בלאו ר"א:

נראה

לב שמח

בזה שימנו שתי מניעות שהם ענינים שונים אין להם דמיון זה עם זה כלל עכ"ל. ולא ירדתי לסוף דעתו בטענתו זאת כי אף שהענינים שונים הם לאו אחד יכללם ולאו שבכללות הוא שקדם זכרו לדעת הרב מעם שהפרטים בו רבים אין לוקין עליהם אלא אחת דומיא דכל שאור וכל דבש לא תקטירו ודומיא דכל אלמנה ויתום לא תענון דסלקין מיניה:

כתב הרמב"ן כתב הרב והמלוה רצ"ד הזהירנו מלדון האנוס על חטא שיעשה וה"א ית' ולנערה לא תעשה דבר ובסנהדרין אמרו אנוס רחמנא פטריה שנאמר ולנערה לא תעשה דבר, וכבר ביארנו אנחנו שאין זה הלאו מניעה אלא שלילה לפטור הנערה האנוסה, ומאמרם שהביא מסנהדרין אנוס רחמנא פטריה ראיה שהוא פיטור לא אזהרה וכבר קדם לנו זכרון זה עכ"ל:

ואני גם כן אומר שכבר קדם לי ביטול כל זה באריכה בשרש ח' ועתה אבוא אליו בקלרה. כי השלילה הזאת שהוא ז"ל אומר הנה היא במאמר אין לנערה חטא מות שהוא ודאי שולל ממנה המות כי אין לה חטא שראוי שימיתוה בשבילו ואם לנערה לא תעשה דבר ג"כ שלילה בדבריו הנה הן שתי שלילות דחדא מינייהו הוה סגי ולפיכך יש לנו לומר ודאי דלא תעשה דבר אזהרה כמשמעה ואין לנערה חטא מות שלילה וכי יקום איש על רעהו הוא הטעם לשניהם שאנוסה היא, ומה שהוא ז"ל אומר כי הלשון דאנוס רחמנא פטריה ראיה שהיא שלילה ממה שזכרו פיטור ולא אזהרה, אינו הכרח כלל כי הפיטור דאנוס לשאר המקומות הוא דקאמרי דנפיק מאזהרה זו דולנערה לא תעשה דבר וזו היא ראית הרב ממאמר זה שהיתה כונתם בו דאנוס רחמנא פטריה בכל מקום ממה שנאמר ולנערה לא תעשה דבר כלומר שמאזהרה זו למדנו פיטור לכל מקום אשר ימלא שם אונס. והרבה יותר מזה כתבתי לעיל יע"ש:

כתב

ריק וחסר: **יג** ועניני ארבעה פרקים אלו שבחמש מצות האלו הם שחכמים הראשונים קוראין אותו [א]פרדס כמו שאמרו ארבעה נכנסו לפרדס. ואע"פ שגדולי ישראל היו וחכמים גדולים היו לא כולם היה בהן כח לידע ולהשיג כל הדברים על בוריין. ואני אומר שאין ראוי לטייל בפרדס אלא מי שנתמלא כריסו לחם ובשר. ולחם ובשר הוא לידע האסור והמותר וכיוצא בהם משאר המצות. ואע"פ שדברים אלו דבר קטן קראו אותן חכמים שהרי אמרו חכמים דבר גדול מעשה מרכבה ודבר קטן הוויות דאביי ורבא. אעפ"כ ראויין הן להקדימן. שהן מיישבין דעתו של אדם תחלה. ועוד שהם הטובה הגדולה שהשפיע הקב"ה ליישוב העולם הזה כדי לנחול חיי העולם הבא. ואפשר שידעם הכל קטן וגדול איש ואשה בעל לב רחב ובעל לב קצר:

פרק חמישי

א כל [א]בית ישראל [א]מצווין על קדוש השם הגדול הזה שנאמר ונקדשתי בתוך בני ישראל. ומוזהרין [ב]שלא לחללו שנאמר ולא תחללו את שם קדשי. כיצד כשיעמוד עובד כוכבים ויאנוס את ישראל לעבור על אחת מכל מצות האמורות בתורה או יהרגנו יעבור ואל יהרג שנאמר במצות אשר יעשה אותם האדם וחי בהם. וחי בהם ולא שימות בהם. ואם מת ולא עבר הרי זה מתחייב בנפשו: **ב** במה דברים אמורים בשאר מצות חוץ מעבודת כוכבים [ג]וגלוי עריות ושפיכת דמים. אבל שלש עבירות אלו אם יאמר
לו

א סמ"ג עשין ה' טור יו"ד סי' קנ"ז: ב סמ"ג לאוין ב':

כסף משנה

פ"ד יג ואע"פ שדברים אלו דבר קטן קראו אותן חכמים שהרי אמרו דבר גדול מעשה מרכבה דבר קטן הוויות דאביי ורבא אעפ"כ ראוי להקדימם וכו'. בסוכה סוף פ' הישן אמרו על ריב"ז שלא הניח מקרא ומשנה וכו' דבר גדול ודבר קטן דבר גדול מעשה מרכבה דבר קטן הוויות דאביי ורבא: וכתב הר"ן דבר קטן הוויות דאביי ורבא פי' משום דמעיקרא אמר שלא הניח מקרא ומשנה וכו' קרי להוויות דאביי ורבא דבר קטן. לפי שאין ספק שהתנאים הראשונים היו יודעים המשנה על בוריה הוויות דהוו בתר הכי אביי ורבא לדבר קטן חשבינן להו, והרמב"ם כתב מה שרצה והלואי שלא נכתב. וכן פירש הריטב"א וקיים אבל דבר גדול הוא מכל חכמות העולם. וזה הפירוש אמת הוא ולא כמו שפירשו אחרים והאלהים יכפר בעד עכ"ל:

ובשם הרב אליה מזרחי ז"ל מצאתי כתוב וז"ל מן המבואר שהשם גדול נאמר על שני פנים. אם בכמות. אם באיכות. ושהגדול באיכות יחלק עוד לשנים. האחד מהם על גודל הדרוש ומעלתו. וזה עוד יחלק לשני פנים אם מצד גודל נושא הדרוש ואם מצד עומק מושגו. והשני על גודל שכרו. ומעתה אין טענה משם גדול הנאמר על מעשה מרכבה. כי מעשה מרכבה אם נקרא גדול מהחכמה התלמודית הנה הוא גדול מצד גודל הדרוש ומעלתו בשני האופנים יחד שהם גודל נושא הדרוש ועומק מושגו. ואולם החכמה התלמודית אע"פ שאינה חוקרת על נושא גדול כגודל חכמת מעשה מרכבה שהרי הדרוש של מעשה מרכבה הוא הבורא יתעלה בין לדעת חכמי הקבלה בין לדעת חכמי המחקר ונושא החכמה התלמודית הם מעשה מצותיו יתברך. מ"מ כאשר לא יודע הענין בה מצד גודל נושא הדרוש וקשיו רק מצד גודל השכר ומיעוטו הנה בלי ספק שהחכמה התלמודית היא השורש והעיקר אשר בה נזכה לחיי העוה"ב משאר מיני החכמות והיא החכמה היותר גדולה מזה הצד מכל מה שזולתה והביא ראיות על זה:

ואני אומר שע"פ דרך זה יתבאר הא דתנן ר"א (בן) חסמא אומר קינין ופתחי נדה הן גופי הלכות וכו' לומר שאע"פ שתקופות וגימטריאות עסקם בדברים מעולים שהם הגרמים השמימיים וקינים הם דבר קל הערך. ופתחי נדה נושאם דבר מכוער. אעפ"כ אלו הן גופי הלכות כלומר עיקרי תורה מצד השכר הגדול הצפון לעוסקים בהם. ותקופות וגימטריאות אע"פ שנושאם דברים מעולים מאד אינם עיקרים אלא כמו פרפראות לחכמה התלמודית שהיא ראויה להקרא חכמה סתם להיות עסקה בפירוש מצותיו יתברך ולגודל השכר הניתן לעוסקים בה ומקיימין מצותיה:

פ"ה א כל בית ישראל מצווין על קידוש השם וכו' עד בין נאנס בתוך עשרה בין נאנס בינו לבין העובדי כוכבים. הכל בסנהדרין (דף ע"ד.) א"ר יוחנן משום ר' שמעון בר יהוצדק נמנו וגמרו בעליית בית נתזה בלוד כל עבירות שבתורה אם אומרים לאדם עבור ואל תהרג יעבור ואל יהרג חוץ מעבודת כוכבים גלוי עריות ושפיכות דמים. כי אתא רב דימי אמר ר' יוחנן לא שנו אלא שלא בשעת השמדה אבל בשעת השמדה אפילו מצוה קלה יהרג ואל יעבור. כי אתא רבין אמר ר' יוחנן אפי' שלא בשעת השמדה לא אמרו אלא בצנעה אבל בפרהסיא אפי' מצוה קלה יהרג ואל יעבור. אמר רב יעקב אמר ר' יוחנן אין פרהסיא פחות מעשרה בני אדם ואמרו שם דבעינן שיהיו ישראל שנאמר ונקדשתי בתוך בני ישראל. והקשו שם והא אסתר בפרהסיא הואי כלומר ונבעלה לאחשורוש ולא מסרה נפשה. אמר אביי אסתר קרקע עולם היתה כלומר היא אינה עושה מעשה הוא
עושה

פירוש

יג ועניני ארבעה פרקים אלו שבחמש מצות וכו'. חמש המצות הם. לידע שיש שם אלוה. ושלא לעלות במחשבה שיש אלוה זולתו. וליחדו. ולאהבו. ולירא ממנו: **הם** שחכמים קורין אותו פרדס. כדגרסינן בחגיגה פרק ב' ארבעה נכנסו לפרדס בן עזאי אחר יבן זומא ור"ע. בן עזאי הציץ ומת. בן זומא הציץ ונפגע. אחר קצץ בנטיעות. ר"ע נכנס בשלום ויצא בשלום. ונקרא זה ענין פרדס בשביל שני ענינים. הא' כמו שהפרדס יש בו מיני מגדים שהם תאוה לעינים ונחמדים למראה ועינות מים חיים שהם משמחי לב ומרחיבים הנפשות כך אלו הענינים. ועוד שהפרדס כשיכנס לו האדם ימצא אילנות רבות ובתחלה לא ידע מה הוא הפרי שלהם ומה תועלת כל פרי וכשיתבונן בהם מעט מעט יתגלה לו סוד כל אחד ואחד מהם וטעמו והנאתו, ואע"פ שהוא טוב ונאה אם יאכל ממנו הרבה יחלה ויזיק לו. כך אלו הענינים בתחלה לא ידע הנאתם ותועלתם וכשיתבונן מעט מעט וידע ההקדמות וירגיל עצמו בלימוד מיד יעלה למדרגה העליונה וידע מה שיוכל להשיג:

ולפיכך אין ראוי לטייל בפרדס וכו'. כלומר ירגיל עצמו בתחלה בחכמות שאין בהם קושי והם האסור והמותר ושאר משפטי התורה והם הנקראים הוויות דאביי ורבא כלומר שנהיה ביניהם משא ומתן בו, וחכמים קראו לענינים אלו דבר קטן מפני שהם קטנים לגבי מעשה בראשית ומעשה מרכבה. וכן אמרו חכמים שמונים תלמידים היו לו להלל הזקן שלשים מהם ראויים שתשרה עליהם שכינה כמשה רבינו ושלשים ראויים שתעמוד להם חמה כיהושע ועשרים בינונים גדול שבהם יונתן בן עוזיאל קטן שבהם רבן יוחנן בן זכאי אמרו עליו על ריב"ז שלא הניח מקרא משנה גמרא וכו' עד דבר קטן ודבר גדול ואמרו דבר קטן הוויות דאביי ורבא דבר גדול מעשה מרכבה: **אעפ"כ ראויין** הם להקדימן וכו'. שמשפטיהם מביאים לידי הטובה הגדולה שהקב"ה צוה על הגזל ועל החמס והגנבה והדינים. וכל אלו הם לישובו של עולם שבעשייתם יהיה השלום בעולם ויסור הנזק ויוכל האדם להשיג בוראו ויגיע לחיי העוה"ב. השם יעזרנו על דבר כבוד שמו:

משנה למלך

פ"ה ב במה דברים אמורים בשאר מצות חוץ וכו'. בסנהדרין פרק בן סורר (דף ע"ד.) א"ר יוחנן אמר ר' שמעון בן יהוצדק נמנו וגמרו בעליית בית נתזה בלוד כל עבירות שבתורה אם אומרים לו לאדם עבור ואל תהרג יעבור ואל יהרג חוץ מעבודת כוכבים וג"ע וש"ד. והנה הגאון הרא"ם ז"ל בתשובה ת"א סי' נ"ט נשאל על כהן שנשא חלוצה יאנסוהו שלא להוציאה. והשיב דא"א לו לעבור מחמת אונס ממון ועוד דאפילו בסכנת נפשות לא אמרינן אלא בשאר עבירות אבל בשלש עבירות דעבודת כוכבים יג"ע וש"ד לא דקיי"ל כל עבירות שבתורה אפילו א"ל לאדם עבור ואל תהרג יעבור ואל יהרג חוץ משלש אלו יאף על גב דאיסור חלוצה אינו אלא מדרבנן ואינו בכלל ג"ע מ"מ כיון דאיסור ביאה הוא הרי הוא בכלל ג"ע דחוץ מעבודת כוכבים וג"ע וש"ד דאמרינן לאו דוקא הני אלא ה"ה באביזרא דידהו וראיה מהסיא דפ' בן סורר מאותו שנתן עיניו באשה וחלה בחולי גדול ואמרו הריפאים שאין לו תקנה עד שתבעל לו ואמרו חכמים ימות ואל תבעל ואל תעמוד נגדו ערומה כו' אלמא לאו דוקא ג"ע בלבד אמרו אלא אפילו בפנויה ואפילו בדבור בעלמא ואפילו שלא בפניו שאין בכל אלו כי אם איסור הנאת פנויה בלבד משום דאביזרא דידיה הוא כ"ש בנ"ד שהוא איסור ביאה דרבנן והעובר על דברי חכמים חייב מיתה עכ"ד. ועיין מ"ש מרן הב"י יו"ד סי' קנ"ה על מ"ש הרמב"ן לאסור לבעל למשש דפק אשתו נדה וז"ל ימיהו אם החולי מסוכן ואין שם רופאים משמע קצת מדבריו דשרי משום פקוח נפש אלא דאיכא למימר דלטעמיה אזיל דסבר דנגיעת נדה אינה אסורה אלא מדרבנן אבל להרמב"ם דנגיעת ערוה אסורה מן התורה הכא אע"פ שיש בו פקוח נפש אפשר לאסור משום דהוי אביזרא דג"ע יל"ע ע"כ. (א"ה ונראה דאין זה סותר דברי הרא"ם דשאני נדון מרן ז"ל דאין כוונתו לעבור על דת אלא לרפואת אשתו קא מכוין. אבל ראיתי להש"ך ז"ל סי' קנ"ז ס"ק י' שכתב וז"ל ומ"מ משמע דבערוה דרבנן לכ"ע יעבור ואל יהרג ופשוט הוא וכן משמע בב"י שם ע"כ ועיין מ"ש לקמן פי"ז מה' איסורי ביאה דין ז'). ועיין מ"ש הר"ן בפרק בתרא דיומא אהא דאמרינן התם דאין לך דבר שעומד בפני פקוח נפש חוץ מעבודת כוכבים וג"ע וש"ד דלאו דוקא אינהו גופייהו דכל אביזרייהו נמי אסירי והביא ראיה לדבריו מסוגיא דפ' בן סורר שהביא הרא"ם:

אלא דצריך לעיין במ"ש הר"ן שם בסוף דבריו דכותי הבא על בת ישראל לאו בכלל ג"ע הוא דאי בזנות גזרת ב"ד של שם הוא כו' (א"ה וכיוצא בזה כתב הרמב"ן הביא דבריו מרן בכ"מ הכא בפרקין) יאי אמרת דאפילו באיסורי ביאה דרבנן עומד בפני פקוח נפש כדברי הרא"ם וכי גרעה גזרת ב"ד של שם מאיסור חלוצה (א"ה אע"ג דאיכא למימר דהתם איירי הר"ן לענין דאינו בכלל
ג"ע

מגדל עוז

פ"ה א ג כל בית ישראל מצווין על קדוש השם עד בין שנאנס בתוך עשרה בין נאנס בינו לבין עובדי כוכבים. פרק אין מעמידין (ע"ז דף כ"ז) ופרק בן סורר ומורה (דף ע"ד) וביומא פרק בתרא (דף פ"ג) ופסחים פרק כל שעה (דף כ"ה). ועיין קדוש השם בתורת כהנים בפרשת אמור אל הכהנים ובסנהדרין פ' ד' מיתות (דף ס"א) ובספרי ונקדשתי בתוך בני ישראל על מנת כן הוצאתי אתכם מארץ מצרים על מנת שתקדשו שמי ברבים וכן כתב ר"מ ז"ל בס"ה:
כל

הגהות מיימוניות

יג [א] וכן פי' בערוך ע' אבן בשם רב האיי גאון שהיו עושים מעשים ומתפללים תפלה בטהרה ומשתמשין בכתר וצופים בהיכלות ורואים היאך משמרות המלאכים במעמדם והיאך היכל אחר היכל ילפנים מהיכל וכו' עד ולא שהן עולים למרום אלא בחדרי לבם צופים ורואים כאדם שצופה בעיניו דבר בריר ושומעים ומדברים כעין הסוכה ברוח הקדש עכ"ל בשם הגאון. והא דאמר בן עזאי הציץ ומת פירוש הוסיף להזכיר שמות כדי להביט באספקלריא המאירה. אבל בערך פרדס כתב וז"ל נכנסו לפרדס פירוש פרדס מעין ג"ע שהוא גנוז לצדיקים כך אותו מקום הוא מקום בערבות שהנשמות שם צרורות עכ"ל:

א [א] בח"ב ממשמע שנאמר לא תחללו את שם קדשי א"כ מה תלמוד לומר ונקדשתי אמרה תורה מסור עצמך על קידוש שמי ע"כ: **ב** [ג] היינו דוקא באיש אבל אשה קרקע עולם היא אם לא עשתה מעשה כגון להביא ערוה עליה כדמשמע פרק בן סורר ומורה (דף ע"ד) דפריך והא אסתר פרהסיא הואי ולא פריך גלוי עריות הואי אלא מפרהסיא פריך משום חילול השם ועיין בהלכות איסורי ביאה פרק י"ח ובתוספות בפ"ק דכתובות (דף ג') ופרק כל שעה (דף כ"ה) וסוף פרק בן סורר:

דלא

לו עבור על אחת מהן או תהרג. [ג] יהרג ואל יעבור. במה דברים אמורים בזמן שהעובד כוכבים מתכוין להנאת עצמו. כגון שאנסו לבנות לו ביתו בשבת או לבשל לו תבשילו. או אנס אשה לבועלה וכיוצא בזה. אבל אם נתכוין להעבירו על המצות בלבד. אם היה בינו לבין עצמו ואין שם עשרה מישראל יעבור ואל יהרג. ואם אנסו להעבירו בעשרה מישראל יהרג ואל יעבור. ואפילו לא נתכוין להעבירו אלא על מצוה משאר מצות בלבד: ג וכל הדברים האלו שלא בשעת הגזרה [ד] אבל בשעת הגזרה והוא שיעמוד מלך רשע כנבוכדנצר וחביריו ויגזור גזרה על ישראל לבטל דתם או מצוה מן המצות. יהרג ואל יעבור אפילו על אחת משאר מצות בין נאנס בתוך עשרה בין נאנס בינו לבין עובדי כוכבים [ה]: ד כל מי שנאמר בו יעבור ואל יהרג ונהרג ולא עבר הרי זה מתחייב בנפשו. וכל מי שנאמר בו יהרג ואל יעבור ונהרג ולא עבר הרי זה קידש את השם. ואם היה בעשרה מישראל הרי זה קידש את השם ברבים כדניאל חנניה מישאל ועזריה ורבי עקיבא וחביריו. ואלו הן הרוגי מלכות שאין מעלה על מעלתן. ועליהן נאמר כי עליך הורגנו כל היום נחשבנו כצאן טבחה. ועליהם נאמר אספו לי חסידי כורתי בריתי עלי זבח. וכל מי שנאמר בו יהרג ואל יעבור ועבר ולא נהרג הרי זה מחלל את השם. ואם היה בעשרה מישראל הרי זה חילל את השם ברבים ובטל מצות עשה שהיא קידוש השם ועבר על מצות לא תעשה שהיא חלול השם. ואעפ"כ מפני שעבר באונס אין מלקין אותו

ואין

כסף משנה

עושה בה מעשה. רבא אמר הנאת עצמן שאני ואזדא לטעמיה דאמר רבא עובד כוכבים דאמר לישראל קטול אספסתא פי' קצור עשב בשבתא ושדי לחיותא ואי לא קטילנא לך, לקטול ולא לקטליה. שדי לנהרא לקטליה ולא לקטול מ"ט לעבורי מילתא הוא דבעי. ופסק רבינו כרבא ונראה דסבירא ליה כהרמב"ן דעובד כוכבים הבא על בת ישראל לאו בכלל ג"ע הוא דא"כ לרבא דאמר הנאת עצמן שאני כלומר אפילו עבדה מעשה הא אמרינן דבשלש עבירות יהרג ואל יעבור אפילו מתכוין להנאת עצמו. והיינו טעמא דלא הוי בכלל ג"ע דאי בזנות גזירת בית דין של שם הוא ואי דרך חתנות מלא תתחתן בם נפקא דמשאר עבירות הוא ולית ליה דרשה דאל תקרי לבת לומר דהיתה אשת איש. ואפשר שלזה כיון רש"י שכתב על מה שהקשו והא אסתר פרהסיא הואי ונבעלה לעובד כוכבים ולא מסרה נפשה. נשמר דלא נימא דפריך דאשת איש הואי ולא מסרה נפשה דא"כ לא הוה מתרץ רבא מידי דכיון דג"ע היא אפי' מתכוין להנאת עצמו יהרג ואל יעבור. ועל מה שכתב הגמרא אפי' מצוה קלה יהרג ואל יעבור שאלו מאי מצוה קלה אמר רבא ב"ר יצחק אמר רב אפילו לשנויי ערקתא דמסאנא ופירש"י שרוך הנעל שאם דרך העובדי כוכבים לקשור כך ודרך ישראל בענין אחר כגון שיש צד יהדות בדבר ודרך ישראל להיות צנועים אפי' שינוי שאין בו מצוה אלא מנהג בעלמא. והתימה על רבינו שכתב אפי' על מצוה משאר מצות דמשמע דדוקא מצוה אבל לא מנהג. ואפשר שרבינו היה מפרש ערקתא דמסאנא כמו שפי' הרי"ף שהיו רצועות ישראל משונות כדי שלא ילבשו מלבוש כותי שזו מל"ת היא כמ"ש בפי"א מהלכות עובדי כוכבים שאין מתדמין לעובדי כוכבים לא במלבוש ולא בשער שנאמר ולא תלכו בחוקות וגו' וכתוב בנמוקי יוסף דהא דאמרינן דעובד כוכבים הבא על בת ישראל לא הוי בכלל ג"ע דוקא הוא אבל ישראל הבא [על] העובדת כוכבים בכלל עריות אסורות היא דהא זמנין דמיחייב מיתה עלה דקנאים פוגעים בו ואם לא פגעו בו קנאים חייב כרת. וכתב עוד שכל דבר שבידם להעבירו בעל כרחו אין לנו למסור נפשנו למיתה בשב ואל תעשה וכדאשכחן באסתר דקרקע עולם היתה ואפי' בשעת ההמרה כדאשכחן באלישע בעל כנפים שנטל תפילין מראשו כשראה קסדור. וכתב הר"ן בפ' במה טומנין דלא אמרו יהרג ואל יעבור אלא לעבור על מצות ל"ת אבל לא דגזרו לבטל מצות עשה כיון שאינו עובר בידים ועוד שהם יכולים לבטלה ממנו על כרחו שיניחוהו בבית האסורין ותבטל מאליה עכ"ל. וקשיא לי שהרי רב חנינא בן תרדיון מסר נפשו כדי לעסוק בתורה וכן ר' יהודה בן בבא כדי לסמוך זקנים ובמדרש מה לך יוצא ליסקל על שנטלתי לולב מה לך יוצא ליצלב על שמלתי את בני ואין לומר מדת חסידות שנו כאן אלא משמע שעל פי הדין היו עושים כן והיה דאלישע בעל כנפים לא מכרעא דכבר קיים באותו היום מצות תפילין וגם לא אמר לקסדור שמקיים גזירתם שלא להניח תפילין אבל השיב למה ששאלו מה זה בידך ואמר כנפי יונה:

ד כל מי שנאמר בו יעבור ואל יהרג ונהרג ולא עבר הרי זה מתחייב בנפשו. סובר רבינו שכשאמרו בגמרא יעבור ואל יהרג פירוש צריך לעבור כדי שלא יהרג. אבל שלמים וכן רבים סוברים דאם נהרג ולא עבר צדקה תחשב לו. ונראה שמפרשים יעבור ואל יהרג הרשות בידו לעבור כדי שלא יהרג. וכתב בנימוקי יוסף דאפילו לפי סברת רבינו אם הוא אדם גדול וחסיד ירא שמים ורואה שהדור פרוץ בכך רשאי לקדש את השם ולמסור עצמו אפילו על מצוה קלה כדי שיראו העם וילמדו ליראה את השם ולאהבו בכל לבם:

ואעפ"כ מפני שעבר באונס אין מלקין אותו וכו'. כ"כ ג"כ התוס' בר"פ הבא על יבמתו (יבמות נ"ד.) והביאו ראיה דקאמר בפ'

לחם משנה

פ"ה ב בד"א בזמן שהעובדי כוכבים מתכוין להנאת עצמו כגון שאנסו לבנות לו ביתו בשבת או לבשל לו תבשילו או אנס אשה לבועלה וביוצא בזה וכו'. נראה דהיינו פנויה ונכרי הבא על בת ישראל לאו גלוי עריות הוא וכדברי הרמב"ם ז"ל כדכתב הרב"י ומש"ה מותר להנאת עצמו דאי הך אשה הוי אשת איש הא בכלל עריות הוא ואפילו להנאת עצמו אסור והיכי כתב רבינו בד"א בזמן וכו' דמשמע דלהנאת עצמו מותר. והיה אפשר לומר דאפילו באשת איש מיירי רבינו ואין כונתו לומר דבהך להנאת עצמו מותר אלא כונתו הוא שהוא חילק קודם בין ג"ע לשאר עבירות. ואח"כ ביאר שהענין דמיירי מעיקרא הוא דמתכוין להנאת עצמו ובזה הוא שחילק בין ג"ע לשאר עבירות דבג"ע אסור ובשאר עבירות מותר. וביאר באיזה אופן הוא מתכוין להנאת עצמו בין בג"ע בין בשאר עבירות שהוא הנושא שדבר בו בתחלה וחלק ביניהם וכתב או אנס אשה לבועלה שהוא הנושא של ג"ע והשאר שכתב הוא נושא של שאר עבירות ומותר, והראשון נכון:

ג והוא שיעמוד וכו'. מה שכתוב רבינו ויגזור גזרה על ישראל אפשר שכיון למה שכתב הר"ן בפ' במה טומנין דכיון דלא אקשי גמרא והא אסתר שעת הגזרה הואי משמע דלא מקרי גזרה אלא כשהגזרה מיוחדת באומה אחת לבד אבל אחשורוש לא על ישראל בלבד גזר אלא על כל מדינות מלכותו והיינו שכתב רבינו שיגזור גזירה על ישראל לאפוקי שלא יהיה כגזרת אחשורוש שהיתה כוללת כל האומות. זה נראה לדקדק דברי רבינו אע"פ שאינו מוכרח:

ד כל מי שנאמר בו יעבור ואל יהרג ונהרג ולא עבר הרי זה מתחייב בנפשו. וא"ת מה יעשה רבינו להיא דאלישע בעל הכנפים דכתב הר"ן בפרק במה טומנין דע"כ כיון שהן יכולין לבטלה ממנו על כרחו יעבור ואל יהרג דאל"כ שעת הגזרה הוה והיכי נטלן מראשו אלא שודאי דפטור הוא וא"כ היכי מסר נפשו אלישע ולא מצא הר"ן תירוץ לזה אלא משום מדת חסידות אבל רבינו שסובר דמתחייב בנפשו אם כן איך עשה כן אלישע. וי"ל דרבינו סובר כי אלישע היה חייב למסור עצמו ולא ס"ל כתירוצא דהר"ן דמשום דיכולין לבטלה ממנו תבטל. אי נמי כיון שהיא מצות עשה דהא ר' חנינא בן תרדיון מסר נפשו כדי לעסוק בתורה כדהקשה עליו הרב בית יוסף אע"ג דבכולהו יתרץ הר"ן כמו שתירץ באלישע מ"מ רבינו לא ס"ל הכי אלא דלדידיה ליכא מדת חסידות בהא וכולהו מסרי נפשייהו משום דמיחייבי דלית ליה חלוקו דהר"ן. וכ"ת אלישע היכי נטלן מראשו הא שעת הגזרה הוה והוא היה גוף נקי וחייב בהם כדהקשה הר"ן וי"ל דשאני התם דכבר קיים מצות תפילין באותו היום וכדתירץ הרב"י. וא"ת מה יעשה להיא דדניאל שהביא הר"ן ז"ל שמסר עצמו על תפלה דרבנן דאע"ג דמ"ע להתפלל בכל יום מ"מ תלתא זמני הוו דרבנן ואולי י"ל דשאני התם שהיה עושה בתוך ביתו בצנעה והיה סבור להמלט ולא היה מסכן עצמו בכך: **ואם** היה בעשרה מישראל הרי זה חלל את השם ברבים. נראה מדברי רבינו דבפחות מעשרה ליכא אלא לאו דלא תחללו אבל בעשרה איכא תרתי ונקדשתי ולא תחללו ואע"פ שהיה אפשר לפרש דברי רבינו דאין חלוק בין פרהסיא לצנעה שזה חילל את השם ברבים וזה בצנעה ומ"מ בין הכי ובין הכי איכא עשה ולא תעשה. זה אינו במשמעות לשונו. ועוד דבגמרא אמרינן בהדיא ונקדשתי בתוך בני ישראל לא הוי אלא בעשרה דוקא: **ואעפ"כ** מפני שעבר באונס אין מלקין אותו וכו'. הרמ"ך הקשה על רבינו מההיא דפרק ארבע מיתות (דף ס"ד.) דאמר שם דפוער עצמו לפעור כו' זו היא עבודתו וכו' ואמרינן בגמרא אע"ג דמכוין לבזוייה וההוא ודאי מוטעה הוא

משנה למלך

ג"ע להחמיר אפילו היכא דמכוין להנאת עצמו משא"כ בנדון הרא"ם מ"מ מדברי הר"ן בפ' כל שעה שכתב וגזרת ב"ד של שם לא מיקרי ג"ע מוכח כדברי הרב המחבר ז"ל ודוק). ועיין במהרדב"ז ח"א סי' ב' ודוק היטב בדבריו ועיין בהריב"ש סי' רנ"ה. (א"ה לקמן בפרקין דין י' יתבאר מאי דשקיל וטרי הרב המחבר בדברי הרדב"ז בתשובה הנזכרת יע"ש):

ד כל מי שנאמר בו יעבור ואל יהרג ונהרג ולא עבר ה"ז מתחייב בנפשו. (א"ה זו היא שיטתו של הר"מ אבל שלמים וכן רבים ס"ל דרשאי להחמיר על עצמו וזה הוא דעת התוספות פרק אין מעמידין דף כ"ז ד"ה יכול. ולענין בן נח נחלקו האחרונים אם רשאי להחמיר או לא ונתבאר פלוגתא זו בדרשות הרב המחבר ז"ל הנקרא פרשת דרכים יע"ש בדרך האתרים דרוש שני (דף י' ע"ב). וראיתי להתוספות סוף פרק בן סורר שכתבו והיא עובדא דשלהי יבמות דא"ל כותי לישראל קטול אספסתא ואי לא קטילנא לך כדקטילנא לפ' דא"ל בשל לי קדרה בשבתא ולא בשיל וקטילתיה שמא לא היה בקי בהלכה דמן הדין לא היה לו למסור עצמו כו'. וק"ל אמאי לא קאמרי דרצה להחמיר על עצמו דלפי שיטתם ה"ז משובח. ונראה דמכאן סייעתא למ"ש ר' ירוחם ני"ח דאם הכותי מכוין להנאת עצמו אסור להחמיר וכן פסק מר"ן סי' קנ"ז יע"ש וכתב הש"ך שם בשם הב"ח דאפילו בפרהסיא אינו רשאי למסור עצמי כיון דאין הכותי מתכוין אלא להנאת עצמי אבל הפרישה ס"ל דבפרהסיא רשאי יע"ש ומדברי התוספות הנזכר מוכח כדברי הב"ח ומש"ה הוכרחו לומר דלא היה בקי בהלכה ודוק): וביטל מ"ע שהיא קדוש ה' ועבר על מצות ל"ת שהיא חלול ה'. (א"ה עיין מ"ש הרב המחבר בספר דרשותיו בדרך מצותיך ח"ב דף ס"ו ע"ב ועיין מ"ש בפ"ט מהלכות מלכים דין ב'):

ובעריות

הגהות מיימוניות

[ג] דלא כר' שמעון דאמר אף באלו יעבור ואל יהרג: ג [ד] ואמרינן בגמרא ברדיפת הדת אפילו ערקתא דמסאנא אסור לשנויי ויהרג ואל יעבור. פירוש רצועות מנעל שנהגו ישראל לשנותן משל עובדי כוכבים משום צניעות ומנהג יהדות. ומכאן כתב ראב"ם שאפילו אינה מצוה אלא מנהג רק שהונהג לתרבות ויהדות אם יעברנו נראה כעובר מצוה ועוקרה ויהרג ואל יעבור. ובערוך פירש יש שקושרין רצועות שחורות דמאבלי אירושלים כדאשכחן בסדר תעניות האלו וגזרו עכו"ם לשווי לבנים: [ה] והא דשרי ר"ש משום ר"ע ללבוש כלאים נשים כדי

מגדל עוז

ד כל מי שנאמר בו יעבור ואל יהרג וכו' עד ולנערה לא תעשה דבר. לשון ספרי הוא ומקצתו במסכת ע"ז פרק אין מעמידין (דף כ"ז) ונחלקו עליו רבותינו בעלי התוספות ואמרו שאם החמיר על עצמו והניח עצמו להריגה נקרא קדוש:

ואין צריך לומר שאין ממיתין אותו בית דין אפילו הרג באונס. שאין מלקין וממיתין אלא לעובר ברצונו ובעדים והתראה שנאמר בנותן מזרעו למולך ונתתי אני את פני באיש ההוא מפי השמועה למדו ההוא לא אנוס ולא שוגג ולא מוטעה. ומה אם עבודת כוכבים שהיא חמורה מן הכל העובד אותה באונס אינו חייב כרת ואין צריך לומר מיתת בית דין. קל וחומר לשאר מצות האמורות בתורה. ובעריות הוא אומר ולנערה לא תעשה דבר. אבל אם יכול למלט נפשו ולברוח מתחת יד המלך הרשע ואינו עושה הנה הוא ככלב שב על קיאו. והוא נקרא עובד עבודת כוכבים במזיד והוא נטרד מן העולם הבא ויורד למדרגה התחתונה של גיהנם: **ה** נשים שאמרו להם עובדי כוכבים תנו לנו אחת מכן ונטמא אותה ואם לאו נטמא את כולכן יטמאו כולן ואל ימסרו להם נפש אחת מישראל. [א]וכן אם אמרו להם עובדי כוכבים תנו לנו אחד מכם ונהרגנו ואם לאו נהרוג כולכם. יהרגו כולם ואל ימסרו להם נפש אחת מישראל. ואם יחדוהו להם ואמרו תנו לנו פלוני או נהרוג את כולכם. [ו]אם היה מחוייב מיתה כשבע בן בכרי יתנו אותו להם. ואין מורין להם כן לכתחלה. ואם אינו חייב מיתה יהרגו כולן ואל ימסרו להם נפש אחת מישראל: **ו** [ב]כענין שאמרו באונסין כך אמרו בחלאים. כיצד מי שחלה ונטה למות ואמרו הרופאים שרפואתו בדבר פלוני מאיסורין שבתורה עושין. [ג]ומתרפאין בכל איסורין שבתורה במקום סכנה חוץ מעבודת כוכבים וגילוי עריות ושפיכת דמים שאפילו במקום סכנה אין מתרפאין בהן. ואם עבר ונתרפא עונשין אותו בית דין עונש הראוי לו:

ומנין

א סמ"ג לאוין קס"ה טור ח"מ סימן שנ"ח: ב סמ"ג לאוין מ"ה טור יו"ד סי' קנ"ה: ג סמ"ג עשין ה' יו"ד סי' קנ"ד קנ"ו:

כסף משנה

בפ' רבי ישמעאל (ע"ז נ"ד.) דנעבד באונס אסור וכו'. ודע דהא דאמרן שמפני שעבר באונס אין מלקין אותו ואין ממיתין אותו היינו בשאר עבירות חוץ ממי שאנסוהו לבא על הערוה מפני שאין קישוי אלא לדעת כמבואר בדברי רבינו פ"א מהלכות איסורי ביאה:

כתב הרמ"ך מכיון שעבר באונס אין מלקין אותו ואין ממיתין וכו'. תמיהא לי דתנן ריש פרק ארבע מיתות דפוער עצמו לבעל פעור זו היא עבודתו ומפרש בגמ' אע"ג דמכוין לבזוייה וההוא ודאי מוטעה הוא אע"פ שקבל עליו התראה דסבור דהתראתם בטל ואפ"ה חייב וה"נ אם עבד כוכבים באונס והתרו בו חייב מיתה, עכ"ל. ואין תלונתו על רבינו אלא על חז"ל שדרשו ההוא ולא אנוס. ומ"ש שאם עבד כוכבים באונס והתרו בו חייב מיתה דברים תמוהים הם שהם שני הפכים בנושא אחד שאם קבל עליו התראה הרי זה מרוצה ולא אנוס ואם אומר שאעפ"כ הוא רוצה לעבדה מפני שאונסים אותו ה"ז אנוס לא מרוצה. ולענין מה שהקשה מפוער עצמו לבעל פעור לאו קושיא היא שרבינו מפרש דלאו לענין חיוב סקילה אמרינן דזו היא עבודתה אלא לענין חיוב חטאת וכך מבואר בדברי רבינו פרק ג' מהלכות עבודת כוכבים שכתב וז"ל העובד כוכבים כדרכה ואפילו עשה דרך בזיון חייב כיצד הפוער עצמו לפעור כדי לבזותו או זרק אבן למרקולים כדי לבזותו הואיל ועבודתו בכך חייב ומביא קרבן על שגגתו, עכ"ל: **ומה אם עבודת כוכבים שחמורה מן הכל וכו' אין חייב כרת ואין צריך לומר מיתת ב"ד.** כתב הרמ"ך נראה כי זה ק"ו פריכא הוא דכרת לא מיחייב דרחמנא לבא בעי ואי לא מקבלה עליה בהלוה לאו כלום הוא אבל מיתת ב"ד שהיא בעדים והתראה כיון שעבר אחר שהתרו בו חייב כדאמרינן הפוער עצמו לפעור זהו עבודתו ואע"ג דמכוין לבזוייה, עכ"ל. ואיני רואה טעם בדברים אלו דכיון שאינו עובד אלא באונס מה התראה שייך בזה וכמו שכתבתי בסמוך:

ה נשים שאמרו להם וכו'. משנה פ"ח דתרומות כלשון רבינו. כתב הרשב"א בתשובה בסיעה של נשים עוברת ואמרו להם עובדי כוכבים תנו לנו אחת מכם ונטמאה ואם לאו הרי אנו מטמאים את כלכן אפילו היתה אחת מהן מחוללת יטמאו את כלן ואל ימסרו אותה להם. ולא דמי למה שאמרו שם שאם היתה ככר של תרומה טמאה ימסרו אותה ולא יטמאו את כל הככרות של תרומה דככר תרומה טמאה שאני דטמא הוא לגמרי ומה יוסיף עוד זה אבל אשה אם חללה עצמה פעם אחת ונטמאת בעבירה כל שתעבור ותטמא את עצמה תוסיף על חטאתה פשע ובפעם הזאת אין בינה לבין הטהורה והכשרה שבהן ולא כלום ולמה יאנסוה למסרה להם שלא מדעתה ועוד שמא כבר הרהרה תשובה ושבה מדרכה הרעה: **וכן אם אמרו להם וכו'.** בירושלמי על אותה משנה דבסמוך תניא סיעת בני אדם המהלכים בדרך ופגעו בהם עובדי כוכבים ואמרו להם תנו לנו אחד מהם ונהרוג אותו ואם לאו נהרוג כלכם אפילו כלם נהרגים לא ימסרו נפש אחת מישראל יחדו להם אחד כגון שבע בן בכרי ימסרו אותו להם ואל יהרגו אמר ר"ל והוא שיהיה חייב מיתה כשבע בן בכרי ור' יוחנן אמר אפילו שאינו חייב מיתה ומייתי התם עובדא בהאי בר נש תבעתיה מלכותא וערק ללוד לגבי ריב"ל ואקיף מלכא מדינתא ויהב להו והוה אליהו רגיל דמתגלי ליה יתו לא איתגלי ליה וצם כמה צומין עד דאיתגלי ליה א"ל לדילטור אנא מתגלי א"ל ולא משנה עשיתי א"ל וזו משנת חסידים היא. ופסק רבינו כר"ל אע"ג דמן הסתם לא קיי"ל כוותיה לגבי דר' יוחנן משום דהוי ספק נפשות ולהחמיר דלא ימסרוהו בידים ביד העובדי כוכבים ועוד דמתניתא מסייעא ליה דקתני כשבע בן בכרי משמע כשחייב מיתה כמותו דוקא ומקרא איכא למידק הכי שאל"כ למה ליה ליואב למימר נשא יד במלך בדוד כלומר והרי הוא חייב מיתה משמע דאי לאו הכי לא היו רשאים למוסרו לו וסובר רבינו דההוא בר נש דריב"ל היה חייב מיתה כשבע בן בכרי ואפ"ה לא איתגלי ליה אליהו מפני שמסרו וא"ל וזו משנת חסידים היא אלמא דלכתחלה אין מורים כן: **כתב** הרמ"ך אע"פ שנמצא בתוספתא כדבריו לא ידענא טעמא מאי דהא מסיק בגמרא (פסחים כ"ה:) דמש"ה אמרינן בש"ד יהרג ואל יעבור דסברא הוא מאי חזית דדמא דידך סומק טפי והכא ליכא האי סברא דהא יהרגו כלם והוא עצמו ומוטב שיהרג הוא עצמו ואל יהרגו כלם. ואני אומר שאין טענתו טענה על התוספתא דאיכא למימר דהתם שאני שיחדו לו וא"ל קטול לפלניא ומש"ה אי לאו טעמא דמאי חזית דדמא דידך סומק טפי לא הוה אמרינן דיהרג ואל יעבור והיינו דקתני סיפא יחדוהו להם אבל ברישא שלא יחדוהו שלא אמרו אלא תנו אחד מכם ונהרוג אותו בכל אחד מהם שירצו למסור אותו איכא למימר להו מאי חזיתו שתמסרו את זה תמסרו אחד מכם ותצילו את זה דמאי חזיתו דדמא דהאיך סומק טפי דלמא דמא דהאי סומק טפי וע"פ טענה זו א"א להם למסור שום אחד מהם אבל אי קשיא על ר"ל קשיא דקאמר שאע"פ שיחדוהו להם אם אינו חייב מיתה לא ימסרוהו דהא ליכא הכא סברא דמאי חזית דדמא דידך סומק טפי שהרי הוא והם נהרגים אם לא ימסרוהו. ואפשר לומר דס"ל לר"ל שמ"ש דבש"ד סברא הוא אינו עיקר הטעם דקבלה היתה בידם דש"ד יהרג ואל יעבור אלא שנתנו טעם מסברא להיכא דשייך אבל אין ה"נ דאפילו היכא דלא שייך האי טעמא הוי דינא הכי דיהרג ואל יעבור:

ו כענין שאמרו באונסין וכו' ומתרפאין בכל איסורין שבתורה וכו'. פסחים פרק כל שעה (דף כ"ה ע"א) כי אתא רבין א"ר יוחנן בכל מתרפאין פירוש במקום סכנה חוץ מעבודת כוכבים וג"ע וש"ד:

ומנין

משנה למלך

ובעריות הוא אומר ולנערה ל"ת דבר. ז"ל הריב"ש סי' שפ"ז ובעל הדין שרולה לפטור עצמו מחמת אונס ממון כו', נשאל לו מאין יצא לו היתר זה ואם יאמר מולנערה ל"ת דבר נאמר לו שאין בדבריו ממש שאין אנו למדין משם למי שעובר מחמת פחד ואפילו פחד מיתה כו' ועיין בדברי רבינו בפ"ק מה' סנהדרין שכתב כל מי שעבר עבירה שחייבין עליה מיתת ב"ד באונס אין ממיתין אותו וכו' שנאמר ולנערה לא תעשה דבר זו אזהרה לב"ד שלא יענשו את האנוס והביא הריב"ש דברי רבינו הללו בתשובה סי' ד' וסי' י"א יע"ש:

ו ומתרפאין בכל איסורין שבתורה במקום סכנה. מימרא דר' יוחנן בפ' כל שעה (דף כ"ה.). ח"ל הרדב"ז בתשובה ח"א סי' ב'. שוב מצאתי ששאלו להרשב"א באשה חולה ואין בה סכנה ובעלה רופא והשיב דבר זה אסור יתן בה שני טעמים. חדא דאין מתירין לחולה אלא שבות

לחם משנה

הוא אע"פ שקבל התראה דסבור הוא דהוה מותר וההתראה בטלה. וכתב עליו הרב בעל כ"מ דאין תלונתו על רבינו אלא על חז"ל שדרשו ההוא ולא אנוס. ואין זו קושיא דהרמ"ך אזיל לטעמיה שכתב בהשגה אחרת דאי דרשו רז"ל כן היינו דוקא בכרת דבהכי איירי קרא דונתתי פני באיש ההוא ודוקא בכרת כיון שהאל יתברך יודע אם הוא מוטעה אם לאו ובוחן לבות וכליות אלהים לדיק א"כ הוא יודע שהוא מוטעה אע"פ שקבל התראה כההיא דפעור דסבור דאין התראתו כלום הוא פוטרו מהכרת אבל לגבי מיתת ב"ד דהוא מסור לנו האדם יראה לעינים וכיון שקבל התראה אע"פ שאפשר שהוא מוטעה כההיא דפעור וממעשיו נראה שהוא מוטעה ממיתין אותו וכ"ת א"כ מה תפס על רבינו גם רבינו יסבור כן דהיכא דעשו לו התראה אע"פ שמדבריו נראה שהוא מוטעה כההיא דפעור ממיתין אותו שהרי לא כתב אלא בעדים והתראה דוקא משמע אע"פ שיראה מדבריו שהוא מוטעה ממיתין אותו. וי"ל דרבינו ע"כ אינו סובר כן מדלמד מכרת יבכרת אם נראה מדבריו שהוא מוטעה ודאי שאין לו כרת דרחמנא לבא בעי וא"כ משמע דה"ה אית ליה במיתת בית דין ולכך תפס עליו. ומ"מ לעיקר קושיתו יש לתרץ עם מה שכתבו התוספות שם בפרק ארבע מיתות וז"ל ואע"ג דכאן מכוין לבזויי ולעובדה בבזוי דאי לא קא מכוין אלא לבזות אפילו עובד מאהבה ומיראה פטור וכו' א"כ נסתלקה קושיתו דהתם איירי שנראה לנו שמכוין לעובדה בבזוי:

ה וכן וכו' תנו לנו אחד מכם ונהרגנו ואם לאו נהרוג כולכם יהרגו כולם ואל ימסרו להם נפש אחת מישראל ואם יחדוהו וכו'. הקושיא שהקשה הרב כ"מ על ר"ל

דבעינן

מגדל עוז

ה נשים שאמרו להם וכו' עד נפש אחת מישראל. משנה היא סוף פרק ח' דמסכת תרומות: **וכן אם אמרו להם וכו' עד נפש אחת מישראל.** זו שנויה בירושלמי ורש"י ז"ל פירשה במסכת סנהדרין פרק בן סורר ומורה (דף ע"ב) בשנוי מקלת לגבי אין דוחין נפש מפני נפש: **ו ז כענין שאמרו וכו' עד נוטל את נפשך.** פ' כל שעה (דף כ"ה) ומקלתו פ' אין מעמידין:

והריגת

הגהות מיימוניות

כדי להבריח בו את המכס כדאיתא בהגוזל בתרא פירוש לפי שאין נותנין מכס מכל מה שאדם לבוש ואם היה מוליכם על כתיפו היה צריך ליתן מכס ור"ש לטעמיה דאמר [דבר] שאין מתכוין מותר והרי אינו מתכוין להנאת חימום ואפ"ה אסר ת"ק. אבל אין לפרש להבריח בו את המכס שיהא נראה כבותי כשהוא לבוש כלאים דבהא לא הוה שרי ר"ע דאפילו (לשנויי) ערקתא דמסאנא אסור לשנויי מחדושי ר"מ ז"ל, גרסינן בירושלמי פרק ה' דמסכת תרומות עולא בר קושב תבעתיה מלכותא ערק ואזל ללוד גבי ריב"ל אתון ואקפון מדינתא אמרון לון אי לית אתון יהבין לן אנן חרבין מדינתא סליק גביה ריב"ל ופייסיה ויהביה לון כד הוה יליף אליהו ז"ל איתגלי עלוי יליף ולא איתגלי צם כמה צומים עד דאיתגלי עלוי א"ל למסורות אני נגלה א"ל ולא משנה עשיתי א"ל וזו משנת החסידים: **ה** [ו] צ"ע שפסק כר"ל לגבי רבי יוחנן דאמר אע"פ שאינו חייב מיתה, שוב הראני מורי זצ"ל:

והיינו

ז ומנין שאפילו במקום סכנת נפשות אין עוברין על אחת משלש עבירות אלו שנאמר [א]ואהבת את ה' אלהיך בכל לבבך ובכל נפשך ובכל מאודך אפילו הוא נוטל את נפשך [ז]. והריגת נפש מישראל לרפאות נפש אחרת או להציל אדם מיד אנס. דבר שהדעת נוטה לו הוא שאין מאבדין נפש מפני נפש. ועריות הוקשו לנפשות שנאמר כי כאשר יקום איש על רעהו ורצחו נפש כן הדבר הזה: ח במה דברים אמורים שאין מתרפאין בשאר איסורים אלא במקום סכנה. בזמן שהן דרך הנאתן כגון שמאכילין את החולה שקצים ורמשים או חמץ בפסח או שמאכילין אותו ביוה"כ. אבל שלא דרך הנאתן כגון שעושין לו רטיה או מלוגמא מחמץ או מערלה. או שמשקין אותו דברים שיש בהן מר מעורב עם אסורי מאכל שהרי אין בהן הנאה לחיך הרי זה מותר ואפילו שלא במקום סכנה. [ב]חוץ מכלאי הכרם ובשר בחלב שהן אסורים אפילו שלא דרך [ח]הנאתן. לפיכך אין מתרפאין מהן אפילו שלא דרך הנאתן אלא במקום סכנה: ט מי שנתן עיניו באשה וחלה ונטה למות ואמרו הרופאים אין לו רפואה עד שתבעל לו. ימות ואל תבעל לו אפילו היתה פנויה. ואפילו לדבר עמה מאחורי הגדר אין מורין לו בכך וימות ולא יורו לדבר עמה מאחורי הגדר שלא יהו בנות ישראל הפקר ויבואו בדברים אלו לפרוץ בעריות: י כל העובר מדעתו בלא אונס על אחת מכל מצות האמורות בתורה בשאט בנפש להכעים הרי זה מחלל את השם. ולפיכך נאמר בשבועת שקר וחללת את שם אלהיך אני ה'. ואם עבר בעשרה מישראל הרי זה חילל את השם ברבים. וכן כל הפורש מעבירה או עשה מצוה לא מפני דבר בעולם לא פחד ולא יראה ולא לבקש כבוד אלא מפני הבורא ברוך הוא כמניעת יוסף הצדיק עצמו מאשת רבו הרי זה מקדש את השם: יא [ג]ויש דברים אחרים שהן בכלל חילול השם. והוא שיעשה אותם אדם גדול בתורה ומפורסם בחסידות דברים שהבריות מרננים אחריו בשבילם. ואע"פ שאינן עבירות הרי זה חילל את השם [ט]כגון שלקח ואינו נותן דמי המקח לאלתר. והוא שיש לו ונמצאו המוכרים תובעין והוא מקיפן. או שירבה בשחוק או באכילה ושתיה אצל עמי הארץ וביניהן. או שדבורו עם הבריות אינו בנחת ואינו מקבלן בסבר פנים יפות אלא בעל קטטה וכעס. וכיוצא בדברים האלו הכל לפי גדלו של חכם צריך שידקדק על עצמו ויעשה לפנים משורת הדין. וכן אם דקדק החכם על עצמו והיה דבורו בנחת עם הבריות ודעתו מעורבת עמהם ומקבלם בסבר פנים יפות ונעלב מהם ואינו עולבם. מכבד להן ואפילו למקילין לו. ונושא ונותן באמונה. ולא ירבה באריחות עמי הארץ וישיבתן. ולא יראה תמיד אלא עוסק בתורה עטוף בציצית מוכתר בתפילין ועושה בכל מעשיו לפנים משורת הדין. והוא שלא יתרחק הרבה ולא ישתומם. עד שימצאו הכל מקלסין אותו ואוהבים אותו ומתאוים למעשיו הרי זה קידש את ה' ועליו הכתוב אומר ויאמר לי עבדי אתה ישראל אשר בך אתפאר:

כל

כסף משנה

ז ומנין שאפילו במקום סכנת נפשות אין עוברין על אחת משלש עבירות אלו וכו'. מבואר שם קרוב ללשון רבינו:

ח בד"א שאין מתרפאין בשאר איסורין וכו'. פסחים שם (דף כ"ה ע"ב) מר בר רב אשי אשכחיה לרבינא דקא שייף לברתיה בגוהרקי דערלה פירוש בוסר זיתים קטנים א"ל אימור דאמור רבנן בשעת הסכנה שלא בשעת הסכנה מי אמור א"ל האי אישתא צמירתא כשעת הסכנה דמיא ואיכא דאמרי הכי קאמר ליה מידי דרך הנאתן קא עבידנא כלומר שכיון שאינו דרך הנאתן לא מיתסר מדאורייתא. ופוסק רבינו כשתי הלשונות דלענין דינא תרוייהו איתנהו: ובאיסורין דרבנן י"א דכיון דלא מתסרי אלא דרבנן שרו אפילו דרך הנאתן וי"א דאפשר דקיל טפי איסורי תורה שלא כדרך הנאתן מאיסורין של דבריהם כדרך הנאתן: כתוב באורחות חיים על מ"ש רבינו מותר לעשות רטיה מחמץ בפסח כיון שיש לו מכה י"א דלא התיר אלא בחמץ דנכרי וכ"כ הרשב"א דחמץ דנכרי הוא והשאילה לישראל או הניחה ע"ג מכתו ואין אחריותה על ישראל ואם אין מלוגמא לנכרי מקנה לו ישראל קמח ועושה הנכרי ממנה מלוגמא ונותנה ע"ג מכת ישראל, עכ"ל: חוץ מכלאי הכרם ובשר בחלב וכו'. כך מתבאר שם (כ"ד:) בגמ' דלוקין עליהן אפילו שלא כדרך הנאתן משום דלא כתיב בהו אכילה ותמילא שמעינן דאין מתרפאין בהם שלא במקום סכנה אפילו שלא כדרך הנאתן דדוקא בשאר איסורין דשלא כדרך הנאתן שרי מדאורייתא הוא דשריא שלא במקום הסכנה:

ט מי שנתן עיניו באשה וכו'. מעשה בסנהדרין סוף פרק בן סורר (דף ע"ה.) ואיכא מ"ד התם דאשת איש היתה ואיכא מ"ד דפנויה היתה ושקלו וטרו אליביה מ"ט אסרו לו לספר עמה ואמר רב אחא כדי שלא יהיו בנות ישראל פרוצות בעריות ושם הקשו ולינסבה ותירצו דלא מייתבא דעתיה דכתיב מים גנובים ימתקו:

יא ויש דברים אחרים שהם בכלל חילול השם וכו'. בסוף יומא (דף פ"ו.) היכי דמי חילול השם אמר רב כגון אנא אי שקילנא בשרא מטבחא ולא יהיבנא דמי לאלתר אמר אביי לא שנו אלא באתרא דלא תבעי אבל באתרא דתבעי לית לן בה. זו היא גירסת רש"י. אבל גירסת רבינו נראה שהיא בהפך לא שנו אלא באתרא דתבעי אבל באתרא דלא תבעי לית לן בה כלומר שאם תובעו והוא מקיף אז איכא חילול השם אבל אם אינו תובעו ליכא חילול השם. ורבי יוחנן אמר כגון אנא דמסגינא ארבע אמות בלא תורה ובלא תפילין. וזהו שכתב רבינו הכל לפי גודלו של חכם וכו'. ומ"ש או שירבה בשחוק, למדו דמתנן פ"ב דדמאי המקבל עליו להיות חבר כלומר להיות נאמן על המעשרות מה דברים יקבל עליו וא"ר יהודה שצריך לקבל עליו שלא ירבה בשחוק ואע"ג דרבנן פליגי עליה ואמרי דאינו צריך ע"כ לא פליגי אלא במקבל להיות נאמן על המעשרות אבל תלמיד חכם אין ה"נ שצריך שלא ירבה בשחוק. ומ"ש או באכילה ושתיה וכו'. ברייתא בפסחים (דף מ"ט.) סוף פרק אלו עוברין תלמיד חכם המרבה סעודתו בכל מקום מחלל שם שמים. וממה שכתב אצל ע"ה וביניהם נראה לדקדק דדוקא כשאוכל עמהם ובביתם אבל אם הם אוכלים עמו בביתו או היא אוכל בביתם ולא עמהם כדרך האכסנאין שרי: או שדיבורו עם הבריות אינו בנחת עד סוף הפרק. ברייתא בסוף יומא (דף פ"ו.) קרובה ללשון רבינו. ושיעור הלשון כך הוא ועושה בכל מעשיו לפנים משורת הדין בתנאי שלא יתרחק הרבה משורת הדין לצד הטוב עד שיראה שאינו מן היישוב או עד שישתומם אלא יעשה לפנים משורת הדין באופן ממוצע עד שבעשייתו כל המעשים טובים שזכרנו ימצאו הכל מקלסין אותו ואוהבים אותו:

כל

א סמ"ג עשין ג' ברכות דף ס"ה: ב סמ"ג לאוין קמ"א קמ"ה טור יו"ד סי' פ"ז רל"ו: ג סמ"ג לאוין ב':

לחם משנה

דבעינן ליהוי מחוייב מיתה דאמאי כיון שע"פ טענה שיהרגו כלם לא שייך טעמא דמאי חזית דדמא דהאי וכו' ואי על ר"ל לחוד לא הוה קשה כ"כ דאפשר דר"ל לית ליה טעמא דמאי חזית דדמא דהאי וכו' אלא קבלה היתה בידם כדכתב הרב ב"י. אבל רבינו שפסק כר"ל והביא אותו הטעם קשה טובא ואין תירוץ הרב מספיק כל הצורך. ואפשר לומר בדוחק דהתם מיירי שיש להם שום צד להמלט בדוחק ולא יהרגו כלם ולהכי לא ימסרו נפש אחת דאולי ימלטו אבל מאי דאמרינן בגמרא מאי חזית דדמא דהאי כו' הוא היכא דאין לו שום צד להמלט אם לא יהרגהו ולכך הוצרך לטעם דמאי חזית דדמא דידך וכו' וכל זה דוחק:

כל

משנה למלך

שבות דאמירה לנכרי אבל שבות אחר לא אפילו שאיסור קריבה היי דרבנן כו'. וכתב על זה הרדב"ז וז"ל גם הטעם הראשון שכתב הרשב"א רוב הפוסקים חלוקים עליו והרי"ף והרמב"ם מכללם שכתבו שכל חולה שאין בו סכנה מותר ע"י מלאכה שאינה גמורה אפילו ע"י ישראל כו' ואם אי אתה אומר כן לא שבקת חיים לכל בריה שאסור ליגע בבתו או באחותו ואין סברא לחלק בין איסורי שבת לשאר איסורי דרבנן שהרי בשולי נכרים מותר לחולה שאין בו סכנה ע"כ. דעתי ז"ל דכל איסורין דרבנן שרו בחולה שאין בו סכנה ואשתמיט מיניה תשובת הרשב"א הביאה מרן הב"י יו"ד סי' קכ"ג ד"ה כתב הרשב"א בתשובה אם מותר לעשות מרחץ מסתם יינם שכתב ולא מצאתי היתר לאכילה ושתיה אפילו באיסורין דרבנן בחולה שאין בו סכנה אלא בבישולי נכרים בלבד וכו' וכ"כ בתשובה להרמב"ן סימן קכ"ז יע"ש:

ח בד"א שאין מתרפאין בשאר איסורין אלא במקום סכנה בזמן שהן דרך הנאתן כו'. בפ' כל שעה דף כ"ד: א"ר אבהו א"ר יוחנן כל איסורין שבתורה אין לוקין עליהן אלא דרך אכילתן אלא אם כן אכלן דרך אכילתן. איכא דאמרי א"ר אבהו אר"י כל איסורין שבתורה אין לוקין עליהן אלא דרך הנאתן למעוטי מאי א"ר שימי בר אשי למעוטי שאם הניח חלב של שור הנסקל ע"ג מכתו שהוא פטור וכל שכן אוכל חלב חי שהוא פטור. ופירש"י א"ד הא דרבי אבהו אהנאה אתמר והנך לאסורי בהנאה אכילתן למעוטי מאי א"ר שימי בר אשי למעוטי שאם אכל חלב חי שפטור ופירש"י אלא דרך אכילתן

הגהות מיימוניות

ז [ז] והיינו דוקא להרוג בידים אבל אם אומר לו הנח עצמך לזרוק על התינוק ויתמעך או תהרג דהשתא לא עביד מעשה יעבור ואל יהרג דאדרבא אית לן למימר מאי חזית דדמא דחברך סומק טפי דילמא דמא דידך סומק טפי, ועיין בתוספות: ח [ח] וטעמא משום דלא כתיב בהו אכילה: יא [ט] בפ"ק דקדושין אם היו עונותיו וזכיותיו מחצה על מחצה וחילול השם בכלל כף העבירות מכרעת ועיין בסמ"ג שם:

כתב

מגדל עוז

ז ח והריגת נפש מישראל עד במקום סכנה. פרק כל שעה (דף כ"ה) ופ' בן סורר ומורה (דף ע"ד): ט מי שנתן עיניו עד לפרוץ בעריות. סוף פרק בן סורר ומורה (דף ע"ה): י יא כל העובר מדעתו עד הרי זה קדש את השם. זה בתלמוד ובמדרשות בכמה מקומות: ויש דברים אחרים כו' עד סוף הפרק. הכל סוף מסכת יומא (דף פ"ו) גמרא מתניתין דמי שאחזו בולמוס ומקצתו שילהי פרק האומנין בבבא מציעא (דף פ"ג):

כל

טומאה. ופוסקין צדקה לעניים. והולכין לבתי כנסיות ולבתי מדרשות. ואפילו לטרטיאות וטרקלין של כותים. לפקח על עסקי רבים בשבת. ומשדכין על התינוקת ליארס [ה]ועל התינוק ללמדו ספר וללמדו אומנות. ומבקרין חולין ומנחמים אבלים. והנכנס לבקר את החולה אומר שבת היא מלזעוק [ו]ורפואה קרובה לבוא. ומחשיכין על התחום לפקח על עסקי כלה ועל עסקי המת להביא לו ארון ותכריכין. ואומר לו לך למקום פלוני לא מצאת שם הבא ממקום פלוני לא מצאת במנה הבא במאתים. ובלבד שלא יזכיר לו סכום מקח. שכל אלו וכיוצא בהן מצוה הן ונאמר עשות חפציך וכו' חפציך אסורין חפצי שמים מותרין: **ו** מפליגין [א]בים הגדול בערב שבת לדבר מצוה ופוסק עמו לשבות ואינו שובת. ומפירין נדרים בשבת בין לצורך שבת בין שלא לצורך [ז]שבת. [ב]ונשאלין לחכם על הנדרים שהן לצורך השבת ומתירין אף על פי שהיה להן פנאי להתירן קודם השבת שדברים אלו מצוה הן: **ז** אין עונשין בשבת אף על פי שהעונש מצות עשה אינה דוחה שבת. כיצד הרי שנתחייב בבית דין מלקות או מיתה אין מלקין אותו ואין ממיתין אותו בשבת שנאמר לא תבערו אש בכל מושבותיכם ביום השבת זו אזהרה לבית דין שלא ישרפו בשבת מי שנתחייב שריפה והוא הדין לשאר עונשין: **ח** מותר לאדם לשמור פירותיו בשבת בין תלושים בין מחוברין. [ג]ואם בא אדם ליטול מהן או בהמה וחיה לאכול מהן גוער בהן ומכה בהם ומרחיקן. והלא דבר זה מחפציו הוא ולמה הוא מותר. מפני שלא נאסר אלא לקנות לעצמו חפצים שאינן עתה מצויים או להשתכר ולהרויח ולהטפל בהנאה שתבוא לידו. אבל לשמור ממונו שכבר בא לידו עד שיעמוד כמות שהוא מותר הא למה זה דומה לנועל ביתו מפני הגנבים: **ט** המשמר [ד]זרעיו מפני העופות ומקשאיו ומדלעיו מפני החיה לא יספק ולא ירקד כדרך שעושה בחול גזירה שמא יטיל צרור ויזרוק ארבע אמות ברשות הרבים: **י** כל [ה]הדברים שהן אסורין משום שבות לא גזרו עליהן בין השמשות אלא בעצמו של יום הוא שהן אסורין

א טור סימן רמ"ח פסק כרשב"ג: ב טור סי' שמ"א סמ"ג לאוין ס"ה: ג טור סי' ש"ז סמ"ג שם: ד שם: ה טור סימן ש"ז וסמ"ב:

כסף משנה

פכ"ד י כל הדברים שהם אסורים משום וכו'. כתב הר' אברהם בנו של רבינו בתשובה דלע"ג דרבינו סתם אמר כל דבר שהוא שבות לא גזרו עליו בין השמשות ולא חילק בין דבר מצוה לדבר הרשות מאחר דמייתי לה בגמרא (עירובין ל"ד:) גבי עירובי תחומין וקי"ל אין מערבין אלא לדבר מצוה ילפינן דרבינו לא שרי אלא לדבר מצוה. ומ"ש דה"ה לאם היה טרוד או נחפז למד כן מדתנן (שבת ל"ד.) ספק חשיכה מערבין עירובי חצירות ואין בהנתמן מצוה אלא שנטרד ונחפז ולא הניח מבעוד יום עכ"ל:

קטן

מגיד משנה

בגמרא דוקא מדידה של מצוה כעין מה שהזכיר רבינו. עוד פרק השואל פוסקין צדקה לעניים בשבת הולכין לבתי כנסיות ולבתי מדרשות לפקח על עסקי רבים בשבת הולכין לטרטיאות ולקרקסאות לפקח על עסקי רבים בשבת. ודע שלא הותר שום שבות בשביל עסקי רבים לא אמירה לנכרי ולא שבות אחר לבד הפיקוח והתעסקות בדברים בלא מלאכה ואסור בצרכי יחיד משום ודבר דבר וזה היתר לדבר מצוה או לצורך רבים אבל אמירה לנכרי במלאכה וכ"ש שבות אחר ע"י ישראל ודאי לא וזה מוכרח בגמרא ומבואר בדברי רבינו מענין מקומו כן. עוד שם משדכין על התינוקת ליארס ועל התינוק ללמדו ספר וללמדו אומנות ופ"ק (שם דף י"ב.) אין מנחמין אבלים ואין מבקרין חולים בשבת דברי ב"ש וב"ה מתירין. עוד שם ת"ר הנכנס לבקר את החולה אומר שבת היא מלזעוק ורפואה קרובה לבא ר"מ אומר וכו' ופסק רבינו כת"ק: ומחשיכין על התחום וכו'. משנה פרק שואל (דף קנ"א.) כלשון רבינו ומפורש בגמרא (דף ק"נ:) להביא לו ארון ותכריכין אע"פ שאינן עשויין שאם בעשויין אפי' גבי הי מותר כמו שנתבאר למעלה:

ואומר לו לך למקום וכו'. ברייתא שם (דף קנ"א.) ואומר לו לך למקום פלוני לא מצאת במקום פלוני הבא ממקום פלוני לא מצאת במנה הבא לי במאתים ר' יוסי בר"י אומר ובלבד שלא יזכיר לו סכום מקח. ופי' אומר לו לך למקום פלוני שאומר לו בשבת לך למחר למקום פלוני אבל ודאי אינו אומר לו שילך בשבת. ומדברי רש"י ז"ל נראה שר"י בר"י חולק על ת"ק שכך כתב סכום מקח מנה מאתים עכ"ל. אבל רבינו כתב דברי ת"ק ודברי ר"י. וצ"ל לפי דבריו שפי' סכום מקח סך ידוע שלא להוסיף עליו ות"ק הזכיר שמותר לומר לו לתת בו כמה שירצה ואינם חולקין וטעם דברי ר' יוסי שמא לא יתנו לו באותו סך ונמצא שהאמירה היתה לבטלה והמניעה ממנו א"נ שאין באמירה הסך הידוע אלא הצלת ממונו ולא התירו כנ"ל לדעת רבינו. והרמב"ן ז"ל כתבו בספר תורת האדם וכתב והלכתא כת"ק, סבור הרב ז"ל שהם חולקין וכדעת רש"י ז"ל:

ו מפליגין בים וכו'. ברייתא פ"ק (דף י"ט.) ויתבאר דין זה בארוכה פ' ל':

ומפירין נדרים וכו'. ונשאלין לנדרים וכו'. משנה במי שהחשיך (שם דף קנ"ז) ומסקנא בהל' שההפרה מותרת אפי' בדברים שאין לצורך השבת והשאלה דוקא בדברים שהם לצורך השבת, והטעם מפני שאין לשאלה עת קבוע ויש להפרת האב והבעל זמן ידוע כל אותו היום ששמעו ולא מעת לעת כמבואר פי"ג מהלכות נדרים ואם לא יפרו בשבת שוב לא יוכלו להפר וכן מבואר בגמרא ובהלכות. ומ"ש אע"פ שהיה להם פנאי להתירם מבואר בגמרא שם:

ז אין עונשין בשבת וכו'. בסנהדרין (דף ל"ה.) בפ' אחד דיני ממונות וכבר מנה רבינו זה במנין המצות בספר המצות ובפתיחת משנה תורה בכלל הלאוין שלא לענוש בשבת. ובפתיחת הלכות אלו נמצא במקצת ספרים שלא להתענות בשבת והוא ט"ס ועיקר הנוסחא הוא שלא לענוש:

ח מותר לאדם לשמור פירותיו וכו'. משנה פ' שואל (שבת דף ק"נ.) הזכרתיה ועוד יתבאר בסמוך וכתב רבינו והלא דבר זה וכו' ודבריו הם ונראים ממנו ז"ל:

ט המשמר זרעיו וכו'. ברייתא סוף עירובין (דף ק"ד.) הדין והטעם. ופירוש מקשאיו ומדלעיו שגוף הפירות קריין קשואין ודלועים ומקום שגדלים ונולדין בו קריין מקשאין ומדלעין:

י כל הדברים שהן אסורין משום שבות וכו'. בעירובין (דף ל"ד:) פ' בכל מערבין א"ר כל דבר שהוא משום שבות לא גזרו עליו בין השמשות וסתם משנה שם גבי עירוב שנתנו בכרמלית כמותו. וקשה לזה מה ששנינו פרק במה מדליקין (שבת ל"ד.) ספק חשיכה ספק אינה חשיכה אין מעשרין את הודאי ואין מטבילין את הכלים ואין בדברים אלו אלא משום שבות.

לפיכך

משנה למלך

פכ"ד ז אין עונשין בשבת אע"פ שהעונש מ"ע אינה דוחה את השבת. נסתפקתי בהא דכתב רבינו בפ"א מהל' רוצח שהרודף אחר חבירו ניתן להצילו בנפשו ויש בזה עשה דכתיב וקצותה את כפה ולא תעשה דכתיב לא תחוס עינך. וכן הרודף אחר אחת מכל העריות חוץ מן הבהמה ניתן להצילו מן העבירה בנפשו. אם היה זה בשבת מהו שנחלל שבת בשביל הצלתו מן העבירה. והנה ברודף אחר חברו להורגו פשיטא לי דמחללין שבת כדי להצילו דאין לך דבר שעומד בפני פקוח נפש ודמו של רודף כבר התירתו תורה ובשביל שהוא שבת פשיטא שלא נניחנו להורגו. אך מאי דמספקא לי הוא ברודף אחר אחת מכל העריות דאף שהתורה התירה דמו אפשר שלא נחלל שבת. ויש דוגמא לזה שהרי אף שהוא מצות עשה להרוג מחוייבי מיתת ב"ד מ"מ הוזהרנו שלא לענוש בשבת וכמ"ש רבינו בפרקין וא"כ ה"נ ברודף אחר הערוה שניתן רשות להורגו הוא אחד מדיני העונשים ואפשר שלא נחלל שבת בשביל זה. וכי תימא דלא חשיב חלול שבת משום דהוי מקלקל בחבורה. הא ליתא שהרי כתבו התוס' סנהדרין דף ל"ה. ד"ה אין רציחה דוחה שבת דהרציחה חשיב תקון משום דיש לו כפרה. וה"נ חשיב תקון כיון שמצילו מן העבירה וכ"כ התוספות בפ' בן סורר דף ע"ג ד"ה חד למעוטי ע"ז יע"ש. ומההיא דאמרינן בפרק בן סורר דף ע"ד דר"א בר ר"ש אומר המחלל את השבת ניתן להצילו בנפשו דאלמא שרי לחלל שבת בשביל להצילו מן העבירה אף דאנן לא קי"ל כותיה היינו משום דס"ל דשבת אינה מן העבירות שניתן להצילו בנפשו וכמבואר שם. מ"מ נראה דליכא ראיה מהתם משום דע"כ התם גזרת הכתוב הוא דאיך יתכן דבשביל שלא יחלל זה שבת שנחלל אנחנו וכמו שתמהו שם התוספות בד"ה חד למעוטי ע"ז. וא"כ איכא למימר דאף לר"א בר"ש שאני חלול שבת שהתורה התירה חלול שבת כדי שלא יחלל זה שבת אבל משום עבירה אחרת מנין לנו שנחלל שבת: שוב ראיתי להרי"ף בס"פ אלו עוברין דאוקמה להיא דאמר בגמרא דף מ"ט אר"א ע"ה מותר לנוחרו ביוה"כ שחל להיות בשבת דמיירי כגון שהיה רץ אחר הזכור או אחר נערה המאורסה ביום הכפורים כו' שמותר להצילו בנפשו כדתנן ואלו שמצילין אותם בנפשם ע"כ. הרי לך מבואר דס"ל דכל אותם שמצילין אותם בנפשם הוא אפילו בשבת וכן מדברי רב שרירא גאון שהביא הר"ן שם בפירוש לדברי ר"א הללו יש ללמוד כן לרודף אחר אחת מכל העריות מותר להורגו בשבת. אך כפי מ"ש התוס' דאוקמוה להיא דר"א בע"ה שכופר להכעים דהו"ל הריגתו כמו פקוח נפש שהוא לסטים וחשוד על הדמים דאי לאו הכי היאך מותר להורגו ביה"כ שחל להיות בשבת וכו'. אין ללמוד דין זה משום דשאני פקוח נפש דהא קי"ל דדוחה את השבת וכיון שהתורה התירה דמו של רודף פשיטא דנהרג אף בשבת וכדכתיבנא. אך ברודף אחר אחת מכל העריות עדין אפשר שאין מצילין אותו בנפשו בשבת שלא הותר לנו לחלל שבת בשביל להצילו מן העבירה והדבר צריך תלמוד. ודע דאליבא דר' יהודה דאית ליה דהאומר הניחו לו שלא יהרגני דאין הורגין אותו ואמרינן התם דר"י ס"ל דהא דקאמר רחמנא קטליה משום דמסר נפשיה לקטלא ואמרה תורה הצל דמה בדמו. נראה לפשיטא דאף בשבת הורגין אותו משום דחשיב רודף. אבל לרבנן דאית להו דאפגימתה קפיד רחמנא יש להסתפק אם הורגין אותו בשבת וצ"ע:

שכין

מגדל עוז

ופוסקין צדקה עד קרובה לבא. פרק השואל ופ"ק דשבת ופ"ק דכתובות (דף ה'): ומחשיכין על התחום וכו' עד חפצי שמים מותרין. פרק השואל: ו מפליגין בים הגדול עד ואינו שובת. ספ"ק דשבת: ומפירין נדרים עד אלו מצות הן. סוף מסכת שבת (דף קנ"ו) ופ' כירה ובנדרים פרק נערה המאורסה (דף ע"ז): ז אין עונשין בשבת עד לשאר עונשין. בסנהדרין פ' אחד דיני ממונות (דף ל"ה) וביבמות פ"ק (דף ו'): ח מותר לאדם וכו' עד הגנבים. פרק בתרא דיומא ופרק בתרא דמועד קטן: ט המשמר זרעים עד ברה"ר. פרק בתרא דמסכת עירובין (דף ק"ד): י כל הדברים שהן אסורין עד אסור. פ' בכל מערבין (דף ל"ג):

הגהות מיימוניות

דסוף שבת רבה בר בר חנה יתיב באוונא דמיא וקא משה וכו' עד א"ל מתעסק בעלמא אנא יאי משום להישה התניא בתוספתא לוחשין להישות וכן לעיל פרק כ"א אצל הלכתא ב"ה ע"ש ודלא כר"י כהן דאסר ע"כ: [ה] וכן הורה מהר"ם בכל אלו יאסר לעשות סכום המעות עם מלמדי תינוקות ע"כ: [ו] כת"ק ע"ש ע"כ: ו [ז] בסוף מכילתין ובנדרים פרק נערה שאין הלכה כאותו הזוג שחולק על זה כדאיתא התם ע"כ:

טור

לפיכך

ואחד *כל אומות באיסור זה. וכן מפורש על ידי עזרא ואשר לא נתן בנותינו לעמי הארץ ואת בנותיהם לא נקח לבנינו: **ב** ולא אסרה תורה אלא דרך חתנות אבל הבא על הכותית דרך זנות מכין אותו מכת מרדות מד"ס. גזירה שמא יבא להתחתן. ואם יחדה לו בזנות חייב עליה משום נדה ומשום שפחה ומשום כותית ומשום זונה. ואם לא יחדה לו אלא נקראת מקרה אינו חייב אלא משום כותית* וכל חובין אלו מדבריהן: **ג** בד"א [א]כשהיה הבועל ישראל אבל כהן הבא על הכותית לוקה מן התורה משום זונה ואחד זונה כותית ואחד זונה ישראלית ובבעילה בלבד לוקה שהרי אינה בת קידושין: **ד** *כל [ב]הבועל כותית בין דרך חתנות בין דרך זנות אם בעלה בפרהסיא והוא שיבעול לעיני עשרה מישראל או יתר אם פגעו בו קנאין והרגוהו הרי אלו משובחין וזריזין°. ודבר זה הל"מ הוא ראיה לדבר זה מעשה פנחס בזמרי: **ה** ואין הקנאי רשאי לפגוע בהן אלא בשעת מעשה כזמרי שנאמר ואת האשה אל קבתה אבל אם פירש אין הורגין אותו. ואם הרגו נהרג עליו. ואם בא הקנאי ליטול רשות מב"ד להרגו אין מורין לו ואע"פ שהוא בשעת מעשה. ולא עוד אלא אם בא הקנאי להרוג את הבועל ונשמט הבועל והרג הקנאי כדי להציל עצמו מידו אין הבועל נהרג עליו. והבא על בת גר תושב אין הקנאין פוגעים בו אבל מכין אותו מכת מרדות: **ו** לא [ג]פגעו בו קנאים ולא הלקוהו ב"ד הרי עונשו מפורש בדברי קבלה שהוא בכרת שנאמר כי חלל יהודה קדש י"י אשר אהב ובעל בת אל נכר יכרת י"י לאיש אשר יעשנה ער ועונה. אם ישראל הוא לא יהיה לו ער בחכמים ולא עונה בתלמידים ואם כהן הוא לא יהיה לו מגיש מנחה לי"י צבאות. הנה למדת שהבועל כותית כאילו נתחתן לעכו"ם שנאמר ובעל בת אל נכר ונקרא מחלל קדש ה': **ז** עון זה אע"פ שאין בו מיתת ב"ד אל יהי קל בעיניך. אלא יש בו הפסד שאין בכל העריות כמותו שהבן מן הערוה בנו הוא לכל דבר ובכלל ישראל נחשב אע"פ שהוא ממזר והבן מן הכותית אינו בנו שנאמר כי יסיר את בנך מאחרי מסיר אותו מלהיות אחרי י"י: **ח** ודבר זה גורם להדבק בעכו"ם שהבדילנו הקב"ה מהם ולשוב מאחרי י"י ולמעול בו: **ט** עכו"ם הבא על בת ישראל אם אשת איש היא נהרג עליה ואם פנויה היא אינו נהרג: **י** אבל ישראל הבא על הכותית בין קטנה בת שלש שנים ויום אחד בין גדולה בין פנויה בין אשת איש ואפילו היה קטן בן ט' שנים ויום אחד כיון שבא על הכותית בזדון ה"ז נהרגת מפני שבא לישראל תקלה על ידיה כבהמה ודבר זה מפורש בתורה שנאמר הן הנה היו לבני ישראל בדבר בלעם וכל אשה יודעת איש למשכב זכר הרוגו: **יא** העבדים °שהטבילו אותם לשם עבדות וקבלו עליהם מצות שהעבדים חייבים בהם יצאו מכלל העכו"ם ולכלל ישראל לא באו. לפיכך השפחה אסורה לבן חורין. אחד שפחתו ואחד שפחת חבירו והבא על השפחה מכין אותו מכת מרדות מדברי סופרים. שהרי מפורש בתורה שהאדון

נותן

*כדפוס ווינציא ומשום זונה: **א** בסמ"ג הוא שם: **ב** גם זה בטור ובסמ"ג: *הכל בזמן הבית: **ג** הכל שם:

השגת הראב"ד

*כל הבועל עכו"ם וכו'. כתב הראב"ד ז"ל בד"א שהתרו בו ולא פירש אבל לא התרו בו לא אמרינן הרי אלו משובחין עכ"ל:

גזרו על בנותיהן והקשו בנותיהן דאורייתא היא דכתיב לא תתחתן בם ותירצו דאורייתא שבעה אומות אבל שאר אומות לא ואתו אינהו וגזור אפילו דשאר אומות והקשו ולרבי שמעון בן יוחאי דאמר כי יסיר את בנך מאחרי לרבות כל *המסירין מאי איכא למימר ותירצו אלא דאורייתא אישות דרך חתנות ואתו אינהו וגזור אפילו דרך זנות ע"כ. ומ"ש רבא בפרק הערל (דף ע"ו.) בגירותם אית להו חתנות בגיותן לית להו חתנות כבר תירצוה המפרשים ובודאי בגיותן כל דרך אישות [איכא למימר] דאיכא לאו דאורייתא:

ב אבל הבא על הכותית וכו'. בברכות פרק הרואה (דף נ"ח.) רבי שילא נגדיה להוא גברא דבעל ארמית: **ואם** ייחדה לו וכו'. בפרק אין מעמידין בסוגיא שהזכרתי למעלה אמרו ישראל הבא על הכותית הלמ"מ היא דאמר מר הבועל ארמית קנאין פוגעין בו א"ל דאורייתא בפרהסיא וכמעשה שהיה ואתו אינהו גזור אפילו בצנעה והקשה בצנעה נמי ב"ד של חשמונאי גזרו *דכי אתא רב דימי אמר ב"ד של חשמונאי גזרו ישראל הבא על הכותית חייב עליה משום נ"ש כ"ז פי' נדה שפחה כותית זונה ותירצו התם דמייחד לה אבל הכא אקראי בעלמא ע"כ בגמרא לפי גירסת רבינו ויש שם גירסאות אחרות:

בד"א כשהיה הבועל וכו'. בתמורה פרק כל האסורים (דף כ"ט ע"ב) מחלוקת אביי ורבא ואמר רבא התם דכהן הבא עליה לוקה משום זונה מ"ט ילפי' מהדדי מה זונה ישראלית בלאו אף כותית זונה בלאו וקי"ל אביי ורבא הלכה כרבא:

ד כל הבועל כותית וכו'. כבר הזכרתי למעלה מ"ש דאורייתא בפרהסיא וכמעשה שהיה. ובפרק בן סורר ומורה (דף ע"ד) אמרו גבי פרהסיא בקידוש השם וכמה פרהסיא אמר רבי יוחנן אין פרהסיא פחותה מעשרה בני אדם ואמרו שם דכולן ישראל. ובהשגות א"א בד"א שהתרו בו וכו'. וי"ל שכל שהוא מזיד אינו צריך התראה שלא מצינו התראה אלא לחייבי מיתות ב"ד אבל זו הלכה היא ואינן רשאין אלא בשעת מעשה ולא מצינו בפנחס שהתרה בזמרי ומ"מ יראה לי שמה שאמרו גבי זמרי שהיה לו לפרוש ולא פירש הוא כשהתרה בו פנחס:

ה ואין הקנאי וכו'. בסנהדרין פרק אלו הן הנשרפין (דף פ"ב.) הבא לימלך אין מורין לו ולא עוד אלא שאם פירש זמרי והרגו פנחס נהרג עליו נהפך זמרי והרגו לפנחס אין נהרג עליו שהרי רודף הוא: **והבא** על בת גר תושב. לא מצאתי זה מבואר אבל דבר נראה הוא שאין לנו אלא בבא על הכותית אבל גר תושב שהוא נכרי שקיבל עליו שלא לעבוד כו"ס שנזכר פרק י"ד אין בתו כדין זה:

ו לא פגעו בו הקנאין וכו'. בסנהדרין שם לא פגעו בו הקנאין מהו ודרשו בו המקרא שכתב רבינו. וכתב רבינו ולא הלקוהו ב"ד לפי שאם הלקוהו ב"ד נפטר מעונש אחר בקבלת מלקותו: הנה למדת וכו'. שם מימרא:

ז עון זה אל יהי קל בעיניך וכו'. זה מבואר בהרבה מקומות ומהם ביבמות פרק כילד (דף כ"ג.) שהממזר בנו לכל דבר והבן מן הכותית אינו קרוי בנו אלא בנה:

ט עכו"ם הבא על בת ישראל אם אשת וכו'. מפורש בהרבה מקומות ומהם פרק ארבע מיתות (דף נ"ז:) בא על עריות ישראל וכו':

י אבל ישראל הבא על הכותית וכו'. זה לא מצאתי מבואר והפסוק הזה אינו מוכרח דהתם אפילו לא נבעלה כיון שהיו ראויות לביאה היו נהרגות כמו שמפורש ביבמות בפרק הבא על יבמתו ויהיה הטעם מפני שעל ידיהן עבדו ישראל לפעור ומתו מהם רבים. ומ"ש בסנהדרין פרק ד' מיתות (דף נ"ד.) גבי בהמה שהיא נסקלת משום שבאת תקלה לישראל על ידה ושקיל וטרי התם אי נסקלת בקלון בלא תקלה היינו בבהמה אבל בכותית לא אשכחן ואיכא למימר שדעת רבינו דכיון דבנשי מדין אשכחן דאפילו ראויות לביאה נהרגו משום שבאת תקלה על ידן איכא למילף מינייהו בעלמא בנבעלה במזיד. ומ"ש אפילו היה קטן בן ט' הוא מן הסוגיא שבפרק ד' מיתות כיולא בזה גבי בהמה ועדיין הדבר צריך לי לימוד:

יא העבדים שהטבילו אותן לשם עבדות וכו'. זה מבואר בהרבה מקומות וסובר רבינו שאין השפחה במלקות כפי' אונקלוס שהרי בשפחה חרופה אין בה אלא אשם לבועל כמזכר פרק שלישי וכ"ש בשאינה חרופה כלל שאין בה מלקות ואין בשפחה אלא מכת מרדות ובודאי יש בה מכת מרדות דלא גרע מאיסור של דבריהם: שהרי מפורש בתורה שהאדון וכו'. בפ"ק דקידושין ג"כ מבואר ובהלכות עבדים פ"ג נתבאר בארוכה דין זה:

אל

*[בגמרא כל המסירות] *[גירסתנו לא כך היא]

הגהות מיימוניות

שינוי אלא כששניהם יחד מזיגה והושטה אבל מזיגה בלא הושטה והושטה בלא מזיגה אפילו בלא שינוי מותר ואע"פ שבספר לא הזכיר אלא הושטת כוס של יין שהוא דבר של חיבה היה נזהר רש"י אפילו ליתן מידו לידה מפתח או חפץ אחר ונראה מזיגה האמורה בגמרא היינו דוקא מזיגה במים אבל מזיגה מן הכלי כמו שאנו עושים אין נראה בזה קירוב דעת כההיא דמוזגים לכוס ואח"כ נוטלים לידים ומיהו על השלחן נראה דאסור אם לא ע"י שינוי כשמואל דמחלפא ליה דביתהו ומיהו ר"ה פי' מוזגת ואח"כ מחלפא ליה ולפי זה היה מותר. והצעת המטה פר"ת ורש"י פרישת סדינים אבל הצעת כרים וכסתות מותר ואין להקל כלל יותר בימי לבון מבימי נדות דכתיב בנדתה בנדתה תהא עד שתבא במים ע"כ: **ד** °[כתב הטור על לשונו ז"ל ונראה לי שאינו אלא בז' אומות דלא קי"ל כר' שמעון דאמר כי יסיר לרבות כל המסירין ע"כ וכן מוכח הסמ"ג שם]: **יא** °[טור א"ה סי' ד' וה' וכן מבואר בסמ"ג לאוין פ' ומנה ענין זה בכלל הלאוין כפי' אונקלוס בקרא דלא יהיה קדש עיין שם]:

הטור

מגדל עוז

ב ג אבל הבא על הכותית וכו' עד שאינה בת קידושין. פרק אין מעמידין ופרק הנשרפין (דף פ"ב): **ד** כל הבועל כותית וכו' עד הרי אלו משובחין וזריזין: **כתב הראב"ד** ז"ל בד"א שהתרו בו וכו': **ואני אומר** התראה זו לא מצאתיה לא פרק אין מעמידין ולא פרק הנשרפין בבבלי אך בירושלמי יש לו מקצת טעם דאמרינן במעשה זמרי פנחס שלא ברצון חכמים עשה אלא שאין לנו לסמוך עליו הואיל ולא הוזכר בבבלי ושכרו שנתן לו השם מוכיח וגם ר"י אלפס ז"ל לא הביאו בהלכות לומר לך שאינה הלכה ועוד שהרי זמרי בפרהסיא עשה והביאה לפני משה והתרים ומה התראה גדולה מזו והלא אין התראה באה אלא להבחין בין שוגג למזיד וודאי דברי ר"מ ז"ל נכונים: **ד ה** ודבר זה הלכה וכו' עד אין הבועל נהרג עליו. פרק אין מעמידין (דף ל"ו) ופרק הנשרפין (דף פ"ב): **והבא על בת גר תושב אין קנאין פוגעין בו אבל מכין** אותו מכת מרדות. כן משמע פרק הערל (דף ע"ו): **ו לא פגעו בו הקנאים** עד קדש ה'. פרק הנשרפין: **ז ח** עון זה עד ולמעול בו. פ"ב דיבמות (דף כ"ג): **ט י עכו"ם הבא** על בת ישראל וכו' עד שנאמר הן הנה היו וכו' וכל אשה יודעת איש וכו'. פרק ד' מיתות: **יא העבדים** שהטבילו אותן וכו' עד לא באו. פרק ד' מיתות: **יא יב לפיכך השפחה אסורה** עד כמו שביארנו. זה פסק מכח מימרא דרב חסדא ורב דימי דפרק ד' מיתות ומדאמר פרק אין מעמידין (דף ל"ו) ופרק הנשרפין (דף פ"ב) ופרק ד' מחוסרי כפרה בדיני השפחה ופרק נושאין נמי הכי אסיקנא (דף ק') לא תנסוב כותית ושפחה:

ואל

ומכרו לאחד מקרוביו של גנוב כגון שמכרו לאביו או לאחיו הרי זה פטור שנאמר גונב נפש מאחיו עד שיבדילנו מאחיו ומקרוביו במכירה. וכן אם גנבו והוא ישן ונשתמש בו כשהוא ישן ומכרו ועדיין הוא ישן הרי זה פטור: **ד** וכן אם גנב אשה ומכרה לעובריה בלבד כגון שהתנה על הלוקח שזו השפחה לי ואין לך אלא הולדות הרי זה פטור: **ה** [א]הגונב את בנו או את אחיו הקטן. וכן האפוטרופין שגנבו את היתומים שהן סמוכין אצלם ובעל הבית שגנב אחד מבני ביתו הסמוכין על שלחנו ומלמד תינוקות שגנב אחד מן הקטנים הלומדים אצלו. אע"פ שנשתמש בו ומכרו פטור שנאמר ונמצא בידו פרט לאלו שהן מצויין בידם: **ו** אחד הגונב את הגדול או הגונב את הקטן בן יומו שכלו לו חדשיו בין זכר בין נקבה בין שהיה הגנב איש או אשה הרי אלו נהרגין שנאמר גונב נפש מכל מקום. ואחד הגונב את ישראל או שגנב גר או עבד משוחרר שנאמר נפש מאחיו ואלו בכלל אחינו הן בתורה ובמצות. אבל הגונב את העבד או מי שחציו עבד וחציו בן חורין פטור: **ז** הבא במחתרת בין ביום בין בלילה אין לו דמים אלא אם הרגו בעל הבית או שאר האדם פטורין. ורשות יש לכל להרגו בין בחול בין בשבת בכל מיתה שיכולין להמיתו שנאמר אין לו דמים: **ח** ואחד הבא במחתרת או גנב שנמצא בתוך גגו של אדם או בתוך חצרו או בתוך קרפיפו °בין ביום בין בלילה. ולמה נאמר מחתרת לפי שדרך רוב הגנבים *לבוא במחתרת בלילה: **ט** ומפני [ב]מה התירה תורה דמו של גנב אף על פי שבא על עסקי ממון לפי שחזקתו שאם עמד בעל הבית לפניו ומנעו יהרגנו ונמצא °זה הנכנס לבית חבירו לגנוב כרודף אחר חבירו להרגו ולפיכך יהרג בין שהיה גדול בין שהיה קטן בין זכר בין נקבה: **י** היה הדבר ברור לבעל הבית שזה הגנב הבא עליו אינו הורגו ואינו בא אלא על עסקי ממון אסור להרגו ואם הרגו הרי זה הורג נפש שנאמר אם זרחה השמש עליו אם ברור לך הדבר כשמש שיש לו שלום עמך אל תהרגהו. לפיכך אב הבא במחתרת על בנו אינו נהרג שודאי שאינו הורגו. אבל הבן הבא על אביו נהרג: **יא** [ג]וכן הגנב שגנב ויצא. או שלא גנב ומצאו יוצא מן המחתרת הואיל ופנה עורף ואינו רודף *יש לו דמים. וכן אם

השגת הראב"ד

*לבוא במחתרת בלילה וכו'. א"א איני נמנע מלכתוב את דעתי שנ"ל שאע"פ שדרשו חכמים אם זרחה עליו השמש דרך משל אם ברור לך הדבר כשמש שלא בא על עסקי נפשות וכו' אעפ"כ אינו יוצא מידי פשוטו ביום אינו רשאי להרגו שאין גנב בא ביום אלא אם יכול להשמיט שומט ובורח ואינו מתעכב לגנוב ממון גדול ולעמוד על בעליו להרגו אלא גנב בלילה מפני שהגנב יודע שבעל הבית בבית אז בא להרוג או ליהרג אבל גנב ביום אין בעל הבית מצוי ושמוטה בעלמא הוא ובחיי ראשי כל מבין די לו בזה עכ"ל:

*יש לו דמים. א"א נ"ל בורח רוצה לומר עכ"ל:

מגיד משנה

פטור וכן עיקר: וכן אם גנבו וכו'. בעיא דלא איפשיטא שם וספק נפשות להקל:

ד וכן אם גנב כו'. גם זה בעיא דלא איפשיטא וידוע שספק נפשות להקל:

ה הגונב את בנו וכו'. בבא זו מפורשת במשנה ובגמרא (דף פ"ה:) ופסק כחכמים דפטרי:

ו אחד הגונב את הגדול וכו'. ברייתא שם (דף פ"ה:): בין זכר בין נקבה. באותה ברייתא: בין שהיה הגונב איש או אשה. זה פשוט דהשוה הכתוב אשה לאיש לכל עונשין שבתורה כדאיתא פ"ק דקדושין (דף ל"ה.) ובבבא קמא (דף ט"ו.) ואיתא בברייתא שם בסנהדרין: או שגנב גר וכו'. בריי' שם: והטעם שכתב אלו בכלל אחינו מפורש שם: אבל הגונב את העבד או מי שחציו עבד וכו'. זה מבואר במשנה (ובגמרא) ופסק כחכמים ופירוש והוא הדין לאשה שפחה שפטור ואל תטעה במה שאמר בגמרא מכר *שפחה לעובריה וכו' דההיא בבת חורין מיירי אלא שהוא מוכרה בתורת שפחה לעוברין וכן ביאר ז"ל למעלה:

ז הבא במחתרת וכו'. זה מבואר בכתוב ונדרש בסנהדרין פרק בן סורר ומורה (דף ע"ב). ומה שחייב ביום נ"ל שילא לו מן הברייתא ששנינו שם בזה הלשון ת"ר [אין לו דמים] אם זרחה השמש עליו וכי השמש עליו בלבד זרחה אלא אם ברור לך הדבר כשמש. וזה פירושו וכי השמש בלבד כלומר אם פירוש הכתוב כשתזרח השמש ביום יהיה לו דמים שאינו בא להרוג ביום יאמר הכתוב אם זרחה השמש סתם ולא יאמר עליו שהשמש לכל העולם זורח אלא הכוונה הוא שבין ביום ובין בלילה אין לו דמים אא"כ הדבר ברור כשמש. והר"א ז"ל כתב דביום אינו רשאי להרגו דאין מקרא יוצא מידי פשוטו והאריך בזה. ומה יעשה הר"א בפסוק וקלותה את כפה ובפסוק עין תחת עין ובפסוק וגם בעליו יומת שכל אלו נדרשין בממון שלא כפשטן. ואפשר שהוא סובר שהברייתא לא באה למעט שאין לו דמים דודאי יש לו אלא שממלת עליו ילא לנו דין האב על הבן. ודברי רבינו ז"ל עיקר שזו היא פשטה של ברייתא באמת. ומדברי ר"ח ז"ל שכתב בפירוש התורה נראה שהוא סובר כדברי ר"א ז"ל ול"ע. אא"כ מלאתי לשון הברייתא והיא מכוונת כדברי רבינו: ורשות יש לכל אחד ואחד וכו'. מבואר בברייתות שם:

ח ואחד הבא במחתרת או גנב וכו'. ברייתא שם וזה נוסחא שנינו בפרק בן סורר ומורה ת"ר מחתרת אין לי אלא מחתרת גגו חצרו וקרפיפו מניין ת"ל ימצא הגנב מ"מ א"כ מה ת"ל מחתרת מפני שרוב גנבים מצויין במחתרת תניא אידך מחתרת אין לי אלא מחתרת גגו חצרו וקרפיפו מניין ת"ל ימצא [הגנב מ"מ] א"כ מה ת"ל מחתרת [ממחתרתו] זו היא התראתו ע"כ בגמ'. ופירש"י זו היא התראתו שא"צ התראה [אחרת] אלא הורגו מיד כיון דטרח ומסר נפשו לחתור להכי אתא דאי קאי לאפאי בעל הבית קטילנא ליה ואמרה תורה כיון דרודף הוא א"צ התראה אלא מגילין אותו בנפשו אבל נכנס לחצרו וגגו (וקרפיפו) דרך הפתח אינו הורגו עד שיתרו בו בעדים חזי דקאימנא באפך וקטילנא לך וזה יקבל עליו התראה ויאמר יודע אני ועל מנת כן אני עושה שאם תעמוד לנגדי אהרוג אותך אבל בלא התראה לא דדילמא לאו אדעתא דנפשות קא אתי אלא דאשכח פתחא להדיא ועל אדעתא דאי קאי באפאי ליפוק ע"כ לשון רש"י ז"ל. ולפ"ז לדעת ברייתא זו הבא בחצר או בגג או בקרפף דרך הפתח צריך התראה. ורבינו ז"ל לא חילק. ואפשר שהוא סובר שהברייתות חולקות שהברייתא הראשונה אין לה חלוק בין בא במחתרת לדרך פתח דבכל גוונא לא בעי התראה ולא אמרה תורה מחתרת אלא מפני שרוב הגנבים מצויין במחתרת ודברה במצוי וזהו שכתב רבינו בסוף בבא זו לפי שדרך הגנבים לבא במחתרת. ואפשר ג"כ שהוא מפרש ברייתא דאמר מחתרתו זו היא התראתו בפנים אחרים דלאו למעוטי דרך פתח ליבעי התראה אלא כל גנב הרי הוא כבא במחתרת מה בא במחתרת בא להרוג וזו היא התראתו אף כל גנב כך. וכ"נ מדברי ר"מ ז"ל:

ט ומפני מה התירה תורה דמו וכו'. טעם הכתוב מבואר בגמ' שם:

בין שהיה קטן וכו'. ילא לו ז"ל ממימרא דרב הונא דאמר קטן הרודף ניתן להצילו בנפשו וכו' ואמרינן התם בסוף הסוגיא אבע"א אמר לך רב הונא הנא דאמרי כתנא במחתרת דאמר מחתרתו זו היא התראתו:

י היה הדבר ברור לבעל הבית שזה הגנב וכו'. זה מבואר בברייתא שהזכרנו. ודע שלא מיעטו אב על בן בדוקא אלא הוא הדין לכל אדם שאנו יודעים בו שירחם עליו כרחם אב על בנים וכן מוכיח שם בגמ' בההיא דאמר רב כל דאתו עלי במחתרתא קטילנא ליה לבר מדרב חנינא בר שילא ואסיקנא טעם משום דקים ליה ביה דרחים עליה כרחם אב על הבן וכן מוכיח בברייתא עצמה שהראשונה עצמה העמידו בבן על האב וקתני בה אם ברור לך כשמש שיש לו שלום עמך אל תהרגהו ושם מתברר שאין חלוק בין האב על הבן לבן על האב אלא בסתם שאינו יודע אם ירחמנו אם לאו אבל בידוע שלא ירחם אפילו בן הורג לאב ובידוע שירחם אפי' אב לבן אינו הורג וכ"נ מפירש"י ז"ל ובודאי החלק האחרון הוא מבואר מההיא דרב:

יא וכן הגנב שגנב ויצא וכו'. זה פשוט שיש לו דמים כל זמן שילא מן המחתרת ומבואר שם בשנטל כלים וילא: וכן

*בגירסתנו אשה לעובריה וכן היא גירסת רש"י:

א סמ"ג לאוין שם: ב שם סי' ק"ס: ג שם:

הגהות מיימוניות

ח °(במכילתא יז"ל אם זרחה השמש ר' ישמעאל אומר אתה אומר לכך בא לחלק בין יום ללילה אם הרגו ביום חייב ובלילה יהא פטור ת"ל ולנערה לא תעשה דבר יכי מה למדנו לרוצה מעתה אלא הרי זה בא ללמד ונמצא למד מה להלן לא הלק בין יום ללילה אף כאן לא תחלק בין יום ללילה מה כאן אם קדמו והרגו פטור אף להלן אם קדמה והרגתו פטורה ע"כ): **ט** °(הרב ר"א ממיץ היה מדמה ענין המסור לבא במחתרת לפי שאין אדם מעמיד עצמו על ממונו ולכך מותר להורגו כדאמרינן בפרק הגזל אהרון רב כהנא שמטיה לקועיה דההוא גברא עכ"ל סמ"ג לאוין סי' ק"ס, וכן איתא בירושלמי פרק בן סורר ומורה דף כ"ו ע"ג):

סליקו הלכות גניבה בס"ד

מגדל עוז

הגונב את בנו או את אחיו הקטן. בספרי פרשת כי תלא: **גונב נפש**. לשון מכילתא אזהרה לגונב נפש מנין ר' יאשיה אומר מלא תגנוב ר' יונתן אומר מלא ימכרו ממכרת עבד ולא פליגי מר קא חשיב לאו דגניבה ומר קא חשיב לאו דמכירה: **ז הבא במחתרת בין ביום ובין בלילה** עד אין לו דמים. במס' סנהדרין פרק בן סורר ומורה (דף פ"ו ע"ב) ופרק הנחנקין: **ח ואחד הבא במחתרת או גנב שנמצא** וכו' עד במחתרת בלילה: **כתב הראב"ד** ז"ל איני נמנע מלכתוב את דעתי כו': **ואני אומר ראשו** כתם פז יקר מאופז ודברי טובים ולמוכיחים ינעם יבא איש נבוב ילבב בדברי הגדה המוכחים את הלב אך לפי הדין לא כל הכיברין שוין ולא כל המקומות שוין ולא כל הזמנים המשתנים ולא כל בני אדם דעתנים וכ"ש הגנבים אשר אורחותיהם עקשים ונלוזים במעגלותם עונותיהם ותטאתם לפניהם ענן חשך ואפלה מנודם למגוא פתח ילאו עינים להם ולא יראו נגע לבן אדמדם כי רגליהם לרע ירוצו וימהרו לשפוך דם כ"ש לעשות מעשה בסברא שאין לנו אלא מה שאמרה תורה. ע"כ סידר ר"מ ז"ל דבריו ע"פ הגמרא פ' בן סורר ומורה ומרוה גם הוא יורה. שוב מלאתי לי ראיה בירושלמי פרק בן סורר ומורה דגרסינן בין ביום ובין בלילה פעמים שהוא בא לגנוב פעמים שהוא בא להרוג אמרת אם גנב ודאי והרגו אין ההורגו נהרג. פעמים שהוא בא לגנוב ופעמים שהוא בא להרוג פעמים שאינו בא לגנוב ופעמים שאינו בא להרוג ע"כ. אלמא נתנו הדברים לשיעורין לפי הסברא אבל אנו אין לנו אלא דין הגמרא: **ט י ומפני מה אמרה תורה** עד הבא על אביו נהרג. פרק בן סורר ומורה: **יא וכן הגנב שגנב ויצא** עד יש לו דמים: **כתב הראב"ד** ז"ל נ"ל בורח ר"ל עכ"ל: **ואני אומר** לשון ר"מ ז"ל לשון הגמ' דגרסינן בירושלמי פרק בן סורר ומורה נטל את הכים

וכן אם הקיפוהו בני אדם או וכו'. מ"ש עדים הוא כדרך התרגום שאמר אם עינא דסהדיא נפלת עלוהי. והענין שאם יש עדים שראו הגנב שנכנס וגונב והוא רואה אותן ודאי יש לו דמים שלא יגנוב שהרי הוא יודע שהעדים יחייבוהו תשלומין בב"ד. זה כתב הרמב"ן ז"ל בפירושיו בתורה לדעת התרגום וגם רש"י ז"ל נראה שהיה מודה לדין התרגום. והר"א ז"ל כתב לא ידעתי מהו עכ"ל. אע"פ שכתב שהיא כדין התרגום. ומ"ש או בני אדם. הוא מבואר במכילתא דר' ישמעאל כמ"ש הר"א ז"ל:

יב וכן הבא במחתרת לתוך גינתו או וכו'. זה מתברר מברייתא שלא ריבתה תורה אלא גגו ומלרי וקרפיפו שבעל הבית מלוי בהן:

יג כל גנב שיש לו דמים אם וכו'. פקוח הגל מפורש שם פרק בן סורר ומורה (דף ע"ב:): ואם שיבר כלים בביאתו וכו'. מפירש במשנה ומקנא בגמ' דדוקא שבר ליתנהו אבל נטל דאיתנהו חייב להחזיר אע"פ שאין לו דמים וכן עיקר:

סליקו הלכות גניבה בס"ד

אם *הקיפוהו בני אדם או עדים אע"פ שעדיין הוא ברשות זה שבא עליו אינו נהרג. ואין צריך לומר אם בא לבית דין שאינו נהרג: **יב** וכן הבא במחתרת לתוך גינתו או לתוך שדהו או לתוך הדיר והסהר יש לו דמים. שחזקתו שבא על הממון בלבד לפי שאין רוב הבעלים מצויים במקומות אלו: **יג** כל גנב שיש לו דמים אם נפל עליו גל בשבת מפקחים עליו. ואם שבר כלים בביאתו חייב בתשלומין. אבל מי שאין לו דמים ששבר כלים בביאתו פטור כמו שביארנו:

השגת הראב"ד

*הקיפוהו. א"א זה שאמרו במכילתא דר' ישמעאל שאם יש לו מושיעים שאינו ניתן ליהרג וק"ל מעשה דאבנר ועשאל. ומ"ש אם הקיפוהו עדים יראה לי כי ע"ד התרגום אמר אם עינא דסהדיא נפלת עלוהי וכו' ולא ידעתי מהו, עכ"ל:

סליקו להו הלכות גניבה בס"ד

מגדל עוז

הכים והפך פניו לצאת והלך לו ועמד עליו והרגו וכו' עד שם תני ר' חייא במחתרת אין לו דמים חוץ למחתרת יש לו דמים כו' ורשות כל אחד בידו לפרש כרצונו: וכן אם הקיפוהו עדים או בני אדם עד שאינו נהרג: כתב הראב"ד ז"ל זה שאמרו במכילתא וכו': ואני אומר אין מלה בלשוני ואין מענה ואחרי דברו לא אשנה לומר ידעתי מה שהוא לא ידע ולו השכל והמדע אך כל משכיל בה בינה יכיל אחרי אשר גילה מקומה ודלה חספא לאשכוחי מרגניתא תותה: **יב יג** וכן הבא במחתרת עד סוף הפרק. הכל בסנהדרין פ' בן סורר ומורה:

סליקו להו הלכות גניבה בס"ד

הקדמת מגיד משנה להלכות גזילה ואבדה

פ"א כלל בו רבינו ענייני הגזלה מהותן ושיעורן ואיכות החזרה וענין התאוה והחמוד. ואלו החמש מצות ר"ל הגזילה והאבידה והעושק והתאוה והחמוד הן הכוללות ענין הלכות גזילה:

פ"ב ביאר בו רבינו דיני שינוי הגזלה ר"ל שינוי רשות או שינוי שבח או שינוי ענין ופרטי דברים אלו:

פ"ג ביאר בו רבינו ז"ל דיני הגזלה שהוקרה או שהוזלה או שנפחתה או שנפסלה, וכן מי שנשתמש בנכסי חבירו והמשתמש בפקדון אשר הפקד אתו, ונמשך לזה השואל שלא מדעת או החוטף משכון מיד לוה שניהם אינם מתכוונים לגזול:

פ"ד נתבאר בו דיני תביעה והכחשה שיש בין הנגזל ומי שגזל ואינו יודע ממי גזל וכל הנמשך אחר זה:

פ"ה נתבאר שאסור ליהנות מן הגזלה ודין הנהנה מן הגזלה בין שהוא יורש מהגזלן בין שהוא לוקח מהגזלן בין שהגזלן מפקיד גזלתו או נותנה לאחר. ונכלל בזה דין מלך או שלטון המשים מס או חוק בארצו וכל היוצא בזה:

פ"ו נתבארו בו משפט הדברים שיש בהן משום גזל שהיה באפשר לומר בהן שאין בהן משום גזל, ונמשך לזה מה שאמרו חכמים משום גזל:

פ"ז נתבארו בו דיני הגוזל ותבעוהו וכפר ונשבע שהוא חייב בקרן וחומש ואשם ונתבארו בו כל הדינים (בין בשהגזל קיים בין) בשאין הגזל קיים:

פ"ח נתבארו בו דיני הגוזל ותבעוהו וכפר בו ונשבע הגזלן מהו דינו עם היורשין ובין כשאין לו יורשין כגון גזל הגר וכל משפטי זה הענין על השלמות:

פ"ט נתבארו בו דיני גזילות הקרקעות וכל התלוי בזה. ר"ל אם מכלה הגזלן הקרקע. ודין הגזלן שלקח שדה מבעליו בשלמות:

פ"י נתבארו בו דיני עכו"ם אנס הגוזל קרקע ומכרו לישראל וכל הנמשך לזה. וכן היורד לתוך קרקע חבירו לבנות או להשביח בין ברשות בין בשלא ברשות וכל הנמשך אחר זה:

פי"א נתבארו בו כללי מצות השבת אבידה למי חייב להחזירה ולמי שהוא פטור להחזירה ובאי זה מקום תמצא. ומי הוא חייב להחזיר אבידה מחמת אי זו סבה שתהיה ונסתיים הפרק בדין אבדת קרקע:

פי"ב נתבארו בו דיני מי שאבדה ממנו אבידה ופגע באבידה אחרת וכן הדומה לזה. ונמשך לזה דין השותפין שאבדו ושהצילו וכל הנמשך אחר זה:

פי"ג נתבארו בו דיני הכרזת אבידה כילד ובאי זה מקום מכריז ובאי זה סימן ישיבנה למי שיתן אותו. וכן נתבארו בו המוצא אבידה מה יעשה ממנה הדברים שהוא אסור לעשותן והדברים שהוא חייב לעשותן. ומאי זה דבר הוא חייב בשמירתו ומאי זה דבר לא:

פי"ד נתבאר בו שיש דברים שהמוצאן אינו חייב להכריז עליהן מפני שאין בהם סימן ומפני שנודע שנתייאשו הבעלים. ונתבאר בו כל פרטי הדברים שאין להם סימן. וכן נתבאר בו כל פרטי הדברים למי מחזירים קצת הדברים שאין להם סימן בטביעות עין:

פט"ו נתבארו בו דיני מציאת דבר שהוא נראה שהבעלים הניחוהו שם לדעת או שהוא ספק וכל התלוי בזה בשלימות. וכן נתבאר בו קצת הדברים שהן מותרין למוצאן מפני שאין בהן סימן או מפני שהן כהפקר:

פט"ז נתבאר בו ג"כ קצת פרטים ממה שהוא של מוצאו מחמת אי זה סיבה ונשלם ביאור זה בשלמות:

פי"ז נתבאר בו איכות זכות המציאה שהיא של מוצאה וכל הנמשך אחר זה בשלמות:

פי"ח נתבארו בו דיני מציאת השטרות אי זה אלו שטרות שיהיו והיות דיניהן חלוק משאר המציאה כמו שהוא מבואר שם:

הלכות גזילה ואבידה

יש בכללן שבע מצות. שתי מצות עשה. וחמש מצות לא תעשה:

וזה הוא פרטן:

א) שלא לגזול. ב) שלא לעשוק. ג) שלא לחמוד. ד) שלא להתאוות. ה) להשיב את הגזילה.
ו) שלא יתעלם מן האבדה. ז) להשיב האבדה:

וביאור מצות אלו בפרקים אלו:

כל

שמסר והפסידו אלא שלא ידע כמה ופסק רבינו ז"ל כדרכו בכל תיקו האמורים בגמרא ומתוך מה שכתב והמוסר כופר במה שטענו נראה שהוא סובר שאם המוסר אינו כופר אלא אומר איני יודע שהלה נוטל בשבועה מיהת וכן דעת ר"ת ז"ל ויש חולקין:

ח אין משביעין וכו'. זה דבר פשוט כתבו הרב: **אבל המוסר** וכו'. גם זה פשוט ומבואר:

ט אסור למסור וכו': **ואפילו רשע** וכו' **ואפילו מיצר לו** וכו'. נתבאר זה פרק קמא דגיטין (דף ז') [דשלח ליה מר עוקבא לר"א וכו'] והביאו הרב בהלכות בהגזל וכתב שמעינן מיניה דאפילו במקום צער אסור למסור בר ישראל בין בגופו בין בממונו:

י מותר להרוג וכו' ומתרין לו ואומרין לו וכו'. זה נזכר במעשה הנזכר פרק הגוזל בתרא (דף קי"ז.) ההוא גברא דהוה בעי אחוויי תבנא דחבריה [אתא לקמיה דרב] א"ל רב לא תחוי ולא תחוי א"ל מחוינא ומחוינא יתיב רב כהנא [קמיה דרב] שמטה לקועיה מכאן למד הרב ז"ל וכן מאותו מעשה דרבי שילא דפ' הרואה (דף נ"ח.) אלא שאותו מעשה היה במוסר הבא למסור נפשות וההוא נמי בעי שיתרוהו כדאיתא פרק ראשון מהל' רוצח והוא שיש פנאי ור' שילא אפשר שהזהירו או שלא היה פנאי:

יא עשה המוסר וכו'. דעת הרב ז"ל ונכון הוא שהרי לא מצינו היתר בגמ' אחר מעשה עוד נראה לי כעין ראיה מרודף אחר חבירו להרגו שניתן להצילו בנפשו וכן רודף אחר הזכור ואחר הנערה המאורסה כולן קודם מעשה נהרגין אחר מעשה אין נהרגין אלא בב"ד ובעדים ובהתראה כדאמר התם נעבדה בהן עבירה אין מצילין אותם ומה שכתב אלא שהוחזק משום דבהוחזק היינו ברייתא דאין מעמידין האפיקורוסין והמסורות מורידין ולא מעלין: **וכן כל** כו' **ואסור לאבד** ממונו של מסור. זה מחלוקת דאמוראים סוף הגוזל ופסק כפסק ההלכות:

יב רודף שהיה וכו'. דינים אלו מימרא פשוטה בהגוזל (דף קי"ז:) ובהלכות ואיתא בסנהדרין (דף ע"ד.):

טו ספינה שחשבה וכו' **שהמשא שבה** וכו'. כתב עליו הר"א ז"ל א"א אין כאן לא מלח ולא תבלין וכו' ודין זה שמטיל ליס אע"פ שהטיל מאיש אחד מחשבין על כולם [לפי משאם] כדאיתא בגמרא ע"כ. כתב הרב עובדא דהמרא אשר ממנו יצא הדין אל רבינו ז"ל ואמר שאינו דומה ולא כתב הטענה וזהו תימה איך ידחה הרב דברי רבינו ז"ל בלא טעם וראיה. ועתה אפרש. גרסינן בפ' הגוזל (דף קי"ז:) ההוא גברא דאקדיס ואפיק חמריה למברא

ונתן. ולא ידעו העדים כמה הפסידו במסירתו והנמסר אומר כך וכך הפסידני. והמוסר כופר במה שטענו. אם תפש הנמסר [ח]אין מוציאין מידו אלא נשבע בנקיטת חפץ וזוכה במה שתפש. ואם לא תפש °אין מוציאין מן המוסר אלא בראיה ברורה: **ח** אין משביעין את המוסר שהראה מעצמו לא שבועה חמורה ולא שבועת היסת. מפני שהוא רשע ואין לך פסול יותר [ט]מזה. אבל המוסר שאנסוהו להראות או להביא ונשא ונתן ביד. אע"פ שהוא חייב לשלם אינו רשע אלא בן תשלומין הוא בלבד ומשביעין אותו כשאר הכשרין: **ט** *אסור [י]למסור האדם ביד עובד כוכבים בין בגופו בין בממונו. ואפילו היה רשע ובעל עבירות ואפילו היה מיצר לו ומצערו. וכל המוסרו ביד עובד כוכבים בין בגופו בין בממונו אין לו חלק לעולם הבא: **י** [א]מותר להרוג המוסר [כ]בכל מקום ואפילו בזמן הזה שאין דנין דיני נפשות. ומותר להרגו קודם שימסור אלא כשאמר הריני מוסר פלוני בגופו או בממונו. ואפילו ממון קל התיר עצמו למיתה. ומתרין לו ואומרין לו אל תמסור. אם העיז פניו ואמר לא כי אלא אמסרנו מצוה להרגו וכל הקודם להרגו זכה: **יא** [ב]עשה המוסר אשר זמם ומסר. יראה לי שאסור להרגו אלא אם כן הוחזק למסור הרי זה יענש שמא ימסור [ל]אחרים. ומעשים בכל זמן בערי המערב לענוש המוסרים שהוחזקו למסור ממון בני אדם ולמסור המוסרים ביד העובדי כוכבים לענשם ולהכותם ולאסרם כפי רשעם. וכן כל המיצר לציבור ומצערן מותר למסרו ביד העובדי כוכבים להכותו ולאסרו ולקנסו. [ג]אבל מפני צער יחיד אסור *לאוסרו. ואסור לאבד ממונו של מוסר ואע"פ שמותר לענשו שהרי ממונו [מ]ליורשיו: **יב** רודף שהיה [ד]רודף אחר חבירו להרגו או לדבר עבירה ושבר את הכלים בין של נרדף בין של כל אדם. פטור מן התשלומין. מפני שהוא מתחייב בנפשו שכיון שרדף התיר עצמו למיתה: **יג** נרדף ששבר כלים של רודף פטור. לא יהיה ממונו חביב מגופו. ואם שבר כלים אחרים חייב. שהמציל עצמו בממון חבירו חייב: **יד** מי שרדף אחר הרודף להושיע הנרדף ושבר את הכלים בין של רודף בין של כל אדם פטור. ולא מן הדין אלא תקנה היא שלא ימנע מלהציל או יתמהמה ויעיין בעת שירדוף: **טו** *[ה]ספינה [נ]שחשבה להשבר מכובד המשוי. ועמד אחד מהן והקל ממשאה והשליך בים פטור. שהמשא שבה

טו ספינה שחשבה להשבר וכו'. כתב ה"ה כתב הר"א אין כאן מלח וכו' וזהו תימה איך ידחה הרב דברי רבינו בלא טעם וראיה וכו' ועתה אפרש וכו'. כתב על זה נימוקי יוסף בפרק הגוזל בתרא אמר המחבר מפני שאין דעת המחבר כמו שהגיד המגיד תפסו הרב שמתוך דבריו ניכר שאינו מדבר באחד ידוע שטוען אותה יותר מדאי ואז חשבה להשבר דמה בין זה למעשה דחמרא ועוד

השגת הראב"ד

*ספינה שחשבה וכו'. א"א אין כאן לא מלח ולא תבלין שאין כאן דין רודף כלל ואין זה דומה למעשה דחמרא דפרק הגוזל ודין זה שהטיל איש אחד מחשבין על כולם כדאיתא בגמרא עכ"ל:

א סמ"ג עשין סי' ע': ב סמ"ג שם: *[ס"א למוסרו]: ג טוש"מ סי' ש"פ: ד סמ"ג שם טור שם: ה שם:

משנה למלך

דנקט רבינו הכי לרבותא דאפילו טען המוסר כדי אם תפס הנמסר אין מוציאין מידו. אבל נראה שהדין מוכח ממ"ש רבינו לעיל בפ"ז לקח כיס חבירו והשליכו לים או שמסרו ביד אנס ואבד בעל הכיס אומר זהובים היה מלא והמזיק אומר איני יודע הרי הניזק נשבע ונוטל ע"כ. ואע"ג דהתם בדין מזיק וניזק איירי ולא בדין מוסר מיהו בנטל הכיס ומסרו ליד אנס לא גרע ממוסר והיינו מוסר ומה לנו אם הראה מעצמו או מסר כיס חבירו ביד אנס כנ"ל ודוק:

ומ"ש רבינו אם תפס הנמסר אין מוציאין מידו. (א"ה עיין בדברי הרב המחבר בתשו' פכ"א מהלכות מלוה ולוה):

ח אין משביעין **את המוסר** וכו'. זה דבר פשוט מעצמו יכמ"ש ה"ה. וכתב הרא"ש בתשובה כלל י"ז סי' ה' ושאלת על לאה שטוענת על ראובן שמסרה ביד עכו"ם ובזה הפסידה הרבה וקלת בירה בעדים וקלת בהוכחות וראובן השיב נפלה דליקה כו'. תשובה כל מה שתוכל לאה לברר בעדים שהפסידה באותה תפיסה יפרע לה וישבע ראובן שאינו יודע שהפסידה יותר כו' יע"ש. וקשה דהיאך מוסרין אותו שבועה שהרי דין מסור יש לו ונפסל לעדות ולשבועה. ואפשר לומר דלא משמע להו לאינשי דאיכא איסורא בהא כיון דלמירמא אימתא להציל את שלו הוא דעביד וכידו לפוטרו מן הסר ודוק:

י מותר להרוג המוסר בכל מקום כו' ומתרין כו' **ואומרים לו אל תמסור** כו'. מבואר בפרק הגוזל בתרא. וז"ל מרן הב"י סי' שפ"ח כתוב בתשובת הרשב"א סי' קפ"א אם רגיל לעשות כן כל שאומר לעשות כאילו עשה והרי הוא בכלל הבא להורגך כההיא דרב שילא שלא המתין לראות היעמדו דבריו כו' יע"ש וחילוקים אלו שכתב הרשב"א הוא כדי ליישב דלא תיקשי אמאי לא אמרינן הכי עביד אינש דגזים ולא עביד וכדאמרינן בפרק כל הנשבעין (דף מ"ח) ועיין פ"מ ח"א סי' כ"א שער אפרים סימן קכ"ב. ועיין במ"ש מרן הב"י סי' ל"ד סל"ב ודוק. כתב הריב"ש סי' תע"ג ואפשר דגם זה

הגהות מיימוניות

עליו ס"ה ואיתא בגמרא בהדיא ע"כ: ז [ח] בפרק הכונס בעי אמימר אי עשו תקנת נגזל במסור אם לאו וקאי בתיקו וכל תיקו דממונא לקולא ועיין בתשובות סימן ט"ז וראבי"ה כתב דאי תפס כיון דאין התפיסה ברורה לא מהני אבל בס"ה כתב בכל דברי המחבר ולשונו ע"כ: °[ור"י ור"ת הולקים בשבועת הנמסר עיין בתוס' פ' הכונס (דף ס"ב) בד"ה עשו תקנת נגזל במסור וכו']: ח [ט] עיין בהל' עדות סוף פי"א: ט [י] וכן ס"ה משמו: י [כ] כרב כהנא דשמטיה לקועיה דההוא מסור וכן בברכות פ' הרואה ר' שילא אלקייה לההוא גברא דבעל כותית אזיל אכיל ביה קורצא בי מלכא יכו' עד הוה אזיל יקאמר חזו דקרי לכו חמרי אמר האי רודף הוא והתורה אמרה הבא להורגך השכים להורגו מחייה בקולפא וקטליה ע"כ: **יא** [ל] וכן ס"ה משמו וכן מורי רבינו ז"ל ועיין בסימן ט"ו: [מ] דילמא הוי ליה ברא מעליא וה"ל יכין רשע וצדיק ילבש וכן פר"ח ורב אלפס ודלא כמאן דשרי מכ"ש מגופו תדע לך דהא פ' הכונס קאי בתיקו אם עשו תקנת נגזל במסור ועיין שם בתשובה סימן ט"ו ובסי' ט"ז ע"כ: **טו** [נ] עיין בסימן ב' ע"כ:

בברכות

מגדל עוז

רבינו האי גאון ז"ל שפוסק חלוקו וגם הסכמת כל הראשונים והאחרונים נ"ע וכן כתב רב פלטוי גאון ז"ל והפריז על מדותיו לפסול לגמרי אפילו האנוסים וכן משמע פרק זה בורר (דף כ"ה וכ"ז) גמ' מתני' דאלו הן הפסולין כי הרשעים פסולין ואין לך רשע גדול מזה אשר הוא רשע למות וכן נפסק הדין בשתי ישיבות: **ט אסור** למסור כו' עד מיצר לו ומצערו. פרק הגוזל ומאכיל (דף קי"ז): וכל המוסר כו' עד אין לו חלק לעולם הבא. פרק חלק בסנהדרין: **י יא** מותר להרוג המוסר כו' עד שהרי ממונו ראוי ליורשיו. פ' הגוזל ומאכיל: **יב יד** רודף שהיה רודף כו' עד ויעיין בעת שירדיף. בנזיקין פ' הגוזל ומאכיל ובסנהדרין פ' בן סורר ומורה (דף ע"ב): **טו** ספינה שחשבה להשבר מכובד המשוי עד והושיעם: **כתב הראב"ד** ז"ל אין כאן לא מלח ולא תבלין וכו': **ואני אומר בסבור הראב"ד** ז"ל שפסק זה מכח הא דת"ר ספינה שהיתה מהלכת בים יעמד עליה נחשול לטבעה בים פסק זה הספק וכן חשב הר"מ ז"ל מקולי והודה לו בו וכן עלה על דעתי בימי חרפי זמן רב עד שבדקתי דעת ר"מ ז"ל ומצאתי דרכו וסדוריו ודבריו מופלאים בכמה דרכים שכתבתי מקצתם בזה החיבור ומצאתי דין הספינה ההיא עם דין החשבון לפי ממון אשר איירי שהטילו מדעת כולם אבל זה הטיל אחר מדעתו להקל מעליהם ולכך כתבו שם ר"מ ז"ל עם הדברים שיכולין להסכים וכבר כתבו פ' י"ב דהלכות גזלה ואבדה על פי הברייתא והסוגיא האמורה שם וגם אני מצאתי ולייניתי שם כל הצורך אז אמר לבי ודאי וברור שזה הדין דין מחודש היה לו לר"מ ז"ל ממקום שאין אנו יודעין עדיין ואף שיש לי לדמות זה להא דגרסינן פ' החובל (דף נ"א:) שור העומד להריגה ואלן העומד לקציצה דפטרינן ליה מלשלם ממון הניזוק ומחייבינן ליה במה שהפקיע ממנו המלוה דשמעינן מינה תרתי חדא דהקודם זכה במלוה ועוד דאינו חייב ממון מ"מ לאו מדין רודף אתיא ועוד יש לו ראיה מההיא דאסיקנא לגבי מעוברת ילדה ומתקשית בלידתה שמצילין אותה בנפשו של ולד ומחתכים אותו אבר אבר כדאיתא ס"פ בן סורר ומורה (דף ע"ב:) ואע"פ שאין דוחין נפש מפני נפש מפני שהוא רודף וכן כתבה הר"מ ז"ל פ"א דהלכות רוצח ושמירת נפש אלמא מדמינן מילתא

שבה כמו רודף אחריהם להרגם ומצוה רבה עשה שהשליך והושיעם:

סליקו להו הלכות חובל ומזיק בס"ד

כסף משנה

ועוד שהוא מבואר שאין כן דעת המחבר שאמר והקל ממשאה שלא חילק בין משא של טוען ראשונה שאינו מכביד לטוען באחרונה שמכביד יותר מדאי אלא שהגורם הוא המשא שהיה כבר בה ואין אנו יודעים מי הגורם מן הסותרים ובין שטעניה יחד או שהחזיקו בה קודם שתלך במים שלא היה ניכר עדיין ההיזק וכשהלכה עם המים חשבה להשבר דלא מצינו למימר לשום אחד שהוא הגורם וזה כטעם נחשול שבים שכיון שאין זה גורם יותר מזה מדוע נציל לאחד בממון חבירו אלא כל אחד בממונו בחלקים שוים ולא דמי למעשה דחמרא שהיה ידוע שהוא בא וטבע כרודף ממש ולפיכך לא טעם בה הרב שום טעם עכ"ל. ואני אומר שמה שכתב שהוא מבואר שאינו כן דעת המחבר וכו' אינו קשה כלל שמאחר שבפרק י"ב מהלכות גזילה כתב דין ספינה שעמד עליה נחשול וכאן כתב ספינה שחשבה להשבר מכובד המשוי ממילא משמע שצריך לפרש מ"ש כאן כמו שכתב ה"ה דמיירי בכעין עובדא דחמרא ועוד שכתוב סמוך לדין רודף כמו שהוא בגמרא:

מגיד משנה

למברא קמי דסליקו אינשי במברא קא בעי לטבועי אתא גברא מלח ליה לחמרא דההוא גברא ושדייה לנהרא וטבע אתא לקמיה דרבה פטריה א"ל אביי הא מציל עצמו בממון חבירו הוא א"ל מעיקרא רודף הוה רבה לטעמיה וכו' ובההיא פ' גרסינן (דף קט"ז:) ת"ר ספינה שהיתה מהלכת בים ועמד עליה נחשול לטבעה והקלו עליה ממשאה מחשבין לפי משוי ואין מחשבין לפי ממון וכו' ושתיהן בהלכות וכבר כתב רבינו דין זה דברייתא כלשונה פ' י"ב מהלכות גזילה ואבידה ומתוך דבריו נ"ל שהוא מחלק בין זו לזו דההיא דיקא עמד עליה נחשול שהוא לער כגד מגלי הים ואין הספינה טעונה יותר מדאי אלא להשקיט שאון גלי הים הם משליכים על כד זה אמרו מחשבין לפי משאוי וכמה פעמים יקרה זה ליורדי הים ומ"ש כאן הוא כשהים מתנהג כדרכו אלא שהספינה טעונה יותר מדאי שאחד או שנים מהם טענוה ואז המשוי כרודף והיינו עובדא דחמרא וזה חילוק מבואר ודברים של טעם הן ואין קדירת הרב חסרה לא מלח ולא תבלין:

סליקו להו הלכות חובל ומזיק בס"ד

מגדל עוז

מילתא למילתא וה"נ אין לך רודף גדול מן המשא וכ"ת משא לאו בר דעת הוא אימא נמי עובר לאו בר דעת הוא ועוד דאנן בעלי המשא קרינן רודף דמה לי רודף בגופו מה לי רודף בממונו ואינו יכול לומר שאמרה מסברא דא"כ היה אומר הורו רבותי או הורה גאון שכן מנהגו בזה החיבור אלא ודאי אומר לי לבי כי היה לו ממקום שלא ידענו כי הרבה ראה לבו חכמה ודעת שלא ראינו בעושה מלאכה בפורים וכיוצא בה: והושיעם. נטעה בסוף הלכות חובל ומזיק לחתום דבריו בישועה ולנאת בכי טוב ואמרו ז"ל ישועות הוא סדר נזיקין ומאן דבעי למהוי חסידא לקיים מילי דנזיקין כי המתרחק מן הגזל הוא צדיק ונושע הוא ולפי שאין פושטין ידיהן בגזל כתיב בהו בצדיקים ותשועת צדיקים מיי' מעוזם בעת צרה:

משנה למלך

זה התרה בו רבי שילא ולא קיבל או שלא היה פנאי להתרות בו וכו' ואין צורך לזה דהנרדף עצמו אינו חייב להתרות לרודף אבל אחר הבא להציל הנרדף מיד הרודף הוא שצריך התראה והיינו עובדא דרב כהנא ודוק. (א"ה עיין בדברי ה"ה הכא בפרקין שכתב כדברי הריב"ש הנז' ובתשובת הריב"ש סי' רל"ח כתב או אפשר שאין הנרדף הבא להציל את עצמו בנפשו של רודף צריך להתרות ברודף לפי שהוא בהול על נפשו להציל עצמו ולא חייבוהו להתרות כו'. וכתוב שם מכ"י של הרב המחבר וז"ל וכיוצא בזה כתבו ז"ל דהא דאמר דאם יכולין להציל באחד מאיבריו של רודף שאין הורגין אותו בדין זה לא נאמר אלא באיש אחר הבא להציל אבל הנרדף אינו מדקדק בזה ועיין בכנה"ג בחדושיו על הרא"ס פ' וישלח ע"כ):

סליקו להו הלכות חובל ומזיק בס"ד

הלכות רוצח ושמירת נפש

יש בכללן שבע עשרה מצות. שבע מצות עשה. ועשר מצות לא תעשה:

וזה הוא פרטן:

א) שלא לרצוח. ב) שלא ליקח כופר לנפש רוצח אלא יומת. ג) להגלות הרוצח בשגגה. ד) שלא ליקח כופר למחוייב גלות. ה) שלא יומת הרוצח כשירצח קודם עמידה בדין. ו) להציל הנרדף בנפשו של רודף. ז) שלא לחום על הרודף. ח) שלא לעמוד על דם. ט) להפריש ערי מקלט ולכוין להם הדרך. י) לערוף את העגלה בנחל. יא) שלא יעבד באותה קרקע ולא תזרע. יב) שלא לשום דמים. יג) לעשות מעקה. יד) שלא יכשיל תמים בדבר. טו) לפרוק עם מי שנכשל בדרך. טז) לטעון עמו. יז) שלא יניחנו נבהל במשאו וילך לו:

וביאור מצות אלו בפרקים אלו:

פרק ראשון

א כל [א]הורג נפש בן אדם עובר בלא תעשה שנאמר לא תרצח. ואם רצח בזדון בפני עדים מיתתו בסייף שנאמר נקם ינקם. מפי השמועה למדו שזו מיתת סייף בין שהרג את חבירו בברזל בין ששרפו באש מיתתו בסייף: **ב** מצוה ביד גואל הדם [להרוג את הרוצח] שנאמר גואל הדם הוא ימית את הרוצח. וכל הראוי לירושה הוא גואל הדם. לא רצה גואל הדם או שלא היה יכול להמיתו או שאין לו גואל דם בית דין ממיתין את הרוצח בסייף: **ג** האב שהרג את בנו. אם היה בן לנהרג הרי זה הורג אבי אביו מפני שהוא גואל. ואם אין לו בן אין אחד מן האחין נעשה גואל הדם להמית את אביו אלא בית דין ממיתין אותו. ואחד הזכר ואחד הנקבה בגאולת הדם: **ד** ומוזהרין בית דין [ב]שלא ליקח כופר מן הרוצח. ואפילו נתן כל ממון שבעולם ואפילו רצה גואל הדם לפוטרו. שאין נפשו של זה הנהרג קנין גואל הדם אלא קנין הקב"ה שנאמר ולא תקחו כופר לנפש רוצח. ואין לך דבר שהקפידה תורה עליו כשפיכות דמים שנאמר ולא תחניפו

א סמ"ג לאוין סי' ק"ס: ב שם סי' קס"א:

כסף משנה

פרק א א כל הורג נפש וכו'. ומ"ש מיתתו בסייף בפרק אלו הנשרפין (דף ע"ו:) במתני' מני רוצח בהדי נהרגין. ומ"ש שנאמר נקום ינקם מפי השמועה למדו שזו מיתת סייף בפרק ארבע מיתות (דף נ"ב ע"ב). ומ"ש בין שהרג חבירו בברזל בין ששרפו באש מיתתו בסייף הכי משמע במתני' פרק אלו הן הנשרפין ובסיפרי פרשת מסעי על פסוק ואם באבן יד הכהו:

ב מצוה ביד גואל הדם וכו' שנאמר גואל הדם הוא ימית את הרוצח. בפ' נגמר הדין (דף מ"ה:) ובספרי פן ירדוף גואל הדם מצוה ביד גואל הדם לרדוף. ומ"ש וכל הראוי לירושה הוא גואל הדם: **לא** רצה גואל הדם וכו' ב"ד ממיתין את הרוצח בסייף. פ' נגמר הדין מצוה בגואל הדם ומנין שאם אין לו גואל שב"ד מעמידין לו גואל שנאמר בפגעו בו מכל מקום:

ג האב שהרג את בנו וכו'. בסוף פ' אלו הן הגולין (דף י"ב.). ומ"ש ואחד הזכר ואחד הנקבה בגאולת הדם:

ד ומוזהרים ב"ד שלא ליקח כופר מן הרוצח וכו' ואפי' רצה גואל הדם לפטרו. (בכתובות פ"ג) (דף ל"ז:): רוצח

מגדל עוז

פ"א **א כל** הורג נפש עד מיתתו בסייף. בסנהדרין פ' הנשרפין (דף ע"ו): **ג אב שהרג את בנו** כו' עד הנקבה בגאולת הדם. בספרי פרשת שופטים ושוטרים: **ד** ומוזהרין בית דין **שלא** ליקח כופר

משנה למלך

פ"א **ב מצוה** ביד גואל הדם וכו'. רש"י בפרק נגמר הדין פירש דברוצח שוגג מיירי קרא. והוא תימה דקרא מוכחי דברוצח במזיד איירי וכ"כ הרמב"ן במנין המצות שלו סימן י"ג ודחה

תחניפו את הארץ וגו'. כי הדם הוא יחניף את הארץ וגו': **ה** רוצח שהרג בזדון אין ממיתין אותו העדים ולא הרואים אותו עד שיבא לבית דין וידינוהו למיתה. שנאמר ולא ימות הרוצח עד עמדו לפני העדה למשפט. והוא הדין לכל מחוייבי מיתות בית דין שעברו ועשו שאין ממיתין אותן עד שיגמר דינם בבית דין: **ו** במה דברים אמורים בשעבר ועשה העון שחייב עליו מיתת בית דין. אבל הרודף אחר חבירו להרגו אפילו היה הרודף קטן הרי כל ישראל מצווין [א]להציל הנרדף מיד הרודף ואפילו בנפשו של רודף: **ז** כיצד אם הזהירוהו והרי הוא רודף אחריו אע"פ שלא קיבל עליו התראה כיון שעדיין הוא רודף הרי זה נהרג. ואם יכולים להצילו באבר מאיברי הרודף כגון שיכו אותו בחץ או באבן או בסייף ויקטעו את ידו או ישברו את רגלו או יסמו את עינו עושין. ואם [אינן] יכולין לכוין ולהצילו אלא אם כן הרגוהו לרודף הרי אלו הורגין אותו אע"פ שעדיין לא הרג *שנאמר וקצותה את כפה לא תחום עיניך: **ח** אחד במבושיו ואחד כל דבר שיש בו סכנת נפשות. אחד האיש או האשה. [א]ענין הכתוב שכל החושב להכות חבירו הכאה הממיתה אותו מצילין את הנרדף בכפו של רודף. ואם אינן יכולין מצילין אותו אף בנפשו שנאמר לא [ב]תחום עינך: **ט** אף זו מצות לא תעשה שלא לחום על נפש הרודף. לפיכך הורו חכמים שהעוברה שהיא מקשה לילד מותר לחתוך העובר במיעיה. בין בסם בין ביד מפני שהוא כרודף אחריה להורגה. ואם משהוציא ראשו אין נוגעין בו שאין דוחין נפש מפני נפש וזהו טבעו של עולם: **י** אחד הרודף אחר חבירו להרגו או רודף אחר נערה מאורסה לאונסה. שנאמר כי כאשר יקום איש על רעהו ורצחו נפש כן הדבר הזה. והרי הוא אומר צעקה הנערה המאורשה ואין מושיע לה. הא יש לה מושיע מושיעה בכל דבר שיכול להושיע ואפילו בהריגת הרודף: **יא** והוא הדין [ב]לשאר כל העריות חוץ מן הבהמה. אבל הזכור מצילין אותו בנפש הרודף כשאר כל העריות. אבל הרודף אחר הבהמה לרבעה. או שרדף לעשות מלאכה בשבת או לעבוד ע"ז. אע"פ שהשבת וע"ז עיקרי הדת אין ממיתין אותו עד שיעשה ויביאוהו לבית דין וידינוהו וימות: **יב** רדף אחר ערוה ותפשה ושכב עמה והערה. אע"פ שלא גמר ביאתו אין ממיתין אותו עד עמדו בדין. רדף אחר ערוה ואחרים היו רודפין אחריו להצילה. ואמרה להם הניחוהו כדי שלא יהרגני אין שומעין לה אלא מבהילין אותו ומונעין אותו מלבעול באיבריו. ואם אינן יכולים באיבריו אפילו בנפשו כמו שביארנו: **יג** °כל היכול להציל באבר מאיבריו ולא טרח בכך אלא הציל בנפשו של רודף והרגו הרי זה שופך דמים וחייב מיתה אבל אין בית דין ממיתין אותו: **יד** כל היכול להציל ולא הציל עובר על לא תעמוד על דם רעך. וכן הרואה את חבירו טובע בים. או ליסטים באים עליו. או חיה רעה באה עליו. ויכול להצילו הוא בעצמו. או ששכר אחרים להצילו ולא הציל. או ששמע עובדי כוכבים או מוסרים מחשבים עליו רעה או טומנין לו פח ולא גלה אוזן חבירו והודיעו. או שידע בעובד כוכבים או באונס שהוא בא על חבירו ויכול לפייסו בגלל חבירו להסיר מה שבלבו ולא פייסו וכל כיוצא בדברים אלו. העושה אותם עובר על לא

תעמוד

השגת הראב"ד

*שנאמר וקצותה את כפה וכו'. א"א בספרי קא דריש לה הכי עכ"ל:

א סמ"ג לאוין סי' ס"ד יעשין סי' ע"ד: ב סמ"ג לאוין סי' קס"ה:

מגיד משנה

ה רוצח שהרג בזדון אין ממיתין אותו העדים ולא הרואין אותו עד שיבוא לבית דין וכו'. בפרק אלו הן הגולין (דף י"ב.) ועוד תניא בסיפרי לפי שהוא אומר ירצח גואל הדם שומע אני יהרגנו בינו לבין עצמו תלמוד לומר ולא ימות הרוצח עד עמדו לפני העדה. ומ"ש והוא הדין לכל חייבי מיתות בית דין. שם יכול יהרוג אותו משהרג ומשנאף תלמוד לומר ולא ימות הרוצח עד עמדו וכו':

ו ומ"ש אבל הרודף אחר חבירו להרגו וכו'. שם ובפ' בן סורר ומורה (דף ע"ב:) במשנה. ומ"ש ואפילו היה הרודף קטן פרק בן סורר ומורה אמר רב הונא קטן הרודף ניתן להצילו בנפשו קסבר רודף א"צ התראה לא שנא גדול ולא שנא קטן:

ז ח ומ"ש ואם יכולין להצילו באבר מאיברי הרודף וכו'. בסוף פ' נגמר הדין (דף מ"ט.) וכריש פ' המניח (דף כ"ח.) ובס"פ בן סורר ומורה (דף ע"ד.). ומ"ש אע"פ שלא הרג. אין לשון אע"פ נוח לי דאדרבא מפני שלא הרג עדיין הוא שהורגין כדי שלא יהרגנו דאילו כבר הרגו אינם רשאין להורגו וצ"ל דה"ק כיון שלא הרג לא היה ראוי להורגו ואע"פ כן הורגין אותו כדי להציל את הנרדף. ומ"ש שנאמר וקצותה את כפה וכו' ואחד כל דבר שיש בו סכנת נפשות וכו'. בסיפרי:

ט ומ"ש לפיכך הורו חכמים שהאשה שהיא מקשה וכו'. בספ"ז דאהלות האשה שהיא מקשה לילד מחתכים את הולד במעיה ומוציאין אותו איברים איברים שחייה קודמין לחייו יצא ראשו אין נוגעין בו שאין דוחין נפש מפני נפש ובפ' בן סורר [דף ע"ב:] אהא דאמר רב קטן הרודף ניתן להצילו בנפשו איתיביה יצא ראשו אין נוגעין בו שאין דוחין נפש מפני נפש שאני התם דמשמיא קא רדפי לה וזהו שכתב רבינו וזהו טבעו של עולם:

כסף משנה

י אחד הרודף אחר חבירו להרגו וכו'. משנה בס"פ בן סורר ומורה (דף ע"ג.) אלו הם שמצילים אותם בנפשם הרודף אחר חבירו להרגו או אחר הזכור או אחר נערה המאורסה אבל הרודף אחר הבהמה והמחלל את השבת והעובד ע"ז אין מצילים אותם בנפשם ויליף בגמרא מקרא דלכל עריות בין חייבי מיתות בין חייבי כריתות מצילין אותם בנפשם:

יב רדף אחר ערוה ותפסה ושכב עמה והערה וכו'. שם (דף ע"ג.) אחד הרודף אחר חבירו להרגו ואחר הזכור ואחר נערה מאורסה וכו' מצילין אותם בנפשו וכו' נעבדה בה עבירה אין מצילין אותן בנפשו זה הולך על השורש שקדם שמחוייבי מיתות שעברו ועשו אין ממיתין אותם עד שיגמר דינם בב"ד וזה כיון שהערה כבר עשה העבירה:

רדף אחר ערוה וכו'. בס"פ בן סורר ומורה פלוגתא דרבי יהודה ורבנן ופסק כרבנן ודבר פשוט הוא שמ"ש באיבריו ה"ק ומונעים אותו בחתיכת איבריו מלבעול:

יג כל היכול להציל באבר מאיבריו וכו'. שם (דף ע"ד.) ר' יונתן בן שאול אומר רודף שהיה רודף אחר חבירו להרגו ויכול להצילו באחד מאיבריו ולא הציל כלומר ולא הצילו אלא בנפשו נהרג עליו ומשמע לרבינו דאי אפשר לומר שב"ד ממיתין אותו שמאחר שלא נתכוון אלא להציל לא שייך ביה התראה ולא נקט ר' יונתן בן שאול נהרג עליו אלא לומר שהוא חייב מיתה לשמים:

יד כל היכול להציל ולא הציל וכו'. בס"פ בן סורר ומורה (דף ע"ג.) מניין לרואה את חבירו שהוא טובע בנהר או חיה גוררתו או לסטים באים עליו שהוא חייב להצילו ת"ל לא תעמוד על דם רעך והא מהכא נפקא מהתם נפקא אבידת גופו מנין ת"ל והשבותו לו אי מהתם ה"א ה"מ בנפשיה אבל מיטרח

משנה למלך

ודמה סברת רש"י. וראיתי להרמב"ן שרצה לייחס לרבינו סברת רש"י ז"ל והוא תימה שהרי דברי רבינו הללו ברור מללו דס"ל דברוצח במזיד איירי קרא (א"ה עיין לקמן בפרקין דין ט"ו ועיין בדרשות הרב המחבר בדרך מצותיך דף ס"א:):

ה רוצח שהרג בזדון כו'. מ"ש מרן ז"ל בכ"מ ועוד תניא בספרי כו' ברייתא זו היא דלא כהלכתא והיא סברת ר"א הובאה בפ' הגולין ודוק:

יא וה"ה לשאר כל העריות כו'. (א"ה עיין בדברי הרב המחבר פרק כ"ד מהל' שבת הלכה ז'): **יג כל** היכול להציל באבר מאיבריו כו'. (א"ה עיין מ"ש לעיל פ"ח מהל' חובל ומזיק הלכה י' משמו של הרב המחבר ז"ל): **אבל אין ב"ד ממיתין אותו.** כתב הטור סי' תכ"ה ואיני יודע כיון שחייב מיתה למה אין ב"ד ממיתין אותו. ומרן ז"ל בס' ב"ה כתב דפירכא מעיקרא ליתא דלית ביה התראה ושיקבל עליו מאחר שאינו מתכוין אלא להציל ע"כ ודבריו צריכין תלמוד:

הרואה

הגהות מיימוניות

ו [א] בברכות פ' הרואה ר' שילא אלקיה לההוא גברא דבעיל כותית אזיל ואכיל ביה קורצא בי מלכא וכו' עד הוה אזיל וקאמר הזו דקרי לכו חמרי אמר האי רודף הוא והתורה אמרה הבא להורגך השכם להורגו מחייה בקולפא וקטליה ע"כ: ח [ב] בספרי בחכמים שדורשים כן לגבי ר' יהודה דאמר נאמר כאן לא תחום ונאמר בעדים זוממים לא תחום מה להלן ממון אף כאן ממון ורש"י תפס שיטתיה בפירוש החומש כר' יהודה שהוא יחיד ע"כ: יג °[טור ח"מ סימן תכ"ה וכתב כלשון רבינו ומסיים ואיני יודע כיון שחייב

מגדל עוז

בופר כו' עד הוא יחניף את הארץ. בספרי ובכתובות פ' אלו נערות (דף ל"ז:): **ה רוצח שהרג בזדון** כו' עד שיגמר דינו בב"ד. בספרי פרשת מסעי ובמכילתא יכול יהרגו אותו משהרג או משנאף ת"ל ולא יומת הרוצח עד עמדו לפני העדה למשפט. עוד שם הרי עדה שראתה אחד שהרג את הנפש יכול יהרגו אותו עד שלא יעמוד אלא ב"ד ת"ל ולא יומת הרוצח עד עמדו לפני העדה למשפט ע"כ: **ו ז בד"א בשעבר ועשה** עד או יסמו את עיניו עושין. בסנהדרין פ' בן סורר ומורה (דף ע"ד) ובספרי פ' כי תצא: **ז ט ואם אינן יכולין** לכוין כו' עד שלא לחוס על נפש הרודף: **כתב הראב"ד** ז"ל בספרי קא דריש לה הכי: **ואני אומר** יישר כחו שלמדנו מקומו וגם שכבר פירשו ר"מ בס' המצות וז"ל ולשון ספרי במבושיו מה מבושיו מיוחד שיש לו בו סכנת נפשות והרי הוא בוקצותה את כפה כך כל דבר שיש בו סכנת נפשות הרי הוא בוקצותה את כפה מלמד שאתה חייב להצילה בכפה מנין אם אין יכול להצילה בכפה הצל בנפשה ת"ל לא תחוס עינך ע"כ והרשום בכתב אמת ודאי בספרי פרשת כי תצא: **לפיכך הורו** חכמים כו' עד וזהו טבעו של עולם. בסנהדרין פרק בן סורר ומורה (דף ע"ג): **י יא אחד הרודף אחר חבירו** להרגו עד חוץ מן הבהמה. בסנהדרין ס"פ בן סורר ומורה וסוף פ"ח דתוספתא דיבמות: **יא יב אבל הזכור** מצילין אותו עד כמו שביארנו. ס"פ בן סורר ומורה (דף ע"ד) אתמרא והבאור בזה הפרק: **יג יד כל** היכול להציל כו' עד סוף הפרק. פ' בן סורר ומורה (דף ע"ד) ולשון סיפרא מניין אם יודע לו עדות אי אתה רשאי לשתוק עליה ת"ל לא תעמוד על דם רעך ומניין רואהו טובע בנהר ליסטים באין עליו חיה באה עליו שאתה חייב להצילו שנאמר לא תעמוד על דם רעך ע"כ:

כל

תעמוד על דם רעך: **טו** הרואה רודף אחר חבירו להרגו או אחר ערוה לבועלה ויכול להציל ולא הציל. הרי זה ביטל מצות עשה שהיא וקצותה את כפה. ועבר על [ג]שני לאוין על לא תחוס עינך ועל לא תעמוד על דם רעך: **טז** אע"פ שאין לוקין על לאוין אלו מפני שאין מעשה בהן חמורים הם *שכל המאבד נפש אחת מישראל כאילו אבד כל העולם כולו. וכל המקיים נפש אחת מישראל כאילו קיים כל העולם כולו:

פרק שני

א כל ההורג חבירו בידו כגון שהכהו בסייף או באבן הממיתה. או שחנקו עד שמת. או שרפו באש. הואיל והרגו מכל מקום הוא בעצמו הרי זה נהרג בבית דין: **ב** אבל [א]השוכר הורג להרוג את חבירו או ששלח עבדיו והרגוהו. או שכפתו והניחו לפני הארי וכיוצא בו והרגתהו חיה וכן ההורג את עצמו. כל אחד מאלו שופך דמים הוא. ועון הריגה בידו וחייב מיתה לשמים ואין בהן מיתת בית דין: **ג** ומנין שכן הוא הדין שנאמר אשופך דם האדם באדם דמו ישפך זה ההורג בעצמו שלא על ידי שליח. את דמכם לנפשותיכם אדרוש זה הורג עצמו. מיד כל חיה אדרשנו זה המוסר חבירו לפני חיה לטרפו. מיד האדם מיד איש אחיו אדרוש את נפש האדם זה השוכר אחרים להרוג את חבירו. ובפירוש נאמר בשלשתן לשון דרישה הרי דינם מסור לשמים: **ד** וכל אלו הרצחנים וכיוצא בהן שאינן מחוייבין מיתת בית דין. אם רצה מלך ישראל להרגם בדין המלכות ותקנת העולם הרשות בידו. וכן אם ראו בית דין להרגם בהוראת שעה. אם היתה השעה צריכה לכך יש להם רשות כפי מה שיראו: **ה** הרי שלא הרגם המלך ולא היתה השעה צריכה לכך לחזק הדבר הרי בית דין חייבין מכל מקום להכותם מכה רבה הקרובה למיתה לאסרם במצור ובמצוק שנים רבות ולצערן בכל מיני צער כדי להפחיד ולאיים על שאר הרשעים שלא יהיה הדבר להם לפוקה ולמכשול ויאמר הריני מסבב להרוג אויבי כדרך שעשה פלוני ואפטר: **ו** אחד ההורג את הגדול או את הקטן בן יומו. בין זכר בין נקבה. הרי זה נהרג עליו אם הרג בזדון. או גולה אם הרג בשגגה. והוא שכלו לו חדשיו. אבל אם נולד לפחות מתשעה חדשים הרי הוא כנפל עד שישהה שלשים יום וההורגו בתוך שלשים יום אינו נהרג עליו: **ז** אחד ההורג את הבריא או את החולה הנוטה למות. ואפילו הרג את הגוסס נהרג עליו. ואם היה גוסס בידי אדם כגון שהכוהו עד שנטה למות והרי הוא גוסס. ההורגו אין

בית

*[סנהדרין ל"ז]: **א** סמ"ג לאוין סי' קס"ג:

מיערת ומיגר אגורי אימא לא קמ"ל. וכתב הרא"ש והניצול חייב לפרוע למציל מה שהוציא דאין אדם חייב להציל נפש חבירו בממונו היכא דאית ליה ממונא לניצול וכתב הגהות מיימון עבר על לא תעמיד וכו' בירושלמי מסיק אפי' להכניס עצמו בספק סכנה חייב עכ"ל. ונראה שהטעם מפני שהלה ודאי הוא ספק:

טו הרואה רודף אחר חבירו להרגו וכו':

פ"ב א כל ההורג חבירו בידו וכו' כגון שהכהו בסייף או באבן הממיתה או שחנקו וכו'. בסיפרי:

ב ומ"ש **אבל** השוכר הורג להרוג את חבירו או ששלח עבדיו והרגוהו. בפרק האיש מקדש (דף מ"ג.) האומר לשלוחו צא הרוג את הנפש הוא חייב ושולחו פטור ואע"ג דמסיים בה שמאי הזקן אומר שולחו חייב פסק כת"ק ועוד דבחד לישנא אמרינן דמאי חייב בדיני שמים ודינא רבא ודינא זוטא איכא בינייהו. ומ"ש או שכפתו והניחו לפני הארי וכו' פרק הנשרפין (דף ע"ז.) אמר רבא כפתו לפני ארי פטור. ומ"ש וכן ההורג את עצמו ומנין שכן הוא הדין שנאמר שופך דם האדם וכו':

ד וכל אלו הרצחנים וכיוצא בהם שאינם מחוייבים מיתת ב"ד אם רצה מלך ישראל ישתדל להורגם בדין המלכות וכו':

וכן אם ראו ב"ד להרגם וכו'. בפרק נגמר הדין (דף מ"ו.) ב"ד מכין ועונשים שלא מן התורה וכו' ומעשה באחד שרכב על הסוס בשבת בימי יוונים [והביאוהו לב"ד] וסקלוהו כך היא הגירסא האמיתית וכן כתבה רבינו בפכ"ד מהל' סנהדרין ולא כגירסא דספרים דידן ופירש"י שהשעה צריכה לכך שהיו פרוצים בעבירות שהיו רואים לחלן של ישראל שהיוונים גוזרים עליהם גזרות והיו מלות בזויות בעיניהם:

ה הרי שלא הרגם המלך ולא היתה השעה צריכה לכך וכו':

ו אחד ההורג את הגדול או את הקטן בן יומו וכו' והוא שכלו לו חדשיו. בפרק יולא דופן (דף מ"ד.) שנינו תינוק בן יום אחד ההורגו חייב ובגמרא דכתיב איש כי יכה כל נפש מ"מ ומסיים בה במתני' והרי הוא לאביו ולאמו ולכל קרוביו כחתן שלם ובגמ' למאי הלכתא אמר רב פפא לענין אבילות כמאן דלא כרשב"ג דאמר כל ששהה שלשים יום באדם אינו נפל הא לא שהה ספיקא הוי הכא במאי עסקינן דקים ליה שכלו לו חדשיו ועיין במ"ש ה"ה בפי"א מהל' יבום. ומ"ש בין זכר בין נקיבה:

ז אחד ההורג את הבריא או את החולה הנוטה למות וכו'. בפרק בן סורר ומורה (דף ע"ח.) ת"ר הכוהו עשרה בני אדם בעשרה מקלות ומת בין בבת אחת בין בזה אחר זה פטורים ר' יהודה בן בתירא אומר בזה אחר זה האחרון חייב מפני שקירב מיתתו אמר רבא הכל מודים בהורג את הטריפה שהוא פטור בגוסס בידי שמים שהוא חייב לא נחלקו אלא בגוסס בידי אדם מר מדמי לה לטריפה ומר מדמי ליה לגוסס בידי שמים ופסק רבינו כת"ק ואע"ג דאמרינן התם תני תנא קמיה דרב ששת ואיש כי יכה כל נפש אדם להביא (את) המכה את חבירו וכו' ויש בו כדי להמית ובא אחר והמיתו שהוא חייב וסתמא כר"י בן בתירא לאו משום דהכי הלכתא

משנה למלך

טו הרואה רודף אחר חבירו להורגו כו' ויכול להציל ולא הציל ה"ז ביטל מצות עשה כו'. נסתפקתי ברוצח בשגגה שיש רשות לגואל הדם להורגו אם נתאמץ הרוצח והרג לגואל הדם אם נהרג עליו. ומסתברא דאינו נהרג עליו וסמך לדברי זמרי דאמרינן [סנהדרין פ"ב.] נהפך זמרי והרג לפנחס אין נהרג עליו ועדיין אין בידי ראיה מכרעת לזה. וכן נסתפקתי ברודף אחר חבירו להורגו וכן רודף אחר הערוה שניתן להצילו בנפשו אם נתאמץ הרודף והרג את המציל אם נהרג עליו. ונראה דבאלו נהרג עליו דדוקא גבי זמרי דליכא מצוה גבי פנחס אלא רשות אמרינן נהפך זמרי והרגו לפנחס אינו נהרג אבל רודף אחר חבירו או אחר הערוה דאיכא מצוה להצילו וכמ"ש רבינו אם הרג רודף למציל נהרג עליו. וכן יש לדקדק מדברי רי"ו ז"ל במישרים נל"א ח"ב שכתב ואם הבועל נהפך והרגו לקנאי אפילו בשעת מעשה אינו נהרג כי רודף היה הקנאי כי אינו מצוה להרגו אלא רשות בעלמא ע"כ. הרי שתלה הדבר לפי שאינו מצוה להורגו ודוק. ורוצח בשגגה דינו כדין בועל ארמית שהרי רשות היא ביד גואל הדם ולא מצוה ודוק:

פ"ב ב אבל השוכר הורג להרוג את חבירו כו'. הריטב"א ז"ל (א"ה בפרק האיש מקדש) כתב דדוקא שוכר דעביד מעשה חייב בדיני שמים אבל בדיבורא לא מיחייב. ואפשר שלזה כיון רבינו במ"ש או ששלח עבדיו והרגוהו דדוקא עבדיו שהם שכורים לו. ובזה ניחא לי ההיא דאמרינן בסנהדרין [דף כ"ט.] דאין טוענין למסית וילפינן לה מנחש דאי טען לו השי"ת הו"מ לומר דברי הרב ודברי התלמיד דברי מי שומעין ולפי פשטן של דברים קשה דמה היה מועיל לו טענה זו הא בדיני שמים דנו אותו אלא ודאי דאף בדיני שמים היה פטור משום דלא הוה התם כי אם דבורא בעלמא ודוק. (א"ה עיין ב"ך ח"מ סי' ל"ב סק"ג ור"ם קפ"ב. ואני שמעתי בבית מדרשו של שם הוא הרב הכולל כמהור"ר חיים קמחי נר"ו שהרב המחבר היה מיישב קושיא זו בהא דאמרינן בפ' האיש מקדש (דף מ"ג) דבאומר לשלוחו צא בעול את הערוה ואכול את החלב לכ"ע הוא חייב ושולחיו פטור שלא מצינו זה נהנה וזה מתחייב ה"נ דכוותה ועיין מ"ש הרב המחבר בספר דרשותיו בדרך האתרים דף ו':): כתב מהרימ"ט בתשו' ח"א סימן ק"ו דיש להסתפק אי אמרינן באיסורא דרבנן אין שליח לדבר עבירה כיון דמן התורה חשיב שליח או דלמא אפילו במילי דרבנן דבר עבירה מיקריא ושייך ביה דברי הרב ודברי התלמיד דברי מי שומעין יע"ש. ואני תמיה על הרב ז"ל מההיא דאמרינן בפרק הפרה (דף נ"ג.) נימא כורה גרס ליה. ופירש"י כגון שהיתה כרויה ועומדת קודם לכן דאי האי כרייה הוי כורה חייב דאין שליח לדבר עבירה דאסור לקלקל ברה"ר ע"כ ואיסור זה דמקלקל ברה"ר פשיטא דהוי מדרבנן ואפילו הכי אמרינן אין שליח לדבר עבירה. גם באותו פרק (דף נ"א.) אמרינן בור של שני שותפין היכי משכחת לה אי דשוו שליח תרווייהו ואמרי ליה זיל כרי לן ואזיל כרה להו אין שליח לדבר עבירה. ועבירה זו הוא מה שפירש"י (בדף נ"ג.) דהיינו דאסור לקלקל ברה"ר שוב הוקשה לו בההיא דאמרינן בפ"ק דמציעא (דף י.) איכא בינייהו כהן כו' א"נ איש דאמר לאשה אקפי לי קטן כו'. ואי אמרת דאף באיסורין דרבנן אמרינן דברי הרב כו' א"כ אף למ"ד דכל היכא דשליח לאו בר חיובא מתחייב שולחו הכא משלח לא מיחייב דאף דנשים אינן באזהרת לא תקיפו מכל מקום איסורא דרבנן איכא ואפילו מקפת את הקטן וכדאיתא בנזיר וכ"פ רבינו בסוף הל' ע"ז וא"כ כיון דשייך גבה דברי הרב כו' ליפטר משלח ודוחק הוא בעיני לומר דסוגיא זו אתיא אליבא דרב הונא דאית ליה דגבי אשה אפילו איסורא דרבנן ליכא וכדאיתא בנזיר מאחר דלית הלכתא כוותיה. עוד עלה בדעתי לומר דשאני הכא דהמשלח מוזהר מן התורה ומש"ה חשיב שליח לאו בר חיובא אף שמוזהר מדרבנן ולא נתיישב בעיני תירוץ זה וכעת הדבר צריך תלמוד. (א"ה עיין בדברי הרב המחבר פ"ה מהלכות מלוה ולוה הלכה י"ד ועיין בספר מולל מאש סי' ל"ה שם רמז מדברי הרב המחבר הללו):

ג את דמכם לנפשותיכם **אדרוש** זה ההורג **עצמו**. (א"ה ויש חילוק בין הורג עצמו בידיו לאומר לאחרים

מגדל עוז

פ"ב א כל הורג חבירו עד ה"ז נהרג בב"ד. בסנהדרין פ' הנשרפין: **ב אבל השוכר** הורג עד וכן ההורג עצמו. בקדושין פ' האיש מקדש ובסנהדרין פ' בן סורר ומורה (דף ע"ו ע"ז): **ב ג** וכל **אחד** מאלו כו' הרי דינם מסור לשמים. בסנהדרין פ' הנשרפין: **ד** וכל **אלו** הרצחנין כו' עד כפי מה שירצו. בסנהדרין פ' נגמר הדין (דף מ"ו): **ה הרי שלא הרגם המלך** כו' עד כדרך שעשה פלוני ואפטר. זה הדין בכלל ב"ד מכין ועונשין שלא מן התורה בפרק נגמר הדין, ומכניסין אותם לכיפה ר"פ הנשרפין אבל דינו המיוחד לו הוא בריש פ' אלו מגלחין (דף י"ו) דאמרינן מנא לן דכפתינן ואסרינן ועבדינן הרדפה כו' ודאי הנהו בבעלי עבירות מיירי עד שיחזור בהם וגם הראב"ד ז"ל כ"כ בהשגות האלו סוף פ"ה של אלו ההלכות אגב אורחיה ותקח אזנו שמץ מנהו: **ו אחד** ההורג **את הגדול** עד ל' יום אינו נהרג עליו. בב"ק פ' שור שנגח את הפרה (דף מ"ח מ"ט) ובנדה פ' יולא דופן (דף מ"ד) ובספרי פ' ראה ופרשת שופטים ושוטרים: **ז ח אחד** ההורג **את הבריא** כו' עד ה"ז פטור מדיני אדם. בסנהדרין פ' הנשרפין:

אדם

הגהות מיימוניות

שחייב מיתה למה אין ב"ד ממיתין אותו עכ"ל]: **טו** [ג] בספרי דרש מלא תחום עינך ובת"כ מלא תעמוד: **ב** [א] עיין בסימן י"ד:

וכן

באר הגולה

ג. ב״י [עמוד תקו ד״ה תהא]:

שכט א. יומא פ״ד [ע״ב]:

ב. שם בגמרא וכמו שפירש הרא״ש [שם פ״ח סימן טו] וכן פירש הר״ן [שם ה, א ד״ה לא] לדברי הרי״ף וכן פירש הרב המגיד [שבת ב, כ] לדברי הרמב״ם:

ג. שם במשנה [פג, א]:

ד. שם בגמרא (ברייתא) פרק יום הכפורים פ״ה [יב] [ע״א] וכן פסק הרמב״ם בפרק ב׳ [שם הלכה יח]:

ה [יא]. שם בגמרא ברייתא וכיש אומרים [יג] וכן פסק הרמב״ם בפרק ב׳ [שם הלכה יט]:

ו. שם בברייתא:

ז. עירובין מ״ה [ע״א]:

ח. רמב״ם בפרק ב׳ [שם הלכה כג]:

ט. כתבי מהר״ר ישראל [תרומת הדשן ח״ב] סימן (קנ״ג) [קנו]:

מגן אברהם

נה לשים פתילה. וכל שכן דאסור לעשות קרוסטי״ר אפילו הוכנה מאתמול, ואפילו על ידי שינוי, אם לא בחולה, כמו שכתוב סעיף י״ז. ויזהר שלא יבא לידי מלאכה דאורייתא. ואם אפשר על ידי עכו״ם, יעשה על ידי עכו״ם, כמו שכתוב סעיף י״ב [בהגה]. עיין סימן של״א סעיף (ז׳) [ו] [עח]:

שכט א ויבא לידי סכנה. כגון שיש שם חולים או קטנים שאי אפשר להבריחם. ונראה לי דאפילו אפשר להצילם דרך רשות הרבים מותר לכבות, דהוי מלאכה שאינה צריכה לגופה, אבל זה הוי דאורייתא, כמו שכתבתי סימן ש״ח סעיף מ״א [ס״ק ע]. ועיין מה שכתבתי סימן שכ״ה סעיף ב׳ [ב] [ס״ק ו]: ב ופירש אחד. אבל בשאר איסורים אמרינן כל דפריש מרובה קפריש, כמו שכתוב סימן תל״ט [סעיף א], בפקוח נפש הקילו (מגיד משנה שבת פרק ב׳ הלכה כ), וכן הוא בגמרא [יומא פד, ב], והעולת שבת [ס״ק ג] לא דק. ועיין בשה״ע סימן ד׳ סעיף ל״ד דתינוק שנמצא בעיר שרובה עכו״ם אין מחללין עליו [את] [ו] השבת, כיון דבכל יום ויום פורשים כלם ממקום קביעותם אזלינן אחר הרוב (מגיד משנה פרק ט״ו מהלכות איסורי ביאה הלכה כו ובית יוסף שם עמוד מז דבור ראשון): ג נעקרו כולם. בזה אחר זה, דאי בבת אחת הא נמי קביעי (איסור והיתר הארוך כלל נט דין לא): ד שנפלה עליו. איתא בסנהדרין דף ע״ב [ע״ב] הבא במחתרת בענין שמותר להורגו, אם נפל עליו גל אין מפקחין עליו, [ח] דגברא קטילא הוא, וכן כתב הרמב״ם סוף הלכות גניבה. ועיין בחו״מ סימן תכ״ה [סעיף א בהגה]: ה שאם לא יניחנו. וצ״ע, דיניחנו ליקח הממון ולא יחלל שבת, ואפשר כיון דאין אדם מעמיד עצמו על ממונו חיישינן שמא יעמוד אחד נגדם ויהרג, ולכן מחללין. אבל באדם יחידי יניח ליקח ממונו ולא יחלל שבת. עיין מה שכתבתי סוף סימן רמ״ח:

שולחן ערוך

מט [עו] [ג] אסור נה לשים פתילה כפי המבעת כדרך שנוהגים לעשות למי שהוא עצור אלא אם כן ישים אותה בשינוי [עז] שיאחזנה בשתי אצבעותיו ויניחנה (מ) בנחת:

סימן שכט

על מי [א] מחללין שבת. ובו ט׳ סעיפים:

א [א] [ט] כל פיקוח נפש דוחה שבת [א] והזריז הרי זה משובח אפילו נפלה דליקה בחצר אחרת וירא שתעבור לחצר זו **א** ויבא (א) לידי סכנה מכבין כדי שלא תעבור:

ב [ב] [ב] אין הולכים בפיקוח נפש אחר הרוב אפילו היו תשעה גוים וישראל אחד בחצר **ב** ופירש אחד מהם לחצר אחרת ונפל עליו שם מפולת מפקחין כיון שנשאר קביעות הראשון במקומו חשבינן ליה כמחצה על מחצה אבל אם **ג** (ב) [ג] נעקרו כולם ובשעת עקירתן פירש אחד מהם לחצר אחרת ונפל עליו אין מפקחין [עליו] [ד] שכיון שנעקר קביעות הראשון ממקומו אמרינן כל דפריש [ה] מרובא פריש:

ג [ג] מי **ד** שנפלה עליו מפולת (ב.) (א*) ספק חי ספק מת ספק הוא שם ספק אינו שם ואפילו אם תמצי לומר שהוא שם ספק גוי ספק ישראל (ג) מפקחין עליו אף על פי שיש בו [ג] כמה ספיקות:

ד [ד] אפילו מצאוהו מרוצץ שאינו יכול לחיות אלא לפי שעה מפקחין [ט] [יא] ובודקין עד חוטמו אם לא הרגישו בחוטמו חיות אז ודאי מת [א] לא שנא פגעו בראשו תחלה לא שנא פגעו ברגליו תחלה:

ה [ה] מצא עליונים מתים לא יאמר כבר מתו תחתונים אלא מפקח עליהם שמא עדיין הם חיים:

ו [ו] גוים שצרו על עיירות ישראל אם באו על עסק ממון אין מחללין עליהם את השבת באו על עסקי נפשות [ט] ואפילו סתם יוצאים עליהם בכלי זיין ומחללין עליהם את השבת [ז] ובעיר הסמוכה לספר אפילו לא באו אלא על עסקי תבן וקש מחללין עליהם את השבת: הגה [א] ואפילו לא באו עדיין אלא רוצים לבא:

ז [ט] [ב] יש מי שאומר שבזמן הזה אפילו באו על עסקי ממון מחללין **ה** (ד) שאם לא יניחנו ישראל לשלול ולבוז ממונו יהרגנו והוי עסקי נפשות: הגה [י] ומכל מקום הכל לפי הענין:

ציונים לרמ״א

שכט א) אור זרוע [ח״ב הלכות שבת סימן פד סוף אות יג]:

ב) פסקי מהרא״י [תרומת הדשן ח״ב] סימן קנ״ו:

הגהות והערות

עז] עיין סימן ש״כ סעיף מ׳: (גליון מ״א)

עח] תוקן ממהדורת פראג תקמ״ה:

שכט א] עיין סימן שכ״ח סעיף ב׳: (גליון מ״א)

ב] עיין פמ״ג ומקור חיים שהגיהו ״סימן שכח סעיף ג״, אך המחצית השקל קיים הגירסא:

ג] עיין נודע ביהודה תנינא אה״ע סימן קמא ושדי חמד מערכת הטין כלל לט:

ד] נוסף ממהדורת קראקא ש״ל ואילך:

ה] עיין ביו״ד סימן ק״י [סעיף ג]: (גליון מ״א)

ו] נוסף ממהדורת אמשטרדם תקכ״ו:

ז] דהיינו שע״י שאין מחללין ימות מהר, ״שהרי מותר למנוע מן הגוסס דבר המעכב יציאת הנפש״ שהרי ״אסור לעכב יציאת הנפש״, בית יעקב שם:

ח] עיין בהגהה בתוספת שבת שם שחזר בו מזה:

ט] בגינת ורדים שלפנינו ליתא. ועיין לב אליעזר [ח״ח סימן טו פרק ח ס״ק ה] שכתב דטעות סופר נפל כאן, וצ״ל קול בן לוי סימן ב [והובא בשערי תשובה]:

י] עדיין בכת״י. חלק מהתשובה הנוגע לענייננו נדפס בספר החיים מהדורת מכון חכמת שלמה עמוד תלד:

יא] בכל הדפוסים לוין אות ה לבאר הגולה על תיבות ״שאינו יכול לחיות״ לעיל, ואנו העברנוהו לכאן, ע״פ המבואר בב״י:

יב] ב״ה במהדורת אמ״ד תנ״ח, אבל בבאר הגולה דפו״ר אות ד וזהו לגמרי לאות ה:

יג] לפי גירסת רבינו חננאל והרי״ף והרא״ש, ודלא כגירסא שלנו בגמרא. ועיין כסף משנה שם:

יד] עיין בספר רלוף אהבה סימן קנ״ב [מד, א מהדורת תנינא עירובין מה, א]: (גליון מ״א)

ערך לחם למהריק״ש

שכט סוף סעיף ו [אפילו לא באו אלא על עסקי תבן וקש]. ויש אומרים אפילו לא באו, אלא שרוצין לבא. והכל לפי הענין:

שערי תשובה

שכט (ב.) ספק חי כו׳. ועיין בשו״ת קול בן לוי סימן ב׳ בפרי או סם ידוע שהוא מרפא אלא שיש לספק אם הוא זה או אחר, העלה דגם בספק כזה מחללין שבת משום סכנה. ועיין באשל אברהם [אוצר מפרשים ס״ק ג] מתשובת גינת ורדים מה שכתב בזה:

באר היטב

(מ) בנחת. וכל שכן דאסור לעשות קריסטיאו״ר, אפילו הוכנה מאתמול, ואפילו על ידי שינוי, אם לא בחולה, כמו שכתוב סעיף י״ז. ויזהר שלא יבא לידי מלאכה דאורייתא. ואם אפשר על ידי עכו״ם יעשה על ידי עכו״ם, מ״א [ס״ק נה]. ועיין הלכות קטנות חלק ב׳ סימן ל״ח אם מחללין שבת על חרש ושוטה:

שכט (א) לידי סכנה. כגון שיש שם חולים או קטנים שאי אפשר להבריחם. ונראה לי דאפילו אפשר להצילם דרך רשות הרבים, מותר לכבות דהוי מלאכה שאינה צריכה לגופה, [א] אבל זה הוי דאורייתא, מ״א [ס״ק א], ע״ש. ועיין מה שכתב עליו היד אהרן [הגב״י]: (ב) נעקרו. ותינוק שנמצא בעיר שרובה עכו״ם אין מחללין עליו שבת, כיון דבכל יום ויום פורשים כולם ממקום קביעותם, אזלינן אחר הרוב, עיין בשה״ע סימן ד׳ סעיף ל״ד, [מ״א ס״ק ב]. והאי נעקרו ר״ל כולם בזה אחר זה, דאי בבת אחת הא נמי קביעי, איסור והיתר הארוך, מ״א [ס״ק ג]: (ג) מפקחין. הבא במחתרת בענין שמותר להורגו, אם נפל עליו גל אין מפקחין עליו, דגברא קטילא הוא, רמב״ם הלכות גניבה, ועיין בחו״מ סימן תכ״ה, [מ״א ס״ק ד]: (ד) שאם וכו׳. וצ״ע, דיניחנו ליקח הממון ולא יחלל שבת, ואפשר כיון דאין אדם מעמיד עצמו על ממונו, חיישינן שמא יעמוד אחד נגדם ויהרג, ולכן מחללין. אבל באדם יחידי יניח ליקח ממונו ולא יחלל שבת, מ״א [ס״ק ה], עיין מה שכתבתי סוף סימן רמ״ח, [מ״א שם]:

ביאור הגר״א

[עו] [סעיף מט] אסור. עיין שבת פ״א א׳:

שכט [א] [סעיף ד] לא שנא פגעו. כתנא קמא שם [יומא פה, א]: [ב] [סעיף ז] יש מי. כמו עיר הסמוכה לספר בסעיף ו׳:

לבושי שרד

שכט (א*) שו״ע ס״ג ספק חי. עיין בכור שור יומא דף פ״ה:

גליון מהרש״א

שכט [א] (בותרת הסימן) מחללין שבת. וחולה המונע עצמו ממדת חסידות, חסיד שוטה הוא ואינו אלא שופך דמים, הר״ן ביומא [ג, ב ד״ה חוץ] ותשובת רדב״ז סימן ס״ז [ח״ד סימן אלף קלט]:

[ב] (שו״ע סעיף א) כל פיקוח נפש וכו׳. עיין בהר״ן שבת דף מ״ב א׳ בסוגיא דמכבין גחלת [יט, ב] בד״ה ומהא שמעינן, דלדעת בעל הלכות [גדולות, סימן ז עמוד קלט] נזק דרבים דינו כמו סכנת נפשות ופקוח נפש. ועיין ב״י יו״ד סימן קנ״ז [עמוד שמ] ד״ה גרסינן, מה שכתב דבשב ואל תעשה לא אמרינן ספק נפשות להקל, וצריך לי עיון מכאן דהוי נמי שב ואל תעשה. וגוף קושייתו לכאורה יש ליישב על פי דברי ש״ך שם ריש הסימן, דיש לומר סברא זו נמי גבי עריות, כיון דלמומר עריות לא חסה התורה על הנפשות בני ישראל, לא אמרינן ספק נפשות להקל... דהמיר האיסור מן איבוד נפש, ואדקאמר ספק נפשות להקל אמור ספק עריות להחמיר גם באבוד נפש. אך י״ל כיון דאמרי שם [סנהדרין עה, א] טעם מאן דאמר דאף בפנויה כן הוא, משום פגם משפחה או שלא יהיו פרוצים בעריות, א״כ אין זה ספק עריות, אלא ספק אם גורו משום פגם משפחה או לא. וזולת אם נאמר דנזק רבים שקול ממש כמו איבוד נפש, ונאמר דפגם משפחה ופריצת עריות הוי נזק רבים, והוי בכלל לד ספק נפשות, דדלמא כמאן דאמר דשייך בזה נזק דרבים:

[ג] (שם סעיף ב) נעקרו כולם וכו׳. עיין תשובת רמ״א סימן (מ״ו) [מ] ותשובת שבות יעקב חלק א׳ סימן י״ג דזהו שקשה אבל אין מדמין חכמת חכמים זו לזו, ומפקחין על הגוסס, כמו שכתבו תוספות נדה מ״ד ב׳ [דבור ראשון]. ועיין תשובת בית יעקב סימן נ״ט:

[ד] (מג״א ס״ק ד) דגברא קטילא הוא. משעת חתירה הוא, רש״י סנהדרין ע״ב ב׳ [ד״ה לפקח]. ועיין מה שכתבתי על זה בגליון רמב״ם סוף הלכות גניבה:

פרי מגדים

משבצות זהב

שכט **(א) [סעיף ג] מי שנפלה עליו מפולת ספק חי כו' אף על פי שיש בו כמה ספיקות.** דאין הולכין בפיקוח נפש אחר הרוב, ולא אחר כמה ספיקות אף למאן דאמר דעדיפא מרוב. וגם חזקה עם הספק ספיקא לא מהני אפילו לעבור עבירה דין תורה, חוץ עבודה זרה גילוי עריות ושפיכות דמים, כבסימן קע"ט [סעיף ז] ביו"ד, עיין ש"ך שם [ס"ק ט]. **יש** לספק, הא דאין הולכין בפקוח נפש אחר הרוב, אם דוקא באיסור שבת במלאכה שאינה צריכה לגופה למאן דאמר דרבנן הקילו בו, הא במלאכה דין תורה חובל לרפואה וכדומה, או בשאר איסורי תורה חובר חבר וכדומה (אין) הולכין בפקוח נפש אחר הרוב. והעד לכאורה, דפירשו כולן (אין) הולכין, ובנשאר קביעות ראשון [אין] הולכין, ובשאר איסורין אין כן, תשע חנויות וכדומה, עיין פרישה כאן [אות ב] ובית שמואל אה"ע [סימן] ד' אות נ"ח. אבל זה אינו, דהא שמואל אמר כן [יומא פד, ב], ואיהו פסק [שבת מב, א] כרבי יהודה דמלאכה שאינה צריכה לגופה דין תורה, [עיין] פרק א' מהלכות שבת הלכה ז' ופרק י' הלכה י"ז במגיד משנה שם. ובתוספות יומא פ"ה א' ד"ה ולפקח, כתבו בביאור וחי בהם [ויקרא יח, ה], משמע מן התורה אין הולכין אחר הרוב, אם כן מאי שנא פירשו כולם. עוד יש לספק, אם אמר שלטון הרוג פלוני ואם לא קטלינא לך, ופלוני ספק, תינוק נמצא בעיר מחצה על מחצה, אם נאמר דלא שייך מה חזית, דהוא ודאי וחבירו ספק, או דילמא לא שנא, וצ"ע כעת *. ועיין חו"מ [סימן] תכ"ו ובסמ"ע שם [ס"ק ב], ואי"ה במקום אחר יבואר:

אשל אברהם

נה לשים. עיין מ"א. מלאכה דין תורה כמו שחיטה וכדומה. ועיין סעיף י"ז:

שכט **א ויבא.** עיין מ"א. היינו בנושא חולה חייב, בסימן ש"ח [מ"א אות ע"ן]. וסימן שכ"ה סעיף ג' טעות סופר, וצ"ל שכ"ח סעיף ג' [מ"א] אות ג', חובל לרפואה הוה מלאכה דין תורה צריכה לגופה, הוא הדין הוצאת חולה לרשות הרבים הוה צריכה לגופה, ודוקא את מלאכה שאינה צריכה לגופה, וצ"ע. ועיין אליה רבה אות א', למאן דאמר עתה לית רשות הרבים, והראה לסימן ש"ל [מ"א ס"ק] ג'. ועיין סימן שכ"ח סעיף י"ב, וודאי כל שיש פחד ודיחוי טוב יותר להוציאם לרשות הרבים, אבל כל שאין פחד ודיחוי, טוב יותר לחלל באיסור דרבנן מאיסור תורה או ספק איסור תורה: **ב ופירש.** עיין מ"א. והר"ב בהג"ה [אה"ע] שם הביא יש אומרים, דיש לומר בני העיר לא חשיבי כניידי. אבל נמצא בדרך תינוק, יש לומר אם רוב העוברים עכו"ם לכולי עלמא אין מפקחין עליו הגל, דכלא נשאר קביעות הראשון דמי, וכהאי גוונא הולכין בתר רובא: **ג נעקרו.** עיין מ"א. אף בנעקרו כולם, דווקא בזה אחר זה, לא בבת אחת, ועיין יו"ד [סימן] ק"י בזה: **ד שנפלה.** עיין מ"א. עיין סימן שכ"ח ובמשנה למלך פרק כ"ד דהלכות שבת [הלכה ז] ומה שכתבתי שם [משבצות זהב אות א]. ומי שנגמר דינו למיתה בבית דין, מפקחין הגל בשבת, דאין מיתת בית דין דוחה שבת, וחיי שעה מפקחין, כבסעיף ד'. והוא הדין ביום טוב כהאי גוונא, עיין סנהדרין ל"ו א' תוספות ד"ה ומה, ולמאן דאמר דלא אמרינן דיו אף על גב דמופרך קל וחומר, בלאו הכי אתי שפיר. ועיין מה שכתבתי בסימן שכ"ח [שם]: **ה שאם.** עיין מ"א. ועיין סימן ש"ז מ"א [ס"ק] ז"ין. ובסימן תרנ"ו מ"א [אשל אברהם אות] ח', [ובהגה שם] מצות עשה אין צריך לבזבז יותר מחומש, ולא תעשה יתן כל ממונו. ועיין אליה רבה [ס"ק ז] הנית בצ"ע. ועיין סימן של"ד סעיף ג' באיסור דרבנן מאנסים, ולדידן לית רשות הרבים, ואי"ה שם [משבצות זהב אות ב] יבואר עוד:

הגהות הסמ"ע

שכט סעיף א **אפילו נפלה דליקה בחצר אחרת וכו'.** [דליקה בח]צר זו ונפשות [בחצר אחרת] והם חולים או [קטנים רש"י יומא פד, ב ד"ה לחצר, כלומר] ואין שהות להבריחם [קודם שיגיען] להם האש [ב"י עמוד תקז ד"ה ומ"ש]:

סעיף ב **השבינן ליה כמחצה על מחצה וכו'.** [אפילו פי]רש ונפל עליו שם [הוה ליה קב]וע, וק"ל:

חכמת שלמה

ישראל אף דבר שקרוב לבוא לידי איסור דאורייתא, ואם כן מכל שכן דמותר לעבור על פחות פחות מכשיעור, דהא המוהרלנ"ח [סימן קנ גג, ג ד"ה ואף] כתב והובא בש"ך יו"ד סימן רל"ט [ס"ק כ] דחצי שיעור קיל מאיסור דרבנן, דעל לא תעשה דרבנן לא חל השבועה ועל חצי שיעור חל השבועה, ואם כן אם מותר לעבור על איסור דרבנן על ידי ישראל מכח סכנת אבר, מכל שכן דמותר לעבור על חצי שיעור מכח סכנת אבר. לכך יאכל איסורי דאורייתא פחות פחות מכשיעור, וימעט כמה דאפשר, ואיסורים דרבנן יכול לאכול הרבה ואינו צריך למעט בהם, כי איסורי דרבנן וודאי מותרין בסכנת אבר, כן נראה לפענ"ד נכון לדינא, והאלקים יצילנו משגיאות ויורינו בתורתו נפלאות, אמן:

שכט (שו"ע סעיף א) **כל פיקוח נפש דוחה שבת.** נ"ב, הנה יש להסתפק בדין פקוח נפש שדוחה שבת או ספק פקוח נפש שדוחה שבת, אם על ידי פשיעתו הביא עצמו לידי סכנה זו, אם דוחה אחר כך שבת או לא. אם נאמר כמו דקיימא לן עשה דוחה לא תעשה, ומכל מקום עשה הבא על ידי פשיעה אינו דוחה [תוספות עירובין ק, א ד"ה מתן] ב, הכי נמי בפקוח נפש הוי כן, נהי דפקוח נפש דוחה שבת, מכל מקום אם בא לו הסכנה על ידי פשיעה אינו דוחה. או לא, רק נימא דפקוח נפש חמור, ובכל ענין חייב להצילו ולדחות השבת. ונראה לי לפשוט ספק זה ממה דגרסינן בפרק ג' דשבת דף מ"ה [ע"א] בעו מיניה דרב מהו לטלטולי שרגא דחנוכה וכו', עד אמר להו כדאי הוא רבי שמעון לסמוך עליו בשעת הדחק, ופירש רש"י [ד"ה בשעת הדחק] סכנה, עיין שם באורך סוגיית הש"ס. וקשה לי טובא, אם הוי סכנה מאי איריא דכדאי הוא רבי שמעון, הלא בלא זה אין לך דבר שעומד בפני פקוח נפש, ואפילו ספק פקוח נפש דוחה את השבת, ולמה ליה למימר כדאי הוא רבי שמעון. ובעל כרחך מוכח דבמקום דבא

מחצית השקל

שכט (ס"ק א) **ויבא כו'. דהוי מלאכה שאינה צריכה לגופה.** ולדעת הטור [סימן רעח] אין בו רק איסור דרבנן: **כמו שכתבתי סימן ש"ח סעיף מ"א.** דחולה או קטן לא אמרינן חי נושא את עצמו, ולכן הוי איסור דאורייתא: **ועיין [כו'] סימן שכ"ה.** במ"א ס"ק ו', שכתב דבזמן הזה לית לן רשות הרבים. ועיקר דין זה מבואר לקמן בשו"ע סימן שמ"ה סעיף ז', דיש אומרים דכל שאין ששים רבוא בוקעים בו, דומיא דדגלי מדבר, לא הוי רשות הרבים. ואם כן בין באיסור כיבוי אי יש בו איסור תורה, תליא במחלוקת הטור [סימן רעח] ורמב"ם [שבת א, ז], ובין באיסור הוצאה תליא במחלוקת הפוסקים אי יש בזמן הזה דין רשות הרבים. ואף על פי כן משמע בספר תוספת שבת [ס"ק א] דעדיף לכבות מלהוציא דרך רשות הרבים דידן, ע"ש: (ס"ק ב) **ופירש כו'. ועיין באה"ע כו' כיון דבכל יום ויום פורשים כו'.** ורמ"א שם הביא יש אומרים דמחללים עליו את השבת, דלא אמרינן שבכל יום ויום פורשים כלם. ולכן הקשה בספר תוספת שבת [ס"ק ב] דהא בפקוח נפש הולכים להקל, הוה ליה למ"א להביא דעת רמ"א: (שו"ע סעיף ג) **מי שנפלה כו' ספק הוא שם כו'.** כתב בספר תוספת שבת [ס"ק ה] וז"ל, כתב העולת שבת [ס"ק ד] דהיינו שמא כבר לקחו אותו משם, אבל אם הוא ספק אם מתחלה נפל עליו המפולת או לא אין מפקחים, עכ"ל [עולת שבת]. וצריך לומר דטעמו הוא משום דמוקמינן ליה אחזקתיה. ואין זה מוכרח, דהא קיימא לן דרובא עדיף מחזקה, כדאיתא ריש פרק האשה בתרא [יבמות קיט, ב], וכיון דבפקוח נפש לא אזלינן בתר רובא, כל שכן דלא אזלינן בתר חזקה. ובאמת דגם הוא ז"ל מסיק דצ"ע לדינא, עכ"ל ספר תוספת שבת. ולענ"ד ספק של העולת שבת הוא מצד אחר, דניהו דחזינן דבפקוח נפש הולכים להקל אפילו נגד הרוב, ואם כן כל שכן נגד חזקה, אבל בצירוף שניהם יחד דהיינו רוב וחזקה, אפשר דאין הולכים נגדן להקל בפקוח נפש. ולפי מה שכתב הרשב"א בתשובה [ח"א] סימן ת"א, הביאו ש"ך בקיצור ביו"ד סימן ק"י בכללי ספק ספיקא סעיף כ"ז, והפרי חדש שם [ס"ק מט] הביאו באריכות, דהטעם דאזלינן בספק ספיקא להקל, דעל ידי ספק ראשון הוי מחצה על מחצה, וכשניתוסף ספק השני נתרבה צד ההיתר והוי ההיתר רוב והאיסור מיעוט, וכתב דאפשר עדיף מרובא, ע"ש, ואם כן כשיש ספק אי נפלה עליו המפולת, דאיכא חזקה, והכא איכא גם ספק ספיקא, הוה ליה רובא וחזקה, אולי כהאי גוונא לא אזלינן להקל בפקוח נפש. אך לפי זה יצא לנו, היכי דליכא ספק ספיקא, רק ספק אי נפלה עליו מפולת, מודה העולת שבת דמפקחים עליו, וצ"ע לדינא: (ס"ק ד) **שנפלה כו'. בענין שמותר להורגו.** ר"ל, לאפוקי אב החותר את בית בנו, דאסור לבן להרוג את אביו. דהטעם דהבא במחתרת שמותר להרגו, דהוי רודף, דאדם יודע דאין אדם רואה שנוטלים ממונו ושותק, ועל כרחך היה דעת החותר אם יעמוד בעל הבית נגדו יהרגנו, ולכן אמרה התורה הבא להורגך הרגהו. וכיון דסתם אב מרחם על בנו, ובוודאי לא היה דעת האב להרוג את בנו אם לא יניחנו ליטול הממון, ולכן אסור להרוג האב. אבל באחר, אפילו בן החותר את בית אביו, מותר להרגו. ולכן אם בשעת חתירה נפל עליו גל, אין מפקחים עליו. ועל גוסס כתבו התוספות במסכת נדה דף מ"ד ע"ב [דבור ראשון] דמפקחים, וכן כתב בתשובת שבות יעקב חלק א' [סימן יג], דלא כתשובת בית יעקב [סימן נט], כן כתב בספר תוספת שבת [ס"ק ד], אם לא שכבר היה גוסס שלשה ימים דאז ודאי כבר מת [ח]. עוד כתב [תוספת שבת ס"ק יא] בשם תשובת חות יאיר [סימן קפג] דשבוי שצוה לו אדונו לבשל לו בשבת או כדומה, אפילו לא גזים כלל, אם מתחנן לו ולא ישמע לקול תחנוניו מותר לעשותו, דמידי ספק נפשות לא נפקא, דשבי כלהו איתנהו ביה [בבא בתרא ח, ב]:

אוצר מפרשים

שכט א (באר היטב ס"ק א) **אבל זה הוי דאורייתא.** נ"ב, עיין סימן שמ"ה סעיף ז', וצריך לומר דעכ"פ הוי ספק דאורייתא, ע"כ: (הגהות בית מאיר)

ב (שו"ע סעיף ב) **אין הולכים.** עיין אליה רבה [ס"ק א] שמביא בתשובות בית יעקב [סימן נט] דעל גוסס אין מחללין שבת. ועיין [בית יעקב שם] בפנים דמחלק, דודאי אם הרופא אומר שיוכל עדיין לרפאותו לגמרי בודאי מחללין עליו את השבת, אבל משום חיי שעה אין מחללין, דהא מועיל כדי שימות מהר [ז]. ועיין תוספת שבת [ס"ק ד] מביא תשובת שבות יעקב [ח"א סימן יג] חולק עליו, אפילו משום חיי שעה מחללין עליו. ועיין במשבצות זהב ס"ק ב', ועיין בדגול מרבבה באה"ע סימן י"ז [על בית שמואל] ס"ק צ"ד [מהגאון כתב סופר]: (חתם סופר)

ג (שם סעיף ג) **כמה ספיקות.** וכן לענין רפואה לחולה, אע"ג דלא ידעינן בודאי שזהו הסם שיתרפא בה מדרך הטבע, אלא עדיין הדבר תלוי בספק, מחללין את השבת. אף לכאורה משמע מהרמב"ם [פירוש המשניות יומא פ"ח משנה ו] דסבירא ליה כרבנן דפליגי ארבי מתיא בן חרש [שם פג, א] ואין מאכילין למי שנשכו כלב שוטה מחצר כבד שלו, לפי שהרפואה אינה בדוקה, ע"ש. שאני התם דכל הרפואה אינו מצד הטבע, ואין השכל מסכים שתועיל מ"ש ברפואה, ואפשר אין העתים והעושים ומקבלים שוים, אבל נידון דידן שהספק הוא מצד הסברא ודאי דנכלל בכלל ספק נפשות להקל, תשובת גינת וורדים [ט] סימן ב'. ועיין חות יאיר סימן ק"ב. ואין להקשות מדברי הגהות מיימוני בפרק י"ד מהלכות מאכלות אסורות [אות ב] דאוסר לבעל נכפה לרפאות בשרץ עוף באשר שאין הרפואה בדוקה, דשאני התם דלא ברורה הרפואה באותו שרץ, מה שאין כן בנידון דידן דהרפואה בדוקה אלא דמספקינן בסם אי הוא אותו סם או לאו, מותר לכולי עלמא. ועיין בתשובת (רש"ל) [רשב"א] [ח"א] סימן תתכ"ה והר"ן פרק במה אשה [שבת ל, ב ד"ה כלן] והרדב"ז סימן ס"ו [ח"ד סימן אלף קלח] ותשובת רשב"א [המיוחסות לרמב"ן] סימן רפ"א: (אשל אברהם, א)

לו על ידי פשיעה לא נדחה מפני פקוח נפש, וכיון דהתוספות הקשו שם [ד"ה מקמי] דהרי אמרינן [שם כא, ב] דבשעת הסכנה מניחו על שולחנו ודיו, ותירצו דמיירי אם אירע שלא הניחה, ע"ש, אם כן כיון דפשע בזה, אין פקוח נפש כזה דוחה שבת. והוא חידוש דין. גם לתירוץ השני של התוספות שם נשאר קושייתינו במקומה, וצ"ע. מיהו יש לומר דכוונת תירוץ השני הוי כן, דהתם מיירי דגזרו רק שלא להדליק נר חנוכה אבל שאר נרות מותרין, לכך יש לו תקנה להניחו על שלחנו, אבל כאן מיירי דגזרו הכומרים שלא להדליק שום נר, אם כן מה לי על שולחנו או לא. מיהו כיון דמן הדין היה פטור מלהדליק כיון דהוי שעת הסכנה, ולכך אם הדליק הוי פשיעה, ולא ניתן שבת לדחות נולא הטעם דכדאי רבי שמעון לסמוך עליו, ודו"ק היטב, והוא חידוש גדול לפענ"ד. שוב הוגד לי שבספר תוספת שבת סימן (ר"פ) [רעט] [ס"ק א] הרגיש בזה הקושיא הנ"ל, ופירש דלאו דוקא סכנה, אלא קרוב לסכנה. ולדעתי אין נראה כן, דאם כן מה הקשו מהתם דמניחו על שולחנו, דלמא התם מיירי בסכנה ממש אבל כאן מיירי דלא בסכנה ממש לכך מחויב להניחו במקומו, ובעל כרחך דלא סבירא להו כן, ודו"ק. והנה נראה עוד ראיה לדין הנ"ל מדברי התוספות, דמאי הקשו מהא דאמרינן התם במניח על שלחנו, דלמא התם מיירי שלא גזרו בכוון להעבירם על דתם, לכך יעבור ואל יהרג, ולכך מותר על שלחנו, אבל כאן מיירי דגזרו בכוון להעבירם על דתם, ובזה אפילו על ערקתא דמסאני יהרג ואל יעבור [סנהדרין עד, א], לכך מחוייב להניחו על הפתח מבחוץ כדינו, מיהו ליקח הנר אחר כך, בזה אינו מחוייב למסור נפשו, ולמה לא תירצו התוספות כן, ובעל כרחך מוכח דהוי קשה להו אם כן היה מחוייב להניחו על הפתח מבחוץ ואם כן אינה פשיעה, ולמה הוצרך לומר כדאי רבי שמעון לסמוך עליו, [illegible] מחוייב להניחו בחוץ, [illegible] ודו"ק היטב:

(שם סעיף ד) **אפילו מצאוהו מרוצץ כו'.** נ"ב, עיין בתשובתי [illegible] דפקוח נפש דוחה שבת [illegible]

מְפַקְּחִין וּבוֹדְקִים עַד חָטְמוֹ, אִם לֹא הִרְגִּישׁוּ בְּחָטְמוֹ חִיּוּת (י) אָז וַדַּאי מֵת, לֹא שְׁנָא פָּגְעוּ בְּרֹאשׁוֹ תְּחִלָּה (יא) לֹא שְׁנָא פָּגְעוּ בְּרַגְלָיו תְּחִלָּה: **ה.** ו מָצָא עֶלְיוֹנִים מֵתִים לֹא יֹאמַר כְּבָר מֵתוּ תַּחְתּוֹנִים, אֶלָּא מְפַקֵּחַ עֲלֵיהֶם שֶׁמָּא עֲדַיִן הֵם חַיִּים: **ו.** ז כּוּתִים שֶׁצָּרוּ עַל עֲיָרוֹת יִשְׂרָאֵל, אִם בָּאוּ (יב) עַל עִסְקֵי מָמוֹן אֵין מְחַלְּלִין עֲלֵיהֶם אֶת הַשַּׁבָּת, בָּאוּ עַל עִסְקֵי נְפָשׁוֹת, (יג) ח וַאֲפִלּוּ סְתָם, יוֹצְאִים עֲלֵיהֶם בִּכְלֵי זַיִן וּמְחַלְּלִין עֲלֵיהֶם אֶת הַשַּׁבָּת. וּבְעִיר הַסְּמוּכָה (יד) לַסְּפָר, אֲפִלּוּ לֹא בָּאוּ אֶלָּא עַל עִסְקֵי תֶּבֶן וָקַשׁ מְחַלְּלִין עֲלֵיהֶם אֶת הַשַּׁבָּת. הגה (טו) וַאֲפִלּוּ לֹא בָּאוּ עֲדַיִן אֶלָּא רוֹצִים לָבֹא (אור זרוע): **ז.** ט יֵשׁ מִי שֶׁאוֹמֵר שֶׁבַּזְּמַן הַזֶּה אֲפִלּוּ בָּאוּ עַל עִסְקֵי מָמוֹן מְחַלְּלִין, י (טז) שֶׁאִם לֹא יַנִּיחֶנּוּ יִשְׂרָאֵל לִשְׁלֹל וְלָבוֹז מָמוֹנוֹ יַהַרְגֶנּוּ וַהֲוֵי עִסְקֵי נְפָשׁוֹת (וּמִכָּל מָקוֹם (יז) הַכֹּל לְפִי הָעִנְיָן) (פסקי מהרא"י סימן קנו): **ח.** י הָרוֹאֶה סְפִינָה שֶׁיֵּשׁ בָּהּ יִשְׂרָאֵל הַמִּטָּרֶפֶת בַּיָּם, וְכֵן נָהָר שׁוֹטֵף, כ (וְכֵן) יָחִיד הַנִּרְדָּף (יח) מִפְּנֵי ל אַנָּס, מִצְוָה עַל כָּל אָדָם לְחַלֵּל עֲלֵיהֶם שַׁבָּת (יט) כְּדֵי ל לְהַצִּילָם (וְעַיֵּן לְעֵיל סוֹף סִימָן שו, מִי שֶׁרוֹצִים לְאָנְסוֹ, אִם מְחַלְּלִין עָלָיו שַׁבָּת): **ט.** ל כָּל הַיּוֹצְאִים לְהַצִּיל (כ) חוֹזְרִים בִּכְלֵי זֵינָם (כא) לִמְקוֹמָם:

ו שָׁם בִּבְרַיְתָא. ז עֵרוּבִין מה. ח רַמְבַּ"ם בְּפֶרֶק ב. ט כִּתְבֵי מוֹרֵנוּ הָרַב ר' יִשְׂרָאֵל סִימָן קנג. י טוּר וְרַמְבַּ"ם בְּפֶרֶק ב מֵהָאי מִשְׁנָה דְּתַעֲנִית יט. כ שָׁם בְּטוּר וְרַמְבַּ"ם. ל עֵרוּבִין מה בִּבְרַיְתָא.

של דִּינֵי יוֹלֶדֶת בְּשַׁבָּת. וּבוֹ י"א סְעִיפִים:

א. א יוֹלֶדֶת הִיא כְּחוֹלֶה שֶׁיֵּשׁ בּוֹ סַכָּנָה א(א) (א) וּמְחַלְּלִין עָלֶיהָ הַשַּׁבָּת לְכָל מַה שֶּׁצְּרִיכָה, קוֹרְאִין

א שַׁבָּת קכח מִשְׁנָה.

בְּאֵר הֵיטֵב

ד. שֶׁאִם וְכוּ'. וְצָרִיךְ עִיּוּן, דְּיַנִּיחֶנּוּ לִקַּח הַמָּמוֹן וְלֹא יְחַלֵּל שַׁבָּת, וְאֶפְשָׁר כֵּיוָן דְּאֵין אָדָם מַעֲמִיד עַצְמוֹ עַל מָמוֹנוֹ חָיְשִׁינָן שֶׁמָּא יַעֲמֹד אֶחָד נֶגְדָּם וְיֵהָרֵג וְלָכֵן מְחַלְּלִין, אֲבָל בְּאָדָם יְחִידִי יַנִּיחַ לִקַּח מָמוֹנוֹ וְלֹא יְחַלֵּל שַׁבָּת, מָגֵן אַבְרָהָם, עַיֵּן מַה שֶּׁכָּתַבְתִּי סוֹף סִימָן רמח: **ה. אַנָּס.** לָאו דַּוְקָא מִפְּנֵי אֵינוֹ יְהוּדִי אֶלָּא הוּא הַדִּין מִפְּנֵי יִשְׂרָאֵל, יַד אֵלִיָּהוּ סִימָן יא: **ו. לְהַצִּילָם.** וּמִכָּל מָקוֹם אִם יֵשׁ לוֹ סַכָּנָה אֵין לוֹ לְסַכֵּן גּוּפוֹ מֵאַחַר שֶׁהוּא חוּץ לַסַּכָּנָה אַף שֶׁרוֹאֶה בְּמִיתַת חֲבֵרוֹ, אִסּוּר וְהֶתֵּר:

א. וּמְחַלְּלִין. וְלָכֵן כְּשֶׁתַּגִּיעַ לְחֹדֶשׁ תְּשִׁיעִי תַּזְמִין הַכֹּל מֵעֶרֶב שַׁבָּת שֶׁלֹּא יְחַלְּלוּ שַׁבָּת, סֵפֶר חֲסִידִים סִימָן תתנה:

שַׁעֲרֵי תְּשׁוּבָה

(א) וּמְחַלְּלִין. וְעַיֵּן תְּשׁוּבַת בֵּית יַעֲקֹב סִימָן נט בְּעִנְיַן חִלּוּל שַׁבָּת בְּיוֹלֶדֶת אוֹ גּוֹסֵס, וּמַה שֶּׁכָּתַב בָּזֶה בִּשְׁבוּת יַעֲקֹב חֵלֶק א סִימָן יג, עַיֵּן שָׁם:

מִשְׁנָה בְּרוּרָה

בְּנֵי אָדָם בָּעֵת הַזֹּאת, נַמֵּי מְחַלְּלִין וּמְפַקְּחִין אֶת הַגַּל. הַבָּא בַּמַּחְתֶּרֶת בְּעִנְיָן שֶׁמֻּתָּר לְהָרְגוֹ וּבְעֵת חֲתִירָתוֹ נָפַל עָלָיו גַּל, אֵין מְפַקְּחִין אוֹתוֹ, דְּגַבְרָא קְטִילָא הוּא (פּוֹסְקִים בְּשֵׁם הַגְּמָרָא). יִשְׂרָאֵל בַּעַל עֲבֵרוֹת לְתֵאָבוֹן, כָּל זְמַן שֶׁאֵין כּוֹפֵר בַּתּוֹרָה ח נִרְאֶה דִּמְחַלְּלִין עָלָיו שַׁבָּת כְּדֵי לְהַצִּילוֹ, ט אֲבָל אִם הוּא לְהַכְעִיס אָסוּר לְהַצִּילוֹ אַף בְּחֹל, וְכָל שֶׁכֵּן דְּאָסוּר לְחַלֵּל עָלָיו שַׁבָּת בְּפִקּוּחַ הַגַּל אוֹ בִּשְׁאָר רְפוּאָה, וְהוּא הַדִּין לְכָל הָנֵי דְּאִיתָא בְּיוֹרֶה דֵּעָה סִימָן קנח סָעִיף א וּב, עַיֵּן שָׁם: **ד (י) אָז וַדַּאי מֵת.** דִּכְתִיב כֹּל אֲשֶׁר נִשְׁמַת רוּחַ חַיִּים בְּאַפָּיו, מַשְׁמַע דְּהָרוּחַ חַיִּים תָּלוּי בְּאַפָּיו: **(יא) לֹא שְׁנָא פָּגְעוּ בְּרַגְלָיו.** רוֹצֶה לוֹמַר, דְּלֹא נֵימָא דְּכֵיוָן שֶׁאֵין אָנוּ מַרְגִּישִׁין חִיּוּת בְּלִבּוֹ בְּוַדַּאי מֵת, וְלֹא יְפַקֵּחַ הַגַּל יוֹתֵר, קָא מַשְׁמַע לָן דְּגַם בָּזֶה צָרִיךְ לִבְדֹּק עַד חָטְמוֹ: **ו (יב) עַל עִסְקֵי מָמוֹן וְכוּ'.** דִּבְשְׁבִיל הֶפְסֵד מָמוֹן לֹא הֻתַּר אִסּוּר שַׁבָּת: **(יג) וַאֲפִלּוּ סְתָם.** דִּסְפֵק נְפָשׁוֹת לְהָקֵל: **(יד) לַסְּפָר וְכוּ'.** עִיר שֶׁמַּבְדֶּלֶת בֵּין גְּבוּל שֶׁיִּשְׂרָאֵל דָּרִים בָּהּ לִגְבוּל הָעוֹבְדֵי גִלּוּלִים, וְחָיְשִׁינָן י שֶׁאִם יִלְכְּדוּהָ מִשָּׁם תְּהֵא הָאָרֶץ נוֹחָה לִכָּבֵשׁ לִפְנֵיהֶם: **(טו) וַאֲפִלּוּ לֹא בָּאוּ וְכוּ'.** רוֹצֶה לוֹמַר, כְּשֶׁהַקּוֹל יוֹצֵא שֶׁרוֹצִים לָבֹא אַף עַל פִּי שֶׁלֹּא בָּאוּ עֲדַיִן, מֻתָּר לִלְבֹּשׁ כְּלֵי זַיִן לִשְׁמֹר וְלַעֲשׂוֹת קוֹל בָּעִיר כְּדֵי שֶׁלֹּא יָבֹאוּ, דְּאֵין מְדַקְדְּקִין בְּפִקּוּחַ נֶפֶשׁ [לְשׁוֹן אוֹר זָרוּעַ], וְדִין זֶה אַרֵישָׁא נַמֵּי קָאֵי [אַחֲרוֹנִים]: **ז (טז) שֶׁאִם לֹא יַנִּיחֶנּוּ וְכוּ'.** וְהָנֵי מִלֵּי יא כְּשֶׁבָּאוּ עַל רַבִּים, דִּבְוַדַּאי יֵשׁ לָחוּשׁ שֶׁיַּעֲמֹד אֶחָד נֶגְדָּם וְלֹא יִרְצֶה לִתֵּן לָהֶם מָמוֹנוֹ וְיַהַרְגוּהוּ, וְלָכֵן הָוֵי כְּמוֹ שֶׁבָּאוּ עַל עִסְקֵי נְפָשׁוֹת, אֲבָל כְּשֶׁבָּאוּ עַל יָחִיד, יַנִּיחַ לִקַּח מָמוֹנוֹ וְלֹא יְחַלֵּל אֶת הַשַּׁבָּת: **(יז) הַכֹּל לְפִי הָעִנְיָן.** הַיְנוּ, לְפִי מַה שֶּׁמְּשַׁעֵר כַּעְסָן וּפַחֲזוּתָן. וְדַע, דְּהַיּוֹם כְּשֶׁבָּאוּ מֵהָאֻמּוֹת שֶׁחוּץ לִגְבוּלֵינוּ לִשְׁלֹל שָׁלָל וְלָבֹז בַּז, בְּוַדַּאי מְחֻיָּבִים אָנוּ לָצֵאת בִּכְלֵי זַיִן אֲפִלּוּ עַל עִסְקֵי מָמוֹן, וּכְדִינָא דְּמַלְכוּתָא, וְכֵן מְבֹאָר בְּרוֹקֵחַ וַאֲגֻדָּה דְּהֵיכָא דְּאִיכָּא חֲשָׁשׁ שֶׁמָּא יִכְעֲסוּ יוֹשְׁבֵי הָאָרֶץ עָלֵינוּ מְחַלְּלִין, עַיֵּן שָׁם: **ח (יח) מִפְּנֵי אַנָּס.** וְהוּא הַדִּין יב מִיִּשְׂרָאֵל יג כְּשֶׁהוּא מְשַׁעֵר שֶׁיָּבֹא לִידֵי סַכָּנָה, דְּהָא נִתַּן לְהַצִּילוֹ בְּנַפְשׁוֹ, וְכֵן כְּשֶׁאָדָם נִרְדָּף מִפְּנֵי נָחָשׁ אוֹ דֹּב גַּם כֵּן מִצְוָה לְהַצִּילוֹ, וַאֲפִלּוּ בַּעֲשִׂיַּת כַּמָּה מְלָאכוֹת בְּשַׁבָּת [רַמְבַּ"ם]: **(יט) כְּדֵי לְהַצִּילָם.** וּמִכָּל מָקוֹם אִם יֵשׁ סַכָּנָה לְהַמַּצִּיל אֵינוֹ מְחֻיָּב, דְּחַיָּיו קוֹדְמִים לְחַיֵּי חֲבֵרוֹ (אִסּוּר וְהֶתֵּר), וַאֲפִלּוּ סְפֵק סַכָּנָה נַמֵּי עָדִיף סְפֵקוֹ דִּידֵהּ מִוַּדַּאי דַּחֲבֵרוֹ, אוּלָם צָרִיךְ לִשְׁקֹל הַדְּבָרִים הֵיטֵב אִם יֵשׁ בּוֹ סְפֵק סַכָּנָה, וְלֹא לְדַקְדֵּק בְּיוֹתֵר, כְּאוֹתָהּ שֶׁאָמְרוּ, הַמְדַקְדֵּק עַצְמוֹ בְּכָךְ, בָּא לִידֵי כָּךְ [פִּתְחֵי תְּשׁוּבָה חֹשֶׁן מִשְׁפָּט סִימָן תכו]: **ט (כ) חוֹזְרִים וְכוּ'.** כְּדֵי יד שֶׁלֹּא לְהַכְשִׁילָם לֶעָתִיד לָבֹא, שֶׁלֹּא יִרְצוּ לְהַצִּיל עוֹד: **(כא) לִמְקוֹמָם.** עַיֵּן לְקַמָּן בְּסִימָן תז:

של א (א) וּמְחַלְּלִין. וְלָכֵן מִן הָרָאוּי לְאִשָּׁה שֶׁהִגִּיעָה לְחֹדֶשׁ תְּשִׁיעִי, לְהַזְמִין בְּכָל עֶרֶב שַׁבָּת כָּל הַדְּבָרִים הַנִּצְרָכִים לָהּ, דְּשֶׁמָּא יִזְדַּמֵּן לְדִתָּהּ בְּשַׁבָּת, וְלֹא תִּצְטָרֵךְ לְחַלֵּל שַׁבָּת [סֵפֶר חֲסִידִים סִימָן תתנה]:

בֵּאוּר הֲלָכָה

יָכוֹל לִחְיוֹת כִּי אִם מְעַט, מְפַקְּחִין עָלָיו וּמוֹצִיאִין אוֹתוֹ לְחַיֵּי שָׁעָה, כִּדְאָמַר בְּמַסֶּכֶת שְׂמָחוֹת, הַמְּעַצֵּם עֵינָיו שֶׁל מֵת הֲרֵי הוּא שׁוֹפֵךְ דָּמִים, עַד כָּאן לְשׁוֹנוֹ, וְכֵן כָּתְבוּ תּוֹסְפוֹת בְּנִדָּה דַּף מד, אֶלָּא דְּהֵם בָּאוּ מִטַּעַם דְּמִעוּט גּוֹסְסִים לְחַיִּים וְאֵין הוֹלְכִין בְּפִקּוּחַ נֶפֶשׁ אַחַר רֹב. וְלִכְאוֹרָה תָּמוּהַּ, דְּהָא אֲפִלּוּ בְּוַדַּאי מֵת, מִכָּל מָקוֹם חַיֵּי שָׁעָה יֵשׁ עַל יְדֵי פִּקּוּחַ הַגַּל, וּבִשְׁבִיל חַיֵּי שָׁעָה מְפַקְּחִין וְאֶפְשָׁר דְּהַתּוֹסְפוֹת כָּלְלוּ בָּזֶה הֵיכִי דְּהָרוֹפֵא נוֹתֵן לוֹ סַמָּנִים וְאוֹמֵר שֶׁיִּתְרַפֵּא לְגַמְרֵי עַל יְדֵי זֶה, דְּמֻתָּר לִסְמֹךְ עָלָיו וּלְחַלֵּל שַׁבָּת בְּבִשּׁוּלָם וְכַדּוֹמֶה, דְּמִעוּט גּוֹסְסִין לְחַיִּים וְסוֹמְכִין עָלָיו בְּעִנְיְנֵי פִּקּוּחַ נֶפֶשׁ, אֲבָל אִם הָיוּ אָמְרִינַן דַּאֲפִלּוּ מִעוּט לֵיכָּא, אִם כֵּן בְּוַדַּאי מְשַׁקֵּר. **וְדַע** עוֹד, שֶׁרָאִיתִי בִּפְרִי מְגָדִים שֶׁכָּתַב דְּמִי שֶׁהָיָה חַיָּב מִיתַת בֵּית דִּין [בַּיָּמִים הַקַּדְמוֹנִים] וְנָפַל עָלָיו הַגַּל, דִּמְפַקְּחִין עָלָיו, דַּהֲלֹא אֵין מְמִיתִין אוֹתוֹ בְּשַׁבָּת וְחַיֵּי שָׁעָה יֵשׁ עַל כָּל פָּנִים. וְלַעֲנִיּוּת דַּעְתִּי לֹא נִהְיָרָא כְּלָל, דְּהַתּוֹרָה חָסָה עַל חַיֵּי שָׁעָה, הַיְנוּ, לְמִי שֶׁחָסָה עַל חַיִּים שֶׁלּוֹ, לְאַפּוֹקֵי בָּזֶה דְּגַבְרָא קְטִילָא הוּא מֵחֲמַת רִשְׁעָתוֹ, וְלֹא עָדִיף מֵרוֹעֵי בְּהֵמָה דַּקָּה דְּקָיְמָא לָן בְּיוֹרֶה דֵּעָה קנח דְּאֵין מַעֲלִין אוֹתוֹ מִן הַבּוֹר:

שַׁעַר הַצִּיּוּן

ג ח. עַיֵּן בְּיוֹרֶה דֵּעָה בְּסִימָן קנח בְּבֵאוּר הַגְּרָ"א וּבְפִתְחֵי תְּשׁוּבָה שָׁם בְּשֵׁם הַבְּכוֹר שׁוֹר: ט. שָׁם בְּיוֹרֶה דֵּעָה: **ו** י. רַשִׁ"י: **ז** יא. כֵּן מִצַּד הַמָּגֵן אַבְרָהָם וּשְׁאָר אַחֲרוֹנִים: **ח** יב. אַחֲרוֹנִים: יג. כֵּן נִרְאָה לִי, דְּאִם לֹא כֵּן אַמַּאי קָאָמַר הַגְּמָרָא מִפְּנֵי עַכּוּ"ם אוֹ מִפְּנֵי לִסְטִים: **ט** יד. רַמְבַּ"ם:

וכן בושת נמי אין מגבין אבל אם קדם ותפש אין מוציאין מידו ובמקום שלא קדם ותפש אף על פי שאין גובין מנדין אותו עד שיפייס לחבירו בממון או ירבה עליו רעים ואפילו במקום שגובין קנס של אשת איש הוא של בעל שכל מה שקנתה אשה קנה בעלה וכל שכן במקום שאין גובין אותו ואין לה יתרון בקנסה אבל יש מן הדין לפייסה ולרצותה ואם ידו משגת יוסיף לה כלום על כתובתה ויאיים לו] **על עצמו שלא ירגיל את עצמו לעשות כן וכיון שעושה כן כבר יצא ידי חובתו וראוי לה שתמחול ותתרצה לו:**

בית יוסף

תכה (א) **א**(א) **מצוה לדון בחייבי מיתות בית דין ושיגלה הרוצח לערי מקלט.** מפורש בתורה: **ומה שאמר ועתה אין אנו דנין דיני נפשות וכו'.** פשוט הוא: **ומה שאמר בשם הרב נטרונאי ומה שאמר ואיפשר שלא כתב כן אלא מצד הדין וכו'.** פשוט הוא:

בית חדש

תכה (א) **מצוה לדון וכו' ועתה אין אנו דנין דיני נפשות שאף בזמן הבית וכו'.** פירוש לגבי רוצח לא היו דנין אותו דיני נפשות סמוך לחורבן משום דנפישי רוצחים וכל שכן עתה וכו': **ומ"ש בשם רב נטרונאי גאון האידנא אין בידינו לא להלקותו וכו' ולא לחבטו אלא מנדין אותו וכו'.** איכא לתמוה מאי האי דקאמר ולא לחבטו הלא כתב אחר כך ומכין אותו מכת מרדות ואיזה חבטה היא דאורייתא דאמר עליה ולא לחבטו ונראה דצריך להגיה ולא לחבשו והיינו עונש כיפה דהיא הלכה למשה מסיני דמכניסין אותו בכיפה מלוא קומתו ומאכילין אותו לחם צר ומים לחץ וכו' כדאיתא בפרק הנשרפים (סנהדרין דף פ"א:) במשנה ההורג נפש שלא בעדים מכניסין אותו לכיפה וכו' ה]:

סימן תכה

פרטי רמזי דינים המבוארים בזה הסימן

[א] חייבי מיתות בית דין היאך דנים אותם בזמן הזה: [ב] מי שקם על חבירו בפורים כטוב לבו ביין ויהרגהו: [ג] הנהרגים בלא בית דין נידונים גם עתה כגון הרודף אחר חבירו להרגו שמצוה להצילו אפילו בנפשו: [ד] דיני רודף אחר חבירו להרגו היאך מצילין אותו: [ה] אי זה רודף אחר עבירה מצילין אותו בנפשו: [ו] הבא במחתרת אימתי מותר להרגו: [ז] אחד בא במחתרת או שנמצא בתוך גגו של חבירו או בתוך חרבתו או קרפפו ביום או בלילה. ועיין לקמן בסמוך: [ח] אי זהו גנב שיש לו דמים: [ט] הבא על הגויה קנאים פוגעים בו: [י] מינים ואפיקורסים והעובר על אחת מכל המצות להכעיס מורידין: [יא] העוברים עבירות תמיד לא מורידים ולא מעלים: [יב] מי שאינו עומד ברשעו אלא אוכל נבילות להנאתו אסור לעמוד על דמו:

(א) **א**(א) **מצוה לדון בחייבי מיתות בית דין ושיגלה הרוצח לערי מקלט ועתה אין אנו דנין דיני נפשות שאף בזמן הבית בטלו דיני נפשות וכל שכן עתה שאין לדונם שצריכין בית דין של עשרים ושלשה וכן ערי מקלט אין לנו שיגלה בהן הרוצח. והרב נטרונאי גאון כתב** ד] **דעל כל חייבי מיתות בית דין האידנא אין בידינו לא להלקותו ולא להגלותו ולא להרגו ולא לחבטו אלא מנדין אותו ומכין אותו מכת מרדות ומבדילין אותו מן הקהל ואפשר שלא כתב כן אלא מצד הדין דודאי אין בידינו לדונו אלא** ח] **במה** ט] **שצריך לעשות לו**

פרישה

תכה (א) **מצוה לדון חייבי מיתות בית דין כו'.** זהו מפורש בתורה בפרשת מסעי כתיב (במדבר לה ל-לא) כל מכה נפש לפי עדים ירצח הרוצח א] ולא תקחו כופר לנפש רוצח אשר הוא רשע למות כי מות יומת ב]. וכתיב עוד (דברים יט ג) שלש ערים תבדיל לך כו' וכתיב (במדבר לה כה) וישב בה עד מות הכהן הגדול: **שאף בזמן הבית בטלו כו'.** פירוש שגלו סנהדרין בימי יכניה קודם גלות צדקיה ג] ועיין בריב"ש בסימן (רכ"א) [רנ"א] ובתשובת הרא"ש כלל י"ז אין עושין בזמן הזה: **ומכין אותו מכת מרדות.** עיין לעיל סימן ע"ג ס"ט מ"ש בענין מכת מרדות: **ואפשר שלא כתב כן אלא מצד הדין כו'.** אף דלכאורה רב נטרונאי לא כתב יותר ממ"ש רבינו בריש סימן זה שעתה אין דנין דיני מיתה י"ל דדקדק מדכתב רב נטרונאי דעל כל חייבי מיתות אין בידינו לא להלקותו כו' דמשמע דאפילו בשום ו] מיתה אין בידינו לשנות לחייב במקומו מלקות מרדות והיינו משום דאין אנו דנין שום דין מכל חיובים שבתורה אשום ענין משום הכי כתב עליו רבינו דהיינו מצד הדין מה שאין כן רבינו שהתחיל וכתב שאין לדון אותו דין עצמו שחייבה התורה אמה שעבר עליה אבל לעשות במקום עונש זה עונש אחר מזה לא דיבר רבינו ודו"ק ועיין מ"ש מענין זה בדרישה לעיל בסימן ב' ז]: **אלא מצד הדין.** פירוש כדי לעשות דין לרוצח אבל כדי לעשות גדר מכאן ולהלאה מכין ועונשין:

דרישה

ששם כתב דברי הרמב"ם והראב"ד שבעל שחבל באשתו פורע היפך מדברי רב חנינא גאון עכ"ל וזה לשון הרמב"ם שהביא רבינו שם הבעל שחבל באשתו חייב לשלם מיד כל הנזק וכל הבושת והצער והכל שלה ואין להבעל בהן פירות ואם רצתה ליתן הדמים לאחר נותנת וכזה הוא סברת הגאונים ויש לדחוק ולומר דהרמב"ם דינא דגמרא כתב ובא לאשמועינן דמשלם הכל ואינו נוטל שום חלק בתשלומין ויש בו נפקא מינה לדידן גם כן שהרי מחרימינן ומנדינן ליה עד שיפייס לחבירו ליתן לו שיעור שראוי למיתן ליה וכמו שכתב רבינו בסימן א' (ס"י-יא) בשם הרי"ף (ב"ק ל:) והראב"ד והגאונים וגם בסימן ת"ך (סל"ה) גם באבן עזר סימן קע"ז (קטז.) וכעין זה תירץ מורי לעיל באבן עזר סימן הנ"ל קושיא שהקשה בית יוסף על ביישו בדברים כו' עיי"ש ודו"ק ומיהו אכתי קשה דהא מסיק רב חנינא בתשובה זו וכתב ז"ל אפילו במקום שגובין קנס של אשת איש הוא לבעלה כו' ושם באבן עזר בסוף הסימן לא כתב כן בחבל בה איהו עיי"ש ודוחק לחלק בין קנס דחבלה דהוא חייב מן התורה ליתן להנחבל דכן כתב באבן עזר דצריך ליתן לה ואין לבעל הנאה ממנו ובין קנס דתפס בשעתה דאפילו מדינא דגרמי אינו אלא מכח קנס ודו"ק:

הגהות והערות

לו] **בדפוס** פייבי די שאקו הגירסא ויאיים "ויקיים" על עצמו, ובדפוס ואדי אל חגארה הגירסא על כתובתם "וקיום" על עצמו:

תכה א] **לפנינו** בפסוק "את" הרוצח: ב] **יל"ע** מדוע נקט פסוקים אלו דייקא, ולא הקודמים לו כבשמות כא יב-יד, ויקרא כד יז, וכל שכן במדבר לה טז-כא (שהיא אותה פרשה), וכנ"ל לענין גלות במדבר לה-ט-טו, כב-כז: ג] **לפ"ר** לא מצינו מפורש כן בהדיא, רק כלפי מאי דכתיב (מלכים ב כד יד) וכל החרש והמסגר, ודרשו (גיטין פח ע"א) דרוב חכמי התורה גלו לבבל יחד עם יכניה, ובארץ ישראל לא נשאר זולת דלת עם הארץ (מלכים שם), מסתבר אם כן דבטלה סנהדרין הגדולה שבלשכת הגזית, וצ"ע. (ואעיקר מ"ש הפרישה יש להעיר, דלפ"ר כוונת רבינו במ"ש "בזמן הבית" אבית שני, דארבעים שנה קודם חורבנה גלתה סנהדרין וישבה לה בחנות שלא לדון דיני נפשות, ראה עבודה זרה ח ע"ב, וכ"נ דפירש כב"ח, וצ"ע): ד] **בדפוס** ואדי אל חגארה "וכתב רב" נטרונאי גאון דעל כו': ה] **עיין** ביאור הגר"א ס"ק ד: ו] **בכת"י** דאפילו "במקום" מיתה כו': ז] **הזכירו** גם בהגהות דרישה ופרישה שם אות כ, ובדרישה הנדפס ליתא, רק בדרישה מכת"י (נדפס במהדורתינו סוף כרך א), ועיי"ש: ח] **מ"ם** הוא וצ"ל אבל במה שצריך לעשות כו' וכ"כ בח"מ עם ב"ח וכן מצאתי בח"מ של מהר"ם דין בוטן ז"ל מחק מלת אלא וכתב במקומו אבל וכן הביא הגירסא מהר"ם מלובלין סימן קלח. ואיפשר ליישב גירסתינו ולפרש מלת אלא כמו אבל (כנה"ג הגה"ט אות י). וכ"ה גם בטור הנדפס עם פרישה ודרישה דפו"ר "אבל": ט] **בדפוס** ואדי אל חגארה "מה":

בית חדש

(ב) **וכן יש תשובה לגאון וכו'.** כך היא הנוסחא המדוייקת בתשובת גאון וזה לשונו אך העמידו בית דין והכו וענשו למיגדר מילתא כי הך וכגון שהיה רוכב בשבת ומטיח באשתו מיגדר מילתא בכל ישראל ולא כמו שפירשו רבותינו דמשום מיגדר מילתא דיחידאה לא קנסינן אלא אם כן לעשות גדר לדבר שיש בו צורך רבים קנסינן לפי צורך השעה עכ"ל פירוש הגאון השיב שיכו ויענשו לזה שהרג את חבירו בפורים כדי שלא יתנו יד לפושעים שכל שונא לרעהו יעמוד ויהרגהו ויאמר שוגג הייתי והביא ראיה מהך עובדא דהיה רוכב בשבת וסקלוהו אף על פי שלא היה חייב מיתה ומהך דהטיח באשתו תחת התאנה והלקוהו אף על גב שלא היה חייב מלקות אלא חוצפא בעלמא קעביד אפילו הכי משום מיגדר מילתא בכל ישראל שלא יתפרצו רבים לחלל שבתות ולהרגיל עצמם במדת העזות והחוצפא יד] עשו שלא כדין תורה למיגדר מילתא ה"נ בהאי רוצח יעשו למיגדר מילתא להכותו ולענשו כפי ראות עיני בית דין ואמר הגאון על זה ולא כמו שפירשו רבותינו וכו' כלומר דמקצת גדולים סוברים דדוקא כשרואין בית דין שהעם פרצו בדבר והיינו שהתפרצו פריצים בדבר זה עושין גדר אבל לא כשאין שם אלא יחיד דליתא אלא אפילו מילתא דיחידאה נמי עושין גדר ועיין לעיל סימן (שפ"ז) [שפ"ח] סעיף י' (י"א) דמחלק הרמב"ם במסור בין מיצר לרבים למיצר ליחיד ועיין עוד לעיל סימן ב' ובמקצת נוסחאות כתוב אך העמידו בית דין וכו' כמו שפי' רבותינו וכו' ולפי זה תופס הגאון לחלק במיגדר מילתא בין יחיד ובין צורך רבים וכמו שפירשו רבותינו:

(ג) (ד) **אף על פי שאין דנין עתה דיני נפשות במה דברים אמורים בדיני נפשות שצריכין בית דין ועדים וכו' עד אפילו הוא קטן.** בפרק בן סורר ומורה (דף ע"ג:) אמר רב הונא קטן הרודף ניתן להצילו בנפשו קסבר רודף אינו צריך התראה לא שנא גדול ולא שנא קטן ופסק כך הרמב"ם בפרק א' מהלכות רוצח:

טור

משום דמיגדר י] **מילתא בזה לא דיבר כי מי חולק על רבי אלעזר שאומר בית דין מכין ועונשין כדי לעשות גדר** (סנהדרין מו., יבמות צ:) (א): (ב) **וכן יש תשובה לגאון על אחד שקם על חבירו בפורים כטוב לבו ביין ויהרגהו ונשא ונתן בדבר שלא לדונו בדין רוצח וסיום דבריו ועתה רבותי אל תתנו יד לפושעים להיות כל איש צורר כמתלהלה היורה זיקים ויאמר** טו] **שוגג הייתי** טז] **אך העמידו בית דין והכו וענשו** יז] **למיגדר מילתא כי הך. וכגון** יט] **שהיה רוכב בשבת ומטיח באשתו** (שם) כ] **כמו שפירשו רבותינו דמשום דמגדר** כא] **מילתא דיחידאה לא קנסינן אלא** כב] **לעשות גדר לדבר שיש בו צורך רבים קנסינן לפי צורך השעה אף על פי שאין דנין עתה דיני נפשות** (ג) כב*] **במה דברים אמורים דיני נפשות שצריכין בית דין ועדים אבל הנהרגין בלא בית דין נידונין גם עתה ואלו הם הרודף אחר חבירו להורגו** (ב)

בית יוסף

(ב) **ומ"ש וכן יש תשובה לגאון על אחד שקם על חבירו בפורים וכו'. ומ"ש כמו שפירשו רבותינו דמשום דמיגדר מילתא דיחידאה לא** יא] קנסינן וכו'. הריב"ש בסימן רנ"א כתב והאריך לבאר היאך דנין דיני נפשות בזמן הזה והאיך דנין לרוצח בזמן הזה ועיי"ש יב]. והרא"ש בכלל י"ח (סי' יג) כתב על בת ישראל שנתעברה מגוי היאך ידינו אותה יג] ובכלל י"ז (סי' ח) כתב על מי שבירך את ה' היאך ידינו אותו:

(ג) **במה דברים אמורים דיני נפשות שצריכים בית דין ועדים אבל הנהרגים בלא בית דין נדונים גם עתה ואלו הם הרודף אחר חבירו להרגו שמצוה על כל הרואה אותו שרודף שיהרגהו כדי להציל הנרדף.** משנה וגמרא בסוף פרק בן סורר (סנהדרין עג.):

דרכי משה

תכה (א) וכן הוא בתשובת הרא"ש כלל י"ז סימן ח' באחד שבירך השם והרגוהו מפני חילול השם ועיי"ש ובתשובת בר ששת סימן רנ"א ובהגהות מרדכי סוף סנהדרין מדין רוצח בזמן הזה: (ב) **כתב** מוהר"ם מריזבורק (עמ' קצח) המסכן רבים כגון שמגזים

פרישה

(ב) **כמתלהלה היורה זיקים.** פסוק הוא במשלי סימן כ"ו (יח-יט) כמתלהלה היורה זקים חצים ומות כן איש רמה את רעהו ואמר הלא משחק אני ע"כ נמצא דהגאון רישא דקרא נקט ואמר שלא יהא כל איש צורר ועושה רשעה ואח"כ יתנצל ויאמר שוגג הייתי כמו שמתנצל היורה זקים וגורם בחציו מות ואומר עוסק במלאכתי הייתי ולא נתכוונתי לירות באיש זה וק"ל: כמתלהלה. ליאות ויגיעה: **והכו וענשו למגדר מלתא כו' כי הך שהיה רוכב בשבת ומטיח באשתו כמו שפירשו רבותינו דמשום דמגדר מילתא דיחידאה לא קנסינן אלא כו'.** כך הוא נוסחת דפוס ב"י. ובספרים אחרים המדוקדקים אין הנוסחא כך אלא ז"ל למגדר מילתא כי הך כגון רוכב [בשבת] ומטיח באשתו מגדר מילתא והאי מגדר מילתא לצורך רבים בכל ישראל לא כמו שפירשו רבותינו דמשום מיגדר מילתא דיחידאה קנסינן אלא כו'. ונראה דהכי פירושה דגירסא זו דכן השיב אל תתנו יד לפושעים שלא לענוש כלל ולא כמו שפירשו רבותינו דאפילו משום מיגדר מילתא דיחידאה קנסינן אלא דוקא לצורך רבים והאי מגדר מילתא לצורך רבים מחלק לשני חלקים הן בדברים שבינו לבין המקום כההיא דרוכב בשבת והמטיח באשתו שאשתו מותרת לו אלא שעשה פריצות גדולה והן בינו לבין חבירו והיינו כי הך עובדא דקאי עלה שהרג לחבירו ודו"ק וגם נוסחאות דפוס בית יוסף הנ"ל יש לפרש על דרך זה למגדר מילתא כי הך שהיה רוכב בשבת כו' שהיה מגדר מילתא לכל ישראל והא דהוצרכתי לומר דדוקא מיגדר מילתא כי הך דרוכב כו' זהו כמו שפירשו רז"ל דמשום מגדר מילתא דיחידאי לא קנסינן וק"ל יח]: (ג) **ואלו הן הרודף אחר חבירו להורגו כו'.** משנה בפרק בן סורר ומורה סוף דף (ע"ב) [ע"ג] ושם יליף לה בגמרא (דף ע"ו) [שם] מדכתיב (דברים כב כו) כי כאשר יקום איש על רעהו כו' הרי זה בא ללמד ונמצא למד מה נערה המאורסה ניתן להצילה מדכתיב (שם כז) ואין מושיע לה הא אם יש מושיען לה בכל דבר שיכול אף רוצח כן:

הגהות והערות

י] **בדפוס** ואדי אל חגארה "מיגדר": יא] **תיבת** "לא" ליתא בב"י דפו"ר, ונוסף בדפוסים מאוחרים ע"פ חדושי הגהות דפוס דיהרנפורט אות א: יב] **ובסימן** רלד ושלה ושנא (כנה"ג הגב"י אות א): יג] **והביאו** הב"י לעיל סימן ב מחודש ג, עיי"ש: יד] **לפ"ר** הב"ח שו"ט בזה, אם מכין ועונשין כו' משום מיגדר מילתא דיחיד כדי שלא יתפרצו בעקבותיו הרבים, או אפשר דדוקא כשכבר נפרצו הרבים הוא דקנסינן, אבל משום מגדר מילתא דיחיד גרידא ללא החשבון דרבים ילמדו ממעשיו לכאורה דפשיטא לו דאין מכין ועונשין כו'. ועיין ב"ח לעיל סימן ב ס"ב (ד"ה כל אלו) דמשמע קצת להיפוך, דשפיר מכין ועונשין כו' אף משום מיגדר מילתא דיחיד גרידא, וצ"ע: טו] **בדפוס** ואדי אל חגארה זיקים "וגומר" ויאמר "הלא משחק אני או" שוגג כו', ועיין פרישה: טז] **עיין** דרכי משה לעיל סימן שעח אות ה והגהות והערות שם אות פז: יז] **בדפוס** ואדי אל חגארה "ועשו": יח] **לפ"ר** סותר א"ע ממ"ש בסמ"ע סימן ב ס"ק ג ופרישה מכת"י שם ד"ה אם רואים (ורמז לדבריו אלו גם בפרישה סימן שסג ס"ב, עיי"ש ובהגהות והערות אות כט), מיהו למ"ש בפתחי תשובה שם ס"ק א ע"ש האורים בביאור דבריו לא קשה: יט] **כ"ה** בנדפס ובדפוס פייבי די שאקו, ותיבת "וכגון" ליתא בדפוס ואדי אל חגארה ובטור הנדפס עם ב"י דפו"ר: כ] **בדפוס** פייבי די שאקו באשתו "מיגדר מילתא בכל ישראל ולא" כמו כו', ובדפוס ואדי אל חגארה באשתו "מגדר מלתא" כמו כו', ועיין פרישה ב"ח ושו"ת מהר"ם מלובלין סימן קלח: כא] **בדפוס** ואדי אל חגארה "מגדר": כב] **בדפוס** ואדי אל חגארה אלא "אם כן" לעשות: כב*] **בטור** הנדפס עם ב"י דפו"ר צויין סעיף ג לפני תיבות במה דברים אמורים, משמע דתיבות "אף על פי שאין דנין עתה דיני נפשות" נמשכין אלמעלה. אולם בטור הנדפס עם ב"ח דפו"ר צויין סעיף ג לפני תיבות אף על פי כו' ולפי"ז נמשכין תיבות אלו אלמטה:

שמצוה על כל הרואה אותו שרודף כג] **שיהרגנו כדי להציל הנרדף (ד) אפילו הוא קטן** [א] **כיצד התרו** כד] **בו שאם יהרגו יהרגוהו והוא רודף אחריו אפילו שאינו מקבל ההתראה כיון שעדיין הוא רודף הוא נהרג ונראה שאין צריך להתרות רק שיודיעוהו שהנרדף הוא ישראל** כח] **ואם יכולים להציל הנרדף באחד מאברי הרודף אסור להורגו וכתב הרמב"ם היה יכול להצילו באחד**

בית יוסף

(ד) **ומ"ש אפילו הוא קטן כיצד התרו בו שאם יהרגו יהרגוהו והוא רודף אחריו ואפילו שאינו מקבל התראה כיון שעדיין הוא רודף נהרג.** שם (עב:) אמר רב הונא קטן הרודף ניתן להצילו בנפשו קסבר רודף אינו צריך התראה לא שנא גדול לא שנא קטן ופירש רש"י קטן הרודף. את קטן אחר להרגו: ניתן להצילו בנפשו. כדילפינן לקמן רודף ניתן להצילו בנפשו והאי אף על גב דקטן הוא ולאו בר קטלא התראה לגבי רדיפה דינו כגדול: דקסבר. רב הונא רודף כה] אין צריך התראה לענין להצילו בנפשו כו]. וקאמר עלה בגמרא (שם) נימא מסייע ליה רודף שהיה רודף אחר חבירו להרגו אומר לו ראה ישראל הוא ובן ברית הוא והתורה אמרה (בראשית ט ו) שופך דם האדם באדם דמו ישפך אמרה תורה הציל דמו של זה בדמו של זה ההיא רבי יוסי בר יהודה וכו' ומשמע דהלכה כרב הונא וכפשטה דברייתא דמסייעא ליה וכן פסק הרמב"ם ז"ל בפ"א מהלכות רוצח (ה"ו-ז) וז"ל הרודף אחר חבירו להרגו אפילו היה הרודף קטן הרי כל ישראל מצווין להציל הנרדף מיד הרודף ואפילו בנפשו של רודף כיצד אם הזהירוהו והרי הוא רודף אחריו אף על פי שלא קבל עליו התראה כיון שעדיין הוא רודף הרי זה נהרג ואם יכולים להצילו באבר מאיברי הרודף עושין: **ומ"ש ונראה שאין צריך להתרות וכו'.** הם דברי רבינו וכתב כן משום דמשמע ליה שמ"ש הרמב"ם שאם הזהירוהו היינו שהתרו בו שאם יהרגו יהרגוהו ולפיכך כתב דנראה שאין צריך להתרות רק שיודיעוהו שהנרדף הוא ישראל וכפשטה דברייתא דמסייעא לרב הונא ואני אומר שגם זו היא כוונת הרמב"ם ז"ל ולפיכך דקדק לכתוב שאם הזהירוהו ולא כתב שאם התרו בו: **ומ"ש ואם יכולים להציל הנרדף באחד מאיברי הרודף אסור להרגו.** שם (עד.) תניא רבי יונתן בן שאול אומר רודף שהיה רודף אחר חבירו להרגו ויכול להצילו באחד מאיבריו ולא הציל נהרג עליו וכתב הרא"ש (סי' ב) דהלכתא כוותיה דסוגיא דשמעתין כוותיה בסוף פרק נגמר הדין (סנהדרין מט.) גבי אבנר ויואב: **וכתב הרמב"ם היה יכול להצילו באחד מאיבריו**

בית חדש

ומ"ש כיצד התרו בו וכו'. הא דאין צריך התראה גבי רודף לאו דלא צריך התראה כלל קאמר אלא הכי קאמר אף על גב דבעלמא כל כמה דלא אמר על מנת כן אני עושה שאהרג עליו פטור הוא ממיתת בית דין ואף על פי שאמר יודע אני שהוא כן פטור כדילפינן בפרק היו בודקים (סנהדרין מא.) יומת (דברים יז ו) עד שיתיר עצמו למיתה אפילו הכי גבי רודף אפילו שאינו מקבל עליו ההתראה הוא נהרג מיהו לכתחלה צריך להזהירו ולהתרות בו שאם יהרוג את הנרדף יהרגוהו והוא רודף אחריו וכו' והכי משמע מדברי הרמב"ם לשם שכתב אף על פי שלא קיבל עליו התראה וכו' אלמא דקבלת התראה לא צריך אבל התראה לכתחלה צריך ועל זה כתב רבינו ונראה שאין צריך להתרות וכו' דלישנא דרב הונא דקאמר אינו צריך התראה משמע פשוטו דאין צריך כלל להתרות בו מיהו צריך שיודיעוהו שהנרדף הוא ישראל כדאיתא התם (עב:) בברייתא רודף שהיה רודף אחר חבירו להורגו אמר לו ראה שישראל הוא ובן ברית הוא וכו' ופירשו התוספות (ד"ה ישראל) ישראל ולא גוי בן ברית ולא משומד דמשומדים מורידין ולא מעלין: **וקצת** תמוה הוא לשון רבינו שכתב תחלה בסתם כיצד התרו בו וכו' דנראה דהכי סבירא ליה ואחר כך כתב ונראה דאין צריך להתרות דהוי השגה על מ"ש תחלה בסתם וקרוב לומר דצריך להיות וכתב הרמב"ם כיצד התרו בו וכו' והסופר השמיט מלות וכתב הרמב"ם נ"ל:

דרכי משה

בדליקה או עוסק בחתיכת מטבעות מיקרי רודף ונראה דהכל לפי צורך השעה וצורך הדבר כי יש מלכיות שאינן מקפידין כל כך ואם אין סכנה בדבר לא מיקרי רודף ואין בזה אלא כפי ראות עיני הדיינים:

פרישה

(ד) **ומ"ש רבינו אפילו הוא קטן.** מימרא דרב הונא שם סוף דף ע"ב אמר רב הונא קטן הרודף ניתן להצילו בנפשו קסבר רודף א"צ התראה ופירש רש"י קטן הרודף את הקטן אחר להורגו עכ"ל (ונראה דפירש קטן אחר משום דאין דרך הקטן לרדוף את הגדול ממנו כז]) ונראה דגם רבינו כוונתו כן דאפילו שניהן קטנים דינו כן ובאמת אין שום חידוש במה שהנרדף קטן ולא אתא רב הונא אלא ללמדינו ברודף אף על גב דקטן לאו בר התראה הוא וק"ל. וכן כתב הרמב"ם בהדיא בפרק א' מהלכות רוצח. אבל הרא"ש והרי"ף לא הביאו האי מימרא דרב הונא שם בפרק בן סורר ול"ע למה לא הזכירוהו המגיד משנה וב"י: **ומ"ש כיצד התרו בו** כו' עד **ונראה שא"צ להתרות** כו'. נראה דהכי פירושו דמתחלה כתב אפילו הוא קטן דאינו בר התראה וגם אין לו הבחנה לחלק בין ישראל לגוי אפילו הכי הורגין אותו כדי להציל לזה שרודף אחריו על חנם והיינו דוקא קטן אבל לגדול לכתחלה צריכין להודיעו שהוא ישראל שמא יפרוש מאליו כשישמע שהוא ישראל ושיהרגוהו אם יהרוג אותו. וז"ש רבינו כיצד התרו בו כו' (ור"ל כיצד ינהגו לעשות לכתחילה) והוא ברייתא שם: **ומ"ש רבינו אפילו שאינו מקבל ההתראה.** ר"ל כשאר התראה שצריך להשיב המותרה יודע אני ועל מנת כן אני עושה כמפורש שם בברייתא דף ע"ב ע"ב (ויליף לה (סנהדרין מא.) מדכתיב (דברים יז ו) יומת המת עד שיתיר עצמו למיתה וכדפירש רש"י שם (ד"ה פטור)) אפילו הכי הורגין אותו והיינו טעמא מפני שמן הדין אין צריך התראה כלל והראיה מקטן אלא שלגדול לכתחלה מתרין בו וזהו שסיים רבינו וכתב ונראה שאין צריך להתרות אף על פי שבברייתא קתני שאומרים לו כן מכל מקום אינו עיכוב בדבר (עד) [אלא] שאם לא התרו בו כן [נמי] יש לו דין רוצח אלא לכתחלה אומרים לו כן שישראל הוא כיון שגדול הוא. והשתא אתי שפיר הא דכתב רבינו תחלה כיצד התרו בו כו' דמשמע דרבינו סבירא ליה דיתרה בו וסיים וכתב ונראה דאין צריך כו' אלא ודאי מתחלה כתב לשון הברייתא ואחר כך כתב דהברייתא עצמה לא ס"ל דצריך דוקא התראה זו אלא הודעה בעלמא קאמר לכתחלה ודלא כמ"ש בית יוסף דרבינו כתב האי ונראה דאין צריך כו' לאפוקי מדעת הרמב"ם דפרק א' דהלכות רוצח וכתב עליו דגם הרמב"ם סבירא ליה הכי וזהו דוחק דהא לא הזכיר רבינו שם הרמב"ם כלל. ועוד דאם כן לא היה כותב רבינו תחלה לשון הברייתא וק"ל. אלא שאכתי קשה דלשון כיצד התרו בו לא משמע כמ"ש לכן היה נלע"ד לומר דהכי הן הלעם דברי רבינו דמתחלה כתב דאפילו הרודף הוא קטן מצילין הנרדף אף על פי שאין בקטן שייך שום התראה ומביא רבינו ראיה לזה מהא דתניא דדינו של הנרדף הוא שאם התרו בו אף שלא קיבלו הורגין אותו והאי התראה לאו דוקא התראה היא אלא הודעה בעלמא וכדמסיק ואם כן אפילו קטן נמי וזהו שאמר כיצד התרו כו' כלומר כיצד הוא דינו התרו כו' ודו"ק: **וכתב הרמב"ם ז"ל כו' אבל אין בית דין ממיתין אותו.** בפרק א' מהלכות רוצח

חדושי הגהות

תכה [א] הב"ח כתב להגיה בדברי הטור דכל"ל וכתב הרמב"ם כיצד התרו בו ועיי"ש ובפרישה שהאריכו לבאר דבריו:

הגהות והערות

כג] **תיבת** "שרודף" ליתא בדפוס ואדי אל חגארה: כד] **בדפוס** ואדי אל חגארה כיצד "אם הזהירוהו": כה] **ברש"י** לפנינו "רודף": כו] **דלא** ניתנה התראה אלא לענין בית דין דלא מצי למקטליה אם הרג בלא התראה (רש"י שם): כז] **ע"ע** מרגליות הים שם: כח] **משפט** זה ("ונראה שאין כו' הוא ישראל") ליתא בדפוס ואדי אל חגארה:

מאיבריו ולא הציל אלא הרגו הרי זה שופך דם וחייב מיתה אבל אין בית דין ממיתין אותו ואיני יודע כיון שחייב מיתה למה אין בית דין ממיתין אותו: (ה) ג וכן הרודף אחר כל אחת מהעריות לן] **לאונסה בין חייבי מיתות בית דין בין חייבי כריתות או הרודף אחר הזכור יכול להצילו בנפשו ומצוה להורגו כדי להצילו אבל הרודף אחר בהמה לרבעה או לעבור על אחת מכל מצות האמורות בתורה אפילו לחלל שבת או לעבוד עבודה זרה אינו נהרג אלא בבית דין ובהתראה ועדים וכל אותן הנהרגים דוקא קודם שיעשו העבירה אבל אם כבר עשו אותה**

ואיני יודע כיון שחייב מיתה למה **אין** בית דין ממיתין אותו. תשובת רבינו בזה יש לחזק אותה מהך דפרק נגמר הדין (סנהדרין מט.) גבי אבנר ויואב דקאמרי ליה ניזל אבנר מאי טעמא קטלתיה לעמשא וכו' אלמא דיואב היה פטור מדינו של אבנר דאף על גב דעשהאל היה רודף מכל מקום כיון דאבנר היה יכול להציל עצמו באחד מאבריו דעשהאל ולא הציל עצמו אלא הרגו חייב מיתה ובית דין ממיתין אותו ואם כן בדין הרגו יואב לאבנר והיינו דקאמרינן התם ויטהו יואב אל השער כט] (שמואל ב ג כז) אמר רבי יוחנן שדנו דין סנהדרין אלמא דבדינא דסנהדרין היה אבנר חייב מיתה. מיהו יש ליישב דהרמב"ם סבירא ליה מדלא קאמרינן שדנו סנהדרין לאבנר אלא שדנו דין סנהדרין אלמא שלא דנו הסנהדרין את אבנר למיתה אלא דיואב הוא שדנו מדעת עצמו בדין סנהדרין ומשום הכי היה יואב מסבב מיתתו על ידי עסקי שלי ואי איתא שהסנהדרין דנוהו למיתה למה לא המיתוהו שלוחי בית דין והא דקאמרי ניזל אבנר היינו כיון שאבנר חייב מיתה אף על פי שאין בית דין ממיתין אותו מכל מקום אם המית אותו גואל הדם אין עליו דין כיון שסוף סוף חייב מיתה ח"ש שדנו דין סנהדרין פירושו שדנו שהוא חייב מיתה כדין אף על פי שאין הבית דין ממיתין אותו מכל מקום גואל הדם יכול להמיתו ומשום הכי היה יואב פטור מדין אבנר. והא דתניא לשם בשם רבי יונתן בן שאול רודף שהיה רודף אחר חבירו להרגו ויכול להצילו באחד מאבריו ולא הציל נהרג עליו פירושו לדעת הרמב"ם נהרג עליו על ידי גואל הדם כענין יואב ואבנר לא שנהרג עליו בבית דין כדעת רבינו כנ"ל ליישב דעת הרמב"ם ז"ל:

(ה) **וכן הרודף אחר כל אחת מהעריות לאונסה** וכו'. משנה שם (עג.) ופירש רש"י מצילין אותן. מן העבירה לא]: בנפשן. ניתנו ליהרג לכל אדם כדי להצילן מן העבירה: אבל הרודף אחר בהמה: וכו'. דלא ניתן להצילו בנפשו אלא מדבר שהוא ערוה ויש בה קלון ופגם לנרדף כגון זכור ונערה המאורסה ומיהו רוצח בהדיא כתיב ביה והאי דנקט בהמה משום דדמיא לעריות וכו' עכ"ל: **ומ"ש אפילו לחלל שבת או לעבוד עבודה זרה** וכו'. שם (דף ע"ד.) תניא רבי שמעון בר יוחאי אומר העובד עבודה זרה ניתן להצילו בנפשו מקל וחומר ומה פגם הדיוט ניתן להצילו בנפשו פגם גבוה לא כל שכן וכי עונשין מן הדין לג] קסבר עונשין מן הדין תניא רבי אלעזר ברבי שמעון אומר המחלל את השבת ניתן להצילו בנפשו סבר לה כאבוה דאמר עונשין מן הדין ואתיא שבת חלול חלול מעבודה זרה וכדי להוציא מדעת התנאים הללו אמר רבינו אפילו לחלל שבת ולעבוד עבודה זרה: **וכל אותן הנהרגים דוקא קודם** וכו' עד רק **שהערה בה אין רשאין להרגו**. שם (דף ע"ג:) פרכינן אהא דקאמר חייבי כריתות דהעריות ניתן להצילו בנפשו מהא דתנן (כתובות כט.) אלו נערות שיש להן קנס הבא על אחותו ואי ניתן להצילו בנפשו אמאי משלם קנס הרי מיתה ותשלומין באין כאחד ומשני משעת העראה דפגמה איפטר ליה להן] מקטלא ממונא לא משלם עד גמר ביאה ופירש רש"י משעת העראה קרי ליה נבעלה ואפגימה במקצת ושוב אין מצילין אותה מגמר ביאה בנפשו וקנסא לא מחייבי אלא משום גמר ביאה דהיינו הכנסת עטרה והך שינויא הלכתא היא ואף על גב דתלמודא מקשי עלה ומוקמינן לה באוקימתא אחריתא: **ויש** להקשות דמלשון רבינו שאמר וכל הנהרגים דוקא קודם שיעשו העבירה וכו' לא משמע דאין מצילין אלא אם כן כבר עשה הרודף העבירה עם האשה הנרדפת והא ליתא שהרי אפילו אפגימה לה על ידי אחר נמי אין מצילין וכך פירש רש"י לשם אהא דתני בברייתא נעבדה בה עבירה אין מצילין אותה בנפשו וז"ל נעבדה בה עבירה. כבר: אין מצילין. דהא אפגימה לה וקרא אפגימה קפיד וכו' עכ"ל אלמא דכל שנעבדה בה עבירה דאפגימה כבר אפילו על ידי אחר אין מצילין אותה והכי משמע לישנא דנעבדה בה עבירה מדלא אמר עבד בה עבירה אלמא דאף על ידי אחר

וכו' **אבל אין בית דין ממיתין אותו**. בפ"א מהלכות רוצח (ה"ג): **ומ"ש** רבינו **ואיני יודע כיון שחייב מיתה למה אין בית דין ממיתין אותו**. אפשר לומר דהיינו טעמא דהרמב"ם דכיון שנכנס ברשות אינו בדין שיהרגוהו בית דין: [בדק הבית] ועוד י"ל דפירכא מעיקרא ליתא דלית ביה התראה ושיקבל עליו מאחר שאינו מתכוין אלא להציל [עד כאן]:

(ה) ג **וכן הרודף אחר כל אחת מהעריות לאנסה בין חייבי מיתות בית דין בין חייבי כריתות או הרודף אחר הזכור יכול להצילו בנפשו ומצוה להרגו כדי להצילו**. משנה וברייתא בסוף פרק בן סורר ומורה (עג.): **ומ"ש אבל הרודף אחר בהמה לרבעה או לעבור על אחת מכל מצות האמורות בתורה אפילו לחלל שבת או לעבוד עבודה זרה אינו נהרג אלא בבית דין ובהתראה ועדים**. שם במשנה ופירש רש"י משום דלא ניתן להצילו בנפשו אלא מדבר שהוא ערוה ויש בה קלון ופגם לנרדף כגון זכור ונערה מאורסה ומיהו רוצח בהדיא כתיב ביה: **וכל הנהרגים דוקא קודם שיעשו העבירה אבל אם כבר עשו אותה אין רשאין להרגו**. ברייתא שם ופירש רש"י משום דהא אפגימה לה וקרא אפגימה קפיד לד]:

פרישה

כ"כ: **ומ"ש** רבינו **ואיני יודע כיון שחייב מיתה למה אין בית דין ממיתין אותו**. בסוף פרק בן סורר תניא רבי יונתן בן שאול רודף שהיה רודף אחר חבירו להרגו ויכול להצילו באחד מאיבריו ולא הצילו נהרג עליו וכתב הרא"ש שכן הלכתא והוא דעת רבינו. וכתב הב"י וגם בכסף משנה שם בפרק א' מהלכות רוצח דטעמא דהרמב"ם דלא אפשר לומר שבית דין ממיתין אותו שמאחר שלא נתכוין אלא להציל לא שייך ביה התראה ולא נקט רבי יונתן נהרג עליו אלא לומר שהוא חייב מיתה בידי שמים: (ה) **וכן הרודף אחר כל אחת מהעריות לאונסה** כו' **אבל הרודף אחר בהמה לרבעה** כו'. משנה שם ופירש רש"י משום דלא ניתן להצילו בנפשו אלא מדבר לב] שהוא ערוה ויש בה קלון ופגם לנרדף כגון זכר ונערה המאורסה מיהו רוצח בהדיא כתיב בה ושם בגמרא יליף דלאו דוקא נערה המאורסה אלא הוא הדין כל עריות אפילו חייבי כריתות דבכולן שייך לומר קלון: **וכל אותן הנהרגין דוקא קודם שיעשו** כו'. ברייתא שם ופירש רש"י משום דאפגמה קפיד קרא והא כבר אפגמה:

הגהות והערות

כט] **במקרא** לפנינו אל "תוך" השער, וכן מובא בגמרא לפנינו: ל] **בדפוס** ואדי אל חגארה אחר "אחת מכל העריות": לא] **לפ"ר** קאי על הרודף דמצילין אותו מן העבירה, ועיין תוד"ה להצילו חידושי ר"ן ומרגליות הים בסוגיין: לב] **ברש"י** לפנינו אלא "מדבר": לג] **עיין** שו"ת נודע ביהודה מה"ת ח"מ סימן ס: לד] **מדגלי** בהני ולא בעבירות אחרות (רש"י שם): לה] **בגמרא** לפנינו איפטר "לה":

אפילו לא גמרה רק שהערה בה אין רשאין להורגו: ד(א) ואם אמרה היא הניחוהו ואל תהרגוהו אין שומעין לה: (ו) א(ב) הבא במחתרת גם כן מותר להורגו והטעם מפני שנחשב כרודף שעל עסקי נפשות הוא בא שאין אדם עומד על ממונו אלא ודאי בעל הממון יעמוד על ממונו להצילו וזה יקום עליו ויהרגהו לכך אמרה תורה להורגו להציל בעל הממון לפיכך אין להורגו אלא כשיודע בודאי שאם יעמוד בעל הממון להציל ממונו שזה יקום עליו ויהרגהו ומיהו כל אדם בחזקה זו הוא ויכול להורגו אלא אם כן יודע שהחותר אוהב לבעל הממון ולא יהרגנו אף אם יעמוד נגדו להציל ממונו וכן אם האב חותר על הבן מסתמא

בית יוסף

ומ"ש אפילו לא גמרה רק שהערה בה. כ"כ הרמב"ס ז"ל בפ"א מהלכות רוצח (הי"ג). ונראה שהטעם משום דהא אפגימה לה: ד(א) **ומ"ש ואם אמרה היא הניחוהו אל תהרגוהו אין שומעין לה.** שם בברייתא רבי יהודה אומר אף האומרת הניחו לו שלא יהרגנה אין מצילין אותה בנפשו. ובגמרא (שם:) במאי קמפלגי אמר רבא במקפדת על פגמה ומניחתו שלא יהרגנה רבנן סברי אפיגמא קפיד רחמנא והרי מקפדת על פיגמה ורבי יהודה האי דאמר רחמנא קטליה משום דמסרה נפשה לו] הא לא מסרה נפשה לקטלא. וידוע דהלכה כתנא קמא. ומשמע דטעמא דאמרה הניחו לו שלא יהרגנה דמקפדת על פגמה אלא דלא מסרה נפשה לקטלא אבל אם אומרת הניחוהו ואל תהרגוהו אין מצילין אותה בנפשו שהרי אינה מקפדת על פגמה. ולפי זה מה שכתוב בספרי רבינו ואם אמרה הניחוהו ואל תהרגוהו אין שומעין לה טעות סופר הוא ומיהו איפשר לקיים גירסא זו דה"נ מקפדת על פגמה היא אלא שאינה רוצה שיהרג על ידה:

(ו) א(ב) **הבא במחתרת גם כן מותר להרגו והטעם שחשוב כרודף שעל עסקי נפשות הוא בא שאין אדם עומד על ממונו וכו'.** משנה וגמרא בפרק בן סורר (עב.): **ומ"ש לפיכך אין להרגו אלא כשיודע בודאי שאם יעמוד בעל הממון להציל ממונו שזה יקום ויהרגהו ומיהו כל אדם בחזקה זו הוא ויכול להרגו אלא אם כן יודע שהחותר אוהב לבעל הממון ולא יהרגנו אף אם יעמוד נגדו להציל ממונו.** שם (עב:) אמר רב כל דאתי עלאי במחתרתא קטילנא ליה לבר מרב חנינא בר שילא משום דקים ליה בגויה דמרחם עלי כרחם אב על הבן: **ומ"ש וכן אם האב חותר על הבן מסתמא אין להרגו וכו'.** שם (עב.) תנו רבנן (שמות כב א-ב) אין לו דמים אם זרחה השמש עליו אם ברור לך הדבר כשמש שאין לך לח] שלום עמו הרגהו ואם לאו אל תהרגהו תניא אידך אם זרחה השמש עליו אם ברור לך כשמש

בית חדש

נמי וכן יש להקשות בדברי הרמב"ס (הל' רוצח פ"א הי"ג) שכתב רדף אחר הערוה ותפסה ושכב עמה והערה אף על פי שלא גמר ביאתו אין ממיתין אותו עד עמדו בדין עכ"ל ואפשר דמשמע להו ז"ל דהא הוי רבותא טפי דלא מבעיא היכא דאפגימה כבר על ידי אחר והרודף עדיין לא בא עליה דפשיטא דאין מצילין אותה בנפשו אלא אפילו לא אפגימה כבר אלא הרודף הוא דאפגמה ועדיין לא גמר ביאתו אפילו הכי אין ממיתין אותו: **ומ"ש אם אמרה הניחוהו ואל תהרגוהו אין שומעין לה.** שם בברייתא רבי יהודה אומר אף האומרת הניחו לו שלא יהרגנה אין מצילין אותה לז] בנפשו ובגמרא במאי קמפלגי אמר רבא במקפדת על פגמה ומניחתו שלא יהרגנה רבנן סברי אפגמה קפיד רחמנא והרי מקפדת על פגמה ורבי יהודה האי דקאמר רחמנא קטליה משום דמסרה נפשה לקטלא הא לא מסרה נפשה לקטלא וידוע דהלכה כתנא קמא. וכתב בית יוסף ומשמע דטעמא דאמרה הניחו לו שלא יהרגנה דמקפדת על פגמה אלא דלא מסרה נפשה לקטלא אבל אם אומרת הניחו לו ואל תהרגוהו אין מצילין אותה בנפשו שהרי אינה מקפדת על פגמה ולפי זה מה שכתוב בספרי רבינו ואם אמרה הניחוהו ואל תהרגוהו אין שומעין לה טעות סופר הוא ומיהו אפשר לקיים גירסא זו דה"נ מקפדת על פגמה היא אלא שאינה רוצה שיהרג על ידה עכ"ל. והא ליתא דכיון דלא אמרה הניחוהו כדי שלא יהרגנה אם כן בטוחה היא שלא יהרגנה אם כן במאי דקאמרה הניחוהו ואל תהרגוהו כדי שלא יהרג על ידה וודאי שתיבעל לו בע"כ דאינה מקפדת על פגמה היא כיון דרוצה היא שתיבעל ולא יהרג על ידה אלא נראה דאין הפשט כמו שהבין בית יוסף דמלשונה שאמרה הניחוהו שלא יהרגנה אמדינן דעתה דמקפדת על פגמה אלא דלא מסרה נפשה לקטלא אלא הכא פירושו דוקא היכא דידעינן בבירור שהיא צנועה ומקפדת על פגמה אלא דלא מסרה נפשה לקטלא התם הוא דניתן להצילה בנפשו והכי משמע מלשון פירוש רש"י שכתב וזה לשונו במקפדת על פגמה דאי בשאינה מקפדת לא קאמרי רבנן למיקטליה וכו' עכ"ל והשתא היכא דידעינן דמקפדת על פגמה אין לחלוק בין אמרה הניחו לו שלא יהרגנה ובין אמרה הניחו לו ואל תהרגוהו דהא אנן ידעינן בהך איתתא דמקפדת על פגמה אלא דאיכא למידק לפי זה דה"ל לרבינו לפרש בדבריו דמיירי בדידעינן דמקפדת על פגמה היא וי"ל דנסמך רבינו על מ"ש תחלה וכן הרודף אחר כל אחת מהעריות לאונסה וכו' אלמא דמיירי בכהאי גוונא דאנן ידעינן שהוא לאונסה דמקפדת על פגמה ועלה דהך איתתא קאמר השתא דאי אמרה היא הניחוהו ואל תהרגוהו אין שומעין דכיון שהוא לאונסה ומקפדת על פגמה ניתן להצילו בנפשו נ"ל:

(ו) **הבא במחתרת וכו'.** בפרק בן סורר מבואר כך בברייתות ואוקימתא דגמרא (דף ע"ב):

פרישה

ואם אמרה היא כו' אין שומעין לה. שם ברייתא פלוגתא דתנא קמא ורבי ידא והלכה כתנא קמא. וז"ל הברייתא היא שאומרת הניחו שלא יהרגנו ופירש רש"י שאומרת לרודפים אחריו להצילה הניחו לו אל תרדוף אחריו שלא יהרגנו קודם שתשיגוהו. ובגמרא יהיב טעמא שהיא מקפידה אפגימה והאי דקאמר הניחו לו משום כדי שלא יהרגנו. וז"ל ב"י מ"ש בספרי רבינו ואם אמרה הניחוהו ואל תהרגוהו אין שומעין לה ט"ס הוא (אלא בשאמרה הניחוהו) ומיהו אפשר לקיים גירסא זו דה"נ מקפדת על פגמה היא אלא שאינו רוצה שיהרג על ידה עכ"ל: (ו) **הבא במחתרת מותר להרגו כו'.** משנה שם ריש דף ע"ב וברייתא וגמרא שם: **לפיכך אין להורגו אלא אם כן שיודע בוודאי כו'.** שם תנו רבנן אם זרחה השמש עליו וכי זרחה השמש עליו בלבד (ור"ל פשוטו של מקרא הוא דאם ביום בשעת זריחת השמש בא במחתרת יש לו דמים אלא שקשה דלא הל"ל אלא ואם זרחה השמש למה לי עליו) אלא אם הדבר ברור לך כשמש שאין לך שלום עמו תהרגהו ואם לאו אל תהרגהו. תניא אידך אם זרחה השמש עליו אם ברור לך כשמש שיש לו שלום עמך אל תהרגהו אם לאו תהרגהו קשיא סתמא אסתמא לא קשיא כאן באב על בן וכאן (באם) [בבן] על אב פירש רש"י אב על בן במחתרת מספק אל תהרגהו דודאי רחמי האב על הבן דאם יבא להציל ממונו אל תהרגהו הלכך דמים לו עד שיודע לך כשמש שהוא אכזרי עליך ושונאך ובן על אב וכל שכן איניש אחריני הרגוהו מספק דודאי אדעתא דהכי אתא דאי קיימת לאפיה קטיל לך עד שיודע לך כשמש שהוא רחמני עליך כאב על בן ובזה נתבארו דברי רבינו:

הגהות והערות

לו] **לפנינו** בגמרא דמסרה נפשה "לקטלא": לז] **בב"ח** דפו"ר "אותו", ובדפוסים מאוחרים הנוסח כבפנים, וכ"ה בגמרא לפנינו, (ועיין תוד"ה להצילו ומהר"ם שם): לח] **כ"ה** בב"י דפו"ר וכן להלן. ובגמרא **לפנינו** הגירסא שאין "לו" שלום וכן להלן ועיין דקדוקי סופרים בהגהות סוף אות עס. וכן בב"י דפו"ר הגירסא "שלם" וכז להלז:

אין [לט] להורגו כי רחמי האב על בנו ולא יהרגנו אף אם יעמוד כנגדו להציל ממונו אלא אם כן ידוע שהאב שונא את הבן ויהרגנו אם יעמוד הבן כנגדו להציל ממונו: (ז) כתב הרמב"ם ז"ל אחד הבא במחתרת או שנמצא בתוך גגו של אדם או בתוך חורבתו או בתוך קרפיפו בין ביום בין בלילה ולמה נאמר מחתרת לפי שדרך רוב גנבים לבא במחתרת בלילה: (ח) אבל הבא במחתרת לתוך שדהו או לתוך גנתו או לתוך הדיר והסהר יש לו דמים שחזקתו שבא על הממון לבד לפי שאין רוב הבעלים מצויין במקומות אלו. וכן הגנב שגנב ויצא מן המחתרת הואיל ופנה עורף יש לו דמים וכן אם הקיפוהו עדים

בית חדש

(ז) **כתב הרמב"ם אחד הבא במחתרת או שנמצא בתוך גגו** וכו'. ברייתא שם וסובר הרב דאם זרחה השמש עליו אינו כפשוטו לומר כשתזרח השמש ביום יהיה לו דמים דאם כן מאי עליו וכי עליו בלבד זרחה אלא משל הוא אם ברור לך הדבר כשמש וכו' ואין חלוק בין יום ובין לילה כל שאין שם עדים או בני אדם הגנב בא על עסקי נפשות:

(ח) **ומ"ש אבל הבא במחתרת בתוך שדהו** וכו'. הכי משמע מדקרי ליה רודף לפי שיודע שאין אדם עומד על ממונו וכו' ואין זה אלא בביתו וגגו

בית יוסף

שיש לו שלום עמך אל תהרגהו ואם לאו הרגהו קשיא סתמא אסתמא לא קשיא כאן באב על הבן כאן בבן על האב. ופירש רש"י אב על הבן. במחתרת מספק אל יהרגהו בנו דודאי רחמני האב על בנו ואפילו הוא מציל ממונו לא יהרגהו הילכך דמים לו עד שיודע לך כשמש שהוא אכזרי עליך ושונאך: בן על האב. וכל שכן איניש דעלמא הרגהו מספק דודאי אדעתא דהכי אתא דאי קיימת לאפיה קטיל לך עד שיודע לך כשמש שהוא רחמני עליך כאב על הבן:

(ז) **כתב הרמב"ם אחד הבא במחתרת או שנמצא בתוך גגו של אדם** וכו' עד **שאינו נהרג**. בסוף הלכות גניבה (פ"ט ה"ח-יא). וכתב הרב המגיד (ה"ז) מה שחייב ביום נראה לי שיצא לו מן הברייתא ששנינו בפרק בן סורר (עב.) תנו רבנן אם זרחה השמש עליו וכי השמש עליו בלבד זרחה אלא אם הדבר ברור לך כשמש וזה פירוש השמש בלבד כלומר אם פירוש הכתוב כשתזרח השמש ביום יהיה לו דמים שאינו בא להרוג ביום יאמר הכתוב אם זרחה השמש סתם ולא יאמר עליו שהשמש לכל העולם זורח אלא הכוונה היא שבין ביום בין בלילה אין לו דמים אלא אם כן הדבר ברור כשמש. והר"א כתב דביום אינו רשאי להרגו דאין מקרא יוצא מידי פשוטו והאריך בזה. ומה יעשה הרב בפסוק (דברים כה יב) וקצותה את כפה ובפסוק (שמות כא כד) עין תחת עין ובפסוק (שם כט) וגם בעליו יומת שכל אלו נדרשין (ב"ק כח., פג:, סנהדרין טו:) בממון שלא כפשטן. ואפשר שהוא סובר שהברייתא לא באה למעט שאין לו דמים דודאי יש לו אלא שממלת עליו יצא לנו דין האב על הבן ודברי רבינו ז"ל עיקר שזו היא פשטה של ברייתא באמת. ומדברי רבינו הנזכר שכתב בפירוש התורה מ] נראה שהוא סובר כדברי הר"א ז"ל וצ"ע. ועל מה שאמר הרמב"ם (ה"ח) אחד הבא במחתרת או שנמצא בתוך גגו וכו' כתב ברייתא שם (עב:) וזה נוסחה תנו רבנן מחתרת (שמות כב א) אין לי אלא מחתרת גגו וקרפפו מא] מנין תלמוד לומר (שם) ימצא הגנב מכל מקום אם כן מה תלמוד לומר [מחתרת] מפני שרוב גנבים מצויים במחתרת תניא אידך מחתרת אין לי אלא מחתרת גגו וקרפפו מנין תלמוד לומר ימצא אם כן מה תלמוד לומר מחתרת מחתרתו מב] הרי זו התראתו ופירש רש"י זו היא התראתו שאין צריך התראה אחרת מג] אלא הורגו מיד כיון דטרח ומסר נפשו לחתור דלהכי אתא דאי קאי לאפיה בעל הבית קטיל ליה ואמרה תורה כיון דרודף הוא אין צריך התראה אלא מצילין אותו בנפשו אבל נכנס לגגו וחצרו וקרפפו דרך פתח אינו הורגו עד שהתרו בו עדים מד] חזי דקאימנא לאפך וקטילנא לך וזה יקבל עליו התראה עד כאן (ג) ולפי זה לדעת ברייתא זו כשבא בגג או בחצר או בקרפף דרך הפתח צריך התראה ורבינו לא חילק ואיפשר שהוא סובר שהברייתות חולקות שהברייתא הראשונה אין לה חילוק בין בא במחתרת לדרך פתח דבכל גוונא לא בעי התראה ולא אמרה תורה מחתרת אלא מפני שרוב גנבים מצויים במחתרת ואיפשר גם כן שהוא מפרש ברייתא דאמרה מחתרתו זו היא התראתו בפנים אחרים דלאו למעוטי דרך הפתח ליבעי התראה אלא כל גנב הרי הוא כבא במחתרת מה בא במחתרת בא להרוג וזו היא התראתו כך כל גנב כך וכן נראה מדברי רבינו מאיר ז"ל עכ"ל:

(ח) **ועל מ"ש הרמב"ם** (הי"ב) אבל הבא במחתרת וכו' יש לו דמים וכו' כתב זה מתברר מהברייתא (עב:) שלא ריבתה תורה אלא גגו חצרו וקרפפו שבעל הבית מצוי בהן: **ועל מ"ש הרמב"ם** (הי"א) וכן הגנב שגנב ויצא מן המחתרת וכו' כתב זה פשוט מה]

דרכי משה

(ג) **ונראה** דדעת רבינו שכתב למטה בשם הראב"ד דלא מיקטל בגגו וחצירו הוא כדעת רש"י דבלא כן דברי רבינו לקמן תמוהים דהרי בגמרא אמרו בהדיא דמחתרת לאו דוקא:

פרישה

(ז) וכתב הרמב"ם ז"ל **אחד הנמצא** במחתרת כו'. בסוף הלכות גניבה כ"כ: **או שנמצא בתוך גגו של אדם או בתוך** חורבתו כו'. ברייתא שם דף ע"ב וזה נוסחא תנו רבנן מחתרת אין לי אלא מחתרת גגו חצירו וקרפיפו מנין תלמוד לומר ימצא הגנב מכל מקום (תלמוד לומר ימצא הגנב מכל מקום) אם כן מה תלמוד לומר מחתרת שרוב גנבים מצויים במחתרת תניא אידך כו' אם כן למה נאמר מחתרת מחתרת זו היא התראתו ופירש רש"י שאינו צריך התראה אלא הרגו מיד כיון דטרח ומסר נפשו לספור ולחתור להכי אתא דאי קיימית לאפיה קטול לך וזה יקבל ההתראה אבל הרמב"ם מפרש דמ"ש בברייתא השנייה מחתרת זו היא התראתו לא למעוטי לדרך פתח גגו אלא כל (גגם) [גנב] הרי הוא כבא במחתרת ובעי להרוג וזה התראתו משום הכי קתני ברייתא ראשונה סתם ימצא מכל מקום דמשמע דשוה למחתרת וכן נראה מדברי ר"ס ז"ל עכ"ל המגיד משנה. וכתב מור"ם בדרכי משה בעמוד שדעת רש"י הוא כדעת רבינו בסמוך במ"ש לטעם הראב"ד אפילו ביום דוקא במחתרת כו' דקשה הלא בברייתא מוכח בהדיא אפילו גגו חצירו וקרפיפו מדכתיב ימצא אלא ר"ל דהייט התראה דוקא. ..... הריטב"א כתב אתא ללמדינו שאף על פי שאינו נראה מתחילתו שבא עליו להרגו מכל מקום מותר להרגו אחר התראה וברייתא ראשונה אף על גב דקתני בה סתם אפשר דמודה בזה: **ומ"ש בין ביום בין בלילה**. שכתב מ"מ ז"ל כו' כדברי רבינו כן משמע פשטא דלישנא דברייתא (הנ"ל) דקתני בה וכי השמש עליו בלבד הוא זורח אלא כו' וסבירא ליה המקרא יוצא מידי פשוטו לגמרי ודעת הראב"ד (שבסמוך) דאין המקרא יוצא מידי פשוטו ואסור להרוג ביום ומה יעשה הרב בפסוק וקצותה את כפה ובפסוק עין תחת עין ובפסוק גם בעליו יומת שכל אלו דרשינן בממון שלא כפשטן עכ"ל: (ח) **ומ"ש וכן אם הקיפוהו עדים או** כו'. כתב

הגהות והערות

לט] כ"ה בדפוסי ואדי אל תגארה פייבי די שאקו ובדפו"ר ב"י. ובטור הנדפס עם דפו"ר ב"ח דרו"פ דיהרנפורט קניגסברג הגירסא אין "בא" להורגו: מ] בב"י דפו"ר נוטה שצ"ל "התירה": מא] בב"י דפו"ר הגירסא קרקפו וכן להלן: מב] תיבת מחתרתו ליתא בב"י דפו"ר ונוסף ע"פ חדושי הגהות דפוס דיהרנפורט וכ"ה בגמרא לפנינו: מג] תיבת "אחרת" ליתא בב"י דפו"ר ונוסף ע"פ חדושי הגהות דפוס דיהרנפורט וכ"ה ברש"י לפנינו: מד] ברש"י שלפנינו איתא עד שיתרה בו בעדים, ונראה שכצ"ל כאן: מה] בירושלמי פרק בן סורר ומורה ה"ח נחלקו בזה:

או בני אדם אף על פי שעדיין הוא ברשות זה שבא עליו אינו נהרג ואין צריך לומר שאם תבעו בבית דין שאינו נהרג עד כאן. והראב"ד כתב אף על פי שדרשו חכמים אם זרחה השמש עליו דמים לו דרך משל מט] **אף על פי כן אין מקרא יוצא מידי פשוטו וביום אינו רשאי להרגו שאין גנב בא ביום אלא דרך השמטה שומט ובורח מיד ואינו מתעכב לגנוב ממון גדול ולא לעמוד על בעליו להרגו אלא גנב בלילה מפני שיודע שבעל הבית בבית ובא להרגו או ליהרג אבל גנב יום אין בעל הבית מצוי בביתו ושמוטה בעלמא הוא ע"כ. ומטעם זה גם כן יש לומר דאפילו בלילה דוקא בא במחתרת כיון שחותר דעתו להרוג בעל הממון אבל כשבא דרך גגו או חצרו יש לנו לומר שאין דעתו להרוג בעל הממון אלא אם יעמוד בעל הממון כנגדו יברח מפני שלא נכנס לביתו אלא מפני שמצא דרך ליכנס כמו שאמרו חכמים** (סוכה כו.) **פרצה קוראה לגנב:**

(ט) ד(ב) הבא על הגויה מי שהוא שמקנא לשם רשאי להורגו אבל אם בא לבית דין לישאל אין מורין לו להורגו אלא אם הוא בעצמו יקנא לבו בחטאים וירצה להורגו הרשות בידו ודוקא בשעת מעשה ובפרהסיא אבל בצנעא או שפירש הבועל אין המקנא רשאי להורגו ואפילו אם לא פירש והרג הבועל למקנא אינו נהרג עליו הרג אדם אחר למקנא להציל הבועל נהרג עליו:

(י) ה מיני ישראל והם שעובדים לעבודה זרה ואפיקורסין והם שכופרים בנבואה ובתורה שבעל פה והעוברים על אחת מכל המצות להכעיס מורידין אותן שאם הרואה יש

בית יוסף

שיש לו דמים כל זמן שיצא מן המחתרת ומבואר שם (עב.) בשנטל כלום מו] ויצא: ועל מ"ש הרמב"ם (שם) וכן אם הקיפוהו עדים או בני אדם וכו' כתב ה"ל מה שכתב עדים הוא כדרך התרגום (שמות כב ב) שאמר אם עינא דסהדייא נפלת עלוהי. והענין שאם יש עדים שראו הגנב שנכנס וגונב והוא רואה אותן ודאי יש לו דמים שלא יגנוב שהרי הוא יודע שהעדים יחייבוהו תשלומין בבית דין. זה כתב הרמב"ן ז"ל בפירושיו בתורה (שם) לדעת התרגום. וגם רש"י ז"ל נראה שהיה מודה לדין התרגום. והר"א אף על פי שכתב שהוא על דרך התרגום כתב לא ידעתי מהו: ומה שאמר או בני אדם מבואר במכילתא דרבי ישמעאל שאם יש לו מושיעים שאינו ניתן ליהרג מז] עד כאן מח]: **ומ"ש רבינו בשם הראב"ד אף על פי שדרשו חכמים אם זרחה עליו דרך משל מכל מקום אין מקרא יוצא מידי פשוטו** וכו' גם מ"ש **ומטעם זה גם כן יש לומר דאפילו בלילה דוקא בא במחתרת** וכו'. נתבאר בדברי הרב המגיד שכתבתי בסמוך:

(ט) ד(ב) **הבא על הגויה מי שמקנא לשם יכול להרגו.** משנה בסוף פרק הנשרפים (סנהדרין פא:) הבועל ארמית קנאין פוגעים בו. וזה לשון הרמב"ם בפרק י"ב מהלכות איסורי ביאה (ה"ד) כל הבועל גויה בין דרך חתנות בין דרך זנות אם בעלה בפרהסיא והוא שיבעול לעיני עשרה מישראל או יתר אם פגעו קנאין והרגוהו הרי אלו משובחין וזריזין ודבר זה הלכה למשה מסיני הוא ראיה לדבר זה מעשה פנחס בזמרי (במדבר כה ו-ח) וכתב הרב המגיד בפרק אין מעמידין (ע"ז לו:) אמרו הלכה למשה מסיני היא הבועל ארמית קנאין פוגעין בו אלא דאורייתא בפרהסיא וכמעשה שהיה וכו' ובפרק בן סורר (סנהדרין עד:) גבי קידוש השם אמרו אין פרהסיא בפחות מעשרה בני אדם ישראלים: **וכתוב** בהשגות במה דברים אמורים שהתרו בו ולא פירש אבל אם לא התרו בו לא אמרינן הרי אלו משובחין ע"כ וכתב הרב המגיד ז"ל שכל שהוא מזיד אינו צריך התראה שלא מצינו התראה אלא לחייבי מיתות בית דין אבל זו הלכה היא ואין רשאין אלא בשעת מעשה ולא מצינו בפנחס שהתרה בזמרי ומכל מקום יראה לי שמה שאמרו (שם פב.) גבי זמרי שהיה לו לפרוש ולא פירש הוא כשהתרה בו פנחס עכ"ל: **ומ"ש אבל אם בא לבית דין לישאל אין מורין לו להרגו.** מימרא דרבי יוחנן בסוף פרק הנשרפין (פב.): **ומ"ש ודוקא בשעת מעשה.** במימרא הנזכרת: **ומ"ש ובפרהסיא.** נתבאר בסמוך: **ומ"ש פירש הבועל אין המקנא רשאי להרגו ואפילו אם לא פירש והרג הוא למקנא אינו נהרג עליו.** במימרא הנזכרת: **ומ"ש הרג אדם אחר למקנא נהרג עליו.** זה פשוט ולא ניתן ליכתב לרוב פשיטותו:

(י) (יא) (יב) ה **מיני ישראל והם שעובדים לעבודה זרה** וכו' עד סוף הסימן. הם דברי הרמב"ם בפרק ד' מהלכות רוצח (ה"י-יב) וזה לשונו המינים והם עובדי עבודה זרה או העושה עבירות להכעיס אפילו אכל נבלה או לבש שעטנז להכעיס הרי זה מין והאפיקורוסין והן שכופרין בתורה ובנבואה מישראל מצוה להרגן אם יש בידו כח להרגן בסייף בפרהסיא הורג ואם לא יבוא עליהן בעלילות עד שיסבב הריגתן כיצד ראה אחד מהם שנפל לבאר והסולם בבאר קודם ומסלקו ואומר הריני טרוד להוריד

בית חדש

וחצרו וקרפיפו שבעל הבית מצוי שם. ודעת הראב"ד דאם זרחה השמש משמע פשוטו כשחורה השמש ביום יש לו דמים דאין ספק דלא בא על עסקי נפשות ביום אלא מדכתיב עליו דרשינן אם ברור לך כשמש וכו' והך דרשה אינה אלא בבא במחתרת בלילה: **ומ"ש רבינו ומטעם זה גם כן יש לומר דאפילו בלילה** וכו'. כן מפורש בפירוש רש"י לשם אהך ברייתא דתני בה אין לי אלא מחתרת גגו חצרו וקרפיפו מנין תלמוד לומר ימצא הגנב מכל מקום אם כן מה תלמוד לומר מחתרת מחתרתו זו היא התראתו ופירש רש"י שאין צריך התראה אחרת אלא הורגו מיד דכיון דטרח ומסר נפשיה לחתור אדעתא דהכי אתא דאי קאי לאפאי קטלינא ליה ואמרה תורה כיון דרודף הוא אין צריך התראה אלא מצילין אותו בנפשו אבל נכנס לחצרו וגגו דרך הפתח אינו הורגו עד שיתרו בו וכו' מיהו לאידך ברייתא דתני בה אם כן מה תלמוד לומר מחתרת מפני שרוב גנבים מצויין במחתרת וכדכתב הרמב"ם לפי זה אין חלוק בין בא במחתרת ובין בא דרך פתחים. ולענין הלכה יש להחמיר כדעת הראב"ד דביום אין רשאי להורגו ובלילה נמי בבא דרך פתחים אינו רשאי להורגו כהך ברייתא וכדפירש רש"י וכדכתב רבינו:

(ט) **הבא על הגויה** וכו'. עיין באבן העזר סימן י"ו:

(י) **מיני ישראל** וכו' עד סוף הסימן. הם דברי הרמב"ם בפרק ד' מהלכות רוצח:

פרישה

המגיד משנה ז"ל וכל שכן עדים שהוא כדרך התרגום שאמר אם עיני דסהדותא נפלת עליו ופירש הרמב"ן בפירוש התורה דס"ל כיון שיש עדים והוא רואה אותן ודאי יש לו דמים שלא יגנוב שהרי הוא יודע שהעדים יחייבוהו תשלומין בבית דין. חסר כאן עד סוף הסימן:

הגהות והערות

מו] **כ"ה** בב"י דפו"ר ולשון המגיד משנה בשנטל "כלים": מז] **כן** כתב שם הראב"ד בהשגות: מח] **לשון** המגיד משנה: מט] **אם** ברור לך הדבר כשמש שלא בא על עסקי נפשות וכו' (לשון הראב"ד בהשגות שם):

בני מן הגג ואחזירנו לך מט*] וכיוצא בדברים אלו. אבל הגוים שאין בינינו ובינם מלחמה ורועי בהמה דקה מישראל וכיוצא בהם אין מסבבין להם המיתה ואסור להצילם אם נטו למות כגון שראה אחד מהם שנפל לים אינו מעלהו שנאמר (ויקרא יט טז) לא תעמוד על דם רעך. במה דברים אמורים בישראל בעל עבירה נ] והעומד ברשעו ושונה בו תמיד כגון רועי בהמה דקה שפקרו בגזל והם הולכים באולתם אבל ישראל בעל עבירות שאינו עומד ברשעו תמיד אלא עושה עבירות להנאת עצמו כגון אוכל נבלות לתיאבון מצוה להצילו ואסור לעמוד

בו כח להורגו בפרהסיא יעשה ואם לאו יבא עליו בעלילה כיצד נפל לבור ויש סולם בבור יסלקנו בעלילה שיאמר לו הריני צריך להוריד בני מן הגג וכן כל כיוצא בזה: (יא) אבל הרועים בהמה דקה וכיוצא באלו שעוברין עבירות תמיד אין מורידין אותם לבור לסבב מיתתן אבל אם ירדו לבור אינו צריך להעלותן שנאמר לא תעמוד על דם רעך והאי לאו רעך הוא: (יב) במה דברים אמורים במי שהוא בעל עבירות ועומד ברשעו ושונה בו כגון הרועים שפקרו בהם ושונים באולתם אבל מי שאינו עומד ברשעו אלא אוכל נבלות או עובר על שאר עבירות להנאתו אסור לעמוד על דמו ומצוה להצילו:

תכו (א) הרואה את חבירו וכו'. ברייתא בסוף פרק בן סורר ומורה (דף ע"ג.):

על דמו עכ"ל. וטעמו מדגרסינן בפרק אין מעמידין (ע"ז כו.) תני רבי אבהו קמי דרבי יוחנן הגוים ורועי בהמה דקה לא מעלין ולא מורידין אבל המינים והמסורות והמומרים מורידין ולא מעלין א"ל אני שונה לכל אבדת אחיך (דברים כב ג) לרבות את המומר ואת אמרת מורידים סמי מכאן מומר ולישני ליה כאן במומר אוכל נבלות לתיאבון כאן במומר אוכל נבילות להכעיס קסבר אוכל נבילות להכעיס מין הוא ופירש רש"י מינים. כומרים לעבודה זרה בין גוים בין ישראלים: לתיאבון. כשאין להם בשר אבל אינו מופקר להיות איסור והיתר לפניו להניח היתר ולאכול איסור ואם עושין כן זה להכעיס עכ"ל ונ"ל שהיה הרמב"ם גורס בברייתא זו אפיקורסים במקום מסורות ובפסקי הרא"ש גרים מסורות ואפיקורסים:

סימן תכו

פרטי רמזי דינים המבוארים בזה הסימן

[א] הרואה חבירו טובע בנהר או לסטים באים עליו חייב להצילו בין בגופו בין בממונו ואם יש לו ממון להציל עצמו חייב לשלם לזה: [ב] הרואה חבירו טובע בנהר או שלסטים באים עליו ויכול להצילו או ששמע שגוים או מוסרים מחשבים עליו רעה ולא הודיע את חבירו או שידע בגוי או אנס שהוא קובל על חבירו ויכול הוא לפייסו:

(א) הרואה את חבירו טובע בנהר או שלסטין באין עליו חייב להצילו בין (א)

וגרסינן תו בגמרא (שם) סבר רב יוסף למימר הא דתניא הגוים ורועי בהמה דקה לא מעלין ולא מורידין אסוקי בשכר שרי משום איבה אמר ליה אביי יכול למימר ליה קאי ברי אאיגרא אי נמי נקיטא לי זימנא לבי דוור. ודקדק הרמב"ם לכתוב הגוים שאין בינינו ובינם מלחמה כלומר דהא דתניא (ירושלמי) בסוף קידושין ובמסכת סופרים (ספט"ו) טוב שבהם נא] הרוג בשעת מלחמה נב] וכמו שכתבו התוספות (ע"ז כו: ד"ה ולא) בשם הירושלמי: ויש לדקדק דרועי בהמה דקה הרי הן מומרים אוכלים נבלות לתיאבון שחמדת הממון גורם להם לרעות בהמותיהם בשדות אחרים ויש לומר דשאני רועים שכל היום תמיד עוברים עבירה מה שאין כן באוכל נבלות לתיאבון שאינו עובר אלא בשעה אחת ביום ואף זה איפשר שאינו בכל יום והכי דייק לישניה שכתב גבי רועי בהמה דקה שפקרו בגזל והם הולכים באולתם וגבי אוכל נבילות לתיאבון כתב שאינו עומד ברשעו תמיד:

תכו (א) הרואה את חבירו טובע בנהר או שלסטים באין עליו חייב להצילו בין בגופו בין בממונו. בסוף פרק בן סורר (עג.) תניא מנין לרואה את חבירו שהוא טובע בנהר או חיה גוררתו או לסטים באים עליו שהוא חייב להצילו תלמוד לומר (ויקרא יט טז) לא תעמוד על דם רעך והא מהכא נפקא מהתם נפקא (ב"ק פא:) אבדת גופו מנין תלמוד לומר (דברים כב ב) והשבותו לו דאי מהתם הוה אמינא הני מילי בנפשיה אבל מיטרח ומיגר אגורי אימא לא קא משמע לן: וכתב הרא"ש (סי' ג) והניצול חייב לפרוע למציל מה שהוציא דאין אדם מחוייב להציל נפש חבירו בממונו היכא דאית ליה ממונא לניצול והביא ראיה לדבר:

דרכי משה

תכו (א) כתב הרמב"ם ספר שופטים הלכות אבל פרק י"ד (ה"א-ג) מצות עשה מדבריהם ללוות אורחים ואמרו (סוטה מו:) חכמים כל

פרישה

תכו (א) הרואה את חבירו טובע בנהר כו'. בפרק בן סורר ומורה דף ע"ג ברייתא שם ומסיק בין למטרח בגופו בין למיגר אגורי. וח"ש הרמב"ם שמביא רבינו בסמוך (ס"ב) או שישכור אחרים להציל וגם רבינו משום הכי כתב בין בממונו ולא מביא דברי הרמב"ם אלא משום דהרמב"ם מוסיף וכתב דבששמע שמחשבין עליו רעה חייב להודיע וכו' וק"ל: חייב להצילו. שנאמר לא תעמוד על דם רעך:

דרישה

תכה (יב) כגון הרועים שפקרו כו' אבל מי שאינו עומד ברשעו כו' אסור לעמוד על דמו. כתב בית יוסף ויש לדקדק דרועה בהמה דקה הרי הם כמומרין אוכל נבילות לתיאבון שחמדת הממון גורם להם לרעות בהמתם בשדה אחר וי"ל דשאני רועים שכל היום תמיד עוברים עבירה מה שאין כן באוכל נבילות לתיאבון שאינו עובר אלא בשעה אחת ואף זה אפשר שאינו בכל יום והכי דייק הל' שגבי רועים כתב ושונים באולתם וגבי אוכל נבילות לתיאבון כתב שאינו עומד ברשעו תמיד עכ"ל. ונראה לי דבלאו הכי נמי לא קשה מידי דשאני אוכל נבילות לתיאבון שאינו אלא רע לשמים חוטא בינו ובין המקום להכי כשאינו עושה להכעיס אלא למלאות תאותו אסור לעמוד על דמו אבל הרועים הגזלים ממון אחר ורע לבריות הוא מה לי בתאותו וכי בשביל זה יקח ממון חבירו ויטול חיותו של חבירו לכן אינו מחוייב להעלותו. ומ"ש הרמב"ם או עובר על שאר עבירות ר"ל עבירות שהן בינו למקום דומיא דאוכל דנבילות אלא קשה דלפי זה לא ה"ל להרמב"ם ולרבינו לכתוב אבל מי שאינו עומד ברשעו דהא לאו בעומד ברשעו תליא אלא במה שאינו עושה רע לבריות וצ"ע:

הגהות והערות

מט*] תיבות "ואחזירנו לך" ליתא בב"י דפו"ר ונוסף ע"פ הרמב"ם: נ] בב"י דפו"ר נשמט כאן תיבות בד"א בישראל בעל עבירה ובדפוס קניגסברג תוקנו ע"פ הרמב"ם בדפוסים, ובמהד' ר"ש פרנקל נוסח הרמב"ם ע"פ הכתה"י "בעל עבירות העומד" וכו': נא] נדצ"ל "שבגוים" וכ"ה בכסף משנה ועיין הערה הבאה: נב] כ"ה בב"י דפו"ר טוב שבגוים הרוג בשעת מלחמה וכ"ה באמת במסכת סופרים, אולם בכסף משנה (רוצח פ"ד הי"א) ע"פ התוס' ע"ז שם, הלשון טוב שבגוים הרוג "היינו" בשעת מלחמה ור"ל שזאת לא התיר אלא בשעת מלחמה וכתב ביש סדר למשנה (להר"י פיק) שביעית פ"ח מ"י דנראה דלא היה גירסתם במסכת סופרים כמו שהיא לפנינו בהדיא במסכת סופרים גופיה "בשעת מלחמה", ועיי"ש עוד שרוצה להגיה במסכת סופרים טוב "שבמצרים" וכו' וכן כתב רש"י בנמוקי החומש פרשת בשלח יד ז ע"פ המכילתא וכן השיב ר"י פיק זצ"ל לשר אחד עיי"ש באריכות, ועיין פרדס יוסף פרשת בשלח (יד ז) ובתורה תמימה פרשת תצא (כב ג אות כב):

בגופו בין בממונו ומיהו אם יש לו ממון להציל עצמו חייב לשלם לזה: (ג) והרמב"ם כתב הרואה שחבירו טובע בנהר או שלסטין באין עליו ויכול להצילו או שישכור אחרים להצילו ולא הציל או ששמע שגוים או מוסרים מחשבים עליו רעה ולא גילה לאוזן חבירו והודיעו. או שידע בגוי או באנס שהוא קובל על חבירו ויכול הוא לפייסו בגלל חבירו ולהוציא שטנה מלבו ולא פייס וכל כיוצא בזה עובר על לא תעמוד על דם רעך ואם מצילו הרי כאילו קיים עולם:

בית יוסף

(ג) ומ"ש בשם הרמב"ם. הוא בפרק א' מהלכות רולח (הי"ד) וכתבו רבינו בשביל מה שכתב שאם שמע גוים או לסטים מחשבים עליו רע לריך לגלות אוזן חבירו או לפייס הגוי: וכתבו הגהות מיימונית (דפ' קושטא) עבר על לא תעמוד וכו' בירושלמי מסיק אפילו להכניס עלמו בספק סכנה חייב ע"כ ונראה שהטעם מפני שהלה ודאי והוא ספק: וכל המקיים נפש אחת מישראל כאילו קיים עולם מלא (סנהדרין לז. במשנה):

אברך יי' אשר יעצני ועד כה ברכני להחל ולגמור הספר המפואר הזה ביאור ארבעה טורים אשר קראתיו בית יוסף כי התחלתיו בא"נדר"ינו פל"י שנת רפ"ב והשלמתיו בעיר צפ"ת אשר בגליל העליון תוב"ב ביום ד' י"א לאלול שנת הבק"ר אור ונתעסקתי עוד בהגהתו ובמהדורא תניינא עד שנת די"ש. אוחילה לאל אחלה פניו יזכני שיתפשט בכל ישראל למען אהיה בכלל מצדיקי הרבים. ויזכני לחבר עוד ספרים הרבה לזכות רבים. ולמען רחמיו וחסדיו לא תפסוק תורה מזרעי כדכתיב (ישעיה נט כא) לא ימושו מפיך ומפי זרעך ומפי זרע זרעך אמר יי' מעתה ועד עולם:

תם ונשלם שבח לבורא עולם

בית חדש

ומ"ש ומיהו אם יש לו ממון וכו'. כן כתב הרא"ש בשם: (ג) ומ"ש והרמב"ם כתב הרואה וכו'. נראה דלפי דמלשון הברייתא משמע דחייב להצילו אפילו אינו ברור לו שיוכל להצילו אבל הרמב"ם כתב ויכול להצילו וכו' דמשמע דדוקא בדאין ספק שיוכל להצילו אבל אינו חייב להכניס עלמו בספק סכנה להצלת חבירו לכך אמר והרמב"ם כתב וכו' כנראה שחולק על מ"ש תחלה מיהו בהגהת מיימוני ישנים נמצא בשם שכתב וז"ל בירושלמי מסיק אפילו להכניס עלמו בספק סכנה עכ"ל ומביאו בית יוסף:

דרכי משה

מי שאינו מלוה כאילו שופך דמים וכופין ללויה כדרך שכופין לצדקה ובית דין היו מתקנים שלוחין ללוות אדם העובר ממקום למקום ואם נתעצלו בדבר זה מעלה עליהם הכתוב כאלו שפכו דמים אפילו המלוה לחבירו ארבע אמות יש לו שכר הרבה וכמה שיעור לויה שיתחייב אדם בה הרב לתלמידו עד עיבורה של עיר והאיש לחבירו עד תחום שבת ותלמיד לרבו עד פרסה ואם היה רבו מובהק עד שלש פרסאות עכ"ל והוא בגמרא פרק קמא דברכות ופרק הרואה [א]. ובילקוט מהרר"ש מצאתי האידנא אין נוהגין ללוות תלמיד לרבו עד פרסה משום דבזמן הזה מוחלין על כבודם ויש לילך עמו או עם חבירו עד לפני שער העיר או לכל הפחות ארבע אמות עכ"ל: וכתב הרמב"ם עוד (שם ה"א-ב) גמילות חסדים שבגופו שאין להם שיעור כגון בקור חולים וניחום אבלים והוצאת המת והכנסת כלה והלויית אורחים אף על פי שכל מצות אלו מדבריהם הרי הן בכלל ואהבת לרעך כמוך (ויקרא יט יח) כל הדברים שאתה רוצה שיעשו אותם לך אחרים עשה אתה לאחיך בתורה ובמצות ושכר הלויית אורחים מרובה מן הכל והוא החוק שחקקו אברהם אבינו עליו השלום ודרך החסד שנהג בה מאכיל עוברי דרכים ומשקה אותן ומלווה אותן וגדולה הכנסת אורחים מהקבלת פני השכינה (שבת קכז., שבועות לה:) שנאמר (בראשית יח ב) וירא והנה שלשה אנשים וירץ לקראתם ולווייתם יותר מהכנסתן עכ"ל וכן הוא במדרש וירא פרשת וירא אליו:

פרישה

חייב לשלם. ר"ל חייב לשלם לזה מה שהוליא: (ג) והרמב"ם כתב כו'. בפ"א מהלכות רולח כ"כ: עובר על לא תעמוד כו'. וכתב המגיד משנה דבירושלמי מסיק אפילו להכניס עלמו בספק סכנה חייב וכתב ב"י שטעמו שמפני שזה ודאי וזה ספק. ועיין בשלחן ערוך שכתב עוד סימן מיוחד כלל דין הסרת דין מכשולות שחייב אדם בהן משום שנאמר השמר לך ושמור נפשך וכתיב (דברים כב ח) לא תשים דמים בביתך:

סליק סליק בע"ה

חדושי הגהות

תכו [א] לא מלאתי כן לא בפ"ק ולא בפרק הרואה אך עיקר הדברים בסוטה (מו:) וקלת מזה פרק אין עומדין (ברכות לא.):

ברוך ה' אשר עד כה עזרנו. נפלאות מתורתו יראנו. ובאורח מישור ינחנו. ואמר סולו סולו פנו דרך מסלה לאלהינו:

נשלם הטור הרביעי. בעזר צור מושיעי:

סימן תכה א] כל חייבי מיתות ב"ד בזמן הזה **אין** בידינו להלקותו כו'. כלשון זה כתב ג"כ הטור [סעיף א'] בשם רב נטרונאי. והא דפתח בחייבי מיתות וכתב עליהן להלקותו ולחבטו, כתבתי בפרישה [שם] דנראה דה"ק, לא מיבעיא דאין דין הד' מיתות עצמן כל אחד כפי מה שציותה התורה, אלא אפילו לעשות במקומו עונש אחר לדונו, אין בידינו מצד הדין כי אם מצד מיגדר מילתא, ע"ש: ב] **ומגדר מילתא** כו'. פירוש, לעשות דין לזה שכבר נראה או מוכח אין לנו לעשותו, אבל למיגדר מילתא אם יש לחוש שיעשוהו ג"כ אחרים להבא, יגדרו כדי שלא יעשוהו עוד, ועיין פרישה [סעיף א']: **סעיף א'** ג] **והזהירוהו** כו'. פירוש, אין צריך לעשות בו התראה ממש ושיקבל ההתראה, אלא אומרים לו זה שאתה רודף אחריו ישראל הוא והתורה אמרה [בראשית ט' ו'] שופך דם האדם באדם דמו ישפך, ובדיעבד אפילו לא אמרו לו אפילו זה, אפ"ה מצילין הנרדף בנפשו של רודף, וראיה מקטן שרודף דאינו בר הבחנת האזהרה הוא, וקאמר ג"כ הורגין אותו להציל ממנו, ועיין פרישה [סעיף ד']:

ד] **הרי כל ישראל מצווים להצילו**. למדו זה מדכתיב [בפרשת כי תצא [דברים כ"ב כ"ו-כ"ז]] ולנערה לא תעשה דבר, צעקה (בעיר) [*הנערה] ואין מושיע לה, משמע הא אם יהיה לה מושיע להצילה מזה הבא לאונסה היינו מצווין להושיע אותה מידו במאי דאפשר, וממנו למדנו דין רודף להרוג לחבירו, כי בתר קרא הנ"ל מיד כתיב כי כאשר יקום איש על רעהו כו', ודרשו ואמרו [סנהדרין ע"ג ע"א] הרי זה בא ללמד ונמצא למד רוצח מנערה המאורסה, מה נערה המאורסה ניתן להצילה בנפש זה הבא לאונסה וכמ"ש, כן דינו של הרודף אחר חבירו להרגו, וגם למדו נערה המאורסה מרוצח, ואין כאן מקומו לכתבו: ה] **אע"פ שעדיין לא הרג**. לאו למימר דמכ"ש אם כבר הרגו דאחרים והורגים להרוצח, דזה אינו בזמנינו דאין דנין מיתת ב"ד, אלא לשון הרמב"ם [המובא בציונים אות ד'] תפס, והוא כתב כן אמ"ש שם לפני זה [ה"ה] דין רוצח שאין הורגין אותו עד שיגמר דינו למיתה אחר שהרג, אזה כתב דברודף אין הדין כן אלא ממיתין אותו אע"פ שלא הרג ולא נגמר דינו בשום דבר:

סימן תכה

חייבי מיתות בית דין היאך דנים אותם בזמן הזה

ובו ה' סעיפים

הגה א[א] כל חייבי מיתות בית דין בזמן הזה אין בידינו [1]להלקותו או להגלותו או להורגו או [2]לחבטו אלא מנדין אותו ומבדילין אותו מן הקהל [ג]וכל זה מצד הדין אבל אם רואין בית דין שהוא צורך שעה [ב]ומגדר מילתא יכולין לענוש במה שירצו כמו שנתבאר לעיל סימן ב'. [ג]ודוקא בדיני נפשות הצריכין בית דין אבל הנהרגין בלא בית דין נידונין גם עתה כמו שיתבאר.

א [ד][ג]**הרודף את חבירו להרגו** [ג]**והזהירוהו והרי הוא רודף אחריו** [ג]**אפילו היה הרודף קטן** [ד]**הרי כל ישראל מצווים להצילו** [7]**באבר מאברי הרודף ואם אינם יכולים לכוין ולא להצילו אלא אם כן הרגו לרודף הרי אלו הורגים אותו** [ה][ו]**אף על פי**

ציונים ומקורות סימן תכה א) טור סעיף א' בשם הרב נטרונאי גאון. ב) שם בטור סעיף ב' ובשם תשובת הגאון[א]. ג) טור (שם) סעיף ג'. ד) כ"כ הרמב"ם בפרק א' מהלכות רוצח דין ו'.
סימן תכה 1) ממהדורת באה"ג תנ"ח ואילך תוקן ללשון רבים: **להלקותן, להגלותן, מנדין אותן ומבדילין אותן**. 2) ראה בהגר"א סק"ד ובליקוט שם.

ערך לחם

לאשה בעל משלם הנזק לו ואינו מנכהו בעד חבלתו. [תשובת הרשב"א ח"א סי' תתקמ"ח]. **סימן תכה סעיף א' בראשו**. עיין [בתשובת] הרא"ש ז"ל כלל י"ז י"ה והריב"ש סי' רנ"א.

באר הגולה

סימן תכה א. מהא דאמר ר' אליעזר בן יעקב שמעתי מכין ועונשין וכו', פרק נגמר הדין [סנהדרין] דף מ"ו ע"א. **סעיף א'** ב. רמב"ם פ"א מהלכות רוצח דין ו' וטור סעיף ג', משנה וגמרא בסנהדרין סוף פרק בן סורר ומורה דף ע"ב [ע"ב] וע"ג [ע"א]. ג. מימרא דרב הונא שם [ע"ב ע"ב]. ד. ברייתא משמיה דר' יונתן בן שאול שם ריש דף ע"ד ובכמה דוכתי. ה. כתב (הרב המגיד) [הכסף משנה שם דין ד'], נ"ל דהכי קאמר, כיון שלא הרג לא היה ראוי להרגו, ואעפ"כ הורגין אותו כדי להציל את הנרדף. דאילו כבר הרגו אינם רשאין להרגו.

ביאור הגר"א

סימן תכה א. **להלקותן**. דבעינן מומחין, כמ"ש הרמב"ם בפט"ז מהלכות סנהדרין הלכה ב' ג' מלקין בזה"ז בכל מקום מן התורה בפני שלשה סמוכין אבל לא בפני הדיוטות, וכל מלקות שמלקין דייני חו"ל בכל מקום אינה אלא מכות מרדות, וכמ"ש בפ"ח דב"ק [פ"ד ב'] דלא עבדינן שליחותייהו אלא בהודאות והלואות דחסרון כיס כו': ב. **או להגלותן**. שאין לנו ערי מקלט. טור [סעיף א']. ובספרי [פיסקא קנ"ט], והקריתם לכם ערים [במדבר ל"ה י"א], אחר ירושה וישיבה הכתוב מדבר, או אינו מדבר אלא בכניסתן לארץ מיד, תלמוד לומר [דברים י"ט א'] כי יכרית ד' אלקיך את הגוים כו': ג. **או להרגן**. סנהדרין נ"ב ב', ואפילו מ' שנה קודם חורבן בטלו כמ"ש שם מ"א א': ד. **או לחבטן**. הב"ח [סעיף א'] הגיה לחבשן, ר"ל כמ"ש שם פ"א ב' ההורג נפש שלא בעדים כו'. והיינו מיתה, אבל מכות מרדות מכין אותו, כמ"ש הטור שם אלא מנדין אותו ומכין אותו מכת מרדות ומבדילין כו', וכמ"ש הרמב"ם הנ"ל, וכמו שמצינו בגמ' בכמה מקומות נגדוהו. והרב השמיט מכות מרדות משום גירסתו בטור לחבטן כמ"ש כאן, וליתא כנ"ל: (ליקוט) **או לחבטן**. נ"ל לחבשן, וכן הוא בהגהות מרדכי סוף סנהדרין [סי' תשכ"ז] (ע"כ): ה. **אלא מנדין כו'**. כמ"ש בכמה מקומות שאפילו על עבירה קלה מדרבנן משמתינן, וכמ"ש בסימן של"ד ביו"ד, וכן מנגדינן וכמ"ש בפ"ד דפסחים [נ"ב א'], וכן מ"ש [יבמות נ"ב א', קידושין י"ב ב'] רב מנגיד כו': ו. **וכל זה כו'**. כמ"ש בפ"ג דסנהדרין [כ"ז א'] דאמר ריש גלותא ליכהוייה כו', ועיין סימן ב': ז. **ודוקא כו'**. בסוף ב"ק [קי"ז א'] שמטיה רב כהנא כו', וכן ברודף בסוף ברכות [נ"ח א'] ברב שילא, וכן במחתרת בסנהדרין ע"ב ב' אמר רב כל דאתי עלאי במחתרתא כו', וז"ש [סעיף א'] הרודף כו' הבא כו': **סעיף א'** ח. **והזהירוהו**. [סנהדרין] ע"ב ב' נימא מסייעא ליה אומר לו ראה כו', ועיין סימן שפ"ח סעיף י' בשו"ע והג"ה: ט. **אע"פ כו'**. כמו בעובדא דרב שילא [ברכות נ"ח ע"ב], ועיין בבאה"ג [אות ה'], ועיין סימן שפ"ח שם:

באר היטב

בשביל חיוב כתובה לא ימנע מלהוציאה אם ירצה, שהרי א"צ ליתן לה כתובה כיון שסייבת לו נגד הסכלה, עכ"ל. [סמ"ע סקי"ט]. *ועיין בתשובת רשד"ם סוף סי' רי"ז. [ש"ך סק"א]:

סימן תכה א. **והזהירוהו**. פירוש, אין צריך לעשות בו התראה ממש ושיקבל ההתראה, אלא אמרינן לו זה שאתה רודף אחריו ישראל הוא והתורה אמרה שופך דם האדם וגו', ובדיעבד אפילו אם גם זה לא אמרו לו אפילו הכי מצילין הנרדף בנפשו של רודף, וראיה מקטן שרודף דאינו בר הבחנת אזהרה וקאמר גם כן דהורגין אותו להציל ממנו. סמ"ע [סק"ג]:

גליון מהרש"א

סימן תכה סעיף א'. **הרודף את חבירו**. עיין גליון סימן ש"פ ריש סעיף ג'. שם. **והזהירוהו והרי הוא רודף אחריו**. עיין רש"י סנהדרין ע"ג ב' ד"ה לפקח, ומה שכתבתי ע"ז בגליון רמב"ם סוף הלכות גניבה. שם. **אפילו היה הרודף קטן**. עיין בגליון לעיל סימן ל"ד סעיף כ"ב אי נפסל לעדות בשביל שרדף. שם. **באבר מאיברי הרודף**. כתוב בהגהת משנה למלך פ"ח מחובל ומזיק ה"י סוף הדיבור דהנרדף עצמו אינו מדקדק בזה. ולא הביא דברי רש"י פרק בן סורר ומורה ריש דף ע"ד ד"ה ויכול שכתב בזה"ל, ויכול הנרדף או הרואהו להציל באחד מאיבריו, ולא הצילו אלא בנפשו, נהרג עליו. ועיין בגליון סימן ש"פ סעיף ג' על מיתת "[נבין של כל אדם] פטור שהרי", דלפי הדברים שם י"ל דהולך רש"י לאקדים דגם הנרדף דינו כן. וע"ש [ד"ה רודף] מה שכתבתי דבנגפו שניהם הוי כמו הכהו עשרה בני אדם, עיין רשב"א בב"ק נ"ג ב' ד"ה שור ואדם, שכתב דוקא בעשרה מקלות פטור, אבל דחפוהו כאחד לאחד, חייבין. ומה שקשה על המשנה למלך הנ"ל מסנהדרין מ"ט א' "היה לך להציל באחד מאיבריו", כתבתי בגליון לספר התינוך מצוה תר"י. סמ"ע סק"ג. **ובדיעבד אפילו לא אמרו לו אפילו זה**. וכן משמע לעיל סימן ש"פ סעיף ג' דלא כתב דבעי אזהרה. אך מהתוס' כתובות ל"ג א' ד"ה אלא פשיטא, מדלייתו קושייתם הכא, משמע קצת דבלא התראה לא היה קשה.

שעדיין לא הרג. הגה ו[ס]הבא במחתרת לגנוב גם כן דינו כרודף ואם ידוע שלא בא רק על עסק ממון ואף אם יעמוד בעל הממון נגדו לא יהרגהו אסור להרגו ועיין בדברי הטור בסימן זה[ו]. [י]מי שמסכן רבים כגון [ז]שעוסק בזיופים במקום שהמלכיות מקפידות דינו כרודף ומותר למסרו למלכות כמו שנתבאר לעיל סימן שפ"ח סעיף י"ב.

ב [ח]לפיכך העוברה שהיא מקשה לילד מותר לחתוך העובר במעיה בין בסם בין ביד מפני שהוא כרודף אחריה להרגה ואם הוציא ראשו אין נוגעים בו שאין דוחים נפש מפני נפש[ח][ח]וזהו טבעו של עולם.

ג [ט]וכן הרודף אחר הזכר או אחר אחת מכל העריות (לאנסה) [ט]חוץ מהבהמה מצילין אותו אפילו בנפש הרודף [ט]ואם רדף אחר ערוה ותפסה ושכב עמה [י]כיון שהערה בה אף על פי שלא גמר ביאתו אין ממיתין אותו עד עמדו בדין.

ציונים ומקורות ה) טור סעיף ו'. ו) סעיפים ו'-ח'. ז) נימוקי מהר"ס מירזבורק ד"ה דין מותר למוכה. ד"מ ג'. ח) לשון רמב"ם שם פ"א מרוצח דין ט'. ט) שם ברמב"ם פ"א מרוצח דין י"ב.

מאירת עינים

ו] **הבא במחתרת כו'.** דין זה למדו מדכתיב [בפרשת משפטים [שמות כ"ב א'-ב']] אם במחתרת ימצא הגנב והכה ומת אין לו דמים [פירוש, כאילו אין לו דם לזה הנרצח והוא מת מעיקרא], אם זרחה השמש עליו דמים לו. והטעם דאין לו דמים, מפני שכל גנב יודע שאין אדם עומד ורואה שגונבים ממנו ממונו ושותק, ומתחילה בא אדעתא דהכי שבאם יעמוד בעה"ב כנגדו למחות בידו אזי יעמוד עליו להרגו, והרי זה כרודף ומותר להציל עצמו בנפשו. ומ"ש ואם זרחה עליו השמש, פשוטו של מקרא הוא דאם נמצא הגנב במחתרת ביום בעת זריחת השמש, אז אמרינן דודאי לא בא הגנב על עסקי מיתה כי יודע שביום יהיו עוזרים הרבה לזה הנגנב כשיעמוד עליו להורגו, ובודאי לא בא אלא אם יראה שיהיה הבעה"ב במקום שגונב שישמיט וילך, אלא דא"כ לא ה"ל למימר אלא ואם זרחה השמש, "עליו" למה לי, משו"ה דרשו דבא ללמדינו שאם הוא ברור לנו כשמש שלא בא להרוג לבעה"ב שבא לגנוב ממנו, כגון שידוע הוא שאוהב נאמן הוא לו, או שמחר האב לבנו דאז אפילו אין ידוע לנו אלא מסתמא אמרינן דהאב לבנו אינו בא להרוג אלא לגנוב, יש לו דמים לאביו או לאוהבו הנאמן בהריגתן כשבאו במחתרת, אבל בן הבא על אביו לא אמרינן מסתמא שלא בא להרוג, כן הוא בגמרא [סנהדרין ע"ב ע"א וע"ב], ועיין בטור [סעיף ו'-ח'] מ"ש עוד מזה פלוגתות ודעות: ז] **שעוסק בזיופים.** כתב שם [במהר"ם מירזבורק המובא בציונים אות ז'], כגון שמגזמים בדליקות או שעוסקים בחתיכת המטבעות. ומ"ש שהמלכיות מקפידות, דקדק לכתוב שהמלכיות מקפידות, דאל"כ אין דינו כרודף, וכ"כ בהדיא שם בנימוקי מהר"ס מירזבורק: **סעיף ב'** ח] **וזה טבעו של עולם.** הולרך לכתוב זה, שלא תאמר הולד הרי הוא רודף וילילו את אמו בנפשו, קמ"ל כיון שטבע של עולם בכך, אין דין רודף עליו, ואעפ"כ בעודו במעיה מותר לחתכו אע"פ שהוא חי, שכל שלא יצא לאויר העולם אין שם נפש עליו, והא ראיה דהנוגף אשה הרה ויצאו ילדיה ומתו משלם דמי הולדות ואין שם רוצח ומיתה עליו, וכמ"ש לעיל סימן תכ"ג [סעיף א']: **סעיף ג'** ט] **חוץ מהבהמה.** בגמרא סוף פרק בן סורר ומורה [סנהדרין ע"ג ע"א] ילפינן דאין ניתן להצילו בנפשו של רודף אלא ערוה שיש בה קלון ופגם לנרדף כגון נערה המאורסה שנפגמה, וזכר שאינו עומד להשתמש בו ויש בו קלון טובא, וילפינן להו מדכתיב [דברים כ"ב כ"ו-כ"ז] ולנערה לא תעשה דבר כו' עד ואין מושיע לה וכנ"ל [בסק"ד], וכתיב נער וקרינן נערה, ודרשינן הקרי והכתיב, דנער ר"ל הזכר, ומיתור דהמקרא דרשינן אפילו שאר עריות, ויש בו גם כן מיעוט, וממעטינן מיניה הרודף אחר הבהמה או לחלל שבת כו' דלית בהו קלון ופגם כלל: י] **כיון שהערה בה.** דאין הורגין אותו אלא קודם שנפגמה, ועיין פרישה [סעיף ה']:

ערך לחם

מכאן עד "ועיין סימן שפ"ח", נמצא בדפוס לעיל בסימן תכ"ד סעיף ח', ומקומו כאן ע"פ כת"י ע"פ הכסף משנה

סעיף ב' בסופו. *מי שהוחזק לבא במחתרת על ישראל בלילה, נ"ל דהאידנא מתרין בו, ואם לא שב דינו כמוחזק למסור, ועיין סימן שפ"ח [סעיף ט"ו]. הבא במחתרת מותר להרגו, אא"כ נודע בודאי שהחותר אוהב לבעל הממון ולא יהרגנו אף אם יעמוד נגדו להציל ממונו. [טור סעיף ו']. אחד הבא במחתרת או שנמצא בתוך גגו או חורבתו או קרפיפו בין ביום בין בלילה, אבל הבא במחתרת בתוך שדהו או לתוך הדיר או לתוך הסהר יש לו דמים, שחזקתו שבא על הממון לבד לפי שאין רוב הבעלים מצויים במקומות אלו, וכן הגנב שגנב ויצא, או שהקיפוהו עדים או בני אדם, אע"פ שעדיין הוא ברשות זה שבא עליו, אינו נהרג. [שם סעיף ד'-ח' בשם הרמב"ם פ"ט מגניבה ה"ז-י"א]. וי"א שאף גנב יום אינו נהרג. [שם בשם הראב"ד בהשגות שם]. הבא על הגויה קנאין פוגעין בו ואין ב"ד מורין לו כן, ודוקא בשעת מעשה ובפרהסיא, ואם לא פירש

ביאור הגר"א

י. **ואם ידוע כו'.** [סנהדרין] ע"ב א' ב': יא. **מי שמסכן כו'.** [אע"פ] שאין כונתו לסכן, כמו בעובדא דתמרא בסוף ב"ק [קי"ז ב']: **סעיף ב'** יב. **לפיכך כו'.** לשון מתניתין [אהלות פ"ז מ"ו] מפני שאייה קודמין לחייו: יג. **וזהו כו'.** גמ' שם [סנהדרין ע"ב ע"ב], ועיין כאה"ג [אות ח'], ועיין רש"י שם ד"ה יצא כו': **סעיף ג'** יד. **או אחר כו'.** ברייתא שם [סנהדרין ע"ג ע"א]: טו. **כיון שהערה כו'.** כמ"ש בריש פ"ו דיבמות [נ"ג ע"ב]:

באר הגולה

ו. משנה וגמ' בפרק בן סורר ומורה דף ע"ב ע"א וע"ב. **סעיף ב'** ז. שם [ברמב"ם פ"א מרוצח] **דין ט'**, משנה סוף פ"ז דאהלות. ח. כתב (הרב המגיד) [הכסף משנה שם] שזהו מ"ש שם בסנהדרין דף ע"ב ע"ב הא דמקשי אמימרא דרב הונא קטן וכו' ממשנה דאהלות הנזכר, ומשני שאני התם דמשמיא קא רדפי לה. **סעיף ג'** ט. שם [ברמב"ם פ"א מרוצח דין י"א], משנה שם (סוף דף ע"ב) [סנהדרין ע"ג ע"א]. י. שם [ברמב"ם] **דין י"ב**, ברייתא שם דף ע"ג ע"א. וכתב (הרב המגיד) [הכסף משנה שם],

פתחי תשובה

סימן תכה סעיף ב' א. **מפני שהוא כרודף.** לכאורה הוא תמוה, עיין באר היטב סק"ג עד שכל שלא יצא לאויר העולם אין שם נפש עליו כו', ועיין בתשובת חות יאיר סי' ל"א שכתב ליישב זה: ב. **ואם הוציא ראשו כו'.** עיין בתשובת אא"ז פנים מאירות ח"ג סי' ח' שכתב דאם

באר היטב

סעיף א' ב. **בזיופים.** כגון שמגזמין בדליקה או שעוסקים בחתיכת המטבעות, ואם אין המלכיות מקפידות אין דינו כרודף, כן כתב בנימוקי מהר"ס שם להדיא. שם [סמ"ע סק"ז]: סעיף ב' ג. **עולם.** הולרך לכתוב זה, שלא תאמר הולד הרי הוא רודף וילילו את אמו בנפשו, קמ"ל כיון שטבע של עולם בכך אין דין רודף עליו, ומכל מקום בעודו במעיה מותר לחתכו אע"פ שהוא חי, שכל שלא יצא לאויר העולם אין שם נפש עליו, והראיה מנוגף אשה ויצאו ילדיה ומתו משלם דמי הולדות ואין שם רוצח ומיתה עליו וכמ"ש בסימן תכ"ג. שם [סמ"ע סק"ח]: סעיף ג' ד. **מהבהמה.** דאין ניתן להצילו בנפשו של רודף אלא ערוה שיש בה קלון ופגם לנרדף, כן הוא בש"ס סוף פרק בן סורר. שם [סמ"ע סק"ט]:

גליון מהרש"א

שם בהג"ה. **הבא במחתרת.** עיין רמב"ם סוף הלכות גניבה [פ"ט הי"ב] והטור [סעיף ח'] הכילו, דמחתרת בגינה שאין בעה"ב מצוי שם, אסור להורגו. ויראה דמסתום' סנהדרין בסוגיא ע"ב א' ד"ה אפילו, משמע דפליגי, מדלא תירצו בגינה, וזה מספיק גם למאן דלית ליה מחתרתו זו התראתו [שם ע"ב], עיין מהרש"א שם [בד"ה בא"ד ויש לומר]. סעיף ב'. **מפני שהוא כרודף אחריה להורגה.** זה לכאורה נגד הסוגיא סנהדרין ע"ב ב'. ועיין מה שכתבתי בזה בגליון רמב"ם פ"א מרוצח ה"י.

חידושי רעק"א

סימן תכה סעיף ב'. **לחתוך העובר.** נ"ב, ואם נכרי מותר לעשות כן, עיין סנהדרין נ"ט [ע"א] תוס' ד"ה [ליכא] מידעם: סעיף ג'. **כיון שהערה בה.** נ"ב, עיין תשובת הרדב"ז ח"א סי' שפ"ח:

אמרי ברוך

סימן תכה סעיף ב'. **שאין דוחין נפש מפני נפש.** נ"ב, יעוין בשו"ת גאוני בתראי [סי' מ"ה]:

ד [י)]רדף אחר ערוה ואחרים היו רודפים אחריו להצילה ואמרה להם הניחוהו [יא]כדי שלא יהרגני [יב]אין שומעין לה אלא מבהילין אותו ומונעין אותו על ידי הכאת אבריו ואם אינם יכולים באבריו אפילו בנפשו. הגה [יא)]הבא על הגויה [מ]בפרהסיא [יב)]לעיני עשרה ישראלים [יג]קנאין פוגעין בו ומותרין להרגו [יג)]ודוקא בשעת מעשה אבל אם פירש אסור להורגו [יד)]ודוקא [ס]שהתרו בו ולא פירש [ע]ודוקא שבא הקנאי להרגו מעצמו אבל אם שאל לבית דין [יד]אין מורין לו כן.

ה [טו][טו)][פ][3]אפיקורוס מישראל והם עובדי אלילים או העושה עבירות להכעיס אפילו אכל נבילה או לבש שעטנז להכעיס [4]והאפיקורוס והם שכופרים בתורה ובנבואה מישראל מצוה [5]להרגן [ק]אם יש בידו כח [טז]להרגן בסייף

ציונים ומקורות י) שם ברמב"ם פ"א מרוצח דין י"ב. יא) טור סעיף ט'. יב) רמב"ם פי"ב מהלכות איסורי ביאה ה"ד. יג) טור שם. יד) הראב"ד שם פי"ב, ד"מ ט'. טו) לשון רמב"ם שם בפ"ד מרוצח דין י'.

3) ראה ערך לחם סמ"ע ובהגר"א שצ"ל: **המינים**, וכ"ה ברמב"ם דפוס ונציה. 4) ראה סמ"ע שצ"ל: **הרי זה מין, והאפיקורוסין וכו'**, ושכ"ה ברמב"ם בדפוס ישן [ונציה הנ"ל], ונראה שכן צ"ל גם ע"פ הגר"א הנ"ל, אך הבאה"ג תיקן ע"פ הרמב"ם דפוס אמסטרדם שהיה לפניו: [להרי זה] **אפיקורוס, והכופרים בתורה וכו'**, וכ"ה ממהדורתו ואילך. 5) כ"ה בד"ר וכ"ה ברמב"ם, וממהדורת קניגסברג ואילך שינו בכל מקום שמוזכר ענין הריגה, כנראה מטעמי צנזורה.

מאירת עינים

סעיף ד' יא] כדי שלא יהרגני. פירוש קודם שתשיגוהו ימית אותי כשירצה שאתם רוצים להמית אותו בשבילי: **יב] אין שומעין לה.** משמע דוקא בכה"ג דנוכל לומר דמקפדת על פגמה אלא שחשה לנפשה שמא ימיתנה, ולכן אין שומעין לה דהתורה הקפידה אפגם כזה שלא יעשה, אבל אם אומרת הניחוהו ואל תהרגוהו, דנראה מדבריה שאינה חוששת אפגמה, בזה שומעין לה, וכן משמע לשון הברייתא [סנהדרין ע"ג ע"א] והרמב"ם [המובא בציונים אות י'] שכתבו שלא יהרגני כמ"ש המחבר. אבל בטור [סעיף ה'] כתב דאפילו בכה"ג אין שומעין לה, וכתב הב"י [שם] דס"ל דאפילו בכה"ג י"ל דמקפדת שלא יפגמה אלא שאינה רוצה שיהרג הרודף על ידה: **יג] קנאין פוגעין בו.** לשון הטור [סעיף ט'], מי שמקנא לשם יכול להורגו, עכ"ל. והוא נלמד ממעשה דפנחס עם זמרי, והוא הלכה למשה מסיני: **יד] אין מורין לו.** בטור [שם] מסיים וכתב ז"ל, ואפילו אם לא פירש והרג הבועל להמקנא אינו נהרג עליו, עכ"ל, והוא מימרא בגמ' [סנהדרין פ"ב ע"א]. ומהתימה שהשמיטו מור"ם ז"ל. ואפשר דמשום דהטור סיים וכתב אחר זה עוד ז"ל, הרג אדם אחר להמקנא נהרג עליו, עכ"ל, וכתב ב"י [שם] עליו דהוא פשוט ולא ניתן להכתב מרוב פשיטותו, ואגב שיטפא שהשמיט מור"ם לאותו דין מרוב פשיטותו השמיט עמו ג"כ זה, דבחדא בבא כתבינהו הטור ע"ש. והיותר נראה דמשו"ה השמיטו משום דלא כתב המחבר אלא הני עניני מיתה דיש בהן מיגדר מילתא, משא"כ בזה דהבועל יכול לפרוש ולהרוג להמקנא דאין בו מיגדר מילתא, ואדרבה, והטור אגב שיטפא לרבותא כתבו, וק"ל: **סעיף ה' טו] אפיקורס מישראל והם כו'.** המחבר נמשך אחר נוסחת הרמב"ם שבדפוס כסף משנה דסוף פ"ד דהלכות רוצח ושמירת נפש [ה"י], אלא ששם לא כתב אחר זה כמ"ש המחבר ז"ל והאפיקורסים והם שכופרים בתורה כו', דלפ"ז הוא לשון שאינו מדוקדק (בדפוס צוין כאן כוכב לסימן שחסר כאן) דהרי כבר כתב דהאפיקורס הוא עובד אלילים כו', אלא כתב שם ז"ל, האפיקורסים הן שעובדים עכו"ם כו', עד שעטנז להכעיס הרי זה אפיקורס ושכופרין בתורה כו' ע"ש. אבל נוסח זה אינו עולה יפה, דלפ"ז הא שכתב ושכופרין בתורה אמאי קאי. לכך נראה יותר מדוקדק נוסח לשון הרמב"ם דדפוס גדול דכתב בו ז"ל, המינים מישראל והן העובדים אלילים כו', עד הרי זה [*מין], [ו]האפיקורס[ין] (ע"פ הרמב"ם שם) והן שכופרים כו', וכן מצאתי בדפוס ישן נושן של הרמב"ם, וכן הוא לשון הטור [סעיף י'] ע"ש: **טז] להורגן בסייף.** בעיר שושן כתב דנראה לו הטעם דמצוה להורגן בסייף לכתחילה דומיא דעיר הנידחת. וזה אינו נראה לי, דדוקא ביושבי עיר כולה או רובה הנידחת מצותה בסייף, אבל ביחידים בעובדי עבודה זרה דינם בסקילה. אלא שאין אנו לעת עתה דנין דין ד' מיתות האמורים בתורה, משו"ה קאמר שהורגין אותו בסייף, ונראה דלאו דוקא סייף קאמר, אלא כאילו אמר אם יש בידינו כח להורגן הרי מצוה עלינו להורגן לעין כל ובחרב וכמ"ש [ויקרא כ"ו כ"ה] חרב נוקמת

ערך לחם

והרג הוא למקנא פטור, וכ"ש אם פירש והיה רודף המקנא אחריו. [שם סעיף ט']. **סעיף ה'. אפיקורוס.** צ"ל המינים.

באר הגולה

זה הולך על השורש שקדם שמחויבי מיתות שעברו ועשו אין ממיתין אותן עד [*שיגמר] דינם בב"ד, וזה כיון שהערה כבר עשה העבירה. **סעיף ד'** כ. שם [ברמב"ם פ"א מרוצח] דין (י"ג) [י"ב], שם בברייתא [סנהדרין ע"ג ע"א] פלוגתא דר' יהודה ורבנן ופסק כרבנן. ל. טור סעיף ט' ורמב"ם פי"ב מהלכות איסורי ביאה [ה"ד], משנה פרק הנשרפין [שם] דף פ"א ע"ב. מ. ע"ז דף ל"ו ע"ב. נ. מימרא דר' יוחנן סנהדרין דף פ"ב ע"א. ס. הראב"ד בהשגות [שם]. ע. שם במימרא דר' יוחנן. **סעיף ה'** פ. לשון הרמב"ם שם פ"ד [מרוצח] דין י', מברייתא פ"ב דע"ז דף כ"ו ע"ב וסוגיא דגמ' שם, ויש נוסחא אחרת בב"י [סעיף י'] והעתיקה ביו"ד סימן קנ"ח [סעיף ב'] וע"ש. צ. כן הוא ברמב"ם שם. וכתב הכסף משנה [הי"א], בפלוגתא דרב אחא ורבינא וכו' שם פסק כמ"ד מומר להכעיס אפיקורס הוא, ועוד, דרבי אבהו ורבי יוחנן סברי הכי שם. ק. שם בברייתא וכדמפרשי לה אמוראי שם.

ביאור הגר"א

סעיף ד' טז. **לעיני עשרה ישראלים כו'.** כמ"ש בסנהדרין ע"ד ב' אין כו' פשיטא כו': יז. **ודוקא שהתרו כו'.** *על מ"ש הרמב"ם [פי"ב מאיסורי ביאה ה"ד] אם פגעו בו קנאין הרי אלו משובחין וזריזין, כתב הראב"ד בד"א שהתרו בו ולא פירש, אבל לא התרו בו לא אמרינן הרי אלו משובחין, ולמד [*ממש"נ] בסעיף (ב') [א'] והזהירוהו כו': **סעיף ה'** יח. **אפיקורוס כו'.** ט"ס הוא וצ"ל כמ"ש בשו"ע יו"ד סימן קנ"ח סעיף ב' מיני ישראל כו', ופסק כמ"ד [ע"ז כ"ו ע"ב] מין דר' יוחנן ס"ל כוותיה [שם], [*וכן] מפרש (ברייתא) [**ר"י הברייתא] בהוריות י"א א', ועיין תוס' [ע"ז] שם ד"ה וחד אמר כו' ע"ש: יט. (ליקוט) **אם יש בידו כו'.** ר"ל דמ"ש מורידין היינו אם אין בידו כח להורגן, דלא כר"ח [ע"ז שם ד"ה אמר מר] והג"ה בסימן שפ"א סעיף ט"ו (ע"כ):

(*כתב הרמי"ג דאולי צ"ל כן) (*כתב הרמי"ג דאולי צ"ל כן) (**כתב הרמי"ג דאולי צ"ל כן)

באר היטב

סעיף ד' ה. **יהרגני.** פירוש, קודם שתשיגוהו ימית אותי כשירצה שאתם רוצים להמית אותו בשבילי. ומשמע דדוקא בכה"ג דנוכל לומר דמקפדת על פגמה אלא שחוששת לנפשה שמא יהרגנה, ולכך אין שומעין לה דהתורה הקפידה אפגם כזה שלא יעשה, אבל אם אומרת הניחוהו ואל תהרגוהו, דנראה מדבריה דאינה חוששת אפגמה, בזה שומעין לה, וכן משמע לשון הברייתא והרמב"ם שכתבו שלא יהרגני כמ"ש המחבר. אבל בטור כתב דאפילו בכה"ג אין שומעין לה, וכתב הב"י דסבירא ליה דאפילו בכה"ג יש לומר דמקפדת שלא יפגמה אלא שאינה רוצה שיהרג הרודף על ידה. שם [סמ"ע סקי"א-י"ב]: ו. **כן.** עיין בטור [סעיף ט'] שביאר עוד דינים בזה ע"ש:

פתחי תשובה

יצא דרך מרגלותיו, משיצא רובו. וכתב עוד, וצריך להתישב אם ידוע כשיצא דרך מרגלותיו ששניהם ימותו, אם מותר להציל האשה, כמעשה דשבע בן בכרי [שמואל ב' כ'] שכתב רש"י בסנהדרין [ע"ב ע"ב ד"ה יצא ראשו] דדחו נפש מפני נפש, משום דאפילו לא מסרו לו היה נהרג בעיר כשיתפשנו יואב והן נהרגים עמו, משמע היכא דשניהם ימותו מצילין ודוחין נפש מפני נפש כו', וצ"ע להתישב בדין זה, עכ"ל. ועיין מ"ש ביו"ד סימן קנ"ז סעיף א' בהגה. ועיין בתשובת נודע ביהודה תניינא [חו"מ] סי' נ"ט דהגאון השואל ה"ה מהר"ר ישעיה ברלין ז"ל רצה לחדש דהא דתנן יצא ראשו אין נוגעין בו, היינו דוקא בדקים לן ביה שכלו חדשיו, שאז ההורגו נהרג עליו, אבל בלא קים לן שכלו חדשיו, אף שהוציא ראשו, מותר לחתוך אבר אבר להצלת אמו, והוא ז"ל האריך לחלוק עליו ע"ש:

גליון מהרש"א

סעיף ד' בהג"ה. **הבא על הגויה בפרהסיא.** וכן גוי הבא על ישראלית קנאין פוגעים בה. תשובת מהרי"י מינץ סי' י"ב עלה י"ט סוף ע"א [כ' ע"ב במהדורת קראקא תרמ"ב]. שם. **קנאין פוגעים בו.** ואם גם בלינעה יש לו דין גילוי עריות דיהרג ואל יעבור, עיין יו"ד סימן קנ"ז ש"ך סקי"ב.

מאירת עינים

סימן תכו סעיף א' א) או שישכור אחרים. דאילו להצילו בגופו מוהשבותו לו [דברים כ"ב ב'] נפקא לאבידת גופו של חבירו צריך להשיב לו [סנהדרין ע"ג ע"א], ומלא תעמוד על דם רעך [ויקרא י"ט ט"ז] מרבינן אפילו להוציא ממון ע"י שישכור אחרים להצילו צריך. וכתבו הרא"ש [סנהדרין פ"ח סי' ב'] והטור בסימן זה [סעיף א'] ז"ל, מיהו אם יש לו ממון להציל עצמו חייב לשלם לחבירו, והביא הרא"ש ראיה לדבר, ומהתימה שהשמיטו המחבר ומור"ס ז"ל: **ב) עובר על לא תעמוד כו'.** ובהגהות מיימוניות [פ"א מרוצח הט"ו דפוס קושטא] ☜כתבו דבירושלמי [ראה סוף פ"ח דתרומות] מסיק דצריך אפילו להכניס עצמו בספק סכנה עבור זה, והביאו הב"י [סעיף ב'], וכתב ז"ל, ונראה שהטעם הוא מפני שהלה ודאי והוא ספק, עכ"ל. גם זה השמיטו המחבר ומור"ס ז"ל, ונזה י"ל כיון שהפוסקים הרי"ף והרמב"ם והרא"ש והטור לא הביאו בפסקיהן, משו"ה השמיטוהו גם כן:

שפתי כהן

סימן תכו סעיף א' א) או שישכור אחרים כו'. עיין בסמ"ע סעיף קטן א', עד ומהתימה שהשמיטו המחבר ומור"ס ז"ל כו'. כבר כתבו מור"ס ביו"ד סימן (רנ"ג) [*רנ"ב] סוף סעיף י"ב בהג"ה בשם מרדכי [כתובות סי' רע"ד וב"ק סי' נ"ח] ע"ש, וע"ש בב"י (סכ"ג) *שכ"כ בשם **תשובת מהר"י וייל [סי' קמ"ח-קמ"ט]:

ממ"ק ע"פ כת **מכת"י

סימן תכו

חייב אדם להציל את חבירו בין בגופו בין בממונו

ובו סעיף אחד

א **[א)]הרואה את חבירו טובע בים או לסטים באים עליו או חיה רעה באה עליו ויכול להצילו הוא בעצמו [א][א]או שישכור אחרים להצילו ולא הציל או ששמע גוים או מוסרים מחשבים עליו רעה או טומנים לו פח ולא גילה אזן חבירו והודיעו או שידע בגוי או באנס שהוא בא על חבירו ויכול לפייסו בגלל חבירו ולהסיר מה שבלבו ולא פייסו וכיוצא בדברים אלו [ב]עובר על לא תעמוד על דם רעך[ג].**

ציונים ומקורות סימן תכו א) לשון רמב"ם פ"א מרוצח דין י"ד. ג) ויקרא י"ט ט"ז.

ערך לחם

בדפוס מצא קטע זה בסוף סימן תכ"ז הדפסנוהו כאן ע"פ כת"י

סימן תכו סעיף א' בראשו. *כל המכשיל את העיור בדבר והשיאו עיצה שאינה הוגנת לו, או שחיזק ידי עוברי עבירה שהוא עיור ואינו רואה דרך האמת מפני תאות ליבו, הרי זה עובר משום ולפני עור לא תתן מכשול [ויקרא י"ט י"ד], הבא ליטול ממך עצה תן לו עצה ההוגנת לו. הרמב"ם ז"ל פי"ב מהלכות רוצח [הי"ד]. **שם בסופו.** ואם מצילו כאילו קיים עולם מלא. [טור סעיף ב']. וי"א שחייב להכנים עצמו אפילו בספק סכנה. [ב"י סעיף ב' בשם הגהות מיימוניות פ"א מרוצח דפוס קושטא הט"ו]. ואם יש לו ממון לחציל עצמו, י"א שחייב לשלם לזה. [מרדכי כתובות סי' רע"ד וב"ק סי' נ"ח]. ולענין ממונו עיין ר"י בן לב ח"ב סי' כ"ז.

באר הגולה

סימן תכו סעיף א' א. לשון הרמב"ם בפרק א' מהלכות רוצח דין י"ד, ברייתא בפרק בן סורר ומורה [סנהדרין] ריש דף ע"ג. ב. אוקימתא דברייתא שם. וכתב הרא"ש [שם סי' ב'], ☜ והניצול חייב לפרוע למציל מה שהוציא, דאין אדם מחויב להציל נפש חבירו בממונו היכא דאית ליה ממונא לניצול, וכ"כ הטור [סעיף א'], והסמ"ע [סק"א] תמה בזה שהשמיטו המחבר והרמ"א. וכתבו הגהות מיימוניות [דפוס קושטא שם דין ט"ו], בירושלמי מסיק אפילו להכניס עצמו בספק סכנה חייב, וכתב בב"י [סעיף ב'] וכסף משנה, ונראה שהטעם מפני שהלה ודאי והוא ספק. וכתב הסמ"ע [סק"ב] שהשמיט המחבר דין זה מאחר שהרי"ף והרמב"ם והרא"ש וגם הטור לא כתבוהו, ע"כ. וכל המקיים נפש אחת מישראל כאילו קיים עולם מלא.

ביאור הגר"א

סימן תכו סעיף א' א. (ליקוט) **או חיה רעה באה עליו.** דמ"ש שם [סנהדרין ע"ג ע"א] גוררתו לאו דוקא, וכמ"ש בקדושין מ' ב', ופשוט הוא (ע"כ)*:

עיין הערות הרמי"ג

באר היטב

סימן תכו סעיף א' **א. שישכור.** כתב הש"ך [סק"א] דמה שתמה הסמ"ע על המחבר והרמ"א שלא הביאו הדין דאם יש להמוציל ממון שחייב לשלם, כבר כתבו הרמ"א ביו"ד סוף סימן רנ"ב בהג"ה בשם המרדכי, וע"ש בב"י (סכ"ג) מ"ש בשם מהר"י ווייל, עכ"ל:

פתחי תשובה

סימן תכו סעיף א' א. **או שישכור.** עיין באר היטב [סק"א]. ועיין בתשובת בית יעקב סי' קמ"ח מ"ש בזה. ועיין בתשובת צמח צדק סי' קי"א שכתב באחד שנהרג בדרך ונודע מי הוא הרוצח ויכולין להנקם ממנו אם אחד מקרובי הנרצח יבקש דין עליו, הא ודאי דיש לכוף לקרובו של הנרצח שיהא רודף אחר הרוצח להעמידו בדין, כי מצוה מוטלת על גואל הדם להמית הרוצח, ואם אין הוא עצמו יכול להמיתו אם לא ע"י אחר ע"י הוצאת ממון, צריך להוציא ממונו על זה ככל מצות עשה שבתורה. ועד היכן מיקרי גואל וקרוב, נראה דאין שיעור לדבר, אלא כל שאין קרוב יותר ממנו והוא ממשפחת אביו שראוי ליורשו, מיקרי גואל ומוטלת עליו מצוה זו להנקם מן הרוצח. ומ"מ נראה דאין לחייבו שיוציא יותר מהרגילות, והיינו מה שהוא חוק קבוע ליתן לשופטים ושוטרים ולסרדיוט הדן אותו צריך הוא ליתן, אבל אם יצטרך להוציא שכר מליצים ושאר ענינים וכיוצא, ודאי דאין לחייבו. והנכון שאותן הוצאות היתרים יתנו מן הקהל כדי לגדור הפירצה, שאם ח"ו לא יהיו נוקמין מן הרוצח יהיה דמן של בני ברית ח"ו כהפקר. וכן נהגנו פעמים הרבה ועשינו עם פרנסי הדור שהיו מעמידים גואלים לרדוף אחר הרוצחים, ואפילו לפעמים שהיינו יודעים שלא נוכל להוציא מכח אל הפועל להנקם מן הרוצח, אפ"ה היינו מעמידים גואלים לרדוף אותם בדין כדי שיהא מפורסם שאין דמן של בני ברית הפקר, עכ"ד ע"ש: ב. **עובר על לא תעמוד.** עיין סמ"ע סק"ב בענין להכניס עצמו בספק סכנה בשביל הצלת חבירו. ועיין בספר אגודת אזוב מהגאון מהר"ם זאב זצ"ל שכתב טעם נכון מה דהרי"ף והרמב"ם והרא"ש והטור לא הביאו דברי הירושלמי בזה, משום דס"ל דתלמודא דידן פליג על הירושלמי בהא ע"ש. ושם בסוף הספר בהשמטות הביא בשם הרדב"ז ח"ג סי' תרכ"ז שכתב כן בפשיטות דספיקא דידיה עדיף מודאי דחבריה [עיין מה שכתבתי בפ"ת ליו"ד סימן קנ"ז ס"ק ט"ו הבאתי דברי רדב"ז אלו ע"ש], והוא ז"ל כתב על זה, אולם צריך לשקול הענין היטב אם יש בו ספק סכנה ולא לדקדק ביותר, כאותה שאמרו סוף פרק אלו מציאות דף ל"ג [ע"א] גבי שלך קודם לכל אדם, שכל המדקדק בעצמו כך סוף בא לידי כך, וכ"ה בשו"ע [חו"מ] סימן רס"ד סעיף א' ע"ש:

גליון מהרש"א

סימן תכו סעיף א'. **או ליסטים באין עליו.** אף שאינו ברור, דאילו בברור למה לי קרא דלא תעמוד, תיפוק ליה דמצוה להרוג הרודף כדי להציל הנרדף, ומכ"ש הא. חידושי הר"ן סנהדרין דף ע"ג [ע"א ד"ה וכי מה למדנו]. ובתוס' שם ד"ה להצילו תירך, דאי מהתם היה רק עשה, וקא הכתוב ליתן גם לאו. *ועיין שו"ע או"ח סימן שכ"ט. **שם. ויכול להצילו הוא בעצמו.** בספר החינוך מצוה תי"ב בלאו דלא תקחו כופר לנפש רוצח [במדבר ל"ה ל"א], כתב בזה"ל, שאם אולי בזמן הזה מתמת מלכות או סיבה אחרת יבוא בידה ענין שישאלו ממנה להציל נפש רוצח בשביל ממון, שהיא מוזהרת משום לאו זה שלא ליקח ממון ויצילנו, וזה אמרי בכאן שנוהג איסור זה גם בנקבות ובזמן הזה ואעפ"י שהן אינן דנות, עכת"ל. סמ"ע סק"א. **וכתב הרא"ש והטור** סימן זה. עיין ביו"ד סוף סימן רנ"ב. סמ"ע סק"ב. **בספק סכנה.** עיין תשובת יד אליהו סי' מ"ג כמה חילוקים בזה.

אמרי ברוך

סימן תכו סמ"ע סק"א. **אם יש לו ממון להציל עצמו חייב לשלם.** נ"ב, (ד)לפי הסברא נראה דאף אם אין לו ממון בעת הצלה חל עליו לחוב לשלם כשתמצא ידו, ויעוין לשון הרא"ש בפרק בן סורר [המובא בסמ"ע]: סמ"ע סק"ב. **והרמב"ם והרא"ש והטור לא הביאו.** נ"ב, יעוין יש"ש ב"ק פ"ו סי' כ"ו, ומובא במגן אברהם [או"ח] סימן תקע"ד ס"ק ו': ש"ך סק"א. **כתבו מור"ם ביו"ד סימן (כ"ו)** [רנ"ב]. נ"ב, יעוין בחידושי ריטב"א לקדושין דף מ' [ע"ב] ד"ה כלב (רע) [רץ], ויעוין תוס' ב"ק דף ס' ע"ב ד"ה מהו להציל, ובפני משה על הירושלמי סוף פרק החובל [במראה הפנים ד"ה אבל], ובאסיפת זקנים [שיטמ"ק] לב"ק על דף קי"ד [ע"ב ד"ה והרב המאירי]: סמ"ע שם. משו"ה השמיטוהו גם כן. עיין בית שמואל [אה"ע] סימן פ' סקט"ו.

ג [ו][ה]רודף שהיה רודף אחר חבירו להרגו [ז][ב]או אחר אחת מהעריות לאונסה ושבר כלים בין של נרדף בין של כל אדם פטור שהרי הוא מתחייב בנפשו שכיון שרדף [ה*]התיר עצמו למיתה ולכך פטור מהתשלומין ואם הנרדף שבר כלים של רודף פטור *[ח]שלא יהא ממונו חמור מגופו ואם היו של אדם אחר חייב שהמציל עצמו בממון חבירו חייב (ועיין לעיל סימן שנ"ט סעיף ד') ואחר שרדף אחר הרודף להציל את הנרדף ושבר כלים בין של רודף בין של כל אדם פטור כדי שלא יבואו מלימנע מלהציל את הנרדף.

ד [ז][ו]ספינה שחשבה להשבר מכובד המשוי ועמד אחד מהם והקל ממשאה

ציונים ומקורות ו) לשון רמב"ם פ"ח מחובל דין י"ב-י"ד. ז) לשון רמב"ם סוף הלכות חובל.

מאירת עינים

סעיף ג' ז] או אחר אחת מהעריות לאונסה. לשון הטור [סעיף ד'], בין חייבי כריתות בין חייבי מיתות ב"ד או אחר זכר לרבעו כו'. ור"ל אף ע"פ דבחיוב כריתות אין על הרודף חיוב מיתת ב"ד, מ"מ פטור על שבירת הכלים כיון דקים ליה בדרבה מיניה [ש]מתחייב בנפשו בידי שמים, ועיין פרישה [שם]: ח] שלא יהא ממונו חמור מגופו. פירוש, שהנרדף שהרג לרודף פטור, כמו שאמרו [סנהדרין פ"ב ע"א] שאם קדם זמרי והרג לפנחס היה פטור:

שפתי כהן

סעיף ג' ב) או אחר אחת מהעריות כו'. לשון הטור, בין חייבי כריתות בין חייבי מיתות ב"ד או אחר זכר לרבעו כו'. ור"ל דאע"ג דבחיוב כריתות אין על הרודף חיוב מיתת ב"ד, מ"מ פטור על שבירת כלים דקים ליה בדרבה מיניה שמתחייב בנפשו בידי שמים, עכ"ל סמ"ע [סק"ז]. וכל זה תמוה, דסוגיין דעלמא לאפוקי מדר' נחוניא בן הקנה ולא אמרינן קים ליה בדרבה מיניה אלא בחייבי מיתות ב"ד כדאיתא בכתובות דף ל' [ע"א] ובשבועות דף ל"ג [ע"א] ובכמה דוכתי, וכן פסקו כל הפוסקים בהרבה מקומות. ועוד, דאפילו ר' נחוניא מודה הכא דמעידנא דרדף חייב בתשלומין, כדאיתא בכתובות שם [ע"ב] מעידנא דאגביה קנייה וכדלעיל סימן ש"ן ולקמן *סוף סימן שפ"ה *ע"ש. אלא הדבר פשוט דהכא ה"ט דמתחייב הריגה, שהרשות להנרדפים להרגו להציל עצמן בנפשו. וכן מוכח להדיא בש"ס

ש"ך ב"י: עיין בתשובת מהרש"ס [חלק הרי"מ] סי' של"א וסי' ש"מ [קש"כ] מכוד"י

ערך לחם

המוחזק בו, כנ"ל. האומר לחבירו: זרוק מנה לים ואתחייב אני לך, יש אומרים דחייב ויש אומרים דפטור. [ר"ן קדושין ד' ע"ב מדפי הרי"ף], ועיין לעיל סימן קכ"ט [סעיף כ"ב בערך לחם] תשובת רדב"ז [חלק ד סי' מ"א], ועיין אה"ע סימן ל' [בערך לחם סעיף י"א].

טורי זהב

ראיתי טעם זה בדברי רש"ל [יש"ש ב"ק פ"ח סי' ס"ז]:

באר הגולה

סעיף ג' ה. לשון הטור סעיף ד'[ה']. וכ"כ הרמב"ם בפ"ח מהלכות חובל ומזיק דין י"ב י"ג וי"ד. מימרא דרבה פרק הגוזל בתרא דף קי"ז ע"ב ובפ"ח דסנהדרין דף ע"ד ע"א. ה*. פירוש, שהרי ניתן להציל הנרדף בנפשו של רודף. סעיף ד' ו. לשון הרמב"ם שם [פ"ח מחובל] דין ט"ו. ופירש הרב המגיד שם דבריו כמ"ש הרמ"א בשם י"א, דאיירי שטענוהו האחד יותר מדאי ואז המשוי הוי כרודף, והיינו עובדא דחמרא שם [ב"ק קי"ז ע"ב]. ונלע"ד שפירשה כפירוש רש"י [ד"ה אסיק] שהיו כבר האנשים בה בספינה וזה הכניס אח"כ החמור, ובהכבדת החמור בעי הספינה לאטבועי, דהוי רודף שהכביד אותה, וכ"כ הנ"י שם [מ"ד ע"א מדפי הרי"ף], וכגירסא שהעתיק הרב המגיד. אבל לגירסת הספרים וגירסת הרי"ף דגרסי דקדים חמרא למברא וכו', צריך לפרש שהיה החמור משונה שהיה מרקד ומקרטע, ודחפו אחד מהם שלא תטבע הספינה, ופטרו רבא משום דהוי רודף. ומ"ש המרדכי [המובא בציונים אות י"א] והביאו הרמ"א שאם דרך להכניס החמורים וכו' המשליכו חייב, ע"כ הוא תמוה לענ"ד, הלא גם האדם אם ישנה באיזה מעשה ויכנים הספינה כולה בסכנה ניתן להצילו בנפשו, וכבר תמה גם הב"י [בסוף הסימן] בזה ע"ש. ומ"ש הרמ"א פירוש הרב המגיד בשם י"א, משום דיש להראב"ד והנ"י פירוש אחר בדברי הרמב"ם, וכפי פירוש הרב המגיד הדין אמת. ויש להרב סמ"ע [סק"ט] עוד פירוש אחר בדברי הרמב"ם, ע"ש כי אין כאן מקומו להאריך.

ביאור הגר"א

סעיף ג' ד. (ליקוט) אחת מהעריות כו'. אפילו חייבי כריתות. טור [סעיף ד']. וכן הוא בברייתא שם [סנהדרין ע"ג ע"א] ובגמ' [שם] (ע"כ): ה. שכיון שרדף כו'. עיין בנה"ג [אות ה*] פירוש כו', רש"י שם [ע"ד ע"א ד"ה מתחייב] ושם [ב"ק קי"ז ע"ב ד"ה ושיבר]. וז"ש אחת מהעריות, אף בחייבי כריתות וכמ"ש הטור [שם] להדיא, והטעם משום דניתן להצילו בנפשו על כולם כמ"ש שם בסנהדרין. ועיין תוס' דב"ק כ"ב ב' בגדי כו', ותירץ הריב"ס כו': סעיף ד' ו. ספינה כו'. ב"ק שם [קי"ז ע"ב]. והראב"ד [סוף הלכות חובל] השיגו דהא אמרינן שם קט"ז ב' עמד עליה נחשול כו', והמגיד משנה [שם] תירץ דוקא נחשול שאין הספינה טעונה יותר מדאי משא"כ כה"ג דהמשא הוי כרודף, וז"ש וי"א כו'. אבל הנ"י [שם מ"ד ע"ב מדפי הרי"ף] הקשה ע"ז דא"כ הו"ל להרמב"ם לפרש שהשליך המשא האחרון ליס, ע"ש. וכ"ש לגירסא שלנו [בגמ' שם קי"ז ע"ב] דאקדים כו' קמי דסליקו כו'. אבל

באר היטב

סעיף ג' ח. מהעריות. לשון טור, בין חייבי כריתות בין חייבי מיתות ב"ד או אחר זכר לרבעו כו'. ור"ל אע"פ שבחיוב כריתות אין על הרודף חיוב מיתת ב"ד, מ"מ פטור על שבירת הכלים כיון דקים ליה בדרבה מיניה שמתחייב בנפשו בידי שמים, עכ"ל הסמ"ע. וכל זה תמוה, דסוגיין דעלמא לאפוקי מדר' נחוניא בן הקנה ולא אמרינן קים ליה בדרבה מיניה אלא בחייבי מיתות ב"ד כדאיתא בכתובות דף ל' ובשבועות דף ל"ג ובכמה דוכתי, וכן פסקו כל הפוסקים בהרבה מקומות. ועוד, דאפילו ר' נחוניא מודה הכא דבעידנא דרדף חייב בתשלומין כדאיתא בכתובות שם דמעידנא דאגביה קנייה כו', עיין לעיל סימן ש"ן ולקמן סימן שפ"ה. אלא הדבר פשוט דהכא ה"ט דמתחייב הריגה, דהרשות להנרדפים להרגו ולהציל עצמן בנפשו. וכן מוכח להדיא בש"ס ב"ק דף קי"ז ובסנהדרין דף ע"ד וכן פרש"י שם להדיא. (במ"ש) [*וזהו שכתב] שכיון שרדף התיר עצמו למיתה, ולדבריו קשה ל"ל רודף, וזה ברור, וכ"כ הגאון אמ"ו בגליון סמ"ע שלו. ש"ך [סק"ב]:

ע"פ הש"ך

גליון מהרש"א

ערב לך אינו צריך קנין, ולפי"ז האומר קרע כסותי ואני אשלם לך הוי ממש זרוק מנה וכו', והאומר קרע כסותו ושבר כליו של פלוני ואני אשלם לך, יהיה דומה לערוב לפלוני וכו' כיון דעל פיו הוא מחייב עצמו לשלם להניזק ע"י הנזק שעושה. ואולי לא אמרו התוס' יו"ט אלא באמר אני אשלם לפלוני ולא באמר אני אשלם לך, או אולי על צד הדמיון, אף דכאן אין אנו צריכים לבוא לשליחות, מ"מ כיון דאמרינן דברי הרב וכו', א"כ יאמר סברתי שלא תשמע לי. סעיף ג'. רודף שהיה רודף אחר חבירו להרגו. ואם שניהם רדפו להרוג כל אחד את חבירו [והתחילו כאחד, עיין סימן תכ"א סעיף י"ג] ושיבר אחד כלים של אדם אחר, יראה דג"כ פטור, דגם בזה מצוה כל הרואה להרוג אחד מהם. וראיה מסנהדרין ריש דף ע"ד ע"א, דאל"כ מה הוכחה מן כי ינצו אנשים [שמות כ"א כ"ב], דילמא איירי הכתוב בהתחילו כאחת ומצות שניהם מצות מיתה כל אחד לחבירו. ואולי כיון דכתיב ונגפו וכו' יענש, בלשון יחיד, ואילו התחילו כאחת אמאי לא ישלמו שניהם. אך זה אינו, דגם בהתחיל אחד יקשה יתחייב גם השני דהא נרדף שיבר חייב, ולהיפוך אם איירי בלא התחילו כאחד, מה הוכחה, דילמא ענוש יענש קאי על השני שהוא נרדף ולא רודף, והו לק"מ דא"כ אם (אנוס) [אסון] יהיה ג"כ יתחייב. וכן בלא התחילו כאחד, דילמא איירי בנגפו שניהם [עיין אבן עזרא], ומשלם הנרדף הכל כיון שהרודף פטור וכמו בסימן ת"י סעיף ל"ה. דא"כ בדאיכא (אנוס) [אסון] אמאי יהיה נפש תחת נפש דהא הוי כמו הכוהו עשרה בני אדם סנהדרין ע"ח ע"א. שם. בין של כל אדם פטור. לע"ק דלא הזכיר דאם יכול להציל באחד מאיבריו דחייב הרודף לשלם כדמוכח בסנהדרין ריש דף ע"ד. ולדברי המשנה למלך [בהג"ה פ"ח מחובל ומזיק ה"ין] שהבאתי לקמן בגליון סימן תכ"ה סעיף א' [ד"ה באבר מאבריו] ניחא, דהא מ"מ לגבי הנרדף עצמו הוא מתחייב נפשו, והיה מדוקדק היטב לשון הש"ך כאן שכתב "שהרשות לנרדפים להרגו". אך לפי"ז קשה בסנהדרין ריש דף ע"ד אי אמרת בשלמא יכול להציל וכו', וקשה אכתי מי ניחא, הא מ"מ הנרדף יכול להורגו. ועיין בגליון סימן תכ"ה סעיף א' מה שכתבתי על דברי המשנה למלך. שם. שכיון שרדף התיר עצמו למיתה. עיין גליון סמ"ע סימן תכ"ה סק"ג. שם. שלא יהא ממונו חמור מגופו. עיין סימן שפ"ח סעיף י"ג וכש"ך שם סקס"ג וסקנ"ה ובסמ"ע סימן תכ"ה סק"ה. שם. ואם היו של אדם אחר חייב. עיין ש"ך לעיל סימן שע"ח סק"ב. ובהכי מיושב מה דקשה על מהרש"ל בחידושיו [ביש"ש] לפרק הגוזל בתרא [סי' מ"ז] דמסור דנשא ונתן ביד באונס דחייב משום דזכה ביה בהגבהתו והוי שלו לענין אחריות, והרי הכא לא הגביה? אבל יראה דהכא לא אנסוהו שישבור והוא עושה להציל עצמו, משא"כ שם דאנסוהו למסור ביד. סמ"ע סק"ח. שאם קדם זמרי והרג. עיין סמ"ע סימן תכ"ה סקי"ד, ושם הוא רעותא דאף דפנחס רשאי היה להרוג, מ"מ כיון דאינו רק רשות [עיין משנה למלך פ"א מרוצח הט"ו], היה זמרי פטור, אבל כאן א"צ ללמוד מזמרי, דודאי לא גרע הנרדף משאר אדם הרואה שמחויב להרוג הרודף. ועיין רש"י בב"ק קי"ד ב' [ד"ה בדמי] כתב ג"כ טעם לנרדף ששיבר, דרשאי להרוג הרודף שנאמר [שמות כ"ב א'] אם במחתרת וכו', אם בא להורגך השכם להרגו. ש"ך סק"ב. ולא אמרינן קם ליה בדרבה מיניה. עיין לעיל סימן פ"ז סקנ"ח וריש סימן ש"נ בש"ך. שם. דמעידנא דרדף. ושיבר.

הרי זה משובח והוא שמעצמו יקנא ליי' ויפגע בו אבל אם בא לבית דין לשאול אין מורין לו לעשות. ואין רשאין לפגוע בו אלא בשעת מעשה אבל פירש ממנה אין הורגין אותו והורגו נהרג עליו. ולא עוד אלא אפילו בא הקנאי להרוג הבועל (ו) ונשמט הבועל ב) והרג הקנאי להציל עצמו מידו אין הבועל נהרג עליו. (ז) לא פגעו [בו] קנאין ולא הלקוהו בית דין הרי עונשו מפורש בקבלה שהוא בכרת שנאמר כי חילל יהודה את קדש יי' אשר אהב ובעל בת אל נכר יכרת יי' לאיש (ח) אשר יעשנה. וכתב הרמב"ם עון זה אף על פי שאין בו מיתת ב"ד אל יהא

ד **ומ"ש לא פגעו קנאין ולא הלקוהו ב"ד הרי ענשו מפורש בקבלה** וכו'. לשון זה כתבו הרמב"ם בפי"ב מהא"ב (ה"ו) ובא ליישב דלא קשה הא דפרק הרואה (ברכות נח.) דר' שילא חזייה לההוא גברא דבעל גויה ונגדיה וכמ"ש הרב גופיה (שם הל' ג ד) דמכין אותו מכת מרדות ואם בא עליה בפרהסיא קנאין פוגעין בו והרי הנביא צוח דענשו הוא יכרת יי' וגו' דאטו בתרי קטלי קטלית ליה ומתרץ דהנביא מדבר כשלא פגעו בו קנאין ולא הלקוהו ב"ד אבל ודאי דעונש זה יכרת יי' וגו' הוא בין בבא עליה בפרהסיא בין בבא עליה בצנעה י] דכיון שלא עשו בו דין למטה עושים בו דין למעלה:

ה **וכתב הרמב"ם עון זה אע"פ שאין בו מיתת ב"ד אל יהא קל בעיניך** וכו'. ובסמ"ג (לאוין קיב) כתב עוד וז"ל והרי שלח הקב"ה ביד נביאיו שענשו בכרת חמור יותר מכרתה של תורה שנאמר בנבואת מלאכי (ב יא) בגדה יהודה וגו' פי' שכרתה של תורה הוא נכרת ואין זרעו נכרת וכאן אף זרעו נכרת בענין זה שלא יהא בכלל ער ועונה וגו' ואין זה ערירים האמור בעריות דערירי הולך בלא בנים והכא יש לו בנים אלא דלא מעלי. **ומצאתי** על שם מהר"א שטיין וז"ל ראיתי בספר המצות בשער התשובה יא] שכתב כמה בני אדם סבורין שאין אדם נקרא בעל תשובה אלא אם כן בא על אשת איש או על הגויה או יוצא לתרבות רעה וכיוצא בו מעבירות גדולות וכו' הרי שכתב עבירה זו בין אשת איש ובין כפירה ומסיים וכיוצא בו מעבירות גדולות אלמא שמאוד חמור הוא והוא בכלל העבירות הגדולות וצריך ליזהר בו מאוד עכ"ל. עוד כתב מהר"א שטיין וז"ל יש מקשין אמאי לא הביא הסמ"ג הא דפרק עושין פסין (עירובין יט.) אברהם אבינו אינו מניח שום ישראל מהול לישאר בגיהנם דמפיק להו חוץ ממי שבא על הגויה דנמשכת ערלתו ולא מבשקר ליה וכ"ל מאחר שפי' התוספות בפרק הזהב (ב"מ נח: ד"ה חוץ) דאף הבא על הגויה עולה אחר י"ב חודש א"כ הוה כמו א"א שעולה נמי אחר י"ב חודש כדמוכח התם פרק הזהב יב] וא"כ מאחר שכתב הסמ"ג שהוא קשה מכל העריות א"כ ממילא לא גרע מעריות דא"א שאינו עולה עד אחר י"ב חודש וא"ל להזכירו עכ"ל מהרא"ש. **וכתב** עליו מהרש"ל (בביאוריו לסמ"ג שם) וז"ל אבל מ"מ אין נראה בעיני לומר כן שיהא גדול ענשו מאשר עריות שהן בכרת ומיתה

הרב המגיד שלמד כן מדאמרינן (סנהדרין עד:) גבי פרהסיא דקידוש השם אין פרהסיא פחות מי' בני אדם ואמרו שם דכולם ישראל. **וכתב** עוד הרב המגיד בהשגות א"א בד"א שהתרו בו ולא פירש אבל אם לא התרו בו לא אמרינן הרי אלו משובחין ע"כ וי"ל שכל שהוא מזיד אינו צריך התראה שלא מצינו התראה אלא לחייבי מיתות אבל זו הלכה היא ואינן רשאין אלא בשעת מעשה ולא מצינו בפינחס שהתרה בזמרי ומכל מקום יראה לי שמה שאמרו (שם פב:) גבי זמרי שהיה לו לפרוש ולא פירש הוא כשהתרה בו פינחס עכ"ל: **ומ"ש והוא שמעצמו יקנא ליי' ויפגע בו אבל אם בא לבית דין לשאול אין מורין לו לעשות ואין רשאין לפגוע בו אלא בשעת מעשה** וכו' עד **אין הבועל נהרג עליו**. מימרא דרבי יוחנן בפרק הנשרפין (פב.). **כתוב** בארחות חיים (הל' ביאות אסורות אות ח) בשם הרמב"ן (תורת האדם שער הסכנה עמ' לו) ישראל הבא על הגויה כיון שהוא מחייבי מיתה שהרי קנאים יכולין לפגוע בו הרי הוא בכלל ג' עבירות ואפילו הגויה מתכוונת להנאתה יהרג ואל יעבור ונראה לי דהיינו דוקא לבוא עליה בפרהסיא עכ"ל ט]: **ומה שכתב לא פגעו בו קנאים ולא הלקוהו בית דין הרי ענשו מפורש בקבלה שהוא בכרת שנאמר** (מלאכי ב יא) **כי חילל יהודה את קדש יי' אשר אהב ובעל בת אל נכר יכרת יי' לאיש אשר יעשנה** ער ועונה וכו'. שם (בסנהדרין) ומסיים בה אם תלמיד חכם הוא לא יהיה לו ער בחכמים ועונה בתלמידים ואם כהן הוא לא יהיה לו בן מגיש מנחה ליי' צבאות: **וכתב הרמב"ם עון זה אע"פ שאין בו מיתת ב"ד אל יהי קל בעיניך** וכו'. בפי"ב מהלכות איסורי ביאה (ה"ז) ובפרק ב' דערובין (יט.) אמרו שאברהם אבינו אינו מניח שום ישראל מהול ליכנס לגיהנם חוץ מהבא על הגויה שמחמת אותה עבירה ערלתו נמשכת ואינו ניכר שהוא מהול:

פרישה

(ו) **ונשמט הבועל** וכו'. נראה דל"ד נשמט קאמר דהא כשנשמט ופירש מהמעשה אסור להרגו אלא אם עדיין עוסק בעבירה והשכים והרגו דפטור ואע"ג דבאותה שעה בן מות הוא ומותר הקנאי להרגו. ועי"ל דלשון נשמט משמע שנשמט כדי להרגו ולחזור ולבוא על העבירה מה שאין כן כשכבר נגמר המעשה ופירש מהעבירה דבזה דוקא אסור להרגו: (ז) **לא פגעו בו קנאין ולא הלקוהו בית דין**. נ"ל דלגלדין קתני לא פגעו בו בית דין בבעל בפרהסיא בכל האומות ולא הלקוהו בבא על אחד מז' אומות והא דלא מלקין אותו עוד מיירי כגון שלא התרו בו דודאי צריך להתרות בו תחלה א"נ שבעל בצנעה ולא נודע עדיין לאיש: (ח) **אשר יעשנה**. ומסיים בה (ולא יהיה ער ועונה וגומר [ומגיש מנחה ליי' צבאות] פי'. כתובת פסים) אם תלמיד חכם הוא לא יהיה לו ער בחכמים ועונה בתלמידים ואם כהן הוא לא יהיה לו בן מגיש מנחה ליי' צבאות:

הגהות מתוספות יום טוב

ב) **והרג הבועל לקנאי**. מותר להרגו מפני יראתו שמא יהרגנו אחר שנשמט וכ"ש קודם שאין נהרג עליו:

הגהות והערות

עשרה (יד אהרן ח"ב אות א): ט] **עיין** מש"כ בעל המאור בסנהדרין סופ"ח (דף יח ע"א מדפי הרי"ף) דהני מילי (דאמרינן יהרג ואל יעבור כדקאמר לעיל) דקא מכוין הנכרי לעבוריה לישראל אבל להנאת עצמו שרי דהא אסתר ג"ע הואי ופרהסיא הואי ואפ"ה מותר להנאת עצמן הלכך נכרית נמי דקא אונסה ליה לבר ישראל לעבירה להנאת עצמ' הוא ויעבור ואל יהרג ואפי' בפרהסיא ואפי' בשעת השמד כו' ורב אחא משבחא כתב בפרשת וארא כדומה לזה דכל להנאת עצמן שרי ואף בתלמוד ירושלמי יש לנו סיוע כו', יעויי"ש. והרמב"ן במלחמות שם השיג ע"ד וכתב דנכרית אי נמי רשעת בת ישראל דקא אנסא ליה לבר ישראל בעבירה יהרג ואל יעבור כו' שג' עבירות האמורות אסורות להנאת עצמן כו' עוד ראיה לדברינו שאמרו בירושלמי כו' מיהו מעובדא דאמרי' לעיל מסתברא דישראל הבא על הנכרית מיקרי ג"ע משום דקנאין פוגעין בו וה"ל כחייבי מיתות דשייך בהו מיתה וכרת אבל הנבעלת מן הנכרי אין פוגעין בה קנאין כו' שבן שפחה ונכרית כמוה והוא מוליד בן לע"ז אבל נכרי הבא על בת ישראל הולד כשר בין בפנויה בין בא"א ולפיכך אין קנאין פוגעין בה, הלכך אע"פ שהאשה [עושה] להנאת עצמה מותרת איש אסור אפי' להנאת נכרית ואפי' בצנעא כו'. יעויי"ש: י] **וצ"ע** דהרי מפורש בגמרא דב"ד של חשמונאי גזרו על הבא בצינעא שחייב עליה משום נשג"ז, וקרא דיכרת ה' לאיש אשר יעשנה הוא בנבואת מלאכי שהיה בתחלת בנין בית שני, ותחלת ממשלת חשמונאים היה רי"ד שנים אחר בנין הבית כדאיתא פ"ק דע"ז, ואיך יתכן שיאמר מלאכי בנבואתו עונש על גזירה שעדיין לא נגזרה בימיו. וקרוב בעיני לומר דהא דאמרינן בגמ' בי"ד של חשמונאי גזרו משום נשג"ז לאו בבית דין של חשמונאי ממש קאמרי, שלא מצאתי בכל מחברי סיפורי בית שני שום רמז ורמיזה לגזירה זו בימי חשמונאים, אלא כוונתם לגזירת מלאכי וכדאמרינן מגילה (דף טו ע"א) מלאכי זה עזרא דכתיב כי חלל יהודה וכו' ובעל בת אל נכר ומאן אפיק נשים נכריות עזרא. ומ"ש ב"ד של חשמונאים אפשר שלא פשט האיסור בכל ישראל עד שעשו בי"ד של חשמונאים חיזוק לזה ונקרא על שמם, או אפשר שמלאכי האריך ימים עד תחלת ממשלת חשמונאים ואם כן ניחא שפיר שהי' מפרש העונש יכרת ה' על הגזירה שנגזרה בימיו וקאי גם אבעל בצינעא (עצי ארזים סק"ו): יא] **במהרש"ל** לפנינו (שהביא לדברי מהר"א שטיין) איתא, בספר מדות בשער תשובה: יב] **במהרש"ל** לפנינו איתא, כמו שהוכיחו התוס' בפרק

סימן יז

ומה ששאלת הא דאמר רב בפרק הגוזל בתרא[1] הבא במחתרת ונטל כלים ויצא פטור מאי טעמא בדמי קנינהו, תמוה לי אי קנינהו לגמרי קאמר אמאי, וכי מפני שזה התיר עצמו למיתה דאם קדם בעל הבית והרגו פטור עליו יקנה לו כליו, ואם תמצא לומר דקנינהו לשלם דמיהן קאמר וגוף הכלים קנוי לו, גם זה תימא. ולא ראיתי מזה זכר למפרשים ע"כ.

תשובה איברא לדברי רב קנינהו לגמרי ואפילו איתנהו בעין דידיה נינהו, והכי איתא בפרק בן סורר ומורה[2] דאמרינן התם רבא איגניבו ליה דיכרי אהדרינהו ניהליה ולא קבלינהו אמר הואיל ונפק מפומיה[3]. ומיהו בההיא שמעתא דפרק בן סורר[4] פלוגתא בהא דרב, דאמרינן אמר רבא מסתברא מילתיה דרב בשבר דליתנהו בעין אבל נטל ויצא דאיתנהו בעין לא והאלהים אמר רב אפילו נטל דהא אם יש לו דמים ונאנסו חייב אלמא ברשותיה קיימי הכא נמי ברשותיה קיימי ולא היא אי[5] אוקמינהו רחמנא ברשותיה לענין אונסין אבל לענין מיקנא ברשותיה דמרייהו קיימי דמידי[6] דהוה אשואל וכו' מתיב רב ביבי בר אביי הגונב כיס בשבת וכו' היה מגרר ויוצא פטור שהרי איסור שבת ואיסור גניבה באים כאחד הכא במאי עסקינן דשדינהו בנהרא והלכתא דשדינהו בנהרא. ומיהו מסתברא כההיא[7] סוגיא דפרק הגוזל כמאן דאמר אפילו נטל, דהא מכיר כליו וספריו ביד אחר ואיתנהו ואפילו הכי קא מקשי מהא דרב. אלא שאפשר לדחות דליתנהו לאו דוקא, אלא כל דליתנהו בידיה כשבר דמי וכשדינהו בנהרא דמי[8]. ומיהו לכולי עלמא אם גנב במחתרת וטבח ומכר בחוץ פטור, ולא תימא בשעת טביחה ומכירה לאו במחתרת הוא ולא קנינהו דהא מחוייב להדורי למריה והשתא הוא דמיחייב אקרנא ואכפילא[9], לא היא דהשתא לא גנב אלא כעין פקדון הוא בידו וכשואל הוי ולא מיחייב[10], וכן כתב הראב"ד ז"ל בכתובות[11]. ותדע לך דהא אפילו במחתרת אי איתיה בעיניה מיהדר לה למרה, ואפילו הכי פטורין מן התשלומין[12]. ולא עוד אלא אפילו תשלומי קרן פטר ואפילו לא[13] טבח ומכר בחוץ דבדמי קנינהו[14], אלא דאם איתנהו שקלי ליה בעלים, דאין[15] הפרש בין מחתרת לחוץ. וכן גנב בשבת וטבח בשבת או שטבח לאחר השבת, וכן גונב כיס בשבת ושדינהו לנהרא בשבת או לאחר השבת, ולעולם פטור מהכל. ולפיכך נראה לי דהא דאמרינן בפרק אלו נערות[16] גנב וטבח במחתרת פטור דאם אין גניבה אין טביחה ומכירה דמשמע טעמא דאם אין[17] טביחה ואין מכירה, הא לאו האי טעמא היה חייב בתשלומים, ההיא דוקא באומר עם זביחה אני זוכה בה דלא קנינהו קודם שחיטה, אבל בגונב ומעביר[18] במחתרת לזכות בה ואחר כך טבח, בין שטבח במחתרת בין טבח חוץ למחתרת, פטור מהכל מן הדין, דכשטבח ומכר שלו הוא טובח ושלו הוא מוכר. ומלבד ההכרח הזה פירוש אותה השמועה מוכרח הדבר להיות כן ולא בזובח[19] ואחר כך שוחט[20], אלא שאין כאן מקומו.

סימן יח

ומה ששאלת, מילתיה דרב[1] הבא במחתרת ונטל כלים ויצא פטור, ואנהרת עיינין[2] מההיא דמסכת סנהדרין[3], מן התימא הוא להיות גנב זה קונה כלי של בעל הבית מפני שאם הרגו דפטור עליו, ומאי קא[4] מדמי לההיא דגונב כיס בשבת קשיא, דהתם בית דין קא מחייבי ליה מיתה על מלאכת שבת ולא מצו לחיובי ממון דרחמנא אמר[5] כדי רשעתו משום רשעה אחת אתה מחייבו וכו'[6], והא דמחתרת לא דמיא להא דאין בדבר חיוב מיתה[7] בית דין כלל אלא ממון לחודיה.

תשובה לא משום כדי רשעתו פטרי ליה לההוא דגונב כיס, אלא משום דכתיב[8] ולא יהיה אסון, וכדתנן בפרק אלו נערות[9] הבא על בתו ועל בת בתו וכו' אין להם קנס משום דמתחייב בנפשו שמיתתן מיתת בית דין וכל המתחייב בנפשו אין משלם ממון שנאמר ולא יהיה אסון, ואמרינן עלה בגמרא[10] והא מהכא נפקא מהתם נפקא כדי רשעתו משום רשעה אחת וכו' חדא במיתה וממון וחדא במיתה ומלקות. ומולא יהיה אסון דרשינן אפילו חייבי מיתה בשוגג ודבר אחר שהוא פטור, וטעמא דמילתא דכל דאפשר

יז. 1 קיד, ב. 2 סנהדרין עב, א. 3 צריך להוסיף, דרב. 4 צריך להוסיף, איכא. 5 צ"ל כי. 6 צ"ל מידי. 7 צ"ל דההיא. 8 עי' חי' ב"ק שם דנקט בפשיטות דחשיב איתנהו. 9 כ"ה דעת הרא"ה והריטב"א כתובות לד, ב, וכן פשיטא ליה להגרעק"א בדו"ח שם. 10 ר"ל דאפילו יתחייב קרן אינו מתורת גנב אלא מתורת גזלן או מזיק, כההיא דב"ק סה, א בתברה או שתיה, ולא מצטרף להחשב דו"ה. ולהלן כ' דהאמת דאפילו מקרן פטור דשלו הוא. 11 לא מצאתי בראשונים שם שהביאוהו, וגם רבינו בחי' שם לא כ"כ משמו. ועי' רבינו קרשקש שם שדעתו כרבינו. 12 תימה מה ראיה משם, דהא השתא דטבח אינו בעין, ולא מתחייב בתשלומין כיון שטבח במחתרת, ונמצא תשלומי ג' וד'. ושמא ס"ל דכיון שהיה מחויב בקרן מתחייב קנס, ואע"ג דכשמתחייב בקנס דהיינו בטביחתו נפטר מהקרן, כיון שהיה מחוייב מתחילה שפיר חל חיוב הקנס, וא"כ מוכח שמה שחייב להחזיר כשהוא בעין אינו אלא כמחזיר פקדון ולא מצטרף לדו"ה. וצ"ע. 13 ת"ז נראה למוחקה. 14 ע"ע בסימן הבא, ודעת רבינו בזה כדעת בעה"מ בפ' בן סורר (יז, א), אבל הרמב"ן כ' שם דודאי חייב כשובר כליו של חבירו. ועי' יד רמה שם ובמ"מ פ"ג מגניבה ה"ב. 15 נדצ"ל ואין. 16 כתובות לד, ב. 17 צריך להוסיף, גניבה אין. 18 אצ"ל ומגביה. 19 צ"ל בזוכה. 20 עי' חי' שם דמוכח כן מגנב וטבח בשבת דאי זכה קודם טביחה נתחייב בגניבה קודם שבא לידי איסור שבת, וע"ש שכ' לתרץ קושיא זו בדרך אחרת.

יח. 1 ב"ק קיד, ב. 2 בסימן הקודם. 3 עב, א. 4 צ"ל דקא. 5 דברים כה, ב. 6 כתובות לב, ב. 7 צ"ל מיתת. 8 שמות כא, כב. 9 שם לו, ב. 10 שם לז, א.

לבא לידי מיתה פטרו הכתוב מממון, וכדתני חזקיה[11] מכה נפש בהמה ישלמנה ומכה אדם יומת מה מכה בהמה לא חלקת בו בין שוגג למזיד לפוטרו מממון אלא לחייבו ממון אף אדם לא חלקת בו לחייבו ממון אלא לפוטרו ממון, אלא[12] אף על פי דאינו חייב מיתה ממש פטור מממון. ולא במיתת בית דין בלבד אמרו, אלא אפילו הבא על אחותו שלא נפגמה אפילו שלא כדרכה נמי אמרו בפרק בן סורר[13] דאינו משלם קנס הואיל וניתן להצילו בנפשו ואף על פי שלא היה שם בשעת ביאה ממש שום מציל, אלמא כל דאפשר דאתי לידי מיתה פטור מממון. וכיון שכן מה לי אם נטל כלים מחבירו ואיתנהו ומה לי שבר כליו של חבירו, דהרי המזיק ממון חבירו חייב לשלם ואפילו הכי כל דאפשר דיתחייב בנפשו פטור מן התשלומין מאי טעמא בדמי קננהו ולא חשבינן ליה כמזיק ממון חבירו אלא כמזיק ממון עצמו, הלכך אפילו נטל כלים נמי בדמי קננהו ודידיה ניגהו, והיינו טעמא דמאן דסבר בפרק בן סורר[14] דההיא דרב אפילו בשנטל. אלא מיהו אסיקנא התם דדוקא שבר אבל איתנהו לא, ואפשר דזו מדבריהם כדי שלא יהא אדם חוטא נשכר ליטול ממון חבירו ויאכל וחדי, אבל מדברי תורה פטור מכלום[15] דבדמי קננהו[16] ח.

סימן יט

שאלת מה שפירש רש"י ברפ"ק דעירובין[1] ריש מתניתין וז"ל, דכיון דלאו כרשות הרבים שרי לטלטולי ביה מן התורה, וקשה לי עלה דאדרבה רשות היחיד הוא כיון דמוקף שלש מחיצות. ודוחק לומר דאליבא דבית שמאי דקסברי[2] מותר לטלטל עד דאיכא ארבע קא מתרץ לה, דבית שמאי במקום בית הלל אינה משנה.

תשובה אם זאת קושיא אפילו לכשתמצא לומר דאליבא דבית שמאי קא מתרץ לה אין זה מוציאנו מידי הקושיא, דהא אפילו לבית שמאי שלש מחיצות מדברי תורה לפי גירסת הספרים דגרסי לזרוק משלש הוא דמחייב לטלטל עד דאיכא ארבע, וכן נראה שהיה גירסת רש"י ז"ל[3]. אלא שעיקר קושיא ליכא, לפי שרש"י ז"ל הוצרך לפרש איסורו של מבוי ולומר דאפילו דאמרו מבוי שאינו מפולש לא הוי דבר תורה אסרוהו רבנן, דאין איסור דבר תורה אלא רשות הרבים גמורה וזו אינו רשות הרבים גמורה הואיל ויש לה שלש מחיצות, אלא מדברי סופרים הוא דאסרוהו משום לתא דרשות הרבים, ולפיכך היכר בעלמא סגי ליה.

סימן כ

שאלת הא דאמרינן בריש פרק קמא דעירובין[1] אשכחן משכן דאיקרי מקדש וכו', אמאי איצטריך לאתויי הא דמשכן איקרי מקדש דלא איצטריך לאתויי אלא דמקדש איקרי משכן, ודוחק הוא לומר דאיידי דנקט הא נקט הא.

תשובה אי לא אמר אלא מקדש איקרי משכן, אף על פי שהמקדש איקרי משכן מכל מקום אי משכן לא איקרי מקדש אכתי מנא לן דפתח אהל מועד דהכא במקדש קא מיירי[2] דקאי גביה ומשום נמיכותו קרייה פתח. דא[3] איקרי משכן, אלמא תרוייהו חדא מילתא היא והאמור בזה אמור בזה ט.

סימן כא

שאלת הא דקשיא לך[1] בין לרבי יהודה בין לרבנן לילפו מפתח שער החצר, אדרבה הוה להו למילף מפתח האולם לפרש"י[2] שפירש דארחבה פריך, ודוחק לומר דפריך אמתניתין דקתני והרחב מעשר ימעט ולא פליג רבי יהודה.

תשובה אם באת לומר שיקשה בין לרבי יהודה בין לרבנן לילפו מפתח של אולם, אגב חורפיה לא עיין בה מר, דאילו לרבנן לא אפשר להו למילף מפתחו של אולם דקושיין[3] בגובה דקדושת היכל לחוד וקדושת אולם לחוד וכי כתיב פתח אהל מועד אהיכל קאי, עיקר[4] הקושיא לומר למה הוצרך להקשות לרבי יהודה משער החצר ליקשי ליה מאולם גופיה דמיניה הוה גמיר רבי יהודה, זו אחת מקושיותיו של ר"ת[5] שהקשה לפרש"י. ואף זו כבר תירצתי אני[6] כמין חומר, ובלשון הזה כתבתיה, קא סלקא דעתיה השתא דהאי מקשה

רחמים לחיים

ח עמ"ש הר"ן בחי' לפ' בן סו"מ לדע"ב ע"א יע"ש.

ט עיין להריטב"א בחי' לשם דתי' דלא הוה צריך לן דמסתיין כיון לכך הוצרך לאתויי דמקדש.

11 שם לה, א. 12 צ"ל אלמא. 13 סנהדרין עג, ב. 14 סנהדרין עב, א. 15 צ"ל מכלום. 16 עי' סי' יז הע' 14.

יט. 1 ב, א ד"ה מבוי. 2 שם יא, ב. וצריך להוסיף, אין. 3 שם ד"ה לזרוק.

כ. 1 ב, א. 2 צריך להוסיף, דילמא במשכן קא מיירי. 3 צ"ל

כא. 1 צ"ל הא דמקשינן. עירובין ב, ב. 2 בד"ה לילפו. 3 נדצ"ל דקסברי, שם ב, א. 4 צ"ל ואם עיקר. 5 ספר הישר סי' שיט והביאו רבינו בחי' עירובין ב, ב. 6 בחי' שם.

יאי תפיסה מהני, פשוט דא"א להנתפס לחזור ולתפוס

יורשי הנרצח, וחזר הרוצח ותפס מהן וקידש בו הרוצח אשה, לרבי אינה מקודשת, ולרבנן כיון דמדינא לא מצו מפקי מיניה, ולא זכו אלא מחמת תפיסתן, אתא תפיסה דידיה ומפיק מידי תפיסתן ומקודשת. הא ליתא, אטו הא דאמר תפיס מהני במחויבי מיתה משום דספיקא הוא, וכיון דתפיס תפיס, דנימא כי הדר תפיס איהו מהני ואין מוציאין מידו, אלא היינו טעמא משום דלא עבדינן ביה תרתי כדנפקא ליה התם, וכיון דאין רשות לבית דין לענשו במיתה וממון, קים ליה בדרבה מיניה מיתה, ומכל מקום חיוב ממון נמי עליו, משום הכי אי תפיס לא מפקינן מיניה, וכיון דתפסי יורשי נרצח, מעכשיו מן הדין הוא שלהם, ואפילו חזר הרוצח ותפס מידם מוציאין מידו בדיינין ומחזירין ליורשי הנרצח.

המכה את היוצא ליהרג חייב ממון, ולא פטרו הכתוב אלא ממלקות כשאין ההכאה שו"פ

והא ליכא למימר דנפקא מינה להא דאמר התם ריש פרק הנחנקין (דף פה.), היוצא ליהרג ובא אחר והכהו וקללו פטור, והשתא נפקא מינה אם בא אחר והכהו, לרבנן יוצא ליהרג הוא ופטור המכה מלשלם, ולרבי לאו יוצא ליהרג הוא דהא אינו חייב מיתה, וחייב ממון המכה, ואי תפיס מן המכה הוא או יורשיו וקידשו בו, לרבי מקודשת ולרבנן אינה מקודשת. הא ליתא, דשם מוכח להדיא דהא דפטור המכה את היוצא ליהרג, אינו אלא ממלקות, ובהכהו הכאה שאין בה שוה פרוטה, וטעמא משום דכתיב ונשיא בעמך לא תאור, במקיים שבעמך, אבל בהכהו הכאה שיש בה שוה פרוטה ויותר חייב ממון, ואם כן אפילו לרבנן בכהאי גוונא מקודשת.

מיהו יש לומר דנפקא מינה בהכהו הכאה שאין בה שוה פרוטה, לרבנן פטור המכה מן המלקות, ולרבי חייב, ואי הלקוהו בית דין, לרבנן חייבין הבית דין ממון, ואי תפיס ממונם וקידש בו מקודשת, ולרבי כדין הלקהו ואי תפיס ממונם וקידש בו אינה מקודשת. וכי האי גוונא אמרינן התם (דף פז:), מכות בפלוגתא דר' ישמעאל ורבנן, דתנן מכות בשלשה, ר' ישמעאל אומר בעשרים ושלשה, ופרש"י ואם הלקוהו שלשה לר' ישמעאל חייבין לו ממון כשאר חובל בחבירו, ואי תפיס וקידש בו מקודשת, ולרבנן כדין הלקוהו ואינה מקודשת.

אם הלקוהו ב"ד בכה"ג, חייב לשלם, ואי תפיס מינייהו וקידש בו מקודשת, משא"כ לרבי

ומכל מקום קשה לי, אם איתא דהיכא דאיכא מיתה וממון מדינא בר תשלומין הוא, ובכל ענין שבא ממונו ליד שכנגדו זכה בו מדינא, תקשה הא דפרק בן סורר (דף עב.), **(עו)** רבא איגנבו ליה דיכרי במחתרתא, אהדרינהו ניהליה ולא קבלינהו, אמר הואיל ונפיק מפומיה דרב, פירוש דאמר רב התם היה בא במחתרת ונטל כלים ויצא פטור, מאי טעמא בדמים קנינהו, ואמאי לא קיבל כיון דמדינא רמי חיובא דממון עליה אפילו במקום מיתה, ומי גרע הא דאהדרינהו מנפשייהו מתפס בעל כרחם, **(עז)** אלא ודאי כל היכא דקים ליה בדרבה מיניה אינו עליו חיוב ממון כלל מדינא, ואפילו תפס מפקינן מיני'. **(עח)** והא דאתנן אסרה תורה אפילו בא על אמו, נראה כפירוש שני שפרש"י התם, דהיינו טעמא משום דמחוייב לצאת ידי שמים, והשתא אתי שפיר הא דאהדרינהו רבא, כדפירשו התוס' התם (ד"ה לא קבלינהו), דאלו לא היו רוצים להחזיר אלא אם כן יתחייבו בדיני אדם:[שנט] (אבני שהם)

מדרבא לא קבל הדיכרי משום שנפטרו ע"י קלבד"מ (סנהדרין ע"ב.), מוכח דל"מ תפיסה

ברכת צבי

וע' עוד תירוצים במלואי חושן שם. ובשיורי ברכה יתבאר בס"ד באריכות.

שנט. א] בהגהות הר"מ שפירא זצ"ל ציין לקצות החשן (כ"ח, א') שתירץ עפ"ד המהרש"ל הנז"ל (במלואים לאות הקודם ס"ק ב]) דהיכא דהוה מזיד והתראה, מודה רש"י דנפטר לגמרי ולא מהני תפיסה, ורק בחייבי מיתות שוגגין סובר רש"י דכיון דלא עבדינן ביה החומרא מהניא תפיסה. אם כן בא במחתרת הוי כמו מזיד והתראה, ולא מהני בי' תפיסה ומיושב

הלכות עדות

כח כיצד מאיימין העדים ואין מקבלין עדות שלא בפני בעל דין

ובו כו סעיפים

א כל מי שיודע עדות לחבירו וראוי להעידו ויש לחבירו תועלת בעדותו, חייב להעיד אם יתבענו שיעיד לו בב"ד (תוס' וב"י), בין שיש עד אחר עמו, בין שהוא לבדו. ואם כבש עדותו פטור מדיני אדם [א] וחייב בדיני שמים.

כח א) וחייב בדיני שמים. כתב הריב"ש (סי' של"ב) דכל היכא דמחויב לצאת ידי שמים אי תפס מפקינן מיניה והובא בשיורי כנסת הגדולה[1]. ועי' משנה למלך הל' ריבית (פכ"א מלוה הלכה א ד"ה והנה) דלא כן משמע בהא דאמרינן פ' הפועלים (ב"מ לא, א) גבי חוסם פי פרה ודש בה לוקה ומשלם ארבעה קבין לפרה, ופריך והא אינו לוקה ומשלם וכו', רבא אמר אתנן אסרה תורה אפילו בא על אמו. וכתב רש"י ז"ל אתנן אפילו בא על אמו ונתן לה באתננה טלה, אתנן הוא ואסור לקרבן דאתנן סתמא כתיב וכו', ואע"ג דאי תבעה לקמן לדינא תן לי אתנני, לא מחייבין ליה דקי"ל בדרבה מיניה, כי יהיב ניהליה אתנן הוא. אלמא אף במקום מיתה נמי רמי תשלומין עלי', וגבי חוסם נמי תשלומין רמי עלי', אלא שאין כח בב"ד לעונשו שתים, וכיון דרמי תשלומין עלי' לא יצא ידי חובתו עד שישלם, א"כ אי תפיס לא מפקינן מיניה כך שמעתי מפי מורי הזקן עכ"ל. ומשמע מזה דדינא לצאת ידי שמים אי תפיס לא מפקינן מיניה.

אמנם מוהרש"ל בפ' הכונס בב"ק בים"ש (סי' ו') כתב וז"ל: ונראה דכל היכא דחייב לצאת ידי שמים אי תפס מפקינן מיניה אפי' לפי' רש"י פרק השוכר וכו', מ"מ כה"ג מפקינן מיניה, בשלמא בקי"ל בדרבה מיניה חייב הוא, רק דלא [קטלינן בתרי קטלא ו]עבדינן החומרא, הלכך היכא דלא עבדינן החומרא, כגון בשוגג או שלא בהתראה או בזה"ז, א"כ נוכל לומר שהסברא נותנת אם תפס לא מפקינן מיניה דהא סוף סוף חייב הוא. אבל היכא שגרמא בנזקין הוא, ואין בו חיוב מן הדין אלא לצאת ידי שמים, א"כ פשיטא דאי תפס מפקינן מיניה עכ"ל.

והנה משמע מדברי מוהרש"ל דאפילו בקי"ל בדרבה מיניה לא מהני תפיסה אלא דוקא היכא דלא עבדינן החומרא, כגון בשוגג או בזה"ז[2] או שלא בהתראה, אבל היכא דעבדינן החומרא תו לא מחייב כלל בתשלומין, ואפילו תפס מפקינן מיניה[3]. ולכאורה דברי מוהרש"ל המה דברי נביאות דהא שפיר מצינן למימר דאפילו עבדינן החומרא רמי עליו תשלומין, וכן משמע לישנא דש"ס דפריך והא אינו לוקה ומשלם ולזה אמר רבא אתנן אסרה תורה אפילו בא על אמו. **אמנם** נראה דברי מוהרש"ל מוכרחין והוא, דבסנהדרין (עב, א) רבא איגנביה ליה דיכרי במחתרת אהדרינהו ניהליה ולא קבלינהו הואיל ונפק מפומיה דרב דבדמים קנינהו, והקשו בתוס' (ד"ה לא קבלינהו) כיון דחייב הוא לצאת ידי שמים אמאי לא קיבל, ותירצו שהם לא היו מחזירין אלא משום שהיו סבורין שבדין חייבין להחזיר ולא רצו לצאת ידי שמים ולכך לא קבלינהו ע"כ. והנה לשטת רש"י דמהני תפיסה א"כ אפילו לא רצו לצאת ידי שמים למה אהדר רבא בתר דקבלה כיון דמהני תפיסה[4]. אבל לפי מ"ש מוהרש"ל דלא מהני תפיסה אלא היכא דלא עבדינן החומרא, אבל היכא דעבדינן החומרא כגון במזיד והתראה, אין עליו שום עונש אחר בדיני אדם, וא"כ הבא במחתרת עבדינן ליה החומרא דאין לו דמים ורשאין להרוג אותו ואין עליו שום חיוב תשלומין ואע"ג דניצול ולא נהרג לא הוי כשוגג אלא כמו מזיד[5] ובהתראה וברת, דזה ודאי כל דין מזיד עליו, כיון דכבר נתחייב בהחומרא, מה שאין כן שלא בהתראה או בזה"ז, מעולם לא היה עליו החומרא, אלא דהתורה פטרו

פיתוחי חותם

1 להלן סי' עה סק"ד הביא רבנו שוב דברי הריב"ש, ודן שם אם הנותן היה סבור שחייב בדיני אדם ושילם, אי הוי מחילה בטעות, עי"ש.

2 מש"כ רבנו עפ"י המהרש"ל, דבזה"ז דינו כחיי"מ שוגגין, כ"כ גם הש"ך (סי' שלח) והגרעק"א בתשו' (ח"ג סי"ח). ובתרומת הכרי שם הקשה על הש"ך דבאמת חייב מיתה רק בפועל ליכא בב"ד לחייבו. וכן מוכח מהנתיבות (סי' א סק"ג) מהא דהקשה על השו"ע דמזה שאמרו אין לוקה ומשלם מוכח דס"ל דגם בזה"ז הו"ל כחיי"מ מזידין, ובחידושי הרי"מ (סי' י סקל"ו) הקשה על הנתיבות דאשתמיט ליה דברי הש"ך, ועיין במפרשי הים בגמ' דהכונס שם (אות ג) ובאבי עזרי מהדורא ה' פ"ד מחובל ומזיק.

3 וטעם חילוק זה נראה, לפי מ"ש בחידושי רמב"ן רפ"ק דמכות בהא דאמרינן קלב"מ לענין כאשר זמם, אף דמקצת כאשר זמם ליכא, היינו משום דכיון דקלב"מ מקיים ביה כולו כאשר זמם, היינו דיש בכלל מאתים מנה, והוי כאילו נענש גם בעונש הקל, ולפי"ז ישנן שני דינים בקלב"מ: א. דחיוב החמור פוטר מחיוב הקל ואפילו לא עבדינן ביה החומרא, וזה רק בדיני בי"ד אבל ידי שמים חייב, ב. היכא דעבדינן החומרא הוי כאילו שילם גם את הקל וע"כ פטור לגמרי גם ידי שמים. (קובץ שיעורים כתובות אות צ"ג).

4 ואולם רש"י באמת חולק על התוס' כפי שכתב בדעתו הר"ן בחידושיו לב"מ (שם) דאי יהיב ליה בתורת תשלומין, נתינה מעלייתא היא. ועיין תומים מש"כ בדעת התוס' בסנהדרין (עב, א), ואולי יש לפרש כן גם בדעת רש"י, עי"ש. ובאמרי בינה (סי' מז) ר"ל דאף לרש"י ל"מ תפיסה רק היכא דהתחייב א"ע והתנו לתת רק דהב"ד אין מחייבין מ"מ חייב לצי"ש אבל בשאר מזיקין מודה רש"י לדעת חכמי הצרפתים (הובא בפיתוחי חותם הע' 7) דאף לציד"ש אינו חייב ול"מ תפיסה, אך דחה זאת, עי"ש.

5 האחרונים תמהו על רבנו דהרי רש"י כתב להדיא בסנהדרין שם בד"ה אין לו דמים, וז"ל: ואע"ג שנצול ולא נהרג פטור

הגה: ועד אחד לא יעיד אלא בדבר ממון שמביא אחד לידי שבועה או בדבר אסור לאפרושי מאיסורא, אבל אם כבר נעשה האסור לא יעיד דאינו אלא כמוציא שם רע על חבירו (הגה"מ פ"ה מהלכות עדות). ואסור לאדם להעיד בדבר שאינו יודע אע"פ שאמר לו אדם שיודע בו שאינו משקר, ואפילו אמר לו בא ועמוד עם עד אחד שיש לי ולא תעיד רק שיפחד בעל חובי ויסבור שיש לי ב' עדים ויודה לי, לא ישמע לו (טור).

דלא חלקת בין שוגג למזיד, על כל פנים איכא עליה חיוב תשלומין ומש"ה מהני תפיסה, אבל היכא דעבדינן החומרא דאינו ראוי לו לשלם לצאת ידי שמים, לא מהני תפיסה כיון דכבר היה בו עונש החומרא[6], ומתחרת כמו מזיד והתראה בפני הבית ודו"ק. **ובחידושי** הר"ן הקשה ג"כ קושיות תוס' דהא לצאת ידי שמים מחוייבין להחזיר, ותי' בשם הר"ר דוד ז"ל דלא דמי, דהתם גבי אתנן צריך האדם לעמוד בדיבורו אע"פ שלא יתחייב מן הדין, אבל כאן אחר שקנו הני דיכרי בדמייהו לפי סברא דרב, נמצא גניבה זו קנויה לגמרי ביד הגנב ולא ניתן להישבון ע"ש. וקשה דאי נימא משום דחייב לעמוד בדיבורו ונתן לה הוי אתנן, א"כ הא דאמרינן בפרק השוכר את הפועל (ע"ז סג, א) בא עלי' ואח"כ נתן לה אתננה מותר, ורמינהו בא עליה ואחר כך נתן אפי' מכאן ועד שלש שנים ע"ש דפריך וכי אמר טלה זה מאי הוי הא מיחסרא משיכה והא התם ג"כ מחוייב לעמוד בדיבורו כיון שהבטיח לה ול"ע[7]. ולכן העיקר כדברי רש"י אלא דהיכא דעבדינן החומרא לא מהני תפיסה וכמו שכתבנו. **ובזה** ניחא ליישב מה דקשיא לן בהא דתנן בכריתות (יג, ב) יש אוכל אכילה אחת וחייב עליה ד' חטאות ואשם אחד, האוכל חלב מהמוקדשין וכו' ר' מאיר אומר אף אם היתה שבת והוליאו בפיו, א"ל אינו מן השם. וקשיא לן מאי הוסיף ר' מאיר שבת, דהא כמה דהוסיף חיסר אשם, דבפסחים פ' כל שעה (כט, א) תניא האוכל חמץ של הקדש יש אומרים מעל ויש אומרים לא מעל, מאן י"א ר' נחוניא בן הקנה דחייבי כריתות פוטר מתשלומין. והקשו בתוס' (ד"ה ר' נחוניא) אמאי פטור מקרבן מעילה משום קים ליה בדרבה מיניה, הא אמר בהמלניע המוליא אוכלין בכלי שגג באוכלין והזיד בכלי חייב על האוכלין. ותירצו כיון דפטור מקרן וחומש פטור נמי מקרבן, שאין אשם מעילות בא אלא כשיש קרן וחומש וע"ש. וא"כ אם היתה שבת דהוא חייבי מיתות ב"ד, ודאי פוטר מתשלומין דאפילו ר"מ לוקה ומשלם אית ליה מת ומשלם לית ליה כדאיתא בכתובות פרק אלו נערות (לג, ב), וא"כ ליכא אשם, וא"כ מאי מוסיף ר' מאיר כיון דמחסר אידך והוא אשם[8] [א]. אבל לפי מ"ש בשם רש"י דהיכא דקי"ל בדרבה מיניה רמי חיוביה עליה, אלא שאין הב"ד עונשין, ואיהו מחוייב לצאת ידי שמים, וא"כ כיון דקי"ל חייבי חטאות ואשמות אין ממשכנין, ממילא ליכא חיוב אשם בב"ד, דהא אין ממשכנין, ואיהו לעולם מחוייב אשם וגם הקרן והחומש לצאת ידי שמים[9]. והא דאמרינן בפרק כל שעה יש אומרים לא מעל משום דסובר חייבי כריתות פוטר מתשלומין, ולפי מ"ש כיון דאין ממשכנין חייבי חטאות ואשמות, א"כ מאן דאמר מעל על כרחך לצאת ידי

עין לנתיבות: [א] עיין נתיבות סק"א.

פיתוחי חותם

דהו"ל כחיי"מ שוגגין. וכ"כ הקרית ספר בהל' גניבה, ועיין בהגהות ברוך טעם. ואולם ביד רמ"ה שם כתב דהוי כחיי"מ מזידין וכמ"ש רבנו, עיי"ש, וראה בהוספות.

6 ראה לביאור הענין מש"כ רבנו להלן בד"ה אך.

7 אולם כנראה הר"ד ז"ל כיון לשיטת הי"מ מובא בשט"מ ב"מ שם דבאתנן בדינא נמי מחייבי ליה לשלומי וטעמא משום דאיהו אתני אנפשיה למיתן לה ואמרינן ליה זיל הב לה מאי דאתנית והראב"ד הקשה לפירוש זה וכו'. אולם הובא שם משם הרב המאירי שהוא שיטת חכמי הצרפתים שאף בית דין מחייבין ליתן האתנן אף בחייבי מיתות ואמרינן ליה זיל שלים, דלא אמרו אין אדם מת ומשלם אלא בדבר הבא דרך ניזקין, אבל בדבר שקבלו עליו דרך תנאי ומשא ומתן כגון אתנן וחוסם פרה שקבל עליו שלא לחסום, ואף אם לא קבל עליו מ"מ ה"ה כמו שקבל עליו הואיל ומה"ת הוא, וכן מכר בשבת בלקיטת תאנים מכירה הוא ומשלם בב"ד עכ"ל. הרי דדעתם דרק במזיק אין אדם מת ומשלם אבל מה שקבל עליו אף הב"ד מחייבין אותו. ובחוסם פי פרה הוי כקבל כששכר פרתו של חבירו ירד ע"ד זה דאסרה התורה עליו לחסום והוי כהתנה לכך חייב לשלם. וזה נמי דעת ר"ד ז"ל דרק באתנן צריך לעמוד בדבורו אף שלא נתחייב מן הדין, ואין הכוונה דבדיבור בלבד, דז"א, כדמוכח משו"ס מס' ע"ז דצריך קנין, רק היכא דהתנו והיה דרך מו"מ חייב לעמוד בדבורו אף במקום דאם לא התנה היה פטור מטעם קם ליה בדר"מ אבל היכא דלא ירד ע"ד להתחייב פטור בקלבד"מ אף לצי"ש. (אמרי בינה דיינים סימן מ"ז וכ"כ בקה"י כתובות סימן כ"ג אות ב').

8 וכן הק' הצל"ח פסחים (כט, א) ועיי"ש מה שתי'. ועיין בתוס' הגרעק"א למשניות כריתות פ"ג (אות ט) מש"כ בשם אחיו. ועי' בשו"ת מהר"ן יפה (חו"מ סי' א) ובטעה"מ שעל השעה"מ פ"ה מהל' גניבה הביא ראיות לתירוץ הב' של הצל"ח שבחיוב כריתות גם לר' נחוניא אפילו לצאת ידי שמים אינו חייב.

9 המנ"ח (מצוה קכז) כתב כסברת רבנו לענין תשלומי הקדש שאין ממשכנין כיון שהם לשמים והו כחטאות ואשמות, אולם להלן בדבריו (מצוה ר) הקשה על דברי רבנו דהא התוס' בר"ה (ו, ב) ד"ה יקריב כתבו דלאחר ג' רגלים ודאי ממשכנין, א"כ החיוב מוטל עליו ולמה יתחייב חטאת, עי"ש. ועיין בקה"י פסחים (סי' יט) שהאריך לבאר סברת רבנו.

שיש בה חשש חיוב עונש, אין ראוי שילך ויטייל בשוק, בעוד שבית דין מעיינין ונושאין ונותנין בדינו. וזהו ששנינו במכילתא[3] ונקה המכה יכול יתן ערבים ויטייל בשוק, תלמוד לומר אם יקום והתהלך בחוץ, מגיד שחובשים אותו עד שיתרפא. ולכן אם ראו בית דין שיש ממש בדברי התובע ושאם יתברר הדבר שיהיה העובר חייב עונש בגופו, אין נותנין אותו בערבים[4]*.

סימן רלז

רביעית אם מקבלין עדות העדים בפני הכתות או אפילו שלא בפניהם.

תשובה הלכה פסוקה היא שאין מקבלין עדים אלא בפני בעלי דין ואפי' בדיני ממונות, כדאיתא בפרק הגוזל בתרא[1]. כמו שאמרו שם אמרה תורה[2] והועד בבעליו יבא בעל השור ויעמוד על שורו. והסכימו המחברים ז"ל[3] שאף בדיעבד אם קבלו אותם שלא בפניהם אין עדותן עדות[4]*. א"ל לומר בדיני נפשות החמורין. וכן בסנהדרין בפ' כהן גדול[5] גבי עבדא דינאי מלכא קטל נפשא שלחו ליה לינאי מלכא תא את נמי להכא דכתיב והועד בבעליו ולא ישמרנו אמרה תורה יבא בעל השור ויעמוד על שורו. אתא יתיב. א"ל שמעון בן שטח ינאי המלך עמוד על רגליך ויעידו בך וכו'. וכן לשון הרמב"ם ז"ל פ"ג מהלכות עדות[6] גם בדיני ממונות אין מקבלין עדים אלא בפני בעל דין. נראה מלשון גם, שכל שכן בדיני נפשות[7]*. וכן נראה מדבריו בפ"י[8] ובפ' י"ב מהלכות סנהדרין[9] במה שפי' פותחין לזכות שאמרו בגמרא שם[10] דאמרי ליה אי לא קטלת לא תדחל. וא"כ בדיני נפשות אין מקבלין עדות אלא בפני בעל דין דהיינו העובר עבירה. אבל מצאתי בתשובה לרב רבינו אשר האשכנזי ז"ל[11] שבקבלת העדות כנגד המוחזק במסור ומלשין (לשקר) כדי לדין אותו ע"י עובדי כוכבים. אין צריך לקבל העדות בפניו. כי הדבר ידוע שמי שהוא מוחזק במסור ומלשין, (לשקר) העובדי כוכבים מקרבים אותו בשביל הנאתן. ואלו היה צריך לקבל העדות בפניו ולדרוש ולחקור בדינו, לעולם לא יעשה ממנו דין כי ינצל על ידי עובדי כוכבים. כי אפילו כשאינו בסכנה הוא מוסר יחידים ורבים. כ"ש כשיראה עצמו בסכנת גופו שימסור ויסכן כל ישראל. לכן נהגו בכל תפוצת הגולה כשיש מסור מוחזק בכך שג' פעמים מסר ישראל או ממונם ביד עובדי כוכבים (על שקר). שמבקשין עצה ותחבולה למיגדר מילתא שיוסרו האחרי' ולא ירבו מוסרים בישראל וגם להציל כל ישראל הנרדפים מתחת ידו עכ"ל תשובת הרא"ש ז"ל.

ובנדון זה אין נראה שיהיה בדרך זה שהרי לא מסר זה פעמים אחרות. גם שאין נראה שיהיה גברא אלמא ואיש זרוע. ולזה ראוי לקבל העדיות בפניו. אלא אם כן יראה בעיני הדיינים שיש סכנה בזה. שאז לצורך השעה יכולין בית דין לעשות שלא מן הדין לעשות סייג לתורה[12]*. כההיא[13] דשמעון בן שטח באשקלון. אמנם אם חותם אדונינו המלך ירום הודו מספיק לזה אם לא, אתם תחקרו זה עם חכמי העמים.

סימן רלח

חמישית שמעון החשוד במלשינות (שקר) זה הנזכר טען ואמר שדברי ראובן התובע כנגדו מבוטלים לפי שהוא כמו תפוש בבית הסוהר שהרי הוא נתון בערבון מחמת חשד גנבה.

תשובה גם זו לא בשמים היא, ואין לנו עסק בה. שמחמת שהוא תפוש לא יוכל לטעון כנגד אחר שעשה מסירה או הכאה או דבר עברה כנגדו, או כנגד מי. ואם מפני שהוא חשוד בגנבה, אם יש עדים בדבר הוא פסול לעדותו. אבל מפני פסלותו לא יפסל מלתבוע זכות או חובה שכנגדו בדין תורתנו. וההיא דנזקקין לתובע תחלה[1] אינה ענין לכאן. דהתם בדיני ממונות דוקא. וגם שהנתבע חזר לתבוע מן התובע הראשון. ובנדון זה שמעון לא היה בעל הגנבה. וגם הרבה פירושים נאמרו בה.

אבל אם יש בחקת העמים ובנימוסיהם שמן דבר מזה, שהחשוד בדבר לא יוכל לתבוע אחר, ומפני זה יהיה כאלו אין כנגד שמעון תובע, ויהיה שם צד חקירה בדבר לעשות פרוסי"ש בלי תובע ויהיה זה כנגד החק, ותפחדו אם באולי אין יכולת בידכם בזה מצד החותם, ויהיה אפשר לשים לכם עלילות דברים עם היות שמזכיר בחותם שתעשו בדין תורת משה ויהודית, כי להתגולל ולהתנפל על היהודים שיהיה בטלה של שופטי הארץ תהיה גדולה מתורה שלמה שלנו, אין חכמה ואין עצה אתי בזה. ואתם עשו מעשיכם בחכמה ותשאלו פי חכמי העמים מן המוחזקין והמומחין שבהם, כי כבד ממני הדבר הזה עד כי לא אוכל שאתו. זהו הנראה בעיני בשאלותיכם אם היה כאשר עלה בדעתכם שזה האיש חייב עונש, אם יתברר שאמר מה שטען עליו מי שכנגדו.

3 משפטים פרשה ו (כא, יט), וראה כתובות לג, ב, סנהדרין עח, ב רש"י ויד רמ"ה שם. 4* ב"י חו"מ סי' שפח מחו' ה. [ובצ"פ מהדו"ת דף מט ע"ב דן אם חבישה היא רק כדי שלא יברח או שכך הדין שצריך לחובשו, ועי"ש מה שהעיר על המכילתא הנ"ל].

רלז 1 ב"ק קיב, ב. 2 שמות כא, כט. 3 רשב"א ב"ק קיב, א ד"ה משום סומכוס, וכ"כ הרמ"ה מובא בשטמ"ק שם והריטב"א כתובות כ, א. 4* עי' לעיל סי' קח ובב"י חו"מ סי' כח ס"כ. ועי' מ"ש במאמרי "ביאורים בירושלמי למבחן" אות יוד. 5 יט, א. 6 הל' יא. 7* עי' ב"י שם בבד"ה. 8 הל' ז. 9 הל' א. 10 לב, ב. 11 כלל יז סי' א. 12* ב"י ח"מ סי' שפח מחו' ד. 13 סנהדרין מה, ב (פ"ו מ"ד).

רלח 1 ב"ק מו, ב.

ועתה אבאר לכם על מה נענש המסור והמלשין בדין תורתנו ובאיזה דרך. דעו כי המסור והמלשין אינו נהרג מן הדין על מה שעשה. שהרי אף אם מסר או הלשין בדבר שיש בו סכנת נפשות ונעשה מעשה על פיו אין זה נענש מן הדין. שהרי אין הרוצח נענש בבית דין אלא כשהורג הוא בעצמו. אבל כשמצוה או מסבב להרגו כגון ששסה בו כלב או השיך בו נחש אין מיתתו אלא בידי שמים. ואפילו בעדים זוממים אמרה תורה[2] כאשר זמם ולא כאשר עשה[3], והרגו אין נהרגין. וכשנהרגין כשלא הרגו אלא בדבור בעלמא, הוא גזרת הכתוב, וחדוש הוא. אין צריך לומר המוסר שלא נעשה מעשה על פיו שאינו מן הדין שיענש. כל שכן כשאינו מוסר נפש רק ממון לבד שאינו מן הדין שיענש על עסקי ממון.

אבל מה שנענש המסור מן הדין הוא על העתיד ועל שם סופו. ר"ל כגון שעדיין לא מסר אלא שאומר ומגזם שימסור. ואז עונשין אותו מן דין רודף, כדי להציל הנמסר הישראל. לפי שכל ישראל הנמסר ביד עובדי ככבים אפילו על עסקי תבן וקש, יש סכנה בדבר שכיון שישראל נופל בידיהם אין מרחמין עליו, כמו שדרשו ז"ל מפסוק[4] בניך עולפו שכבו בראש כל חוצות כתוא מכמר. והיינו עובדא דרב כהנא דבפ' הגוזל בתרא[5] גבי ההוא גברא דאחוי אתבנא דחבריה אתא לקמיה דרב אמר ליה לא תחוי אמר ליה אנא מחוינא ומחוינא קם רב כהנא שמטיה לקועיה מיניה קרי רב עליה[4] בניך עולפו שכבו בראש כל חוצות כתוא מכמר וגו' מה תוא זה כיון שנפל למכמר שוב אין מרחמין עליו אף ממונם של ישראל כיון שנפל ליד עובדי ככבים שוב אין מרחמים עליו. הנה רב כהנא לא ענש לזה המסור על שהראה כבר לפי שלא היה בזה אלא חיוב ממון לפרוע מה שהפסיד. אלא מפני שאחר שהתרה בו רב שלא ישנה באולתו, עמד במרדו ואמר מחוינא ומחוינא, ואפילו במסירות ממון שאין בו סכנת נפשות. אז קם רב כהנא ועשה מעשה פינחס והרגו, כדי להציל הנרדפים במסירתו. ואע"פ שכבר בטלו אז דיני נפשות. וגם כי רב כהנא לא היה דיין אלא יושב לפני רב כתלמיד לפני רבו. אלא שהרגו מפני שמצוה וחובה לכל אדם להציל הנרדף מיד הרודף, אפי' בנפשו של רודף, מדכתיב[6] ולא תעמוד על דם רעך[6א]. וגם זה צריך להתרות בו אם יש פנאי קודם שיהרוג אותו כמו זה של רב כהנא שהתרה בו רב לא תחוי. וכ"כ הרמב"ם ז"ל פ"ח מהלכות חובל ומזיק[7] שמתרין בו ואומרים לו אל תמסור ואם העיז פניו ואמר לא כי אלא אמסרנו וכו'.

וכן מצינו בברכות פרק הרואה[8] בעובדא דרבי שילא שמתחלה כשאמר ההוא גברא בי מלכא איכא גברא ביהודאי דדאין דינא ולא נקיט רשותא לא הרגו. וכשאמר איזיל ואימא להו דקריאת להו חמרי. אז אמר האי רודף הוא והתורה אמרה הבא להרגך השכם להרגו, מחייה בקולפא דפרזלא וקטליה. וגם בזה אפשר שהתרה בו ר' שילא אע"פ שלא נזכר בגמרא. או שלא היה לו פנאי.

או אפשר שאין הנרדף הבא להציל את עצמו בנפשו של רודף צריך להתרות ברודף, לפי שהוא בהול על נפשו להציל עצמו, ולא חייבוהו להתרות[8א]. אלא כיון שרואה שבא להרגו ישכים הוא ויהפך אל הרודף. אבל איש אחר הבא להצילו צריך להתרות ברודף קודם שיהרגנו אם יש פנאי. ובפרק בן סורר ומורה[9] סובר רב הונא שהיו מצילין הנרדף בנפשו של רודף ולא היה צריך להתרות ברודף רק שאומרים לו ישראל הוא בן ברית הוא ואין צריך שיקבל עליו התראה אלא בנהרג ע"י ב"ד. וכ"כ הר"ם ז"ל פ"א מהלכות רוצח[10]. ובשם הרא"ה ז"ל[11] מצאתי דאפילו מאן דאית ליה דרודף צריך התראה היינו לגבי אדם אחר דעלמא, אבל לגבי נרדף לכ"ע אינו צריך התראה[11א].

ובדין הרודף אחר חברו להרגו או אחר הערוה כך היה הדין (בזמן הבית)[12] שקודם מעשה מצוה ביד כל אדם להמירם[13] כדי להציל ולהושיע הנרדף. ואם עשו מעשה אין הורגין אותן אלא ע"י ב"ד בעדים ובהתראה כפי ענשן הראוי להם, וכדאמרינן בסנהדרין פרק בן סורר ומורה[14] נעבדה בהן עבירה אין מצילין אותן בנפשן. וכן המסור [כיון שחיוב הריגתו מן דין רודף, קודם מעשה הורגין אותו כל אדם בכל מקום ובכל זמן להציל הנרדף. אבל][15] כל שעשה מעשה ומסר [אין הורגין אותו אבל][16] מביאין אותו לב"ד ועונשין אותו כפי המתחייב לו מן הדין או יותר משום מיגדר מלתא כפי צורך השעה ומחייבין אותו לשלם לנמסר מה שיתברר בעדים שהפסידו.

2 דברים יט, יט. 3 מכות ה, ב. 4 ישעיה נא, כ. 5 ב"ק קיז, א. 6 ויקרא יט, טז. 6א בסנהדרין עג, א. 7 הל' י. 8 נח, א. 8א כתב בעל מל"מ בגליון הריב"ש שלו (מובא במל"מ הל' חובל ומזיק פ"ח ה"י ע"י העורך מהר"י כולי) וז"ל: וכיוצא בזה כתבו ז"ל דהא דאמרינן דאם יכולין להציל באחד מאיבריו של רודף שאין הורגין אותו שדין זה לא נאמר אלא באיש אחר הבא להציל אבל הנרדף אינו מדקדק בזה ועי' בכנה"ג בחי' על הרא"ם פרשת וישלח עכ"ל. וראה חי' רע"א שם, הגרש"ש איגר בדו"ח כתובות לג, ב ואו"ש הל' רוצח פ"א הי"ג. ועי"ע בכנה"ג חו"מ סי' שפח בהגב"י אות סב דרבינו סותר עצמו למש"כ להלן סי' תעג. ור' גם להלן שם בסי' תכה בהגה"ט סקכ"א ובכנה"ג או"ח בלשונות הרא"ם לפרשת וישלח. ובארוכה בשו"ת גליא מסכת חו"מ סי' ה. 9 סנהדרין עב, ב. 10 הל' ז. ובמנ"ח מצוה רלו הקשה על הרמב"ם שבמוסר פסק שצריך התראה, ובִרודף פסק דאין צריך, ועי' טור וב"י חו"מ סי' תכה. 11 נראה שכ"כ הרא"ה בחי' לסנהדרין עב, ב. [הרא"ה בחי' לכתובות כב, א ועה, ב מזכיר את חי' למסכת סנהדרין. ועי' שו"ת ריב"ש המכונות חדשות סי' יב שהרב שמואל שלום העתיק קטע מחי' הרא"ה סנהדרין לב, ב וממנו בשו"ת מהרח"ש סי' ח דף קכז. וראה להלן סי' רסו (43) וסי' רעא (8). חי' אלו עדיין לא הגיעו לידינו]. 11א לכאורה צ"ע שהרי אמרו שם שבא במחתרת צריך התראה, והתם מיירי בנרדף, ועי' סד"ט אהלות פ"ז דף קכה, א. 12 בד"ר ליתא ונוסף מחמת הצנזור. 13 בד"ר: להרגן. 14 סנהדרין עג. א. 15 הושלם עפ"י ד"ר. 16 עפ"י ד"ר.

ואת־הצאן ואת־הבקר והגמלים לשני מחנות: ט ויאמר
אם־יבוא עשו אל־המחנה האחת והכהו והיה המחנה

רש"י

יהרג, ויצר לו אם יהרוג הוא את אחרים: (ט) **המחנה האחת והכהו** מחנה משמש לשון זכר

רא"ם

וזכו בביאה שנייה ואין בזה הכחשת הנביא. ומה שאמר ירמיה הוא כשלא נתקיימה כלל, לא בלה ולא מקצתה[83].

ויצר לו שמא יהרוג אחרים.

בבראשית רבה[84]. יש מפרשים[85] שמא יהרוג את עשו ויקללנו אביו. וכן מצאתיו בתנחומא[86]. אבל מהריגתן של אחרים לא היה מצר, מפני ש"הבא להורגך השכם להורגו", כדנפקא לן מקרא ד"אם במחתרת ימצא הגנב והכה ומת אין לו דמים"[87] לפי שבא על עסקי נפשות, שיודע שאם תמצאנו חותר לא תעמיד עצמך מלהציל ממונך, והוא בא לדעת כן שיקום עליך ויהרגך, לפיכך אמרה תורה השכם אתה והרגהו, כדאיתא בברכות פרק הרואה[88] ובסנהדרין פרק בן סורר[89].

ואם תאמר, והלא עשו גברא אלמא הוה, ושמא הביאם בעל כרחם[90]. יש לומר, אפילו הכי לא היה להם לשמוע לו שהרי נמנו וגמרו בעליית בית נתזה בלוד: "כל עבירות שבתורה אם אומרים לו לאחד עבור ואל תהרג, יעבור ואל יהרג, חוץ מעבודה זרה וגילוי עריות ושפיכות דמים", כדאיתא בסנהדרין בפרק בן סורר[91] משמיה דרבי יוחנן משום רבי שמעון בן יהוצדק. אך קשה, דילמא לא להרוג אותו נתכוונו, אלא להרוג האחרים שהיו עמו[92], דהשתא לית בהו משום הבא להרגך השכם להרגו, אלא משום רודף, והרודף אחר חבירו להרגו אין הורגין אותו אלא כשאינן יכולין להציל את הנרדף באחד מאיבריו של רודף בשיקטעו ידו או רגלו וכיוצא בהם, שאז ניתן רשות (לרודף) להציל

---

83. בגור אריה כתב "וכל אלו דברים אין להם שורש ויסוד וענף". ובלבוש כתב, שדברי רבינו מושרשים ומיוסדים על אדני פז. ופירוש דבריו. כל נבואה אינה אלא להישיר דרך בני אדם, לפיכך כל הבטחה ע"י נביא לאחרים או לנביא עצמו אינה אלא על תנאי באם יטיבו מעשיהם, אלא שה' נזהר שלא לגלות לנביא נבואה הנוגעת לאחרים אלא אם כן תתקיים ולא יגרום החטא שתתבטל. ונבואת "עד יעבור" היתה עתידה להתקיים במקצתה, ובאשר לחנניה, לא היו דבריו עתידים להתקיים כלל. אבל בנבואה הנוגעת לנביא עצמו, שאין בה הכחשת הנביא, תתכן נבואה שתתבטל לגמרי, אם לא יתקיים התנאי. הקשה הר"י חזן, דבהקדמת הרמב"ם לזרעים כתוב שחייבים דברי נביא אמת להתקיים בשלמותם והוא מאמר הכתוב "כי לא יפול מדבר ה' ארצה". בלשון ערומים דחה קושית הר"י חזן ואמר, שדברי הרמב"ם הם רק כשלא גרם החטא. בתוע"ר [גאטיניו] תירץ, שהרמב"ם דבר רק בשעה שמנסים הנביא בקבלתו כנביא, אבל לאחר שהוחזק כנביא ולא נתקימה הנבואה בשלמות, תלינן בגרימת החטא. הקשה בקול יעקב, דלפי אבחנת רבינו בין קיום כל ההבטחה לקיום מקצתה, למה היה מתירא יעקב, הרי אפילו אם יגרום החטא צריך שתתקיים מקצת ההבטחה ולא יהרג, ויש ליישב. **84.** בראשית רבה עו, ב. **85.** לא מצאתי. **86.** בתנחומא לפנינו ליתא. **87.** שמות כב, א ורש"י. **88.** ברכות נח. **89.** סנהדרין עב.: **90.** הקשה ביפה תואר, דמנין לרבינו שאם הרודף רודף באונס אין לנרדף להורגו כדין כל הבא להורגך. וראיה להתיר, שהרי הורגים עובר המסכן את היולדת, ועיין תוע"ר [קראבליו]. **91.** סנהדרין עד. הקשה ביפה תואר, דסוף סוף הרודף מחמת אונס אנוס הוא ואם הרג מחמת אונס אף שנהג שלא כדין אין בית דין הורגים אותו, אם כן עדיין היה ליעקב להצטער אילו היה הורגם. בעץ חיים הקשה, דיהרג ואל יעבור לא נאמר על בן נח [סנהדרין עד.], ואולי אפילו בפרהסיא פטור [עיין ברבינו שמות ד, כד ד"ה מפני ובהערותינו], ועיין בלשון ערומים, משכיל לדוד ותוע"ר [קראבליו]. **92.** הקשה ביפה תואר, דודאי באו בעזרתו של עשו להרוג את יעקב ולא רק את האנשים שעמו והבא להרגך כו'. ועוד, דאם יעקב מצטער על הריגת אחרים למה לתנחומא לומר טעם שחשש מקללת אביו כשיש טעם פשוט יותר, עי"ש עוד. בלבוש טען, שודאי היה יעקב רשאי להרוג אף אם לא באו להרוג רק את אנשיו וכל שכן אם באו להרוג את אשתו, כי הם ידעו שיעקב יעמוד נגדם ובא על דעת

רש"י

ולשון נקבה. (תהלים כז ג) אם תחנה עלי מחנה, הרי לשון נקבה, (לג ח) המחנה הזה, לשון זכר. וכן יש אחר דברים משמשים לשון זכר ולשון נקבה, (לעיל יט כג) השמש יצא על הארץ, (תהלים יט ז) מקצה השמים מוצאו, הרי לשון זכר. (מ"ב ג כב) השמש זרחה על המים, הרי לשון נקבה. וכן רוח (איוב א יט) והנה רוח גדולה באה, הרי לשון נקבה, (שם) ויגע בארבע פנות הבית, הרי לשון זכר, (מ"א יט יא) ורוח גדולה וחזק מפרק הרים, הרי לשון זכר ולשון נקבה. וכן אש (במדבר טז לה) ואש יצאה מאת ה', לשון נקבה. (תהלים קד ד) אש לוהט, לשון

רא"ם

את הנרדף בנפשו של רודף. אף על פי שעדין לא הרג הרודף את הנרדף[93], כמו ששנינו בספרי[94] אליבא דחכמים, אבל אם היה יכול להציל את הנרדף באחד מאבריו ועבר והרגו, הוא כרוצח גמור. לפיכך צריך לומר ד"ויצר לו — שמא יהרוג את אחרים" לאו אעשו לחודיה קאי אלא אכולהו. וההיא דתנחומא דקאמר שמא יקללנו אביו הכי פירושא: וכי תימא בשלמא בשאר האנשים שבאו עם עשו, דין יש לו ליעקב שיצר לו, שמא יהרוג מהם, דדילמא לא נתכוונו להרוג אותו אלא את העם אשר אתו, ואינן אלא רודפים, ולא ניתן רשות להורגן, אלא כשאינו יכול להציל הנרדף באחד מאבריו, ופחד שמא יהרוג מהם ברוב בלבולו בשעת המלחמה, אף על פי שהיה יכול להציל באחד מאיבריו של רודף, אלא בעשו למה הצר לו, והלא עשו בודאי להורגו קא מכוין, והתורה אמרה "הבא להורגך השכם להורגו"[95]. והשיבו, כדי שלא יקללנו אביו, כי לא יחשוב אביו שעשו בא להרוג את יעקב, שהרי בחזקת כשר היה אצלו, כדנפקא לן מ"ויאהב יצחק את עשו כי ציד בפיו" — שהיה צד ומרמה את אביו בפיו, אבא היאך מעשרין את התבן ואת המלח"[96]. ויש ספרים שכתוב בהם "ויצר לו — שמא יהרוג הוא אחרים" ומפרשים דקאי אעשו, שמא יהרוג עשו את האחרים שהיו עם יעקב[97]. והכי משמע נמי לישנא ד"ויצר לו", שפירוש "לו" לאותם שהם שלו, שהיה יעקב ירא שמא יהרג הוא, וגם היה מצר בעבור העם שלו שמא יהרגם עשו. ואין זה נכון מפני ש"הוא" מורה רק על יעקב. ועוד, שהטעם של תנחומא דשמא יקללנו אביו ולישנא דבראשית רבה דלקמן יכחישם. ומה שהכריח את רבותינו ז"ל לפרש "ויירא" לדבר אחד ו"ויצר לו" לדבר אחר, הוא משום דאין יראה בלא צרה, ומאחר שאמר "ויירא" ידענו שהיתה לו צרה, למה חזר וכתב "ויצר לו" שמע מינה: חד שלא יהרג, וחד שלא יהרוג. וכך אמרו בבראשית רבה אמר רבי יהודה בן רבי אלעאי: לו היה יראה ולא היה צרה[98], אלא וירא שלא יהרג, ויצר לו שלא יהרוג. אמר: אם מתגבר הוא עלי הורגני, ואם אתגבר אני עליו הורגו". פירוש: אחר שהיה לו יראה ולא היה לו צרה בתמיהה, איך אפשר שיהיה לו יראה ולא יהיה לו צרה, ואם כן "ויצר לו" למה לי, אלא וירא שמא יהרג, ויצר לו שמא יהרוג.

ט) [המחנה האחת והכהו] "ורוח גדולה וחזק מפרק הרים" הרי זכר ונקבה. פירוש: שניהם יחד בענין אחד, אבל "והנה רוח גדולה באה ויגע בארבע פנות הבית"[99], אף על פי שהם זכר ונקבה בפסוק אחד, אינם בענין אחד, כי "והנה רוח גדולה באה" ענין אחד, "ויגע בארבע

להרוג גם אותו, ולא גרע מהבא במחתרת שמותר להורגו. ועיין בנמוקי שמואל, תוע"ר [קראבליו], שו"ת חיים שאל [א, צה], שבות יעקב [ב, קפז] ויביע אומר [חלק ד חו"מ סי' ה']. **93.** הקשה באורים גדולים, דיהודי אינו מצווה להציל רודף גוי באבר, אלא מותר להורגו **94.** ספרי אות רצג על כה, יב. **95.** הקשה בנחלת יעקב מגמ' בסנהדרין [מט. עג. ורש"י שם] שיואב פטור על הריגת אבנר רק משום שלא היה יכול להציל עצמו בפגיעה באחד מאבריו, הרי שגם בהבא להרוגך צריך להציל באבר אחד. ותירץ בהוט המשולש, דכאן לא היה יכול להציל עצמו באחד מאבריו, ועיין תוע"ר [גאטניו] ומוהרא"ל. **96.** כה, כח ורש"י שם. באבק סופרים הקשה, דאחר הברכות ידע כבר יצחק מרשעת עשו. **97.** הקשה בכנסת הגדולה, דאיפכא מסתברא, דגירסתם עם "הוא" מתפרשת על יעקב עוד יותר בבירור מגירסתנו. ותירץ, שאולי כונת רבינו שאפילו לפי גירסתם מפרשים הם על עשו. **98.** לפנינו במדרש הגירסא "ולא היא.. ולא היא". **99.** איוב א, יט.

בפועל כל מה שאפשר לו לעשות מן המצוות ויקבל על עצמו לעשות המצוות שלא הגיעו עדיין לידו והמצוות שאי אפשר לו לעשותם שאינו מצווה בהם כמצוות הכהנים וזולתם בקריאה בהם ובקבלתם אלו היה נצטווה, נחשב לו כאלו עשאו. וזה הדרך כולל כל המצוות אף בזמן שאין בית המקדש קיים, כמו שכתוב (ויקרא ז, לז), זאת התורה לעולה ולמנחה וכו׳, כי בקריאת תורת עולה ומנחה נחשב לו כאלו עשאם ואפילו הוא ישראל. וכן אותם המצוות שלא היו ולא עתידין להיות, בקריאה בהם נחשב כעשייה, כן נראה לי:

ח. רש״י ד״ה ויירא ויצר. ויירא שמא יהרג ויצר לו אם יהרוג הוא את אחרים. ואיפכא ליכא לפרש, משום דקשה לרש״י דמעיקרא הוי ליה למימר ויצר ואחר כך ויירא, שהרי אין מורא בא לאדם אלא מתוך צרה הקודמת, לכן פירש ויירא שמא יהרג וכו׳. אי נמי נפקא ליה מדכתיב מאד גבי ויירא וגבי ויצר לא כתיב מאד, לכן פירש ויירא שמא יהרג מפני שיותר היה ירא שמא יהרג ממה שהיה דואג שמא יהרוג הוא את אחרים, כן נראה לי:

רש״י באוד״ה. ויצר לו אם יהרוג הוא את אחרים וכו׳. כתב מורי הגאון מהר״ר מרדכי יפה ז״ל, דודאי היה יעקב מותר להרוג את אחרים אפילו אם לא באו להורגו אלא להרוג את אנשיו וכל שכן אם באו להרוג גם בניו ונשיו. ואין זה דומה לשאר רודף שאסור להורגו כל זמן שיכולין להציל את הנרדף באחד מאיבריו של הרודף דהא מהיכן ילפינן (סנהדרין עב.) הבא להורגך השכם להורגו, מקרא (שמות כב, א) דאם במחתרת ימצא הגנב והוכה ומת אין לו דמים, לפי שבא על עסקי נפשות וכו׳, כדפירש רש״י לקמן (שם), ואם כן אם לגבי ממון אמרינן כך קל וחומר מי שבא כנגד איש אחד אף על פי שאין רצונו להרוג אותו אלא רוצה להרוג אשתו ובניו או אפילו אנשיו ועבדיו ובני ביתו וכי לא ידע שיעמוד זה כנגדו להצילם, אלא ודאי לדעת כן בא שאם יעמוד זה כנגדו להציל אשתו ובניו ואנשיו יעמוד גם הוא עליו ויהרגהו ואם כן למה היה מיצר יעקב שמא יהרוג את אחרים הלא בהיתר היה הורגם, אלא ודאי לא היה מיצר יעקב אלא שמא יהרוג את עשו ויקללנו אביו כמו שכתוב בתנחומא. והא דלא נקט בהדיא שמא יהרוג את עשו, היינו משום איידי דהוצרך לינקוט ברישא גבי ויירא, שמא יהרג סתם, שלא היה יכול לומר שמא יהרג מעשו, כי ודאי יראת יעקב היתה שמא יהרג או מעשו או מאנשיו, הוצרך רש״י גם כן לסיים דבריו שמא יהרוג הוא את אחרים, אף על פי שאין כוונתו אלא על עשו, עכ״ל.

ואני אומר אף על פי שדברי טעם הם, מכל מקום תמיה אני מאד איך מלאו לבו לפסוק חידוש גדול כזה מסברא דנפשיה, דלא אישתמיט שום תנא ולא אמורא ולא שום פוסק בעולם לחלק בין רודף אחר חבירו להורגו לרודף אחר אשתו ובניו של חבירו להורגם שמותר לבעל להצילם בנפשו של רודף אף על פי שיכול להצילם באחד מאיבריו של הרודף. ובפרט הרמב״ם ז״ל לא הוה שתיק מלומר חילוק זה, וצ״ע:

יג. רש״י ד״ה ושמתי את זרעך כחול הים. והיכן אמר לו כן וכו׳. לא ידענא למה לא הקשה רש״י כן מקודם על היטיב איטיב, והיכן אמר לו כן:

טז. רש״י ד״ה גמלים מניקות ובניהם שלשים. ומ״א ובניהם, בנאיהם זכר כנגד נקבה וכו׳. כתב החזקוני לפי פרש״י היו שלושים זכרים ושלושים נקבות. וכן פירש החכם מהר״א אשכנזי ז״ל (מעשי ה׳ ח״ב פל״ג) [וז״ל], שהמנחה הזאת היתה תק״פ בעלי חיים חשבון שעיר לעזאזל, וכן נאמר על עשו איש שעיר וכן היה הר שעיר בחלקו, ולכך נתן לו מנחה בחלקו,

להנצל, וכל שכן נשא ונתן ביד שחייב בתשלומין. ואם לאחר שהראה מתוך האונס נשא ונתן ביד, משעה שהראה רואין את הדבר כאילו נשרף ושוב אינו מתחייב עליו משום נשא ונתן, ומשום שהראה נמי אינו חייב, כיון שהראה מתוך האונס כדכתיבנא. והכי אמרינן התם [שם] ההוא גברא דאחוי חמרא דרב מרי ורב פנחס בני דרב פפא, פירוש מתוך האונס, אמרי ליה דרי ואמטי[יג], דרא ואמטי, ואסיקנא דכיון דאוקמינהו עילויה מיקלא קליא[יד] ושוב אינו מתחייב עליו.

(ה) והיכא דהראה מעצמו בלא טענת אונס חייב מיתה ותשלומין[טו], דגרסינן התם [שם] ההוא גברא דהוה בעי דנחוי[טז] בי תבנא דחבריה, אתא לקמיה דרב, אמר ליה רב לא תעביד הכי, כלומר התרה בו, לא הוה צאית, הוה יתיב רב כהנא קמיה דרב, קם רב כהנא שמטיה לקועיה[יז], כלומר הרגו. והכי מוכח הא דאמר ליה רב לרב כהנא, האידנא מלכותא דפרסאי היא וקפדי אשפיכות דמים. ואמרינן נמי בגמרא [שם קי"ט ע"א] גבי מאי דבעיא לן ממון מוסר אם מותר לאבדו, ומהדרינן לא יהא ממונו חמור מגופו, אלמא דגופו מותר לאבדו.

מיהו דוקא בשעת מעשה ועל ידי התראה, וכמעשה דרב כהנא, ואינו צריך שיקבל עליו התראה כשאר חייבי מיתות[יח]. ומי שמוחזק למסור, נראה שהוא כמותרה ועומד, ומותר להורגו בכל שעה.

ודעת הרמב"ם זכרונו לברכה [חובל ומזיק פ"ח הל' י' — י"א] שכתב בדין מוסר כך הוא, כיון שאמר הריני מוסר פלוני בגופו או בממונו ואפילו ממון קל, הרי זה התיר עצמו למיתה, ומתרין בו ואומרין לו אל תמסור, אם העיז פניו ואמר לא כי אלא אמסור, מצוה להורגו וכל הקודם להורגו זכה. עשה המוסר אשר זמם ומסר, יראה לי שאסור להורגו, אלא אם כן הוחזק למסור הרי זה יהרג שמא ימסור אחרים, עד כאן לשון הרב. הצריך התראה למי שאינו מוחזק למסור, ושיקבל התראה[יט], (ו) ולמי שהוא מוחזק למסור נראה מתוך דבריו שאינו צריך התראה.

ואין המוסר יכול לומר בשביל שפלוני מיצר לי אני מוסרו ביד גוים, שאין זה פוטרו מעונשו[כ]. אבל המיצר לציבור, מותר לציבור למוסרו ביד גוים, וכן כתב הרמב"ם זכרונו לברכה [שם]. (ז) ואסור לאבד ממון מוסר, משום רשע יכין וצדיק ילבש[כא], כדאסיקנא בפרק הגוזל [שם].

יעויין במגיד משנה שם. ובש"ך סי' שפ"ח [ס"ק כ"ד] דעתו כדעת הרא"ש והגאונים, דפטור מחמת האונס אף דנשא ונתן ביד.

התראה (ה)[ה] והיכא דהראה מעצמו בלא טענת אונס חייב מיתה וכו' ועל ידי התראה. עיין במגיד משנה פ"ח מחובל ומזיק ה"י שכתב גבי עובדא דרב שילא בברכות נ"ח ע"א, או דהתרה בו או שלא היה פנאי להתרות בו. ובמשנה למלך [שם] כתב, דוקא אחר צריך להתרות בו, אבל הנמסר גופיה או הנרדף אינו צריך להתרות בו בהרודף או במוסר, על כן לא היה צריך רב שילא להתרות בו, עי"ש.

קלבד"מ במוסר [ו] והנה הרוצה למסור יש לו דין רודף דמותר כל אחד להרגו, כמבואר בר"מ שם ה"י ובראשונים ובשו"ע חו"מ סי' שפ"ח ס"י, א"כ יש לומר דאם מסר מרצונו אינו חייב לשלם כמו רודף אחר חבירו ושבר כלים אפילו כלים של אחרים או כלים של נרדף דפטור מתשלומין מחמת קים ליה בדרבה מיניה כי הוא מופקר לכל, א"כ במוסר נמי פטור מלשלם. ובאמת משמע בר"מ [שם ה"א] ובשו"ע [שם ס"ב] דחייב לשלם[ד], וצ"ע כיון דהוי רודף למה יתחייב לשלם, מאי שנא מרודף דפטור[ה]. וצ"ע קצת, דנראה דאינו חייב רק במקום דאינו חייב מיתה, עי"ש כמה דינים דאינו חייב מיתה ומ"מ חייב לשלם, עי"ש.

מוחזק למסור (ו)[ז] ולמי שהוא מוחזק למסור, כן דעת הר"מ שם הי"א, ועיין בשו"ע שם סט"ו שהביא דעת הרמ"א דדוקא על ידי גרמא שרי ולא בידים, עי"ש ובש"ך [ס"ק ס"ה — ס"ו].

אבידת מוסר (ז)[ח] ואסור לאבד ממון מוסר. עיין שו"ע חו"מ שם סי"ג, והבאנו לעיל [מצוה רכ"ע אות ג'] דיש דעות דלעצמו יכול ליקח, עי"ש, ובש"ך [שם סקמ"ב] בשם תוס' [עבודה זרה כ"ו ע"ב ד"ה אני] דנסתפקו אי מחזירין לו אבידתו, ועי"ש בשם הגהות אשרי [בבא מציעא פרק שני סי' כ"ט ברא"ש] דאבידתו אסור להחזיר לו אף דאסור לאבד ממונו, עי"ש. וכן מוסר פסול לעדות. ולענין לעדות ולשחיטה שחיטת מוסר, ותפילין ומזוזות שכתבו מוסר, עיין בא"ח [סי' ל"ט ס"א] וביו"ד [סי' ב' ס"ט]. ודע דאף דאסור לאבד ממונו, מ"מ על ידי גרמא שרי, ולמסור ממונו אסור, עי"ש [בש"ך] באריכות, ואין כאן מקומו.

לקבל ע"ע התראה [ט] והנה הרב המחבר כתב בכוונת הר"מ שם ה"י, דמוסר צריך שיקבל עליו התראה, וצ"ע דקודם מעשה כיון דיש לו דין רודף וברודף כתב הר"מ פ"א מרוצח ה"ז דמזהירין אותו ואע"פ שלא קיבל עליו התראה הרי זה נהרג עי"ש, א"כ כאן נמי למה יצטרך שיקבל עליו התראה[ו].

כשהמוסר קטן ודע, דנראה לי פשוט דאף קטן ג"כ נהרג כמו רודף, דמבואר בסנהדרין [ע"ב ע"ב] דאף רודף קטן ניתן להצילו בנפשו, ועי"ש בש"ס הטעם דקסבר האי תנא דרודף אינו צריך התראה. א"כ לפי דעת הר"מ וכמו שכתב הרב המחבר אפשר דאין קטן נהרג, כיון דצריך שיקבל עליו התראה, אך מ"מ נראה לי דקודם מעשה אין צריך כלל [שיקבל עליו התראה], א"כ גם קטן יכולים להרגו אם ירצה למסור, אך בתשלומין בודאי אינו חייב כמו קטן שהזיק או שגנב שפטור, כן נראה לי פשוט.

מצוה רלז,
שלא לעמוד על דם רעים

לאו ועשה (א)[א] שלא נמנע וכו'. ואם אינו מצילו עובר ג"כ חוץ הלאו הזה משום עשה והשבותו לו וגו' [דברים כ"ב, ב'] זו אבידת גופו [ב"ק פ"א ע"ב][א]. אך לשכור להצילו מבואר בסנהדרין ע"ג ע"א דלא נפקא מוהשבותו, רק מלא תעמוד, עי"ש. ואפשר כיון דהתורה גילתה דמחייב אף למיטרח ולאגורי מלאו הזה, א"כ הדר עובר בעשה ג"כ, דמהעשה עצמו לא ידעינן זה, אבל השתא דנפקא לן מפסוק זה עובר ג"כ בעשה חוץ הלאו אף במיטרח ואגורי[ב]. אבל עכ"פ להציל בנפשו בלא מיטרח ואגורי ודאי עוברים אף בעשה. וצ"ע על הר"מ פ"א מרוצח הי"ד שכתב דינים אלו, מנין לטובע בנהר, וכתב ואם לא הציל עובר בלאו דלא תעמוד, ובסט"ו כתב הרואה רודף אחר חבירו ויכול להציל ולא הציל, עובר בלאו הזה וגם בעשה וקצותה

מצוה רלז
שלא לעמוד על דם רעים

(א) שלא נמנע מלהציל נפש מישראל כשנראהו בסכנת המיתה והאבידה ויהיה לנו יכולת להצילו בשום צד, שנאמר [ויקרא י"ט, ט"ז] לא תעמוד על דם רעך. ואמרינן בסנהדרין [ע"ג ע"א] תניא, מנין לרואה את חבירו שטובע בנהר או חיה גוררתו

יג. שא והולך עמנו לבית המלך. יד. פי', מיד דאוקמינהו על היין ע"י אונס כאילו נשרף. טו. בדפוסי המנ"ח ליתא "ותשלומין", ועיין מנ"ח אות ו'. טז. אחוי, להראות. יז. שבר מפרקתו. יח. ורבינו למד כן ממעשה דרב כהנא, דההוא גברא לא קיבל עליו התראה וגם ר"כ לא התרה בו למיתה כלל (מנחת יצחק). יט. עיין מנ"ח אות ט'. כ. עיין גיטין ז' ע"א. כא. איוב כ"ז, י"ז. כלומר דילמא הוי ליה ברא מעליא.
רלז. רמז. קדושים לאו כ'. רמב"ם ל"ת רצ"ז. הלכות רוצח פ"א הי"ד. סמ"ג לאוין קס"ה. סמ"ק ע"ז. טור חו"מ סי' תכ"ו.

ד) וכ"ה בחינוך שלפנינו "חייב מיתה ותשלומין", וראה בהערה ט"ו שם.
ה) בהגהות חלקת יואב על המנ"ח העיר שכבר הקשה כן הפנ"י ב"ק קי"ז ע"ב ד"ה ויתיב, ועיי"ש מש"כ ליישב. וראה עוד בחי' ר' מאיר שמחה ב"ק שם, אחיעזר ח"א סי' י"ח אות ב', מנחת יצחק כאן אות י"א ובית יעקב חו"מ סי' שפ"ח.
ו) בשו"ת ריב"ש סי' רל"ח הבין בדעת הרמב"ם שרק הנרדף א"צ להתרות שהוא בהול, אבל ב"ד צריכים להתרות בו. ועיין טור וב"י חו"מ סי' תכ"ה מש"כ בדעת הרמב"ם, וראה מנחת יצחק כאן אות י"ז.
א) וכ"ה בספרי דברים פי' רכ"ג וז"ל, והשבותו לו, אף את עצמו אתה משיב לו.
ב) אולם בשו"ע הרב חו"מ הל' נזקי גוף סי' ח' סובר דליכא עשה. אך מחי' המיוחסים להר"ן סנהדרין שם משמע כרבינו. ועיין מרחשת ח"א סי' מ"ג.

או ליסטים באים עליו שהוא חייב להצילו בנפשו, שנאמר לא תעמוד על דם רעך. ולא מיבעיא אצוליה בנפשיה דמחייב, (ב) אלא מיטרח ואגיר[א] נמי אגירי חייב.

(ג) ועוד כללו זכרונם לברכה באזהרה זו שלא לכבוש עדות, כדי שלא יאבד חבירו ממונו. וכן הוא בספרא[ב], מנין שאם נודע לו עדות שאינו רשאי לשתוק עליה, שנאמר לא תעמוד על דם רעך. ומנין שאם ראיתו[ג] טובע בנהר וכו'. (ד) ומנין לרודף אחר חבירו להורגו שאתה חייב להצילו בנפשו[ד], שנאמר לא תעמוד על דם רעך וגו'.

שורש מצוה זו ידוע, כי כמו שיציל האחד את חבירו כן חבירו יציל אותו, ויתיישב העולם בכך, והאל חפץ בישובו כי לשבת יצרה[ה]. וכבר נתבארו דיני מצוה זו במסכת סנהדרין.

ונוהגת בכל מקום ובכל זמן בזכרים ונקבות. ועובר עליה ונמנע מלהציל ויש יכולת בידו, עבר על לאו, ואין לוקין עליו לפי שהוא לאו שאין בו מעשה, דקיימא לן[ו] אין לוקין עליו.

א. לשכור אחרים להצילו. ועיין מנ"ח אות א'. ב. כאן פרק ד' פיסי ח'. ג. כ"ה בדפ"ר ובסח"מ לפי כת"י. ובדפוסי המנ"ח "רעהו", ברוב הדפוסים "ראהו", ובספרא "ראית". ד. של הרודף, כי ניתן ליהרג בכל אדם כדי להצילו מן העבירה תחיא, שמוטב שימות ואל יעבור העבירה. והגר"א שם מחק תיבת "בנפשו". ה. ישעיה מ"ה, י"ח. ו. בסנהדרין ס"ג ע"ב ועוד.

את כפה [שם כ"ה, י"ב], ומאי טעמא לא ביאר כאן דעובר בעשה חוץ הלאו משום אבידת גופו[ג], ועיין תוס' סנהדרין ע"ג ע"א ד"ה תלמוד לומר[ד].

מאבד עצמו לדעת

[ב] <נראה לכאורה, דאם אחד מאבד עצמו לדעת ויכול אחד להצילו, אפשר דאינו מוזהר על הלאו, לא מיבעיא דעל העשה והשבתו לרבות אבידת גופו ודאי אינו מצווה, כי העשה דהשבת אבידה אינה נוהגת בממון באבידה מדעת כמבואר בשו"ע חו"מ סי' [רס"א ס"ד], אלא אף על הלאו הזה אינו מוזהר, דמקשה הש"ס בסנהדרין שם למה לי הלאו על טובע בנהר הא מוהשבותו לו נפקא ליה לרבות אבידת גופו, הא יכול לומר דנפקא מינה במאבד עצמו לדעת דאינו מצווה על אבידת גופו, כמו דאינו מצווה על אבידת ממונו מדעת, א"כ על כן כתבה התורה הלאו הזה, אלא על כרחך דגם בלאו הזה אינו מוזהר ומצווה, כן נראה לי ברור[ה].

ועיין בתוס' שם ד"ה להצילו, שהקשו למה לי הפסוק לא תעמוד וגו' הא נפקא ליה מרודף דניתן להצילו בנפשו, ועי"ש שתירצו דאי מרודף לא הוי אלא עשה כתבה התורה דיעבור בלאו. ונראה דאף דאין לוקין, מ"מ כתבה התורה לאו במקום עשה. ולכאורה צ"ע, מאי מקשה [הגמרא] דלמה לי לא תעמוד וגו' והא מוהשבותו נפקא, הא איצטריך לעבור עליו בלא תעשה דאי מהתם אינו רק עשה, אך כיון דהתורה ריבתה דזה הוא בכלל השבת אבידה א"כ כמו גבי אבידת ממון עובר ג"כ על לא תוכל להתעלם [שם כ"ב, ג'], וריבתה התורה דגם על אבידת גופו עוברים ג"כ בלאו זה דלא תוכל וגו'[ו]. ולתרץ דכתבה התורה הרבה לאוין [אי אפשר], כיון דאין לוקין לא מוקמינן בלאוי יתירי[ז], ואפשר דהש"ס משני טפי עדיף דאפילו למיטרח ולמיגר, וצ"ע, ובעזרת הש"ת עוד חזון למועד — קומץ מנחה>.

(ב)[ג] מיטרח ואגיר וכו'. עיין ברא"ש [סנהדרין פ"ח סי' ב'] ובטור חו"מ סי' תכ"ו דאם יש להנילול ממון צריך לשלם להמציל, והמחבר בשו"ע השמיטו ועיין סמ"ע [סק"א].

להכניס עצמו בספק סכנה

[ד] ועיין עוד בכסף משנה שם הי"ד שמביא בשם הגהות מיימוניות[ח], דמחוייב להכניס עצמו בספק סכנה להציל חבירו, ועי"ש שכתב משום דהאחר ודאי והוא ספק. והמחבר בחו"מ השמיטו, ועי"ש בסמ"ע [סק"ב] כיון שהפוסקים הרי"ף והר"מ והרא"ש לא הביאו זה, על כן השמיטו המחבר ג"כ.

ולדידי גוף דין הגהות מיימוניות צ"ע, כיון דהוא רק לאו ואינו עושה מעשה כלל בהעברת הלאו למה יתחייב להכניס עצמו בספק סכנה, והלא ומי בהם כתיב [ויקרא י"ח, ה'], ופיקוח נפש דוחה הכל, אפילו ספק פיקוח נפש. ואי משום פיקוח נפש דאידך, זה דוקא בעושה מעשה כמבואר בראשונים [תוס' יומא פ"ב ע"א ד"ה מה רא"ש כתובות ג' ע"ב ר"ן פסחים כ"ה ע"ב] דימסור עצמו ולא יהרוג לחבירו משום מאי חזית, אבל אם רוצים להפילו על חבירו אין צריך למסור עצמו, דאדרבה דילמא דמא דידיה סומק טפי, א"כ הוא הדין בספק סכנה ג"כ אין צריך למסור עצמו היכי דלא עביד מעשה. ועיין ביו"ד סי' קנ"ז ס"א [ברמ"א], וצ"ע. אך באמת דין זה מביא [הגהות מיימוניות] בשם הירושלמי צריכין אנו לקבל באימה. ומ"מ למעשה צ"ע דין זה, ונראה לי דעל כן השמיטוהו הראשונים דלא סבירא להו כן[ט].

כובש עדותו

(ג)[ה] ועוד כללו וכו'. וכן הוא בספרא וכו'. הר"מ ז"ל אינו מביא כאן [בהל' רוצח] דאם אינו מעיד שעובר בלאו זה, וגם לא בהל' עדות[י]. ונראה לי דדוקא שני עדים עוברים בלאו זה, אבל עד אחד, אף דאפשר דלא ישבע מ"מ אינו עובר כמבואר בב"ק נ"ו ע"א דכובש עדותו אינו חייב רק בדיני שמים, ומקשה הש"ס שם דאורייתא הוא דואם לא יגיד וגו' [שם ה', א'], ומתרץ דמיירי בעד אחד דאינו חייב מדאורייתא, נראה דאף משום הלאו הזה אינו עובר, וזה פשוט [וע"ע להלן אות ז'].

להציל הנרדף

(ד)[ו] ומנין לרודף וכו'. עיין בסנהדרין ע"ג ע"א, מבואר בש"ס דרודף למדינן מהיקישא, עיין שם. אך כיון דילפינן מהיקישא א"כ עוברים ג"כ בלאו הזה[יא], ואפשר דגם כן בעשה דאבידת גופו, וענין רודף אי"ה נאריך במקומו [מצוה ת"ר]. וכן נמ

גוי

בודאי אינו מוזהר על לאו זה ואינו חייב להציל חבירו, ואי"ה בדין רודף נאריך.

ע"א ועדים פסולים

[ז] ונראה דבעד אחד או קרובים או פסולים אם קיבלו עליהם הבעלי דין ואינם רוצים להגיד עוברים בלאו זה דלא תעמוד, אף דבלאו דאם לא יגיד ונשא עונו אין עוברים, עיין ר"ן בשבועות [ט"ו ע"ב מדפי הרי"ף ד"ה מתני' והם] והובא בקצות החושן סי' [כ"ח סק"ג], מ"מ בלאו זה עובר דכל היכי דיכול להציל חבירו ולא הציל עובר. ובאמת כבר השגתי [לעיל מצוה קכ"ב] גם על הקצות החושן, דנראה לי דגם בלאו דולא יגיד ג"כ עובר, (והרב) [והר"ן] לא כתב רק דאינו חייב קרבן שבועה, אבל הלאו דולא יגיד אינו תלוי בקרבן עיין תוס' ב"ק פרק הכונס נ"ו ע"א ד"ה פשיטא, דאי לאו הכי א"כ יש הרבה דברים דאין חייבים העדים קרבן שבועה, כגון קרקעות ושטרות כמו שכתוב בר"מ פ"ט משבועות ה"ג, א"כ לא יעברו באם לא יגיד, אלא דאין זה תלוי בזה, עיין לעיל [שם]. אבל הלאו הזה בודאי עוברים בכל ענין היכי דיכול להציל ממון חבירו, כן נראה לענ"ד פשוט.

ג) בשו"ת רדב"ז ח"ה סי' רי"ח מבאר אמאי בהל' י"ד אינו עובר על הלאוין שבהל' ט"ו. אך לא ביאר אמאי לא כתב הרמב"ם דעובר גם בעשה דאבידת גופו.

ד) ואפשר דכוונת רבינו דהרמב"ם לית ליה תירוץ התוס' שם דילפינן מהך קרא תרתי, אלא רק הדין המבואר בב"מ כ"ח ע"ב, שאם מצא עגלים לא ימכור עגל אחד ויאכיל מדמיו האחרים, והרמב"ם הביא דין זה בפי"ג מגזילה ואבידה הי"ט, ומשו"ה לא הביא ד"ז דאבידת גופו.

ה) בכלי חמדה פרשת כי תצא העיר שבשו"ת מהר"ם רוטנבורג (דפוס פראג) סי' ל"ט פשיטא ליה להיפך וז"ל, ודבר פשוט אפי' צוח אל תצילני שמצילו. וכן פשיטא להו לראשונים ואחרונים, עיין שו"ת ר"י מיגאש סי' קפ"ו ושו"ת ריב"ש סי' תפ"ד ובשו"ע הרב חו"מ הל' נזקי הגוף סי' ד'. ובברכי יוסף או"ח סי' ש"א אות ו' מבואר דאף שבת נדחית להצלת מאבד עצמו לדעת. אולם רבינו אזיל לשיטתו לעיל מצוה ל"ד ומצוה מ"ח שלאדם יש רשות על גופו, ומאבד עצמו לדעת אינו עובר על לא תרצח אלא על אך את דמכם לנפשותיכם אדרוש. אולם בבית מאיר יו"ד סי' רט"ו ס"ה כתב שעובר על לא תרצח, וכיון להפסיקתא רבתי פכ"ד שדרשו לא תרצח לא תתרצח, היינו שלא ירצח את עצמו. וצ"ע ממש"כ רבינו להלן מצוה רל"ט שלא תעמוד על דם רעך קאי גם להצילו מן העבירה, וא"כ חייב להצילו כדי שלא יעבור עבירה, ועי"ש בהערה ב'. ועיין כלי חמדה מש"כ ליישב ראיית רבינו מסנהדרין.

ו) כיוון בזה להמהרש"א סנהדרין שם. ועיין העמק שאלה שאילתא ל"ח אות א'.

ז) כ"ה בתוס' ב"מ ס"א ע"א ד"ה לעבור, דהיכא דאין מלקות לא מוקמינן בלאוי יתירי.

ח) ברמב"ם דפוס קושטא רס"ט שם הט"ו, ומשם ברמב"ם מהדורת אל המקורות ופרנקל.

ט) ועמד על כך גם להלן מצוה רצ"ו אות ל"ב ובקומץ מנחה שם. ובהגהות הרזו"ז לייטער ציין לספר איסור והיתר כלל נ"ט דין ל"ח שאכן כתב כרבינו שאין להכניס עצמו לספק סכנה עבור חבירו, וכן פסקו המג"א ומשנ"ב סי' שכ"ט סקי"ט. ואף שרבינו להלן מצוה תכ"ה הביא דין זה בגוים שצרו על עיירות ישראל, שמצוה על כל ישראל להצילם אף דהוי ספק סכנה, יש לחלק ששם מיירי בארץ ישראל ומדין מלחמת מצוה. ועיין שו"ת חות יאיר סי' קמ"ו (בסופו) ויד אליהו (מלובלין) סי' מ"ג ועוד רבים מן האחרונים שהאריכו בזה. ובשו"ע הרב חו"מ הל' נזקי גוף ונפש סי' ז' הביא ב' דעות, ומשו"ה כתב דספק נפשות להקל. וע"ע באור שמח פ"ז מרוצח ה"ח, ובספרו משך חכמה פרשת שמות ד', י"ט. עה"פ לך שוב מצרים כי מתו כל האנשים המבקשים את נפשך.

י) הגרי"פ פערלא העיר שהרמב"ם הזכיר דין זה בסה"מ כאן שהם מקור דברי החינוך כאן. ועיין בפתחי תשובה חו"מ סי' כ"ח סק"א ובשער המשפט שם.

יא) וכן כתב המעין החכמה על תרי"ג מצוות כאן. ובפתח דבר לסה"מ להרמב"ם להגר"ח הלר (עמ' י"ב) מביא שכן מבואר בסמ"ג ל"ת קס"ד.

אימא לך דאין הכל חבירים, ועל זה השיב לו רב נחמן בר יצחק אטו אמירה דהני מידי משמא אית בהו, כלומר אפילו לענין זה, דהמשכיר והשוכר שניהם אינם נותנים ממש לדבריהם, אם ישבחו בפני השוכר אינו משגיח עליהם, וכן המשכיר אינו סומך ובוטח עליהם שהם ישבחוהו, ומשום הכי שינה הש"ס בכאן הלשון, דלעיל קאמר רב נחמן בר יצחק מי מהימני וכאן אמר מידי משמא אית בהו, כלומר אפילו לענין זה דהמשכיר לא ישבח הבית להשוכר דיסמוך על דיבורם ג"כ לית בהו ממש, אלא ודאי דהכל חבירים ומשום הכי לא שינה המשכיר. ויתיישב בזה קושית הפני יהושע, מאי קא מיבעי להו בשוכר ומשכיר, הוה ליה למיבעיא בבעל הבית שהלך מביתו אם בני ביתו צריכים לבדוק או לא, ולהנ"ל ניחא דבזה ליכא סברת אשתמוטי, ובזה לא פליגי רב ושמואל על רבי יוחנן ובודאי בדק מקודם.

והדרן לקמייתא דכל השקלא וטריא דהש"ס דהכא הוא רק לרב ושמואל, אבל לרבי יוחנן ודאי בדקו ולא מטעם חזקה, דאי מטעם חזקה אם איתא בעיר ודאי צריך לשאלו דכל היכי דאיכא לברורי מבררינן, אבל לרבי יוחנן אין צריך אפילו לשאלו, כפירוש רש"י שם בבכורות משום דאודועי הוה מודעי ליה. ועיין ברא"ש בבכורות [שם סי' ג'] שהגאונים פסקו כרבי יוחנן דודאי חולין, והרב רבינו יונה פוסק כרב ושמואל, ושני הדעות מובאים בטור ושו"ע יו"ד סי' שט"ז ס"ו. ומעתה נכונים מאד דברי הרא"ש בפסחים שם שכתב, ומתוך דברי ר"י משמע שאם איתא בעיר צריך לשאלו, ותמה הפני יהושע שם [בע"א בד"ה בי"ד] שלא מצא כן בדברי רבינו יצחק בתוס' וגם הוא ש"ס מפורש. ולהנ"ל ניחא דמהש"ס בלבד לא משמע מידי, דכל הפלפול אינו רק לרב ולשמואל אבל לרבי יוחנן אינו צריך אפילו לשאול, ומה שכתב הרא"ש ומתוך דברי ר"י משמע, כוונתו על רבינו יונה שפוסק בבכורות כרב ושמואל, אבל להר"מ ז"ל [פ"ד מבכורות ה"ט] והגאונים שפסקו כרבי יוחנן א"כ סוגיא זאת אינה אליבא דהילכתא ואינו צריך לשאלו.

ובזה יבואו על נכון דברי הרמב"ם ז"ל בפ"ב מחמץ ומצה הי"ז, שפסק ותני המשכיר בית לחבירו הרי זה בחזקת בדוק, ותמהו האחרונים הלא דבר זה הוא בעיא דלא איפשיטא ובדאורייתא ספיקו לחומרא ודרבנן ספיקו לקולא, והוי לו להר"מ ז"ל לחלק בין בטלו או לא בטלו כמו שכתב הרא"ש. ועוד תמהו עליו מדוע לא כתב דאם איתא בעיר צריך לשאלו, והוא ש"ס ערוך עיין בר"ן [פסחים א' ע"ב מדפי הרי"ף בד"ה גרסינן]. ולהנ"ל ניחא דהר"מ ז"ל לשיטתיה אזיל שפוסק בהל' בכורות שם כרבי יוחנן, ולא מטעם חזקה רק משום דאם איתא דלא בדק אודועי הוה מודעי ליה, על כן אפילו אם לא ביטל והוא ספק דאורייתא אין צריך לבדוק ואפילו איתא בעיר אין צריך לשאלו. והרא"ש לשיטתו אזיל שפוסק כרבינו יונה שפסק כרב ושמואל, על כן כל סוגיא זו בפסחים אליבא דהילכתא, וכיון דלא איפשוט בעיין פוסק בלא ביטל שהוא ספק דאורייתא לחומרא וכשביטל דהוי ספק דרבנן לקולא, ואם איתא [בעיר] צריך לשאלו.

ומעתה יתיישבו נמי דברי הרא"ש בחולין דאמאי לא דמי דברי רב אחאי גאון מש"ס ערוך בבכורות שם התם במוכר תליא מילתא, ולדבריו אתי שפיר, דרק רב ושמואל חילקו בין אותו ואת בנו דבמוכר תליא מילתא ובין בכור דבלוקח תליא עיי"ש ברש"י כדי שלא יקשה עליהם מהברייתא כמבואר שם, אבל לרבי יוחנן על כרחך לא סבירא ליה חילוק זה דהא לדידיה האי ברייתא הוי סייעתא, רק סבירא ליה דבשניהם תליא מילתא, וא"כ לא היה יכול הרא"ש להקשות על רב אחאי מהש"ס הנ"ל התם במוכר תליא רחמנא, כי רב אחאי הוא מכת הגאונים שפוסקים כרבי יוחנן וא"כ בשניהם תליא מילתא, והרא"ש באמת חולק עליהם ופוסק כרב ושמואל, וא"כ אין מקום להקשות על הגאון מהש"ס הנ"ל דהרי הוא פוסק כרבי יוחנן ולא כרב ושמואל, על כן הוצרך להביא ממרחק לחמו מסברא ודקדוק לשון המשנה.

ומעתה מה מאד לדקו דברי הר"מ ז"ל בפי"ב משחיטה הי"ד, ולא קשה עליו קושית הרא"ש, דהנה כבר הקדמנו דהאי דאמר הש"ס התם במוכר תליא רחמנא אינו רק לרב ושמואל, אבל אליבא דרבי יוחנן החיוב מוטל על שניהם שוה בשוה, ואפשר על הלוקח יותר כי המוכר אינו עושה האיסור בעצמו רק יעבור על לפני עור והלוקח יעשה האיסור בעצמו. וא"כ הר"מ לשיטתיה אזיל דפסק בהל' בכורות שם כרבי יוחנן, ומעתה דבריו מתוקים לאין, דאם היה הלוקח נחפז לקנות אז צריך המוכר להודיעו, ואע"ג דעיקר החוב על הלוקח יותר מעל המוכר, ומדלא שאל בודאי לא ישחוט היום לכך אין צריך המוכר להודיעו, אבל בשנחפז הלוקח אפשר מחמת טרדתו לא שאל על כן צריך המוכר להודיעו[י]. ומעתה הרב המחבר שפסק ג"כ כרבי יוחנן על כרחך הוכרח ליתן טעם לשבח משום ספק ספיקא, וסברתו היא להיפוך מדעת הר"מ ז"ל הנזכר שדעתו דהחיוב מוטל יותר על הלוקח משום שעושה האיסור בעצמו, והרב המחבר סבירא ליה דלרבי יוחנן החובה יותר על המוכר מעל הלוקח משום דלגבי הלוקח איכא ספק ספיקא, אבל לעולם חובה עליו ג"כ דהא קיימא לן דאף בספק ספיקא היכי דאיכא לברורי מבררינן, עיין בש"ך יו"ד סי' ק"י בדיני ספק ספיקא [כלל ל"ה] בסופו ודו"ק היטב.

מצוה רצה

שלא לעשות דבר שיתחלל בו שם שמים בין בני אדם

(א) שנמנענו מחילול השם, והוא הפך קידוש השם, שנצטוינו בו כמו שכתבנו למעלה בסדר זה[א], שנאמר [ויקרא כ"ב, ל"ב] **ולא תחללו את שם קדשי.**

וכתב המעתיק בשם הרמב"ם זכרונו לברכה[ב], והעוון הזה יחולק לשלשה חלקים, השנים על הכלל והאחד על הפרט. והחלק האחד הכללי, שכל מי שיבוקש ממנו לעבור על מצוה מן המצוות בשעת[ג] השמד והיה האונס מתכוין להעביר בין מצוות קלות בין חמורות, או מי שיבוקש ממנו לעבור על עבודה זרה גילוי עריות או שפיכות דמים ואפילו שלא בשעת[ג] השמד, הוא חייב שימסור נפשו ויהרג ואל יעבור. ואם עבר ולא נהרג כבר חילל את השם ברבים, ועבר על אמרו ולא תחללו את שם קדשי, וחטאו עצום מאד[ד].

רצה. שיד. אמור לאו כ"ח. רמב"ם ל"ת ס"ג, הלכות יסודי התורה פ"ה. סמ"ג לאוין ב'. סמ"ק פ"ה. טור יו"ד סי' קנ"ז. א. מצוה רצ"ו. וראה לעיל מצוה קי"ח הערה א'. ב. בסה"מ כאן. וראה לעיל מצוה רכ"א הערה א'. ג. כ"ה בסה"מ כאן, וברוב הדפוסים "בעת צרה". ד. עיין יומא פ"ו ע"א, ועונשו גדול שאינו מתכפר עד יום המיתה. ועיין קידושין מ' ע"א ובתו' שם.

מצוה רצה, שלא לעשות דבר שיתחלל בו שם שמים בין בני אדם
מצוה רצו, מצות קידוש השם

(א)[א] דינים אלו בר"מ פ"ה מיסודי התורה, ובכמה מקומות, בסנהדרין ע"ד ע"א יומא פ"ב ע"א ופסחים כ"ה ע"א ובטור שו"ע יו"ד סי' קנ"ז ובר"ף ובר"ן ובתוס' שם, ואכתוב בקיצור.

הנה על כל עבירות שבתורה חוץ משלש המבוארות עבודה זרה גילוי חייב
עריות ושפיכות דמים, אם אנסו אנס ורוצה להרגו אם לא יעבור, ואז אינו שעת הגזירה וגם בצנעה, יעבור ואל יהרג. ולשון הר"מ כאן ה"א, שנאמר במצוות [ויקרא י"ח, ה'] אשר יעשה אותם האדם וחי בהם, ולא שימות בהם, וזה מבואר בסנהדרין שם כרבי ישמעאל דסובר דאף בעבודה זרה בצנעה יעבור מקרא זה וחי בהם, ובעבודה זרה כ"ז ע"ב ומקומות הנרשמים, עי"ש. ונראה דאי לאו קרא וחי בהם הוה אמינא למסור נפשו על כל עבירות שבתורה שלא לעבור גזירת הקב"ה, אך התורה גילתה דאין צריך למסור נפשו
על כל העבירות, א"כ בבן נח דלא כתיב צריך למסור נפשו על כל שבע מצות בגוי
שלו. ובסנהדרין שם ע"ב איבעיא אי בן נח צריך לקדש השם, ובתוס' שם ע"ה ע"א ד"ה ואם, דעתם דאיפשיטא הבעיא דאין צריך לקדש השם, וכן הוא בר"מ פ"י ממלכים ה"ב דבן נח שאנסו אנס לעבור אחת ממצוותיו מותר לו אף לעבוד עבודה זרה דאינו מצווה על קידוש השם, עי"ש. ולכאורה קשה למה לא יתחייבו למסור את עצמם כיון דלא כתיב אצלם וחי בהם, וכבר הרגישו בזה התוס' שם ע"ד ע"ב ד"ה בן נח, ותירצו דלגבי ישראל איצטריך וחי בהם כדי שלא נילף כל העבירות מרוצח ונערה המאורסה דאף בצנעה יהרג ואל יעבור לכולי עלמא, עכ"ל. אם כן מוכח דמצד הסברא לא אמרינן יהרג ואל יעבור, רק כדי שלא נילף מרוצח ומנערה המאורסה איצטריך וחי בהם, א"כ בבן נח דלא שייך למילף מרוצח א"כ למה לי קרא וחי בהם, ומצד הסברא יעבור ואל יהרג, וכאמור[א].

[י] וכן האריכו האחרונים בביאור פסק הרמב"ם ראה חסדי דוד חולין פ"ה ד"ה הדרן, ומעשה רוקח ומרכה"מ על הרמב"ם שם, רש"ש חולין פ"ג צ"א ועוד.

א) בירושלמי סנהדרין פ"ג ה"ה ילפינן לה מרכתיב ונקדשתי בתוך בני ישראל, בני ישראל מצוּוים על קידוש השם ואין בני נח מצוּוים על קידוש השם.

אמנם אינו לוקה בעבור שהוא אנוס, לפי שאין לבית דין שיקיימו גבול מלקות או הרג אלא במזיד ברצון בעדים והתראה[ה]. ולשון ספרא[ו] בנותן מזרעו למולך, ושמתי אני את פני באיש ההוא[ז], אמרו זכרונם לברכה, ההוא ולא אנוס ולא שוגג ולא מוטעה[ח]. וכבר התבאר לך שעובד עבודה זרה באונס אינו חייב כרת, וכל שכן מיתת בית דין, ואמנם עבר על חילול השם[ט].

והחלק השני הכללי, שיעשה האדם עבירה אין תאוה בה ולא עריבות אבל יכוין בפעולתו להכעיס, וזה כמו כן מחלל שם שמים וילקה[י]. ולפיכך אמר [שם י"ט, י"ב] ולא תשבעו בשמי לשקר וחללת את שם אלהיך, שזה יראה הכעסה בזה הדבר ואין עריבות גשמי בזה.

והחלק אשר על הפרט, שיעשה איש מפורסם[יא] בגמילות חסדים ומעשים טובים מעשה אחד שיראה לרבים שהוא עבירה, וכגון המעשה ההוא אינו ראוי לכמו האיש החסיד ההוא שיעשהו אע"פ שהוא מעשה היתר, חילל את השם. והוא אמרם זכרונם לברכה [יומא פ"ו ע"א] היכי דמי חילול השם, כגון אנא[יב] דשקילנא בשרא מבי טבחא ולא יהיבנא דמי לאלתר[יג]. רבי פלוני אמר[יד] כגון אנא דמסגינא ארבע אמות בלא תורה ובלא תפילין[טו]. וכבר נכפל לאו זה ואמר [שם י"ח, כ"א] ולא תחלל את שם אלהיך אני יי, עד כאן.

שורש מצוה זו וקצת דיניה וכל עניניה, כמנהגי, כתבתי במצות קידוש השם עשה ו' בסדר זה[א].

מצוה רצו
מצות קידוש השם

(א) שנצטוינו לקדש את השם, שנאמר [ויקרא כ"ב, ל"ב] ונקדשתי בתוך בני ישראל, כלומר שנמסור נפשינו למות על קיום מצות הדת. וכבר ביארו זכרונם לברכה מפי הקבלה ומן הכתובים באי זה ענין ובאי זו מצוה נצטוינו בזה. ואע"פ

ה. כ"ה ברמב"ם כאן ה"ד. ו. פ' קדושים פרשתא ד' פיס' י"ג. ז. ויקרא כ', ה'. ברוב הדפוסים "ונתתי את פני באיש ההוא", וכ"ה בסה"מ וברמב"ם כאן פ"ה ה"ד. **והמנחת יצחק** כתב דקרא כזה לא נמצא שם וט"ס הוא, וצ"ל "ואני אתן את פני באיש ההוא" [שם כ', ג'] ובשו"ת הריב"ש (סי' ד', י"א וקע"א) מובא זה מקרא דושמתי וגו', כמו הנוסח שלפנינו. ח. וכ"ה גם בספרא שם פיס' ה'. ט. עיין מנ"ח אות ה' ד"ה ולפי. י. עיין מנ"ח אות ל"ו. יא. עיין מנ"ח אות ל"ו. יב. מימרא דרב. יג. וכשאני מאחר לפרוע הוא אומר שאני גזלן, ולמד ממני להיות מזלזל בגזל (רש"י שם ד"ה ולא). והמאירי ביומא שם כתב, כל ת"ח המביא עצמו לידי חשד, כגון שלוקח בהקפה במקום שאין רגילין בה ועושה עצמו כשוכח כדי שלא יפרע, עי"ש. יד. מימרא דרבי יוחנן. טו. ואין הכל יודעין שנחלשתי בגרסתי ולמדין הימני להבטל מתלמוד תורה (רש"י שם).

רצו. רסח. אמור עשה ו'. רמב"ם עשין ט', הלכות יסודי התורה פ"ה. סמ"ג עשין ה'. סמ"ק מ"ד. טור יו"ד סי' קנ"ז.

ג' עבירות — ולכאורה קשה למה לא נקטו התוס' בדבריהם עבודה זרה ג"כ, אך באמת מעבודה זרה לא הוי ילפינן שאר עבירות שחייב למסור נפשו, כי עבודה זרה הוא מחמת אהבת השי"ת כדילפינן סנהדרין ע"ד ע"א מואהבת [דברים ו', ה'], א"כ שאר מצות לא הוי ילפינן מינה דהיא העיקר שהכל תלוי בה, אבל מאלו עבירות שפיר ילפינן, לזה אילטריך וחי בהם. אך קשה לרבי ישמעאל דסובר דגם בעבודה זרה בצנעה יעבור רק לא בפרהסיא מקרא דלא תחללו, א"כ מכל שכן לרבי ישמעאל בגילוי עריות ושפיכות דמים בודאי יעבור בצנעה, א"כ למה כתבה התורה וחי בהם, בלא זה מצד הסברא אינו מחוייב למסור את עצמו, ולא שייך לומר [כמו שכתבו התוס'] דילפינן [מרוצח ונערה המאורסה] וכו', כיון דלדידיה באמת גם שם אינו מחוייב למסור נפשו בצנעה. אך זה אינו, דאף לרבי ישמעאל דסובר בעבודה זרה יעבור מ"מ בשפיכות דמים מודה דיהרג מטעם דמאי חזית וכו', עיין בגמרא [פסחים כ"ה ע"ב וברש"י שם ד"ה מאי] כיון דאינו ניצול נפש מישראל יהרג, וא"כ גם נערה המאורסה דהוקש לשפיכות דמים גם שם מודה רבי ישמעאל דיהרג, א"כ קמה וגם נצבה דאיצטריך וחי בהם כדי שלא נילף מעבירות הנ"ל דיהרג בכל העבירות. וזה מדוקדק בתוס' בסנהדרין שם, שכתבו דשני עבירות אלו יהרג ואל יעבור לכולי עלמא, היינו אף לרבי ישמעאל[ב]. וכן כתבו התוס' לעיל [שם] ד"ה והא אסתר, שהקשו תימה דהוה ליה להקשות והא אסתר גילוי עריות דלכולי עלמא יהרג, היינו אף לרבי ישמעאל, דאי אליבא דרבי ישמעאל באלו העבירות יעבור עדיף להקשות הא אסתר בפרהסיא, דקאי הקושיא אף לרבי ישמעאל, עיין בתוס' עבודה זרה [כ"ז ע"ב ד"ה יכול][ג], על כרחך צריך לומר דגם בגילוי עריות ושפיכות דמים מודה רבי ישמעאל דיהרג ואל יעבור, על כן נקטו בלשונם אליבא דכולי עלמא, ועיין בתוס' יומא [פ"ב ע"א ד"ה מה רוצח], כן נראה פשוט. וחמירי גילוי עריות ושפיכות דמים לרבי ישמעאל מעבודה זרה מחמת ההיקש. <ולכאורה יש ליישב קושית התוס' שכתבו דוחי בהם בישראל כתיב, דהא באמת מבואר בסנהדרין נ"ט ע"א דאף גוי העוסק בתורה וכו' שנאמר אשר יעשה אותם האדם וחי בהם, ועי"ש בתוס' ד"ה אלא, דיש חילוק בין אדם להאדם דהאדם קאי ג"כ על בני נח, ויש לדחות>[ד].

שאר עבירות — [ב] והנה מבואר בגמרא בכמה דוכתי [סנהדרין ע"ד ע"א ועוד], דרבי ישמעאל סובר דכל המצוות אף בעבודה זרה בצנעה יעבור ואל יהרג מקרא דוחי בהם. ועיין ביומא פרק יום הכיפורים פ"ה ע"א שמפלפל הש"ס מנין לפקוח נפש שדוחה שבת, ומבואר שם כמה תנאים דילפי דין זה, ורבי ישמעאל יליף מבא במחתרת עי"ש, ושמואל אמר מוחי בהם, ואמר רבא לכולהו אית להו פירכא לבר מדשמואל, עי"ש. ולכאורה צ"ע, דרבי ישמעאל כל פעם יליף דפקוח נפש דוחה כל העבירות מקרא וחי בהם, ולמה לענין שבת הוצרך לו ילפותא אחריתי, ולמה לא יליף מקרא זה דהוא בעצמו יליף שאר עבירות מפסוק זה, וכבר עמד על זה בתוספות יום הכיפורים [שם ד"ה מנין][ה].

לרפא עצמו — ונראה לי דיש חילוק גדול בין אנסו אנס לעבור עבירה זו ואם לאו יהרגנו, וא"כ אונס ההריגה בא לו על ידי מצות השי"ת, נוכל לומר דהכתוב אמר וחי בהם דעל ידי המצוות יחיה האדם ולא שימות על ידי סיבתם, אבל אם לא אנס אותו על העבירה רק שחלה ונטה למות ועל ידי העבירה יוכל להציל נפשו מרדת שחת אבל החולי אינו בא לו מחמת המצוה, בזה נוכל לומר דלא שייך וחי בהם ולא שימות בהם, כי לא מחמת המצוה חלה רק היא מניעת הצלה. וכעין זה מבואר בשו"ע חו"מ סי' שפ"ח ס"ב לענין מסור, דאם אנסו באיזה אונס והראה ממון חבירו ועל ידי זה ניצל חייב לשלם, כמו נרדף ששיבר את הכלים, אבל אם אנסו להראות ממון חבירו פטור כי האנס אנסו על דבר זה ואין לך דבר שעומד בפני פקוח נפש אף [אם] נשא ונתן ביד עי"ש בש"ך [ס"ק כ"ד], א"כ חזינן דיש חילוק בין אנסו לדבר זה [שאז] אין לך דבר שעומד בפני פקוח נפש, אבל אם מציל עצמו בזה חייב לשלם, א"כ הכי נמי סובר רבי ישמעאל דמוחי בהם לא נוכל למילף רק אם האנס אנסו לעבור על דבר זה אין צריך למסור נפשו, אבל אם חלה ועל ידי העבירה יתרפא אינו רשאי להציל עצמו בזה, לכן הוצרך רבי ישמעאל ילפותא אחרת, ושמואל סובר דמקרא זה דוחי נפיק שלא יהיה שום צד מיתה, כן נראה לענ"ד נכון בעזה"י. אחר זמן האיר השי"ת את עיני ומצאתי סברה זו כתובה בהפלאה [כתובות י"ט ע"א] סוגיא דהעדים שאמרו כתב ידינו וכו', לרבא דאף דסבירא ליה כרבי ישמעאל בעבודה זרה יעבור ואל יהרג בצנעה, מ"מ הוא דוקא באם אנסוהו שיעבוד עבודה זרה אבל להתרפאות לא, והביא גם כן מחו"מ סי' שפ"ח הנ"ל, והנאני שכיוונתי לדעתו תלי"ת[ה].

אונס וחולי בגוי — [ג] והנה לפי מה שכתבתי לעיל [אות א'] בשם התוס', דאף בלא קרא וחי בהם ולא שימות בהם אין צריך למסור נפשו דהוא מצד הסברא, רק כדי שלא נילף מרוצח ונערה המאורסה הוצרך הכתוב לכתוב וחי בהם, אבל בבן נח אף דלא קאי עליו הפסוק מכל מקום מצד הסברא אין צריך למסור נפשו וכמסקנת הגמרא. נראה לפענ"ד לומר גם כן סברא זו, דמצד הסברא התורה לא ציותה למסור נפשו עבור העבירה שבא אנס לאנסו כי מה יעשה אדם אם אינו עובר במזיד ובשאט נפש, אבל אם לא נאנס על זה רק הוא חולה ורוצה להציל

ב) אולם בכתובות י"ט ע"א ד"ה דאמר, סוברים דר"י פליג אכולהו לא רק בע"ז. וכ"כ בהגהות אשרי שם ג, ע"ב, ועליהם תקשה קושית רבינו. ובתוס' הרא"ש סנהדרין שם מבואר ככל הנמצא בתוס' שלפנינו פרט למלה לכ"ע, אך בתוס' הרא"ש לעיל ד"ה והא אסתר, כתב שלכו"ע יהרג ואל יעבור ברציחה וג"ע, וראה להלן.

ג) רבינו מפרש מש"כ התוס' שם שלר' ישמעאל אין שום חילוק דבצנעא בכולן יעבור וכו' כוונתו לשאר מצות ולע"ז, שהרי קאי על מש"כ בתחלת דבריהם שלחכמים בצנעא, יש חילוק בין ע"ז לשאר מצוות, וכן להלן בדבריהם הזכירו רק ע"ז. וכ"ה בתוס' הר"ש משאנץ שם, נדפס בשיטת הקדמונים לע"ז. אבל ברציחה וגילוי עריות י"ל דס"ל דאף בצנעא יהרג לר' ישמעאל. אולם בחי' הרשב"א ע"ז שם כתב שלר' ישמעאל אין חילוק בין הנך שלש לשאר עבירות.

ד) בלבנת המנחה העיר שהמהרש"א סנהדרין שם כבר הקשה כן על תוס'. וביאר המהרש"א דעל כרחך הגמ' שם לא סברה הכי, דאי הך קרא וחי בהם קאי נמי אבן נח א"כ מאי קמבעיא ליה לגמ' אם בן נח מצווה על קידוש השם, הא ודאי לא נצטוה.

ה) ועיין מש"כ ע"ד רבינו בביאור שיטת ר' ישמעאל בזכרון שמואל סי' ס"ה ענף ב'.

שכתוב בתורה [שם י"ח, ה'] וחי בהם, דמשמע ולא שימות בהם, כבר קיבלו הם שלא נאמר מקרא זה בכל ענין ובכל עבירה, ומפי הקבלה אנו חיין בכל דברי התורה.

ובפירוש אמרו זכרונם לברכה [סנהדרין ע"ד ע"א] כי ג' מצוות הן שחייב האדם שיהרג עליהן ואל יעבור בהן לעולם, והן, עבודה זרה וכל אביזרהא[א], כלומר כל ענין שלה האסור לנו מכח הלאוין[ב] המיוסדין[ג] בה, וכמו שנפרש למטה בעזרת השם, וכן גילוי עריות וכל אביזרהא, ושפיכות דמים, שאם יאמרו לו לאדם עבוד עבודה זרה או נהרגך יהרג ואל יעבדה, ואע"פ שלבו תמים באמונת השם, אע"פ כן נצטוה שיהרג ולא יעשה המעשה הרע ההוא, ולא יתן מקום אל המעביר לחשוב שהוא כפר בשם[ד]. ולשון ספרי[ה], על מנת כן הוצאתי אתכם מארץ מצרים שתקדישו את שמי ברבים. וכמו כן בשתים שזכרנו, יהרג ואל יעבור כמו שאמרנו.

שורש מצוה זו ידוע, כי האדם לא נברא רק לעבוד בוראו, ומי שאינו מוסר גופו על עבודת אדוניו איננו עבד טוב. והרי בני אדם ימסרו נפשותם על אדוניהם, קל וחומר על מצות מלך מלכי המלכים הקדוש ברוך הוא.

א. כ"ה דעת בעל המאור בסנהדרין שם. עיין מנ"ח אות ט"ו. ב. מבואר דבדבר דליכא לאו לא הוי בכלל אביזרהא, וכן משמע מהרמב"ן במלחמות שם שהזכיר בתוך דבריו "לאוין דע"ז", וכ"ה בר"ן בע"ז דף ט' ע"א מדפי הרי"ף ובפסחים דף ה' ע"ב מדפי הרי"ף דדוקא בענין לאו יהרג ואל יעבור. ג. בקצת כת"י "המיוחדין". ד. כ"ה בסה"מ כאן. ה. בספרא כאן פרק ח' פיס' ו' וז"ל, על תנאי הוצאתי אתכם מארץ מצרים על תנאי שתמסרו עצמכם לקדש את שמי.

את נפשו בזו העבירה שיעבור אינו רשאי להציל את עצמו בזה[ו]. אם כן נראה לענ"ד דין חדש בעזהשי"ת, דמבואר ביומא [פ"ב ע"א] הנ"ל וברמ"ת כאן ה"ו דכשם שאמרו באנסים כך אמרו בחלאים דחולה שיש בו סכנה הכל נדחה לפניו, ובגמרא יליף מקרא וחי בהם ולא שימות בהם, דלשמואל משמע ליה מקרא דוחי בהם דאף להציל עצמו בעבירה רשאי, אבל בבן נח דלא נפקא לן דמותר לעבור ואל יהרג מקרא דוחי בהם ולא שימות בהם רק מצד הסברא אמרינן כן וכמבואר בתוס' שהבאתי [אות א'], א"כ דוקא אם אנסו אנס לעבור על אחת ממצוותיו ואם לא יהרגנו אזי מותר לו לעבור ואל יהרג, אבל אם אחזו חולי שיש בו סכנה ואם לא ירפא עצמו בעבירה אחת משבע מצוות שלו ימות, בודאי אינו רשאי מצד הסברא להציל את עצמו בעבירה זו, וכמבואר בחו"מ סי' שפ"ח שהבאתי לעיל [אות ב'], וזה נכון וברור.

וכן נראה מבואר מדברי הר"מ כאן ה"ו, דבישראל כתב כענין שאמרו באנסים כך אמרו בחלאים כיצד מי שחלה וכו', ובדברי הש"ם הנ"ל, וביאר בפירוש דגם בחלאים הדין כן, דבלא זה הוה אמינא דרק באנסים הדין כן אבל לא בחלאים, ובפ"י ממלכים ה"ב בדיני בן נח כתב בן נח שאנסו אנס מותר לו לעבור וכו', ולא כתב דאם חלה מותר לו להתרפאות בעבירה אחת ממצוותיו, אלא על כרחך דבאמת אסור לו לרפאות את עצמו כי אסור להציל עצמו בעבירה, דרק בישראל דנלמד מוחי בהם משמע ליה לשמואל דגם בכהאי גוונא נדחין כל המצות, אבל בן נח דלא קאי גביה וחי בהם [וילפינן] רק מצד הסברא, א"כ דוקא באונס אבל לא בחולי, כן נראה לענ"ד נכון בעזה"י[יא].

והנה לפי מה שכתבתי [אות ב'] דרבי ישמעאל לא דריש וחי בהם גבי חולי, ולכאורה הא מבואר בעבודה זרה כ"ז ע"ב במעשה דבן דמא בן אחותו של רבי ישמעאל עי"ש דהיה רוצה לומר וחי בהם וכו', אפשר דבן דמא לא סבירא ליה אלא כשמואל, ורבי ישמעאל היה דוחה אותו דבעבודה זרה בפרהסיא לא שייך זה אף אם דרשינן ג"כ וחי בהם, עי"ש. והנה הרב המחבר לא הביא בפירוש פסוק דוחי בהם גבי חלאים, אך מכללא מבואר במצוה רנ"ו דמותר להתרפאות בשאר עבירות חוץ משלש, אך היה לו להביא הדין דבן נח אסור כדברינו הנ"ל, וצ"ע.

עבר ונתרפא בג' עבירות

ולפי מה שכתבתי אם בן נח עבר על איזה עבירה מחמת סכנה חייב מיתה כדינו, כמו בישראל אם עבר עבירה אחת משלש עבירות בשביל סכנת חולי חייב על העבירה, כמבואר בר"מ כאן ה"ו דאם עבר ונתרפא עונשין אותו בית/דין עונש הראוי לו על פי דין תורה כיון שאינו רשאי להתרפאות, א"כ הוא הדין בבן נח אם ריפא עצמו בעבירה אחת חייב מיתה כי אינו רשאי לרפא עצמו בשום עבירה כלל. והנה לעיל ה"ד גבי אנס כתב הר"מ וכן כתב הרב המחבר, דאף בשלש עבירות אף דמחוייב למסור נפשו מ"מ אם עבר ולא נהרג אין עונשין אותו כי אונס רחמנא פטריה ממולך וכו', וגם מלנערה לא תעשה דבר [דברים כ"ב, כ"ו], וגבי חולי כתב דאם עבר עונשין אותו, ולכאורה מה חילוק יש[ח]. אך הן הן הדברים אשר כתבתי, כי כמו נרדף ששיבר את הכלים חייב בכל ענין, ואם אנסוהו על ממון חבירו אינו חייב עיין בסי' שפ"ח שהבאתי לעיל [אות ב'], עי"ש בש"ך, אף דשיטת הר"מ דלאף אם אנסוהו חייב בנותן ביד, מ"מ זה דוקא לענין ממון, אבל כאן ליכא קרא לפטור אונס, א"כ באנסוהו על הדבר הזה לעבור סבירא ליה להר"מ דזה נקרא אונס, אבל בחולה בלא נאנס על הדבר רק הוא מציל עצמו בעבירה חייב עונש, כמו גבי נרדף דמציל עצמו בממון חבירו לא נקרא אונס, רק שם שרי להציל עצמו אך מחוייב לשלם, אבל גבי שלש עבירות כיון דאינו רשאי לא מיקרי אונס על כן הוא חייב עונש כדינו[ט]. א"כ גבי בן נח נמי כיון דאינו רשאי לרפאות את עצמו חייב העונש כדינו אם עבר וריפא את עצמו, כן נראה לענ"ד ברור בעזה"י. ומצאתי בספר פרשת דרכים דרך האתרים דרוש ב' [ד"ה ברים כל], שכתב בפשיטות דבן נח יכול להתרפאות ג"כ במקום סכנה, ולי נראה כמו שכתבתי, וכן נראה מלשון הר"מ כמו שביארנו בע"ה[י].

ספק פ"נ בג

ודע, דאף אם נאמר דלא כסברתנו אלא דגבי בן נח ג"כ שוה חולי לאונס ומותר להתרפאות במקום סכנה, מ"מ אפשר לומר כיון דבגמרא יומא פ"ה ע"א מביא כמה ילפותות דפקוח נפש דוחה שבת, ואמר רבא לכולהו אית להו פירכא אשכחן ודאי ספק מנלן, ויליף מוחי בהם, חזינן דאיצטריך ילפותא על ספק פקוח נפש דדוחה שבת, ובבן נח דליכא ילפותא רק מצד הסברא אפשר דאינו נדחה רק ודאי ולא ספק פקוח נפש, וצ"ע.

עבירת חבר

[ד] ועוד נוכל לומר, דמצד הסברא, פקוח נפש דוחה עבירה רק לאיש עצמו המסוכן, אבל שיעבור אחר בשביל סכנת חבירו אפשר דאינו מצד הסברא, רק בישראל יליף דנדחה לאחר ג"כ. ועיין בתוספת יום הכיפורים שכתב דעיקר הילפותא דיהיה נדחה שבת מפני ישראל אחר עי"ש, א"כ גבי בן נח לא ניתן לידחות רק להמסוכן עצמו אבל אחר אינו רשאי לעבור מפני סכנת חבירו דבבן נח לא מצינו ילפותא רק מצד הסברא, ובזה אין סברא כלל לעבור בשביל חבירו. והנה נראה לי בישראל דמצוה לעזור ולרפא לחבירו ואם לאו עובר על לאו דלא תעמוד על דם רעך [ויקרא י"ט, ט"ז] כמבואר בר"מ פ"א מרוצח הי"ד, אבל בן נח אינו מצווה על זה א"כ אין מצוה עליו לעזור ולרפאות לחבירו ומהיכא תיתי יעשה גוי עבירה בשביל חבירו. ולפי זה נראה דאף אי אמרינן בן נח מותר להתרפאות בעבירה מותר לו להתרפאות אף בשלש עבירות כי לדידיה אין חילוק כלל, כמבואר בגמרא סנהדרין ע"ד ע"ב וברמ"ת פ"י ממלכים ה"ב גבי אנס דאפילו עבודה זרה יוכל לעבוד, מ"מ אם העלה לבו טינא על אשת חבירו והוא מסוכן, נהי דלדידיה שרי מ"מ היא מוזהרת ג"כ על גילוי עריות ואסורה להבעל לו דאסורה לעבור עבירה בשביל אחר המסוכן. אבל בישראל באותן עבירות שרשאי לעבור גם אחר רשאי ומצוה גדולה כמבואר בסמוך [אות ה'], אבל בבן נח נראה נהי דהוא עצמו שרי להציל נפשו בעבירה אבל בן נח אחר אסור בשביל חבירו, כן נראה לי נכון בע"ה.

להציל עצמו ברודף

[ה] ולפי מה שכתבתי נראה לי ג"כ, דהנה מבואר בסנהדרין ע"ב ע"ב ודף ע"ג ע"א וברמ"ת פ"א מרוצח ה"ו דרודף אחר חבירו להרגו ניתן להצילו בנפשו, ואמרינן שם מנין לרודף וכו' שניתן להצילו בנפשו תלמוד לומר לא תעמוד על דם רעך, ומקשינן והאי להכי הוא דאתי וכו', ומסקינן דהוקש לנערה המאורסה ושם גלי קרא [דברים כ"ב, כ"ז] ואין מושיע לה, הא יש מושיע יושיע בכל ענין אף בנפשו. ועיין תוס' שם ד"ה אף רוצח, הקשו הא

ו) וכ"כ במקור מים חיים יו"ד סי' קנ"ז סע' א' בסופו ומבאר דחשיב מזיד, עי"ש.

ז) אולם המשל"מ בפרשת דרכים הביאו רבינו להלן סובר שבן נח יכול להתרפא בעבירה במקום סכנה, ועי"ש בהערה י'.

ח) וכן העיר במרכבת המשנה שם ונדחק. ועיין חמדת שלמה אורח חיים סי' ל"ח.

ט) באור גדול סי' א' דף כ' הביא דברי רבינו עי"ש בארוכה. ובאור שמח ועבודת המלך וצפנת פענח מהדו"ת הל' יסוה"ת שם כיוונו לדברי רבינו, ועי"ש שהאריכו למצוא מקור לדברי הרמב"ם. ולדברי רבינו מקורו מר' ישמעאל דמצריך פסוק מיוחד לחולי בשאר מצוות, הרי דחולי לא הוי אונס בג' עבירות.

י) באו"ש שם הביא מירושלמי ע"ז פ"ב דגוי אינו יכול להציל בגוי חבירו וחייב מיתה. אולם אין זה ראיה לשאר עבירות שאינו יכול להציל עצמו בהם, שהרי ברציחה גם המשל"מ מודה כמובא להלן אות ה'.

נפקא מוהוכה [שמות כ"ב, א'] גבי מחתרת, דבכל אדם, עי"ש. והנה מבואר שם דמצוה על כל איש מישראל להציל הנרדף בנפשו של רודף, ועיין ר"מ פ"א מרוצח הט"ו דאם יש בידו להציל ולא הציל עובר על עשה וקצותה את כפה [שם כ"ה, י"ב] ושני לאוין, לא תעמוד על דם רעך ולא תחוס עינך. נראה דאי לאו דגלתה התורה לא הוי ידעינן דניתן להצילו בנפשו, אף דהוא פקוח נפש וכל המצוות נדחות מכל מקום רציחה אינה נדחית מפני פקוח נפש מטעם מאי חזית, אם כן הוה אמינא דאסור להרוג הרודף להציל חבירו קא משמע לן קרא דשרי. והנה לעיל מיניה [שם ע"ב ע"ב] מבואר דבא במחתרת ג"כ התירה התורה לאיש עצמו להרוג הרודפו, ומתיבת והוכה מרבינן אף איש אחר, ובגמרא כאן ע"ג ע"א מרבינן דמצוה באיש אחר להציל הנרדף בנפשו של רודף, עכ"פ חזינן דצריך קרא לזה דאי לאו הכי אפשר דאף הנרדף בעצמו לא היה רשאי להרוג הרודף, אף דאיכא פקוח נפש מ"מ פקוח נפש אינו דוחה רציחה.

בגוי

ואם כן לפי מה דמבואר בהגהת משנה למלך פ"י ממלכים ה"ב ובפרשת דרכים דרך האתרים [דרוש שני ד"ה ודע דתשמע] דאף דבן נח אין צריך למסור נפשו על המצוות, מכל מקום על שפיכות דמים מחוייב למסור עצמו, כי הוא מטעם סברא דמאי חזית ושייך ג"כ אצל בני נח, עי"ש. א"כ לפי זה מנין לנו דאם בן נח רודף אחר בן נח אחר דהנרדף בעצמו יכול להורגו אף דהוא פקוח נפש מ"מ רציחה אינה נדחית, א"כ לפי זה בן נח נרדף אסור להרוג הרודף, ובאמת עיין בסנהדרין כ"ז ע"א גבי כיוצא בו דשפיכות דמים כרבי יונתן בן שאול, נראה להדיא דהיתר גמור הוא לבן נח נרדף להציל עצמו בנפשו של רודף, וכן הוא בר"מ פ"ט ממלכים ה"ד, דדוקא אם אחד יכול להציל עצמו באחד מאיבריו אבל בלאו הכי הוי היתר גמור, ולכאורה קשה מנלן זה. ולכאורה זה ראיה לדברי מהר"ש יפה הובא בפרשת דרכים [שם], דאף דשפיכות דמים סברא הוא מ"מ לא עדיף מעבודה זרה וגילוי עריות דאינו מצווה בן נח, עי"ש, א"כ ניחא דבשלמא ישראל דשפיכות דמים הוא משלש עבירות וחייב למסור נפשו הוצרכה התורה לגלות גבי רודף דהנרדף וכל אדם מותרים להרוג את הרודף משום פקוח נפשו, אף דבכל מקום אינה נדחית רציחה מפני פקוח נפש כאן הוא גזירת הכתוב, אבל בן נח דכל המצוות נדחין מפני פקוח נפשו כי אינו מצווה על קידוש השם וגם יכול לרפא עצמו בעבירה ולדעת מהר"ש יפה גם שפיכות דמים בכלל[יא], א"כ לדידיה בלאו הכי נדחית רציחה מפני פקוח נפש ומותר להרוג הרודף מפני פקוח נפשו, א"כ שפיר גם בבן נח מותר להצילו בנפשו.

הציל חבירו

וכל זה בנרדף עצמו דמותר להרוג הרודף כי [איסור רציחה] נדחה מפני פקוח נפשו, אבל בן נח אחר אסור להרוג הרודף אחר חבירו דכבר כתבתי [אות ד'] דמחמת פקוח נפש של אחר אין עבירה נדחית, א"כ מפני פקוח נפש של הנרדף אסור להרוג הרודף, כן נראה לי לכאורה.

מדיני המצוה, מה שאמרו זכרונם לברכה [שם] **שבאלו הג' עבירות שזכרנו חייב האדם למסור נפשו בכל ענין, בין בשעת**[ז] **שמד או שלא בשעת שמד, ובין**[ז] **בפרהסיא או אפילו בצנעא, ובין שיתכוין הגוי להעביר או אפילו להנאת עצמו. אבל בשאר עבירות אמרו דשלא בשעת השמד ובצנעה יעבור ואל יהרג, ואפילו יתכוין הגוי להעבירו, אבל בפרהסיא כלומר בפני עשרה מישראל, אם להנאתו מתכוין המעביר יעבור ואל יהרג, ואם להעבירו יהרג ואל יעבור.**

ובשעת השמד, אפילו בצנעה ואפילו להנאתו ואפילו על מצוה קלה יהרג ואל יעבור. ומצוה קלה היא כענין מה שאמרו זכרונם לברכה [שם] **אפילו ארקתא דמסאנא, כלומר שלא יעשה הישראל צורת מנעלו כמו הגוים העובדים עבודה זרה, שלא ידמה להיות עובד עבודה זרה כהם**[ח]**.**

וזה שאמרנו אביזרהא דעבודה זרה, הענין הוא לומר כל מה שנאסר לנו מכל לאו[ט] **המיוחד בעבודה זרה, וכענין מה שאמרו בפסח ראשון** [פסחים כ"ה ע"א] **בכל מתרפאין במקום סכנה חוץ מעצי אשירה, ואמרו עלה בירושלמי** [שבת פי"ד ה"ד] **לא סוף דבר בשאמר לו רופא הבא לי עלין של אשירה פלונית, דמיתחזי כמאן דמודה בה, אלא אפילו אמר לו הבא לי עלין של אילן פלוני סתם, והלך ולא מצא אלא של אשירה יהרג ואל יעבור. ואף על גב דהשתא כי מיתסי בעצי אשירה לאו עבודה זרה ממש היא דהא לא פלח לה, אלא מכל מקום דמתהני מינה ואיכא במילתא לאו**[י] **דלא ידבק בידך מאומה מן החרם**[יא]**, דהוא לאו המיוחד בעבודה זרה. אבל איסורין טובא דאיכא בעבודה זרה דילפינן להו מלאו דלפני עור לא תתן מכשול**[יב]**, ליתנהו בכלל אביזרהא דעבודה זרה ליהרג עליהם, כיון דלאו דלפני עור אינו מיוחד בעבודה זרה ממש דבכולהו מצוות נמי איתיה.**

ז. ברוב הדפוסים "בשעת צרה", וכן בשאר. ז. ברוב הדפוסים "וכן". ח. עיין מנ"ח אות י'. ט. ראה לעיל הערה ב'. י. ברוב הדפוסים ליתא "לאו". יא. דברים י"ג, י"ח. מצוה תשי"ג. יב. ויקרא י"ט, י"ד. כגון דאסור למכור לגוי דברים לשם אידם לפני חגיהם ושד, עיין מצוה רל"ב.

אחר זמן האיר השי"ת את עיני, דגם גבי בן נח מקרא מפורש בתורה דניתן להציל הנרדף בנפשו של רודף אפילו לבן נח אחר, דשם ע"ב ע"ב מבואר רודף אחר חבירו ואמר לו שישראל הוא וכו' והתורה אמרה [בראשית ט', ו'] שופך דם האדם באדם דמו ישפך, הצל דמו של זה בדמו של זה, עי"ש ברש"י [ד"ה והתורה] דכל הרואה אותו ישפוך דמו של רודף, עי"ש, וזה הפסוק נאמר לבני נח דרודף מותרים להרגו, ונשנית בסיני גבי מחתרת והוכה, אפילו בכל אדם, והיקישא לנערה המאורסה הוא למצוה גבי ישראל, אבל לענין מותר להרגו נאמרה לבני נח ונשנית בסיני גבי מחתרת, וכל מילתא דנאמרה ונשנית לזה ולזה נאמרה, א"כ גבי רודף גזירת הכתוב אף לבני נח דמותר להרגו אף בן נח אחר. א"כ ג"כ אין ראיה לדברי המהר"ש יפה, דאף אם נאמר דבן נח צריך למסור עצמו על שפיכות דמים, מ"מ גבי רודף התירה התורה לו ואף לאחר דכך גזירת הכתוב, כמו בישראל אף דרציחה אינה נדחית מפני פקוח נפש מכל מקום ברודף נדחית מפני פקוח נפש א"כ גבי בני נח נמי[יב]. אך זה ברור דמצוה ליכא גבי בני נח להרוג הרודף, דגבי ישראל מהיקישא ילפינן וגם מוקצותה את כפה ולא תעמוד על דם רעך, אבל בבני נח שלא נאמרו הפסוקים הללו רק היתירא הוא אבל לא מצוה[יג].

והנה לדברי הרב בעל פרשת דרכים שהבאנו, דדעתו דאף דבן נח אינו צריך למסור נפשו אפילו על עבודה זרה, וכן יכול להתרפאות בפקוח נפש באיזה עבירה, מ"מ [על] שפיכות דמים מחוייב למסור נפשו כמו ישראל, כי כמו גבי ישראל מחוייב למסור עצמו מצד דמאי חזית דדמא דידך סומק טפי וכו' כן גבי בני נח שייך סברא זו, רק לגבי רודף שרי כמו ישראל דהוא גזירת הכתוב.

עובר הרודף את אמו

[ו] ואני מסתפק, דהנה מבואר בסנהדרין שם ע"ב ע"ב דאף קטן הרודף ניתן להצילו בנפשו, ומקשה הש"ס ממשנה דאהלות פ"ז מ"ו, דאשה שהיתה מקשה לילד החיה פושטת את ידה וחותכת אותו לאיברים להציל את האשה, יצא ראשו אין נוגעין בו מפני שאין דוחין נפש מפני נפש, ואמאי הא הוי ליה רודף, ומשני הש"ס שאני התם דמשמיא קרדפי לה, וא"כ לא הוי רודף ואסור להציל נפש בנפש אחר כי שפיכות דמים אינה נדחית, ובריש הטעם דכל זמן שלא יצא ראשו לא הוי נפש על כן חותכין אותו להציל האם וכפירוש רש"י שם ד"ה יצא ראשו, אף דאסור להרוג העוברין ג"כ כמבואר בתוס' שם נ"ט ע"א ד"ה ליכא, מ"מ כל עבירות נדחות מפני סכנת נפשות אך נפש אינו נדחה מחמת הסברא דמאי חזית, אבל עובר לא שייך מאי חזית כי לא הוי נפש רק התורה אסרה כמו איסור אחר אבל לא הוי שפיכות דמים[יד]. וזה לשון הר"מ פ"א מרוצח ה"ט, אף זו מצות לא תעשה שלא לחוס על נפש הרודף, לפיכך אמרו חכמים האשה שהיתה מקשה לילד מותר לחתוך העובר בין בסם ובין ביד מפני שהוא כרודף, יצא ראשו אין נוגעין בו שאין דוחין נפש מפני נפש וזהו טבעו

יא) במאירי סנהדרין ע"ד ע"ב מבואר לכאורה כמהר"ש יפה, וז"ל, בני נח אין מצווין על קידוש השם כלל, וכל שנאנסו בשבע מצוות שלהם אפילו לעבוד ע"ז פטורים לגמרי ויעבור ואל יהרג, ולא הוציא רציחה מן הכלל. ועי' במנחת יחיד ח"ג.

יב) ראה בשו"ת נודע ביהודה תניינא חו"מ סי' נ"ט שכתב בדעת הרמב"ם דלא ילפינן מהאי קרא דשופך דם האדם דין רודף, אלא לחייב בן נח על העוברין בסנהדרין נ"ז ע"ב. ובערוך לנר סנהדרין ע"ב ע"ב עמד על כך, וכתב דהך קרא לענין רודף אינו אלא אסמכתא. ובשדי חמד מערכת ג' בפאת השדה סי' ו' הביא דברי רבינו ודברי הערוך לנר, וכתב דאף מאסמכתא מוכח שדין רודף נאמר גם בבן נח.

יג) עיין חמדת ישראל בקונטרס בן נח סי' ט' מה שהאריך בענינים אלו בדברי רבינו.

יד) וראה להלן דנפ"מ לענין יהרג ואל יעבור בעובר. ובחי' הרשב"א והריטב"א נדה מ"ד ע"ב מבואר שלגבי איסור רציחה חשוב נפש, ונתמעט עובר רק מחיוב מיתה. וראה משנ"כ בהערות שם מגדולי האחרונים שהאריכו בזה.

אחר שכתבתי זה, מצאתי במקצת מחידושי מורי[יג], ישמרם אל, שכתבו כי בירושלמי דעבודה זרה [פ"ב ה"ב] **משמע דכל שאמר לו הרופא עלין סתם יעבור ואל יהרג.**

ועניין שפיכות דמים, למדו הענין זכרונם לברכה [סנהדרין שם] **מדרך הסברא, ואמרו על דרך משל מאי חזית דדמא דידך סומק טפי דילמא דמא דההוא גברא סומק טפי, כלומר הנרצח יהיה ראוי לעשות יותר מצוות מאותו שהרגו, ועל כן אינו בדין שיהרוג שום אדם לחבירו ואפילו יהרג הוא על זה.**

ועוד אמרו זכרונם לברכה [ירושלמי תרומות פ"ח ה"ד] **שאפילו היו כמה אלפים ישראלים ואמרו להם אנסים תנו לנו אחד מכם ואם לאו נהרוג כולכם, יהרגו כולם ואל ימסרו נפש אחת מישראל. ודוקא כשאמרו להם אחד סתם, אבל ייחדוהו להם בפירוש שאמרו תנו לנו פלוני ואם לאו נהרוג כולכם, רשאין ליתנו, כענין הידוע בשבע בן בכרי[יד]. וכן הדין בנשים שאמרו להן גוים תנו לנו אחת מכם וכו'[טו], כדאיתא במסכת תרומות פרק שמיני** [מי"ב].

ועניין עריות שנהרגין עליהן, למדו זכרונם לברכה [סנהדרין שם] **אותו לפי שהוקשה נערה מאורסה לרוצח[טז], מה רוצח יהרג ואל יעבור כמו שאמרנו כן נערה מאורסה יהרג אדם ולא יבעל אותה, כי התורה לא תמשל משלים חנם רק ללמד ענין. ועוד יש להם בזה סמך מן הקבלה[יז], שהיא חומת ברזל לכל דבריהם.**

יג. כ"כ הרשב"א בחי' לע"ז כ"ז ע"ב, מובא במיוחס להריטב"א פסחים כ"ה ע"א, ועיי"ש שהרא"ה חולק. ועיין מנ"ח אות י"ד ד"ה והנה. יד. שמואל ב' כ', י"ג—כ"ב. עיין מנ"ח אות כ"ח. טו. ונטמאה ואם לאו הרי אנו מטמאים את כולכם, יטמאו את כולן ואל ימסרו להם נפש אחת מישראל. טז. שנאמר כי כאשר יקום איש על רעהו ורצחו נפש כן הדבר הזה (דברים כ"ב, כ"ו). יז. אפשר שכוונת רבינו למה שדרשו במגילה ט"ו ע"א וכאשר אבדתי אבדתי (אסתר ד', ט"ז) כשם שאבדתי מבית אבא כך אובד ממך. וקרי ליה קבלה לפי שבכתובים הוא (הרב מ. כשר).

של עולם. והנה מה שסיים דזהו טבעו של עולם, היינו תירוץ הש"ס דמשמיא קרדפי לה על כן לא הוי רודף, אך מה שכתב בתחילת דבריו דאם לא יצא ראשו חותכין מפני שהוא כרודף וכתב על הקודם לפיכך משמע מטעם דהוי רודף, לא זכיתי להבין, דבאמת לא הוי רודף דהא משמיא רדפו לה, והא דמותר לחתוך העובר היינו דלא הוי נפש אבל רודף לא הוי, ומאי זה שכתב לשון לפיכך דמשמע דהוא מטעם רודף, וצ"ע, ולא ראיתי לנושאי כליו שהרגישו בזה[טו].

(עובר גוי) והנה בבן נח קיימא לן דנהרג על העוברין, א"כ אני מסופק בבת נח המקשה לילד, אף דלא יצא ראשו אפשר דאסור לחתוך העובר כי הוי נפש ואין דוחין נפש מפני נפש ורודף לא הוי, או דילמא דבאמת כיון דחזינן גבי ישראל דלא איקרי נפש רק דגזרה התורה שופך וגו' באדם דמו ישפך, אבל נפש לא מיקרי, שרי להציל עצמו כמו שאר עבירות ולא שייך מאי חזית דדמא וכו' דלא איקרי נפש[טז]. אך לפי מה שכתבתי לעיל [אות ד'] דאסור לבן נח שיעבור עבירה בשביל להציל חבירו, א"כ חיה או רופא גוי אסורים לחתוך הולד בשביל סכנת האם כיון דלא הוי רודף ואסור להם לעבור בשביל הצלת חבירו, כן נראה לי[יז], ואי"ה לקמן בדין רודף נאריך בזה ואין כאן מקומו.

(גוי הרודף אחר ערוה) [ז] ודע, דזה פשוט אצלי דגבי בן נח דוקא ברודף אחר חבירו להורגו ניתן להצילו בנפשו מקרא דשופך דם האדם וגו', אבל ברודף אחר עריות בודאי אסור חבירו להרגו, דבישראל ילפינן מקרא אבל לבני נח שוה לכל העבירות דלא ניתן להצילו בנפשו, כי הכל לישראל נאמר ולא לבני נח, וזה פשוט.

(הרודף אחר עובר) ואם רודף אחר עובר להרגו, דהיינו דרודף אחר האם ורוצה להרוג העובר, תליא במה שכתבתי לעיל [אות ו'] דאם נקרא נפש כי בן נח נהרג על העוברין רשאי חבירו להרוג אותו, אבל כבר כתבתי שנראה לי דגם אצל בן נח לא נקרא שפיכות דמים אלא הוי כמו שאר עבירות, א"כ אסור לחבירו להרגו כי לא מיקרי רודף, כן נראה לי בעזה"י[יח]. (בישראל) ובישראל שרוצה להרוג עוברין, פשיטא דלא מקרי רודף ואסור לחבירו להורגו כי לאו בכלל נפש הוא. שוב מצאתי בתוס' סנהדרין נ"ט ע"א ד"ה ליכא, שכתבו שם מתחילה דקודם שיצא ראשו דבישראל מותר לחתוך העובר ובבן נח אסור כיון דמוזהר על העוברין כנגד הראשון שכתבנו, ואחרי זה כתבו דאפשר גם בבן נח שרי לחתוך העובר, נראה מדבריהם דספוקי מספקא להו דין הנ"ל. וגם כתבו סתם דחיה יכולה לחתוך נראה דאף משום הצלת אחר מותר הבן נח, ומ"מ צ"ע בדינים אלו.

(אחר הטריפה) ולכאורה נראה דישראל הרודף אחר טריפה, כיון דהורג את הטריפה אינו חייב מיתה כמבואר בסנהדרין ע"ח ע"א ובר"מ פ"ב מרוצח ה"ח, אפשר דלא מיקרי רציחה ואסור להרוג הרודף אחר הטריפה[יט].

ואצל בן נח דחייב בהורג טריפה כמבואר בר"מ פ"ט ממלכים ה"ד, הספק כמו שנסתפקנו לעיל [אות ו'] גבי עוברין, אם נקרא נפש כיון דמוזהר ונהרג על הטריפה, או דילמא מ"מ לא איקרי רציחה רק דגזירת הכתוב דנהרג כמו שאר עבירות, א"כ הוי ליה כמו שרודף אחר שאר עבירות דאסור להצילו בנפשו, וצ"ע. ולענין אם הישראל מחוייב למסור נפשו בעד חבירו טריפה, יבואר בעזה"י לקמן [אות כ"ח]. והנה דברי הר"מ הנ"ל [פ"א מרוצח ה"ט] לחלק בין קודם שיצא הולד דהוי רודף ויצא ראשו לא הוי רודף דזה טבעו של עולם, העתיקו הרב בית יוסף בשו"ע חו"מ סי' תכ"ה ס"ב, ובסמ"ע [ס"ק ח'] כתב הטעם ברישא כיון דלא הוי נפש, ובאמת מלשון הר"מ אינו נראה כן, וצ"ע שלא הרגיש בזה.

(גוי שהרג טריפה) ובגוף הדבר שמבואר בר"מ הלכות מלכים שם, שבן נח שהורג את הטריפה חייב עליו, והכסף משנה לא הראה מקומו, וצ"ע כיון דמבואר בסנהדרין ע"ח ע"א דטריפה כולי עלמא מודים דפטור דלא הוי אפילו מקצת נפש, ועיי"ש ברש"י ד"ה שהוא פטור, דהוי גברא קטילא, א"כ מנלן לחייב בן נח. ואין ראיה מדחייב על עוברין, דשם גזירת הכתוב הוא שופך דם האדם באדם כמבואר בסנהדרין נ"ז ע"ב[כ]. ועוד מצד הסברא העובר היה ראוי לצאת לאויר העולם והיה חי, אבל טריפה דהוא גברא קטילא מנלן לחייב בן נח. (נפל בן נח) ועיין בסנהדרין פ"ד ע"ב נראה שם דנפלים איקרי נפש, ועיי"ש בתוס' ד"ה הוה אמינא, ועיי"ש בתירוץ השני, נראה דיותר יש לחייבו על נפל אחר שיצא לאויר העולם מעובר קודם שנולד. ולפי זה כיון דבן נח נהרג על העוברין, א"כ בנולד אף שהוא בן שמונה חייב בן נח אם הרג לבן שמונה, וצ"ע מאד בזה כיון דמבואר כמה פעמים דנפל בן שמונה הוא כאבן א"כ לא שייך לחייבו מיתה כיון דהאי גברא קטילא הוא, וצ"ע.

(פקוח נפש בעובר) [ח] והנה, אף דעובר לא מיקרי נפש כמו שכתבתי [אות ו'], מ"מ לענין לעבור על איזה עבירה מפני פקוח נפש של עובר יש דעות, דעת בה"ג [הל' יום הכיפורים] דמחללין שבת על עובר, אף דקודם שיצא ראשו חותכין אותו מפני סכנת האם וכן ההורגו אינו נהרג עליו, מכל מקום לענין לעבור על המצות אמרינן מוטב שיחלל שבת אחת כדי שישמור שבתות הרבה, ומביא ראיה מערכין ז' ע"א האשה שהיתה יושבת על המשבר וכו'. ודעת הרמב"ן [בתורת האדם עמ' כ"ח] דוקא במתה האם דהרי הוא כילוד ודלת ננעלה בפניו ולאו ירך אמו הוא על כן מחללין עליו את השבת, אבל באמו חיה אין מחללין עליו את השבת[כא]. (בעובר גוי) והנה אצל בן נח אם מותר לעבור עבירה משום העובר אף אם נאמר דמותר לעבור בשביל אחר אפשר דמשום עובר אסור, או דילמא דאף להרמב"ן דעל עובר אין מחללין מ"מ זה דוקא בישראל אבל אצל בן נח דחייב

טו) והקשו כן רבים מן האחרונים, ראה דינא דחיי לאוין קס"ד, חות יאיר סי' ל"א, ושו"ת גאוני בתראי סי' מ"ה, נודע ביהודה שם, תוס' רע"א אהלות פ"ז ה"ו ותורת חסד ח"ב סי' מ"ב ועוד. ועיין חי' רבינו חיים הלוי וגליונות החזו"א כאן.

טז) וכן נראה מדברי המבי"ט בהוספות לקרית ספר (נדפס במוריה שבט תשל"ט) שבן נח חייב על הריגת טריפה כמו בעובר, וטריפה הרי לא חשיב כל נפש כמבואר ברש"י סנהדרין ע"ח ע"א ובתוס' רי"ד שבת קל"ו ע"ב. הרי מוכח כסברתו השניה של רבינו. ורבינו כאן אזיל לשיטתו לעיל דהריגת עובר אף דאסורה מהתורה אינה בכלל רציחה, וראה לעיל הערה י"ד.

יז) ראה להלן אות ז' מה שהביא מתוס' בסנהדרין. ועיין שו"ת מהרי"ט ח"א סי' צ"ט בשם הרשב"א, ומאמרו של הגר"מ פיינשטיין זצ"ל בספר הזכרון להגרי"י אברמסקי זצ"ל.

יח) גם כאן אזיל לשיטתו לעיל דעובר אינו בכלל נפש לענין רציחה. ועיין הערה י"ד.

יט) וכבר חקר רבינו ע"ז לעיל מצוה נ"ו ולהלן מצוה ת"ר, אי שייך דין רודף היכא שאינו חייב מיתה על הרציחה, וראה לעיל מצוה מ"ח. ועיין אחיעזר ח"א סי' י"ט בארוכה.

כ) אולם המבי"ט שם כתב שהרמב"ם למד דין זה מעובר, וס"ל דגלי קרא דבן נח חייב אף דלא הוי נפש, וה"ה טרפה. וראה מש"כ רבינו לעיל מצוה ל"ד. ועיין מאירי סנהדרין נ"ז ע"ב.

כא) וז"ל הריטב"א נדה מ"ד ע"ב בשם תוס' וז"ל, ואע"ג דלאו נפש הוא, היינו לחייב ההורגו או לדחות נפש אמו כדי שלא יגעו בו, אבל לענין הצלתו בשבת דינו כנפש, דהא שייך לומר טעמא דאמרינן גבי בן קיימא חלל עליו שבת אחת וכו', וכ"כ בה"ג.

וכתבו הראשונים[יח] דלא אמרינן יהרג ואל יעבור לעולם אלא לעבור עבירה, אבל להבטל ממצוה יעבור ואל יעשה המצוה ואל יהרג. וכעין מה שאמרו זכרונם לברכה [שם] באסתר קרקע עולם היתה, כלומר והוא כעין שב ואל תעשה, שהרי האשה על כרחה נבעלת. ואפילו סייעה האשה בתשמיש לאחר שהלבישה היצר לא תתחייב בכך, שאין אונס גדול ממנו[יט].

ומה שמצינו מעשים לחסידים הראשונים שנהרגים על ביטול מצוה, וכעין מה שאמרו זכרונם לברכה[כ], מה לך יוצא ליסקל, על שמלתי את בני, מה לך יוצא ליצלב, על שנטלתי את הלולב, מדת חסידות עשו הם, וראו שהדור היה צריך לכך, והיו חכמים גדולים ראויין לכך להורות על זה. שאלמלא כן שהיו גדולים וחכמים, לא היו רשאין למסור נפשם למות[כא], שלא לכל אדם יש רשות ליהרג במה שלא חייבונו זכרונם לברכה ליהרג עליו, ולא עוד אלא שמתחייב בנפשו הוא[כב].

יח. כ"ה בנימוקי יוסף בסנהדרין סוף פרק שמיני. יט. עיין כתובות נ"א ע"ב במימרא דרבא שם. כ. מכילתא שמות כ' ו'. וכ"ה ברשב"א שבת קי"ל ע"ב. והר"ן שם כתב זה בשם המדרש רבה, ולפנינו ליתא. כא. עיין מנ"ח אות י"ב. כב. כ"ה ברמב"ם כאן ה"ד.

על העוברין אפשר דמיקרי נפש, או לא אלא גזירת הכתוב הוא כמו שכתבתי למעלה [אות ו']. ולענין אם מחוייב ישראל או בן נח למסור נפשו עבור עוברין או טריפה, יתבאר לקמן [אות כ"ס] בעזהשי"ת, ודברי בה"ג והרמב"ן הובאו בר"ן ביומא [ג' ע"ב מדפי הרי"ף] (ובתוס') [וברא"ש] שם.

פקוח נפש בטריפה [ט] והנה לפי מה שכתבתי לעיל [אות ז'] דנראה לי דטריפה גרע מעובר דלא איקרי נפש כלל, א"כ לפי דעת הרמב"ן אסור לחלל שבת בעבור טריפה דגרע מעובר, ולדידיה אין מחללין בשביל עובר, ובאמת לא ראיתי בשום מקום לומר דבשביל טריפה אין מחללין את השבת או לעבור שאר עבירות. והנה באמת מבואר ביומא פרק יום הכיפורים פ"ה ע"א דאפילו לחיי שעה מפקחין את הגל, וכן פסק הר"מ פ"ב משבת הי"ח וכן פסק בשו"ע אורח חיים סי' שכ"ט ס"ד, והנה אם הוא קרוב למיתה מחמת הגל הוי גוסס בידי אדם ודינו כטריפה דההורגו אינו נהרג עליו כמבואר בסנהדרין ע"ח ע"א ובר"מ פ"ב מרוצח ה"ח, ומ"מ מחללין [עליו] את השבת, נראה דבטריפה ג"כ מחללין עליו את השבת[כב]. וא"כ נראה כדעת בה"ג אף דההורגו אינו נהרג עליו, מ"מ מחללין עליו שבת ומיקרי נפש[כג]. ועיין תוס' נדה מ"ד ע"ב סד"ה איהו מיית ברישא, כתבו שם ג"כ כסברת הרמב"ן לחלק בעובר אם הרג העובר בין אמו חיה [דפטור] ובין מתה אמו דהוי ליה כמאן דמנח בקופסא ואינו תלוי באמו וחייב ההורגו, ואחר כך כתבו דאם נאמר דאינו חייב עליו ההורגו אפילו במתה אמו א"כ אמאי אמרינן בערכין דמתה אמו מחללין שבת, ותירצו דאף דאינו נהרג עליו מ"מ חילול שבת לא תלוי בזה, ומייתין ראיה מהך דיומא דהוי גוסס בידי אדם וההורגו אינו נהרג עליו ומ"מ מפקחין את הגל, עיי"ש. א"כ מפורש להדיא מדבריהם דגם [על] טריפה מחללין את השבת[כד], ונראה דסבירא להו כדעת בה"ג, אבל לדעת הרמב"ן דזה תלוי בזה דעל עובר אין מחללין את השבת, א"כ למה על טריפה וגוסס בידי אדם מחללין כיון דאין נהרגין עליו.

ואפשר לומר דסברת הרמב"ן דבטריפה וגוסס בידי אדם אף שאין חייב ההורגו כיון דרוב למיתה, מ"מ לענין חילול שבת כיון דמיעוט חיים ובפקוח נפש אין הולכין אחר הרוב, ולענין ההורגו כיון דרובו למיתה אין נהרגין עליו, אבל בעובר דרובא לחיים דרוב יולאין לאויר העולם, ומ"מ פטרה התורה ממיתה ההורג אותם מכלל דלא מיקרי נפש כלל, על כן על פקוח נפשם אין מחללין את השבת, אבל טריפה וגוסס בידי אדם דפטרה התורה מצד הסברא כיון דעומדים למות ובפקוח נפש אין הולכין אחר הרוב רק כיון דעכ"פ מיעוט חיים על כן מחללין שבת, אבל בעוברין חזינן אף דרובם חיים כשאר אנשים ומ"מ פטרה התורה חזינן דלא נחשב כלל אצל התורה. ולפעמים מצינו דאף ברובא למיתה חייב ההורג כגון גוסס בידי שמים, עיין תוס' סנהדרין ע"ח ע"א ד"ה בגוסס, אבל ברובא לחיים לא מצינו כלל דיפטר ההורגו רק בעובר, חזינן דלא נחשב אצל התורה נפש על כן אין מחללין [עליו] את השבת, אבל בטריפה וגוסס בידי שמים מחללין כיון דמיעוט חיים, וסברא זו מבואר בתוס' בנדה שם. והארכנו קצת, ויש לפלפל בעניינים אלו, ולקמן [אות כ"ד] יבואר עוד בעזה"י.

בשעת השמד [י] והנה בחלאים מצוה להציל נפשו באיזה עבירה חוץ משלש אלו, והמחמיר על עצמו הרי זה שופך דמים. ואם אנסו אנס לעבור על אחת מכל העבירות ורוצה להחמיר על עצמו, יבואר בעזהשי"ת לקמן [אות י"ג]. ובאנס דאינו מחוייב למסור נפשו על שום עבירה, דוקא שלא בשעת השמד אבל בשעת השמד מחוייב למסור עצמו אפילו על מצוה קלה, ולדעת רש"י סנהדרין ע"ד ע"ב ד"ה ערקתא, אפילו על מנהג יהודים שיש לניעות בדבר לשנויי ערקתא דמסאנא מחוייב למסור נפשו. והר"מ לא כתב בזה הלשון ערקתא דמסאנא, רק כתב כאן פ"ה ה"ב דאפילו על מצוה משאר המצוות, ופירש הכסף משנה כוונתו דיעבור בלאו כדברי הרי"ף [שם י"ז ע"ב מדפי הרי"ף] דבלבוש גוי עובר על לא תלכו בחוקות הגוי [ויקרא כ', כ"ג]. ומדברי הרב המחבר שכתב כלומר וכו' שלא ידמה להיות עובד עבודה זרה כהם, נראה מדבריו דדעתו כדעת הר"מ כמבואר בר"מ פי"א מעבודת כוכבים ה"א דהלאו הוא דלא ידמה להם בשום דבר, עיי"ש. וכל זה אפילו בצנעה.

בפרהסיא שלא בשעת השמד ושלא בשעת הגזירה והגוי אונסו, אם הוא בצנעה בשאר עבירות יעבור ואל יהרג, ואם הוא בפרהסיא מחוייב למסור נפשו. וכמה היא פרהסיא עשרה מישראל, וזה מבואר בש"ס שם ע"ד ע"ב ור"מ כאן ה"ד. ובגמרא שם מבואר דכתיב ונקדשתי בתוך בני ישראל, ויליף תוך תוך ועדה עדה ממרגלים מה להלן עשרה אף כאן עשרה, וכן הוא בברכות כ"א ע"ב ובמגילה כ"ג ע"ב גבי אין אומרים דבר שבקדושה פחות מעשרה מלימוד ונקדשתי דאתיא תוך תוך. ועיין ר"מ פ"ח מתפילה ה"ד דצריך שיהיו עשרה גדולים ובני חורין, כמבואר בגיטין ל"ח ע"ב דרבי אליעזר שחרר עבדו להשלימו לעשרה, וא"כ נראה דכאן נמי צריך דוקא להיות זכרים ובני חורין, ול"ע אמאי אינו מבואר בר"מ כאן דצריך דוקא אנשים בני חורין, ולחלק בין כאן להתם ל"ע[כה]. והנה בש"ס שם אמרינן, כמה פרהסיא עשרה דכתיב ונקדשתי בתוך וגו' ויליף וכו', אף דגבי לא תחללו לא נכתב תוך, על כרחך צריך לומר דקים להו דסוף הפסוק ונקדשתי מוסב על לא תחללו ג"כ דאין חילול שם שמים אלא בעשרה מישראל[כו]. ואני מסופק אם האנס עצמו מצטרף לעשרה, ועיין (במשנה) במגילה שם דלכמה דברים הס עצמן מן המנין ולקצת דברים צריך עשרה חוץ מהאיש [עצמו], עיי"ש, וכאן היאך הדין כיון דהמצוה היא שיתקדש שם שמים בעשרה מישראל ותיכף כשנהרג ליכא עשרה מישראל, או דילמא כיון דאם יעבור יהיה חילול שם שמים כי אז הוא חי ומצטרף, ול"ע[כז].

להנאת עצמו וכל זה דוקא אם האנס מכוין להעביר על דת, אבל אם מכוין להנאת עצמו אפילו בפרהסיא יעבור ואל יהרג, ואפילו בשעת הגזירה ולהנאת עצמו סוברים רוב ראשונים ואחרונים [עיין משנה למלך כאן פ"ה ה"ד] דאסור להחמיר על עצמו. ולענין להעביר בצנעה יש דעות דרשאי להחמיר על עצמו, ועיין דינים אלו בר"מ כאן ה"ד ובנושאי כליו ובשו"ע סי' קנ"ז ס"א. ולענין פלוגתא זו מביא בתרומת הדשן [תשובה קנ"ט] דלא שייך ספק נפשות להקל בפלוגתא דרבוותא, כיון דלענין קידוש השם לא הקפידה תורה על נפש מישראל, ואין למדין מדוכתי אחריני דאמרינן ספק נפשות להקל, ומובא בש"ך שם [ס"ק א'].

כב) וכ"כ רבינו לעיל מצוה ל"ב בדיני פקוח נפש אות ג'.

כג) וכ"כ הריטב"א נדה שם, דהעיקר להלכה כדעת בה"ג. ועיין ביאור הלכה סי' שכ"ט ד"ה אלא.

כד) השואל בשו"ת אחיעזר ח"ג סי' ס"ה אות י"ד הקשה על רבינו דהתוס' מיירי בגוסס דאף שרובם למיתה איכא מיעוט דחיי, ואין מזה ראיה לטריפה דהוא גברא קטילא דלא חיי. ובאחיעזר מבאר ראיית רבינו שגוסס בידי אדם כיון דרובם למיתה, א"כ מחמת דין התורה הוי גברא קטילא ובכ"ז מחללין עליו שבת, הרי שאין דין הצלה תלוי בדין הריגה, והוא הדין טריפה.

כה) באור גדול סי' א' (דף ב' ע"ב) כתב שאין הדבר של הרמב"ם למינקט מאי דאינו מבואר להדיא. והוסיף עוד שיש לחלק, דפרהסיא דקידוש השם אינו ענין לצירוף לתפלה, שהרי נשים אין מצטרפות לדבר שבקדושה, והרי בכלל פרהסיא בקידוש השם עי"ש. גליון מהרש"א יו"ד ריש סי' קנ"ז ובפתחי תשובה שם סק"ז.

כו) וכן מוכח בריב"ש סי' ה' שרק בעשרה עובר על לאו של חילול השם. וכ"כ הפרי חדש במים חיים הל' יסוה"ת פ"ה. אולם רבים מהאחרונים סוברים שעובר על חילול השם אף בפחות מעשרה, ראה לחם משנה שם, אור גדול שם ופי' הגרי"פ פערלא לרס"ג ח"ב סי' ל"ג. וראה מש"כ רבינו להלן אות י"ד.

כז) בגליון מהרש"א שם מציין שבשו"ת דבר שמואל סי' ס"ג נסתפק בזה, והעלה דאינו מצטרף. ובדרכי תשובה סי' קנ"ז סקכ"ד הביא שבשו"ת זרע אמת ח"ג סי' נ"ב חולק עליו והעלה לדינא דגם הנאנס מצטרף. ועיין תועפות ראם ליראים סי' ת"ג סק"ה ושפ"א יו"ד סי' קנ"ז [נדפס ע"ש חי' הרי"ם].

ועוד ראיתי בענין מצוה זו בספרי מורי ישמרם אל[כג], שבכל אשה שקידושין תופסין בה, כגון אלמנה לכהן גדול, גרושה וחלוצה לכהן הדיוט, ממזרת ונתינה לישראל, בת ישראל לנתין וממזר, שאינן בכלל[כד] עריות ליהרג עליהן. אבל[כה] מכל מקום להורות לשום אדם לבוא על אשה ואפילו פנויה אין מורין אלא ימות מחליו אם העלה לבו טינא[כו] ואל תבעל לו, ולא יספר עמה[כז] וכו' בסנהדרין פרק בן סורר [ע"ה ע"א] **ובספר מדע[כח]. ויתר פרטיה, מבוארין בפרק ז' מסנהדרין ובפסחים ויומא ובמקומות אחרים.**

ונוהגת מצוה זו בכל מקום ובכל זמן, בזכרים ונקבות. ועובר עליה ולא קידש השם במקום שחייב לקדשו ביטל עשה זה, מלבד שעבר על לאו דלא תחללו את שם קדשי[כט], וכמו שנכתוב בסדר זה בעזרת השם[ל]. ועוון חילול השם גדול וחמור עד מאד, עד שאמרו זכרונם לברכה שאין כח בתשובה ויום הכיפורים ויסורין לכפר אלא במיתה, כדאיתא בפרק אחרון מיומא [פ"ו ע"א].

כג. כ"כ הראי"ה, מובא במיוחס להריטב"א שם. וכן דעת הרמב"ן במלחמות בסנהדרין סוף פ"ח שכתב, דלא מיקרי ג"ע אלא בנערה המאורסה שזינתה אי נמי אשת איש וכו', ולא אתיא מנערה המאורסה חייבי לאוין. כד. ברוב הדפוסים ליתא "בכללי". עיין מנ"ח אות י"ט ד"ה ולכאורה קשה. כה. ברוב הדפוסים ליתא "אבל — מדע". ראה מנ"ח אות ל"ד. כו. נימוק, מרוב אהבה נטמטם לבו והעלה חולי (רש"י סנהדרין שם). כז. מאחורי הגדר. כח. ברמב"ם כאן ה"ט. כט. עיין מנ"ח אות י"ג. ל. לעיל מצוה רצ"ה. ראה מצוה קי"ח הערה א'.

להציל עצמו באיסור קל

[יא] והנה כל המצוות שנדחין מפני פקוח נפש הן על ידי אנס והן על ידי חלאים הכל דחויים ולא הותרו, עיין ר"מ פ"ב משבת ה"א ועיין בבית יוסף אורח חיים סי' שכ"ח [דף ק' ע"ב], ונפקא מינה דעל ידי כן חולה המסוכן מאכילין אותו הקל הקל תחילה כמבואר ביומא פ"ג ע"א, ואין רצוני להאריך כאן בעניינים אלו. אך נסתפקתי דרך משל [מי] שאנסו אנס לעבור על איסור נבלה בצנעה, וכוונתו להעביר הישראל על דת דדינו דיעבור בצנעה, ויש איסור קל מנבילה כגון שביעית ואם הישראל יאכל האיסור קל גם כן יתפייס האנס כיון שיראה שעובר על דת, מה דינו אי נימא דיעבור על הקל ויציל נפשו באיסור הקל, או דילמא דוקא באחזו בולמוס שייך שפיר כיון דנסתכן לאכילה סתם בודאי צריכין להאכילו הקל, אבל כאן האנס לא אנסו על הקל רק על איסור החמור א"כ זה שאנסו נדחה אבל לא איסור שלא אנסו על כך. דבר זה תוכל ללמוד מדברי הראב"ד הובא ברא"ש ביומא [פ"ח סי' י"ד] ובר"ן [ד' ע"ב מדפי הרי"ף], דאם חולה מסוכן צריך לבשר וצריכין לשחוט ולחלל שבת החמורה, ואם גוי ישחוט לו לא יעבור רק איסור הקל דנבילה, דעת הראב"ד דישחוט לו ואל יאכל נבילה דאיזה איסור עומד ומעכבו איסור שבת וכו' ודבר זה נעשה לו כהיתר אבל לא איסור אחר שקל ממנו, עיין בלשונו, א"כ גם כאן איסור הזה שהאנס אונסו בנפשו נהפך לו להיתר ולא יוכל להציל נפשו באיסור קל שאין האנס אונסו, אבל הר"ן נראה שם בקושייתו השניה שלא סבירא ליה כסברת הראב"ד בזה דכיון דהוא קל נאכיל [אותו] עי"ש, א"כ הכא נמי ותלוי דין זה בפלוגתת הר"ן והראב"ד.

להחמיר בשאר מצוות

[יב] והנה באותם עבירות שאמרו יעבור ואל יהרג, דעת הר"מ כאן ה"ד שאסור להחמיר על עצמו, וכן דעת הרב המחבר, אך הרב המחבר חילק אם הם גדולי הדור וחסידים ורואין שהשעה צריכה לכך מותרים למסור נפשם, וכן כתב הנמוקי יוסף [סנהדרין י"ח ע"א מדפי הרי"ף], ובר"מ אינו מבואר זה בפירוש ועיין בכסף משנה ה"א ולחם משנה ה"ד. ודעת הרבה ראשונים [ר"ן שבת דף כ"ב ע"ב מדפי הרי"ף] דעל מצות עשה אינו מחויב למסור נפשו דיכולין לבטלו על ידי שיתפשוהו בבית האסורים, או כיון שאין בו מעשה. ודעת הלחם משנה ה"ד שהר"מ אינו סובר [כן] אלא אף על מצות עשה ימסור נפשו, ולקמן נאריך בזה אי"ה. ולהנאת עצמן דעת רוב הפוסקים דאינו רשאי, ועיין כל זה באחרונים [ש"ך סי' קנ"ז סק"ב]. ועיין לחם משנה שם דהר"מ לית ליה סברת הר"ן בשבת [שם] והנמוקי יוסף [סנהדרין שם] דהיכא דיכול לבטלו אינו מחוייב למסור עצמו. ובכסף משנה הקשה מרבי חנינא בן תרדיון שהיה עוסק בתורה [עבודה זרה י"ז ע"ב], וממה לך יוצא ליצלב שמלתי את בני ושנטלתי את הלולב, עי"ש. ולדידי נראה לומר חילוק, דזה ודאי ברור אם אנס עומד עליו ורוצה לבטלו ממצוות כגון שאינו רוצה שיניח תפילין בודאי למה ימסור נפשו כיון דביד האנס לאסרו בלאו הכי וממילא לא יקיים המצוה כלל ולמה צריך מסירת נפש, אבל רבי חנינא בן תרדיון שלא היה עומד עליו רק על ידי [שהיתה] גזירת המלכות והיה פקוח נפש כשיוודע יהיה נהרג על זה, אבל מ"מ קודמת המצוה של לימוד התורה כי קודם שנתפס עסק בתורה ובכל רגע יש מצות עשה, וא"כ אם היה מבטל לא היה מקיים המצוה ועכשיו קיים, אבל בעומד ואינו רוצה להניח לו לקיים יש בידו שלא להניחו א"כ למה ימסור נפשו, כן נראה לי ולא הבאתיו בכור הבחינה עדיין[כח].

בג' עבירות

[יג] וכל אשר ביארנו הוא בשאר מצוות, אבל בשלש עבירות היינו עבודה זרה גילוי עריות ושפיכות דמים יש דינים חלוקים, ובעזה"י נכתוב בקיצור כדרכנו. והנה אם אנס אחד מישראל לעבוד עבודה זרה ונתכוין להעבירו על דת, מבואר בסנהדרין ע"ד ע"א דיהרג ואל יעבור אפילו בצנעה ושלא בשעת הגזירה, ואין הלכה כרבי ישמעאל שמחלק בעבודה זרה בין צנעה לפרהסיא. והנה מהש"ס שם נראה דבצנעה כולי עלמא מודים דלא שייך הלאו דלא תחללו, כי בצנעה לא שייך חילול שם שמים וגם העשה של ונקדשתי, דכתיב מפורש בתוך בני ישראל דהיינו עשרה כמבואר שם, אך הטעם [שמחוייב למסור נפשו] כרבי אליעזר ואהבת וגו' בכל נפשך אפילו נוטל את נפשך, (וער"מ) [ועיין ר"ן פסחים ו' ע"א מדפי הרי"ף ד"ה אם נאמר] דמצד הסברא אוקימנא וחי בהם בשאר עבירות, ואהבת על עבודה זרה דמחמיר והוא העיקר שהכל תלוי בו, עיין בסנהדרין שם ובעבודה זרה כ"ז ע"ב ונ"ד ע"א.

עבודה זרה בצנעה

עבר ולא נהרג

ולפי זה צ"ע דברי הר"מ בהלכה ד' וכן בסוף דברי הרב המחבר, שכל שנאמר בו יהרג ואל יעבור ועבר ולא נהרג הרי זה מחלל את השם, ואם עבר בעשרה מישראל עבר על הלאו ולא תחללו וביטל מצות עשה דקידוש השם, ועיין בלחם משנה דאף דבתחילת דברי הר"מ [משמע] דבלא עשרה אינו עובר רק על לאו ולא על עשה מ"מ אפשר דעובר ג"כ בעשה, אך בש"ס משמע דבלא עשרה אינו עובר בעשה דבתוך בני ישראל כתיב, עי"ש. ולדידי נראה דאם הוא בצנעה ליכא מאן דפליג דלאו חילול השם הוא כיון דרבי ישמעאל קמפליג בין בצנעה דאינו חייב למסור [נפשו] דלא שייך ולא תחללו, אם כן כולם סוברים דלא שייך ולא תחללו וגם כן ונקדשתי בצנעה, רק דמחוייב למסור נפשו מכח העשה ואהבת, אבל קידוש השם וחילול השם לא שייך בצנעה, כן נראה לי מדברי הש"ס עיין במקומות הנ"ל, א"כ בעבר ולא נהרג עבר על מצות עשה ואהבת, וצ"ע קצת[כט].

אונס להנאת עצמו

[יד] ועיין במלחמות ה' לרמב"ן בסנהדרין [י"ח ע"א מדפי הרי"ף] כתב שם כמה פעמים, דשלש עבירות הללו לא משום חילול השם דאפילו בצנעה ולהנאת עצמו דליכא חילול השם, אלא כך גזירת הכתוב עי"ש, ולקמן ה"ז כתב הר"מ הלימוד של ואהבת, עי"ש. והנה דעת הרז"ה בסנהדרין שם דאף על שלש עבירות מכל מקום דוקא בנתכוין להעביר על דת אפילו בצנעה יהרג אבל במתכוין להנאתו יעבור[ל], אך כתב שם כי בעבודה זרה לא משכחת להנאתו א"כ בעבודה זרה בכל ענין יהרג, עי"ש. ועיין ברמב"ן שכתב דלפי דבריו יש ג"כ בעבודה זרה להנאתו כמבואר בש"ס פסחים כ"ה ע"א, בכל מתרפאין במקום סכנה חוץ מעצי אשירה אע"פ שהיא להנאתו.

והנה על זה יש לתרץ, דבשלמא אם אנסו להנאת עצמו אין כאן חילול השם ואין כאן כפירה כי ידוע דהוא מחמת אונס, אבל בחלה ולוקח עצי אשירה, להסוברים דוקא באמר לו שיביא מעצי האשירה עיין בעבודה זרה [כ"ז ע"ב תוס' ד"ה שאני][לא] ובשו"ע יו"ד סי' קנ"ה ס"ב, א"כ מה בכך שהיא להנאתו הלא זה עיקר חילול השם שיראה לבני אדם שיש ממש חס ושלום בעבודה זרה שנתרפא על ידי כן, ואין לך חילול השם גדול מזה. אך על הרז"ה עצמו שסובר שם דהטעם דאין מתרפאים בעצי אשירה דהוי אביזרייהו דעבודה זרה מחמת הלאו דנהנה וכתיב [דברים י"ג, י"ח] ולא ידבק וגו', מותיב שפיר הרמב"ן. ועיין שם עוד דאף בעבודה זרה עצמה משכחת להנאתו כמו המן שכוונתו היה להנאת עצמו, ועיין ר"ן בפסחים פרק כל שעה [ה' ע"ב מדפי הרי"ף] וביומא [ג' ע"ב מדפי הרי"ף].

אביזרייהו

[טו] ולדינא כולי עלמא מודים בעבודה זרה [עצמה] יהרג ואל יעבור, ומ"מ באביזרייהו דעבודה זרה, עי"ש לשיטת הרז"ה הנהו קוואקי ודימוניקי <היינו כלים שמשאילים להם לשמש לפני עבודה זרה והוא בסנהדרין ע"ד ע"ב> אביזרייהו דעבודה זרה ומ"מ מפני הנאת עצמן שרי,

כח) כעי"ז חילק באור גדול סי' א' דף ד', וציין לדברי רבינו כאן.

כט) ראה לעיל הערה כ"ו. ומלשון החינוך בתחילת המצוה "ולא יתן מקום אל המעביר לחשוב שהוא כופר בשם" משמע שאף ביחיד יש לאו דחילול השם.

ל) וכן הוא דעת רש"י סנהדרין ע"ד ע"ב ד"ה היכי, לדעת הגר"א יו"ד סי' קנ"ז סק"ז.

לא) כ"כ החינוך כאן בשם מקצת מחידושי מורי שכתבו כי בירושלמי דע"ז משמע שכל שאומר לו הרופא עליך סתם יעבור ולא ימות. וראה בהערות על החינוך אות י"ג.

ולדעת הרמב"ן לא הוי אביזרייהו דעבודה זרה כיון דהלאו אינו מיוחד לעבודה זרה כי הוא משום לפני עור וגו' וזה הלאו כולל כל התורה כולה, עכ"פ לדעת כולם בכהאי גוונא יעבור ואל יהרג. ולהתרפאות בעצי אשירה, אף דהוי אביזרייהו דעבודה זרה והוא להנאת עצמן מ"מ דעת הרז"ה שאסור [אפילו] משום פקוח נפש, עיין ר"ן פסחים [ו' ע"א מדפי הרי"ף] מה שיישב זה, אבל דעת התוס' בעבודה זרה כ"ז ע"ב ד"ה שאני ופסחים כ"ה ע"א ד"ה חוץ, דדוקא שאומרים לו שיהא מעצי אשירה אבל בהבא עלין סתם מותר להתרפאות בעצי אשירה, כי לא סבירא להו האי סברא דאביזרייהו [אסור].

והך דסנהדרין ע"ה ע"א דהעלה לבו טינא יש להו תירוץ אחר על זה[לב].

על כן צריך לי עיון דביו"ד סי' קנ"ה ס"ב מביא בסתם, דוקא שאמר לו מעצי אשירה אסור להתרפאות במקום סכנה אבל בעלין סתמא מותר ליקח עצי אשירה, והסברא השניה דאף בסתם אסור ליקח עצי אשירה מביא בשם יש אומרים, וידוע דעת מרן המחבר דכל היכא שמביא דעה הראשונה בסתם דעתו לפסוק כדעה זו, על כרחך צריך לומר דדעתו דעל אביזרייהו דעבודה זרה וגילוי עריות ושפיכות דמים לא יהרג רק יעבור, וליכא למימר דסוברים דהנאת עצמן בהני שלש שרי כדעת הרז"ה, זה אינו, הא מבואר שם בסי' קנ"ז ס"א בפירוש דבעבודה זרה וכו' אפילו האנס מתכוין להנאתו יהרג, וכל שכן בזה כסברת הר"ן בפסחים, על כרחך צריך לומר דדעתו דעל אביזרייהו לא יהרג, א"כ היאך כתב הרמ"א שם בפשיטות על דברי המחבר דלאו עבודה זרה וגילוי עריות ושפיכות דמים ממש אלא אפילו לאו בעלמא עי"ש, והוא מחמת אביזרייהו, ובאמת המחבר בעצמו לא סבירא ליה כן, והוה ליה להרמ"א לכל היותר להביא דין זה בשם יש אומרים. וגם צ"ע על הרמ"א שלא הגיה בסי' קנ"ה על דברי המחבר ולכתוב שהעיקר כסברא האחרונה כיון דסבירא ליה כן, וצ"ע[לג]. ועיין ש"ך סי' קנ"ה [ס"ק י"א] כתב דרוב הפוסקים פסקו כסברא ראשונה, וכאן לא הגיה כלל, ובאמת הרמ"א סתם וכן רוב שיטות סוברים דעל אביזרייהו דעבודה זרה יהרג, וצ"ע גדול. ועיין רמב"ן שם נראה גם כן שמסכים להרז"ה דעל אביזרייהו יהרג, אע"פ דלדידיה אין ראיה מהך דהעלה לבו טינא כיון דלשיטתו קריבה דעריות אינה רק איסור דרבנן, ועיין בש"ך שם דעל דרבנן לא שייך אביזרייהו דיהרג [עליהם], עי"ש.

והנה הר"מ כאן ה"ב כתב חוץ מעבודה זרה, וכן גבי תלאים [ה"ו] כתב דאין מתרפאין בעבודה זרה, ולא כתב כלל עצי אשירה, נראה דלא סבירא ליה כהשיטות דעל אביזרייהו יהרג דאי סבירא ליה הוה ליה למכתב עצי אשירה, על כן נראה [דדעתו] דוקא עבודה זרה אבל לא אביזרייהו, וכן בשאר הדברים ויתבארו לקמן בעזהשי"ת. ומ"מ נראה בודאי דהר"מ מודה דבאומר דוקא מאשירה דזה מחזיק ידי עבודה זרה מחוייב למסור נפשו, כשיטת התוס' דאף שאין סוברים דעל אביזרייהו יהרג מ"מ בכהאי גוונא הוי ליה כעבודה זרה ממש.

ואפשר לומר דלפי זה המנשק והמכבד והמרבץ לפניו, אף דאינו חייב מיתה ואף לא מלקות כמבואר בר"מ פ"ג מעבודת כוכבים ה"ו, מ"מ כיון דהוא דרך כבוד ונראה כאילו עושה עבדות לעבודה זרה יהרג ואל יעבור, כן נראה לענ"ד ולא הבאתיו בכור הבחינה. וחילוק גדול יש בין מנשק וכדומה ובין נהנה מעבודה זרה, דגבי נהנה אינו נראה כעושה ממש אדרבה משתמש לצרכו, אבל בעושה דרך כבוד שנראה שעושה איזה עבדות עבודה זרה מחוייב למסור נפשו, כן נראה לענ"ד בעזה"י[לד]. ועיין ר"מ הלכות עבודת כוכבים שם, כמה לאוין בעבודה זרה שאין בהם מיתת בית דין רק מלקות, ותבין בעצמך איזה מחמת כבוד עבודה זרה אסור וחייב למסור נפשו ואם לאו אינו חייב, כי לא סבירא ליה כסברא זו דעל אביזרייהו יהרג כמו שכתבתי. והרב המחבר מביא דעות אלו, ונראה מדבריו דאף על אביזרייהו [יהרג], עי"ש.

[טז] וכבר כתבתי לעיל פרשת אחרי [מצוה ר"ם] והבאתי הפלוגתא בש"ס סנהדרין ס"ד ע"א, אי מולך עבודה זרה הוא או לאו רק דהתורה אסרה חוק הזה, עי"ש. ונפקא מינה גם כן לענין מסירות נפש, דאי לאו הכי אין צריך למסור נפשו, כן נראה לי. ועיין ר"מ פ"ו מעבודת כוכבים ה"ג והבאתי לעיל, ודעת הכסף משנה[לה] והלחם משנה שם דהר"מ סובר כמאן דאמר מולך לאו עבודה זרה הוא, וא"כ לפי זה יש לומר דדינו כשאר עבירות ולא כעבודה זרה ואינו חייב למסור נפשו. א"כ צ"ע כאן לשון רבינו [הר"מ] שכתב בהלכה ד', במקום שחייב למסור עצמו ועבר ולא נהרג אין עונשין אותו בית דין שנאמר במולך ונתתי וגו' באיש ההוא, מפי השמועה למדו ההוא ולא אנוס. מאי ראיה מייתי משם דאונס פטור, דשם אינו מחוייב למסור עצמו ויעבור א"כ בודאי אינו חייב [כרת] אבל במקום שחייב למסור עצמו לא נשמע משם, וכהאי גוונא הקשו התוס' בעבודה זרה נ"ד ע"א ד"ה מתקיף וביומא פ"ב ע"ב סד"ה מה, דלא מוכח מנערה, עי"ש מה שתירצו וזה לא שייך כאן. וגם סיום דברי הר"מ שם, ומה אם עבודה זרה שהיא חמורה מן הכל פטור באונס וכו', ואי אמרת מולך לאו עבודה זרה אין ראיה לעבודה זרה, וגם מבואר מדבריו להדיא דמולך עבודה זרה הוא, וא"כ צ"ע דברי הר"מ בפ"ו מעכו"ס ה"ג עי"ש, ואין כאן מקומו, ואי"ה אשנה פרק זה. ודעת הרב המחבר לעיל במצוה זו [רל"ה] נראה מדבריו דסבירא ליה דמולך עבודה זרה הוא, עי"ש, ואין כאן מקומו.

ומ"מ אפשר ליישב אע"פ דמולך לאו עבודה זרה הוא מ"מ חמור מאוד, כמבואר בסנהדרין ע"ד ע"א דרבי אלעזר ברבי שמעון סובר דמחלל שבת ניתן להצילו בנפשו, דסבר לה כאבוה דעובד עבודה זרה ניתן להצילו בנפשו ויליף שבת בגזירה שוה דחילול חילול מעבודה זרה. ופירש רש"י ד"ה סבר, דגבי מולך כתיב חילול, ועי"ש במהרש"א שהקשה הלא רבי אלעזר ברבי שמעון בעצמו סובר בפרק ארבע מיתות ס"ד ע"א דמולך לאו עבודה זרה הוא, ומתרץ דמ"מ מיקרי עבודה זרה כמפורש בפרק ארבע מיתות שם ע"ב, שלש כריתות בעבודה זרה למה לי, ופירש רש"י ד"ה שלש, אף דמולך לאו עבודה זרה הוא מ"מ קורא לו עבודה זרה. וא"כ כמו דחמור דניתן להצילו בנפשו כעבודה זרה לרבי אלעזר ברבי שמעון, א"כ הכי נמי לענין מסירות נפש אפשר דחמור כמו עבודה זרה, ומ"מ צ"ע בזה לענין דינא. והנה במהרש"א שם [ע"ד ע"ב] מצאתי איזה דברים שכתבתי כאן.

[יז] ומבואר בתוס' פסחים כ"ה ע"ב ד"ה אף ובר"ן [ו' ע"א מדפי הרי"ף] ומובא בשו"ע יו"ד [סי' קנ"ז ס"א בהג"ה] דאף בעבודה זרה דיהרג דוקא בעושה מעשה, אבל אם אינו עושה מעשה כגון שכפפו קומתו לעבודה זרה אינו צריך למסור נפשו, דאינו מועיל בזה דיכולין לעשות לו בעל כרחו כמבואר בש"ס סנהדרין ע"ד ע"ב גבי גילוי עריות דקרקע עולם. וראיתי בספר תוספת יום הכיפורים כתב שהר"מ לא הביא חילוק זה, נראה דלא סבירא ליה כן אלא אפילו בלא מעשה מחוייב למסור נפשו. ועיין בדבריו דכך קבלה דאפילו בשפיכות דמים אם אומרים לו שרוצים לזרקו על התינוק חייב למסור נפשו אף דלא שייך מאי חזית דאדרבה מאי חזית דדמא דחבריה סומק דילמא דמא דידיה סומק מ"מ כך קבלה, ואי"ה יבואר לקמן דאי אפשר לחלוק על סברת התוס' גבי שפיכות דמים, דהוא גמרא מפורשת דאינו חייב להציל חבירו בדמו, ויבואר בעז"ה לקמן [אות כ"ג].

[יח] ואם עבר ולא נהרג, דעת הר"מ כאן ה"ד דאין עונשין אותו דהתורה פטרה אונס. ובתוס' עבודה זרה נ"ד ע"א ד"ה הא, מביאים בשם הסמ"ג דנראה דפרהסיא בעבודה זרה אהדריה לאיסורא קמא והוא באזהרה ועונש. ויש לפלפל הרבה בענין אהדריה לאיסורא קמא, ובתוס' ביצה י"ב ע"א בסוגיא דמתוך ד"ה השוחט וחולין נ"ח ע"ב בסוגיא דטעם כעיקר תוס' ד"ה רבא, ועיין בפרשת דרכים בדרך מלוחין [חלק שלישי ד"ה והואיל], ואין כאן מקום להאריך. ועיין בשבת ע"ב ע"ב תוס' ד"ה רבא אמר ובסנהדרין ס"א ע"ב ובתוס' שם. והנראה מדברי הר"מ שם והרב המחבר דאף אין לוקין על הלאו ולא תחללו, ומ"מ קצת צ"ע, דבשלמא על גוף העבירה אין עונשין דהתורה פטרה אונס, אבל הלאו דנאמר בתורה באונס ועבר על הלאו למה אין לוקין על הלאו הזה, ויש ליישב[לו].

[יט] הב', גילוי עריות גם כן אפילו בנערה יהרג ואל יעבור, ודעת הרז"ה [סנהדרין י"ח ע"א מדפי הרי"ף] דלהנאת עצמו יעבור, דדוקא באונס להעביר על דת לבעול [יהרג], אבל אם הנבעלת עלמה אונסו בשביל הנאתה יעבור ואל יהרג, דסובר דאסתר גילוי עריות היתה מחמת לקחה מרדכי לו לבת [אסתר ב', ז'] אל תיקרי לבת אלא לבית [מגילה י"ג ע"א], ומ"מ סובר רבא דהנאת עצמו שאני, ואפילו אם תימצא לומר דאסתר לאו גילוי עריות היתה מכל מקום תירוצא דרבא אף על גילוי עריות, עי"ש. ועיין ברמב"ן שם בספר המלחמות

(הערות גליון: ליד [טז] – למסור נפשו במולך; ליד [יז] – בשב ואל תעשה; ליד [יח] – עבר ולא נהו; ליד [יט] – ג"ע להנאת עצמו)

לב) לא מצאנו לפי שעה בתוס' שפירשו זאת. אולם יש לבאר עפ"י התוספת יום הכיפורים יומא פ"ב ע"א (מובא במשל"מ הל' איסורי ביאה פי"ז ה"ז), שדחה ראיית הר"ן מהעלה בלבו טינא דבאביזרייהו יהרג ואל יעבור, משום דהתם החולי בא מחמת העבירה. והמשל"מ הוסיף שכ"כ גם הרדב"ז. ועיין אור גדול סי' א' (טו, א) שהרמב"ן במלחמות סנהדרין שם הרגיש בזה ודחה דאפי"ה הוי אונס. ועוד יש לבאר עפ"י מש"כ באוהלי יוסף (רבלין) הל' קידוש השם סק"ל דאף תוס' ס"ל אביזרייהו אלא שהלאו דלא ידבק אינו מגוף הע"ז כגיפוף ונישוק, משא"כ העלה בלבו טינא. וראה בהערה הבאה.

לג) וכן הקשה המקור מים חיים סי' קנ"ה, ותירץ דלהתרפאות במקום סכנה רשאי לעבור היכא דלא חיישינן לאמשוכי למינות עי"ש. אולם לסברת האוהלי יוסף שבהערה הקודמת מיושב היטב דלאו דלא ידבק כיון דאינו מגוף העבודה לא הוי בכלל אביזרייהו. וראה מש"כ רבינו להלן בד"ה ואפשר.

לד) זהו כעין חילוקו של המקור מים חיים הנ"ל בהערה הקודמת.

לה) צ"ע דבכסף משנה שם מבואר להיפך דהרמב"ם סובר דמולך ע"ז הוא.

לו) ראה באור גדול סי' א' (יח, א וכב, א) שהאריך ליישב דברי הרמב"ם. ועיין אור שמח כאן פ"ה ה"י שאין מלקות על לאו דלא יחללו דהוי לאו שבכללות.

דמביא כמה ראיות מקידושין [מ' ע"א] ועוד ראיות דאף להנאת עצמן יהרג, ואסתר לאו גילוי עריות, עי"ש. ועיין תוס' ובר"ן ונמוקי יוסף ובשו"ע ותראה השיטות. ורוב הפוסקים חולקין על בעל המאור בזה, וכן הוא בשו"ע קנ"ז ס"א. וזה לשון הר"מ כאן ה"ב, במה דברים אמורים בשאר מצות חוץ מעבודת כוכבים וגילוי עריות ושפיכות דמים וכו', במה דברים אמורים בזמן שהעובד כוכבים מתכוין להנאת עצמו, כגון שאנסו לבנות לו ביתו בשבת או אנס אשה לבועלה וכיוצא בזה, אבל אם נתכוין וכו'. והנה בזה שכתב דאנס אשה לבועלה להנאת עצמו יעבור, כתב הכסף משנה דפסק כרבא דהנאת עצמן שאני וסובר דגוי הבא על בת ישראל לא הוי גילוי עריות, דאי בזנות גזירת בית דין של שם הוא וכו' ולית ליה דרשא דלבא. ונראה דפשיטא ליה לכסף משנה דבגילוי עריות אפילו להנאת עצמו יהרג, ומדכולל הר"מ דין זה [בהיתר] מחמת הנאת עצמו על כרחך דלא הוי גילוי עריות.

בעושה מעשה אך לכאורה קשה למה לו להר"מ הטעם מחמת הנאת עצמו, תיפוק ליה דאפילו גילוי עריות ממש כיון דהויא קרקע עולם אינה מחויבת למסור עצמה. אך הר"מ כלל וכתב שאנסו וכו' לבשל לו תבשילו ומיירי במעשה, א"כ מה שכתב וכן אם אנס וכו' מיירי אפילו במעשה כגון שאנסוה שתביא אותו עליה, מ"מ כיון דלא הוי גילוי עריות רק כמו שאר עבירות ובשאר עבירות מותר להנאת עצמו. וכבר כתבתי [אות י"ז] בשם קונטרס תוספת יום הכיפורים דאפשר דהר"מ אין סובר כתירוצא דקרקע עולם, ופליג על שיטת התוס' והר"ן וסובר דאפילו בלא מעשה חייב למסור עצמו בגילוי עריות, על כן מוכרח לומר דלא הוי גילוי עריות רק כמו שאר עבירות.

ולכאורה יש ראיה להר"מ, מה שפסק דלא כאביי [בסנהדרין ע"ד ע"ב] מש"ס ע"ז נ"ד ע"א, דמקשי גבי עבודה זרה אונס רחמנא פטריה שנאמר ולנערה לא תעשה דבר, ומאי קושיא שאני גבי נערה דאינה צריכה למסור עצמה דהיא קרקע עולם, אבל שם דמחוייב למסור עצמו אפשר שהוא חייב אם עבר. וכבר עמדו התוס' ד"ה מתקיף, בקושיא זו, עי"ש וביומא [פ"ב ע"א ד"ה מה] מה שתירצו, ורבינו לא ניחא ליה בתירוצם וסובר דאביי ורבא פליגי בסנהדרין שם ורבא לא סבירא ליה הסברא דקרקע עולם רק הנאת עצמו, ועל כן מוכרח לומר דאסתר לא הוי גילוי עריות כמבואר בתוס' שם ובר"ן [יומא ג' ע"ב מדפי הרי"ף].

אביזרייהו דג"ע ולכאורה קשה, כיון דבגילוי עריות יהרג ולא מהני הנאת עצמו באית בה מעשה, או להר"מ אף דלית מעשה רק גוי הבא על בת ישראל לאו גילוי עריות הוא דבית דין של שם גזרו או מלא תתחתן בם [דברים ז', ג'], קשה לשיטות הסוברים דאף על אביזרייהו דגילוי עריות יהרג א"כ מאי מהני הנאת עצמו, התינח להר"מ שכתבתי לעיל [אות ט"ו ד"ה והנה] דלית ליה האי סברא דאביזרייהו נמי יהרג, אבל לרוב שיטות הראשונים דגם על אביזרייהו יהרג מאי מהני דלא הוי גילוי עריות. שני תירוצים בדבר, חדא כיון דלא הוי אלא מדרבנן לא הוי אביזרייהו שיהרג כמבואר בש"ך [סי' קנ"ז ס"ק י']. והראשונים [ר"ן יומא שם] שהביאו ראיה מהעלה בלבו טינא דמקשה הש"ס סנהדרין ע"ה ע"א בשלמא אם אשת איש היתה ניחא, אע"ג דלא הוי אלא קריבה לעריות, מוכח דעל אביזרייהו נמי יהרג, הם סוברים כשיטת הר"מ דקריבה לעריות עוברים בלאו, אבל אם קריבה לעריות לא הוי אלא

עריות דרבנן מדרבנן לא חשוב אביזרייהו דגילוי עריות שיהרג על זה. ועיין ש"ך שם, דעל ערוה דרבנן אין צריך למסור נפשו דלא הוי אביזרייהו דגילוי עריות. ושוב מזה לא שייך לומר אביזרייהו דגילוי עריות כיון דלאו גילוי עריות מה ענין איסור לאביזרייהו דעריות, כגון בערוה דהתורה אסרה בחיוב מיתה והקריבה דערוה ג"כ אסור שייך לומר דהוי גילוי עריות והוי אביזרייהו מעין אותו דבר, אבל מאי דלא הוי ערוה כלל לא שייך לומר אביזרייהו דערוה, דאין סברא כיון דהם מסת סוג אחד דהיינו ביאה תהיה אביזרייהו דגילוי עריות, לא שייך לומר כן. וכן מבואר בדברי הרב המחבר כאן, דאף אלמנה לכהן גדול גרושה וחלוצה לכהן הדיוט אינן עריות לחייב עליהם וליהרג, ואין הכרח דאותן השיטות יסברו דעל אביזרייהו לא יהרג, רק דלא הוי אביזרייהו כלל.

אך קושיא זו מבוארת בר"ן דפסחים [ו' ע"א מדפי הרי"ף] דהקשה דגזירת בית דין של שם לא גרע מאביזרייהו עי"ש, ומ"מ אין קושיא על אותם השיטות כי הם סבירא להו לחלק דלא הוי אביזרייהו. ועיין משנה למלך כאן ה"ב הביא בשם הרא"ש, דכהן בבתולה יהרג, דאף דאינו אלא מדרבנן יהרג דהוי אביזרייהו דגילוי עריות כיון דאסורה עליו מכח גילוי עריות, והביא ראיה מסנהדרין שם דהעלה לבו טינא והיתה פנויה ומ"מ אמרו חכמים ימות. ואני תמה שמביא ראיה לסתור דשם אמרו ימות ואל ידבר וכו', ואל תעמוד אחורי הגדר וכו', ומקשה הש"ס הניחא למאן דאמר אשת איש היתה אלא למאן דאמר פנויה מאי כולי האי, ומתרץ כדי שלא יהיו בנות ישראל פרוצות בעריות או משום פגם משפחה, ומזה דהש"ס מקשה הניחא למאן דאמר אשת איש שפיר אמרו דימות, והלא אינו גילוי עריות רק קריבה מזה מוכח דאף על קריבה יהרג, ואם כן אי נימא אף על איסור דרבנן הוי גם כן אביזרייהו מאי קשה להש"ס אי פנויה היא מאי כולי האי, מכל מקום הוי אביזרייהו אף אי נימא דפנויה דרבנן, ומכל שכן לדעת הר"מ [פ"א מאישות ה"ד] שהיא דאורייתא, אלא ודאי [האסורה] מדרבנן או אפילו מדאורייתא במקום דלא הוי ערוה לא הוי גם כן אביזרייהו דגילוי עריות, וצריך הגמרא לתרץ כדי שלא יהיו בנות ישראל פרוצות או משום פגם משפחה.

בשב ואל תעשה [כ] והנה בגוף הדין דמשמע דהר"מ סבירא ליה דאפילו בלא מעשה ג"כ יהרג בגילוי עריות, ובאמת התוס' [פסחים כ"ה ע"ב ד"ה אף, ועוד] כתבו כיון דבגילוי עריות יהרג יליף מהיקשא דרוצח ושם דוקא במעשה, כי בלא מעשה אינו מחוייב להציל חבירו בדמו, ולכאורה ראיה אלימתא היא, ועל כרחך צריך לומר דהר"מ סבירא ליה גבי רוצח ג"כ אפילו בלא מעשה [עיין לעיל אות י"ז]. ולקמן אכתוב דעל כרחך הר"מ מודה גבי שפיכות דמים לסברת התוס' כי הוא ש"ס ערוכה, עיין לקמן [אות כ"ג]. והנה לאותן השיטות הסוברים דבאין מעשה אף בגילוי עריות יעבור, תשכחת לה אף באיש כגון שהיה מקושה ודבקוהו אונסים לערוה אין צריך למסור נפשו, עיין ביבמות פרק הבא על יבמתו נ"ג ע"ב [תוס' ד"ה אין].

עבר ולא נהרג ואם עבר ולא נהרג בעריות, דעת התוס' שם נ"ד ע"א סד"ה אין, דאין חיוב מיתת בית דין ולא מלקות כיון דהוי אונס, אך דעת הר"מ כיון דאין קישוי אלא לדעת חייב מיתת בית דין, עיין כאן ה"ד בכסף משנה, ומבואר בהדיא בר"מ פ"א מאיסורי ביאה ה"ט ובפ"כ מסנהדרין ה"ג ועי"ש בכסף משנה טעם הדבר, ועי"ש עוד בכסף משנה כתב דחייב מיתת בית דין מ"מ אינו נהרג דלא שייך התראה כיון שהיה באונס, ויש להאריך בזה ואין כאן מקומו.

נדה [כא] והנה הרב המחבר הביא שיטות שכל שהקידושין תופסין בה אינה בכלל עריות, כגון אלמנה לכהן גדול וכו' או ממזרת וכו', נראה לי דוקא אלו וכיוצא בהן דהם חייבי לאוין ואינן בכלל עריות, אבל נדה דהיא מחייבי כריתות והיא בכלל עריות המבוארים בפרשת אחרי מות, אף שקידושין תופסין בנדה כמבואר ביבמות מ"ט ע"ב מ"מ לענין זה הויא בכלל ערוה שיהרג. עיין בלשון הר"מ פ"א מאישות הל' ה' שכתב וזה לשונו, כל שאסר ביאתו בתורה וחייב על ביאתו כרת והם האמורות בפרשת אחרי מות הן הנקראות עריות, עכ"ל, מבואר שהיא בכלל עריות, וכן הוא בפ"ד שם הי"ב, המקדש אחת מעריות אינה מקודשת חוץ מנדה, מבואר דהיא בכלל עריות רק דגזירת הכתוב שקידושין תופסין בה כמבואר ביבמות, וזה פשוט[לז]. ועיין בבית יוסף יו"ד הלכות נדה סי' קצ"ה לענין למשש הדופק באשתו נדה [ד"ה וכתב עוד]. ושוב הראוני בשו"ת פני יהושע [ח"ב אהע"ז סי' מ"ד] להגאון מגיני שלמה שפלפל בזה באריכות ולא נפניתי לעמוד בדבריו.

סוטה ועוד נראה דאפשר דסוטה אע"פ שקידושין תופסין בה [יבמות מ"ט ע"ב] ואינה מכלל חייבי כריתות ג"כ, מ"מ כיון דמבואר ביבמות י"א ע"ב דגזרת סוטה אסורה דטומאה כתיב בה כעריות, וכן פסק הר"מ פ"ו מיבום הי"ט, א"כ חזינן אפילו להיות פטורה מחליצה ומיבום הוי כעריות, וא"כ לענין זה נמי דינה כעריות שמחוייב למסור נפשו על זה, כן נראה לי בעזה"י. <ועיין בחידושי הר"ן לסנהדרין [ע"ד ע"א ד"ה חוץ] אם כופין אותו לבוא על הבהמה אע"ג דליכא פגם [יהרג] ואל יעבור, יעוין שם היטב>[לח].

יבמה לשוק ונראה דיבמה לשוק, אף שהוא ספק אם קידושין תופסין מ"מ נראה דהיא אינה בכלל עריות כי היא מחייבי לאוין, והא דהוי סברא דאין קידושין תופסין הוא מחמת לא תהיה [דברים כ"ה, ה'] היינו הוויה, והיא גזירת הכתוב אבל אינה בכלל עריות, כן נראה לענ"ד. ועיין בנודע ביהודה אהע"ז קמא סי' נ"ד ולקמן במצוה תקנ"ט.

אונס רציחה להנאת עצמו [כב] הג', שפיכות דמים והוא מבואר בש"ס שם סנהדרין ע"ד ע"א דיהרג ואל יעבור מחמת סברא מאי חזית וכו', ועיין פירוש רש"י ד"ה סברא, דעיקר שמותר לעבור עבירה מפני כי חשוב לפני הקב"ה נפש ישראל, אבל כאן יהרג נפש מישראל ולמה נתיר לו לעשות עבירה דבין כך ובין כך נאבד נפש מישראל על כן יהרג ולא יעשה עבירה, עי"ש. והנה בשפיכות דמים אף אם להנאת עצמו מ"מ כולם מודים אף הרז"ה [שם י"ח ע"א מדפי הרי"ף] דיהרג,

לז) וכ"ה דעת הרא"ה מובא בחי' הריטב"א פסחים כ"ה ע"א. ועיין בזה באתון דאורייתא כלל כ"ד. ועיין משנ"כ רבינו להלן מצוה ת"ר. ונפ"מ מזה דניתן להצילה בנפשו של הרודף לבוא עליה. ובהגהות חלקת יואב העיר שנחלקו בזה המקנה קידושין ס"ז ע"ב וההפלאה אהע"ז ח"ב סי' ק"ס. ועיין חלקת יואב קמא יו"ד סי' כ"ט.

לח) במיוחס להר"ן שם נסתפק בזה. ובראב"ה שם מבואר דלא הוי גילוי עריות. ועיין אור גדול שם דף ז', א' והגהות הרזו"ר לייטער כאן.

כמבואר שם בדבריו מחמת האי סברא דמאי חזית, ועי"ש בלשון הרז"ה דאף דשפיכות דמים אפילו להנאת עצמו אסור מחמת האי סברא מ"מ לענין זה לא מקיש גילוי עריות לזה. <והנה אף דהוא מחמת הסברא שייך היקשא אף במקום דלא שייך האי סברא, עיין תוספות ראש השנה כ"ו ע"ב ד"ה רבי יהודה, דעתם דדבר שהוא מצד הסברא אין למדין בגזירה שוה, ועיין ברא"ש [שם פ"ג סי' א'], מ"מ אף לדברי התוס' דוקא משום מצוה בעלמא, אבל דין גמור אף שהוא מצד הסברא מ"מ ילפינן הדא מחברתה, וא"כ צ"ע קצת לדברי הרז"ה אף שהוא מצד הסברא מ"מ אמאי לא מקשינן היקש גמור>.

בשב ואל תעשה

[כג] ודוקא אם כופין אותו לעשות מעשה, אבל אם כופין אותו שיניח לזרוק את עצמו על תינוק אין צריך למסור נפשו כיון דלא עביד מעשה ואינו מחוייב להציל חבירו בדמו כי אדרבה מאי חזית דדמא דחבריה סומק טפי אדרבה דמא דידיה סומק טפי, כן כתבו התוס' בסנהדרין ע"ד ע"ב ד"ה והא וביומא פ"ב ע"א ד"ה מה, בפשיטות. (ובר"ה) [ובר"מ] לא נזכר מזה, וכבר כתבתי [אות י"ז] בשם התוספת יום הכיפורים דהר"מ לא סבירא ליה לחלק בין עושה מעשה ובין אין עושה מעשה. ואני תמה על רבותינו בעלי התוס' שכתבו דבר זה לסברא והיא אינה מוסכמת לבעלי הש"ס, דמבואר בב"מ פרק איזהו נשך ס"ב ע"ב, שנים שהיו מהלכין בדרך וביד אחד קיתון של מים אם שותין שניהם מתים ואם שותה אחד מגיע לישוב, דרש בן פטורא מוטב שישתו שניהם וימותו ואל יראה אחד במיתת חבירו, עד שבא רבי עקיבא ולימד וחי אחיך עמך, חייך קודמין לחיי חבירך. והנה לבן פטורא אף דאינו עושה מעשה כלל בחבירו וגם חבירו ימות והוא ג"כ מ"מ אסור להחיות עצמו, מכל שכן דאם יציל חבירו במיתתו בודאי ימסור נפשו, וזה פשוט מה שאמר בן פטורא דימותו שניהם ולא אמר דיתן לחבירו ויחיה, דהא חבירו ג"כ אסור לשתות מפני דמו של זה, ופשוט. ודרך משל אם הולך עם תינוק בדרך בודאי מחוייב ליתן לתינוק שישתה והוא ימות, וזה כל שכן מהא דמחייב למסור נפשו וחבירו ג"כ ימות, א"כ חזינן דבן פטורא לית ליה האי סברא דבלא מעשה אין צריך למסור נפשו והוא סובר בהיפוך אף בלא מעשה מחוייב למסור נפשו. והנה רבי עקיבא סובר דחייו קודמין מחמת הפסוק וחי וכו' אבל לא מצד הסברא, מ"מ דין של רבותינו בעלי התוס' אמת דאין צריך להציל חבירו בדמו כי רבי עקיבא סבירא ליה הכי דחייו קודמין ובודאי הלכה כרבי עקיבא מחבירו(לט). עכ"פ גם הר"מ מוכרח להודות לדבר זה כי הוא ש"ס מפורש, דלא כהתוספת יום הכיפורים, א"כ כיון דגילוי עריות מהיקשא ילפינן ואם שם אין צריך למסור נפשו בלא מעשה גם בגילוי עריות כן <ואף דהרז"ה סבירא ליה דלא לגמרי מקשינן לענין הנאת עצמו היינו להקל, דאין צריך ליהרג אע"ג דבשפיכות דמים יהרג, אבל להיפך דבשפיכות דמים אינו נהרג ולומר דבגילוי עריות יהרג אין סברא כלל, על כרחך בודאי דעת הר"מ דגם בגילוי עריות יעבור בלי מעשה, כן נראה לענ"ד>. וא"כ נראה בפשיטות דהר"מ סובר כן דבלא מעשה אינו מחוייב למסור נפשו.

בעובר וטריפה

[כד] והנה הא דשפיכות דמים יהרג ואל יעבור, נראה פשוט דאם אונסין אחד מישראל להרוג עוברין במקום דלא הוי סכנה לאם בודאי אינו מחוייב למסור נפשו, כי לא שייך מאי חזית כי העובר לאו נפש הוא, ומה שחותכין את העובר להצלת האם מכל שכן להצלת עצמו, וגם בטריפה כיון דביארתי לעיל [אות ז'] דלאו נפש הוא א"כ לא שייך מאי חזית ואינו חייב למסור נפשו, ומ"מ צ"ע. ובמתה האם עיין תוס' נדה מ"ד ע"ב ד"ה איהו וברמב"ן [הובא בר"ן יומא ג' ע"ב מדפי הרי"ף] דאפשר דהוי הולד כאיש גמור. והנה דעת הפרשת דרכים [דרך האתרים דרוש שני ד"ה ודע דמשמע] ומובא ג"כ [בהגהת] משנה למלך הל' מלכים פ"י ה"ב דאף לפסק הר"מ דבן נח אינו מחוייב למסור נפשו על שבע מצוות כי לא נצטוה על קידוש השם, מ"מ בשפיכות דמים מחוייב למסור נפשו מחמת דהוי סברא ושייך גם בבן נח(מ), ועי"ש שמביא בשם הר"ש יפה דסבירא ליה דבן נח אינו מצווה למסור נפשו אף על שפיכות דמים. ולדעת המשנה למלך שם יש להסתפק אם בן נח מחוייב למסור נפשו על העוברים וטריפה כיון דנהרג עליהם או לא דמ"מ לא איקרי נפש, וכבר כתבתי בזה לעיל [אות ו'] ואין צורך לכפול.

אביזרייהו דרציחה

[כה] ודע, דאף שכתבתי לעיל [אות ט"ו] דדין זה דאביזרייהו דגילוי עריות ועבודה זרה שיהרג ואל יעבור אינו מוסכם, כי דעת התוס' גבי אשירה דיעבור ואל יהרג, וכתבתי דגם דעת הר"מ כן, מ"מ פשוט דאביזרייהו דשפיכות דמים כולי עלמא סבירא להו דיהרג. ואביזרייהו הוי כגון שאונסין אותו להניח את חבירו לפני ארי וכדומה דמבואר בסנהדרין ע"ז ע"א ור"מ פ"ב מרוצח ה"ב דכהאי גוונא אינו נהרג הרוצח, מ"מ חייב למסור נפשו מחמת הסברא דלא הותר לו לעבור שום עבירה רק במקום הצלת נפש אבל כאן שיהיה איבוד נפש למה יעבור בשביל נפשו, מאי חזית דילמא דמא דחבריה סומק טפי, ופשוט.

חיוב תשלום באונס

[כו] ודע, דאם אנסוהו לחלל שבת להנאת האנס ועשה כן ובשעת עשייה הזיק ממון לחבירו זה פשוט דצריך לשלם, ולא שייך כאן חייבי מיתות שוגגין דפטורין מתשלומין כמבואר בר"מ בפ"ד מחובל ומזיק ה"ז דשם מבואר דאילו אתרו ביה פטור וכו' אבל כאן מצוה קעביד, או דהותרה שבת או אפילו דחויה מ"מ אין כאן לד מיתה(מא). ואם אנסוהו לאחת משלש עבירות הללו דמחוייב למסור עצמו ועבר ולא נהרג, דג"כ מבואר בר"מ כאן ה"ד ובהרב המחבר דאין עונשין אותו כי התורה פטרה אונס, יש להסתפק אם דינו כשוגג ופטור מתשלומין אם הזיק ממון חבירו בשעת העבירה או דילמא עדיף משוגג והוי כאין בו לד מיתה. ועיין ר"מ פ"ד מחובל ומזיק הל' ה'—ו' שפוסק גבי אשה דאם בשוגג היה פטור מתשלומי ולדות, אבל אם נתכוין לאחר והרג את האשה כיון דהתורה פטרה ממיתה חייב בתשלומין, ועיין ראב"ד שאין דעתו כן אלא סובר כתנא דבי חזקיה דאף דאין מתכוין מ"מ פטור מתשלומין. ומה שיש לפלפל בדבריהם מכמה מקומות עי"ש במגיד משנה ובלחם משנה, וא"כ אפשר דזה ג"כ תלוי בפלוגתא זו דלהר"מ חייב ולהראב"ד פטור, ואפשר עוד דזה עדיף מאינו מתכוין. ואם אנסוהו לבעול את הערוה, לדעת הר"מ דחייב מיתת בית דין שאין קישוי אלא לדעת, כמו שכתבתי לעיל [אות כ'] דהר"מ פסק כן פ"א מאיסורי ביאה ה"ט ופ"כ מסנהדרין ה"ג, בודאי פטור מתשלומין, אף דדעת הכסף משנה בהלכות סנהדרין דאף להר"מ אין ממיתין אותו בית דין דהוי כמו בלא התראה, מ"מ גם בלא התראה כולי עלמא מודים דחייבי מיתות שוגגין פטורין מתשלומין, אף דלא שייך כאן אילו אתרו ביה בר קטלא הוא מ"מ נראה דאין חילוק, אך לשיטות הסוברים דאינו חייב מיתה אפילו בערוה יש להסתפק כנ"ל. אך לפי זה יהיה משכחת לה קנס בנערה המאורסה להסוברים בחו"מ סי' שפ"ח ס"א אף דאנסוהו להראות של חבירו מ"מ לענין תשלומין חייב לשלם כדעת הרי"ף [ב"ק דף מ"ג מדפי הרי"ף] בנשא ונתן ביד, א"כ חייב לשלם קנס כי המיתה אינה פוטרת אותו כיון שהוא אנוס לא שייך מיתה, ועיין כתובות ל"ח ע"ב בסוגיא דנערה המאורסה ושאר סוגיות שם. אך נראה דוקא לענין תשלומין כיון שהוא ממון חבירו חייב לשלם, אבל קנס אינו חייב באונס כי הוא קנס, ויש להאריך ואין כאן מקומו.

ונראה לי דגבי שפיכות דמים אם אנסוהו להרוג את חבירו ועבר והרג ובשעת מעשה הזיק ממון חבירו פטור לכולי עלמא, אף אם נאמר דלא שייך חיוב מיתה כלל באונס, כי זה פשוט אף אם הוא אנוס מ"מ ניתן להצילו בנפשו, וכל ישראל הרואה ויכול להציל את חבירו בנפשו מחוייב להציל ולהרוג אותו, אף שאינו חייב מיתה על ההריגה היינו לאחר שהרג אבל קודם שהרג הוי רודף, ואפילו קטן הרודף את הגדול אע"פ שהוא אנוס ניתן להצילו בנפשו, ומכל שכן להנרדף בעצמו בודאי מותר דמו, א"כ כיון דהוי רודף פטור מתשלומין דרודף ששיבר את הכלים פטור, א"כ פטור כאן. וכן נמי בנאנס על העריות שניתן להצילו בנפשו ג"כ פטור על ההיזק, דהוי רודף דאסור לעשות כן וא"כ ניתן להצילו בנפשו, כן נראה לי ברור בעזה"י.

רודף ברשות

[כז] ודע, אף דרודף ניתן להצילו בנפשו ומצוה על כל ישראל להצילו ולהרוג הרודף, מ"מ יש דינים אשר הנרדף בעצמו יכול להרוג הרודף אבל לא איש אחר, עיין משנה למלך פ"א מרוצח הט"ו כתב שם ברוצח בשוגג שיצא מעיר מקלט שרשות ביד גואל הדם להרגו, ורדף אחריו ונתאמץ הרוצח והרג את הרודף דאינו נהרג עליו, וראיה מהש"ס סנהדרין פ"ב ע"א דאילו הרגו זמרי לפנחס לא היה נהרג עליו דפנחס הוה ליה רודף, אף דרדף אחריו כדין מ"מ הוה ליה רודף א"כ הכא נמי, עי"ש. ונראה לי ברור דוקא הנרדף בעצמו אם הרג את הרודף אינו חייב כיון דאין מצוה ביד הרודף רק רשות, עי"ש במשנה למלך, אבל נאיש אחר שהרג את גואל הדם או שהרגו לפנחס בודאי נהרג עליו כי בחנם הרגו כיון שחבירו לא עשה שום עבירה ברדיפה, אך הנרדף בעצמו אינו נהרג, כן נראה לי מצד הסברא ולא מצאתי זה בפירוש(מג). ועי"ש עוד במשנה למלך היכא דמצוה ביד הרודף לרדוף כגון

לט) באור גדול שם (ט, ב) דחה דברי רבינו, דאינו דומה, דהתוס' מיירי בכה"ג שנהרג ע"י גופו אך בלא מעשה שלו י"ל דנהרג, משא"כ בההיא דבן פטורא ור"ע דמת בצמא ולא מחמת גופו של חבירו י"ל דחייו קודמין. וראה עוד באחיעזר ח"ב סי' ט"ז אות ה'. והא דהלכה כר"ע כ"כ הנצי"ב בהעמק שאלה שאילתא קמ"ז.

מ) עיין רש"י יומא פ"ב ע"ב בסברת מאי חזית שכתב למה יהיה דמך חביב עליו יותר מדם חבירך ישראל, משמע דלא שייך זה בבן נח. וכן נראה ברש"י סנהדרין שם. ובערוך לנר שם כתב הטעם מאי חזית שייך ג"כ בבן נח.

מא) ראה מה שהאריך בזה בזכרון שמואל סי' פ"ג ענף ד' אות י'.

מב) וכן מבואר בשטמ"ק כתובות ל' ע"ב בשם שיטה ישנה. ועיין נמוק"י שם ל"ה ע"א ורעק"א בדו"ח שם ל' ע"ב נסתפק בזה. ועיין הגהות חלקת יואב כאן.

מג) בהגהות הגרי"פ פערלא ציין שכ"כ הטור חו"מ סי' תכ"ה מובא בסמ"ע שם סקי"ד. ומקורו בדברי אביו הרא"ש סנהדרין פ"ט סי' ד'.

הרודף אחר הרודף, והפך הרודף אחר חבירו והרג את הרודפו, כיון דהרודף שלו מצוה קעביד ורודף אחריו להציל את חבירו נהרג הרודף הזה אם הרג את הרודפו, עי"ש שמביא ראיה והיא מילתא דסברא. אך ברשות שאינו נהרג, מ"מ מצד הסברא דוקא הנרדף עצמו אבל אחר נהרג עליו, כן נראה לענ"ד מצד הסברא.

אנשים למסור אחד מהם

[כח] ועוד מבואר בר"מ כאן הל' ה', דאם סיעה של בני אדם ואמרו להם גוים תנו לנו אחד מכם ונהרגנו ואם לאו נהרוג כולכם, יהרגו כולם ואל ימסרו להם נפש מישראל, ואם יחדוהו להם ואמרו תנו לנו את פלוני ואם לאו נהרוג את כולכם, אם היה חייב מיתה כשבע בן בכרי יתנו אותו, ואין מורין להם כן לכתחילה, ואם אינו חייב מיתה יהרגו כולם ואל ימסרו אותו, ע"כ. ועיין כסף משנה שמבואר בירושלמי [תרומות פ"ח ה"ד] בברייתא דייחדו להם אחד כגון שבע בן בכרי ימסרו אותו, ועל זה פליגי רבי יוחנן וריש לקיש, דריש לקיש סובר והוא שחייב מיתה כשבע בן בכרי, ורבי יוחנן סובר דאע"פ שאינו חייב מיתה דעיקר תלוי בייחדו, והר"מ פסק כריש לקיש, אע"פ דהלכה כרבי יוחנן נגד ריש לקיש מ"מ לישנא דמתניתא מסייע לריש לקיש וספק נפשות להחמיר על כן פסק כריש לקיש. ומה שכתב דספק נפשות להחמיר, אע"פ דנימא איפכא דספק נפשות דידהו [להקל] ולא יהרגו כדאמרינן בכמה דוכתי ספק נפשות להקל, אך סברתו כסברת תרומת הדשן [תשובה קנ"ט] מובא בש"ך [סי' קנ"ז ס"ק א', ולעיל סוף אות י'] דגבי אלו הדברים שהתורה לא הקפידה על נפשות מישראל לא שייך ספק נפשות להקל והוי ככל ספיקא דאורייתא ולחומרא, על כן פוסק דלא ימסרו. ועיין בלשון הרב המחבר שכתב, אבל אם ייחדוהו להם מוסרין אותו כענין הידוע בשבע בן בכרי, סתם הדבר ואין הכרע אם עיקר כוונתו כמו שהתחיל דתלוי בייחדו והראה כאותו מעשה שאירע בשבע בן בכרי היינו דייחדו, או אפשר כוונתו דוקא כשבע בן בכרי דהיינו דחייב מיתה כשבע בן בכרי, והראשון נראה עיקר בלשון הרב המחבר. ועיין יו"ד סי' קנ"ז [ס"א בהג"ה] מביא שתי הדעות, ועיין ט"ז [ס"ק ז'] וש"ך [ס"ק ט"ו].

והנה דין זה הוי אביזרייהו דשפיכות דמים, כי המוסר אינו חייב מיתה רק עובר על לא תעמוד על דם רעך. והכסף משנה מביא בשם הרמ"ך שהקשה על דין זה דתוספתא, כיון שמבואר בש"ס שלנו דשפיכות דמים דיהרג ואל יעבור הוא מצד הסברא דמאי חזית, והיינו דוקא אם חבירו ניצל במסירת נפשו צריך למסור נפשו להצלת חבירו, אבל הכא אף אם ימסור נפשו יהיה חבירו נהרג כי האנס רוצה להרוג כולם וא"כ למה יהרג, ועי"ש שכתב דבלא ייחדו ניחא דבכל איש שרוצים למסור אמרינן מאי חזית, עי"ש. ודבריו צ"ע דמ"מ כיון דחבירו אינו ניצל א"כ כל אחד יכול להציל עצמו מפני פקוח נפש והיה ראוי להיות כל דאלים גבר, דכל אחד למה ימסור נפשו בחנם בלא הצלת חבירו. ועי"ש דלריש לקיש וכפי פסק הר"מ דאף בייחדו אם אינו חייב מיתה אסורים למסרו, על זה ודאי קשה קושית הרמ"ך כיון דהוא והם נהרגין לא שייך מאי חזית, לכן באמת פירש רש"י בסנהדרין ע"ב ע"ב ד"ה יצא ראשו, דשבע בן בכרי כיון דייחדו והוא והם נהרגין על כן ימסרו אותו, ורש"י מביא עוד פירוש מחמת דהיה מורד במלכות והיה חייב מיתה. ועיין כסף משנה שתירץ אע"פ דמבואר בש"ס דשפיכות דמים סברא הוא, אינו עיקר הטעם, רק דקבלה היתה בידם דבשפיכות דמים יהרג אלא שנתנו טעם מסברא היכא דשייך, אבל אין הכי נמי אף דלא שייך מ"מ יהרג ואל יעבור עי"ש, ובלחם משנה דחה זה כיון דבר"מ מבואר דבשפיכות דמים היא מצד הסברא ואיך פסק דין זה, עי"ש.

בגוי

והנה נראה פשוט לפי דברי הכסף משנה דהוא קבלה בידינו אך דבש"ס נתנו עוד סברא לזה, א"כ בבן נח לפי [מה] שפסק הר"מ פ"י ממלכים ה"ב דאין צריך למסור עצמו אפילו על עבודה זרה דאינם מצווים כלל על קידוש השם, אך בשפיכות דמים כתב המשנה למלך שם כיון דהוא מצד השכל גם הוא יהרג כיון דנפש חבירו אבוד אסור לו לעבור מחמת מאי חזית, עי"ש והבאנו לעיל [אות ה'], א"כ בבן נח כהאי גוונא אם אנם ייחדו לאחד מהם, אע"פ שאינו חייב מיתה מ"מ כיון דהוא והם נהרגין (ע"ש) [לא שייך] הסברא ואסור למסור נפשם, (כי ל"ש הסברא) וכן אפילו אם לא ייחדו כפי מה שכתבתי לעיל דלא שייך הסברא הנ"ל דמאי חזית, א"כ בבני נח ימסרו אותו ואין נריכים למסור נפשם ואינם רשאים, ועוברים בלאו את דמכם וגו' [בראשית ט', ה'], כן נראה לי ברור בעזה"י.

מסור טריפה

והנה נראה לי דבדין זה אף אם לא ייחדו, מ"מ אם היה טריפה ביניהם, כיון דכבר כתבתי [לעיל אות ו'] דלא איקרי נפש כלל א"כ מותר למוסרו ולהציל עצמם, דלא שייך הסברא דמאי חזית וכו', דודאי דמיה סומק טפי, וגם [אם] קבלה ביד חז"ל מ"מ זה לא מיקרי שפיכות דמים כנ"ל[מד]. ובבן נח, אם נאמר כסברת הכסף משנה דבלא ייחדו שייך הסברא דמאי חזית וכו', א"כ גם בן נח אסור למסור בלא ייחדו. ובטריפה, כיון שנהרגין על הטריפה א"כ אסורים למסור, או אפשר דמ"מ לא הוי שפיכות דמים, וכבר נסתפקתי לעיל [אות ו'] בכיוצא בזה.

נגמר דינו למיתה

ודע, דאף אם לא ייחדו להם והיה בין סיעת הישראלים איש אחד שנגמר דינו בבית דין להמיתו אך נמלט, ועתה רוצים גוים שיתנו להם אחד, אם רשאים ליתן להם האיש הזה כיון דגברא קטילא הוא, עיין ר"מ פי"ד מסנהדרין ה"ט דאף דנגמר דינו ויכולים להמיתו בכל מיתה שירצו מ"מ צריך שיהיה יד העדים בו תחילה ואם נקטעה יד העדים פטור, א"כ אפשר דאסור למוסרו להאנסים, כיון דפטור עתה בלא העדים הוי ככל אדם ומחוייבים למסור [נפשם] עבורו[מה], ועי"ש פי"ג הל' א', ז' ובש"ס סנהדרין מ"ה ע"ב, ואף אם ייחדו להם מ"מ אינו חייב מיתה כלל כי צריך דוקא שיהיה יד העדים בו. ועיין בלשון הר"מ [הל' סנהדרין שם] שכתב ואין רשות לשאר העם להמיתו תחילה, נראה דאפשר דלכתחילה אסורים להרגו אבל אם הרגו אחר אינו נהרג עליו, ומ"מ נראה דהטעם מחמת דעומד למות על ידי העדים אבל בנקטעה יד העדים כיון דלא אפשר לקיים כדכתיב נפטר לגמרי, וצ"ע ואין כאן מקומו. אך אם היה ביניהם רוצח שנגמר דינו, כיון דמצוה ביד כל אדם ובכל דבר שאתה יכול להמיתו בודאי ימסרו אותו כיון דגברא קטילא הוא, וזה פשוט.

מורד במלכות

ומבואר ג"כ בזה דמורד במלכות אין הדין כנגמר דינו, אף דאין צריך למדייניה כמבואר [מגילה י"ד ע"ב], מ"מ כאן מבואר דוקא בייחדו אבל בלאו הכי אסור למסור אף שיש ביניהם כשבע בן בכרי כיון דאין המלכות מבקשת להרגו. ופשוט כיון דאין מצוה על המלך רק רשות כמבואר בר"מ פ"ג ממלכים ה"ח ואי בעי מחיל ג"כ לא הוי כנגמר דינו. ומה שמבואר דאם ייחדו והוא חייב [מיתה] כשבע בן בכרי מותר למוסרו, היינו כשהמלך מבקשו להרגו, כעובדא דשבע בן בכרי וכעובדא דעולא בר קושב דתבעתיה מלכותא [ירושלמי תרומות שם], אף דלא הוי כנגמר דינו ואם אדם אחר הרגו בודאי נהרג עליו, מ"מ מותר למוסרו כיון דהמלך רוצה להרגם על ידו הוי ליה כרודף דבפשיעתו הוא, וכן הוא בט"ז שם [יו"ד קנ"ז סק"ח] דאפילו הוא מורד במלך אשר לא ממלכי בית דוד [ועיין לקמן אות ל"א], מ"מ כיון דבפשיעתו הוי ליה כרודף ומותר למוסרו, וזה פשוט.

למסור אשה לטמאה

וכן מבואר כאן הל' ה', נשים שהלכו ורוצים אנשים שימסרו אחת ויטמאוה ואם לאו יטמאו כולן, יטמאו כולן ואל ימסרו נפש מישראל. ואם ייחדו אחת מהם תלוי בפלוגתא הנ"ל, כי כאן לא שייך חייב כשבע בן בכרי, כן כתב הט"ז [ס"ק ט']. ועי"ש עוד שאם אמר שימסרו לו אחת [מיוחדת] ויטמאנה ואם לאו יהרוג כולם, בודאי מוסרין כי אפילו היא עצמה תעבור ואל תהרג כמבואר לעיל [אות י"ט].

קידוש השם בצנעה בגוי

[כט] ודע, דגבי בן נח אף אם נאמר דמצווה על קידוש השם בשבע מצות שלו, הוא דוקא בפרהסיא מחמת קידוש השם אבל בצנעה לא אפילו באלו השלש, חוץ משפיכות דמים מחמת הסברא כמבואר לעיל [אות ה'], כן כתב אף הרמב"ן שם בספר המלחמות [סנהדרין י"ח ע"א מדפי הרי"ף], עי"ש.

ועיין[מו] רש"י סנהדרין ע"ה ע"א ד"ה בצנעה ותוס' שם ד"ה ואם, דאף אם נאמר דבן נח מצווה על קידוש השם מ"מ דוקא בפרהסיא, וכן כתב הרמב"ן, ופרהסיא דוקא תוך עשרה מישראל אבל פרהסיא תוך הרבה בני נח לא מיקרי פרהסיא, אף שהם מוזהרים על קידוש השם מ"מ לא נקרא פרהסיא רק תוך עשרה מישראל[מז]. ואם בן נח רשאי להחמיר על עצמו למסור נפשו במקום שאין צריך, או לפי שפסקינן דאינו מחוייב, עיין בפרשת דרכים דרך האתרים [דרוש שני ד"ה ודע דנחלקו] דעתו שאינו רשאי, אף להפוסקים דישראל רשאי להחמיר מ"מ בן נח אסור להחמיר על עצמו.

ובדינים אלו אם אחד רוצה להחמיר על עצמו ליהרג במקום שמותר לעבור, עיין בראשונים [ר"מ פ"ה מיסודי התורה ה"ד ובנושאי כלים] ובהרב המחבר, ויש מקום לפלפל באריכות, ואי"ה אשנה פרק זה.

למסור אשה שנטמאה כבר

[ל] ובגוי שאמר לנשים שימסרו לו אחת ויטמאה דאסור להם למסור, עיין בכסף משנה שם מביא בשם הרשב"א דאפילו אם היתה טמאה

מד) כ"כ המאירי סנהדרין ע"ב ע"ב (הרז"ו לייטער). ועיין אור גדול סי' א', פ"ה ה"ה.

מה) עיין בביאור הלכה סי' שכ"ט סוד"ה אלא, אי מפקחין עליו הגל בשבת.

מו) במהדורות קודמות נדפס קטע זה לאחר אות ל"א.

מז) אך בחי' המיוחסים להר"ן שם מבואר דאף בעשרה בני נח חשיב פרהסיא.

מכבר אין מוסרין כי למה תוסיף חטא על פשע, ואינו דומה לתרומה, עי"ש. ובהגהות דגול מרבבה [שם] השיג עליו מהירושלמי [תרומות פ"ח ה"ד] שמבואר שם דאם היא טמאה מכבר מוסרין אותה, ואין הירושלמי בידי ולא הדגול מרבבה כעת[מח].

מורד במלכות הגוים

[לא] **ועיין** בילקוט מלכים [אות רמ"ט] הביא שם אגדה, דנבוכדנצר בא וישב בדפני של אנטוכיא, ויצאו סנהדרין לקראתו ואמר להם שיתנו לו יהויקים שמרד בו, ורצו למסור את יהויקים, אמר להם וכי דוחין נפש מפני נפש, אמרו לו וכי לא כך עשתה זקנתך לשבע בן בכרי, מזה מוכח אף דלא היה מורד במלכות בית דוד מ"מ כיון דהיה מורד הוי כרודף ומותר למוסרו, ומפורש כדברי הט"ז [ראה לעיל אות כ"ח ד"ה ומבואר].

להכניס עצמו בספק סכנה להצלת חבירו

[לב] **וכבר** כתבתי לעיל [אות כ"ג] דלא מעשה אינו חייב להציל חבירו בדמו, מקרא וחי בהם, דחייך קודמין, ובפרט לפי מה שכתבו התוס' דלא שייך סברא מאי חזית וכו' אדרבה מאי חזית וכו', א"כ מצד הסברא אין צריך להכניס עצמו אפילו בספק סכנה עבור חבירו אע"פ שחבירו הוא בסכנה ודאי, כיון דהוא לא יעבור כלל רק עובר על לא תעמוד על דם רעך א"כ כל המצוות נדחין אפילו מפני ספק סכנה מחמת וחי בהם. ובנדרים פרק ואלו נדרים פ' ע"ב מבואר שם פלוגתא, דרבי יוסי סובר אפילו כביסתו וחיי חבירו כביסתו קודמת מחמת לצער דגופא טובא וחכמים פליגי דחיי חבירו עדיף מצערו, אבל להכניס עצמו בספק סכנה נראה דאין צריך. אך ראיתי בכסף משנה פ"א מרוצח הי"ד מביא בשם הירושלמי דמחויב להכניס עצמו בספק סכנה אם חבירו בסכנה ודאי, עי"ש. ולדידי צ"ע דמהיכא תיתי, ועיין בחו"מ סי' תכ"ו השמיטו המחבר, ובסמ"ע [ס"ק א'] הקשה למה השמיטו, ועי"ש שכתב כיון שהרי"ף והר"מ השמיטו דין זה, ובאמת צ"ע דברי הירושלמי ואינו תחת ידי. <אחר זמן הראה לי תלמידי מפורש בשו"ת רדב"ז חלק שני סי' תרכ"ה כתב כן בפירוש, וכתב מי שעושה כן הרי זה חסיד שוטה דאינו מחויב כלל, עי"ש, והנאי שכוונתי לדעתו. אך מכל מקום צ"ע על הרדב"ז דלא הביא הירושלמי אשר הובא (בכתה מקומות) [בכסף משנה], דמפורש לפי עדותו דמחויב להכניס את עצמו בספק סכנה בשביל חבירו שהוא בסכנה ודאי, וצריכים אנו לקבל באימה דברי הירושלמי, וצ"ע — קומץ מנחה>[מט].

הרודף אחר ספק נפש

[לג] **ואני** מסופק אם רשאים להרוג הרודף אחר ספק נפש, כגון אסופי שנמצא והוא מתנה על מחנה דודאי ההורגו אינו נהרג עליו, אם רשאים אנחנו להרוג הרודף אחריו להרגו. ונראה לי פשוט דמבואר ביומא פ"ה ע"א דרבי ישמעאל יליף דפקוח נפש דוחה שבת מבא במחתרת, ומה זה שספק על ממון בא ספק על נפשות ורציחה גורמת לשכינה שמסתלק מישראל ניתן להצילו בנפשו קל וחומר לפקוח נפש שדוחה את השבת, א"כ רואים אנו דאפילו ספק רודף מותר להורגו א"כ הכא נמי. ואף דלמסקנא דחי לה דשאני מחתרת דחזקה וכו' ואשכחן ודאי ספק מנלן, א"כ נראה דהתירה התורה להרגו דוקא בודאי. זה אינו, דבאמת מכאן לא מוכח ספק, אבל לפי המסקנא דשמואל יליף מוחי בהם דאף ספק פקוח נפש דוחה שבת, א"כ כיון דחזינן אף דשפיכות דמים אינו נדחה אף מפני ודאי פקוח נפש, מ"מ ברודף דניתן להצילו מפני פקוח נפש חזינן דהתירה התורה שפיכות דמים מפני פקוח נפש היכא דהוי פושע כגון רודף, וא"כ רציחה כזו התירה התורה מפני פקוח נפש כמו שאר עבירות, ואם כן אפילו ספק פקוח נפש כיון דהוא פושע גילתה התורה דשפיכות דמים כי האי נדחית, א"כ שוב אין חילוק בין ודאי פקוח נפש בין ספק פקוח נפש, ובהא לא פליג על רבי ישמעאל דלרבי ישמעאל ספק פקוח נפש דוחה רציחה גבי רודף הוא הדין לדידן, אך מקרא דרבי ישמעאל לא מוכח ספק ומוכח מקרא דוחי בהם, וכיון דחזינן דהתורה התירה רציחה כזו מפני פקוח נפש הויא לה כשאר מצוות, וא"כ נדחית נמי רציחה כי האי מפני פקוח נפש הנ"ל כשאר מצוות, ואפילו מפני ספק פקוח נפש, כן נראה לי בעזהשי"ת[נ]. ולפי זה אף ברוב גוים כיון דמפקחין עליו את הגל דאין הולכין בפקוח נפש אחר הרוב [יומא פ"ד ע"ב], א"כ הרודף אחריו ניתן להצילו בנפשו, כיון דחזינן דעבירה דרציחה נדחית גבי רודף מפני פקוח נפש הויא לה כשאר עבירות דנדחין מפני פקוח נפש דנדחין אפילו במקום רוב, כי אין הולכין בפקוח נפש אחר הרוב, א"כ אפילו במקום רוב ניתן להצילו בנפשו.

אחר ספק ערוה

וכל זה נראה דוקא ברודף אחר חבירו להרגו, כיון דהוא כמו שאר עבירות הדר הוי ליה בכלל וחי בהם אפילו בספק ובמקום רוב, אבל ברודף אחר ספק ערוה, דהתירה התורה ומצוה איכא להרוג הרודף זה אינו מחמת פקוח נפש רק גזירת הכתוב גבי עריות, אם כן דוקא בודאי ערוה אבל בספק ערוה בודאי אסור להרגו כי ספק נפשות להקל, וזה אינו בכלל פקוח נפש להצלת נפשות רק גזירת מלך הוא, א"כ הרודף אחר ספק ערוה בודאי ספיקא לחומרא ואסור להרוג אותו, והוא חילוק פשוט למבין.

ולפי מה שכתבתי, כיון דהתורה התירה דמו של רודף מפני פקוח נפש א"כ הדר הוי ליה בכלל וחי בהם אפילו על ספק פקוח נפש, למה לי היקשא דהוקש לנערה המאורסה דניתן להצילו בנפשו, ועי"ש בתוס' סנהדרין ע"ג ע"א ד"ה אף, שהקשו הא מוכח ממחתרת, ותירצו דמשם הוה אמינא רשות והיקשא איצטריך דהוי מצוה. ולפי מה שכתבתי כיון דהתורה התירה א"כ הוי ליה בכלל וחי בהם א"כ ממילא הוי ליה מצוה, זה אינו, דגם מוחי בהם כיון דהתורה התירה לעבור על המצוה מפני פקוח נפש, ממילא כיון דהוי היתר א"כ מתילא הוי מצוה להציל נפש מישראל מלא תעמוד וגו', א"כ גם דברי התוס' צ"ע למה לי היקשא כיון דהתורה התירה דמו של רודף מפני פקוח נפש ממילא מחויב והויא לה מצוה, עיין ר"מ פ"א מרוצח הט"ו שעובר על כמה לאוין, עי"ש, על כרחך צריך לומר דרציחה חמורה ולא הוי ידעינן דהוי מצוה, א"כ מוחי בהם ג"כ לא הוי ידעינן אם הוא מצוה על כן צריך היקשא, וצ"ע כעת.

העלה לבו טינא

[לד] **והנה** בש"ס סנהדרין ע"ה ע"א מבואר, דמי שהעלה לבו טינא אפילו על פנויה והוא מסוכן מ"מ אין מורין לו לעמוד ולדבר עמה אחורי הגדר, ומסקנא שם שלא יהיו בנות ישראל פרוצות בעריות. והרי"ף [סנהדרין י"ח ע"ב מדפי הרי"ף] והרא"ש [פ"ח סי' ד'] הביאו זה וגם הר"מ כאן ה"ט פסק כן, והרב המחבר כאן אינו מביא זה[נא]. ותמהני על בעלי השולחן ערוך המחבר והרמ"א שלא הביאו דין זה, ובבית יוסף [יו"ד סי' קנ"ז ד"ה גרסינן בס"פ בן סורר] הביאו, וגם הטור השמיטו, מ"מ כיון דהרי"ף והר"מ והרא"ש מסכימים לדעת אחת ולא ראיתי לבעלי התוספות שיחלקו בזה וצ"ע שהשמיטוהו בעלי השולחן ערוך.

עבר ולא נהרג לענין עדות

[לה] **ובשלש** עבירות אלו אם עבר ולא נהרג, כיון דאין עליו שום עונש הוי ליה כמו שעבר על לאו דאין לוקין עליו דכשר לעדות מן התורה כמבואר בחו"מ סי' ל"ד [ס"ב בהג"ה]. ועיין בתשובת נודע ביהודה קמא אהע"ז סי' ע"ב דמדברי הרשב"א משמע דהוי רשע והוא הביא ראיות דאינו רשע, וכתב דהרשב"א לדעת השיטה דחייב בעונש כתב כן. והגאון הספרדי בסי' ע"ד הקשה עליו מסוגיא דכתב ידינו הוא זה אבל אנוסים וכו' [כתובות י"ט ע"א] דטעמא דרבי מאיר דעדים שאמרו להם חתמו שקר יהרגו וכו' על כן לא מצי משוי נפשיה רשע, חזינן דמקרי רשע, עי"ש. ובאמת יש לחלק, נהי דלענין עדות בודאי לא נקרא רשע ליפסל לעדות, אבל מ"מ לענין זה אינו נאמן על עצמו שעשה שלא כתורה ושייך אין אדם משים עצמו רשע. ועיין בספר אסיפת זקנים שם הביא בשם הרמב"ן והרא"ה אף דרבי מאיר מודה ג"כ דאין לך דבר שעומד בפני פקוח נפש מ"מ מדת חסידות הוא ליהרג ואין אדם משים עצמו רשע אפילו בכהאי גוונא, ורבא דחה כיון דמורין לכתחילה עי"ש, מכל שכן בעבר ולא נהרג במקום שהדין דיהרג נהי דלא הוי רשע לענין עדות, מ"מ בודאי אין אדם משים עצמו רשע כיון דמ"מ לא עשה כתורה, ובזה נסתר גם כן מה שהגאון נודע ביהודה פלוגתא בין הרשב"א להרא"ש והריב"ש, ולדעתי כולם סוברים כהרשב"א בזה דאין אדם משים עצמו רשע בכהאי גוונא אף דלא הוו פסולים לעדות, עי"ש ואין כאן מקומו.

מלקות

[לו] **עוד** כתב הר"מ כאן ה"י והרב המחבר [מצוה רל"ה], דאם עבר עבירה שאין תאוה בה אבל בפעולתו מתכוין להכעיס הרי זה ג"כ מחלל שם שמים וילקה. והנה תיבת וילקה ליתא בר"מ[נב], וג"כ מבואר שם בשינוי לשון קצת דאם עבר בשאט נפש להכעיס הרי זה חילל את השם. ולפי דברי הרב המחבר אם עבר עבירה כזו, חוץ מה שמחויב מלקות מחמת העבירה מחמת לאו המיוחד לוקה ג"כ מן השם הזה, וגם אם עבר עבירה שאין בה מלקות להכעיס כגון שנתק לעשה וכדומה מ"מ לוקה מלאו הזה. ובאמת ראה זה דבר חדש הוא, ולפי דבריו לוקין בשבועות שוא שני מלקיות מחמת הלאו המיוחד ולאו זה הכולל, וצ"ע כעת, השי"ת יעזרני לשנות פרק זה. ומה שכתב בחלק הפרט, שיעשה איש מפורסם, עיין ר"מ כאן ה"א וכסף משנה וקונטרס תוספות יוה"כ. ובר"מ כאן מסיים, מי שנושא ונותן באמונה וכו' ונזכר בתפילין וכו' עליו הכתוב אומר ויאמר לי עבדי אתה ישראל אשר בך אתפאר [ישעיה מ"ט, ג'], השי"ת ברחמיו ישים חלקנו עמהם אמן.

מח) עיין בירושלמי שם במראה הפנים ובנודע ביהודה תניינא יו"ד סי' ע"ד.

מט) בהגהות מיימוניות לא כתב היכן הירושלמי, וכן הכס"מ לא הראה מקומו. ובהעמק שאלה בשאלתות ס"פ שלח וס"פ ראה כתב שכוונת הכס"מ לירושלמי תרומות פ"ח ה"ד לדברי ריש לקיש שם, דאמר עד דאנא קטל אנא מתקטל אנא איזיל ומשיזיב ליה בחיילא וכו'. וראה עוד בביאור הגר"ח הלר לסה"מ ל"ת רצ"ז שהאריך בדברי הירושלמי. ועיין באור שמח שם ובמשך חכמה סר"פ שמות עה"פ לך שוב מצרימה. ועיין רדב"ז בחלק חמישי סי' אלף תקפ"ב (ריח) הביא דין זה מהירושלמי. ועי"ש מה שמסיק הרדב"ז בזה.

נ) ראה מה שהעיר על דברי רבינו כאן בזכרון שמואל סי' פ"ג ענף ו' אות כ"ב.

נא) ובחינוך שלפנינו מובא דין זה, וראה הערה כ"ה שם.

נב) אמנם בחיבורו ליתא, אך בסה"מ ל"ת ס"ג, שמשם העתיק החינוך דבריו איתא דלוקה.

ליבומי יתה יבם, ואי לא איטלע לה קדמנא רגלך ימינא ותשרי סינך מעל רגלך ותירוק באנפך, ועני ואמר לית אנא צבי ליבומי יתה, מיד אקרינוה לפלונית דא מאן יבמי להקים לאחיו שם בישראל לא אבה יבמי, ואף להאי פלוני אקרינא ליה לא חפצתי לקחתה, ואטלע לה רגליה דימינא ושרת סיניה מעל רגליה ורקת באנפוהי רוקא דאתחזי לנא מן פומא על ארעא, ותוב אקרינוה לפלניתא דא ככה יעשה לאיש אשר לא יבנה את בית אחיו, ותוב אקרינוה ונקרא שמו בישראל בית חלוץ הנעל, ואנחנא דייני וכל דהוו יתבין תמן ענינא בתרה חלוץ הנעל תלתא זימני, ומדאיתעבד עובדא דנא קדמנא שרינוה לפלניתא דא למהך להתנסבא לכל גבר דתיצבי ואינש לא ימחה בידה מן יומא דנן ולעלם, ובעית מיננא פלניתא דא גיטא דחליצותא דנא וכתבנא וחתמנא ויהיבנא לה לזכו כדת משה וישראל.

וחתימין תלתא עליה.

ויתר פרטי המצוה מבוארים במסכתא המחוברת על מצות יבום וחליצה והיא מסכת יבמות, ומפני כן נקראת יבמות ולא חליצות, מפני שאמרו זכרונם לברכה [שם ל"ט ע"ב] מצות יבום קודמת למצות חליצה.

ונוהגת בכל מקום ובכל זמן, בזכרים.

ועובר על זה ולא רצה ליבם יבמתו ולא לחלוץ ברוע לבבו, ביטל עשה זה.

מצוה תר
מצוה להציל הנרדף

(א) שנצטוינו להציל הנרדף מיד מי שירדפהו להורגו, ואפילו בנפש הרודף, כלומר שאנו מצווין להרוג הרודף אם לא נוכל להציל הנרדף אלא אם כן נהרוג הרודף, ועל זה נאמר [דברים כ"ה, י"ב], וקצתה את כפה לא תחוס עינך. ואמרו בספרי[א], והחזיקה במבושיו, מה אותו מקום מיוחד שיש בו סכנת נפשות ונאמר על זה וקצותה את כפה כך כל דבר שיש בו סכנת נפשות הרי הוא בקצותה את כפה, ומנין שאם אינו יכול להצילו בכפה בלבד שחייב להצילו בנפשה, תלמוד לומר לא תחוס עינך[ב]. וזה שאמר הכתוב אשת האחד, דבר הכתוב בהוה שאשתו של אדם אצלו תמיד ומשתדלת להצילו מיד מכהו בכל כחה, אבל הוא הדין בכל אדם.

בלא עדים, ודברי הר"מ נכונים וסובר דבכל מקום בעינן עדים כהכרעת המשנה למלך.

יבמה לשוק אם הוא דבר שבערוה

ועיין ביבמות ק"ה ע"ב מעשה שהלך בית לבינה בבית האסורים ובא מעשה לפני ר' עקיבא והכשיר, ומקשה הש"ס בית לבינה מנא ידעינן, אמר רב יהודה אמר שמואל שעדיו רואים אותו מבחוץ. ועיין בנימוקי יוסף שם שפירש דקושית הש"ס מנא ידעינן, אף דמודים, הא אין דבר שבערוה פחות משנים ע"ש. ולכאורה לפי מה שכתבנו לעיל דיבמה לשוק לא הוי דבר שבערוה [א"כ מאי מקשה הגמ'], אך באמת שם הקושיא אליבא דר' עקיבא ור' עקיבא סבירא ליה דכל חייבי לאוין הוי דבר שבערוה, ויבמה לשוק ג"כ בכלל זה, וזה פשוט.

ועיין בספר נתיבות המשפט בסי' ל"ו [ביאורים ריש סק"ן] בתשובת שאלה שם, שהקשה מאי מתרץ עדיו רואים מבחוץ, הא בדבר שבערוה צריכים שג"כ יראו את העדים, וגם מקשה על הרשב"א ואין כאן מקומו, ומראה מקום אני לך.

ולדידן אם נאמר דיבמה לשוק לא הויא דבר שבערוה כסברת הנודע ביהודה, א"כ נחלצו בינם לבין עצמם הויא חליצה פסולה לפוסלה מהאחין, כי אין צריך עדים בגוף החליצה, כי לא הוי דבר שבערוה [דנימא] דבלא עדים לא הוי חליצה כלל כמו גיטין וקידושין, ואין להאריך יותר כי הוא ענין ארוך ובאתי רק לעורר.

עדות ביבום חרש ושוטה

[ז] אך קשה, להר"מ דסבירא ליה אין עדים לקטן לפי שאינו בר דעת [עיין לעיל אות ה'], א"כ היאך הלכה רווחת דיבם חרש או שוטה מיבמים ולא חולצים, וכשיבם הרי זו אשת איש גמורה ואינו יכול להוציאה בגט, עיין בר"מ כאן פ"ו ה"ג ובשו"ע קע"ג סי"ב, והיאך קונה אותה, כמו דלקטן אין עדות הכי נמי לחרש ושוטה דלאו בני דעה נינהו, א"כ אינה נקנית לו כלל, וכאן אם נקנית לו הויא אשת איש גמורה וחייבים מיתה עליה, דגבי קטן ממעטינן אשת איש ולא אשת קטן, א"כ קשה הא הוי ליה יבום בלא עדים, אלא על כרחך דעת הר"מ דאין צריך עדים, וצ"ע ובאתי לעורר. עכ"פ אפילו החולקים על הר"מ וסוברים דבמידי דבעינן עדות על גוף הדבר שייך בחרש שוטה וקטן ג"כ עדים, עכ"פ לא שייך לומר שהם יראו את העדים כדי שלא יכוונו להשטות, כיון דלאו בני דעה הם כלל לא שייך זה, אם כן עכ"פ מוכח דאפילו אי יבום צריך עדים מ"מ אין צריכים הם לראות העדים כמו שכתבנו לעיל [אות ג'] כיון דחרש שוטה וקטן מיבמים, וזה פשוט.

מצוה תר, מצוה להציל הנרדף

[א] שנצטוינו להציל הנרדף מיד מי שירדפהו להרגו ואפילו בנפש הרודף וכו'. מבואר בר"מ בפ"א מהלכות רוצח, ובטור סי' תכ"ה [בהשמטות], ובשו"ע חו"מ סי' תכ"ה סעיף א'—ד'. והדינים כך הם, הרודף אחר חבירו להורגו, ופשוט דאין חילוק בין רודף אחר גדול או אחר קטן כל שחייבים על רציחתו פשוט שהרודפו הוא בכלל רודף, וכן אחר עבד כנעני או שפחה כנענית כיון דנהרגים עליהם הויא לה רציחה גמורה, והרודף להורגם מצוה על כל איש ישראל להצילם ולמנוע הרודף אפילו בנפשו, שאם אינו יכול להציל אלא אם יהרוג את הרודף יהרוג אותו. ואם אינו הורג אותו עובר משום עשה זו וגם בשני לאוים, לא תחוס עינך, ולא תעמוד על דם רעך [ויקרא י"ט, ט"ז], כמבואר בר"מ כאן הע"ו והרב המחבר.

גדר רודף

ואם רודף אחר גוי או גר תושב, פשוט שאסור להורגו וההורגו נהרג עליו, דלאו בכלל רעהו הם.

אחר גוי וגר תושב

אך אם רודף אחר הטרפה או אחר הגוסס בידי אדם שאין חייבים על רציחתם מיתה כמבואר בר"מ כאן פ"ב הל' ז'—ח', אפשר דאסור להרוג הרודף דלא הוי פיקוח נפש, וכבר עמדתי בזה בפרשת אמור במצות קידוש השם [מצוה רצ"ו אות ז'].

אחר טרפה וגוסס

וכן בשאר ענינים שאינו חייב מיתה על הרציחה, כגון שרוצה לכפתו לפני ארי ודומה עיין בר"מ כאן פ"ב ה"ב, אפשר כיון דהרוצח אינו חייב מיתה בעבר והרגו, אינו נהרג עליו מתורת רודף. ואפשר כיון דמבואר ביומא פרק יום הכיפורים פ"ה ע"א, דר' ישמעאל יליף דפיקוח נפש דוחה שבת מבא במחתרת, והיינו רודף, דדוחה עבירה דרציחה מפני פיקוח נפש כל שכן דהוא הדין שבת, ורבא [שם ע"ב] דדחי היינו דאשכחן ודאי וכו', עכ"פ סברתם דהתורה ציותה להרוג הרודף מחמת פיקוח נפש דהנרדף, א"כ אפילו בכפתו לפני ארי ודומה דהוי פיקוח נפש הוי ליה רודף ומצוה להורגו[א].

בפטור ממיתה על רציחתם

תר. תקנו, כי תצא עשה כ"ה. רמב"ם עשין רמ"ז, הלכות רוצח ושמירת נפש פ"א. סמ"ג עשין ע"ז. טור חו"מ תכ"ה. **א.** כן הוא בסה"מ שלשון רבנו לקוחה משם. וגירסת הספרי שלפנינו אע"פ שהיא שונה, הם הם הדברים, וכמו שפירש בזית רענן. וגירסת הר"מ ורבנו כתב הרי"ח העליר שהיא לקוחה מספרי מדרש תנאים. **ב.** גם ביד החזקה כאן הי"ז הביא הר"מ ילפותא זו. והראב"ד השיגו: א"א, בספרי קא דריש לה הכי. ובנודע ביהודה מהדורא תנינא חו"מ סי' נ"ט פירש שכוונת הראב"ד להשיג למה שבק הר"מ תלמודא דידן בסנהדרין ע"ג ע"א דדריש לה מדחוקש רוצח לנערה המאורסה ונקט דרשת הספרי. ועיין לקמן הערה י"א. ובדינא דחיי על הסמ"ג כאן כתב דהשגת הראב"ד היא דבב"ק כ"ז ע"א וכ"ח ע"א ופ"ו ע"א מבואר דוקצות את כפה היינו ממון. והיא דעת ר' יהודה דפליג בספרי את"ק, וכן פירש רש"י בחומש, ומבואר בסמ"ג דאליבא דר' יהודה תעשה והלא תעשה הם שלא לחוס מלגבות את הקנס. ובמשכנות יעקב חו"מ סי' ס"ז הוסיף להקשות על הר"מ דאיהו גופיה בפ"א מחובל ומזיק ה"ט הביא ילפותא מפסוק זה לענין ממון. ועיין בכל זה בספרי דבי רב ובמעין החכמה.

א) כ"ה רבינו במצוה נ"ו אות י' בהסבר דברי הר"מ בפי"ד מנזקי ממון ה"י הסותרים לכאורה לדבריו בפ"ג מרוצח ה"י, עי"ש. ועיין ברשב"א ב"ק כ"ב ע"א ד"ה היה גדי וכו', דמשמע מדבריו דלמאן דאמר אשו משום ממונו לית ליה דין רודף. ובריב"ש סי' רל"ח כתב להדיא דאף בגרמא אית ליה דין רודף, עי"ש. ועיין בשו"ת אחיעזר ח"א סי' י"ט סק"ג—ד' שהביא דברי הריב"ש הנ"ל ודן בארוכה בדברי הרשב"א, ומסיק דאף לדבריו אית ליה דין רודף בגרמא. ועיין באור שמח פ"א מרוצח ה"ח.

משרשי המצוה, לפי שהשם ברוך הוא ברא העולם ורצה בישובו, וישוב העולם יתקיים בתשועת החלש מיד חזק ממנו, ועוד כי הנרדף לעולם עיניו ולבו אל ה' להושיעו מיד רודפו, וכענין שכתוב [קהלת ג', ט"ו] והאלהים יבקש את נרדף, כלומר הנרדף מבקש לאלהים ומתחנן אליו, על כן ציונו ברוך הוא לעזור לו.

מדיני המצוה מה שאמרו זכרונם לברכה[ג] שאפילו היה הנרדף קטן[ד] והרודף גדול ממנו בכל דבר הכל חייבין להצילו, ואפילו בנפשו של רודף. ובמה דברים אמורים שמצילין בנפש הרודף, בשאי אפשר לנו להצילו באחד מאיבריו, אבל כל[ה] שאפשר להצילו באחד מן האיברים והציל בנפש הרי זה שופך דמים[ו]. וכן אמרו רבותינו זכרונם לברכה [סנהדרין מ"ט ע"א] בענין מיתת אבנר כשהרגו יואב שכתוב שם [שמואל ב' ג, כ"ז] וימת בדם עשהאל אחיו, באה

ג. ר"מ כאן הל' ו' — ז'. ד. בר"מ לפנינו: אפילו היה הרודף קטן. ובסמ"ג כאן העתיק כלשון רבנו, ובדינא דחיי כתב שטעות סופר היא בסמ"ג. וראה בר"מ מהדורת ר"ש פרנקל שכן הוא בקצת כת"י. ולנוסחת הר"מ שלפנינו היא מימרא דרב הונא בסנהדרין ע"ב ע"ב, עיי"ש. ובמה שהוסיף רבינו בלשונו תיבות "בכל דבר", נראה שכוונתו לפרש שאפילו הרודף גדול בחשיבות יותר מן הנרדף, והוה אמינא שלא תדחה נפשו מפני נפש הנרדף. ה. ר"מ כאן הי"ג. ו. כאן השמיט רבנו סיום לשון הר"מ דאין בית דין ממיתין אותו. וראה מנ"ח אות ז'.

ומ"מ בטרפה אפשר דלא הוי פיקוח נפש, דבחיבור זה [מצוה רל"ו אות ט'] נסתפקתי אם בשביל פיקוח נפש דטרפה מחללין שבת, ואף דלחיי שעה מחללין שבת, מ"מ בכהאי גונא דחתיכי סימני דחיותא, עיין בסנהדרין ע"ח ע"א, אפשר דאין מחללין שבת ומכל שכן דאסור להרוג הרודף. <ואפשר[ב] דאף הנרדף עצמו אסור להרגו, כיון דאין זה שפיכות דמים ופיקוח נפש ולא ניתנה שפיכות דמים להדחות אצלו, כן נראה[ג]>. אך באמת וכדומה דהוי פיקוח נפש לענין כל המצות, הוי ג"כ פיקוח נפש לענין זה דמצוה להרוג הרודף, ומ"מ צ"ע ובאתי רק לעורר.

אחר אספי | וגם נסתפקתי לעיל [שם אות ל"ג] דאם נאמר דהוא מחמת פיקוח נפש, אם כן כיון דקיימא לן [ר"מ פ"ב משבת ה"א] דספק פיקוח נפש דוחה שבת, א"כ אפשר ברודף אחר אסופי שנמצא במקום מחצה ישראל ומחצה גויים דהורגים לרודף בספק ג"כ, עיין לעיל, ומיגמר בעתיקא וכו'.

וגם[ד] לפי סברת בעל תרומת הדשן סי' קנ"ט מובא בש"ך יו"ד סי' קנ"ז סק"א, דלא שייך ספק נפשות להקל באותן עבירות שאמרו בהן יעבור ואל יהרג [ונחלקו הפוסקים אם רשאי ליהרג], דכיון דלא הקפידה התורה על נפשו לא ילפינן משאר ספיקות, הכא נמי כיון דהתורה לא הקפידה על נפש הרודף מפני פיקוח נפש דהאין, א"כ בספק ג"כ נהרג ואין אומרים ספק נפשות לקולא. ואפשר אפילו נמצא האסופי במקום רוב גוים, מ"מ כיון שמחללים שבת עליו דאין הולכים בפיקוח נפש אחר הרוב, הכי נמי הורגים הרודף מחמת פיקוח נפש, ובאתי רק לעורר.

התראתו | [ב] והרודף לכתחלה צריך להתרות בו, בן ברית הוא וכו'[ה], אבל אם אין יכולים להתרות בו הורגים אותו בכל ענין. <ועיין[ו] במשנה למלך פ"ח מחובל ומזיק ה"י שכתב דדוקא אחר שבא להציל צריך להתרות לרודף, אבל הנרדף עצמו אינו צריך להתרות בו כלל, עי"ש>.

חרש שוטה קטן הרודפים | [ג] ואפילו חרש שוטה וקטן הרודפים מצוה להרוג אותם. אך באשה המקשה לילד אם יצא ראשו אין הורגים אף דהוי רודף, דמשמיא הוא דרדפי לה וזהו טבעו של עולם. ומה שכתבתי דהורגים אף בלא התראה כלל, עיין בסמ"ע כאן סק"ג שכתב כן מראיה דקטן, וזה ברור.

הרודף בשבת | [ד] והורגים את הרודף אפילו בשבת, עיין בסנהדרין ע"ג ע"ב דמבואר להדיא גבי מחתרת, ומביאו הר"מ פ"ט מגניבה ה"ז. ושם אינו מוכח רק דרשות הוא, אך לפי מאי דמסקינן דמצוה היא, עי"ש בדף ע"ג ע"א, א"כ הוא הדין דבשבת מצוה דהוא פיקוח נפש, וזה פשוט[ז]. ועיין במשנה למלך פכ"ד משבת ה"ז דכתב ג"כ כמו שכתבתי, וכתב דהוא דבר פשוט, אך לא הביא הגמרא שהזכרנו שמפורש להדיא בש"ס דשבת נדחה, וילפינן מקרא ולא דבר פשוט, אך הדין אמת.

הרודף ברשות | [ה] ועיין במשנה למלך כאן הט"ו שכתב, דהיכא דיש לו רשות להרוג, כגון גואל הדם את הרוצח, או בבא על הגויה דקנאין פוגעין בו והוא רשות, אם הנרדף הרג את הרודף אינו נהרג עליו. ומביא ראיה מדאמרינן [סנהדרין פ"ב ע"א] דאילו הרג זמרי לפנחס לא היה נהרג, כיון דלא היתה מצוה רק רשות. ועיין לעיל בפרשת אמור במצות קידוש השם [מצוה רל"ו אות כ"ז] שכתבתי דדוקא הנרדף עצמו אם הרג את הרודפו אין נהרג עליו, אבל אם אחר הרג הרודף שעושה ברשות ודאי נהרג עליו, כי הותרה לו שפיכות דמים כיון דעושה ברשות, אך הנרדף עצמו שאני. ואפשר דגם בטרפה אילו הרגו בעצמו אינו חייב [עיין לעיל אות א' ד"ה ומ"מ], אך יש לחלק בין הנושאים ולא באתי רק לעורר.

הרג הרודף את המציל | [ו] ועי"ש עוד שכתב, דהיכא דהוא מצוה והרודף הרג את המציל, נהרג עליו, דכיון דעל המציל מצוה לרודפו לא הוי רודף כלל עי"ש.

יכול להציל באחד מאבר | [ז] ואם יכול להציל באחד מאבריו של רודף בלא הריגה, אסור להורגו. ואם הרגו המציל הרי זה שופך דם וחייב מיתה, אבל אין בית דין ממיתין אותו, כן כתב הר"מ כאן פ"א הי"ג[ח]. והטור כאן ס"ד השיג עליו דלמה אין בית דין ממיתין אותו, ועיין בבדק הבית כאן שתירץ דלית ביה התראה, ועיין במשנה למלך שכתב שדבריו צריכים תלמוד, היינו דמשכחת לה התראה ג"כ[ט].

ולכאורה קשה על הר"מ ממעשה דאבנר ועשהאל דיואב דן לאבנר בדין סנהדרין למה הרג לעשהאל כמבואר בסנהדרין מ"ט ע"א, דאף דעשהאל רודף היה היה לו להציל באחד מאבריו, [ולהר"מ] נהי דיכול להציל מ"מ לא היה חייב מיתה בבית דין[י]. וצריך לומר דזה לאו דוקא דדנו בסנהדרין, רק דדנו בטענה שהיה ראוי למות על פי סנהדרין כמו שכתב הרב המחבר, ועיין בר"מ כאן פ"ב הל' ב' — ד' שכתב דכל הרצחנים הם שופכי דמים, ואע"פ דאין בית דין ממיתים אותם רשות ביד מלך ישראל או הבית דין להרוג אם השעה צריכה לכך, וכונת הש"ס שדנו יואב שחייב מיתה יען שפך דם ועון הריגה בידו, ויואב שהיה שר אצל דוד הרגו מדין המלכות. דעיקר הכונה שהיה מחויב אבנר מיתה אף שעל פי הבית דין אין ממיתין אותו, כן נראה פשוט.

ועיין במשנה למלך פ"ח מחובל ומזיק ה"י שמביא הא דאם יכול להציל באחד מאבריו והרגו הרי זה חייב, דוקא המציל אסור להרגו אם יכול להצילו בלא הריגה, אבל הנרדף בעצמו אף שהיה יכול להציל עצמו באחד מאבריו אינו חייב ואינו צריך לדקדק בזה, והוא ברא"ש פרשת וישלח [ל"ב, ח']. ורבים תמהו[יא] א"כ היאך היה אבנר חייב על עשהאל דהיה יכול להצילו באחד מאבריו, הא אבנר היה הנרדף ויכול להרגו ואינו צריך לדקדק בזה, וצ"ע. ועיין ברש"י בסנהדרין ע"ד ע"א ד"ה ויכול, שכתב להדיא דהנרדף אם יכול להציל באחד מאבריו נהרג עליו אם הרגו.

הרודף אחר הערוה | [ח] ובא עוד בקבלה דהרודף אחר ערוה לאונסה ג"כ מצוה להציל בנפשו של רודף אם אין יכולים להציל באחד מאבריו, וזה לאו מטעם פיקוח נפש לדברי רבנן דפליגי אר' יהודה וקיימא לן כוותיהו, עיין בש"ס דסנהדרין ע"ג ע"ב, רק גזרת הכתוב היא ואפיגמה קפיד רחמנא. והדינים כך הם, אם רודף לאנוס אחת מהעריות שיש בה כרת או מיתת בית דין או רודף אחר הזכר לאנוס אותו, ניתן להצילו בנפשו. אבל אחר חייבי לאוין

ב) במהדורות קודמות נדפסה שורה זו אחרי אות ג'.
ג) עיין לקמן אות ה' בדברי רבינו בדין זה. ועיין בשו"ת אחיעזר ח"א סי' י"ט סק"א — ב' שהאריך בדין טרפה עפ"י דברי רבינו כאן.
ד) במהדורות קודמות נדפס קטע זה באות ו'.
ה) הטור כתב דנראה שאין צריך להתרות רק שיודיעוהו שהנרדף הוא ישראל. ועי"ש בבית יוסף שכתב שהטור משמע ליה בדעת הר"מ דצריך התראה שאם יהרוג יהרגוהו, ועי"ז בא הטור לחלוק ולומר שאין צריך התראה רק שיודיעוהו, אבל באמת גם דעת הר"מ כהטור, עי"ש.
ו) במהדורות קודמות נדפסה שורה זו אחרי אות ו'.
ז) בר"מ פ"ט מגנבה מבואר דעיקר דינו של הבא במחתרת דרשות להורגו, אולם ברודף פסק דהוי מצוה, ועיין באפיקי ים ח"ב סי' מ' ד"ה ועוד.
ח) וכן כתב הר"מ גם בפ"ט ממלכים ה"ד, עיין בהערה י'.
ט) ביישוב קושית הטור על הר"מ, עיין בקרית ספר פ"ט ממלכים [הובא בהערה י'], רדב"ז שם ה"ד, דרוש וחידוש כתובות ל"ג ע"ב ד"ה ויכולני, ובחידושי מרן ריי"ז הלוי כאן.
י) אישתמיטתיה לרבינו שכבר השיג הראב"ד בזה על הר"מ בפ"ט ממלכים ה"ד. ועי"ש בכסף משנה ובמשנה למלך, ובב"ח סי' תכ"ה ס"ג — ר' מש"כ ביישוב קושיא זו. ובקרית ספר שם ז"ל: ונראה דלא מן הדין, אלא שאם אתה אומר כן נמצא שאין לך כל אדם שמציל את חבירו מיד הרודף, כדאיתא התם לענין שבירת כלים, עכ"ל. וע"ע באור שמח פ"א מרוצח הי"ג.
יא) כנה"ג לשונות הרא"ם פר' וישלח, רביד הזהב פר' משפטים עה"פ וכי ינצו וגו', חת"ס כתובות חידושים משנת תקס"ב ל' ע"ב ד"ה ובזה, משכנות יעקב חו"מ סי' ע"ב, וע"ע בדברי רבינו מצוה ל"ד אות ח'.

הקבלה על זה שתבעו יואב לאבנר על דם עשהאל ודנו בדין סנהדרין, כלומר הרגו בטענה שהיה ראוי למות עליה על פי סנהדרין, אמר לו למה הרגת עשהאל, אמר לו אבנר עשהאל רודף היה, אמר לו יואב היה לך להציל עצמך באחד מאיבריו, אמר לו אבנר לא ידעתי לכוין לו, אמר לו יואב בדופן חמשית כוונת לו באחד מאיבריו לא יכולת לכוין לו, ועל זה נאמר וימת בדם עשהאל אחיו[ז].

ואמרו זכרונם לברכה[ח] בענין רודף, שאף על פי שלא קבל התראה מכיון שהתרו בו והוא עדיין רודף אין לו דמים ומותר להורגו.

ומטעם רודף הורו זכרונם לברכה[ט] באשה המקשה לילד לחתוך העובר במעיה בין בסם בין ביד מפני שהוא כרודף אחריה להורגה, ואם הוציא ראשו אין נוגעין בו שאין דוחין נפש מפני נפש, וזהו טבעו של עולם.

ז. ראה מנ"ח אות ז'. ח. ר"מ כאן ה"ז, וראה מנ"ח אות ב'. ט. ר"מ כאן ה"ט.

ובהמה, אין ניתן להצילם בנפשם ואין הורגים הרודף.

(ברודף חרש שוטה וקטן) **וג"כ** אפילו הרודף חרש שוטה וקטן[יב], ודוקא קטן מבן תשע שנים ויום אחד דביאתו ביאה, אבל פחות מזה דאין ביאתו ביאה ודאי אין מצילים.

(ונשה הנרדפת) **וכן** הנבעלת ודאי צריכה להיות בת שלש שנים ויום אחד, דפחות מזה אין ביאתה ביאה בכל העריות.

(זכר הנרדף) **וכן** בזכר צריכים להיות יותר מבן תשע שנים, עיין בר"מ פ"א מאיסורי ביאה הל' י"ג—י"ד, וזה פשוט דכל דלא הוי ביאה אבל איסורי ביאה הכא נמי לא הוי ביאה ואין מצילין אותם, וזה פשוט.

(נרדפת לשלא כדרכה) **וגם** פשוט דאין חילוק בין כדרכה ובין שלא כדרכה, כיון דהוי ביאה אצל כל איסורי ביאה. ואפילו אומרת הניחו לו שלא יהרגני אין שומעין, כיון דמקפדת על פגמה רק דמסירתה מסריגה גזירת הכתוב דמצילים אותה בנפשו.

(במפותה) [ט] **אבל** מפותה אין מצילים בנפשו, דהתורה לא הקפידה על העבירה רק אפגימה, אבל אם היא בעצמה אינה מקפדת לית לן בה, כן מבואר בש"ס שם.

(מפותה קטנה) **ואפשר** דאם היא קטנה, דפיתוי קטנה אונס הוא לדעת רוב הפוסקים חוץ מהר"מ, וכן אם היא שוטה וחרשת דודאי הוי כאונס דלאו בת דעת היא, מצילים אותה אף בפיתוי. או אפשר דכיון דלא בת דעת ואינה מקפדת על פגמה כלל, ועל העבירה לא הקפידה התורה, א"כ אפילו רוצה לאונסה אין מצילים אותה בנפשו כלל, וצ"ע, עיין בגמרא. שוב[יג] ראיתי בספר שיטה מקובצת בכתובות בפרק אלו נערות כ"ט ע"א [סוף ד"ה נערה] שנסתפק בזה, עי"ש שכתב דאפשר לענין זה הוי ליה פיתוי, עי"ש.

(אחר הנדה) [י] **והנה** מבואר בגמרא דאחת נערה מאורסה ואחת חייבי מיתות וחייבי כריתות ניתן להצילה בנפשו, וילפינן מקרא חטא מות וגו' [דברים כ"ב, כ"ו], א"כ פשוט דנדה נמי בכלל זה, דהיא מחייבי כריתות והיא בכלל עריות המבוארות בפרשת אחרי, וכן כתב הר"מ פ"ד מאיסורי ביאה ה"א דנדה היא בכלל עריות. והר"מ כאן הל' י'—י"א כתב, הרודף וכו' והוא הדין לשאר כל העריות, ודאי דנדה בכלל. ועיין בגמרא שם ע"ג ע"ב, אמר ליה רב פפא לאביי אלמנה לכהן גדול נמי קא פגים לה, אמר ליה איפגמא רבה קפיד רחמנא וכו'. ופירש רש"י, כגון עריות דכריתות שהם אסורות שהולד ממזר ונעשית זונה בבעילתו וכו', א"כ נדה דלא נעשית זונה ואין הולד ממזר כידוע, אין כאן פגם ולא ניתן להצילה בנפשו. והר"מ דסתם, נראה דגם בנדה הדין כן, כיון דהוי מחייבי כריתות הוי פגם. ודברי רש"י צ"ע, דאפשר דזה נקרא פגם גדול כיון דהיא מחייבי כריתות, וצ"ע כעת.

(בנפגמה כבר) [יא] **ומבואר** בגמרא שם ע"א, נעבדה בה עבירה אין ניתן להצילה בנפשו, ופירש רש"י, נעבדה בה עבירה, כבר, אין מצילין, דהא איפגמא לה וכו'. מבואר בדבריו דכל היכא דערוה זו נפגמה פעם אחת על ידו או על ידי אחר הן באונס הן ברצון, כיון דנפגמה שוב אין מצילים. ובגמרא שם ע"ב דמקשה הש"ס, ורמינהו אלו נערות שיש להם קנס הבא על אחותו וכו', היינו כיון דחייב מיתה מטעם רודף מפטור המיתה מן התשלומין, אמרוה רבנן וכו' משעת הערא דפגמה איפטר ליה מקטלא ממונא לא משלם עד גמר ביאה, ופירש רש"י משעת הערא איפגמא ושוב אין מצילים אותה בגמר ביאה בנפשו, ואחרי זה אמר רב חסדא, כגון שבא עליה שלא כדרכה וחזר ובא עליה כדרכה, ופירש רש"י שבא עליה הוא או אחר כבר שלא כדרכה [וחזר ובא עליה כדרכה] דלא ניתן ביאה זו להצילה בנפשו שכבר נפגמה, מבואר דכל היכא דערוה זו נפגמה באיזה זמן אפילו מאחר, אין מצילים הרודף בנפשו.

וצריך[יד] לומר דהאי אחר היינו ג"כ שהיתה ערוה עליו, אבל אם נבעלה למי שאינה ערוה עליו לא נפגמה כלל. והצלתה בנפשו לא תליא בבתולה או בעולה, אלא מיירי בנבעלה למי שהיא ערוה עליו, וזה פשוט וברור.

וראיתי בספר תורת חיים [סנהדרין שם] שכתב על הא דנעבדה בה עבירה, הא מילתא דפשיטא היא כיון דכבר נעשית העבירה צריך בית דין וכו'. ודבריו תמוהים, דהרי פירש רש"י להדיא דאם נעבדה בה כבר עבירה ועתה רודף אחריה ורוצה לעשות העבירה אין מצילים דאיפגמא וכו', ומיירי לענין להפרישו מהעבירה, וזה פשוט.

(לאחר שהערה) **והר"מ** כאן הי"ב כתב, רדף אחר ערוה ותפסה והערה בה אע"פ שלא גמר ביאתו אין ממיתין אותו וכו', תפס אוקימתא דרבנן. וג"כ הטעם כיון דנפגמה פעם אחת, א"כ אין חילוק בין הוא או אחר, הכלל כיון דנפגמה. וכן מבואר בכסף משנה, דעל דין זה מביא הברייתא דנעבדה בה עבירה וכו', א"כ מטעם כיון דנעבדה עבירה אין חילוק, ובכל ענין שנעבדה בה עבירה אין מצילים אותה כיון שנפגמה. ודברי הכסף משנה שכתב כאן על הר"מ דהולך אחר השורש הקודם [הל' ה'], שמחוייבי מיתה שעברו ועשו אין ממיתין אותם עד שיגמר דינם בבית דין, וזה כיון שהערה כבר עשה העבירה עכ"ל, דבריו תמוהים, דכאן מיירי לענין להצילו שלא יגמור דעל כל כח וכח חייב, מ"מ אין צריך להצילו ומניחים לו לגמור דכיון דנפגמה לא ניתן עוד להצילה וכו', אבל העבירה שאנו רוצים להצילו לא עשה עדיין ומ"מ אין מצילים כיון דאיפגמה, עיין בש"ס ונראה דדברי רבנו הכסף משנה תמוהים מאד[טו].

ומ"מ הר"מ סתם ביותר, דהוה ליה לכתוב להדיא דהיכא דנעבדה בה עבירה אפילו על ידי אחר לא ניתן להצילה, וכן הטור והשו"ע כאן ס"ד סתמו ביותר. ויותר נראה לי מסתימת דברי הר"מ דדעתו דלא שייך הדבר דאיפגמא רק מאותו איש ובאותה ביאה וכגון שהערה בה, דכיון דנפגמה ממנו באותה ביאה אין ניתן להצילה על גמר ביאה. ונעבדה עבירה דמבואר בגמרא היינו ג"כ שהערה בה, וכן פירש התורת חיים שם, ונטה מדברי רש"י דפירש דלא איכפת כלל אם נבעלה מקודם מזה או מאיש אחר. אע"ג דרב חסדא דאמר כגון שבא עליה שלא כדרכה וכו' סובר דאף ע"י ביאה אחרת נפגמה, לא פסק כאוקימתא זו כי יש שאר אוקימתות לתרץ משנה דאלו נערות. ולדעתי נראה מסתימת דבריו דדוקא באותה ביאה, כן נראה ובאתי רק לעורר[טז].

(בזכר) **ונראה** דגבי זכר נמי, כיון דאיפגם הן בהערה לדעת הר"מ או באיזו ביאה לדעת רש"י, שוב לא ניתן להצילו בנפשו. אף דבגמרא [שם] אמרינן דגבי זכר לא שייך פגם, מכל מקום אפשר לפי המסקנא גם בזכר דינא הכי, ומ"מ צ"ע ובאתי רק לעורר.

(בספק ערוה) [יב] **וברודף** אחר ספק ערוה, לטעם שכתבתי [לעיל אות א'] ברודף להרוג [אסופי] דהוי ליה ספק פיקוח נפש ומצוה להורגו, כאן לא שייך זה, דלא הוי ליה פיקוח נפש רק גזירת הכתוב לרבנן דקיימא לן כותייהו, אם כן אסור להורגו. אך לפי מה שהבאתי [לעיל שם] בשם תרומת הדשן דהיכא דהתורה התירה מסירת נפש לא שייך ספק נפשות לקולא, א"כ הכא נמי הוי מצוה מספק ולא שייך ספק נפשות לקולא ומצילים אותה בנפשו, כן נראה לי.

(בגוי הרודף) [יג] **ונראה** דעיקר דקפיד רחמנא אפגמא ולא על העבירה, ואם גוי

יב) באור שמח פ"א כאן הי"ג כתב דבקטן תליא לכאורה בפלוגתא דר' יהודה וחכמים, ואף דהר"מ בספר המצוות ל"ת רצ"ג כתב דאיתא בקטן דין רודף, הוא דבר חדש, ובחיבורו השמיטו, עי"ש. ועיין בכלי חמדה פר' וארא אות ד' ובחזון יחזקאל סנהדרין פ"א.

יג) במהדורות קודמות נדפסו שורות אלו אחרי אות ט"ז.

יד) במהדורות קודמות נדפס קטע זה והבא אחריו להלן בהמשך אות זו.

טו) בשושנת העמקים כלל כ"א [ס"ז ע"א מדפי הספר] כתב על הכס"מ הנ"ל: ולשונו צריך קצת תיקון דהערה בה דאין ממיתין, כחכמים דכבר איפגמא.

טז) בשו"ת הרדב"ז סי' שפ"ח האריך לבאר דאף רש"י סובר כדעת הר"מ, וכפי שהבין רבינו בדבריו, עי"ש. וכ"כ בכנה"ג חו"מ ח"ב סי' תכ"ה הגהות הטור אות כ"ח, ועיין ב"ח סי' תכ"ה ס"ה שכתב להיפך דאף הר"מ סובר כרש"י.

רודף אחר ערוה שאינו מצווה עליה כגון נדה, ומכל שכן במצווה כגון אשת איש וזכר, מצוה ג"כ להציל בנפשו, ואם לא עשה כן עובר בעשה ולא תעשה. והוא כל שכן מישראל דהתורה התירה דמו, מכל שכן גוי דאינו חייב עליו משום שפיכות דמים, כן נראה פשוט.

זה דוקא גבי רודף להרוג, אבל ברודף אחר ערוה אף הנרדף עצמו בכלל זה דאסור להציל בנפשו אם יכול להציל באבריו, וכמו אחר המציל עי"ש.

[יז] ונוהגת מצוה זו בכל אישי ישראל. ולענין דיני רודף בבני נח כתבתי קצת בפרשת אמור במצות קידוש ה' [מצוה רצ"ו אות ה'].

כשהרודף אביו של מציל

[יד] וגם נראה פשוט דמצוה על הבן להרוג האב אם הוא רודף הן להרוג והן עריות, עיין [בגמ' שם ע"ב ע"א] בסוגיא דמחתרת. ופשוט כיון דהתירה התורה שפיכות דמים א"כ הוא הדין אב, ובפרט דהאב רשע ואינו עושה מעשה עמך, וזה פשוט.

בשבת

[טו] והמשנה למלך בפכ"ד משבת ה"ז מסתפק ברודף אחר ערוה דניתן להצילה בנפשו, כיון דאין הטעם משום פיקוח נפש ורק גזירת הכתוב דאפגמא קפיד רחמנא אפשר דבשבת לא ניתן לחלל שבת [עיין לעיל אות ד']. ועי"ש שמביא בשם הרי"ף שגם בשבת מצילים כפי מה שפירש בפסחים, אך לדעת התוס' [שם ד"ה ויש] הדבר צריך תלמוד. והנה כמו דמספקינן בשבת הכי נמי ביו"ט דעשה ולא תעשה הוא, ואסור ג"כ לחלל יו"ט, וזה פשוט. ועיין בשער המלך שם שדעתו שלאחרים אסור להציל בשבת, אבל הנרדף מותר להציל עצמו בנפש הרודף אפילו בשבת עי"ש. ואיני מבין החילוק, כיון דלא ניתנה שבת להדחות מה לי אחרים או בעצמו, ואינו דומה לסברת הרא"מ [לעיל אות ז'] דמחלק בין אחרים לנרדף ביכול להציל באחד מאבריו, וקל להבין.

ביכולה להציל באחד מאבריו

[טז] ועי"ש עוד שכתב דאף לדעת הרא"מ דהנרדף מותר להציל בנפשו אף דיכול להציל באחד מאבריו,

ואחד[י] הרודף אחר חברו להרגו או אחר כל העריות שיש בו כרת לבועלן מצילין אותן מהם בנפשותם של רודפים, והוא הדין לרודף אחר הזכור לבוא עליו, אבל הרודף אחר הבהמה וכן הרץ לעשות אחת מכל שאר העברות שבתורה ואפילו לעבוד עבודה זרה אין הורגין אותו עד שיעבור העברה שדנין אותו בבית דין, שבשתי עברות אלו לבד באה הקבלה שמצילין אותן בנפש הרודף, אבל בכל שאר העברות שבתורה מביאין אותם לבית דין והם דנין אותן. ויתר פרטי המצוה מבוארים במסכת סנהדרין פרק שמיני.

ונוהגת בכל מקום ובכל זמן, בזכרים ונקבות.

ועובר[יא] על זה ויכול להציל הנרדף ולא הצילו באחד מאיבריו של רודף או אפילו בנפשו ביטל עשה זה, מלבד שעבר על שני לאוין שהן לא תחוס עינך, ולא תעמוד על דם רעך[יב], כמו שנכתוב בלאוין [מצוה תר"א] בעזרת השם, וענשו גדול מאד כאילו הוא מאבד נפש מישראל[יג].

מצוה תרא, שלא לחוס על הרודף

(א)[א] שנמנענו מלחמול על נפש הרודף וכו'. ג"כ בר"מ פ"א מהלכות רוצח. ומסיים הר"מ בהט"ז, אף דאין לוקין על לאוין אלו מ"מ חמורים הם מאד, דכל המאבד נפש מישראל וכו' וכל המקיים וכו'. נראה דהוו להו מלאוים החמורים לענין תשובה, דאינו מתכפר [אלא] בתשובה ויום הכפורים. ומ"מ צ"ע, הא תינח גבי רודף להרוג, אבל רודף אחר הערוה מנא ליה. גם מנא ליה דלאוין אלו הם גבי עריות, דלאו זה ולא דלא תעמוד גבי פקוח נפש כתיב ולא בעריות. ואפשר כיון דאיתקש נערה המאורסה לרוצח, לענין זה גם כן, עיין בגמ' דסנהדרין ע"ג ע"א, וצ"ע בש"ס. ודיני המצוה באמרתי במצות עשה הקודמת.

מצוה תרב, שלא נשהה מאזנים ומשקלים חסרים עמנו ואע"פ שלא נשא ונתן בהם

(א)[א] שנמנענו שלא להשהות את המשקלים החסרים בבתינו וכו'. מבואר בר"מ פ"ז מגניבה ה"ג ובטור ושו"ע חו"מ סי'

מצוה תרא
שלא לחוס על הרודף

(א) שנמנענו מלחמול על נפש הרודף, וביאור זה הענין כמו שכתבתי במצות עשה כ"ה שבסדר זה [ת"ר], שבאה הקבלה אלינו בשתי עברות, שהן רציחה ועריות, שכל שנראהו רודף לעשות אחת מהן שנמנעהו בכל כחנו, ואם אינו רוצה להמנע מעשות העברה [בדברים[א]], ונוכל להציל מידו הנרדף או הנרדפת באחד מאיבריו שנקטעהו, ואם אי אפשר לנו להציל הנרדף אלא אם כן נהרוג הרודף שנהרגהו, ועל זה באה המניעה עלינו שלא לחמול עליו אלא שנהרגהו על כל פנים אם אי אפשר לנו בשום צד להציל הנרדף אלא בנפשו, ועל זה נאמר [דברים כ"ה, י"ב], וקצתה את כפה לא תחוס עינך, ולשון ספרי, וקצותה את כפה מלמד שאתה חייב להצילו בכפה, להצילו בנפשה מנין, תלמוד לומר לא תחוס עינך.

ומשרשי המצוה וענינה[ב] כמנהג הספר מבואר במצות עשה הנזכר שבסדר הזה [ת"ר].

מצוה תרב
שלא נשהה מאזנים ומשקלים חסרים עמנו ואף על פי שלא נשא ונתן בהן

(א) שנמנענו שלא לשהות את המשקלים והמאזנים החסרים בבתינו, ואף על פי שלא נשא ונתן במקחנו ובממכרנו בהן פן יהיה לנו למוקש, ועל זה נאמר [דברים כ"ה, י"ג], לא יהיה לך בכיסך אבן ואבן גדולה וקטנה, וכן לא יהיה לך בביתך איפה ואיפה. וכן אמרו זכרונם לברכה בבבא בתרא [פ"ט ע"ב] אסור לאדם שישהא מדה חסרה או יתרה בתוך ביתו ואפילו הוא עביט של מימי רגלים.

וכתב הרמב"ם ז"ל [בספר המצוות] ואל תחשוב שיהיו שני מצוות אחר שהם שני לאוין, אמנם באו להשלים דיני המצוה עד שיכללו שני מיני השיעור, והם המשקל והמדה, כאילו הוא אומר לא יהיה לך שני שיעורין לא במדה ולא במשקל, כמו לא תשיך לאחיך נשך כסף נשך אוכל נשך כל דבר אשר ישך[א], שהכל לאו אחד, כי לא בהכפל הלשונות תרבינה המצוות כשיהיה הענין אחד, וכן לא יראה לך חמץ ולא יראה לך שאור[ב] שהן לאו אחד לפי שהענין אחד אלא שנאמרו לביאור תשלום הענין[ג].

י. ר"מ כאן הל' י'–י"א. יא. ר"מ כאן הט"ו. ובסמ"ג לאו קס"ה: וצריך להתיישב בדבר, כי לפי הנראה יש כאן שני לאוין בדבר זה וכן כתב רבינו משה, אמנם בפרק בן סורר ומורה [ע"ג ע"א] דוחה שאין זו הברייתא אמת, וניתן להצילו בנפשו דורש מדהוקש רוצח לנערה המאורסה שנאמר כי כאשר יקום איש על רעהו ורצחו וגו'. ובמהרש"ל שם: כלומר, שניתן להציל בנפשו לא ילפינן מלא תעמוד אלא מדהוקש וכו', ומלא תחוס לא יליף דמוקי לה בממון כדלעיל [עיין לעיל הערה ב']. יב. ויקרא י"ט, ט"ז – מצוה רל"ז. יג. ראה מנ"ח מצוה תר"א.

תרא. תרג, כי תצא לאו מ"ה. רמב"ם לאוין רצ"ג, הלכות רוצח ושמירת נפש פ"א. סמ"ג לאוין קס"ד. טור חו"מ תכ"ה. **א.** עפ"י כת"י. **ב.** עיין רמב"ן בפירוש החומש דברים י"ט, י"ג.

תרב. תרד, כי תצא לאו מ"ו. רמב"ם לאוין ער"ב, הלכות גניבה פ"ז. סמ"ג לאוין קכ"ב. סמ"ק ער"ה. טור חו"מ רל"א. **א.** דברים כ"ג כ' – מצוה תקע"ב. **ב.** שמות י"ג, ז' – מצוה כ'. **ג.** עיין הערה ב' למצוה תקפ"ז.

אפילו יחידה או קרוב או קטן נאמנים בענין הכאות ובזיון ת"ח או שאר קטטות ומסירות, וזהו מצד התקנה ולא מצד דינא דגמ'. ולכן אני תמה גם לאידך גיסא, על דברי החולק מכם שכתב שאין הדמיונות שוים כי לענין מקומות בבית הכנסת בעזרת נשים אין אנשים שכיחים וכו', ומה יענה לסוף דברי הרמ"א לענין הכאות ובזיון ומסירות שכשם שאין אנשים שכיחים כך אין הנשים שכיחות ואעפ"כ הנשים נאמנות אבל שורש הדבר שבמקום שנשים שכיחי ואנשים לא שכיחי אז יש להאמין הנשים ולא מצד התקנה לחוד. ויש אפי' סמך לזה מדברי הגמ' [קידושין ע"ג ע"ב] שנאמנת החיה לומר זה בכור, אבל בעסק קטטות והכאות ומסירות שאם, כשם שלא שכיחי אנשים כך לא שכיחי הנשים, והוא רק תקנת הקדמונים כיון שהדבר עצמו אינו שכיח והוא דבר שאירע פתאום ואין פנאי להזמין הכשרים תקנו הקדמונים להאמין הנשים, אבל מ"מ הלא מבואר שם בסוף דברי הרמ"א ז"ל, והוא שהתובע טוען ברי, וכאן הרי התובע אינו טוען ברי, ואף שכאן יצא שם גניבה בעיר ויכול הוא לטעון ברי שנגנב, אבל אינו יכול לטעון ברי שהגניבה הוא ביד פלוני אלמוני. הא חדא.

ועוד אני אומר, שאילו היה התובע טוען ברי שראה הגניבה שלו בבית פלוני אלמוני והבתולות העידו כדבריו, לא היה יכול להוציא ממון בעדות נשים, כי נראה לענ"ד דע"כ לא אמרו שבדבר דלא שכיח עשו תקנה להאמין הפסולים, אלא בדבר הנעשה פתאום ונגמר הדבר לגמרי, כגון הכאה או מסירות שמי שלא היה בשעת הכאה או בשעת מסירות שוב אי אפשר לו להעיד ע"ז, אבל מה שרצה האחד מכם לדמות גם האי עובדא לזה, ובודאי טעמו כי גם גניבה לא שכיח כי כל הגונב עושה בסתר, ובזה היה קצת מקום לדבריו אם היו הבתולות מעידות שראו שפלוני אלמוני גנב, אבל הם לא העידו שגנב רק העידו שראו שהגניבה בידו, וזה אינו על רגע אחד שהרי אפשר לגניבה להיות בידו זמנים טובא והיה אפשר להיות שגם אנשים יראו הגניבה בידו אלא שלא אירע שראו אנשים, בזה לא תיקנו שיהיה נשים או פסולי עדות כשרים, והבו דלא להוסיף על התקנה. ואפילו אם היו מעידים הבתולות שראו שגנב, אין אני מחליט שיהיו נאמנות, אלא שאמרתי שהיה מקום לדון בזה, אבל בעובדא דידכו ודאי אינם נאמנות. והנראה לע"ד כתבתי[א].

סימן נט

ביאור דין האשה המקשה לילד באהלות פ"ז מ"ו

ב"ה פראג ר"ח ניסן תקמ"א לפ"ק.

תשובה

בחודש הראשון, ינצרהו כאישון, ויזכהו לראות מקום מקדשנו מרום מראשון, לכבוד אהובי ידידי וחביבי הרב המאור הגאון המופלא מו"ה ישעיה נר"ו, לבק"ק ברעסלא.

מכתבו ע"י הקצין ר' זעליג ווינר קבלתי, ויען ראיתי שאלתו הוא לא על מעשה הצריך לשעה, ומצורף לזה ידעתי כי לא ניחא ליה להשיבו על הבי דואר, הנחתי מכתבו עד עת הפנאי ועבור כן בא לידי שכחה, וכעת שקבלתי מכתבו שנית הנני בא להודיע דעתי בזה, מה שרצה מעלתו לחדש דבר חדש, שמה ששנינו באהלות פרק ז' משנה ו', האשה שהיא מקשה לילד מחתכין את הולד וכו', יצא ראשו[1] אין נוגעין בו שאין דוחין נפש מפני נפש, היינו דוקא בקים לן ביה שכלו לו חדשיו שאז ההורגו נהרג עליו, לפיכך אין נוגעין בו שהרי יהיה חייב עליו מיתה, וכמו ששנינו בנדה דף מ"ד ע"א תינוק בן יום אחד וכו' וההורגו נהרג עליו, ומוקי התם עמוד ב' לכולא מתניתין בקים לן בו שכלו חדשיו. והאריך מעלתו בזה בבקיאות רב[א].

הנה מה דפשוט לו שמה שאמרינן בנדה דף מ"ד ע"ב הכא במאי עסקינן שקים לן שכלו חדשיו קאי על כל המשנה, אף שכן פירש רש"י שם [ד"ה כמאן], אעפ"כ אין הדבר מוסכם, ולהרמב"ם ודאי לא קאי רק על הבבא אחרונה שהוא כחתן שלם לענין אבילות. ומנא אמינא לה, מדפסק הרמב"ם בפ"א מנחלות הל' י"ג שאפילו ודאי לא כלו לו חדשיו אם חי שעה אחת אחר אמו נוחל ומנחיל. ואפילו לענין ההורגו נהרג עליו, יש לומר דלא בעי הרמב"ם שיהיה ידוע בודאי שכלו חדשיו, דאזלינן בתר רובא ורוב ולדות לאו נפלים נינהו, והא דכתב בפ"ב מרוצח הל' ו' והוא שכלו חדשיו, היינו לאפוקי היכא דודאי לא כלו חדשיו דהיינו שבודאי לא כלו ט' חדשים, אבל אם נולד ולא ידעינן אם נולד לתשעה כגון רוב נשים העומדות עם בעליהן שאינן יכולות לידע במכוון זמן שנתעברו, אזלינן בתר רובא ואמרינן שנולד לתשעה חדשים וההורגו נהרג עליו, ותדע שהרי מסיים הרמב"ם שם אבל אם נולד לפחות מתשעה חדשים וכו', מכלל דמן הסתם אזלינן בתר רוב ולדות[ב].

וראיתי להרב המגיד בפ"א מהל' יבום [ה"ה] שכתב מה שכתב הרמב"ם בהל' נחלות שאפילו לא כלו

1. עייז להשואל במסורת הש"ס סנהדריז ע"ב ב'. ובהגהות ראשוז לציוז אהלות פ"ז מ"ו. שגרס "ראשו" ולא כגירסא שלפנינו "רובו".

חדשיו, מיירי בנגמרו שערו וצפרניו, וגם כתב שם דלענין ההורגו שיהיה נהרג עליו לא מהני גמרו שערו וצפרניו ובעינן שישהה שלשים יום. ואמנם דברי הרב המגיד שם מורים שמיירי בנולד לשמונה חדשים[ג], אלא שכיון שגמרו שערו וצפרניו אמרינן שבר שבעה הוא אלא דאשתהא, ובזה החמירו חכמים שלא להרוג את ההורגו קודם שלשים יום, ולא סמכינן ארובא דרוב ולדות לאו נפלים נינהו לפי שיש כנגדו רוב נשים לתשעה יולדות. אבל בספק דאנן קיימינן, באשה המשמשת עם בעלה תמיד וילדה, שפיר אמרינן רוב ולדות לאו נפלים נינהו ובר תשעה הוא ובזמנו נולד, ואף דלענין לפטור בלא חליצה גם בזה מחמיר הרמב"ם לכתחלה כמבואר בדבריו פ"א הל' ה' שכתב אבל מדברי סופרים עד שיודע ודאי שכלו חדשיו ונולד לתשעה חדשים גמורים, נראה משום דיש תקנה בחליצה לכך החמירו ליתר גדר וסייג, אבל לענין ההורגו לפטור הרוצח, לא פטרו רק בנולד לשמנה חדשים. ותדע, שהרי בנשאת לכהן לא הצריכוה חליצה, ושם דעת הרמב"ם אפילו בודאי לא כלו לו חדשיו, כמבואר בדבריו פ"ב הל' כ"א שכתב כל יבמה שהיא ספק וכו' כגון יבמה שילדה ולד שלא כלו חדשיו, ומת תוך שלשים שדינה שתחלוץ וכו', ואם נתקדשה לכהן וכו'. והא דכתב הרמב"ם כאן שילדה ולד שלא כלו וכו', והרי בפ"א הל' ה' מבואר דאפילו בספק אם כלו חדשיו חולצת, נראה דקמ"ל כאן שאפילו בודאי לא כלו אם נשאת לכהן לא תחלוץ, מיהו היינו בגמרו שערו וצפרניו וכמ"ש המגיד בפ"א. וא"כ, די אם נימא ברוצח בודאי לא כלו ונגמרו שערו שעשו חכמים גדר שלא להרגו, אבל בספק אם כלו ונגמרו שערו, נראה לענ"ד דלדעת הרמב"ם ההורגו נהרג עליו. ובר מן דין, אפילו אם נימא שההורגו אינו נהרג עליו, היינו מדרבנן שחששו בזה למיעוט המצוי, כמבואר בדברי התוס' שם במס' נדה דף מ"ד ע"ב [ד"ה דקים ליה], דמן התורה ודאי אזלינן בתר רוב ולדות, וא"כ איך נימא להתיר להרוג ולד בידים להציל את אמו והרי מן התורה ההורגו שופך דם גמור הוא והורג נפש שלם.

ומה שתמה על הרמב"ם פ"א מרוצח הל' ט' שכתב במקשה לילד שחותכין העובר הטעם מפני שהוא כרודף, ותיפוק ליה שאפילו אינו רודף הורגין אותו שאין חייבים על הריגתו להציל את אמו שחייבין על הריגתה[ד]. אני תמה על תמיהתו, ואטו מי הותר להרוג את הטריפה להציל את השלם, זה לא שמענו מעולם[ה], ומה בכך שעל הטריפה[ו], אינו חייב מ"מ איסור בידים עושה להרוג הטריפה ואפילו שבת החמורה מחללינן על חיי שעה [או"ח סי' שכ"ט סעי' ד'], ולהציל את השלם אם אינו מציל הרי הוא שב ואל תעשה. ולענין עוברים, אף שאין מחללין שבת בשביל העובר אם אין סכנה לאמו [עי' רא"ש יומא פ"ח סי' י"ג], מכל מקום כיון שעכ"פ אסור להורגו א"כ אי לאו דמיחשב קצת רודף יותר עדיף להיות בשב ואל תעשה, לכן הוצרך הרמב"ם לומר שהוא כרודף. ובפרט ביושבת על המשבר שאז אפילו מחללים שבת עליו כמבואר במג"א סי' ש"ל ס"ק ט"ו, ואף שהמג"א כתב שם דמיירי בכלו לו חדשיו, זה כתב לדעת הרמב"ן [בתורת האדם שער הסכנה], אבל עכ"פ מבואר דלדעת שאר פוסקים אפילו בספיקא מחללין שבת עליו, ודברי המג"א שם בדעת הרמב"ן מגומגם קצת ואין כאן מקומו[2]. ועכ"פ לא היה מותר להורגו בשביל הצלת אמו אם לא מיחשב קצת כרודף[ז].

והנה אמינא גברא רבא כמותו דרוס מעלתו אמר מלתא ואין מזיחין אותו, ואתרץ דעתו במה שרוצה להתיר לחתוך אבר מטעם דלא קים לן שכלו חדשיו, ואף דאזלינן בתר רוב ולדות אפילו במקום איסור תורה, כגון יבמה שנשאת לכהן כנ"ל, אולי לא אמרינן רוב ולדות לאו נפלים אלא בולד שכבר יצא לאויר העולם, אף שמת ביומו אמרינן מדנולד בלי פגע ויצא ממעי אמו בשלום הוא מרוב ולדות, אבל קודם שיצא לאויר העולם אף שהוציא ראשו חי אינו בכלל רוב[ח]. ואמנם לא מצינו סברא זו בשום פוסק, ולכן אין לסמוך על זה לשפוך דמו של הולד ושב ואל תעשה עדיף.

ומה דקשיא ליה למר מנא הא מילתא שישראל אינו נהרג על העוברין אפילו בידעינן דכלו חדשיו, ומנא להו לרז"ל שישראל אינו בכלל שופך דם האדם באדם דדריש מיניה רבי ישמעאל בסנהדרין דף נ"ז ע"ב דבן נח מצווה על העוברין, דלא קאי גם על ישראל, ואי משום דלא נשנית בסיני אדרבה לישראל נאמרה ולא לבני נח. הנה קושיא זו איני מכיר, דכיון דלא נשנית בסיני וגם לא שייך בו ליכא מידי דלישראל שרי שהרי עכ"פ אסור לישראל להרוג העוברין וכמ"ש התוס' בסנהדרין נ"ט ע"א בד"ה ליכא מידעם, א"כ מהי תיתי לומר דבאדם דמו ישפך קאי גם על ישראל, זה הנראה לענ"ד.

ואמנם גם דברי הסמ"ע [בחו"מ] סימן תכ"ה ס"ק ח' נכונים, דכל זמן שלא יצא לאויר העולם אין שם נפש עליו ובקרא [ויקרא כ"ד, י"ז] כי יכה נפש כתיב, והביא הסמ"ע ראיה מדמשלם דמי ולדות מכלל שאין חיוב מיתה עליו[ט]. ומה שהשיב מר על הסמ"ע, דמקרא דחייב דמי ולדות ליכא ראיה, דדלמא קרא מיירי בלא כלו חדשיו, ומה שכתב הסמ"ע דלא מיקרי נפש, הביא מעלתו ראיה שגם עובר במעי אמו מקרי נפש מדברי התוס' בסנהדרין דף פ"ד ע"ב בד"ה הוה אמינא אפילו נפלים, תימה א"כ היכי מיחייב דמי ולדות הא מיחייב מיתה וכו', א"כ מוכח מדברי התוס' שגם עובר מיקרי נפש[י]. אני תמה, ודברי הסמ"ע שרירין

2. עייז דגול מרבבה או"ח סי' ש"ל.

וקיימין, ועד כאן לא כתבו התוס' דגם עובר בכלל נפש אלא שם בדברי הגמרא, דאי הוה כתיב קרא דוכי יכה כל נפש לחוד ולא הוה כתיב [שמות כ"א י"ב] מכה איש כלל ואז הוה אמינא אפילו נפלים ואז באמת גם עובר בכלל, אבל השתא דכתיב מכה איש אז גלי קרא זה דמכה נפש לא מיירי כי אם שהוא דומה קצת לאיש וממעטינן נפלים, וגם ממעטינן עובר במעי אמו שאינו דומיא דאיש. וגם ראיה של הסמ"ע מדמשלם דמי ולדות, אתי שפיר, דמה שכתב מעלתו לחלק בין כלו חדשיו ללא כלו חדשיו דלא כלו חדשיו הוא גרע מטריפה, הנה זה בודאי לא כלו חדשיו ונולד כך וא"כ הרי סופו למות, אבל הורג עובר במעי אמו קודם שכלו חדשיו מה ענין זה לטריפה, טריפה היה סופו למות אף שלא היה זה הורגו, אבל עובר במעי אמו אם לא היה זה הורגו אולי היה משלים ימי עבורו והיה נולד כדרכו. ואמנם אם נחלק בין כלו חדשיו אמרינן זה הוא מרוב ולדות שאינם נפלים, אבל קודם שכלו אכתי אינו מרוב ולדות, ולפי זה הא דפטר ממיתה קודם שכלו חדשיו הוא מטעם שמא לא היה בן קיימא ואי אפשר להורגו מספק, אבל אכתי איך ישלם דמי ולדות מספק ואדרבה מוקמינן בחזקתו ואמרינן שהיה העובר עתיד להיות בן קיימא וחייב מיתה ופטור מתשלומין, אלא ודאי שאפילו ודאי בן קיימא ליכא חיוב מיתה קודם שיצא לאויר העולם[יא].

ומה שכתב ליישב דברי הרמב"ם בפ"א מרוצח דין ז' דיליף דרודף אחר חבירו להורגו דמצילין בנפשו מוקצותה את כפה [דברים כ"ה, י"ב], והרי בסנהדרין דף ע"ב ע"ב יליף לה משופך דם האדם וכו' [בראשית ט', ו'], משום דהרמב"ם [פ"ט ממלכים ה"ד] פסק כר' ישמעאל [בסנהדרין נ"ז ע"ב] דדריש הך קרא לחייב בן נח על העוברין, יפה כתב. ואמנם אני תמה על הרמב"ם, שהרי בדף ע"ג ע"א דיליף לה בהיקשא מנערה המאורסה, וא"כ מכלל דתלמודא לא דריש הך דרשא דוקצותה את כפה לא תחוס עינך, ובספרי [פר' תצא פיס' רל"ג] הוא דדריש ליה, וקשה למה שבק הרמב"ם תלמודא דידן ונקט דרשת הספרי. ונראה לענ"ד דלזה כיוון הראב"ד שם שכתב, א"א בספרי הוא דדריש ליה הכי, עכ"ל הראב"ד, וכוונתו למה שכתבתי.

ולתרץ דעת הרמב"ם נראה לענ"ד, דבדף ע"ד ע"א אביי אמר ביכול להציל באחד מאבריו ור' יונתן בן שאול היא, דתניא ר' יונתן בן שאול אומר רודף שהיה רודף אחר חבירו להורגו ויכול להציל באחד מאבריו נהרג עליו. והנה הלכה כר' יונתן וכן פסק הרמב"ם בפ"א מרוצח [הי"ג][יב], ושם בגמ' אמרו מאי טעמא דר' יונתן בן שאול דכתיב כי ינצו [שמות כ"א כ"ב] וא"ר אלעזר במצות שבמיתה הכתוב מדבר דכתיב [שם כ"ג] ואם אסון יהיה ונתתה נפש וכו', ואפ"ה אמר רחמנא ולא יהיה אסון ענוש יענש, אי אמרת בשלמא ביכול להציל וכו'. והנה בדף ע"ט ע"א במשנה פליגי ר' שמעון ורבנן במתכוין להרוג את זה וכו', ומסיק שם [ע"ב] בסוף הסוגיא אמר רבא האי דתנא דבי חזקיה מפקא מר"ש ומרבנן, וכתבו התוס' שם בסוף ד"ה ומפקא מדרבנן, דתנא דבי חזקיה לא דריש כלל במצות שבמיתה הכתוב מדבר ודריש ואם אסון דין אסון שנתכוין לאשה עצמה וכו'. וא"כ לא איירי כי ינצו במצות שבמיתה ומנא ליה לר' יונתן בן שאול דאם יכול להציל באחד מאיבריו אינו רשאי להורגו, אלא ודאי דרבי יונתן בן שאול דריש כדרשת הספרי דכתיב וקצותה את כפה שאם יכול להציל בכפו של רודף יציל בכפו ולא יהרגנו, ואם אינו יכול להציל בזה אז כתיב לא תחוס עינך אף בנפשו, וכדרשת הספרי שהביא הרמב"ם.

ומה שקשה על דברי הרמב"ם [שם ה"ט] שחישב הולד קודם שהוציא ראשו כרודף ואחר שהוציא ראשו אינו חושבו לרודף לפי שהוא טבעו של עולם, והדבר תמוה שהרי גם קודם שהוציא ראשו הוא טבעו של עולם[יג]. הנה אכתי לא נתברר לי דבר ברור בזה ולתרץ בדוחק כבר דברו הדורות הקודמים[יד].

סימן ס

ביאור דבריו במהדו"ק אבה"ע סי' צ"ה

תשובה

שלום עליך אהובי תלמידי חביבי, ידידי הרב המופלג כבוד מו"ה **דוד** יצ"ו.

קבלתי מכתבך, וראיתי מה שהקשית על מה שכתבתי בחיבורי נודע ביהודה מהדו"ק חלק אבה"ע סי' ל"ה, לתרץ דברי הרמב"ם שפסק [בפ"א מהל' נערה בתולה הי"א] קנס בחייבי כריתות, ולא חילק בין יכול להציל באחד מאיבריו. וכתבתי דלדעת הרמב"ם דסוגיא דסנהדרין שם [ע"ג ע"ב] הוא לראב"ש דלדידיה גם בהמה ישנה בהיקשא דרבי יונה ואייתר הערוה לאונס כו', כמו שכתבתי שם בחיבורי. והקשית אתה, דהרי שם בדף ע"ד ע"א מוקי הגמרא דרשב"י דסובר עובד ע"ז ניתן להציל בנפש, סובר עונשין מן הדין, וכתבו תוס' שם בד"ה קסבר, דלמ"ד אין עונשין מן הדין סובר חד למעוטי בהמה, ומעתה קם קושיית התוס' דלמה לי חטא וכו' ונילפינהו מהיקשא דרבי יונה, ועובד ע"ז לא איצטריך למעוטי דאין עונשין מן הדין אלא

ודאי דלמעוטי בהמה מכלל דגם בהמה ישנה בהיקשא דרבי יונה ואייתר הערלה לקנס וא"כ צריך לאוקמי ביכול להציל, והרי בסוגיא דמכות דף י"ד מוכח דמאן דסובר חייבי כריתות ישנן בכלל מלקות ע"כ סבר אין עונשין מן הדין והרי הרמב"ם [פי"ט מסנהדרין ה"א] פסק דיש מלקות בחייבי כריתות ע"כ סבר אין עונשין מן הדין, ונסתר התירוץ שתירצתי בנודע ביהודה שם, ע"כ דבריך בקיצור.

הנה אהובי תלמידי מה מאוד הנאני בראותי שקידת עיונך ושכלך הזך, ויפה כוונת, ואמנם אני לא אזוז ממה שכתבתי. לפי שסוגיא זו שבמס' מכות היא סוגית המסובכות בסבך הגרסות וחילופי האוקימתות ולכן אם רציתי להרחיב בזה הדיבור הייתי מוכרח להאריך מאוד ואני בורח מן האריכות, ואכתוב לך שתי תשובות בקיצור מופלג ואתה תשכיל ותבין.

ואמינא לפי פשוט באוקימתא שם במכות, א"כ לרבנן דחייבי כריתות לוקין, כרת דאחותו הוא לחייבו על אחותו שהיא אחות אביו ואחות אמו, ואחותו דסיפא דהיינו ערות אחותו גלה, הוא לחייבו על אחותו שהיא בת אביו ובת אמו שאין עונשין מן הדין ואחותו דרישא הוא לחלק במפטם וסך, עיין שם בסוגיא[א], ואנן חזינן לרבינו הגדול בפ"ד משגגות ה"ה שכתב, הבא על אחותו שהיא אחות אביו ואחות אמו חייב שלש חטאות שנאמר ערות אחותו גלה וכו', ולכאורה יפלא שזה דברי ר' יצחק דמוקי עיקר כרת דאחותו למעוטי ממלקות וערות אחותו גלה לחייב אחותו שהיא אחות אביו וכו'. והנראה לפענ"ד בזה, דרמב"ם ס"ל דרבנן לא דרשי כלל ואשה דגבי נדה לחלק אלא דרשי חילוק חטאות מעיקר כרת דאחותו וכפשטא דמימרא דר' יוחנן בכריתות דף ב' ע"ב דקאמר אלא אימא עביד חדא נחייב חדא עביד כולהו בהעלם אחת אינו חייב אלא אחת אמר ר' יוחנן לכך יצאת כרת באחותו לחלק, דלפי האוקימתא וכמו כן לסוף סוגיא דכריתות שם, נתבטלו דברי ר' יוחנן לגמרי, שהרי שום אחד אינו דורש כרת דאחותו לחילוק לכל העריות, ולכן סובר הרמב"ם דר"י סובר דרבנן דר' יצחק לא דרשי ואשה כלל וכן משמע פשטא דגמ' ביבמות דף נ"ה ע"א, כרת דכתב רחמנא באחותו ל"ל לכדר' יוחנן שאם עשאן כולן בהעלם אחת חייב על כל אחת ואחת ולר' יצחק וכו' נפקא ליה מואל אשה, עיין שם. הרי דלרבנן ילפי עיקר חילוק חטאות בכל העריות מכרת דאחותו, וא"כ ערות דאחותו גלה, לאחותו שהיא אחות אביו וכו', וכלדברי הרמב"ם ואחותו דרישא למפטם וסך, ואין הכרח לומר דסבר אין עונשין מן הדין. גם יש לומר דהרי שם במסקנא דמכות [י"ד ע"ב] דאמר כל מקום שאתה מוצא שני לאוין וכו' ופירש רש"י [ד"ה ה"ג לה], והשתא דאתית להכי גם בעריות לא צריך לחלק ולא איצטריך למידרש ואל אשה וכו'.

ומעתה אני אומר, דלדעת הרמב"ם דלמסקנא זו שניהם לא דרשי ואל אשה לא רבנן ולא ר' יצחק אלא דר' יצחק אית ליה דר"א וא"כ לא צריך שום קרא לחלק ודריש עיקר כרת דאחותו למעוטי ממלקות, ואחותו גלה, לאחותו שהיא אחות אביו וכו', ואחותו דרישא לאחותו בת אביו ובת אמו שאין עונשין מן הדין, דלמפטם לא צריך קרא כיון דס"ל כר"א, ורבנן לית להו דר"א, ואיצטרך עיקר כרת דאחותו לחלק, ואחותו גלה לאחותו שהיא אחות אביו וכו', ואחותו דרישא, למפטם וסך, כיון שהם לא סברו כר"א, ואחותו שהיא בת אביו ובת אמו מק"ו אתיא, וסברי עונשין מן הדין, ובזה אתי מימרא דרבי יוחנן דאמר כרת דאחותו לחלק כרבנן ושפיר סבר הרמב"ם עונשין מן הדין. הא חדא לדחות קושייתך מצד הסוגיא דמכות והוא אחת שהוא שתים.

ועוד נראה לי לדחות קושייתך מצד הסוגיא דסנהדרין, ומתחילה אמינא לפי הנחתך דזה בהחלט מקרי עונשין מן הדין אם נילף עובד ע"ז בק"ו, א"כ ע"כ צריכין אנו לדברי התוס' בדף ע"ד ע"א ד"ה קסבר דלמ"ד אין עונשין מן הדין לא דריש נער נערה לתרי מעוטי אלא דריש רק חד למעוטי בהמה כמו לרא"ש, א"כ היא גופא קשיא סתם גמ' לעיל דף ע"ג ע"ב דמפרש לרבנן חד למעוטי עובד ע"ז ושבת וחד למעוטי בהמה, הוא לדידך שלא כהלכתא שהרי הלכה שאין עונשין מן הדין דהרי קיימא לן חייבי כריתות לוקין כסתם משנה דאלו הן הלוקין, ולמה זה לסתם גמ' והא היא אוקימתא מרווחת לפניו דרבנן ורשב"י בהא פליגי דרבנן סברי אין עונשין מן הדין ולכך בשבת ועובד ע"ז אין מצילין ונער למעוטי בהמה ואיידי דכתיב נער כתיב נערה ורשב"י סבר עונשין כדמסיק באמת והוה מוקי רבנן שהוא כסתם משנה דואלו מצילין אותן אליבא דהלכתא וכסתם משנה דאלו הן הלוקין.

ולכן נראה לענ"ד דאין עונשין מן הדין דכאן לא דמי לאין עונשין דאחותו, דבשלמא שם דקדק הכתוב לכתוב [ויקרא י"ח ט'] בת אביו או בת אמו וכן כתיב מולדת בית וגו' שכל זה מראה מקום שאינו מדבר אלא בבת אביו לחוד או בבת אמו לחוד שוב מקרי בת אביו ובת אמו עונשין מן הדין, וכמו שכתבו התוס' בסנהדרין דף נ"ג ע"ב בד"ה השתא יש לומר, עיין שם, אבל כאן שמצאנו שהתורה אמרה להציל מעבירה בנפש כשמצינו בעבירה קלה ק"ו שוב לעבירה חמורה מיחשב קלת גילוי מלתא[אב], והרי זה דומה לפלוגתא דאביי ורבא בסנהדרין דף ע"ו ע"א בבתו מאנוסתו דאביי יליף בק"ו מבת בתו וסבר דזה מקרי גילוי מלתא ורבא סבר אין עונשין מן הדין ויליף הנה הנה זמה זמה בגז"ש.

ודע שדברי תוס' שם דף ע"ד ע"א בד"ה קסבר, המה מגומגמין אצלי וז"ל, לא דמי לעונשין מן הדין

דאיפלגו בה אביי ורבא לקמן בפרק הנשרפין [ע"ו ע"א] כדפרשית בפרק ד' מיתות. והנה אם כוונתן דכאן לא דמי דלא מיחשב כל כך מן הדין כמו לקמן, א"כ איך מקשה הגמ' בפשיטות וכי עונשין מן הדין וגם משני קסבר רשב"י עונשין ומנ"ל הא ודלמא גם רשב"י סובר אין עונשין אלא דכאן ס"ל דלא מיחשב מן הדין. ואם כוונתן דכאן מיחשב יותר מן הדין ואפילו אביי מודה בהא, קשה דלא פירש לנו הטעם למה מיחשב יותר מן הדין. וגם מה שכתבו כדפרשית בפ"ד מיתות. הנה כוונתן למה שכתבו שם דף נ"ג ע"ב בד"ה השתא, ועיין מוהר"ש מלובלין, והדבר תמוה שלא זכרו שם מפלוגתא דאביי ורבא רק כתבו דאמו אשת אביו לא שייך אין עונשין מן הדין ולא דמי לאחותו בת אביו ובת אמו דפ"ק דמכות וכו'. ומעתה דברי התוס' כאן בד"ה קסבר, המה לפנינו כדברי ספר החתום.

ולולא דמסתפינא אמינא שיש כאן חסרון ודילוג בדבריהם, וכך צריך להיות הגירסא בדבריהם, לא דמי לעונשין מן הדין דפ"ק דמכות כדפרשית בפ' ד' מיתות אלא דמי לעונשין מן הדין דאיפלגו ביה אביי ורבא לקמן. זה הנראה לענ"ד הגירסא הנכונה. ופירוש הדברים, דלא דמי לעונשין מן הדין דפ"ק דמכות שמיירי באחותו בת אביו ובת אמו כדפרישית בפרק ד' מיתות דשם תני בה קרא ודקדק לכתוב בת אביך או בת אמך וכן דקדק לכתוב מולדת בית וגו', כמבואר שם בדברי תוס', ואמנם לא דמי לאמו אשת אביו דזה לא שייך כלל למימר אין עונשין וכמ"ש התוס' שם אבל כאן דומה לבתו מאנוסתו דפליגי בה אביי ורבא. זה הנראה לענ"ד בכוונת דבריהם, ובין יהיה כך כוונת דבריהם ובין לא, עכ"פ אנא אמינא מדעתא דנפשאי החילוקים הנ"ל.

ומעתה סוגיין דריש שמעתין דמפרש טעמא דרבנן נער הנערה חד למעוטי עובד ע"ז ושבת וחד למעוטי בהמה, אתיין כהוגן אליבא דאביי דס"ל דזה מקרי גילוי מלתא, ומה שהקשה כאן על רשב"י וכי עונשין מן הדין, לרבא מקשה דאיהו סבר לקמן דגם בבתו שייך אין עונשין מן הדין, ומשני קסבר רשב"י עונשין מן הדין, היינו רבא קאמר דרשב"י סובר כר' יצחק דס"ל שם במס' מכות עונשין מן הדין אבל אביי יכול לומר דרשב"י סובר אין עונשין רק דכאן מקרי גילוי מלתא בעלמא. ובזה יש לתרץ דברי הרמב"ם בפ"ב מהל' אסורי ביאה ה"ו שכתב שבתו מאנוסתו ערוה עליו ושתיק הכתוב מאיסור הבת מאחר שאסר בת הבת, והוא תמוה שהוא כאביי ולא כרבא. ואין לומר דאביי ורבא לא פליגי אלא מר אמר חדא וכו' וגם רבא מודה דמיחשב גילוי מלתא ושפיר נוכל למילף בק"ו אלא דבלא"ה יש לנו ג"ש הנה הנה וכו' אתיא מג"ש, שהרי בדף נ"ד ע"א קאמר וקמיפלגי בפלוגתא דאביי ורבא מר סבר עונשין וכו', הרי בהדיא דפליגי, וא"כ אביי ורבא הלכה כרבא, ולמה אחז הרמב"ם דברי אביי. ולפמ"ש ניחא שסוגיא דכאן דף ע"ג ע"ב דמוקי טעמא דרבנן דס"ל דעובד ע"ז ושבת לא ניתן להציל משום דדרשי נער למעוטי עובד ע"ז והוא כאביי, דלרבא לא צריך מיעוט, וכיון שסתם גמ' אליבא דרבנן דהלכתא כוותייהו, נקט רמב"ם כאביי*. והא דלא נכלל זה בכלל יע"ל קג"ס, היינו משום דבגוף פלוגתא דאביי ורבא בבתו מאנוסתו ליכא שום נפקותא לדינא כלל, לכך לא שייך לקבוע בו הלכה. ומעתה הרווחנו דאף דקיימא לן במס' מכות גבי אחותו בת אביו ובת אמו שאין עונשין מן הדין אפ"ה איצטריך כאן בניתן להציל בנפשו מיעוט למעט ע"ז, ושפיר קם תירוצי על הרמב"ם שלא חילק לענין קנס בין יכול להציל באחד מאבריו. הא חדא בהך סוגיא דסנהדרין[ג].

הגה"ה מבן המחבר

* ובזה נדחו דברי הבית שמואל באבה"ע סי' ר' ס"ק ט"ו שמיישב דעת הפוסקים דס"ל דלא נעשית זונה מחייבי לאוין דהלכתא כרבא נגד אביי דאין לוקין על גילוי מלתא והניח בתימא על הרמב"ם ז"ל דפסק דנעשית זונה מחייבי לאוין, ע"ש. ולפי דברי אאמ"ו הגאון המחבר ז"ל אין כאן תימא, דאדרבה מדסוגין דעלמא אולי כאביי הלכתא כוותיה ולא אמרינן בזה דהלכתא כרבא חוץ מיע"ל קג"ם. ודוק היטב[1].

ועוד קאמינא בהך סוגיא לתרץ קושיתך ולתרץ ג"כ למה שכתבתי דדוחק לומר בסתם סוגיא דקאמר לרבנן נער למעוטי עובד עבודה זרה יהיה דוקא למ"ד עונשין מן הדין, שהוא דלא כהלכתא*. ואומר אני על גוף קושיית הגמ' על רשב"י שהקשה וכי עונשין מן הדין, אני תמה מאוד, וכי זה שמצילין בנפשו עונש הוא והלא אינו אלא הצלה, ואין עונשין מן הדין שמענו אבל אין מצילין מן הדין לא שמענו. והדבר מוכח שאין זה בתורת עונש, דהרי יותר ממה שהקשה וכי עונשין מן הדין יותר יש להקשות וכי עונשין לקטן אשר בכל התורה לא שמענו עונש לקטן, והרי רודף קטן מצילין בנפשו של הקטן כמבואר לעיל בדף ע"ב ע"ב, אלא ודאי שאין הצלה בנפשו בתורת עונש כלל, וא"כ שפיר יליף רשב"י ק"ו אם בשביל

הג"ה מבן המחבר

* דע דאם הטעם דאין מזהירין מן הדין הוא מטעם שכתב בספר מדות אהרן פ"ב חי"ג הואיל ואדם דן ק"ו מעצמו ולכך לא ניתן מדת ק"ו למידן מיניה דין לעונש נפשות פן ואולי יש איזה צד פירכא לסתור הק"ו, א"כ מטעם זה ג"כ אין מצילין מן הדין, דג"כ נוגע לנפש הרודף. אמנם דברי אאמ"ו הגאון המחבר ז"ל מיוסדים ע"פ מה שהביא המהרש"א במס' סנהדרין דף ס"ד ע"ב [ד"ה ומזרעך] בשם הסמ"ג דטעמא דאין עונשין מן הדין הוא הואיל וזה עשה עבירה חמורה אינו מתכפר בעונש המפורש בקלה ממנה, ע"ש במהרש"א[ד]. ע"כ צ"ל דהאי דניתן להצילו בנפשו הוא מטעם עונש, דאי מטעם הצלה להציל אותו מעבירה איך שייך בזה אין ענשין מן הדין, הא הכא לא שייך סברת הסמ"ג, אדרבה שפיר מצילין בנפשו מכח ק"ו אם על עבירה קלה אמרה התורה להורגו כדי להציל אותו מלעשות עבירה על החמורה ממנה לא כ"ש שיציל אותו מלעשות עבירה חמורה. ושמעתי להקשות כן על הסמ"ג גם ממחותני ידידי הרב החריף ובקי מו"ה דוד טויסק נ"י. ואמנם אי הריגתו של רודף הוא מטעם עונש שפיר שייך ביה אין ענשין מן הדין[ה].

והנה התוספות במס' סנהדרין ע"ג

1. עייז מהדו"ת אבה"ע סי' ג'. ובשו"ת שיבת ציון סי' כ'.

כבוד הדיוט שלא יופגם מצילין בנפשו ק"ו בשביל פגם גבוה, וא"כ קושית הגמ' תמוה.

ואמנם דבר זה אם הריגתו של זה הוא בשביל עונש תליא באשלי רברבי, דלעיל דף ע"ב ע"ב קאמר רב הונא קטן הרודף ניתן להצילו בנפשו דסבר רודף אין צריך התראה ורב חסדא אתקיף עד לבסוף דמסיק דרב הונא אמר אנא דאמרי כתנא דמתתרת. נמצא שדבר זה במחלוקת שנויה, ולהחולקים על רב הונא צריך שיקבל עליו התראה כמו כל הרוגי ב"ד, נמצא הוא עונש, ולהנך דסברי כן מקשה כאן על רשב"י וכי עונשין מן הדין. אבל לרב הונא לא קשיא ולא מידי, וסוגיא דלעיל דמפרש טעמא דרבנן דסברי עובד עבודה זרה לא ניתן להצילו בנפשו הוא משום דמיעט קרא נער למעוטי עובד עבודה זרה, אתיא אפילו למ"ד אין עונשין מן הדין אפ"ה בעינן כאן קרא למעוטי וכרב הונא, וכיון שפסק הרמב"ם בפ"א מהל' רוצח [ה"ו וה"ט]. כרב הונא דאפילו היה הרודף קטן מצילין בנפשו ודאי דבעינן קרא למעוטי עובד עבודה זרה, ושפיר קם תירוצי בחיבורי נודע ביהודה, והדברים ברורים ומזוקקים כראי מוצקים. זולת זה לא היה לי עדיין פנאי לעיין כי אתמול בחצי היום קבלתי מכתבך והבחור שמסרו לידי אז וממהר על התשובה, ועוד חזון למועד.

ע"ב ד"ה חד למעוטי עובד ע"ז מקשים וא"ת למה לי קרא למעוטי שבת הא מציל גופא קא מחלל שבת וכו' וי"ל דמ"מ ס"ד דגזירת הכתוב כר' אליעזר בר"ש, עכ"ל. ודברי התוס' צריכין עיון, דהא הגמ' קאמר ואלא נער נערה חד למעוטי שבת וחד למעוטי עובד ע"ז ופריך הגמ' ולרשב"י דסבר עובד ע"ז ניתן להצילו בנפשו למה לי חד למעוטי בהמה וחד למעוטי שבת, ע"ש בגמ'. הרי דאף לדידן דלא קיי"ל כרשב"י ג"כ דרשינן נער נערה חד למעוטי שבת וחד למעוטי עובד ע"ז. ולדידן קושית התוס' במקומה עומדת, ל"ל קרא למעוטי שבת הא מציל גופא מחלל שבת, ולדידן לא שייך תירוץ התוס' דס"ד גזירת הכתוב הוא, הא לדידן לית לן ריבוי לרבות שבת, דדוקא לר"א בר"ש דסבר ליה כאבוה דעונשין מן הדין וגם בעובד ע"ז ניתן להצילו בנפשו, יש לרבות גם שבת מכח גז"ש חילול חילול שבת מעבודת כוכבים, כמו דאמרינן בגמ' לקמן דף ע"ד ע"א, אבל לדידן דגם בעובד ע"ז לא ניתן להצילו בנפשו, מניין לנו לרבות שבת, דמקרא דמות דהוי מרבינן כל חייבי מיתות ב"ד עדיין ליכא לרבות שבת הא זה המציל גופא קא מחלל שבת ומאי עדיף חילול שבת של זה מחילול שבת של זה. באופן שתירוץ התוס' צ"ע.

וכן קשה לי על התוס' בדף ע"ד ע"א ד"ה קסבר דכתבו דמאן דסבר אין עונשין לא אמרינן חד למעוטי עובד ע"ז ולא דריש נער נערה ע"ש. והוא תמוה, דהא הגמ' קאמר מתחלה נער נערה חד למעוטי עובד ע"ז וכו' ואח"כ פריך ולרשב"י הרי דמתחלה אף לדידן קאמר הך דרשא דנער נערה חד למעוטי עובד ע"ז וחד למעוטי שבת וצ"ע.

וראיתי במשנה למלך בפכ"ד מהל' שבת ה"ז עמד בספק ברודף אחר נערה המאורסה בשבת אי ניתן להצילה להורגו בשבת. ולכאורה אין מקום לספק זה דהרי הרשב"א בתשובה הביאו הב"י באו"ח סי' ש"ו, נשאל באחד שהוציאו בתו בחזקה להוציאה מכלל ישראל אם מותר לישראל אחר לחלל שבת להוציאה פן יפחידו אותה להמיר, ופסק הרשב"א דאין אומרים לאדם חטא בשביל שיזכה חבירך, וכן פסק הרמ"א באו"ח סי' שכ"ח סעי' י' בהג"ה. ואף שהב"י שם כתב דהתוס' חולקים ע"ז, היינו מטעם דאומרים לאדם חטא איסורא זוטא דמוטב שיחלל זה שבת אחד כדי שתשמור זו שבתות הרבה, שאם תמיר תעביד כל ימיה חילול וגם עבודה זרה חמיר, ועיין במג"א סי' ש"ו ס"ק כ"ט, אבל כשאיסורין שוים בודאי ליכא שום הו"א שזה יעבור על איסור כדי שיציל את חבירו מלעשות איסור. אמנם אפשר שספיקו של המשנה למלך הוא דבנערה מאורסה הוא איסור גילוי עריות וזה חמור מאיסור שבת, דהא בגילוי עריות הדין הוא שיהרג ואל יעבור משא"כ בחילול שבת, וא"כ איסור שבת הוא איסורא זוטא לגבי נערה מאורסה ואמרינן ביה חטא באיסורא זוטא להציל את חבירך מאיסורא רבא. והנה כל זה הוא באיסור שבת נגד איסור נערה מאורסה, אבל כשזה רוצה לחלל שבת איך נימא שניתן להצילו בנפשו ויעבור זה על איסור שבת, דהא בודאי אי אפשר לומר שיהרגו בלי חילול, כגון שיכפיהו לפני הארי או שינעל בפניו בית של שיש בו הבלא וכדומה שיגרום לו המיתה ע"י גרמא בלי מעשה בידים, סוף סוף קא מחלל שבת בהך גרמא, והרי זה דומה להמעלה דג מספל של מים בשבת שחייב משום נטילת נשמה, כמו שמבואר ברמב"ם בר"פ י"א מהל' שבת ע"ש.

אמנם יש לומר דברודף לא שייך לומר דאין אומרים לאדם חטא בשביל שיזכה חבירך, דהרי בגוף דין הרודף אמרה התורה להכות נפש הרודף בשביל שיזכה חבירו זה הרודף שלא להכות נפש הנרדף, א"כ בפירוש אמרה התורה בדין זה חטא בשביל שיזכה חבירך, ולפ"ז שפיר מתרצים התוס' דאי לאו קרא הוי ס"ד דגזירת הכתוב הוא כר' אליעזר בר"ש, ורצונם לומר, דכמו שר"א ב"ר שמעון דיליף חילול חילול מעבודת כוכבים וסובר דגזירת הכתוב הוא דשבת ניתן להצילו בנפשו כן הוי ס"ד לדידן אי לאו המיעוט נער נערה הו"א דגזירת הכתוב הוא בכל הרודף שאמרינן חטא בשביל שיזכה חבירך והוי אמרינן שזה יחלל שבת להרוג את זה כדי להצילו מחילול שבת.

אמנם כל זה הוא אי טעמא דניתן להצילו בנפשו הוא משום הצלה כדי להציל את זה מלעבור על איסור, אבל אי אמרינן דהריגתו של זה הרודף הוא מטעם עונש, קמה וגם נצבה קושית התוס' למה לי קרא למעוטי שבת וכי עדיף זה מכל הרוגי ב"ד דאסור להענישם בשבת, כמו דיליף לה מקרא דלא תבערו אש בכל מושבותיכם כדאיתא במס' סנהדרין דף ל"ה ע"ב. ולפי הנראה זה הוא ספיקתו של המשנה למלך הנ"ל אי הריגתו של הרודף אחר נערה המאורסה הוא משום הצלה ומותר להרגו אף בשבת או טעמא הוא משום עונש ואסור בשבת, ע"ש במשנה למלך. היוצא מזה דאי הריגתו של זה הוא משום עונש בודאי דאין לענשו בשבת, וקושיית התוס' במקומה עומדת, וגם על ר"א בר"ש אף דקא יליף חילול חילול מעבודת כוכבים וסבר דגם שבת ניתן להצילו בנפשו קשה מאי אולמא הך עונש דמותר בשבת מעונש מיתת ב"ד שאסור בשבת, וע"כ צ"ל לר"א בר"ש דהריגתו של הרודף הוא מטעם הצלה ולא מטעם עונש, ולפ"ז נשאר קושית אאמ"ו הגאון המחבר ז"ל על הגמ' דלא צריך למימר ר"א בר"ש סבר כאבהו עונשין מן הדין, הא אפי' הוי סובר אין עונשין מן הדין ג"כ מצי למילף פגם גבוה מפגם הדיוט, דלענין הצלה לא שייך לומר אין מצילין מה"ד כקושית אאמ"ו הגאון ז"ל, וצ"ע.

סימן סא

בענין היזק שאינו ניכר והמסתעף לדין חוטף מצוה

תשובה מבן המחבר

לבן אחותי, האומר לחכמה אחותי, דבריך הטוב הם חמדתי, להעלותם בראש שמחתי. ה"ה אהובי בן אחותי הרבני המופלא החרוץ ושנון המושלם במעלות מוהר"ר גבריאל איצק פ"ב יצ"ו.

על דבר אשר הקשית בדברי הרי"ף במס' ב"ק בסוף פרק החובל דף נ"א ע"א שחייב ר"ג ליתן י' זהובים להאי דחטף מחבירו מצות כיסוי דם, וכתבו בו הגאונים דהנך י' זהובים קנסא הוא ולא גמרינן מיניה בעלמא ודחה הרי"ף דבריהם דהא רב יליף מיניה דנטיעותי קללת. וכבר תמהו (הרב המגיד) [המשנה למלך פ"ז מחובל ומזיק סוה"ד] והש"ך ח"מ סי' שפ"ה [סק"א] על דברי הרי"ף הללו דמאי ראיה מביא מרב הא רב סובר במס' גיטין דף נ"ג ע"א דילפינן מקנסא. ועל זה הוספת אתה לתמוה על הרי"ף

אמאי עושים אותו לב"ג הא הוי עדות שאאי"ל, ובסוגין הר"מ להקשות במה דס"ד לומר דבעדים זוממים מלקי לקי ממונא לא משלם וקרא כאשר זמם מיירי במיתה ומלקות כמ"ש תוס' ד"ה מכדי כתיב, ויקשה איך מתקיים כלל עדות ממון הא הוי אאי"ל (ומדאורייתא גם בממון בעי' יכול להזימה) ולתירולם ניחא דמעונש מלקי' מקרי יכול להזימה או כאידך תירולא דעל מה דלא קאי כאשר זמם לא בעי' יכול להזימה.

ע"ב הניחא לרבנן דאמרי נפש ממש אלא לרבי דאמר ממון מאי איכא למימר. דהא לרבי דמיירי בנתכוין להרוג את זה וכו' ממילא אף באתרו ביה הוי כלא אתרו דעל החבלה של זה ליכא מלקות דהוי כנתכוין לחבול זה וחבל זה. ורש"י ז"ל כתב דהקושיא דאפשר לאוקמי קרא בלא התרו ביה ותמהני.

שם אלא אמר ר' יעקב כו' אם יקום והתהלך וכו' וכי תעלה ע"ד שזה מהלך בשוק וזה נהרג אלא מלמד שחובשין אותו. מכאן נ"ל ראיה לסתור דברי הלבוש (הובא בסי' לידה לדרך פרשת וישלח ובהגהת משנה למלך בפ"ח ה"י מהלכות חובל) דהרודף אחר חבירו להרגו ויכול להצילו בא' מאיבריו דמ"מ הנרדף מותר להרגו אף ביכול להצילו בא' מאיבריו, ולדבריו ל"ל הא דמשני הש"ס בסנהדרין בקרא דלא יהיה אסון דמיירי ביכול להצילו באמ"א אף דמ"מ מקרי מחויב מיתה לגבי הנרדף מ"מ כיון דמיירי במתכוין להרוג את זה והרג את זה דהנרדף הוא האחר והוי מחויב מיתה לזה וממון לזה, אף דשם בסנהדרין דחו הטעם דמיתה לזה משום הכיא דרבא דרודף שיבר כלי וכו' היינו משום דהרודף מקרי מחויב מיתה לכל, כיון דכולם מותרים להרגו כמ"ש תוס' לעיל (דף לא ע"א) אבל ביכול להצילו דאין רשאי להרגו רק הנרדף מקרי שפיר מיתה לזה וממון לזה ולר"ת בתוס' לעיל דגם מיתה לזה וממון לזה פטור באמת יהיו נסתרים דברי הלבוש מהסוגיא דסנהדרין הנזכר ומעתה מסוגיין נסתרו בבירור דבריו דקאמרינן מלמד שחובשין, והא גם בנקה המכה מ"מ הא מחויב מיתה מדין רודף וע"כ דמיירי ביכול להצילו ולהלבוש הכא דנתכוין לזה בעלמו הא מחויב מיתה לו אע"כ דגם הנרדף אסור להרגו ולמאי דרלה הש"ס בסנהדרין לתרץ דהוי מיתה לזה ל"ל באמת כפירכת רב מרי דמיירי בשוגג ונקה מגלות.

והוכחה כזו נגד דעת הלבוש איתא ג"כ מכח דברי תנא דבי חזקי' דע"כ מוקי לונתת נפש מיתה ממש ובמכוין לאשה זאת יכמ"ש תוס' א"כ מוכח דגם הנרדף אינו רשאי להרגו ביכול להצילו (לכאן שייך מ"ש להלן אאב"ה בענין כו').

שם וכ"ת ר"מ לוקה ומשלם וכו'. ק"ל דלמא ההיא דגנב וטבח בשבת מיירי בלא אתרו בי' מש"ה מחייב ר"מ, אף דר"ל סבירא ליה דחייבי מיתות שוגגי' פטורי'. מ"מ למ"ש תוס' לקמן בשם רשב"א דר' בכולהו מלתי' פליג על תנא דבי חזקי', אם כן יש לומר דר"מ סבר כו', ובזה שפיר עולה שינוי דר"ל דמתני' כר"מ, והיינו דר"מ ס"ל כו' דח"מ שוגגי' חייבי' ובאתרו בי' פטור, ומתני' דהבא על בתו מיירי באתרו, וכו' לחודי' לא מלי לאוקמי ובלא אתרו בי', דא"כ גם בא על בתו חייב. וכתנא דב"ח לחוד לא אתי' דעולא ס"ל דלתנא דב"ח גם חייבי מלקות שוגגי' פטורי' דסבירא ליה דמלקות כמיתה לכל מילי. מש"ה מוקי לה כר"מ והיינו דמיירי הכל באתרו בי', וברישא חייב משום דלוקה ומשלם. ובבתו פטור דמת ומשלם לית לי', והכיא דטבח בשבת מיירי בלא אתרו בי'.

שם הא אתמר עליה בטובח ע"י אחר וכי זה חוטא וזה מתחייב. בתוס' בב"ק כתבו דהומ"ל דמיירי בשוגג שלא ידע שהיא גניבה דבשוגג יש שליח לדבר עבירה עיי"ש ביאור דבריהם אף דעל שבת הוא מזיד כדמוקי כר"י הסנדלר וא"כ הוי עבירה משום שבת מ"מ י"ל דמיירי דהמשלח לוה לו סתם לשחוט והשליח מדעת עלמו שחט בשבת דבזה אף שעשה עבירה מ"מ אין העבירה תלוי בשליחות דהא יכול לעשות שליחותו בלי עבירה לשחטו בחול מש"ה לא בטל השליחות, וכה"ג כתב להדיא המ"ל (פ"ג מהלכות גניבה) לשיטת הרמב"ם דע"כ מיירי כה"ג דלא לוה לו לשחוט בשבת והיינו ע"כ כנ"ל דכל שהשליחות אינו ביחוד על ענין עשיה בעבירה דוקא אין זה בכלל אין שליחות לד"ע.

ובהכי מיושב מ"ש רש"י ז"ל ד"ה וכי זה חוטא כו' והא קיי"ל דאשלד"ע, וקשה על פירושו דהא מהכא גופא מוכח דאי יש שלד"ע מחויב המשלח מיתה והוה קלב"ס ולפי הדברים הללו ניחא דהכא י"ל דלא פירש לו לשחוט בשבת. ודע דלענ"ד נ"ל דכונת המשלח שישחוט בזמן שירלה הן בשבת הן בחול או בסתם שהרשהו לשחוט אף שחיטה שאינה ראויה דאל"כ בלא"ה השליחות בטל דהוי טוות בשליחות לשחוט בענין דאסור באכילה ואמרינן לתיקוני שדרתיך כו'.

רש"י ד"ה אלא לר' כו'. א"כ אפשר לאוקמי קרא בלא אתרו כו'. תמוה לי דהא גבי דמיירי בנתכוין להרוג את זה כו' ממילא אף אם מיירי באתרו בי' הוי כלא אתרו דעל החבלה אינו חייב מלקות דהוי כנתכוין לחבול את זה וחבל את זה, ול"ע.

תוס' ד"ה גנב וכו' נאסר מחיים ניחא. עיין זבחים דף עא ע"א תוס' ד"ה (בעמוד הקודם) אפי'.

(**אאב"ה** בענין הזה ראיתי לאחי הביני הגר"ש נ"י בחי' לש"ע חו"מ דברים אשר יש לטעון עליהם ע"פ האמור כאן מאבא מארי מאורן של ישראל זצ"ל ע"כ אעתיקם פה, והנה הנה בש"ע (סימן ש"פ סעיף ג') רודף שהיה רודף אחר חבירו להרגו כו' ושבר כלים בין של נרדף בין של כל אדם פטור כו' שכיון שרדף התיר עלמו למיתה וכתב על זה אחי הרב בזה"ל קשה לי דהו"ל להמחבר להתנות במד"א כשלא היה אפשרי להצילו באחד מאיבריו דהא באפשר אסור להרגו (כדאיתא בגמרא ובש"ע לקמן (סימן תכה סעיף א') וא"כ חייב לשלם הכלים דהא לא התיר עלמו למיתה.

תו קשיא לי למה לקמן (סימן תכ"ה סעיף א') כתב המחבר, הרודף את חבירו להרגו והזהירוהו כו' ולמה לא כתב גם כאן דדוקא התרו בו הוא דפטור לשלם את הכלים אבל בלא הזהירוהו חייב לשלם יען כי לא ניתן להצילו בנפשו עד שהזהירוהו, ולמ"ש בהגהת מל"מ בשיורי לשמיני מהלכות חובל ומחיק דהנרדף עלמו לעולם רשאי להרגו אף ביכול להצילו באחד מאיבריו ניחא, דלקמן (סימן תכ"ה) דמיירי בדין דיכול להרגו כתב דביכול להצילו באבר אסור להרגו אבל הכא גם ביכול פטור על הכלים דהא מ"מ התיר עלמו למיתה גבי הנרדף וניחא נמי דלא כתב כאן דהזהירוהו, דהא הנרדף רשאי להורגו להרודף גם בלי התראה וכמ"ש בתשובת הריב"ש והובא במל"מ שם (הן הסמ"ע כתב בסי' תכ"ה בפירוש דברי הש"ע שם דבדיעבד גם בלא הזהירוהו ג"כ רשאין להרגו), ולדבריו ניחא בל"ז דקדוק השני אבל לענ"ד לא משמע כן ברמב"ם גם מהתוס' כתובות (דף לג ע"א ד"ה אלא פשיטא דאתרו ביה) דהביאו קושית הש"ס בסנהדרין אמאי ישלם בלא היה אסון והא ניתן להצילו בנפשו ותירולו דהש"ס דמיירי ביכול להצילו באחד מאבריו, ומדליינו דבריהם על דאתרו ביה משמע דבלא אתרו לק"מ משום דאז באמת לא ניתן להצילו בנפשו כלל וכפשטות לשון הש"ע סי' תכ"ה וחכם אחד פקפק קאלוש השיב ע"ז ואמר דלענין תשלומין אף דלא הזהירוהו מ"מ הוי כחייבי מיתות שוגגין, ונומיתי לו דשאני חייבי מיתה, דנהי דב"ד א"י להורגו מחוסר התראה מ"מ חיוב מיתה רמי עליה, משא"כ רודף דאין המיתה מלד העונש אלא משום הבא להורגך רשאי להשכים להרגו, נפטור מתשלומין רק משום שמ"מ לד מיתה היה בהאי שעתא, ואולם אם באמת לא היה רשאי להורגו לא היה בו לד מיתה כלל וחייב בתשלומין, והראיתיו שכדברי מוכח מהתוס' סנהדרין פרק בן סורר (דף עא ע"ב ד"ה אפילו) דאלת"ה לא הועילו כלום בתירולם דנהי דגנב מגנו בעי התראה מ"מ יקנה בדמים מטעם חייבי מיתות שוגגים דפטור מתשלומי' לדידן וקניה בדמים לרב שוים נינהו ומדלא קנה באיתנייהו בעינא לרב ע"כ אינו פטור מתשלומין לדידן. וחזר והשיב דבגגו כל שלא התרו בו אמרינן דלא בא כלל אדעתא נפשות וכמ"ש רש"י שם ע"ב ד"ה זו היא התראתו משא"כ כאן דהזיקן דרודף אחריו להורגו והודיתי לו שמהתוס' אין ראיה אבל מ"מ סברתי נכונה מלד עלמה.

אך אף אם נימא דהש"ע פוסק כדעה זו שבהגהת מל"מ, עדיין אינו מיושב דתינח בשבר כלים של נרדף אבל עדיין כיון דהמחבר כתב

בין של נרדף בין של כל אדם ובשל אדם אחר הוה מיתה לזה ותשלומין לזה וחייב לדעת ריב״א שבתוס׳ פרק אלו נערות (דף ל׳ ע״ב סוף ד״ה רב אשי אמר) אך אי משום הא י״ל דבאמת מצינו הכרעה הכא בש״ע בין פיר״ת לפירוש ריב״א שבתוספות שם והיינו דע״כ הכריע כר״ת דאל״כ היה לו לכתוב דבשבר כלים של אחר והיה יכול להצילו באחד מאיבריו יש אומרים דחייב. **אבל** סברא זו דהנרדף תמיד רשאי להרגו לכאורה נסתר מהסוגיא דסנהדרין דאיך היה ניחא ליה לר׳ יוחנן בן שאול קרא דלא יהיה אסון ענוש יענש, משום דמיירי ביכול להצילו באחד מאיבריו ולסברא זו הא עדיין יקשה דיהיה פטור כיון דהותר למיתה גבי הנרדף עכ״פ (וכבר הקשו כן רבים מהאחרונים הלא בספרותיהם) וזה יקשה גם לפירוש הריב״א דהא בכה״ג דהוה מיתה ותשלומין בחד גברא גם לדידיה פטור מתשלומין (אם לא דנימא דדוקא האשה עצמה היתה רשאה להרגו אבל בעל האשה אף דאשתו כגופו מ״מ הוה כאחר לדין זה, וכיון דהתשלומין להבעל לא הוה שוב מיתה ותשלומין לאחד, מיהו לפירוש ר״ת לכאורה א״א להעמיד סברא זו כלל מכח קושיא זו).

ריש לי מקום ספק בשנים רודפים זה אחר זה וזה אחר זה להרוג והתחילו שניהם כאחד (וכעין דאיתא בהרא״ש ובש״ע לקמן (סי׳ תכ״א ס״ג) בשנים שחבלו זה בזה דמשלם במותר נזק שלם דהוא דוקא בהתחילו כאחד), אם אחר הרואה רשאי להרוג לכל חד מנהון או לא דבכה״ג אין גם לאחד מהם דין רודף להנתן להצילו בנפשו, כיון דכמו שהוא רודף לחבירו כן הוא נרדף מחבירו. **והנה** בהאי קרא דואם לא יהיה אסון כתיב ונגפו אשה הרה, לשון רבים, ויש לפרשו בשני פנים או דנגפו שניהם ר״ל השנים דמיירי בהו קרא היינו האנשים שנצו יחדיו או דיפורש ונגפו דר״ל זה או זה כמ״ש כל זה בבן עזרא בפירוש מלה זאת (במקומו שמות כא בפרשת משפטים), ולפ״ז יש להקשות על ההוכחת ר׳ יונתן בן שאול בסנהדרין דהא י״ל דקרא הכי מתפרש, כי ינצו כו׳ ונגפו ר״ל שניהם נגפו, אם לא יהיה אסון ענוש יענש אחד מהם, ור״ל הנרדף, דהא נרדף ששבר את הכלים חייב, וא״ל דא״כ אכתי אמאי יענש בכוליה ישלם רק המחצה דידיה, ז״א דהא י״ל דמשלם כולו מדר״נ דכל היכא דליכא לאשתלומי מהאי משתלם כוליה מהאי כדאיתא בפרק ה׳ דב״ק (דף נ״ג ובש״ע סימן ת״י סל״ה) [וחכם אחד פ״ק קאליש הקשה לי ע״ז מדברי בעל קצה״ח (סימן ת״י סק״ד) דכתב דלדעת הר״ר חזקיה דבשור תם דחייב לשלם אלא דאין דנין דיני קנסות ליתא לדינא דר״נ, ה״ה בחייבי מיתות שוגגין, והשבתי לו אף שהרב אומר כן ועשה מזה קושיא אין דמיונו מוכרח, די״ל דוקא בשור תם שחיובו מסור לב״ד אלא דעכשיו ליכא סמוכים והוי כברא דמאי לי ברח הבע״ד או שברחו השופטים משא״כ בחמ״ש דגם אם משה ושמואל יעמדו לפנינו אין דינו מסור בידם כלל וחייב רק לשמים, זה מקרי אינו חייב כלל בידי אדם, גם אם מדברי המחבר זה בא לקפחני אומר לו הא הוא בעצמו העלה (ריש סימן כח) דבמחתרת לא מהני תפיסה כיון דכבר נעשה בו החומרא אינו דומה בזה לחמ״ש ומחתרת היינו רודף וא״כ בב״ד דרודף לדידי׳ נמי ל״מ תפיסה ומקרי ודאי אינו מחויב כלל] וכתב קרא ואם יהי׳ אסון ונתת נפש ר״ל כל נפש אחד נפש הרודף ואחד נפש הנרדף שרצה להציל עצמו בנפש הרודף, דמ״מ נתכוין להרוג וכיון שסוף הרג את האשה נהרג עליה דהא נתכוין להרוג את זה והרג את זה חייב, ומטעם שהוא נרדף אין לפוטרו כמו דאינו פטור בשבר את הכלים כן אינו פטור אם הרג את האדם, וי״ל בזה דס״ל לר״י בן שאול דא״א לפרש הקרא הכי משום דא״כ תיקשה סיפא דקרא דאם יהי׳ אסון ענוש יענש, ואם איתא דכוונת ונגפו היינו ששניהם נגפו, א״כ אין כאן חיוב מיתה דהוה כהכהו עשרה בני אדם דכולם פטורים כדאיתא בפרק הנשרפין (ריש דף עח) וע״כ פירוש ונגפו זה את זה, ושפיר קשיא ליה בנגף הרודף אמאי ישלם הא התיר עצמו למיתה.

אבל לפ״ז יקשה להיפוך אכתי איך ניחא ליה לאוקמי לקרא ביכול להציל הא מ״מ יקשה האיך אמר קרא לדונו בנגף זה או זה, והא בנגף הנרדף אמאי יהא חייב מיתה באם הי׳ אסון, דנהי דנתכוין להרוג את זה והרג את זה חייב [וכדמוכיחים רבנן דר״ש מהכא בסנהדרין דף עט] מ״מ הא בנתכוין להרוג את הנפלים והרג בן קיימא מודים החכמים דפטור, והרי את הרודף היה רשאי הנרדף להרוג אף דיכול להצילו באחד מאיבריו, וא״כ הרודף לגביה בגדר נפלים דלא מחייב הנרדף עליו, א״כ גם כשהרג את האשה לא יהא חייב מיתה עליה, [וכן נדחה בזה התחלת דברינו דיפורש בנגפו שניהם, ולקמן נדבר מזה עוד דמ״מ צריכים אנו למה שדחינו את זה מטעם דהוה כהכהו עשרה בני אדם] וצ״ל [למאן דס״ל דהנרדף תמיד רשאי להרגו], דיפורש הכתיב כי ינצו כו׳ שהתחילו שניהם כאחת במצות שבמיתה ובא זה להרוג את זה וזה את זה, וכיון דכל אחד לגבי חבירו לא הוי לו דין נרדף ולא הוי רשאי להרגו, הרי הוא לו בגדר בן קיימא ומש״ה גם כשהרג להאשה חייב, וע״ז הקשה ר״י בן שאול הא ניתן להצילו, ויהי׳ נפשט הספק דגם בהתחילו כאחת רשאי הרואה להרוג לכל חד מנהון מדהקשה ריב״ש דניתן להצילו בנפשו.

ולפ״ז מיושב הקושיא מעיקרא מה שהקשינו על בעל סברא זו, דא״כ מה הועיל ריב״ש לאוקמי לקרא ביכול להציל באחד מאיבריו, הא מ״מ התיר עצמו למיתה לגבי הנרדף, דלפירושנו לק״מ דהא הקרא מיירי דהתחילו כאחת ואין כאן נרדף כלל [ומאי דהאריך לפרש דבריו ואגור בשלמא אי אמרת כו׳ משכחת לה ביכול להציל כו׳ ולא פירש ג״כ ומשכחת לה בהתחילו שניהם כאחת, היינו דזה אין צורך לפרש כיון דקרא מוקי אנפשיה, ואין להדין שבכתוב מקום, כ״א בהתחילו כאחת דאל״כ אלא בהתחיל אחד, א״כ איך קאמר דבנגף זה או זה אם יהי׳ אסון ונתת, והא בהרג הנרדף הוי כנתכוין להרוג נפלים כו׳ ואולם מ״מ אי אמרת דגם ביכול להציל באחד מאיבריו רשאי כל אדם להרגו, א״כ תיקשי אמאי ישלם הנוגף הא התיר כל אחד מהם עצמו למיתה].

וארחנא בזה עוד, דלכאורה דברי רש״י בסנהדרין שם מורים להדיא דלא כסברא זו, דכתב בהא דרודף אחר חבירו להרגו ויכול להצילו באחד מאיבריו בזה״ל ויכול הנרדף או הרואהו להציל באחד מאיבריו ולא הציל אלא בנפשו נהרג עליו עכ״ל, הרי כתב ויכול הנרדף כו׳ ולא הציל כו׳ דנראה מזה בהשקפה ראשונה מפורש יוצא דגם הנרדף אם יכול להציל באבר חייב עליו. **אמנם** לדרכנו נוכל לומר דאדרבה דיותר מרווח יתפרשו דברי רש״י אם נאמר דס״ל לסברא זו דהנרדף מ״מ רשאי להרגו, כי יפול לב המעיין למה לקמן בסמוך בהא דקאמר אא״ב יכול להציל באחד מאיבריו לא ניתן להצילו בנפשו כתב רש״י ז״ל בזה״ל כגון שיכול הרואה להציל בא׳ מאיבריו, ולא כתב ויכול הנרדף או הרואה כמ״ש לעיל מזה, ולדרכנו י״ל דמ״ש לעיל ויכול הנרדף כו׳ אין הכונה דיהיה הנרדף נהרג עליו, אלא דבא לפרש אמתת הכונה במאמר ויכול להצילו דלא תטעה לפרש דעל הרואה דוקא קאי דהיה הוא יכול להצילו באבר אבל אם הוא אינו יכול אלא דהנרדף יכול להצילו באבר, לא יתחייב עליו הרואה, דכיון דס״ל דהנרדף מ״מ רשאי להורגו א״כ כי ניתי לחייב את הרואה מצד הנרדף נימא דמצדו מה דיכול להציל לא מעלה ולא מוריד דהא משפט אחד שוה לו דרשאי להרגו, לזה אשמע לן דמ״מ נהרג עליו הרואה אם לא הצילו אלא בנפשו דכל שהנרדף היה יכול להצילו באחד מאיבריו נהי דהוא עצמו א״צ לדקדק בכך ורשאי להרגו מ״מ אין הריגתו ברור ואינו גברא קטילא עדיין כדי שתפטור עליו את האחר שהרגו, [ואין להשיב למה באמת כן הוא דכיון דמ״מ רשאי הנרדף להרגו נימא דהוא עכ״פ ספק גברא קטילא ואיך יהיה ההורגו נהרג עליו ומאי שנא מהורג את ספק טרפה דאינו נהרג עליו דהא מזה מוכיחינן בפ״ק דחולין דאזלינן בתר רובא דדלמא טרפה הוא, י״ל דגברא קטילא כהאי דדנין אותו כקטיל משום שיהרג אחר הזמן שאני כיון דלא אתעביד ביה מעשה ולא נעשה שינוי בגופו [עי׳ סנהדרין ריש דף עט] כל כמה דאין קטילתו לאחר הזמן ברור כשמש לא מקרי משום כך גברא קטילא, והרי כעין זה פירש״י בפ״ק דמכות (דף ה׳ ע״א) ד״ה מאי טעמא כו׳, אכתי לאו בר קטלא הוא שלא הועד עליו בב״ד ואלו

הוב. אחי ומודה הוה מפטר נמלא שהם היו מחייבים מיתה את מי שאינו ראוי למות עכ"ל, הרי דל"א דהוה ספק גברא קטילא משום דלמא לא היה מודה ולא נהרוג העדים], אולם להלן מזה דקאמר בגמרא אא"ב דיכיל להציל כו' היינו דמשכחת לה כו' ור"ל דמוקי לקרא דואם לא יהיה אסון ביכול להציל לא כתב רש"י ביכול הנרדף להציל, דהא הכונה דהקרא מיירי ע"כ בהתחילו שניהם כאחת ול"ש כלל דהנרדף יכול להציל דאין כאן נרדף כלל.

ויכולני לייחס גם לרמב"ם סברא זו שבמל"מ דבהכי יתיישב קושיא חזקה שבדבריו דהנה הרמב"ם כתב דיכול להציל באחד מאיבריו והצילו בנפש של הרודף חייב. מיתה אבל אין ב"ד ממיתים אותו (פ"א מה' רוצח ה"ג) והטור (סי' תכ"ה) תמה וכתב דלא ידע לו טעם למה אין ממיתים אותו והכ"מ רצה ליישב התמיה ואין דבריו מובנים כמ"ש עליו הלח"מ ולענ"ד די"ל דהרמב"ם למד זה מדברי רבי עקיבא במתני' פרק אלו הן הגולין (דף יא ע"ב) דאמר [ברולא בשוגג שילא מעיר מקלטו דסבר ריה"ג דמצוה ביד גואל הדם להורגו וכל אדם רשאי וחלק עליו ר"ע וסבר] רשות ביד גואל הדם וכל אדם אין חייבים עליו [גרסת הרמב"ם לא כגרסא שלפנינו] ופסק הרמב"ם כותיה דר"ע (פ"ה מהלכות הנ"ל ה"י) וי"ל מכאן ילא לו דכל דרשאי אדם להרגו, כבר אין לו דמים להרוג עליו למי שהרג אותו אף שזה לא היה רשאי וס"ל גם כן כסברא הנ"ל דהנרדף מ"מ רשאי להורגו, וא"כ ממילא גם אחר אינו נהרג עליו כהאי דפי' אלו הן הלוקין וע"כ הוליא הרמב"ם מלת נהרג דקאמר רבי יונתן ב"ש מפשטיה. **ואף** שבדברנו עשינו פלוגתא חדשה בין רמב"ם לרש"י אם משום ספק ואפשרות שיהרג מקרי בר קטלא לא ירחק נגו זה, דהא מחלוקת זה ילא מחלוק הגרסא בדברי ר"ע במתני' דפרק אלו הן הגולין דלגרסת רש"י וכל אדם חייבין עליו, מוכח דמשום אפשרות לא מקרי בר קטלא או ספק בר קטלא ולהרמב"ם לפי גרסתו וכל אדם אין חייבים עליו מוכרח להיפוך.

ודע דבדין הכהו עשרה בני אדם דכולם פטורים כתב הרמב"ם בשני לרביעי מהלכות רולא בזה"ל וה"ה לשנים שדחפוהו או שכבשוהו לתוך מים או שהיו רבים יושבים וילא חץ מביניהם והרג שכולן פטורין עכ"ל ואין זה דעת הרשב"א בב"ק (דף נג ע"ב ד"ה שור ואדם) דכתב לחלק דדוקא הכהו בעשרה מקלות אבל במעשה אחד כגון שדחפוהו לאש חייבין, ולדברינו הא ראיה יש לדעת הרמב"ם מסוגיא דסנהדרין הנ"ל דאל"כ יקשה דאיך הוכיח ר"י ב"ש דיכול להציל באחד מאיבריו נהרג עליו, אימא דפירוש ונגפו שנגפו שניהם יחד ומשלם הנרדף וכאמור לעיל, ואין להשיב דכמו דכתבנו לעיל דא"א לפרש ונגפו זה או זה דיקשה בהי' אסון אמאי בנגף הנרדף יהרג הא הוי כמכוין להרוג את הנפלים כן אדחי נמי הא דא"א לפרש דנגפו שניהם דאכתי אמאי יהרג הנרדף דז"א דאי קרא מיירי בנגפו שניהם י"ל דהעונש דכתיב בקרא ר"ל שיענשו תמיד את הראוי לעונש והיינו אם לא יהיה אסון ענוש יענש הראוי לשלי ר"ל הנרדף ואם יהי' אסון ונתת כו' מי שראוי היינו הרודף. אולם לקושטא דמלתא מדברי רש"י (סנהדרין דכ"ז סוף ע"א) וכן (ריש דמ"ט) וכן מהגמ' שם מבואר דגם הנרדף עלמו אינו רשאי להרגו (וגם זה כבר נמלא באחרונים) וע"כ גם מ"ש ליישב דברי הרמב"ם לא נחה דעתי בו כיון דבנוי על יסוד הסבי' דהנרדף עלמו רשאי להרגו. **ומה** דנראה לי בישוב הרמב"ם הוא דבסנהדרין פ' ארבע מיתות (דנ"ז ע"א) איתא על הגזל והגנב כו' וכיולא בהן בן נח בבן נח ובן נח בישראל אסור וישראל בבן נח מותר, ואמר שם כיולא בו בגזל מה היא ארב"י לא נלרכה אלא לפועל בכרם, ומקשה אימתי אי בשעת מלאכה התירה הוא ואי לאו בשעת מלאכה גזל מעליא הוא (וגזל תנא ליה רישא) ומשני בפחות מש"פ, ופירש"י דזה ישראל בישראל נמי אסור אלא מיעבר הוא דלא עבר אבל בבן נח לא נפק פחות מש"פ מכלל פרוטה, והיתא שוב כיולא בו דשפיכת דמים משכחת לר"י בן שאול דרודף שיכול להצילו באחד מאיבריו נהרג עליו ע"כ, וזה קשה מאוד דמאי כיולא דשפיכת דמים איכא הא ש"ד מעליא הוא דהרי נהרג עליו וכמו דהקשה לעיל גזל מעליא הוא והכא ל"ש מ"ש רש"י בפחות מש"פ דבישראל אסור ומיעבר לא עבר, דכיון דנהרג ע"כ מיעבר עבר, ורש"י ז"ל נדחק הכא במאד מאד וכתב דמקרי כיולא בו דש"ד משום דהוי קרוב להתיר ואינו מותר, וי"ל דזהו שהביא להרמב"ם לפרש מ"ש ר"י בן שאול נהרג דאינו ר"ל דהורגים אותו אלא דחייב מיתה ואין ממיתין אותו ולזה שפיר מקרי כיולא דש"ד דומה לפחות מש"פ דאסור ואינו עובר, עד כאן דברי אחי נ"י.

והנה על מה שהעמיד כבוד אחי חביבי בפלפולו הזך את הסברא שבמל"מ גם לשיטת ר"ת אמינא ליה יישר אבל מה שכתב מקודם דגם לשיטת ריב"א נסתר סברא זו מסוגיא דסנהדרין על זה יש לטעון דהכי דברי אבא מארי זלוק"ל ברור מללו, דכיון דקרא מיירי בנתכוין להרוג לאחר, א"כ להריב"א שפיר מקרי ממון לזה ונפשות לזה דהא האשה שמשלם וולדותיה לא היתה נרדפת ולא היתה היא רשאה להורגו כ"א זה שנתכוין אליו הרודף הוא היה רשאי, וא"כ חייב מיתתו להאיש שכוון אליו וחיוב תשלומיו להאשה (דאוני דהולדות שהם בגוף האשה מיוחסים לה אף דהדמים להבעל מכל מקום אלו היה החיוב מיתה להאשה היה נקרא מיתה ותשלומין לאחד כמ"ש בתוס' כתובות דף ל בשם ר"י).

דף ל"ד ע"א ולמ"ד דרבנן מאי טעמייהו דרבנן דפטרי כי קא פטרי רבנן אשארא. הקשו בתוס' אמאי אלטריך כלל למתני טבח בשבת, וי"ל דבאמת למסקנא ל"ל לאוקימתא דאומר בגמר זביחה עובדה דפירכת הש"ס דלאו דידיה טבח מיושב ג"כ בהאי אוקימתא דגנב מבית שומר, זולת לר"ל דס"ל דכל שאינו במכירה אינו בטביחה, לדידיה ע"כ דגם במסקנא מיירי באומר בג"ז הוא עובדה דאל"כ תקשי מכי שחט פורתא אסרה בהנאה וליתא במכירה וליתא ג"כ בטביחה ואינו חייב על הגמר טביחה דלא שייך תירוץ תוס' דמשכחת מכירה במכרו לנכרי דהא ע"ז תופס דמיו, אבל לאיך דפליגי על ר"ל בזה, שפיר י"ל דלמסקנא דמוקי בגנב בבית שומר ל"ל לאוקמי דאומר בגמר זביחה עובדה, ולפ"ז י"ל דאי לא תני טבח בשבת לא היינו יודעים דטובח ע"י אחר חייב די"ל דמיירי בטובח ע"י עלמו ואי דטבח הוי קלב"מ י"ל דמיירי בהיפוך דאמר דרק בתחלת זביחה עובדה ועל הגמר ליכא חיוב מיתה וחייב בתשלומין, לזה תנא טבח בשבת דחיוב מיתה ג"כ על הגמר ומוכח דמיירי בטבח ע"י אחר. עי' עוד בחי' שבת דף ק"ו אות י"ב ואות י"ח.

תד"ה אמר קרא לכם וא"ת לא לכתוב לא קודש ולא לכם כו', וי"ל דאי מהתם כו'. בפשוטו הו"מ לתרן כיון דבאמת בשוגג מותר א"כ אפקא קרא דמעשה שבת אינו בכלל ל"ת כל תועבה דמדין תועבה אף בשוגג ואף בנעשה המעשה בממילא אסור וכמ"ש תוס' בחולין לענין לורם אוזן בכור דאינו אסור משום תועבה דא"כ לא משכחת בע"מ דשרי. (**אאב"ה** זה ימים לא כביר כתב לי אחי הג"ר שלמה נ"י בסוף אגרת שלום בזה"ל אני עומד כעת בקושית הש"ס פ' כל הבשר (ריש דף קטו) אלא מעתה מעשה שבת לתסרו פירש"י כגון המבשל בשבת כו' ואן תנן במזיד לא יאכל הוא משום קנס אבל אחרים אוכלין, מה דפירש דהקושיא ממזיד ומהדיוק דרק משום קנס הוא ולא פירש דהקושיא ממאי דתנן בהדיא דהיינו בשוגג יאכל דכל שתעבתי כו' גם בשוגג אסור נ"ל משום דגם למאן דלא דריש כלל מלת קודש לא לאיסור ולא להיתר כמו שהוא לדעת המקשן י"ל דדרש מ"מ סיפא דקרא מחלליה כו' במזיד אמרתי לך ולא בשוגג וכעין המבואר בהתוס' שם (ד"ה היא קודש) דהאי מ"ד דדרש היתר מקודש מ"מ לכם דבסיפא דורש שלכם יהא ומותר בהנאה והנה התוס' בפ"ק דתמורה (סוף דף ד) כתבו דמש"ה לורם אוזן בכור לא נאסר משום ל"ת כל תועבה כיון דנפל מום מעלמו שרי ל"ש בו כל שתעבתי אפילו נעשה בידים ודוקא בב"ח דגם בנפל מעלמו אסור, וכ"כ התוס' בקילור הכא בחולין סוף (ד"ה כל שתעבתי), ז"ל וא"ת לורם אוזן בכור לתסר אפילו לרמו נכרי וי"ל דשרי רחמנא קדשים שהוממו א"כ אינו דבר מתועב עכ"ל ולפ"ז איני מבין בעניי כלל קושית הש"ס, דכיון דידענא ממחלליה דנתבשל

להחזירו ונאנס מ"ט לא הוה ליה כנתקיים התנאי. האמת לפמ"ש משנה למלך פי"א ממכירה הל' א' לחלק בין קיום התנאי באונס לביטול התנאי באונס, י"ל זה, אבל בחידושי פ"ק דכתובות[ו] גבי אין אונס בגיטין דחיתי דבריו, וא"כ קשה כנ"ל. אמנם להרא"ש ז"ל דס"ל דחזרת מעות מהני בעלמא, רק באתרוג בעינן דבר הראוי לצאת בו י"ח, א"כ ס"ל להרא"ש היינו להחמיר שלא יי"ח בהחזרת מעות, אבל אם נאנס האתרוג אינו יי"ח למפרע אא"כ ישלם מעותיו, כנ"ל כוונת הרא"ש. וא"כ י"ל בהא פליגי, דר' ישעיה ס"ל כיון דכי איתי' בעיניה לא מהני חזרת מעות באתרוג משום דעל מנת להחזיר עצמו קאמר, א"כ ממילא כשנאנס א"צ להחזיר אפי' מעותיו. אמנם בש"ע א"ח סי' תרנ"ח סעיף ד' כתב אפי' החזיר לו דמיו ואפי' נאנס מידו, משמע אפי' כשנאנס לא יי"ח כשמחזיר דמיו, וקשה ממ"נ וק"ל וצ"ע לכאורה[ז]:

וכן נראה כדברי מבואר ממ"ש בש"ע ח"מ סי' רמ"א סעי' ח' גבי שור שמת בתוך הזמן, משמע להדיא דאונס ה"ל כנתקיים התנאי, ומיירי שהתנה להחזיר שור דוקא ולא דמיו. וא"כ קשה הכא גבי אתרוג מ"ש. ויש לדחוק משום דטרח להתנות, והרי קיי"ל [סי' תרנ"ח ס"ה] סתמא כאילו התנה ע"מ להחזיר, אע"כ תנאי לטפויי אתא דאפי' נאנס לא יי"ח, ועדיין צ"ע. אמנם אם אמר ע"מ שתחזירהו ולא אמר לי, אמרינן יתירא לגריעותיה אתא, כמ"ש מג"א ס"ק ד' שתועיל חזירתו אפי' לאחר זמן מצותו ואז ממילא מועיל החזרת ממון, אבל כשאמר שתחזירהו לי ע"כ לטפויי אתא וכנ"ל. יעיין עוד מ"ש מג"א שם ס"ק י' דאדעתיה דהכי קנאוהו דיש ברירה. יראה דרצונו דנהי דבדאורייתא אין ברירה, מ"מ כיון שמתחילה קנאוהו לצאת י"ח ולא לאכילה, מתחילה היה דעתם שיהיה שעה אחת לפלוני ושעה אחת לפלוני, וה"ל כחצר השותפין שאין בו דין חלוקה דקיי"ל יש ברירה לברר איזה שעה היא לתשמישו של פלוני, וכמו שביאר יפה הר"ן במתק לשונו בנדרים בר"פ השותפין. ומפני זה לא הבנתי תמיהת כפות תמרים [שם בתוד"ה אלא] על ר' אביגדור כהן שבתשובת הרא"ש [כלל ל"ה סי' ב'] יע"ש, דודאי בשותפות בהאי גוונא מיירי שם, ולק"מ[ח]:

ויש לעיין בב"ב קל"ז ע"ב דנדחקו שם רשב"ם ותוס' לקיים הגירסא אבל רמון ופריש לא. ולפע"ד נקל לקיים הגירסא דמיירי שכל האחים כבר יצאו י"ח לבר מן אחד מהם שלא יצא י"ח, ע"כ אם יש כאן לכל אחד אתרוג אפי' פסול, כיון שלאכילה שוה כמו הכשר אזי יוצא בו י"ח זה שלא יצא י"ח עדיין, דאין כאן דין ברירה כלל דודאי זה חלקו משעה ראשונה דכופין על מדת סדום, משא"כ אי מגיע לכל אחד פריש או רמון, אע"פ שהם כבר יצאו י"ח אתרוג, והפריש והרמון שוה באומד ממון כמו האתרוג, מ"מ חלקו של כל אחד מעורב בהאתרוג ואין ברירה, כמו חלקו לגדיים נגד טלאים בפרק מעשר בהמה [נ"ו ע"ב] ובתמורה ל"א[ט] ובתוס' שם, ויעיין פ"ק דב"ב י"ב ע"ב בסופו, וכבר הארכתי יותר מדאי:

ואחתום בכל חותמי ברכות דברי מחו' דורש שלום תורתו כל הימים:

משה"ק סופר מפפד"מ

תשובה קלב

שיל"ת, פ"ב נגהי ליום ה' ב' אדראשון קפב"ל[א]. שלום וכ"ט לזית רענן יפה פרי תואר משובח מהולל ומפואר החרוץ ושנון כמו"ה **צבי הרש** נ"י **גינצר**:

נעימות נעימו הגיעני, וגם כי אין עת להשיב לכל מקשה ומפרק למשקיל ומטרי כ"א לשואל להלכה והוא יושב על מדין וצריך לכך, מ"מ יצאתי הפעם כי ראיתי איל מנגח בתורה ודבריו נעמו וראויים לותיק, ע"כ ראוי ליישר חילו לאורייתא:

ואשנה דבריו ליישב קושית תוס' אפירש"י ספ"ב דחולין בסוגיא דרבוצה [מ' ע"א] דפירש"י [ד"ה רבוצה] לא מיבעי הגביהה דקנאה בהגבהה ודאי יכול לאסור (שאינו) [דנעשית] שלו, אלא אפי'

ו) ב' ע"ב ד"ה אלמא קסבר. וראה לעיל סי' א' ד"ה ומה שתמה, ובהערה שם.

ז) וכ"ה לעיל שם ד"ה והנה הרשב"ם.

ח) וכ"כ בחי' סוכה שם מד"ה וכתב, ושם מבואר יותר, ע"ש. ועעו"ש ד"ה אלא שצריך, ובחי' נדרים מ"ח ע"א ד"ה וראיתי, דמ"מ צריכים להקנות זה לזה במתנה ע"מ להחזיר, ובקנייתם נתחייבו להקנות זה לזה. וראה עוד שם ד"ה ובדבר.

ט) נדצ"ל: ל' ע"א תוד"ה ואידך.

א) התאריך אינו נכון, וצ"ל: קפ"ו, או קפ"ט.

רבוצה מ"מ ע"י מעשה אסרו, והקשה תוס' [ד"ה רבוצה] הא גנב לא קנה אלא להתחייב באחריות אונסין, ומשו"ה גזל ולא נתייאשו הבעלים שניהם אינם יכולים להקדישו, ומשו"ה פריך ש"ס מיין נסך אע"ג דא"א לניסוך בלא הגבהה:

וע"ז תירץ מעלתו דרב ס"ל בסנהדרין ע"ב ע"א הבא במחתרת ונטל כלים ויצא פטור בדמים קנהו, ומבואר התם דס"ל מדגנב בעלמא דיש לו דמים חייב באונסין ש"מ קנה גוף החפץ, והסביר מעלתו דס"ל לרב דלא דמי לשואל דחייב באונסין אע"ג דלא קנה הגוף, משום דמרצונו שיעבד נפשיה לחייב באונסין, כמ"ש תוס' להדיא בכתובות נ"ו ע"א ד"ה הרי בסוף הדיבור, משא"כ גנב דלא מרצונו שיעבד נפשיה לא הוי חייב באונסין אי לאו דקני גוף החפץ, ומשו"ה כשבא במחתרת אי הוי צריך להחזיר הוי ליה שתי רשעיות מיתה וממון שלו שכבר קנאו. ומצא און לו בב"ק ק"ו ע"א דאר"ה אמר רב מנה לי בידך והלה טוען להד"ם ונשבע ואח"כ באו עדים פטור שנאמר ולקח בעליו ולא ישלם, ומסיק האלקים אמר רב אפי' בפקדון דאיתיה בעיניה מ"מ כיון שנשבע ונעשה גזלן עלי' ונתחייב באונסין, כדלעיל ב"ק (ק"ב) [ק"ה ע"ב], א"כ ממילא קנאו לגמרי לר"ה ורב וה"ל תשלומין וקרא כתיב ולא ישלם, ויפה כיון בזה:

ושוב קשיא ליה א"כ כל גזלן אמאי ישיב הגזלה כלל הא קנאו. וע"ז כתב וז"ל וי"ל דרב סובר בודאי רצון הבורא הוא שישיב הגנב גוף הגנבה, ושנכוף אותו להחזירה, אלא שכל זמן שלא החזירה הקנה לו התורה גוף הגנבה, והיינו קנין הגוף לזמן עד שישיבהו לבעלים כדי שיתחייב באונסין עכ"ד. ושוב האריך בדברי אחרונים להוכיח דבקנין לזמן יכול להקדיש קדושת הגוף ותו לא פקע, ועיקור ראייתו מב"ב קל"ז ע"ב שור זה נתון לך במתנה ע"מ שתחזירהו לי הקדישו והחזירו ה"ז מוקדש ומוחזר, והביא מקצה"ח [סי' רמ"א סק"ד - ו'] דה"ה לכל קנין לשעה דמה לי אחריך לעצמי או אחריך לפלוני, וא"כ ה"נ לרב ולר"ה דכל גנב קנה קנין שעה עד שיחזירו לבעלים א"כ יכול להקדישו קדושת הגוף, וגם לאסור בע"ז, ושפיר פירש"י לר"ה לשיטתו לא מיבעיא הגביהו דקנאו. ומ"מ אנן הא לא קיי"ל לא כרב דסנהדרין ע"ב ולא כר"ה ב"ק ק"ו, משו"ה גנב ולא נתיאשו הבעלים אינו יכול להקדישו, ומשו"ה פריך מיי"נ אע"ג דא"א לניסוך בלא הגבהה, דלא קיי"ל דקנייה בהגבהה:

והנה דבריו דברי חכמה, ומ"ש חביריו השיגוהו מלשון תוס' סנהדרין ע"ב ד"ה אפי' וכו', ודברי חי' ר"ן שם, עיינתי היטב שם ואין שם שום משמעות לסתור דבריו. אך יש לי לפקפק לסתור ע"מ לבנות אי"ה, הנה מ"ש שהתורה רצתה להקנות לגנב עד שעת חזרה כדי שיתחייב באונסין, הוא דבר שאין בו טעם זקנים, ולו יהיבנא ליה סברתו נמצא זה שבא במחתרת ונטל חפץ וקנאו לגמרי בלי טעם קים ליה בדרבא מיניה אלא מטעם גנב שכל גנב קונה, ולא בא חיוב חזרתו עד שעת שבאנו לכופו להחזיר, או שיחזיר מאליו כגנבי דינרי דרבא ב, ואז כשחל חיוב חזרה כבר אזדא ליה חיוב מיתה, ולית כאן קים ליה בדרבא מיניה:

ועוד כל סברתו דרחמנא אוקמיה ברשותיה לרעתו שיתחייב באונסין, וקשה תינח גנב בעלמא שלא בא במחתרת, אבל כשבא במחתרת אי נימא דקנה החפץ יפטור משום קלבד"מ ויפטור אפי' הכלים בעין, א"כ טוב שלא יקנה גוף החפץ ויחויב להחזירו בעין עכ"פ, דבאונסין בלא"ה פטור להנ"ל, וקשיא אדרב:

גם מ"ש דקנין לשעה יכול להקדישו ותו לא פקע הקדישו. הנה מתוס' במס' גטין מ' ע"ב [ד"ה הקדש] דמייתי מעלתו בעצמו מוכח להיפך, דכתבו רבא לטעמיה דס"ל מכאן ולהבא הוא גובה, דמשמע דלאביי דלמפרע גובה לא יכול לוה להקדישו קדושת הגוף, והדבר ידוע שהלוה יש לו קנין גוף בקרקע שלו עד זמן שלא ימצא המלוה ממה לגבות ויטרפנו ממנו, ועד אז חורש וזורע ובונה וסותר וחופר שיחין ומערות, ובשדה מקנה בזמן שיובל נוהג פליגי בירושלמי אי מצי לחפור בו, ועיין מ"ש סוף הל' שמיטין ויובלות ג, וא"כ ש"מ קנין לשעה לא מצי להקדישו:

וראייתו מב"ב קל"ז ממתנה ע"מ להחזיר, אני אומר כל האומר מתנה ע"מ להחזיר הוי קנין שעה טועה, וראי' שהרי בשעה שיובל נוהג אינו מביא ד

ב) נראה דצ"ל: כגנבי דכרי דרב מנשה [חולין נ"א ע"א].

ג) אולי כונת מרן לציין למל"מ שם פי"א ה"א.

ד) ראה הערה שבתחילת התשובה דלעיל סי' קל"א.

ביכורים משום דלא מיקרי לי' האדמה אשר נתת לי, ואתרוג במתנה ע"מ להחזיר מיקרי לכם, ומתנת בית חורון שאינו יכול להקדיש אינו מתנה, וכשנותן מתנה ע"מ שלא יקדישנה הוי מתנה, כמ"ש בירושלמי דמייתי ר"ן נדרים מ"ח ע"א [ד"ה כל]. וההפרש הוא דמתנה בתנאי הוי מתנה גמורה לצמיתת עלמין וקנין עדי עד, רק שצריך לקיים תנאו, וכשם שאם אמר לו ע"מ שתעשה דבר פלוני ושוב מוחל לו אותו המעשה והוה כאלו נתקיים התנאי, אינו צריך קנין חדש לקנות אותו החפץ, שכבר קנאו לחלוטין במשיכה הראשונה, רק שתלאו בתנאי וכיון שמחל לו התנאי הרי הוא שלו, ה"נ באמר לו אתרוג זה לך במתנה ע"מ שתחזירהו לי המשיכה הראשונה היא קנין עולם, רק צריך לקיים תנאי החזרה, ואם שוב ימחול לו תנאו אינו צריך קנין חדש כי כבר קנאו, ומשו"ה אפי' לא מחל לו יכול להקדישו, (וא"כ) [ואפי'] התנה ע"מ שלא תקדישנו, מ"מ מה שאינו יכול להקדישו הוא מפני קיום תנאו לא מחסרון בגוף המתנה, שאם ירצה למחול לו תנאו ויתן לו רשות להקדישו אינו צריך קנין חדש, א"כ ה"ל מתנה גמורה. משא"כ אחריך לפלוני וכדומה שאין מחילה מועיל בלא קנין חדש, שלא קנאו מתחילה אלא עד אחריך, ומכ"ש שדה מקנה שא"א בשום תחבולה בעולם למוכרו לצמיתות, א"כ לא מיקרי האדמה אשר נתת לי:

ולאביי דאמר למפרע הוא גובה ואמרנו לעיל שהלוה יש לו בו קנין שעה, ואפ"ה אינו יכול להקדישו קדה"ג, דהיינו אם אח"כ יגיע שעת טריפה ויטרפנו מלוה ואיגלי מילתא למפרע שהי' למלוה משעת הלואה, וביני לביני לא היה לו ללוה אלא קנין שעה, אם אז אחר הטריפה רוצה להחזירו ללוה צריך קנין חדש, אע"ג דמתחלה היה יכול למחול חובו ולא יטרוף כלל, ז"א ענין לכאן, דאז מעולם לא היה שייך למלוה, דאין לו בו אלא אם יטרפנו יתגלה למפרע שהיה שלו משעה ראשונה ולא היה ללוה כי אם קנין שעה, ואיגלי מילתא שלא היה לו כח להקדישו קדה"ג, ואז באמת אין המלוה יכול להחזירו ללוה בלי קנין חדש, משו"ה אינו יכול להקדישו לאביי, והדברים מבוארים אצלינו באריכות במקום אחר בעז"ה ה):

ונחזי מאי דקמן דעכ"פ הדין עם מעלתו, דמבואר בסנהדרין ע"ב וב"ק ק"ו דס"ל לרב ור"ה דכל גנב קנה גוף החפץ לולי כן לא היה חייב באונסין, ושחייב באונסין מבואר בתורה כפירש"י [שם ק"ז ע"ב ד"ה שבועה] מדנשבע שומר אם לא שלח ידו, ש"מ אי שלח ידו נעשה עלי' גזלן וחייב באונסין. אך הסברא היא כן, דס"ל כמו לדידן דקיי"ל שינוי קונה גוף החפץ אך לא הממון שיווי החפץ שצריך להחזיר לבעלים, הכי הוי ס"ל לרב כל גנב בתחלת הגבהת גניבתו קנאו להחפץ ואינו חייב רק דמים, אך גזירת הכתוב לנתק לאו דלא תגזול לא מינתיק אלא אי משיב כעין שגזל אם לא נשתנה, אך אם נשתנה הקילה עליו תורה דמינתיק לאויה אפי' בדמים, א"כ כל זמן שהוא כעין שגזל נהי שקנה גוף החפץ ולא מחייב אלא דמים מ"מ לאו לא מינתיק אלא בהשבת גוף החפץ, וממילא כופין אותו לנתק לאויה, אבל לבעלים אינו חייב אלא דמים ולא הגוף ו). והשתא הבא במחתרת שאפי' דמים אינו חייב בשעת הגבהה משום דקלבד"מ, ממילא תו לא יחזיר אפילו גוף החפץ דאין כאן מצות השבה כלל, וכן הנשבע על הפקדון כיון דלא ישלם דמים ואין כאן מצות השבה לא ישיב גם גוף החפץ, ולפ"ז נמצא גוף זה החפץ קנוי לו קנין עולם אלא שמקיים בו מצות והשיב, ואם ירצה לשנותו גם זה אין בו, א"כ יכול להקדישו ולאסרו ז), ודברי מעלתו יכונו עפי"ז, ותל"מ:

הכ"ד החותם בכל חותמי ברכות יתעלה ויתגדל בתורה כחפצו וחפץ א"נ:

משה"ק **סופר** מפפד"מ

תשובה קלג

פ"ב כאור ליום ג' ז' אדר ראשון תקפ"ט לפ"ק. שלום וכ"ט לי"נ תלמידי הרב המאה"ג המופלג השנון כש"ת מו"ה **יוזפא** נ"י אב"ד דק"ק ר"ד יע"א:

נפשו היפה איותה לדעת דעתינו העניה בעובדא דאתא לקמיה באחד שהודה מתוך תשובה שהוא ופלוני גנב מפלוני שק צמר מחמת דוחק,

ה) וכ"כ לעיל סי' קל"א ד"ה וגם, וש"נ.

ו) צ"ע דהא רב סובר כרבה ב"ק ס"ה ע"א דתברה או שתייה משלם ד', הרי חזינן דברשות הנגזל נתייקר - חלקת יואב ח"ב סי' פ"ז ד"ה בסנהדרין, ועעו"ש. וראה עוד לשון מרן לעיל סי' צ"א (א) ד"ה נחזור.

ז) וכ"כ בחי' חולין מהדו"ב שם ד"ה ועוד נוכל.

בדיניהם · וכפי הנראה אין כאן אסמכתא ובפרט שבדיניהם אף אסמכתא קניא : אשר מכל זה עולה בדעתי שזה נכון שהדין עם בעל הגה"ה זאת לפרש שהיה מדובר מקודם על זה דלפי פירוש הפשוט ששילח לו דורון סתם קשה האמור בסוגיא אין מוליאין מן לוה בדיניהם איך שייך קביעות תביעה בענין זה · ע"כ מפרש שהיה הבטחה ומדובר על זה מכבר אך לא היה מדובר על סילוק ריבית אלא הבטיח לו לשלוח לו דורון ומתנה בשעת ההלואה או אחרי הפירעון יתן לו מתנה על אופן כזה שייך שפיר לומר שבדיניהם אין מוליאין · משום דעל הבטחית נתינות מתנה ודורון לא שייך על זה עסק קיום וכפיה · ועיין בסי' ר"ד סעיף ח' ובסי' רמ"א ורמ"ב ולמ"ט ע"ש · ועל זה שפיר אין מוליאין מן לוה אף בדיניהם · אבל עסק ריבית אם נעשה מדובר נראה פשוט שאף בדיניהם יכול לזכות להוליא מאתו ולכופו שכפי אשר התנה כן יקיים :

והגה"ה זאת הוא בשם או"ז וגוף ספר או"ז אין לפני ולא ידעתי מה לחקור עליו ואפשר שיש ט"ס בכל דברי הג"א ובכל מקום שכתוב ריבית צריך להיות דורון ועי"ז שייך שפיר לשון הבטחה דאיתא שם כי על דורון שייך הבטחה ול"ע :

ועתה באתי לפרסם להעלות זכרון לישראל מה שראיתי דבר סרה בספר אחד · אשר נדפס בימים הללו שם הספר (לזכר לישראל) · דבר אחד ראיתי בו אמרתי שח"ו שלא יהיה דבר הזה לזכר לישראל· כי בא לחדש דבר נגד דהו"כ וז"ל שם שמן התורה אינו אסור ריבית אלא כשהמלוה הולך אל לוה לבקש שיקח הלואה על ריבית אבל כשלוה מבקש את ההלואה ונותן ריבית לא אסור מן התורה רק אבק ריבית · וח"ו רחמנא ליצלן מהאי דעתא ומעולם לא אמרו חז"ל בקבלות תורת אמת כדבר הזה אשר חשבו כל הלאוין על לוה ועל מלוה ביחד · ודברי הבל ראיות אשר רולה שם לחקור על זאת הכל הבל וריק והכל ישא הרוח ואין רוח חכמים נוחה הימנו · כי מש"כ ראיה מלשון המשנה דמפרש מפני שהוא נושך אין דיוק כלל כי קאי על המלוה ומש"כ ראיה מלישנא תלמודא דאיתא שם (דף עה ע"א) ת"ח מותרין ללוות זה מזה בריבית ולמה לא קאמר להלוות כמו דאיתא שם לקמן מותר להלוות לבניו ולבני ביתו בריבית אלא אף תלמוד הכא אין מותרין אלא ללוות דהיינו שילך לוה אל המלוה ע"ש כי בודאי אין זה דיוק כלל וכלל כי גבי ת"ח עיקר קביעות ההיתר אלדו של לוה שהוא הנותן במתנה ולא שייך זה אל לד המלוה וגבי בני ביתו שייך להלות כדאיתא שם בכדי להטעימן טעם · אולם ברמב"ם ובטוש"ע ראיתי שגבי ת"ח נקט לישנא דלהלות וגבי בניו ובני ביתו מפרש הרמב"ם איפכא שהאב הוא שלוה מהם מבניו ע"ש במל"מ פ"ד באריכות: עוד רצה לקבוע ראיה לדבריו ממאי דאיתא (דף ס"ב) דריבית מוקדמת ומאוחרת דבדיניהם אין מוליאין מלוה למלוה והוקשה לו מה שחקרנו על פירוש הפשוט איך שייך כאן הוצאה וכפי' על הדורון לכן דייק דע"כ איירי שבא לוה לבקש ההלואה מן מלוה ע"ש שהאריך שמוכיח מזה סברתו הנ"ל : אבל אין ממש בדבריו ואינו מצריך להאריך סתירת דבריו בזה שמעולם לא כיון המשנה על זאת דלסברתו מה עסק קדימה ואיחור בזה הואיל ועיקר טעמא שהולך ליה לומר זאת · אבל לא עיין בדברי הג"א שביארנו למעלה שדייק לתרץ חקירות הפרה זאת · ולא יעלה ולא יזכר ולא יפקד בתוך ישראל להעלות על לב שהתורה התירה אופנים זה ומהתורה אין שום הפרש בזה :

ד ואמרתי לחקור להמליא איזה נטיות קולא לפתח תקוה לבית ישראל בפסק שאלות כתמים אשר יפול בלב התורה להסתפק במראיתו ובפרט אם השאלה בימי ליבונה וספירות נקיים יש קלא ללד להקל אם יתקבלו הדבר בעיני החכמים והוא דעיקר מימרא דרבי זירא בגמרא (נדה ס"ו ע"א) דאף טיפות דם כחרדל לריכה ז' נקיים לא הוה מתקנת חכמים אלא בנות ישראל המה החמירו על עלמן חומרא זו מעלמן · ומלאתי לחקור בעניני מילי דרבנן דהרמב"ם בריש הלכות ממרים מאריך שעל דברי חז"ל ותקנותיהם עוברין בלאו ועשה לאו דלא תסור ועשה דועשית ע"פ הדבר אשר יורוך ע"ש · ובלחם משנה מביא שם שהרמב"ן פקפק על זאת איך יהיו דברי חז"ל חמורים משל תורה ע"ש ועיין בהקדמות הרמב"ם שמאריך שכל גזירות חז"ל ותקנות ומנהגים שהתקינו החכמים והגאונים בכל דור ודור לעשות סייג לתורה הכל ממה ששמעו ממשה רבינו ע"ה מהכתוב ושמרתם את משמרתי עשו משמר' למשמרתי והעובר עליהם עובר על ל"ת ע"ש · ובגמרא ברכות (יט ע"ב) איתא ג"כ כל מילי דרבנן אסמכוה על לאו דלא תסור :

אמנם מלאתי שיש לחלק ולומר דדווקא עסק גזירה או תקנה והסכמה שנעשה בוועד חכמים או נביאים או ב"ד הגדול בירושלים על זה וכיולא בזה ודאי מחוייבים כל ישראל לקיים עליהם ועל זרעם כנאמר ועשית ע"פ הדבר אשר יורוך ולא תסור וכו' אבל איזה מנהג או חומרא שלא נעשה בוועד חכמי' או נביאים או סנהדרין רק שהמון עם החמירו על עלמן בזה או שהנהיגו איזה מנהג טוב אף שאינו רשאים להקל בדבר אח"כ וכמבואר ריש פ' מקום שנהגו בגמ' דילן ובירושלמי שאסו' לבטל מנהג אבותיה' אולם נרא' דהאי עשה ול"ת דהזכירו הרמב"ם לא שייכי בזה אלא במה שנעשה בוועד חכמים כנ"ל אבל לא על מנהג ואיסורא שהחמירו ישראל על עלמן · ולפיכך איתא בש"ע סימן ס"ה סעיף ח' ובב"י בשם רשב"א ור"ן דיש שלשה דינים בגיד הנשה פנימי אסור מהתורה וחילון ושמנו פנימי אסור מהתורה וחילון מדבריהם ושמנו ישראל קדושים הם ונהגו בו איסור ע"ש · והנה עשו אף במילי דרבנן שני חילוקי דינים מחילון ומשמנו דחילון הוא מדבריהם ושמנו הוא ומנהגא · ולכן דווקא על חילון שייך לאו דל"ת שנעשה מוועד גזירות ותקנות חכמים · אבל שמנו לא שייך בו לאו דלא תסור כי לא נעשה בוועד חכמים רק ישראל החמירו על עלמן מעלמם :

ומלאתי יסוד ושורש לסברא זאת בתוס' ברכות (ט"ו ע"א) ד"ה ור' יהודה כו' שהקשו שם למה אינו מוליא קטן שהגיע לחינוך את הגדול במקרא מגילה הא גבי ברכות המזון אמרינן דקטן מוליא את אביו כשלא אכל אלא כזית דהוה רק מדרבנן והללו דהאי בהמ"ז דכזית דהיא חומרא יתירא יותר מדאורייתא ובקל נפטרין סימנה כדאמרינן לקמן והם החמירו על עלמן עד כזית עד כביצה עכ"ל · וזהו הדבר אשר בילארנו שיש לחלק בין מקרא מגילה שנעשה בקיבוץ ובוועד חכמים דשייכי בה עשה ול"ת הנ"ל ובין כזית וביצה דלא נעשה בוועד מתקנות חכמים אלא ישראל הם החמירו על עלמן · וכבילארנו בגיד ושמנו ולפיכך בכזית וביצה קילא ממקרא מגילה וגבי כזית וביצה בקל נפטרין סימנה אפילו ע"י קטן משא"כ מקרא מגילה אינו יכול לפטור ע"י קטן שהגיע לחינוך · ונקדים עוד מה שמבואר בהקדמות הרמב"ם באריכות דדווקא גזירות ותקנות ומנהגות שנעשה בזמן התלמוד מחוייבין כל ישראל ללכת בהן ולפין לקיים אותן משום שנעשה בוועד חכמי ישראל ביחד רובם או כולם והם ששמעו עיקרי הקבלה דור אחרי דור עד מרע"ה אבל אחרי התלמוד שנתפזרו ישראל וחכמיהם לקצות רחוקות הרבה ולא נמלאים ביחד לא שייכי תקנה וגזירה מחכמי מדינה זו על חכמי מדינה אחרת ע"ש שהאריך בזה · ומעתה אסורה נא לעיין בענין חומרא דר"ז אשר מבואר דלא נעשה מתקנת חכמים אלא שבנות ישראל החמירו מעלמן בזה ולא נעשה זאת מתקנות וועד חז"ל · וביותר מבואר שם בסוגיא דהאי מנהגא לא נתפשט בכל המקומות אלא דלהאמור היכא דלא אחמירו לא אחמירו ע"ש · ולפיכך ראוי לומר בפשיטות על ענין חומרא דר"ז דבקל נפטרין סימנה הוא בכל ענין ובכל מקום שיש איזה לד לצדד ולהקל יש להקל כמבואר תוספות ברכות הנ"ל :

ואפשר שזהו טעמו של הרמב"ם שכתב בפרק י"א שבכתמים אינו לריך הפסק טהרה ואומר ז' נקיים · ועיין במגיד שהאריך בזה והובא דבריו בב"י סי' ק"ן שהוראות רבי דאיתא (דף ס"ו) בראיות שלשה לחוש לזיבה נוהג אף בכתמים והוראות ר' זירא אינו מחמירין בכתמים · והיינו משום דהוראות ר' זירא לא נעשה אלא מבנות ישראל בעלמן שהחמירו ולא ע"פ גזירות והסכמת חז"ל · ואף בהוראות רבי לפי מה דאיתא בגמרא דהתיקן כך לנשים שבשדות אפשר לחלק ולהקל לפי מה דאיתא בילה (דף ו) בתוספות ד"ה והאידנא למקור היכא דגזרו משום שאינן בני תורה אך דיילינן השתא אם יש לנו דין דאיקא בני תורה או לא ע"ש · אולם ברא"ש נראה שתיקן כך בשורת ע"ש · וקלת יש לחקור לפי האמור ברמב"ם ריש פרק י"א משמע שהחכמים גזרו כך ע"ש · ול"ע שם דהא משמע דתקנות רבי לא הוה אלא היכא שרואה שלשה ימים ועיין מה ברא"ש פ' תינוקת סימן ו' ע"ש א"כ יש לעיין אם כוונתו של רמב"ם על תקנת רבי · ועיין בש"ך סימן קפ"ג ס"ק ד' שמבואר שם זמן שיש לחוש לזיבה או אין לחוש רק משום חומרא ע"ש :

בה' מזוזה סי' רפ"ו הובא בטור שני דעות על בית עלים ובית תבן או שייכין או פטורין דפליגי בזה הרמב"ם והרא"ש דלרמב"ם סתמא פטורין אא"כ מקפטות שם או חייב והרא"ש פסק סתמא חייבין אא"כ רוחלם שם או פטורה ע"ש בב"י דתליא בתרי לישנא דרב כהנא · ונראה קלת ראיה לשיטות הרא"ש מסוף פרק לפני אידיהן דאיתא שם טעמא דאין משכירין בתים משום דמפקיד ממזוזה · ועוד איתא שם דאף במקום שאמרו להשכיר לא לבית דירה אמרו אלא להכנים עלים ותיבנא ע"ש · וא"כ מוכח שפיר דאף בית עלים ותיבנא שייכין דלא כרמב"ם :

בתשובתכו רק לבאר סוגיות שבמתה המחברים בענין רודף והם דנו ואמרו איך היה הדין [illegible] בבית כשם שהיו שרויין על אדמתם וכיו דנין ע"פ סנהדרין [illegible] אם היה חייב מיתה בסנהדרין [illegible] ועתה בעלו כל הדינים הללו כו' רק על תוקף המלוכה יפנו עניינים כאלה ואם יקרה מעשה יקבעו על [illegible] המלוכה [illegible] ואין לעשות מעשה [illegible] כי דינא דמלכותא דינא :

הלבאר דין רודף אשר הי' דנין סנהדרין שהיו בירושלים שניתן להלילו בנפשו בכמה עניני חילוקי דינים אשר העלתי לחקור ולעמוד על שרשן ויסודן אשר לא נתבארו בפוסקים מזה · ומקודם נבאר ענין האמור בסנהדרין (דף ע"ד ע"א) רבי יוחנן בר שאול אומר רודף שהיה רודף אחרי חבירו להורגו ויכול להליל בא' מאבריו ולא הליל הי' נהרג עליו בימי הבית :

הרמב"ם בפרק א' מרולח כתב כל היכול להליל בא' מאבריו ולא טרח בכך אלא הליל בנפשו של רודף והרגו הרי זה שופך דמים וחייב מיתה · אבל לא היו ב"ד ממיתין אותו עכ"ל · וכן משמעות דבריו בפר' ט' ממלכים ע"ש והטור סימן תכ"ה חולק וכתב ואיני יודע כיון שחייב למה לא היו ב"ד ממיתין אותו ע"ש · ועי' בב"י ובבד"ה וכאן בכ"מ כבר כתב עליו המל"מ ודבריו לריכים תלמוד ע"ש · ואף בתשו' מיימוני סי' ע"ו להלכות נזיקין חולק על הרמב"ם וכתב שהיה נהרג עליו והב"י סימן שפ"א מביא דברי תשובת מיימוני הנ"ל :

והנה הכסף משנה בפ' א' מרולח וכן בפרק ט' ממלכים כתב דהרמב"ם פסק כר"י בן שאול רק דמפרש מה דאמר נהרג עליו כוונתו על מיתה בידי שמים ולא על מיתות ב"ד בימי הבית ע"ש · והפמ"ג תמוה מאוד לפרש לשון נהרג על מיתות שמים · ובריש פ' כלים מקדש גבי שולח פנחו להרוג דקאמר שמאי הזקן מחייב ומפרשינן שם מאי חייב בידי שמים · אבל לשון נהרג קשה לפרש כך גם כבר תמה התל"ת בה"מ על הכ"מ שכתב דהרמב"ם סובר דליכא פלוגתא על ר"י בן שאול ובגמרא איתא ר"י בן שאול היא משמע דרבנן פליגי עליו דמקודם אמר שם במפותה וד"ה משמע דאוקימתא דר"י בן שאול כיחידאי אוקמה לה כמו דאמר שם ור"י היא משום דרבנן פליגי שם והא"א מאריך עוד לתמוה על הרמב"ם שם ויתבאר לפנינו :

עוד בכללי הש"ס מפרש דבכל שאומר במשנה או בברייתא אמר ר' פלוני ליכא שם פלוגתא אבל במקום דנקט פלוני אומר משמע שפיר דיש שם פלוגתא וכאן נקט ר"י בן שאול אומר :

ואני מלאתי ראיה להאי פיסקא של הרמב"ם ראיה מפורשת דע"כ בהאי דינא לא פי' מיתות ב"ד בימי הבית אלא דין שמים מתלמוד ערוך בפ' הנשרפין (ד' פ"ב) ובענין

בענין פנחס עם זימרי דאיתא שם אילו נתהפך זמרי והרג את פינחס אינו נהרג עליו מפני שרודף הוא וכן פסק הרמב"ם בפ' י"ב מאיסורי ביאה וכן פסקו כל הפוסקים ולכאורה יש להקשות האיך ותלמודא קרא לפינחס רודף ועיין בפ' המשניות שכתב הרמב"ם דהטעם דאף דהלמ"מ שקנאין פוגעין בו אבל התורה לא גזרה עליו מיתה והבא לימלך לא היו מורין לו לעשות דבר זה · ובמגדל עוז בשם ירושלמי שפנחס שלא ברצון חכמים עשה זאת ע"ש · עכ"פ קשה טובא האיך התלמודא קראו רודף מאחר דאין לומר שאפילו לכתחילה הרשות נתונה לזמרי להרגו · א"כ אמאי קאמר תלמודא אינו נהרג עליו הל"ל רבותא טפי שרשאי היה זמרי להרוג את פנחס אבל השתא משמע דהיה פטור אבל אסור · וזה לא מצינו בשום רודף לחלק בו ולומר דפטור עליו ממיתה ואינו רשאי להורגו לכתחילה · אדרבא מבואר בסוגיא (דף ע"ד) דמצוה וחובה להרוג את הרודף עיין בתוספות ד"ה אף כו' ועיין ברמב"ם דעובר לאו ועשה המונע להרוג את הרודף · וזה פשוט דאף הנרדף עצמו מ"מ עובר על לאו ועשה דהיינו אף שנתגלגל הדבר שניצל ע"פ איזה ענין אחר · וכן פשוט דכל שיכול להציל ומנע מ"מ ולא הציל אף שבלעדו נעשה אח"ז הצלה מאחרים הראשון עבר :

האף דמצינו גבי מחתרת דמקרא גם כן רודף ואעפ"כ אמרו בו שאין בו מצוה וחובה אלא רשות עיין שם בסוגיא וכן פסק הרמב"ם סוף הלכות גניבה · א"כ אפשר דסוג רדיפתו של פנחס אינו אלא כמו סוג דמחתרת א"כ עדיין עכ"פ מצינו בו רשות אבל זאת לא מצינו בשום רודף שיהיה פטור אבל אסור דהיינו שיפטור ממיתות ב"ד בימי הבית ויש בו דין מיתות שמים כמו שאומר על זמרי שלא היה נהרג עליו משמע דדין מיתות שמים היה נשאר עליו :

וע"כ צריכין לומר מילתא בטעמא גבי זמרי ע"פ מה שידוע בכל עיקר הלכה שהיה בימי קדם רשות לקנאים לפגוע בו שהיה דיוקא בשעת מעשה וכמו שאמור שם בסוגיא אילו היה פירש זמרי היה פנחס נהרג עליו א"כ עיקר רדיפתו של פנחס על זמרי לא היה אלא בשעת מעשה · וא"כ אם זמרי היה רוצה להציל מפנחס בפשיטות היה לפניו תחבולה הללו קרובה מאד היינו לפרוש מהאשה וממילא ע"כ היה פנחס שקט מרדיפתו · וכדאמרי' שם נסים שנעשו לפנחס שהיה לו לזמרי לפרוש ולא פירש ע"ש · וא"כ אף שלפנחס יש לו דין רודף מ"מ האיל ויש תחבולה לזמרי להציל בלעדי הריגת פנחס בפשיטות יש לו דין יכול להציל בא' מאבריו ולא עשה כך :

ובאמת אליבא דר' יונתן בן שאול דסובר דנהרג עליו ממילא היה זמרי נהרג עליו בזה אך רבנן פליגי עליו וע' ברש"י (כ"ז ע"ב) דרבנן סברי דפטור ומותר לגמרי ע"ש · ואפשר דהטעם הוא משום דזה עכ"פ רודף והתיר עצמו למיתה אבל כדעה שיטות הרמב"ם הוא דאין לנו לעשות פלוגתא רחוקה בזה אלא דרבנן פליגי וסברי דפטור אבל אסור דהיינו כמו דאמרינן (דף ע"ח ע"ב) בכיפתו לאו דפליגי רבנן וסברי פטור ומפרשינן דפטור היה ממיתות ב"ד בימי הבית והיה חייב בידי שמים ע"ש כמו כן פליגי רבנן כאן על ר"י בן שאול דהוא מחייב בב"ד ורבנן פטרי רק ממיתות ב"ד בימי הבית · אבל מיתות בידי שמים שפיר מחייבי אפילו רבנן ·

בזה מבואר שפיר סוגיא דזמרי אזלא אליבא דרבנן ולפיכך אמר דאילו הרג זמרי לפנחס אינו נהרג עליו משום דלזמרי יש לו דין יכול להציל בא' מאבריו דהא יש לפניו תחבולה להפקיע מעליו רדיפת פנחס היינו לפרוש מהאשה · ואז היה בטל רדיפתו של פינחס מעיקרו · ושפיר אמר תלמודא דאינו נהרג עליו אבל אסור היה לכתחילה להורגו כמו היכול להציל בא' מאיבריו שאינו רשאי להרוג את הרודף לכתחילה · אבל אם הרגו אינו נהרג עליו כרבנן דפליגי על ר' יונתן בן שאול בזה :

ולדעתי ראיה שאין עליה תשובה לפסק הרמב"ם על היכול להציל בא' מאבריו משוגלא דזמרי שאמרי עליו בסוגיא דפטור אבל אסור מוכח דרבנן דפליגי על ר"י בן שאול היא דסברי הכי והלכה כוותייהו בזה :

אך האי סוגיא דניתן להצילו בנפשו דמקשה עלה ממתניתא דאלו נערות שיש להן קנס ומוקמינן כר"י בן שאול דיכול להציל באחד מאבריו דסובר דנהרג עליו בב"ד · א"כ לא התיר עצמו כלל למיתה במעשה הזה · אבל לרבנן לפי מה שכתבתי דרבנן פליגי על ר"י בן שאול ופטרו עכ"פ ממיתת ב"ד א"א לאוקמי מתני' דאלו נערות כוותייהו וז"ל הרמב"ם פ' ה' מחובל ומזיק הרודף אחרי רעהו או אחרי ערוה ושיבר כלים ברדיפתו פטור שהרי התיר עצמו למיתה בשעת רדיפה אלא עכ"ל · אם כן יש לומר לר"י בן שאול דחייבין עליו מיתת ב"ד ממילא לא היה עליו היתר מיתה כלל · אבל לרבנן האיל ועכ"פ אין מיתת ב"ד על ההורגו ממילא התיר עצמו למיתה ועיפה נפשו להורגים וכל מוצאו יהרגנו אחרי שנסתלק שם מיתות ב"ד מן ההורגו · ומה שיש עכ"פ עונש דין שמים אינו נחשב לרודף הבא לשמירות נפשו · ובפלוגתא דאי מתניתין דאלו נערות שיש להם קנס אפילו כרת ליתו נחשב אלא · וכמו דאמרינן ריש פרק אלו נערות דהאי מתני' לאפוקי מר' מיאשא בן עקביא דסובר דכרת הוה כמו מיתת ב"ד ומחשב לתרתי מיתה ותשלומין ע"ש · ועיין כאן בסוגיא (דף ע"ג ע"ב) ברש"י ד"ה הבא על אחותו דכ' דהאי הבא חייבא דכרת לא פוטר מתשלומין אבל מה שניתן להצילו בנפשו מיקרי שפיר מיתה ותשלומין ואע"ג דלא איקטל מ"מ ראוי לטפחו כמו חייבי מיתות ב"ד שניגנין כו' ע"ש :

וא"כ האיל והאי הבא לא חשיבא ליה כרת מכל שכן מיתה בידי שמים · וכמו דאמרינן שם בריש אלו נערות אליבא דרבא גבי זר שאכל תרומה אפילו לר' מיאשא בן עקביא דכרת מיקרי מיתה ותשלומין · אבל מיתה שמים לא חשיבא למיתה ותשלומין ושפיר מחייב בזר שאכל תרומה בתשלומין אף שיש עליו מיתות שמים ע"ש דיליף רבא מקרא דדוקא כרת שלי חשיבא כמיתות שלכם היינו של ב"ד ע"ש · וממילא להאי הבא דמחייב קנס באחותו לא חשיבא ליה כרת מכש"כ דלא חשיבא ליה מיתות שמים · ומיקרי שפיר האי רודף התיר עצמו ודמו למיתה על דהוא רודף אחרי אחותו אף שיכול להציל בא' מאיבריו · מכל מקום לא יחיש למיתת שמים שיש עליו ולא ימנע מלהרגו · ונקרא יותר דרגא דמיתה מחייבי מיתות שנגנין דפטורין משום דרגא דמיתה :

ודמות זכר ראיה נכונה לזה מצאתי מסוגיא דמכות דאיתא שם אמר רב הונא גואל הדם שמצא לרוצח בהליכתו למקלט והרגו פטור קסבר ולו אין משפט מות בגואל הדם הוא דכתיב ופירש"י דה"ק קרא פן ירדוף גואל הדם אחרי הרוצח והשיגו והכהו נפש ולא יתיירא מב"ד כי לו אין משפט מות מתיתות ב"ד עכ"ל · ולקמן נחקור בזה באריכות דבמחתרת כתיב אין לו דם שיש עכ"פ רשות להורגו וכן ברוצח שיצא ממקלטו דפליגי ריה"ג ור"ע אם יש מצוה או רשות לגואל הדם להורגו כתיב התם אין לו דם · אבל בהליכתו של הרוצח למקלט משמע שאין רשות לגואל הדם להורגו לכתחילה · וביותר משמע שמשוין שני ת"ח לרוצח שאם יפגעו בגואל הדם ידברו על לבו שלא ינהוג מנהג שופכי דמים להרגו · דבן שופך דמים הוא האי גואל הדם בהריגת הרוצח היאיל ובשגגה בא מעשה לידו · אך דין מיתות ב"ד פוטרו הכתוב · אבל האיל ואין רשות נתונה לו ממילא יש עליו דין שמים דינא רבא או דינא זוטא כדאיתא פ"ק דקדושין ע"ש · והזין דעכ"פ האיל ופטור הוא ממיתות ב"ד משום הכי לאו מתיירא האי גואל הדם להורגו :

כמו כן האי רודף שיכול להצילו בא' מאבריו האיל וכל ההורגו לא היה עליו עונש מיתות ב"ד רק דין שמים אינו מתיירא כ"כ· מלהורגו ונקרא שפיר האי רודף התיר עצמו למיתה ברדיפה זאת שניתן להצילו בנפשו וא"כ אי אפשר לאוקמי כרבנן אלא כר"י בן שאול דפליג על רבנן וסובר דיכול להציל באחד מאבריו היה נהרג עליו בב"ד ממילא לא התיר עצמו מעיקרא כלל ברדיפה זו :

והנה בענין זמרי ופנחס שאמרו בפר' הנשרפין (דף פ"ב) שאפילו בשעת מעשה אילו נתהפך זמרי והרגו לפינחס אינו נהרג עליו משום דפנחס הוה רודף וכמו שמבואר בפירוש המשניות שם שהתורה לא גזרה בזה מיתה ואילו נמלך בב"ד לא היו מורין לו ובירושלמי הביאו במגדול עוז' דפנחס שלא ברצון חכמים עשה ע"ש · וא"כ שפיר נקרא פנחס רודף משום כך : ועלה בדעתי לחקור אם הרגו לפנחס אדם אחר שלא דינו אי נימא דנמי אינו נהרג עליו מחמת שהוא רודף · ולא מצינו אלא שיש רודף לחלק בין נרדף עצמו לאדם אחר דבהאי סוגיא דניתן להצילו בנפשו דמבואר שיש מצוה וחיובא להצילו מבואר ברמב"ם פרק א' מרוצח דאדם אחר דומה לנרדף · ואף גבי מחתרת המבואר בגמרא (דף ע"ב ע"ב) דאין בו מצוה וחיובא אלא רשות אבל עכ"פ אמרינן שם שהיא בכל אדם וע"ש ברש"י ד"ה דוקא בעה"ב שעליו בא להורגו היה מותר להרוג את הבא במחתרת אבל אדם אחר שאינו בא עליו אינו רשאי קמ"ל דרודף והאיל ורודף מותר לכל אדם להצילו בנפשו · עכ"פ מבואר דכל שנקרא רודף אין שום הפרש בין האדם שבא עליו להורגו לאדם אחר שיכול להצילו · וממילא היה ראוי לומר דלאו דוקא זמרי אינו נהרג על פנחס אלא אפילו אדם אחר לא היה נהרג על הריגתו דהא רודף הוא · יקשה ראיה היה לנו ממה דאמרו שנעשה נס לפנחס שהיה לו לדבר ולא דיבר עיין ברש"י דמפרש שהי' לו לזעיק לאנשי שבטו לסייעו עכ"ל והזיק לומר שכל שבטו היו רשאי' אלא נוכח דאף אחרים יכולין להרוג לפנחס מדין רודף ואף שיש לדחות מכל מקום הדבר צ"ע :

וראיתי בסוף סימן תכ"ה פרישה וביאור דין זה דאדם אחר נהרג על פנחס ע"ש ובב"י לא הראה מקור לזה ותמהתי שלא מצא מקור לפסקי' הראבי"ה בהגהותיו זאת כ' על הטור וז"ל פשיטא הוא ומגוף פשיטתו לא ניחא להשיב עכ"ל ב"י · ולגי אומר איפכא כי מידוע גדול מדם למו הטור בזה · ומהאלך להקיר טעם וסברא מגיל להבעור זאת כי זה וודאי אילולי נאמר בפירו' בתלמוד דזמרי אינו נהרג על פנחס היה לגי מהסברא פשיטא לומר דזמרי נהרג עליו · וממילא לא היה עולה על דעתינו לכנות לפנחס בשם רודף כאיל וקנאת ה' צבאות עשה זאת · וכבר מבואר ברמב"ם דאם נמלך בב"ד לא היו מורין לו מכל מקום התועבה זאת מעלמו כרי הוא היה מזריזין ומשובחין ע"ש · ואעפ"כ קבע תלמודא שם רודף על פנחס בדבר הזה ואמרו בזמרי אינו נהרג עליו וממילא אחרי בשם רודף קביע על פנחס מה לי זמרי ומה לי אדם אחר :

ובהשקפה ראשונה אמרתי לשיטתי שפיר כתב דאחר נהרג עליו דלשיטתו מבואר האי מילתא בהלמוד כי שנה דעת ריב"ש הובא במלמ' סוף ה' חובל ומזיק על הא מילתא דאמרו בגמרא דיכול להצילו בא' מאבריו נהרג עליו הוא דוקא קאי ואיירי על אדם אחר הבא להציל אבל הנרדף עצמו אפי' יכול להציל בא' מאבריו והרגו אינו נהרג ע"ש :

ונראה דריב"ש הוליא להוכיח סברא זו מסוגיא דזמרי דאמרו שם דזמרי לא הוי נהרג על פנחס · וסברות הריב"ש הוא כשיר ותשובת מיימוני שהבאתי לעיל דפליגי על הרמב"ם וסברי דיכול להציל באחד מאבריו והרגו אינו נהרג אפי' בב"ד · וא"כ היא קשה לפניו אמאי אמרו דאין זמרי נהרג על פנחס הא בפשיטות יש לזמרי דין דאפשר להציל בלי הריגות הרודף היינו שיכול לפרוש מהאשה וממילא היה בטל רדיפתו של פנחס מעליו שלא היה רשאי להורגו אע"כ מוכח ומוכרח מזה דמה דאמר ר"י בן שאול דהיכול להציל באבריו נהרג עליו קאי ואיירי דוקא על אדם אחר הבא להציל · אבל לא קאי כלל על הנרדף עצמו · והנרדף עצמו אינו נהרג אפילו כשהיה יכול להציל בתחבולה אחרת לכן שפיר אמרו דזמרי עצמו אם הרג את פנחס לא היה נהרג עליו ·

וא"כ בטור לשיטתו דחולק על הרמב"ם וסובר דיכול להציל באיבריו נהרג בב"ד ואם כן ע"כ מהסכרח לו לפסוק בזה כריב"ש דמה שאמרו דיכול להציל באבריו נהרג קאי דוקא על אדם אחר אבל הנרדף עצמו אינו נהרג · וזהו הפשט שאמרו שזמרי לא היה נהרג על הריגת פנחס · אבל אדם אחר בודאי היה נהרג שכל זה אמרו שיכול להציל באחד מאבריו נהרג אם כן לשיטות הטור מפורש הא מילתא בתלמוד :

מו א

אולם

אולם אפשר אף לשיטת הרמב"ם דאינו מחלק בשאר רודפים בין נרדף עצמו לאדם אחר · ואף ביכול להציל באחד מאבריו אין שום חילוק בין נרדף לאחר דעל כולם נאמר דאינן נהרגין בב"ד אלא בדין שמים מכל מקום במעשה זמרי יש לחלק בזה דהנה זה ודאי כל הרואה את הרודף ויכול להציל ומנע א"ע מלהורגו עובר על עשה וב' לאוין המבוארין ברמב"ם פ' א' מרוצח הלכה ט"ו עיין שם · אף בבלעדו נעשה מעשה ההצלה היינו שאח"ז ראה אדם אחר את הרודף והרגו או כנרדף עצמו נתחזק ויהרגו או ליזה סיבה נעשה אשר עי"ז נעשה העדר על הרודף מלהוציא מחשבתו הרעה אל הפועל מכל מקום הראשון שעבר רודף הוה לפניו ומנע עצמו ההצלה עובר על עשה וב' לאוין הנ"ל · וה"ה האי רודף שיכול להצילו בא' מאבריו דשיטת הרמב"ם דבין נרדף ובין אחר אם לא דקדק להציל בכך אלא הרגו לגמרי פטור · אף הראשון שהרגו פטור ואין לחייבו משום דהיה לו לסמוך על אחר או על הנרדף דהמה יעשו ההצלה באחד מאבריו · ומסתמא הטעם הוא דהאי וזה התיר את עצמו להיות רודף · ומצוה וחובה יש על כל אדם להצילו בנפשו · אינו מהראוי לחייב מיתות בידי שמים בית ב"ד ההורגו משום דלא דקדק להצילו בא' מאבריו:

אך כל זה שייך לומר בכולהו עניינא דיכול להצילו בא' מאבריו · אבל במעשה זמרי בפשיטות דכל אדם אין להם רשות להרוג לפנחס על מעשה רדיפה שלו דיש להם לסמוך שלא יצא מעשהו אל הפועל משום דבודאי יעשה זמרי בעצמו ההצלה ויפרוש מן האשה · ובאמת אמרו שם דכמה ניסים נעשו לפנחס ואחד מהן דהיה לו לזמרי לפרוש ולא פירש ע"ש · ולכאורה מנא ידע תלמודא דבר זה שהיה לו לפרוש עד שקבעו דבר זה לנס מה שלא פירש · אבל הענין הוא דתלמודא תקרו הדבר לומר דמסתמא דמילתא הוא שזמרי היה לו לפרוש בראותו שפנחס הולך להורגו ומי גבר יחיה ולא יראה מות עור בעד עור וכל אשר לו יתן בעד נפשו ואיך יחליף חיי שעה על חיי עולם · ולכן בלי ספק מהראוי היה לומר בזמרי יפרוש עצמו בכדי למלט את נפשו מרדת שאול מרדיפתו של פנחס · אלא ע"פ נס היה שנתעכבו עליו מלפרוש בכדי שיבוא פנחס וקנאתו עליו ויטול שכרו בריתו שלום · וא"כ בפשיטות ראוי לומר שאדם אחר לא היה רשאי להקוע א"ע להציל את רדיפתו של פנחס בנפשו ולהורגו · הואיל ועיקר עסק רדיפתו היא אינו אלא בשעת תשמיש כל זמן שעדיין לא פירש זמרי ובשיפרוש בטל רדיפתו · ומסתמא בלי ספק יפרוש עצמו כנ"ל ואיך יסמוך אדם אחר על הנס שיהיה נעשה לפנחס בכדי להתגדר ולהתגדל מזה המעשה אף שיעכבוהו ע"פ נס מלפרוש משו"ה ראוי לומר שאדם אחר היה נהרג על הריגת פנחס אף שנקרא רודף · רק זמרי עצמו מכל מקום לא היה נהרג עליו אף שהיה לפניו התבוללה אחרת כנ"ל בארוך:

ובהאי סברא שכתבתי לעיל בשם ריב"ש לחלק ולומר דהא דאמרו בתלמוד דיכול להציל בא' מאבריו נהרג עליו קאי דווקא על אדם אחר · אבל נרדף קילא שפי דאינו צריך לו לדקדק כ"כ להציל בא' מאבריו אלא אף שאם הרגו לגמרי אינו נהרג עליו:

ולכאורה נמלא הסברא בתלמוד להיפך דהקילו חז"ל באדם אחר יותר מגבי נרדף עצמו · והוא שם (בדף ע"ד) אמרי' דאדם אחר שבא להציל מן הרודף ושיבר כלים של אחרים בהליכתו להציל פטור אבל נרדף עצמו ששיבר כלים של אחרים בשעה בעסק הצלתו מן הנרדף חייב לשלם אלמא דהקילו יותר באדם אחר מבנרדף עצמו:

אך כד מעיינין בזה לק"מ ואדרבא קלא ראיה לסברא של ריב"ש דמעתא דמילתא דהתקינו חז"ל שיהיה אדם אחר היורד להציל פטור על שבירות כלים היא בכדי שלא ימנע א"ע מלהציל או יתמהמה ויעיין בשעת הצלה כך הוא לשון רמב"ם סוף חובל ומזיק ופטרו ממון התשלומי שבירתו משום פיקוח נפש ההצלה בכדי שיהיה זריז בעסק הצלות הנפש · אבל על נרדף עצמו לא הוצרכו לזה · דזה ודאי נרדף עצמו זריז להציל ולא יחוש לעיין ולהתמהמה עבור תשלומי כלים שישבור בעסק הצלתו כי עור בעד עור וכל אשר לו יתן בעד נפשו · ולפיכך לא עשו על נרדף תקנה זאת להיות נפטר על שבירות כלים שיזיק · ודווקא אדם אחר היורד להציל כשיהיה חייב יתמהמה לעיין בשעת הצלתו · אם כן ממילא ראוי לומר דאדם אחר דרכו לעיין יותר מנרדף עצמו · וה"ה בעסק שיכול להציל באחד מאבריו דווקא אדם אחר שאינו בהול ומהומה כל כך בההצלה עליו לפקח על הדבר ולעיין לעשות ההצלה באחד מאבריו · אבל נרדף עצמו שהוא בהול על נפשו אין דרכו לעיין ולפקח על הדבר ועושה הדבר בזריזות האפשרי מבלי לעיין על זה שיכול להציל בא' מאבריו:

הרמב"ם בפרק א' מרוצח חשב למצות עשה להציל הנרדף אפילו בנפשו של רודף מקרא דפרשת תצא דכתיב וקצותה את כפה לא תחוס עיניך שאם אינו יכולין להציל בכפה מצילין בהריגות הרודף מלא תחוס · וכתב עליו הראב"ד בספרי קדרים לה הכי עכ"ל ובעל מגדול עוז כתב יישר כחו שלמדנו מקומו כו' ואף הכ"מ כתב ע"ז שכך הוא בספרי ע"ש · ובהגמיי"י ס"ק ע"ב כתב וז"ל בספרי וחכמים שדורשים כן ולא כרבי יהודה דיליף לא תחוס מלא תחוס דעדים זוממים מה להלן ממון אף כאן ממון ורש"י תפס כשיטת רבי יהודא · והוא יחידאי עכ"ל:

והנה לדעתם הראב"ד שלום כי ידבר שהראה מקום מקור להרמב"ם · אבל לדעתי לא כן הוא אבין איב לאוהב נהפך להם הראב"ד · והשגה גדולה העיר עליו ותוכן כוונתו של הראב"ד לומר שבאמת בספרי דרים לה כך · אבל גמרא דילן לא סברי לה הכי · דהא שם (דף ע"ג ע"א) דייק תלמודא להביא ילפותא על מה דאמרו במשנה ואלו ניתנין להצילן בנפשן ולא אלא למילף רק מהקישא דנערה המאורסה ע"ש · א"כ מוכח דתלמודא לא סבר לה שיטת הספרי למילף מקצותה את כפה כו' · ואפשר דפסיקא ליה לתלמודא דהלכה בזה כר"י לדרוש האי קרא וקצותה את כפה ממון · והוא טעמו של רש"י שתפס בפירושו לחומש דרשא דרבי יהודה דבהא שיטה רש"י עם הראב"ד דכל דרשות ספרי אליבא דרבנן אתמר לה

מסוגיא הנ"ל · ואף זאת ראיתי דברים פ' המניח (ד' כ"ח ע"א) איתא שם בסוגיא דעביד איניש דינא לנפשי' מביא תלמודא ת"ש וקצותה את כפה ממון מאי לאו בבאינה יכולה כו' ע"ש משמע לכאורה שיש ברייתא סתמא לדרוש על ממון · וקצת אפשר להיות דבאמת דברי רבי יהודה שמיה מספרי הנ"ל ומכל מקום מקשה תלמודא שפיר דודאי בהאי ענין דעביד איניש דינא לא פליגי רבנן עם ר"י רק מהלוך נעיקא"ס יש בדברי ר"י בספרי האי סיומא דמייתי שם תלמודא ושלחה ידה פרט לשליח ב"ד · וספרי אינו מצוי לפני לעיין בו כי ע"פ האי סיומא יש לגבורים דברייתא דמתניתא סתמא כרבי יהודה והוה נמי שייפתא למאי דמפרש רש"י בחומש כך · ועיין בריש פרק החובל דשם נמי משמע דוקצותה קאי אממון:

והנה הרמב"ם בפ' הנ"ל הלכה ט"ו שתם דמי שעובר ולא הציל עובר על עשה דוקצותה ועל ב' לאוין אחד דלא תחוס עיניך ושל לא תעמוד על דם רעך עכ"ל · והגמיי"י שם ס"ק ג' כתב וז"ל בספרי דורש מלא תחוס ובת"כ דריש מלא תעמוד עכ"ל · וראיתי בסמ"ג לאוין קס"ד מביא שם לאו דלא תחוס כמו ששנינו בספרי והרמב"ם כנ"ל אחר כך בלאו קס"ה הביא לאו דלא תעמוד על דם רעך והביא בת"כ פרש' קדושים מנין שאם ראיה שחבירך טובע בנהר או ליסטים או חיה רעה באה עליו שאתה חייב להציל ת"ל לא תעמוד · ומניין שאף לרודף אחר חבירו להורגו או רודף אחרי נערה מאורסה שאתה חייב להצילו בנפשו ת"ל לא תעמוד כו' ולמעלה האלנו דבר זה מלא תחוס וצריך להתיישב בדבר כי לפי הנראה יש שני לאוין בדבר זה וכן כתב הרמב"ם · אמנם בפרק בן סורר (ד' ע"ג) דומה שאין ע הברייתא אמת וניתן להצילה בנפשו דורש מדוקדק רואה לנערה המאורסה כתיב בה אין מושיע לה הא יש לה מושיע מושיעה בכל דבר שהוא יכול ואפילו בהריגות הרודף עכ"ל סמ"ג ע"ש:

ובפי הנראה שהסמ"ג לא התעורר אלא על לאו דלא תעמוד שמנה הרמב"ם · אבל התעוררת הראב"ד כפי מה שפירשנו על הכלל כולו ילא דהא סוגיא דתלמודא וסוגית דידן לא סבירא כלל דרשות דספרי לא בלאו דלא תחוס ולא בעשה דוקצותה את כפה וכנ"ל:

ובאמת שיטות הרמב"ם במה שמנה כאן ב' לאוין לכאורה תמוה מאוד שהוא נגד התלמוד · אולם נראה לי ליתן מקום לשיטתו ולבאר כל סוגיא לסברות הרמב"ם דלכאורה יש לעיין בסוגיא דאמור שם מ"ר מניין לרודף אחר חבירו להורגו כו' ומקשינן והא נהכא הוא דאתא האי מיבעי ליה לכדתניא מניין לרואה בחבירו שטובע בנהר כו' · ולפום רהיטא עלב אלגי לחקור למאי דונמא לקושיא דתלמודא הנ"ל דקושיא כזו לא מצוי בש"ס להקשות אלא על אמורא דשקה ילפותא מאיזה קרא מקשה עליו דהא האי קרא מיבעי ליה על לימוד או דרש אחר · אבל ברייתא שהגא שנאה לדרש הזה לא שייך להקשות כל כך עליו ממה דתנא אחר דורש בברייתא קרא הזה בענין אחר · ודוקא על אמורא שייך להקשות עליו ונבטל דבריו · אבל על ברייתא אף דמצא להקשות עליה איזה פירכא מדרך התלמוד לתרצה ולפרש עד דאוקמה לה על מכונה אבל לא מליש דהא אותה מכל וכל ונומר עליה שהיא אינה נאמנת · וכמו שעלה על ישות סמ"ג בפשט המשוטה · ונראה בזה דבאמת מה דמייתי תלמודא ואמר האי מיבעי ליה לכדתניא הרואה את חבירו כו' היא בעצמה ריבא דברייתא דתנו רבנן דלעיל וכמו שהביא שמויה בת"כ ברייתא זו שהביאה הסמ"ג שם:

וראיתי בילקוט שמואל בשובתא שהיה דוד עם שאול במערה שאמר דוד מכתורה בן הריגה אתה דכתיב אל תעמוד על דם רעך אמר ר' יודן אם בא אדם עליך ויכולת לו לא תעמוד לא תאמר אתחייב אני בדמו לא תמלך הרגהו מיד כו' עכ"ל ורצוי לומר דרבי יהודה לשיטתו קאי דלרבנן דדרשי בספרי מקרא דלא תחוס על ענין הזה להרוג את הרודף אפשר לא מצריך קרא דלא תעמוד אבל ר"י דדריש קרא דוקצותה את כפה על ממונא תחוס יליף לה מעדים זוממין הילכך דייק למילף להריגות רודף מקרא דלא תעמוד כמבואר בילקוט הנ"ל:

ואף על ר"י קשה מה שמקשה הש"ס הא האי קרא מיבעי ליה על שרואה חבירו טובע וכו' · לכן נראה דעיקר הקושיא דמקשה תלמודא הוא משום דלפי זה שביארנו כולה חדא ברייתא היא ששנויה כך בת"כ · וזה וודאי אי דרשינן האי קרא דלא תעמוד על רואה חבירו טובע בנהר · ממילא חורן פירושו דקרא דלא תעמוד על דם רעך כוונתו על דמו של האדם הנרדף וניזק בנהר או חיה רעה או ליסטין · ומשמעותו דקרא הוא דלא תעמוד על דם רעך שקרוב להיות נשפך ונפסד אלא תרוצה להצילו מהנהר או מחיה רעה ומהליסטין · אבל עדיין לא שמענו מהאי קרא שיהיה מהלורך להרוג את הרודף דהא קרא קאי ואיירי בנרדף כנ"ל · וכל זהו לפי דרש המבואר בריש דברייתא · אבל בסיומא דמסיים בברייתא ומניין שאף לרודף אחרי חבירו להורגו או רודף אחרי נערה המאורסה שחייב להצילו בנפשו תלמוד לומר לא תעמוד כו' ע"כ לפי דרשא זאת מתפרים משמעותו של קרא דלא תעמוד על דם קאי ואיירי בדמו של רודף וכמבואר בילקוט הנ"ל בדברי רבי יודן לא תאמר אתחייב אני בדמו לא תמלך כלומר מפרש תעמוד לשון עכבה וכמלכה אלא תהיה זריז להרוג את הרודף ולא תהרהר בדעתך איך אתחייב בדמו של זה עבור זה:

וידוע דסתם ספרא הוא ר"י וספרא הוא ת"כ · נמצא דברייתא הנ"ל היא שלמה דברי רבי יודן אשר הובא בילקוט דדריש מלא תעמוד על הריגות הרודף כנ"ל:

ולפי"ז יש לפרש דתלמודא מקשה על האי ברייתא מרישא דידה דמבואר באותו ברייתא לדרוש ולפרש קרא דלא תעמוד קאי ואיירי על הנרדף שהוא טובע בנהר כו' וא"כ דורש ברייתא זאת לא תעמוד על דם על דמו של רודף היינו שהרגין הרודף · ומקשה הואיל ויש לך לדרוש לא תעמוד דקאי על כלום הניזק והנרדף ושירוש האמור על דם כוונתו דמו של נרדף וטובע בנהר א"כ מאי להאי תנא מנאו לדרוש עוד ולפרש קרא דלא תעמוד על דם קאי ואיירי בדמו של רודף שמותר להורגו ולהצילו בנפשו · דילמא עיקר פירושו על דמו של להכי

רודף ושובע בנהר שחייב כל אדם להציל מנהר ומחיה רעה ומליסטין · אבל להרוג לרודף אפשר משום לא התירה התורה ולא חייבה בלא"ה. וזה"ע פ"ז מסיק תגמודא שיש כאן גילוי מילתא לדרוש מהקישא דנערה מ"א דעכ"פ ראוי להציל אפי' בנפשו של רודף · וממילא יש לנו שפיר לדרוש הלאו דלא תעמוד על דם רעך ואוקמי בלאו דלא תעמוד ועיקר הדרש ז הקישא הוא לנו רק לגלות שיש היתר בהצלת דמו של רודף ושפיכת קרוב לפרש כאן לאו דלא תעמוד על דם ברעו של רודף · עיין בתוס' ד"ה להצילו דהקשו באמת למה לי כנה קרא על הלאו מטביעות נהר ע"ש :

ויותר נראה לבאר בזה דהנה התו' הקשו בד"ה להצילו וא"ת למה לי קרא בטובע בנהר וחיה גררתו כיון דילפינן דרוצח ניתן אפילו להצילו בנפשו בהא סבירו הורג כדי להציל הא לא כל שכן · אולם יש לבאר לתרץ זאת עם מה שחקרנו לעיל חדא בחידך :

ובאמת יש לחקור סוגא על מה דקבע תלמודא ילפותא להציל בנפשו של רודף כן בגיאף וכן ברוצח מקרא דאין מושיע לה הא יש לה מושיע מהוייב להושיע לה בכל דבר שיכול להושיע · וקשה בזה כמו דדייקינן לעיל הקרא דלא תעמוד דברייתא יליף מיניה על הצלות טובע בנהר וליכטים דאין ענין היינו הצלות הנרדף · ועוד יליף מיניה להרוג את הרודף · ומקשין הא מיבעי ליה על הצלות הנרדף ומדיין להרוג הרודף מנ"ל · כמו כן יש לדייק בהאי ילפותא דקבע תלמודא בקרא דאין מושיע לה דילמא לא אתיא אלא להציל אותה ולהושיע לה בכל מה דאפשר · ואכתי להרוג את הרודף מנ"ל :

לכן נראה דהספיקות דזה ודאי אי לא הוה לנאמר הך קרא או קרא דלא תעמוד או האי קרא דאין מושיע לה לא הוה מלינן למילף מיניה אלא מה דמסתבר טפי היינו לטובע בנהר או ליסטים דאין מהוייבין להציל הניזק והנרדף בכל האפשרי אבל אף להרוג את הרודף היינו להצילו בנפשו לא הוה מלינן נדייק מיניה · וכן אי לא כוה כן אלא האי קרא דאין מושיע לה לחודא נ"כ לא הוה דייקינן מיניה רק להושיע לה בהצלתה כל מה דאפשר אבל להרוג להרודף אכתי לא הוה שמעינן מינה כנ"ל · איברא אחרי שיש לפנינו תרתי הכנו קראי · וממילא שמעינן מאידך קרא דרשינן מיניה להציל אפילו בנפשו היינו אפילו להרוג את הרודף בין שהוא רוצח או נואף · דאי נימא דלא בא להשמיענו אלא הצלות הנרדף למודא תרתי קראי למה לי בזה · ואחרי אשר ע"כ נוכח דהד מהני קראי בא לנו למילף על הצלות בנפשו של הרודף · ויש למו הקישא דקרא מקיש נערה ורוצח להדדי · ממילא קנפיק ילפותא בכל חד מהני קראי על הריגות רודף כפי האמת · ולפי מה שפירכנו דנאותה ברייתא שלמה מפורש בה הצלות נהר והריגות הרודף · ע"כ בדרך לא א אף א קאני לה · ועיין דוגמא לזה (ב"מ דף ל) בדרשא דקרא והתעלמת דדורש מינה בברייתא כמה דרשות ומסקנא דאינה לריכה אלא משום חדא ע"ש · והכ"נ עיקר האמור דלריכא לנו להקישא דרוצח שבא ללמד ונמצא למד · דהיינו דילפינן מסיקא דכייך הריגות דם הרודף · וממילא דרשינן לא תעמוד ללאו של הריגות הרודף ודם רעך על הרודף קאי ואיירי כמו שביארנו · ומיניה ילפינן דאף בנערה שייך בלאו דלא תעמוד וא"כ בשפיר שרוצח עם נערה בא ללמד וללמוד היינו דיליף מינה דשייך הריגה על הרודף והלאו דלא תעמוד ילפינן לנערה מרוצח . ואם כן למסקנא דסוגיא מהייבא הברייתא על מצוה דשייך בשפיר נמדרש לאו דלא תעמוד על הרודף · ואף זאת אפשר אם היה מביא הלמודא האי ילפותא דלא תחוס וקליותה את כפה היה הוקר הש"ס אפשר דהאי דרבא חממון קאי · וזה לא שייך כלל בתורה שיהיה על הריגות הרודף · אבל אחרי שקובע למודא האי ילפותא דהקישא דרוצח לנערה · וממלא פ"ש לנו גלוי מילתא דהתורה מתיר דם הרודף · בפשיטות יש לנו לדרוש קרא דלא תעמוד על דם איירי בדמו של רודף · ואף קרא דלא תחוס מתפרש לנו על הריגות הרודף והחכמים לגבי ר"י דימידאי הוא · ויוצא מתוך דהרמב"ם קבע להלכה שחייב בהריגות הרודף בלאו דלא תעמוד כמבואר בתלמוד לפי המסקנא וגם בלאו דלא תחוס כרבנן דר"י ופסק דוקלותה את כפה :

בעובדא דדוד ושאול כשהיה שאול במערה שהיה דוד שם וכרת דוד כנף מעילו ואמר דוד לשאול ואמר להרגך ותחס עליך · ואיתא בפרק הרואה (דף ס"ב ע"ב) ואמר ואמרתי מיבעי ליה ותחס וחסתי מבעי ליה אמר ר' אלעזר אמר לו דוד לשאול מן התורה בן הריגה אתה שהרי רודף אתה והתורה אמרה הבא להרגך השכם להרגו אלא לניעות שהיתה בך היא חסה עליך ע"כ · ובהשקפה ראשונה יש להפליא סוגא על דוד · אחרי שמבואר ברמב"ם ובסמ"ג שם שהמונע א"ע מהריגות הרודף עובר על עשה וב' לאוין · א"כ מה הועילה הצניעות שהיה בשאול לחום עליו · הואיל ובתורה כתיב לא תחוס · וכפי הנראה אין לחלק בין אדם אחר לנרדף עלמו · דכמו שאדם אחר עובר על זה · אף שבלעדו נעשה פסק הלכה · כמו כן נרדף עלמו ראוי לומר שעובר על עשה וב' לאוין הללו אף בכלל אח"כ ע"י סיבה אחרת · ומה לי הוא ומה לי אחר :

וגם על פירש"י בד"ה התורה אמרה אם במחתרת ימלא הגנב כו' וקשה סובא למה שביק רש"י כל סוגיא האמורה בניתן להצילו בנפשו ותפס סוגיא דמחתרת · אמת בילקוט ראיתי שאמר דוד לשאול התורה אמרה אם במחתרת ימצא הגנב ואתה נמצאת עמי במערה מותר אתה ומותר דמך כו' · וזהו דרך דרש להקיש מערה למחתרת · אבל עיקר הענין אין לו דמיון המערה למחתרת כלל · אבל על רש"י קשה כנ"ל :

עוד שם בפרק הרואה (ל"ח ע"א) בפתגמא דרבי שילא דר' שילא קריעו המלא אמר האי רודף והתורה אמרה הבא להרגך השכם להרגו פירש"י גם כן התם מענין מחתרת ע"ש · וקשה ג"כ כנ"ל למה שביק רש"י כל הסוגיא דניתן להצילו בנפשו ומביא רק ענין המחתרת · ובהג"מיי פ"א מרוצח בענין האמור שם ברמב"ם דחייב להצילו בנפשו. מביא ראיה על זה מעובדא דר' שילא ע"ש :

ולהסביר דבר הזה לנכון נקדים לעמוד על חקירה אחת אשר חקרנו בענין דרודף האמור בו ניתן להצילו בנפשו · ומשום הכי איתא בסוגיא (דף ע"ד)

ובפרק הגוזל (דף קי"ז) דרודף שעיבר כלים פטור מפני שהחיר עליו למיתה וכן הוא ברמב"ם סוף חובל ומזיק ע"ש · ועלה אצלי להסתפק אם עיקר האי דינא לא נאמר אלא ברודף לעשות מעשה רציחה בידים בענין שחייב עליו בזמנהבית מיתות ב"ד · אבל מי שרודף אחרי חבירו לעשות לו איזה ענין שאין עליו מיתות ב"ד אלא מיתה בידי שמים כגון רודף לכפותו לפני ארי או להכיש בו נחש או להעלות עליו מהבור אשר יש שם אדם ודומה לזה אשר בכל הנהו עניינא אמור בפ' הנשרפין (דף ע"ז) דפטור ומבואר ברמב"ם פ"ב ופ"ג דמ"מ חייבין בדיני שמים ע"ש · אפשר בזה לא נאמר האי כללא דניתן להצילו בנפשו :

ובעין הערה זאת יש לי קוש' מיוחד בהאי ענין האמור דעל גילוי עריות ושפיכות דמים יהרג ואל יעבור אם הוא דווקא בכופין אותו לעשות מעשה רציחה בידים · או אפילו בכופין אותו לעשות עסק גרמות מיתה כגון לכופתו לארי והזמינו אי אמרינן אף בהאי עניינא יהרג ואל יעבור או לא · והאלכהתי שיש פלוגתא בזה עיין בתוס' פ' הבא על יבמתו (דף כ"ד) דמסקי שם דבעינן דווקא בגוונא האמור בקרא כאשר יקום איש על רעהו ורצחו היינו עושה מעשה בידים · ובגילוי עריות נ"כ מעשה בעי ע"ש · ועיין בתוס' סוף פ' בן סורר דהאריכו בזה וכפי הנראה דעת ר"ת שמתרץ באופן אחר מסתמא לא סבר האי חילוק · ונראתי לומר דסוגיא דירושלמי הובא בכ"מ פ"ה מהל' יסודי התורה דפליגי ר' יוחנן ור"ל בלא הרגו בידים הגיא בעיקר הזה :

ומעתה הואיל ובחד קרא איתקיש נערה לרוצח ובא ללמד ונמצא למוד בהני תרי ענייני דיהרג ואל יעבור וביניתן להצילו בנפשו · וא"כ ראוי לומר כמו ענין דיהרג ואל יעבור הוא דווקא במעשה בידים שחייב עליו מיתות ב"ד כמו כן כהי ענין דניתן להצילו בנפשו הוא דווקא בעסק שעושה רציחה בידים שחייב עליו בזמן הבית מיתות ב"ד :

ובסוגיא שם (דף ע"ג) דאמרינן על קרא דאין לנערה חטא מות חטא אלו חייבו כריתות מות אלו מיתות ב"ד ומסיק דריבותא דאינו לא נאמר אלא מות ה"א דווקא מיתות ב"ד אבל עריות דליכא אלא כרת לא · ואי נאמר חטא לחוד ה"א אפילו חייבי לאוין ע"ש · וא"כ ליכא לן לרבויי אלא חייבי כריתות אבל לא חייבי מיתות שמים · ונכהורה יש לומר דהגיא בפלוגתא דפליגי אביי ורבא בריש פ' אלו נערות אליבא דר' נחוניא בן הקנה דפוטר חייבי כריתות כמיתות ב"ד ופליגי שם בחייבי מיתות שמים כגון זר שאכל תרומה אי הוי כמו כרת או לא ורבא סובר שם דאינו דומה לכרת ומסתמא הלכה כרבא · ולפי הסוגיא דעיקר ענין דניתן להצילו בנפשו ילפינן לה מנערה לרוצח וא"כ כמו בנערה לא ניתן להציל' בנפשו אלא בחייבי כריתות כמו כן גבי רוצח אלו היה ברוצח חייבי כרת ניתן להצילו · אבל בחייבי מיתות שמים כמו עניינא דכופתו לארי ומחו או להעלות שולים מהבור והדומיהן אפשר דאינו ניתן להצילו בנפשו · וממילא יש לנו להסתפק לפי"ז בזה הרודף לעשות עניינים הנ"ל שאין בה אלא מיתות שמים וזה וודאי ענין מיתות שמים שיש עליו פי"ז לא מכבר מתשלומין דהא אפילו כרת לא פוטר מתשלומין דלית הלכתא כר' נחוניא בן הקנה ועיקר פטורא דשבירות כלים תליא בענין שניתן להציל בנפשו הרי התיר עלמו למיתה עיין בש"ך סי' ש"פ ס"ק ב' · וא"כ אי נימא דהאי רודף לעשות מעשה לא מעניין דליכא בו אלא גרמא דאינו מיתות ב"ד ממילא חייב על שבירות כלים · ואי נימא דאפילו האי עניני ניתן להצילו בנפשו אזי פטור על שבירות כלים · ועיין בריב"ש סימן רל"ח דלאו דווקא מעשה בידים אלא אפי' גרמא נמי · ובתשובת דר' שילא מגמ' ברכות דלא עסק בהוא גברא רציחה בידים והשיכר להרוג חבירו או השולח עבדו מבואר ברמב"ם פ"ב מרוצח דפטור מדיני אדם ואין בו אלא מיתה בידי שמים ומ"מ קן ר"ש לותו לרודף וקטלי' א"כ מוכח דאפילו בגרמא שאין בו מב"ד בימי הבית אעפ"כ דין רודף יש עליו אכן כבר חקרנו עוד סברא נכונה דאין מקום ללמוד ענין הצלות בנפשו מגמ' רק בדבר שיש בו מב"ד ואף להרמב"ם דהלימוד הוא מקליתה את כפה כמי מבואר לאיירי מעסק רציחה העשה בידים אבל בגרמא לא ידענו ורק אפשר דעניק גרמא נוכל לדמות לעסק מחתרת דליכא רציחה אלא רשות ולא מליה ולא חובה מחמת דלא ברירא כ"כ עסק רציחה של הבא במחתרת וזה הטעם דבעינן שם קרא על רשות לפטרי כל אדם משום דהיה עולה על הדעת מחמת בלא ברירא כ"כ לא היו יתנו רשות רק לבעה"ב לבדו ולכן במקום שיש ע"י גרמא בקולי' הם בגדר א' כמו במחתרת · וראיתי בהגמ"י סוף ה' גניבה דקדמה ענין גרמא לבא במחתרת · ומעתה מדוקדק מאד מה דדייק רש"י לפרש בעובד' דר' שילא דאמר ליה רודף אתה והתורה אמרה מעסק מחתרת כיון דלא הוי אלא גרמא :

ושקטה נ"ח נמי עובדא דדוד ושאול מה שאמר שמהתורה בן הריגה אתה ותחס עליך לניעות שהיה בשאול · עי"ז נמנע דוד מלהרגו · ואילו היה מענייני סוגיא דרודף הניתן להצילו בנפשו לא היה דוד עובר על עשה ול"ת דלא תחוס · אך זאת ידוע דכל שאפשר להציל מהרודף בא' מאבריו אסור להורגו · וזה וודאי שדוד היה קולט אל השמים וכמו שטען יואב עם אבנר המבואר באגדה דסוף פ' גמר הדין · אך כל זה שייך באדם הדיוט הרודף אבל גבי שאול לא שייך זה · דהיה מלך ותנזור אומר ויקם · ולא היה באפשרי להציל ממנו בא' מאבריו · ועוד דמסתמא לא היה שאול הורגו בעלמו שאין זה מנימוס המלך ומעשה דנוב יוכיח עליה לדואג שיהרגם · עכ"פ ממילא לא היה עושה שאול מעשה רציחה בידים רק שולח את עבדו להרגו כמבואר בריש פ' האיש מקדש וברמב"ם פ"ב מרוצח דאין בזה מיתות ב"ד רק דין שמים · דליכא בזה מצוה וחובה מעיקר דניתן להצילו בנפשו · אלא מדין מחתרת קאתיא עלה למילף דעכ"פ רשות יש להרגו · א"כ שפיר היה רשאי דוד לחום עליו מלהרגו · ומדוקדק מאד מה דדייק רש"י לפרש בענין דוד ושאול גם כן מענין מחתרת דבהכי שלא יקשה לנו איך היה רשאי דוד לעבור על לאו דלא תחוס משום לניעות דשאול ·

ובעסקי בסוגיא ופוסקים בדינא דרודף ראיתי במ"למ פ"א מרוצח הל' פ"ו שמלא להסתפק ברוצח בשגגה שיש רשות לגואל הדם להרגו אם נתאמץ הרוצח והרג לגואל הדם אם נהרג עליו · ומסיק דהמליל הבא להרוג את הרודף אם התאמץ הרודף עליו והרגו נהרג עליו הואיל ויש מצוה להמליל להורגו אבל הרוצח שנתאמץ על

על אחאב הדם אינו נהרג עליו · והביא ממה שאמרו שאילו הפך זמרי והרג לפנחס אינו נהרג עליו · והביא שם לשון ר' ירוחם נתיב ל"ב ח"ב וז"ל ואם הבועל נהפך והרג הקנאי אפילו בשעת מעשה אינו נהרג עליו כי רודף היה הקנאי כי אין מצוה להרגו אלא רשות בעלמא עכ"ל ר"י · נמצא שתלה הדבר לפי שאינו מצוה להרגו וגואל הדם הוה נמי רשות עכ"ל המל"מ שם :

ולדעתי דבריו תמוהין איגרא ולא תהיה כזאת בישראל להרבות שופכי דמים · דהנה לפי דבריו שתלה הדבר במצוה או רשות דבכל מקום שאין בו אלא רשות אם נתאמץ והרגו פטור · ממילא גבי מחתרת שמבואר ברמב"ם שאין מצוה וחובה להרגו אלא היה רשות בעלמא · אם נתאמץ הגנב והרג את בעה"ב או שאר בני אדם שבאו להם שסנהדרין ביתי הבית רשות להורגו · וכמו שדרשו מדכתיב והוכה משמע בכל אדם הרשות נתונה משום דמיקרי רודף עיין בסנהדרין וכ"פ הרמב"ם סוף פ' גניבה דאין בעסק הריגתו מצוה וחובה אלא רשות · א"כ אם נתאמץ הגנב והרג לבעה"ב או לשאר בני אדם פטור · דהואיל ואין עליהם מצוה אלא רשות · לא הוו להיות נקראים רודפים כמו על זמרי שאמרו בגמ' דמש"ה פטור זמרי עליו משום שהוא רודף · ור' ירוחם קבע הטעם משום דאין בו מצוה אלא רשות · ולכן הדבר קשה כתורמוס לומר שהגנב לא היה נהרג על הריגת בעה"ב · ובתלמוד מפורש שהתורה קרא להגנב בן הריגה ואמרו שהתורה אמרה להורגו וקראו להגנב רודף נפשות על שם סופו והותר דמו ומשום הכי פטור על שבירת כלים ושארי הזיקות · ואיך נימא אנחנו באם הגנב הזה הוציא מחשבתו הרעה מכח אל הפועל להרוג את בעה"ב או לשארי מצילים לא יהרוג עליהם · שהמצילים נקראים רודפים ולא הוא · ולהמ"למ ליתא דר' ירוחם להשיתיה שיהיב טעמא על פטורא דזימרי בהריגת פנחס משום שאין מצוה לפנחס אלא רשות · אולם באמת דברי ר"י הנ"ל אינם מדוקדקים על מכונן כאשר נפרש אנחנו תוכן הדבר בעיקר טעמא דמילתא : אך זאת שהמ"למ לא ביאר את דבריו לברר באיזה גואל הדם קבע את ספיקו דיש הרבה חילוקי דינים בענין גואל הדם · בין אם הרגו קודם שנכנס אל עיר מקלטו · ובין אם הרגו אחרי שנכנס לעיר מקלטו ויצא :

ובבדי לברר יסוד ועיקרי דברים הללו על בוריין · נקדים לבאר מה שמחולק הרמב"ם עם מהרש"ל בענין רוצח שיצא מעיר מקלטו דהלכה כר' עקיבא האמור במסכת מכות (דף יב ע"ב) דאפילו גואל הדם אין בו אלא רשות ודלא כרי"הג דאמר מצוה על גואל הדם · אך לרי"הג בשאר כל אדם הוא רשות · ולרבי עקיבא הגירסא בכל הספרים היא כך לר"ע דגואל הדם רשות וכל אדם אין חייבין עליו · וכן היא פסק הרמב"ם ע"פ גירסא שהיה לפניו ובכל הספרים · רק מהרש"ל מגיה וגורס בדברי ר"ע וכל אדם חייבין עליו · ובתוי"ט שם בפ"ב כתב וז"ל ספרים ישנים בכולם הגירסא אין חייבין עליו ומהרש"ל היא שמחק תיבות אין · ונראה משום דקשיא ליה היינו רשות היינו אין חייבין וה"ל להתנא לכללינהו ולמיתנינהו כחדא רשות ביד גואל הדם וביד כל אדם · וי"ל דכלפי דקרא נקט לגואל הדם בהדיא שנאמר ורצח גואל הדם הלכך אמר ר"ע רשות בידו כלומר התורה נתנה רשות לגואל הדם דבפירוש אתמר בכתיב ומכללא נמי שמעינן דכל אדם אם הרג אין חייבין עליו שנאמר אין לו דם וכן פסק הרמב"ם בפ"ה מרוצח עכ"ל התי"ט :

והגאון מהר"י פ"ק בהגהותיו הביא ראיה לשיטת רמב"ם וגירסא ישנה וז"ל דאם פליגי ריה"ג ור"ע בכל אדם מ"מ לא שאל תלמודא על זה מאי טעמייהו ובמאי פליגי אבל להרמב"ם אין שום פלוגתא בין ריה"ג ור"ע גבי כל אדם אלא בגואל הדם לחודא עכ"ל :

ואני אומר איפכא דלכאורה אדרבא יש להביא ראיה מזה לשיטת מהרש"ל וגירסתו · ומה שהקשה מהר"י פ"ק למה לא שאל תלמודא מ"מ דפליגי בשארי כל אדם לק"מ כי נראה ברור דבמה דמפרש תלמודא טעמייהו גבי גואל הדם אי רשות או מצוה ממילא מתפרש בזה טעמייהו דפליגי בכל אדם אי חייבין אי לא · דנחזי אנן דבגמרא מפרש טעמא דר' יוסי הגלילי דסבר מצוה מדלא כתיב אם רצח וטעמא דרבי עקיבא דאי למצוה הל"ל ירצח ורש"י מפרש ורצח איכא לפרושי לשון ציווי כמו ועשה בצלאל ואיכא לפרושי רשות כמו ועשה ה' לכם ע"ש : ובקרא כתב ואם יצא כו' ומצא אותו כו' ורצח גואל הדם את הרוצח אין לו דם · והנה לרבי עקיבא דסברתו לפרש ורצח לשון רשות כמו דהוה כתיב אם רצח · ממילא האי סיומא דמסיים בה קרא אין לו דם · הוא המשך על מה שלמעלה הימנו · והיינו דקפסיק קרא ואמר דאם ירצח הוא הדין דאין לו דם · וכמו שאומר בקרא גבי מחתרת דאם הוכה במחתרת אין לו דם · עיין ברש"י דמפרש דהרי הוא כהורג את המת שאין לו דם · וא"כ דתיבות אין לו דם אינו מיותר דצריכא לסיומא דמילתא על אם ירצח גואל הדם להרוצח אך דינו · תכלית שכתוב לפסוק דינו ולומר שהוא פטור כהורג את המת · ימצא לא מצינו בקרא רק דינו דגואל הדם שהוא פטור · אבל שאר כל אדם לא נזכר כלל לפטורא בקרא · וממילא דהוי לחייבו · כמו מנין של רציחות גואל הדם את ההורג בשגגה בהליכתו לערי מקלט דפסק הרמב"ם דגואל הדם פטור עליו ושאר כל אדם חייב עליו דלא נזכר בקרא רק פן ירדוף גואל הדם אחרי הרוצח ובקרא כתיב והכהו ולא והוכה כדכתיב במחתרת דדרשינן והוכה בכל אדם · ומפרש"י מדלא כתיב והכהו ע"ש עיין בסוגיא (דף י ע"ב) וברמב"ם פ"ה מרוצח · וכל זה לר"ע · אבל לריה"ג דמפרש הקרא דורצח בלשון ציווי וכאילו דהוה כתיב ירצח · דהכתוב מצוה על גואל הדם שירצח את הרוצח כשיצא ממקלטו · ממילא האי סיומא דמסיים אין לו דם בהאי קרא אין לו המשך וקישור על עסק ציווי הריגות גואל הדם להרוצח · דהואיל והכתיב מצוה לגואל הדם שיהרוג לרוצח פשיטא ופשיטא שאין לו דם ובקרא דוקציתה את כפה לא תחוס עינך דמפרש הרמב"ם ע"פ ספרי דזהו עשה ול"ת מצוה וחובה להרוג את הרודף · לא מסיים שם קרא דאין לו דם · משום דהואיל ובמצוה וחובה מדבר שכתיב פשיטא שאין לו דם · ובאמת גבי מחתרת דקמסיים קרא דאין לו דמים · אין שם מצוה אלא רשות · עיין בתוס' (דף פ"ב ע"א) ד"ה אף רוצח כו' דהוכיחו דגבי מחתרת הוה רשות מדכתיב בקרא אין לו דם ע"ש · א"כ מבואר דהיכא דקרא במצוה וחובה איירי לא שייך לומר בו אין לו דם · ואף בהליכת רוצח בשגגה לערי מקלט דאין מצוה וחובה לגואל הדם להורגו רק אם הרגו פטור קמסיים קרא שם בפ' מסעי ולו אין משפט מות · דמפרש תלמודא דקאי על גואל הדם דאם הרגו אין לו משפט מות על הריגתו · אבל גבי מצוה כמו דמפרש ריה"ג לדייק מדלא כתיב אם רצח אלא ורצח ש"מ משמעותו כמו ועשה בצלאל שהוא לשון צווי שהכתוב קבעו למצוה על גואל הדם שירצח את הרוצח כשיצא מעיר מקלטו · א"כ האי סיומא דקמסיים בו קרא אין לו דם אין לו פירוש כלל · כי כבר פסק קרא למילתיה במה שמצוה לגואל הדם להורגו · וממילא הסיומא דאין לו דם אין לו קישור והמשך כלל לענין שלמעלה דאיירי שם ממצוה של גואל הדם · דאחרי שמצוה עליו פשיטא שאין לו דם ופטור על הריגתו · וא"כ מוכרח ריה"ג לפרש ולומר דהאי סיומא דאין לו דם לא קאי על גואל הדם אלא על אדם אחר שמצוה אין עליו להורגו כמו על גואל הדם · אבל עכ"פ רשות יש לו ופטור עליו · ועליו קאמר קרא דאין לו דם כליסטא דאמרו ממחתרת · ונתבאר היטב לשיטות מהרש"ל נכון מאוד מה דסובר ריה"ג דאף כל אדם יש רשות ור"ע דסובר דקרא ולא משמעותו אם רצח כמלא שסיומא דקרא דאין לו דם · קמסיים ופסקו למילתא דענין גואל הדם · איך הוה הדין אם שאר אדם ומקשר הוא לשלמעלה לענין דגואל הדם דקאיירי קרא בי' ואינו מיותר כלל · ממילא שאר כל אדם אין לו מקום לפוטרו · וכמו בעת הליכתו לעיר מקלטו דלא פטרינן אלא לגואל הדם ולא אחר דאין לנו שום לימוד לפטור אחר · וגבי מחתרת הא דדייקינן מדכתי' והוכה משמע דרשות לכל אדם עיין שם ברש"י (דף ע"ב) דדייק מדלא כתיב והכהו ע"ש · ובאמת בהליכתו של רוצח למקלטו בפ' שופטים כתי' והכהו נפש · משום דלא פטר קרא רק לגואל הדם לחודא · ובאקנתי בפ' מסעי דקרא קאי ואיירי רק בגואל הדם לבדו דכתיב ורצח גואל הדם · היינו אם רצח מסיים קרא ואמר דאין לו דם · ממילא ליכא לנקוט לימוד על אדם אחר כלל :

נמצא לגירסת מהרש"ל מתפרש שפיר כולה מילתא דפלוגתא דריה"ג ור"ע · ובאמת תלמודא מקשה מ"מ על כולה פלוגתא בין במאי דפליגי בגואל הדם רשות או מצוה ובין במאי דפליגי אבשאר כל אדם אי פטור או חייב · ובמאי דמסיק תלמודא דפליגי בפירושא דקרא במאי דכתיב ורצח אי מצוה קאמר רחמנא או רשות מתרצי בזה שפיר כל עיקר פלוגתייהו בין פלוגתא דרשות או מצוה דגואל הדם ובין רשות או אין רשות דשאר כל אדם וכדו"ל :

אמנם שיטות הרמב"ם היא כפי נוסחא שהוא בכל הספרים וכמו שהעיד התי"ט בישנות מספרים ישנים היא הגירסא בר"ע כל אדם אין חייבין עליו · ולכן פסק כך בפ"ה מרוצח · אולם לייטב ע"פ נוסחא וגירסא זאת כל משה השמועה קטנתי בזה בשו"ת דרך נכון מאוד ביסוד ושורש פלוגתא דריה"ג ור"ע :

ובהשקפה ראשונה יש לדקדק מפני מה איפלגי ריה"ג דווקא בהאי קרא דורצח דכתיב גבי יציאות הרוצח ממקלטו · או משום דכתב רש"י דתיבת ורצח יש לפרשו על רשות או בדרך ציווי · קשה דהא זה וודאי גם תיבות והכהו נפש דכתיב ברוצח שהולך למקלט ג"כ יש לפרש בדרך ציווי כמו דכתיב בפ' אלה בשפן מלקות והפילו השופט והכהו כדי רשעתו דמשמעו על דרך ציווי דווקא · וכן במחתרת דכתיב שם והוכה נימא ג"כ לפרשו על מצוה מדלא כתיב אם יוכה · וכן בהליכתו לערי מקלט דכתיב והכהו · ולא כתיב אם יכהו · ומ"מ ליכא מאן דפליג התם ומפרשינן דבדרך רשות המה אבל לא למצוה לדברי הכל · אף דיש לפרשו על מצוה ולדייק בהני מדלא נקט להו בלשון אם כדדייק ריה"ג גבי ורצח :

אך אמיתתן של הדברים המה · דלא מצי ריה"ג לפלוגי רק בהאי קרא דורצח דקאמר ביציאת הרוצח מעיר מקלטו · ולדייק בו מדלא כתיב אם ירצח · אבל בשארי ענייני לא הוה מצי לדייק כך · דגבי מחתרת דפתח שם קרא באם דכתיב אם במחתרת ימצא והוכה · ממילא לא צריכא לן קרא לפרושי ולומר אם הוכה · כי היכי דלא נשתמע דריגמא למצוה ובלשון ציווי נאמר · הואיל ובהאי קרא פתח באם · ממילא תיבת והוכה קאי ואיירי על מה דפתח בו והוי כמו דכתב אמר אם הוכה · ועוד דמוכח מסיומא דקרא דמסיים אין לו דמים ע"כ דעל רשות נאמר והוכה כמו שהוכיחו התוס' (דף ע"ב ע"א) ד"ה אף רוצח כו' מ"מ · והתם ליכא למימר דאין לו דם קאי אשארי בני אדם · ובעה"ב הוה מצוה · דהתם מלא מעיקרא הבעה"ב ביחד עם שארי בני אדם בתיבת והוכה · דדרשינן והוכה מכל אדם בדרך כלל ולא פרט לבעה"ב בפני עצמו :

ואף בהליכת הרוצח בשגגה לעיר מקלטו נמי לית לן לפרושי תיבות והכהו נפש בלשון ציווי כלשון והכהו השופט כנאמר בפ' אלה במלקות · דכהם כל שייכות דקרא בדרך אם נאמר · דהא פתח קרא ואמר פן ירדוף גואל הדם כי יחם לבבו · ממילא גם תיבות והכהו נמי בדרך אם נאמר כלומר אם הכהו אין לו משפט מות · ועוד מוכח מסיומא דמסיים ביה קרא ואמר אין לו משפט מות דמפרשינן דקאי על גואל הדם שאין עליו מיתות ב"ד עיין ברש"י בסוגיא דמכות (י' ע"ב) ד"ה ברוצח כו' · א"כ מוכח דוהכהו בדרך אם נאמר ולא בלשון ציווי :

וכבר הערתי בזה למעלה דבהליכתו לעיר מקלטו אפי' רשות לא היה בו לגואל הדם דהא אמר רב כהנא שם במכות (י' ע"ב) אם הרג גואל הדם לרוצח פטור משום דמפרש אין לו משפט מות על גואל הדם קאי מפרש"י שם ד"ה ולו אין משפט מות לא היה מחויב מיתת בית דין כו' עיין שם · וידוע דבכל מקום דאמר בתלמוד בעסק רציחה דפטור פירושו פטור אבל אסור היינו שמיתות בית דין לא היה עליו · אבל דין שמים היה עליו · כמו כל הני עניינא האמורין בפרק הנשרפין בכפתו לפני ארי והניח בו נחש או ברעב שסופו לבוא או שהוא הסוגם מהביר אשר יש שם אדם דנקט תלמודא בכולהו פטור · וכן בשולח עבדו או שוכר גזלן להרוג את חבירו בריש פרק האיש מקדש דנקט לישנא דפטור · ומקשה תלמודא מכלל דמיתת שמים נמי פטור אמאי · משום דמפרשינן מה דפליג שמאי הזקן ואמר חייב כוונתו על דין שמים · ולכן מקשה איך אפשר דת"ק פטר ליה לגמרי עד דמתרץ בי דינא רבא ובי דינא זוטא איכא בינייהו ע"ש :

וכן מבואר ברמב"ם פ"ב וג' מרוצח דהן בשלוח עבדו להרוג לחבירו וכן בכל האי ענייני האמורין בפרק הנשרפין דנקט בהו לשון פטור אינן פטורין אלא

אלא מדיני אדם אבל חייבין בדיני שמים · ומיקרי בר שיפך דם וזורע דם יתום דבר זה ממנו ביו"ד עיין שם וכן בהורג טריפה דהלא אמר שאם ההורג בטריפה פטור עיין (סנהדרין ע"ח ע"א) · והרמב"ם בפרק ב' דייק וקטס פטור ממיתות ב"ד בימי הבית משמע דחייב בדין שמים :

אי"ל רב הונא דקשה הכא גבי הריגות גואל הדם לרוצח בהליכתו לעיר מקלטו דפטור משמעו שבכ"פ דינא דשמים יש עליו · וכדדייק רש"י לו אין משפט מות מביא דין פסיעה ופסיעה דאם נמלך בב"ד לא היו מורין לו היתר אדרבה ב' ת"ח מוסרין לו לדבר לגואל הדם שלא ינהיג עמו מנהג שופכי דמים וכמו דכתב הרמב"ם על כל הני עניינא דפטורין מבני אדם · אבל מכל מקום מכלל שופך דם הוא ע"ש :

ונמצא שאין רשות לגואל הדם להורגו בהליכתו למקלט מה שאין כגבי מחתרת אמרינן דמלוה הוא דליכא בו אבל רשות על כל פנים היה עליו לכל אדם להורגו · ואפילו אם היה נמלך בב"ד היו מורין לו כך שיש רשות להורגו · כלישנא דחז"ל גבי מחתרת התורה אמרה הבא להורגך השכם והרגהו · וטעמא דמילתא הכך דייקי לישנא דקרא בבמחתרת כתיב אין לו דמים משמע שאין עליו היסוס דם כלל והרי הוא כאילו מת וכך פרש"י בחומש מעולם לא נקרא ההורגו שופך דם כלל · ואף בדינו של שמים אין דורשין כמו מעיקרא שברשות הרגו אבל בהליכות רוצח לעיר מקלטו שנאמר אם הרגו גואל הדם אין משפט מות לגואל הדם עליו · אבל לא נאמר אין דם לרוצח משו"ה ראוי לומר בו שיש עליו היסוס דם מדין שמים וזורע דמים ידרוש דמו והורגו בר שופך דמים · ואינו יתום או בי דינא רבה או בי דינא זוטא · ומאן הוא דסליק לעילא כדאיתא בסוטה (דף כ"ג) עיין תשובת מיימוני לנזיקין סימן ע"ו · אבל על כל פנים דין שמים יש על גואל הדם שהורג להרוצח בהליכתו למקלטו כנ"ל :

והוא בהאי פרייא דילה רוצח ממקלטו דכתיב ומצא אותו גואל הדם ורצח גואל הדם שלא פתח כלל האי קרא בלשון אם · מדייק שפיר ריה"ג דע"כ בלשון ליווי נאמר דאל"כ הל"ל אם רצח הואיל ולא נכר עדיין בהאי קרא לשון אם אלא למליה קאמר קרא ומצוה על גואל הדם שירצח אותו ואפשר להסביר שפתא דקרא לריה"ג דקבע רחמנא זאת למצוה ע"פ מה דאיתא בפרש"י סנהדרין (דף ל"ח ע"א) ד"ה נהרג עליו כו' דרוצח בשוגג שופך דם גמור אלא רחמנא חס עליה עכ"ל · א"כ ראוי לומר דרחמנא חס עליה ונתן לו כפרה עיר מקלט וזה שלא קיבל עליו כפרת התורה במאי דחס עליו · א"כ שפיר מליה לגואל הדם להורגו כל דלאתהי ושפיכות דמי · ולפי מה דהוכיח ריה"ג דהאי ורצח בלשון ליווי נאמר כמו וקטלתה את כפה שהביא הרמב"ם פרק ה' מרוצח מדלא אין פיס שיסם קיסור המשך לסיומא דקמשיים אין לו דם על גואל הדם [illegible] עפיקרא בקרא דהוא [illegible] ומצוה יש לגואל הדם פשיטא שאין עליו דריסות דם מהריגות הרוצח הזה משום הכי מפרש ריה"ג דע"כ מאי דקאמר קרא אין לו דם [illegible] קאי ואיירי על שארי בני אדם שאין קביעות עליהם על כל פנים הוי להם רשות [illegible] אם להרגו ולא נקראים עליו שופכי דם וזורע דמים לא ידרוש דמו ואפילו בדיני שמים מפום דאין לו דם ואפילו היו נמלכים בב"ד נותנין עליו רשות לכל אדם כמו גבי מחתרת · ומסתמא דכתיבא מרש"י דסנהדרין שהורג בשגגה רוצח גמור הוא :

וסברת ר"ע דפליג על ריה"ג ואמר דאי לקבישות מצוה קאתי קרא קורא כל"ל ירצח דלא היה ההבנה לפרשו על מליה דווקא · אך אף דיוקא דקדייק ריה"ג דאם על רשות הל"ל אם ירצח עדיין לא מגלה ר"ע לדחיתו מכל וכל · וקסם דאי על רשות קאיירי דמסכנה הל"ל אם ירצח לפיקדכלא' לומ' דלא לגמרי פליג ר"ע על ריה"ג ולטעותו רשות גמור כשארי רשות אלא דעכ"פ יש בו קצת להלוחית על מצוה רק כלפי שאמר ריה"ג דמצוה גמורה וראוי לחושבה למצות עשה מדאורייתא ע"פ זה קפליג ר"ע ואמר שאינה כך אלא עד מליה גמור' ראוי לקרותה רשות עיין עגלה (דף ל"ו ע"ב) דאמרינן שבות ורשות ומליה ופרש"י שם שבות נקרא דבר שאין שום להלוחית מליה ורשות נקרא דבר שהוא קרובה למליה ומליה נקרא שהוא מצוה גמורה ולגבי בתולה דהוא מליה גמורה קרי לה למליאה רשות אלא כן נמי בעבין לר"ע האי מילתא דהריגת גואל הדם לרוצח דמליה גמורה כמו דסבר ריה"ג דמי לה ר"ע מדלא כתיב ירצח א"כ מוכח דלאו מצוה גמורה · ועכ"פ רשות גמורה נמי לא הוה מדלא כתיב אם ירצח ועכ"פ יש בזה קצת להלוחית מלוה אלא ריה"ג שקראה מליה אמר ר"ע וקראה רשות · וממילא שיש קצת אחוז להלוחית סידור מליה ע"ד שאמר בקדשים כל זמן שלא שנה עליו לעכב היה רק מצוה בעלמא כמו כן נמי בענין הזה הוה עניינא דאליבא דרבי עקיבא דלמליה גמורה להחשבה למ"ע כמו לריה"ג קרמי לה שפיר דאם כן הוה ליה למימר ירצח לא עכ"כ שאינה מצוה גמורה להחשבה בין התרי"ג מלות · אבל קצת מלוה יש בה ובזה דלא כתיב אם ירצח דאז הוה משמעותו רשות גמורה וכו' :

אבל מסק דרבא ולהלוחית של מצוה הוא אינו אלא בגואל הדם עצמו · אבל באדם אחר היה רשות גמורה כמו במחתרת דכל ענין מחתרת ליה בי אלא [illegible] רשות בעלמא כמו כן הכא היא על שארי בני אדם · ועל שארי בני אדם נאמר [illegible] אין לו דם דלפי ביאורו ראוי לומר דאפילו לר"ע דמיבעיא מדלא כתיב אם [illegible] דעכ"פ יש קצת מצוה בגואל הדם שיהרוג את הרוצח ממעט אחר ביארתי [illegible]ש"י סנהדרין (ל"ו ע"א) אם כן ממילא אפילו לרבי עקיבא האי היתא לא לריכא לן [illegible] הריגות גואל הדם דפסיעה ופסיעה שאין עליו דריסות דם הואיל ויש אפילו [illegible] מצוה בו אע"כ דקאי הקרא על שארי בני אדם דאין בהם אלא רשות גמורה [illegible] קדישות ולא שום מצוה אפילו להלוחית ודררא בעלמא ליה בה · והן הן דברי [illegible] שאמר רשות ביד גואל הדם כלפי ריה"ג דקראו מליה קראו ר"ע רשות ה' ומשם [illegible] בגואל הדם קצת מצוה כלפי זה אמר דשארי בני אדם אין חייבין עליו : אבל

באמת אפילו רשות היה להם להרוג לכתחילה הואיל דקרא דאין לו דם קאי עליה וכך מבואר להדיא ברמב"ם פרק ה' הלכה י' יצא מעיר מקלטו בזדון הרי זה התיר עצמו למיתה וקשה הי' לגואל הדם להורגו ואם הרגו כל אדם לא היו חייבין עליו שנאמר אין לו דם משמע דמפרש שתיבות אין לו דם קאי על שארי בני אדם · אבל גואל הדם עצמו לאו מאין לו דם נפקא לה אלא קרא דורצח מחפרש הכי להיתרא מרצח ממקלטו התיר עצמו למיתה מפני שרוצח כמזיד ההורג בשגגה כמו שביארתי מרש"י דסנהדרין דאם רחמנא עליו לכפרה ע"י מקלט ובטלה הפסיד כפרתו :

ועתה אשובה אל לדברי התוס' דריש פרק ה' מרילה מה שחקר על גואל הדם שהי' לו רשות להרוג הרוצח בשגגה ממילא הוא איירי בהאי רוצח שיצא ממקלטו שבליו כאמר אליבא דריה"ג ולר"ע רשות בודאי אין ראיה כלל מה שמביא מזמרי שאינו נהרג על פנחס משום דהאי פנחס שאם בא למלך בב"ד אין מורין לו לעשות זאת וכמבואר בפי' משניות להרמב"ם דאם עשה מעצמו אין עליו עונש ולפיכך שפיר נקרא רודף · וכמבואר בפירוש משניות הנ"ל דמשום הכי פטור זמרי הואיל והתורה לא נזהר על זמרי מיתה משא"כ גבי רוצח שיצא ממקלטו דאפילו לרבי עקיבא דרשות לגואל הדם אם בא למלוך בב"ד מורין לו כך שיש לו רשות להורגו כמו במחתרת ואפילו שארי כל אדם לגירסתא שיטת הרמב"ם היה להם רשות להורגו שאין לו דם שהתיר את דמו ביציאתו ממקלטו אם כן יש לנו ללומדו מזמרי ולדעתי ברור שהגואל חייב על הריגות גואל הדם כמו כן הגנב במחתרת שחייב על הריגות של בעה"ב או לשארי כל אדם אחרי שהמה עושים ברשות ממילא היה עושה שלא ברשות ורוצח גמור מיקרי ודווקא פנחס שמבואר בירושלמי שהביא בעל מגדל עוז בה' איסורי ביאה שלא ברצון חכמים עשה שפיר נקרא רודף שיהיה פטור זמרי עליו · מה שאין כן הני עניינא :

אולם בהאי רוצח בשגגה בשעת הליכתו למקלט כשרודף גואל הדם אחריו להורגו בזה באמת יש לחקור טובא אי לדעת תו לענין זמרי וכמו שפסקינן לזמרי אם נתאמץ והרג את פנחס מפני שעשה שלא ברשות ב"ד שלא היו מורין לו ב"ד דבר הזה כן בפשיטות' אין ב"ד מורין לגואל הדם בהליכתו למקלטו ואדרבא ב"ד מוסרין לו ב' ת"ח שידברו על לבו של גואל הדם למנעו מלהורגו א"כ דומה שפיר לזמרי · אך לפי מה שהקדמתי יש פנים לכאן ולכאן לפי מה שמבואר בפי' משניות להרמב"ם הטעם לפטור זמרי מפני שהתורה לא גזרה הדין להרגו ע"ש כלומר שענין הריגת הבועל ארמית ע"י הקנאי לא נזכר כלל בתורה שהם מנקהו רק הוא הלמ"מ וידוע מה שכתב הרא"ש בפרק ה' מאכילת דאף שענין דיש עליו הלמ"מ נקרא דברי סופרים אלא מן התורה ע"ש וא"כ שפיר נקרא פנחס עליו רודף משא"כ הריגות גואל הדם כהורגו בהליכתו למקלטו אף שאין ב"ד נותנין לו רשות אם נמלך מ"מ פסוק מפורש ומבואר עכ"פ בתורה דכתיב ולו אין משפט מות א"כ עדיפא ענייני משאן הריגות פנחס את זמרי דהוא מדברי סופרים · ויש עוד פנים לומר איפכא דלפי מה שאמר רב הונא שגואל הדם שהרג להרוצח בהליכתו למקלט פטור · והבכר שאלתם שבכל מקום שמבר בעסק רציחה בתלמודא פטור כוונתו דעכ"פ דין שמים יש עליו דינא רבא או זוטא ממילא שפיר ראוי לומר דאם נתאמץ הרוצח להרוג את גואל הדם פטור עליו משום דגואל הדם דין רודף יש לו · ואף הכתוב קראו רודף דכתיב פן ירדוף גואל הדם כו' משא"כ בפנחס אם הרג לזמרי בקנאתו לש"ש אין עליו שום דין שמים כלל וכלל · ולכן הרמב"ם בפ' ה' מאיסורי ביאה שהא תאותן ומבואה א"כ יותר מסתבר לפטור הרוצח בק"ו מזמרי כנ"ל :

וביותר צריך הדבר חקירה ועיון גדול דלפי מה שביארתי שבהריגות גואל הדם לרוצח בזמן הליכתו למקלט נאמר בו לבין פטור בתלמוד וברמב"ם ובכל מקום שאמרו פטור משמעותו דעכ"פ דין מיתות שמים יש עליו · ואף זאת כבר ביארנו דבכל הני עניינא דשלח שבהו להרוג לחבירו או כופתו לארי ודומיהן כל הרודף לעשות זאת מגנה דין רודף גמור היה לו וניתן להצילו בנפשו כמו לכל רודף שהוא רודף לעשות עסק רציחה במעשה בידים ולא היו מחלקין בין יש עליו דין מיתות ב"ד אי דין מיתות שמים א"כ היה מהראוי לומר דלהאי גואל הדם שרודף אחרי הרוצח להרגו בהליכתו למקלט דיהיה רודף גמור להצילו בנפשו ואם נאמר כך קשה על הא דאמרינן דמוסרין לו ב' ת"ח לדבר על לבו מפני היה לו לומר שניתן רשות לב' ת"ח הללו בימי הבית לעמוד כנגדו ולכן לע"ג בזה הענין כבר הארכתי בקונטרס הזה דלפי המבואר דזמרי אף כהרג על פנחס משום דפנחס רודף כמו כן ראוי לומר דהא דאדם אחר היה מותר בימיהם להורגו את פנחס רק משום דיש לזמרי דין דיסל להציל בזה מגברו א"כ דווקא לזמרי יש רשות ולא לאחר כמו שהארכתי אבל האי עניינא דגואל הדם בהריגות הרוצח אמ"ל אם יש היתר להרוצח להתאמץ נגדו משום דיש דין רודף להגואל הדם ממילא מה לי הוא ומה לי אחר הא לא תליא בשום אדם שיש לו דין רודף להציל בין נרדף לאדם אחר ע"כ אין בידי הכרע :

עוד יש לי לעורר מה שמלאתי לחקור בעניינים הללו · הנה האי רוצח שיצא מעיר מקלטו נראה דפטור על שבירות כלים ביציאתו כמו רודף להרוג או אחר ערוה דמבואר ברמב"ם פ"ח מחובל ומזיק דפטור משום דהתיר עצמו למיתה ברדיפה זאת · ממילא ה"ה כאן שכתב הרמב"ם פ"ה מרוצח דיצא במזיד התיר עצמו למיתה עכ"ל · רק שצריך לחקור עד כמה היא פטור אם היא פטור כל ימי משך היותו חוץ למקלט או רק בשעת יציאתו · וא בפנחס וזמרי צריך לחקור אם זמרי פטור על שבירות כלים מחמת שהיתר למיתה לקנאין שיפגעו בו בשעת מעשה · ועדיפא שפי מאחרי בועלי ערוות דלא ניתן להצילם בנפשם משעת השפרלה ואילך עיין (כד' ע"ג ע"ב) · וכאן כל שעת מיתה היתר למיתה גם יש לעיין אם פנחס שיבר כלים בהליכתו לפי מה דקראו תלמודא רודף ראוי לומר דפטור הוא זמרי פטור על הריגתו או אפשר הואיל ואדם אחר חייב על הריגתו חייב על כלים עיין ב"ק ד' כ"ב ע"ב ד"ה בגדי ע"ש היטב :

מז

חדושי רבנו חיים הלוי
על הרמב"ם

הלכות יסודי התורה

פ"ה הל"א כשיעמוד נכרי ויאנס את ישראל לעבור על אחת מכל מצות האמורות בתורה או יהרגנו יעבור ואל יהרג וכו' בד"א בשאר מצות חוץ מע"ז וג"ע וש"ד אבל שלש עבירות אלו אם יאמר לו עבור על אחת מהן או תהרג יהרג ואל יעבור עכ"ל, והוא בסוגיא דסנהדרין דף ע"ד אמר ר' יוחנן משום ר"ש בן יהוצדק נמנו וגמרו בעלית בית נתזה בלוד כל עבירות שבתורה אם אומרים לו לאדם עבור ואל תהרג יעבור ואל יהרג חוץ מע"ז וג"ע וש"ד וכו', ע"ז כר"א דתניא ר"א אומר ואהבת את ד' אלק' בכל לבבך ובכל נפשך ובכל מאדך וכו', ג"ע וש"ד כדרבי דתניא רבי אומר כי כאשר יקום איש על רעהו ורצחו נפש כן הדבר הזה וכו' ומקיש נערה המאורסה לרוצח מה רוצח יהרג ואל יעבור אף נערה המאורסה תהרג ואל תעבור, ורוצח גופי' מנלן סברא הוא וכו' מי יימר דדמא דידך סומק טפי דילמא דמא דהאי גברא סומק טפי. ושם בסוגיא עוד לא אמרו אלא בצינעא אבל בפרהסיא אפילו מצוה קלה יהרג ואל יעבור וכו', והא אסתר פרהסיא הואי, אמר אביי אסתר קרקע עולם היתה, רבא אמר הנאת עצמן שאני. ובתוס' שם הקשו דתיפוק לי' דאסתר בכלל עריות הואי וכמבואר במגילה דט"ו כאשר אבדתי מבית אבא כך אבדתי ממך, ותירצו דאי משום עריות כו"ע ס"ל דמהני טעמא דקרקע עולם לענין דלא מיחייבא למסור עצמה משום עריות, דהא מרוצח קא ילפינן לה, ורוצח גופי' כי מיחייב למסור עצמו ה"מ קודם שיהרוג בידים, אבל היכא דלא עביד מעשה כגון שמשליכין אותו על התינוק ונתמעך מסתברא שאינו חייב למסור עצמו, דמאי אמר אדרבה מאי חזית דדמא דחבראי סומק טפי דלמא דמא דידי סומק טפי כיון דלא עביד מעשה. והרמב"ם דסתם ולא הזכיר כלל הך דקרקע עולם משמע דחולק ע"ז וס"ל דבכל גווני יהרג ואל יעבור בג"ע, וכבר נחלקו הראשונים בזה וכמבואר בבעל המאור ובמלחמות שם. עיי"ש דס"ל דאסתר לא הואי עריות כלל, דהך סוגיא ס"ל דהיתה פנויה, או דביאת נכרי לא חשיבא בכלל עריות וכשיטת ר"ת בתוס' שם. וע"כ זהו שסתם הרמב"ם דבעריות מיהא בכל גווני תהרג ואל תעבור. אלא דל"ע דהרי התוס' הוכיחו מרוצח דהיכא דהוי שב ואל תעשה אינו מחויב למסור עצמו ולמה פסק דבכל גווני תהרג ואל תעבור. וי"ל דכיון דברציחה גופא הא דחלוק שב ואל תעשה ממעשה בידים הלא אין זה משום חומר דמעשה בידים, ורק דכיון דשני הנפשות שקולות הן ע"כ צריך להיות שב ואל תעשה, ודינו כשני רציחות שאין דוחות זא"ז דדינו בשב ואל תעשה, וע"כ לא שייך זאת בעריות דנימא דפקוח נפשו שקול כעריות, וכיון דילפינן מרוצח בעיקר הדין דאינו נדחה בפני פקו"נ ממילא הדר דינא דשב ואל תעשה ומעשה בידים שוין ובכל גווני תהרג ואל תעבור.

וי"ל עוד, דהנה צ"ע בדברי התוס', דמאי ענין נערה המאורסה למי שמשליכין אותו על התינוק ונתמעך, דהתם איהו לא הוי רוצח כלל ולא עבר על ש"ד, דהא לא הוי רק כאבן ועץ ביד הרוצח שמשליך אותו, דמי שמשליך אותו הוא הרוצח, ולהכי לא חייב למסור את עצמו, משא"כ בנערה המאורסה אף דלא קעבדה מעשה, מ"מ הרי היא עוברת על ג"ע, ולהכי שפיר הדין נותן דתהרג ואל תעבור. ונראה דכוונת התוס' כך היא, דכיון דרוצח הוא מסברא דמאי חזית דדמא דידך וכו', א"כ הא גם אם הוה משכחינן דיהא בזה דין רוצח ורק דלא ליעבד מעשה ג"כ לא היה חייב למסור עצמו דמלי אמר אדרבה מאי חזית דדמא דחבראי סומק טפי דילמא דמא דידי סומק טפי כיון דלא קעביד מעשה, וא"כ ה"ה בנערה המאורסה דילפא מרוצח אף דעוברת על ג"ע כיון דלא קעבדה מעשה אין בה הך דינא דתהרג ואל תעבור. אלא דברוצח גופא צ"ע בזה, דבאמת יש לפרש מאי דקאמר הגמ' הך סברא דמאי חזית דדמא דידך סומק טפי דילמא דמא דחברך סומק טפי בתרי גווני, או דנימא דכיון דשקולין הם שניהם ע"כ ממילא הוי דינא דצריך להיות בשב ואל תעשה ועל מעשה בידים יהרג ואל יעבור, או דנימא דכיון דשקולין הן ממילא אינה נדחית בפני פקו"נ, ואין חילוק בין שב ואל תעשה למעשה בידים דלעולם אין בה דין דחיה, וממילא דהוי דינא דיהרג ואל יעבור בכל גווני, וגם ברציחה גופה אם הי' שוא"ת בגוונא דיש בה דין רציחה ג"כ אמרינן כיון דשקולים הם ואין חבירו נדחה מפני פקוח נפשו ממילא יהרג ואל יעבור כיון דלא חלה דין דחיה בהרציחה. ונראה דכן הוא כפירוש השני שכתבנו מהא דאיתא בב"מ דף ס"ב שנים שהיו מהלכין בדרך וביד אחד מהן קיתון של מים וכו' עד שבא ר"ע ולימד וחי אחיך עמך חייך קודמין לחיי אחיך, הרי דאע"ג דהתם הוי בשוא"ת, ועוד יותר דלא הוי התם דין רציחה כלל ורק משום דין הצלה, ומ"מ צריכינן לקרא דוחי אחיך עמך דחייך קודמין, וש"מ דדווקא בהצלה דאיכא קרא דוחי אחיך עמך דחייך קודמין, אבל ברציחה דליכא קרא בכל ענין יהרג ואל יעבור אף בשוא"ת ובלא עביד מעשה, אם אך יש בו דין רציחה, ולפ"ז שפיר פסק הרמב"ם דבעריות תהרג ואל תעבור בכל גווני אף בקרקע עולם, כיון דגם ברציחה הדין כן דאינה נדחית בפני פקו"נ בכל גווני, וה"ה לעריות דילפינן מינה דאין בה דין דחיה כלל לעולם, וע"כ בכל גווני תהרג ואל תעבור אף בקרקע עולם ובשב ואל תעשה וכמש"כ,

הלכות תפלה

פ"ד הל"א ה' דברים מעכבין את התפלה אע"פ שהגיע זמנה וכו' וכוונת הלב וכו' כיצד כל תפלה שאינה בכוונה אינה תפלה ואם התפלל בלא כוונה חוזר ומתפלל בכוונה מצא דעתו משובשת ולבו טרוד אסור לו להתפלל עד שתתישב דעתו עכ"ל. מסתימת לשון הרמב"ם מבואר דדין כוונה הוא על כל התפלה שכל התפלה הכוונה מעכבת בה, וקשה ממה שפסק הרמב"ם בפ"י שם ז"ל מי שהתפלל ולא כיון את לבו יחזור ויתפלל בכוונה ואם כיון את לבו בברכה ראשונה שוב אינו צריך, דמבואר להדיא דהכוונה אינה מעכבת רק בברכה ראשונה, וצ"ע.

ונראה לומר דתרי גווני כוונות יש בתפלה, האחת כוונה של פירוש הדברים, ויסודה הוא דין כוונה, ושנית שיכוון

היזק, וא"כ משום גזלן פטור לגמרי, דיכול לומר הרש"ל, ורק דצריך להיות חייב משום מזיק, וע"כ שפיר נוכל לאוקמה בשוגג דמזיק פטור בהיזק שאינו ניכר, אבל למ"ד שמי' היזק, א"כ נהי דמשום מזיק פטור בשוגג, אבל אכתי צריך להיות חייב משום גזלן, דחייב בכל גווני, כיון דאינו יכול לומר הרש"ל. ועכ"פ הא נמלא לפ"ז, דגם למ"ד לא שמי' היזק נ"כ לא מצינו דעושה מלאכה במי חטאת ובפרת חטאת יהא חלוק משאר היזק שאינו ניכר, והגמ' קאי לענין שוגג, וע"כ שפיר פסק הרמב"ם בעושה מלאכה במי חטאת ובפרת חטאת דבשוגג פטור במזיד חייב, וכש"נ. אלא דל"ע לפ"ז הא דמשני הגמ' פרה שהכניסה לרבקה שתינק ותדוש מי חטאת ששקל בהן משקלות, ופירש"י דלא עביד רק גרמא כיון דשקל כנגדן ובגופן לא עביד מעשה, והרי כ"ז אם נימא כשיטת הראב"ד דפרכת הגמ' היא דליחייב משום מזיק, וע"כ שפיר משני כיון דלא הוי רק גרמא ע"כ שפיר פטור אפילו למ"ד שמי' היזק, אבל אם נימא דפרכת הגמ' היא דליחייב משום גזלן, הרי קשה דמאי אכפת לן דלא עבד רק גרמא, אבל עכ"פ כיון דלקחו לתשמיש גזלן הוא, גם בלא נזק כלל, משום שואל שלא מדעת, וגזלן הא חייב גם בנפסדה מאליה ומכש"כ בנפסדה ע"י גרמא. ונראה בזה, דהרמב"ם לטעמי' פירש משו"ה בפי' מהל' פרה אדומה דהא דקאמר בגמ' ששקל כנגדן היינו ששקל אותן המי חטאת גופייהו, ונמלא דלא לקחן לשום תשמיש, ולא הוי שואל שלא מדעת כלל, והיינו כמש"כ בדעת הרמב"ם דפרכת הגמ' הויא דליחייב משום גזלן, וכש"נ.

אלא דלפ"ז הרי ל"ע דברי הרמב"ם בפ"ז מהל' חובל ומזיק שם הל"ה שכתב ז"ל הכנים פרה למרבק כדי שתינק ותדוש והסיח דעתו ממי חטאת פטור מדיני אדם וחייב בדיני שמים עכ"ל, ולפמש"כ בדעת הרמב"ם דהגמ' קאי בשוגג ולענין חיובו משום גזלן, א"כ הרי לא הוזכר בגמ' כלל דפטור בכה"ג רק בשוגג ולענין חיובו משום גזלן, דבכה"ג אינו חשוב גזלן, כיון דלא לקחו לתשמיש, אבל במזיד לענין חיובא דמזיק הרי לא הוזכר כלל בגמ' דפטור בכה"ג, וא"כ הרי יוכל להיות דלענין חיובא דמזיק במזיד באמת נשאר בדינו דחייב, ואיך פסק הרמב"ם דפטור בכל גווני אף במזיד, אחרי דבגמ' לא הוזכר זאת, ול"ע. אכן נראה, לפמש"כ הרמב"ם בפ"א מהל' גניבה דבגנב כלי ושברו והיה שוה בשעת הגנבה שנים ובשעת השבירה ארבעה דמשלם כפל כשעת השבירה, ואי איתבר ממילא אינו משלם אלא כעין שגנב, הרי דבשברה חשיבא זאת גנבה, מדמחייב כפל כשעת שבירה, והיינו משום דכל שהחפץ גנוב או גזול כל נזק שעושה בידים דין גנבה וגזילה בי'. וא"כ אף אנו נלמד מזה, דכל שעשה קנין של גזילה, כגון משיכה או הגבהה, אף שלא עשה זאת לשם גזילה ולא לשום תשמיש, ורק כדי להזיקו, מ"מ נעשה בזה גזלן, דכיון דגם מעשה נזק מלטרף להחשב גזילה, א"כ מלטרף הנזק למעשה המשיכה וההגבהה להעשות גזלן עי"ז. ויסוד דבר זה נלמד ממנסך, דלא חשב לגוזלו, ולא להשתמש בו, ומ"מ הרי מבואר בסוגיא שם דמכי אגבהי' קניי' להתחייב באונסין, דהיינו חיוב גזילה, ובע"כ דזה שחשב להזיקו ולאוסרו בהגבה זה גופי' מועיל להחשב גזילה, בקנין ההגבהה עם מעשה ההיזק שעשה. ונראה דאף אם נימא דהתם בגזל כלי ושברו לא הוי גזלן על מעשה השבירה, ורק מזיק הוא דהוי, היינו רק דמעשה השבירה אינה חשובה גזילה, אבל הא מיהא לכו"ע דההגבהה שע"מ להזיק חשיבא מעשה גזילה, וכדהבאנו מהך דמנסך. אלא דהא מיהא נראה, דכיון דכל הדין גזילה שבלקח ע"מ להזיק הוא מטעמא דהרמב"ם שהבאנו משום דכל נזק שבגזילה דין גזילה בי', א"כ לא שייך זאת אלא היכא דדין מזיק בו, אבל היכא דהנזק בא ממילא ואין בו דין מזיק, א"כ ממילא דליכא דין גזלן גם בעלם הלקיחה, ונמלא דהא דבלקחה ע"מ להזיקה מקרי גזלן הוא רק בלקחה שיזיקה הוא, משא"כ בלקחה ע"מ שיבא לה הפסד והיזקא דממילא בזה אינו נעשה גזלן. והכי איתא בירושלמי בב"ק פ' הכונס על הא דתנן הוליאוה לסטים לסטים חייבין, וקאמר ע"ז בירושלמי אמר רב הושעי' בשהוליאוה לגזלה אבל אם הוליאוה לאבדה הליסטים פטורין, והיינו משום דנתכוונו רק שתיאבד ממילא ולא שיזיקוה בידים, וע"כ אין זה חשוב גזילה. ולפ"ז הא נמלא, דהכא בעושה מלאכה במי חטאת ובפרת חטאת חיובו משום גזלן מיתלא תלי בדין מזיק שלו, דאם דין מזיק עליו בהיזקו א"כ ממילא דחייב גם משום גזלן, וכמ"נ דבלקיחתו שע"מ להזיק בלירוף מעשה ההיזק שעשה חל בו דין גזלן וחיובא דגזלן. ועל כן זהו דפריך הגמ' מעיקרא, דאם איתא דהיזק שאינו ניכר שמי' היזק, א"כ ממילא דלריך להיות חייב גם בשוגג משום חיובא דגזלן, דעל הך חיובא דמשום גזלן ליכא הך חילוקא שבין שוגג למזיד, דכל שבעיקר ההיזק דין מזיק בו א"כ ממילא דמיתחשב עי"ז גם גזלן בכל גווני אף בשוגג, ועל כן מוכיח מינה הגמ' דהיזק שאינו ניכר לא שמי' היזק, ואין בו בעיקר היזקו דין מזיק כלל, וע"כ אינו חייב גם משום גזלן, ועי"ז הוא דמשני הגמ' פרה שהכניסה לרבקה ע"מ שתינק ותדוש מי חטאת ששקל בהן משקלות, ר"ל דבכה"ג אין בו דין מזיק כלל בעיקרו גם במזיד אף למ"ד היזק שאינו ניכר שמי' היזק, וע"כ ממילא דאין בו גם חיובא משום גזלן. ולפ"ז הרי ניחא הא דפסק הרמב"ם להך דינא לענין מזיק, כיון דעיקרו נאמר לענין מזיק, ואך דממילא הוא דנלמד מזה גם לענין גזלן, וע"כ זהו שפסקו כן הרמב"ם לענין חיובא דמזיק במזיד, וכש"נ.

הלכות רוצח ושמירת נפש

פ"א הל"ט אף זו מלות לא תעשה שלא לחום על נפש הרודף, לפיכך הורו חכמים שהעוברה שהיא מקשה לילד מותר לחתוך העובר במעיה בין בסם בין ביד מפני שהוא כרודף אחריה להורגה, ואם משהוציא ראשו אין נוגעין בו שאין דוחין נפש מפני נפש וזהו טבעו של עולם עכ"ל, וכבר הקשו ע"ז מהא דאיתא בסנהדרין דף ע"ב אר"ה קטן הרודף ניתן להצילו בנפשו וכו', איתיבי' ר"ח לר"ה ילא ראשו אין נוגעין בו לפי שאין דוחין נפש מפני נפש ואמאי רודף הוא, שאני התם דמשמיא קא רדפי לה, הרי דלא הוי רודף, והרי כן הוא סיום דברי הרמב"ם נ"כ דלהכי בילא ראשו אין דוחין נפש מפני נפש משום דזהו טבעו של עולם, ר"ל וע"כ לא הוי רודף, וא"כ איך כתב הרמב"ם דלהכי בלא ילא ראשו הורגין העובר מפני שהוא רודף, כיון דבאמת לא חשיב רודף. ובטעם המשנה נ"ל, דלהכי בלא ילא ראשו הורגין אותו, משום דעדיין לא הוי נפש, ונדחה מפני פקוח נפשה של האם, ככל הדברים שנדחין מפני פקוח נפש, אבל מש"כ הרמב"ם דלהכי הורגין אותו משום דין רודף צ"ע, דברודף הרי ליכא נ"מ בין ילא ראשו ללא ילא ראשו, וצ"ע.

וביאור דעת הרמב"ם בזה נראה, דהנה יסוד דין הריגת הרודף הלא הוא מדין הללה הנרדף, ועיקרו הוא שנפש הרודף נדחה מפני פקוח נפשו של הנרדף, וכדתניא בסנהדרין דף ע"ד ריב"ש אומר רודף שהי' רודף אחר חברו להרגו ויכול להצילו באחד מאבריו ולא הציל נהרג עליו, הרי דכל ההריגה של רודף היא רק להציל את הנרדף, אלא דהלא בכ"מ אין דוחין נפש מפני נפש והכא ברודף הוי גזה"כ דנפשו נדחה, והרי זהו הלאו שכתב הרמב"ם

הרמב"ם שלא לחוס על נפש הרודף, ר"ל דלא נדון בזה לומר שאין דוחין נפש מפני נפש, אלא כך הוא הגזה"כ שנפש הרודף נדחה. אלא דאכתי יש להסתפק, אם כל הגזה"כ דרודף הוא רק בעצמו של הרודף שידחה בפני פקוח נפשו של הנרדף, אבל עיקר ההצלה של הנרדף היא משום דין פקו"נ של כה"ת כולה, או דנימא דגם עיקר ההצלה של הנרדף היא מהך גזה"כ של רודף, והוא דין הצלה בפ"ע של נרדף, מלבד דין פקו"נ של כה"ת, וצ"ע. ונראה דכן הוא כאופן השני שכתבנו, דהרי בסוגיא שם מבואר דילפינן דין רודף מקרא דשופך דם האדם באדם דמו ישפך, הרי דיש דין זה גם בבני נח, דפרשה זו הלא נאמרה לנח, וכן הוא להדיא בסנהדרין דף נ"ז דחשיב להך דיכול להציל באחד מאבריו בכולא בזה דנכרי בנכרי כמו ישראל, וכ"ה ברמב"ם בפ"ט מהל' מלכים עיי"ש, הרי להדיא דאם אינו יכול להציל באחד מאבריו מצילין אותו בנפשו של רודף גם בבני נח, והרי לא מצינו דין פקו"נ בב"נ, אלא ודאי דהוי גזה"כ בפ"ע להציל הנרדף בנפשו של רודף, ואין זה שייך לפקו"נ דכה"ת כולה, ושייך זה גם בב"נ, דהוא בכלל דיכין. והלא יסוד הך דינא של רודף אחר חבירו להרגו ילפינן לה בסנהדרין דף ע"ג מעריות ומקרא דאין מושיע לה, מה שאין זה שייך כלל לדין פקו"נ של כה"ת כולה, אלא ודאי דהוי דין בפ"ע, דין הצלה של נרדף, אם להריגה אם לעריות. אשר לפ"ז נראה לומר בדעת הרמב"ם, דלהכי הוא שכתב טעמא דהעובר הוא כרודף אחריה להרגה, משום דס"ל דבדין פקו"נ של כה"ת כולה באמת הוי דינא דגם עובר הוא בכלל נפש ואינו נדחה מפני נפש אחרים, ואם באנו להציל נפש בנפשו של העובר היכא דלא הוי רודף הוי דינא דאין מצילין, ועל כן גם הכא אם באנו לדון משום דין פקו"נ של כה"ת לא היה העובר נדחה מפני נפשה של האם, ורק בדין הצלה האמורה בנרדף הוא דהוי דינא דעובר נדחה בהצלה זו, וזהו שכתב הרמב"ם טעמא דהרי הוא כרודף אחריה להרגה.

ויסוד דבר זה נראה נלמד, משום דהרי הא דפקו"נ דוחה כה"ת כולה הא ילפינן לה ביומא דף פ"ה מקרא דוחי בהם ולא שימות בהם, וא"כ כל שנכלל בכלל וחי בהם ודוחה את האיסורין הרי לא נכלל בכלל הנידחין, והנה כבר נחלקו הראשונים בהא דתנן ביומא דף פ"ב עוברה שהריחה מאכילין אותה עד שתשוב נפשה, אם הוא מחמת סכנת עובר או מחמת סכנת האם, ולהנך דס"ל דהוא מפני סכנת העובר הרי מבואר דעובר ג"כ נכלל בכלל וחי בהם לדחות את האיסורין מפני פקוח נפשו, וא"כ ממילא הרי מוכרח דלא ניתן עובר לידחות מפני פקו"נ של אחרים, כיון דגם הוא בכלל וחי בהם. ואפילו אם דעת הרמב"ם היא דפקו"נ דעובר אינו דוחה את האיסורין, מ"מ נ"כ י"ל, דאע"ג דכל זמן שלא נולד ולא נגמר חיותו אינו דוחה את האיסורין, אבל כל זה לענין לדחות את האיסורין, אבל לענין להיות נדחה גם עובר בכלל נפש, והרי הוא נכלל בכלל וחי בהם לענין שלא להיות נדחה בפני פקו"נ. ועוד דבישבה על המשבר הרי מבואר בערכין דף ז' דהוי גופא אחרינא ונגמר חיותו באנפי נפשי', ומבואר שם עוד דמחללין עליו את השבת, וברא"ש פ' יוה"כ מבואר דאף באמו חיה מ"מ מחללין עליו את השבת, כיון דחי הוא באנפי נפשי' ודלת הוא דאחידא באפי', וא"כ הרי בישבה על המשבר לכו"ע דהוא בכלל וחי דהם ופקוח נפשו דוחה כה"ת, וממילא דאינו נדחה מפני פקו"נ דאחרים. וא"כ הא קשה הא דתנן דחותכין את העובר שבמעיה אם לא יצא ראשו. וע"כ מפרש הרמב"ם דהוא דין מסויים בדין הצלה האמורה בנרדף דעובר נדחה בפני נפש הגמור, ולהכי הוא שחותכין אותו בהצלת האם, ושאני מכל פקו"נ דעלמא, וזהו שכתב טעמא שהרי הוא כרודף אחריה להרגה, וכש"כ.

אלא דלפ"ז גם עלם משנתנו צ"ע, דמאחר דמשמיא קא רדפי לה ולא הוי רודף כלל, ואשר משום זה בילא ראשו אין נוגעין בו ולא אמרינן שתדחה נפשו בשביל נפש האם משום דלא הוי רודף כלל, וא"כ אמאי בלא יצא ראשו הורגין אותו משום דין הצלת הנרדף, כיון דאין כאן דין רודף כלל, וצ"ע. ואשר יראה מוכרח בזה, דבאמת אע"ג דמשמיא קא רדפי לה, מ"מ לא פקע מהעובר עלם דין רודף בשביל זה, ודין רודף בי', אלא דבאמת נהי דעיקר דין רודף הוא הצלתו של נרדף, מ"מ הא דלא דייניכן עלי' הך דאין דוחין נפש מפני נפש הא ודאי דהוי דין חיובא ברודף, אשר על כן לזה הוא דמהניא הא דמשמיא קא רדפי לה להפקיע מיני' חיוב זה, וממילא דדייניכן בי' הא דאין דוחין נפש מפני נפש, אבל מ"מ עיקר דין רודף והצלת נרדף לא פקע בזה, וממילא דהדר דינא גבי עובר דנדחה בפני האם, ומשום דבדין הצלת נרדף הוי דינא דעובר נדחה בפני נפש הגמור, וזהו דתנן דעד שלא יצא ראשו חותכין אותו, ונפשו נדחה מעלם דין רודף גם בלא חיובא דרודף, משא"כ בילא ראשו אין נוגעין בו, משום דאין דוחין נפש מפני נפש כי אם בלירוף חיובא דרודף, והכא לית בי' הך חיובא, משום דמשמיא קא רדפי לה.

פ"ט הי"ד באו שנים אחר שהעיד האחד והכחישוהו ואמרו לו לא ראית הרי הן כשני עדיות המכחישות זא"ז ועורפין עכ"ל, והוא בסוטה דף מ"ז עד אחד אומר ראיתי ושנים אומרים לא ראית היו עורפין, אלא דבפשיטות נ"ל דהוא משום דבטל עדות הראשון לגבי השנים שמכחישין אותו וע"כ עורפין בודאי, וכמבואר כן להדיא ביבמות דף קי"ז ע"ב דבכה"ג אין דבריו של אחד במקום שנים, [ועיין בתוס' שם ד"ה נ"ל שכתבו דבאמת הוי תרי ותרי, וצ"ע], וקשה על הרמב"ם שכתב דהוי כשתי עדיות המכחישות זא"ז, דמשמע דחשוב ספיקא, וצ"ע. אם לא שנפרש דברי הרמב"ם, דזהו גופא באמת כוונת הרמב"ם, ור"ל דחזר דינו כב' עדיות המכחישות זא"ז, וממילא דאין דבריו של אחד במקום שנים, ולע"ק בלשון הרמב"ם שסתם הדברים.

והנה בפי"ב מה' גירושין הי"ח כתב הרמב"ם ז"ל שע"א נאמן בעדות אשה כשני עדים בשאר עדויות, וכן כתב בפ"א מה' סוטה הט"ז ז"ל שע"א בטומאת סוטה כשנים, וכ"כ בפ"ט מה' רולח הי"ג ז"ל אבל אם אמר אחד אני ראיתי את ההורג ה"ז נאמן כשנים לענין זה, הרי מבואר בדברי הרמב"ם דדוקא בטומאת סוטה ועגלה ערופה ועדות אשה הוא דהוי כשנים ולא בשאר איסורין, והוא כדעת הריטב"א הובא בנ"י יבמות פ' האשה רבה ז"ל נראין דברים כדברי ר"י ז"ל שאמר דדוקא בעדות דבר שבערוה דבעינן שנים והאמינוהו לזה כשנים, אבל באיסור דעלמא דסגי בחד כיון שלא האמינוהו אלא כחד כי אתא אחרינא ואכחשי' הויא הכחשה כחד לגבי חד עכ"ל, אלא דבדברי הריטב"א הרי מבואר דכל הך טעמא דמחלקינן בין דבר הצריך עדים כמו דבר שבערוה לשאר איסורין, הוא משום דכל עיקר הדין דה"ה כשנים הוא מפני דחזינן דהאמינתו התורה כשנים, ועל כן לא שייך זה בשאר איסורין. אכן לדעת הרמב"ם בעצמו שפסק בפ"ט מה' רולח הי"ד דנשים ועבד ושפחה לא אמרינן דה"ה כשנים, ומ"מ הא חזינן דנאמנים, א"כ הרי מוכח דאפילו היכא דלא הויין כשנים ג"כ נאמנים, ואיך נוכל לומר דהעד הכשר הוי כשנים הואיל והאמינתו התורה כבי תרי, כיון דחזינן דלא בעינן בזה נאמנות כבי תרי, ואפילו הני דלא הויין כתרי כגון אשה ועבד ושפחה ג"כ נאמנים. והפשוט בזה, דהר"י והרמב"ם חלוקין ביסוד הך

נעשית לאחר הגזילה, היינו משום דהתם איירינן לענין קנין שיקנה הגזילה ע"י השינוי, ולענין קניית הגזילה אזלינן בתר שעת היותה ברשות הבעלים, ואם רק נשתנית מכמות שהיתה ברשות הבעלים הוי שינוי לענין קנין, וכמו בנתן למר לצבע לצבוע שחור וצבעו אדום דקני להלמד בשינוי אף דהגזילה והשינוי באין כאחד, דהא לענין קנין שהוא זכותו של הגזלן כל שנשתנית הגזילה מכפי שהיתה של בעלים קני לה, אבל בגזל כלי ושברו או כחשה הבהמה דלא הדרא לפמש"נ בדעת הרמב"ם דהא דמשלם כשעת הגזילה יסוד דינו הוא דין חיובא של הגזלן שמחוייב להשיב לו כאשר גזל והדין נזק שבחפץ הוא המחייבו שלא יוכל לקיים בו דין השבה ולומר לו הרש"ל, בזה י"ל דלא שייך למידן כלל לענין זה על שעת היותה ברשות בעלים שהוא עוד קודם הגזילה, רק על שעת חיובה, דהיינו שההיזק נעשה לאחר שכבר נתחייב בהשבתה אז הוא דנאמר הדין דלא מקיים בה דין השבה, ולא היכא דהגזילה וההיזק באין כאחת דלא נתחייב מעולם בהשבת כלי שלם, וצ"ע בזה. ואם נימא כן אין אנו צריכים למש"כ למעלה דמשו"ה בעינן הכא באונכרי שיתנה שמה משום דבלא"ה אף שאינו יכול לומר הרש"ל מ"מ אינו בכלל גזל לענין המלוה כיון דלא קני לה, אלא דהכא באונכרי שאני דהוי כעין שגזל ממש אף לענין הרש"ל, ול"ד לבהמה דלא הדרא דהכחש נעשה לאחר הגזילה, וה"נ בגזל דיקלא וקטלי' בהמת יכול לומר לו גם הרש"ל כיון דהגזילה וההיזק באין כאחד וכש"נ. והתוס' לשיטתם דס"ל דגם כך דכחשה הבהמה דלא הדרא לענין קנין קמיירי דהוי שינוי גם לענין קנין, משו"ה שפיר הקשו מזה על אונכרי וגזל דיקלא וקטלי', דלענין קנין אין חילוק בין אם השינוי נעשה ברשות הגזלן או בבי"א עם הגזילה, כל שנשתנה מכפי שהי' ברשות הבעלים קני, כנ"ל. אבל לדעת הרמב"ם דהוא דין בפ"ע בהשבת גזילה ואמירת הרש"ל ויסודו משום דין היזק הוא, ע"כ שפיר י"ל דחלוק בין אם ההיזק נעשה אח"כ לאחר שנתחייב בהשבתה, או בא כאחת עם הגזילה, ואין קושיא כלל מהכחשה דלא הדרא לאונכרי וגזל דיקלא וקטלי', וכש"נ.

בב"ק דף י"ז בעי רבא דרסה על כלי ולא שברתו ונתגלגל למקום אחר ונשבר מהו בתר מעיקרא אזלינא וגופי' הוא א"ד בתר תבר מנא אזלינא וצרורות נינהו תפשוט לי' מדרבה דאמר רבה זרק כלי מראש הגג ובא אחר ושברו במקל פטור דאמרינן לי' מנא תבירא תבר, ופירש"י שם מדהשיב לי' מנא תבירא אלמא דבתר מעיקרא אזלינן, והקשה אאמו"ר הגאון שליט"א [זצוק"ל] דלמה צריכין בהך דרבה לפטורא דמנא תבירא תבר ולטעמא דבתר מעיקרא אזלינן, והרי קי"ל בב"מ דף כ"ב דאבודה ממנו ומכל אדם רחמנא שרי', וה"נ כלי זה שנזרק מראש הגג כיון שעומדת להשבר הרי אין לך אבודה גדולה מזו, וא"כ הו"ל להפטר על שבירתה גם אם בתר תבר מנא אזלינן, ולמה תלי הגמ' לפטור שבירתה בדין מנא תבירא ובתר מעיקרא אזלינן.

והנראה לומר בזה, דהנה יסוד ההיתר של אבודה ממנו ומכל אדם הוא זה מדין הפקעה, דהופקע החפץ מרשות בעליו, אם דההפקעה היא מדין יאוש וכמבואר ברמב"ם פי"א מגו"א יעו"ש, אם דהוא זה גזה"כ דהאבידה בעצמה מפקיעה רשות בעלים, אבל הא עכ"פ דיסוד הדין וההיתר של אבודה ממנו ומכל אדם הוא זה דין הפקעת רשות בעלים מגוף הדבר האבד, אשר לפי"ז נראה דלא שייך היתרא דאבודה רק היכא שחל הדין דאבודה להפקיע את גוף החפץ בעצמותו מרשות בעלים, אבל אם אך גם לאחר האבידה נשאר בהחפץ קצת שווי, שראוי לחול ע"ז דין זכות בעלים, דנמצא דלא שייך כלל להפקיע את גוף החפץ עצמי מרשות בעלים, כיון דנשאר לו בו עדיין מקצת שווי, א"כ שוב לא שייך בזה היתרא דאבודה כלל אף על השווי העודף, דנראה דכל חלות דין הפקעה מרשות בעלים צריך להיות רק על גוף החפץ בעצמותו אבל על שוויים בעלמא ל"ש כלל חלות דין הפקעה, וא"כ ממילא דכל שעלם החפץ נשאר ברשות בעלים גם לאחר אבידתו, ממילא שוב ליכא כלל על מה לחול דין הפקעה דאבודה. ולפ"ז בזרק כלי מראש הגג, אם אך יש בהחרסין מקצת שווי, הלא אם באנו לדון לענין החרסין עצמן הלא הם של בעלים, דאיגהו הא לא הויין אבודין מעולם, ולא נפקעו מעולם מרשות בעלים, וא"כ הא נמצא דעצם הכלי בעצמותו לא הופקע מעולם מרשות בעלים, וע"כ ממילא דליתא הכא להיתרא דאבודה כלל אף על יתרון השווי של כלי שלם אף דזה הוי אבוד, כמש"כ דחלות דין הפקעה מרשות בעלים לא שייך רק על גוף החפץ בעצמו, וכל דגוף החפץ הרי הוא של בעלים שוב הרי הוא ברשות בעלים בכל שוויי, וזהו דקאמר הגמ' דפטורא דהמשבר הוא רק מטעמא דמנא תבירא תבר.

הלכות רוצח ושמירת נפש

פ"א הי"ג כל היכול להציל באחד מאיבריו ולא טרח בכך אלא הציל בנפשו של רודף והרגו ה"ז שופך דמים וחייב מיתה אבל אין ב"ד ממיתין אותו עכ"ל, והראב"ד בפ"ט מהל' מלכים חולק ע"ז וסובר דההורגו נהרג עליו, ובטור סי' תכ"ה כתב ז"ל ואיני יודע כיון שחייב מיתה למה אין ב"ד ממיתין אותו עכ"ל, והנה באמת אשכחן כה"ג טובא ברמב"ם בהל' רוצח שם שחייבין מיתה לשמים כדין שפ"ד אלא דפטורין ממיתת ב"ד, עיי"ש בדברי הרמב"ם פ"ב ה"ו וה"ה גבי הורג את הטריפה או את הגוסס, ובה"א שם לענין הורג גר תושב דחייבין מיתה לשמים אלא דאין ב"ד ממיתין אותם, ובפ"ג שם הניחו במקום שסוף חמה לבוא וכיולא בו דהוי בכלל שפ"ד אלא דפטור ממיתת ב"ד, ובריש פ"ב ביאר להדיא דתרי דינים נאמרו ברציחה, רציחה שחייבין עלי' מיתת ב"ד ורציחה שדינה מסור לשמים, ויעו"ש ברמב"ם פ"ט מהל' מלכים דבכל הני רציחות ב"נ נהרג עליהן כמו שנהרג על עוברין דכל דהוי בכלל שפ"ד ב"נ נהרג עליו ולא אימעטו רק מחיוב מיתה האמורה בישראל, וזהו ג"כ שיטתו ברודף שיכול להצילו באחד מאבריו דהוי בכלל רציחה ושפ"ד וב"נ נהרג עליו וכמבואר בדבריו בהל' מלכים שם, ומשו"ה גם בישראל הוי בכלל שופך דמים וחייב מיתה בידי שמים אלא דפטור ממיתת ב"ד. אכן נראה דכוונת הטור היא להקשות דמנ"ל חילוק זה בדין רודף שיהא בו תורת רציחה ולא יהיו חייבין עליו מיתת ב"ד, ולא דמי להורג טריפה או גוסס דאיכא בהם מיעוטא לפוטרן ממיתת ב"ד ועיקר דינם הוא דין פטור משום דהוו בכלל גברא קטילא, וכן בכפתו והניחו במקום שסוף חמה לבוא או לפני ארי וכיו"ב עיקר פטורם משום דלא הוי הריגה בידים, אלא דאיתרבו לחיובא בידי שמים בקרא דאת דמכם לנפשותיכם אדרוש, אבל ברודף אם אך הוי בכלל רציחה ושפ"ד היכן מצינו בי' דין פטור מחיוב מיתה, והלא עיקר דין רודף הוא דניתן להצילו בנפשו וממילא אינו בכלל רציחה ושפ"ד כלל, אבל שיהא בו תורת רציחה ובכל זה יהיו פטורין עליו ממיתת ב"ד, היכן נאמר זאת בדין רודף, וזהו שכתב הטור דכיון דחייב מיתה למה אין ב"ד ממיתין אותו. והנה יעו"ש בסנהדרין דף ע"ז כיוצא בו דשפ"ד לא תניא, ובפירש"י שם משום דאין לשפיכות דמים שאינו

שאינו חייב גמור או מותר לגמרי, אמר אביי אי משכחת דתניא ר' יונתן בן שאול היא דתניא ריב"ש אומר רודף אחר חבירו להורגו ויכול להצילו באחד מאבריו ולא הציל נהרג עליו, הרי להדיא דברודף שאפשר להצילו באחד מאבריו חשיבא רק כיוצא בו דשפ"ד ולא שפ"ד גמורה, ובפשטות זה הוא מקור דינו של הרמב"ם דאין חייבין עליו מיתת ב"ד כיון דלאו רציחה גמורה היא ולא הויא אלא רק כיוצא בו דשפ"ד שב"נ נהרג עלי', ונ"ל דהרמב"ם מפרש דגם הך דריב"ש קיימא בב"נ ולא בישראל, אבל עיקר הך מילתא טעמא בעי, למה אין חייבין עלי' בישראל, ולמה אינה נחשבת רציחה גמורה, כיון דיכול להצילו באחד מאבריו לא ניתן להצילו בנפשו, וכבר תמהו המפרשים על דברי הרמב"ם.

והנה ראיתי להגרש"א אייגר שרוצה ליישב דעת הרמב"ם, עפמ"ש שהובא במל"מ פ"ח מהל' חובל ומזיק בשם מי שכתבו דהא דאמר דאם יכולין להציל באחד מאבריו של רודף שאין הורגין אותו שדין זה לא נאמר אלא באיש אחר הבא להציל אבל הנרדף אינו מדקדק בזה עיי"ש, וכיון דהנרדף עצמו רשאי להורגו ממילא הוי גברא קטילא, ומשו"ה פסק הרמב"ם דאין חייבין עליו, ומביא ראי' לזה מהא דפסק הרמב"ם בפ"ה מהל' רוצח הי' ברוצח שיצא חוץ לעיר מקלטו דרשות ביד גואל הדם וכל אדם אין חייבין עליו, הרי דזה שרשות ביד גואל הדם להורגו משוי לי' לגברא קטילא ואין חייבין עליו וה"נ הכא דהותר עכ"ד, והנה מלבד דעיקר הך מילתא לא ברירא שיהא חילוק בין נרדף עצמו לכל אדם בדין יכול להצילו באחד מאבריו, וכמו שכתב שם הגרש"א בעצמו עיי"ש בדבריו, וקשה לומר כן בדעת הרמב"ם דכל כה"ג הו"ל לפרושי בהדיא, וכבר הביא הגרש"א מדברי רש"י סנהדרין דף נ"ז ודף ע"ד שכתב להדיא דהך דריב"ש דיכול להציל באחד מאבריו ולא הציל נהרג עליו קאי גם על הנרדף עצמו, הנה אפילו אם נימא כן כמש"כ המל"מ, ג"כ צ"ע שיחשב לגברא קטילא בשביל זה, כיון דבעיקר דינו לא ניתן להצילו בנפשו ואין בו חיוב מיתה של רודף רק דין רשות לנרדף עצמו, ולא עוד אלא דנראה דגם ביסוד הדין הא דהנרדף עצמו רשאי להורגו לפי"ד המל"מ, אין זה משום דלגבי הנרדף אשתני דינו של הרודף מלגבי כל אדם, דלא מצינו חילוקא בחיובא דרודף בין נרדף לכל אדם, אלא דהוא דין בפ"ע על הנרדף שמותר לו להורגו משום דהבא להורגך השכם להורגו, והוא כעין היתרא לנרדף, אבל אין זה תלוי דין בגופו של רודף שיחול בי' דין חיובא לנרדף, דבגופו של רודף ליכא חילוקא בין אחר לנרדף, וא"כ פשיטא דלא שייך לומר שיחשב בשביל זה לגברא קטילא. וגם עיקר הדין דברודף שניתן להצילו בנפשו וכן ברוצח שיצא חוץ לעיר מקלטו מיחשב כגברא קטילא צ"ע, דלא מצינו דין גברא קטילא רק בנגמר דינו, יעוי"ש בסנהדרין דף ע"ח נגמר דינו קאמרת נגמר דינו גברא קטילא הוא, וברמב"ם פי"ז מהל' ממרים ה"ט שכל מי שנגמר דינו הרי הוא כהרוג ואין לו דם עכ"ל, הרי דהוא דין דהנגמר דין עושה אותו כהרוג, אבל ברודף שאין בו גמר דין, ואף שניתן להורגו משום הצלת הנרדף, מה משוי לי' לגברא קטילא, וכן ברוצח שיצא חוץ לעיר מקלטו שאין בו גמר דין רק דין רשות לגואל הדם במה יחול עליו דין גברא קטילא, וצ"ע. והנה יעוי"ש בפירש"י סנהדרין דף ע"ב שכתב דהא דאין מפקחין עליו את הגל בבא במחתרת היכא דבא על עסקי נפשות הוא משום דכיון דניתן להורגו בלא התראה גברא קטילא הוא משעת חתירה, הרי להדיא דגם ברודף ובא במחתרת שאין בו גמר דין חל בו תורת גברא קטילא, אכן י"ל דכוונת דברי רש"י הוא, דכיון דניתן להורגו ע"כ לא ניתן לדחות עליו את השבת ולענין זה הוא דנחשב כגברא קטילא, וכוונת דברי רש"י הוא רק דאף באופן שאין במניעת הצלתו משום הצלת נרדף ג"כ אין מפקחין עליו את הגל בשבת, דכל שניתן להורגו אין בגופו תורת דחיית שבת, וזהו שכתב רש"י דהוא כגברא קטילא משעת חתירה ר"ל אף שאינו נוגע להצלת הנרדף, אבל לא שיחול בי' דין גברא קטילא לכל מילי, ול"ע בזה.

והנה דין גברא קטילא מצינו אותו לענין שני דברים, חדא לענין דההורגו פטור, ושנית לענין דפטורים על חבלתו, וכמבואר בסנהדרין דף פ"ה אי הכי אמר נמי אחר גברא קטילא הוא, והתם לענין ממון קמיירי ובדפריך עלה מהא דביישו ישן ומת חייב דקאי לענין ממון, הרי דגם ממונא דחבלות מיפטר משום דין גברא קטילא, וכ"כ ברמב"ם פ"ה מהל' ממרים הי"ב דרק בתשלומי בושת חייב משמע דמכל הד' דברים פטור, וכן בערכין דף ו' תניא להדיא היוצא ליהרג הוא שחבל באחרים חייב אחרים שחבלו בו פטורין, ומקור הך דינא בספרי פ' מסעי על הקרא דולא תקחו כופר לנפש רוצח ר' יאשי' אומר הרי שיצא ליהרג וחבל באחרים חייב חבלו בו אחרים פטורים בגופו ולא בממונו או עד שלא נגמר דינו ת"ל אשר הוא רשע למות עד שלא נגמר דינו חייב משנגמר דינו פטור ר' יונתן אומר הרי שיצא ליהרג וקדם אחר והרגו פטור או עד שלא נגמר דינו ת"ל אשר הוא רשע למות עד שלא נגמר דינו חייב משנגמר דינו פטור ע"כ, הרי דמקרא דולא תקחו כופר לנפש רוצח ילפינן לה לתרווייהו בין למיתה ובין לממון דמשנגמר דינו פטורים עליו, וזהו דין גברא קטילא האמור בכל מקום. והנה בתוספתא דב"ק פ"ט החובל במוציאי גלויות ב"ד חייב בכל בחייבי מיתות ב"ד עד שלא נגמר דינו חייב משנגמר דינו פטור היוצא ליהרג וחבל באחרים חייב חבלו בו אחרים פטורין והרי הרודף אחר חבירו להרגו והפך הנרדף וחבל בו או שחבלו בו אחרים פטורין שנאמר ולא תקחו כופר לנפש רוצח, הרי להדיא מדברי התוספתא, דגם ברודף הוי כגברא קטילא ופטורים על חבלתו מקרא דולא תקחו כופר לנפש רוצח כמו ביוצא ליהרג אחר שנגמר דינו, [ואין לומר דהתוספתא קיימא בחבלו בו להציל את הנרדף, דזה פשיטא דעביד איניש דינא לנפשי', ומדמייתי התוספתא קרא דולא תקחו כופר לנפש רוצח משמע דהוא חד דינא עם יוצא ליהרג, ופטורו משום דהוי כגברא קטילא], וכן ברוצח שיצא חוץ לעיר מקלטו תניא בתוספתא מכות פ"ב מצאו גואל הדם בתחומה של עיר הרי הוא כאחד מכל אדם וחייב על מכתו ועל קללתו וחייב על נזקו בין איש ובין אשה וההורגו במזיד נהרג בשוגג גולה לערי מקלט, הרי דחוץ לתחומה של עיר אינו חייב על נזקו, והרי לענין נזקין פשיטא דאין דין גואל הדם שייך כלל לזה ואין חילוק בין גואל הדם לאחר, ובע"כ דפטורו משום דהוי כגברא קטילא ומקרא דולא תקחו כופר לנפש רוצח, הרי להדיא דגם ברוצח שיצא חוץ לעיר מקלטו נחשב כגברא קטילא משום חיובא דגואל הדם אף דליכא גמר דין למיתה, וכן הא דתניא בתוספתא דחייב על מכתו ועל קללתו הלא הוא משום דביוצא ליהרג קיי"ל דאין חייבין על מכתו ועל קללתו יעוי"ש בסנהדרין דף פ"ה דילפינן לה מקרא דבעמך במקיים שבעמך, וקמ"ל דבתחומה של עיר הרי הוא ככל האדם והוי בכלל בעמך, אבל ביוצא חוץ לתחום שניתן להרגו הרי הוא ככל יוצא ליהרג שאין חייבין לא על מכתו ולא על קללתו, והרי גם הך דינא דמקיים שבעמך מיתלא תליא בגמר דין, ועי"י דין גברא קטילא שחלה בי' פקע מיני' דין מקיים שבעמך, ומדחזינן דגם ביוצא חוץ לתחום אין חייבין על מכתו ועל קללתו ולא הוי בכלל מקיים שבעמך, ש"מ דתורת גברא קטילא בי' לכל דבר.

והנה לפי הגירסא במכות דף י"ב ברוצח שיצא חוץ לעיר מקלטו דכל אדם חייבין עליו, הרי מבואר להדיא

דלא

דלא הוי בכלל גברא קטילא, ולפי כך גירסא צ"ל דהתוספתא קיימא אליבא דריה"ג דס"ל שם דמצוה ביד גואל הדם, ולדידי' נחשב כגברא קטילא ואין חייבין לא על מכתו ועל קללתו ולא על נזק חבלה שלו, אבל לר"ע דרשות ביד גואל הדם וכל דינו אינו אלא דין רשות, משו"ה כל אדם חייבין עליו ולא נחשב כגברא קטילא, אולם לפי הגירסא השני' שכן היא גם גירסת הרמב"ם דכל אדם אין חייבין עליו, הרי לכאורה מבואר דגם ע"י דין רשות דגואל הדם פקע מיני' חיוב רציחה לכל אדם כדין גברא קטילא וכמו שהביא הגרש"א, והתוספתא קיימא אליבא דכו"ע. אולם באמת נראה מדברי הרמב"ם דהא דכל אדם אין חייבין עליו, אין זה כלל משום דין רשות של גואל הדם שנחשב ע"י זה ממילא גברא קטילא, כ"א דהוא דין בפ"ע ונלמד מקרא מיוחד, וז"ל הרמב"ם בפ"ה מהל' רוצח ה"י נכנס לעיר מקלטו ויצא חוץ לתחומה בזדון הרי זה התיר עצמו למיתה ורשות לגואל הדם להורגו ואם הרגו כל אדם אין חייבין עליו שנאמר אין לו דם עכ"ל, הרי מפורש בדברי הרמב"ם דהא דכל אדם אין חייבין עליו ילפינן לה מקרא דאין לו דם, א"כ הוא זה דין מסוים בפ"ע הנאמר בתורה על רוצח שיצא חוץ לעיר מקלטו שאין לו דם ואין חייבין עליו. ונראה דדעת הרמב"ם היא, דבאמת שני דינים נאמרו ברוצח שיצא חוץ לעיר מקלטו, חדא הדין של גואל הדם לריה"ג למצוה ולר"ע לרשות וזה נלמד מקרא דורצח גואל הדם את הרוצח, וכמבואר במכות שם דריה"ג ור"ע פליגי בפירושא דורצח אם פירושו מצוה או רשות, ודין זה נוהג רק בגואל הדם, והדין דאין לו דם הנאמר בסיפא דקרא הוא דין בפ"ע, והוא דין הנאמר על עצמו של הרוצח דחלה בו תורת אין לו דם ואין חייבין על רציחתו, ודין זה אינו שייך דוקא לגואל הדם, כ"א דעיקר דינו הוא חלות דין בגופו של הרוצח דדין תורת אין לו דם עלי', וממילא דאין עליו חיוב רציחה כלל אף לכל אדם, וזהו מה דתנינן בדברי ר"ע דכל אדם אין חייבין עליו משום דחלה בי' בעצמו חלות דין דאין לו דם, ומקור דבר זה נראה הוא מהא דאיתא בספרי פ' מסעי ומצא אותו גואל הדם בכל אדם, ובפסיקתא זוטרתא הביא הגירסא ומצא אותו גואל הדם וגו' אין לו דם אפילו בכל אדם, [וכן משמע הגירסא בתוספתא מכות פ"ב אין לו דם בכל אדם עיי"ש], והן הן דברי הרמב"ם דהא דכל אדם אין חייבין עליו הוא דין בפ"ע מקרא דאין לו דם. ולפי"ז אין ראי' מהא דכל אדם אין חייבין עליו דנחשב גברא קטילא ע"י דין רשות של גואל הדם, כיון דנתבאר דהכא פטורו מצד עצמו מגזה"כ דאין לו דם שנאמר לענין כל אדם, ואדרבה שמעינן מהא דצריכין לקרא דאין לו דם לפטור כל אדם, ש"מ דאינו נחשב ממילא לגברא קטילא ע"י דין רשות של גואל הדם, אשר לפי"ז נראה דגם הא דהבאנו מהתוספתא דחוץ לתחום עיר מקלטו דאין חייבין לא על מכתו ולא על קללתו ולא על נזק חבלה שלו, לאו משום לתא דגואל הדם הוא דקאתינן עלה, כ"א דהוא מכח חלות הדין דאין לו דם הנאמר על עצמו של הרוצח דרחמנא שוויי' בזה לגברא קטילא, ובעיקר הדין דאין לו דם נאמר דין גברא קטילא, ונמצא דדין גברא קטילא שלו הוא מגזה"כ שנאמר בעיקר דינו של הרוצח שיצא חוץ לתחום, אבל ע"י דין רשות של גואל הדם אינו נעשה ממילא לגברא קטילא.

והנה ז"ל הגמ' במכות דף י"ב ת"ר ורצח גואל הדם את הרוצח מצוה ביד גואל הדם אין גואל הדם רשות ביד כל אדם דברי ריה"ג ר"ע אומר רשות ביד גואל הדם וכל אדם חייבין עליו, וגירסא שני' שם וכל אדם אין חייבין עליו, מ"ט דריה"ג מי כתיב אם רצח ור"ע מי כתיב ירצח, והיינו דפליגי בפירושא דורצח אם פירושו מצוה או רשות, ואכתי לא נתבאר טעם פלוגתתן לענין כל אדם, ויעוי"ש במפרשים שבקשו טעם לזה. אכן לפמש"כ הדבר מבואר היטב, דהא ודאי לכו"ע דבקרא נאמרו שני דינים ברוצח שיצא חוץ לעיר מקלטו, חדא לענין גואל הדם שהוא הדין דורצח גואל הדם את הרוצח, ושנית הדין דאין לו דם שנאמר לענין כל אדם וכמו שהבאנו מהספרי, והשתא פליגי ריה"ג ור"ע בפירושא דאין לו דם, דלריה"ג דהאי ורצח פירושו מצוה ואיכא מצוה בגואל הדם, דריש לי' להאי אין לו דם הנאמר לענין כל אדם דנאמר בזה דין רשות לכל אדם, ור"ע דס"ל דורצח פירושו רשות וגם בגואל הדם אינו אלא רשות ולא מצוה, א"כ הדין דאין לו דם הנאמר לענין כל אדם כל דינו הוא רק דחלה בו תורת גברא קטילא מגזה"כ ואין חייבין עליו וכמש"כ, אבל רשות ליכא בכל אדם, ונמצא דשני הפלוגתות תלוין זה בזה, ואתי היטב.

ועכ"פ מבואר מדברי הרמב"ם, דהא דכל אדם אין חייבין עליו ביצא חוץ לתחום עיר מקלט, הוא דין מסוים בפ"ע מקרא דאין לו דם, וא"כ אין זה ענין כלל לרודף שיכול להצילו באחד מאבריו אף אם נימא דהנרדף עצמו רשאי להורגו, וגם נסתרה מעתה ההוכחה מדברי התוספתא דחל דין גברא קטילא גם שלא בגמר דין מדאין חייבין על מכתו ועל קללתו ועל חבלתו שזהו רק משום דין גברא קטילא וכמבואר בסנהדרין דף פ"ה, דשאני רוצח שיצא חוץ לעיר מקלטו דדין גברא קטילא שלו הוא מגזה"כ בפ"ע דרחמנא שוויי' לגברא קטילא בעיקר דינו בקרא דאין לו דם, אבל בעלמא הה"נ דכל דין גברא קטילא הוא מהדינים הנאמרים בגמ"ד וכל חלותו היא רק ע"י מעשה גמ"ד, וכמו שהבאנו מלשון הרמב"ם שכל מי שנגמר דינו הרי הוא כהרוג ואין לו דם, הרי דיסוד דין גברא קטילא שבכ"מ פירושו הוא שכל שחלה בו תורת גמ"ד למיתה משום זה בעצמו חלה בו דין אין לו דם, וזהו דין גברא קטילא האמור בכ"מ, וא"כ הלא ביסוד דינו הוא מהדינים שנאמרו בגמ"ד, וכל עיקר דין גברא קטילא ילפינן לי' מקרא דאשר הוא רשע למות וכדהבאנו מהספרי שזהו רק בגמ"ד, אלא דמדברי התוספתא דב"ק שהבאנו הרי מבואר דגם ברודף אחר חברו להרגו אין חייבין על חבלתו משום דין גברא קטילא וכמו שהבאנו למעלה, הרי להדיא דגם ברודף שאין בו גמ"ד וכל דין הריגתו משום הצלת נרדף מ"מ נחשב כגברא קטילא, וכאשר כ"ה גם פשטות דברי רש"י גבי בא במחתרת דהוא גברא קטילא משעת חתירה, וצ"ע.

והנראה לומר בזה, דבאמת גם ברודף דין גברא קטילא שלו הוא דין מיוחד מגזה"כ, וכדכתיב בקרא גבי בא במחתרת אין לו דמים, וא"כ נאמר בזה דין מסוים דמלבד עיקר ההצלה של נרדף חלה על עצמו של הרודף ובא במחתרת תורת אין לו דמים, ושני דינים נאמרו ברודף, חדא עיקר דין ההצלה של נרדף שניתן להצילו בנפשו של רודף, ושנית דהרודף עצמו תורת אין לו דמים עליו לגבי כל הדינים, ודבר זה יש ללמוד מדברי הרמב"ם בפ"ט מהל' גניבה ה"ז שכתב וז"ל הבא במחתרת בין ביום בין בלילה אין לו דמים אלא אם הרגו בעה"ב או שאר האדם פטורין ורשות יש לכל להורגו בין בחול בין בשבת בכל מיתה שיכולין להמיתו שנאמר אין לו דמים עכ"ל, אשר לכאורה לשונו צ"ב שחלקן לשנים הדין דאם הרגוהו פטורין והדין דרשות להורגו, וגם נקט מתחילה הדין דאם הרגוהו פטורין ואח"כ כתב דרשות להורגו, ולכאורה צ"ע דהלא אדרבה עיקר הדין של בא במחתרת הוא דניתן להורגו משום הצלת הנרדף, וזהו מילתא דממילא דכיון דרשות להורגו ממילא דליכא חיובא על הריגתו, ולמה חלקן הרמב"ם לשנים, ועוד דאיזה דין של פטור יש בזה הלא כיון דניתן להורגו א"כ הא נמצא דאין הריגתו בכלל רציחה ושפיכת דמים כלל, ולמה נקט הרמב"ם הדין דאם הרגוהו פטורין.

אכן

אכן נראה, דהרמב"ם השמיענו בזה דעיקר דינו של בא במחתרת הוא דרחמנא שוויי׳ לאין לו דמים, ועל כן ממילא הוא דאם הרגוהו פטורין אינו תלוי׳ בזה שרשות להורגו משום הצלת הנרדף, כי אם דפטורו מצד עצמו משום דחלה עלי׳ בעצמו דין דאין לו דמים, ואף אם היינו יכולים למנוע הריגה שאין בה הצלת נרדף, ג"כ פטורין עליו כדין אין לו דמים וגברא קטילא, והן הן דברי הרמב"ם דהבא במחתרת אין לו דמים ומשום הכי אם הרגוהו פטורין וזהו עיקר הפוטרו משום דאין לו דמים, ונמצא דבאמת שני דינים הם, חדא הדין של אין לו דמים שהוא חלות דין בגופו של הרודף ובא במחתרת שנחשב כגברא קטילא ופקע מיני׳ חיוב רציחה וזהו הדין דאם הרגוהו פטורים, ועוד נכלל בהקרא דאין לו דמים דין של רשות שניתן להורגו משום הצלת הנרדף, וזהו שחלקן הרמב"ם לשנים משום דבאמת שני דינים הם, חלות הדין שבגופו דרחמנא שוויי׳ לאין לו דמים וגברא קטילא שזהו המועיל להפטר על הריגתו, ושנית הדין דניתן להורגו משום הצלת הנרדף. ולפי"ז נראה דגם הא דתניא בתוספתא דאם חבלו בו פטורין מקרא דולא תקחו כופר וגו׳, יסוד דין זה הוא משום דרחמנא שוויי׳ לאין לו דמים ותורת גברא קטילא בי׳ מגזה"כ, ועי"כ דינו כגברא קטילא לכל מילי בין לענין פטור הריגה בין לענין פטור חבלה.

ועכ"פ נמצינו למדים דהא דרודף פטורים על הריגתו אינו תלוי בזה שרשות להורגו משום הצלת הנרדף, כי אם דהוא דין בפ"ע משום דחלה בי׳ תורת אין לו דמים וגברא קטילא, והוא חלות דין בגופו של הרודף המועיל לפטור על הריגתו כדין גברא קטילא גם בלא טעמא דהצלת הנרדף, ולפי"ז נראה דזהו יסוד דינו של הרמב"ם דברודף שיכול להצילו באחד מאבריו אף דאסור להורגו מ"מ פטורים על הריגתו, משום דס"ל דהא דיכול להצילו באחד מאבריו אסור להצילו בנפשו, היינו רק דאז ליכא המצוה והרשות של הריגת הרודף שהיא משום הצלת נרדף, אבל זה הדין השני שיש ברודף דאין לו דמים ונחשב כגברא קטילא, זה לעולם איתי׳ אף ביכול להצילו באחד מאבריו, דכל שעכ"פ מעשה הרדיפה יש בה דינא דניתן להצילו בנפשו חלה על הרודף דינא דאין לו דמים ואין חייבין עליו, ותדע שכן, הרי שיש אחד בסוף העולם שאינו יכול להציל את הנרדף אלא א"כ יהרוג לרודף הלא הוא מותר להורגו וניתן לגבי׳ להצילו בנפשו, וא"כ נמצא דהרודף בעצמו יש עלי׳ חלות דין דניתן להצילו בנפשו, והדין דיכול להצילו באחד מאבריו חל לגבי כל מציל ומציל בפ"ע שכל שיכול להצילו באחד מאבריו אסור להורגו, וא"כ כל זה הוא לענין עיקר דין ההצלה שנאמרה לגבי המצילים, אבל הדין דאין לו דמים דהוא חלות דין בגופו של רודף ואינו שייך להמצילים, בזה כל שהרודף בעצמו ניתן להצילו בנפשו לגבי מי שיהי׳ חלה עלי׳ הדין דאין לו דמים, וממילא דכל אדם אין חייבין על הריגתו, דבהדין דאין לו דמים אין חילוק בין מי שהורגו דהוא חלות דין על גופו שנחשב לגברא קטילא, וזהו שכתב הרמב"ם דאף דהוי בכלל שופך דמים כיון דפקע מיני׳ דין רשות מ"מ אין חייבין עליו, כמש"נ דזה הוי דין בפ"ע דאין חייבין עליו משום דאין לו דמים, ואפילו אם נימא דגם לענין הדין דאין לו דמים ג"כ דינו מתחלק, דלגבי מי שאינו יכול להצילו אלא בנפשו חלה בו תורת אין לו דמים, ולגבי מי שיכול להצילו באחד מאבריו הרי הוא ככל אדם ופקע מיני׳ גם חלות הדין של אין לו דמים, מ"מ כיון דנתבאר דהדין דאין לו דמים הוא חלות דין בעצמו של הרודף, א"כ י"ל דלענין להתחייב מיתה על הריגתו כל צד אין לו דמים שיש בו די לפוטרו, ומאחר שיש בו עכ"פ תורת אין לו דמים לגבי מי שיהי׳, שוב אין חייבין עליו מיתה, וזהו שכתב הרמב"ם דההורגו אין ב"ד ממיתין אותו.

פ"ג הי"ב הזורק צרור בכותל וחזרה האבן לאחורי׳ והרגה חייב מיתת ב"ד שמכחו היא באה וכו׳ זרק אבן למעלה והלכה לצדדין והרגה חייב עכ"ל, מקור דבר זה הוא בסנהדרין דף ע"ז יעוי"ש, אלא דהתוס׳ שם הקשו דל"ל טעמא דאזלא מכחו, והרי קי"ל דאבנו סכינו ומשאו שהניחן בראש גגו ונפלו ברוח מצוי׳ והזיקו מיחייבי משום אש ולמ"ד אשו משום חציו חייב גם בנפשות כדמוכח בב"ק דף כ"ב גבי עבד כפות לו דאיכא באש גם חיוב מיתה למ"ד אשו משום חציו, וא"כ גם בלא אזלא מכחו צריך היא להתחייב, ותירצו דהסוגיא דסנהדרין קיימא כמ"ד אשו משום ממונו. ולפי"ז קשה על הרמב"ם שפסק בפי"ד מהל׳ נזקי ממון דאשו משום חציו, וגם פסק שם דבעבד כפות לו וגדי סמוך לו פטור מתשלומין אף בלא הלית בגופו של עבד, והיינו משום קלב"מ, וא"כ למה הוצרך הכא לטעמא דמכחו היא באה וקושית התוס׳, וצ"ע.

והנה בב"ק דף מ"ג א"ל רבא לר"ח אשו שלא בכוונה עפ"י עדים נשלם דמים ומנא לי׳ לרבא דלא משלם אילימא מדתנן הי׳ גדי כפות לו ועבד סמוך לו ונשרף עמו חייב עבד כפות לו וגדי סמוך לו ונשרף עמו פטור ואמר ר"ל כגון שהלית בגופו של עבד דקלב"מ וכו׳ אלא רבא גופי׳ אבעויי מבעיא לי׳ אשו שלא בכוונה מי משלם דמים או לא מי אמרינן גבי שור הוא דבכוונה משלם כופר שלא בכוונה משלם דמים אבל אשו דבכוונה לא משלם כופר שלא בכוונה נמי לא משלם דמים או דלמא כיון דגבי שורו שלא בכוונה אע"ג דליכא כופר משלם דמים גבי אשו נמי אע"ג דבכוונה לא משלם כופר שלא בכוונה מיהא משלם דמים ולא ידעינן תיקו ע"כ, ויעוי"ש בפירש"י דרבא כר"י ס"ל דאשו משום חציו ולהכי קמיבעיא לי׳ דוקא באשו שלא בכוונה דבכוונה פטור משום דקלב"מ, אולם בתוס׳ שם מפרשי דהסוגיא הכא קיימא דוקא אליבא דר"ל דאשו משום ממונו דהויא דומיא דשור והא דקאמר אשו שלא בכוונה לאו דוקא נקט דה"ה בכוונה עיי"ש בדבריהם, וכבר הקשו הראשונים על פירש"י דהרי קי"ל דגם חייבי מיתות שוגגין פטורין מתשלומין וא"כ גם בשלא בכוונה קלב"מ, ורבא בעצמו קאמר בכתובות דף ל"ה דליכא למ"ד חייבי מיתות שוגגין חייבין מדתנא דבי חזקי׳ דלא חלקת בו בין שוגג למזיד בין מתכוין לשאין מתכוין לחייבו ממון אלא לפוטרו ממון, ובע"כ דרבא הכא אליבא דר"ל קאמר למילתי׳ [דהרי רבא בעצמו כר"י ס"ל כדקאמר בדף כ"ב שם דקרא ומתניתא מסייע לי׳ לר"י דאשו משום חציו], או דקאי הכא באשו שהוא ממונו בלבד כגון דכלו לי׳ חציו כדאיתא התם, עיי"ש בדברי הראשונים מש"כ בזה, ועוד יותר קשה על פירש"י דאי באשו שהוא חציו קיימינן הכא ואתינן לחייבו משום חציו ומטעמא דהוי שלא בכוונה, א"כ מ"ש אש משאר רוצח שלא בכוונה דאיפלגי רבי ורבנן בסנהדרין דף ע"ט אם איכא חיוב ממון או לא, ורבא בעצמו קאמר התם דהאי דתנא דבי חזקי׳ מפקא מדרבי ומפקא מדרבנן ומסיק שם דלאו בר קטלא הוא ולאו בר ממונא הוא, וא"כ הלא ה"ה גם באשו למ"ד אשו משום חציו דהוי רוצח ממש, ומ"ש אש משאר רוצח שלא בכוונה, והן הן דברי התוס׳ שכתבו דהסוגיא הכא קיימא דוקא למ"ד אשו משום ממונו דהוא דין חיוב ממון מחודש כמו שור, ואליבי׳ הוא דשייך למיבעיא אם נאמר בי׳ גם חיוב דמים של אדם כמו גבי שור או לא, אבל למ"ד אשו משום חציו היינו אדם המזיק, ונידון ככל רוצח שלא בכוונה, ולא שייך למילפי׳ מחיובא דשור כלל.

והנה ברמב"ם פ"ד מהל׳ חובל ומזיק הל"ב ז"ל הנוגף את האשה ויצאו ילדי׳ ומתה אע"פ שהי׳ שוגג ה"ז פטור מן התשלומין וכו׳ שנאמר ולא יהי׳ אסון וגו׳ לא חילק הכתוב בין שוגג למזיד בדבר שיש בו מיתת ב"ד לפוטרו מן התשלומין

בד"א

סימן יח

[בעניני קלבד"מ ובדיני רודף]

תרמ"ה ווילנא.

בדברי הרמב"ם בפ"א מה' נערה בתולה, שהעתיק המשנה דר"פ אלו נערות כצורתה שזהו נגד הסוגיא דסנהדרין דף ע"ג והשמיט האוקימתות דמיירי ביכול להצילו באחד מאבריו או במפותה.

א) **הרמב"ם** בפ"א מהל' נערה בתולה הי"א כתב היתה בתולה זו אסורה על האונס או או המפתה אם היתה מחייבי כריתות כגון אחותו ודודתו או הנדה וכיו"ב כו' ואם לא היתה שם התראה הואיל ואינו חייב מלקות הר"ז משלם קנס עכ"ל, העתיק רבינו מתניתין דר"פ אלו נערות כצורתה ותמוה שזהו נגד סוגיא דסנהדרין דף ע"ג דמקשה הש"ס ורמינהו אלו נערות שיש להם קנס הבא על אחותו דהא ניתן להצילו בנפשו דרודף הוא ומאי דמשני הש"ס דמשעת הערואה הוא דאיפגמא ז"א אלא למ"ד דהערואה זו נשיקה א"כ למש"פ הרמב"ם בפ"א מהל' איסו"ב דהערואה זו הכנסת עטרה א"כ באים כאחד והרמב"ם השמיט כל האוקימתות דש"ס וכבר הרגיש בזה השעה"מ בפכ"ד מה' שבת והנוב"י מהדו"ק חאה"ע סי' צ"ע יעו"ש מה שנדחקו בזה דשי' הרמב"ם כשי' הי"מ דקנס אי"ח בהערואה.

והנראה בשיטת הרמב"ם דלכאורה ק"ל במאי דקאמר הש"ס בסנהדרין אלא למ"ד הערואה זו הכנסת עטרה מאי איכ"ל היינו דלדידי' החיוב מיתה והחיוב ממון באים כאחד והא גם לדידי' אינם באים כאחד דעיקר חיוב מיתה של רודף לאו משום עונש עבירה של הרודף דהא קטן הרודף ניתן להצילו בנפשו אע"ג דלאו בר עונש הוא אלא דהעיקר להציל את הנרדף מהריגה או מפגם בדמו של רודף וזהו קודם עשית העבירה אבל כיון שהרג או שפגם כבר נפטר וניצל מידי חיובו ומה שניתן להצילו בנפשו הוא רק כדי להציל את הנרדף קודם שעשה המעשה וא"כ בעת פעולת העבירה אינו עוד בר חיוב וכל חיובו הוא קודם עשית מעשה העבירה להציל הנרדף או מפגם, והנה חיוב ממון דקנס אינו מחויב מתחלה רק עבור מעשה הביאה וא"כ אכתי אינם באים כאחד דחיוב מיתה בא על קודם עשית העבירה והחיוב ממון בא רק על עצם המעשה וכמו דלמ"ד הערואה זו נשיקה משעת הערואה איפטר לה מקטלא ה"נ למ"ד הערואה זו הכנסת עטרה ג"כ קודם הכנסת עטרה נתחייב מיתה ובשעת הכנסה אין עוד חיוב מיתה עליו ומאי מקשה הש"ס ולשי' הריצב"א בכתובות ל: בתוד"ה לא צריכא דחשוב באים כאחד אע"פ שאינם כאחד ממש א"ש אבל לשארי התירוצים קשה.

ונראה בישוב הדבר עפ"י המבואר בכתובות ל"א בזורק חץ מתחלת ד' לסוף ד' וקרא שיראין בהליכתו פטור שעקירה צורך הנחה וה"נ במעביר סכין ברשות הרבים וקרע שיראין בהליכתו פטור להך לישנא דאמר לפי שאי אפשר להנחה בלי עקירה והסברא לפי שאי אפשר בלא עקירה ונמצא שבכה"ג שא"א לבא לידי חיוב מיתה בלא עקירה חשוב מעשה אחד עם חיוב הממון שבו בעקירה הואיל שהעקירה הוא חלק מהחיוב מיתה וא"א בלעדו וה"נ י"ל היכא דהחיוב ממון בא אחר החיוב מיתה מ"מ הואיל והתחלת מעשה של חיוב בא בחיוב מיתה וא"א לגמר חיוב ממון בלא התחלת המיתה חשוב ג"כ חדא מעשה ולהכי א"ש מאי דמקשה למ"ד הערואה זו הכנ"ע אע"ג דנתחייב מיתה קודם הכנסת עטרה מ"מ כיון דגם התחלת המעשה של הנשיקה היא חלק מהחיוב ממון וא"כ לגמור מעשה של הכנ"ע בלי התחלת הערואה של נשיקה ולהכי בחדא מעשה חשיבא דכמו דחלק מן התחלת חיוב מיתה פוטר חיוב ממון שבו אעפ"י שלא נתחייב עדנה מיתה כמו עקירה ה"נ פוטר החיוב מיתה של חלק התחלת המעשה של חיוב ממון כיון שא"א לבוא לידי חיוב ממון בלי התחלה זו.

ועפי"ז מיושב ג"כ דעת הי"מ שם דס"ל דקנס אינו חייב רק בגמר ביאה ומ"מ מקשה הש"ס שפיר למ"ד הערואה זו הכנ"ע דאע"ג שאינם באים כאחד דקנס אי"ח רק בגמ"ב מ"מ כיון דחיוב ממון אי אפשר לבוא בלי חיוב מיתה הקודמת והכנ"ע הוה חלק מהתחלת חיוב ממון כחדא מעשה חשיבא ובאים כאחד ועי' בדו"ח בכתובות [ושי' התוס' דמקשים על היש מפרשים נראה דס"ל דלא דמי למה שאמרו עקירה צורך הנחה דהעקירה הוי חלק מחיוב הוצאה דשבת ולהכי כיון דא"א להנחה בלא עקירה הוי מעשה אחד משא"כ בחיוב ממון שאין החיוב ממון מורכב מחלקים רק שא"א זה בלא זה ושי' הי"מ דמ"מ חשוב באים כאחד כיון דהתחלה הוי צורך הגמר ואי אפשר שיבוא לידי חיוב ממון בלי התחלה שיש בו חיוב מיתה] ומאי דקאמר הניחא למ"ד הערואה זו נשיקה משעת הערואה הוא דאיפגמא לה והא מ"מ חדא מעשה חשיבא לפי"ז כיון דבע"כ הרי מחויב מיתה מקודם על הנשיקה נראה דהא באמת כיון דחיוב מיתה מצד רודף הוא וא"כ כיון דלמ"ד הערואה זו נשיקה הפגם הוא הנשיקה א"כ החיוב מיתה בא קודם הנשיקה דבשעת נשיקה דאיפגמא לה ובעת עשית העבירה אין עוד דין רודף כמשנ"ת וא"כ החיוב מיתה בא קודם התחלת מעשה חיוב ממון היינו קודם הנשיקה שלא הותחל עדיין המעשה של חיוב ממון בכה"ג אינם באים כאחד כמו בגונב חלבו של חבירו ויעו"ש באסיפת זקנים דהחילוק בין עקירה והנחה דעקירה הוה התחלת החיוב אבל אכילה שאין החיוב אלא באכילה לבד הלכך לא הותחל האיסור עד שעת אכילה נמצא שהחיוב ממון בא לו קודם שהותחל החיוב יעוש"ה, וה"נ למ"ד הערואה זו הכנ"ע והחיוב מיתה בא על התחלת המעשה הנשיקה חשוב כחדא מעשה משא"כ למ"ד הערואה זו נשיקה ולדידי' החיוב מיתה של רודף על קודם הנשיקה היינו קודם התחלת המעשה של חיוב ממון ואין זה באים

כאחד ודמי להגבהה שאין בו התחלת החיוב ושפיר מקשה הש"ס הניחא למ"ד הערעה זו נשיקה כו' דלדידי' אינם באים כאחד אבל למ"ד הערעה זו הכנ"ע אעפ"י שהחיוב ממון וחיוב מיתה אינם באים כאחד לשי' הי"מ או גם לשי' התוס' והראשונים דחיוב ממון של קנס בהכנ"ע מ"מ אינם באים כאחד דחיוב ממון בא על עצם המעשה של הכנ"ע וחיוב מיתה הוא על קודם הכנ"ע מ"מ שפיר הוי באים כאחד כמו בזורק חץ ומעביר סכין ברה"ר וקרע שיראין כמשנ"ת, וכ"ז למ"ד דא"א להנחה בלא עקירה אבל למאן דס"ל דא"א לאהדורי המעביר סכין ברה"ר וקרא שיראין חייב הואיל ואפשר לאהדורי ה"נ חשוב אפשר לאהדורי דהא אפשר לפרוש בעת ההתחלה לבלי לבוא לידי חיוב ממון ואין זה חדא מעשה.

והנה הה"מ כתב בד' הרמב"ם דמשו"ה השמיט במגרר ויוצא אוקימתא דעומד לפוש כדמשני בכתובות משום דפסק כהך לישנא דאי בעי לאהדורי וללישנא דאיבעי לאהדורי לא פריך מידי כמש"כ התוס' [וע"ע בשעה"מ בפ"ג מה' גניבה מש"כ בזה] ולפ"ז דד' הרמב"ם כהך לישנא דאיבעי לאהדורי א"ש מה שמחויב קנס בחייבי כריתות ולא נפטר מצד רודף דאינם באים כאחד דחיוב מיתה דרודף בא קודם הכנ"ע וחיוב ממון דקנס הוא על אותו מעשה של הכנ"ע וסוגית הש"ס דסנהדרין קאי להך לישנא דא"א לעקירה בלא הנחה כמשנ"ת אבל למ"ד א"א לאהדורי גם למ"ד דס"ל דהערעה זו הכנ"ע ניחא כאמור כן נראה בשי' הרמב"ם.

ב) **והנה** ברש"י סנהדרין שם פירש משעת הערעה קרי לה נבעלה ואיפגמה במקצת ושוב אין מצילין אותה בגמ"ב בנפשו וקנסא לא מיחייבי אלא בגמ"ב כו' עכ"ל ומבואר מפרש"י דבשעת הערעה מצילין אותה בנפשו של רודף ולמש"כ צ"ע דהא בשעת הערעה שכבר א"א להצילה מפגם א"כ אין עליה עוד דין רודף ונראה מפרש"י דבעת גמר הרדיפה הרציחה או הפגם יש לו דין רודף אע"פ שאי אפשר עוד להצילה ורק לאחר שכבר הרג או פגם אין לו דין רודף ולכאורה יש להוכיח כן מסנהדרין ע"ד ואם אסון יהי' ונתת נפש תחת נפש ואפ"ה אמר רחמנא ואם לא יהי' אסון ענוש יענש דאי אמרת יכול להצילו באחד מאבריו נמי ניתן להצילו בנפשו היכי משכח"ל דיענש כו' והא חיוב דמי ולדות הוא על גמר הכאה והרציחה ואז אזיל לי' דין רודף, אלא דבאמת אין ראי' מזה דהא דמשני דהוי מיתה לזה ותשלומין לזה ע"כ דאין זה רודף מצד האשה דהא כ' התוס' בב"ק דאע"ג דדמי ולדות לבעל מ"מ כיון דהוי גוף אחד חשוב מיתה ותשלומין לאחד, ועכצ"ל דאין זה רודף מצד האשה שלא נתכוין לה אלא דהוי רודף משום שנתכוין לאחר מצד האחר וא"כ בשעה שמכה את האשה לא הוי רודף למי שנתכוין אע"כ צ"ל דמיירי דבשעה שזרק הברזל או החץ נתכוין לאחר ונפל על האשה דבכה"ג על מעשה זריקתו הוי רודף ובמעשה זו נפטר מקים ליה בדרבא מיניה כדין רודף וכמש"כ התוס' בב"ק כ"ב דעל מעשה אחת בא ונפטר או דצ"ל דכל שלא הפיק זממו הוי רודף גם עכשיו לגבי האחר למי שנתכוין ומוכיח ר' יונתן בן שאול מזה דביכול להצילו באחד מאבריו לא הוי רודף, ונראה בשי' רש"י דלהכי גם בעת הפגם והרציחה הוי רודף דהותר דמו מצד העונש של רדיפתו שנתחייב מיתה בלי ב"ד של כ"ג ומיתתו ביד כל אדם רק אחרי שהרג ואחרי שפגם פסק מאתו דין מיתה ביד כל אדם אבל בעת הפגם והרציחה יש עליו עונש מיתה אע"פ שאי אפשר להציל את הנרדף, ולפי"ז יש ברודף שני דינים להציל את הנרדף בדמו של רודף גם בקטן וכעובר דלאו מטעם עונש וגם בבר עונש מחויב מיתה גם מצד הדין כ"ז שלא כלה רדיפתו לגמרי, אע"פ שאי אפשר להציל את הנרדף.

ובשיטת רש"י יתישב הא דאמרינן ברודף קלבד"מ ולכאורה הא לא מצינו קלבד"מ רק מה שהוא חייב מצד עבירת הלאו אבל הא הרודף ניתן להצילו בנפשו מצד הצלת הנרדף ומנ"ל דגם בכה"ג אמרינן קלבד"מ אולם למש"כ דיש בזה חומר עבירה מצד הרציחה להכי אמרינן קלבד"מ ונפ"מ לפ"ז ברודף ע"י גרמא אע"פ שיש עליו דין רודף כדמוכח בברכות נ"ח משום הצלת הנרדף מ"מ לא נפטר משום קלבד"מ דעל גרמא אין חיוב מיתה ויתישב בזה מה שראיתי מקשים ממסור דחייב לשלם מצד גרמי והא מסור מורידין ולא מעלין דהוי כרודף וקלבד"מ ולמש"כ א"ש דלא הוי רק גרמא, אולם גם אי נימא דגם בגרמא יש בו דין קלבד"מ משום דסוף סוף ניתן להצילו בנפשו מאיזה טעם שיהי' מ"מ למש"כ א"ש דהא באמת במסור אימת נתחייב ממון בעת שמסר דכבר אזל מאתו דין רודף וכמש"כ הרמב"ם וכמבואר בחו"מ סי' שפ"ח דלאחר שמסר אין עליו חיוב מיתה ורק דלשי' רש"י גם בעת גמר הרדיפה הוי רודף משום דבר מיתה הוא וכל זה בעושה מעשה רציחה בידים אבל בגרמא שאין עליו חיוב מיתה ורק כדי להציל את הנרדף ניתן להצילו בנפשו וכיון דבעת שמוסר אי אפשר עוד להציל את הנרדף וגם דין מיתה אין עליו ולהכי לא אמרינן קלבד"מ.

ואפ"ל דמה דס"ל לרש"י דגם בעת הפגימה הוי רודף אע"פ שאי אפשר להצילה הוא רק אליבא דרבנן דר"י בן שאול דאע"פ שיכול להצילו באחד מאבריו ניתן להצילו בנפשו של רודף דהוי רשות גמור להורגו וכמו שפירש"י בסנהדרין נ"ז ומחויב מיתה מן הדין כל זמן שלא הרגו, ואחר הרציחה פסק מאתו חיוב מיתה דרודף אבל בשעה שעוסק ברציחתו יש עליו דין מיתה [ואינו מחויב לדקדק אם כבר אין בידו להציל את הנרדף כמו שאינו מחויב לדקדק אם יכול להצילו באחד מאבריו], אבל לר"י בן שאול דס"ל דביכול להצילו באחד מאבריו לא ניתן להצילו בנפשו וכל עיקר דין רודף הוא להציל את הנרדף באמת לדידי' היכא דאי אפשר להצילו אין עוד עליו חיוב מיתה כלל ולהכי פרש"י שם לפי ההו"א דקאי לרבנן דגם בעת הפגימה הוי רודף אבל לפ"מ דמשני כר"י בן שאול גם בעת הפגם כיון דאי אפשר להציל את הנרדף אין עליו דין רודף ומאי דמשני ביכול להצילו באחד מאבריו והא גם בא"י להצילו בא' מאבריו אינם באים כאחד משום דמוקי לכו"ע אף למ"ד דאי אפשר להנחה בלא עקירה כמשכ"ל.

ולפ"ז למש"פ הרמב"ם בפ"א מהל' רוצח הי"ג ובכ"מ שם כר"י בן שאול דביכול להצילו באחד מאבריו לא ניתן להצילו בנפשו ועיקר חיוב רודף הוא כדי להציל את הנרדף ולהכי כל שבעת הפגם שאי אפשר להצילה אין עוד עליו דין רודף ואינם באים כאחד ולהכי חייב קנס ובאמת כן נראה פשטות הדברים דבשעה שא"א להציל הנרדף מהריגה או מפגם ל"ש ניתן להצילו בנפשו, ודרש"י צ"ע [וצ"ע בדרש"י סנהדרין ע"ב לפקח עליו את הגל אבל אם בא על עסקי נפשות כיון דניתן להורגו בלא התראה גברא קטלא הוא משעת חתירה יעו"ש, וקשה דכיון דנפל עליו הגל הרי ניצל הנרדף הא אין עליו דין רודף ומה בכך שהי' רודף בשעת חתירה וע"כ צ"ל הא דאמר בגמ' דדמים לו לפקח את הגל בשבת אבל בשאין לו דמים אין לפקח את הגל משום דאפשר דאחרי פיקוח הגל יהפך לרודף, והרמב"ם בסוף הל' גניבה דקדק בלשונו כל גנב שיש לו דמים אם נפל גל בשבת מפקחים עליו ואם שבר כלים בביאתו חייב בתשלומין אבל מי שאין לו דמים ששיבר כלים בביאתו פטור עכ"ל ולא סיים אבל מי שאין לו דמים אין מפקחים עליו את הגל משום דגם דאין לו דמים אם הוא תוך הגל משכח"ל דמפקחים עליו אם אין לנו לחוש שיהפך אח"כ לרודף ורק ביש לו דמים בכל גווני מפקחים עליו את הגל אבל מה שפרש"י בטעמא דמילתא משום דגברא קטלא הוא משעת חתירה צע"ג].

ג) **ויש** לעשות סמוכין לשי' הרמב"ם דאין על זה דין רודף משום דאינם באים כאחד מכתובות ל"א דמקשה הש"ס בהבא על אחותו ממתניתין דאלו הן הלוקין הבא על אחותו וקיי"ל דאין לוקה ומשלם וקשה לי לפ"מ דמסיק בסנהדרין ע"ג דמתניתין דאלו נערות מיירי באופן דאין עליו דין רודף במפותה או דיכול להצילו באחד מאיבריו א"כ הומ"ל דמתניתין דאלו הן הלוקין מיירי באופן שהי' עליו דין רודף ולא הי' יכול להצילו באחד מאבריו דיש עליו דין רודף לפוטרו ממון ולהכי ליכא תשלומי קנס ומ"מ ממלקות אינו נפטר לפי"מ שפירש"י בסנהדרין ע"ג דרודף אעפ"י שניצל פטור משום דהוה כחייבי מיתות שוגגין אבל ממלקות הא קיי"ל דחייבי מיתות שוגגין ודבר אחר חייבין כר"י בחולין דף פ"א ורודף דהוי כחיי"מ שוגגין לפירש"י חייב במלקות ולהכי שפיר לוקה הבא על אחותו כיון דממונא ליכא, וביותר דהא לשי' הרמב"ם שפ' בכל חייבי לאוין שאינו לוקה בלא קדושין עיקר קושית הש"ס הוא מהבא על אחותו ולא מהבא על הממזרת כמו שמבואר בתשובתו לחכמי לוניל, ויעוי' בהרה"מ בפט"ו מה' איסו"ב ובכ"מ שם ה"ב, וא"כ בבא על אחותו הא איכא דין רודף ולהכי מילקא לקי ממונא לא משלם.

ולשי' רש"י דס"ל לצאת ידי שמים מהוי תפיסה בקלבד"מ י"ל דחשוב ממונא איכא אע"ג דבקנס ליכא חיוב דלצי"ש דאשר ירשיעון אלקים כתיב כמש"כ התוס' בכתובות ל"ג מ"מ הא איכא בושת ופגם, אבל לשי' החולקים ע"ד רש"י קשה וגם למש"כ במק"א דברודף גם לשי' רש"י ל"מ תפיסה דדוקא בקלב"מ מהני תפיסה שביד כל אדם לפי שתפיסה אין זה מדין ב"ד וב"ד מחייבין אותו מיתה ומלקות משא"כ ברודף דמיתתו ביד כל אדם וכל אדם חשיב כבי"ד ולהכי לא מהני גם תפיסתו שהתופס הוא הב"ד המחייב אותו מיתה ובזה מיושב קושי' התומים בתוס' סנהדרין ע"ב דבאמת ברודף לא מהני תפיסה וכן ילה"ע בקו' הטו"א בחגיגה בדרש"י סנהדרין פ"ז אלא דיש לדחות דהתם בע"כ מיירי ביכול להצילו באחד מאבריו דאל"כ אמאי חייב ממון לרבי ועוד דבעיקר הדבר כיון דמהני תפיסה אלמא דאין זה ב' רשעיות ואין זה מתנגד לחיוב מיתה ומלקות ואיך נימא דעי"ז נפטר ממלקות משום דמהני תפיסה.

ומוכח מסוגין דכתובות דמתניתין דר"פ אלו נערות אתי כצורתה ול"צ לאוקמה בגונא דמשני הש"ס בסנהדרין ואתי' ריש הסוגיא למאן דס"ל דא"א לאהדורי והכא כיון דאפשר לאהדורי אינם באים כאחד כמו שנתבאר.

ולכאורה י"ל למש"כ התוס' רי"ד והובא בקצוה"ח סי' כ"ח דרודף הוי כמו שנגמר דינו וברח ולענינו כתב דרודף כעבדינן לי' החומרא דמי ולא מהני תפיסה ואפשר דהוה כחייבי מיתות שנגמר דינו למיתה ופוטר ממלקות כחיי"מ מזידין וכ"כ הרמ"ה [וזהו דלא כמבואר בפירש"י סנהדרין ע"ב] ולפי"ז אי אפ"ל דמתניתין דמכות מיירי בגוונא דהוה רודף דא"כ גם ממלקות הי' נפטר ואיך לוקה בבא על אחותו, אולם מסוגיא דסנהדרין דמקשה ורמינהו מהבא על אחותו דמשלם קנס והא הו"ל להקשות ג"כ מר"פ אלו הן הלוקין אמאי לוקה והא ניתן להצילו בנפשו ומוכח מזה דס"ל להש"ס דרודף הוי שוגג וחיי"מ שוגגין ודאי חייבין במלקות.

ואולי י"ל בשי' התוס' רי"ד דמאלו הן הלוקין לא מקשה הש"ס משום דס"ל דמלקות חייב על גמר ביאה דכבר איפגמא בהעראה ונפטר ממיתה מדין רודף אבל מהא דמשלם קנס שפיר מקשה אף לשי' הי"מ דקנס הוא על גמר ביאה משום דכיון דחייב מיתה על העראה מדין רודף הוי כאלו נפגמה ע"י אחר וכמש"כ התוס' בגיטין דף נ"ג במנסך אליבא דשמואל דכיון דקלבד"מ הוה כנתנסך מאליו וממילא דלענין תשלומי קנס הוה כבעולה וכמש"כ הגאון רעק"א בתשובה לתרץ כן בפשיטות [והתוס' שהקשו על הי"מ אפ"ל דאזלי להלכה בשיטת רב דמנסך ממש וי"ל דמצרפינן החיובים מה שנעשה ע"י קלבד"מ לההגבהה] אבל במשנה דאלו הן הלוקין מלקות שפיר חייב באחותו על גמר ביאה דאף בבעולה חייב מלקות בבא על אחותו והא דלא מתרץ הש"ס בכתובות דלעולא דס"ל דממונא ומלקות ממונא משלם מילקי לא לקי והומ"ל דאלו הן הלוקין לוקה על גמר ביאה שכבר נתחייב ממון בהעראה ולקי על גמ"ב, י"ל דס"ל להתוס' רי"ד כשיטת הי"מ דקנס חייב על גמ"ב וכיון דממונא משלם מילקי לא לקי אינו בדין שיהי' מלקות גם על העראה דהא ע"י מלקות דהעראה יפטור מתשלומי קנס דגמ"ב דעי"ז נעשית כבעולה ובאמת לשי' התוס' דקנס חייב על העראה דלא כהי"מ קשה מ"ט לא משני עולא דאלו הן הלוקין באחותו משום גמ"ב וככבר הרגיש בדבר הגרעק"א שם, וצ"ל דקושי' הש"ס משום דאלו הן הלוקין סתמא תני דמשמע דחייב ככל ביאות האסורות בהעראה. אלא דגם לשי' הי"מ קשה דהא הומ"ל לשנוי' דחייב על

הפרישה לכשפירש באבר חי למאן דסבירא ליה משמע מת פטור דהא על הפרישה אינו חייב ממון וצ"ל דסתמא קתני דחייב על הביאה ומשמע בכל גווני אף לכשפירש באבר מת חייב מלקות והא ממונא משלם מילקי לא לקי דהא הבא על אחותו קתני מבואר דחייב על הביאה גרידא ולא על הפרישה אבל לאוקמי בגמ"ב דאלו הן הלוקין אין זה דוחק דסתם ביאה ביאת המירוק הוא וגמ"ב דהא לשי' הי"מ דמתני' דאלו נערות כל מקום דקתני ביאה לענין קנס הוא בגמ"ב ולהכי לא מקשה בסנהדרין ממתני' דאלו הן הלוקין הא הוי רודף, ולשי' התוס' דס"ל דקנס חייב על הערואה ולא משני בכתובות סתמא דאלו הן הלוקין בגמ"ב וקשה מ"ט לא מקשי בסנהדרין ממתניתין דאלו הן הלוקין צ"ל דס"ל כשי' רש"י בסנהדרין דרודף הוי כחיי"מ שוגגין.

ובאמת י"ל דאף לשיטת התוס' רי"ד דרודף הוי כנגמר דינו וברח מ"מ י"ל דאינו פוטר ממלקות לפי המבואר במכות י"ג דמכדי רשעתו ילפינן רשעה המסורה לב"ד י"ל דרודף דמיתתו שלא על יד ב"ד וביד כל אדם לא חשיב רשעה המסורה לב"ד ורק מממון פטור דמיתה וממון לא ילפינן מכדי רשעתו, ויש לחלק דלא דמי לכרת דמסור בידי שמים משא"כ ברודף דעל פי הוראת ב"ד מיתתו ביד כל אדם וצ"ע שו"מ בשו"ת הרשב"א חלק ה' סי' י"ח שנשאל בהא דבדמים קנינהו במחתרת דמאי קא מדמה לההיא דגונב כיס בשבת דהתם ב"ד קא מחייבי ליה מיתה על מלאכת שבת ולא מצי לחייבו ממון דרחמנא אמר כדי רשעתו כו' אבל במחתרת אין בדבר חיוב מיתות ב"ד כלל, והשיב דלאו משום כדי רשעתו פטרי לי' לההיא דגונב כיס בשבת אלא משום דכתיב לא יהי' אסון ומזה דרשינן אפילו חיי"מ שוגגין ולא במיתת ב"ד לבד אלא אפילו הבא על אחותו אלמא כל דאפשר דאתי לידי חיוב מיתה פטור יעוי"ש ולפ"ז לענין מיתה ומלקות דילפינן מכדי רשעתו ל"ש ברודף, ומאי דלא מתרץ בכתובות דמתני' דאלו הן הלוקין בגוונא דהוי רודף וליכא ממון י"ל משום דאכתי תקשה מבא על ממזרת דליכא דין רודף, אולם לשי' הרמב"ם דממזרת ל"ק ועיקר הקושי' מאחותו כמשנ"ת וס"ל ג"כ דקנס חייב בהערואה ולא משני עולא דאלו הן הלוקין בגמ"ב קאי משום דסתמא קתני ומה"ט לא משני ג"כ דחייב על פרישה מלקות א"כ הרי מוכרח מקו' הש"ס דסנהדרין דלא מקשה מאלו הן הלוקין דרודף אינו פוטר ממלקות דחיי"מ שוגגין הוא וחיי"מ שוגגין וד"א חייבין וא"כ הו"ל להש"ס בכתובות לתרץ דמתניתין דאלו הן הלוקין מסתמא בגוונא דהוי רודף מיירי ונפטר מממון, אע"כ צ"ל דלהש"ס דכתובות אינו נפטר מממון מטעם רודף דאינם באים כאחד כמשנ"ת. ומה"ט סתם ג"כ הרמב"ם ופסק דחייב מלקות בבא על אחותו כמתני' דר"פ אלו הלוקין דאינו נפטר לדידי' מטעם רודף.

ד) **ומש"כ** כת"ר במכתבו אלי בישוב ד' הרמב"ם עפ"י שי' הירושלמי דאף אם הערו י' בני אדם חייבים קנס וכמש"כ השימ"ק ליישב בזה הא דבעולה לכה"ג בכתובות דף ל' יעוי' במל"מ פי"ז מהל' איסו"ב דשי' הירושלמי הוא למ"ד הערואה זו נשיקה ותמה ע"ד השימ"ק מסוגיא דסנהדרין ע"ג דמאי מקשה למ"ד הערואה זו הכנסת עטרה יעו"ש, ומה שיישב בזה לשי' עפ"י הירושלמי קושית הרב ר' בערוש בהקדמת פני יהושע דהא קנס חייב על הגמר ביאה [לשי' הי"מ] ומלקות חייב על הערואה ומה שתי' דגם על גמ"ב חייב מלקות ומדמה להירושלמי דעל כל שבולת ושבולת חייב מיתה השיג ע"ז רעק"א דבחייבי מלקות שוגגין חייבין לריו"ח ל"ש סברת הירושלמי דעל כל שבולת ושבולת ורק בחייבי מיתות שייך כן דחיי"מ שוגגין פטורין ותי' כת"ר משום דעל הערואה ניתן להצילו בנפשו וא"כ אפא"ל דחייב מלקות על הערואה משום דהוי רודף, ולמש"כ זה אינו דלריו"ח גופא דמשני כשלא אתרו בי' הא ס"ל דחיי"מ שוגגין וד"א חייבין מלקות והא רודף לשי' רש"י הוי חיי"מ שוגגין וקשה קושי' הרב ר' בערוש דנימא דלוקה על הערואה אעפ"י שהוא רודף וקנס משלם על גמ"ב.

אבל גוף דברי רעק"א שהביא כת"ר אינם מובנים לי לכאורה דהא הירושלמי בפ' אלו נערות דן כזה על החוסם פרתו של חברו ודש בה דלוקה ויליף מהמדליק את הגדיש בשבת דעל כל שבולת ושבולת חייב מיתה ואם איתא הא לא דמי דבמדליק את הגדיש על השבולת השני' הוה כמו חיי"מ שוגגין דבתרי דיני לא קטלינן לי' ולהכי פטור משא"כ בהחוסם פרה דחייבי מלקות שוגגין חייבין ומזה נראה דלא דמי לחייבי מלקות שוגגין כיון שהתראה הי' על כל המעשה על כל הדליקה ועל כל החסימה אלא שלא התרה לחלק חיובים אבל החיוב האחד קאי על כל חסימתו וע"כ אין לחלק ולומר דנתחייב מקודם.

אלא דבר' הירושלמי י"ל דקאי לר"ל שם דס"ל דחייבי מלקות שוגגין פטורין לפיכך מדמה החוסם פרתו למדליק את הגדיש, שו"ר בס' נודע בשערים ח"ב שהרגיש בזה, אבל ז"א דהא לר"ל דס"ל אשו משום ממונו ל"ש תי' הירוש' דעל כל שבולת ושבולת חייב מיתה דלר"ל אינו חייב רק על שבולת הראשונה, ועי' בירושלמי פ"ב דב"ק ויש להעיר עוד מדברי הגמ' חולין פ"א א"ל ר"י פעמים שאפילו שחט ראשון לשלחנו ושני לע"ז חייב כגון דאתרו בי' משום אותו ואת בנו ולא אתרו בי' משום ע"ז ובאתרו לע"ז פטור וכדאמר זו אפילו תשב"ר יודעין, והא גם באתרו לע"ז יש לחייב דהא לר"י דס"ל ישנו לשחיטה מתחלה ועד סוף חייב משום תחילת שחיטה משום ע"ז וא"כ יש לחייב משום אותו ואת בנו על סוף שחיטה ולא גרע מאלו התחיל אחר בשחיטה וגמר השני דבודאי חייב ראשון והשני דעל סוף שחיטה בודאי חייב ועי' במנח"ח סי' קפ"ז דלמ"ד ישנה לשחיטה מתחלה ועד סוף שניהם חייבים ולר"ל דס"ל אין לשחיטה אלא לבסוף א"ש דאתי בהדי הדדי [וגם למש"כ התוס' בב"ק ע"א בד"ה כיון דגם למ"ד אין לשחיטה אלא לבסוף נאסרת בפורותא קמא היינו דוקא לאיסור ע"ז אבל לחייב משום שחיטת עכו"ם בודאי בעי כעין פנים וכ"כ המנח"ח] אבל לר"י דס"ל דישנה לשחיטה מתחלה ועד סוף קשה.

וצ"ל כיון דחושב גם על סוף שחיטה חייב כדברי הירושלמי דעל כל שבולת ושבולת חייב מיתה ואלו לדברי הגאון רעק"א דהוי כחיי"מ שוגגין וא"כ

הכא לר"י דס"ל חיי"מ שוגגין ומלקות חייב מלקות וא"כ לחייב משום אוא"ב, אולם י"ל למש"כ הר"ן ובתה"א דמיירי באומר בגמר זביחה הוא עובדה דאל"כ הוי שחיטת מומר א"כ הא משום ע"ז מיחייב ג"כ בגמר שחיטה ולהיפוך ילה"ק דלריו"ח יתחייב משום תחלת שחיטה על אותו ואת בנו ואפשר דבאותו ואת בנו שאין בזה איסור רק חיוב על השחיטה ל"ש ישנה לשחיטה מתחלה ועד סוף וגם כיון דעל התחלת שחיטה גרידא א"א לחייב והא על גמר שחיטה הוי קלבד"מ והוי כשחטו אחר אינו חייב על תחלת השחיטה וצ"ע.

וכמו כן יש להעיר משבועות דף ל"ג המדליק את הגדיש ביום הכפורים דלא כר' נחוניה בן הקנה והא לשי' רש"י בפסחים כ"ט והרמב"ן בכתובות דלרנבה"ק חייבי כריתות שוגגין חייבין א"כ יקשה קושי' הירושלמי דעל שבולת הראשון יתחייב כרת ואח"כ יתחייב ממון דלשי' הגרעק"א הוי כחיי"מ שוגגין, וה"נ הוי כחייבי כריתות שוגגין [ומשה"ק בירוש' שבועות שם בהא אין לוקה ומשלם, וכן בבבלי כתובות ל"ה מאן תנא דפליג על רנבה"ק ברש"י שם א"ש דהא מקשה לר"ל דס"ל חייבי מלקות שוגגין פטורין], ובזה יש להעיר על פרש"י בשבועות ל"ג שם דבגמ' מבואר שהדליק את הגדיש ביוהכ"פ לאפוקי מאי לאפוקי מדרבנה"ק וברש"י פי' סיפא קמ"ל שחבל בו חברו ביוהכ"פ ושהדליק את הגדיש ודייק רש"י במתק לשונו על שחבל בו חבירו משום דבהדליק בו את הגדיש לשי' רש"י משכח"ל לחיוב גם לרנבה"ק דכרת חייב על שבולת ראשון אבל מחבל בו חבירו ביוהכ"פ דחיוב ממון וכרת בהדי הדדי אתי בבת אחת שפיר מוכח דלא כרנבה"ק.

אולם אין הכרח לזה די"ל דשאני כרת דאף דבתרי קטלא לא קטלינן לה מ"מ בכרת שאני הואיל ואם עשה תשובה ב"ד של מעלה מוחלין לו כמבואר במכות י"ג ומה"ט שייך שיפטר הכרת השני הואיל ואם עשה תשובה על עבירה הראשונה. כן יש להעיר מב"ק ע"א דמקשה בגנב וטבח ביוהכ"פ והא קיי"ל אין לוקה ומשלם, והא למש"כ הרמב"ם בפיה"מ במשנה דהשוחט בשבת דבתחלת השחיטה הוי מחלל שבת ושי' הרמב"ם נראה דס"ל דאין זה מקלקל כיון דהוי ע"מ לתקן וכמש"כ הנתיבות בסי' ש"ז [וכ"כ הקצוה"ח בסי' נ"ב בשי' הרמב"ם אלא דמש"כ שכן הוא גם שי' התוס' תמוה] דלא כמש"כ התוס' בשבת ק"ו ובחולין ק"ט בד"ה כגון והביאו ראי' משבת קל"ג במל סמוך לביהשמ"ש שחייב כשלא גמר המילה.

ה) **ובמקו"א** הבאתי ראי' לזה מכתובות ל"ד בהיתה פרה שאולה לו וטבחה בשבת פטור ואם איתא דתחלת השחיטה הוי מקלקל א"כ לחייב משום תחלת השחיטה עבור מזיק וגם למש"כ התוס' בב"ק ע"א דתחלת השחיטה לא חשיב שינוי לקנות בכך וא"כ הר"ל כמו היזק שאינו ניכר יוכל לומר הרי שלך לפניך מ"מ יקשה לא מבעי' לד' מהרש"ל דשומר חייב בהיזק שאינו ניכר אלא אף לד' החולקים מ"מ כמזיק בידים הא לא גרע משולח יד בפקדון דהו"ל גזלן בתחילת השחיטה וממילא דחייב כיון דלא מצי למימר הש"ל אח"כ שטבחו בשבת, וגם למה שהסביר התוס' בגיטין נ"ג בסברת שמואל דפוטר במנסך ולא ס"ל דבעידנא דאגבי' קניא משום כיון דקלבד"מ על הניסוך אי"ח על הגבהה משום דמצי למימר הש"ל דדמי כאלו נסכו אחר זהו דוקא בניסוך דהניסוך הוה היזק שאי"נ משא"כ בשחיטה דהוי היזק ניכר כיון דעל תחילת השחיטה הרי שולח יד בפקדון והוה גזלן ממילא גם אי טבחו אחר חייב כיון דלא מצי למימר הש"ל ושוב יתחייב על תחילת השחיטה אע"כ דגם על תחילת השחיטה חייב משום שבת דהוה מקלקל ע"מ לתקן, ויש לפלפל בזה עפי"ד הנתיבות סי' שמ"א לשי' הרמב"ם ואכמ"ל.

ולפי"ז דחייב על תחלת השחיטה ה"ה על תחלת השחיטת הקנה דחייב משום שבת דגם בחובל בחי לבד חייב ולא גרע פגימת חצי קנה משאר חבלה וכן הוא לשון הרמב"ם בפיה"מ בחולין דע דמשיתחיל לעשות חבורה בצואר הבהמה הוא מחלל שבת קודם שישחוט שום דבר מן הושט ומן הגרגרת כו' א"כ מאי מקשה והא אין לוקה ומשלם כיון דמשום שבת חייב על שחיטת חצי קנה ולהכי מחייב משום טביחה על השחיטה דאף דבעינן וטבחו כולו בחיובא והכא הא תחלת השחיטה הוה בפטור דאין לוקה ומשלם, אבל נראה הא דבעינן וטבחו כולא בחיובא היינו מה שהוא בתורת שחיטה אבל חצי קנה פגום דכשר ולא בעי בו תורת שחיטה א"כ חשיב שפיר וטבחו כולו היינו השלמת רוב הקנה והושט ואי"ל כס' הירושלמי דהא משום שבת חייב ג"כ אח"כ על השחיטה כולה כמו בגדיש דהא לסברת הגרעק"א במלקות ל"ש זה דהוי כחייבי מלקות שוגגין וקצת י"ל דקו' הגמרא כב"ק הוא לר"ל דס"ל דחייבי מלקות שוגגין פטורין.

ו) **אולם** מד' הרמב"ם דפסק דגנב וטבח ביוהכ"פ והתרו בו דפטור על הטביחה משום דאין לוקה ומשלם וקשה דיתחייב מלקות על תחלת הטביחה מחצי קנה פגום וממון יתחייב על הטביחה והא לדידן חיי"מ שוגגין חייבים, ואפ"ל דמיירי ששחט את הושט תחילה וכיון שנפטר ממון ע"י מלקות שבתחלת הטביחה ודמי כאלו תחלת הטביחה היתה ע"י אחר אי"ח עוד על גמר הטביחה. שוב ראיתי בחדושי רע"א ליו"ד סי' ב' שתמה ג"כ כנ"ל דלחייב מלקות על תחלת טביחה וממון על גמר הטביחה ולא הרגיש במ"ש דל"ה וטבחו כולו בחיובא ונראה דס"ל להגרע"א דאין אנו משגיחים על תחלת הטביחה והא דאמר וטבחו כולו בחיובא היינו על רוב הסימנים אף לריו"ח דס"ל ישנו לשחיטה מתחלה ועד סוף מ"מ בעינן שיהי הרוב בחיובא ולא מיבעי לר"ל דס"ל אינה לשחיטה אלא לבסוף הא עיקר השחיטה בעת שחיטת הרוב אלא דגם לר"י דס"ל ישנו לשחיטה מתחלה ועד סוף היינו דמ"מ לתחלת השחיטה יש דין חיוב מ"מ אם נפטר מתחלת השחיטה חייב על שחיטת הרוב, ולפי"ז יחודש אם התחיל אחר בתחלת השחיטה וגמר הגנב רוב הסימנים חייב וחשיב וטבחו כולו בחיובא אבל לא אדע מנ"ל זה והא בפשוטו נראה דוטבחו כולו בחיובא בעינן שיהי' גם תחלת השחיטה בחיוב ובפרט למאי דקי"ל כריו"ח וצ"ע לעת הפנאי.

סימן יט

בענין הנ״ל — לרב אחד

[בענין קלבד״מ, ורודף אחר הטריפה, ורודף ע״י גרמא]

בחדש כסלו תר״נ ווילנא.

א) **מה** שפלפל מעכ״ת בהא דמכות ט״ז אי דקטלה קים ליה בדרבא מיניה ובדהתוס׳ והמהרש״א שם וקושית הגאון רעק״א דלוקמי במזיד ולא אתרו בה או דקטלה כשהיתה טריפה ונראה לישב עפ״מ שנסתפק בס׳ מנ״ח ברודף אחר הטריפה אי ניתן להצילו בנפשו יעו״ש ולכאורה יש מקום בסברא דיש עליו דין רודף דאף דההורג את הטריפה פטור משום דגברא קטילא קטיל היינו דאין עליו דין מיתה בידי אדם אבל עונש בידי שמים עליו וכ״נ מד׳ הרמב״ם בפ״ט מהל׳ מלכים ה״ד דבן נח ההורג את הטריפה כפתו לפני ארי כו׳ חייב ומדמה לה הרמב״ם לגרמא וכל כיו״ב שאין עליו חיוב מיתה בידי אדם אבל עונש מיתה יש עליו בידי שמים ורק שהתורה פטרתו לגבי ישראל וב״נ חייב על זה אבל כל זה היכא דבעינן תנאי החיוב אבל ברודף דגם קטן הרודף ניתן להצילו בנפשו אע״פ דלאו בר עונשין וכ״נ לענין גרמא דהוי ג״כ דין רודף.

ונראה לפ״ז דגם ההורג את הטריפה שיש עליו עונש מיתה ביד״ש לפ״ד הרמב״ם הנ״ל א״כ יש עליו דין רודף כמו בגרמא, ומיושב קושית הגרעק״א דאף אם היתה האנוסה טריפה ג״כ קלבד״מ מדין רודף, וביותר י״ל דהטריפה הנרדף בעצמו רשאי להציל א״ע בנפשו של רודף ומה״ט הו״ל קלבד״מ כמו שדן הגאון רעק״א ע״ד הריב״ש דביכול להציל באחד מאבריו הנרדף בעצמו רשאי להרוג דמה״ט הו״ל קלבד״מ אלא דהוי מיתה לזה וממונא לזה יעוי׳ בדו״ח, ואין דבריו מוכרחים שם דהא דהנרדף רשאי להרוג את הרודף אף דיכול להצילו באחד מאבריו לפי שאנוס הנרדף שאינו יכול לדקדק במעשיו ומה שנפטר מטעם אנוס אין על הרודף דין חיוב מיתה לענין קלבד״מ אבל בטריפה אי נימא דרשאי להציל בעצמו בנפשו של רודף בכה״ג פטור הרודף מצד קלבד״מ ולהכי אפילו אי נימא דהרודף אחר הטריפה אין לו דין רודף מ״מ כיון דהנרדף רשאי להרוג להרודף יש בזה דין קלבד״מ.

ומתורץ ג״כ בפשיטות משה״ק הגאון הנ״ל דהא משכח״ל במזיד ולא אתרו ביה דלענין מלקות הא לריו״ח בחולין פ״א חייבי מיתות שוגגין ומלקות חייב במלקות, ועי׳ פנ״י בכתובות ל״ה דאף לפי המסקנא כן אליבא דריו״ח דחיי״מ שוגגין אינו פוטר ממלקות וד׳ המהרש״א במכות ע״ד התוס׳ שלא בדקדוק הם דהכא לענין מלקות קאי ואליבא דריו״ח דאמר אנו אין לנו כו׳ ושפיר הקשו התוס׳ דהומ״ל כשהרגה בשוגג וכבר הרגישו בזה, ולפ״ז מתורץ דעכ״פ גם במזיד ולא אתרו יש עליו דין רודף דניתן להצילו בנפשו, אלא דתירוץ זה אינו מספיק רק לשי׳ התוס׳ רי״ד הובא בקצוה״ח סי׳ כ״ח והרמ״ה בחי׳ סנהדרין דרודף הוי כנגמר דינו בב״ד וברח והוי כחיי״מ במזיד ופטור ממלקות אבל לפ״מ שפרש״י בסנהדרין ע״ב במשנה דרודף דאע״פ שניצל מ״מ הוי כמו חיי״מ שוגגין לריו״ח דס״ל חיי״מ שוגגין וד״א חייבין במלקות הדרא קושית הגרעק״א דלוקמי דקטלה כשהיא טריפה דאע״פ שיש לו דין רודף לגבה מ״מ הא חיי״מ שוגגין חייבין במלקות.

ובגוף החקירה ברודף את הטריפה נראה יותר דאין עליו דין רודף דדוקא בקטן הרודף דעצם הפעולה הוי חומר עבירה ולהציל את הנרדף ניתן להצילו בנפשו אף שאין הרודף בר עונשין או גם ברודף ע״י גרמא אף שאין בפעולת המעשה חיוב מיתה מ״מ הוא מציל בזה את הנרדף, אבל ברודף אחר הטריפה דגברא קטילא הוא מהיכ״ת להרוג הרודף כדי להציל גברא קטילא, ובזה העירותי לישב קו׳ התוס׳ בסנהדרין ע״ב שהקשו דלמ״ל קרא למעוטי מחלל שבת דאינו ניתן להצילו בנפשו תיפ״ל דהא גם הרודף מחלל שבת יעו״ש, ולהנ״ל י״ל דמשכח״ל כשהי׳ רודף אחר הטריפה להרגו דכיון שאינו ניתן להצילו בנפשו בחול דגברא קטילא קא קטיל, אבל מצד שהי׳ רודף אחריו בשבת הו״א דניתן להצילו בנפשו מאי אמרת דאם יהרוג את הרודף יחלל ג״כ שבת הא עי״ז יציל את הנרדף ומבואר בתוס׳ נדה דף מ״ד דעל טריפה מחללין את השבת יעו״ש.

ב) **אולם** להך צד דרודף אחר הטריפה אינו ניתן להצילו בנפשו י״ל קושית הגרעק״א למש״כ בהגהת אשרי בב״ק פ׳ שור שנגח ראובן שהרג את שמעון אע״פ שחייב מיתה משלם דמים ליורשים בבא לצאת ידי שמים א״נ אי תפסי יורשים לא מפקינן מיני׳ עכ״ל הובא בקצוה״ח סי׳ ת״ו דס״ל דקרא דעליו ולא על האדם למעוטי מכופר קאתי ולא למעוטי מדמים ולהכי מצד קלבד״מ מהני תפיסה, ולפי״ז ההורג את הטריפה חייב מן הדין דמים דגם לטריפה יש דמים יעוי׳ גיטין מ״ג והא חזי למיקם קמי׳ ויעוי׳ בתוס׳ ריש ערכין בד״ה לאתויי מנוול וגם זה נראה דחובל את הטריפה חייב לשלם מדין חובל וההורג את הטריפה לא גרע מחובל.

ומבואר ברמב״ם פ״ד מהל׳ חובל ומזיק ה״ט החובל בחבירו ביוה״כ אפילו במזיד חייב בתשלומין אע״פ שעבר עבירה שהוא חייב עליה מלקות והלא כל המחויב מלקות ותשלומין לוקה ואינו משלם שאין לוקה ומשלם כן הם הדברים בכל חוץ מחובל בחבירו שהוא משלם שהרי בפירוש רבתה תורה חובל בחבירו לתשלומין שנאמר שבתו יתן עכ״ל הרמב״ם, מבואר בדבריו דכיון דגלי רחמנא בחובל בחבירו דמשלם ואינו לוקה משום לאו דלא יוסיף כך אינו לוקה משום לאו אחר ומה״ט דהורג את הטריפה דלא נפיק מכלל חבלה משלם ואינו לוקה אף בלאו אחר דפתיך ביה, וה״ה משום לאו דלא יוכל לשלחה דנגמר בשעת ההריגה כיון דמשלם ואינו לוקה ודינו כמו חובל ביוה״כ

דמשלם ואינו לוקה [ועי' במנ"ח שנסתפק אי בחובל את הטריפה חייב משום לאו דלא יוסיף דלא הוי מקוים שבעמך כמבואר בסנהדרין פ"ה לגבי נגמר דינו, ועי' בפרש"י ערכין ז' מי שנגמר דינו לפי שעומד להכאה וזה ל"ש בטריפה וגם טריפה לא דמי לנגמר דינו דהא חי י"ב חודש ועי' בתוס' כתובות ל"ג בד"ה אלא במעידין על הטריפה דאי אפשר לקיים בשום דבר לא במיתה ולא במלקות] ובזה מתורץ ג"כ הקושיא המפורסמת בביטלו ולא ביטלו דמשכח"ל כשחרשה ולפי הנ"ל גם בחרשה דנותן דמי כולו ומשלם מדין חובל בחבירו אף בלאו אחר המעורב בהדי', וכ"ז אי נימא דרודף אחר הטריפה אין לו דין רודף אבל אי נימא דיש לו דין רודף על כל פנים לגבי הטריפה הנרדף דיכול להציל א"ע בנפש של רודף, ורק דהוי כחיי"מ שוגגין כמו שפרש"י בסנהדרין ממילא דלגבי הדמים של דמי הנהרג נפטר מטעם חיי"מ שוגגין מדמי חבלה ולגבי מלקות הא חיי"מ שוגגין חייבין במלקות. [השמטה, שו"מ בשו"ת מהר"ם שיק ובס' בית יצחק מה שפלפלו בזה דתשלומי חבלה דוחים הלאו דלא יוסיף ולמש"כ אי יש לזה דין רודף אין כאן דמי חבלה כלל ועי' באחיעזר סי' כ"א סוף אות ח' ובהשמטות מדברי רבינו ירוחם שבאמת לוקה גם בחובל ביוכ"פ מצד לאו אחר וה"ה דלוקה מצד לאו דלא יוכל לשלחה והד"ק הגרעק"א].

ג) **ומה** שפקפק רומעכ"ת עמש"כ דגם ברודף ע"י גרמא איכא ג"כ דין רודף הנה כל דיני מסור משום גרמא הוא ועי' בברכות נ"ח בעובדא דרב שילא קרינהו חמרא אמר האי רודף הוא וע"ע בריב"ש סי' של"ח שהשוה כל דיני גרמות לרודף ועי' בס' גליא מסכת חחו"מ סי' ה' שהעלה ג"כ דגם בגרמא הוי רודף מדין מחתרת יעוי"ש.

וידידי עמיתי הרב הגאון מו"ה בנציון שאטער ר"מ בישיבת ראמיילעס העירני מקושית הש"ס בב"ק כ"ב לר"ל דס"ל אשו משום ממונו אילו קטיל תורי' עבדא מי קא מיחייב ומאי מקשה נהי דאי"ח מיתת ב"ד לר"ל דלא ס"ל אשו משום חציו מ"מ שם רודף עליו מצד גרמא וע"כ דאין על גרמא דין רודף ואם כי מדהג"מ י"ל דאע"פ דמוכח דיש דין רודף גם בגרמא מ"מ מקלבד"מ לא נפטר רק היכא שיש בו חומר עבירה של חיוב מיתה אבל בגרמא אע"פ דהוי רודף וניתן להצילו בנפשו כדי להציל את הנרדף אבל ממון לא מיפטר ולהכי מקשה בגמ' דאמאי מיפטר משום ממון, ובזה יתישב ג"כ מאי דמקשים בסנהדרין י' בהעדים של האב שהזימו בשקר לעדי הבעל הלא הי' על העדים דין רודפים בעדותן להרוג לעדי הבעל ולמה ישלמו עדי האב להבעל מאה כסף הא הוי מיתה וממון לחד כמש"כ הריב"ם בב"ק כ"ב, אבל אי נימא דע"י גרמא לא הוי קלבד"מ א"ש, אולם באמת זהו נגד הסברא הישרה דכיון דעיקר דין רודף הוא להציל את הנרדף ואפ"ה אמרינן גבי' קלבד"מ א"כ ה"ה בגרמא כיון דניתן להצילו בנפשו בדין שיפטור משום קלבד"מ ועכצ"ל דשאני בעדים מזימים דאין עליהם דין רודף דדוקא ברודף מבורר שרוצה להרוג ומיתתו ביד כל אדם יש לו דין רודף משא"כ בעדים אשר בעת עדותם הלא לא נתברר הדבר ובפרט כל זמן שלא נגמר הדין [ואחר גמ"ד הא פסק מאתם דין רודף גם אחרי גמר עדותם אחר כדי דיבור ל"ש בהו רודף דהא אי אפשר שיחזרו מעדותם] ובודאי אם יהרגו העדים המוזמים את המזימים יתחייבו מיתה עפ"י דין ול"ש בהו דין רודף.

ולמש"כ דגם ברודף ע"י גרמא פטור משום קלבד"מ מ"מ נראה דמגוף דהגמ' בב"ק כ"ב אין סתירה, די"ל דהש"ס מוכיח מדקתני ומת העבד דפטור ואם איתא מדין רודף גם אי ניצל אח"כ העבד ולא מת יפטור מהדליק את הגדיש מדין רודף דרודף ששיבר את הכלים פטור אף אי לא מת הנרדף וע"כ צ"ל דהברייתא תני פטור דקלבד"מ מדין חיוב מיתה עפ"י דין משום מיתת העבד ולא מדין רודף וע"כ צ"ל דאין על המדליק דין רודף ולא ניתן להצילו בנפשו משום דמי שיבוא להציל יציל ע"י שיתיר את העבד הכפות הנרדף ומה שאין המדליק מציל את העבד כפות אחרי שהדליק אין ע"ז דין רודף ורק מיתה בידי"א חייב כיון דעכ"פ העבד כפות וע"י חציו ישרף העבד ול"ד לזורק חץ ותריס בידו דלפי מה שהוא אין החץ יכול להורגו.

אלא די"ל דמ"מ לגבי העבד הנרדף שהוא כפות הלא ניתן להצילו בנפשו ומחויב מיתה לגבי הנרדף מ"מ אין זה מוכרח דאפ"ל דאם יהי' מציאות יכול להציל את עצמו בלי הריגת הרודף או שיכול להציל א"ע באחד מאבריו גם למש"כ הריב"ש דהנרדף פטור גם ביכול להצילו באחד מאבריו כתבתי בסי' הקודם דאין על הנרדף חיוב מיתה משום דאנוס הוא אבל מצד קלבד"מ לא נפטר הרודף דאין עליו חיוב מיתה רק שהנרדף ההורגו פטור וכדמוכח מסנהדרין ע"ד דביכול להצילו באחד מאבריו לא נפטר משום קלבד"מ, וכ"ז יל"פ בדהג"מ אבל הרשב"א דמפרש הגמ' מדין רודף א"כ קשה מאי נפ"מ בין אשו משום חציו ובין אשו משום ממונו סוף סוף רודף הוא ע"י גרמא וניתן להצילו בנפשו.

ד) **והנה** ד' הרשב"א צ"ב וז"ל אמאי פטור בעבד כפות וגדיש סמוך משום קלבד"מ והא מתחייב בגדיש קודם שיתחייב בנפשו של העבד וכדאמרינן בגונב כיס בשבת שכבר נתחייב בגניבה כו' ואפילו לר"ל דמוקי לה בהצית בגופו של עבד אכתי תקשי אמאי פטור על הגדיש אטו מי שנתחייב בנפשו ואח"כ קרע שיראין של חבירו מי לא נתחייב כו' והכא שריפת העבד לאו [צורך] שריפת הגדיש ואי בעי נמי מסיק אש מעל גופו של עבד למ"ד בפ' אלו נערות כהאי טעמא גבי גונב כיס בשבת ואוכל חלבו של חבירו וא"כ ליחייב על הגדיש ואפשר דלר"י דסבר אשו משום חציו כל שהצית אפי' בגדיש ועבד כפות סמוך לו שא"א לו לברוח הו"ל משעת הצתת אש בגדיש רודף ונעשה על הגדיש כרודף ששיבר כלים בין של נרדף בין של כל אדם דפטור משום דמשעת רדיפתו מתחייב בנפשו ואף זה כן אלא דאכתי קשה לר"ל דהו"ל בשעת הצתת אש בגופו של עבד מתחייב בנפשו ואחר שמת העבד נשרף הגדיש ואמאי פטור על הגדיש, וי"ל דנשרף הגדיש קודם שמת העבד ועדיין צריך תלמוד עכ"ל, מבואר מד' הרשב"א דרק לר"י דס"ל אשו משום חציו הו"ל משעת

הצתת אש בגדיש רודף אבל לא לר"ל והא גם לר"ל דאשו משום ממונו לא גרע מגרמא דהשיך בו את הנחש וכיו"ב והו"ל רודף ומאי מקשה הש"ס לר"ל והא גם לר"ל הו"ל רודף וניתן להצילו בנפשו ומוכרח מד' הרשב"א דלמ"ד אשו משום ממונו אין עליו דין רודף, הרי מוכח מד' הרשב"א דרק לריו"ח הוי רודף ולא לר"ל דס"ל אשו משום ממונו משום דהוי גרמא לפי שאין עליו חיוב מיתה ביד"א ומדוקדקים בזה ד' הרשב"א שכ' לר"ל דמיירי דנשרף הגדיש קודם שמת העבד ולכאורה צ"ע דעדיין קשה הא אינם באים כאחד והו"ל להרשב"א לפרש דנשרפו כאחד, ולמש"כ לכשהצית בגופו של עבד גם לר"ל הו"ל רודף ולהכי פטור כמו לריו"ח.

אולם ד' הרשב"א צ"ב במה שתי' דחייב מיתה מצד רודף דמ"מ הא מחויב מיתה מקודם בשעת הדלקתו ואח"כ לכשהדליק על מה שאינו מציל את הנרדף אין עליו חיוב מיתה וליחייב משום הדלקת הגדיש ואי"ל כיון דנפטר מצד קלבד"מ אין לחייבו משום חציו על הגדיש דהוי כאילו נעשה ע"י אחר דא"כ מאי מקשה הרשב"א הא נתחייב מקודם משום שריפת הגדיש ע"י הדלקתו הא נתחייב מיתה משום מעשה זה, וצ"ל דלענין חיוב מיתה אע"פ דהחיוב בא ע"י מעשיו מ"מ כל זמן שלא נשרף העבד הא אין עליו חיוב מיתה בפועל רק לכשנשרף נתחייב ולהכי אינם באים כאחד, אבל למה שתי' דנתחייב משום רודף הרי בעת הדלקה הוי רודף וניתן להצילו בנפשו מיד ולהכי הו"ל קלבד"מ, אלא דלפ"ז יקשה מה שהקשה אח"כ לר"ל לכשהצית בגופן של עבד דהא חיוב מיתה קודם חיוב ממון דמה בכך כיון דנפטר מיד מצד רודף שנתחייב מיתה הרי א"א לחייבו עוד ממון מה שדולק אח"כ כיון דנפטר בהדלקתו כמו שמתרץ לריו"ח.

ונראה בשי' הרשב"א דס"ל דאע"פ דנפטר משום מעשה אחת בקלבד"מ מ"מ ס"ל דלא הוי כנעשה מעשה ע"י אחר דלא כמש"כ התוס' בגיטין נ"ג גבי מנסך ומאי דמבואר במכות ט"ז אי דקטלה קלבד"מ אע"פ דעיקר הלאו עבר בשעת הגירושין מ"מ חשוב קלבד"מ מאי דקטלה אח"כ משום כיון דנתחייב מיתה הוי כאילו עשה אחר ועי' בתשו' רעק"א סי' קס"ד, י"ל דהרשב"א ס"ל כמש"כ הריטב"א במכות שם לדחות פרש"י ותוס' מה"ט וס"ל דאינם באים כאחד וגורס כגי' הרמב"ן יעוי"ש, ועי' באס"ז כתובות ר"פ אלו נערות שהביא בשם הרשב"א בהא דפטור בקנס משום קלבד"מ אע"פ דחיוב מלקות משעת העראה ולא אמרינן דיתחייב קנס בגמר ביאה משום דגם על גמ"ב חייב מלקות כמבואר בירוש' גבי הדליק את הגדיש בשבת וזהו כמש"כ בהקדמת פנ"י וס"ל להרשב"א דלא אמרינן דדמי כמו שנעשה על ידי אחר והוי בעולה כמש"כ הגרעק"א, [וברמ"ה בחי' סנהדרין מבואר דעל גמ"ב אינו חייב דהוי כבעולה ממש כמש"כ הגרעק"א], אלא דאי אפשר לחייבו על מעשה שנפטר משום קלבד"מ ואי אפשר לחייבו משום חציו, וכ"ז לריו"ח דס"ל אשו משום חציו ולפי ההו"א דלא ס"ל אשו משום ממונו ג"כ, אבל לר"ל דס"ל אשו משום ממונו שפיר מקשה הש"ס דאילו קטיל תורי' עבדא מי קא מיחייב דנהי דברגע של הדלקה נפטר מצד רודף מ"מ הא הממון שלו ונתחייב אח"כ על הגדיש משום ממונו ולהכי משני בהצית בגופו של עבד דבאותה שעה נשרף הגדיש ג"כ כמש"כ הרשב"א וגם אם נשרף הגדיש קודם מיתת העבד מ"מ יש עליו ג"כ דין רודף כל שמצית והולך בגופו של עבד ונפטר משום קלבד"מ.

ולשי' הרשב"א יתישב ג"כ הא דאיצטריך לר' אבין לומר בכתובות ל"א בזורק חץ בשבת מתחלת ד' לסוף ד' וקרע שיראין בהליכתו דפטור משום דעקירה צורך הנחה ומשום דלא מצי לאהדורי תיפ"ל כיון דבא מכח מעשה אחת הזריקה ואע"פ שאין עקירה צורך הנחה וכן מהירושלמי בהצית גדישו של חבירו בשבת דעל שבולת הראשון חייב מיתה מכאן ואילך חייב בתשלומין כו' והא נעשה ע"י מעשה אחד, ולמש"כ לפי המסקנא בב"ק דלמ"ד משום חציו חייב ג"כ משום ממונו ולהכי נהי דפטור משום קלבד"מ מ"מ הא בכלו לו חציו חייב ג"כ משום ממונו אע"פ שנפל הגדר אח"כ ובעת שהדליק הי' הגדר עומד מ"מ חייב על ממונו אח"כ ולהכי גם כבקלבד"מ י"ל דאע"פ דא"א לחייבו באותו שעה אבל אח"כ כיון שיכול להציל ולכבות חייב משום ממונו ולהכי איצטריך לטעמא דעקירה צורך הנחה ולטעמא דאי אפשר לאהדורי והוי מעשה אחת, ובטעם דאי אפשר לאהדורי י"ל דאילו הי' אפשר לאהדורי הי' חייב ג"כ משום ממונו אבל כיון דא"א לאהדורי ממילא אין לחייבו משום ממונו דרק באפשר לגודרה ולא גדר חייב אבל בא"א לאהדורי אין לחייבו משום ממונו [ויהי' לפ"ז הדין בא"א לאהדורי מחיוב ממון גרידא אף דאפשר לאהדורי מחיוב מיתה מ"מ אם בא מחמת מעשה אחת פטור] ולמש"כ להכי איצטריך להירוש' לתרץ במדליק את הגדיש דעל כל שבולת ושבולת חייב מיתה דאע"פ דנפטר ע"י מעשה אחת מ"מ דמי לכלו לו חציו דחייב ג"כ משום ממונו דמשום קלבד"מ לא נתחייב על מעשיו באותה שעה מ"מ לא הוי כאלו נעשה ע"י אחר וממונו הוי ושמירת האש עליו אח"כ ולהכי איצטריך לטעמא דעל כל שבולת ושבולת חייב מיתה.

ה) **וזה** נראה ג"כ באור ד' הירושלמי בב"ק פ"ב מתני' מסייע לר"ל [וזהו שיבוש דמוכח דצ"ל לריו"ח כמש"כ בגיה"ש שם] עבד כפות וגדי סמוך לו ונשרף עמו פטור אם אומר את שאינו כזורק את החץ ממקום למקום על שבולת הראשונה נתחייב מיתה מכאן ואילך בתשלומין אמר ר' יוסי ואת שמע מיניה כו' והוא שהדליק את הגדיש בשבת פטור, אם אומר את שאינו כזורק החץ ממקום למקום יעשה כמו שחלו עליו התשלומין מכאן ואילך ויתחייב בתשלומין עכ"ל, ומלשון הירוש' נראה דמשוי להדדי הראי' מעבד כפות וגדי סמוך ונשרף עמו פטור עם הראי' של ר' יוסי מהדליק את הגדיש בשבת דפטור [ועי' במה"פ שם ובתרומת הכרי סי' שצ"ב מש"כ בביאור ד' הירוש'] וביאור הדברים נראה דס"ל להירושלמי דלמ"ד דאשו משום חציו והחיוב בא על מעשה אחת כמש"כ ולהכי פטור מצד קלבד"מ דבאים כאחד משא"כ לר"ל דאשו משום ממונו ואינם באים כאחד דשריפת הגדיש לאו משום חציו וחיוב מיתה על העבד שהצית בגופו וכן בהמדליק את הגדיש בשבת ג"כ לריו"ח נעשה כמו שחלו עליו

התשלומין כאחד, וצ"ל לפ"ז דהירוש' אזיל לפי' ההו"א דבבלי בב"ק שם דריו"ח ס"ל אשו משום חציו ולא משום ממונו ולהכי א"ש לריו"ח דמועיל פטור דקלבד"מ וחשוב באים כאחד ולהכי גם בהדליק את הגדיש בשבת דשם שייך סברא זו דהוי באים כאחד ולא יצטרך לסברת הירושלמי בכתובות דעל כל שבולת ושבולת חייב מיתה והירושלמי בכתובות קאי לפי המסקנא דבבלי דריו"ח ס"ל משום ממונו ג"כ ולהכי איצטריך לטעמא דעל כל שבולת ושבולת חייב מיתה.

ולפי המסקנא דבבלי שם דריו"ח ס"ל אשו משום ממונו ג"כ נצטרך לומר גם לריו"ח לכשהצית בגופו של עבד ונשרף הגדיש והעבד כאחד כדמשני לר"ל ובהדליק את הגדיש בשבת דפטור משום דעל כל שבולת ושבולת חייב מיתה כמבואר בירושלמי ולהכי אף דלריו"ח ס"ל משום ממונו ג"כ פטור אבל לר"ל מקשה הירוש' בב"ק שפיר מהא דהדליק את הגדיש בשבת דפטור דלדידי' ל"ש לומר כמו שחלה עליו התשלומין כאחד כמו לריו"ח, וגם טעם הירושלמי בכתובות דעל כל שבולת ושבולת חייב מיתה ל"ש אליבא דר"ל דס"ל אשו משום ממונו ואי"ח גם משום שבת רק על שבולת הראשון ולהכי מוכיח הירושלמי מזה כריו"ח דאשו משום חציו [ולשי' הבבלי י"ל דהא דלר"ל פטור בהדליק את הגדיש בשבת דדמי לזורק חץ וקרקע שיראין בהליכתו וא"א לאהדורי דפטור משום דחשיב כל המעשה מעשה אחת ולהכי במדליק את הגדיש בשבת מיירי באופן דא"א לאהדורי והוי מעשה אחת ופטור מצד קלבד"מ וכן בעבד כפות דפטור דא"א לאהדורי וא"א להציל את הגדי והעבד פטור על הגדי והגדיש דהוי כמעשה אחת].

והנה בירושלמי בב"ק שם בעבד כפות וגדי סמוך דפטור לא נזכר כלל דצ"ל דמיירי בהצית בגופו של עבד ואמר על שבולת הראשונה נתחייב מיתה, ולכאורה תמוה כמו דמקשה בבבלי אילו קטיל תורי' עבדא מי קא מיחייב ואיזה חיוב מיתה יש על שבולת הראשונה והו"ל לפרושי להדיא דעל מה שהצית בגופו של עבד חייב מיתה, וע"כ נראה בשי' הירוש' דבין לריו"ח ובין לר"ל חייב מיתה מצד רודף בשעה שהדליק את הגדיש וס"ל דרק בשעת הדלקה חשיב רודף שניתן להצילו בנפשו אבל אחרי כן לא מיבעי אם א"א לאהדורי ולהציל נסתלק דין רודף אולם גם באפשר לאהדורי כיון שאינו עושה מעשה בפועל ועל שב וא"ת שלו אין עליו דין רודף ולריו"ח דס"ל דאשו משום חציו חשיב באים כאחד משא"כ לר"ל דס"ל אשו משום ממונו מקשה הא אינם באים כאחד ולפ"ז יהי' סייעתא מד' הירוש' דגם בגרמא יש דין רודף ופטור משום קלבד"מ, ומד' הרשב"א אין סתירה דלר"ל דחייב משום ממונו אע"ג דהוי רודף מ"מ חייב משום ממונו אח"כ ורק לכשהצית בגופו של עבד ונשרף הגדיש עמו פטור משום קלבד"מ.

ו) **כל** זה כתבתי לפי שי' הרשב"א אבל בדהתוס' ב"ק כ"ב הא מבואר דלהכי פטור אפילו בכלו לו חציו ואשו משום ממונו וכמ"כ לר"ל דחייב מיתה על העבד משום גופו ועל הגדיש משום ממונו לפי שבא הכל ממעשה אחד, וכן הביא השעה"מ בפ"ג מהל' גניבה לתרץ כן בשם מוהר"י אשקאפה דלא דמי לגונב כיס בשבת שנתחייב בגניבה על מעשה ההגבהה ועל חיוב שבת בעי מעשה הוצאה משא"כ בדבר שבא מכח מעשה אחד, והשעה"מ מייחס ג"כ סברא זו לתלמידי הרשב"א שהביא בשם שיטה כ"י לחדושי ב"ק שכתבו בשלמא למ"ד אשו משום חציו משו"ה בעבד כפות לו פטור דקלבד"מ פי' ואפילו נשרף הגדיש קודם שהגיע לגופו של עבד דהו"ל כזורק חץ וקרע שיראין בהליכתו קודם שהמית שהוא פטור כו' ואוקמי ר"ל כגון שהצית בגופו של עבד משום דקלבד"מ פי' ואפילו נשרף העבד מקמי הגדיש פטור הא למה זה דומה לזורק חץ והלך וקרע שיראין של חבירו אחר שהמית שהוא פטור עכ"ל, אולם השעה"מ תמה על זה דא"כ אמאי הוצרך ר' אבין בכתובות לומר בהזורק חץ בשבת וקרע שיראין בהליכתו דפטור משום עקירה צורך הנחה ומשום דלא מצי לאהדורי תיפ"ל כיון שבא מכח מעשה אחת הזריקה ואעפ"י שאין עקירה צורך הנחה ואפשר לאהדורי כמו במדליק את הגדיש תפטור, וכן הקשה מההיא דמרובה דף ע' בהא דמקשה דמכי מטא לאויר ביתו קני' מתחייב בנפשו לא הוי עד דמטא לארעא והא כיון דבא מחמת מעשה אחד הכל מודים דפטור, וכן הקשה מהירושלמי בהמצית גדישו של חבירו בשבת דעל שבולת הראשון חייב מיתה מכאן ואילך בתשלומין ומשני דעל כל שבולת ושבולת חייב מיתה וכן בחסימה ולפי דבריהם למ"ל להירושלמי לומר על כל שבולת ושבולת חייב מיתה, תיפ"ל דהא בא מכח מעשה אחד יעו"ש ולדבריהם אי אפשר לתרץ כמשכ"ל בשי' הרשב"א משום דאשו משום ממונו חייב אח"כ דהא בדבריהם מפורש דאפילו למ"ד אשו משום ממונו נפטר מצד קלבד"מ ומבואר בד' התוס' ותלמידי הרשב"א דקלבד"מ מסלק המעשה לגמרי והתוס' לשיטתם בגיטין נ"ג דדמי לנתנסך ע"י אחר ולהכי אינו חייב משום ממונו ג"כ.

וכן תמה בס' תרומת הכרי סי' שצ"ב על הנמוק"י שכתב ראשו משום חציו הוא כזורק את החץ שבשעה שיצא מתחת ידו אז באותה שעה נעשה הכל מהא דכתובות ל"א דלמ"ל להטעם דעקירה צורך הנחה תיפ"ל דעבור חיוב שבת וממון בא על תחלת הזריקה וכמ"כ מהא דב"ק ע' ומהירוש' דכתובות בהמצית את הגדיש ומסיק אע"כ דליתא להאי טעמא כלל ולעולם לא מחויב לא מיתה ולא ממון אלא בתר בסוף ואף דאנוס הוא בהכי חייבי רחמנא יעו"ש.

והנה תמיהות התרומת הכרי על דברי הנמוק"י י"ל בפשיטות דאע"פ דס"ל דאשו משום חציו וכמו שנעשה הכל מעיקרא ובתר מעיקרא אזלינן והיינו לכשנעשה בפועל בסוף חייב עליו מעיקרא [ואין סתירה מד' הנמוק"י לדהתוס' בב"ק י"ז שכתבו דאם זרק חץ ובא אחר ושברו דפשיטא דחייב ול"ש כאן מנא סבירא תבר דאי אזלינן נמי הכא בתר מעיקרא לא משכחת בצרורות חצי נזק דדוקא בדהתוס' דבא אחר ושברו שלא נעשה בפועל לבסוף לא אזלינן בתר מעיקרא אבל לכשנעשה לבסוף אזלינן בתר מעיקרא והקצוה"ח בסי' ש"ץ חושב דפליגי הנמוק"י והתוס' ולפמש"כ לא פליגי, ומיושב ג"כ מה שתמה הקצוה"ח מד'

הרא"ש בפ' כיצד הרגל גבי התיזה ברשות הרבים והזיקה ברשות היחיד דחייב שכתב ואע"ג דגבי דרסה על הכלי ונתגלגל למקום אחר ונשבר אסיקנא לעיל כרבה דבתר מעיקרא אזלינן הכא לא אזלינן בתר מעיקרא אלא אחר המקום שנעשה בו הנזק דתלי קרא ברגל ובער בשדה אחר והביעור הי' בחצר הנזק ואי נימא לחלק בין זרק חץ לזרק כלי א"כ מאי קשי' דהא התם התיזה ברה"ר דאינו אלא צרורות והו"ל זורק חץ יעו"ש, ולמש"כ היכא שהוא בא בפועל לידי סוף אזלינן בתר מעיקרא אף בזורק חץ וא"כ בדין התיזה ברה"ר והזיקה ברה"י בדין שתהי' בתר מעיקרא כיון שהגיע לידי סוף. [השמטה, ומש"כ התוס' דאי אזלינן נמי הכא בתר מעיקרא לא משכח"ל בצרורות חצי נזק אע"ג דבצרורות נעשה בפועל וראוי ליזל בתר מעיקרא כמו באשו משום חציו לד' הנימוק"י נראה דכיון דבחץ לא אזלינן בתר מעיקרא היכא ששברו אחר ולא אמרינן מנא תבירא תבר היכא שלא נגמר החיוב על ידו א"כ מיתלי תלי' חיובו בגמר הדבר על זה יש הלכה מדין צרורות והוכחת התוס' דאי נימא גם בחץ דאזלינן בתר מעיקרא כמו בזרק כלי א"כ דמי לדרסה על הכלי ונתגלגלה למקום אחר דאי אזלינן בתר מעיקרא חייב נזק שלם וצרורות היכי משכח"ל, אבל כיון דבחץ לא אזלינן בתר מעיקרא היכא שלא יצא בפועל ומיתלי תלוי עד גמר הדבר להכי יש על זה דין צרורות ולא דמי לדרסה על הכלי כו' דהתם הוי מנא תבירא מיד וכאלו נעשה בפועל לגמרי להכי בנידון הנימוק"י באשו משום חציו שנגמר הדבר ויצא אל הפועל החיוב על תחלת עשייתו ודמי כאלו נעשה כל המעשה מיד וכן במש"כ הרא"ש בהתיזה ברה"ר והזיקה ברה"י כיון דנגמר הדבר אף שיש על זה דין צרורות מ"מ לגבי דין זה אזלינן בתר מעיקרא וע"ז תי' הרא"ש דילפינן מקרא דבער בשדה אחר דלגבי צרורות אזלינן בתר גמר הדבר בשעה שהי' ההיזק בפועל]. וכיון דבעינן שיהי' נעשה בפועל להכי לענין דין פטור דקלבד"מ בעינן שיהי' חיוב מיתה וממון בפועל כאחד, ולהכי בזורק חץ וקרע שיראין בהליכתו ניהו דדין חיוב בין למיתה ובין לממון נתחייב על פי מעשה זריקתו מעיקרא מ"מ כיון דחיוב מיתה בפועל לא הי' קודם שבא לידי העברת ד"א בפועל וכיון דבפועל אינם באים כאחד אין בזה פטור דקלבד"מ וכן בהצית בגופו של עבד אעפ"י שיש בזה חיוב מיתה בפועל מ"מ על שריפת הגדיש שאח"כ כיון שלא הי' חיוב ממון בפועל בעת הצתת הגדיש אין זה באים כאחד וכסברת הרשב"א ואין סתירה לפי"ז לד' הנמוק"י מכתובות ל"א ומב"ק ע' ומד' הירושל' בכתובות וכ"ז י"ל לשי' הנימוק"י אבל לשי' התוס' בב"ק ותלמידי הרשב"א ומוהר"י אשקאפה דס"ל דכל שנעשה ע"י מעשה דקלבד"מ נפטר דדמי לעשה אחר יקשה כנ"ל.

ז) **ונראה** בשי' התוס' ותלמידי הרשב"א עפמש"כ השימק"ו בב"ק ע' בקושית התוס' שם דמכי מטי לאויר חצירו חייב משום שבת כו' ותירצו דדוקא היכא דחיוב קודם מיתה לחיוב תשלומין כמו בהצית בגופו של עבד פטור אף שנשרף אח"כ הגדיש אבל כשחיוב תשלומין קודם לחיוב מיתה חייב יעוי"ש, וכמשכ"ל לחלק דהיכא דיש חיוב מיתה בפועל בעת התחלת המעשה נפטר משום קלבד"מ אח"כ ולהכי בהדליק את הגדיש ועבד כפות לו דהוי רודף כמש"כ הרשב"א ונתחייב מיד משום קלבד"מ נפטר גם משום ממונו אח"כ לכשכלו לו חציו, וכן מש"כ תלמידי הרשב"א בזרק חץ וקרע שיראין בהליכתו והמית האדם דהו"ל רודף בעת זריקתו וניתן להצילו בנפשו בין שקרע השיראין קודם שהמית או אחרי שהמית נפטר משום קלבד"מ משא"כ בזרק חץ מתחלת ד' לסוף ד' וקרע שיראין בהליכתו דלא נתחייב מיד משום שבת והחיוב ממון בא קודם חיוב מיתה לולא הטעם דעקירה צורך הנחה לא נפטר וכן בהא דמרובה דף ע' דמקשה מכי מטי לאויר חצירו קנה לענין שבת לא מחייב עד דמטי לארעא דלא נתחייב מיד משום שבת ואינם באים כאחד [ובל"ז נראה לחלק דהתם לא בעינן לקנין המכירה מעשה הזריקה ורק קנין אויר החצר של הלוקח גורם להמכירה וא"צ פעולת המוכר וזריקתו לזה עי' כעין זה באס"ז כתובות ובהפלאה] אולם מד' הירוש' בהמצית גדישו של חבירו בשבת דמקשה דעל שבולת ראשון חייב מיתה מכאן ואילך בתשלומין עדיין יקשה לדבריהם דהתם נתחייב מיד משום שבת ונפטר משעת הצתה משום קלבד"מ ומהכ"ת יתחייב אח"כ בתשלומין לשי' התוס' ותלמידי הרשב"א ולמ"ל להירושלמי לומר מטעם דכל שבולת ושבולת חייב מיתה והא איכא ג"כ נפ"מ לדינא דאם הדליק את הגדיש בשבת ודלק אח"כ בחול דל"ש בזה על כל שבולת ושבולת חייב מיתה יתחייב מצד הגדיש ואלו מצד שנעשה במעשה אחת נפטר.

וסבור הייתי לומר בדעתם למש"כ התוס' בגיטין נ"ג דרב דס"ל דמנסך ממש משום דמשעת הגבהה נתחייב על מה שנעשה אח"כ ושמואל ס"ל כיון דעל שעת הגבהה אומר לו הרי שלך לפניך וכיון דקלבד"מ הוי כאלו נסכו אחר, ועכצ"ל דרב לא ס"ל דהוי כאלו נסכו אחר ואע"פ דגם לרב אינו חייב על הניסוך מצד קלבד"מ, והוי כשוגג או אנוס דפטור מ"מ חשוב שנעשה המעשה על ידו ואינו יכול לומר הש"ל ולפיכך לדידי' גם באשו לר"ל ולפי המסקנא גם לריו"ח דחייב משום ממונו אע"פ דעל הדלקתו אינו חייב משום קלבד"מ מ"מ חייב אח"כ על אשו דהוי בעלים שלו, ולהכי לדידי' איצטריך לטעמא דחייב על כל שבולת ושבולת ולרב בעכצ"ל בהא דהדליק את הגדיש ועבד סמוך לפי המסקנא דלכו"ע איכא משום ממונו דלהכי פטור דמיירי שנשרף הגדיש והעבד כאחד או די"ל דאחר הדלקה לא הי' איפשר לאהדורי וס"ל דהוי מעשה אחד בכה"ג פטור.

אלא דבאמת דהתוס' בגיטין נ"ג בסברת רב צ"ע [והתורת גיטין כתב משום דרב לטעמו דס"ל בדמים קנינהו וקנה בהנסוך לפיכך א"י לומר הש"ל ודבריו תמוהים דדוקא היכא דבדמים קנינהו בעת הגזילה אמרינן דנפטר מוהשיב וקנה גוף הגזילה אבל איך יקנה בהנסוך אחרי שכבר אגבה ואטו על ידי חיוב מיתה יקנה הכל] דהא ממשנתינו דתני המנסך בשוגג פטור מבואר דלאו מתורת גזילה קא אתי' עלה דאל"כ גם בשוגג יתחייב, ועכ"פ הא מבואר דבמנסך בשוגג פטור אע"ג דאגבי' עכ"פ בקלבד"מ דלא נתחייב על מעשיו והוי כשוגג מהכ"ת יתחייב, ואין

לומר דדוקא בשוגג שכסבור שהוא שלו ולא נתכוין לגוזלו ולא קנה בהגבהה ול"א בו מדאגבי' קני' דא"כ יקשה בזה בהא דקאמר התם בפלוגתא דר"י ור"מ אי קנסו שוגג אטו מזיד במנסך והא כיון דבשוגג לא קנה בהגבהה א"כ פטור משום קלבד"מ בכה"ג גם במזיד.

אולם המחוור בזה מש"כ הגרעק"א בתשו' סי' קס"ד בכונת התוס' עפמש"כ התוס' שם בד"ה מנסך דלהכי אין לחייבו מטעם שלא יהא כל אחד ואחד הולך כו' משום דלא מחייבין טפי כאלו הי' היזק ניכר עיי"ש, ולהכי ס"ל לרב כיון דאגבה קני' ובהיזק ניכר בכה"ג א"י לומר הש"ל מה"ט גם בהיזק שאינו ניכר במזיד קנסו כמו בהיזק ניכר ומה"ט חייב במזיד, ולפ"ז גם רב ס"ל דקלבד"מ הוי כמו שנעשה על ידי אחר אלא דבמנסך חייב לפי דאגבי' קני' כמו בהיזק ניכר.

ונראה בשי' התוס' ותלמידי הרשב"א דמפרשים ד' הירוש' בהמצית גדיש של חבירו בשבת דתני דפטור משום דסתמא מיירי אף שהולך ודולק את כל הגדיש, וע"ז הקשה הירוש' דכיון דעל שבולת הראשון נתחייב מיתה הא בתרי קטלא לא קטלית ויתחייב ממון וע"ז משני דעל כל שבולת ושבולת יש חיוב מיתה דאע"פ שאא"פ לחייבו מיתה מ"מ הוי כמו חיי"מ שוגגין, ויתישב לפ"ז מה שמדמה הירוש' בחסימה להא דמדליק את הגדיש דלפ"מ שמפרשים הירוש' דאיירי שהדליק שבולת הראשונה א"כ אח"כ אינו עושה כלום אבל בחסימה הא עיקר הלאו דלא תדוש בחסימה א"כ הא על כל דישה ודישה עובר בלאו ויש בו התראת מלקות ואף אי חסמה אחר חייב משום הדישה א"כ הא דחסימה עדיפא ממדליק את הגדיש, ולמש"כ א"ש דכמו במדליק את הגדיש מדליק והולך ונפטר כמ"כ בחסימה [ויתישב בזה ד' הגרעק"א שכתב דהא דעל כל שבולת ושבולת חייב מיתה הוי כמו חיי"מ שוגגין והקשיתי בסימן הקודם דהא הירוש' קאי לריו"ח דס"ל אשו משום חציו ולריו"ח הא ס"ל דחייבי מלקות שוגגין פטורים א"כ בחסימה ל"ש זה ולמש"כ דמדליק הגדיש והולך י"ל דקאי לר"ל דס"ל אשו משום ממונו ור"ל הא ס"ל דחיי"מ שוגגין פטורים].

ואם אמנם נתישבו ד' הירוש' דכתובות דעל כל שבולת ושבולת חייב מיתה ואין סתירה לדהתוס' ותלמידי הרשב"א משום דהתם מיירי דמדליק כל שבולת ושבולת ולהכי חייב מיתה על כל שבולת, אבל מד' הירוש' בב"ק פ"ב במתני' בעבד כפות כתב והוא שהדליק את הגדיש בשבת פטור אם אתה אומר שאינו כזורק החץ ממקום למקום כו' מכאן ואילך יתחייב בתשלומין הרי בולט שי' הירוש' דאע"פ דנעשה ע"י מעשה אחד וגם בהדלקת הגדיש נתחייב מיתה משום שבא מיד מ"מ לר"ל דאשו משום ממונו לא נפטר מצד קלבד"מ והא בדהתוס' מפורש דאפילו לר"ל דאשו משום ממונו כשהצית בגופו של עבד ואע"פ שלא הצית בגופו של גדי פטור וכן לריו"ח היכא דכלו לו חציו משום מעשה אחד נפטר.

עוד ק"ל לשי' התוס' דבע"כ צ"ל דהא דנפטר מצד קלבד"מ בעבד כפות וגדי סמוך משום מעשה אחת לריו"ח לפי שנתחייב מיד מצד רודף ולא דמי לזורק חץ בשבת וקרע שיראין בהליכתו שלא נתחייב מיתה מיד בפועל וכמשכ"ל וע"כ דס"ל להתוס' כהרשב"א דהוי רודף וכ"כ הפנ"י בתוד"ה בגדי דבהצית בגופו של עבד הוי רודף דלא כמהר"ם שם וא"כ יקשה במאי דמקשה לר"ל אילו קטל תור' עבדא מי קא מחייב דהא ע"י גרמא הוי רודף ולשי' התוס' נפטר ע"י מעשה אחד משום ממונו ג"כ ומאי נפ"מ בין ריו"ח לר"ל דהא גם לריו"ח משום חציו אינו נפטר מצד קלבד"מ כיון דהדליק את הגדיש קודם ונתחייב רק מצד רודף א"כ גם לר"ל הוי רודף והא לשי' התוס' גם בחיוב משום ממונו נפטר ע"י מעשה אחת ויהי' מזה ראי' דלשי' התוס' ברודף ע"י גרמא לא נפטר מצד קלבד"מ ולהכי רק לכשהצית בגופו של עבד הוי רודף אם לא דנימא דמש"כ התוס' דע"י מעשה אחת נפטר היינו באופן דאי אפשר לאהדורי דלהכי נפטר וצ"ע.

רש"י סיוע גדול כי כפי דברי רז"ל והגאונים הפרוטה חצי חכה והדינר (ס"ו) [נ"ו] חכה והם אמרו שהם [נ"ו] שעורה והרי הוא הדינר שקורין בעכו כואנד כו' ומשקל הדינר הזה ג' אשטרנינש נמצא הסלע י"ב אשטרלינש לפי דבריהם ואינם אלא עשרה כדברי רש"י ולמדנו שהגוים הללו הוסיפו עליהם שתות ואולי החתיכות הקטנות הנשקלות בכואנד הם תוספות וגופו בעצמו כ' גרעיני חרוב, [ר"ל גרעין חרוב מתקלי' ד' חכה וכמש"כ רמב"ן בה' בכורות והיינו ד' שעורות וכ' גרעיני חרוב היינו פ' שעורות, והדינר היה משקלו נ"ו שעורות והיו מחוברות בו חתיכות קטנות להשלים משקלו ולזה כתב רבנו שהם הוספה] והנה דעת רמב"ן להכריע כרש"י ונמצא דמשקל פ' שעורות הם קל"ב פרוטות ומשקל ש"ך שעורות סלע, שהשקל שמלא היה משקלו ש"ך שעורות שהן ש"ך חכה [נראה דהוא משקל דק שהזכירו הגאונים והיינו משקל שעורה ואשטרלינג נ"ב חכה וג' אשטרלינש דינר כואנד] וכ' אשטרלינש היא אוקיא.

ובח"מ סי' ס"ו ס"ק כ"ג הביא בשם ריב"ש דכ' דינרין ושלש הוא אוקיא נמצא חצי אוקיא ב' דינרין וב' שלישים

ונ"ל דאין זו אוקיא שהזכיר רש"י דאוקיא של רש"י ה' דינרין וב' שלישים וכמבואר ברמב"ן.

סימן יז

א) **רמב"ם** פ"ו מה' רוצח ה"ד ויש הורג בשגגה ותהי' השגגה קרובה לזדון כו' ואין ערי מקלט קולטות אותו כו' לפיכך אם מצאו גוה"ד בכ"מ והרגו פטור, ושם בה"ה וכן כל הרצחנים כו' לא יהיו אלו חמורים מההורג בלא כונה, לכאורה י"ל דדוקא במחויב גלות יש דין גוה"ד, אבל אם אינו בר גלות אין דין גוה"ד, והרי קיי"ל דילא באונס גוה"ד נהרג עליו, כמש"כ רבנו פ"ה ה"א, וה"נ במקום דאין מקלט קולטתו אנוס הוא, ואע"ג דבהליכתו לעיר מקלט אם הרגו גוה"ד פטור, כמש"כ רבנו שם ה"י, י"ל דדין מיוחד הוא בדין גלות, אמנם דברי רבנו מפורשים בגמ' סנהדרין מ"ט א' דפטר לי' שלמה ליואב על אבנר משום דהוי גוה"ד דעשאל ואבנר הרג את עשאל שלא כדין משום שהי' יכול להציל באחד מאבריו, והנה מי שיכול להציל באחד מאבריו והרג הוא רוצח כמש"כ רבנו פ"א הי"ג ואף למש"כ במל"מ. סוף ה' חובל דהנרדף עצמו פטור מ"מ אינו כשוגג שיתחייב גלות אלא מזיד ופושע ולא סגי לי' בגלות, ואפ"ה יש דין גוה"ד, ועי' מל"מ פ"ע מה' מלכים ה"ד.

ונראה דגוה"ד שהרגו פטור אפי' קדם גמ"ד להתיר דמו, אלא שנתברר אח"כ שהוא גוה"ד, דהא יואב הרגו לאבנר בלא היתר סנהדרין, דאם היה לו היתר מסנהדרין היה טוען לפני שלמה, והא דאמר בגמ' שם ויטהו אל השער שדנו דין סנהדרין היינו שדנו בעצמו דין של השער, וכן נראה הענין שלא הביאו לפני סנהדרין.

ואפי' בשוגג דבר גלות, כ' הר"מ פ"ה מה' רוצח ה"י דאחד ההורגו בדרך קדם שיכנס לעיר מקלט או שהרגו בחזירתו השניה שמשמרין אותו פטור, ומשמע דכונת רבנו קדם שיכנס, היינו קדם עמדו לפני ב"ד, בשעה שהוא גם אחר רצחו.

ומיהו נראה דאם פגעו גוה"ד קדם עמדו לדין, מצוה על כל אדם להצילו, דקדם גמ"ד יש ספקות הרבה דדלמא הויא רציחתו קרובה לאונס דהרבה דקדוקי הלכות יש בדין גלות, והיכי דפטור מגלות גוה"ד נהרג עליו כמש"כ רבנו פ"ו ה"ג, ודלמא יסרו לדבר מצוה וכמש"כ רבנו פ"ה ה"ה, ועוד דאין דין גלות אלא בלא פרכס כלל כמש"כ רבנו ה"ב, ועוד מי מעיד בו, והלכך על כל אדם לכופתו לגוה"ד ולהצילו, ונראה דיש לו דין רודף ממש ומצילין את הנרדף מיד גוה"ד בנפשו של רודף, אבל לאחר גמ"ד לגלות, יש בכלל זה גמ"ד לכל דיני גוה"ד, ואין אדם רשאי להצילו מיד גואל אלא בדברי בקשה אבל לא בחזקה כמש"כ רבנו ה"ח דב' ת"ח מדברין עמו וכ"ה בגמ' י' ב', ואם היו רשאין להצילו בע"כ היו שולחין עמו שומרים בעלי אגרופין, ודין המזיד כדין שוגג בהליכתו לעיר מקלט.

והנה לא הוזכר בגמ' ובר"מ ב' ת"ח אלא כשמשיבין אותו לעיר מקלט [וכמש"כ תויו"ט לדקדק דאומרים לו בשוגג בא מעשה לידו וקדם גמ"ד מנא ידעי] אבל כשב"ד שולחין אחריו א"צ ת"ח אלא יכול ליקח עמו בעלי אגרופין וישמרוהו, וכש"כ אם יש לו דין רודף וכמש"כ לעיל, אבל אחר גמ"ד, כשמשיבין אותו אז בעינן חכמים לכלכל דברים בחכמה למנעו לגוה"ד מבא בדמים.

קיי"ל דילא חוץ למקלטו גוה"ד רשות וכל אדם אין חייבין עליו ומבואר בריטב"א דלכל אדם יש איסור להרגו, ונראה דבהליכתו דאמרינן דגוה"ד אינו נהרג עליו, מ"מ יש איסור בדבר, וכל אדם נהרג עליו, והיינו דמבואר בקרא דיואב עשה רעה בהרגו לאבנר, משום שיש איסור של ש"ד בזה, וכש"כ השרים צריכין לו כמו אבנר הוא מפסיד לכל ישראל, והמרה את דוד המלך ע"ה, ובמהרש"א סנהדרין שם לא כ"כ.

ב) **ר"מ** פ"ב מה' רוצח ה"א ילא כו' בשגגה כל ההורגו כו' גולה על ידו, נראה דיש כאן ט"ס ונ"ל במזיד נהרג עליו בשוגג גולה על ידו.

שם ה"ב לפיכך אם לא פירכס כלל [ר"ל אף אם עמד בחיים ולא מת מיד] או שמחטו במקום שאין הרוח מנשבת כו' [משמע אפי' פרכס], הדברים תמוהים דהא בעינן תרווייהו שלא יכא חשש בלבול רוח ולא חשש קירב מיתתו, וא"כ בעינן תרויהו לא פרכס וביתא דשישא, ואולי ט"ס ונ"ל ושחטו במקום כו'.

שם ה"י, עי' כ"מ שכ' טעם דלא פסק רבנו כרב י"ב א', והרי קיי"ל כל היכי דאיכא פלוגתא דתנאי ואמורא מכריע ביניהן הלכה כאמורא המכריע, ואף אם הוא נגד סתם מתני', ומש"כ משום דר"א שמותי הוא, אין זה מספיק, ומה שסתם רבי כריה"ג ור"ע נמי אינו מספיק, ומש"כ דאביי נמי לא ס"ל כרב, צ"ע דהא מודה רב דמביאין לו לפני ב"ד ומתירין להרגו, והריטב"א פי' דרב סבר דב"ד מתירין להרגו אם ילא עוד הפעם או אם לא ישוב, ואכתי צריך לדון אם ילא באונס פעם שני', או בילא עכשו באונס לא דייניק לי' כלל, ואפשר דאין הלכה כרב משום דקיי"ל כר"ע דקרא עד עמדו וגו' אתא להרג בפני סנהדרין כדמסיק בגמ', ועי' ריטב"א די"מ דר"ה ור' ב' פליג ארב.

ג) **כ'** המל"מ פ"א מה' רוצח הע"ו, דרוצח בשגגה שילא מעיר מקלטו ובא גוה"ד להרגו והשכים הרוצח והרגו לגוה"ד פטור כדין זמרי שהרג לפנחס, ונראה דהתם קך הלכה ואין למידין הימנה שהרי אם היה פנחס רודף היה בדין שכל אדם שהרגו פטור, אלא ודאי אינו רודף אחר נפש, אדרבה מצוה קעביד אלא שאינה מצוה חיובית, ומ"מ לגבי זמרי בעצמו דינו כרודף דלא שייך לגבי' טענת מצוה, אבל בגוה"ד דלאו מצוה קעביד אי היה דינו כרודף, הי' דינו כרודף לגבי אחרים נמי דהא לא עביד מצוה כלל, אלא ע"כ דהתורה אמרה שאין לו דמים וכל אדם אין חייבין עליו אין לו זכות להרוג אחרים ודינו כרוצח, ואפי' בהליכתו דכל אדם חייבין עליו, וגוה"ד אינו נהרג עליו ג"כ אין לו דין רודף לגבי רוצח, ואם הרגו רוצח נהרג עליו.

ד) **יש** להסתפק בהרגו בפשיעה דכ' הר"מ דגוה"ד אינו נהרג עליו, אי בעינן מת מיד כדין שוגג או דלמא כיון דלענין מזיד ממש דבר קטלא לא חיישינן לבלבול רוח ולפירכוס ה"נ בפשיעה לענין גוה"ד לא חיישינן לי', ומהא דסנהדרין מ"ט א' דאמר דיואב אינו נהרג על אבנר אין ראי' די"ל דעשאל מת מיד.

בתר סנהדרין שם הק' איך נתחייב יואב על עמשא הלא לא החרו בו וגם הי' שוגג דחשבו לעמשא מוב"מ, ולכאו' י"ל דמ"מ רשאי שלמה להורגו שהרי שלמה גוה"ד דעמשא שהוא בן דודו דעמשא בן אביגיל אחות דוד כדכתי' [ד"ה א' ב' י"ז] אמנם למה שנתבאר לעיל דאיסורא איכא קרי תרי קימת, ועוד דשלמה לא הרגו בעצמו אלא ע"י בניהו ואין גוה"ד עושה שליח. [א"ה, עי' לק' סנה' סי' י"ט סק"ג].

ישו לעי' למה אמרינן דזמרי שהרגו לפנחס אינו נהרג עליו משום שהוא רודף, הלא יכול זמרי להציל את עצמו בפרישה דהא אמרינן דכיון שפירש אינו רשאי להרגו, ולא גרע מיכול להציל באחד

סימן מ'

איזו הערות בדין רודף לענין קלב"ם

נסתפקתי למאי דקיי"ל (ברכות דנ"ח.) דמוסר את חבירו למיתה, יש לי דין רודף, א"כ לכאורה, עדים שהעידו באחד, שהרג את הנפש או שחלל שבת, ובאו לחייבו מיתה ואח"כ הוזמו יהי' להם דין רודף, על שעת התגדה למפרע ואף שלא הי' ידוע לנו שקרותן, מ"מ כיון דכלפי שמיא הי' גלוי שהם רודפים והותר אז דמן כדין רודף, ממילא כמו דדיינינן דין דקלב"מ ברודף ובא במחתרת, בשברו אז כלים כן יש לדון דין קלב"ם גם בהנך עדים, לפוטרן על מאי שהזיקו בשעת ההגדה, ואטו אם בא במחתרת בלילה, שלא ידע בו אדם, ושבר את הכלים, לא נדון בו דין רודף, משום שלא ידעו בו בשעת שבירה. והי' אפשר לומר לכאורה, דכיון דדין רודף דהותר דמו, אינו מדין עונש על מעשה הרדיפה, ורק מדין הצלה לנפש הנרדף, וראי' דגם קטן הרודף, ניתן להצילו בנפשו, והרי לאו בר עונשין הוא, א"כ שפיר י"ל, דכיון דמחוסר ידיעה בשקרותם, ואסור להרגם בשביל ההצלה, ממילא לא מהני בכאן, מאי דכלפי שמיא גלוי דהם רודפים, ול"ד לבא במחתרת בלילה, דהתם בלא חסרון הידיעה הרי הותר דמו, והתינח אם הריגת הרודף, הוא מדין עונש על הרדיפה, שפיר מסתבר לומר, דאף דחסרה לנו הידיעה, מ"מ הרי הי' מחויבים מיתה, ולא גרע מח"מ שוגגין, משא"כ אם הוא רק מדין הצלה, א"כ כיון דאסור להורגם נמצא דלא הותר דמם כלל, אבל באמת ההכרח לומר דהוי ג"כ בגדר עונש, דבש"ס (סנהדרין דע"ג. וע"ד.) דבעי למילף דרודף אחר חבירו להורגו, ניתן להצילו בנפשו, מק"ו מנערה המאורסה, וכן עובד ע"ז, פרכינן וכי עונשין מה"ד, ואם הי' מדין הצלה לחוד, מ"מ לא נוכל למילף מק"ו, וכן ראי' מעיקר הדין דדיינינן ברודף דין דקלב"ם, ואם לא הי' רק דין הצלה לחוד, לא שייך כלל בזה לומר קלב"ם, דהוי רק מדין שתי רשעיות, וע"כ דהוי בזה גם מדין עונש, ותרווייהו איתנהו בי'. ואי"כ הדר דינא לכאורה, דגם בעד"ז יש דין רודפים.

ולפי"ז תקשי במ"ש תוס' דל"א, דברודף ל"ש ממון לזה ומיתה לזה, דמחויב הוא מיתה לכל העולם, א"כ היכי אמרינן (סנהדרין ד"ט:) בהביא הבעל עדים, והזימום לעידי האב, עידי האב נהרגין ומשלמין ממון, ממון לזה ונפשות לזה, הא למ"ש הוו עידי האב, רודפים, שבאו לחייב מיתה"ז לעידי הבעל, ומ"ל מוסר אחד למיתה למלכות, ומ"ל מוסר לב"ד, וא"כ מחויבים מיתה לכל, והוי מיתה וממון לאחד, וקושי' זו כבר נדפסה בשמי, בקונטרס יגדיל תורה, זה כחמשה ועשרים שנה, והתכרח לומר, דס"ל לתוס' ז"ל, דאף דנקרא הריגת הרודף עונש, לא דמעשה הרדיפה מחייבתו מיתה, דהרי גם עריות דחייבי כריתות, אף דאין בהם מיתת ב"ד כלל, מ"מ נתנו להצילן בנפשם, ואיך נאמר, דמעשה הרדיפה חמורה מהמעשה עצמה, וכן מרחוינן דגם קטן הרודף, ניתן להציל בנפשו, אף דלאו בר עונשין הוא כלל, ע"כ דאין זה כלל בגדר עונש, על מעשה הרדיפה, ועיקרה מטעם הצלה בלחוד הוא, ורק דזהו גופא דהותר דמו לכל, נקרא עונש לדידי', ושייך בי' גם דין דקלב"ם, וי"ל עוד. דחדוש הוא שחדשה תורה ברודף, דמטעם דהותר דמו לכל, פטור מלשלם אם שבר הכלים, ומפורש כן בקרא, דאם זרחה השמש וגו' שלם ישלם, ועי' ברמב"ן בחומש, והרי מבואר דכשאין לו דמים פטור מתשלומין, וברשב"ם בחומש כ' אין לו דמים תשלומי דמים אלא והורגו פטור עכ"ל, והוא פלא, ולמ"ש אפשר לישב דבריו ז"ל, ובאמת חדוש הוא הדין דקלב"ם, כיון דלאו עונש ממש הוא, ומסברא לא הוה ידעינן כוותיה, ועי' במכילתא שם, סי' קל"ג מבואר כמ"ש, אבל עכ"פ כיון דדין הצלה הוא, ורק דלגבי' נקרא עונש, וא"כ אם באמת אסור להורגו, כמו עד"ז דאסור להרגם, יהי' מאיזה טעם שיהי', ממילא ל"ש בזה קלב"ם כלל, וכעין זה כ' בחדושי הגרעק"א בדל"ג, בלא אתרו בו, דאם אסור להורגו, ל"א בזה קלב"ם יעו"ש.

אולם מאי דיש עוד מקום לחקור בזה והוא, דעד"ז הוא לגבי כרת, י"ל דאין עליהם דין רודפים לענין קלב"ם, משום דעכ"פ אסור להורגם, אבל אם באו להעיד על ראובן, שהרג הנפש ושחלל שבת, והוא יודע בשקרותם, דרודפים הם להורגו, מ"מ לא יותר לו להרגם מדין רודף, ומ"מ לא נאמר בזה, הבא להרגך השכם והרגו, כדאמרי' גבי מחתרת, ובמוסר למלכות בברכות שם, ואטו נאמר, דאסור לו להרגם, ועלי' לבטוח, דאלקים נצב בעדת וגו', ויצא לצדק דינו, וימצא עדים להזימן, כ"ז אינו מסתבר כלל, אף דגם זכ חדוש הוא לומר, דבהורג ראובן לעדים, שהעידו עלי' שהרג הנפש, ואח"כ בא והרג ברגלי' יפטר, וגם זה לא שמענו, אבל לכאורה הוא נגד הסברא, לומר דאסור לו לראובן להציל עצמו, ולפי"ז חלא יולד לנו דין חדש, דאם העדים שברו כלים של ראובן, יפטרו מלשלם מטעם קלב"ם, דלגבי דידי' הוו עלייהו דין רודפים.

ובאמת יש לי להוכיח, דאין עליהם דין רודפים, אף לגבי מי שהעידו עלי' להרגו. והוא מש"ס (ב"ק דע"ד:) אר"א עדים שהוכחשו בנפש לוקין, ומיירי בבא הרוג ברגליו, ולוקין משום לית, ואי ס"ד דיש עליהן דין רודפים, הו"ל כחייבי מיתה ומלקות דקלב"ם, והתינח לשי' רש"י ז"ל סנהדרין

(סנהדרין דע״ב.) דס״ל דהבא במחתרת הו״ל כח״מ שוגגין, א״כ לא פטר ממלקות לר״י (חולין דפ״א:) אבל לשי׳ תוריי״ד והרמ״ה ז״ל בסנהדרין שם, דס״ל דהוי כח״מ מזידין, וכ״כ גם הקצוה״ח סי׳ כ״ח א״ב גם ממלקות פוטר, וא״כ הכא דבאו להרגו, והוא יודע שהם רודפים, מ״מ לא יהי׳ בזה דין קלב״מ, ת״כ דאין עליהם דין רודפים כלל, אף לגבי הנידון, ובאמת טעמא בעי.

והלי׳ גלע״ד בזה, דכבר כתבנו, דבאמת חדוש הוא, דשייך ברודף דין דקלב״מ, כיון דעיקרו אינו אלא מדין הצלה, וראיתי עתה בס׳ תו״מ סי׳ רל״ת, דעמד בזה, דמגלן באמת האי דינא, כיון דאינו מפורש בקרא, אבל כבר כתבנו, דמבואר הוא בקרא דאם זרחה וגו׳, וע״כ חדוש הוא שחדשה תורה, לדון בזה דין קלב״מ, א״כ י״ל דלא חדשה תורה רק אם הותר דמו לכל, כמו במחתרת דקרא, משא״כ בעדים זוממין, דכבר ביארנו דאין עליהם דין רודפים וקלב״מ, לגבי כ״ע אחרי שאסור להרגם, ולא מהני מאי דכלפי שמיא גלי׳, י״ל שפיר, דבזה ודאי לא שייך דין דקלב״מ, מאי דהנידון יכול להרגם, משום הבא להרגך השכם והרגו, דזהו בודאי אינו רק, דין דהצלת דם עצמו, וכל הסוגי׳ בסנהדרין דע״ג, דמהדר אחר לימוד, דרוצח ניתן להצילו בנפשו, פשוט דאינו אלא לגבי כ״ע, אבל לא לגבי הנרדף, דהו מאי דאמרי׳ שם דע״ב: והוכה בכל אדם איצטריך, סד״א בעה״ב הוא דקים לי׳, דאין אדם מעמיד עצמו על ממונו, והיינו דאדעתא דלמקטלי׳ אתא בפרש״י, אבל אחר לא קמ״ל דרודף הוא, ואפי׳ אחר נמי, הרי דלגבי בעה״ב, לא מצרכינן טעם דרודף, וסגי בטעם דהבא להרגך וכו׳, וכן התוס׳ ד״ל דע״ג, בד״ה אף רוצח ניתן להצילו בנפשו, הקשו, והא מהוכה בכל אדם נפקא, הרי דמהא דבעה״ב מותר להורגו לק״מ, ובזה מיושב קושי׳ הת״ח ז״ל בסוגי׳ שם, ובלא״ה החילוק פשוט, דלגבי כ״ע הוי הרודף כמחויב מיתה, ומי שראהו רודף אחר חבירו ולא הרגו, עובר על תרי לאוי, דל״ת ע״ד רעך, ולא תחוס עינך, כמבואר ברמב״ם פ״א מה׳ רוצח, ולכן הוי כחייבי מיתות, לדון בי׳ דין דקלב״מ, משא״כ לגבי נרדף עצמו, לכאורה בודאי ל״ש הני לאוי, רק אפשר דיהי׳ נידון כמאבד עצמו בהי׳ אפשר להציל עצמו ולא הציל, אבל עכ״פ מסתברא, דל״ש לדון דין קלב״מ משום הנרדף כמ״ש.

עוד הי׳ נלע״ד לחדש, דהא דאמרי׳ (ברכות דנ״ח.) דמסור הוי רודף, לאו משום דבגרימתו יהרג אדם ע״כ יהבינן עלי׳ דין רודף די״ל דרודף שהתירה תורה להרג: אינו רק ברודף אחרי׳ להרגו בידים, אבל לא אם בא, רק לגרום מיתתו, דליכא בזה דין דרוצח בגמרא אח״כ על ידו, וטעמא דמסור י״ל, דכמו דאמרי׳ במחתרת דחזקה, אין אדם מעמיד עצמו על ממונו, ומימר אמר, אי קאי לאפאי ולא שביק לי קטילנא לי׳, והתורה אמרה הבא להרגך וכו׳, האי טעמא ממש שייך גם במסור, דחזקה אין אדם מעמיד עצמו על נפשו ומימר אמר אי קאי באפאי קטילנא לי׳, וע״כ הוה עלי׳ דין רודף, ממש כמו במחתרת שהוא בא להורגו, ואם צדקנו בזה הלא בפשיטות יהי׳ ניחא דל״ש בעד״ז שבאים לחייב מיתה בפני ב״ד, לומר דבאים להורגו אם יעמוד בפניהם דהלא הם עומדים בפנב״ד של כ״ג ובודאי לא יניחוהו להרגם, ולא באו בודאי על עסקי נפשות, דגם במחתרת כ׳ הרמב״ם ז״ל בפ״ט מה׳ גניבה ה״י דאם הקיפוהו בנ״א או עדים, ואצ״ל אם באו לב״ד שאינו נהרג, משום דאז אינו בא על עסקי נפשות, ולפי״ז באמת אסור להנידון להרגם, דמצד רדיפה שבאים לחייבו מיתה, אין עליהם די׳ רודפים דהוי גרמא, והם בעצמם ג״כ בודאי לא באו להרוג דיהי׳ דינם כבא במחתרת וא״ש הכל, ובעזה״י מצאתי בהגהות מיימונית פ״ט מה׳ גניבה, שהביא בשם סמ״ג ור״א ממיץ ד״ל, דטעם דמסור אף בממון הוא דהוה כבא במחתרת דאין אדם מעמיד עצמו על ממונו עיי״ש, וברוך ד׳ שכוונתי לד׳ רבותינו ד״ל אבן בחשו׳ מיימונית סי׳ ט״ו מצאתי שכ׳, טעמא אחרינא במסור ממון, משום שכמה פעמים בא הנופל בידם לידי סכ״נ, וכ״כ בהג׳ מרדכי בהגוזל בתרא וס״ל באמת, דאף בגורם יש לו דין רודף.

שבתי וראיתי דמה שהחלטנו לעיל, דע״כ הריגת הרודף אין בזה מדין עונש כלל הוא פלוגתא דתנאי שם בסנהדרין, דפריך שם אר״ה דקטן הרודף ניתן להצילו בנפשו, דרודף א״צ התראה מברייתא רודף שהי׳ רודף אחר חבירו להרגו, אומר לו שישראל הוא ובן ב״ב הוא, והתירה אמרה שופך דם האדם וגו׳, אם אמר יודע אני שהוא בן פטור, ע״מ כן אני עושה חייב, ואלמא דבעי התראה ומשני, ל״צ דקאי בתרי עברי דנהרא וכו׳ אבע״א א״ל ר״ה, אנא דאמרי כתנא דמחתרת, דאמר מחתרתו זו היא התראתו, הרי דבאמת לתי׳ בתרא דהוא העיקר במ״ש בתו״ח שם. ס״ל לר״ה כתנא דברייתא, דבעי התראה וקבלת התראה כמחויבי מיתה דעלמא, ולדידי׳ באמת קטן דלאו בר התראה הוא פטור ואינו ניתן להצילו בנפשו, וע״כ דס״ל, דהוי מדין עונש ממש, ומהאי קרא דשופך דם האדם וכפרש״י ז״ל שופך וגו׳ באדם דמו ישפך, כל הרואה אותו ישפוך דמי׳, בשביל אותו אדם שהוא רודף, דהיינו באדם בשביל הצלת אדם הנרדף עכ״ל, וע״כ דתנא דמחתרת, דאמר מחתרתו זוהי התראתו, ולדידי׳ ל״צ התראה, וגם קטן ניתן להצילו בנפשי׳, ס״ל דאין זה בגדר עונש, רק מדין הצלה, הרי דפליגי תנאי בזה.

ואולי אפ״ל, דזהו באמת טעמייהו דרבנן, דפליגי על ר״י ב״ש וס״ל דאפי׳ כשיכול להצילו באחד מאיבריו, מותר להורגו, כדפרש״י ז״ל שם דנ״ז: בד״ה נהרג, וצריך להבין מ״ש כיון דכל עיקרו אינו רק להצלת הנרדף, א״כ בשיכול להצילו באחד מאיבריו, מ״מ מותר לו להרגו, וכן ריב״ש

ריכ"ש דאמר ביכול להצילו באחר מאבריו ולא הציל נהרג עלי' פריך הש"ס שם דע"ד, מ"ט דריכ"ש הלא קשה. ל"ל קרא סברא הוא ואדרבה צריך טעם לדבנן. אכן למ"ש א"ש דזהו טעמייהו דרכנן דס"ל כתנא דכרייתא דהוי עונש וכפשטות הקרא דשופך דם וגו' באדם דמו ישפך, דמשמע דהוא עונש דהרי בקרא זה הוא הציוי והעונש לב"נ על שפ"ד וכיון דהוי עונש, ע"כ מותר להרגו גם בשיכול להצילו כאחד מאיברי', וע"כ צריך טעם רק לדיב"ש ואפשר דפליגי בפלוגתא דתנאי הנ"ל, תנא דברייתא דבעי התראה, ותנא דמחתרת דלא בעי. והי' נלע"ד להוסיף תבלין, דמה שפרש"י ז"ל באדם דמו ישפך דהיינו בשביל הצלת אדם הנרדף היינו רק לס"ד בגמ' שם, דמכיא סייעתא לר"ה מברייתא אחריתא, רודף שהי' רודף אחר חבירו להרגו אומר לו ראה שישראל היא וכ"ב הוא והתורה אמרה שופך דם האדם וגו', הצל דמו ש"ז בדמו ש"ז ומדלא סתני יודע אני. וע"מ כן אני עושה, ואין כאן קבלת התראה ואפ"ה מיחייב וס"ל דלאו מדין עונש הוא, ואז ע"כ הפירוש כפסוק, באדם דמו ישפך בשביל הצלת אדם הנרדף כפרש"י, משא"כ לאידך תנא, דבעי התראה וקבלת התראה, ולדידי' ע"כ מדין עונש הוא, יפרש כפשוטו בקרא, דכאדם דמו ישפך, דהוא ציוי ועונש לרודף, ומה מאד מזוקק לשון הברייתא אמרה תורה הצל דמו ש"ז כדמו ש"ז, ובאידך ברייתא דבעי קבלת התראה, לא מסיק האי לישנא אמרה תורה וכו', משום דמפרש לקרא כברייתא קמייתא דלא כפשוטו, דמשמע דהוא בגדר עונש, ולאידך תנא הקרא כפשוטו ואף דדחי בש"ס, ההיא דיברי"י היא, הוא רק דיחוי בעלמא.

והי' נלע"ד עוד כזה, רצ"ע לי בסוגי' שם, דמייתי כרייתא והוכה בכל אדם ומת בכל מיתה שאתה יכול להמיתו, ופריך בשלמא והוכה בכ"א איצטריך וכו', אלא ומת בכל מיתה שא"י להמיתו ל"ל, מרוצח נפקא דתניא וכו' ומשני דהו"ל רוצח וגוה"ד שני כתובים הבא"כ. וק"ל מאי פריך דנפ"ל מרוצח מאי זה שייכות לרוצח, רוצח עונשו בסייף ובעינן קרא ללמד, שאם אינו יכול להמיתו במיתה הכתובה בו, רשאי להמיתו בכל מיתה שהוא יכול אבל הכא ברודף מדין הצלה הוא, הלא אדרבה תקשי ל"ל קרא סברא הוא, וזה לא יתורץ במאי דמשני, דרוצח וגוה"ד הוו שני כתובים הבכ"א, דאכתי ל"ל קרא מסברא נפקא ואיך יהי' ס"ד דעלינו להציל הנרדף דוקא בהכאה כפרש"י שם ול"ש לכאורה בהא דליבעי קרא כדכתיב, ולא ראיתי לע"ע מי שנתעורר בזה.

ולולא דמסתפינא הי' נלע"ד דבאמת לתנא דס"ל, דהוא רק מדין הצלה, א"צ קרא כלל לזה, דיכול להמיתו בכל מיתה שיכול, ותנא דברייתא דמצריך קרא לזה, ס"ל כאידך תנא דברייתא דהוי מדין עונש. וס"ל דקרא דשופך דם האדם הוא כפשוטו כמ"ש וממילא שפעינן מנה

דעונשו כסייף דוקא וכמו דילפי' מהאי קרא בדף נ"ו. שם דכל מיתת ב"נ אינו אלא בסייף וכפרש"י ז"ל שם וע"כ נע' רבוי ומת בכל מיתה שאתה יכול, ושפיר פריך הש"ס ל"ל קרא מרוצח נפקא, דהשתא לתנא ע"כ ס"ל דהוי מדין עונש, מדבעי קרא ולא ידע לן מסברא א"כ ע"כ מרוצח נפקא ומשני שפיר דהוו שני כתובים הבכ"א, ומיושב בזה מה שעמד במצפה איתן היכי דריש מן ומת בכל מיתה הלא והוכה לחוד לא משמע כלל מיתה, כדאמרי' בריש הנחנקין, ואיצטריך ומת שיכול להמיתו ולמ"ש א"ש דאקרא דשופך דם קסמיך, ובזה א"ש גם מאי דאמרי' התם אין לו דמים, בין בחול בין כשבת סר"א מידי דהוי אהרוגי ב"ד, וק' ג"כ דמאי שייכות הוא להרוגי ב"ד, ולמ"ש א"ש וחד"ק.

וא"ש נמי בזה מאי דצ"ע לכאורה, ד' הרמב"ם ז"ל בפ"ט מה' גניבה ה"ז שכ' ורשות יש לכל להרגו, בין בחול ובין בשבת, בכל מיתה שיכולין להמיתו שנא' אין לו דמים עכ"ל. וצ"ע כיון דהש"ס מדמי לה לרוצח ואי לאו רבוי ומת, הו"א דוקא בהכאה לפרש"י. ולא לחונקו ולהטביעו במים א"כ לכאו' השתא נמי דמרבי' בכל מיתה שיכולין אבל לכתחלה מן הדין, יהי' צריך דוקא במיתה הכתובה בו וכמו ברוצח ברמב"ם פי"ד מה' סנהדרין ומ"ט בזה גם לכתחלה, לא בעינן מיתה הכתובה בו אבל למ"ש א"ש דברייתא ס"ל כאידך ברייתא דבעינן התראה וקבלת התראה והוי מגדר עונש, וע"כ בעינן רבוי שיכולין להמיתו בכל מיתה, אבל אנן הלא פסקינן דלא בעי קבלת התראה, והוי רק מדין הצלה, וקרא דשופך דם האדם וגו' ג"כ מדין הצלה הוא כמ"ש, וממילא ל"ב כלל רבוי לזה דסברא היא, דיכולין להמיתו בכל מיתה אף לכתחלה ואי משום והוכה ומת, י"ל דה"ק קרא והוכה, היינו אם די בהכאה לחוד או להצילו באחד מאיברי', ואם אין באפשר להציל בזה או ומת, וכמו דדריש בספרי קרא דוקצותה את כפה, לא תחוס עינך, ומובא ברמב"ם פ"א מה' רוצח ה"ז, דבאמת לשון הכאה לא משמע מיתה, וכקושי' המ"א שהבאנו, וא"ש ביותר למ"ש לעיל דחוא באידך מישך, דלמ"ד דהוי עונש, גם ביכול להציל באחד מאיברי' מותר להורגו ותנא דברייתא ז הלא הכי ס"ל כמ"ש, וע"כ דריש והוכה בהכאה לרש"י, ומת בכל מיתה, אף לחונקו ולהטביעו. אבל למ"ד דהוי רק מדין הצלה, א"כ ס"ל, דביכול להציל באחד מאיברי' אסור להורגו. וא"ש הקרא כפשטי' כמ"ש, וכ"ז צ"ב עוד, ולא כתבתי רק לעורר.

רצ"ע לי בענין זה, בב"ק דנ"ו: מבואר ולמ"ד לסטים מזוין גנב הוא, משלם רתשלומי כפל, ואמר שם בהריא דר"ש פטור עלי' דאנוס הוא, ובב"מ דצ"ב: אמתני' דהלסטים הו"ז אונס, פריך אמאי לוקי גברא להדי גברא, א"ר בלסטים מזוין, דיבעיא להו לסטים מזוין ורועה מזוין מהו, מי אמרינן אוקי גברא להדי גברא, א"ד האי מסר נפשי', והאי לא מסר

מסר נפשי׳, ופרש״י הלסטים ע״מ כן בא. או ליהרג או להרוג ויקח ממון, אבל הרועה אין לו למסור נפשו על כך עכ״ל, הרי מבורר, דלסטים שאמרינן דהוי אונס בש״ש, היינו מזוין שבא ליהרג או להרוג, וא״כ הרי היה רודף, כמו בא במחתרת, ומותר להצילו בנפשו, וא״כ יפטר מלשלם כפל, מדין קלב״מ כמו התם, וא״ל דבכפל מיירי ע״כ באיכא עדים, ותו אפ״ל דמיירי בידוע שלא יהרוג, וכמו במחתרת שכ׳ הרמב״ם בחקיפוהו בנ״א או עדים אינו נהרג, דז״א, דאם לא בא על עסקי נפשות כלל, וידוע שלא יהרוג, א״כ אינו אונס בש״ש, דדוקא ליסטים מזוין הוי אונס, והיינו משום דבא להרוג.

ואולי י״ל, עפי״מ דאמרינן (ע״ז דט״ו:) אר״ד ב״א כדרך שאסרו למכור וכלי זיין לעכו״ם. איסור למכור לליסטים ישראל, ופריך ה״ד אי דחשיד דקטיל, פשיטא היינו עכו״ם, ואי דלא קטיל אמאי לא, לעולם דלא קטיל, והב״ע במשמוסא דעביד לאצולי נפשי׳, ופרש״י לסטים השומט ממון מיד בעלי׳ ונמלט והולך, וכשרודפין אחרי׳ נלחם ומציל עצמו, ומאבד זה את ממונו עכ״ל, ובכה״ג אפשר מיירי בב״ק שם, דידוע דלא קטיל, ורק מציל עצמו, עם הכל״ז שבידו, ואונס עכ״פ הוי וצ״ע.

עוד הי׳ נלע״ד לחדש, דלמאי דמסקינן בב״מ שם, דהאי מסר נפשי׳, והאי לא מסר נפשי׳, וכפרש״י דהרועה אין לו, למסור נפשו על כך, א״כ יש לחלק הרבה, מדין בא במחתרת, דבמחתרת דבא לקחת ממון מיד בעלי׳, וחזקה אין אדם מעמיד עצמו על ממונו, ואלי׳ הוא נושא את נפשו, וא״כ יודע שהבעה״ב וודאי ימסור עצמו משום ממונו, בודאי מימר אמר, אי קאי באפאי קטילנא לי׳, וע״כ יש לו דין רודף, משא״כ ביודע הלסטים, דאין הבעה״ב בכאן, ועל הרועה או השומר, ליכא חזקה דאין מעמיד עצמו ע״מ, דהלא אדרבה בודאי לא ימסור עצמו, כיון שגם מן הדין אינו מחויב בכך, ממילא אפי׳ ליסטים מזוין דעלמא, בודאי לא בא להרוג, ועכ״פ ליכא חזקה כמו בבעה״ב, דנשוי עלי׳ דין רודף, ואין לך בו אלא חדושו, שעשאתו התורה לרודף מטעם חזקה במחתרת לגבי בעה״ב, אבל לא לגבי שומר, ושפיר משלם כפל ולא מיפטר מטעם קלב״מ, ויהי׳ לפי״ז חדוש לדינא, בבא במחתרת בבית שומר ושבר החביות או שגנב, יתחייב בתשלומין עוד יש לחקור להפך אם לא נחלק בין בעה״ב לשומר בזה, היאך יהי׳ הדין לענין השומר, אם במחתרת ימצא הגנב, והוא בלא כלי זיין, אם הוי אונס לגבי השומר דכיון דבמחתרת, ירדה תורה לסוף דעתו, ואמרי׳ דבודאי להרוג בא. ועי׳ בלשון הרשב״ם ז״ל בחומש שכ׳ במחתרת בא לדרוג או ליהרג כלישנא שכ׳ רש״י ז״ל בב״מ בלסטים מזוין, א״כ להלכה דאין לשומר ורועה למסור נפשו, לי״ש בזה אוקי גברא להדי גברא ומקרי אונס גם בש״ש או דעכ״פ כיון דבלא זיין הוא, הו״ל לעמוד כנגדו, ולא הוי אונס, וצ״ן להביא ראי׳ מהא, דלחד תנא בסנהדרין גם בגגו חצרו וקרפיפו, יש לו דין מחתרת וא״כ לעולם יהי׳ גניבה אונס בש״ש דז״א, דעדיפא מיני׳ קשה, א״כ גנב היכי משכח״ל דמשלם כפל, הא בא במחתרת קלב״מ וע״כ צ״ל כמ״ש מהרש״א ז״ל שם בע״א בתור״ח אפי׳ דקרא מיירי בידוע שלא בא להרוג, א״כ גם ראי׳ לנ״ד ליכא ממילא.

עוד מקום אתי בזה, להעיר בדי׳ הרמב״ם ז״ל דבפ״ט מה׳ גניבה ה״ז כ׳ וז״ל, הבא במחתרת בין ביום בין בלילה, אין לו דמים, אלא אם הרגו בעה״ב או שאר כ״א פטורין, ורשות יש לכל להרגו וכו׳, ובפ״א מה׳ רוצח ה״ו כ׳ וז״ל, אבל הרודף אחר חבירו להרגו, אפי׳ הי׳ הרודף קטן, הרי כל ישראל מצווין להציל הנרדף מיד הרודף, אפי׳ בנפשו של רודף, וכ׳ עוד בה׳ ט״ו וז״ל הרואה רודף אחר חבירו להרגו או אחר ערוה לבועלה, ויכול להציל ולא הציל, הר״ז ביטל מ״ע שהיא וקצותה א״כ, ועבר על שני לאוין, על ל״ת עינך ועל ל״ת ע״ד רעך עכ״ל, ומ״ש דבמחתרת לא כתב רק, דרשות ביד כל להרגו, ולא כ׳ דמחויב כ״א להרגו, והרי בגמ׳ אמרינן דמחתרת רודף הוא, ולא ראיתי למי שנתעורר בזה.

ובהכרח לכאורה לומר, בדעת הרמב״ם ז״ל דאף דאמרינן דבא במחתרת רודף הוא, מ״מ חילוק גדול ביניהם בזה, שרודף ממש מצווים הכל להרגו, אבל בא במחתרת שעיקרו באמת בא רק על עיסקי ממון. ורודף הוא רק משום חזקה, דא״א מעמיד עצמו על ממונו, ומימר אמר אי קאי באפאי קטילנא לי׳, בזה רק התירה התורה דמו, ורק רשות הוא להורגו, אבל לא מצוה וחובה ונראה דזהו גם הפירוש בתוס׳ (סנהדרין דע״ג.) בד״ה אף רוצח נתן להצילו בנפשו, וא״ת מוהוכה בכ״א נפקא, כדדרשינן לעיל, וי״ל דהתם רשות, ואשמועינן קרא דאין לו דמים, אבל הכא קמ״ל, דחובה להציל עכ״ל, ואין הכוונה, דבלאו קרא דרודף הו״א דאינו רק רשות, וקמ״ל קרא דרודף דהוא חובה להציל, וממילא יהי׳ גם במחתרת חובה, כמו שראיתי באחרונים דאסברו לה הכי, רק דכוונתם דהאמת הוא כן, דבמחתרת אינו רק רשות, וברודף ממש הוא חובה, ועי׳ בס׳ חו״י סי׳ ל״א דל״נ כן, ונראה דבזה יהי׳ הכתוב מדויק מאד, דמ״ט נכתב בלשון דיעבד, והוכה ומת אין לו דמים, ולא נכתב שיש להכותו ולהמיתו, רק דאתא להשמיענו, דחיובא ליכא להורגו, דאין זה רודף ממש ורק דאין לו דמים ורשות הוא להורגו, וכעין זה מצינו (במכות די״ב.) דר״ע ס״ל רשות ביד גוה״ד, דמי כתיב ירצח, והתם נמי אין לו דם כתיב, וריה״ג דס״ל מצוה ביד גוה״ד, היינו דמפרש ורצח לשון צווי, כמו ועשה בצלאל כפרש״י חתם, אבל הכא לכו״ע רשות.

ולפי״ז יצא לנו דין חדש. דהמל״מ ז״ל בפ״א מה׳ רוצח חקר בהורג בשגגה דמותר לגוה״ד להרגו, אם נתאמץ הרוצח והרג לגוה״ד,

אם נהרג עלי', וכ' דמסתברא דאינו נהרג, וסמך לזה מגמ' (סנהדרין דפ"ב.) נהפך זמרי והרג לפנחס, אינו נהרג עלי', אכן ברודף אחר חבירו להרגו, או אחר הערוה, ונתאמץ הרודף והרג למציל, פשיטא לי' דנהרג עלי', וטעמא הוא, דדוקא גבי זמרי, דליכא מצוה גבי פנחס אלא רשות, ע"כ אם נהפך זמרי והרג לפנחס אינו נהרג עלי', משא"כ ברודף, דאיכא מצוה להצילו, אם הרג רודף למציל נהרג עלי' יעוי"ש, וא"כ למ"ש, יהי' חלוק בהאי דינא בין מחתרת לרודף, דבמחתרת דאינו אלא רשות, אם הרג הגנב למציל, אינו נהרג עלי', כמו בגוה"ד ובועל ארמית, אבל רודף שהוא מצוה להציל, אם הרגו למציל נהרג עלי', אבל בעיקר ד' המל"מ צ"ע לי', ולא אבין בעני'. דהגמ' אמרה הטעם בזמרי שאינו נהרג על פנחס, שהרי רודף הוא, וגם ד' הש"ס צ"ע, כיון דהלל"מ, דבועל ארמית קנאין פוגעין בו, איך נקרא פנחס רודף, ואולי משום דדוקא בעושה לקנא קנאת ד', רשאי להרגו בשעת מעשה, אבל לא מטעם אחר, והבוחן לבות הוא יודע אם לעקל או לעקלקלות, וע"כ הכתוב מעיד על פנחס, בקנאו את קנאתי וגו', אבל זמרי אינו מחויב להאמינו בזה, ולגבי' הי' נחשב כרודף, ויותר טוב לומר, מפני שעד עתה לא נודע כלום מהלכה זו, כמבואר בש"ס שם, וע"כ אם הרגו זמרי אינו נהרג עלי', אבל לפי"ז אין ללמוד מזה לעלמא, וצ"ע ובירור, ובאתי רק לעורר.

סימן מ"א

בענין עשה דולו תהי' לאשה באונס ומוש"ר.

מתני' (כתובות דל"ט.) נמצא בה ד"ע, או שאינה ראוי' לבא בישראל, אינו רשאי לקימה, שנאמר ולו תהי' לאשה, אשה הראוי' לו, ובגמ' מבואר הטעם, דלא אמרי' בזה, אתי עשה ודחי ל"ת, משום דאי אמרה לא בעינא ליתא לעשה כלל, ובמכות דט"ו, אונס שגירש, אם ישראל הוא, מחזיר ואינו לוקה, אם כהן הוא, לוקה ואינו מחזיר, וכ' שם בתוס' ג"כ, דל"ל דאתי עשה ודחי ל"ת ועשה, שאינו שוה בכל, משום ה"ט גופי', דאי אמרה ל"ב ליכא לעשה כלל.

וקשה לי, הלא בלאו הנתק לעשה, פליגי שם במכות ר"י ור"ל, אם קימו ולא קימו, או בטלו ולא בטלו, וא"כ לר"ל דגם בקול"ק לוקה, א"ש בכהן שגירש דלוקה, דאף דלא בטל עשה בידים, לא גרע ממתה או נתקדשה לאחר, דלוקה אליבי', וה"נ כיון דעכ"פ, א"י לקיים לעשה לוקה, משא"כ לר"י דס"ל בול"ב, ואינו לוקה אלא בביטל עשה בידים, מ"ט כהן לוקה, הלא לא בטל עשה בידים, רק דא"י לקימה, ולדידי' הלא לא נגמרה עבירת הלאו, עד שיבטל העשה והלא גם כהן איתי' בעשה דעמוד והחזר, יכן הדין הי', דיבוא עשה וידחי ל"ת ועשה, ורק משום דאי אמרה לא בעינא, ליתא לעשה כלל ל"ד, כמ"ש התוס' ז"ל א"כ לכאורה ל"ש לומר דהוי כבטל עשה ממש בידים, ואחרי דבגירושין עדיין לא נגמרה עבירת הלאו, דל"י לשלחה, עד שיבטל אח"כ העשה בידים, וכיון דלא בטל בידים מ"ט לוקה, לא חלה עלי' העשה כלל, ולא דחלה עלי' ג"כ העשה, רק שאינו יכול לקימה, ודליהוי כמתה או נתגרשה, דלא לקי למ"ד בטלו ול"ב ורק דמעיקרא לא ניתק לעשה כלל גבי. בהן ודוגמתו מצינו בענין עשה דוחה ל"ת שכתב הרמ"ה ז"ל בחידושי' לסנהדרין דנ"ג, לחלק בין ערות אשת אח לענין יבום, ובין חייבי לאוין, דשאני א"א כיון דלא משכח"ל מצות יבום בלא א"א, לאו בתורת דחי' הוא אלא בתורת היתר גמור, דמעיקרא לא נאסר אשת אח, אלא במקום זרע אבל במקום יבום ל"א אסרה תורה כלל, משא"כ לענין חייבי לאוין, כיון דמשכח"ל ליבום, שלא במקום חייבי לאוין, ל"ש לומר דהוא בתורת היתר לגבי יבום, ורק מצד עשה דוחה ל"ת, ולכך דוקא ביאה ראשונה דאיכא עשה נדחית, אבל לא ביאה שני', ואף אנו נאמר דכיון דלא משכח"ל לעשה דעמוד והחזר בכהן, מעיקרא ליתא לעשה גבי' כלל, ולדידי' לא נתק לעשה וע"כ לקי. אבל באמת מלבד מאי דיבואר בדברינו לקמן בס"ד דא"א לומר כן אליבא דכו"ע, עוד לא דמי כלל לאיסור אשת אח לגבי יבום, דהתם אין במציאות לקיום מצות יבום בלא איסור דא"א וע"כ דבמקום יבום לא נאסר א"א כלל משא"כ הכא, דמצות עמוד והחזר משכח"ל שפיר בישראל בהיתר גמור א"כ אין סברא לכאורה לומר, דכיון דלא משכח"ל בכהן ליכא עשה לגבי' כלל, ורק דהוא נמי איתי' בעשה אלא שאינו יכול לקימה, כמו מי שאין לו רק מצה של טבל, האם נאמר דליכא עשה גבי'.

והרמב"ם ז"ל בפ"א מה' נערה בתולה ה"ז כ' וז"ל, אע"פ שנאמר באונס ל"י לשלחה, כיון שקדמו עשה שנאמר ולו תהי' לאשה, הר"ז נתקו לעשה, ונמצאת זו מצות

והל' אפ"ל לכאורה דכיון דהאי עשה דכל ימי' בעמוד והחזר קאי, דהיא העשה שעלי' לאחר גירושין, לא משכח"ל לעולם בכהן, ממילא

על האיסור דרבנן שיש בזה, והאי דימות ואל יספר שוב הוא מדינא מטעם דאין מתרפאין באביזרא דגילוי עריות אף באיסור דרבנן, כן נראה נכון ליישב דבריהם שלא יהיו תמוהין כל כך:

אבל באמת אין דעת הראשונים כן, דיעוין רז"ה (ס"פ ב"ס) דמבואר להדיא דאין הראי' רק מלישנא דא"א, דמשמע דלהאי לישנא א"ל לטעמא שלא יהא בנות ישראל פרוצות בעריות רק מדינא, אבל ללישנא דפנוי' דקאמר שלא יהא בנות ישראל פרוצות בעריות, היינו דעשו גדר דוקא בזה שהעלה לבו טינא ואיננו מדינא, וכ"ה בר"ן וביתר הראשונים:

אמנם אכתי יש להביא ראי' דאף בדרבנן באביזרא דג"ע אין מתרפאין. מדברי הרמב"ן במלחמות שם דהסכים לרז"ה, וכן הוא ברמב"ן בתוה"א הובא בר"ן (פרק בתרא דיומא) והא הרמב"ן סובר דקריבה איננה אלא דרבנן אף בא"א, ואם כן שפיר מוכח דאף בדרבנן אסור:

והש"ך יו"ד (סימן קנ"ז סק"י) הוכיח באמת מגמרא זו כדעת הרמב"ם דקריבה דאורייתא, [ומ"ש הש"ך שם דדוקא דרך חיבה והסכים לזה דעת הר"ן, ותמה החוות יאיר (סימן קפ"ב) דבאנסין איך שייך דרך חיבה, ומדכתב הר"ן יהרג ואל יעבור מכלל דאף באנסין, לק"מ דכוונת הר"ן כעין דהעלה בלבו טינא דהוי דרך חיבה, ואף דהו"ל לומר ימות, מ"מ שיגרא דלישנא דגמ' נקט וכוונתו בגוונא הנ"ל, ויותר מזה מצינו דעת השאילתות דיפרש בגמ' יהרג וא"י בהעלה לבו טינא, וכמו שהביא התוספות ביומא (פ"ב ב') וביבמות משמו, ואף שדקדקו התוס' דהו"ל ימות, מ"מ על הר"ן אין להקשות כן דשיגרא דלישנא דגמרא נקט וכוונתו כנ"ל], אבל להרמב"ן דסובר דקריבה דרבנן והסכים להראי' דס"פ ב"ס, מוכח דאף בדרבנן אסור:

ואף לדעת הרמב"ם דקריבה דאורייתא, עכ"ז דקדקו דהא סיפור עמה לאו דאורייתא, יעוין ת' פני יהושע ח"ב אה"ע (סימן מ"ד) וסדרי טהרה (סס"י קל"ה), ואם כן מוכח דאף בדרבנן באביזרא דג"ע אסור. [ולדעת הש"ך ז"ל דאף בדיבור דרך חיבה הוי דאורייתא, וכמו דאיתא באבות דר"נ (פ"ב) וידבר עמה דברים בטלים, יעוין בספר המצות (מצוה שנ"ג) ובהשגות הרמב"ן שם]:

אמנם אף לפי זה דוקא בגוף הערוה דאורייתא אזי אסור אף אביזרא דידה דרבנן, אבל לא בגוף הערוה דרבנן, דגדולה מזו מבואר ברמב"ן במלחמות (סוף פרק ב"ס) דאף חייבי לאוין אינן בכלל ג"ע, וכ"כ החינוך (מצוה רל"ז) וכ"כ הריטב"א פסחים (כ"ה א'), וכבר ביאר כל זה הברכי יוסף (סימן קנ"ז) בשם חידושי הר"ן סנהדרין, ודלא כהרא"ס שהביא המל"מ להוכיח מינה אף לגוף הערוה דרבנן:

ובהכי מתיישבת קושית המגי' במל"מ (פ"א מהלכות יו"ט סוף הי"ז) דמאי מקשה הגמרא (ס"פ ב"ס) למ"ד פנוי' היתה, הא מה לי איסור לאו מה לי איסור כרת, ולהנ"ל לק"מ, דבאיסור כרת הוי ג"ע דאמרינן יוא"י אף באביזרא דידה, מה שאין כן בפנוי' דגוף האיסור לאו הא נדחה מפני פיקוח נפש:

אמנם גוף דברי הרמב"ן תמוהים לי, דמ"ש חייבי לאוין ועשה דפשיטא לי' דלא שייך בהו יוא"י משום דלא ניתן להצילה בנפשו, ומ"ש לענין אביזרא דסבירא לי' דאף באביזרא דג"ע אמרינן יוא"י, דהא פשיטא לענין להצילה בנפשו אם רודף אחרי' לא לעשות גוף המעשה רק לקירוב בשר וכדומה לדבר עמה ולראותה ערומה דאין מצילין אותה בנפשו, דהא טעמא משום פגמה ובקירוב בשר ודיבור ליכא פגמא, [ומאד שגה בזה במח"כ בהעמק שאלה בשאילתות (שאילתא מ"ב בסק"ד) דנראה דס"ל דגם בדיבור שייך פגמה ולא ניתן לאומרו כלל, ואיננו דומה להא דאמרו בגמרא (ס"פ ב"ס) משום פגם משפחה כמובן] ואפ"ה אף לענין יוא"י ובהעלה לבו טינא אף באביזרא בדיבור ימות ואל יעבור, ואם כן מאי שנא דלענין אביזרא אין מדמין יהרג וא"י לענין להצילה בנפשו, ולענין חייבי לאוין ועשה פשיטא לי' דמדמין:

והנראה בזה על פי מ"ש לעיל, דהנה בשפ"ד נראה דאף באינו עושה מעשה הרציחה שהי' חייב מיתה רק גורם לבד, כגון לכפותו לפני ארי או להשיך בו נחש וכדומה, דבכל הני פטור מדיני אדם וחייב בדיני שמים כמבואר ברמב"ם (הלכות רוצח), אפ"ה גם בזה אמרינן יוא"י וכמבואר בתוספתא וירושלמי דתרומות (פ"ח) והובא לקמן ברמב"ם (הל"ה) דאף באמרו העכו"ם תנו לנו אחד ונהרגנו ואם לאו נהרוג כולכם יהרגו ואל ימסרו נפש אחת מישראל, אף דבמסירה ליכא חיוב מיתה דאיננה אלא גרמא בעלמא, וכ"ה בריטב"א פסחים (כ"ה א') הנ"ל דאף באומר מסור לי כלי זיין להרוג לפלוני יוא"י אף דאינו אלא גרמא בעלמא. וכ"כ מסברת הגמרא מאי חזית דדמא דהאי סומק, דסוף סוף העבירה שעושה נלרך לומר דנדחה מפני פ"נ וכיון שעי"ז יהרג פלוני שייך מאי חזית ולא נדחית מפני פ"נ, ויעוין בגלי' מסכת (סימן ה') שכתב שיש לו קונטרס מיוחד בענין שפ"ד דאמרינן יוא"י איך הדין בגורם לשפ"ד, ותלי לה בפלוגתת ר' יוחנן ור"ל בירושלמי (תרומות פ"ח) ביחדו, דלר' יוחנן דביחדו שרי היינו משום דבגורם לא אמרינן יוא"י, ולדעתי דגם ר' יוחנן מודה דאף בגורם יוא"י, מהא דבלא יחדו אסור אף לדידי', ואי בגורם ל"א יוא"י הו"ל למשרי אף בלא יחדו, והא דביחדו שרי לדידי' אין הטעם משום גורם רק כאשר יבואר להלן אי"ה, וכיון דבשפ"ד אף בגורם אמרינן יוא"י וכדמוכח מסברת הגמרא מאי חזית, אף דגורם איננו שפ"ד ממש רק אביזרא דשפ"ד, מזה ילפינן לנערה המאורסה דאף באביזרא אמרינן יוא"י, ואף דלעיל כתבתי לחלק דבגורם לשפ"ד הא עכ"פ נעשית השפ"ד אף דהוא לא עביד רק הגורם מ"מ גוף השפ"ד נעשה ע"י גרמתו, משא"כ באביזרא דג"ע דגוף הג"ע לא נעשית כלל, מ"מ י"ל דלא ס"ל להגמ' לחלק בזה, דכיון דהוא לא עביד רק הגורם ואפילו הכי יוא"י מוכח דאף באביזרא אמרינן יוא"י, מה שאין כן בחייבי לאוין ועשה, וא"ש *):

ובגוף הראי' מהסיא דס"פ ב"ס הנ"ל חשבתי איזה דברים לדחות, ואף שמצאתי להאחרונים שקדמוני קצת בזה, עכ"ז יען חשבתי בתוספות ביאור והוא נפקותא רבתי לדינא, הנני להאריך קצת בזה:

והוא על פי מה שנראה לי, מרש"י סנהדרין (ע"ד ב') ד"ה לפקח דכתב דבבא על עסקי נפשות כיון דניתן להרגו בלא התראה גברא קטילא הוא משעת חתירה, יעוש"ה דנראה ברור כוונת רש"י דמיירי אף באופן דהשתא שוב אין חשש שיהרוג את בעה"ב לאחר שנפקח הגל ופסק רדיפתו ושוב לא ניתן להרגו כעת ואפ"ה אין מפקחין עליו את הגל שנפל עליו בעת שהי' רודף, משום דבעת נפילת הגל עליו הוי כגברא קטילא ומש"ה אין מפקחין עליו עוד אף דכבר פסק רדיפתו, דאי מיירי באופן דהשתא גם כן יש לחוש שיהרוג לבעה"ב אם נפקח הגל, א"כ הא ניתן להורגו בידים ופשיטא דאין מפקחין, וכדפריך כעין זה (ע"ז כ"ו ב') השתא אחותי מחתינן לי' אסוקי מיבעיא, ולמאי אילטריך רש"י לאהדורי אטעמא דגברא קטילא הוא משעת חתירה, תיפ"ל דכעת ממש הוא גברא קטילא וניתן להורגו בידים ואיך נפקח עליו את הגל, על כן נראה פשוט וברור כוונת רש"י כנ"ל, דמיירי אף בגוונא דכעת כבר פסק רדיפתו דשוב אין חשש שיהרוג לבעה"ב

*) **הגה"ה ועפ"י** הנ"ל נראה ליישב הגירסא שלפנינו בתוס' ע"ז (כ"ד א') ד"ה מתקיף דכתבו מאי ראי' מיותי מלנערה לא תעשה דבר אדרבה מינה ילפינן דחייב למסור עצמו בשלהי ב"ס אפילו במצוה קלה דקאמר ה"ז כו', ויעוש"ב במהרש"א דכתב טעות קחוינא הכא יעוש"ב דהגי', ועפ"י הנ"ל אפשר דכוונת התוס' במצוה קלה מאביזרא דעריות, ולפ"ז הא דקאמרי בשלהי ב"ס כוונתם על הפוף ממש בהא דתעמוד לפניו ערומה. ולפ"ז מיושב נמי כמו שהיא לפנינו, דלא כמו שהגי' הב"ח דכ' דברים הן, דמינה ילפינן דחייב למסור עצמו איננו בשלהי ממש רק מ"ש בסוף דקאמר ה"ז בא ללמד כו', בשלהי ב"ס אפילו מצוה קלה היינו ההוא דתעמוד ערומה:

בית 2

לבעה"ב אף אם נפקח הגל ושוב לא ניתן להורגו בידים ואפילו הכי אין מפקחין, משום דמעיקרא בעת נפילת הגל הי' גברא קטילא:

והדברים תמוהין לכאורה וצריכין טעם והסבר, דאמאי לא נפקח הגל עליו כיון דכבר פסק מרדיפתו ושוב לא ניתן להורגו ואמאי לא נפקח משום פ"נ, וכי משום שהי' רודף מעיקרא והי' ניתן להורגו שוב לא נפקח עליו לעולם דהוי כגברא קטילא, אתמהה:

ובאמת מגוף דברי הגמ' אין הכרח כלל לזה, דיש לומר דאצטריך לאשמועינן דהיכא דיש לו דמים, משום דאמרינן דבודאי לא יהרוג, לא זו דאסור להורגו רק אף לחלל עליו את השבת לפקח עליו הגל גם כן מחוייבין, ולא אמרינן דכהי דאסור להורגו משום דאמרינן דמסתמא לא יהרוג אבל עכ"פ ספק רחוק הוא דדלמא יהרוג ומש"ה כהי' בשוא"ת לחלל עליו את השבת, קמ"ל דלא זו דבשביל האומדנא דמסתמא לא יהרוג אסור להרגו, רק דאף בקום ועשה מחללין עליו את השבת בשביל האומדנא, ומיירי הקרא דלאחר הפיקוח יהיה החשש לענין הריגת בעה"ב כקודם שנפל הגל, ובזה הוא דיש חילוק בין יש לו דמים לאין לו דמים, דבאין לו דמים ניתן להורגו בידים וכ"ש דאין מפקחין כיון דעדיין לא פסק מרדיפתו והחשש לאחר הפיקוח לענין הריגת בעה"ב כקודם נפילת הגל, וביש לו דמים לא זו דאסור להורגו בשביל האומדנא רק אף מחללין שבת בקום ועשה לפקח בשביל האומדנא:

וכן נראה לי מלשון הרמב"ם (סוף הל' גניבה) דכתב וז"ל, כל גנב שיש לו דמים אם נפל עליו גל בשבת מפקחין עליו ואם שבר כלים בביאתו חייב בתשלומין, אבל מי שאין לו דמים ששבר כלים בביאתו פטור כמו שבארנו עכ"ל, ולכאורה תמוה דפתח בתרתי וסיים בחדא, דפתח בשבת ובכלים ולא סיים אלא בכלים לחודי', והו"ל לומר דבר והיפוכו בתרתי ולסיים, אבל מי שאין לו דמים אם נפל עליו גל אין מפקחין ואם שבר כלים פטור, אבל למה שכתבנו א"ש היטב, דאם יש חשש לענין הריגת בעה"ב לאחר הפיקוח כקודם נפילת הגל, הוא מלתא דפשיטא דאין מפקחין, דהשתא בידים ניתן להורגו איך ס"ד לפקח עליו הגל להצילו, והוא מלתא דפשיטא שלא ניתן לאומרו וכ"ש לכותבו, ובאם שלאחר הפיקוח שוב אין חשש לענין הריגת בעה"ב, אם כן כבר פסק אז מרדיפתו ולא ניתן להורגו שוב מיקרי יש לו דמים, וכמ"ש מקודם (בהלכה י"א) דהואיל ושוב אינו רודף יש לו דמים ומפקחין עליו הגל גם כן כיון דיש לו דמים, ונכלל בהאי כללא דכל שיש לו דמים מפקחין, דאזלינן בתר שעת הפיקוח דאם אז הי' לו דמים מפקחין ולא אזלינן בתר מעיקרא, וא"ש היטב, אבל מרש"י הנ"ל מבואר להדיא להבלתי מתעקש דאף בכהאי גוונא דכעת אין חשש רודף עליו וכבר פסק מרדיפתו אין מפקחין דאזלינן בתר מעיקרא בעת נפילת הגל עליו, ואיננו מובן כלל טעמא דמלתא:

וראיתי להמג"א (סימן שכ"ט סק"ד) דהביא לשון רש"י הנ"ל בשם הגמ' דסנהדרין וכתב וכ"כ הרמב"ם סוף הלכות גניבה, וכבר נתבאר דמדברי הגמ' אין שום הכרח, ומדברי הרמב"ם אדרבא משמע להיפך, רק ברש"י מבואר כן, ומסברא הדברים תמוהין וכנ"ל:

והנראה בטעמו דרש"י, דס"ל דכיון דבעת נפילת הגל עליו אז אכן בידים היינו מפילים הגל עליו דניתן להורגו, ואם אכן בידים היינו מפילים עליו את הגל אף אם אח"כ שוב לא הי' חשש רודף עליו בעוד שלא נהרג עדיין, אפ"ה ס"ל דלא היינו מפקחין, דכיון דעל ידי מעשיו התיר עצמו למיתה והביא בעצמו עליו הסכנה אין מחללין עליו שבת להצילו, דפשע בעצמו:

ובעין זה מצינו לענין חטא כדי שיזכה חבירך, דהיכא דפשע בעצמו לא אמרינן חטא כדי שיזכה, כמ"ש התוס' פ"ק דשבת (ד' א') ד"ה וכי, ואפשר דה"נ לענין פ"נ לחלל שבת להצילו דהיכא דבעצמו הביא עליו הסכנה אין מחללין

*אב"ה, ה"ה הרה"ג ר' מאיר קיילדין נ"י האוטריקוי

עבורו להצילו, ומש"ה אף בנפל עליו הגל בעצמו אין מחללין עליו, כיון דאז בעצמנו היינו מפילים עליו הגל בידים הוי גברא קטילא על ידי מעשיו שהתיר עצמו למיתה דשוב אין מחללין להצילו, דמה לי נפל ממילא ומה לי אם היינו מפילים עליו בידים:

וכן נראה קצת, דלא מצינו באופה בשבת במזיד והתראה באופן דחייב סקילה דנימא דאנן מצווין לרדות הפת מן התנור קודם שתאפה בכדי שלא יתחייב מיתה, דאף דלא אמרינן חטא כדי שיזכה חבירך היכא דפשע, מ"מ הכא דחייב מיתה בכדי להצילו ממיתת ב"ד להוי כפיקוח נפש דמחללין שבת עבורו, על כרחך נראה דגם במיתה היכא דפשע בעצמו אין מחללין שבת עבורו:

וכן משמע קצת מתוס' שבת (ד' א') ד"ה קודם שיבוא לידי איסור סקילה, דהקשו מאי בעיא היא זו פשיטא שלא ישמע לנו אם נאסור לו, ולא הקשו ביותר דאיך נאסור לו לרדות הא אין לך דבר שעומד בפני פ"נ ופשיטא דמותר לרדות בכדי שלא יתחייב סקילה, וע"כ כיון דפשע בעצמו שוב לא ניתן לחלל מפני פיקוח נפשו, ויש לדחות דהתם מפני איסור סקילה קאמר ומיירי בלא התראה דליכא חיוב ממש, וכעין דמשמע שם בתוס' ד"ה ואלא, יעו"ש במהרש"א, רק דקושית התוס' היא דלא ישמע לנו בכדי שלא יתחייב כרת מה"ת, אמנם מלשון התוס' בתירוצם נראה דהקושיא היא מסקילה, ויעו"ש ברש"י (בסוף דף ג' ב') דמבואר מלשונו דהבעי' הי' אף באתרו בו, ואף שעי"כ יתחייב מיתת ב"ד, עכ"ז אפשר דאסרו לרדות ודלא כהתוס', ואם כן יקשה כנ"ל הא אין לך דבר שעומד בפני פ"נ, וע"כ כיון דפשע, וגם זה יש לדחות ע"פ מ"ש התוס' ישנים (שם ד' א') דהבעי' היא על זה גופי', דמי אמרינן אם לא יתירו יתחייב אף שמניח מלרדות ע"י מה שאנו אוסרים וא"כ פשיטא דלא אסרו, או דלא יתחייב ולא התירו, ואפשר דזה כוונת רש"י גם כן ואין ראי':

ויעוין ברשב"א ובריטב"א שבת (ג' ב') דהוכיחו דבמזיד ליכא חיוב סקילה בשבת כיון דרולה לרדות ואינו נמנע אלא מפני שסבור שאסור א"כ סופו אינו אלא שוגג, והריטב"א הוסיף בלשונו, דאם לא כן איך ישמע לנו שלא לרדות ויהא מתחייב בנפשו, אלא ודאי מחמת שסבור שאסור הוא פורש ואם כן אינו אלא שוגג, מכלל דלולא זה דלא ישמע לנו הי' אפשר לנו לאסור לו לרדות אף שיתחייב בנפשו עי"ז, וכן אם הי' איסור דאורייתא בודאי' נראה דשפיר הי' אסור מדינא לרדותו אף שעי"כ יתחייב בנפשו, ולא אמרינן אין לך דבר שעומד בפני פ"נ כיון דבעצמו הביא המיתה עליו:

ויעוין במנחת חינוך בסופו בקומן מנחה (במלוה רל"ז) במאבד עצמו לדעת דאין הרואה עובר בלא תעמוד על דם רעך אף דאפשר לו להצילו:

הנה נתבאר מכ"ז סמוכין דהיכא דבעצמו הביא הסכנה עליו דאין מחללין שבת עבורו, והוא דין חדש שלא מצאתי למי שהעיר בזה, לבד זה מצאתי בשו"ת שבות יעקב חלק א' או"ח (סימן ע"ז) במה שהשיג על הנחלת שבעה (סימן פ"ג) דדן קו"ת דאם בשביל חולה שלא ימות מחללין שבת כ"ש להציל נפשו מני שחת ממיתה נצחית, דמש"ה אמרינן גדול המחטיא את אדם יותר מההורגו, ואם כן אף היכא דפשע אמרינן חטא כדי שיזכה חבירו, דאי"ל דחולה שאני דלא פשע, הא אין מיתה בלא חטא, ועל זה השיג השבו"י דאין חטא אלא שוגג ופושע שאני דאיהו דאפסיד אנפשי', דנראה מזה קצת דסבירא לי' דבחולה היכא דפשע ובעצמו הביא הסכנה עליו אין מחללין, ויעוין בפמ"ק (מלוה ג') ובהגהות חדשות מהגאון ר"י ליימילס (ס"ק ג'), ולע"ג בזה לדינא:

ואברך אחד *) העירני לסייע קצת לזה מיומא (ל"ה ב') גבי הלל דאמרו ראוי זה לחלל עליו את השבת, דתמוה לכאורה דמאי בעו בזה הא על כל אדם מחללין וכל ישראל ראויין לזה, אמנם להנ"ל י"ל משום דהוא פשע בעצמו ובעצמו הביא עליו הסכנה במה שסכים עלמו על הארובה אך כיון

כיון דעשה זה לש"ש שכפשו חשקה בתורה [ואפשר גם כן שבשביל גודל החשק לא הרגיש כלל, כעין דאמר בעירובין באהבתה תשגה תמיד, ובשבת (פ"ח א') גבי רבא], ולהכי אמרו דהכא שאני דראוי זה לחלל עליו, והוא דקדוק נכון:

ואם נניח אנהגו בזה, אם כן יש לומר בהא דהעלה בלבו טינא דפשע בזה שבעצמו הביא הסכנה עליו דמעיקרא הו"ל לכפויי ליצרי' וליתובי דעתי', מש"ה אין מחללין עבורו שום איסור, ואנ"ל משום דהוו אביזרא דג"ע:

ושוב מצאתי כן להאחרונים שכתבו כן בקצרה לדחות הראי' מסוף פרק בן סורר, הרמב"ת בתוספות יוה"כ ליומא (דף פ"ב) כתב דשאני התם דהחולי בא מחמת העבירה, וכ"כ הרדב"ז בת' שהביא המל"מ כאן ובהלכה ו', וכ"כ הסדרי טהרה (סס"י קל"ה), וכוונת כולם נראה כנ"ל, דפשע ועשה עבירה בזה שהביא עצמו לידי סכנה, וכ"כ החוות יאיר (סימן קפ"ב), דשאני התם שהעלה לבו טינא על ידי היצה"ר וגרם לעצמו הסכנה, ואולת אדם תסלף דרכו, דהוה לי' לכפויי ליצרי' וליתובי דעתי', יעויש"ה, רק דהם כתבו בלא הכרח ומקור לזה, וכבר נתבאר להוכיח מהראשונים דהיכא דבעצמו הביא הסכנה עליו דאין מחללין, ולע"ג בזה לדינא ולמעשה, [וקצת יש לתלות זה במה שנחלקו הראשונים באשתפיך חמימי דקודם המילה אי מלין בשבת, יעוין ר"ן שבת פי"ט ופ"ק דבילה יעוש"ה]:

אף דלכאורה נראה לחלק, דאף אם אין מחללין שבת עבורו היכא דבעצמו הביא הסכנה עליו, היינו דוקא שאחר יחלל עבורו, אבל הוא בעצמו אף בכה"ג שרי לחלל, והוי ממש דומיא למה שכתבו הראשונים לענין חטא כדי שיזכה חבירך דהיכא דפשע לא אמרינן חטא כדי שיזכה חבירך אבל הוא בעצמו רשאי לחטוא כדי שיזכה, וה"נ לענין חילול בפ"נ היכא דפשע בעצמו, אף דממקצת ראיות שכתבתי לעיל משמע אף לענין החולה בעצמו, מ"מ יש לדחותם כמ"ש לעיל, ומאינך ראיות יש לומר דאיכא חילוק בין דידי' לאחר:

אמנם אף אם נימא כן, גם כן יתיישב האי דס"פ ב"ס, דהא התם האשה כמי עוברת ואם כן היא איננה רשאה לעבור משום דידי' כיון דבא על ידי פשיעתו: *)

והחוות יאיר (סימן קפ"ב) הנ"ל דחה עוד עיקר הראי' מס"פ ב"ס, די"ל דגם ללישנא דא"א איננו מדינא רק בכדי שלא יהא בנות ישראל פרוצות בעריות, רק דס"ד דל"ש האי טעמא רק בא"א ולא בפנוי', וחידש לנו המתרץ דגם בפנוי' שייך האי טעמא, ודלא כהרז"ה ורמב"ן ור"ן דתפסו בפשיטות דלס"ד לית לי' טעמא שלא יהא פרוצות ובא"א הוא מדינא:

ולי נראה עוד עד"ז ברווחא יותר, דהנה בא"א אף דהא דימות ואל תדבר עמו איננו מדינא משום דאביזרא לא, או משום דדיבור אינו אלא מדרבנן, אבל עכ"פ האי דימות ואל תבעל לו הוא מדינא, משא"כ בפנוי' דגם הא דימות ואל תבעל לו איננו מדינא כיון דאינו ג"ע, ואם כן י"ל דזה ידע שפיר דגזרינן דיבור ותעמוד ערומה בשביל הביאה, וא"כ למ"ד א"א דהביאה אסורה מדינא, שפיר גזרו בהאי מעשה אף בדיבור וערומה בשביל גזירת הביאה, אבל למ"ד פנוי' א"כ גוף הביאה ג"כ מותר ואמאי אסרוהו, וע"ז משני שלא יהא בנות ישראל פרוצות בעריות, דהגזירה היתה בהאי מעשה משום לעלמא שלא ירגילו להיות פרוצות ואשה"ט, ומתיישב לפ"ז נמי קושית המגי' במל"מ (פ"ה מהל' יו"ט) הנ"ל מה לי איסור לאו מה לי איסור כרת, ולהנ"ל אשה"ט, דלס"ד באיסור כרת שייך גזירה משא"כ באיסור לאו.

ומאוד אני תמה על כל האחרונים המדברים בענין הזה שלא השגיחו לעיין היטב ולעמוד על עומק לשונו הזהב של הרמב"ם כאן בהל' ט', יעו"ש בביאורנו, שהוכחנו מדבריו לנכון, דאף בא"א הא דאין מתירין לדבר עמה איננו מדינא רק משום חומרא שלא יהא פרוצות, וא"כ מוכרחין דברי החוות יאיר הנ"ל, דאף למ"ד א"א איננו מדינא רק משום חומרא, ויש לו להחוו"י תנא רבא דמסייע לו.

ואיך שיהי' נתבאר דמס"פ בן סורר איננו מוכרח לאביזרא', רק מהא דאין מתרפאין בעצי אשירה, ותלי' בשיטות הנ"ל, אי דוקא במקפיד על עצין של ע"ז, או אף בעצין סתם אין מתרפאין.

והנה הרז"ה שם (ס"פ בן סורר), הוכיח דהנאת עצמן מהני אף בג' עבירות שיעבור ואל יהרג מקאקי ודימוניקי דס"פ בן סורר (ע"ד ב') דהוו אביזרא דע"ז, והרמב"ן במלחמות שם, לאחר שסתר דעת הרז"ה והוכיח דבג' עבירות לא מהני הנאת עצמן, יישב ההיא דקאקי ודימוניקי לפי שאיננו לאו מיוחד בע"ז רק דהישראל עובר על לפני עור דהוא לאו בעלמא בכל התורה, מש"ה לא הוי אביזרא דע"ז, והכי איפסק בש"ע (סי' קנ"ז).

ותמוה לי, דהא קי"ל כר' יוחנן ע"ז (י"ג א'), דילפינן קו"ח דמסכה לע"ז אסור, דמה כהנה אסור מהנה לא כ"ש, א"כ בקאקי ודימוניקי שלוקחין האור לעכו"ם, מלבד האיסור דלפני עור, הכולל בכל התורה, איכא איסור מהנה לע"ז, דהוא איסור מיוחד לע"ז, וא"כ הוי אביזרא דע"ז.

ואפשר דלענין יהרג ואל יעבור לא מהני הקו"ח, דהוי כאין עונשין מן הדין.

וראיתי להחמדת שלמה או"ח (סי' ל"ח), דהוכיח דהדין יהרג ואל יעבור אינו מגדר עונש לומר בי' אין עונשין מן הדין, מדברי התוס' סנהדרין (ע"ד ב') ד"ה ב"נ, דכתבו דאילטריך ותי בהם בכדי דלא נילף שאר מלות מרוצח וגילוי עריות דיהרג ואל יעבור, ואי נימא דהוי בגדר עונש לומר

---

*) **הגה"ה.** ויעוי' בזה ברמב"ן במלחמות (ס"פ ב"ס), אשר כפי הנראה הרגיש בחולשת ראי' זו וכתב דאפשר משום האשה, וסתר זה משבת דגם אחר מחלל משום פ"נ, ולא הספיק עצמו בזה עד שהביא ראי' מרז"ה עצמו שהביא מזה לענין אביזרא אף דהאשה אינה אנוסה, דלכאורה הוי כיהודא ועוד לקרא, דכיון דהביא ראי' מפורשת מגמ' למה הוצרך עוד להביא מהרז"ה, רק דנראה דהרגיש דיש לחלק משבת לפי שפשע בעצמו, לכך מייתי מרז"ה גופי' דע"כ אינו מחלק בזה, דאם נימא לחלק כן אין לו ראי' לענין אביזרא וכנ"ל, וכן להלן עוד בלשון הרמב"ן, בכל מתרפאין חוץ מג"ע בכה"ג הוא אם העלה טינא וכיון דבכל מתרפאין ש"מ אונס הוא, מבואר דהרגיש דאפשר טינא לאו אונס הוא והיינו הואיל דפשע, רק דמזה משמע קצת דאינו מחלק בין דידי' לאחר, דאי לא הי' מתקרי אונס אף בשאר איסור דעושה בעצמו הי' אסור ומדמתרפאין בשאר איסור מוכח דהוי אונס, וכן להלן כדברי הרמב"ן, מדמתרפאין בשאר עבירות כגון שהי' צריך לאכול נבילות וטריפות לתאבון אוכל ולא ימות וכו', מדלייר גוונא שצריך לאכול נבילות וטריפות לתאבון, נראה דכוונתו כעין העלה בלבו טינא לאכול נבילה וטריפה אוכל, ומוכח דטינא הוי אונס, מכ"ז נראה דהרגיש, דלא נימא דהוי פשיעה ובכה"ג לא הי' מותר אף לחולה בעצמו ולכך הוכיח דהוי אונס ולא פשיעה. ואין דבר נעלם מעיני הראשונים:

אמנם נראה לדחות ראיית הרמב"ן מהרז"ה, דלעולם י"ל דהאשה אינה יכולה לעבור איסור עבורו, דאינו דומה לשבת הואיל ופשע בעצמו לכן לא הוי אונס גבי דידה, ואפ"ה שפיר הביא ראי' לענין אביזרא, דא"א לומר משום דידה עפ"י מ"ש הש"ך יו"ד (סי' קנ"ז ס"ק י') דדוקא דרך חיבה הוי' אביזרא, ויעוי' בת' חוות יאיר (סי' קפ"ב) דלפ"ז באונס לא משכחת אביזרא, והבאתי דבריו לעיל במוסגר, רק היכא דעביד מרצונו דרך חיבה, וא"כ תתיישב ראיית רז"ה, דלענין אביזרא ליכא למימר משום דידה, דכיון דהיא אנוסה ואיננה עושית מרצונה רק משום דידי', לא הוי' לגבה אביזרא כלל וליכא איסורא משום דידה, רק משום דידי' דעביד דרך חיבה, ואיהו מותר אף בפשע בפ"נ, וע"כ דאביזרא דינו כג"ע ממש, אמנם אף. אם נימא כן, לענין גוף השגת המלחמות שם על הרז"ה אין נפ"מ, דכיון דמוכח דלא משום דידה רק משום דידי' שוב מוכח דאסור להנאת עצמו, רק דלפ"ז ישאר הראי' לענין אביזרא, אם לא דנימא דבפשע גם החולה בעצמו אסור, ויש לעיין בכ"ז;

ביניהם, וכמו שנתקשה בת' בשמים ראש בכסא דהרסנא (סי' ש"א) הנ"ל.

ואף לשיטת הרמב"ן והרז"ה דס"ל דאף באביזרא יהרג ואל יעבור אף דבכה"ג אין מצילין בנפשו דליכא פגמא, עכ"ז תקשי דכבר כתבתי לעיל ליישב שיטת הרמב"ן בהא דמחלקינן באביזרא בין לענין יהרג ואל יעבור לענין להציל בנפשו, משום דלענין יהרג ואל יעבור ילפינן מרוצח וברוצח אפילו ע"י גרמא בעלמא דאיננו שפ"ד ממש אפ"ה יהרג ואל יעבור מסברא דמאי חזית, וכמו בהא דהרמב"ם הל' ה', דיהרגו כולם ואל ימסרו נפש מישראל אף דאינו אלא אביזרא דשפ"ד, וה"נ ילפינן מינה לאביזרא דג"ע, אף דהתם נעשית השפ"ד והכא לא נעשית גוף הגילוי ערוה, מ"מ ס"ל דאין לחלק בג"ע בזה משום דאזלינן בתר המעשה והעבירה שעושה הישראל דאינו עושה אלא האביזרא, וא"כ כ"ז לא שייך רק אי לא אמרינן כשיטת השאילתות וגדולי הקדמונים הנ"ל דהטעם בג"ע משום פגמא, רק משום חומר האיסור א"כ אנן לא אזלינן רק בתר האיסור שעושה הישראל, אבל אי נימא כהשאילתות וגדולי הקדמונים הנ"ל שהטעם משום פגמא והא דפגים לה הוי כמו דקטיל לה, כמ"ש השאילתות, א"כ כמו בשפ"ד דאפילו ע"י גרמא יהרג ואל יעבור משום הסברא דמאי חזית, והיינו משום דמ"מ מיקטל נפש מישראל ולא שייך וחי בהם, וא"כ ה"נ בנערה דאף ע"י גרמא כיון דנעשית הפגימה דהוי כקטילא שייך מאי חזית, וכעין הא דסוף פ"ח דתרומות דמסור לנו אחת ונטמאה, אבל מה ענין זה לשאר אביזרא דליכא פגימה, וא"כ הא גופי' תקשי דמנ"ל שאר אביזרא, דבשלמא אי הטעם משום חומר האיסור שפיר ילפינן לה מגרמא דבתרווייהו לא עביד גוף האיסור, אבל אי נימא כשיטת השאילתות א"כ פגימה הוי כקטילא, שוב אין למילף ומ"ז כמובן, דהיכא דנעשית גוף הפגימה אף דהישראל לא עביד רק גרמא, מ"מ לא שייך להתיר משום וחי בהם, דהוי כנעשית גוף השפ"ד ע"י גרמתו דשייך מאי חזית אף דלא עביד בידים גוף השפ"ד, ה"נ בנעשית גוף הפגימה דהוי כקטילא שייך מאי חזית אף דלא נעשית על ידו רק גרמא, אבל איננו ענין לשאר אביזרא, דלא נעשית כלל גוף הפגימה, א"כ תקשה באמת דנימא טעמא דג"ע משום פגימה כמו דאמרינן לענין להצילה בנפשו, ולפ"ז באמת לא נימא באביזרא דליכא פגימה יהרג ואל יעבור.

ולפי שיטת ר"ח שהביא הרמב"ן במלחמות בפסחים פ"ב דגרסינן תהרג ואל תעבור, דהנערה הוא שהוקשה לרוצח ולא הבועל, דה"פ דקרא. דהיא דומה באונס שלה לרוצח והי' לה ליהרג ולא לעבור רק משתפסה זה ונתחזק עלי' אין לה חטא מות, א"ש דמוכח דאף באינה מקפדת על פגמה דאין הטעם משום פגם רק משום חומר העבירה, דהא עלה דידה דאמרינן תהרג ואל תעבור ע"כ אין הטעם משום פגם רק משום חומר העבירה וא"ש, אבל לאידך ראשונים דגרסי יהרג ואל יעבור, דההיקש קאי על הבועל ואפ"ה סברי גם בדידה היכא דעושית מעשה דתהרג ואל תעבור, קשיא כנ"ל דנימא דהטעם משום פגמא כמו לענין להצילה בנפשו.

ומצאתי בת' פני יהושע ח"ב באהע"ע (סי' מ"ד) שהרגיש ג"כ בזה, ותירץ דהתם לענין להצילה בנפשו הראי' דעל פגמה קפיד מהא דעל ע"ז אין מצילין משא"כ הכא לענין יהרג ואי', ואי"כ דא"כ מה יעשה לר"ש דעל ע"ז נ"כ מצילין בנפשו ואפ"ה לא מצינו דפליג על הא דאפגמה קפיד.

והנראה בזה, דילפינן נערה מרוצח מהיקשא, מה רוצח יהרג ואי' אף נערה כן, א"כ ילפינן לה לגמרי מה רוצח אף ברצון פלוני יהרג ואי' ה"נ בנערה, דבריליתה פשיטא דאף ברצון פלוני אסור, דמה מהני רצונו ורשותו, דאף בחומר הרגני עכ"ז אסור דגם להרוג את עצמו אסור, כדאמר ב"ק (צ"א ב') מיד נפשותיכם אדרוש את דמכם, א"כ פשיטא דרשותו לא מהני מידי, וילפינן מינה לנערה דאף ברצונה ורשותה אסור, וא"כ מוכרח דאין הטעם משום פגמה דהא בידה למחול על פגמה, וע"כ דמשום חומר האיסור, וממילא דאף בדידה נמי תהרג ואל תעבור.

ובתשובות חמדת שלמה או"ח (סי' ל"ח) תירץ דע"כ לאו משום פגמה דאי נימא דהטעם משום פגם ובידה למחול א"כ היתה מחוייבת למחול על פגמה משום פי"נ של הנאנס. דאיננו דומה לרודף דאינה מחוייבת למחול עבור פי"נ דהרודף, דלאו עושה מעשה עמך הוא, [וז"א דפשיטא דגם קטן הרודף ניתן להצילו בנפשו, וכעין הא דאיתא סנהדרין (ע"ב ב') ברודף להרוג וה"נ בנערה, וכ"ה במנחת חנוך (מצוה ת"ר) וכ"ה להדיא בס' המצות להרמב"ם בל"ת (מצוה רנ"ג) יעוש"ע, וא"כ בזה לא שייך לאו עושה מעשה עמך, אלא דכך הי' לו לומר, דרודף שאני דהוא גרם לעצמו ומש"ה גם במחתרת ניתן להציל בנפשו ואיננו מחוייב להניח לו הממון בכדי שלא יהרג, אף דבשאר פי"נ מחוייב בממונו, משום דהוא גרם לעצמו, ועפ"ק במג"א (סי' שכ"ט ס"ק ה') שכתב בעכו"ם שבאו על עסקי ממון שיניח ליקח את ממונו ולא יחלל את השבת, דהא חזינן במחתרת דאינו מחויב בכך ורשאי אף לחלל שבת כדאיתא סנהדרין (ע"ב ב') דאי"ל דמים אף בשבת] וע"כ דמשום חומר האיסור הוא.

ועפ"י דברי החמדת שלמה נתיישב לי, מאי דהוי קשיא לי טובא על הט"ז יו"ד (סי' קנ"ז ס"ק ט') בנשים שאמרו להם עכו"ם תנו לנו אחת ונטמאה, ואם לאו נטמא את כולכן, דאפילו יחדוה לא מהני [וכדבר זה שנה התפארת ישראל בפ"ח מתרומות ובהלכתא שם, ואשתמיטתי' דברי הט"ז] ויטמאו כולן ואל ימסרו נפש אחת, אבל אם אמרו אם לא תתנו לפלונית לטמאה נהרוג כולכן אזי ימסרו, דהא היא עצמה אינה מחוייבת למסור נפשה דהיא ק"ע יעו"ש.

ותמוה לי, דהא איתא ביומא (פ"ה א'), דיליף ר' ישמעאל לפי"נ שדוחה את השבת ממחתרת דפי"נ של זה דוחה שפ"ד כ"ש שדוחה את השבת יעושה"ע, דלכאורה תמוה, דהא בשפ"ד עצמה באמת אין מתרפאין ואיננו נדחה מפני פי"נ, וע"כ במחתרת ורודף שאני משום דהוא הרודף, וא"כ מה ענין זה לשבת דשבת איננו גורם להסכנה, ומוכרח ע"כ לומר דס"ל לר' ישמעאל דהא דשפ"ד איננו נדחה היינו משום מאי חזית דדמא דידך סומק טפי, והאי דרודף דהוא הגורם מסלקת סברת מאי חזית כיון דהוא הגורם, אבל גוף עבירות שפ"ד נשארת במקומה, רק כיון דנסתלקה סברת מאי חזית שוב עבירות שפ"ד נדחית מפני פי"נ.

ובזה תמיהני על הכ"מ בהל' ה' שכתב דביחדו לו א' שיתנו להרוג ואם לאו יהרגו כולם לא שייך מאי חזית רק דגזיה"כ היא דשפ"ד איננו נדחה אף בלא סברת מאי חזית, והגמ' דקאמר סברת מאי חזית הוא לאו דוקא, דא"כ. איך יפרנס סברת ר' ישמעאל הנ"ל, דיליף בקו"ח לפי"נ שדוחה שבת משפ"ד, הא שפ"ד באמת איננו נדחה רק ברודף דלא שייך בדחיית שבת, ואי"ה להלן במקומו יבואר בזה, וכאן אין מקום להאריך חוץ מהענין.

עכ"פ מוכרח מהא דר' ישמעאל, דהא דברודף ניתן להציל בנפשו הטעם משום דעבירת שפ"ד נדחית מפני פי"נ, וא"כ דון מינה לרודף אחר עריות דניתן להצילן בנפשו, נ"כ הטעם משום דעבירת שפ"ד נדחית בכדי להציל מעריות, אף דהיא ק"ע ואינה מחויבת למסור נפשה עכ"ז היכא דאינה רוצית ומקפדת על פגמה נדחה שפ"ד מפניה, וא"כ גם ביחדו לאחת ובאם לאו יהרגו כולם איך פשיטא לי' להט"ז, דימסרו בשביל פי"נ, הא אדרבא פי"נ נדחה מפניה וכנ"ל.

ולדברי החמדת שלמה יתיישב, דהיא מחוייבת למחול על פגמה בשביל פי"נ דאיננו דומה לרודף וכנ"ל.

ואכתי יש לעיין בדברי החמדת שלמה מנדרים (פ' ב') דכביסתן וחיי אחרים כביסתן קודמים, ויעוי' ברמב"ם פ' כ"א מאישות ובנחל איתן שם, ובאהע"ע (סי' פ'), וא"כ איננו מוכרח דמחוייבת למחול על פגמה משום פי"נ דאחריני, דאמרינן סוטה (ח' ב') וסנהדרין (מ"ה א') לרבנן דקי"ל כוותייהו דלערא דגופא עדיפא לי' מבזיוני, [ויש לעיין קצת ב"ב פ' א'], ומ"מ דברי הט"ז יתפרשו שפיר כנ"ל, דהתם היא עלמא

וקיבלה ההתראה והתירה עצמה למיתה דאל"כ אף בעיר אין ממיתין אותה. וא"כ קשיא בממ"כ דאיך היתה קבלת ההתראה אם שקיבלה בשתיקה יודע אני שהוא כן וע"מ כן אני עושה ולא אמרה שמוכרחת כן מפני האונס א"כ הרי היא מרוצית ואף בשדה חייבת ואם אמרה שמוכרחת מפני שאונסין אותה א"כ בעיר אמאי חייבת דנהי שאמרה שקר דבעיר בוודאי מרוצית על דבר אשר לא צעקה מ"מ לפי השקר שלה לא הוי מגיע לה מיתה א"כ הרי לא התירה עצמה למיתה וכנ"ל. וע"כ מוכח א' משתים או דבהשיבה סתם וקיבלה ההתראה סתם עכ"ז היכא דאנוסה היא פטורה ולא אמרינן דנתרצית, ומיירי הקרא דקיבלה סתם. או אף דאמרה דאנוסה היא עכ"ז כיון דידעינן דשקר הוא והתירה עצמה למיתה חייבת ולכך בעיר אף דאמרה דאנוסה היא עכ"ז חייבת ע"ד אשר לא צעקה והיתה יכולה להשתמט הו"ל מרוצית ואונס כזה איננו פוטרה. וא"כ כיון דמוכח א' משתים אלה מקרא דנערה א"כ גם דברי הרמב"ם אתיין שפיר, או דמיירי דקיבל ההתראה סתם רק דידעינן דאנסוהו דבאשה פטורה משא"כ באיש או דמיירי אף דהשיב דהוא אנוס מ"מ כיון דאנן ידעינן דהוא שקר וקיבל ההתראה והתיר עצמו למיתה חייב דאונס כזה אינו פוטרו וכנ"ל. ודברי הכ"מ צ"ע.

שוב מצאתי במנחת חנוך (מצוה תקכ"ו) שכתב בקוצר דאיננו מבין דברי הכ"מ דמאי טעמא לא שייך התראה יעו"ש, ויעויי' כעין זה ג"כ במל"מ פ"א מרוצח (הל' י"ג).

גם תמוה לי דברי הרמ"ך אהדדי דבפ"כ מסנהדרין הביא הכ"מ מ"ש הרמ"ך דהשיג ג"כ על הרמב"ם דהא לא היתה התראה א"כ מבואר דגם הרמ"ך סובר דבאונס לא משכחת התראה וא"כ איך כתב בפ"ה מיסודי התורה דעובד ע"ז באונס כל שהתרו בו חייב הא באונס לא משכחת התראה, וכמו שהשיג עליו הכ"מ שם, וכמ"ש בעצמו בהל' סנהדרין, ונמצא דדברי הרמ"ך בעצמו סתרי אהדדי, ואולי דבהל' יסודי התורה לטעמי' דהרמב"ם מקשה. דלשיטתו באמת לא משכחת התראה באונס וכמ"ש בפ"כ מהל' סנהדרין, אבל להרמב"ם דס"ל בפ"כ מהל' סנהדרין דמשכחת חיובא באונס גם ע"ז יתחייב. והדברים דחוקים מאוד, ואין להאריך עוד בזה אחר שאין לי דברי הרמ"ך עצמו שאותיותיו יחכמוני לעמוד על כוונתו.

שם ברמב"ם באותה הלכה אבל אם יכול למלט נפשו כו' והוא נקרא עובד ע"ז במזיד כו' הנה מדברי הרמב"ם הללו נראה מבואר דכל שהיה יכול מתחלה לעשות טצדקי שלא יבוא לידי אונס ולא עשה אף שאח"כ בעת העבירה הוא אונס גמור. עכ"ז דינו כעובד ברצון. ויעוי' בריב"ש (סי' קע"ה) שמסתפק בזה. וגם במהרי"ט ח"א (סי' כ"א) פלפל בזה. ומדברי הרמב"ם הללו נראה מבואר דדינו כרצון ממש. וכן נראה מבואר מדברי הכ"מ פ"כ מהל' סנהדרין שכתב דאם אנסוהו להתקשות ונתקשה ושוב תקעוהו בערוה חייב מטעם אין קישוי אלא לדעת. ואכתי אמאי חייב הא בשעת הקישוי לאו עבירה היא מה שנתקשה ושוב על התקיעה בערוה הא אנוס הוא. וע"כ כיון דבעת הקישוי ידע שיתקעוהו בערוה שוב ממילא יתחייב על הערוה במה שהביא עצמו לידי אונס דכה"ג לאו אונס מקרי, וכמו דמוכח מדברי הרמב"ם כאן.

אמנם לפמ"ש התשב"ץ בח"א (סי' ס"ג) בכוונת הרמב"ם דאינו אלא לענין עונשי שמים ולא לענין דיני אדם איננו ראי'. ומ"ש שם התשב"ץ ראי' לזה מהא דכתב הרמב"ם דנקרא עובד ע"ז במזיד הא לא גרע מעובד ע"ז מאהבה ומיראה בלא סכנה דפטור, וע"כ דכוונתו בדיני שמים לבד, אין ראיה לפמ"ש לעיל דבסתם ע"ז שאחרים עובדין לשם אלהות סובר דחייב לכ"ע.

ועפי"ז יש לכוין ולדקדק בלשון הגהת ש"ע (סי' קנ"ז סעי' א') שהביא לדברי הרמב"ם הללו ושינה קצת בלשונו יעו"ש שכתב וז"ל כל מקום שנאמר יהרג ואל יעבור אם עבר ולא נהרג אעפ"י שחלל ד' מ"מ נקרא אנוס ופטור ודוקא שלא יוכל לברוח אבל אם יכול לברוח ואינו עושה הרי הוא ככלב שב על קיאו ונקרא עובר במזיד עכ"ל. וברמב"ם כתוב והוא נקרא עובד ע"ז במזיד, אף דלאו דקדוק הוא כ"כ דהא יש לומר דמש"ה שינה בכדי לכלול כל הג' עבירות, אמנם להנ"ל יש לומר דבכיון גדול שינה דמהש"ע נראה דס"ל כשיטת התוס' בתי' קמא דבכל ענין פטור עובד מאהבה ומיראה אף בסתם ע"ז שאחרים עובדים לשם אלהות דבסי' קי"ט סעי' י"א פסק דמומר דדוקא בפני עכו"ם מאמין בע"ז להנאתו אינו עושה יין נסך ויעו"ש בש"ך דהטעם שאיננו מאמין בלבו ואיננו עושה רק להנאת יצר הרע, ויעו"ש בהגר"א (ס"ק כ"ה) דהטעם דהוי עובד מאהבה ומיראה דלאו עובד ע"ז הוא, ואף דבסתם ע"ז מיירי אלמא דסובר דבכל ענין פטור בעובד מאהבה ומיראה אף בסתם ע"ז. ומ"ש בסעי' י"ב לענין אנוסים דדוקא באין בידם להמלט אין אוסרין, דמשמע הא אם יש בידם להמלט רק שמתעכבין להנאת עצמן אוסרין דכן מבואר להדיא בריב"ש דהוא המקור דהאי דינא ומ"ש בסי' קכ"ד סעי' ט' בהגה דאף באפשר לברוח רק שממתינין משום ממון אין אוסרין היינו דאין להם על הוצאת הבריחה כמבואר בריב"ש שם אבל זולת זה אוסרין אף דאינן עושין רק להנאתן, [ומהלבוש שם נראה דפירש מפני ממון כפשוטו שיהא לו הפסד ממון. ולא ראה במקור הדין בגוף ת' הריב"ש דמבואר כמ"ש יעוש"ע], היינו משום דמיירי שעושין שאר עבירות ג"כ כגון חילול שבת בפרהסיא, אבל משום ע"ז אף אם אין מתעכבים רק בשביל הנאת עצמן לבד עכ"ז איננו עושה יין נסך משום דלאו עובד ע"ז הוא כלל כיון דאינו עושה אלא מאהבה וכנ"ל, וא"כ בכיון גדול שינה מלשון הרמב"ם בסי' קנ"ז, [ובלבוש שם כתב כלשון הרמב"ם] דלדידן זה הדין אינו לענין עבירת ע"ז רק לענין ג"ע ושפ"ד ושאר עבירות אבל לענין ע"ז אינו אלא עובד מאהבה וכנ"ל.

ובדרך אגב אל אמנע מלהעיר מה שראיתי בזה פליאה עצומה שיש להפליא בזה על רבינו הגדול הגר"א זללה"ה (בסי' קנ"ז ס"ק י"ח) ובילקוט שם דציין המקור לדין אונס דפטור מרבא דסנהדרין (ס"א ב') יעוש"ע, והדברים מתמיהים דאינם ענין זה לזה כלל דהאי דרבא בסנהדרין (שם) אף בלא סכנה וכמו מאהבה משום דלאו עבירת ע"ז היא, ואונס סכנה פטור אף לאביי ואף בג"ע ושפ"ד דוודאי הויא עבירה, ואף הרא"ס מודה בזה, וכעין זה יש לתמוה בסי' קי"ט בהגר"א ס"ק כ"ג יעוש"ע, והדברים מתמיהים דאיך הרכיב בשלשה מקומות האי דאונסא רחמנא פטרי' דמיירי בסכנה דוקא ואף בעבירה ממש עם עובד מיראה דמיירי אף בלא סכנה משום דלאו ע"ז הוא בכה"ג, והדברים ברורים ופשוטים דאינם ענין זה לזה כלל.

שם הל' ה' נשים כו' יטמאו כולן כו', יעוי' בכ"מ בשם הרשב"א דאף אם אחת מהן מחוללת דבפעם הזאת אין בינה לבין הכשרה כלום וכו' יעוש"ע, ועיין בדגול מרבבה ביו"ד (סי' קנ"ז) דהשיג על הרשב"א מהירושלמי דקאמר לא מסתברא אם היתה כבר טמאה. וכבר השיגו עליו האחרונים, יעוי' ברכי יוסף שם דגירסת הרשב"א בירושלמי אם היתה ככר טמאה וקאי על הא דככרות וכמבואר בדברי הרשב"א גופי', ויעיי' בנוב"י מה"ת יו"ד (סי' ע"ד) ובמראה הפנים על הירושלמי ספ"ת דתרומות.

ובגוף דברי הרשב"א דקאמר דבפעם הזאת אין בינה לבין הטהורות כלום יש לי מקום עיון. דהנה יעוי' סנהדרין (ע"ג) דברודף אחר עריות ניתן להצילה בנפשו דמותר להרוג להרודף בכדי להצילה. ומבואר שם דבנעבדה בה עבירה אין מצילין בנפשו והיינו דבאם כבר נטמאה פעם אחת שוב אין מצילין. וכדפירש רש"י שם דהטעם משום פגמה ולא משום האיסור

האיסור וזו כבר איפגמא, א"כ לפ"ז שפיר יש לדון בנשים שאמרו להן עכו"ם תנו לנו אחת מכם ונטמאה ואם לאו נטמא את כולכם דאל ימסרו נפש אחת היינו משום דעל כל אחת שירצו למסור אמרינן מאי חזית, אבל באם אחת מהן כבר נתחללה ואיפגמא ואידך לא, שפיר יש לומר דימסרו אותה שכבר נתחללה דשוב לא שייך מאי חזית דהא חזינן דהכשירות סומקי טפי דהא בשביל הני דלא איפגמא ניתן להצילה בנפשו משא"כ בשביל זו שכבר נתחללה וכנ"ל.

הן אמת דהרמב"ם פ"א מרוצח השמיט הדין דנעבדה בה עבירה וכבר היפגמא אין מצילין בנפשו, וראיתי להכ"מ שם (בהל' י"ב) על הא דכתב הרמב"ם דרדף אחר ערוה והערה אף שלא גמר אין ממיתין אותו עד עמדו בדין, וכתב על זה הכ"מ שם נעבדה בה עבירה אין מצילין וכו' וזה כיון שהערה כבר עשה העבירה. מבואר מדבריו דהרמב"ם מפרש פירוש אחר בהא דנעבדה בה עבירה, דרש"י פירש דנעבדה בה מכבר וכנ"ל והרמב"ם מפרש לה דנעבדה בה עתה דלאחר שנעבדה העבירה שוב אין ממיתין אף שלא גמר עדיין, וכן נראה קצת מהריב"ש (סס"י רל"ח) דמפרש כן יעוש"ע.

אמנם אף לפ"ז נראה דהאי דינא דרש"י דהיכא דכבר איפגמא שוב אין מצילין, כ"ע מודו בה ואף הרמב"ם דמפרש פירוש אחר בהא דנעבדה בה עבירה הנ"ל, דכן מוכח להדיא בסנהדרין (ע"ג ב') דמוקי לה רב חסדא בבא עליה שלא כדרכה וחזר ובא כדרכה אלמא אף דביאות חלוקות כל דכבר איפגמא אין מצילין, וכן בדין כיון דכל הטעם משום פגמא, והא דלא כתב לה הרמב"ם, שפיר י"ל דסמך על הא דהל' י"ב הנ"ל דהערה ולא גמר שוב אין מצילין אף דהגמר הוא עבירה וחיוב בפני עצמו דהא חייב על כל כח וכח עכ"ז אין מצילין משום דכבר איפגמא וממילא דה"ה בב' ביאות חלוקות, ואני תמה קצת על הכ"מ דמי הכריחו לבאר דהרמב"ם מפרש האי דנעבדה בה עבירה דלא כרש"י, דדלמא מפרש לה כרש"י ואי דלפ"ז מה המקור להאי דהל' י"ב הנ"ל דאין דרכו של הרמב"ם לכתוב מאי דאינו מבואר להדיא ז"א דשפיר יש לומר דמקורו מהאי דקאמר סנהדרין (ע"ג ב') משעת הערא' דפגמה איפטר לה מקטלא כו', ואי משום דאמאי לא הביא האי דנעבדה בה עבירה כבר, ז"א דסוף סוף קשיא אמאי לא הביא האי דמבואר להדיא דבא עליה וחזר ובא עליה (בדף ע"ג ב') הנ"ל, וע"כ דסמך על הא דהל' י"ב וכנ"ל, א"כ אף אם מפרש כרש"י יש לומר כן, ואפשר דדעתו דאי הוי מפרש כרש"י לא היה משמיטו ולמסמך על הא דהל' י"ב כיון דהוא דין מבואר בברייתא אבל אם מפרש לה כמ"ש הכ"מ אתי שפיר דהוא הדין דהל' י"ב, והאי דבא עליה כבר אף דמבואר הוא בסנהדרין (שם) מ"מ כיון דלא לאשמועינן קאמר לה התם רק לתרוצי קושיא, שפיר י"ל דהי' פשוט להרמב"ם ולהש"ס ולא היה צריך הרמב"ם להביאו דכבר מוכח לה מהל' י"ב הנ"ל, וגם הגמ' לא השמיענו לדינא דפשוט הוא ורק לתרוצי קו', אבל לפירוש רש"י דהברייתא השמיענו האי דינא להלכה לא הו"ל להרמב"ם להשמיטו למסמך דכבר נשמע מכללא כיון דהוא דין מבואר בברייתא.

ואיך שיהיה בזה עכ"פ בהאי דינא דבאיפגמא כבר שוב אין מצילין נראה דהוא פשוט וכ"ע מודו בה, וכדמוכח מסנהדרין (ע"ג ב') וכנ"ל, א"כ שפיר יש לומר היכא דאחת טמאה ימסרו הטמאה דשוב לא שייך מאי חזית וכנ"ל, ולא שייך סברת הרשב"א דבפעם הזאת אין בינה לבין הכשירות כלום דשפיר יש בינה לבין הכשירות דהכשירות יפגמו עתה בביאה זו משא"כ זו שכבר נפגמה והתורה הקפידה על פגמא טובא וכנ"ל, ומעתה לפ"ז לא מיבעי אם כל הנשים הן נשואות וא"א מחייבי עריות דהני דלא איפגמו מצילין בנפשו משא"כ בהך דאיפגמא, דמוסרין להך דאיפגמא וכנ"ל, אך אף אם כולן פנויות דמבואר סנהדרין (ע"ג ב') דאפגמא זוטא לא קפיד רחמנא עכ"ז יש לומר כיון דחזינן דפגמא מלתא הוא שוב לא שייך מאי חזית ומוטב למסור האי דכבר איפגמא מהכי דעדן לא איפגמו כלל דדמא דהני סומקי טפי, וכן נראה אם כולן נשואות וא"א ואחת פנויה בתוכן שימסרו להפנויה דלא שייך מאי חזית וכנ"ל.

והנראה דזה תלי' במה שראיתי שנחלקו האחרונים דבמנחת חינוך (מ' רל"ו) פשוט בעיניו בסיעה של בני אדם שאמרו להם עכו"ם תנו לנו אחד מכם ונהרגנו ובאם לאו נהרוג כולכם דהדין דיהרגו כולם ואל ימסרו נפש אחת, דאם היה ביניהם טריפה דימסרו להטריפה דלא שייך מאי חזית דדמא דידהו סומק טפי דפשיטא דדמם סומק טפי מדם הטריפה דאין חייבין על הריגתו, וכן ראיתי להפרשת דרכים (דרוש י"ז) דפשיטא לי' באם אומרים לאחד הרוג להעובר ובאם לאו נהרוג אותך דיעבור ואל יהרג משום דישראל אינו נהרג על העוברין מש"ה לא שייך מאי חזית, וכן ראיתי להגאון ר' ישעי' פיק זצ"ל דפשיטא לי' כן דהקשה להנוב"י בתניא ח' חו"מ (סי' נ"ט) על הא דכתב הרמב"ם בפ"א מרוצח דהורגין להעובר בשביל האשה מפני שהעובר כרודף דל"ל להאי טעמא הא בל"ז כיון דעל העובר אין חייבין הורגין אותו בכדי להציל את אמו, אמנם הנוב"י השיב לו שם שתמה על תמיהתו דאטו מי התיר להרוג את הטריפה בכדי להציל השלם זה לא שמענו מעולם, א"כ מבואר מהנוב"י דס"ל דאף אם אחד קיל מחבירו עכ"ז אמרינן מאי חזית, והיינו דהא הטריפה איננו מחויב להמית עצמו בשביל להציל השלם לכך אסור להורגו בע"כ ג"כ דאיננו מחויב לסבול רע במקצת בשביל שלא יסבול חבירו רע ביותר להכי שייך מאי חזית אף באחד קיל מחבירו, וא"כ לכאורה הדין הנ"ל תלוי ג"כ בזה דלהפרשת דרכים ומנחת חינוך ור' ישעי' פיק זצ"ל כל שאינן שוין לא שייך מאי חזית וה"נ באחת טמאה או באחת פנויה משא"כ להנוב"י הנ"ל, וביותר אפשר דהכא כולהו מודו לסברת הרשב"א, דבשלמא התם אין לך דבר שעומד בפני פ"נ רק להרוג נפש לא משום מאי חזית, אבל היכא דאין חייבין על הריגתו לאו בכלל הריגת נפש הוא וממילא דנדחה מפני פ"נ, אבל בגוונא דהרשב"א הנ"ל פשיטא דלא משגיחין למשקל רעת כל א' וא' וכל א' איננו מחוייב לסבול אף במקצת בשביל חבירו.

שוב ראיתי בתפארת צבי או"ח (סי' י"ד) שהגאון ר' ישעי' פיק זצ"ל שאל מאתו ג"כ קושיא הנ"ל יעו"ש דפשיטא לי' לחלק דלהמסוכן בעצמו פשיטא דמותר להציל עצמו בעובר וטריפה משא"כ אחר אינו יכול להצילו. ובזה אפשר דיש להשוות דברי האחרונים הנ"ל דהפרשת דרכים ומנחת חינוך מיירי להמסוכן בעצמו. והנוב"י קאי על אחר. וכולהו אפשר דס"ל כהתפארת צבי הנ"ל, ויעוי' לעיל דהבאתי מנדרים (דף פ') דכביסתן וחיי אחרים דכביסתן קודמין, ויעוי' ברמב"ם פכ"א מאישות ובנחל איתן שם, ובאבה"ע (סי' פ') דאינו מחוייב לסבול צער משום חבירו, ויעוי' ביד אברהם בהגהותיו ליו"ד שבדפוס ווילנא החדשים (סי' קנ"ז) דאיננו מחוייב לקצוץ אבר בשביל שלא יומת חבירו ויעוי' במרדכי באלפסי דפוס ווילנא בפ' ארבע מיתות שנכתב שם בהגהת מרדכי מס' ערוגת הבושם בשם רבינו ברוך דבאם אומרים שיקצוץ אבר חבירו ובאם לאו יהרגו אותו דיקצוץ ולא יהרוג. רק דבס' ערוגת הבושם נחלק משום דהוי סכנה הא לולא זה בשביל צערא בעלמא יעבור ואל יהרג ויש לומר כחילוק הנ"ל דהוא בעצמו יכול למעבד בשביל להציל עצמו אף דחבירו איננו מחוייב. ויעוי' לעיל דהבאתי שיטת רש"י והראב"ד דאף המסוכן בעצמו אסור להציל עצמו בממונו של חבירו שלא מדעתו מדינא יעו"ש דלפ"ז נראה דאף להמסוכן בעצמו אסור לעשות לחבירו בשביל הצלתו כל שחבירו איננו מחוייב בזה, ודלא כהתפארת צבי, וכל זה צ"ע.

ועכ"פ נחזור להנ"ל דשפיר יש לומר כסברת הרשב"א דאף באחת טמאה דעכ"ז איננה מחוייבת לסבול אף מעט בשביל הצלת חברותיה שלא יסבלו יותר ואף הם לא ימסרו אף אם נימא דבפי"נ בכה"ג מותר להכנס בעצמו למעבד לחבירו אף שחבירו איננו מחוייב היינו דוקא בסכנה דאין לך דבר שעומד בפני פי"נ. אבל בטומאה דלא שייך זה אף הנכנסין בעצמן אין מוסרין. וכדברי הרשב"א. אף דלשון הרשב"א איננו מדוקדק

מדוקדק במ"ש דבפעם הזאת אין בינה לבין הטהורות כלום וכבר נתבאר דחילוק טובא איכא בינה לבין הטהורות וכנ"ל אמנם דינו קיים. ועדיין צ"ע בכ"ז.

עוד יש לי מקום עיון, דהנה יעוי' יומא (פ"ה א') דר' ישמעאל למד לפ"נ שדוחה את השבת ממחתרת שדוחה פ"נ דבעה"ב שפ"ד של הבא במחתרת. וכבר כתבתי לעיל לבאר מה דתמוה לכאורה דאיך למד שבת משפ"ד הא שפ"ד באמת איננו נדחה מפני פ"נ ואין מתרפאין בשפ"ד. וע"כ הא דבמחתרת ורודף ניתן להצילו בנפשו היינו משום דהוא הרודף והגורם א"כ מה ענין זה לשבת דשבת איננו גורם להסכנה. ונתבאר לעיל דס"ל לר"י דאף ברודף איכא עבירה דשפ"ד ושפ"ד שפיר נדחה מפני פ"נ רק דשאר שפ"ד איננו נדחה מחמת סברת מאי חזית דדמא דהאי סומק טפי, וברודף דהוא הגורם לא שייך סברת מאי חזית וכיון דנדחה הסברא דמאי חזית שוב עבירת שפ"ד נדחה מפני פ"נ, ושפיר יליף מינה לשבת, וא"כ ממילא דון מינה נמי לענין רודף אחר עריות דניתן להצילה בנפשו משום פגמא דידה. דמוכח דפגמא דידה דוחה עבירה דשפ"ד.

ובזה תמיהני על המל"מ פ' כ"ד מהל' שבת דנסתפק ברודף אחר עריות דניתן להצילו בנפשו אם נהרג גם בשבת יעו"ש. ובשעה"מ שם כתב להוכיח מסנהדרין (ע"ג ב') דמקשה על הא דחייב קנס בחייבי כריתות דכיון דניתן להצילו בנפשו נימא קם לי' בדרבא מיני' ואי בשבת לא קטלינן לי' משכחת לה קנס בבא בשבת יעו"ש. ולאו הוכחה היא כלל דאף אי בשבת לא קטלינן לי' עכ"ז לא משכחת לה קנס בבא בשבת דלא גרע מחייבי מיתות שוגגין דכיון דבגוף העבירה איכא העונש אף דלא מיענש מאיזה טעם עכ"ז פטור. וכעין דכתב רש"י בסנהדרין (שם ובדף ע"ב א') גבי בא במחתרת דאף דלא נהרג עכ"ז כיון דניתן להציל הוי כחייבי מיתות שוגגין ואף בשבת דכוותה וה"ה כשו"ג. אמנם אני תמה מהא דיומא (פ"ה א') הנ"ל דכמו דהוכיח ר"י דפ"נ דוחה השבת ממחתרת ה"נ יש להוכיח ברודף אחר עריות דניתן לחלל שבת מדמצילין בנפשו וממילא אף תרווייהו ביחד להציל בנפשו בשבת כיון דכל חד לחודי' נדחה שפ"ד לחודי' נדחה דהא מצילין בנפשו ושבת לחודי' פשיטא דנדחה מקו"ח דר"י הנ"ל, שוב אין סברא כלל לומר דתרווייהו ביחד כגון להציל בנפשו בשבת לא, ומאוד אני תמה על המל"מ ושעה"מ הנ"ל שלא הרגישו בזה.

הן אמת דלכאורה נראה דהא דר"י לאו דכ"ע הוא אלא בפלוגתא שנויה, דהנה יש לדקדק על הא דר"י דלמאי הוצרך למילף בקו"ח הא להדיא דרשינן במחתרת גופי' בסנהדרין (ע"ב ב') אי"ל דמים בין בחול בין בשבת. ומצאתי בבאר אברהם ביומא (שם) שהביא בשם המעיין החכמה שהרגיש בזה. אמנם מה שכתבו ליישב דבריהם תמוהין, דיעוי' במעיין החכמה בסופו בשם המחבר חיים לבי ברבי באות י' של ברבי, דלידד ליישב דר' ישמעאל ס"ל כראב"ש דאף מחלל שבת ניתן להציל בנפשו וא"כ מהא דבין בשבת אין. ראי' דיש לומר דלאו משום פ"נ דבעל הבית רק משום חילול שבת, ושוב סתר זה והבאר אברהם מקיים התירוץ הלז יעוי' בדבריהם, ומה מאוד דבריהם תמוהין, דאי ר"י הוי ס"ל כראב"ש א"כ איך למד קו"ח שבת משפ"ד הא חזינן דשבת חמיר משפ"ד דשפ"ד נדחה מפני שבת, ואי נימא דבשבת הטעם בכדי להצילו מעבירה א"כ ה"נ י"ל במחתרת וברודף, ועוד יש לגמגם הרבה בדבריהם להמעיין, והעיקר נראה דר' ישמעאל לית לי' דרשא דסנהדרין דבין בחול בין בשבת ולכך הוצרך ללמוד בקו"ח ונראה דמחלקותם תליא בהא, דר"י סובר מסברא דהריגת הרודף והבא במחתרת איננו בגדר עונש על העבירה או בכדי להצילו מעבירה דא"כ איך למד בקו"ח לשבת בפ"נ, וע"כ סובר מסברא דאינו אלא להצלת בעה"ב, א"כ ממילא לא איצטריך קרא לשבת דמוכל למילף בקו"ח כדיליף ר"י, אבל תנא דברייתא דסנהדרין (ע"ב ב') הנ"ל סובר דיש לומר דהריגת הרודף הוא בגדר עונש וא"כ שפיר יש לומר דהוי כמו שאר חייבי מיתות ב"ד דאינן דוחין שבת לכך בעי קרא דאין לו דמים לאתויי אף בשבת.

ובזה נראה ליישב דברי התוס' סנהדרין (ע"ג א') ד"ה להצילו דהקשו דל"ל קרא לטובע בנהר וחיה גוררתו דמחוייב להציל דהשתא חבירו הורג כדי להציל א"כ פשיטא דמחוייב להציל, וכתבו על זה דלא מסתבר למימר דחבירו הורג טפי בכדי לאפרושי מאיסורא, דלכאורה תמוה דלמאי הוצרכו לדחות מסברא דלא מסתבר הכי הא בחוזק יד הו"ל לדחויי מהא דר' ישמעאל ביומא (פ"ה א') הנ"ל דאם נימא דהטעם בכדי לאפרושי מאיסורא א"כ איך למד בקו"ח לפ"נ שדוחה שבת, וע"כ דהוא בשביל הצלת הנרדף, אמנם להנ"ל יתיישב דנהי דמר' ישמעאל מוכח דסבר הכי אבל הברייתא דסנהדרין (ע"ב ב') דדריש אי"ל דמים בין בחול בין בשבת ע"כ דפליג עלי' א"כ להאי ברייתא היה אפשר דס"ל הטעם בכדי לאפרושי מאיסורא וברייתא דטובע בנהר ג"כ תהא אתיא כוותי', ולכך כתבו דלא מסתבר דאף לברייתא דסנהדרין לא מסתבר לומר כן.

ועכ"פ נחזור להנ"ל דכיון דברייתא דסנהדרין דאי"ל דמים הנ"ל ס"ל דנצרך קרא לשבת, ולא ס"ל למילף שבת משפ"ד כדדריש ר' ישמעאל, א"כ אליבא דהאי תנא שוב יש להסתפק ברודף אחר עריות דכמו דהיה ס"ד במחתרת לולא קרא דאין לו דמים דדוקא בחול ולא בשבת ה"נ י"ל ברודף אחר עריות ובמחתרת דגלי גלי אבל בעריות אפשר דדוקא בחול.

אמנם אף לפ"ז עדיין אני תמה על ספיקו של המל"מ, דהא איתקש רוצח לנערה ונערה לרוצח, א"כ ה"נ אמאי לא נילף נערה מרוצח דניתן להציל אף בשבת כדדרשינן אין לו דמים בין בחול בין בשבת, ואין להאריך יותר בזה.

ועפ"י מ"ש בזה נתיישב אלי מה שראיתי בדרך מקרה בערוך לנר סנהדרין שם, שתמה על הא דסנהדרין (ע"ב ב') דקטן הרודף ניתן להצילו בנפשו דהא בכ"מ דכתיב איש ממעטינן קטן וה"נ איש כתיב כי כאשר יקום איש על רעהו ורצחו נפש כן הדבר הזה דמינה ילפינן דניתן להצילו בנפשו דאיתקש רוצח לנערה א"כ נימא איש למעט קטן, ולהנ"ל יתיישב היטב, כיון דהא דמצילין בנפשו הוא בשביל פ"נ דהנרדף ופ"נ דהנרדף דוחה שפ"ד של הרודף ואיננו מטעם עונש לא שייך למעט קטן דאדרבא האי דכתיב איש הוא לרבותא דאפילו שפ"ד דאיש נדחה מפני פ"נ דהנרדף. וכ"ש שפ"ד של קטן דנדחה בשביל פ"נ דהנרדף, ואיננו דומה לכולהו דוכתי כמובן.

הנה נמשכתי קצת חוץ לענין ונחזור לענייננו לענין רודף אחר עריות דניתן להצילו בנפשו משום פגמא דידה דמוכח דפגמא דידה דוחה עבירת דשפ"ד אבל גוף עבירת עריות איננה דוחה שפ"ד דמש"ה בכבר נפגמה שוב לא ניתן להצילה בנפשו.

ובזה יש לי מקום עיון במג"א (סי' ש"ו ס"ק כ"ט) שכתב דאם רוצים לאנסה לעבירה אחרת אפילו לעבוד ע"ז פעם אחת אין מחללין עלי' שבת כו' [מדבריו נראה דס"ל להלכה כשיטת הרא"ש ויש מפרשים בתוס' שבת (ע"ב ב') דבשתם ע"ז אף מיראה חייב דאל"כ מאי אפילו לעבוד ע"ז דנקט הא אדרבא לעבוד ע"ז קיל משאר עבירות דבזה בכוונת הלב תליא מלתא אלא ודאי כשיטת הרא"ש ויש מפרשים בתוס' הנ"ל, אמנם ישוי' לעיל שהוכחתי מהש"ע דתופס להלכה כפי' קמא דתוס' דבכל ענין פטור.] דמבואר מדבריו דבשום עבירה אין מחללין אף אם רוצים לאנסה לבעול אותה, וכן מבואר מראיית הב"ח מריש כתובות, [ובמחאית השקל שם על מ"ש המג"א ולא דמי להא דאמרינן בכתובות במח"כ שגה בהבנת דברי המג"א דכוונת המג"א פשוט דדוקא שם שלא תעבור רק פעם אחת משא"כ באונסין אותה שתמיד שתעבור כל ימיה כמ"ש המג"א בתחלה, ואין צורך למ"ש המחאית השקל לחלק דהכא אינו עובר רק פעם א' משא"כ התם דיעקרו תקנתא דרבנן על כמה פעמים, ואין צורך לזה דכוונתו פשוט כנ"ל וכמ"ש בתחלה המג"א בעצמו], ולפי מאי דנתבאר מיומא (פ"ה א') א"כ ברודף אחר ערוה לבעול דניתן להצילה בנפשו א"כ יש לדון קו"ח דמותר לחלל שבת בכדי להצילה דמה שפ"ד הותר לעבור בכדי להצילה כ"ש שבת וכמו קו"ח דר' ישמעאל הנ"ל, וא"כ אם היא א"א ורוצים לאנסה לבעול אותה מותר

לחלל

לחלל שבת בכדי להצילה, ולפ"ז שוב יקשה ראיית הב"ח מריש כתובות (ג' ב') ויעו"ש בתוס' ד"ה ולדרוש דמבואר דאם איכא סכנה אתי שפיר דלא מיחו אבל בלא סכנה אמאי לא מיחו, ולהנ"ל דאף בלא סכנה מ"מ גם להצילה מבעילה הדין למעבד כל עלדקי דאפשר בכדי להצילה כמו בפי"נ וכנ"ל דאותו הילפותא דדן ר' ישמעאל לפי"נ יש לדון נמי להצילה מבעילת איסור, ומאי מקשה הגמ', ובשלמא לשיטת ר"ת דעכו"ם הבא על בת ישראל לא הוי עריות א"ש, אבל לאידך קשיא, ואפשר דאף דהוי עריות לענין יהרג ואל יעבור מ"מ לענין ניתן להצילה דבעינן פגמא דוקא דפירש רש"י סנהדרין (ע"ג ב') דהולד ממזר, וא"כ בעכו"ם הבא על בת ישראל דאף מאשת איש אין הולד ממזר לא שייך הא דניתן להצילה דהוי כבהמה דאף דהוי עריות לענין יהרג ואל יעבור לא הוי עריות לענין להציל כמו שנתבאר לעיל. אמנם לפי מה שנתבאר לעיל דאף בנדה דאין הולד ממזר עכ"ז מצילין וע"כ דהביאה גופי' הוי פגם א"כ ממילא גם ביאת עכו"ם באשת איש הוי פגמא א"כ קשיא כנ"ל, ולפי מ"ש למעלה דתנא דברייתא דסנהדרין (ע"ב ב') דמצריך קרא דאי"ל דמים לאורויי אף בשבת פליג עלי' דר' ישמעאל וסובר דאפשר דהריגת הרודף הוא בגדר עונש וממילא דלא שייך למילף מינה לאיסור אחר, א"כ לדידי' ברודף אחר ערוה אין מצילין באיסור אחר, ומעתה יש לומר דהי' להגמ' הוכחה מברייתא כתובות דע"כ לא אתי' כר"י מהא דתני ומסכנה ואילך דלמאי הוצרך להזכיר הסכנה דמסרן נפשייהו לקטלא ולא קאמר מאונס ואילך דהוא עיקר הגזירה וגם הוא בכל הנשאות ברביעי וע"כ דמפני האונס לא היו מניחין ודלא כר' ישמעאל רק כברייתא דסנהדרין הנ"ל וא"כ מקשה שפיר ולדרוש להו כו' ואמאי לא מיחו, וי"ל עוד כענין זה באופן אחר ואין להאריך.

וגם יש לי מקום עיון במה שנשאל השבות יעקב בח"א או"ח (סי' ע"ז) אם מותר לילך חוץ לתחום למנוע לאחד שלא ימסור לקהל על עסקי ממון, שחכם אחד הורה להקל ולעק ככרוכי' השבו"י וכתב שהורה כבן סורר ומורה יעושה"נ, ולכאורה מגמ' דיומא (פ"ה א') הנ"ל מוכח להדיא כדברי המורה הנ"ל דהא מסור על עסקי ממון מותר להורגו כדאיתא ב"ק (קי"ז א') דחשבינן לי' כרודף וכבא במחתרת כמ"ש רש"י ברכות (נ"ח א'), וא"כ יש לדון קו"ח דר' ישמעאל ביומא (שם) דאם שפ"ד הותר כ"ש דמותר לחלל שבת. וגם כיון דמדמינן לי' לבא במחתרת הא דרשינן סנהדרין (ע"ב ב') אי"ל דמים אף בשבת.

אמנם נראה דהדין בזה עם השבו"י, דהא לכאורה תמוה דמבואר בעירובין (מ"ה א') ובאו"ח (סי' שכ"ט) דבנכרים שצרו על עיירות ישראל על עסקי ממון אין מחללין את השבת. א"כ מבואר דבבאו על עסקי ממון לא חשבינן לסכנה ובמסור שמראה לעכו"ם אנס מותר להורגו דחשבינן לי' כרודף על עסקי נפשות, אתמהה דעכו"ם האנס עצמו לא חשבינן לנפשות והמסור שמראה לו חשבינן לנפשות, ואף דהיה אפשר לדחות דבעירובין מיירי היכי דבוודאי לא יבוא עי"ז לנפשות אף אם יעמדו נגדם למחות וכמו שמבואר להדיא באו"ח (סי' שכ"ט סעי' ז') דבזמה"ז אף על עסקי ממון איכא חשש נפשות, ומסור נ"כ מיירי דוקא באיכא חשש נפשות ושוין הן באמת, אמנם באמת הא בש"ע (סי' שכ"ט) סיים הרמ"א דגם בזמה"ז יש לחלק הכל לפי הענין, ובמסור סתמו ולא חלקו כלל לענין היתר להורגו, ע"כ נראה דהא דמותר להרוג המסור איננו דין תורה רק תיקון חז"ל לתקנת העולם ואסמכוהו לדין רודף אף שאיננו רודף ממש מ"מ לצורך תיקון העולם תקנו חז"ל ויש כח בידם לעקור דבר מה"ת אף בקום ועשה היכא דאיכא צורך גדול, וכמ"ש התוס' בכמ"ד, וכן מבואר להדיא בתמים דעים להראב"ד (סי' כ"ג) דהריגת מסור איננו אלא מתקנת חכמים, וא"כ אתי שפיר דאין למילף חילול שבת משפיכת דמי המסור דאין דנין דברי סופרים מדברי סופרים בקו"ח כדאיתא בידים (פ"ג מ"ב) דלמאי דתקנו תקנו למאי דלא תקינו לא תקינו כפי צורך השעה וכפי הנראה להם לתיקון העולם, וקו"ח דר' ישמעאל ביומא לא שייך רק בדאורייתא ולא במה שאינו רק מתקנתא: הנה עד כה נמשכתי חוץ לענין במה שיש לפלפל מהא דיומא (ד' פ"ה) הנ"ל, ונחזור לעניננו.

דעכ"פ מוכח מיומא (ד' פ"ה) הנ"ל מקו"ח דר' ישמעאל ברודף אחר ערוה להצילה מפגמא דהותר שפ"ד כ"ש שאר איסורין כמו דמותר לצורך פי"נ מקו"ח הנ"ל, א"כ לפמ"ש הבית יעקב בת' שהובא בנוב"י מה"ת יו"ד (סי' קס"א) באשת איש שהשתדלה מראש הליסטים שיתאוה לה ובזה הצילה לבעלה ולכל הנפשות שהיו שם מהריגה דכתב דשפיר עבדה לצורך פי"נ, והנוב"י שם השיג עליו, ויעוי' לעיל שהראתי פנים לדברי הבית יעקב וכן מצאתי להגאון ר"ב פרענקיל ז"ל בעטרת חכמים אבה"ע (סי' ל'), ואף להנוב"י שהשיג עליו מ"מ י"ל דדוקא התם שראש הליסטים לא בא לאונסה רק היא בעצמה ע"י השתדלותה, משא"כ בנידון דידן דמוסרין אותה בע"כ, א"כ שפיר י"ל דהכא דעכו"ם באין לפוגמן, דהותר שפ"ד בכדי להציל כ"ש שאר איסורין כקו"ח דר' ישמעאל, וא"כ אם אחת כבר נטמאה דלא שייך בה פגמא, מותרין למוסרה בכדי להציל עצמן, ויעוי' בט"ז (סי' קנ"ז ס"ק ט') שהטעם דבאומרים תנו לנו אחת מכם ונטמאה ואם לאו נהרוג כולכם דבכה"ג מוסרין לו [אם יחדוה דבלא יחדוה ס"ל דשייך מאי חזית וכמ"ש הכ"מ על הרמ"ד], ויעוי' לעיל מ"ש על דבריו, וא"כ אם אחת נעבדה בה עבירה דליכא פגמא ובאחריני איכא פגמא וא"כ כיון דמוכח מיומא (פ"ה א') דפגמא כי קטלה וכפי"נ דמיא דהותר שפ"ד עבודה וכ"ש שבת ושאר איסורים א"כ הוי כאלו אמרו העכו"ם תנו לנו אחת מכם [ומאותן שאינן מחוללות] ונהרגה [משום דונטמאה אינה כי קטלא דמיא וכנ"ל משום דבאין לפוגמה] או שתתנו לאותה המחוללת ונטמאה [דלגבה ליכא פגמא וא"כ בדידה אינו אלא טומאה לחוד] דפשיטא דמוסרין לאותה המחוללת בשביל פי"נ דאחריני וכמ"ש הט"ז וה"נ מוסרין טומאה דידה דליכא פגמא משום טומאה דאחריני דאיכא פגמא דדמיא כקטלא וכפי"נ ממש וכנ"ל, ואף בלא יחד העכו"ם כייחד דמיא וכנ"ל. וא"כ דינו של הרשב"א לע"ג.

אמנם לפמ"ש למעלה להוכיח מכתובות (ג' ב') דבעכו"ם ליכא פגמא אתי שפיר ויתיישבו ג"כ מה שדקדקתי לעיל על לשון הרשב"א דכתב דבפעם הזאת אין בינה לבין הטהורות כלום, ונתקשתי לעיל על לשון זה דהא איכא חילוק טובא לענין להציל בנפשו, אמנם אם נימא דבעכו"ם ליכא פגמא משום דאין הולד ממזר אבה"ע, ולפ"ז יוצא לנו דין חדש דהיכא דישראל אנסין בכה"ג תנו לנו אחת ונטמאה דימסרו לזו המחוללת.

אף כי יש מקום לומר דעריות כיון דאיכא מעשה הדין דיהרג ואל יעבור גם בקרקע עולם דליכא מעשה שוב אין למילף משפ"ד ושאר איסורין משום דאיכא למפרך דהתם אף במעשה שרי משא"כ עריות דחמיר דבמעשה אסור שוב אף בלא מעשה י"ל דאסור. והא דמותר בקרקע עולם איננו אלא וחי בהם ולא שימות בהם ולר"י דוחי בהם לא יליף רק לאנסין ולא לפי"נ בתולה, כמו שיתבאר להלן אי"ה, באמת בהדין של בית יעקב הנ"ל יהא אסור לדידי'. ואף לדידן דגם פי"נ דחולה ילפינן וחי בהם עכ"פ דוקא משום פי"נ דמיתה הותר משום ולא שימות בהם, אבל משום פגמא לא דמקו"ח דר"י דיומא (ד' פ"ה) לא מצינן למילף וכנ"ל, וא"כ ממילא א"ש דינו של הרשב"א אף אם בעכו"ם איכא פגמא. וגם לפי מה שיתבאר להלן אי"ה דר"י ביומא (שם) לשיטתו אבל לדידן א"א למילף ג"כ יתיישב דינו של הרשב"א. וגם יתיישב כל מה שדקדקתי לעיל בזה מהא דיומא (שם) על הא דריש כתובות ועל המג"א (סס"י ש"ו) ועל השבו"י ועל הט"ז (סי' קנ"ז ס"ק ט'), אמנם כ"ז על דרך פלפול קצת ופשטות הדברים כמ"ש לעיל ע"כ דינו של הרשב"א לע"ג.

סימן כג
בענין קלב"מ

לחכם אחד

[א] **ע"ד** מה שנסתפק כתר"ה בהא דאמרינן דרודף אחר חבירו להרגו שניתן להצילו בנפשו מיפטר מתורת קלב"מ אם הוא דוקא במקום שיש חיוב להרוג הרודף דא"א לחייבו בשתי רשעיות אבל במקום דליכא חיוב להורגו אע"פ שההורגו פטור אין זה בגדר רשעה לפטור מתורת קלב"מ, או דלמא דגם בכה"ג דרשות להורגו הו"ל בכלל שתי רשעיות, וכ"ש דעיקר מה דמיתה פוטר מתורת קלב"מ יליף לה מקרא דלא יהיה אסון אם כן י"ל דכל שאפשר לבא לידי מיתה הרי הוא בכלל אסון, ומדברי הרשב"א בתשובה (ח"ה סימן י"ח) מבואר דאפילו ברודף ממש דאיכא חיוב להורגו גם כן אין לפוטרו מקרא דכדי רשעתו, דהתם מיירי ברשעה שהב"ד מחייבין משא"כ ברודף דלא מתחייב בב"ד אלא דעיקר פטור הוא מקרא דלא יהיה אסון וכל שאפשר לבא לידי מיתה פטרו הכתוב יעו"ש, וא"כ אין לחלק בין רשות לחובה בענין רודף דתרווייהו בכלל אסון נינהו.

וכתר"ה כתב לפשוט מדברי הגרע"א (ר"פ אלו נערות) שכ' ע"ד התוס' ד"ה ועל הכותית שתמהו על פירש"י דכתב דכותים גירי אריות הן דא"כ נכרית היא ולית לה קנס כדפריך לעיל יהבינן לה קנס דאזלה ואכלה בגיותה, והקשה הגרע"א דבפשוטו הו"ל להקשות אם כן אמאי תני כותית ליתני נכרית. ותי' דהומ"ל דטעמא דנכרית אין לה קנס כיון דקנאין פוגעין בו הו"ל כמו חייבי מיתות ב"ד ומיפטר מתורת קלב"מ, וכ"ז בנכרית ממש אבל כותית אפילו למ"ד גירי אריות הן כיון דהרבה נתגיירו לש"ש והוו גרים גמורים והבא על הכותית אין קנאין פוגעין בו דשמא היא גיורת גמורה, ואף דקמי שמיא גליא דהיא מאותן שהן גירי אריות מ"מ כיון דאין קנאין פוגעין בו אינו בכלל קלב"מ ומשו"ה משלם קנס, ולזה הוכיחו מפ"ק דהתם הרי היא גיורת כ"ז שלא מיחתה ואין קנאין פוגעין בו ואפ"ה פריך דאין לה קנס כשנתברר שהיא נכרית אע"ג דבשעת מעשה לא היה דין קלב"מ, אלמא דנכרית מצד עצמותה ל"ל קנס ואם כן ה"ה כותים למ"ד גירי אריות הן עכ"ד הגרע"א. ומבואר מדבריו דבחיוב מיתה דקנאין פוגעין שייך קלב"מ אע"ג דאינו אלא רשות בעלמא דהרי אמרינן בסנהדרין (דף פ"ב) אם בא לימלך אין מורין לו אלמא דלא בעי חיוב מיתה לפטור מתורת קלב"מ עכ"ד כתר"ה.

הכאנו דברי הרשב"א דפטור דרודף מתורת קלב"מ הוא מקרא דלא יהיה אסון אבל מקרא דכדי רשעתו בעי רשעה המסורה לב"ד. ועפ"ז יתיישב קושית הפלאה (פ"ג דכתובות) אהא דאמרינן דרודף שיכול להצילו באחד מאבריו לא מיפטר מתורת קלב"מ ואמאי לא יפטור הך אבר גופיה מממון דכי גרע קטיעת אבר מחיוב מלקות ע"ש ולפמ"ש א"ש דאי מתורת מלקות באנו לפוטרו דפטורא דידיה ילפינן מכדי רשעתו בעי רשעה המסורה לב"ד, איברא דבלא"ה יש לפלפל וליישב קושיתו באופן אחר ואכמ"ל.

(השמטה)

[ב] **והנה** אף שבעיקר ראיתו מהא דאם בא לימלך אין מורין לו יש לפקפק קצת, דיש לומר דקנאין פוגעין בו הוא מצוה ואעפ"כ אין הב"ד מורין לו משום דכך נתנה ההלכה דליכא מצוה אלא למקנא מעצמו ולא בבא לימלך כמו שפירש"י, ואפשר דאם הרגו אח"כ חייב עליו דכיון דלא התיר הכתוב אלא בתנאי זה הרי הוא בכלל רציחה ודמי לאחד שמשך בקשת לתומו והרגו לבועל דבודאי גולה על ידו כיון דלא הרגו בתורת קנאין. וה"נ הכא כל שבא לימלך אינו בכלל קנאין כיון דאינו מקנא מעצמו. וכן משמע מלשון הרי"ו במישרים (נתיב ל"א ח"ב) הבועל ארמית קנאין פוגעין בו ואם הרגו קנאי ולא בא לימלך פטור עכ"ל, ומ"ש הר"ן בחי' דפנחס בא לימלך הוי ומשה רבינו עשה להוראת שעה בשביל שתעצר המגפה מישראל ע"ש, לא תיקשי לפ"ז דאיך הותר רציחת זמרי שלא בתורת קנאין משום דגם בשביל הוראת שעה הותר רציחה, וכההיא דרכב על הסוס בשבת והביאוהו לב"ד וסקלוהו משום מיגדר מלתא כדאיתא ביבמות (דף צ') ע"ש אבל למקנא מעצמו אפשר דאיכא חיוב להרגו.

איברא דמדברי הרמב"ם בפיה"מ (שם) וז"ל ובועל ארמית שיבעול בת עכו"ם בפרהסיא בעשרה מישראל או יותר ובשעת מעשה וכו' ואם ישאל לנו הקנאי אם יפגע בו או לא ואפילו הוא בשעת מעשה אין מורין לו ואם פשט ידו והרגו אין עליו עונש עכ"ל, ומשמע דדינא דקנאין הוא אפילו בשאינו מקנא מעצמו דאל"כ אמאי פטור כשפשט ידו והרגו אחר שבא לימלך, אמנם נראה דמ"ש הרמב"ם ואם פשט ידו והרגו מוסב אלמעלה למקנא מעצמו, וכ"מ קצת מסוף דבריו שם ושיעור דבריו הוא דאע"ג דאם בא לימלך אין הב"ד מורין לו מ"מ אם פשט ידו ומקנא מעצמו אין עליו עונש ולאפוקי מהא דאיתא בירושלמי עלה דמתניתין (שם) דקנאין פוגעין שלא ברצון חכמים וע"ש בפ"מ.

אמנם הדבר מבואר להדיא בחי' הרמ"ה (שם) וז"ל ואם נהפך זמרי והרגו לפנחס אע"פ שלא פירש אין זמרי נהרג עליו מ"ט דפנחס רודף הוא שהרי אין מצוה להורגו אלא רשות בעלמא הוא שהרי אין מורין לו, וכשם שניתן רשות לפנחס להרגו לזמרי כך ניתנה רשות לזמרי להציל עצמו בנפשו של פנחס עכ"ל, וכ"כ רי"ו (נתיב ל"א ח"ב) הרי מבואר דעיקר דינו של קנאין פוגעין אינו אלא רשות ולא מצוה ולפ"ז קמה ראיתו של כתר"ה מדברי הגרע"א דשייך קלב"מ אפילו ברשות[קעב].

[ג] **איברא** דנראה דיש חולקים בזה דהנה בהגהת מ"ל (ס"פ חובל ומזיק) הביא דעת הסוברים דהא דאמרינן יכול להצילו באחד מאבריו אסור להורגו דוקא לאחרים אבל הנרדף עצמו אינו מדקדק בדבר יעו"ש. וכ"ד הלבוש וראיתי בהגהות מהר"ץ חיות בסנהדרין (דף ע"ג) שהקשה לשיטה זו איך יתיישב תירוץ הש"ס בהא דמקשה התם עלה דמתניתין דהבא על אחותו יש לה קנס וליפטר מטעם רודף אחר העריות דניתן להצילו בנפשו ומשני דמירי ביכול להצילו באחד מאבריו, ואכתי הו"ל מחויב מיתה לדידה שאינה צריכה לדקדק בדבר, ועוד הקשה הגרע"א לקמן (דף ל"ג) דאמרינן וכי תעלה ע"ד שזה מהלך בשוק וזה נהרג אלא מלמד שחובשין אותו, דמ"מ כיון דבשעת רציחה היה מחויב מיתה מטעם רודף האיך מחויב לשלם ממון, ועכצ"ל דמיירי שיכול להצילו באחד מאבריו וכמ"ש התוס' שם כיו"ב ואם כן עדיין איכא חיוב מיתה מצד הנרדף בעצמו וע"כ מוכח מכאן דיכול להצילו בא' מאבריו אוסר גם להנרדף עצמו, והנה לקושיא הראשונה י"ל דרודף אחר עריות שאני כיון דעיקר שניתן להצילו בנפשו הוא מצד העבירה אין כאן מקום לחלק בין הנרדף עצמו לאחרים[קעג] דיד כולם שוים בזה כל שעיקר חיובו לשמים. ואע"ג דגם מצד פגמא דידה הוטל חיוב עליו דהרי במפותה אין מצילין אותה מ"מ עיקרו מצד חומר העבירה דהוא לשמים, ודוקא ברודף להורגו דחיוב רציחה הוא מצד הנרדף ע"ז שייך לחלק בין נרדף עצמו לאחרים.

ולכן נראה דדעת הנך רבוותא דדינא דקלב"מ אינו אלא בשיש חיוב מיתה אקרקפתא דגברא דתו לא מחויב בממון, אבל במקום דליכא חיוב מיתה אלא דרשות להורגו לבד אין זה פוטר מתורת קלב"מ, ומעתה נראה דאפילו להסוברים דהנרדף עצמו אינו מדקדק בדבר ואפילו יכול להצילו באחד מאבריו מותר להורגו מ"מ בודאי חיובא ליכא וכיון דאינו אלא רשות תו אין כאן תורת קלב"מ[קעד].

[ד] **ובעיקר** דברי הגרע"א שהוכיח מדברי התוס' דקנאין פוגעין פוטר מתורת קלב"מ ק"ל דאכתי תיקשי דל"ל להוכיח מפ"ק דנכרית ל"ל קנס דבפשוטו תיקשי דהומ"ל נכרית, ואי משום דפטורה מתורת קלב"מ מ"מ הו"ל למיתני נכרית בצינעא דתו אין קנאין ופוגעין דבעי דוקא בפרהסיא לעיני עשרה מישראל, וכ"ש דמסתמא בצינעא מיירי, ועוד דמ"ש הגרע"א דמשו"ה ליכא קנאין פוגעין בכותים למ"ד גירי אריות הן משום דהרבה לש"ש נתגיירו, משו"ה איכא לספוקי דלמא זו הנבעלת גירות גמורה, קשה מ"ט לא ניזול בתר רובא לענין דינא דקנאין פוגעין דאפילו בנפשות אזלינן בתר רובא, ועיין רמב"ם (פט"ו מאיסורי ביאה הלכ"ז) והשגות שם ואולי יש לומר דמיירי דאזיל איהו לגבה דהו"ל קבוע, ועי' תוד"ה ועל הכותית, ועוד אפשר דס"ל להגרע"א דכל דאיכא למיתלי בספק דלמא היא גיורת אפילו למיעוטא תו אין כאן דינא דקנאין וצ"ע[קעה].

ועיקר קושיתו ע"ד התוס' שלא הוקשה להם דל"ל למיתני כותית ליתני נכרית לק"מ דנכרית בלא"ה ל"צ קנס מטעם בעולה, ומשו"ה נקט כותית דהיא משומרת ואפילו למ"ד גירי אריות הן, ומשו"ה הוצרכו להוכיח דאפילו נכרית משומרת אין לה קנס מדפריך לעיל יהבינן לה קנס דאזלה ואכלה בגיותה והתם כיון דהיא בתורת גיורת עד שמיתתה הו"ל משומרת ואפ"ה ל"ל קנס, וכיו"ב כתבו התוס' לעיל מינה לענין נתינה שפירש"י דדוד גזר עליהן עבדות ואסורה מלא יהיה קדש דא"כ הו"ל שפחה ושפחה אפילו משומרת אין לה קנס כדאיתא בירושלמי יעו"ש.

[ה] **ודרך** אגב אזכיר בכאן מה שאפשר ליישב פירש"י דמתניתין דכותית אתיא למ"ד גירי אריות שלא תיקשי מפ"ק דאמרינן יהבינן לה קנס דאזלה ואכלה בגיותה, דהנה האשכול (בח"ג הלכות שחיטה) כתב לענין מה שנשאלו הגאונים אם מומר יורש את אביו וז"ל, ויש מי שאומר אע"פ שיורש מה"ת יש כח ביד ב"ד להפקיע ממונו והפקרן הפקר שלא לאבד ממונו של ישראל. וכדאיתא בכתובות יהבינן לה קנס דאזלה ואכלה בגיותה עכ"ל וכ"כ הרא"ש בפ"ק דקדושין (סימן כ"ב) וכ"כ שם המרדכי בשם ראבי"ה, אלמא דלאו מדינא הוא אלא מתורת הפקר ב"ד דכיון שחוזרת לסורה קנסוה חכמים שלא לאבד ממונו של ישראל, וא"כ כ"ז שייך רק בחוזרת לסורה ולא בגירי אריות[קעו], ומה שהוכרחו לפרש מטעם הפקר בית דין ולא פירשו מטעם דנכרית ל"ל קנס יתבאר במק"א בע"ה ועכ"פ לשיטת רש"י לא תיקשי די"ל דנכרית משומרת אית לה קנס.

אלא דעדיין לא יונח דבירושלמי (ר"פ אלו נערות) איתא וז"ל מעתה הבא על השפחה יש לה קנס ליתא דתני יכול הבא על השפחה כנענית יהא חייב קנס ת"ל מהור ימהרנה לו לאשה יצאה שפחה שאין לו הויה התיבון הרי אחותו שניא היא יש לה הויה אצל אחרים עכ"ל ולדברי

הירושלמי אלו כוונו התוס׳ במ״ש להוכיח דאפילו שפחה משומרת אין לה קנס ואם כן יקשי דאיך אפשר לומר דנכרית משומרת אית לה קנס הא אין לה הויה ומי עדיפא משפחה דנתמעטה מקנס מקרא זה, וע״כ נראה דס״ל לרש״י דאפילו למ״ד גירי אריות הן רובן לש״ש נתגיירו אלא דמיעוטן גירי אריות הן ועיקר פסולן הוא מטעם מיעוט נכרים שנתערבו בהן כמו לאידך מ״ד דס״ל עבד ושפחה נתערבו בהן דאע״פ שאינן אלא מיעוטא מ״מ גזרו בהן, ומשו״ה ס״ל לרש״י דאיכא קנס כיון דרובא ישראל לא מיבעי למ״ד דאזלינן בממונא בתר רובא דחייב קנס אלא אפילו למ״ד דלא אזלינן בתר רובא בממונא הכא לא חיישינן למיעוטא דאפילו קמי שמיא גליא שהיא ממיעוטא מ״מ כיון דלענין קדושין אזלינן בתר רובא ונהרג עליה אם כן יש בה הויה קרינן בה ע״צ הודאי, וכיו״ב כתב הגרע״א עצמו ליישב קושית התוס׳ לפירש״י מנתינה דמשו״ה אית לה קנס אע״ג דדוד גזר עלייהו עבדות ושפחה אין לה קנס מ״מ כיון דלענין קדושין ע״כ דאזלינן בתר דין תורה יש בה הויה קרינן בה יעו״ש. ובזה יתיישב נמי קושית התוס׳ למ״ד עבד ושפחה נתערבו בהן אמאי חייב קנס בכותית נימא לה אייתי ראיה דלאו שפחה את ושקילי. ולפמ״ש א״ש דכיון דמצד רובא תפסי בה קדושין יש בה הויה, והתוס׳ דלא ניחא להו בזה משום דס״ל דלא סגי במה שיש כאן תפיסת קדושין כיון דהאשה בעצמותה לאו בת קדושין היא לאו בת הויה היא.

כתבנו ליישב דעת רש״י דמש״ה חייב קנס בכותית למ״ד גירי אריות הן משום דרובן לש״ש נתגיירו ונהי דבבת עכו״ם ליכא קנס משום דל״ל הויה אבל בכותית כיון דלענין קדושין אזלינן בתר רובא בת הויה היא, איברא דנראה דמדרבנן יש לה כל תורת עכו״ם ובזה א״ש סוגיא דב״ק (דף ל״ח) עלה דפליגי ת״ק ור״מ בשור של כותי שנגח לשור של ישראל דלת״ק תם משלם ח״נ ולר״מ נ״ש ובשור שלנו שנגח שור שלהם לכ״ע פטור, ופריך אלמא קסבר ר״מ כותים גירי אריות הן, ורמינהו כל הכתמים הבאין מרקם טהורין ומבין הכותים ר״מ מטמא וחכמים מטהרין אלמא קסבר כותים גירי אמת הן ומשני קנס הוא שקנס ר״מ בממונם שלא יטמעו בהן, ופריך ממתניתין דאלו נערות שיש להן קנס הבא על הכותית ואמ״ד קנס הוא שקנס ר״מ בממונם ה״נ נקנום ומשמע דלמ״ד גירי אריות ל״ק ממתניתין דאלו נערות וכבר עמד ע״ז בש״מ (שם) ולפירש״י א״ש ברווחה דאע״ג דגירי אריות מ״מ יש להם קנס אבל מכתמים פריך שפיר דכיון דמדרבנן יש להם תורת עכו״ם כתמיהן טהורין דכתמים דרבנן, ועפ״ז מיושב קושית התוס׳ שהקשו דמדקאמר ואמ״ד קניס ר״מ בממונם ה״נ נקנום בבא על הכותית אלמא דסבר ר״מ גירי אמת הן, ולפמ״ש נראה דלא מכח סתם מתניתין ר״מ הוא דפריך אלא דאי הוה מפרש טעמא דר״מ מטעם גירי אריות הוה מוקמינן מתניתין דאלו נערות כר״מ אבל כי טעמא דקנס קניס ר״מ בממונם מתניתין דלא כמאן דגם רבנן ס״ל דקנסו בממונם וכמ״ש התוס׳ שם ועי׳ סנהדרין (דף פ״ה) ונדה (דף נ״ו), והא דס״ל לר״ש במנחות (דף ס״ו) תורמין משל עכו״ם על של כותים לא תיקשי דהוי מן הפטור על החיוב, די״ל דמיירי בתרומה דרבנן וכן נראה מדס״ל לר״מ (שם) תורמין משל ישראל על של עכו״ם והא הו״ל לקוח לפירש״י שם וה״ל מן החיוב על הפטור, וכבר העיר בזה בחי׳ משנה ראשונה (דמאי פ״ה מ״ט) אלא צ״ל דמיירי בלוקח מישראל ואעפ״כ ר״ל לר״ש דאין תורמין משל ישראל על של כותים משום דדמי לתורם מחיוב על הפטור וכמ״ש התוס׳ כיו״ב בב״מ (דף פ״ח) ד״ה תבואת יעוש״ה וע״ע תוס׳ בכורות (דף י״א) ד״ה טבלים, ומ״ש רש״י גיטין (דף כ״ה) ד״ה הלוקח יין מבין הכותים דסבר גירי אמת הן היינו משום דלמ״ד גירי אריות הן מיפטר בלקוח דאינו אלא מדרבנן והרי עשאום כעכו״ם לכל דבריהם, אלא דבלא״ה דברי רש״י תמוהים מסוגיא דמנחות הנ״ל וכבר עמד ע״ז בתור״ע (דמאי פ״ה מ״ט) יעוש״ה.

(השמטה)

[ו] ואם כנים אנו דגם דעת התוס׳ דרשות אינו פוטר בתורת קלב״מ אפשר ליישב קושיא אחת שכתב לי מכבר הגאון מוהר״ר בנימין בישקא זללה״ה אב״ד דטרעסטינא בתוך מו״מ של הלכה ע״ד הגמרא סנהדרין (דף ע״ג) מנין לרודף אחר חבירו להרגו שניתן להצילו בנפשו שנאמר לא תעמוד על דם רעך. ופריך והאי להכי הוא דאתא הא מיבעי ליה לכדתניא מנין לרואה בחבירו שטובע בנהר או חיה גוררתו שחייב להצילו ת״ל לא תעמוד על דם רעך. ומסיק שם דיליף מקרא דאין מושיע לה הא יש מושיע לה בכל דבר שיכול להושיע. והתוס׳ הקשו שם דל״ל קרא הא מוהוכה בכל אדם נפקא לן לעיל גבי מחתרת וי״ל דהתם רשות ואשמעינן קרא דאין לו דמים אבל הכא קמ״ל קרא דחובה להציל עכ״ל. והקשה דלפ״ד התוס׳ דעיקר קרא לחובה הוא דאיצטריך אם כן שוב אפשר למילף מקרא דלא תעמוד על דם רעך דכיון דכבר הותר דמו של רודף מקרא דמחתרת לא עדיף מחיה דגם כאן ליכא תורת רציחה אלא הצלה בלבד עכ״ד[קעז].

ולפמ״ש י״ל דמשו״ה איצטריך קרא דחובה להורגו ולא סגי מקרא דלא תעמוד משום דנ״מ לענין פטור דקלב״מ דבעי דוקא חיוב מיתה דרכיב אקרקפתא דגברא ואל״ה אינו פוטר, ומשו״ה איצטריך למילף מקרא דאין מושיע לה דגלי קרא דמחויב מיתה כעין חייבי מיתות ב״ד, אבל מקרא דלא תעמוד על דם רעך דיליף לחיה גוררתו וטובע בנהר דהתם אינו אלא מתורת הצלה לבד, אם כן אף אם מחויב להציל הנרדף בנפשו של רודף מטעם הצלה מ״מ כיון דאין חיוב מיתה רכיב אקרקפתא דרודף דרק משום דדמי לחיה קטלינן ליה אין חיוב זה פוטר מתורת קלב״מ.

[ז] **איברא** דכבר כתבתי להגאון הנ"ל ליישב באופן אחר דהנה המ"ל (בפ"א מרוצח) העלה דגואל הדם אע"פ שיש לו רשות להרוג הרוצח אם נתאמץ הרוצח והרגו פטור, וכעין דאמרינן סנהדרין (דף פ"ב) נהפך זמרי והרגו לפנחס אינו נהרג עליו משום דפנחס רודף הוא, ואע"ג דבעלמא ברודף אחר חבירו להרגו ואם נתאמץ הרודף והרגו לנרדף שרצה להציל עצמו נהרג עליו ה"ט משום דחובה להרגו, משא"כ בקנאין וגואל הדם דאינו אלא רשות בלבד יעו"ש ולפי"ז נראה דשפיר פריך הש"ס דמנלן חובה ברודף לענין הך דינא דאי מקרא דלא תעמוד ליכא למילף דכיון דמיירי בחיה גוררתו וטובע בנהר דהתם ליכא כלל חיוב מיתה אקרקפתא דרודף אם כן אם אנו באין להרוג הרודף רק מדין זה דאינו אלא מתורת הצלה לבד, אז הדר דינא דאם נתאמץ הרודף והרגו לנרדף אינו נהרג עליו, דהך חובה דנלמד מקרא דלא תעמוד לא משוי לגברא בר חיוב מיתה, ורשאי להציל עצמו בנפשו של נרדף לולא קרא דאין מושיע לה דיליף לחיוב מיתה ממש.

וזה רבות בשנים שהרציתי קושיא הנ"ל להגאון מוהר"י מפאניעוועז זלל"ה ואמר ליישב דכוונת התוס' דקרא דוהוכה בכל אדם אינו אלא לפטור מעונש מיתה אבל איסור רציחה לא הותר להכי ליכא למילף מקרא דלא תעמוד עכ"ד, אמנם מלבד דלשון התוס' לא משמע כן א"א גם לכלכל סוגיא דלעיל לענין מחתרת דמבואר להדיא דהותר דמו לגמרי ואין בו תורת רציחה כלל וכמו שפירש"י שם בהא דאמר לא נצרכא אלא לפקח עליו את הגל יעוש"ה.

[ח] **ואם** כה נאמר דרשות אינו פוטר בקלב"מ יתיישב מה שמקשים [קעה] דל"ל לתנא דבי חזקיה לפטור שוגג מהיקשא דלא חלקת בין שוגג למזיד דהא כיון דרשות ביד גואל הדם להורגו הו"ל קלב"מ כמו מזיד, ולדעת רש"י בסנהדרין (דף ע"ב) ד"ה אין לו דמים דס"ל דרודף שניצול ולא נהרג הו"ל חייבי מיתות שוגגין ולא מיפטר אלא מתנא דבי חזקיה וכ"כ עוד שם (דף ע"ג ע"ב) ד"ה הבא א"ש, אבל לפי דעת הרמ"ה בסנהדרין (שם) דרודף הו"ל כחייבי מיתות מזידין ועיין קצה"ח (סימן כ"ח) תיקשי, וראיתי באור שמח (פ"ח מחובל) שתירץ דכיון שאם נהפך הרוצח והרגו לגואל הדם אינו נהרג עליו וכמ"ש המ"ל א"כ לא מיקרי מחויב מיתה טפי מגואל הדם ע"ש, ואין טענתו מכרעת דאמאי לא נימא בשניהם דין קלב"מ כיון דרשות ביד כל אחד להרוג את חבירו, אבל לפמ"ש א"ש דכיון דבגואל הדם ליכא מצוה לדידן דקיי"ל כר"ע במכות (דף י"ב) תו אין כאן תורת קלב"מ בלאו היקשא דלא חלקת.

איברא דקושיא זו מעיקרא ליתא לפמ"ש הרמב"ם (פ"ה מרוצח הל"ט) וז"ל רוצח בשגגה שהרגו גואל הדם חוץ לתחום עיר מקלטו פטור שנאמר ולו אין משפט מות אחד ההורגו בדרך קודם שיכנס לעיר מקלט או שהרגו בחזירתו עם השנים ששומרין אותו, נכנס לעיר מקלטו ויצא חוץ לתחומה בזדון הר"ז התיר עצמו למיתה ורשות לגואל הדם להרגו ואם הרגו כל אדם אין חייבין עליו שנאמר אין לו דם עכ"ל, והמתבאר מזה דתרי דיני איכא בגואל הדם א) קודם שקלטו עיר מקלטו אסור לגואל הדם להורגו אלא דאם הרגו פטור מקרא דולו אין משפט מות כי יחם לבבו וכו ואם הרגו כל אדם חייבין עליו דהך פטורא דכי יחם לבבו בגואל הדם לבד קאי ב) לאחר שיצא מגבול עיר מקלטו בזדון הר"ז התיר עצמו למיתה ורשות ביד גואל הדם להורגו וגם כל אדם אין חייבין עליו מקרא דאין לו דם והוא מדברי התוספתא (פ"ב דמכות) יעו"ש. וכבר נתבאר אצלנו במק"א לבאר דהם שני דינים נפרדים דקודם שהגיע לערי מקלט לא הותר דמו של הרוצח כלל אלא דהגואל הדם פטור מעונש לבד וכעין אנוס הוא מקרא דכי יחם לבבו אבל עובר בלא תרצח, ומשו"ה כל אדם ההורגו חייב וזהו נלמד מהסוגיא דמכות (דף י' ע"ב) דשקיל וטרי שם אם גואל הדם נהרג עליו, אמנם לאחר שהגיע לעיר מקלטו ויצא הותר דמו מצד היציאה במזיד ושוב אין כאן איסור רציחה כלל, ופליגי בזה ריה"ג ור"ע אם מצוה בגואל הדם או רשות ועכ"פ לכו"ע הותר דמו שאין כאן איסור רציחה כלל, ואפילו לכל אדם דאסורין להורגו אינו כלל מתורת רציחה ועיין ריטב"א במכות (דף י"ב), ומשו"ה כל אדם אין נהרגין עליו ומה"ט פריך אהך דינא דרב הונא (שם דף י') ממתניתין דגואל הדם נהרג עליו קודם שהגיע לעיר מקלטו ולא קשיא' ליה מפלוגת' דריה"ג ורבנן ועיי"ש בפי' ר"ח ובריטב"א בשם הרמ"ה והרא"ה וכ"ז מוכרח מסוגיית הש"ס (שם) מכמה ראיות ואכמ"ל, ולפ"ז ל"ש לומר דרוצח בשוגג יפטר מתורת קלב"מ במה דיש עליו דין מיתה ע"י גואל הדם כיון דגואל הדם אסור להרגו קודם שנכנס לעיר מקלטו אלא דאם הרגו פטור מתורת אנוס, נמצא דאין זה קלב"מ דדוקא רשות להרגו פוטר מדין קלב"מ ומה דהותר דמו אח"כ כשיוצא מעיר מקלטו הוא חיוב חדש שנעשה ע"י היציאה שאח"כ למ"ד מצוה מצוה ולמ"ד רשות רשות, ואם ישבר כלים בשעת יציאתו מערי מקלט אז שייך שפיר קלב"מ [קעט].

[ט] **וקצת** ראיה נראה דרשות בעלמא נמי פוטר. מהא דקאמר במכות (דף ט"ז) לענין אונס שגירש דלא משכחת ביטול העשה דאי דקטלה קם ליה בדרבה מיניה, ואמאי לא קאמר כגון שהרגה את קרובו שהוא נעשה גואל הדם ורשות להורגה חוץ לערי מקלט דפטור ממיתה ובכה"ג חשיב ביטול העשה, ויעו"ש בתוס', א"ו דכיון דרשות בידה להתאמץ נגדו ולהציל עצמה בנפשו כמ"ש המ"ל א"כ הדר

הו"ל קלב"מ, אלא דלפמש"ל בשם הרשב"א דחיוב רודף דפוטר מתורת קלב"מ אינו אלא במיתה דילפינן מלא יהיה אסון וכל שניתן להצילו בנפשו הרי הוא בכלל אסון, משא"כ לענין קרא דכדי רשעתו בעי דוקא רשעה המסורה לב"ד וא"כ כאן דמיירי במיתה ומלקות דיליף מקרא דכדי רשעתו ליכא פטורא דרודף כלל, ואפילו מיתה חיובית דרודף לא יפטור ממלקות[קפ] ועפי"ז יובן מה שהקשה הגרע"א במכות (שם) דלמה לא מוקי שהרגה במזיד ולא אתרו ביה ולכאורה עדיין הו"ל קלב"מ מדין רודף ולפמ"ש א"ש.

[י'] **אמנם** בעיקר ספיקו של כתר"ה אם רשות פוטר מתורת קלב"מ נראה להוכיח מדברי הרמב"ם שכתב (בפ"א מרוצח) הרודף אחר חבירו להרגו הרי כל ישראל מצווין להציל הנרדף מיד הרודף, ואפי' בנפשו של רודף הרואה רודף אחר חברו להורגו ויכול להציל ולא הציל הר"ז בטל מ"ע של וקצות את כפה ועבר על ב' לאוין על לא תחוס עינך ועל לא תעמוד על דם רעך עכ"ל, ואלו לענין מחתרת כתב (בפ"ט מגניבה) הבא במחתרת בין ביום בין בלילה אין לו דמים אלא אם הרגו בע"ה או שאר האדם פטורין ורשות יש לכל להרגו בין בחול בין בשבת בכל מיתה שיכולין להמיתו שנאמר אין לו דמים. ומפני מה התירה תורה דמו של גנב אע"פ שבא על עסקי ממון לפי שחזקתו שאם עמד בע"ה לפניו יהרגנו ונמצא זה הנכנס לבית חבירו לגנוב כרודף אחר חבירו להרגו ולפיכך יהרג עכ"ל, ומדלא כתב כאן דכל ישראל מצווין להציל את הבע"ה בנפשו של הבא במחתרת כמו ברודף אלמא דחלוק דין מחתרת משאר רודף ובמחתרת אינו אלא רשות בעלמא ולא מצוה, וכן נראה מדברי התוס' בסנהדרין (דף ע"ג) אף רוצח ניתן להצילו בנפשו וא"ת מוהוכה בכל אדם נפקא כדדרשי' לעיל (דף ע"ב) וי"ל דהתם רשות ואשמעינן קרא דאין לו דמים אבל הכא קמ"ל דחובה להציל עכ"ל, ומדלא כתבו דאי מהתם הו"א רשות דהוה משמע דאחרי דילפינן מצוה דרודף שוב הדר דינא דמחתרת כרודף גם לענין זה משמע דס"ל דגם למסקנא ליכא מצוה במחתרת[קפא], וכן מתבאר גם בחי' הר"ן (שם) דמצוה ילפינן ברודף ולא במחתרת יעוש"ה, וכן נראה מדעת הרז"ה שתמה בר"פ בן סורר על הרי"ף שהשמיט דינא דמחתרת, והמלחמות כתב שם דסמך על מ"ש דינא דרודף אחר חבירו להרגו דמחתרת כרודף דמי ע"ש, ונראה מדעת הרז"ה דקאי בשיטת הרמב"ם דמחתרת אינו אלא רשות לבד ולא דמי לרודף דעלמא ואע"ג דגלי קרא דאין לו דמים דהותר דמו היינו רק לענין רשות ולא למצוה, וה"ט משום דרשות ביד בע"ה להניחו שיטול ממונו, וכ"ש לפמ"ש הר"ן דאפילו אם הבע"ה יטול ממונו מיד הגנב ע"מ שלא להורגו אם לא יניח לו לא יבא לידי נפשות כלל, דאי לא יכיל גנב למיגנב אזיל לנפשיה ולא קטיל ליה אלא משום דאין אדם מעמיד עצמו על ממונו והוא התחיל במריבה עשאו הכתוב כרודף, ומשו"ה למאי דגלי גלי, ועוד דבמחתרת אפילו בספק אם יהרגנו גם כן הותר כמבואר ברמב"ם פ"ט מגניבה ובסמ"ג (לאוין ק"ס) ועיין סנהדרין (דף ע"ב ע"ב) ובפירש"י ותוס' שם ובשאר רודף אין מצילין הנרדף בנפשו של רודף מספק. ועי' יומא (דפ"ה:) ואשכחן ודאי ספק מנלן ובפרש"י ד"ה אין אדם ונראה דיצא להרמב"ם הך דינא ממה שהקשה התו"ח דל"ל קרא דוהוכה בכל אדם במחתרת תיפוק ליה כיון דהוא רודף א"כ מ"ל בע"ה מ"ל כל אדם, וכן תיקשי דל"ל קרא דמחתרת כל עיקר דהא נוכל ללמוד מקרא דאין מושיע לה דילפינן לרודף, וכבר עמד ע"ז המנחת אהרן (שם) ונדחק בזה, ולפ"ד הרמב"ם והתוס' א"ש ועכ"פ כיון דשייך דין קלב"מ במחתרת דאינו אלא רשות לבד אלמא דגם ברשות בלא חובה פטור מתורת קלב"מ וא"כ נלמד מכאן דה"ה לקנאים פוגעים כמ"ש הגרע"א.

[יא] **איברא** דיש לחלק בין מחתרת לדינא דקנאים, דהנה הרמב"ם בפיה"מ בסנהדרין (דף פ"א) כתב וז"ל ובועל ארמית שיבעול בת עובדי ע"ז בפרהסיא בעשרה מישראל או יותר ובשעת מעשה כגון פנחס וכו' ואם ישאל לנו הקנאי אם יפגע בו אם לא, ואפילו בשעת מעשה אין מורין לו ואם פשט ידו והרגו אין עליו עונש וכמו"כ אם התחזק הבועל בעת מעשה והרג את הקנאי להציל נפשו ממנו אינו חייב מיתה לפי שהוא רודף אחריו להרגו והתורה לא גזרה הדין להרגו אלא על הדרך הנזכר עכ"ל. ומבואר מדבריו דאם היה מותר לקנאי להרגו בכל הדרכים אז לא חשיב רודף כלל כיון דהותר דמו ואין זה בתורת רציחה כלל, וכמו דאמרינן לענין מחתרת שהותר דמו בכל הדרכים דאין העומד לנגדו חשוב כרודף אע"פ דליכא מצוה לדעת הרמב"ם ודעימיה כפי שנתבאר. ועפי"ז יש לפקפק על דברי המ"ל הנ"ל דמדמי דין גואל הדם לקנאין פוגעין לענין אם נתאמץ הרוצח והרגו לגואל הדם דפטור דגוה"ד חשוב רודף, ולפמ"ש שהותר דמו של הרוצח בכל הדרכים מקרא דאין לו דם תו ליכא תורת רודף על גואל הדם כיון דאין זה רציחה כלל, ומ"ש המ"ל לדייק מדברי המישרים דכתב דטעמא דפנחס חשיב רודף משום דליכא מצוה אלא רשות וכ"כ הרמ"ה והרא"ש בפרק הנשרפין יעו"ש. היינו רק דאם היה מצוה להרגו אז בטיל ממנו תורת רודף אפילו בגוונא דלא הותר דמו בכל הדרכים, אבל במקום שהותר דמו וליכא תורת רציחה כלל כגון בגואל הדם ומחתרת בלא"ה אין להם תורת רודף כלל[קפב].

ומעתה נראה דאף שהוכחנו מדברי הרמב"ם והתוס' דכמו דס"ל דבמחתרת דאינו אלא רשות בלבד פוטר מתורת קלב"מ ה"ה בשאר דוכתי, היינו דוקא במקום דהותר

דמו לגמרי בכל התנאים דאז דין זה אסון מיקרי כיון דרכיב אקרקפתא דגברא ונלמד מזה לרוצח בשוגג שיצא מתחום מקלטו ושבר כלים דפטור מדין קלב"מ, אע"ג דאינו אלא רשות להרגו לדידן משא"כ בדינא דקנאין דלא הותר להרגו אלא בתנאים מיוחדים ולא הותר דמו כלל, שהרי מה"ט יש לו תורת רודף אין כאן תורת מיתה אקרפקתא דנידון כלל ול"ש כאן קלב"מ. ולפ"ז תסוב הקושיא של הגאון הנ"ל (באות ו׳) ע"ד התוס׳ דסנהדרין (דף ע"ג) שכתבו דאיצטריך קרא ברודף לענין חובה להציל דאי מוהוכה אינו אלא רשות לבד דכיון דכבר הותר דמו שוב אפשר למילף מקרא דלא תעמוד דהו"ל כמו חיה גוררתו דשוב לא שייך מ"ש לעיל לתרץ דנ"מ לענין קלב"מ ולענין נתאמץ הרודף והרגו לנרדף דכיון דהותר דמו אין נ"מ בין רשות לחובה לענין זה. וצ"ל דמ"מ מה שהותר דמו של הרודף עדיין לא משוי ליה כחי׳ דלא גרע מטריפה דלית ביה תורת רציחה, ואעפ"כ ליכא חיוב הצלה לאדם שלם ולהרוג טריפה על ידו כמ"ש הנוב"י (חחו"מ סימן נ"ט) ואכתי צ"ע.

[יב] **וראיתי** בתשובת גליא מסכת (חיו"ד סימן ה׳) שתמה על מה דאמרינן נהפך זמרי והרגו לפנחס אינו נהרג עליו משום דפנחס רודף הוא והרי הרשות ביד זמרי לפרוש מהעבירה ואז אין רשות לפנחס להרגו, כדאמרינן פירש זמרי והרגו פנחס נהרג עליו ומי גרע מיכול זמרי להציל עצמו באחד מאבריו של פנחס, ומתוך זה העלה דהעיקר כדעת הסוברים דדוקא באחר איתא להך דינא דיכול להצילו באחד מאבריו אבל הנרדף עצמו א"צ לדקדק בזה ע"ש, אמנם זהו דבר מוזר מאד כיון דפנחס לא בא להורגו אלא כדי שיפרוש מהעבירה והוא יהא מותר שלא לפרוש ולהרגו, ודוקא בעלמא שבא על עסקי נפשות דחשיב רודף ממש משום הכי א"צ לדקדק וכ"ש לדעת הראב"ד (בפ"ט מגניבה) דפנחס התרה בזמרי לפרוש מהעבירה דבלא"ה ליכא דינא דקנאין וכ"כ שם המ"מ יעו"ש.

וגדול אחד [קפג] אמר ליישב בזה דלפי המבואר בשבועות (דף י"ח) דפרישה חשובה כביאה א"כ תו אין כאן תקנה לזמרי לפרוש ולהציל עצמו דהרי בשעת פרישה גם כן מותר להורגו דהו"ל שעת מעשה עכ"ד. אמנם זהו נסתר מדברי הראב"ד הנ"ל דאם רוצה לפרוש שוב אין כאן דינא דקנאים כלל דאין זה ענין להא דאמרינן בעלמא דפרישה חשובה כביאה דהרי מ"מ כיון דדעתו לחזור בתשובה אין כאן תורת קנאים. ועוד דהרי מצד הדין מחויב לפרוש מיד כדי שלא יהרגנו הקנאי ואם כן איסור פרישה נדחה מפני פיקוח נפש, ואע"ג דדעת הרמב"ן (ס"פ בן סורר) דבועל ארמית בכלל ג"ע לענין יהרג ואל יעבור ואם כן אין מתרפאין בג"ע, מ"מ כיון דבין כך וכך עובר באיסור ג"ע ממילא מחויב לפרוש מיד משום פק"נ ותו אין כאן דינא דקנאים אשעת פרישה כיון דבדין עביד. ועיין בחי׳ הר"ן בסנהדרין שהאריך לבאר דמ"ט חשיב פנחס רודף טפי משאר רודף שרודף אחר הרודף ובדבריו יתיישב קצת קושית הגליא מסכת יעוש"ה.

ח) **ועיין** בש"מ ב"ק (דף ע') בהא דאמרינן כמאן כר"ע דקלוטה כמו שהונחה דמיא. שהקשה התוספות **דאכתי** מכי מטי לאויר חצרו חייב משום שבת. ולענין **גניבה** לא מחייב עד דמטי לתוך המחיצות. ועל זה תירץ **ה"ל**, כיון דחיוב מיתה אתי קודם חיוב תשלומין פטור **כדאמרינן** לעיל שהצית בגופו של עבד ופטור אף שנשרף **אח"ז** הגדיש. אבל כשחיוב תשלומין קודם לחיוב מיתה **חייב. לכן** בשמעתין לרבנן שהקנין בא קודם חיוב מיתה **חייב.** אבל כשחיוב מיתה קודם כל היזק שיעשה בעת המלאכה פטור עכ"ל. ומבואר מדבריו גם כן כמש"ל **דכשהחיוב** מיתה קודם מסלק ממעשה זו חיוב ממון. אף **כשהחיוב** ממון בא אח"ז אם הכל על ידי מעשה אחת. **ובכ"ז** כשהתשלומין קודם אף שהכל ע"י מעשה אחת חייב **מהטעם** שנתבאר לעיל. דכיון דכבר נתחייב ממון טרם **חיוב מיתה** בפועל ל"ש ליפטר משום קלבד"מ. אבל **כשהחיוב** מיתה קודם אף שאינו נרגע עשייתו כמו בהך **דזרק** גנבתך לחצרי. לר"ע דקלוטה כמו שהונחה. דאין החיוב מיתה בזריקתו לחוד עד דמטי לאויר חצרו. בכ"ז כיון שחיוב המיתה קודם פוטר מממון. **ואשבינן** הזריקה עד דמטי לאויר חצרו כמעשה אריכתא שנתחייב על זה מיתה. **ומסלקינן** חיוב תשלומין ממעשה זו. משא"כ שכהתשלומין קודם כיון דכבר נתחייב ממון קודם שנתחייב מיתה בפועל א"א ליפטר אף דהוי ע"י מעשה אחת. והא דניחא לר"י דס"ל דאיירי בהדליק הגדיש ואח"כ נשרף העבד ובכ"ז פטור משום קלבד"מ. ע"כ צ"ל כמש"כ הרשב"א הנ"ל דחייב מדין רודף ולכן לעולם חיוב המיתה קודם:

ט) **ועיין** בתוס' בד"ה והי' גדי כפות לו שכתבו בשם ר"ת דאצטריך גדי כפות דחייב דלא חשיב כטמון. **ואפילו** למ"ד אשו משום חציו דל"ש לדידי' למפטר טמון. מ"מ אצטריך לאשמעינן דחייב אף היכא דכלו לו חציו **לאחר** שרפת העבד. ואע"ג דשרפת העבד מחמת חציו **ושרפת** הגדי מחמת ממונו שייך שפיר קלבד"מ הואיל וע"י **מעשה** אחת בא הכל ע"ש. והנה מבואר דגם ר"ת ס"ל **כתלמידי** הרשב"א דהרי הא דמחייבינן בכלו לו חציו משום ממונו. היינו כשיכול לכבות דוקא וכדאמרינן שם שהי' לו לגדרו ולא גדרו. ובכ"ז ס"ל דגם בכה"ג פטור אף שיכול **לכבות.** וע"כ הטעם משום דקלבד"מ מסלק המעשה לגמרי כאילו עשה אחר. וע"כ אי אפשר לחייבו גם משום ממונו וכנ"ל:

י) **וע"פ** הנ"ל אפשר לתרץ מה דקשה **בהא דפריך אלא** למ"ד משום ממונו אילו **קטיל תורא** עבדו ה"נ דלא מחייב. והא להרשב"א דלר"י **ניחא משום דין רודף. אם כן** מה קשה להו למ"ד משום ממונו. **והלא נראה פשוט** דלענין הא דניתן להצילו בנפשו משום רודף **גם באשו משום** ממונו הוי רודף. ואף אם ירצה להרגו על ידי **אשה גרמא** דאין עליו דין רוצח להמיתו בב"ד. **אבל להציל הנרדף ודאי** דגם בכה"ג ניתן להצילו בנפשו. **אם** כן מה קשה לי' **אם** אשו משום ממונו. דהרי גם כן הוי רודף. **ובעת נדפס** האו"ש וראיתי שתמה ג"כ על זה **והניח בצע"ג ע"ש.** ולפמ"ש ניחא דלמ"ד משום ממונו אף דהוי רודף **בהתחלת** דליקת הגדיש. אבל מ"מ נוכל לחייבו על מה שלא שמר **אחר** כך ממונו. היינו במה שהי' לו לכבות. **דאף שקלבד"מ** בדליקתו אינו מסלק המעשה ממנו לגמרי כאילו עשה אחר. **והוי** ככלו לו חציו דמתחייב אח"כ משום ממונו **אף דאנוס** הוא בהדלקתו. וכמשנל"ע לפי שיטת הרשב"א. **וזה כונת** הגמ' אילו קטל תורא עבדו ה"נ דל"מ. היינו דכמו **כן** הכא נוכל לחייבו משום ממונו. דאין עליו חיוב מיתה **בזה** שדולק האש שלו ממילא בלא מעשה שלו **ואיכא** עליו **חיוב** משום ממונו שיוכל לכבות. **ובמשנה** משמע דפטור **בכל** גווני. ובפרט לפמש"ל (אות י"ט) דגם **בשאין יכול לכבות** אחר כך חייב להרשב"א דקלבד"מ אין מסלק המעשה. **וכשמשני** כשהצית בגופו של עבד ע"כ צ"ל כמ"ש הרשב"א דאיירי כשנשרף בשוה עם הגדיש וכמש"ל. **דאל"כ אכתי** יתחייב על מה שלא כיבה וכנ"ל. והא דלא משני **כשהדליק** הגדיש באופן שהולך ודולק כל שבולת **ופטור משום רודף.** דמ"מ יקשה אי ע"י שבולת הראשון שהדליק כבר הי' דולק הגדיש ונשרף העבד. אם כן **יתחייב על כל הגדיש** שדולק מאליו. ואף אם הולך ושורף כל שבולת **ושבולת** ליכא על כל הגדיש שדולק דין רודף. כיון **דכבר בל"ז** הי' נשרף העבד ע"י שבולת הראשון ואין עושה **במה** שדולק אחר כך גרם לשרפת העבד. **ואי דאיירי באופן** שע"י שבולת הראשון לא הי' נשרף העבד. ורק **על ידי** האחרונים הולך ושורף את העבד. אם כן **בהשבולת** הראשונים ליכא דין רודף ומ"ט פטור. וע"כ **מוקי כשהצית** בגופו של עבד וכל משך הזמן שהולך ושורף הגוף **עד** שמת העבד הוא עושה מעשה רציחה שמתחייב מיתה משום רוצח. ובמשך הזמן ששורף העבד נשרף הגדיש*) :
בשעה"ת

*) הנ"ה **ובאופן** אחר יש ליישב קושית הנ"ל. דהנה יש לחקור בהא דמותר להרוג את הרודף. **אם** הוא מפני שיש עליו דין מחויב מיתה. וכמו בכל רוצח **שהוא** מחויב מיתה אחר העבירה. כן ברודף לרצוח נפש **מיקרי** מחויב מיתה על רדיפתו ומותר להורגו קודם המעשה. או דהוא רק משום הצלת הנרדף. והנה מהא דאמרינן בסנהדרין (דף ע"ג) דקטן שרודף גם כן יש **עליו** דין רודף **ומותר להורגו.** והרי בקטן ל"ש שחל עליו **חיוב מיתה** וכמו דפטור מכל עונשין שבתורה. מוכח ע"כ **דמשום הצלת** הנרדף **לחוד מותר** להורגו. וביותר מוכח כן מהא דפריך שם ממתניתין יצא ראשו אין נוגעין בו. ומתרץ **שאני** התם דמשמיא קרדפי לי'. ובזה ודאי דל"ש עליו דין **מיתה.** [ומזה **מוכח** ג"כ דגם כשרודף להורגו ע"י גרמא גם כן יש עליו דין רודף. דהא בהעובר הנולד ודאי דלא **הוי רק כגרמא** ואין זה מעשה רציחה. ולמה הוצרך לשנויי **דמשמיא** קא רדפי לי']. **ואולם** מהא דמתבאר (בדף כ"ז) **דגם** ב"נ שרדף אחר ב"נ מותר להורגו ובב"נ בודאי **ליכא** **מצוה** להצילו. ומוכח ע"כ דיש על רודף **דין מחויב מיתה.** ועי"כ גם ב"נ שמצווה על שפיכות דמים חל עליו דין מחויב מיתה משום רודף. ומוכח דיש ברודף שני דינים **בהא** דמותר להורגו. הא' מפני הצלת הנרדף. והב' דחל עליו **דין** חיוב מיתה. ולפ"ז יש לומר דנהי דגם ע"י **גרמא** מותר להרוג את הרודף. **אבל** אין זה מהטעם דחל עליו חיוב מיתה. דרק ברוצה **להורגו** בידים שיש על **מעשה רציחה** כזו דין **חיוב מיתה** משום רוצח ואז גם ברודף **יש** עליו חיוב מיתה. **אבל** אם רוצה להורגו ע"י **גרמא דאין** **ברציחה** כזו חיוב מיתה משום רוצח. אז גם ברודף **אין** עליו דין חיוב מיתה. ואך בכ"ז מותר להורגו מפני **הצלת** הנרדף וכמו בעובר **לולא** הטעם דמשמיא קא רדפי לי'. **ולפ"ז** יש לומר דלענין הדין דקלבד"מ דרודף פטור **מממון** **ל"ש** רק אם חל עליו דין **חיוב** מיתה מצד עצמו. **אבל במה** שמותר להורגו מפני הצלת הנרדף לא מיקרי מחמת זה מחויב מיתה שיפטור מממון דמיתתו הוא רק **להצלה.** ול"ש בזה דא"א מחייבו משום שתי רשעיות דהמיתה **שעליו** **אינה** משום רשעה רק משום הצלת הנרדף. **ולפ"ז ניחא** **הא דפריך** למ"ד אשו משום ממונו אילו קטיל **תורא עבדו** **וכו'**

יא) **ובשעה"מ** הקשה עוד על תלמידי הרשב"א הנ"ל מהירושלמי בכתובות במדליק הגדיש בשבת דפטור. שהקשה דעל שבולת הראשון חייב מיתה מכאן ואילך בתשלומין. ומשני שעל כל שבולת ושבולת יש התראת מיתה. ופירשו המפרשים דנהי דלא נוכל לחייבו שתי מיתות בכל זה הוי כחייבי מיתות שוגגין דפטור.

ומדהוצרך הירושלמי לזה ולא משני דלהכי פטור משום דהכל על ידי מעשה אחד נתחייב הביתה והממון דהיינו ע"י מה שהדליק השבולת הראשון. מוכח מזה דבכה"ג ל"ש קלבד"מ כיון שהממון הוא אח"כ. ע"ש שדחה לגמרי שיטה זו משום הך קושיא. והנה קושיא זו לא יתורץ גם לדברינו דלעיל. דהרי הכי חיוב המיתה קודם תיכף בהדלקתו

וכו'. דאף דמותר להורגו משום רודף. אבל בזה לא שייך שיפטור מממון כי המיתה זו אינה אלא כדי להציל את הנרדף ולא מחמת שיש עליו חיוב מיתה:

ועפ"ז יתיישב מה שהקשה הטו"א על שיטת רש"י בב"מ דבקלבד"מ מהני תפיסה. מהא דאמרינן בסנהדרין גבי זקן ממרא דיני נפשות בפלוגתא דרבי ורבנן דתניא רבי אומר ונתת נפש תחת נפש ממון. ופרש"י במתכוין להרוג את זה והרג את זה ומחייב לרבי ממון ורבנן פטרי ואי תפסי יורשי דהרוג ממונא דהורג וקידש בו אשה לרבנן אינה מקודשת ולרבי מקודשת. ולפרש"י דמהני תפיסה בקלבד"מ גם לרבנן מקודשת. ועיין בקצות ס' ת"י:

והנלע"ד, דהנה בכל רוצח לבד מה שמחויב מיתה מצד הרציחה יש בו גם כן דין רודף שפוטר ממון. דא"ל דרק קודם הרציחה בשעה שרודף להורגו יש עליו דין רודף. אבל בשעת הרציחה גופא אין עליו דין רודף ומשום דאז שוב ליכא משום הצלת הנרדף. דז"א דהרי בסנהדרין שם (בדף ע"ג) פריך אהך דרודף אחר הערוה ניתן להצילו בנפשו מהמשנה דאלו נערות שיש להם קנס. ומשנין דגם בשעת הביאה גופא גם כן ניתן להצילה. וה"ה ברוצח גם בשעת הרציחה עצמה היינו על רגע ההכאה יש עליו דין רודף שמותר להורגו. והיינו מטעם שכתבנו דיש עליו דין חיוב מיתה קודם המעשה ובשעת מעשה גם בל"ש הצלת הנרדף. והנה י"ל דמש"כ רש"י דבקלבד"מ מהני תפיסה היינו בקם ליה בדרבה מיניה דעלמא דמחויב מיתה בבית דין אז אמרינן דהבית דין אינם יכולים לחייבו משום שתי רשעיות ותפיסה מהני אבל ברודף שיש על זה קרא מיוחד דמחתרת פטור מתשלומין וגם חלה עליו חיוב מיתה בפועל שהותר דמו בעת שהוא רודף. וע"כ יש לומר דל"מ תפיסה. וכ"כ הקצות בסימן כ"ח מטעם אחר דברודף ל"מ תפיסה עמפ"ש הרש"ל דדוקא כשאין עושין החמור דהיינו חייבי מיתות שוגגין מהני תפיסה. ולכן ברודף שאז הותר דמו הוי כאילו נעשה בו החומרא ע"ש. ולפי זה שפיר ניחא דלרבנן דדרשי ונתת נפש תחת נפש ממש פטור מדמי הנהרג. ולא מהני גם תפיסה משום דהוי רודף בעת שהרג האשה וברודף ל"מ תפיסה כנ"ל. ואך דלפ"ז יקשה לנו דא"כ גם לרבי נהי דס"ל דנתכוין להרוג את. זה והרג את זה פטור ממיתה וחייב בדמי הנהרג. ומשום דל"ל דחזקי' דפוטר בקלבד"מ גם בשאין מתכוין. או דדוקא מדמי הנהרג אין פוטר באין מתכוין וכמ"ש התוס' שם ובנ"ק (דף מ"ג). אבל יפטור מדין רודף. וע"כ צ"ל דכיון שאין מתכוין להרוג האשה ל"ש לחייב משום רודף על הריגתה. ואם כן גם לרבנן לא שייך רודף כיון שאין מתכוין להאשה. וגם בל"ז לכאורה דברינו נסתרים מהא דאמרינן שם (בדף ע"ד) מ"ט דרינ"ש דכתיב כי ינצו אנשים ואר"א במצות שבמיתה הכתוב מדבר ואמר רחמנא ולא יהי' אסון ענוש יענש וע"כ דאיירי כשיכול להציל באחד מאבריו ע"ש. ואם כן ליכא לתרץ כמש"כ:

ואולם באמת ניחא. דהנה המל"מ בפרק א' מחובל הביא בשם י"א דהא דיכול להציל באחד מאבריו אינו

נהרג היינו כל אדם. אבל הנרדף עצמו מותר להורגו וא"צ לדקדק. והקשו האחרונים מגמרא הנ"ל דגם דמוקי בכה"ג שיכול להציל הרי גם כן ניתן להצילו בנפשו לגבי הנרדף עצמו. ותירצו עפמ"ש התוס' בכתובות (דף ל"א) ובב"ק (דף כ"ג) דבכ"ד מיתה לזה ותשלומין לזה חייב רק ברודף פטור ומשום דחייב מיתה לכל העולם. ועי"כ ניחא דמחייב בדמי ולדות כשיכול להציל באחד מאבריו. דאף דנתחייב מיתה לזה שנתכוין עליו. אבל הוי מיתה לזה ותשלומין לבעל ולגבי הבעל לא נתחייב מיתה כיון דיכול להציל באחד מאבריו כן תירצו האחרונים. ולפ"ז שפיר ניחא תירוצנו על קושית הטו"א דהטעם לרבנן דל"מ תפיסה הוא משום רודף. ואף דע"כ איירי ביכול להציל באחד מאבריו ולא ניתן להצילו בנפשו. אבל כל זה לענין אם אנו דנין שהוא רודף משום שמתכוין להרוג חבירו. ועל לא יהי' אסון. וצריך לשלם דמי ולדות להבעל. על זה הוי שפיר דמוקי הגמרא דאיירי ביכול להציל באחד מאבריו ומשום הכי לא הוי מיתה לכל אדם. ולכן משלם דמי ולדות אם לא יהי' אסון. דהוי מיתה לזה היינו לגבי חבירו שנתכוין לו ותשלומין לבעל. אבל אנן בדידן דאיירינן באם אסון יהי' והכה את האשה הכאה שיש בה להמית. וא"כ הוי רודף גם משום הריגת האשה עצמה ולגבי דידה הרי יכולה להציל בנפשו וא"צ לדקדק להציל באחד מאבריו. וא"כ שפיר **פטור מדמי האשה משום שהוא רודף לגבי האשה עצמה** ובזה הוי מיתה ותשלומין לחד לענין דמי הנהרג. וע"כ שפיר דלרבנן ל"מ תפיסה משום דברודף לא מהני תפיסה גם כן. ואך לפי זה יקשה לנו דא"כ האיך חייב לרבי בדמי הנהרג דנהי דס"ל דנתכוין להרוג א"ז והרג א"ז פטור אבל אכתי יפטור מדין רודף. ואולם באמת ניחא דבאמת רודף לא שייך רק במתכוין להרוג. אבל כשאין מתכוין ל"ש רודף. ולהכי לרבי דס"ל דנתכוין להרוג זה והרג זה פטור ממיתה ומשום דלגבי' מיקרי שלא בכונה. וע"כ גם רודף לא הוי לגבי האשה כיון דלגבה הוי ההכאה בלא כונה. אבל לרבנן דס"ל דמתכוין להרוג את זה והרג את זה חייב מיתה. ומשום דאין בפ"מ אמי נתכוין דכיון דעכ"פ נתכוין להרוג ישראל מיחשב כמתכוין גם לזה שנהרג. וע"כ גם בהריגת האשה נחשב גם לגבי דידה כרודף אף שלא נתכוין לה. וכיון דהוי רודף משום הריגת האשה גם כן ובזה ל"מ מה שיכול להציל באחד מאבריו וע"כ ל"מ תפיסה נ"כ. משא"כ לרבי לא הוי רודף משום האשה כיון דאין מתכוין לה. ויותר ניחא לפמש"ל דרודף לענין שיפטור משום קלבד"מ ליכא רק כשהרג באופן שיש על הריגה זו דין חיוב מיתה מצד רוצח ואז חלה עליו דין חיוב מיתה מצד העבירה גופא אז פוטר. אבל אם רוצה להרוג על ידי גרמא ליכא חיוב מיתה מצד רוצח. אע"פ שמותר להורגו משום הצלת הנרדף אבל אינו פוטר. ודאי ניחא דלרבנן דמחייבי מיתה משום רוצח יש עליו דין רודף לפטור. ולרבי דפוטר משום רוצח גם רודף לא הוי. דאע"פ שמותר להורגו משום הצלת הנרדף אבל אינו פוטר משום קלבד"מ:

והנה במכות (דף ט"ז) פריך הגמרא אי דקטלה קלבד"מ. והקשו התוס' דלוקמא בשוגג [וכוונתם דאף דחייבי שוגגין

בהדלקתו. ודומה לרודף שכתב הרשב"א דמסלקינן הך מעשה לענין חיוב ממון. וה"נ שנתחייב מיתה תיכף בהדלקתו הי' לנו לסלק חיוב הממון. וגם בל"ז קשה הירושלמי לפמ"ש הנמ"י בסוגיא דאשו משום חציו על הקושיא דאיך אנו מדליקים בע"ש למ"ד משום חציו. ותירץ דכל מה שהולך ודולק אח"כ חשבינן כאילו עשה הכל ברגע שהדליק. ומה"ט אם מת קודם הדלקת כל הגדיש גם כן רמי חיובא על נכסיו. דעיקר החיוב על תחילת הדליקה דמה שדולק אח"כ אנוס הוא דא"א לאהדורי ע"ש. ואם כן מה הקשה הירושלמי דלחייב על **שבולת** השני דהרי אז אנוס הוא כמש"כ הנמ"י. ורק על **התחלת** הדליקה מחייבים אותו ועל זה הרי מחויב מיתה:

יב) **והנה** לפמש"ל י"ל דקושית הירושלמי היא לפי מה דמסקינן דכ"ע ס"ל דאשו משום ממונו ג"כ ולכן הקשה דלתחייב על שבולת השני משום ממונו היינו אם יכול להציל. דנהי דעל התחלת דליקה הוי קלבד"מ. אבל בכ"ז לא מסלקינן המעשה לגמרי וכשיכול להציל יתחייב על שבולת השני משום ממונו. והא דכתב הנמ"י דמה שדולק אחר כך אנוס הוא. היינו למ"ד משום חציו לחוד. או גם למ"ד משום ממונו אם אינו יכול לכבות. וע"כ דאז מחייבים אותו על תחילת הדליקה. אבל כשיכול לכבות ומתחייב גם אחר כך משום ממונו. אולם כל זה ניחא להרשב"א. אבל לתלמידי הרשב"א דס"ל דאם קלבד"מ על תחילת הדלקתו שוב לא מתחייב גם על מה שדולק אחר כך משום ממונו וכנ"ל (באות ז'). קשה טובא מהירושלמי הנ"ל דאיך יתחייב על שבולת השני. כיון דנתחייב מיתה על שבולת הראשון שהדליק ומסלקינן המעשה לגמרי ממנו. ואיך אפשר לחייבו על מה שדולק אחר כך:

ג) **והנראה** לענ"ד ליישב קושית השער המלך באופן דאדרבה יהי' סיוע מזה לשיטתם. דהרי יש להקשות לפי מה שהבינו בהירושלמי דאיירי שהדליק רק שבולת א' ב ואח"כ הולך האש מעצמו ודולק. אם כן מאי משני דעל כל שבולת יש בה התראת מיתה. ותמוה דכיון דהוא אינו עושה כלום אח"כ והאש הולך מעצמו איך חייב מיתה על כל שבולת הא אין כאן רק חילול שבת אחת בהדלקת שבולת הראשון. ואין נפ"מ אם דולק הרבה שבולת ע"י הדלקתו הראשונה. או אינו דולק רק שבולת שהדליק. ואף רבוי בשיעורא נראה דלא שייך בהבערה דאין להבערה שיעור *). וא"כ איך תירץ דחייב על כל שבולת. כיון דאין כאן רק חילול אחת. ועכצ"ל דקושית הירושלמי לא הי' כלל

שוגגין גם כן פוטר היינו ממון אבל מלקות אין פוטר בשוגג כמבואר בחולין (דף פ"א). ודברי הרש"א תמוהים ע"ש]. ותירצו התוס' דבשוגג ל"ת ניטלו. ובגליון רע"א הקשה דאפשר דקטלה במזיד ולא התרו דהוי נטלו ע"ש. והי' נראה לענד"ל דברולא גם בלא התראה פוטר משום דין רודף דרודף מיקרי כחייבי מיתות מזידים וכמש"כ הקצות בסימן כ"ת. ולא נוכל לאוקמי שיכולה להציל באחד מאבריו עפמש"ל דגם ביכול להציל מאחד מאבריו כשהממון ג"כ מתחייב להנרדף פוטר. ומשום דהנרדף עצמו יוכל להורגו גם בכה"ג. ואם כן ה"נ באונס שמתחייב מלקות ג"כ משום שגירשה והמיתה דקטלה הוא גם כן בעדה. מיקרי הכל לאחד ופוטר גם ביכול להציל באחד מאבריו. ובשכבר הימים אמרתי חדוש זה לאדמו"ר ואמר כי רודף אין פוטר רק מממון אבל לא ממלקות. והנה יש להביא סמוכין לזה מסנהדרין (דף ע"ג) והיינו דהרי הך קושיא שהקשה שם בסנהדרין אהך דאלו נערות שיש להם קנס דהא הוי רודף. יש להקשות גם כן על הך משנה דאלו הן הלוקין דלפטור ממלקות משום דהוי רודף. וזה לא יתורץ במה דמשני שם משעת הערארה דפגמה איפטר מקטלא ממונא לא משלם עד גמ"ב. דהא למ"ד הערארה זו נשיקה לוקה גם כן על נשיקה. וע"כ מוכח דרודף אין פוטר ממלקות:

והאומנם כי יש לדחות דהך דאלו הן הלוקין איירי בגמר ביאה ובאחות לא ילקה על הערארה באונס בח"ל רק בגמ"ב דכבר איפגמא ולא הוי רודף. ואולם כזה יקשה גם על הגמ' דכתובות דמקשי מאלו הן הלוקין על הך דאלו נערות שיש להם קנס וקיי"ל דאין לוקה ומשלם. ומתרץ עולא כאן באחותו נערה כאן בבוגרת וס"ל דממונא משלם ולא לקי והו"ל לאוקמי הכל באחותו נערה והא דלוקין היינו בגמר ביאה. וכבר הקשה כן הדו"ת ובשאר בלע"ג. ומכבר אמרתי ליישב עפ"ת דאמרינן בכתובות (דף נ"ב) באשת ישראל שנאנסה אף שסופה ברצון שריא דיצר אלבשה. ומבואר מגדולי האחרונים דגם לגבי איש שייך הך דיצר אלבשה. עיין פנ"י שהקשה מהא דריש **מחייב על כל כח. [תאמת כי קושיא זו בנקל יש ליישב** דכל דתחילת הביאה הוי ברצון ובאיסור חייב גם על הגמר ול"ש הך דיצרו תוקפו דהוא עצמו הביא לזה ברצון]. ובהפלאה הקשה בהך דגזרינן בח"ל גזרה הערארה אטו גמ"ב. ומבואר דס"ל דגם באיש שייך כן. וכ"כ להדיא בת' רע"א דכ"ש באיש אמרינן יצרו תוקפו. ולפ"ז מיושב קושית הדו"ת הנ"ל דכיון דלעולא הדין דממונא משלם ולא לקי א"כ על הערארה הוי כאונת כשאנו דנין לענין חיוב מלקות דהממון פוטר המלקות. וכיון דהוי כאנוס על הערארה שוב גם על הגמ"ב אי אפשר לחייבו דאמרינן יצרו אלבשי'. ועפ"ז נתעורר גם כן הראי' מסנהדרין דרודף אין פוטר ממלקות. דאל"כ הו"ל להקשות גם על הך דאלו הן הלוקין דהו"ל רודף בתחילת ביאה ושוב גם על הגמ"ב אי אפשר לחייב מלקת ומשום דיצר אלבשי'. דהרי על תחילת ביאה הוי כאונס ומשום דהי' רודף. ואולם זה תליא ג"כ אם קלבד"מ מסלק המעשה לגמרי. או דרק על שעה זו אי אפשר לחייבו. דאם לא מסלק המעשה לגמרי חשבינן התחלת הביאה כפושע ונוכל לחייב על גמר ביאה מלקות ולא שייך יצר אלבשי':

*) הג"ה [**ובזה** אמרתי ליישב מה שהקשה המנ"ח בהא דתירץ המהרי"ט דבשוחט בשבת ל"ש אי עביד לא מהני. ומשום דלא יתוקן האיסור. והקשה המנ"ח דלפי מה דאמרינן בחולין דאין מזמנין עכו"ם על בני מעיים דלדידהו הוי כאבר מה"ת. ורק בשחיטה כשרה אמרינן מי איכא מידי דלישראל שרי ולעכו"ם אסור. אבל כשנתנבלה בשחיטה אסורים הבמ"ע לבני נח. וא"כ קשה דנימא אי עביד לא מהני בשוחט בשבת ויהיה נבלה ויתוקן האיסור בזה. דאם תהי' השחיטה כשרה הרי יש רבוי בשיעורא דמותר גם הבמ"ע. ואם לא תהי' השחיטה כשרה יהיו אסורים הבני מעיים לב"נ. עיין שם במוסף השבת. **אך לענ"ד דבשחיטה דליכא שיעור לא שייך רבוי בשיעורא דרבוי בשיעורא ליכא רק במקום שיש שיעור למלאכה ואז** אמרינן דרבוי בשיעורא הוא איסור יותר. אבל במלאכה דליכא שיעור אין נפ"מ ברבויא. וע"כ בשחיטה דהחיוב **הוא משום נטילת נשמה דליכא שיעור אין נפ"מ בין שוחט** בהמה גדולה או קטנה. הכל האיסור שוה]:

הלכה יג כל גנב שיש לו דמים אם נפל עליו גל בשבת מפקחים עליו ואם שבר כלים בביאתו חייב בתשלומין. אבל מי שאין לו דמים ששבר כלים בביאתו פטור כמו שבארנו.

בסנהדרין דף ע"ב ע"ב איתא ת"ר דמים לו בין בחול בין בשבת, אין לו דמים בין בחול בין בשבת, בשלמא אין לו דמים בין בחול בין בשבת איצטריך סד"א מידי דהוי אהרוגי ב"ד דבשבת לא קטלינן קמ"ל דקטלינן אלא דמים לו בין בחול בין בשבת השתא בחול לא קטלינן ליה בשבת מיבעי אמר רב ששת לא נצרכה אלא לפקח עליו את הגל, ופירש"י אם כשהיה חותר נפל עליו הגל מפקחין עליו היכי דלא בא על עסקי נפשות, אבל אם בא על עסקי נפשות כיון דניתן להרגו בלא התראה גברא קטילא הוא משעת חתירה עכ"ל והדברים תמוהים דהא בשלא ממחתרת אסור להרגו, כיון דהשתא אינו רודף, וא"כ כשנפל עליו הגל ואינו רודף אמאי הוא גברא קטילא במאי שאני מילא ממחתרת, וכבר עמדו ע"ז הגאונים בספר אור גדול ובס' אחיעזר ושניהם לדבר אחד נתכוונו דהרמב"ם אינו סובר כרש"י מדלא כתב גבי מי שאין לו דמים דאם נפל עליו הגל אין מפקחין, וכתב רק דאם שבר כלים פטור, וטעמא משום דמי שאין לו דמים משכחת לה דאם יפקחו הגל ויצילוהו אז שוב יהרוג את בעה"ב ואז בודאי אין להצילו, ואם הוא ודאי דאחר שיפקחו הגל לא יוכל להרוג כגון שהוא שבור ורצוץ אז בודאי מפקחין, ובמה דאשמעינן גבי יש לו דמים דמפקחין כתב באור גדול דהוא דלא נימא בשיש לו דמים הוי מיעוט דהוא רודף, ולכן אף דאסור להרגו מ"מ אין מחללין, ולי נראה יותר לבאר זה עפ"מ שהקשה הרמ"ה ז"ל ביד רמה דאמאי מפקחין אפי' בשיש לו דמים, דמ"ש מרועי בהמה דקה דלא מעלין ולא מורידין ותי' דהכי דוקא בהוחזקו אבל זה לא הוחזק אלא באקראי וא"כ יש לומר דזה גופא אשמעינן קרא דלא רק דאסור להרגו, אלא דחייב להצילו אפי' בשבת דלא נימא דהוי כרועי בהמה דקה.

אבן בדעת רש"י נשאר בס' אחיעזר בצ"ע ובאור גדול כתב לתרץ דברי רש"י במה שבנה ליסוד דאם זה שאין לו דמים הפילו עליו הגל כדי להרגו בזה דאז אם הוא חי בתוך הגל והוא שבור באופן שכבר לא יוכל להרוג דמ"מ אין מפקחין עליו הגל בשבת כיון דע"י מעשיו התיר עצמו למיתה והביא עליו הסכנה דפשע בעצמו, ומש"ה אף בנפל עליו הגל בעצמו כשהיה במחתרת אין מחללין עליו כיון דמקודם היינו מפילים עליו הגל הוי גברא קטילא ואין מחללין עליו את השבת, ולפי דבריו יוצא לנו חידוש דמאבד עצמו לדעת אין מחללין עליו את השבת כיון דפשע בעצמו, ואף דר"ל דדוקא הכא כיון דע"י פשיעתו נתחייב להרוג אותו והוי גברא קטילא, אבל המעיין בדבריו יראה דהעיקר נחת לה בשביל דפשע, ודימה זה לנגדי הא דאומרים לאדם חטא בשבת דף ד' בתוס' שם, אכן לבד דעיקר יסודו באם הפילו עליו כדי להרגו אינו מבורר אך גם אם יהיה כן אינו מוכרח דמשום זה אין מחללין בנפל עליו הגל כיון דעכשיו יש לו דין יצא ממחתרת, והפלת הגל לא היה כדי להרגו.

ונראה דרש"י לשיטתו דסובר דדין מחתרת הוא דוקא כשהוא ודאי רודף דאמרינן דשאר כל אדם הוי ודאי רודף וכמש"כ רש"י בפסחים בהא דדרשינן לאור יקום רוצח אי פשיטא לך מילתא דאנפשות קאתי, דהיינו בבן על האב והתוס' הקשו שם וכאן דלא בעינן ברור כנהורא דהוא רוצח, עכ"פ מוכח דדעת רש"י דמספק לא היה לו דין מחתרת, א"כ נוכל לומר דאם נפל עליו הגל הוי ספק אצלנו אם אחר שיצילו אותו אם יוכל להרוג ולא הוי ודאי רודף, וא"כ י"ל לדעת רש"י דבזה מהני גם ספק רודף כיון דכבר היה עליו דין רודף, נחשב לענין זה כגברא קטילא שכבר אין לו חזקת חיים שיהיה חובה להצילו כיון דהאכתי הוי ספק שמא יהיה רודף, אבל אינש דעלמא שיהיה לנו ספק שמא הוא רודף, לא רק דאסור להרגו אלא דחייב גם להצילו דאין מחזיקין אותו בספק רודף.

והרמב"ם לשיטתו דסובר דגם מספק שיהרוג אין לו דמים וכמש"כ בהל' יא דאף דמעיקר דינא אמר רבא חזקה וכו', מ"מ גם אם הוי ספק כמו ביום אין לו דמים, א"כ ליכא כלל חידושא בהא דאין לו דמים, דממ"נ אם ודאי שלא יוכל להרוג ודאי חייב להצילו אפי' בשבת, ואם ספק שמא יהיה רודף הרי הוא כבתחלה, דגם מתחלה מטעם ספק כבר אין לו דמים ולכן לא כתב הרמב"ם בהא דאין לו דמים דין דאין מפקחין וכנ"ל.

במה שכתבתי בפרק א' הלכה י"ד במה שהובא בס' אפיקי ים מדברי אדמו"ר הגר"ח זצ"ל דתבריה או שחייה נעשה גזילה חדשה והי"נ נעשה גנבה חדשה, ועמדתי שם דאפי' לפר"ד הריטב"א והגרעק"א המובא שם יש לחלק דהתם לא נתחייב בחיובי גזילה, ראיתי אח"כ בהעתק מדברי ידידי הגאון מוהררב"ד שליט"א שמביא דברי רבינו ומבואר שם דלזה מהני תחלת מעשה הגנבה ומצטרף מעשה הגנבה למעשה השבירה, ואם אמנם הוא חדוש גדול אבל כבר אין מקום למה שעמדתי שם בזה ע"ש.

תחת עין ממון, היינו שהוא ראוי לחסרו אבר והממון הוא בגדר כופר, וכדכתיב לא תקחו כופר לנפש רוצח, אבל אתה לוקח כופר להבנות, א"כ אין הענינים סותרים ופרשינן קרא דאם יש חשש סכנה אז מצילין אותו בקציצת כפה ואם לא אפשר אז מצילין אותו בנפשו כדכתיב לא תחוס עיניך וכמש"כ הרמב"ם בהל' ח', ואם אין סכנה אז צריך לקצות את כפה בשביל שהכה אותו אלא דזה שני הכופר דזהו ממון,

הלכה ט אף זו מצות עשה שלא לחוס על נפש הרודף לפיכך הורו חכמים שהעוברה שהיא מקשה לילד מותר לחתוך העובר במעיה בין בסם בין ביד מפני שהוא כרודף אחריה להרגה. ואם משהוציא ראשו אין נוגעין בו שאין דוחין נפש מפני נפש וזהו טבעו של עולם.

כ' הכ"מ וז"ל בספ"ז דאהלות האשה שהיא מקשה לילד מחתכים את הולד במעיה ומוציאין אותו אברים אברים שחייה קודמים לחייו, יצא אין נוגעין בו שאין דוחין נפש מפני נפש, ובפ' בן סורר בהא דאמר רב הונא קטן הרודף ניתן להצילו בנפשו איתביה יצא ראשו אין נוגעין בו שאין דוחין נפש מפני נפש, שאני התם דמשמיא קא רדפי לה, וזהו שכתב רבינו וזהו טבעו של עולם עכ"ל, ודברי הכ"מ אינם מספיקים לבאר דברי הרמב"ם דעכ"פ מכיון דאמרינן דבשביל טעמא דמשמיא קא רדפי לה אין להעובר דין רודף א"כ גם בלא יצא ראשו אמאי יש לו דין רודף. ולולי דברי הרמב"ם היינו מפרשים בטעמא דמתני' דכיון שחייה קודמים לחייו א"צ לטעם רודף, אבל טעם רודף קשה:

ושמעתי בשם אדמו"ר גאון ישראל מוהר"ח זצ"ל דדין משמיא הוא דקא רדפי לא מהני אלא אם הוא הילוד, שצריך שבשביל מעשיו יהיה עליו דין מצילין הנרדף בנפשו והוא בגדר חיוב על הרודף, אלא דלא צריך מזיד וקטן נמי מצילין בנפשו, וראיה לזה דהא רודף פטור מממון משום קלב"מ, ומוכח דהוא בגדר חיוב, אבל כיון שהוא עובר הוי בדין משא המבואר בסוף פרק ח' מהל' חובל ומזיק דיש לה דין רודף. ומשמע דהוראתו דמשא ג"כ אינו רודף בפועל, אלא דכיון שאינו אדם מהני מה שממילא נעשה רודף וה"נ עכ"פ ממילא נעשה רודף, ולפי"ז צ"ל דיש שני דיני רודף וקשה דמנ"ל זה ובפשוטו דין רודף דמשא למד הרמב"ם מדין רודף דאדם, וכן כאן למד הרמב"ם דין עובר מדין רודף דאדם:

ונראה להסביר ע"פ דברי אדמו"ר לפי"מ שבארתי שם בביאור שיטת הרמב"ם דאין נ"מ אם הביא המשא בתחלה או ברשות, וטעמא משום דכל מי שיש בהספינה בין האנשים בין המשא הוו רודפים זה על זה אלא דאנשים לגבי המשא ליכא דין להציל המשא בנפשם, ומשא לגבי האנשים איכא דין להציל האנשים ולהשליך המשא. ולכן כאן אף דאיכא טעמא דמשמיא דקא רדפי, וכמו שכתב הרמב"ם שזהו טבעו של עולם, אין הכונה דאינו רודף כלל, אלא דכיון דזהו טבעו של עולם הויין שניהם רודפים זה על זה דהאשה במה שהיא סותמת בפני העובר מלצאת הוי מלמם דהוי נמי רוצח והוי כמו גבי משא, ולכן כתב הרמב"ם טעמא דרודף דבלא זה לא היה דין להרוג גם עובר, אבל כיון דאיכא טעמא דרודף דוחין העובר בשביל האשה, משום דאין דין להציל העובר בנפשה של האשה. ויש דין להציל האשה בנפשו של העובר. וכמו גבי משא, אבל אם יצא ראשו שהוא הילוד אין דוחין נפש מפני נפש כיון ששניהם רודפים זה על זה:

הלכה יג כל היכול להציל באחד מאבריו ולא טרח בכך אלא הציל בנפשו של רודף והרגו ה"ז שופך דמים. וחייב מיתה אבל אין ב"ד ממיתין אותו.

כתב הכ"מ דהרמב"ם למד מברייתא דר' יונתן בן שאול ומפרש דהא דאמר נהרג עליו אינו שב"ד ממיתין אותו דלא שייך ביה התראה, אלא דחייב מיתה לשמים, ולשון נהרג עליו ודאי לא משמע הכי. וגם מה שכתב דלא שייך ביה התראה נמי אינו מובן, וכבר כתב ע"ז הלח"מ שדבריו צריכין תלמוד:

ונראה לבאר דברי הרמב"ם שבדיוק כתב ולא טרח בכך, והיינו שלא רצה לטרוח ולדייק, והטעם בזה דכיון דאם הוא יכול להציל באחד מאבריו, והא יש כאן שאינו יכול להציל באחד מאבריו אלא בנפשו ודאי יש לאהר להציל בנפשו. ולכן גם כאן במה שאינו רוצה לטרוח ולדקדק להציל באחד מאבריו הוא שופך דמים. אבל עכ"פ אינו רוצח בזה שהורגו כיון דבלא אפשרות הצלה באחד מאבריו ניתן להצילו בנפשו. וכ"מ שאם אפשר לזרוק אותו באבן אחד שיציל בזה את הנרדף, וזרק בשני אבנים בב"א והרגו יהיה חייב מיתה אם התרו. בו דלא שייך בזה סברת לא טרח והוא פשוט, ובהא דר' יונתן בן שאול נראה דהרמב"ם סובר דכיון דתניא ר' יונתן בן שאול אומר מכלל דרבנן פליגי עליה, וטעמא דרבנן כמו שכתבנו:

והנה בפ"ט מה' מלכים הל' ד' כתב הרמב"ם בן נח שהרג נפש אפי' עובר במעי אמו נהרג עליו וכו'. וכן אם הרג רודף שיכול להצילו באחד מאבריו נהרג עליו משא"כ בישראל. וכתב ע"ז הראב"ד וז"ל וכן אם הרג רודף וכו' א"א קשיא ליה אבנר עכ"ל, ובאור דבריו כתב הכ"מ מהא דאמר בגמ' בסנהדרין דף מ"ט דיואב דן לאבנר דין סנהדרין דאמר ליה מ"ט קטלתיה לעשהאל, עשהאל רודף הוה. היה לך להצילו באחד מאבריו, לא יכילי ליה: ומוכח דטענת היה לך להצילו באחד מאבריו מהני להרגו, וכתב ע"ז הכ"מ דאינו דין גמור ע"ש בדבריו והוא דוחק, והמל"מ כתב שם דדוקא ב"ד אין הורגין אבל גואל הדם כמו דרשאי להרוג למי שהרג בשוגג ה"נ יכול להרוג למי שהיה יכול להציל באחד מאיבריו, ולכן לא קשיא מהא דאבנר דיואב גואל הדם הוי. ודברי המל"מ יתכנו רק לפי דברי הכ"מ דטעמא דפטור הוא משום דלא שייך ביה התראה. ולכן שפיר גואל הדם יכול להרגו, אבל המל"מ בעצמו כתב כאן שדבריו צריכין תלמוד. ולפימש"כ דכיון דאינו רוצה לדקדק אם הרג להציל אינו רוצח, א"כ גם גואל הדם לא מהני,

ונראה דהא בגמ' איתא דיואב השיב על טענת אבנר השתא בדופן חמישית כוונת ליה בא' מאבריו לא יכלת ליה, ולפי"מ שכתבתי דכל מה דפטור הוא משום דלא טרח להציל באחד מאבריו. וא"כ אם יכוין להדיא דוקא להרגו ודאי חייב מיתה. אלא דאי אפשר לברר דבר זה ולהרגו בב"ד. וכ"ש דלא שייך בזה התראה דהמציל יוכל לטעון שנזדמן לו כן בשביל שלא רצה לטרוח ולדקדק. אבל יואב טען שברור שהיה זה בכונה שכיון לדקרו במקום מיתות, ולכן גוה"ד שהרגו ודאי פטור ממיתה אבל ב"ד אין ממיתין אותו:

ואפשר לבאר בדברינו מה שתמה שם הכ"מ בזה שהראב"ד שתק כאן והשיג עליו בה' מלכים. דכאן ביאר הרמב"ם דבריו וכתב ולא טרח, ואפשר דזהו היכי דצריך טרחא ולא קשיא מאבנר אבל שם כתב בסתם דאם יכול להציל בא' מאבריו והרגו פטור בישראל, ולכן שפיר השיג עליו מאבנר, אבל כונת הרמב"ם שם הוא ג"כ באופן זה שכתב כאן משום דתמיד יכול ההורג להתנצל ולומר שרק משום שלא רצה לטרוח נזדמן לו ההכאה הממיתה ולכן לא קשיא מאבנר וכנ"ל:

פרק ב'

וההתראה מחלקתן לשני מעשים וא"כ ה"ה לענין מה שהביאה פוסלת בעינן ג"כ התראה או ידיעה המחלקת.

ט) אלא דלכאורה מצינו ראיה מפורשת לדברי הגרע"א מסוגיא דסנהדרין דע"ג אהא דפריך שם האיך מתחייב קנס בבא על אחותו והא רודף הוא וניתן להצילו בנפשו ומשני משעת העראה הוא דפגמה איפטר ליה מקטלא וממונא לא מחייב עד גמר ביאה ולפי הנ"ל תיקשי דחדא ביאה לתרי חיובי לא פלגינן.

י) אבל באמת ל"ק דחיובא דרודף שאני דאפילו קטן הרודף ניתן להצילו בנפשו אף דקטן לאו בר חיובא ולאו בר עונשים הוא וא"כ א"א דהרדיפה היא מעשה המחייבת כשאר העבירות אלא דצריך להורגו מפני הצלת הנרדף וגזה"כ היא דהותר דמו של הרודף אפילו אם יהיה אנוס גמור כמו בתינוק בן יומו וכיון דמשעת העראה הוא דפגמה ואין צורך להצילה עוד ממילא פקע חיובו של הבועל דשוב אינו רודף אבל לענין חיוב עונשין דהמעשה היא המחייבתו א"א לחלק ביאה אחת לשני חיובים כנ"ל.

יא) בסוגיא דסנהדרין שם פריך הניחא למ"ד העראה זו נשיקה אלא למ"ד העראה זו הכנסת עטרה מא"ל דאין לחייבו קנס על גמר ביאה דאז היא בעולה ובתוס' יבמות דנ"ט הקשו ע"ז דאי נימא דלעולם אינו מתחייב קנס על העראה אלא על גמר ביאה א"כ צ"ל דבהכי חייביה רחמנא אף שלעולם היא בעולה בשעת גמר ביאה ומאי קושיא הכא טפי מבעלמא והגרע"א זצ"ל תירץ קושיתם לפי מ"ש תוס' פ' הניזקין דנ"ג לענין מנסך דאיכא מ"ד דפטור על הניסוך דקי"ל בדרבה מיניה אף דמשעת הגבהה הוא דקניה ואינו מתחייב מיתה עד שעת ניסוך דכיון דאילו ניסכו אחר פטור דמצי אמר הרי שלך לפניך ובמקום דקי"ל בדרבה מיניה הוי כאילו ניסכו אחר וה"נ כאן דבאמת בשעת גמר ביאה היא בעולה אלא דבהכי חייביה רחמנא כאן דגם ההעראה נעשית על ידו אבל אילו היו ההעראה והגמר ביאה ע"י שני אנשים בודאי היה השני פטור והיכא דבהעראה קי"ל בדרבה מיניה הוי כאילו הערה בה אחר ושוב לא יתחייב על הגמר ביאה ע"כ דבריו.

יב) ונראה שאין הדמיון עולה יפה דלענין מנסך שפיר איכא למימר דהוי כאילו ניסכו אחר דהא אלו לא נתנסך כלל ודאי היה פטור וא"א לחייבו בלא ניסוך א"כ הניסוך הוי כחלק ממעשה המחייבת ואף דבאמת החיוב הוא בשביל ההגבהה והניסוך אינו אלא כתנאי להחיוב מ"מ גם בזה שייך לומר קי"ל בדרבה מיניה כיון דעכ"פ א"א לחייבו בלא ניסוך אבל הכא אין צורך כלל להעראה לענין חיובו דאילו היה אפשר לעשות הגמר ביאה בלא העראה כלל ודאי היה מתחייב בקנס דגמר ביאה היא ביאה שלימה בפני עצמה דדוקא בהעראה איצטריך קרא לעשות את המערה כגומר אבל בגמר ביאה לא צריך קרא כמבואר במשנה פ"ב דשבועות דחייב חטאת על גמר ביאה לחודא שיציאתו הנאה לו כביאתו והא דפטור בהערה בה אחר אין הטעם דא"א לחייבו בלא העראה אלא דע"י העראת אחר נעשית בעולה ובהעראת עצמו אינה חשובה כבעולה אבל אין צורך כלל בההעראה להחיוב אלא דהעראת אחר פוטרתו משום בעולה והעראת עצמו אינה פוטרתו וכיון דבלא קי"ל בדרבה מיניה אינה חשובה כבעולה ע"י העראה ה"נ לא תיעשה בעולה ע"י קי"ל בדרבה מיניה.

יג) ובקיצור דקי"ל בדרבה מיניה משוי להמעשה כאילו לא נעשית כלל ובניסוך נחשב כאילו לא היה ניסוך כלל ויכול לומר הרי שלך לפניך ולענין העראה ג"כ נחשב כאילו לא היתה כאן העראה כלל וממילא מתחייב בשביל הגמר ביאה גרידא.

יד) ובעיקר הדבר אם שייך לומר קי"ל בדרבה מיניה בתנאי כגון בנשבע שלא אוכל ככר זו אם אעשה מלאכה בשבת מצינו מחלוקת בזה והוא בסוגיא דביטלו ולא ביטלו במכות דפריך שם לענין אונס שגירש בטלו היכי משכחת לה אי דקטלה קי"ל בדרבה מיניה ומבואר שם ברש"י ותוס' דביטול העשה אינו חלק מעבירת הלאו אלא כתנאי הוא חשוב ומשו"ה לא שייך התראה על ביטול העשה ולפי"ז מוכח מפירכת הש"ס דגם בתנאי אמרינן קי"ל בדרבה מיניה.

טו) אבל בחידושי הריטב"א שם הביא ראיה מפירכת הש"ס לשיטת הגאונים דביטול העשה הוא חלק מהעבירה ולא כשיטת רש"י דאינו אלא

קצט) רש"י ד"ה מילתא דקשיא לן וכו' מוטב לעבור על מלאכה בידים ומקור דברי רש"י אלו בתוספתא, דקאמר הכי ר' יהושע לר"א, והיינו דר"י לטעמיה, גבי מתן א' שנתערב במתן ארבע, ינתן במתן א' מה"ט דשוא"ת עדיף, אבל רש"י כתב זה בדברי ר"א, קשה, דהא ר"א פליג וס"ל אדרבה קו"ע עדיף, כמבואר בעירובין דף ק' גבי עולה באילן, דס"ל לר"א מה"ט, ירד, וצ"ל דכונת רש"י, למאי דדחי שם בגמ' דמודה ר"א דלא ירד דעד כאן לא קאמר ר"א קו"ע עדיף אלא היכא דעביד מצוה, עיי"ש, אבל הכא לא עביד מצוה, אלא פורש מעבירה ע"י עבירה, מודה ר"א דשוא"ת עדיף.

ר) ובעיקר ד"ז דשוא"ת עדיף, דלכאורה הטעם משום דקו"ע חמור משוא"ת, ותיקשי, למ"ש הר"ן שילהי יומא בטעמא דשוחטין לחולה בשבת, ואין מאכילין אותו נבילה, משום דנבילה אסור כל זית וזית, ומלאכה דשחיטה אינה אלא אחת, וה"נ בל יראה עובר בכל רגע, והאפיה אינה אלא מלאכה אחת, וצ"ל דאין הטעם הכא משום קולא וחומרא, אלא דשני האיסורין אינן דוחין זל"ז, וממילא שוא"ת עדיף, ואפילו אם בשוא"ת האיסור חמור יותר, מ"מ אינו דוחה לאיסור קל, דאיסורין אינן דוחין זל"ז.

רא) דף מ"ט: בהא דממון מסור מותר, משום ק"ו, דגופו מותר ממונו לא כ"ש, קשה, דהא דגופו מותר הוא משום דהוי רודף, ומותר משום הצלת הנרדף, ואי לאו טעמא דהצלה גם גופו אסור, ולענין ממונו, הא איירי דאין בזה משום הצלת הנרדף ואין כאן ק"ו, והנה בתוס' סנהדרין ע"ג כתבו, דהא דאיצטריכו תרי קראי ברודף, הוא חד לרשות וחד למצוה, ואפשר, דטעמא דהצלת הנרדף הוא לענין המצוה, אבל לרשות א"צ לה"ט, אלא גזה"כ, דבשעה שהוא רודף אין לו דמים וגופו מותר בלאו טעמא דהצלת הנרדף, והא דאסור להורגו אם יכול להציל באחד מאבריו אפשר, דאז לא מיקרי רודף, אלא האבר הוא הרודף, דדין רודף אינו תלוי במה שרצונו להרוג, דהא אפילו תינוק בן יומו מיקרי רודף, אם ההריגה תהא על ידו, וביכול להצילו באחד מאיבריו, ההריגה תהא ע"י האבר.

רב) ולפי זה יש להסתפק במסור מוחזק, שנשתטה, דעכשיו תו לא הוי רודף, מ"מ כיון דקודם שנשתטה היה גופו מותר, גם בלאו טעמא דהצלה אפשר לומר דבמה שנשתטה לא נתעלית מדרגתו יותר מקודם שנשתטה, אבל אינו נראה כן, דהא דאין לו דמים הוא רק בשעה שהוא רודף, אבל אחר שיצא ממחתרת הרי הוא ככל אדם ואסור להורגו, וה"נ כשנשתטה דעכשיו אינו רודף.

רג) בהא דאין מכריזין על אבידת ע"ה, כתב הר"ן, דאינו חייב לחזור אחריה, אבל אם באתה לידו חייב להשיבה, קשה להבין טעם החילוק, דממ"נ, אם ע"ה הוא בכלל אחיך, חייב לחזור אחריה, ואם אינו בכלל אחיך כמו שפירש"י ה"ה כנכרי, דאבידתו מותרת.

תמיד נשחט

רד) דף נ"ח: מ"ש בתוס', דאיצטריכו תרי קראי דתמידין קודמין למוספין, חד לעבודת הדם וחד להקטרה קשה, דהא מקרא דלעולת התמיד ילפי' לכל התורה, דתדיר קודם לשאינו תדיר וא"כ מ"ש הקטרה מכל המצות דילפינן מעבודת הדם.

ומ"ש בתוס', וליכא למימר דאיצטריך קרא יתירא, לציבור שאין להן תמידין ומוספין אלא כדי אחד מהן וכו' והיינו, דשני דינין חלוקין הן א) דין קדימה כשיש שניהן, ב) דין דחיה כשאין לו אלא כדי אחד מהן, דשאינו תדיר נדחה מפני תדיר, כמ"ש הרא"ש פ' במה מדליקין, ולכאורה כיון דאסור להקריב מוסף קודם לתמיד מפני דין קדימה, א"כ כשאין להן אלא כדי אחד מהן ע"כ צריך להקריב התמיד, דאל"ה נמצא מקריב מוסף קודם לתמיד, וצ"ל, דאין איסור בקדימת שאינו תדיר, אלא מצוה להקדים התדיר, והיכא דליכא לתמיד כלל, מותר להקריב שאר קרבנות דומיא מ"ש במרדכי, דהיכא דאנוס בעשית ציצית מותר ללבוש בגד בלא ציצית, משום דליכא איסורא ללבוש בגד בלא ציצית, אלא דאיכא מצוה לעשות ציצית ואנוס רחמנא פטריה

למ״ד אינה לשחיטה אלא בסוף יתחייב בדו״ה, ולמ״ד ישנה לשחיטה מתחילה לא יתחייב, ושמא י״ל דבכה״ג לכו״ע יתחייב על הגמר, כיון דאילו לא גמר לא היתה ההתחלה גרידא שחיטה כלל, א״כ נמצא שע״י הגמר הוא עושה שתהא שם שחיטה גם על ההתחלה הוי כאילו עשה את כל השחיטה.

יב) ע״ב. תוד״ה הא מני ב״ש וכו׳ דחשיב כאחר, ואין זה אותו שבא לידה בתורת אתנן וכו׳. והקשה בתוס׳ רי״ד, דא״כ אם נתן לה טלה באתננה ונעשה איל לישתרי למזבח, כמו בחיטין ועשאן סולת, והנה מלשון הגמ׳ טלה ונעשה איל נעשה שינוי, משמע דדוקא בכה״ג הוי שינוי, אבל אם גנב טלה ונעשה פילגס, או שגנב פילגס ונעשה איל לא הוי שינוי ואף דלכאורה תיקשי דא״כ איך הוי שינוי מטלה לאיל, הא בינתיים נעשה פילגס, ובין טלה לפילגס אינו שינוי, ואח״כ מפילגס לאיל ג״כ לא הוי שינוי ואימתי נשתנה, הא לא קשיא, דתלוי אם נשתנה עכשיו מכפי שהיה בשעת הגזילה, והתינה לענין גזילה, אבל לענין אתנן כיון דבשעה שהיה פילגס עדיין עמד בפסולו, איך יוכשר כשנעשה איל, הא מפילגס לאיל לא הוי שינוי, ואין לומר דגם גבי אתנן הכל תלוי בשעה שנתן לה, ואם עכשיו נשתנה מכפי שהיה בשעת נתינה, פקע מיניה שם אתנן, דפסולו תלוי בכל שעה ושעה, במה שעדיין יש עליו שם אתנן גם עכשיו, הא ליתא, דהא מבואר בגמ׳ דאיצטריך קרא להכשיר ולד אתנן, ואילו בבעל מום ודאי לא צריך קרא להכשיר את הנולד מבעל מום, והיינו דבבע״מ, פסולו בכל שעתא, מפני שהוא עכשיו בע״מ, דבמה שנעשה בע״מ לא נפסל לעולם, ואילו עבר מומו הוא כשר, וא״כ אין שייך לפסול את הולד שאינו בעל מום, אבל באתנן, בשעה שנעשה אתנן נפסל לעולם ואילו משכחת שיהא נפקע ממנו שם אתנן, לא יחזור להכשרו, ומשו״ה אי לאו קרא היה פסול גם הולד אף שאין עליו שם אתנן, וא״כ א״א להתירו בשינוי אלא א״כ נשתנה מכפי שהיה בשעת פסולו כמו בחטין ועשאן סולת אבל הכא דבשעה שהיה פילגס עדיין היה פסול, ומפיגלס לאיל ליכא שינוי א״א להכשירו.

יג) תוד״ה הן ולא שינוייהם, תימא דבסמוך נפקא ליה לרבה דשינוי קונה מקרא אחרינא וכו׳. ולולי דבריהם היה אפשר לומר דאיצטריכו תרי קראי, דמקרא דהן ולא שינוייהם מוכח, דע״י השינוי פנים חדשות באו לכאן ואין זה שגזל, אבל אכתי לא ידעינן דפקע מיניה חיוב השבה, דשמא חייב להשיב גם אם אינו כעין שגזל, ולזה ילפינן מקרא דבעינן שיהא כאשר גזל, ואי מקרא דאשר גזל אכתי לא ידעינן דמפני השינוי לא הוי כעין שגזל, דאפשר דגם אם נשתנה אכתי מיקרי כעין שגזל, ולא אמרינן דע״י השינוי פנים חדשות, וכדחזינן גבי אתנן דאי לאו קרא היה פסול גם כשנשתנה, ולא אמרינן אחר הוא ולא אותו שנתן לה, וה״נ גבי גזילה אכתי מיקרי כעין שגזל, ולפי״ז למ״ד שינוי אינו קונה אפשר לפרש שני טעמים: א) דע״י השינוי לא נעשה פנים חדשות, ואכתי מיקרי כעין שגזל, ב) דאפילו לא הוי כעין שגזל מ״מ חייב להשיב, דלענין חיוב השבה לא בעי שיהא כעין שגזל, אבל למ״ד שינוי קונה צריך לשני הטעמים יחד, וחדא בלא אידך לא סגי, ובדעת תוס׳ שלא תירצו כן, נראה דכיון דקרא דאשר גזל הוא קרא יתירא, דאתא לאשמועינן דאם לאו כעין שגזל לא יחזיר ממילא מוכח מזה דע״י שינוי לא מיקרי כעין שגזל, דאי נימא דגם לאחר השינוי אכתי הוי כעין שגזל, א״כ קרא יתירא למאי איצטריך ומה בא ללמדנו, אלא דהתינח דאפשר למילף מקרא דאשר גזל, אבל מקרא דגבי אתנן, אי לאו כאשר גזל, אין ראיה דנפטר מהשבה, דשפיר י״ל, דלא בעי כלל שיהא כעין שגזל, ומדברי תוס׳ מבואר, דמקרא דגבי אתנן גרידא ידעינן דשינוי קונה, וזה צ״ע.

יד) דף ס״ו. בהא דילפינן דשינוי קונה מקרא דאשר גזל, לכאורה קשה, דמקרא לא ידעינן אלא דאינו חייב להחזיר לאחר שנשתנה, וגם אינו יכול לומר הרי שלך לפניך, אבל אכתי מנא ידעינן דנקנה להגזלן ע״י שינוי, וצ״ל דהא בהא תליא, דכיון דפקע דין השבה ממילא הוא קנוי להגזלן מגזילה הראשונה, ויסוד לזה,

מסוגיא דסנהדרין ע״ב דאמר רב, הבא במחתרת בדמים קנינהו דקלב״מ, ואיזה קנין יש בקלב״מ, ומוכרח מזה, כיון דמשום קלב״מ מיפטר מהשבה, הגזילה נקנית להגזלן, דאי לאו חיוב השבה הגזלן קונה את הדבר, והא דלא קיי״ל כרב בהא, היינו דס״ל דלא שייך קלב״מ אלא היכא שצריך לשלם משלו, ולא בהשבת חפץ שאינו שלו, אבל בהא דבלאו חיוב השבה נקנית הגזילה להגזלן כו״ע ס״ל הכי, ובאמת דבר תימה הוא, מאיזה טעם תועיל הגזילה לגזלן לקנות דבר שאינו שלו, אבל עכ״פ הדין הזה מוכח בגמ׳ ומשו״ה בשינוי, כיון שנפטר מחיוב השבה ממילא נעשית שלו ע״י מעשה הגזילה הראשונה, ואין להקשות, איך יקנה לאחר שנשתנית ע״י המשיכה הראשונה, דהא אפילו במוכר מדעת ואומר ללוקח משוך פרה זו ולא תקנה אלא לאחר ל׳ יום לא קנה, רק היכא דקיימא בחצירו, ומאי עדיפותא לקנות בגזילה לאחר זמן, היכא דמונחת ברה״ר, יותר ממקח מדעת בעלים, י״ל דהתם חלות הקנין הוא לאחר זמן ולא מהני משום דכלתה קנינו, אבל בגזילה חלות הקנין הוא לאלתר, אלא דחיוב השבה הוא דבר המפקיע קנינו בכל רגע, וכיון דנפקע חיוב השבה ע״י שינוי ממילא נשארת שלו דמיד בשעת הגזילה נעשית שלו על הזמן שלאחר פטור השבה, וזה דומה למוכר גופא מהיום ופירי לאחר ל׳ דהשדה נעשית שלו מיד, על הזמן שלאחר ל׳ ובכה״ג לא אמרינן כלתה קנינו.

טו) והנה למ״ד יאוש לא קני, אבל יאוש ושינוי רשות מהני, והטעם כתב במלחמות להרמב״ן, משום דלגבי לוקח בהיתירא אתי לידי, וכתב בקצה״ח, דלטעם זה הלוקח קונה מצד עצמו ולא מפני הקנאת הגזלן, ואם ימכור הגזלן לקטן לא יקנה דלא הוי דעת אחרת מקנה, וכן פירש לשיטה זו הגרעק״א בליקוטים בסוף ספרו דרוש וחידוש, ולפי״ז אם הקדיש הגזלן, לא מהני ההקדש רק מטעם שינוי השם, ולא משום שינוי רשות, דאמירת הגזלן לגבוה לא מהני, אבל בתוס׳ והרמב״ן כתבו, דמהני הקדשו משום שינוי רשות, ועוד קשה, ממ״ש בשו״ת הרשב״א סי׳ תתקס״ח דאין הלוקח יכול לקנות אלא מדעת הגזלן, ולפי פירושם דלגבי הלוקח הוי כאבידה לאחר יאוש שנקניה לכל המוצאה, למה צריך דעת הגזלן, וכתב בקצה״ח לתרץ, לפי דברי תוס׳ דף ס״ט שאסור לכל אדם לזכות בה, מפני הגזלן שצריך לה לקיים מצות השבה, אבל א״כ אין זו טענה מצד הגזלן לעכב חלות הקנין, אלא שיוכל לטעון שגורם לו הפסד והיא תביעת תשלומי היזק, ועוד דלמ״ד בחיוב דו״ה דבעי אהנו מעשיו במכירה, ואין הגנב חייב בדו״ה, אלא במוכר לאחר יאוש דנקנית ללוקח בשנוי רשות, ואי נימא דהלוקח קונה, מעצמו ולא מכח הקנאת הגנב, אין זו מכירה כלל אלא מגביה מציאה לאחר יאוש, אלא ע״כ דחלות הקנין הוא ע״י הקנאת הגנב, וראיה זו הביא בים של שלמה, והגרעק״א הביא ראיה לפירושו, מדברי הר״ן ספ״ק דקידושין, גבי מכרן וקידש בדמיהן מקודשת, דאף שהדמים אסורין למקדש, מ״מ כיון דמותר לה והיא קנתה מחמתו מקודשת, והביא הר״ן דוגמא לזה, ממקדש בגזל לאחר יאוש דמקודשת, אע״ג דיאוש כדי לא קני, וכל זמן שהוא בידו אינו קנוי לו, אפילו הכי כיון שקנאתו היא בנתינתו מקודשת, והכא נמי הנאה הבאה לה מחמתו היא, ופירש הגרעק״א כוונת הר״ן, שהיא קונה מעצמה, ולא מכח הקנאתו וכן בדמי איסוה״נ, ותימה, איך תתקדש כיון שלא נתן לה כלום, ומ״ש ממקדשה בכסף היכא דאפקעינהו רבנן לקידושין ע״י הפקר בי״ד דאינה מקודשת, מפני שזכתה מהפקר ולא משלו וה״נ זכתה במציאה לאחר יאוש, וכן המקדש בחלקו אינה מקודשת — קידושין נ״ב — משום דהוי ממון גבוה ואין לו כוח הקנאה, אלא ע״כ דבגזל לאחר יאוש חלות הקנין הוא מכח הגזלן וכן בדמי איסוה״נ, כיון דמותר לה מהניא הקנאתו, כמ״ש תוס׳ פ׳ אלו נערות ל״ג במוכר שור הנסקל לעכו״ם, אלא דסד״א דאף שהיא קונה מחמתו, כיון דלגבי דידי׳ הוא עפרא בעלמא ואין לו בו דין ממון, לא תתקדש גם ע״י הקנאתו ע״ז הביא הר״ן, מגזלן לאחר יאוש דמקודשת, כיון שקנתה מחמת הקנאתו, אף דכל זמן שהוא בידו אינו קנוי לו, ועוד דבר״פ הגוזל ומאכיל, פליגי אי רשות יורש כרשות לוקח דמי, וטעמא דמ״ד דלא

אבל אי נימא דחיובו הוא להתכפר ע״י העונש אתי שפיר, דכיון דהעגלה מכפרת הו״א דגם הרוצח נתכפר ומיפטר ממיתה, אלא דמלשון הכתוב „ולארץ לא יכופר" מבואר, דלא איירי בכפרת רוצח רק בכפרת הארץ, ולשון סיפרי „נתערפה העגלה ואח״כ נמצא ההורג שומע אני יתכפר להם ת״ל ולארץ לא יכופר" ומבואר מזה, דאילו נתכפרה הארץ ראוי לפטור את הרוצח, ואם כן מוכח דכל חייבי מיתות הן בשביל כפרת הארץ, כדכתיב ובערת הרע מקרבך, אבל בירושלמי פ״ט דסוטה יליף, מדכתיב ונכפר להם הדם ואח״כ כתוב ואתה תבער הדם הנקי, וכן פירש״י בחומש, והרמב״ם בהל׳ רוצח, ומשמע להיפוך דאע״ג דנתכפרה הארץ מ״מ לא נפטר הרוצח דצריך לבער הדם הנקי, עכ״פ דחיובו של הרוצח אינו משום כפרתו רק בשביל כפרת הארץ או כדי לבער הרע, ומשו״ה שייך לפוטרו משום קלב״מ כיון דחיובו אינו בשביל כפרתו.

צב) ולקמן בגמרא קאמר דלאו דחובל הותר מכללו בבית דין, ופירש״י לענין מלקות, וקשה דמאי איריא בבי״ד הא בלאו הכי הותר מכללו, באב המכה בנו ורב הרודה תלמידו, ואומן המקיז דם, וכן במצות מילה, וצ״ל כמ״ש בקובץ הערות סימן ע׳ דכל אלו כיון דהן לצורך תיקון דלהבא אינן בכלל חובל, אבל עונשי בי״ד הן על לעבר, וכה״ג מיקרי חבלה אלא דהותר מכללו, ושיטת רש״י ר״פ כל הזבחים דהוא מטעם קנס ואי מודה בהו מיפטר [וק״ק לרבה דס״ל דבקנס לא אמרינן קלב״מ לר״מ, ומ״מ מיתה פוטרת ממלקות, ונילף מיניה לקנס-ממון].

צג) בקצה״ת סימן כ״ח הביא מרש״ל דהא דחייב לצאת ידי שמים הוא רק אי לא עבדינן החומרא עיי״ש, וטעם חילוק זה נראה, לפי מ״ש בחידושי רמב״ן רפ״ק דמכות בהא דאמרי׳ קלב״מ לענין כאשר זמם, אף דמקצת כאשר זמם ליכא, היינו משום דכיון דקלב״מ מיקיים ביה כולו כאשר זמם, היינו דיש בכלל מאתים מנה, והוי כאילו נענש גם בעונש הקל, ולפי״ז ישנן שני דינים בקלב״מ: א) דחיוב החמור פוטר מחיוב הקל ואפילו לא עבדינן ביה החומרא, וזה רק בדיני בי״ד אבל ידי שמים חייב, ב) היכא דעבדינן החומרא הוי כאילו שילם גם את הקל וע״כ פטור לגמרי גם ידי שמים.

צד) ובס״פ כיצד הרגל, ויהא אדם חייב בכופר, פירש״י היכא דלא אתרו ביה, אבל אתרו ביה קלב״מ, והקשה הרשב״א דא״כ אפילו לא אתרו ביה נמי קלב״מ, וי״ל לדעת רש״י כיון דקיי״ל כופרא כפרה לא שייך ביה קלב״מ לפוטרו מכפרה היכא דלא עבדינן החומרא, אבל היכא דעבדינן החומרא דיש בכלל מאתים מנה וזה שייך גם בכפרה.

צה) ולקמן בהא דלוקה במפותה משום דליכא תשלומין כתב בקצות החשן סי׳ תכ״ד דדוקא במפותה דמתחלתו לא נתחייב דהוי מזיק ברשות, אבל אם מחלה לו אחר כך לא יתחייב במלקות בשביל מחילתה, אבל בירושלמי כאן מפורש להיפוך עיי״ש, וכן מבואר בדברי תוס׳, מכות ט״ז, דהיכא דנתחייב לגר ואח״כ מת הגר חייב מלקות, ומוכח מזה דהא דממון פוטר ממלקות, אין הפירוש דחיוב ממון פוטר ממלקות, אלא דתשלומי הממון הן במקום מלקות ואינו נפטר ממלקות אלא כשמשלם.

צו) שם בגמ׳. אי דלא מצי לאהדורי אנוס הוא. הגרעק״א בדו״ח חקר בחייבי מיתות אנוסין אי מיפטרי מממון, ובשיטה כאן כתב בשם שיטה ישנה דלא מיפטרי, דמה מכה בהמה חלקת בו בין אנוס לאינו אנוס אף מכה אדם תחלוק בו, וזהו לשיטת תוס׳ דאדם המזיק באונס גמור פטור, אבל לדעת הרמב״ן שילהי פרק השוכר את האומנין דגם אנוס גמור באדם חייב, ואם כן מה מכה בהמה לא חלקת בו בין אונס לרצון, אף מכה אדם לא תחלוק בו, אלא שהגרע״א העיר מטעם אחר, דאנוס אין כאן מעשה איסור כלל, כעין מ״ש תוס׳ סוף פרק המניח לענין מקלקל בשבת, ויש לחלק בין אנוס למקלקל, והגע עצמך אם עבדו מחלל שבת באונס ודאי מצווה להפרישו מטעם למען ינוח עבדך, ואם הוא מקלקל אין כאן למען ינוח דאורייתא.

צז) דמצי לאהדורי ע״י הדחק. לפיר״י דהיכא דלא מצי לאהדורי מיקרי אבוד מן העולם מאי משני, דגם במצי על ידי הדחק הא כבר נמאסו, וע״כ צ״ל דמ״מ לא הוי אבוד מן

הנה דברי הגאון המחבר זצ"ל בקושיא זו מסתעפים לכמה וכמה ענינים, ולהלן יבוארו הדברים אחת לאחת.

א. קושית הגהמ"ח זצ"ל בדברי הגמרא בסנהדרין דהרי כעת אין לבא במחתרת שם רודף.

קושיא א

קשה לי בהא דסנהדרין (דף ע"ב ע"ב) בבא במחתרת בשבת ונפל עליו גל דאם אין לו דמים אין מפקחין עליו, והובא גם במג"א סי' שכ"ט סק"ד להלכה, ותמוה לי, הלא מכיון שנפל עליו הגל שוב לא יהרוג, ואין עליו עוד שם רודף כלל, וא"כ אף שהיה מקודם רשע, מ"מ אטו אין מחללין שבת על רשע, וליהוי כמו שיצא ממחתרת ואח"כ נפל עליו גל דודאי מפקחין.

ואין לומר, כיון דיש לנו ספק אם עדיין חי הוא תחת הגל וכמש"כ הנקודות הכסף ביו"ד סי' שצ"ז, וא"כ כיון שכתב המג"א סי' ש"ל סקט"ו דבליכא חזקת חי אין מחללין על ספק, ממילא ה"נ במחתרת ליכא חזקת חי, כיון דקודם נפילת הגל היה גברא קטילא מכח רודף, אבל זה אינו, חדא דפשטא דש"ס סנהדרין שם משמע, דאף בודאי חי

והנה נראשית יש להביא דברי הגהמ"ח זצ"ל שנדפסו בשו"ת דברי יששכר חו"מ סימן קס"ט (ומשם בשו"ת חלקת יואב ח"ב סי' פ"ח) שכתב קושיתו כאן באריכות יותר.

ח"ל שם בדברי יששכר:

יקרת מכתבו הגיעני, ובדבר מה שהקשה על הגמרא בסנהדרין (דף ע"ג) דפריך על מי שרואה חבירו טובע בנהר שחייב להצילו מקרא דלא תעמוד על דם רעך, והא מהכא נפקא מהתם נפקא והשבותו לו אבדת גופו מנין ת"ל והשבותו לו. דלמה לא מוקי הש"ס, דאי מוהשבותו לו הו"א דאם רוצה לאבד עצמו לדעת אינו חייב להצילו דקרא באבדת ממונו כתיב, וכי היכי דמאבד ממונו לדעת אין נזקקין לו ה"נ מאבד נפשו לכך צריך קרא דלא תעמוד.

והנה לכאורה יש להוכיח דאף אליבא דאמת כן הוא, והוא מש"ס סנהדרין (דף ע"ב ע"ב) דהיכי דאין לו דמים אין מפקחין עליו את הגל במחתרת. אף דאינו מובן כלל הטעם, הלא פשוט דכשיצא ממחתרת ונפל עליו הגל ודאי מפקחין א"כ גם במחתרת אם נפל עליו הגל הרי אז בודאי שוב לא יהרוג, וא"כ כשבאים הרבה אנשים ורואים נפילת הגל שנפל עליו ה"ז כיצא ולמה אין מפקחין. וא"כ לכאורה מוכח כוונת הש"ס כיון דמפקיר עצמו למיתה בעת שהוא במחתרת ע"כ אין מצוה בהשבת גופו כמו בממון.

וראיתי בס' ישועות ישראל להגאון מקוטנא ז"ל דהביא ש"ס הזה להוכיח דמחללין אף בהביא עצמו לידי סכנה. והוא לפלא כי הוא ראי' לסתור דודאי מאב על בנו דיש לו דמים אין שום ראי' שהרי לא סיכן בעצמו כלום ומה זה ענין לסיכן בעצמו.

וגם יש כדמות ראי' מעירובין (דף כ"ט ע"ב) גבי ר' חנינא שאכל חצי נחש מהבבל וקאמר הש"ם דלכך בקשו עליו רחמים יען שהשעה צריכה לו, וכ' שם הריטב"א דאל"ה הי' כדאי לחוב בעצמו ולא היו מתפללים עליו, וא"כ מכ"ש דאין מחללין בכה"ג.

אך באמת נראה דכ"ז אינו ובודאי מחללין ול"ש בזה אבידה מדעת, דדוקא גבי ממון שהוא שלו שפיר אם מאבד לדעת אין נזקקין לו והרבה סוברים דהוא הפקר, משא"כ באבדת נפשו דהוא אינו שלו רק נפשו קנוי' לשמים.

ומטעם זה תמה בתשובות הרי"מ חלק חו"מ סימן א' על הפנ"י דמכות דל"ש בנפשות לומר שלא נהרוג אותו יען שמודה ואומר בפניכם הרגתי, דדוקא בקנס שייך הודאת בע"ד משא"כ להרוג עצמו שהוא כמו שהורג את אחרים ול"ש הודאת בע"ד ושפיר עושים בהם הזמה עיי"ש. וא"כ ל"ש מ"ש כ"ת דהי' ס"ד דא"צ להצילו ברוצה לאבד עצמו לדעת שאין זה מקרי מדעת הבעלים כלל.

וכן בזכרוני שכ' בת' מהרי"ק, דלכך הולכין בנפשות אחר הרוב ולא בממון יען בממון אמרי' הממע"ה וצריך עדים דוקא, משא"כ בנפשות דאדם לא מקרי מוחזק בעצמו שהוא קנוי לשמים.

ומהא דמחתרת הנזכר לעיל לכאורה יקשה טובא למה אין מפקחין באין לו דמים. והמג"א סי' שכ"ט סק"ד הביא ש"ס זה להלכה. ולכאורה אפ"ל עפ"י מ"ש המג"א סי' ש"ל סקט"ו דבאין לו חזקת חיים אין מפקחין מספק וא"כ במחתרת תמיד יש ס' שמא כבר הוא מת תחת הגל כמבואר בנקה"כ יו"ד סי' שצ"ז, דחזקת חי אין לו דהרי רגע קודם הנפילה הי' בר קטלא ע"כ אין מחללין מספק. אך באמת גוף דברי המג"א צ"ע, וכבר תמה עליו בהג"ה דרע"ק שם. וגם צ"ע טובא דהרי מפורש דגם בס' עכו"ם מפקחין ובזה ודאי ל"ש חזקת חי כמובן, וכן הוא בספ"ק דכתובות (דף ט"ו ע"ב), ע"כ הקושיא ממחתרת כעת הדבר צע"ג אצלי. אולי יש לכ"ת דברים בזה ימחול להודיעני כי היא בעיני תמיהה רבתי.

וראוי להביא לדברי התורת אהרן עה"ת עה"פ: אם במחתרת וגו', שעלם הדין שנזכר בגמ' כאן וברש"י וכמובא בדברי הגהמ"ח זצ"ל, מרומזים בפסוקים שלפנינו.

ח"ל שם (בפרשת משפטים):

אם במחתרת ימצא הגנב והכה וגו'. לשון ימצא קשה, דהא כיון שהכהו בעל הבית א"כ פשיטא שמצאו, והול"ל אם במחתרת יבוא הגנב והוכה ומת. ויש לומר לרמוז על מה דאיתא בסנהדרין דף ע"ב אין לו דמים בין בחול בין בשבת פרש"י כי דמים הוא לשון רבים לומר דבין בחול בין בשבת קטלינן לי', ומסיק התם שבא לומר שאם נפל עליו הגל בעוד היותו במחתרת בשבת אין מפקחין עליו את הגל להצילו, אע"ג דפיקוח נפש דוחה שבת, מ"מ כיון שבשעה שהי' במחתרת ניתן להרגו בלא התראה גברא קטילא הוא ואין מפקחין, ולפי"ז י"ל שזהו שרומז במ"ש אם במחתרת ימצא הגנב, דהיינו לומר שנמצא תחת הגל, והשתא אין עוד שום סכנה לבעה"ב ואין לו עוד דין רודף, ואעפי"כ אין לו דמים ואין מפקחין, והשתא ניחא לשון ימצא דמשמע שנמצא לעיני כל רואה כעין אם המצא תמצא בידו הגנבה דמשמע בעדים שכבר נודע לרבים וה"נ כן, וכן יש לפרש אם במחתרת וכו' שנמצא במחתרת והוכה ע"י נפילת הגל עליו, אל תפקח הגל אלא - ומת הניחהו שימות, והטעם כי אין לו דמים לפי שהוא חייב מיתה, ואעפ"י שאין זה פשוטו של מקרא מ"מ לפי שנאמר אין לו דמים לשון רבים ולא כתיב אין לו דם,

לכן לפי דרשת הגמ' יש להעמיס גם זה בלשון הכתוב ואין המקרא יוצא מידי פשוטו וגם הדרש תדרוש.

ובהגה"ה מבן המחבר כתב וז"ל:

יש להעיר בתוס' נדה מ"ד ע"ב בד"ה איהו, כתב וז"ל, וא"ת אמאי דמותר להורגו בבטן אפילו מתה אמו ולא הוי כמונח בקופסא אמאי מחללין עליו את השבת שמביאין סכין דרך ר"ה לקרוע האם כו', וי"ל דמ"מ משום פ"נ מחללין עליו את השבת אע"ג דמותר להרגו, דהא גוסס בידי אדם פטור ההורגו כו' ומחללין את השבת עליו כו' עכ"ל. ויש לתמוה מסוגיא זו, דלמה אין מפקחין עליו את הגל מפני שהי' ניתן להרגו בלא התראה, הלא לא גרע מעובר דמותר להורגו ואעפי"כ מחללין את השבת משום פקוח נפש, א"כ בבא במחתרת נהי דהי' מותר להרגו מ"מ אמאי אין מפקחין משום פ"נ, דסכנה לבעה"ב עוד ליכא ואין לו עתה עוד שום שם רודף ורק מפני שניתן להרגו, א"כ לא גרע מעובר דמחללין עליו השבת.

הרי שהקשה כקושית הגהמ"ח ז"ל כאן.

הנה למעשה קדמו להגהמ"ח זצ"ל בזה **בחדושי המאירי** עמ"ס סנהדרין (שם) שכתב וז"ל:

יראה לי שזה שאמרנו עליו שאין מפקחין עליו את הגל פירושו ספק חי ספק מת, אבל אם הוא ודאי חי אומר אני שמפקחין, שהרי עכשיו אינו רודף שהרי זה כרודף אחר חבירו והצילוהו באחד מאיבריו שאין לו עוד להרגו, וזה כהריגה בידים הוא, או שמא כיון שיש לו עליו שהוא משתדל בעצמו בפיקוחו ולבו על גנבתו אין מפקחין.

הנה שכתב מפורש, דהטעם דאין מפקחים הוא כיון דאיירי בספק חי ספק מת ואין לו חזקת חיים ואפשר דמת, או הטעם בזה כיון שאנו חוששים ש"לבו על גנבתו", ואם נפקח את הגל, יחזור לסורו ולמעשיו, ולכן אין מפקחים עליו את הגל.

ובספר **בית זבול** (ח"ב סימן א' סק"ט) כתב בדברי המאירי:

והדברים נפלאים, אם עכשיו איננו רודף מאי נ"מ בין חי בודאי לספק חי ספק מת והלא משנה שלמה שנינו ביומא (פ"ג ע"א) מפקחין את הגל ספק חי ספק מת, וגם מ"ש בתירוצו השני דאין מפקחין שמא לבו עוד על גניבתו, אינו מובן, ממ"נ, אם עדיין סיפק בידו לגמור מעשהו, מהכ"ת יפקחו ממנו את הגל, דהרי עדיין רודף הוא. וצריך לומר בכונתו, דמיירי בגונא שאינו ברור שעכשיו אינו רודף ויתכן דהוא עדיין משתדל בעצמו בפיקוחו כדי לבלע זממו מה שבלבו על גניבתו, וכל דאפשר להיות שעדיין רודף אין מפקחין, היינו דאע"ג שבקום ועשה לא הי' רשאים להורגו משום ספק פקוח נפש דבעה"ב, אבל בשוא"ת חוששין לפ"נ דבעה"ב ואין מפקחין, אכן תירוצו הראשון תמוה מאד.

אין מפקחין, גם גוף הדין של המג"א לא קיי"ל כדמוכח בש"ס יומא (דף פ"ה ע"א) דאף ספק עכו"ם ספק ישראל מפקחין.

וגם אין לתרץ עפ"י הש"ס סנהדרין (דף ע"ג ע"א) דעיקר החיוב שאנו חייבין להציל נפש ישראל נפיק מקרא דוהשבותו לו, לרבות אבידת גופו, וא"כ כמו באבידה מדעת אין כאן חיוב השבה, ה"נ באבידת גופו, כיון שהפקיר עצמו למיתה אין אנו חייבין להצילו כלל, ועי' ריטב"א ז"ל עירובין (דף כ"ט) גבי רבי חנינא עיי"ש, אבל זה אינו, דבאבידת גופו ל"ש אבידה מדעת, דנפשו של אדם אינו שלו רק קנוי' לשמים, כמבואר ר"פ בתרא דנזיר [ע"ש ס"א ע"א], וע' בתשובת הרי"ם ז"ל חו"מ סימן א', ועוד, דהרי יש ג"כ קרא דלא תעמוד על דם רעך, ודברי הש"ס סנהדרין הנ"ל צריך לי רב להבינני טעמו של רב ששת, וכעת צ"ע.

אולם נראה בכונתו, דגם בתירוצו הראשון הוי סבר דעדיין ספק הוא אם הפסיק את רדיפתו, רק בתירוצו הראשון הוי סבר דזה גופא שאין מפקחין הוי כהריגה בידים, כמו שבא מפורש בדבריו, לכן הגם שהוא ספק רודף מפקחין, ואין מניחים הריגתו ודאי מפני ספק דבעה"ב, אבל בספק חי ספק מת, הוי ספק פ"נ דבעה"ב וספק פ"נ דהבא במחתרת במשקל אחד בשניהם ספק, על כן שוא"ת עדיף.

(ועי' בקונטרס קבא דניחותא כאן מש"כ בדברי הבית זבול הנ"ל).

אכן אלו דברי המאירי, אך קושית הגהמ"ח ז"ל קאי לפירש"י שנראה דס"ל דהוא גברא קטילא משעת המחירה. ועל זה שפיר הקשה, דהרי כעת אינו מותר לגנוב, ואין סיבה להרגו, ומדוע אין מפקחים עליו את הגל.

גם **הגאון מקוטנא** בספר **ישועות מלכו** (בקונטרס קרית ארבע) פרק ב' מהלכות שבת הלכה א' כתב להקשות כן בשם הרה"ק ר' **אברהם מצ'כנוב** זצ"ל וז"ל:

גרסינן בסנהדרין דף ע"ב אין לו דמים אפי' בשבת יש לו דמים אפי' בשבת, ופרש"י דאם יש לו דמים בבא במחתרת שברור לו שלא בא על עסקי נפשות וכשהמתיר במחתרת נפל עליו הגל מפקחין ומחללין את השבת, אבל כשאין לו דמים דרשאי להורגו בשנפל עליו הגל, כיון דניתן להורגו בלא התראה גברא קטילא הוא משעת חתירה. ויש לתמוה שהרי לא ניתן להורגו אלא משום דרודף הוא, ואינו ניתן להורגו אלא בשעה שיש לחוש שבא על עסקי נפשות ויבוא הדבר לידי שפיכות דמים, אבל בשעה שנסתלק הסכנה אסור להורגו, א"כ אחר שנפל הגל עליו למה אין מפקחין עבורו, שהרי כשבאין אנשים לפקח הגל כבר נסתלק הסכנה ומה זה שכתב רש"י דגברא קטילא הוא שהרי אז אין גברא קטילא, ושמעתי מהגאון מוהר"א זצ"ל אבד"ק טשעכינאווי שהקשה כן.

וראיתי להפמ"ג בסימן שכ"א סק"ד שכתב, דכיון דהי' אז בר קטלא, ולא ידענא מאי קאמר, שהרי בשעת הגלה אינו בר קטלא.

ואולי י"ל כיון דאמרינן שם בסנהדרין דמחתרתו זו היא התראתו ובהתראה א"ל ג"פ כמש"כ לעיל בפ"א ה"א, נהי דלא מקרי התראה ממש שהרי חוץ למחתרת לא ניתן להמיתו, מ"מ לגבי האי דלא ניתן להצילו ע"י חילול שבת מקרי התראה, ולא עדיף מרועי בהמה דקה שכל שהוחזקו בכך ע"י שעשו פעמים רבות אמרינן דלא מורידין ולא מעלין כמבואר בע"ז דף כ"ה, ופשיטא דהכך דלא מורידין ולא מעלין כיון דאסור להצילן ממות אסור לחלל השבת עבורן, וכ"כ במי דדוקא בהפקירו עצמו לאבד ממון של ישראל אע"פ שעושין להנאתן כיון שהם מזיקים אסור להצילן כשהוחזקו לכך, אבל בשאר עבירות גם כשהחזיקו מ"מ מחויב להצילם ממות וכמש"כ לעיל, ולגבי הא מקרי מחתרתו התראתו גם בפ"א. ודע שראיתי להרב בעל פמ"ג (בא"א סי' שכ"ט סק"ד),

שידונו היהודים לעצמן בדיני התורה, ומ"מ לא היה נמצא כמעט בכל הדורות רוצחים ביהודים מפני חומר האיסור ומפני מה שנתחנכו ע"י התורה וע"י עונשי התורה להבין חומר האיסור ולא סתם היו מתיראים מהעונש כענין של כל דאלים גבר.

וכל זה הוא כשלא הופקר איסור הרציחה אלא שבשביל איזה תאוה גדולה או איזה מריבה על טענת ממון וכבוד עשה זה, אבל מי שהורג נפשות מחמת שהופקר אצלו איסור הרציחה והוא אכזרי ביותר, וכן כשנתרבו רוצחים ועושי רשעה היו דנין למיגדר מלתא למנוע מעשה רציחה שהוא הצלת המדינה.

והנני חותם בברכה לשר המדינה שינהל המדינה בצדק וביושר וגם במשפט הראוי כל ימיו ועוד יתגדל שמו בכל מדינתנו ארצות הברית.

המברכו,

משה פיינשטיין

סימן סט

בענין הפלת עובר לברר שאסור אף בשביל צער האם

אסרו"ח סוכות תשל"ז

מע"כ תתני כבני הרב הגאון מהר"ר ר' משה דוד טענדלער שליט"א.

א. לברר שהריגת עובר אסורה באסור רציחה בין בעכו"ם בין בישראל

הנה בדבר הריגת עובר במעי אמו בישראל מפורש בתוס' סנהדרין דף נ"ט ע"א ד"ה ליכא דאסור בפשיטות באסור רציחה משום דליכא מידעם דלישראל שרי ולעכו"ם אסור, וכל כך פשיטא להו דהוא אסור ובאיסור רציחה, עד שהקשו לפי מה שהיו סבורים בקושיתם ובתירוץ ראשון דבעכו"ם אסור להרוג את העובר להציל את אמו איך מותר זה בישראל והוצרכו לתרץ דהוא משום דבישראל איכא מצוה להרוג כדי להציל האם וכפי כללם לעיל מזה באותו הדבור דבדבר שהוא מצוה לישראל לא אמרינן המי איכא מידי, ואם לא היה זה מאיסור רציחה ממש אלא איסור בעלמא וגימא שכיון שעכ"ם אסור לישראל נתקיים המי איכא מידי, כדמשמע לכאורה מתוס' חולין דף ל"ג ע"א ד"ה אחד במה שתירצו על מה שישראל לא נאסר בלאו דאבר מן החי בבהמות טמאים אף שעכו"ם נאסר דהוא משום דישראל עכ"ם אסור באיסור לאו דבהמות טמאין, ואף לר"מ דליכא הלאו דאמה"ח לישראל אלא בבהמה טהורה ולא בחיות ועופות טהורים תירצו דהוא משום דעכ"ם נאסרו באיסור אינה זבוחה אף שהוא רק איסור עשה, הרי לא היה שום קושיא דהא כל איסורין נידחין משום פקוח נפש מקרא דוחי בהם שלכן נדחה האיסור דהריגת עובר מפני פ"נ דאף גזל ואמה"ח האסורין גם לבני נח הותרו לישראל כשאיכא בזה פ"נ.

וליכא בזה סתירה לכללא דמי איכא מידי אף אם נימא דלבני נח לא דוחהו האיסורין משום פ"נ משום דלא כתיב בהו וחי בהם כדהיו סוברין התוס' בקושיתם בסנהדרין דף ע"ד ע"ב ד"ה בן נח, שלכן לא הביאו התוס' שם ראיה מזה דנדחו לישראל נדחו גם לבני נח מטעם מי איכא מידי, לא רק להרמב"ם רפ"ב משבת דאיסורין נחשבו דחויה אצל פ"נ אלא אף אם נימא שנחשבו הותרה נמי אין זה סתירה לכללא דמי איכא מידי מאחר דאיכא טעם דחיות ישראל מקבלי התורה כדפרש"י בסנהדרין דף ע"ד ע"א ד"ה סברא דכתב דכי אמר רחמנא לעבור על המצות משום דיקרה בעיניו נשמה של ישראל והכא גבי רוצח כיון דסוף סוף איכא איבוד נשמה למה יהא מותר לעבור הלכך דבר המקום לא ניתן לדחות. וכשאיכא טעם ליכא כללא דמי איכא מידי כהא דמתרץ הגמ' סנהדרין נ"ט ע"א ביפת תואר דלישראל שרי ולעכו"ם אסור משום דלאו בני כבוש נינהו ובגזל פחות משו"פ משום דלאו בני מחילה נינהו, אלא הוא משום דסברי התוס' דאיסור הריגת עוברין לישראל הוא נמי מדין רציחה אך לא נאמר איסור זה לישראל כשהוא להציל את האם שא"כ הקשו שפיר דמאחר דבעכו"ם אסור להרוג העובר אף להציל איך הוא מותר לישראל, והוצרכו לתרץ דמשום שהוא מצוה לישראל ליכא האי כללא.

וגם אף אם נימא דאין להוכיח מקושית התוס' דליכא וחי בהם אלא בישראל, משום דאה"נ דמה שתירצו שם דגם לב"נ נדחו האיסורין שלהם מפני פ"נ והקרא וחי בהם דהוצרך לכתוב בישראל לדחות איסורין משום פ"נ הוא כי היכי דלא נילוף שאר מצות מרוצח ונערה המאורסה, שהוא תירוץ דחוק מאד, דהא נצטרך למצוא צריכותא לג' העבירות דיהרג ולא יעבור כדי שלא יהיו שנים ושלשה כתובים הבאים כאחד, וגם הא לא שייך זה אלא לטעם ר' יהודה אמר שמואל מקרא דוחי בהם ולהתנאי שהוא ג"כ מקראי ביומא דף פ"ה, אבל לר' שמעון בן מנסיא שם דהוא מסברא כדי שישמור שבתות הרבה, ואף שמפרש"י משמע דהוא ג"כ למוד מושמרו את השבת שממשמעותו יוזהרו בשבת זו בקיום שמירת שבתות הרבה, נמי הא שנדחו גם כל

איסורין הוא מסברא מאחר שגם לכל האיסורין שייך טעם זה דגם בע״ז וג״ע שייך טעם זה דאף שהן חמורים בהאיסור הרי גם הקיום להרבה שנים חמור. אך שיש לדחוק דכיון שאיכא קרא בשבת לדחות בשביל טעם זה לפרש״י שהוא ממשמעות הקרא ובע״ז וג״ע איכא קראי שלא ידחו אף שאיכא טעם זה אמרינן בשאר איסורין שקילי משבת דג״כ נידחין בשביל טעם זה, עכ״פ אין זה דבר פשוט לתרץ כן דיותר משמע והקראי דנדחין שבת וכל איסורין משום פ״נ הוצרכו מטעם עצמם. וגם הא חזינן דאף ר׳ ישמעאל דגם על ע״ז סובר דיעבור ואל יהרג נמי הוא מקרא דוחי בהם אך במהרש״א סנהדרין ע״ד ע״ב ד״ה דאפי׳ בצנעה כתב שברוצח ונערה מאורסה מודה גם ר׳ ישמעאל שיהרג ואל יעבור לתוס׳ זה שכתבו יהרג ואל יעבור לכו״ע שהוא גם לר׳ ישמעאל. עכ״פ הוא ענין חדוש שלכן אפשר דגם לדחיית איסורין משום פ״נ סברי דהוא כדי שלא יסתור כללא דמי איכא מידי, הרי בהריגת עובר להציל האם כתבו דבעכו״ם אסור דא״כ בהכרח שהוא מצד איסור רציחה שזה לא נדחה, וא״כ כשהקשו דיהיה אסור בישראל נמי הוא בהכרח שגם בישראל הוא מצד איסור רציחה, שאל״כ ליכא קושיא. והטעם הוא משום ·דלא שייך שיהיה איסור אחר אלא איסור רציחה דמצינו שנאסר בב״נ מאיסור רציחה. ומה שבקושיתם סברו בפשיטות דבעכו״ם אסור להרוג עובר להציל האם, אף שאסיקו בדף ע״ד ע״ב שגם בעכו״ם נדחו איסורין משום פ״נ וממילא עוד עדיפי דגם ע״ז הותר להם למאי דאיפשיט שב״נ אין מצוין על קידוש השם, הוא משום דהוא איסור רציחה, דאיסור אחר מיוחד לא שייך לומר דא״כ היו יותר משבע מצות, וזהו אולי מה שהוסיפו בלשון קושיתם לכתוב אחר וכה״ג בעכו״ם אסור כיון שהוזהרו על העוברין דלכאורה לא מובן הא כל הקושיא היתה מחמת שב״נ הוזהרו על העוברין וכבר הזכירו דבשביל זה הם מקשים, אבל הוא לטעם על מה שפשוט להם דבב״נ אסור להרוג עובר בשביל פ״נ דהאם אף ששאר איסורין שלהן נדחו גם לב״נ בשביל פ״נ, דהוא ממה שהוזהרו על העוברין מאותו איסור דרציחה שאיסור אחר לא אפשר משום דרק ז׳ מצות אית להו, וכיון שהוא מאיסור רציחה הא אף שע״ז נדחה לב״נ מפני פ״נ רציחה לא הותרה מטעם סברא דמאי חזית א״כ גם הריגת עובר אין לדחות מפני פ״נ דהאם.

הרי מפורש בתוס׳ סנהדרין שישראל נאסרו ג״כ בהריגת עוברים באיסור דרציחה. ואין לטעות מלשון התוס׳ נדה דף מ״ד ע״א ד״ה איהו שכתבו שני פעמים לשון מותר להרגו, בקושיתם את״ל דמותר להורגו בבטן אפילו מתה אמו ולא חוי כמונח בקופסא אמאי מחללין עליו את השבת שמביאין סכין דרך רה״ר לקרוע האם, ובתירוצם כתבו דמ״מ משום פ״נ מחללין אע״ג דמותר להרגו, דפשוט וברור שהוא טעות סופר וצריך לגרוס את״ל דפטור ההורגו בבטן, שהוא דלא כדכתבו דחייב על הריגת עובר כשכבר מתה אמו, ואח״כ בתירוצם צריך לגרוס אע״ג דפטור ההורגו, והוא טעות סופר הניכר דהא מסקי להביא ראיה מגוסס בידי אדם דההורגו פטור ומחללין עליו את השבת כדאמר בפ״ב דיומא דף פ״ד ע״ב דאין מהלכין בפ״נ אחרי הרוב, ואיך שייך להביא ראיה מגוסס שהוא אסור באיסור רציחה לעובר אם נימא שהוא מותר שג״כ יהיו מחללין עליו את השבת, אלא מוכרחין לומר שהוא ט״ס ובעובר הוא אסור אך שפטור, דלכן איכא ראיה דעל מי שליכא חיוב מיתה להורגו מחללין את השבת. וגם בלא זה אם היה מותר להורגו איך שייך שיהיה מותר לחלל עליו שבת, וכי חלול שבת תלוי ברצונו של האדם דאם ירצה לא יציל וגם יהרגהו בידים, ואם ירצה לקיימו יהיה רשאי גם לחלל שבת, שליכא ענין כזה כלל דכל חלול שבת המותר להצלת נפש הוא חיוב ולא רשות. וא״כ הוא כמפורש גם בתוס׳ נדה שאסור להרוג עובר דלכן מחללין עליו את השבת. ואף בשביל עובר שבמעי האם הא מחללין שבת, וממילא ברור שאסור להורגו. ומצאתי בהגהות הריעב״ץ שכתב אינו מדויק לשון דמותר להרגו דמאן הוא דשרי להרוג את העובר בלי טעם אע״ג דאין נהרג עליו, וכוונתו דאף התוס׳ סברי דאסור ובלא דיוק נכתב תיבת מותר, אבל לא שייך שלא ידייקו לכתוב בלא כוונה דין שקר ולקולא אלא הוא טעות יופר מאיזה מעתיק וכדמוכרח זה מראיית התוס׳ מגוסס לבד שא״א להיות מותר שכתב הריעב״ץ.

וברמב״ם פ״א מהלכות רוצח ה״ט מפורש עוד יותר דהריגת עובר הוא רציחה ממש, שהרי כתב טעם על מה שבמקשה לילד מותר לחתוך העובר שבמעיה כדי להציל את האם מפני שהוא כרודף אחריה להורגה והוא מהדין דחייבה תורה לכל ישראל להציל הנרדף אפילו בנפשו של רודף אפילו כשהרודף הוא קטן ואף כשרודף באונס, הרי דסובר דאף שפטור הוא עכ״פ לענין האיסור כרציחה ממש שלכן היה אסור להורגו אלא מחיוב הצלה אף בנפש הרודף. וכדכתב הרמב״ם אחר שכתב חיוב הצלה זו והלאו שלא לחוס על נפש הרודף, לפיכך הורו חכמים שהעוברה שהיא מקשה לילד מותר .לחתוך העובר, ובודאי בדיוק גדול כתב זה הרמב״ם למינקט שני פעמים דהוא דוקא מחמת שהעובר הוא בדין רודף, במה שנקט לפיכך שבכל מקום שאיתא לשון לפיכך ברמב״ם הוא בדיוק גדול שמדקדקין בזה כל רבותינו מפרשי הרמב״ם, ואח״כ נקט לאסוקי בפירוש מפני שהוא כרודף אחריה להורגה, שודאי הוא רק בשביל זה סובר הרמב״ם מה שמותר להורגו. ואם

היה שייך שיזדמן שהריגת עובר של איזו אשה יציל נפש אחר שאינו רודפו היה אסור להורגו, דמה שפטור על הריגתו ממיתה אינו כלום להרגו בשביל הצלת נפש שהיו חייבין עליו מיתה כמו דטרפה להצלת נפש שלם כשאין הטרפה רודף, וגם פשוט שהוא בדין יהרג ואל יעבור כשאונסין לשלם להרוג את הטרפה, וכן הוא להרמב״ם דין הריגת העובר שלכן דוקא מחמת שהוא רודף התירו חכמים. ודברי הבל הם לומר שהרמב״ם לא דק וכתב טעם שקר שליכא כלל וטעם האמת הוא מחמת שליכא איסור רציחה על עובר כשעדיין לא יצא ראשו אף שלא הזכירו כלל אפילו ברמז, וגם הוא זלזול על כל פסקי הרמב״ם שבכל ספרו כשנימא כן עליו שהוא לא מדייק כזה אף להחסיר טעם האמת ולמינקט טעם שקר אף כשנוגע לדינא.

ב. במה שקשה על הרמב״ם שכ׳ דהיתר להרוג העובר במקום סכנה דהאם הוא משום רודף, דאמאי יצא ראשו אין נוגעין בו

ומה שקשה על הרמב״ם דאם נחשב העובר בדין רודף היה לן להתיר גם ביצא ראשו כדהקשה ר״ח בגמ׳ סנהדרין ע״ב ע״ב אלא צריך לומר כדתירץ ר״ה שאני התם דמשמיא קא רדפי לה ולא נחשב רודף, וכדכתב גם הרמב״ם בהלכה זו ואם משהוציא ראשו אין נוגעין בו שאין דוחין נפש מפני נפש וזהו טבעו של עולם, וכתב הכ״מ שזהו פירוש על משמיא קא רדפי לה שבגמ׳. שא״כ גם העובר שעדיין במעיה ולא הוציא ראשו נמי אינו רודף מטעם זה, היא ככל קושיות שלא אפשר אף לגדולים לתרץ שלא מבטלין דברי הרמב״ם בשביל שמקשה להם לאלו הגאונים שאינם במדרגה לחלוק על הרמב״ם ויודעין שהרמב״ם ידע לתרץ ולא יסתרו דבריו בשביל זה וגם הגאונים בדורו שהיו במדרגה לחלוק על הרמב״ם ידעו עכ״פ שהרמב״ם ידע לתרץ אך שסברי שתירוצו לא נכון שהוא דחוק ומחודש, ובהלכה זו חזינן שאף הראב״ד וכל המשיגים שהיו ראוין לחלוק עליו לא השיגו עליו כלל הרי דגם הראב״ד ושאר המשיגים סברי שהוא מטעם זה ולא הוקשה להם כלל, אלא לרבותינו אחרוני האחרונים רעק״א בתוספותיו על משניות בסוף פ״ז דאהלות מצינו שהקשה זה וכן נמצא קושיא זו בחו״י סימן ל״א.

ולתרץ קושיא חמורה זו עיין מה שתירץ מרן דדורות האחרונים שלפנינו הגאון ר׳ חיים הלוי זצ״ל בספר חדושי ר״ח הלוי פ״א מהי׳ רוצח בדבר נכון מאד, ואנא זעירא דמן חבריא בימי שבתי בליובאן זכיתי לתרץ בדרך אחר שג״כ נכון ע״פ הירושלמי פ׳ שמונה שרצים הי״ד, והוא פשוט וברור ונדפס באג״מ ח״ב דיו״ד סימן ס׳ ענף ב׳ שנמצא שלא קשה כלום עיי״ש.

וגם הטעם שכתבתי שייך לפרש זה גם ברש״י סנהדרין, דהרי כתבתי שטעם משמיא קא רדפי לה אינו טעם לומר שאינו רודף אלא דבשביל זה הוו שניהם רודפין, כלשון הירושלמי אין את ידע מי הורג את מי, ופירשו בקה״ע ובפ״מ אין את ידע אם הקטן רודף את האשה או האשה רודפת את הקטן, היינו דמשמיא נעשה שא״א שיחיו שניהן, דכשיולד הולד תמות האשה, וכשלא יולד חי שיצא אברין אברין תחיה האשה, שלפיכך מניחין הדבר כמות שהוא שזה הוי בהוציא ראשו ששוו תרויהו בהרדיפה. אבל כשעדיין הוא עובר במעי אמו, שהעובר אינו עדיין נפש גמור, שנמצא שעל היתרון שאיכא להאם מהעובר שהיא נפש גמור והוא אינו עדיין נפש גמור הוי רק העובר רודף והאם אינה רודפת לכן יש לנו להרוג את העובר מדין רודף על יתרון זה. ובזה מדוקדק לשון המשנה סוף פ״ז דאהלות מפני שחייה קודמין לחייו, שלכאורה אין לזה מובן כדעמד בזה בתפא״י ופירשו דחוק, ולמה שבארתי הוא לשון מדוקדק היינו שמפרש שודאי גם העובר נחשב חי כדחזינן דיש גם עליו איסור לא תרצח כמו לנולד, אך שמ״מ מותר מטעם שחייה קודמין לחייו, דיש בה עדיפות לענין החיות שהיא נפש גמור שעל זה הרי רק העובר רודף ולא האשה. וטעם זה נראה לפרש בכוונת רש״י סנהדרין ע״ב ע״ב דלא כתב לאו נפש הוא ואין בזה איסור רציחה אלא איסור אחר שנדחה מפני פ״נ דהאם, או לכתוב ואין בזה איסור רציחה כל כך דלכן נדחה מפני פקוח נפש החמורה דהאם אם סובר כן, אלא הוא משום דסובר דודאי איסור רציחה הוא גם בעובר, ואין חלוק מצד שפטור ההורגו ממיתה כמו שליכא חלוק בטרפה ואסור להורגן אם היה מזדמן שהריגתו הוא הצלה לאיזה נפש, ולכן כתב רש״י רק דלאו נפש הוא היינו כיון דכל הדין ביצא ראשו שאסור להורגו להצלת האם תנן לפי שאין דוחין נפש מפני נפש שמשמע מזה שאיכא בעצם טעם להתיר להורגו שהוא מחמת שהוא רודף, אבל כיון שטעם זה איכא גם על האם שהיא ג״כ נחשבת רודפת את העובר מטעם דהרדיפה הוא מחמת שמשמיא עשו שלא יוכלו שניהם לחיות שלכן איננו יכולין לדחות נפש הולד מחמת רדיפתו בזה שאם הוא יצא שלם לא תחיה האם, מפני נפש האם לבחור שהיא תחיה והולד יהרג, שהרי אין לנו טעם לזה מצד הרדיפה דשניהם שוין, ולכן קודם שיצא ראשו דלאו נפש הוא דוחין העובר מפני שאין שוין ברדיפתן שהעובר רודף היתרון שבהאם שהיא נפש והוא אינו נפש עדיין, שלכן ניתן להרגו ולהציל את אמו היינו את אמו לבד ולא כשיזדמן הצלה אחרת בהריגתו לאיזה נפש יהיה אסור. ונמצא שגם רש״י סובר כן.

ולכן לדינא בין לתוס׳ בין להרמב״ם ואף לרש״י איכא איסור רציחה מלא תרצח גם על עובר ורק שפטור

והורגו ממיתה, ואסור להורגו אף לפ"נ דכל אינשי ורק להצלת אמו שלא תמות בלידתו הוא ההיתר ולא בשביל שום צורך דהאם שזה אסור בפשיטות. ומטעם זה הוריתי שאף שהרופאים אומרים שיש חשש שמא תמות האם כשלא יהרגו את העובר, אף שלענין חלול שבת וכל האיסורין היו מחללין והיו עוברין במדת חשש שאמרו דהא גם בשביל ספק קטן וס"ס מחללין, מ"מ להרוג את העובר יהיה אסור עד שתהיה האומדנא להרופאים גדולה קרוב לודאי שתמות האם דמאחר דהוא מצד שנחשב רודף צריך שיהיה כעין ודאי שהוא רודף, וגם פשוט שאין חלוק לפ"ז בין הולדות, דאף הולדות שלפי דעת הרופאים הם כאלו שלא יחיו שנים רבות כהא דנולדים איזה ילדים במחלה הנקראת תיי־סקס אפילו כשנודע ע"י הבדיקות בעובר שנתחדש עתה שהולד יהיה ולד כזה אסור כיון דלהאם ליכא סכנה ואינו רודף אין להתיר אפילו שהצער יהיה גדול מאד וגם יחלה האם והאב מזה. ומטעם זה אמרתי להרופאים שומרי תורה שלא יעשו בדיקה זו כי לא יהיה תועלת מזה כי יהיו אסורים להפיל את העובר ויגרמו רק צער להאב ולהאם וגם יארע שילכו אצל רופא נכרי ואינו שומר תורה להפילו ונמצא שיעברו על לפ"ע, עי' תשו' להלן סי' ע"א.

ג. במש"כ החו"י והמהרי"ט בענין הריגת עוברין, ובאור דברי הרמב"ן נדה (מ"ד ע"ב)

ועיינתי בחו"י סי' ל"א ומש"כ דמתוס' נדה משמע דבלא עקר הולד מותר להורגו היה זה מלשון מותר להרגו, אבל הא א"א לומר כן דאם מותר להרגו לא היה שייך שיחללו עליו שבת וכדכתב בעצמו דלומר דמותר להרגו ומותר לחלל שבת להצילו ודאי אין לו שחר וא"כ מוכרח לומר שהוא טעות סופר כדלעיל. ואף שהתוס' הא איירי בישבה על המשבר ומתה דכבר עקר דבזה נאמר דמביאין סכין דרך רה"ר לקרוע האם והחו"י כתב שמשמע שמותר בלא עקר, אבל כיון דמה שכתבו שמותר איירי בעקר שזה מוכרח שהוא טעות סופר אף להחו"י, הרי שוב לא הוזכר בתוס' כלל אופן שגם מותר ואיך כתב דבהמשך דברי התוס' איכא ג' חלוקים בעובר שחלוק שלישי הוא דבלא עקר מותר וזה הא ליכא בתוס' כלל, וגם לפי הגירסא המוטעית דמותר להורגו הא מתירין גם בעקר הולד דהא בזה איירי, וליכא חלוק השני דפטור אבל אסור. ואולי טעותו לפי המשך דברי התוס' בצרוף מה שכתב בעצמו ומ"מ מקמי דעקר נראה דלכו"ע מותר מהא דערכין דף ז' ע"א דא"ר יהודה אמר שמואל ביצאת ליהרג מכין אותה כנגד בית הריונה כדי שימות הולד הא בעצמו כתב דיש לדחות שהרי עכ"פ סופו למות ולחיי שעה דעובר לכו"ע לא חיישינן, ובעצם הא אין זה ראיה כלל דכיון דנדרש מקרא דומתו גם שניהם לרבות את הולד וגם בלא קרא מטעם דגופה היא הרי ליכא שום חלוק להרוג אותו אח"כ יחד עם אמו או קצת תחלה, דאף אם היה שייך לחוש לחיי שעה דעובר הא אף האם יכול להרוג תחלה אם היה אפשר וליכא ענין חיי שעה במי שחייבין להרגו, שלכן כיון שהוא לטובת האשה כדי שלא תבא לידי ניוול וליכא איסור מצד האשה, שודאי אסור לעשות לה יסורין וחבלות אחרות יתירות על חיוב המיתה שחייבה תורה, אין טעם שלא יוכל להרוג את העובר תחלה, אבל אם נימא כדבריו שאיכא קצת ראיה כיון שבעצמו דחה הראיה, איך מסיק שלפ"מ שכתבתי היה היתר גמור, וצ"ע בכוונתו. אבל לדינא אסר החו"י מצד התוס' דחולין וסנהדרין ומצד הרמב"ם דמתיר רק משום דנחשב כרודף ומצד לשון רש"י בסנהדרין דכתב דמקשה לילד ומסוכנת עיי"ש.

ועיינתי במהרי"ט שאיכא שתי תשובות הסותרות בחלק א', דבסימן צ"ז אוסר כשליכא סכנה להאם ומתרץ הא דיוצאה ליהרג מכין כנגד בית הריון, וגם כתב דלרבותא דאמרי דמשום סכנת ולד לחודיה מחללין שבת כ"ש שאסור לפגוע בהן, ובסימן צ"ט כתב דאף בישראלית מחמת אבוד נפשות אין נדנוד כלל, מראית דמכין כנגד בית הריון ביוצאה ליהרג שאינה כלום אף לדבריו, ומראיה על שהקשה הגמ' פשיטא גופה היא על הא דתנן דאין ממתינין ליוצאה ליהרג עד שילד הולד, שג"כ אינה כלום כדכתב החו"י דאדרבה משם ראיה לאסור מדלא הקשה סתם פשיטא אלא הוסיף בקושיתו פשיטא גופה היא משמע דלולא סברת גופה היא היה סברא להמתין להציל העובר כ"ש שאסור לגרום מיתתו עיי"ש, והוא תירוץ פשוט שלא שייך לומר דלא סליק אדעתיה דמהרי"ט לתרץ זה, ובפרט לכתוב שאין נדנוד כלל, וגם איך לא הזכיר כלל דברי הרמב"ם שרק מדין רודף הוא ההיתר לחתוך העובר במקשה לילד וגם לא שיטת התוס' שאוסרין מטעם מי איכא מידי, שלכן פשוט שאין להשגיח על תשובה זו כלל כי ודאי תשובה מזויפת היא מאיזה תלמיד טועה וכתבה בשמו, ובכל אופן כיון שאיכא סתירה בדבריו מתשובה לתשובה אף אם היו שקולין לנו היה לנו לומר לאיסור מצד תשובות מהרי"ט, וכ"ש שאינם שקולין כלל דתשובה דסימן צ"ט לא נכונה היא כלל שיש לנו לדון שמהרי"ט אוסר, אבל א"צ לזה דברור שתשובה מזויפת היא מאיזה טועה ומטעה, שלכן מה שהביא שם מתשובת הרשב"א שהרמב"ן התעסק עם נכרית אחת להפיל עוברת, ניחא מה שאנחנו אין מוצאין אותה בתשובות הרשב"א (ועי' מש"כ בתשו' להלן סי' ע'), וראיתי בתשובת הגרא"י אונטערמאן ז"ל הנדפסת בנועם חלק ששי שגם הוא חפש ולא מצא בתשובות הרשב"א דבר זה שכיון שהוא ממורי' אחד

כתב גם זה לשקר ולהטעות, ולא נצטרך לומר שתשובה זו ראה אותה בכת״י ולא בדפוס.

אבל אם תשובה זו אמת נראה לי נכון מש״כ הגרא״י אונטערמן שם דהיה זה קודם ארבעים יום וחמור ישראל מבן נח בקודם ארבעים יום שאף שלישראל אסור, דהרי בר״ן יומא דף פ״ב ע״א, הובא מרמב״ן בשם בה״ג שמחללין שבת בשביל סכנת ולד לחודיה אף בפחות מארבעים יום שא״כ ודאי שאסור להפילו כדכתבתי לעיל שלא היה שייך להתיר חלול שבת אם היה מותר להפילו, וכדכתב כן גם החו״י דלומר דמותר להרגו ומותר לחלל שבת אין לו שחר, מ״מ לבן נח מותר קודם ארבעים, מטעם דלישראל איכא איסור גם בשביל מה שיהיה מות נפש ובבן נח ליכא האיסור אלא כשהוא עתה נפש קצת שאין זה אלא אחר ארבעים יום. אבל יש לפקפק בזה דמאחר דכל האיסור על ישראל בעוברין הוא ממה שנאסר לבני נח מכללא דמי איכא מידי, וכיון שלב״נ מותר משום דכתיב האיסור בלשון שופך דם האדם באדם דמו ישפך שנצטרך לפרש שאדם לא מיקרי אלא אחר ארבעים יום כדכתב הגרא״י אונטערמן בתשובתו, א״כ מנלן לאסור בישראל גם בפחות שאף שאיכא טעמא מ״מ הא אין לנו לאסור בעצמנו. אך שנאסר גם בישראל אף שהוא מצד הכללא דמי איכא מידי שייך שיהיה טעם האיסור משני טעמים, למאי דסברי התוס׳ חולין דף ל״ג ע״א ד״ה אחד, באיסור אמה״ח לב״נ שהוא בטמאות ואף לר״מ משום דאף שהוא מטעם אחר נמי הוא מהכללא, שא״כ שייך שלישראל אחר שידעינן מזה שנאסר לב״נ דגם לישראל שיהיה מטעם אחר וכ״ש ששייך שלישראל יהיה שני טעמים. שלכן אם הוא אמת כהתשובה שהובא שם שהתעסק להפיל עובר שבמעי נכרית הוא בפחות מארבעים יום כסברת הגרא״י אונטערמן וצ״ע לדינא.

וראיתי להגר״י וויינבערג ז״ל מח״ס שרידי אש בתשו׳ הנדפסת בנועם חלק ט׳ שעל התו״י במש״כ על תוס׳ נדה נשאר ב״כ בצע״ג וג״כ כתב שמסקנת התו״י הוא לאיסור כדכתבתי. ופלא על שראיתי בספר רב פעלים לחכם ספרדי (ח״א א״ח סי׳ ד׳) שכתב רק תחלת הדברים שאליבא דתוס׳ נדה כתב שהיה מותר אי לאו גדר לפרצות הזונים, ורק שהזכיר שתוס׳ חולין אסרי ומסיק נראה דעתו דאין להתיר לכתחלה, ולא כתב שלמסקנא אוסר מצד תוס׳ חולין ומצד דברי הרמב״ם, וגם ממהרי״ט הביא רק תשובה דסימן צ״ט שמתיר ולא כתב שבסימן צ״ז אוסר שא״כ פשוט שיש לנו לומר שמהרי״ט אוסר שהוא לחומרא ולא לקולא שמתיר, כדלעיל, והא כותב שאינו משיב לדינא לא לאיסור ולא להיתר, והרי בזה שהוסיף דעתו בסברת התו״י ובסברת מהרי״ט נקט רק מה שמתיר בסימן צ״ט ולא מה שאוסר בסימן צ״ז שהחכם שיביאו לפניו דבריו כמו שצוה להשואל ואין לו הספרים הרי יורה להיתר לפ״מ שכתב משמם ואין לך הוספת משלו גדולה מזו, ולכן אין לסמוך על דבריו כלל.

ומש״כ בעל השרידי אש דלרמב״ן נדה שם (מ״ד ע״ב) יוצא דאין איסור מן התורה להרוג את העובר ומ״מ מחללין עליו את השבת דלא כהחו״י דכתב דאין לזה שחר, הנה לא הוזכר שם ברמב״ן שמותר להרוג עובר מן התורה, אלא שאינו בדין הצלת נפש קודם שיצא ראשו כחשיבות האם לומר בשביל זה אין דוחין נפש מפני נפש, אבל הא כתב שם מפורש דמחללין אף שבת להציל העובר, וממילא ברור דאיכא חיוב להצילו וכ״ש שאסור להרגו מן התורה אך לגבי האם אין בו מעיקרא משום הצלת נפש, שלכן לא מובן היכן ראה שם ברמב״ן לתלות בו בוקי סריקי שיסבור דמותר להרגו וכ״ש שליכא חיוב להצילו ומ״מ מותר לחלל שבת שהוא דבר שלא ניתן להאמר כלל כדבארתי עוד ביותר באור מהחו״י. ואדרבה ברמב״ן נדה שם כתב דאי לאו קרא דומתו גם שניהם לא הוה קטלינן לולד אף קודם שישבה על המשבר דלא עקר הולד ומוכיח מזה דאין לומר דמה שמקרעין כרסה ביושבת על המשבר הוא משום דעקר הולד גופא אחרינא הוא וקודם שעקר הוא גוף אחד של האם מאחר דמצריך קרא להרוג גם קודם שעקר אלמא דשוין בעצם עקר הולד ולא עקר כל זמן שלא יצא ראשו לענין חשיבות גוף אחר וחשיבות נפש, דאף בלא חשיבות גוף אחר ונפש היו צריכין להמתין מלהרוג האם התחייבת מיתה עד שתלד, ורק שהוא חדוש התורה דאין ממתינין והורגין גם הולד ואין לך אלא להקטין החדוש דבעקר דעומד כבר לצאת ונחשב כיצא לענין שממתינין עד שתלד. ומה שבגמ׳ ערכין אי׳ שהקרא איצטריך משום דס״ד דממונא דבעל הוא, צריך לומר לרמב״ן דהגמ׳ מקשה אליבא דמ״ד עובר ירך אמו והרמב״ן איירי אליבא דמ״ד לאו ירך אמו. עכ״פ סובר הרמב״ן שהוא חדוש מה שלא ממתינין עד שתלד ולא שהוא למוד מהקרא דליכא איסור רציחה לעובר, וגם שהוא חדוש גדול עד שבשביל זה אמרינן דבעקר הולד ממתינין ולא קטלינן להולד אף שג״כ עדיין אינו נפש והוא בדין דמי ולדות לבעל, הרי דסובר דאיכא איסור רציחה לעובר גם קודם שעקר כמו לאחר שעקר ולא שייך מה שלא נקרא עדיין בדין נפש עד שנולד. וגם הר״ן חולין דף נ״ח ע״א (י״ט ע״א מדפי הרי״ף) ד״ה ולענין שכתב דהא דאשה יוצאה ליהרג אין ממתינין עד שתלד לאו משום דירך אמו הוא אלא שכיון שהיא מחוייבת מיתה אין מענין את דינה ולולד כיון שלא יצא לאויר העולם לא חיישינן אין כוונתו שהוא מסברא אלא שהוא מחדוש הקרא דגם שניהם, אבל ודאי גם הר״ן סובר דאסור להרוג מדאורייתא כתוס׳ וכרמב״ם.

ד. בדברי הגרח״ע והיעב״ץ בענין זה והבור שאסורה הריגת עוברין בין כשרים ובין ממזרים, בין בריאין ובין חולין, באיסור רציחה

גם מש״כ בעל השרידי אש בשם החוו״י שלהסוברין דאין מחללין שבת על עובר מותר להורגו, לא ראיתי שם דהחוו״י כתב רק שאם מותר לחלל שבת ודאי אסור להורגו אבל להסוברין דאסור להורגו ליכא הכרח דיהיה מותר לחלל שבת. ומש״כ דקודם ארבעים יום שלרמב״ן בשם הבה״ג מחללין עליו את השבת ומ״מ ליכא איסור הוא דבר שא״א לומר כלל ופשוט שאסור להפיל גם קודם ארבעים לדידהו. אבל גם הוא מסיק דלהרמב״ם שפשוט שקאי על כל עובר כדמפרשי בדבריו הנו״ב מהדו״ת חו״מ סי׳ נ״ט וגם הגרי״פ השואל וגם החוו״י ושכן הוא למרן הגר״ח הלוי הוא אסור מדין רציחה ולא הותר אלא מדין רודף, אך הביא מאחיעזר ח״ג סי׳ ע״ב שהרמב״ם לא הוצרך לטעם רודף אלא בישבה על המשבר ואין זה נכון כלל דלא הוזכר ברמב״ם חִלוק בין העוברין כלל וגם הוא עצמו משמע שלא מסתבר לו, וגם הגרא״י אונטערמן בתשובתו מכריע כן ממה שלא הוזכר ברמב״ם ובנו״כ וגם מצד הסברא אין לחלק, ובפרט שהוא רק דעת יחיד, וכל טעמו הוא משום הקושיא על הרמב״ם שא״כ אפילו הוציא ראשו נמי היה מותר דלכן נדחק לומר שלהרמב״ם איכא ג׳ חלוקים, שודאי בשביל קושיא אין לשנות דין מפורש ואף לא לדחוק כל כך, והרי בא מרן הגר״ח הלוי זצ״ל ותירץ ואילו היה רואה דברי הגר״ח הלוי ודאי היה חוזר בו, אבל גם בלא זה הא ע״פ הירושלמי הוא פשוט כדתירצתי. ולכן אין לסמוך בזה כלל על דברי הגרח״ע ז״ל.

ובענין השאלה שבא לפני הגרח״ע שהאשה היתה חולה גדולה שהרופא אמר שודאי תסתכן בלידתה יש להתיר גם מטעם רודף כדכתב בעצמו באם הרופא אומר שהוא ודאי שתמות, ולמה שבארתי ע״פ הירושלמי שהרדיפה הוא מחמת שנעשה ששניהם לא יוכלו לחיות ודאי הוא בחשיבות רודף מחמת שמקשה לילד, ואם הרופאים אין אומרים שהוא ודאי אלא רק חששות בעלמא יהיה אסור עד שיראו הרופאים בשעת הלידה. ומה שהביא שכל אמירת רופאים הוא רק בדין ספק פקו״נ, הנה שגם דין זה תנן דבמקשה לילד חותכין את העובר שודאי ג״כ הוא על פי אומדנא דהרופאים ודין זה ג״כ הוא בכל המקומות אף שאין שם רופא גדול משום דא״א להכות עד שנשיג רופא גדול, הרי הוא ככל פסקי דינים שהתורה חחשיבה הוראתן כודאי דאין לנו אלא זה שבימיך וכן אין לנו אלא זה שבמקומך, וכן לענין האומדנא שאמרו לסמוך על הרופאים אין לנו אלא רופא שבימינו ובמקומנו כשא״א להשיג רופא יותר מומחה, ונמצא שהוראתו בעובדא שבאה לפניו הורה כדין אף להרמב״ם, אבל מה שפירש בדברי הרמב״ם לא נכון כלל.

עכ״פ מש״כ בעל השרידי אש שרוב הראשונים חולקין על הרמב״ם שלכן סובר שהרוב הוא להתיר הריגת עוברים לצורך האם אף שלא לסכנה ממש אינו כלום דאינו כן דאף להסוברים שהוא מחמת דלא נחשב עדיין נפש נדחה מפני חיות האם נמי סוברין דהוא איסור מן התורה מדין רציחה להרוג עובר.

וגם לענין אונס אם רשאי הרופא לעבור ולא ליהרג שהגרא״י אונטערמן מסתפק בזה מצד אבזרייהו דשפ״ד ומסיק דאבזרייהו הוא דוקא על לאו מפורש כדדייק מלשון הרמ״א ביו״ד סימן קנ״ז ס״א עיי״ש, אבל לע״ד אין זה ענין אבזרייהו אלא רציחה אך שלא חייבה עליו מיתה, שא״כ יש לו להיות בדין יהרג ואל יעבור רק שיש לומר דהא מה שברציחה יהרג ואל יעבור הוא מסברא דמאי חזית דדמא דידך סומק טפי, הרי אפשר יכול לומר הרי דמא דידי סומק טפי משל העובר מדחזינן שעל דמא דידי חייבין מיתה ועל דמא דעובר אין חייבין מיתה, אבל יהיה תלוי זה בדין אנוס להרוג את הטרפה שנוטה יותר לומר דיהרג ואל יעבור, אך א״כ אפשר נימא שמה שאין חייבין מיתה על טרפה אף שמסלק זה טעם דמאי חזית איכא עכ״פ טעם אבזרייהו ובעובר ליכא משום שאיסור טרפה הוא כנאמר בפירוש בלשון הלאו דלא תרצח ועובר אינו כמפורש אלא מצד מי איכא מידי, וגם עצם המשמעות מדם האדם באדם אולי אינו כמפורש, ולכן צ״ע לדינא אם איכא בזה דיהרג ולא יעבור או לא.

והנה בשאילת יעב״ץ ח״א סימן מ״ג ראיתי דברים שלא נתנו להאמר שבעובר ממזר מתיר להפילו מטעם שהאשה בזמן שהיו סנהדרין. בלשכת הגזית היו מחייבין אותה מיתה ולא היו ממתינין עד שיולד מקרא דגם שניהם נחשב הולד כבר קטלא ומותר וגם מצוה להפילו, ואף שבזה״ז ליכא סנהדרין ואף דינה לא גמרו ולא יגמרו למיתה וגם לא התרו בה דין ד׳ מיתות לא בטלו, ועוד האריך בזה דלא כהחוו״י שכתב בפשיטות שליכא שום חלוק, וממש דברים בטלים הם אף שכתב זה אדם גדול כהריעב״ץ, כי כל הייחם אפילו עובד ע״ז ומחלל שבת ובא על העריות בעדים ובהתראה גמורה וגם כבר בא דינו לפני הסנהדרין ונוטה להם הדין שחייב מיתה מ״מ כל זמן שלא אמרו הפס״ד שחייב מיתה ובפניו דוקא והרגו אחד נהרג עליו כהורג אדם שלא חטא מעולם דגמר דינו ממש באמירתם אחר שהתחליטו ברוב סנהדרין הוא המחייב המיתה וקודם לכן אף שכבר נודע שדעת הסנהדרין נוטה לחייבו מיתה הוא עדיין כפטור לגמרי לכל דיני התורה. ואין לטעות ממה שלא הזכיר הרמב״ם בפי״ב ה״ג מסנהדרין רבו המחייבין

גומרין דינו בפניו ומוציאין אותו להרגו, שמה שכתב רבו המחייבין ונתחייב מוציאין אותו להרגו לשון ונתחייב שהוסיף הוא פירוש גמר הדין, דאמירת אתה חייב, ועל מה שצריך שיחייבו דוקא בפניו סמך על משי"כ בפייד ה"ז מי שלא נגמר דינו שנתערב עם מי שנגמר דינו כולן פטורין לפי שאין גומרין דינו של אדם אלא בפניו. וגם כבר נקט זה בפי"א מג"מ ה"י גם בשור שאין גומרין דינו של שור אלא בפני השור כדין האדם, וא"כ בזה"ז שליכא סנהדרין אף במזיד גמור ובהתראה וקבלת התראה הוא כאיש כשר שההורגו חייב מיתה כמו בהורג כשר ורק לא שייך לחייבו מיתה משום שליכא סנהדרין, אבל לדין ד' מיתות שלא בטלו הוא חייב ככל רוצח. וא"כ איך שייך שיהיו מותרין להרוג עובר שכל חיובו הוא רק בשביל האם, ובפרט שאף להסוברין עובר ירך אמו הוא מקרא דגם שניהם ובר"ן חולין נ"ח ע"א שהובא לעיל מפורש שהוא חדוש כדי שלא לענות את דינה שלא שייך כשלא נגמר דינה ממש. וגם משי"כ דאחד שעבר עבירה בזה"ז במזיד שחייבין עליה מיתה והרג את עצמו לא נענש וגם הוא עוד זכות ג"כ ודאי אסור אף אם היה בהתראה ושרי ליה מריה להריעב"ץ על דבריו אלו, ואין להשגיח על תשובתו זו.

כתבתי כל זה לענין הפרצה הגדולה בעולם בהמלכיות דהרבה מדינות התירו להרוג עוברים ובתוכם גם ראשי המדינה במדינת ישראל וכבר נהרגו עוברים לאין מספר שבזה"ז הא עוד יש צורך לעשות סיג לתורה, וכ"ש כלא לעשות קולות באיסור רציחה החמור ביותר, שלכן נשתוממתי בראותי תשובה מחכם אחד בא"י הנכתב למנהל ביה"ח שערי צדק ונדפס בחוברת אסיא י"ג המתיר הולדות ע"י בחינות הרופאים כשהוא עובר יותר מג"ח שהעובר הוא במחלת תיי־סקס להפילו, ומצד זה הקדים שעצם הריגת העוברים הוא להרבה פוסקים רק מדרבנן ואף אם הוא מדאורייתא הוא רק משום גדר בנינו של עולם אבל מחמת איבוד נפשות אין נדנוד כלל, והביא ממהרי"ט התשובה דסימן צ"ט המתיר ולא הזכיר שבסימן צ"ז אוסר ואדרבה הוא כתב שגם בתשובה סימן צ"ז מתיר, וגם כתב שהשאילת יעב"ץ מתיר אף שאסר במפורש, בשביל לשון וגם בעובר כשר יש צד להקל לצורך גדול, אף שברור ופשוט דלשון יש צד להקל הוא כאמר שיותר צדדים איכא לאסור וכדמסיק היעב"ץ ע"ז וצ"ע, ועל שו"ת רב פעלים שג"כ היה ירא לפסוק בזה שלכן מסיק להתיר בתיי־סקס להפיל עד שבעה חדשים, ולא מובן זמן זה שלא מצינו כלל. וברור ופשוט כדכתבתי הלכה הברורה ע"פ רבותינו הראשונים המפרשים והפוסקים ממש שאסור בדין רציחה ממש כל עובר בין כשר בין ממזר בין סתם עוברים ובין הודועים לחולי תיי־סקס שכולן אסורין מדינא ממש, ואין לטעות ולסמוך על

תשובת חכם זה ושרי ליה מריה בזה הכו"ח לכבוד התורה ודין האמת.

חותנך כאביך בלו"נ,

משה פיינשטיין

סימן ע

עוד בענין הנ"ל, בענין תשובת מהרי"ט ח"א סי' צ"ט, ובענין מי שקראוהו הוריו בשם לעז וכן הוא בתעודות שלו איך יכתבו בכתובה

כ"ד למטמוני"ם תשמ"ב

מע"כ נכדי היקר וחביב לנו עד למאוד הרב הגאון מוהר"ר שבתי אברהם הכהן שליט"א.

א.

הנה בדבר תשובת מהרי"ט בח"א סימן צ"ט שמתיר להתעסק עם אשה אף ישראלית שתפיל את הולד וכ"ש עם נכרית וסותר להא שכתב בתשובה סימן צ"ז שאסור להרוג נפלים בין דישראלית בין דנכרית שכתבתי בתשובה אסרו חג סוכות תשל"ז ופרסמתי תיכף ע"י שהדפסתי בספר הזכרון לכבוד הגאון בעל חזון יחזקאל שנדפס אז ובעוד מקומות, כדי למנוע הפרצה שנעשה אף במדינת ישראל ונדפסה לעיל סי' ס"ט, שתשובה דסימן צ"ט במהרי"ט היא מזויפת דהנכון כמו שכתב מהרי"ט בסימן צ"ז וזה ברור אף לדעתך, אבל על מה שכתבתי שגם מה שהביא להרשב"א בתשובה שהעיד על הרמב"ן שנתעסק עם נכרית גם שתפיל הוא זיוף דלכן לא נמצא בתשובות הרשב"א הידועין שלפנינו תשובה כזו, כתבת שבשם הרשב"א קאי רק ע"ז שהרמב"ן התעסק בשכר לרפאותה שתהא יכולה להתעבר ועל נידון האחר שהוא לענין אם שרי להתעסק שתפיל הולד כדי לרפאותה לא כתב זה בשם הרשב"א. אלא הא דמותר להתעסק עם נכרית שתפיל כדי לרפאותה כתב זה בעצמו ולא משם הרשב"א ורמב"ן שהם לא דנו בזה כלל, ואף שהרמב"ן כיון שהיה רופא וכנראה שהיה ידוע גם להנכרים לרופא מומחה הרי ודאי נזדמן גם שבאו אצלו מעוברות חולות שהפלת העובר היה לרפואתן לא הוזכר איך עשה, שהרי אין למילף הרפוי להפיל מהרפוי להתעבר לא לקולא ולא לחומרא, שהאיסור להתעבר הא אינו איסור דאורייתא דטעם שאר"ם בברייתא דע"ז דף כ"ו ע"א מפני שמיילדת בן לע"ז ודאי אינו טעם לאסור מדאורייתא דהא כל האיסור שאיכא לישראל במה שנגרם על ידו שהנכרי יעבוד ע"ז הוא מצד לפני עור, ואין לך לפני דלפני גדול מזה שלא רק מדאורייתא ליכא איסור אלא אף

סימן יג

רשות ומצוה ברודף, ורודף להרוג ע"י גרמא ושלא בכונה

א) **דף כב**: אתמר ר' יוחנן אמר אשו משום חציו ור"ל אמר אשו משום ממונו וכו' תא שמע המדליק את הגדיש והי' וכו' עבד כפות לו וגדי סמוך לו ונשרף עמו פטור בשלמא למ"ד אשו משום חציו משום הכי פטור אלא למ"ד אשו משום ממונו אמאי פטור אילו קטל תורא עבדא הכי נמי דלא מיחייב. והקשה הרשב"א בחי' וז"ל עבד כפות לו וגדי סמוך לו פטור כלומר משום דקים לי' בדרבא מיני' קשיא לי אמאי פטור והא מתחייב בגדיש קודם שיתחייב בנפשו על העבד וכדאמרינן בגונב כיס של חברו בשבת שכבר נתחייב בגניבה קודם שיבוא לידי איסור שבת וכו' ואפשר דלר"י דאמר אשו משום חציו כל שהלית אפי' בגדיש ועבד כפות סמוך לו שאי אפשר לברוח הוי לי' משעת הלאת האש בגדיש רודף ונעשה על הגדיש כרודף ששבר כלים בין של נרדף בין של כל אדם שהוא פטור משום דמשעת רדיפתו נתחייב בנפשו ואף זה כן, עכ"ל. והקשה האור שמח פ"א מרוצח והאחיעזר סי' י"ח דא"כ מאי מקשה הגמ' דאפי' אם אשו משום ממונו נמי שייך לפוטרו מטעם רודף דרודף להרוג את חברו ע"י גרמא נמי ניתן להצילו בנפשו כדמוכח ממסור בברכות נח.

ונראה עפ"י התוס' בסנהדרין דף עג. ד"ה אף רוצח ניתן להצילו בנפשו והקשו דמוכחה בכל אדם דגבי מחתרת נפקא ותירצו דהתם רשות ואשמועינן קרא דאין לו דמים אבל הכא קמ"ל דחובה להציל. וי"ל דגם השתא דילפינן מורצחו נפש דחובה להציל אי"ז מגלה על קרא דוהוכה אלא דוהוכה אינו מורה אלא רשות ורק מורצחו נפש הוא דילפינן חובה וא"כ י"ל דאע"ג דמסברא גם גרמא הוי בכלל רודף כיון שהוא משום הצלה היינו רק במאי דילפינן ממחתרת דלא מפורש באיזה רודף מיירי אבל קרא דורצחו נפש הוא מפורש דמיירי ברציחה ממש וא"כ לא נוכל למילף מזה גרמא ולפי"ז במסור וכל גרמא אע"ג דאין לו דמים אבל לא נילף מורצחו נפש דליהוי חובה ולא הוי אלא רשות. ולכאורה יש לתרץ עפי"ז דבגרמא כיון דהוי רשות לא ילפינן דין קילבדר"מ וכמוש"כ באור שמח פ"א מרוצח וסוף הל' חובל.

ב) **אבל** לפי"ז יהי' נ"ל דמחתרת דמפטר הגנב מתשלומין הוא משום דבמחתרת נמי חובה להורגו דכיון שעתיד להרגו ע"י רציחה ילפינן מורצחו נפש. אבל מהרמב"ם פ"ט ה"ז מגנבה יש להוכיח דאפי' היכא דהוי רק רשות להצילו בנפשו נמי שייך קילבדר"מ דבהרמב"ם כתב וז"ל הבא במחתרת בין ביום בין בלילה אין לו דמים אלא אם הרגו בעה"ב או שאר האדם פטורים. ורשות יש לכל להרגו בין בחול ובין בשבת, עכ"ל. משמע מזה דרק רשות להורגו ואינו כשאר רודף שכתב הרמב"ם פ"א הל' רוצח ה"ו הרי כל ישראל מצווין להציל הנרדף מיד הרודף ואפי' בנפשו של רודף. וטעמא דהרמב"ם נ"ל משום דהכתי לאו רודף הוא אלא לאחר שיעמוד בעה"ב על ממונו הוא שיהי' רודף להרגו. ואפ"ה בא במחתרת ששיבר כלים פטור כמבואר בסנהדרין עב. ובהרמב"ם, הרי מוכח דרשות נמי פוטר.

ועוד נ"ל דברש"י ורשב"א בדף מג: ל"ל דבאשו משום ממונו דהוי גרמא נמי שייך קילבדר"מ ומשום רודף. דבדף מג: הוי ס"ד דגמרא דרבא מפרש דהא דעבד כפות לו פטור הוא משום דאין תשלומין לעבד אלא במקום קגס וקילבדר"מ ל"ש בזה וטעמא פירשו רש"י ד"ה עבד והרשב"א ושאר ראשונים משום דס"ל אשו משום ממונו והנה מזה הביא רבא ראי' דאשו שלא בכונה אינו משלם דמים ופירש"י דבכונה פשיטא לי' דפטור משום קילבדר"מ וכן הביא הרשב"א בשם הראב"ד, והקשה בשט"מ ובפ"י דכיון דכתב רש"י דרבא ס"ל אשו משום ממונו א"כ אפי' בכונה נמי ל"ש קילבדר"מ וכמו שכתבו התוס' שם ועוד דאי בכונה קילבדר"מ א"כ שלא בכונה נמי ליפטור מדתנדב"ח. ויש לתרץ דטעת רש"י והרשב"א היא דהא דבכונה קילבדר"מ משום רודף הוא וזה שייך אפי' אי אשו משום ממונו אלא דשלא בכונה הוא דלא הוי רודף וכמו שנבאר לקמן. ומה שהקשו התוס' דא"כ נוקמי למתניתין דעבד כפות בכונה י"ל דס"ל דבכל ענין מיירי י). ולפי"ז ניחא גם קושיתם דשלא בכונה נפטור מדתנא דב"ח דברודף ל"ש תנדב"ח דבלא כונה אי"ז מעשה רדיפה כלל. והנה מוכח דבאשו משום ממונו נמי שייך

---

1) ועוי"ל דבכונה הו"ל כמדליק בתוך של חברו כמוש"כ הפ"י שם ובדף כג: ומתניתין לא איירי בהכי כיון דפטר בטמון ומ"מ י"ל דאין לתרץ כתי' הפ"י שם דבכה"ג הו"ל כאדם המזיק דהתוס' ודאי דלא ס"ל הכי וכמו שכתב גם הפ"י אלא דמ"מ י"ל דבכונה הו"ל כמדליק בתוך של חברו אלא דלהתוס' מדליק בתוך של חברו נמי לאו משום דהוי כאדם המזיק אלא דלא מצינו בהם פטור טמון כמוש"כ בסוף דף סא:.

קילבדר"מ ומשום רודף וא"כ עדיין קשה קושית האו"ש על הרשב"א דף כב: דמאי נ"מ אי אשו משום חציו אי אשו משום ממונו הלא בין כך ובין כך הוי רודף ושייך לפוטרו ממון.

ג) **ומה** שכתבתי דבשלא בכונה ליכא דין רודף לכאורה היינו דאין לו כונה כלל להעבד היינו שאיננו יודע שהעובד ישנו שם לא הוי רודף כלל ואע"ג דאמר ר"ה בסנהדרין עב: דקטן הרודף ניתן להצילו בנפשו ובחו"מ סי' שפ"ח פסקינן דהעוסק בזיופים ומסכן רבים מותר למסרו ואע"פ שאינו מכוין לסכנם ובביהגר"א שם הביא ראי' לזה מההוא חמרא דבעי' למברא בב"ק קיז: דאמרינן שם דבעל החמור רודף הוא עיי"ש בפירש"י ומרדכי ונ"י ואע"ג דלא קא מכוין לאטבועינהו, שהגהו כולהו אע"ג דלא הוי פסיק רישי' ומיקרי אינו מתכוין מ"מ יודע הוא שיש בזה סכנה וא"כ מיקרי מתכוין לזה המעשה שיודע שיש בה רדיפה וע"כ הו"ל רודף אבל כשאינו יודע כלל שיש בזה רדיפה י"ל דלא מיקרי רודף.

אבל בביהגר"א שם הביא עוד ראי' מהא דאמרינן בסנהדרין עב: בעובר שיצא ראשו דאי לאו דמשמיא קא רדפי לה רודף הוא והוי' מותר להורגו והתם הרי לית לי' כונה כלל ומוכח דבכה"ג נמי רודף הוא. (ואע"ג דיש לדחות דכשאין לו כונה כלל נמי מיקרי דמשמיא הוא דקא רדפי לה וכעין מה שכתב הרא"ש בחולין לא: דכשהפיל הסכין בלא כונה כלל נפלה מאלי' קרי לה. אבל דוחק הוא זה). וא"כ עדיין קשה מה שכתבו רש"י והרשב"א בדף מג: דבלא כונה ל"ש לפוטרו משום קילבדר"מ דאם בכונה פטור משום קילבדר"מ אפי' אשו משום ממונו משום דהוי רודף אז גם בלא כונה הוי רודף.

ד) **ונבאר** סברת הרמב"ם בפ"ט מגנבה דמשמע מיני' דבא במחתרת רק רשות להרגו וזה צריך ביאור דכיון דדמו של רודף הותר א"כ תו הו"ל חובה להציל הנרדף מלא תעמוד ע"ד רעך וזה קשה גם על התוס' שכתבו דמוהוכה לא דעינן אלא רשות ולמה אמרינן בגמ' דכיון דלא תעמוד וגו' אילטריך לטובע בנהר לא שמעינן מיני' רודף הרי כיון דרשות ילפינן מוהוכה כדברי התוס' א"כ תו ממילא נילוף מלא תעמוד ע"ד רעך דהוי חובה.

ויש ליישב עפ"י הגמ' ביומא פה. דיליף ר' ישמעאל דפיק"נ דוחה ממחתרת שהותר לבעה"ב לשפוך דמו של זה להציל נפשו ושפיכת דמים עבירה חמורה היא שמטמא את הארץ וכו' ק"ו לפקו"נ שדוחה את השבת. והקשה בגבורות ארי דבמחתרת כיון שהותר דמו אי"ז שפיכות דמים וכמו בכל חייבי מיתות שאי"ז ש"ד. ועכצ"ל דבמחתרת נפשו של גנב נמי חשיבא נפש אלא דמשום שהוא בא להורגו הכריעה תורה את נפש הבעה"ב הנרדף שיהי' הפקו"נ שלו דוחה את נפש הבא להרגו. והנה כעין זה דעדיפות הנפש של האחד מהשני סגי לדחות איסור לא תרצח מצינו ברש"י סנהדרין עד. ויומא פ"ב שכתב בסברת מאי חזית דדמא דידך סומק טפי מאי דעתך להיתרי משום וחי בהם ולא שימות בהם וכו' אבל עכשיו שיש כאן ישראל נהרג והמצוה בעלה למה ייטב בעיני המקום לעבור על מצותו (דהיינו איסור רציחה) למה יהי' דמך חביב עליו יותר מדם חברך ובסנהדרין הוסיף מי יודע שדמך חביב ונאה ליוצרך יותר ומוכח מזה דאי הוי ידעינן שדמו חביב יותר הוי' נתן דבר המלך לדחות והיינו הלאו דלא תרצח וברמ"ה פירש סומק טפי היינו שיחי' יותר וישמור שבתות יותר. ולכאורה כמו כן בבעה"ב דנפשו חביבה יותר לפני המקום דמשו"ה ניתן איסור לא תרצח לידחות.

והשתא מבואר טעמא דלא שייך בבא במחתרת לא תעמוד ע"ד רעך דזה אינו אלא בטובע בנהר שאין כאן איבוד נשמה ושפיכות דם דשום ישראל אבל הכא דממנ"פ איכא שפיכות דם אלא שנפש הבעה"ב מכריעה ל"ש בזה ל"ת ע"ד רעך. והראי' לזה דבדאיכא ש"ד אע"ג דאיכא הכרעה להתיר מ"מ ליכא מצוה ל"ת ע"ד רעך היא מהירוש' פ"ח דתרומות גבי תנו לנו אחד מכם ונהרגנו דכשיחדו אחד מהם מותר למוסרו ופירש"י בסנהדרין דף עב: דבכה"ג ל"ש אין דוחין נפש מפני נפש משום דאפי' לא מסרוהו הי' גם הוא נהרג ועל כן מותר להציל האחרים. ומייתי בירושלמי דהוה עובדא גבי ריב"ל ועבד הכי ולא אישתעי אלי' בהדי' וכי' א"ל ולא משנה עשיתי א"ל וזו משנת חסידים וכן פסק הרמב"ם בפ"ה מיסוה"ת דאין מורין כן לכתחילה ולכאורה כיון שהוא מותר משום הצלה ופקו"נ דהאחרים א"כ ליהוי נמי מצוה רבה שמצותה בגדולים וחסידים אע"כ דאע"ג שהוא מותר משום הצלה ופקו"נ מ"מ כיון דאיכא נמי דחיית נפש ואפילו של חיי שעה של אחד ומעשה גרמא דש"ד תו ליכא מצוה ול"ת דל"ת ע"ד רעך. ובזה ניחא מאי דבסנהדרין עב: ילפינן מקרא דבמחתרת קטלינן לי' בין בחול בין בשבת ופירש"י משום פקו"נ דהיאך וקשה דא"כ ל"ל קרא להכי דבמשל"מ פכ"ד משבת העלה כן מסברא דרודף מותר להרגו גם בשבת

משום פקו"נ דהנרדף, ולהנ"ל ניחא דברודף דנפשו של רודף לא חשיבא נפש כלל פשיטא שמותר לחלל שבת משום פקו"נ דנרדף אבל במחתרת הרי אפילו כשיחלל שבת תאבד נפש אחת מישראל דמה"ט הא לא הוי אלא רשות בזה לא שמעינן מסברא שיהא מותר לחלל שבת להציל הבעה"ב. וקמ"ל קרא דמ"מ כיון שהכריעה התורה שנפש הבעה"ב מכריעה את נפש הבא להורגו הרי גם זה בכלל פקו"נ דמותר לחלל שבת ואע"ג דל"ת ע"ד רעך ליכא. (ואהו דלא כהאמדת שלמה שכתב דעשה דוחי בהם הוא שדוחה לכל עשה ול"ת שבתורה דהא הכא להרמב"ם ליכא שום מ"ע ומ"מ דחי שבת ומוכח דפקו"נ בלא מ"ע נמי דחי).

וכל זה הוא במחתרת דלהרמב"ם הוא רשות אבל מ"מ בכל רודף פסק הרמב"ם שעובר נמי בל"ת ע"ד רעך ומשום דהתם כיון דאיכא מ"ע דוקצותה את כפה להספרי או מאין מושיע לה להגמרא הו"ל ככל חייבי מיתות שאין נפש הרודף חשיבא נפש כלל וא"כ תו הו"ל בכלל ל"ת ע"ד רעך כמו טובע בנהר. [והגמ' דפריך התם לטובע בנהר מיבעי לי' היינו קודם שידע מאין מושיע לה וניחא בזה קושית הסמ"ג מלוה קס"ד על הרמב"ם]. והיינו נמי טעמא דביומא פה. לא יליף ר"י אלא ממחתרת ולא מכל רודף משום דהתם אי"ז ש"ד כלל.

ה) **והנה** למה שכתבתי לעיל דרודף ע"י גרמא נמי לא הוי אלא רשות כיון דלא מצינו למילף מורלחו נפש אלא מקרא דמחתרת נמלא דדין רודף ע"י גרמא דומה לרודף במחתרת [2]). והנה במחתרת קאמר רבא בסנהדרין עב. מאי טעמא דמחתרת וכו' והתורה אמרה הבא להורגך השכם להורגו וכן בברכות נח. גבי מסור וכן שם דף סב: גבי שאול ופירש"י התורה אמרה גבי מחתרת, והנה ברודף דעלמא לא מצינו סברא זו וגם רש"י לא הביא מרודף על כן י"ל דדוקא בהני דלא הוי אלא רשות איצטריך להך סברא דמשו"ה נפשו מכריעה, במחתרת משום דאכתי לאו רודף הוא ובגרמא משום דליכא למילף מורלחו נפש, וגם בשאול יש לומר שלא רצה להורגו אלא ע"י שליח דלא הוי רק גרמא. אבל ברודף ממש דאיכא מ"ע דמשום זה אין נפש הרודף חשיבא נפש ואיכא ל"ת ע"ד רעך א"י"ל לסברא זו.

ולפי"ז י"ל דהא דמשמע בסנהדרין עב: דבשלא בכונה נמי הוי רודף כמו בילא ראשו היינו ברודף גמור דילפינן מורלחו נפש דמשום רדיפתו לא חשיב נפש אבל בגרמא ומחתרת דבעינן לסברת הבא להורגך השכם להורגו לא מיקרי בא להורגו אלא בכונה. והשתא מתורץ דברי רש"י בדף מג: דאע"ג דס"ל לרבא כר"ל דאשו משום ממונו מ"מ בכונה קילסדר"מ משום רודף וכדלעיל והא דבשלא בכונה ל"ש זה היינו משום דכיון דלא הוי אלא רודף ע"י גרמא בשלא בכונה ל"ש הבא להורגך. אבל אי אשו משום חציו אפי' שלא בכונה נמי ואפי' לשי' הרשב"א בדף כב: דרק משום רודף הוא דמיפטר מ"מ כיון דהוי ורלחו נפש דהוי רודף ממש דחובה להצילו וא"י"ל לטעמא דהבא להורגך א"כ אפילו שלא בכונה נמי מיפטר. וניחא נמי בדף כב: דאפילו לשי' הרשב"א שפיר פריך דאי אשו משום ממונו ל"ש קילבדר"מ אפילו מטעם רודף דכמו שבדף מג: ס"ל לגמ' דמתניתין דעבד כפות לו בשלא בכונה נמי מיירי לפירש"י וכמו שכתבתי לעיל ה"נ ס"ל בדף כב: ולהכי פריך דאי אשו משום ממונו אי"ז רודף כיון שהוא שלא בכונה. ואע"ג שבשו"ע ח"מ סי' ב פסק דהעוסק בזיופים ומסכן הרבים מותר למסרו דרודף הוא ואע"פ שאינו אלא גרמא ושלא בכונה וכמוש"כ בביהגר"א שם התם לא מיקרי אינו מתכוין אלא מפני שאין כונתו להרוג אבל מכוין הוא למעשה שלו שיש בה סכנה אבל הכא אשו שלא בכונה י"ל שאינו יודע כלל שיש שם עבד.

סימן יד

לאו בר דמים

במלחמות סוף פ"ב כתב דרבה בתר בסוף אזיל ומ"מ פטור השני כיון שסופו להשבר ואין לו דמים עכשיו. ולהמלחמות עכצ"ל דהא דבזרק תינוק ובא אחר וקבלו בסייף תלי לה בפלוגתא דריב"ב ורבנן בהכוהו י' בני אדם בזאח"ז היינו נמי דאע"ג דלרבה בתר תבר מנא אזלינן מ"מ פטור השני ולא מיקרי מכה כל נפש אדם וכמו בגוסס בידי אדם דהכא נמי איתעבד בו מעשה וכדמפרשינן בסנהדרין דף עח.

---

2) ובזה ניחא מאי דתוכח מהט"ז ביו"ד סי' קנ"ז ס"ק ז וס"ק ח דבעוסק בזיופים נמי לא משנת חסידים היא למסרו וקשה דהא רודף הוא ולהנ"ל י"ל דבגרמא שאי"ז אלא רשות לאו משנת חסידים היא וי"ל דגם במחתרת ס"ל להט"ז הכי.

הרא"ש דאפילו במקום שא"י לעכב עליו איבעי לי' למחויי ואי לאו אית לי' חזקה אלא דבמקום שא"י לעכב משום כופין ע"מ סדום דודאי הוי תשמיש דלא קפדי בהכי א"ז מעשה חזקה וא"ל למחויי. וא"כ יש לתרץ בדף ז. גבי אחין שחלקו דהתם יש כאן היזק ראי' והוי תשמיש דקפדי אינשי בהכי ויש כאן מעשה חזקה וע"כ אעפ"י שלשי' הראב"ד א"י לעכב עליו משום שע"מ כן חלקו מ"מ כיון שיש מעשה חזקה הו"ל למחויי ומדלא מיחה החזיק, ושפיר הקשה הרא"ש דאיכא למיחש דלבתר תלת שנין טעין בחזקה. וכן מצאתי במרדכי פ' ח"ה סי' תקנו בשם ראב"ן שהחזקה היא מחמת היזק ראי'.

סימן ז

בענין גביית מסים אי אזלינן בתר ממון או בתר נפשות

א) **דף** ז: תוס' ד"ה לפי שבח ממון הן גובין כיון דאין סכנת נפשות לא אזלינן אלא בתר ממון והכי נמי אמר בהגוזל בתרא שהשיירא ההולכת במדבר ועמד עלי' גיים מחשבין לפי ממון דליכא סכנת נפשות וכו' ואע"ג דאמר בפ' בן סורר ומורה דהבא במחתרת וכו' משום חזקה דאין אדם מעמיד עצמו על ממונו וכו' ואפ"ה אין מחשבין אלא לפי ממון כיון דהגיים ברצונו אינו בא על הנפשות דאם לא יעמדו נגדן לא יזיק לגופן הילכך לא חשיב סכנת נפשות. והנה לכאורה יש לפרש בהתוס' דהשתא נמי אין זה אלא הצלת ממון שבידו הוא שלא יעמיד עצמו על ממונו ומה שרוצה להעמיד עצמו אין זה אלא בשביל ממון וכ"מ ממהרש"א לקמן כאן ויהי' צריך לומר דהא דבא במחתרת מותר להורגו ואין צריך להניח את ממונו בידו כדי שלא תהי' סכנת נפשות דיציל את הרודף היינו משום דכיון שהגנב יודע דחזקה אין אדם מעמיד עצמו על ממונו א"כ כונתו להורגו ע"כ הוא מחויב מיתה ככל רודף ואין להקשות דמ"מ הרי יכול הנרדף להצילו בממונו ולא גרע מיכול להצילו באחד מאבריו שי"ל שאינו מחויב להפקיר ממונו בשביל רצון ופשיעת הגנב. ולכאורה ראי' לזה מהרמב"ם פ"ט מגנבה שכתב שהבא במחתרת רשות לכל להורגו ולא כמו לענין רודף שכתב בפ"א מהל' רוצח שכל ישראל מצווין להציל הנרדף וכו' וצ"ל הטעם משום דבמחתרת שא"ז אלא מטעם חזקה א"א מעמיד עצמו על ממונו א"ז אלא רשות ולכאורה היינו משום שיכול להפקיר ממונו ולא יהי' רודפו.

אלא דא"כ הי' אסור לו לחלל שבת שהרי בשביל חלול שבת צריך להפקיר כל ממונו ובגמ' שם סנהד' עב: ילפינן דבין בחול בין בשבת ופירש"י שהוא משום פקו"נ דהיאך ומשמע דאפילו בעה"ב עצמו ועכצ"ל דחזקה דא"א מעמיד עצמו ע"מ היינו שהוא כאנוס שאיננו ברשותו ואיננו אדון על עצמו להפקיר את ממונו שאפילו אם ברגע זו לא יעמיד עצמו על ממונו שמא או ודאי בשעה של אחרי' לא יתאפק ויעמיד עצמו על ממונו ויהי' פקוח נפש וע"כ מותר להרוג את הרודף. וטעמא דהרמב"ם דהוי רשות הוא משום דלעת עתה אין עליו דין רודף עדיין ומה"ט הוא דאמרינן ביומא פה. דממחתרת ילפינן דפקו"נ דוחה שפיכת דמים וכ"ש שבת ודווקא במחתרת מיקרי ש"ד אבל לא ברודף ובצ"ק סי' יג הארכתי בזה.

ולפי"ז צריכין להבין הטעם דאזלינן בתר ממון הרי יש בזה גם הצלת נפשות כיון דאי אפשר לו לאדם להתאפק ובודאי יעמיד עצמו על ממונו. וגם מבואר בתרוה"ד סי' שמ"ה שבעיר המוקפת גיים ואין כח ורשות בידם להפקיר ממונם מפני חיול מושל העיר המושלים עליהם דאז ע"כ לסכנת נפשות הוא בא, ועל כל זה כתב דאין לחלק דסתמא קאמרי התוס' דחשבינן לפי ממון דלא דיינינן על שם סופו אלא כתחילתו שבאו על עסקי ממון. ונראה לפרש דהטעם דאזלינן בתר ממון הוא משום דכל כגון זה אזלינן בתר הגורם של ההיזק דכיון שהגיים בא בשביל הממון א"כ כל שיש לו ממון יותר חלק השותפות שלו בגרם ההיזק מרובה יותר. וכן מצאתי במרדכי בפירקין שהבתים שגגיהם גבוהים שעושים צין וגורמים שהמוכס יקצוב מס יותר צריכים ליתן יותר וכן כתב במהרי"ק שורש קכד דבתר גורם ההיזק אזלינן ולא לפי הממון הניצל וראייתם הוא מב"ק ד' קטז ספינה שהיתה מהלכת בים ועמד עלי' נחשול לטובעה והקילו ממשאה מחשבין לפי משוי ואין מחשבין לפי ממון משום שהמשוי גורם ההיזק וכן הביא בביאור הגר"א ס' קסג ס"ק מג וס"ק עג עיי"ש.

ולכאורה בהא פליגי הרא"ש והרשב"א שהרא"ש בפירקין כתב שכל שמעלילין העכו"ם שמדות הכל בשביל ממון וע"כ אפילו מענין ביסורים הוי לפי ממון ובבאהגר"א בס' קסג ס"ג בס"ק מ' כתב דמקורו מהתו' הנ"ל אבל בהרשב"א בתשו' סי'

אלף ל"א וחלק ג' סי' ת"א כתב דההולאות שעושין שלא לבטל מהם השחיטה הוי לפי נפשות. והנה הרמ"א בסי' קסג ס' ג' שהביא שיטת הרא"ש ושיטת הרשב"א ואח"כ סיים וז"ל ולי נראה דדנין בזה לפי ענין הנראה לדיינים, משמע מני' דלא פליגי הרשב"א והרא"ש בסברא אלא במציאות הענין דס"ל להרשב"א דאין כונת העכו"ם משום ממון אלא כונתו להזיק אבל במקום שנראה לפי הענין דנותן משום ממון יודה גם הרשב"א דאזלינן בתר גורם הממון (ועיין ת' הרשב"א ח"ג סי' תכו) אלא דמלשון הרשב"א בתשו' שכתב וז"ל הכלל שאין הכל אלא לפי הצלת ההיזק, משמע דבסברא פליג על הרא"ש ולא ס"ל להך כללא דאזלינן בתר גורם. וקשה לשיטת הרשב"א הנ"ל מהך דב"ק קטז דמחשבין לפי משא ולא אזלינן לא בתר הצלת ממון ולא בתר הצלת נפשות.

ולכאורה יש מקום ליישב דהתם בב"ק שאני דצריך להסיר את גורם ההיזק שלא יגרום לו ההיזק מכאן ולהבא דהא גרמא בנזקין אסור ועוד דהוי המשוי כרודף על האנשים וכהוא חמרא בב"ק קיז: דבעי לאטבועי המברא דאמר רבה האי מעיקרא רודף הוה, אבל הכא אין משלמין אלא בשביל שמצילין עצמן מן גזרת השחיטה דהוי כנהנה והגורם כבר עבר וגרמא בניזקין פטור אלא דלפי"ז קשה ראית המרדכי והמהרי"ק שהביאו ראי' מהא דמחשבין לפי משוי ולא לפי ממון להא דבתים שגגיהן גבוהים וכן כשים אלו ממון אחרים שגורמים להוסיף המס שחייבים יותר ומאי ראי' התם משום הסרת הגורם וכרודף הוא, וצ"ל ע"פ המ"מ בסוף הלכות חובל דנחשול שבים אין הממון רודף כלל כיון שלא הטעינה יותר מדאי וכלשון הראב"ד בהשגות שם (ודלא כהסמ"ע והט"ז [1]) בסי' ש"פ שכתבו דכל המשוי רודף הוא) וכ"פ הרמ"א בסי' שפ שאם בעל החמור לא פשע אין כאן רודף במה שהחמור קופץ ומטביע הספינה אח"כ והוא מהמרדכי, והמרדכי בזה לשיטתו. וא"כ עדיין הקושיא במקומו עומדת על הרשב"א מהך דב"ק דמחשבין לפי משא וביותר יש לדקדק בהגר"א שבס"ק מג הביא ראית המרדכי ממחשבין לפי משוי ובס"ק מ' בשיטת הרא"ש לא הביא אלא מהתוס' דב"ב ז: ולא הביא מהך דמחשבין לפי משוי.

ועוד קשה מהמרדכי סי' תע"ה בפ"ק דב"ב שהביא תשובת הר"מ דפוס פראג סי' קד על דבר גזרת המושל שמתחילה היתה הגזרה שיהיו שומרים בעצמם בלילות לפי הגולגולת וכתב שם שכשהן היו שומרין בעצמן בדין הוא דהתם השמירה לפי הגופים שהן בני השמירה וכן גוף העני יכול לשמור כמו גוף העשיר וכו' ומוכח דאע"ג שהבתים והממון גרמו לשמירה מ"מ כיון שהשמירה על הגופים מחשבינן לפי נפשות, ומה שכתב שם בתחילה שהמושלים שנו מדת יהדות להשוות דל ועשיר היינו שכיון שהשמירה היא משום הצלת ממון הו"ל למירמי השמירה על הממון אבל השתא שכבר גזרו על הגופים א"כ אנן משום הגזירה עבדינן ולא משום הצלת ממון, ואע"ג דודאי הממון גרם להשמירה מ"מ חשבינן לפי גופים ולכאורה קשה שהרי הוא בעצמו כתב גבי בתים גבוהים דאזלינן בתר הגורם [2]).

ב) **ונראה** בבאור הענין דלא אזלינן בתר גורם אלא כשהגורם הוא בדבר העומד ליזק שהבתים הגבוהים הם ממון ויגבו מהם מס וכן בנחשול שכל הגורם יותר צריך לסבול מהנזק יותר, והטעם דגורם

---

1) בסמ"ע וט"ז תירצו שם על הרמב"ם דבשכל המשוי רודף המשליך פטור ואח"כ מחשבין לפי משוי והמ"מ כתב שם (וכן הנמוקי יוסף, הכסמ"ש והרמ"א) דדוקא עמד עלי' נחשול שהוא נער כבד מגלי ים ואין הספינה טעונה יותר מדי אלא להשקיט שאון גלי הים הם משליכים על לד זה אמרו מחשבין לפי משוי וכמה פעמים יקרה זה ליורדי הים ומ"מ שהמשליך פטור הוא כשהי' מתנהג כדרכו אלא שהספינה טעונה יותר מדי שאחד או שנים מהם טעונה ואז המשוי כרודף. משמע דפליגי על הסמ"ע בתלתא א) דהמ"מ ס"ל דנחשול לא הוי רודף כלל כלשון הראב"ד, ב) שכתב הכ"י דהרמב"ם איירי דוקא במשוי הטוען באחרונה אבל כשהטעינוה כולם בב"א שכולם רודפים המשליך חייב (עיין כ"י) וצריך לומר הטעם דאין כל המשוי רודף אלא דבכל חתיכה יש חלק יתר שהיא הרודף או אי יסברו כהסמ"ע דעל כל חתיכה י"ל שהיא הרודפת מ"מ כיון דלכתחילה צריך לחשוב לפי משוי הו"ל כיכול להציל באחד מאבריו ובנידון דידן היינו משל חברו ואפילו כיחא דגם בדיעבד מחשבין לפי משוי מ"מ אם רצה גובה מהמשליך. ג) מדכתב דגבי נחשול אין כאן רודף כלל שלא הטעינה יותר מדי משמע לכאורה דבשכל המשוי רודף כגון שהטעינוה יותר מדי כולם בב"א לא היינו מחשבין לפי משוי והטעם י"ל דס"ל דבדיעבד שהשליכו כבר הכל משל א' אינו חוזר על האחרים אלא אם כולם ניזוקים כמו גבי מנתא דמלכא אבל כשכולם רודפים ומזיקים לא מיבעיא אי כל חתיכה רודפת אלא אפילו חלק מכל חתיכה מ"מ לא נתחייבו לשלם לו דלא נעשו שותפים בהיזק כגבי מסים ודמי לשורי ראובן ושמעון הרודפים ביחד והרג של אחד מהם ודלא כהסמ"ע.

2) וכן קשה על השו"ת צ"צ סי' לד שהביא מתשובת הרשב"א חלק ג סי' שפא דכל בנין בית הכנסת ושכירות מלמד וש"ץ כיון שנותנים ממון ע"ז מחשבין לפי ממון וכן כתב בת' מהרי"ל לענין קנית אתרוג, ועיין בחו"מ

סימן יד

בגדרי חיובא דרודף, ובדין הריגת עובר או טריפה במקום פקו"נ*

אהלות פ"ז מ"ו, האשה שהיא מקשה לילד מחתכין את הולד במעיה ומוציאין אותו אברים אברים מפני שחייה קודמין לחייו, יצא רובו אין נוגעין בו שאין דוחין נפש מפני נפש. ובסנהדרין (עב:) פריך הגמרא אהא דבסיפא אין נוגעין בו, ואמאי רודף הוא, ומשני, שאני התם דמשמיא קא רדפי לה. והנה נחלקו הראשונים בביאור רישא דמתני' דקודם שיצא ראשו מחתכין אותו, דהרמב"ם בפ"א מרוצח ה"ט כתב וז"ל: אף זו מצות ל"ת שלא לחוס על נפש הרודף לפיכך הורו חכמים שהעוברה שהיא מקשה לילד מותר לחתוך העובר במעיה בין בסם בין ביד מפני שהוא כרודף אחריה להורגה, ואם משהוציא ראשו אין נוגעין בו שאין דוחין נפש מפני נפש וזהו טבעו של עולם, עכ"ל. ומבואר בדבריו דהא דקודם שיצא ראשו מחתכין אותו, צריך בזה לדינא דרודף אבל אלא"ה לא היה היתר להרוג את העובר בשביל הצלת האם, וכבר ביאר בזה הגר"ח זצ"ל בספרו שם דס"ל להרמב"ם דכיון דמחללין את השבת להצלת עובר .ואפילו להני ראשונים דס"ל דהצלת עובר אינו דוחה איסורי תורה, מ"מ בישבה על המשבר כו"ע מודו כמבואר בערכין ז ע"א, א"כ הרי עובר הוי נמי בכלל וחי בהם, וכל שהוא בכלל וחי בהם שייכא ביה הסברא דמאי חזית וכו', דאזהרת וחי בהם שוה בשניהם, ולכן הוצרך הרמב"ם לבאר דטעמא דמחתכין את העובר הוא מפני שהוא כרודף, אולם מדברי ראשונים אחרים מתבאר דס"ל דא"צ בזה לדינא דרודף אלא מדין פקו"נ דעלמא אתינן עלה, וכמו שיבואר להלן.

והנה במש"כ הרמב"ם דהעובר הוי כרודף אחריה להורגה ומשו"ה הוא דמחתכין את העובר במעיה, כבר הקשו ע"ז מהא דבגמ' מבואר דלא חשבינן ליה כרודף כיון דמשמיא קא רדפי לה וכדאיתא ברמב"ם גופיה דלהכי ביצא ראשו אין נוגעין בו שאין דוחין נפש מפני נפש שזה טבעו של עולם, וא"כ מ"ב בלא יצא ראשו דחשבינן ליה כרודף. וכתב בחידושי רבינו חיים הלוי שם לבאר בזה דבדין רודף נתחדש תרתי, חדא דאיכא דין מסוים דהצלת הנרדף מפני רודפו מלבד דין פקו"נ של כה"ת, וכדמוכח מהא דבבן נח נמי איכא דינא דהצלת הנרדף דכשאין יכולים להצילו באחד מאבריו מצילין את הנרדף בנפשו של רודף, והרי בב"נ ליכא לדינא דפקו"נ, אלא ודאי דהוי גזה"כ בפ"ע להציל הנרדף בנפשו של רודף ואי"ז שייך לפקו"נ דכל התורה. אמנם עדיין צריכים אנו לחידוש נוסף בדין רודף, והוא, דכיון דאיכא כללא דאין דוחין נפש מפני נפש משו"ה צריך בזה לדין חיובי הרדיפה, שמעשה הרדיפה מחייבתו שלא לדון בו הא דאין דוחין נפש מפני נפש ושתהא נפשו נדחית להצלת הנרדף, והו מה דילפינן מלאו דלא תחוס עינך, שלא לדון בו הא דאין דוחין נפש מפני נפש. ומעתה י"ל דהא דאמרינן בגמרא דכיון דמשמיא קא רדפי לה אינו בדין רודף, היינו רק דאין לו את "חיובי" הרדיפה וממילא דיינינן ביה הא דאין דוחין נפש מפני נפש, אבל מ"מ עיקר דין רודף והצלת נרדף לא פקע בזה, דשם רודף מיהת אית ליה, ולהכי קודם שיצא ראשו דעדיין אינו נפש גמור ולא שייך למימר גביה דאין דוחין נפש מפני נפש, דסברא הוא שתידחה נפשו מפני נפש גמורה, ממילא א"צ לחיובי הרדיפה אלא כל דאית ליה שם רודף ויש כאן דין הצלת נרדף מפני רודפו נדחית נפשו להצלת הנרדף, ואף דמלבד דינא דפקו"נ אין נפש העובר נדחית כיון דגם הוא בכלל הוחי בהם, מ"מ מלבד דינא דהצלת הנרדף דוחין את נפש הרודף כל שאינו נפש גמור אפילו בלא חיובי הרדיפה, וכמש"נ.

ב. והנה המאירי הביא בשם חכמי הדורות שכתבו שגם ביצא ראשו דאין נוגעין בו, היינו דוקא אחרים אבל האשה עצמה יכולה לחתכו שנרדף היא ונרדף מיהא במקום שאין אחרים מחזיקים את הרודפו ברודף הוא עצמו רשאי, ע"כ. ונ"ל בביאור דבריהם ע"ד שביאר הגר"ח בשיטת הרמב"ם, דהא דאמרינן דמשמיא קא רדפי לה הוא רק סברא לומר דליכא עליה את חיובי הרדיפה אבל שם רודף אית ליה, ולהכי הוא דסברי דהא דאין דוחין נפש מפני נפש הוא רק לענין שאחרים אין יכולים להרוג את הרודף אבל הנרדף עצמו רשאי להרוג את הרודפו מדין הבא להרגך השכם להרגו, וכיון דהכא יש לעובר שם רודף והאשה נרדף היא רשאית היא להרוג העובר.

ומצאנו שחילקו בזה גבי הא דאמרינן לקמן (פב.) שאם נהפך זמרי והרגו לפנחס אין נהרג עליו שהרי רודף הוא, וכתב שם הרא"ש דדוקא זמרי היה רשאי

*. ע"ע בענין זה בזכרון שמואל סי' פ"ג.

להרוג את פנחס לפי שאין מצוה להרגו אלא רשות בעלמא, אבל אינש אחרינא נהרג עליו דלאו רודף גמור הוא כיון דברשות קעביד, ולזמרי דוקא ניתן להציל עצמו בנפשו של פנחס אבל לא לאינש דעלמא, דלכל אינש איתיהיב רשותא להרוג את זמרי, הלכך לית ליה רשות להצילו בנפשו של פנחס, ע"כ. וכ"כ גם המאירי, וכן פסק הטור בחו"מ סי' תכה (בהשמטות הצנזור). וביאור דבריהם דכיון דליכא מצוה להרוג את הבועל, דדינא דקנאין פוגעים בו הוי רשות בעלמא, ממילא היה לו לפנחס שם רודף, אלא דליכא עליה את חיובי הרדיפה כיון דברשות קעביד ודיינינן ביה דינא דאין דוחין נפש מפני נפש, ולהכי אחרים אין רשאין להרגו ואם הרגו אחר נהרג עליו, אבל הנרדף עצמו רשאי להרגו משום ד"הבא להרגך השכם להרגו" דהו היתר מיוחד לנרדף עצמו וא"צ לזה את חיובי הרדיפה, וסגי במה דאית ליה שם רודף ואיהו אית ליה שם נרדף, ולהכי אם נהפך זמרי והרגו לפנחס אינו נהרג עליו. .ואמנם עדיין צ"ב מהיכא ילפינן דאיכא הלכה מיוחדת ד"הבא להרגך" בנרדף, ואכ"מ,, והו מה שחילקו חכמי הדורות גם הכא בילא ראשו דאע"ג דמשמיא קא רדפי לה מ"מ אית ליה שם רודף אלא שאין עליו את חיובי הרדיפה, ולכך אחרים אין רשאים להורגו דאין דוחין נפש מפני נפש, אבל האשה עצמה רשאית להורגו מסברא דהבא להרגך וכו'.

אמנם המאירי נחלק עליהם, וכן משמע מסתימת דברי הרמב"ם שכתב דבילא ראשו אין נוגעין בו ולא חילק בין אחרים לאשה עצמה, ונראה לבאר טעמם דאף דבפשוטו מודו לדינו של הרא"ש גבי הא דקנאין פוגעין בו, דהתם דוקא אם נהפך זמרי והרגו לפנחס לא היה נהרג עליו אבל אינש דעלמא היה נהרג עליו, דהכי מסתבר, דכיון דרשות להרגו מדינא דקנאין פוגעין בו ודאי שלא יהיו אחרים רשאין להרגו, ובע"כ דבזמרי עצמו הוא היתר מיוחד לנרדף מדין הבא להרגך וכו', אכן מ"מ ס"ל להרמב"ם והמאירי דהכא כיון דמשמיא קא רדפי לה מהני האי סברא שלא יהיה כאן גם ההלכה דהבא להרגך השכם להרגו, דאינו חשוב כ"בא להרגו" דהוא אינו בא להרגה כיון שכן הוא טבעו של עולם, ואף דשם רודף אית ליה לענין דחל כאן דין הצלת נרדף מפני רודפו ומשו"ה כל שלא הוציא ראשו הורגין אותו, מ"מ לית ליה שם ד"בא להרגך" לענין שלא נדון בו הא דאין דוחין נפש מפני נפש לגבי הנרדף עצמו. ועכ"פ נתבאר דמדברי חכמי הדורות אית לן אסמכתא לסברת הגר"ח הנ"ל בדעת הר"מ דשם רודף מיהא אית ליה.

ג. אולם מדברי שאר הראשונים (פרש"י בסוגיין, וכ"מ מהרמב"ן הובא בר"ן יומא פ"ב.) מבואר דס"ל דבהא דקודם שילא ראשו מחתכין אותו, א"צ לדינא דרודף אלא דאכתי לאו נפש הוא וניתן להרגו להציל את אמו מדין היתרא דפקו"נ דעלמא. וצ"ל בסברתם דאף דגם עובר נכנס בכלל הוחי בהם, מ"מ לא שייכא גביה הסברא דמאי חזית וכו', דשפיר דמא דידה סומק טפי, ומדוייק לפי"ז לשון המשנה דקתני שחייה קודמין לחייו, והיינו דבאמת גם חייו דעובר הוי חיים והרי הוא בכלל הוחי בהם אלא שחייה קודמין לחייו.

עוד י"ל בסברת הראשונים ע"פ מש"כ הגלי"ב (יומא פ"ה ע"ב ובהעמק-שאלה שאילתא קסז אות יח) דבאמת עובר אינו בכלל וחי בהם, והא דמחללין את השבת להצלת עובר הוא מסברא אחרינא דילפינן ביומא (פה:) מקרא דושמרו בנ"י את השבת לעשות את השבת לדורותם, אמרה תורה חלל עליו שבת אחת כדי שישמור שבתות הרבה, וטעם זה שייך גם לגבי עובר. ולפי"ז חידש הגלי"ב דאע"פ דבעלמא מחללין את השבת גם על ספק פקו"נ היינו דוקא היכא דאתינן עלה מדינא דוחי בהם וכמו שפירשו הראשונים דוחי בהם אפילו לד חיים כל שהוא, אבל בעובר דאיכא רק להסברא דחלל עליו שבת אחת וכו' האי טעמא איכא רק בודאי פקו"נ ולא בספק, עכ"ד. ולפי"ז מבואר בפשיטות סברת הראשונים דסברי דמשום טעמא דפקו"נ דידה דחיק לחיי העובר, דכיון דהעובר אינו בכלל הוחי בהם לא שייכא בזה סברא דמאי חזית. דדוקא היכא דתרווייהו הוו בכלל וחי בהם אמרינן מאי חזית, משא"כ בעובר שאינו בכלל וחי בהם מהני הוחי בהם דידה לדחות הסברא דישמור שבתות הרבה דאיכא בעובר.

וכדברי הראשונים מתבאר גם בירושלמי, דהנה בירושלמי בסוף פירקין מייתי נמי להך מתני' דילא ראשו אין נוגעין בו וקאמר עלה דהא דלא דיינינן ליה כרודף, דשנייא היא תמן שאין אנו יודעין מי הורג את מי ע"ש, ונראה דודאי אין כונת הירושלמי דהוי ספק (כמו דמשמע מדברי הק"ע שם) אלא שהרדיפה נעשית משניהם יחד וכי היכי דנימא שהעובר רודף אותה נימא נמי איפכא וממילא אין לזה שם רדיפה כלל שכן הוא טבעו של עולם. ולפי"ז הרי בהכרח צ"ל דהא דקודם שילא ראשו מחתכין אותו לא אתינן עלה מדין רודף אלא דמחמת פקו"נ דידה דחיק לחיי העובר וכסברת הראשונים, ובאמת צע"ק מה על הרמב"ם שהוצרך בזה לדינא דרודף והא מהירושלמי מבואר דגם בלא"ה דחינן לעובר מחמת פקו"נ דידה וא"כ אף אי נימא דהבבלי פליג על הירושלמי וס"ל דאית ליה שפיר שם רודף ורק חיובא דרדיפה לית ביה, וכדנקט טעמא דמשמיא קרדפי לה ולא שאין כאן רדיפה כלל, מ"מ בהא דס"ל להירושלמי דא"צ ברישא לטעמא דרודף אלא מדין פקו"נ שרי, הרי אין ראיה שהבבלי נחלק בזה על הירושלמי, וצ"ע.

ד. ובעיקר דברי הרא"ש שהבאנו לעיל סק"ב דאינש דעלמא יהא נהרג על פנחס, יש להעיר, דהנה כתב הרמב"ם בפ"א מרוצח הי"ג, כל היכול להציל באחד מאבריו ולא טרח בכך אלא הציל בנפשו של רודף והרגו ה"ז שופך דמים וחייב מיתה אבל אין בי"ד ממיתין אותו, ע"כ. וביאר בזה הגר"ש איגר (הובא בדו"ח הגרע"א כתובות ל"ג:) דס"ל להרמב"ם ככך שיטה (עי' במל"מ פ"א מחובל ומזיק ה"י) דגם ביכול להצילו באחד מאבריו מ"מ הנרדף עצמו רשאי להרגו, וממילא עי"ז אית ליה כבר דינא דגברא קטילא, ולהכי אף דלאחרים אסור לכתחלה להרגו והוי שופך דמים מ"מ אם הרגו אין בי"ד ממיתין אותו דגברא קטילא הוא, עכ"ד. ולכאורה לפי"ז יהיה הכרח מדברי הרא"ש שחולק על הרמב"ם, דהרי הרא"ש כתב דאע"ג שאם נהפך זמרי והרגו לפנחס אינו נהרג עליו מ"מ אם אינש אחרינא הרגו לפנחס היה נהרג עליו, והרי דלא חשיב גברא קטילא בהכי, וזהו דלא כהרמב"ם. אולם הנה המאירי בדף פ"ב ע"א כתב ג"כ כהרא"ש, ואילו בדף עד ע"א כתב כהרמב"ם דביכול להציל באחד מאבריו אם הרגו אין בי"ד ממיתין אותו, ולפי סברת הגרש"א הרי הני תרי מילי סתרי אהדדי.

ולכאורה יהיה ראיה מזה דלא כהגרש"א בסברת הרמב"ם, אלא שטעמו של הרמב"ם הוא כמש"כ הגרי"ז זצ"ל בספרו (פ"א מרוצח הי"ג) דברודף נאמר דין מסוים דמלבד עיקר ההצלה של הנרדף חלה על עצמו של הרודף תורת "אין לו דמים", יעו"ש שהוכיח כן מלשון הרמב"ם גבי בא במחתרת, וזהו טעמו של הרמב"ם שכתב דאפילו ביכול להציל באחד מאבריו אם הרגו אין בי"ד ממיתין אותו, משום דס"ל להרמב"ם דהא דביכול להצילו בא' מאבריו אסור להורגו היינו רק דאז ליכא המצוה והרשות של הריגת הרודף להצלת הנרדף, אבל דינא דאיכא ברודף שאין לו דמים ונחשב כגברא קטילא זה איכא גם ביכול להצילו באחד מאבריו, דע"י עצם מעשה הרדיפה חלה על הרודף דינא דאין לו דמים, עכ"ד. ולפי"ז ניחא שאין סתירה בין דברי הרא"ש לדברי הרמב"ם, כיון שדין זה שחל על הרודף תורת אין לו דמים זה הוי ג"כ מכלל חיובי הרדיפה, דמחיובי הרדיפה הוי שיחול עליו תורת אין לו דמים, וא"כ גבי פנחס שעושה ברשות שכתב הרא"ש שאחרים אסורים להרגו ומשום דאין עליו חיובי הרדיפה, א"כ ה"ה דלא חל עליה תורת אין לו דמים שהוא ג"כ מחיובי הרדיפה, ולהכי שפיר אם הרגו אחר נהרג עליו.

ה. אולם נראה דגם לפי מש"כ הגרש"א אין בזה סתירה, דהנה בעיקר דברי הגרש"א יעוי' בחידושי מרן רי"ז הלוי שם שפקפק בדבריו, דל"ע שיחשב לגברא קטילא בשביל זה כיון דמה שהנרדף עצמו רשאי להרגו הוא מדינא דהבא להרגך כו'. דבזה ס"ל לכך שיטתא דאין נ"מ במה שיכול להצילו באחד מאבריו, דזה נ"מ רק במה שהותר משום הצלת הנרדף, אבל דינא דהבא להרגך וכו' הוי היתר לנרדף להרגו, וזה שייך גם היכא דלהצלתו סגי אחד מאבריו,, וזה הא הוי היתירא בעלמא לנרדף אבל אין בזה חלות דין בגופו של רודף ואמאי נימא דהאי מילתא משוי ליה כגברא קטילא, יעו"ש. אמנם נראה דודאי גם הגרש"א לא נתכוין לזה, ואם מה שלנרדף מותר להרגו היה רק משום דינא דהבא להרגך ודאי דזה לא משוי ליה לגברא קטילא, אלא דס"ל דטעמא דהנרדף עצמו רשאי להרגו בכל גווני הוא מטעם אחר כדמשמע בדברי המל"מ (סופ"א מחובל ומזיק) דהיינו טעמא משום דהנרדף עצמו א"א לחייבו לדקדק אם יכול להצילו באחד מאבריו, וכי היכי דמה"ט הנרדף עצמו אינו צריך להתרות בו, ולפי האי טעמא הרי לגבי הנרדף הוי לעולם דינו כאינו יכול להצילו באחד מאבריו, וכיון שכן ה"ז מחיובי הרדיפה ולא הוי היתירא בעלמא, אלא דמחיובי הרדיפה הוי כמו בכל רודף דעלמא, מאחר דלגבי הנרדף לעולם דינו כאינו יכול להצילו בא' מאבריו, ולהכי שפיר משוי ליה כגברא קטילא, ומה"ט כתב שם הגרע"א דהאי דינא נמי עביד קלבד"מ, והיינו נמי משום דהוא מכלל חיובי הרדיפה.

ומעתה לפי"ז נמלא דגם לפי סברת הגרש"א אין סתירה בין דינו של הרא"ש לדינו של הרמב"ם, כיון שהרי גבי פנחס מה שאם נהפך זימרי והרגו לפנחס אינו נהרג עליו ודאי דהוא רק מדינא דהבא להרגך וא"ז מחיובי הרדיפה, דהא התם ליכא על פנחס חיובי רודף כלל, ואין זה אלא התירא בעלמא, ובזה ודאי דמה שהנרדף רשאי להרגו לא משוי ליה כגברא קטילא וכמש"כ הגרי"ז, משא"כ בדינו של הרמב"ם דהנרדף רשאי להורגו מתורת חיובא דרודף וכשנ"ת.

ונראה להוכיח בכונת הגרש"א, כמו שביארנו, הא אי נימא דטעמא דהנרדף רשאי להרגו הוא מדינא דהבא להרגך וכו', א"כ ברודף אחר הערוה ואפשר להצילו באחד מאבריו, בזה יודה הרמב"ם דאם הציל את הערוה בנפשו של רודף יהיה נהרג עליו, כיון דגם הנרדף עצמו לא היה רשאי להרגו, דהא לא שייך בזה דינא דהבא להרגך, ואילו מדברי הרמב"ם לא משמע כן, דהא לעיל מינה כתב הרמב"ם לכל דיני רודף שניתן להצילו בנפשו, אחד הרודף אחר חבירו להרגו ואחד הרודף אחר הערוה, ובתר הכי מסיק דכל שיכול להצילו באחד מאבריו ולא טרח וקדם והרגו ה"ז שופך דמים אבל אין בי"ד ממיתין אותו, ומסתימת דבריו משמע דעל כל הרודפים קאי וגם ארודף אחר הערוה, ולהגרש"א הוא משום דהנרדף יכול להרגו גם אם יכול להצילו בא' מאבריו, והשתא אם כל מה שהנרדף רשאי להרוג את הרודף גם באפשר להצילו

באחד מאבריו הוי רק מדינא דהבא להרגך כו', א"כ ברודף אחר הערוה הא לא שייך האי טעמא, ואמאי גם בזה אמרינן דאם קדם אחר והרגו אין ממיתין אותו, אע"כ כמש"כ דכונת הגרש"א כהמל"מ דלגבי הנרדף כיון שהוא בהול הוי לעולם דינו כא"א להצילו באחד מאבריו.

ולהמתבאר נמצא דבין למש"כ הגרש"א ובין למש"כ הגרי"ז בבאור דברי הרמב"ם הרי גבי זימרי ופנחס לא שייכי דברי הרמב"ם, דכיון דעל פנחס לא רמיא חיובי רודף ודאי שאם אחר הרגו נהרג עליו, וכדמוכח מהמאירי דס"ל נמי כהרמב"ם ומ"מ בזה כתב דאחר נהרג עליו. אולם לפני רבות בשנים ראיתי בספר גליא-מסכת שכתב דלהרמב"ם כיון שזמרי היה רשאי להרגו ממילא אם קדם אחר והרגו לא היו ממיתין אותו, אבל לדברינו אינו כן וכמש"נ.

ב

ו. המנ"ח (מצו' רצ"ו) כתב דאנסוהו עכו"ם להרוג את העובר יעבור ואל יהרג, דהא מבואר בגמרא דטעמא דבשפיכות דמים אמרינן יהרג ואל יעבור היינו משום סברא דמאי חזית, ובעובר ליכא סברא דמאי חזית כיון דאינו נפש, וכן נמי באנסוהו להרוג את הטריפה לא שייכא סברא דמאי חזית, דהגם שאסור להרוג את הטריפה מ"מ כיון שאין נהרגין עליו הרי חזינן דאין לו דין נפש גמורה וממילא לא אמרינן גביה מאי חזית וכו' דשפיר הוי דמא דידיה סומק טפי, ולהכי אם אנסוהו להרוג את הטריפה יעבור ואל יהרג. ועוד חידש שם המנ"ח שאם אמרו להם עכו"ם תנו לנו אחד מכם ונהרגהו ואם לאו יהרגו כולם דדינא הוא דיהרגו כולם ואל ימסרו נפש אחת מישראל, מ"מ אם יש ביניהם טריפה מותר להם למסור את הטריפה, וכדבריו בזה כתב גם המאירי בסוגיין (עב: ד"ה יראה לי) יעו"ש. ונבא לדון על סדר דבריו אחת לאחת.

והנה מש"כ המנ"ח דאנסוהו להרוג את העובר יעבור ואל יהרג, לכאורה תליא במה שבארנו בענף הקודם בפלוגתא דהרמב"ם ושאר הראשונים, דלהמבואר משיטת הראשונים דפקו"נ של האם דוחה את חיי העובר ודאי לדקו דברי המנ"ח, דהכא נמי כיון שאם לא יהרוג את העובר הרי יהרגוהו ממילא דוחה פקו"נ דידיה את חיי העובר ומותר לו להרגו, אולם להרמב"ם דדוקא משום דהעובר הוא רודף דוחין את נפשו מפני חיי האם אבל בלא"ה לא היו חייו נדחין כיון דגם עובר הוא בכלל וחי בהם ואמרינן מאי חזית, א"כ הכא יהיה אסור להרוג את העובר ולהציל עצמו, כיון שאינו רודף.

אולם נראה די"ל דבאנסוהו להרוג גם הרמב"ם יודה, דהנה התוס' לקמן (עד: ד"ה בן) הקשו אהא דאיתא התם דבעו מיניה מרב אמי בן נח מצווה על קדושת השם או אין מצווה על קדושת השם, והיינו אי מחוייב למסור נפשו אז' מצוות דידיה או לא. ומסקינן דאינו מצווה, והקשו התוס' והא וחי בהם בישראל כתיב ואפילו ישראל היה מחוייב למסור עצמו אף בלגעא אי לאו דכתיב וחי בהם, וא"כ בב"נ דליכא קרא דוחי בהם מהכ"ת שיותר לו לעבור בשביל סכ"נ, ולמ"ל ליווי מיוחד לחייבו בקדושת השם, ותירצו דדילמא לא איצטריך וחי בהם אלא כי היכי דלא נילף שאר מצוות מרוצח ונערה המאורסה דאפילו בלגעא יהרג ואל יעבור לכו"ע, ע"כ. ומבואר מדבריהם דבב"נ אמרינן דיעבור ואל יהרג אע"ג דל"ש ביה היתירא דפקו"נ, דמגדר "פטור" אתינן עלה שאינו מחויב למסור את חייו שלא לעבור איסור, ולא נתחייב בקדושת השם, ורק בישראל הוצרכנו לקרא דוחי בהם דאל"ה הוי מחייבינן ליה למסור נפשו מילפותא דרוצח ונערה המאורסה. ובמקו"א הארכנו במה שיש לחקור אם איכא דאמת בישראל נמי איכא בשאר מצוות להאי פטורא דב"נ מלבד היתירא דפקו"נ, או שבישראל באמת ילפינן שאר מצוות מרוצח ונערה המאורסה לענין זה דמחוייב למסור נפשו כדי שלא לעבור איסור, אלא שבכה"ת איכא לדחייה דפקו"נ, וכדפרש"י בכמה דוכתי דהוא משום שיקרה בעיניו נפשו של ישראל, חה דוחה את האיסור, והוא מדין דחיה והיתר כי היכי דאשכחן דחיה דעשה דוחה ל"ת, אבל אי"ז מגדר פטור ושיעור בחיוב דאינו מחוייב להקריב את חייו דשפיר היה מחוייב אפילו למסור את חייו, אי לאו הדחיה דפקו"נ. ואמרנו בזה (עי' בזכרון שמואל סי' ס"ה ובחי' רבי שמואל פסחים סי' יב וכתובות סי' ד) דנחלקו רש"י ותוס' בהאי מילתא, דמפרש"י הוכחנו דנקט דבישראל כל ההיתר הוא רק משום דחייה דפקו"נ דיקרה בעיניו נפשו של ישראל, אולם בשיטת התוס' הוכחנו דס"ל דגם בישראל איכא להאי פטורא דב"נ שאינו מחוייב למסור את נפשו כדי להציל עצמו מן האיסור.

והנה בהא דאמרינן בטעמא דברציחה יהרג ואל יעבור משום סברא דמאי חזית, פרש"י הסברא בזה דהתורה לא התירה לדחות את המצוה אלא מפני חיבת נפשו של ישראל וכאן עבירה נעשית ונפש אבודה ממילא ליכא בזה לדחייה דפקו"נ, ולכאורה האי סברא מהני רק שלא יהיה בזה הדחיה דפקו"נ כיון שבין כך נפש אבודה, אבל להתוס' דבישראל איכא נמי לפטורא דב"נ שאינו מחוייב למסור את חייו כדי להציל עצמו מן האיסור, א"כ צ"ע מאי מהני ע"ז הסברא דמאי חזית. ועכצ"ל דהסברא דמאי חזית מהני גם לענין זה לומר שברציחה שפיר איכא חיוב גם למסור את חייו, דבכדי שלא לקחת את חיי חבירו סברא היא שיהא מחוייב גם למסור את נפשו.

ז. ומעתה לפי״ז אפשר לומר דגם הרמב״ם דס״ל דהא דמחתכין את העובר הוא רק משום דחשיב כרודף הא לא״ה לא הוי דחינן ליה משום הצלת האם, מ״מ באנסוהו להרוג את העובר יודה דיעבור ואל יהרג, דהנה כבר בארנו שם דהאי פטורא דב״נ לא שייכא רק בגוונא דאנסים שאנסוהו לעבור או ליהרג דבזה אמרינן דאינו מחוייב למסור את נפשו בשביל המצוה, אבל בריפוי שבא לרפאות ולהציל עצמו מחולי ע״י שיעבור על א׳ ממצוותיו בזה ל״ש האי פטורא אלא צריך לדין דחיה דפקו״נ, ולפי״ז נראה די״ל דדוקא הכא באשה המקשה לילד דהוי כריפוי שהרי אין כאן אונסין אלא שאנו באים להרוג את העובר כדי להציל את חייה, וממילא ליכא בזה להיתירא דב״נ וצריך לדין דחייה דפקו״נ, .ועוד דהיתירא דאנסים לא שייך רק גבי הבע״ד עצמו שאינו מחוייב למסור את נפשו אבל גבי אחרים שיהיו מותרים לעבור בשבילו לעולם ליכא להאי היתירא,, ולהכי ס״ל להרמב״ם דהא דמותר להרוג את העובר הוא רק משום דחשיב כרודף, כיון שצריך להיתירא דפקו״נ והכא ליכא להאי היתירא וכמו שביאר הגר״ח דהא עובר הוי נמי בכלל וחי בהם ואמרינן ביה נמי לסברא דמאי חזית דסו״ס יש כאן איבוד נפש מישראל. אבל באנסים דאיכא נמי לפטורא דב״נ שאינו מחוייב למסור את נפשו בשביל להציל עצמו מן האיסור, בזה י״ל דהגם שברציחה אמרינן דליכא להאי סברא, היינו דוקא כשבאים ליטול חיי חבירו שהוא נפש גמורה כמותו דבזה שפיר הוא מחוייב ליתן את חייו בשביל שלא ליטול את חיי חבירו דמאי חזית וכו׳, אבל כשאנסוהו להרוג עובר אינו מחוייב למסור את נפשו בשביל שלא להרוג את העובר כיון שאינו נפש גמורה, ואע״ג דלענין פקו״נ אמרי׳ דהוא ג״כ בכלל הוחי בהם מ״מ בכדי שיהיה מחוייב למסור את נפשו י״ל דבעינן שיהיו שניהם שוים דנימא מאי חזית גם לענין זה, אבל כשאינם שוים אמרינן דדמא דידה סומק טפי, ודוקא היכא דבעינן לדחיה דפקו״נ דהוא מכח הוחי בהם שייך למימר דכל שגם העובר בכלל הוחי בהם לא אמרה תורה שידחה האיסור משום פקו״נ, מאחר דבין כך ובין כך יש כאן איבוד נפש מישראל, אבל בהיתירא דב״נ שפיר יש לחלק בזה.

אולם כל זה רק אליבא דהתוס׳ דגם בישראל איכא להיתירא דב״נ אבל אליבא דרש״י הרי בישראל ליכא כלל להאי פטורא ולעולם צריך לדין דחיה דפקו״נ, וא״כ לא שייך לחלק בזה. והנה בדעת הרמב״ם בזה כבר הארכנו שם לתלות בפלוגתא דהמל״מ ומהר״ש יפה, ואי נימא דדעת הרמב״ם כהתוס׳ שפיר י״ל כדברינו, ונמלא לפי״ז דדינו של המנ״ח גבי עובר ודאי יתכן לשיטת שאר הראשונים דס״ל דאיכא הכא להיתירא דפקו״נ, ואילו לדעת הרמב״ם ה״ז תלוי אם ס״ל להרמב״ם כהתוס׳ הנ״ל או כרש״י, וכמש״נ.

ח. ובמש״כ המנ״ח דכן הדין ג״כ במי שאנסוהו להרוג את הטריפה דיעבור ואל יהרג, לכאורה יש לתמוה, דהרי פשוט שמי שהולרך לשתות דם לרפואה אין לו היתר להרוג את הטריפה בשביל לשתות את דמו, וכ״כ הנוב״י במהדו״ת חו״מ סי׳ נט, יעו״ש, וא״כ מאי שנא באנסוהו להרוג את הטריפה שיהיה לו היתר להרוג את הטריפה להצלת עצמו.

אולם לפי המתבאר הי׳ נראה דהא תליא נמי במה שנחלקו רש״י ותוס׳, דלהתוס׳ שבישראל איכא נמי לפטורא דב״נ י״ל דשאני אנסים מריפוי, דדוקא בריפוי דלריך לדין דחייה דפקו״נ בזה אמרינן דפקו״נ דידיה אינו דוחה את חיי הטריפה כיון דהרי גם על חיי הטריפה איכא לדינא דפקו״נ דהא מחללין את השבת להצלת טריפה, אבל באנסים דאיכא נמי להך דינא דב״נ שאינו מחוייב למסור את חייו כדי להינלל מאיסור, ורק משום סברא דמאי חזית אמרינן דברציחה הרי הוא מחוייב למסור את חייו כדי שלא להרוג את חבירו, וכנ״ל, הא איכא למימר דבטריפה ליכא לסברא דמאי חזית לענין זה אלא אמרינן דדמא דידיה סומק טפי ואינו מחוייב למסור את חייו עבור חיי טריפה. אכן לפי שיטת רש״י דגם באנסים ליכא אלא להיתירא דפקו״נ שוב אין לחלק בזה, וכי היכי דאסור להרוג את הטריפה בשביל להתרפאות בדמו ה״ה נמי באנסוהו להרוג את הטריפה אין היתר להרוג את הטריפה, ויהרג ואל יעבור, ודלא כהמנ״ח.

ט. אמנם נראה די״ל דיש מקור לדברי המנ״ח גם אליבא דרש״י, וכי היכי דגבי עובר ביארנו בשיטת הראשונים דפליגי על הרמב״ם דס״ל דאף דעובר הוי נמי בכלל הוחי בהם מ״מ פקו״נ דידה דוחה את חיי העובר, ה״נ י״ל דפקו״נ של שלם דוחה חיי טריפה, והא דחזינן דאסור להרוג את הטריפה בשביל להתרפאות בדמו, י״ל דלא דמי, דהנה כבר כתבו האחרונים (באו״ש פ״ז מרולח, ועי׳ בש״ך יו״ד קנ״ז סק״ג) שאדם אינו מחוייב לקטוע אבר להצלת חבירו, דרק להוליא הולאות ולשכור פועלים חייב אדם להצלת חבירו אבל לתת אבר שלו אינו מחוייב אף אם חבירו יהרג. עוד כתבו האחרונים (עי׳ פתחי תשובה יו״ד סי׳ קנ״ז אות טו) דאין מתרפאין באבריו של אדם אחר, והיינו דאם נלרך להצלת אדם אבר מאדם אחר אסור לקטוע אבר חבירו להצלתו.

ונראה לומר בטעם הדבר בפשיטות, דהנה מלינו שיטת הראב״ד (הובא בשיטמ״ק ב״ק קיח:) דאסור לאדם להציל את עלמו בממון חבירו אפילו כשדעתו לשלם

כל שאינו בפני הבעלים, וטעמא דמילתא משום דדוקא כשהבעלים יודע וחל עליו חיוב להוציא ממון להצלת חבירו אפשר לכופו וליטול הימנו אפילו בע״כ, אבל כשאינו יודע ולא חל עליו חיוב הוצאת ממון אסור ליטול ממון חבירו שלא בידיעתו להצלת עצמו, ומתבאר מדבריו דאע״ג שאין לך דבר עומד בפני פקו״נ, מ״מ אי״ז מתיר לגזול את חבירו, ונראה דאף להראשונים דפליגי על הראב״ד הוי טעמייהו משום דהרי באמת כל אדם מחוייב להוציא ממון להצלת חבירו ממילא לא איכפת לן מה שעכשיו אינו יודע כיון דעכ״פ אין נוטלין ממנו שלא כדין דבר שאינו מחוייב בו, אבל ליטול את אבר חבירו להצלתו לכו״ע ודאי דאינו רשאי, דפקו״נ דידיה אינו דוחה את אבר חבירו, ומהכ״ת יהא רשאי לפגוע בחברו וליטול ממנו אבריו בעל כרחו.

ולפי״ז י״ל דמהאי טעמא אסור להתרפאות ע״י הריגת טריפה דאף אם בטריפה ליכא לסברא דמאי חזית ופקו״נ דשלם היה דוחה את איסור הרציחה דטריפה, מ״מ הא טריפה לא גרע מאבר חבירו, וכי היכי דאסור לאדם להציל את עצמו באבר חבירו ה״נ אינו רשאי להציל את עצמו בהריגת הטריפה. ואין להקשות ע״ז ממה דסברי הראשונים דפקו״נ דוחה חיי עובר, די״ל דשאני עובר שעדיין אינו גברא ולא שייך לומר שנוטל מחבירו, ואיכא רק איסורא לשמים דהריגת עובר ואהא אמרינן דנדחה מפני פקו״נ דידה, אבל בטריפה הא איכא גברא שנוטלין הימנו את חייו, ופקו״נ אינו מרשהו ליטול מחבירו. .וראיתי למי שכתב לבאר בדעת הרמב״ם שהוצרך לטעמא דרודף בשביל להתיר הריגת העובר, משום דאל״ה לא היה היתר דפקו״נ כיון דלא גרע מאבר חבירו, ותמה על דעת החולקים בזה, אולם להמתבאר נראה שאין לדמות עובר לאבר חבירו, דעובר אכתי אינו גברא וכנ״ל..

י. והנה כתב המרדכי (בסי׳ תשי״ח בהג״ה שם) שאם אמר הנכרי ליהודי קטע יד פלוני ואי לא קטילנא לך אמר ר״ב דמותר לקטוע מפני פיקו״נ וחייב לפרוע דמי ידו, ע״כ. ויש להביא ראיה לזה מהא דבכל דוכתי מבואר דטעמא דרציחה אינה נדחית מפני פקו״נ הוי משום סברא דמאי חזית, וא״כ באבר חבירו דליכא סברא דמאי חזית ודאי שנדחה האבר משום פקו״נ, מיהו צ״ע מאי שנא שלהתרפאות באבר חבירו אסור ובאנסוהו לקטוע אבר חבירו מותר לקטוע האבר משום פקו״נ, ובשלמא להתוס׳ דבישראל איכא נמי להיתירא דב״נ י״ל דהיינו טעמא משום דבריפוי דאיכא רק לדחיה דפקו״נ אינו דוחה אבר חבירו אבל באנסים הא איכא נמי להאי דינא דאינו מחוייב למסור את נפשו להצלת אבר חבירו, ולהכי כתב המרדכי דשרי, אולם לרש״י לכאורה אין לחלק בזה דהא גם באנסים צריך להיתירא דפקו״נ ופקו״נ אינו דוחה את אבר חבירו.

אולם להנתבאר נראה דגם לרש״י יהיה מותר ליטול אבר חבירו כדי שלא יהרגוהו, דהנה מה שאסור להתרפאות באבר חבירו הא אי״ז משום האיסור דחובל בחבירו דהרי כל האיסורים נדחים מפני פקו״נ וגם האיסור דחובל בחבירו נדחה, ומה שאסור הוא רק משום דהוי של חבירו ופקו״נ אינו דוחה את של חבירו, וא״כ י״ל דע״ז גם רש״י מודה דאיכא לפטורא דב״נ שאינו מחוייב למסור את חייו עבור חבירו, ולזה שפיר מותר ליטול אבר חבירו כדי שלא יהרגוהו, וכמו שהוכחנו כן מהגמ׳ דהא ליכא בזה לטעמא דמאי חזית, וכנ״ל, משא״כ להתרפאות באבר חבירו אסור כיון דהתם צריך להיתירא דפקו״נ ופקו״נ אינו דוחה אבר חבירו, וכמש״נ.

ולפי כל זה שפיר י״ל שלדקו דברי המנ״ח גם אליבא רש״י, די״ל דבטריפה נמי איסור הרציחה נדחה מפני פקו״נ של שלם כיון דל״ש ביה סברא דמאי חזית דודאי נפשו דשלם סומק טפי, ומה שאסור להתרפאות ע״י הריגת טריפה הוי רק משום דלא גרע מאבר חבירו דלאו כל כמיניה ליטול מחבירו להצלת עצמו, ובזה י״ל דחלוק אנסים מריפוי, דבאנסים איכא נמי לסברא דב״נ שאינו מחוייב למסור נפשו משום לתא דחבירו, משא״כ בריפוי דבעינן דוקא להיתירא דפקו״נ אין פקו״נ דוחה את של חבירו, וכמש״נ.

יא. ועתה נבא לדון במש״כ המנ״ח וכן מבואר ג״כ במאירי, דבאמרו להם עכו״ם תנו לנו אחד מכם ונהרגהו שאם היה אחד מהם טריפה מותר למוסרו, והטעם בזה נראה דהיינו נמי משום דהטריפה אינו נפש גמור וממילא ליכא בזה לסברא דמאי חזית דאדרבה דמא דשלם סומק טפי ולהכי נדחה הטריפה מפני השלם. אולם יש לדון בזה, דהנה בהא דאמרינן דבאמרו להם תנו לנו אחד מכם ונהרוג אותו ואם לאו כולכם נהרגים דיהרגו כולם ואל ימסרו נפש מישראל, נחלקו בירושלמי (סופ״ח דתרומות) איך הדין בייחדו להם אחד מסויים, דרשב״ל אמר דדוקא במחויב מיתה כשבע בן בכרי רשאין הם למוסרו, ור׳ יוחנן אמר אע״פ שאינו חייב מיתה, ע״כ. והרמב״ם בפ״ה מיסוה״ת ה״ה פסק כר״ל דאפילו ביחדוהו אם אינו מחויב מיתה יהרגו כולם ואל ימסרו נפש מישראל .וע״ש בנו״כ שעמדו ע״ז שפסק הכא כר״ל במקום ריו״ח, ובכס״מ שם הביא מהרמ״ך שהקשה אהך דינא דאע״פ שנמצא בתוספתא כדבריו לא ידענא טעמא מאי דהא מסיק בגמ׳ דמש״ה אמרינן בשפ״ד יהרג ואל יעבור דסברא הוא מאי, חזית דדמא דידך סומק טפי וכו׳ והכא ליכא האי סברא דהא יהרגו כולם והוא עלמו עמהן ומוטב שיהרג הוא עלמו ואל יהרגו כולם, עכ״ל. .ויל״ע בקושיתו דהרי בהכרח צ״ל דאיירי בגוונא שע״י המסירה יותר מסכנים את הנמסר

וכגון שיהרגוהו מוקדם יותר ויש כאן נ"מ לחיי שעה, דהא אי ליכא נ"מ כלל ודאי שאין מה לדון בזה, דלאו מידי עבדי, ואם יש נ"מ שוב שייך בזה מאי חזית, ול"ב..

והכס"מ שם כתב דקושית הרמ"ך קשיא רק היכא דיחדוהו אבל בלא יחדוהו אינה קושיא כלל דשפיר שייך בזה סברא דמאי חזית כיון שעל כל אחד שימסרו נימא מאי חזית למסור אותו שימסרו אחר, ורק אהיכא דיחדוהו שפסק הרמב"ם דאם אינו מחוייב מיתה אסור למסור ויהרגו כולם ע"ז הקשה הרמ"ך דהא ליכא בזה סברא דמאי חזית, וע"ש בכס"מ מה שתי' בזה. אולם יש לעי' בהבנת דברי הכס"מ, דאם ס"ל כסברת הרמ"ך דהיכא דבין כך כולם יהרגו ליכא לסברא דמאי חזית א"כ בלא יחדוהו נמי יהא נדחה האיסור רציחה כיון שע"י כל אחד שימסר ינצלו כולם, ואע"פ שאין יודעים את מי למסור נימא בזה כל דאלים גבר כיון דעכ"פ הרי אם לא ימסרו אחד מהם כולם יהרגו וליכא לסברא דמאי חזית, ושוב נדחה האיסור דשפ"ד מפני פקו"נ. .וכבר תמה בזה במנ"ח מ' רצו..

ונראה לבאר דבריו ע"פ הנ"ל, דהחילוק שבין יחדוהו ללא יחדוהו הוא, דבלא יחדוהו מה שמוסרים אחד מהם הוי כריפוי, כיון שהרי אינם אנוסים למסור את ראובן אלא שהם באים מרצונם להציל עצמם ע"י הריגת ראובן שעל ידו הם נפטרים מחובם שחייבום למסור אחד מהם, וליכא בזה להיתירא דאנסים, וממילא אע"פ שלא שייך בזה סברא דמאי חזית ואין כאן איסור רציחה לשמים, מ"מ לא גרע מלהציל עצמו בחבר חבירו דפקו"נ אינו דוחה את של חבירו, ולהכי אסור למסור אחד מהם להצלת כולם, אבל ביחדוהו הוי כאנסים שהרי אונסים אותם ע"ז שימסרו אותו אחד המסויים ואם לאו יהרגו, וע"ז שפיר הקשה הרמ"ך דכיון דלא שייך בזה סברא דמאי חזית אמאי אסור למוסרו, והא אינם חייבים למסור נפשם עבורו. .ואף אם לא כיון לזה הכס"מ, מ"מ הדברים עצמם ראויים להאמר..

אלא דבעיקר קושית הרמ"ך כבר נתבאר לעיל דבפשוטו לק"מ ומשום דמיירי דנפק"מ לחיי שעה ושפיר שייך בזה מאי חזית. ולפי"ז נראה בנידון המנ"ח והמאירי הנ"ל דהיכא דיש ביניהם טריפה יהיה חילוק בין יחדוהו ללא יחדוהו, דהיכא דלא יחדוהו דהוי כריפוי יהיה אסור להם למסור את הטריפה כמו שאסור להתרפאות בנטילת אבר מחבירו, אבל היכא דיחדוהו שאמרו להם למסור את הטריפה שהם אנוסים ע"ז, באמת שרי למוסרו ואינם מחוייבים למסור את חייהם כדי שלא למסור את הטריפה.

יב. והנה רש"י פי' בהא דבילא ראשו אין נוגעין בו, דלא תיקשי ממעשה דשבע בן בכרי שדחו נפש מפני נפש, דהתם משום דאפילו לא מסרוהו לו היה נהרג בעיר כשיתפשנה יואב וכן נהרגים עמו אבל אם היה הוא ניצול אע"פ שכן נהרגין לא היו רשאין למוסרו כדי להציל עצמן, א"נ משום דמורד במלכות הוה, ע"כ. והיינו פלוגתא דריו"ח ור"ל בירושלמי דלר"ל לא הותר למסור את שבע בן בכרי אלא משום שהיה מחוייב מיתה למלכות, וכהתי' השני שתירץ רש"י, ואילו תירוצא קמא אזיל כריו"ח דהיכא שיחדוהו גם אם אינו מחוייב מיתה שרי למוסרו, אלא דהיינו דוקא היכא דגם בלא"ה היה נהרג עמהן משא"כ הכא בעובר שילא ראשו אם לא יהרגוהו ינצל ומשו"ה אין נוגעין בו.

ובתורע"א סופ"ז דאהלות הביא משו"ת פנים מאירות שכתב דלפי חילוק זה שפרש"י בתירוצא קמא, יש לדון דה"ה בולד שילא רובו אם ידוע שניהם ימותו דמותר להציל האשה כיון דבלא"ה ימותו שניהם יעו"ש, וכן משמע ביד רמה בסוגיין שכתב דשאני הכא שהעובר יהא ניצול. והנה לדברי הרמב"ם שפסק דדוקא במחוייב מיתה שרי למוסרו אין מקום לדברי הפמ"א, דאפילו היכא דבלא"ה ימותו שניהם אסור להרוג את העובר דהא אינו מחוייב מיתה, ורק להסוברים דביחדוהו א"ל שיהא מחוייב מיתה כשבע בן בכרי יש מקום לדברי הפמ"א דהיכא שבלא"ה ימותו שניהם יהיה מותר להורגו.

אמנם לפי דברינו יש מקום לחלק בזה, דכאן גם לרש"י נא יהרגוהו, דהרי בארנו דהאי סברא דהיכא שבלא"ה ימותו שניהם וליכא מאי חזית דוחין נפש מפני נפש, מהני רק ביחדוהו דמשוי ליה כאנסים, אבל בלא יחדוהו דהוי כריפוי גם בכה"ג אסור להינצל ע"י מסירת אחד מהם, וא"כ י"ל דהכא בעוברה שהיתה מקשה לילד דלעולם הוי כריפוי אין סברא להתיר במה שבלא"ה היו מתים שניהם, כיון דבריפוי גם בלא סברא דמאי חזית אסור להתרפאות בשל חבירו, וכנ"ל, אלא שמדברי רש"י והרמ"ה מתבאר להדיא כהפנים מאירות דהכא דוקא משום דבלא"ה היה העובר ניצול אסור להורגו הא לא"כ שפיר מותר להורגו להצלת האם, ול"ע בזה.

סימן טו

בענין הבא במחתרת

כתב הרמב"ם פ"ט מגניבה ה"ז וז"ל, הבא במחתרת בין ביום בין בלילה אין לו דמים אלא אם הרגו בעה"ב או שאר האדם פטורין ורשות יש לכל להרגו בין בחול בין בשבת בכל מיתה שיכולין להמיתו שנאמר אין לו דמים. ובה"ח כתב, ומפני מה התירה תורה דמו של גנב אף על פי שבא על עסקי ממון לפי שחזקתו שאם עמד בעה"ב לפניו ומנעו יהרגנו ונמצא זה הנכנס לבית חבירו לגנוב כרודף אחר חבירו להרגו ולפיכך יהרג בין שהיה גדול בין שהיה קטן בין זכר בין נקבה, עכ"ל. ומבואר מדבריו דדינא דבא במחתרת הוא דחשיב כרודף, וכן איתא בגמרא בע"ב אהא דתניא והוכה בכל אדם וקאמר דאיצטריך משום דסד"א בעל הבית הוא דקים ליה דאין אדם מעמיד עצמו על ממונו אבל אחר לא קמ"ל דרודף הוא ואפילו אחר נמי, ומפורש להדיא דחשבינן ליה כרודף.

אכן מתבאר מדברי הרמב"ם דמ"מ חלוק דינא דבא במחתרת מכל רודף דעלמא, דהנה בכל רודף דעלמא כתב הרמב"ם (פ"א מרוצח ה"ו) דכל ישראל מצווין להציל הנרדף מיד הרודף ואפילו בנפשו של רודף, ואילו גבי בא במחתרת כתב הרמב"ם שרשות יש לכל להרגו, ומדוייק מזה דמצוה ליכא ורק רשות הוא דאיכא, אולם צ"ע בטעמא דמילתא כיון דכתב הרמב"ם דנמצא זה הנכנס לבית חבירו לגנוב כרודף אחר חבירו להרגו, אמאי חלוק דינו מרודף דעלמא, והרי בגמ' נמי איתא להדיא דרודף הוא, וכן הוא גם מסברא דכיון דאמר רבא דחזקה שאין אדם מעמיד עצמו על ממונו והאי מימר אמר אי אזילנא קאי לאפאי ולא שביק לי ואי קאי לאפאי קטילנא ליה, א"כ הרי הוא רודף ממש, דהא אזיל על דעת להרוג, ואמאי ליכא מצוה להרגו כמו ברודף דעלמא.

ב. אמנם הא איתא במתני' דהבא במחתרת נידון על שם סופו, ופרש"י, דהא לא קטל ומקטיל משום דסופו להרוג בעל הבית כשיעמוד כנגדו להציל ממונו. ומשמע מפירושו דהא דאמרינן דנידון ע"ש סופו היינו משום דאכתי הא לא קטל, אולם פירושו קשה דהא בכל רודף דעלמא א"ל להא דנידון ע"ש סופו אע"ג דאכתי לא קטל, והיינו משום דחיוב הרודף הוא על רדיפתו דהשתא, וא"כ אמאי בבא במחתרת צריך למימר דנידון ע"ש סופו. ולולא פרש"י היה נראה דהכונה בהא דאמרינן דנידון ע"ש סופו, היינו משום דהשתא אכתי לית ליה דין רודף אלא שהתורה נתנה לו כבר מעתה שם רודף משום דנידון על שם סופו שעומד להיות רודף, ומה דאיתא בגמ' קמ"ל דרודף הוא היינו דמשום שנידון ע"ש סופו דינו כרודף, וכ"ה דיוק לשון הרמב"ם דהרי הוא כרודף, ומשמע דאינו רודף ממש אלא שנידון כרודף ע"ש סופו, וגם מה דאמר רבא דטעמא דבא במחתרת משום חזקה דאין אדם מעמיד עצמו על ממונו הוא סברא דמשו"ה עומד הוא להיות רודף ולהכי נידון ע"ש סופו. ובאמת צ"ע באור האי מילתא, אמאי לא חשיב כבר מהשתא רודף גמור, דמסברא היה נראה דמה"ט שאין אדם מעמיד עצמו על ממונו וכו' יחשב רודף מתחילת ביאתו במחתרת, אבל עכ"פ הכי מתבאר מהמשנה דכל דינו הוא רק משום דנידון ע"ש סופו ואכתי אינו חשוב רודף.

ומעתה לפי"ז נראה לומר בדעת הרמב"ם דס"ל דהא דיהבינן ליה דין רודף ע"ש סופו שייך רק לענין חיובי הרדיפה, אבל לא לענין הצלת הנרדף, דהנה מה שכל רודף אין לו דמים הוא מחיובי הרדיפה, דהרדיפה מחייבתו שיהא דמו מותר וחל עליו דין אין לו דמים, מיהו משום הא גרידא דהותר דמו ליכא אלא רשות להרגו, ומה דאיכא מצוה להרגו הוא משום הצלת הנרדף, דמצוה להציל הנרדף מיד רודפו, וממילא י"ל דבבא במחתרת נהי דלענן חיובי הרדיפה דיינינן ליה ע"ש סופו ומתחייב כבר מעתה בחיובי הרדיפה מ"מ כיון דאכתי הבעה"ב אינו נרדף לא שייך בזה לחיובא דהצלת הנרדף, ומה"ט הוא דס"ל להרמב"ם דהבא במחתרת אף דדינו כרודף מ"מ כיון שהוא רק משום דנידון ע"ש סופו לית ליה אלא דינא דהותר דמו ורשות להרגו אבל ליכא מצוה להרגו, וכמש"נ.

ג. אולם יש להקשות ע"ז מהא דאיתא ביומא פ"ה. וכבר היה ר' ישמעאל ורבי עקיבא ורבי אלעזר בן עזריה מהלכין בדרך וכו' נשאלה שאלה זו בפניהם מניין לפקוח נפש שדוחה את השבת, נענה רבי ישמעאל ואמר אם במחתרת ימצא הגנב ומה זה שספק על ממון בא ספק על נפשות בא ושפיכות דמים מטמא את הארץ וכו' ניתן להצילו בנפשו ק"ו לפקוח נפש שדוחה את השבת. ובהמשך הסוגיא שם פריך אשכחן ודאי ספק מנלן. ומבואר להדיא דבבא במחתרת איכא לדינא דפקו"נ להצלת בעה"ב, וחשיב ודאי פקו"נ מדרבא דחזקה אין אדם מעמיד עצמו על ממונו, וכיון שכן ודאי דאיכא מצוה

להרגו משום לא תעמוד על דם רעך, וזה דלא כמבואר ברמב"ם דאינו אלא רשות, ומשום דאכתי ליכא בזה הצלת נרדף, ול"ע.

ד. איברא דבהאי סוגיא צ"ע בלא"ה, דהנה מהא דיליף ר"י מבא במחתרת דפקו"נ דוחה כה"ת, מבואר דנקט דלעולם יש בהריגתו של הבא במחתרת איסור רציחה אלא שאיסור הרציחה נדחה מפני פקו"נ דבעה"ב מדין דחיה דפקו"נ דכל התורה, וחידשה תורה דבא במחתרת אף דבעלמא איסור רציחה אינו נדחה מפני פקו"נ משום סברא דמאי חזית הכא ליכא לסברא דמאי חזית אלא דמא דבעה"ב סומק טפי, וממילא דוחה הפקו"נ את איסור הרציחה, ומזה יליף ר"י דפקו"נ דוחה כה"ת. ול"ע בזה ממש"כ הכס"מ בפ"ה מיסוה"ת ה"ה וז"ל, שמה שאמרו דשפ"ד סברא הוא אינו עיקר הטעם דקבלה היתה בידם דשפ"ד יהרג ואל יעבור אלא שנתנו טעם מסברא להיכא דשייך אבל אה"נ דאפילו היכא דלא שייך האי טעמא הוי דינא הכי דיהרג ואל יעבור, עכ"ל. ומבואר דנקט דעלם איסור הרציחה אינו נדחה מפני פקו"נ גם בלא הסברא דמאי חזית, דכן היתה קבלה בידם, והגמרא דנקט לסברא דמאי חזית היינו לרווחא דמילתא. .ומהגרש"ם זצ"ל שמעתי שאמר עד"ז באופן אחר, די"ל דבאמת יסוד הדבר הוא משום סברא דמאי חזית אלא דנבתר דילפינן (לקמן עד.) מדכתיב כי כאשר יקום איש על רעהו ורצחו נפש כן הדבר הזה, דמה רוצח יהרג ואל יעבור אף נערה המאורסה תיהרג ואל תעבור, ובעריות הא אי"ז משום סברא דמאי חזית אלא דחומר איסור דעריות אינו נדחה מפני פקו"נ, ממילא שוב ילפינן רציחה מעריות דכי היכי דבעריות עצם האיסור אינו נדחה מפני פקו"נ ה"נ איסור דרציחה אינו נדחה מפני פקו"נ גם בלא הסברא דמאי חזית. ושוב מצאתי שכבר כ"כ החמדת שלמה בתשו'.. ולפי"ז הרי אין לומר דהא דבבא במחתרת איכא רשות להרוג את הגנב הוא משום פקו"נ דבעה"ב דהא איסור רציחה לעולם אינו נדחה משום פקו"נ, וע"כ דדינא דבא במחתרת הוא דע"י הביאה במחתרת הותר דמו ואין כאן איסור רציחה כלל ואי"ל נדחיה דפקו"נ, וא"כ קשה טובא איך יליף ר"י מהא דפקו"נ דוחה כה"ת, כיון דהכא אי"ז מדין דחיה דפקו"נ.

ועוד יש להקשות, דהנה כבר ביאר הגר"ח בספרו (פ"א מרוצח ה"ט) דחיובא דהצלת נרדף מפני רודפו אינו מדינא דפקו"נ אלא הוא דין בפ"ע. והוכיח כן מהא דלעיל נז. מבואר דגם בב"נ איכא להלכתא דרודף, והרי בב"נ ליכא להיתירא דפקו"נ, ובהכרח צ"ל דהוא דין בפ"ע ובב"נ הרי הוא בכלל הדינין שבני נח נצטוו על הדינין, אבל אם כל דינא דרודף היה משום פקו"נ לא היה נוהג דין זה בב"נ. וא"כ צ"ע איך שייך למילף מהכא הא דפקו"נ דוחה כה"ת, והא דינא דרודף אינו משום פקו"נ, וא"כ דינא דבא במחתרת נמי אי"ז מטעם דאיסור רציחה נדחה מפני פקו"נ. ואפילו אם נימא דדינא דבא במחתרת לא יהא נוהג בב"נ, ומשום דהרי מבואר הכא דדינא דבא במחתרת הוא משום דנידון ע"ש סופו, ובזה יש להסתפק אם בב"נ נוהג האי דינא דנידון ע"ש סופו, מ"מ בישראל שנוהג הוא מדינא דרודף דע"י שנידון ע"ש סופו רמיא עליה חיובא דרודף, וכיון דהוכיח הגר"ח דדינא דרודף אינו משום פקו"נ איך איכא למילף מהכא לכה"ת. ואולי באמת הוי ילפותא בעלמא בלא גדרי ההלכות שבזה. אבל עכ"פ זה ודאי מבואר בהאי סוגיא, דבא במחתרת חשיב ודאי פקו"נ, ולפי"ז צ"ע מש"כ הרמב"ם דאיכא רק רשות להרגו אשר מזה מתבאר דס"ל להרמב"ם דלא חשיב הכא פקו"נ דאם היה בזה פקו"נ ודאי דהיה מצוה להרוג את הגנב משום לא תעמוד על דם ריעך. וגם מסברא צ"ע סברת הרמב"ם אמאי ליכא הכא פקו"נ כיון דהא איכא חזקה דאין אדם מעמיד עצמו על ממונו, וכמבואר בסוגיא דיומא, ול"ע.

ה. ובעיקר מה שבארנו בהא דבבא במחתרת איכא רק רשות להרגו דהיינו משום דמה דנדון ע"ש סופו שייך רק לענין חיובי הרדיפה, וחיוב הרדיפה הוא דהותר דמו ורשות להרגו. יש לעי' ממה שכבר הוכיח הגר"ח בספרו שם, דעיקר יסוד חיובא דרודף הוא משום הצלת הנרדף אלא דבעלמא הדין הוא דאין דוחין נפש מפני נפש אפילו להצלת הנרדף, וברודף הרדיפה מחייבתו שנפשו תידחה מפני נפש הנרדף וזהו יסוד חיוב הרדיפה, וכדחזינן דיכולין להצילו באחד מאבריו אסור להרוג את הרודף, ומבואר בראשונים דאם הרגו חייב מיתה, .ואף לשיטת הרמב"ם פ"א מרוצח הי"ג שבדיעבד אם הרגוהו פטורים, מ"מ כתב שם שה"ז שופך דמים, וע"ש בכס"מ שכ' דהוא חייב מיתה לשמים,, ומוכח דכל עיקר חיובו הוא רק להצלת הנרדף. וביאר בזה את דברי הרמב"ם שם דהיכא דמשמיא קרדפי לה דדין נרדף אית לה וחיובי הרדיפה לא רמיא עליה ומשו"ה אין הורגין את העובר להצלתה ואין דוחין נפש מפני נפש, יעו"ש. ומעתה לפי"ז כיון שבארנו דהא דנידון ע"ש סופו לא שייך לענין שיהיה חיוב דהצלת הנרדף א"כ שוב לא שייך גם רשות להרגו דהא כל מה שהותר דמו דרודף הוא רק משום שנפשו נדחית מפני נפש הנרדף והכא דליכא דינא דהצלת הנרדף לא יהיה היתר להרגו.

אמנם נראה ליישב בפשיטות, דהנה בהא דבן סורר ומורה נידון ע"ש סופו הקשו הראשונים (עי' ביד רמה עא:) דא"כ אמאי דינו בסקילה והא מה שנידון הוא משום דסופו שילסטם את הבריות ויהרוג נפשות

ורוצא הרי דינו בסייף ואמאי הבסו"מ נידון בסקילה. ויש מהראשונים שתירצו דהיינו טעמא משום דיצא גם לעבור איסורים שדינן בסקילה, אולם יש מהמפרשים שכתבו דהא דנידון ע"ש סופו אינו מוכרח שיהיה עם כל הדינים שבסופו, דרק על עצם חיוב המיתה אמרינן דנידון ע"ש סופו ומתחייב מיתה אבל אינו נידון עם כל הפרטים דסופו אלא יש לו דינים עצמיים ונידון בסקילה אף שהיא חמורה מסייף. ומעתה י"ל דה"נ הבא במחתרת הגם שנידון ע"ש סופו שיהיה רודף מ"מ י"ל שדינו חלוק מרודף דאע"ג דרודף כל דינו הוא משום הצלת הנרדף, מ"מ בבא במחתרת א"ז משום הצלת הנרדף אלא שהתירה התורה את דמו כדכתיב אין לו דמים, וא"כ שפיר ניחא דאע"ג דאכתי לא שייך ביה דינא דהצלת הנרדף מ"מ הותר דמו.

והנה יש להסתפק איך הדין בבא במחתרת כשיכול להצילו באחד מאבריו דברודף בכה"ג אסור להרגו, אולם גבי בא במחתרת לא הוזכר בשום דוכתא בגמרא או ברמב"ם איך הדין כשאפשר להצילו בא' מאבריו, ולפי מאי דאיתא בגמ' דרודף הוא היה נראה שדינו כרודף דכשאפשר להצילו בא' מאבריו אין היתר להרגו, אולם מסתימת דברי הרמב"ם שכתב דרשות ביד כל אדם להרגו ולא כתב דהיינו דוקא בשא"א להצילו בא' מאבריו משמע שאין חילוק בזה. ומצאתי בחמרא וחיי (עב.) שכתב בשם רבינו יהונתן ז"ל, אע"ג דלשאר רודף מדקדקין שאם יכול להצילו באחד מאבריו אין לו להרגו הכא לא מדקדקין כולי האי כיון דלילה הוא אינו יכול לדקדק כ"כ בעל הבית איך יציל את עצמו ממנו באחד מאבריו, עכ"ל. ובאור דבריו דאזיל בשיטת הראב"ד (פ"ט מגניבה ה"ח) דדינא דבא במחתרת הוא רק כשבא בלילה ולא ביום וכדכתיב אם זרחה השמש עליו ואין מקרא יוצא מידי פשוטו, וכיון שכן כתב רבינו יהונתן שבלילה אינו יכול לדקדק אם יכול להצילו באחד מאבריו. ומבואר מדבריו דנקט דדינא דיכול להצילו באחד מאבריו נוהג גם בבא במחתרת שאין היתר להורגו ורק כיון שאינו יכול לדקדק בלילה מותר להרגו.

ולפי"ז לשיטת הרמב"ם דהבא במחתרת בין ביום בין בלילה אין לו דמים וקרא דאם זרחה השמש עליו קאי רק למאי דדריש בגמרא, היה לו להזכיר דכשיכול להצילו באחד מאבריו אסור להרגו, ומסתימת דברי הרמב"ם משמע דגם לשיטתו אין לדקדק בזה, ובבא במחתרת אין נ"מ אם אפשר להצילו באחד מאבריו. ובטעמא דמילתא י"ל כמו שבארנו דכיון דהבא במחתרת אינו רודף גמור אלא שנידון ע"ש סופו, א"כ י"ל שאין דינו כדיני רודף, וכמו שבבסו"מ אזינן שיש לו דין אחר ממה שיהיה נידון בסופו, וה"נ בבא במחתרת מה שנידון ע"ש סופו הוא רק על עיקר ההיתר להרגו, ומ"מ דינו חלוק מרודף דברודף ההיתר הוא רק להצלת הנרדף ואם אפשר להצילו באחד מאבריו שוב אין היתר להרגו, אבל בבא במחתרת הותר דמו וא"ז משום הצלת הנרדף אלא שהתורה התירה את דמו וכדכתיב אין לו דמים, וממילא אפילו כשיכול להצילו באחד מאבריו ג"כ מותר להרגו.

ו. והנה בהמשך הסוגיא איתא להא דתניא אין לו דמים בין בחול בין בשבת, ומפרש בגמ' דאיצטריך משום דסד"א מידי דהוה אהרוגי בי"ד דבשבת לא קטלינן קמ"ל דקטלינן. ופרש"י דהרוגי בי"ד לא קטלינן להו כדילפינן לעיל (לה.) מלא תבערו אש בכל מושבותיכם. והנה בסוגיא דיבמות ז. מבואר דהא דאיצטריך קרא לאסור מיתת בי"ד בשבת, היינו משום דסד"א דמה אני מקיים מחלליה מות יומת בשאר מלאכות חוץ ממיתת בי"ד אבל מיתת בי"ד דחי שבת דאתי עשה ודחי לא תעשה ת"ל לא תבערו. ומבואר דהנדון בזה אם העשה דמיתת בי"ד דחי ללאו דשבת. ולפי"ז יש להקשות דבשלמא אי נימא דבבא במחתרת איכא מצוה בהריגתו ניחא הא דהוצרך הגמרא לאתויי מהא דהרוגי בי"ד לא קטלינן בשבת, דסד"א דכי היכי דהתם אע"ג דאיכא מצוה בהריגתן מ"מ לא קטלינן להו בשבת משום דלא דחי העשה ללאו דשבת, ה"נ בבא במחתרת אע"ג דאיכא מצוה בהריגתו לא ידחה איסורא דשבת, אבל להמבואר ברמב"ם דאיכא רק רשות להרגו וליכא חיובא, צ"ע אמאי צריך לאתויי מהא דהרוגי בי"ד לא קטלינן, דבלא"ה נמי מהיכ"ת שיהיה מותר לחלל את השבת כיון דליכא מצוה. ועוד יש להקשות דהנה מה דבמיתת בי"ד איכא חילול שבת הוא רק משום דאיכא מצוה בהריגתו, דבלא"ה הא ליכא בזה תיקון כלל והוי מקלקל דפטור, וא"כ כיון שכתב הרמב"ם דבבא מחתרת ליכא מצוה להרגו ורק רשות הוא דאיכא הרי שוב ליכא תיקון בהריגתו וממילא ליכא בזה חילול שבת דהא מקלקל הוא, וא"כ אמאי הוה ס"ד שלא יהרגוהו בשבת מידי דהוה אהרוגי בי"ד.

ואשר יראה בזה דלהרמב"ם לשיטתו ניחא, דהנה כתב הרמב"ם בפכ"ד משבת ה"ז וז"ל, אין עונשים בשבת אע"פ שהעונש מ"ע אינה דוחה שבת כיצד הרי שנתחייב בבית דין מלקות או מיתה אין מלקין אותו ואין ממיתין אותו בשבת שנאמר לא תבערו אש בכל מושבותיכם ביום השבת זו אזהרה לבית דין שלא ישרפו בשבת מי שנתחייב שריפה והוא הדין לשאר עונשין, עכ"ל. וכבר הקשה המג"א (סי' שלט סק"ג) דמאי חילול שבת איכא במלקות, ותירץ שם בחד תירוצא דס"ל להרמב"ם דנתחדש הכא איסור מיוחד שלא לענוש בשבת בין אם יש בזה חילול שבת ובין אם ליכא דאיסור הוא על הבי"ד שלא יענשו בשבת, יעו"ש. אה דלא כפשטות הסוגיא

דיבמות הנ"ל, דמהתם משמע שהנדון משום איסור חילול שבת.. ולהמתבאר נראה דלהרמב"ם נשיטתו היה מקור מסוגיא דהכא, דהוקשה להרמב"ם דהא הכא ליכא חילול שבת כיון דמקלקל הוא וכמש"נ, ואמאי הוי ס"ד לאסור בשבת. ועל כן הוכיח מזה דמה שאסור להרוג הרוגי בי"ד בשבת הוא איסור מחודש שאין לענוש בשבת ואפילו אי ליכא בזה חילול שבת, ומה"ע הוי ס"ד דגם בבא במחתרת אסור להרגו בשבת, דדינא דבא במחתרת הוי נמי בגדר עונש, כמבואר לקמן ע"ג. דקאמר דליכא למילף דהרודף אחר חבירו ניתן להצילו בנפשו בק"ו מנערה המאורסה משום דאין עונשין מן הדין, וכבר עמד ע"ז הנוב"י (מהדו"ת חו"מ סי' ס) דאמאי חשיב עונש והא הוי מדין הצלת הנרדף ומה שייך בזה הא דאין עונשין מן הדין, יעו"ש מש"כ בזה. אולם בפשטות צ"ל בזה, כמו שביאר הגר"ח דמה שניתן להצילו בנפשו והוא מחיובי הרדיפה שתהא נפשו נדחית מפני נפש הנרדף, אבל בלא"ה לא היה היתר להרגו אפילו להצלת הנרדף דאין דוחין נפש מפני נפש, ולהכי שפיר חשיב עונש. ואפילו אם ברודף לא היה נחשב לעונש מ"מ בבא במחתרת פשיטא דהוא בגדר עונש שהרי חיובו רק משום דנידון ע"ש סופו, וזה ודאי הוי בגדר עונש דהביאה במחתרת מחייבתו שיהא נידון ע"ש סופו. וממילא ניחא דמשו"ה הוי ס"ד שיהא אסור להרגו בשבת אע"ג דליכא הכא חילול שבת כיון דהא מקלקל הו"א מ"מ הוא שיהיה אסור מצד האיסור לענוש בשבת מידי דהוה אהרוגי בית דין דנפק"ל מלא תבערו.

והנה בהא דמסיק דקמ"ל דקטלינן בשבת, פרש"י דהיינו משום פקוח נפש דהאיך, דמשו"ה הותר לחלל שבת ולהרוג את הגנב, אולם להרמב"ם שכתב דרק רשות איכא להרגו ובארנו דס"ל דהשתא אכתי ליכא פקו"נ, א"כ צ"ע אמאי באמת מותר להרגו בשבת, ונראה לומר דהרמב"ם יפרש דלא כרש"י, אלא דכיון דהא דס"ד שיהא אסור להרגו הוא רק משום הא דאין עונשין בשבת, וקמ"ל קרא דהך איסורא איכא רק בעונשי בי"ד אבל בעונש המסור ביד כל אדם ליכא להאי איסורא.

ז. ומצאתי מפורש כדברינו בבאור הסוגיא בספר תמרא וחיי (עב:) בשם ספר הכללים שכתב וז"ל, הדברים מוכיחים שכל דברים אלו של מחתרת ושל רודפים נוהגים בכל עיר ובכל זמן ואפילו בזמה"ז שלא הקפידה תורה על סנהדרין אלא בדברים המסורים לבי"ד אבל דבר המסור לכל אדם נוהג הוא בכל זמן, וראיה לדבר שהרי מיתה זו נוהגת בין בחול בין בשבת משא"כ במיתת בי"ד, עכ"ל. והנה מש"כ דבזמן הזה נוהגין דיני רודף ובא במחתרת, נראה דאתי לאפוקי דלא נימא דכיון דהא דאיכא מצוה להרוג את הרודף ורשות להרוג את הבא במחתרת הוא מחיובי הרדיפה והביאה במחתרת, וכמש"נ, א"כ היה מקום לומר דחשיב כדיני נפשות שאין נוהגים בזמה"ז. וזהו מש"כ דמ"מ כל דברים אלו נוהגים בזמה"ז משום דדוקא דברים המסורים לבי"ד אין נוהגים בזמה"ז אבל דיני נפשות המסורים ביד כל אדם נוהגין גם בזמה"ז. מיהו מש"כ דראיה לדבר מהא דמיתה זו נוהגת בין בחול בין בשבת משא"כ מיתת בי"ד, לכאורה צ"ע דאם נפרש כפרש"י דהא דשרי להרוג את הבא במחתרת בשבת הוא משום פקו"נ דהאיך, א"כ י"ל דהיינו דוקא היכא דחייל עליה חיובא דרודף ובא במחתרת שנפשו נדחית מפני נפש הנרדף ומאי ראיה איכא לאתויי מזה לחלק בין מיתה זו למיתת בי"ד, לענין שיהא נוהג חיובי הרדיפה גם בזהמ"ז, ומוכח שהבין בהא דשרי בשבת כמו שבארנו להרמב"ם דכל הנדון היה רק מצד הלאו דאין עונשין בשבת, וקמ"ל דהך איסורא איכא רק בעונשין המסורין לבי"ד ולא בעונשין המסורין לכל אדם, וזהו מה שהביא ראיה מזה שחלוק מיתה המסורה לכל אדם ממיתה המסורה לבי"ד, וממילא י"ל דה"נ אע"ג שאין נוהגין ד"נ בזמה"ז היינו דוקא בד"נ המסורים לבי"ד אבל ד"נ המסורים לכל אדם נוהג גם בזמה"ז.

והנה האחרונים הקשו אהא דיליף רבי ישמעאל דפקו"נ דוחה שבת מהא דגבי בא במחתרת פקו"נ דוחה איסור רציחה החמור וקו"ח שדוחה את השבת, והקשו דאמאי אילטריך למילף בק"ו מאיסור רציחה והא בבא במחתרת גופיה אשכחן דאיסור שבת נדחה מפני פקו"נ דהא הורגין אותו בין בחול בין בשבת. ולפי המבואר בדברינו הא לא קשיא אלא לפרש"י דהא דשרי בשבת הוא משום פקו"נ דבעה"ב, אבל להרמב"ם הא ליכא בזה חילול שבת כלל כיון דמקלקל הוא, וכל הנדון היה רק משום הלאו המיוחד שאין לענוש בשבת, וקמ"ל דהכא לא שייך הך איסורא כיון דאי"ז עונש המסור לבי"ד, וא"כ ליכא למילף מינה דפקו"נ דוחה שבת אלא מק"ו שדוחה איסור רציחה.

ב

ח. בדו"ח הגרע"א כתובות כט. כתב דכי היכי דרודף ששיבר את הכלים פטור משום קלבד"מ כיון שאפשר להרגו ברדיפתו, ואף שאי"ז חיוב מיתת בי"ד אמרינן בזה להלכתא דקלבד"מ, ה"נ הבא על הארמית דקנאין פוגעין בו אם הזיק ממון באותה שעה פטור משום קלבד"מ. אולם האו"ש (פ"א מרוצח ה"יג) כתב דיש לחלק בזה דהא אשכחן דבבועל ארמית אמרינן (לקמן פב) דאילו נתהפך זימרי והרגו לפנחס לא היה נהרג עליו משום דפנחס רודף הוא, אבל ברודף דעלמא ודאי דאם נתהפך הרודף והרג את הרודפו נהרג עליו

וכמש״כ המל״מ (פ״א מרוצח הט״ו) והביא כן מרי״ו, וטעמא דמילתא משום דברודף דאיכא מצוה להרגו ממילא אין להבא להרגו שם רודף כלל ולהכי אסור לרודף להרגו, משא״כ בבועל ארמית שקנאין פוגעין בו דהוי רשות גרידא יש לקנאי דין רודף ולהכי הבועל עצמו רשאי להרגו מדינא דהבא להרגך השכם להרגו, וכיון שכן כתב האו״ש ז״ל דהא דאמרינן גבי רודף דמחמת מה שרשאין להרגו אית ביה להלכתא דקלבד״מ, היינו דוקא התם שאינו רשאי להתהפך ולהרגו, אבל בבועל ארמית שיש לבועל רשות להרוג את הקנאי הבא להרגו, לא חשיב חיוב מיתה דנימא ביה להלכתא דקלבד״מ, עכת״ד.

ולכאורה דבריו מופלאים, שהרי מבואר ברמב״ם דבבא במחתרת נמי ליכא אלא רשות להרגו ומ״מ מבואר במשנה להדיא דהבא במחתרת ושיבר את החבית אמרינן ביה קלבד״מ, ולדברי האו״ש הרי היכא דאיכא רק רשות להרגו לא אמרינן קלבד״מ. ועוד יש להקשות לפי דבריו דהחילוק בין רודף לבועל ארמית לענין אם נתהפך והרגו הוא משום דבבועל ארמית הוי רק רשות ולהכי יש להבא להרגו שם רודף, א״כ בבא במחתרת שכתב הרמב״ם דהוי נמי רק רשות יהיה ג״כ הדין שאם נתהפך הגנב והרגו אינו נהרג עליו, ולא הוזכר כן בשום דוכתא.

ונראה דיש לחלק ע״פ דרכו של האו״ש באופן אחר, דהנה יש לחקור בגדר הדין דקנאין פוגעים בו דהוא רק בפרהסיא אם הוא מחיובי המעשה דמה שבא על ארמית מחייבו שיהא רשות לקנאין לפגוע בו, או שאי״ז נכנס בכלל חיובי המעשה אלא שהוא היתר לקנאין לפגוע בו, ולכאורה כיון דחזינן דהאי דינא נוהג רק בפרהסיא אבל בצינעא אין היתר לפגוע בו .ורק לענין כרת מדברי קבלה נסתפק הר״ן לקמן פ״ב. אי הוי גם בצינעא, א״כ מסתבר דהוא היתר בעלמא והאי היתירא ליכא אלא בפרהסיא דדוקא אז נתנה התורה היתר לפגוע בו. אבל אם היה זה מחיובי המעשה לכאורה לא היה שייך לחלק בין צינעא לפרהסיא, .דאין נראה לומר שע״י שעושה בפרהסיא ויש חילול ה׳ נעשית העבירה עצמה יותר חמורה,. מיהו נראה דכל זה רק בבועל ארמית, אבל בבא במחתרת אף דהוי רק רשות בעלמא מ״מ ודאי דהרשות שיש להרגו הוא מצד חיובי המעשה דהביאה במחתרת מחייבו בדין זה שיהא רשות לכל אדם להרגו.

ומעתה נראה לומר דדוקא היכא דהא שיש רשות להרגו הוא מחיובי המעשה אמרינן קלבד״מ, ולהכי ברודף נהי דיסוד הדין הוא מחמת הצלת הנרדף מ״מ הרי כבר ביאר הגר״ח שמה שנפשו נדחית מפני נפש הנרדף הוא מחיובי הרדיפה, ולהכי שפיר אמרינן בזה קלבד״מ, אבל מצד ההיתר להרגו גרידא אכתי לא הוי אמרינן בזה קלבד״מ אם אי״ז מצד חיובי המעשה שחלו עליו, ומה״ט בבועל ארמית דהוי רק היתירא בעלמא לא אמרינן בזה קלבד״מ, ולפי״ז ניחא דבבא במחתרת אע״ג דהוי רק רשות מ״מ הרי זה מחיובי המעשה ושפיר אמרינן בזה קלבד״מ.

ולפי״ז יבואר מה שבבועל ארמית אמרינן שאם נהפך והרגו אינו נהרג עליו וברודף לא אמרינן הכי, דהוא נמי מה״ט דברודף כיון שהרשות להרגו הוא מחיובי המעשה שנתחייב בזה שיהיה מותר להרגו ממילא אין להבא להרגו שם רודף כלל, משא״כ בבועל ארמית דהוא היתר בעלמא, התם אמרינן דנהי שיש רשות להרגו מ״מ שם רודף אית ליה, ולהכי אם נתהפך הבועל והרגו אינו נהרג עליו, ואע״ג דאחר אינו רשאי להרגו וכמש״כ הרא״ש (בפ״ע סי׳ ד) היינו משום דכדי שלאחר יהיה מותר להרוג בעינן לחיובי הרדיפה וכמו שביאר הגר״ח, והיכא דאית ליה היתירא אינו מתחייב בחיובי הרדיפה, אבל נגבי הנרדף עלמו שפיר איכא לדינא דהבא להרגך, וכבר נתבאר בארוכה בסימן הקודם.. ולפי״ז בבא במחתרת אף דהוי נמי רק רשות מ״מ כיון דהוא מחיובי המעשה שנתחייב שיהיה רשות להרגו לא שייך בזה לדינא דהבא להרגך כיון שהרי נתחייב בדין זה, וממילא ודאי דאם יתהפך הגנב ויהרוג את הבא להרגו יתחייב עליו, נמלא דגם לדברינו תליא הנך תרתי מילי אהדדי וכמו שדימה האו״ש, אלא שאין החילוק בין אם הוי רשות או מצוה וכדנקט האו״ש, אלא אם הוא מחיובי המעשה או דהוי היתר בעלמא, וכמש״נ.

ט. והנה לקמן פ״ב ע״א איתא, א״ר חסדא הבא לימלך אין מורין לו איתמר נמי אמר רבה בר בר חנה א״ר יוחנן הבא לימלך אין מורין לו, ולא עוד אלא שאם פירש זמרי והרגו פנחס נהרג עליו נהפך זמרי והרגו לפנחס אין נהרג עליו שהרי רודף הוא. ולכאורה צ״ע מאי שייטיה להאי דאם נהפך זמרי והרגו לפנחס דאין נהרג עליו להא דהלכה ואין מורין כן, ששייך לומר ע״ז ״ולא עוד״ דהרי תרי הלכתי נינהו ולא תליין אהדדי כלל, דהא מה שזמרי לא היה נהרג עליו הוא מהטעם שכתב המל״מ דכיון שאין עליו חיוב שיהרגוהו אלא הוא התירא בעלמא איכא שם רודף עליה, ואי״ז ענין להא דאין מורין כן. והרמב״ם בפי״ב מאסו״ב ה״ה העתיק ג״כ בהאי לישנא ח״ל, ואם בא הקנאי ליטול רשות מבי״ד להרגו אין מורין לו ואע״פ שהוא בשעת מעשה, ולא עוד אלא אם בא הקנאי להרוג את הבועל ונשמט הבועל והרג הקנאי כדי להציל עצמו מידו אין הבועל נהרג עליו, עכ״ל. וצ״ע במאי תליין הנך הלכתי אהדדי, וצ״ע.

ולדברינו נראה לבאר דבדיוק אמרו כן. דהנה אם הא דקנאין פוגעין בו היה מחיובי המעשה דבועל ארמית שמתחייב שיהיה רשות לקנאין לפגוע בו לא

היה שייך לומר שאין מורין כן, שהרי זה הוא חיובו, אלא דכיון דדינא דקנאים פוגעין בו הוא רק התירא בעלמא משו"ה הוא דאין מורין כן, והא אמרינן דלא רק שאין מורין כן מה"ע דאי"ז מחיובי המעשה, אלא דהוא עוד נחשב לרודף, ואם נתהפך זמרי והרגו לפנחס אינו נהרג עליו.

והנה במתני' דלקמן פ"א ע"ב תנן דהגונב את הקסוה. כלי שרת, קנאים פוגעין בו. ובמאירי שם כתב דיראה שגם בגונב את הקסוה אם נהפך זה והרג את הקנאי נהרג ואין הדבר ברור בידי, יעו"ש. והעירוני דע"פ דברינו אפשר לבאר מה שנסתפק המאירי בזה, די"ל דשאני גונב את הקסוה מבועל ארמית, דדוקא בבועל ארמית שרק בפרהסיא קנאין פוגעין בו התם הוא דאמרינן דלא הוי מחיובי המעשה ולהכי איכא להקנאי דין רודף, אבל בגונב את הקסוה דאין חילוק בין לצנעא לפרהסיא י"ל דההיתר לקנאין לפגוע בו הוא מחיובי המעשה וממילא לא יהיה להקנאי דין רודף, אלא לפי שאי"ז מוכרח דאכתי י"ל דגם בצנעא לא הוי אלא היתירא בעלמא, לפיכך כתב המאירי שאין הדבר ברור בידו.

אלא דלפי מה שבארנו דהיכא דהוי מחיובי המעשה לא שייך לומר דאין מורין כן, לא יתכן לבאר כהנ"ל בדברי המאירי, שהרי המאירי כתב שם שגם בגונב את הקסוה אם באו הקנאים לישאל אין מורין בהם, וא"כ הרי ע"כ דאי"ז מחיובי המעשה, ושוב אין לומר כהנ"ל. ודב' המאירי צ"ב.

י. ולפי דברינו צל"ע בדברי המל"מ הנ"ל (פ"א מרוצח הט"ו) שכתב וז"ל, נסתפקתי ברוצח בשגגה שיש רשות לגואל הדם להרגו אם נתאמץ הרוצח והרג לגואל הדם אם נהרג עליו ומסתברא דאינו נהרג עליו, וסמך לדבריי זמרי דאמרינן נהפך זמרי והרגו לפנחס אין נהרג עליו, ועדיין אין בידי ראיה מכרחת לזה, עכ"ל. וכונתו לפי מש"כ שם לבאר דהא דדוקא בבועל ארמית אמרינן דאינו נהרג עליו היינו משום דלא הוי אלא רשות לפגוע בו משא"כ ברודף דמצוה להרגו, א"כ בגואל הדם נמי דהוי רק רשות להרגו מסתבר דדמיא לבועל ארמית דאמרינן דאם נהפך זמרי והרגו לפנחס לא היה נהרג עליו כיון שיש לקנאי דין רודף וא"כ ה"נ בגואל הדם.

והנה בדין גואל הדם איכא תרי הלכתי* חדא קודס שהגיע לעיר מקלט, ועוד כשילא מהעיר מקלט, ויש לעי' במה דן המל"מ, דהרי היכא דעדיין לא הגיע לעיר מקלט ליכא אפילו רשות לגוה"ד להרגו, דלא אשכחן בשום דוכתא שיש רשות לגוה"ד להרגו קודם שגלה, אלא דפליגי תנאי במכות י' ע"ב אם מלאו גוה"ד והרגו אם נהרג עליו, וא"כ ודאי שהמל"מ שכתב דרשות לגוה"ד להרגו לא קאי אכה"ג. אלא ארוצח שילא מעיר מקלטו דבזה פליגי ר"ע וריה"ג במשנה במכות יא ע"ב אם מצוה ביד גוה"ד להרגו או דהוי רק רשות, וה"נ פליגי בכל אדם אם יש להם רשות להרגו או שרק אין נהרגין עליו .וכמש"כ שם הריטב"א דכן היא הגירסא הנכונה,, וקי"ל דרשות ביד גוה"ד להרגו. וע"ז כ' המל"מ דכיון שהוא רק רשות מסתבר דדמי לבועל ארמית דאמרינן דאית ליה להקנאי דין רודף וממילא ה"נ אם נהפך הרוצח והרגו לגוה"ד לא יהיה נהרג עליו.

אולם לדברינו נראה דיוצא מעיר מקלטו אע"ג דהוי רק רשות, מ"מ לא דמי לבועל ארמית. ומשום דמה שבילא איכא רשות ביד גוה"ד להרגו הוא מחיובי היציאה מעיר מקלטו דהיציאה מעיר מקלטו מחייבתו בזה, .ואם ישבר כליס בשעת יציאה מעיר מקלטו יפטר משום קלבדר"מ,, וממילא ודאי דלית ליה דין רודף ואם יתהפך הרוצח ויהרגנו לא יפטר.

* עי' בשיעורי מכות סי' ד שהאריך רבינו בזה.

דברים בשם מורי ורבי

הגאון ר' יוסף דוב הלוי סאלאווייציק זצ"ל

מירושלים עיה"ק

בענין תברה או שתי'

סנהדרין דע"ב אמר רבא מסתברא מילתי' דרב בששיבר דליתנהו וכו', ופירש"י מסתברא מילתי' דרב בששיבר בין עכשיו בין לאחר זמן, ועיין בתוס' ובבעה"מ שם, ובמלחמות תמה ע"ז דבששבר לאח"ז למה פטור והרי הוא מזיק חפץ חברו ואין הפטור דקלבד"מ רק אם חיוב מיתה וחיוב תשלומין באין כאחת, אבל לאח"כ הלא אין פטורא דקלבד"מ, והגמ' הלא קיימא במסקנא דלא קני לי' רק לחיובי באונסין אבל עצם החפץ הוא של הבעלים וא"כ למה פטור כששוברו אח"כ. וביאר הרמב"ן דבאמת אם שיבר אח"כ חייב, והגמ' דפטרה הוא רק בששבר בעודו במחתרת דאז פטור משום דקלבד"מ עיי"ש בדבריו, ועיין בטור סי' שנ"א שהביא שני השיטות.

ונראה לומר בדעת רש"י והתוס', לפי מש"כ הרמב"ם בפ"א מהל' גניבה בדין תברה או שתי', דבהי' שוה בשעת הגניבה שנים ובשעת השבירה ארבעה דמשלם כשעת השבירה ד', דהחיוב ד' הוא משום דהוי גניבה וגזלה חדשה, ולא משום דהוי מזיק, רק דכ"ה הדין דכל חפץ גנוב וגזול כל מעשה היזק דהוי בי' הוי גזלה חדשה, ומהניא לחיובא דכפל ג"כ משום דהוי גניבה חדשה, עיין בספרו של אא"ז הגה"ח זצוק"ל בהל' חובל ומזיק. וצ"ע דאיך מחויב משום גזלה וגניבה חדשה והלא וגונב מבית האיש כתיב ולא מבית הגנב דהרי הגונב מן הגנב פטור מטעם זה, וה"נ דכוותא אין לחייבו משום גניבה חדשה דלא הוי מבית האיש, ותירץ אא"ז זצוק"ל דלזה מצורף הגניבה הראשונה, והויין שניהם מעשה גניבה אחת, וכל דינו של הרמב"ם דמחויב בתברה ושתי' משום גזלה הוא בצירוף הגזילה הראשונה, ועל כן אין בזה החסרון של וגונב מבית האיש כיון דמחייבינן עכשיו בצירוף הגזילה הראשונה, ולפי"ז נמצא דבתברה ושתי' אין לחייבו משום מעשה השבירה לחוד רק בצירוף אם נחייבו גם על הגזילה הראשונה, אבל באופן דאין לחייבו על הגזילה הראשונה אינו חייב גם על השבירה משום גזלן דכל חיוב השבירה דמשוי לי' לגזלן הוא רק בצירוף עם המעשה גזילה הקודמת, וא"כ הכא דהמעשה גזילה הלא אית בה דין דקלבד"מ ואין לחייבו על המעשה גזילה הראשונה, ורק דאתינן לחייבו על השבירה לחוד בלי מעשה גזילה הראשונה בזה לא אמרינן דחייב דהרי המעשה גזילה הראשונה ליכא לצרפה להחיוב דהרי הויא מעשה בלי חיוב דהרי פטור עלי' משום קלבד"מ, ועל השבירה גרידא ליכא חיוב גניבה וגזילה. (דלזה דיתחייב על השבירה מדין גזלן בעינן שיצורף גם החיוב הראשון ולא רק דבעינן מעשה גזילה גרידא שיהי' שייך למחשבי' אח"כ למעשה ההיזק גזילה חדשה, רק דבעינן שנוכל לצרף את מעשה ההיזק לחיוב הגזילה הראשונה, ובאופן דאין במעשה הגזילה הראשונה חיובי גזילה אין שייך אח"כ מעשה גזילה חדשה בלי שיצורף עם הראשונה.) וא"כ שפיר פטור גם אם שיבר אח"כ, דכיון דבגזילה הראשונה הוא פטור משום קלבד"מ אין שייך לחייבו אח"כ על השבירה משום גזלן, כיון דאי אפשר לצרף להחיוב את המעשה הראשון וכנ"ל.

אולם צ"ע דלחייב לא מטעם גזלן רק מטעם מזיק, ואשר זה צ"ע גם בתברה ושתי' אם חייב גם מטעם מזיק, ושמעתי מאאמו"ר הגאון [שליט"א] זצ"ל ועיין בס' ברכת שמואל בשמו, דבחפץ הגזול אין בו חיובי מזיק רק דין גזילה לבד, דבדין דכל הגזלנין משלמין כשעת הגזילה נאמר דרק חיוב גזילה איתא בי' ולא שארי חיובים כמזיק וכדומה, ובתברה ושתי' כל החיוב הוא משום דהוי חיוב גזילה אבל חיוב מזיק אין בחפץ הגזול, וא"כ אין לחייבו כששבר מטעם מזיק רק משום גזלן, ולחיוב גזלן הלא בעינן גם החיוב של הגזילה הראשונה שזה לא שייך הכא משום דקלבד"מ, ולהכי ס"ל לרש"י דאפילו שיבר אח"כ פטור, דמשום גזילה פטור משום דהגזילה הראשונה הויא בפטור, ודין מזיק ליכא בחפץ הגזול וממילא פטור גם בשיבר אח"כ, ודברי הגמ' אלו הויא יסוד לדברי אאמו"ר הגאון [שליט"א] זצ"ל דבחפץ הגזול לא שייך חיוב מזיק, וכש"נ.

א"ה ובאשר רבים הקשוני על דברי מורי ורבי זצ"ל, כמו שיבואו הדברים להלן, אמרתי להרחיב הדיבור אודות דבריו הנעימים, וזה החלי בעזה"י.

הנה יעויין בדברי היד רמ"ה שם בסנהדרין מש"כ שם בביאור שטת רש"י ז"ל, דלכ' דבריו מבוארין על פי מה שכתב מו"ר

זצ״ל, אולם יש להעיר לכ׳ על דבריו, דהרי בשלמה למה דנפרש דסבירא ליה לרבא דכל זמן שהגזילה הוה בעין יש עליו חובת השבה, [והיינו כדמבואר לכאורה בלשון רש״י ז״ל שם, דמדכל חיובו הוה רק להחזיר חפץ ששייך להנגזל אין על זה תורת חובת תשלומי דמים דמפטרה על ידי דינא דקים ליה בדרבה מיניה], שפיר יש לומר דיש תורת גזילה על החפץ, ונכלל בו גם הך דינא דאין לחייב הגזלן מתורת מזיק, דכל חיובי גזלן הוה רק לשלם כשעת הגזילה מדינא דוהשיב את הגזילה, אבל לפמש״כ בקצות החושן בסימן שנ״א ס״ק ג׳ ונתיבות המשפט בסימן שנ״ג ס״ק א׳ דאין כלל חובת השבה על הגזלן, ויש רק להנגזל טענת ממוני גבך גרידא, הרי לכ׳ בזה כבר אין לומר כדברי מו״ר זצ״ל, דהרי לכאורה אין כאן שום דיני גזילה על החפץ הגזול, ולמה לא יתחייב מטעם מזיק.

אולם בלא״ה הננו מוכרחים לומר דיש כאן דיני וחיובי גזילה גם לרב, דהרי כל דינו [לפי מסקנת רבא בביאור שטתו] שלא רק שפטר הגזלן מלהשיב גם אם הגזילה הוה בעין אלא ש״בדמים קננהו״ מתבאר רק בזה שהגזילה נהיה ברשותו של הגזלן על ידי מעשה הגזילה של הגזלן, ולכן יש לדון בחובת השבה דהוה חיוב דומה לחובת תשלומי דמים שעלה נאמר הפטור של קלב״מ, וכן מבואר ברש״י ז״ל שם שכתב וז״ל ״הכא נמי לענין אין לו דמים, אע״פ דאיתנהו אמרינן לאו פקדון נינהו אלא ברשותו [של הגזלן] ובאחריותו קיימי, וכי גבו להו בי דינא מיניה יש כאן תשלומין עם חיוב מיתה כאילו גובין משאר נכסים״, ולכן יש גם לומר דכשנפטר הגזלן מחיובו להשבה נקנה לו החפץ הגזול, אבל גם זה עדיין צריך ביאור דלכ׳ כל זה שיש להגזלן זכותים על החפץ עד שנאמר דכל דמפטר מהחובת השבה יהיה הגזילה שלו הוה רק מכח דינא דוהשיב את הגזילה דאם הוא כעין שגזל יחזיר ואם לאו דמים בעלמא בעי שלומי, ואם תמצי לומר דבקלב״מ אין עליו דינא דוהשיב את הגזילה הרי ממילא אין לו גם זכותים שיש להגזלן שנלמדים מקרא זה, [וקשה לומר דדרשה דאשר גזל מגלה לנו דבכח עצם מעשה הגזילה לאוקמא הגזילה ברשות הגזלן גם במקום שלא יחולו עליו החיובים הנכללים בקרא זו], והרי כתב בנתיבות המשפט סימן שנ״ג ס״ק א׳ וז״ל ״והנה אם נשתנית הגזילה, כגון שגנב טלה והוציאו באיסור שבת ונעשה איל, נסתפקתי אם חייב להחזיר, דכיון דהגנב קונה גוף הגניבה בשנוי, ורק דמים בעי שלומי על השעה שגנבו, ועל זה השעה הוא קים ליה בדרבה מיניה, אמנם נלפענ״ד שהנגזל נוטל הגזילה אף שנשתנית דקנין שינוי נלמד מקרא דוהשיב את הגזילה אשר גזל אם כעין שגזל יחזיר ואם לאו דמים בעלמא בעי שלומי, וכיון דהתורה חייביה בדמים הרי מוכח דרחמנא אוקמיה ברשותיה, ובעל כורחיה אוקמיה רחמנא ברשותיה בשינוי מקרא דאשר גזל, וכו׳, וכיון דבמקום שהוא קלב״מ לא נתחייב בוהשיב, דהא אפילו בגזילה בעין אין הבית דין יכול לכוף הגזלן לקיים השבה, רק הנגזל בא ונוטל שלו, כמ״ש בקצות החושן סי׳ ש״נ, [צ״ל סי׳ שנ״א ס״ק ג׳] וכיון דאינו בוהשיב, וליכא עליו חוב חזרה, ממילא לא קנה הגזילה, וראיה לזה, דאם כן בהא דאמרינן גנב וטבח בשבת דפטור הל״ל רבותא טפי דגוף הבהמה נעשה של הגנב דהא קנאו בשינוי, אלא ודאי דכיון דאין עליו חיוב דמים לגריעותא דידיה אין לו ג״כ קנין הגוף למעליותא״ עכ״ל, [אולם את״ל דלא כשטת הנה״מ, ונאמר דיש ללמוד מדרשה דקרא דאשר גזל דעצם מעשה הגזילה בכוחה לאוקמא הגזילה ברשותיה של הגזלן גם היכא שאין על הגזלן חיובי גזילה הנלמדים מקרא זה שפיר מתיישבים דברי מו״ר זצ״ל ופשוט].

אולם הנראה בזה ע״פ מש״כ רש״י ז״ל בפי׳ לב״מ דף צ״א ע״א דגם בקלב״מ יש עליו חובת תשלומין בדיני שמים, [ומהני תפיסה על זה], ורק דב״ד מחייבין רק העונש החמור, ואם כן שפיר יש על הגזלן חובת תשלומין וחובת השבה בדיני שמים, ובע״כ לרב כל דליכא חובת השבה בדיני בית דין, דסבירא ליה דקלב״מ בכוחה לפטור גם חיוב זה של והשיב מכיון דקיימי הגזילה ברשותיה, שפיר בדמים קננהו, ואף דכתב המהרש״ל ז״ל בספר ים של שלמה לפרק הכונס סימן ו׳ דכל דינו של רש״י דגם בקלב״מ מתחייב לצאת ידי שמים הוה רק היכא דלא עבדינן החומרא, כגון בשוגג או שלא בהתראה או בזה״ז, אבל בדעבדינן החומרא גם לרש״י אין חיוב לצאת ידי שמים, הרי כתב רש״י ז״ל בפי׳ להמשנה שם בסנהדרין (דף ע״ב ע״א) בד״ה אין לו דמים, ד״אע״פ שניצל (והרי לא הרגו הנגזל) פטור מן התשלומין, דקיימא לן (כתובות דף ל״ה) חייבי מיתות שוגגין כגון שלא התרו בהן אין משלמין ממון שעם המיתה אע״פ שאין נהרגין״ עכ״ל, ואף שהקצות החושן בסימן כ״ח ס״ק א׳ כתב בזה להיפך, וז״ל ״וא״כ הכא במחתרת עבדינן ליה החומרא דאין לו דמים ורשאין להרוג אותו ואין עליו שום חייב תשלומין, ואע״ג דניצול ולא הוי נהרג לא הוי כשוגג אלא כמו מזיד ובתראה וברח, דזה ודאי כל דין מזיד עליו כיון דכבר נתחייב בהחומרא, משא״כ שלא בהתראה או בזמן הזה מעולם לא הוה עליו החומרא, אלא דהתורה פטרה משום דלא חלקת בין שוגג למזיד, עכ״פ [רמי] עליו חיוב תשלומין ומש״ה מהני תפיסה, אבל היכא דעבדינן החומרא דאינו ראוי לו לשלם לצאת ידי שמים לא מהני תפיסה כיון דכבר היה בו עונש החומרא, ומחתרת כמו מזיד והתראה בפני הבית ודו״ק״ עכ״ל, וכדברי הקצות החושן מפורש שם ביד רמה דהבא במחתרת נחשב כחייבי מיתות מזידין, אולם הרי ברש״י ז״ל מפורש שחולק על זה וכמו שנתבאר, ואם כן שפיר י״ל דמדיש כאן חובת תשלומין והשבה לצאת ידי שמים גם לרב, שפיר יש דיני גזילה על החפץ הגזול גם בבא במחתרת, ושפיר יש להגזלן קניני גזילה, ואם יעשה בה שנוי קונה, גם לדעת הנתיבות המשפט, [ודברי הנתיבות המשפט נאמרו בעבדינן החומרא דגם לצאת ידי שמים אינו מחויב, ולא מהני בה תפיסה, גם אם תמצי לומר דיש עליו מצוה להשיב מדסו״ס ליכא עליו חיוב, ועי׳ בנה״מ ריש סימן כ״ח ומש״כ כאן בהגה״ה בעזה״י], ולרב מדקים ליה בדרבה מיניה

ומפטר מהשבה בדיני בית דין קנה לה גם בדליכא שנוי, ויש לו גם פטור מחיובי מזיק, וכמש״כ מו״ר זצ״ל.*

ושו״ר שבאמרי בינה דיני דיינים סוף סימן מ״ט כתב לפרש על דרך זה, דמכיון דחייב לצאת ידי שמים בקלב״מ שפיר קונה בשנוי, אולם שם כתב להשיג על הנה״מ ע״פ זה, ולפמש״נ י״ל דאין בזה השגה, וגם הנתיבות המשפט מיירי רק היכא דמפטר לגמרי ע״י קלב״מ. ויעויין באמרי בינה שם שכתב עוד בזה וז״ל ״עיין ריטב״א כתובות (דף ל״ד ע״ב) דהקשה למה לא קאמר גנב בשבת וטבח בחול דג״כ פטור דאם אין גניבה אין טביחה, וכתב דאז נעשה גנב משעת טביחה, וכבר הקשו עליו הא אין הגונב אחר הגנב חייב כפל, דוגונב מבית האיש כתיב וכו׳, וראיתי בספר דו״ח למרן רבינו עקיבא איגר ז״ל מס׳ כתובות שם דהרגיש בעצמו בדברי הריטב״א הנזכר וכתב וז״ל דאלו טבחו בחול הטביחה עצמה הוי גניבה וטביחה, [נ.ב. נראה דהב״ע שטבחו בחצרו, ומעשה הטביחה לא גרע מנעל בפניה שלא תצא ודו״ק], דאף די״ל כיון דגנבו תחילה אין לחייב על הטביחה משום גניבה, דאין הגונב אחר הגנב חייב דמ״ש גנב אחר או שהוא עצמו חזר וגנבו, מ״מ י״ל כיון דהגניבה הוה בשבת ולא קם ברשותו לשום חיוב, דקלב״מ, לא נעשה גנב בזה, ומשו״ה בטבח בחול שפיר מקרי גניבה, מזה מבואר דעתו דליכא שום חיוב עליו״, וכו׳ עכ״ל, וע״ש באמרי בינה שנקט דדברי הריטב״א והגרע״א הם סתירה לדבריו הנ״ל, ולכ׳ יש להקשות עוד דשם בכתובות נאמרו דברי הריטב״א ז״ל בשטת רש״י ז״ל ע״ש, והרי א״כ הוה זה סתירה לשטת רש״י בסנהדרין לפי ביאורו של מו״ר זצ״ל, [ורבים מהתלמידים בישבתנו הקדושה וגם בשאר מקומות נתקשו בזה], אולם לפמש״נ י״ל דכל דברי הריטב״א ורע״א נאמרו רק היכא דעבדינן החומרא, ופשוט.**

ונראה עוד, דגם לשטת הרמ״ה ז״ל הנ״ל דבא במחתרת נדונה כחייבי מיתות מזידין גם כן יש ליישב שיטת הריטב״א ורע״א הנ״ל, והוא שגם את״ל דבא במחתרת נדון כחייבי מיתות מזידין אבל דינא דרש״י וחלוקו של המהרש״ל תלוי אם עבדינן החומרא בפועל או לא, וכמו שיתבאר להלן, ועוד י״ל בזה בהקדם מש״כ בספר המיוחסת מכבר לחי׳ הר״ן, לשבת דף צ״ג ע״ב ד״ה כגון ששגג על האוכלין והזיד על הכלי, ״פי׳ וחייב אף על הכלי דקתני מיתה בידי שמים או כרת וכו׳ אבל על האוכלין אע״פ ששגג בהן פטור אפילו מחטאת, דבעינן שב מידיעתו וליכא, כיון דהזיד על הכלי, וכו׳, וליכא למפטריה על האוכלין מדינא דקים ליה בדרבה מיניה, דההוא דינא הוא בענין אחד, כגון אם הדליק גדיש בשבת, אבל הכא דהוי שני גופין, כלי ואוכלין, לא, כנ״ל״ עכ״ל, ולכ׳ דבריו תמוהים, דהרי בגמ׳ כתובות סוף דף ל׳ ע״ב איתא ״רב אשי אמר בזר שאכל תרומה משלו וקרע שיראין של חברו״ ופי׳ רש״י ז״ל וקרע שיראים בשעה שבלעה ליה מפטר, וסבירא ליה לרב אשי מיתה לזה ותשלומין לזה פטור״, עכ״ל, (וע״ש בתוס׳), והרי הכא ג״כ באו שני החיובים על שני גופים, התרומה וקריעת השיראים, ואפ״ה מפטר משום קלב״מ, ועוד בעיקר דברי החי׳ הר״ן ז״ל הרי יש להעיר בקושיתו, דהרי כתבו התוס׳ בכתובות דף ל׳ ע״ב ד״ה זר שאוכל תרומה, דעל כפרה לא שייך קלב״מ, ובתוס׳ פסחים דף כ״ט ע״א כתבו באמת דבהך

* הנה בלשון הקצות החושן שם בסימן כ״ח ס״ק א׳ בד״ה אמנם בא״ד כתב וז״ל ״אבל לפי מ״ש מהרש״ל דל״מ תפיסה אלא היכא דלא עבדינן החומרא, אבל היכא דעבדינן החומרא, כגון מזיד והתראה אין עליו עונש אחר בדיני אדם״, וכו׳ עכ״ל, משמע דר״ל דגם כה״ג הוה חיוב לצאת ידי שמים, ורק דלא מהני תפיסה, וצ״ע דלעיל כתב הקצות החושן להדיא דהיכא דעבדינן החומרא ״תו לא מחייב כלל בתשלומין״, וכן מבואר בדבריו להלן, ונראה בבאור שטתו דהרי בים של שלמה שם בריש פרק הכונס חידש דבגרמא בנזקין דחייב גם כן לצאת ידי שמים לא מהני תפיסה, והיינו דתרי גדרים של לצאת ידי שמים איתנהו, חדא דיש שעבוד וזכות להתופס, ורק דבית דין לא נחתי לדון בזה, [ואם אינו משלם מעצמו הרי הוא גזלן ופסול לעדות, כמש״כ במאירי לב״ק ריש פרק הכונס], וחדא דהוא דין שאם הוא מקפיד לסלק ממנו קפידת הקב״ה עליו, ורוצה למנוע עונש בידי שמים, עליו לשלם, (ע׳ רש״י בפרק הנזקין דף נ״ג ע״א), אבל אין זכות להניזק לתבוע, ולא מהני כה״ג תפיסה, ולהקצות החושן אותו דין לצאת ידי שמים ישנו בכל קלב״מ, ולכן ניחא ליה דברי התוס׳ בסנהדרין דאף דלא מהני תפיסה בבא במחתרת אפ״ה יש דין לצאת ידי שמים, וכן מש״כ הקצות החושן לקמן דליכא דין אשם דתלוי בדין חובת קרן עם שעבוד וזכות, וכן סבירא ליה במשובב לנתיבות דכל דאיכא רק מצוה לצאת ידי שמים ולא זכות אין בכוחה לשויה אתנן, ע״ש בלשונו היטב. אולם בדעת הנתיבות המשפט לכ׳ נראה דחולק על זה, וסבירא ליה דאותו זכות וחיוב לצאת ידי שמים דיש בחייבי מיתות שוגגין יש גם בחייבי מיתות מזידין, ורק חלוקים בדין תפיסה, דלזה בעינן כח בית דין מדין עביד איניש דינא לנפשיה, אולם גם יש לומר דגם להנתיבות המשפט כל דלא עבדינן החומרא אין כאן חיוב לצאת ידי שמים ורק מצוה לצאת ידי שמים איכא וכמש״נ, ורק דס״ל דזה סגי לשויה אתנן וחולק על הקצות החושן בנקודה זו וצ״ע.

** הנה ז״ל הריטב״א ז״ל ״פטור שאיסור שבת ואיסור גניבה באים כאחד, פירוש, וכיון שנפטר מן הקרן נפטר מד׳ וה׳, שאם אין גניבה אין טביחה ואין מכירה, דתשלומי ד׳ וה׳ אמר רחמנא ולא ושלומי ג׳ וד׳, ואם תאמר ולמה לי גנב וטבח בשבת, אפילו גנב בשבת וטבח בחול נמי, כבר תירצה רש״י ז״ל שאם טבח בחול הרי הוא כאילו חזר וגנבו בחול, ומתחייב אקרן נמי, דהא כל כמה דלא טבחו ברשותא דמריה הוה קאי, ויפה כיון ז״ל, ומתבררין דבריו במה שאמרו בפרק מרובה דמאן דגזל חביתא דחמרא מחבריה, מעיקרא שויא זוזא ולבסוף שויא ד׳, איתבר ממילא משלם זוזא, תברה או שתיה משלם ד׳ כי השתא״ וכו׳ עכ״ל, ע״ש, והנה אף שדברי רש״י מתפרשים שפיר גם על דרכו של הגרע״א ז״ל, אבל דברי הריטב״א ז״ל [אף שהאמרי בינה כיילם עם דברי הגרע״א ז״ל] לכ׳ מתפרשים בדרך אחרת, דגם גניבה במצב של קבל״מ שם גניבה עלה, ולכן מעשה של היזק אחר כך דין גניבה עלה, וכמש״כ הגר״ח ז״ל בספרו על הרמב״ם הלכות חובל ומזיק, ואף שאין לחייבו על מעשה הגניבה עצמה, מדאז הוה ליה קלב״מ, אבל עדיין יש לחייבו על מעשה המזיק של אחר כך מדין גניבה, מדסוף סוף המשך של מעשה גניבה הוא ונעשה בחפץ הגנוב והגזול, ושטת הריטב״א בודאי אינה מתאימה עם דברי רש״י ז״ל בסנהדרין, אולם דברי רש״י בעצמו בכתובות כפי שהביאם הריטב״א ז״ל שפיר מתפרשים ע״פ דרכו של הגרע״א ז״ל ומכוונים היטב עם שטת רש״י בסנהדרין וכמש״נ. ודו״ק.

דהוציא כלי עם אוכלין אין לפטור קרבן מטעם קלב"מ ע"ש, דהכא דדיינינן בחובת חטאת על הוצאת האוכלין בשוגג בשבת ל"ש למפטריה משום קלב"מ, וע"ע בתוס' שבת דף צ"ג ע"ב היטב ואכמ"ל, ובע"כ דהר"ן כתב דבריו באמת רק לענין כפרה, ורק דס"ל דכל דהוה גוף אחד יש בכוח קלב"מ לפטור גם מכפרה, משא"כ בשני גופים, אבל בגמ' כתובות דף ל' ע"ב דמיירי בחיוב תשלומין על קריעת השיראים שפיר מפטר משום קלב"מ גם בתרי גופים.

והוא מבואר ע"פ מש"כ בקובץ שעורים לכתובות אות צ"ג וצ"ד וז"ל שם "בקצות החושן סימן כ"ח הביא מרש"ל דהא דחייב לצאת ידי שמים הוא רק אי לא עבדינן החומרא ע"ש, וטעם חילוק זה נראה לפי מ"ש בחידושי רמב"ן רפ"ק דמכות, בהא דאמרינן קלב"מ לענין כאשר זמם, אף דמקצת כאשר זמם ליכא, היינו משום דכיון דקלב"מ מיקיים ביה כולו כאשר זמם, היינו דיש בכלל מאתים מנה, והוי כאלו נענש גם בעונש הקל, ולפי זה ישנן שני דינין בקלב"מ, א) דחיוב החמור פוטר מחיוב הקל ואפילו לא עבדינן ביה החומרא, וזה רק בדיני בית דין אבל ידי שמים חייב, ב) היכא דעובדינן החומרא, הוי כאילו שלם גם את הקל, וע"כ פטור לגמרי גם ידי שמים", [נ.ב. אולם מש"כ הקצות החושן שם דגם בבא במחתרת ושוב ניצול נחשב ג"כ דעבדינן החומרא לכאורה מתפרש באופן אחר, דהרי לשטת הקובץ שעורים דינא דרש"י ע"פ חלוקו של המהרש"ל ז"ל תלויה אם עבדינן החומרא בפועל, דכה"ג יש לומר דיש בכלל מאתים מנה, וע"ע מש"כ בזה לקמן].

"**ובסוף** פרק כיצד הרגל, ויהא אדם חייב בכופר, פירש"י היכא דלא אתרו ביה, אבל אתרו ביה קלב"מ, והקשה הרשב"א דא"כ אפילו לא אתרו ביה נמי קלב"מ, וי"ל לדעת רש"י כיון דקיימא לן כופרא כפרה לא שייך ביה קלב"מ לפוטרו מכפרה היכא דלא עבדינן החומרא, אבל היכא דעבדינן החומרא דיש בכלל מאתים מנה וזה שייך גם בכפרה", עכ"ל הקו"ש, [נ.ב. וע"ע ברש"י לב"ק דף נ"ג ע"ב ד"ה אדם ובור, ובספר פני יהושע שם ובדבריו בדף כ"ו ע"א בסוף הדבור ודו"ק ואכמ"ל], ומבואר מדברי הקו"ש שהיכא שי"ל דגדר קלב"מ הוה משום דיש בכלל מאתים מנה כבר מפטר על ידי דינא דקלב"מ גם מחיובו לצאת ידי שמים וגם מחובת כפרה, ואם כן שפיר יש לומר דכל דהוה מעשה אחד, והעונש החמור בא על מעשה זה גופא, שפיר נכלל בו, בגדר יש בכלל מאתים מנה, גם העונש הקל, ומפטר מדיני שמים ומחובת כפרה וכמבואר מדברי המיוחס להר"ן בשבת, אבל כששני העונשים באים על מעשים נפרדים ורק שנעשו בבת אחת, כה"ג עונש הקל לא נכלל בעונש החמור, ונשאר חייב לצאת ידי שמים, וגם החובת כפרה לא נפטרה, וכדברי הר"ן ז"ל וכמש"נ. ואם כן הרי בשלמה בדינא דבא במחתרת דשני העונשים באים על מעשים נפרדים שנעשו בבת אחת, דשם החיוב מיתה בא על עצם הביאה במחתרת והחובת השבת גזילה בא על מעשה הגזילה, שפיר נשאר החובה לצאת ידי שמים גם אם הוה עבדינן החומרא, משא"כ בהך דהריטב"א לכתובות דף ל"ד ע"ב הרי בין החובת גניבה ובין החלול שבת באים על מעשה אחד, ושפיר יש לדון בה משום דינא דיש בכלל מאתים מנה, ומפטר גם מחיובו לצאת ידי שמים, ושפיר נקט הריטב"א בשם רש"י וכן הגרע"א דשם אין כלל דיני גניבה על חפץ הגניבה, ודו"ק. ואם כן י"ל עוד, דגם את"ל כהבנת הקצות החושן דדינא דרש"י ע"פ חלוקו של המהרש"ל ז"ל לא תליא בעבדינן החומרא בפועל, ומתלי תלוי רק אם נתחייב החיוב עונש החמור גם אם ניצול ממנו אחר כך, [דעצם החיוב של העונש חמור פוטרו מלהתחייב בחיוב עונש הקל], ג"כ יש לחלק בהכי, דכל שנתחייב עונש החמור גם אם לא נעשה בפועל אחר כך, כה"ג מפטר מחובת עונש הקל גם בדיני שמים, אבל כל זה הוה רק אם שניהם באים על אותו מעשה, אבל אם באים על מעשה אחר שנעשה בבת אחת, כה"ג מתחייב גם בעונש הקל, ואף דבית דין לא יענישהו בפועל אבל שפיר הוא חייב לצאת ידי שמים, ודו"ק. [אולם עדיין יש לומר דעצם החלוק של הקו"ש בתרי גווני קלב"מ אתי שפיר אם נסבור שזה נכלל בשני הדינים, של עבדינן החומרא ודינא דלא חלקת בין שוגג למזיד, אבל אם לא כן מנ"ל תרי הגדרים, וא"כ לשטת הרמ"ה בעצמו דדינא דבא במחתרת בנוי על דינא דקלב"מ דחייבי מיתות מזידין, אין לחלק בין שתי הסוגיות כדברינו, אבל לולא דבריו הוה שפיר אפשר לומר דאף דכל שנתחייב בפועל העונש החמור אף שניצול אחר כך נלמד מדינא דחייבי מיתות מזידין כשטת הרמ"ה ז"ל אבל דינא דבא במחתרת דמיירי באופן של קלב"מ של תרי גופי עדיין מפטר רק מכח דינא דחייבי מיתות שוגגין].

ברשותו של הגנב שפיר חייב וכן דייק הרמב"ן בפירוש התורה שמות כ"ב פסוק ע"ז, כשיטת רש"י שם שרש"י כתב שם בפירוש התורה וגונב איש ומכרו ונמצא בידו שראוהו עדים שגנבו ומכרו ונמצא בידו כבר קודם המכירה עכ"ל, ומ"ש בפירוש הרמב"ן שהוא מפרש ונמצא בידו הוא ביד הלוקח ולרש"י הפירוש ונמצא בידו הוא ביד הגנב ע"ש היטב, והרי הוא מפורש במכלתא הנ"ל דדריש שגם המכירה צריך להיות ע"פ עדים משום שכתוב ונמצא בידו וכל מקום שנאמר מציאה היא בעדים הרי מפורש שפירוש ונמצא בידו הוא ביד הלוקח, ומ"ש בפירוש זית רענן המג"א בפירושו על הילקוט בפ' משפטים ולנ"ע בעיני שיטת רש"י בזה, ועיין בכ"מ כאן שהב"י שמביא שיטת רש"י ושיטה השני' וכתב שדעת הרמב"ם כרש"י וקשה כנ"ל.

אולם גם שיטת הרמב"ן קשה לי טובא מהגמ' בסנהדרין דפ"ו א' שאמר שם טעמא דרבנן שאמרי שאם גנב את בנו פטור משום דכתיב כי ימצא פרט למצוי, א"ל ר"פ לאביי אלא מעתה כי ימצא איש שוכב עם אשה בעולת בעל ה"נ כי ימצא פרט למצוי וכו', א"ל אלא מונמצא בידו קאמינא ופרש"י שם ונמצא קרא יתירה הוא דאי ללמד שימצא בעדים מכי ימצא נפקא עכ"ל, הרי שרש"י כתב שע"ז שצריך עדים נלמד מימצא שכל מקום שנאמר לשון מציאה הוא בעדים, וע"כ ונמצא מיותר הוא ולפי המכלתא הנ"ל ונמצא קאי על המכירה שצריך עדים על המכירה, א"כ אין ונמצא מיותר כלל, אלא צריכין אותו כמו כימצא, ומהך הסוגי' בסנהדרין הנ"ל משמע להדי' שונמצא קאי על הגניבה ולא על המכירה, וזה כשיטת רש"י הנ"ל סוף דבר אני נבוך מאד בכל זה ואני צריך לרב בזה.

פ"ט ה"ד הבא במחתרת בין ביום בין בלילה אין לו דמים אלא אם הרגו בעה"ב או שאר האדם פטורין ורשות יש לכל אדם להרגו בין בחול בין בשבת בכל מיתה שיכולין להמיתו שנאמר אין לו דמים, והכ"מ כתב ואחד הבא במחתרת או גנב שנמצא בתוך גנו של אדם או בתוך חצרו או בתוך קרפיפו בין ביום בין בלילה ולמה נאמר מחתרת לפי שדרך רוב הגנבים לבוא במחתרת בלילה, והכ"מ כתב ומפני מה התירה תורה דמו של גנב אע"פ שבא על עסקי ממון לפי שחזקתו שאם עמד בעה"ב לפניו ומנעו יהרגנו ונמצא זה הנכנס לבית חבירו לגנוב כרודף אחר חבירו להרגו ולפיכך יהרג בין שהי' גדול בין שהי' קטן בין זכר בין נקבה עכ"ל.

הנה מה שכתב הרמב"ם שהגנב הרי הוא כרודף חבירו להרגו ומפני זה הותר דמו, וכן מבואר בגמ' בסנהדרין דע"ב א' אמר רבא מ"ט דמחתרת וכו' והתורה אמרה הבא להורגך השכם והורגו, מ"מ הדינין הן חלוקין, שהרי ברודף הדין שמצוה להציל הנרדף בנפשו של הרודף, וכל היכול להציל ולא הציל בטל מצות עשה דכתיב וקצותה את כפה, ועבר על שני לאוין על לא תחוס עינך ועל לא תעמוד על דם רעך כמבואר ברמב"ם בפ"א מהל' רוצח ושמירת נפש ה"ו וה"ט והט"ו עיי"ש, וכאן בבא במחתרת כתב הרמב"ם שהדין הוא רק שאם הרגו בעה"ב או שאר אדם פטורין, ורשות יש לכל להורגו, אבל אין זה חיוב, ומתבאר זה ממה שכתב הרמב"ם בהקדמתו במנין המצות מצות עשה רל"ט לדון לגנב בתשלומין או במיתה שנאמר וכי יגנוב, אם במחתרת ימצא הגנב, וגונב איש ומכרו, הרי מפורש שכתב שהדין דבא במחתרת, הוא חיוב בדין הגנב, שזהו חיובו של הגנב או בתשלומין, או במיתה אם יש לו דין רודף, וזהו דינו שהורגו אין לו דמים ואינו נהרג, ואם הוי זה דין רודף ככל רודף, אין זה ענין לדין הגנב, אלא שהוא מחיובו של הגנב, ואם הי' שישאר רודף הוה שלא בגנב לא הוי הוה דין רודף, ומוכח כן מהסוגי' דסנהדרין שם שבדע"ג א' יליף הגמ' הדין שרודף ניתן להצילו בנפשו מנערה המאורסה, ועיש בתוס' שהקשו, ולמה לן לימוד אחר הלא במחתרת ילפינן מותרה בכל אדם, ותירצו שזה הוא רשות ואשמועינן קרא דאין לו דמים, אבל הכא קמ"ל דחובה להציל, הרי שבמחתרת אין זה אלא רשות, אלא שאפשר לומר שאחרי שילפינן מנערה המאורסה שהוא חובה, שוב גם במחתרת הוא חובה, אבל מלשון הרמב"ם שלפנינו מפורש שאף לפי האמת אין במחתרת משום חובה רק משום רשות, ומשום שהוא מדין הגנב וחיובו, עוד מוכח זה ממה שהגמ' שם בסנהדרין דע"ב ב' יליף מקרא והוכה בכל אדם, ומת בכל מיתות שאתה יכול להמיתו, ופריך הגמ' למה לי קרא מרוצח נפקא דתניא מות יומת המכה אין לי אלא במיתה הכתובה מנין שאם אי אתה יכול להמיתו במיתה הכתובה שאתה ממיתו בכל מיתה שאתה יכול להמיתו ת"ל מות יומת מ"מ, ומשני שאני התם דכתיב מות יומת ע"ש, ואי דין מחתרת הוא דין רודף כשאר רודף דעלמא, פשיטא שלא שייך בזה הדין מיתה הכתובה, כיון שהוא הצלת הנרדף, ומה לי מיתה זו או מיתה אחרת, וע"כ שהוא דין חיובו של גנב לחייבו אם הבא במחתרת משום רודף, והחיוב הוא רק שאין לו דמים אבל לא שיהי' בזה משום מצוה וחובה להרוג הבא במחתרת, ומשום דאין כאן פיקוח נפש.

והנה בפכ"ד מהל' שבת ה"ז כתב הרמב"ם אין עונשין בשבת אע"פ שהעונש מצות עשה אינה דוחה שבת וכו'.

והמל"מ מסתפק שם באם רודף אחר נערה המאורסה שהדין דניתן להצילו בנפשו, אם הוי זה בשבת, אי מחללין שבת בשביל הצלתו מן העבירה, וכתב שם המל"מ והנה פשיטא לי ברודף אחר חבירו להרגו, ודאי שהורגין אותו אפילו בשבת דאין לך דבר שעומד בפני פיקוח נפש ודמו של הרודף התירתו תורה, אבל ברודף אחר חייבי כריתות מסתפק אי ניתן להצילו בנפשו אפילו בשבת ע"ש, ונראה שאין כאן מקום ספק, שהרי במחתרת מפורש בגמ' בסנהדרין דע"ב ב' שדמים אין לו אפילו בשבת וכן פסק הרמב"ם כאן, ולפי מה שנתבאר שאין במחתרת משום פיקוח נפש, אף אחר שגילתה התורה דין מחתרת, ואפילו ספק פיקוח נפש אין כאן, מדאין מצוה להצילו, אלא שנכלל בחיוב הגנב לחייבו משום דין רודף לענין שאם הרגו אין לו דמים, ומהורגין אותו אפילו בשבת, הרי מפורש שרודף ניתן להצילו בנפשו אפילו בשבת ולא משום פיקוח נפש, וכל שיש עליו שם רודף ניתן להצילו בנפשו אפילו בשבת, וא"כ ברודף אחר חייבי כריתות שרודף הוא ניתן להצילו בנפשו אפילו בשבת, וכמו שמפורש בברייתא ס"פ אלו שנהרגין שהביא המל"מ, וגם מוכח הוא שאם ניתן איסור רציחה להיתר כדי להציל הנרדף, פשיטא שאיסור שבת ניתן לדחותו כדי להציל הנרדף, וזה יש לעיין שאיסור שבת הוא חיוב סקילה בתורה, ואיסור רציחה הוא רק בסייף הקלה מסקילה יעויין בתוס' בסנהדרין דע"ג א' בד"ה ומה נערה המאורסה, אבל הוא פשוט מהטעם שכתבתי.

ויסוד הדבר שכתבתי שאין במחתרת משום פיקוח נפש, אלא שהוא נכלל בחיובו של הגנב לדונו בדין רודף משום דחזקה דאדם עומד על ממונו, ואם עמד בעל הבית לפניו ומנעו יהרגנו, ונמצא זה הנכנס לבית חבירו לגנוב כרודף אחר חבירו להרגו, ומשאוהו לרודף לחייבו משום רודף, אף שבעיקרו אין זה פיקוח נפש, הוא מהא שמבואר בברייתא ומימרא בעירובין דמ"ה א' ופסקה הרמב"ם בפ"ב מהל' שבת הכ"ג עכו"ם שצרו על עיירות ישראל אם באו על עסקי ממון, אין מחללין עליהן את השבת, ואם באו על עסקי נפשות מחללין

עליהן

עליהן את השבת עיי"ש, ול"ע אף אם באו על עסקי ממון, אמאי לא מחללין עליהן את השבת נמי זה גרע טפי ממחתרת שאמרינן חזקה אין אדם מעמיד עצמו על ממונו, ורודף הוא, ומחללין עליו השבת, ומוכח להדי' פרק בן סורר ומורה הוא שאמרינן כן, שיש לו דין רודף, ולאיתרבאי מקרא דכתיב אין לו דמים אפילו בשבת כמפורש שם בסנהדרין דע"ב ב' עיי"ש ברש"י, אבל בעלמא אין זה פיקוח נפש לשום דבר לא לעבירה ולא לחלל שבת ודוק, ועדיין צ"ע א"כ למה הורגין גם הקטן, אם כ"ז הוא מחיובו של הגנב, ואין על הקטן שום חיוב ועונש וצ"ע.

הלכות גזילה ואבידה

פ"ג ה"ד גזל בהמה והזקינה או בהמה כחש שאינו יכול לחזור כגון חולאים שאין להם רפואה העולה, או שגזל מטבע ונסדק או פסלו המלך, או שגזל פירות והרקיבו כולן, או שגזל יין והחמיץ הרי זה כמו שגזל כלי ושברו ומשלם כשעת הגזילה, אבל אם גזל בהמה והכחשה כחש שאפשר לחזור או שגזל עבדים והזקינו, או שגזל מטבע ונפסל במדינה זו והרי הוא יוצא במדינה אחרת, או שגזל פירות והרקיבו מקצתם או תרומה ונטמאת או שגזל חמץ ועבר עליו הפסח או בהמה ונעבדה בה עבודת כוכבים או נפסלה מליקרב, או שהיתה יוצאה להסקל אומר לו הרי שלך לפניך ומחזיר אותה בעינה עכ"ל. ול"ע מה שכתב שור היוצא להסקל אומר לו הרי שלך לפניך והוא כמו רבי יעקב שאמר כן גבי שור שנגח ד"ה דמ"ה א' שאף משנגמר דינו החזירו שומר לבעליו מוחזר, וכן הוא בפי הגוזל עלים דל"ח ב'. וזה סותר מה שפסק בפי"א מהל' נזקי ממון ה"ט שאחר שנגמר דינו אין השומר יכול להחזירו, ואין לומר ולחלק בין שומר שמחוייב בשמירה מגזלן שאינו חייב בשמירה, דהלא להדיא מפורש בגמ' פרק הגוזל עלים שם שאין לחלק בינייהו, ולהכי הטור כתב שאחר שנגמר דינו אם החזירו שומר לבעליו אינו מוחזר, גם בגזלן כן הדין שאחר שנגמר דינו אין יכול לומר הרי שלך לפניך עיי"ש היטב, וכבר הוכיח כן הש"ך בחו"מ סי' שס"ג ודחה את דברי הסמ"ע שרצה לחלק בין שומר לגזלן, ועיין כאן במל"מ שכתב וסבור אני לומר דאף דבהזיקן חולקין בהיזק שאינו ניכר בין שוגג למזיד ובשוגג פטור אף שעשאו בידים היינו דוקא היכא דלא אתא לידו בתורת שמירה וגם לא גזלו אלא שהלך וטמא טהרותיו של חבירו בזה הוא דאמרינן דבשוגג פטור, אבל בגזלן או בשומר שטמא בידים תרומתו של חבירו אף שהיה שוגג חייב משום דהוא בעי למיעבד השבה מעלייתא, וכיון שהזיקן בידים אף שהן שוגגים והוא היזק שאינו ניכר, לא מצי אמרי הרי שלך לפניך עכ"ל, ודבריו תמוהין מאד בשומר וגזלן אם לפי סברתו מאחר דצריכי השבה, השבה מעלייתא בעינן, א"כ אף אם נטמאו מאליו ג"כ בדין שיתחייבו, ועל"כ כיון שהיזק שאינו ניכר לא שמי היזק, שפיר יש כאן השבה מעלייתא, א"כ אם טימאו בידים, כל החיוב הוא רק על מעשה דבידים, ושוב החיוב הוא מדין מזיק ולא מטעם חיוב השבה, וממילא חזר הדין, כמו בכל מטמא ומדמע ומנסך שרק במזידין חייבין, ולא בשוגגים, ועוד תמוה הלא במנסך אמרו שם בגיטין מכי אגבהי קני מתחייב בנפשי' לא הוי עד דנסך, וא"כ יש כאן חיוב גזילה, ואפילו הכי הדין שרק במזיד חייב ולא בשוגג וצ"ע, ועכ"פ לחלק בין שומרין לגזלן אין לנו, ומאחר שהרמב"ם פוסק כאן בגזלן שאף ביוצאה להסקל אומר לו הרי שלך לפניך, והכרח משום שחשוב זה להיזק שאינו ניכר, מדוע בשומר אחר שנגמר דינו החזירו לבעליו אינו מוחזר, וכל דברי הלח"מ כאן תמוה מאד, ולהדיא כתב הרמב"ם בפי"א מנזקי ממון ה"י שאין גומרין דינו של שור אלא בפני השור, והדין שלא בפני הבעלים כתב הרמב"ם בפי"ו שם, עיי"ש היטב.

ומשום כך נראה שבודאי אף בגזלן הדין דאחר שנגמר דינו אינו מוחזר, ומה שלא כתב זה הרמב"ם מפורש שסמך על מה שכתב כבר בפי"א מהל' נזקי ממון ה"ט לענין שומר, ועיקר מחלוקתם של רבי יעקב ורבנן גבי שומר, ע"כ נקטו הרמב"ם לענין שומר, וה"ה לענין גזלן, ומה שכתב כאן שביוצאה להסקל אומר הרי שלך לפניך, היינו כגון בשור אחר שנגמר דינו שנתערב עם זה השור הגזול, שהדין שכולן נסקלין ואסורין בהנאה כמפורש ברמב"ם בפי"א מהלכות נזקי ממון ה"י, ובכגון זה ודאי שאם החזירו מוחזר, שכל הטעם מה שאינו יכול לומר הרי שלך לפניך בשור אחר שנגמר דינו הוא משום דאין גומרין דינו של שור שלא בפניו, וע"כ מה שתפסוהו ב"ד וגמרו את דינו נחשב להיזק ניכר כמו שפירשו התוס' בב"ק שור שנגח ד"ה דמ"ה א', וא"כ זה שייך רק באם הי' גמר דין על השור, אבל בשור אחר שנגמר דינו שנתערב בהשור הגזול, ואין מכירין אותו, אף שכולן נסקלין ואסורין בהנאה, זהו רק משום התערובות, אבל לא הי' גמר דין על השור הגזול, והרי זה כמו איסור הנאה פי' גורם אחר כמו חמץ ועבר עליו הפסח, וע"כ יכול לומר לו הרי שלך לפניך, אם מחזיר את כולן, שממ"נ יש לו גם השור שלו אף שהוא יוצא להסקל שאין זה היזק ניכר אלא היזק שאינו ניכר וכמו מדמע, אבל באם הי' גמר דין על השור הגזול היזק ניכר הוא ואינו יכול לומר הרי שלך לפניך ודוק.

ג) **והנה** ממה שכתב הרמב"ם כאן אבל אם גזל בהמה והכחשה כחש שאפשר לחזור או שגזל עבדים והזקינו הרי שחשיב עבדים בהדי כל הני שהדין שאומר לו הרי שלך לפניך שהוא רק בשהן בעין ומחזיר אותן, אבל אם נאבדו שאין מחזיר אותן, הרי הדין בהלכה שמשלם דמיהן כשעת הגזילה, וכמו שכתב להדיא בהלכה ה' ומשמע שגם לענין עבדים הדין הוא לפטור משום דאומר לו הרי שלך לפניך, ואף שבעבדים הטעם הוא משום דעבדי כמקרקעי דמו, ולכן אם הזקינו אינו קונה אותן בשינוי, וכמבואר כן להדי' בדצ"ו ב'. וא"כ אין זה מדין הרי שלך לפניך, אלא משום דקרקע אינה נגזלת הוא, מוכח מזה שהגירסא הנכונה ברמב"ם לקמן בפ"ט ה"א שכתב הגוזל קרקע ושטפה נהר אומר לו הרי שלך לפניך, מש"ה הדין כן במטלטלין או בעבדים כמו שביארנו, והיינו שאף בעבדים אף שהן כקרקע לענין כחש ואם הזקינו, מ"מ אם מת העבד או נטרף משלם דמיו, וכמו שהבין כן הראב"ד בדעתו של הרמב"ם, ותמה אני על המ"מ שם שכתב שהוא הדין בגזלן או בעבדים, ומוכיח זה ממה שכתב כמו שבארנו, ולא אלא מבואר זה, ואינו מבין הלא מבואר זה כאן, שחשיב עבדים בהדי אלו שאומר לו הרי שלך

ואם

הטעם נראה דכיון דחזו דקטיל תו לא מלי חזו זכותא, ולמה צריך טעם זה הלא במכות יליף לה מקרא ותירצו שהטעם הוא בא שלא נלמוד מנפשות, וכן כתבו בפי' התוס' ד"ל וכן כתבו בפ' יש נוחלין דקי"ד א' פ"ש; והגעוני אבן עם נר"ה כתב שהרמב"ם מפרש אמרת במה שאמר ר"ע במכות, ואין ענין מה שאמר ר"ע בפלוגתא של ר"ע, עם מה שאמר במכות הנ"ל, וזה דפירש הרמב"ם בפ"ה מהל' רוצח ה"ה שרואה שהרג אין העדים והרואים ממיתין אותו שיבא לב"ד ויגמרו את דינו שנאמר עד עמדו לפני העדה למשפט, שהרי מפרש שר"ע מחדש שלענין חיוב נפשות החיוב הוא רק ע"י פסק דין וגמר דין והלא דין עדיין אינו מחוייב אבל הסנהדרין בעלמא שראו היו יכולים לדון אותו ולגמור עליו חיוב מיתה, וע"ז הוא מה שחולק עם ר"ע ואומר שאין עד הרואה נעשה דיין וכיון דחזו דקטיל לא מלי חזו זכותא ומיושב קושיית התוס' פ"ש.

והנה בתוספתא פ"ב במכות איתא רבי יוסי אומר לעולם אין נהרגין עד שיעמוד לפני הדיינין שנאמר ולא ימות הרוצח עד עמדו וכו', ר"ע אומר ולא ימות הרוצח עד עמדו לפני העדה למשפט עכ"ל התוספתא, הרי מפורש שזה מה שצריכין דין רבי יוסי אמרה, ומה מוסיף ר"ע, וע"כ כפירושם של הראשונים שאותן הסנהדרין לא יכולים לדון אותו, וזהו שבדברי ר"י לא הזכיר סנהדרין שראו משום שעם החיוב שאין הורגין בלא דין, ואילו הי' מותר להרוג אף בלא דין אפילו יחיד שראה במי שהוא שהורג את הנפש הי' יכול להרוג אותו, אבל ר"ע אמר לענין זה שאין הרואים נעשים דיינין, וע"כ אמר סנהדרין שראו אחד שהרג את הנפש שאין הן עצמן יכולים לדון אותו ועוד נראה שמוכח לפרש כן בדברי רבי עקיבא כמו שפירשו הראשונים, דאי נימא שרבי עקיבא הודה כאן הדין דבעינן פסק דין יקשה הלא אמר כאן גם לענין גלות שאם ראוהו ב"ד שהרג אינו גולה, ולגלות ודאי שלא בעינן פסק דין, ואם הוא יודע אפילו בעצמו שהרג בשוגג מחוייב גלות לכפרה וע"כ כפירוש הראשונים שהוא שהסנהדרין בעצמן שראו שהרג אין יכולים לחייב אותו גלות מטעם דכיון דחזו דקטיל תו לא מלי חזו זכותא עכ"פ מוכח מתוספתא זו כפירושם של הראשונים.

ק **פ"א ה"ד** בד"א בשעבר ועשה העון שחייב עליו מיתת ב"ד,
אבל הרודף אחר חבירו להרגו אפילו היה הרודף
קטן הרי כל ישראל מצווין ועוין להציל הנרדף מיד הרודף ואפילו בנפשו של רודף עכ"ל, יעויין בחידושי הרשב"א בפרק כיצד הרגל דכ"ב ב' בהא דמקשה הגמ' לר"ל דאמר אשו משום ממונו מהמדליק את הגדיש והיה עבד כפות שפטור משום קלב"מ, אילו קטיל תורי' עבדי ה"נ דלא מחייב, והקשה שם הרשב"א אפילו לרווחא דאית לי' אשו משום חציו, מ"מ הא נתחייב בהגדיש קודם שנשרף העבד, ותירץ שמ"מ אית לי' דין רודף תיכף משהצית הגדיש מאחר שהעבד כפות ואינו יכול לברוח, ותמוה דאם כן אף למאן דאמר אשו רק משום ממונו, מכל מקום יש כאן קלב"מ משום דין רודף, דמה לי אי רודף אחר חבירו להרגו בידים, או רודף אחר חבירו להרגו ע"י ממונו, ובפשוטו אף אם רודף אחר חבירו להרגו ע"י גרמא ג"כ, יש לו דין רודף לענין שניתן להצילו בנפשו של הרודף, והרי מסור נחשב כרודף כדאיתא בברכות בפ' הרואה, ואף שהוא רודף להרגו ע"י מסירה, וא"כ מה לי אי אשו משום חציו או אשו משום ממונו סוף סוף רודף הוא והקלב"מ של הגדיש, ועמד בזה האור שמח לקמן בה"ח ול"ע.

ואשר יראה בזה דהנה בספר חדושי רבנו חיים הלוי כתב כאן להסתפק, אי הא דאמרינן רודף ניתן להצילו בנפשו של הרודף, הוא משום דין פיקוח נפש שדוחה כל התורה כולה, אלא שהחידוש הוא ברודף שלא אומרים אין דוחין נפש מפני נפש, אבל הצלת הנרדף הוא משום דין פיקוח נפש, או דנימא דגם עיקר הצלת הנרדף הוא מכח גזה"כ של רודף והוא דין הצלה בפני עצמה של נרדף, מלבד דין פיקוח נפש של כה"ת, והוכיח שהוא כאופן השני, מהא שמבואר בסוגי' דסנהדרין שאף בבן נח יש דין רודף שניתן הנרדף להצילו בנפשו של רודף, ולמידין שם מקרא דשופך דם האדם באדם דמו ישפך, שזה הקרא לבני נח נאמרה, וכן הוא ברמב"ם בפ"ט מהל' מלכים בבן נח דאם יכול להצילו באחד מאבריו אין הורגין אותו, הרי אם אין יכול להצילו באחד מאבריו מצילין אותו בנפשו של הרודף, והרי לא מצינו דין פיקוח נפש בבני נח, אלא ודאי דהוא גזה"כ בפ"ע להציל את הנרדף בנפשו של רודף, ואין זה שייך לפיקוח נפש דהכ"ת כולה, ושייך זה גם בבני נח דהוא בכלל דינין, וכן הלא יסוד דין רודף ילפינן מנערה המאורסה שכתיב אין מושיע לה, מה שאין זה שייך לדין פיקוח נפש, אלא ודאי דהוא דין מסויים בפ"ע דין הצלה של נרדף אם להריגה אם לעריות עכ"ל.

והנה מה שהוכיח מהא דדין רודף נאמר גם אצל בן נח שניתן להצילו בנפשו של הרודף ולא מצינו דין פיקוח נפש בבני נח, יש לדון בזה, והלא מפורש בסנהדרין דע"ד ב' דאין בן נח מצווה על קידוש השם, ואף נאמר הכי בעבירות שבישראל הדין יהרג ואל יעבור, בבן נח הדין שיעבור וכן הוא ברמב"ם פ"י מהלכות מלכים ה"ב, והלא דין זה שאם אנסוהו מכ"ם לעבור על אחת ממצות התורה שעבר ולא נהרג הוא מהקרא וחי בהם ולא שימות בהם כמו שמבואר ברמב"ם בפ"ה מהלכות יסודי התורה ה"א, והוא ג"כ הטעם והלימוד דפיקוח נפש דוחה כל התורה כולה, וכמו שכתב שם הרמב"ם בה"ג כענין שאמרו באונסין כן אמרו בחלאים, וכן הוא להדי' ברמב"ם בפ"ב מהל' שבת ה"ג, ומאחר שבן נח מותר לעבור באנסוהו לעבור על אחת ממצותיו, כן הוא ודאי הדין שאם הי' פיקוח נפש אצלו שמותר לו לעבור על מצותיו, ומה שחלוק בין אנסוהו לחולה אצל ישראל, שאם אנסוהו על ע"ז גילוי עריות ושפיכת דמים, ועבר עליהן שאין עונשין אותו, משום שהכ"פ אנוס הוא כמפורש ברמב"ם בפ"ה מהל' יסודי התורה ה"ד, ובחולה שריפא עצמו באחד מג' אלו נענש כמו שכתב שם הרמב"ם בה"ו, זהו משום שכאן עשה מעשה באונס וכאן עשה מעשה ברצון, וזהו רק לענין העונש שאין מענישין על מעשה באונס, אבל לענין האיסור אם אין פיקוח נפש אצל בן נח להתיר מדוע לא נאמר באם אנסוהו ויהרג אל יעבור, וע"כ שיש דין פיקוח נפש אצל בן נח, אולם האמת הוא כמו שכתב שדין רודף הוא לא רק משום דין פיקוח נפש, אלא שיש דין בפ"ע להציל בנפשו של רודף, וראי' לזה מהא שפוסק הרמב"ם שאף אם יכול להצילו באחד מאבריו והרג את הרודף אין ב"ד ממיתין אותו כמו שכתב לקמן בה"ג, הרי שאין הדין הוא משום פיקוח נפש, דא"כ ביכול להצילו באחד מאבריו הלא אין כאן פיקוח נפש ומדוע אין ממיתין אותו, ובגמרא שמאחר שרודף הוא אין לו דמים מי שהרגו, ועוד ראי' מדינא דמחתרת שנחשב לרודף ומשום כך אין לו דמים ואעפ"כ מפורש ברמב"ם בפ"ט מהל' גנבה ה"ז שרק רשות הוא להרוג הבא במחתרת ולא מצוה ומוכח שבאמת אין רדיפה ואין כאן פיקוח נפש ואף ספק פיקוח נפש אין במחתרת דאם יש כאן פיקוח נפש ודאי מצוה הוא, אלא שאין כאן פיקוח נפש, אלא שהוא מחיובו של הגנב לדונו כדין רודף משום האי טעמא דחזקה אין אדם מעמיד עצמו על ממונו, וכמו שנתבאר לעיל שם בפ"ט מהלכות גנבה ה"ז

ע"ש, ואי"כ מוכח לכאורה שדין רודף אין זה רק משום דין פיקוח נפש, אלא שהוא דין בפ"ע שרודף ניתן להצילו בנפשו.

אולם נראה שתרתי איכללא בדין רודף, האחד כמו שנתבאר בדין המסויים שיש ברודף שניתן להצילו בנפשו, ולא משום דין פיקוח נפש של הנרדף, והיינו כשהוא רודף על מעשה רציחה והוא דין וחיוב שחל על הרודף, ושנית שנאמר אף אם אינו רודף על מעשה רציחה, אלא אם יש פיקוח נפש על ידו, יש לו דין רודף לענין שפיקוח נפש דוחה את פיקוח נפש של הרודף, והוא מדין דהיה כמו שפיקוח נפש דוחה איסורי כל התורה כן נדחה פיקוח נפש של זה הרודף, ויען שקשה לי לעמוד על סוף דעתו גם בספר חדושי רבינו חיים הלוי הנ"ל מפני קוצר דעתי ועומק דבריו, אבאר בזה לפי דרכי, והנה הנה שכתב הרמב"ם כאן בה"ט אף זו מצות ל"ת שלא לחוס על נפש הרודף לפיכך הורו חכמים שהעוברה שהיא מקשה לילד מותר לחתוך העובר במעיה בין בסם בין ביד מפני שהוא כרודף אחריה להורגה, ואם משהוציא ראשו אין נוגעין בו שאין דוחין נפש מפני נפש וזהו טבעו של עולם עכ"ל, והנה הקשו על זה, דאם אין רודף משום דמשמיא קרדפי לה כדאיתא בסנהדרין דף ע"ב ב' וכמו שכתב הרמב"ם שזהו טבעו של עולם, א"כ אף בלא הוציא ראשו מדוע הורגין אותו משום דין רודף, ורש"י מפרש שם הטעם, דכ"ז שלא יצא לאויר העולם לאו נפש הוא, וע"כ הורגין אותו להציל האם, אבל הרמב"ם שכתב משום רודף קשה הלא משמיא קרדפי לה, וע"כ נראה שהרמב"ם סובר שמעיקר הדין אף על עובר יש דין רציחה ונפש הוא, והרי הדין שבן נח נהרג על העוברין כמו שכתב הרמב"ם בפ"ט מהל' מלכים ה"ד והוא משום שרציחה היא זו, אלא שאין עונשין עליו וע"כ בבן נח שאזהרתו זו מיתתו נהרג, וכמו שסובר גם הרמב"ם שבן נח נהרג על הטריפה ומשום שאזהרת רציחה יש כאן אלא שאיתמעיט מעונש, ולכן בן נח נהרג מכיון שיש אזהרה יש גם עונש, וכן הוא בעובר, וע"כ סובר הרמב"ם שהסברא דמשמיא קרדפי לה, פירושה שאין כאן מעשה רציחה מהעובר והרי זה כמו שזורקין אותו על האם, והאמת אף בעלמא כשרוצין לזרוק אדם על תינוק ויתמעך, אף שאין כאן מעשה רציחה מהנזרק אלא כל המעשה עשה הזורק, מ"מ יש לו להנזרק דין רודף שהרי סוף סוף על ידו יהרג התינוק, אלא מה שאין מחוייב למסור נפשו, הוא משום דכיון שאין כאן רדיפה על מעשה רציחה, שהמעשה עשה הזורק, אלא הרדיפה היא על פיקוח נפש של התינוק שיתמעך, הדין הוא מאי חזית דדמא דחברך סומק טפי, והרי יש גם פיקוח נפש שלו, וכמו שכתבו התוס' בריש פרק הבא על יבמתו וע"כ אין מחוייב למסור עצמו, ומה"ט לא חשבינן לי' לרודף, וכן כאן גבי עובר כשהוציא ראשו, משמיא הוא דקרדפי לה וכמו שזורקין אותו עלי' ואין שום מעשה רציחה מהעובר, ואף שמ"מ רודף הוא על פיקוח נפשה של האם, אבל שוב חזר הסברא מאי חזית, דהלא אם לא יצא בברה שגם יש פיקוח נפש של העובר וממילא אין למסור עצמו ואין עליו שם רודף, משא"כ אם לא הוציא ראשו שאף שלהרוג בידים את העובר אסור כדי להציל האם משום פיקוח נפשה, דכיון שיש איסור רציחה על העובר, איסור רציחה לא הותרה משום פיקוח נפש, ואם יש איסור רציחה יש כאן הסברא דמאי חזית דדמא דהאם סמוק טפי, ואף שעל אמו חייבין עלי' מי שהורגה, ועל העובר אין חייבין עליו, מ"מ יש כאן איסור רציחה ובאיסור רציחה הם שוין ויש כאן מאי חזית, מ"מ לענין העובר בעצמו כשיש לפניו הפיקוח נפש של האם אם יצא, ואם לא יצא יש פיקוח נפשו, ואין מעשה רציחה בשום זה, אז בודאי הדין שפקוח נפש של יולדת קודם, וטפי סומק דמא דיולדת משאינו יולד שהרי על יולד חייבין עליו ועל שאינו יולד אין חייבין עליו, וממילא הדין שלא יצא, ושוב ממילא כשיצא רודף הוא ומותר אף להרגו בידים, מכיון שמחוייב למסור עצמו שלא יצא, והוא רודף על פיקוח נפש של האם אף בלא מעשה רציחה ודוק היטב.

ולהמתבאר נראה שחלוק הוא דין רודף על מעשה רציחה שבזה נאמרה העשה וקצותה את כפה, והלאו דלא תחוס עינך, ממילא שחיוב הוא שחל עליו ומחוייב מיתה הוא, משא"כ באם הוא רודף רק על הפיקוח נפש של חבירו, בלא מעשה רציחה, אלא שאומר ממילא מזה שגם הוא ניתן להציל את חבירו בנפשו, זהו רק משום דין פיקוח נפש שדוחה פיקוח נפש של זה הרודף, אבל לא חל על חבירו שום חיובא, והנ"מ יהי' בזה לענין אם דנין בזה דין קלב"מ, שבכל רודף הדין שקלב"מ אם שיבר כלים בעת רדיפתו כמפורש בגמרא סנהדרין דף ע"ד א', והוא בהכרח משום שחל עליו חיוב אגברא והוא חייב במיתה, אבל ברודף בלא מעשה רציחה אף שניתן להצילו בנפשו, אבל מאחר שהוא רק משום דין פיקו"נ ודין דחי' היא, וע"כ קלב"מ ליכא, ולכן למ"ד אשו משום ממונו מיושב מה שחייב על הגדי והגדיש, אף שהוא רודף, משא"כ למ"ד אשו משום חציו הוא רודף להורגו בחציו, וחל עליו חיובא ויש כאן קלב"מ ושפיר פריך הגמ' בעלמא למ"ד אשו משום חציו פטור והפירוש הרשב"א משום רודף ודוק היטב, ועיקר הדברים לחלק לענין קלב"מ בין רודף ע"י מעשיו ובין רודף להרוג אותו ע"י גרמא הוכרח באחיעזר חלק אה"ע סימן י"ח ע"ש והוא דחה את זה, ולהמתבאר יש לזה מקום בסברא.

ק **פ"א ה"ט** אף זו מצות לא תעשה שלא לחוס על נפש הרודף, לפיכך אמרו חכמים שהעוברה שהיא מקשה לילד מותר להתוך העובר במעיה בין בסם בין ביד מפני שהוא כרודף אחריה להורגה, ואם משהוציא ראשו אין נוגע בו שאין דוחין נפש מפני נפש וזהו טבעו של עולם עכ"ל, הנה בסנהדרין דף ע"ב ב' אמר ר"ה קטן הרודף ניתן להצילו בנפשו, ואיתיבי' ר"ח לר"ה מהא דאם יצא ראשו אין נוגעין אותו שאין דוחין נפש מפני נפש ואמאי רודף הוא, ושני משום דמשמיא קרדפי לה הרי שאין זה רודף וכמ"ש הרמב"ם זהו טבעו של עולם, שזהו הפירוש משמיא קרדפי לה כמ"ש כאן הכ"מ, והא שאם לא הוציא ראשו הותרין העובר משום שאין זה נפש כמ"ש שם רש"י והרמב"ם שכתב משום שרודף הוא, קשה א"כ גם בהוציא ראשו אמאי אין הורגין אותו, וכבר עמדו בזה הגרעק"א במשניות פ"ז מאהלות והמנחת חנוך במצוה רצ"ו יעוי"ש.

ונראה בזה והרמב"ם סובר שבלא דין רודף, אין להרוג את העובר, שגם העובר נקרא נפש לענין איסור רציחה, והרי בן נח נהרג על העוברין, כמפורש ברמב"ם פ"ט מהל' מלכים ה"ד, וגם יש שיטות הראשונים ביומא דפ"ב גבי עוברה שהריחה שמאכילין אותה עד שתשוב נפשה, שאף אם אין סכנת האם רק משום סכנת העובר נדחה איסורין, וע"כ גם עובר נכלל בכלל מה שנאמר וחי בהם ולא שימות בהם, לדחות האיסורין, ומשום כך אין פיקוח נפש של האם דוחה איסור רציחה של העובר, ושייך בי' הדין דאין דוחין נפש מפני נפש, ומאי חזית דדמא דידך סומק טפי מדמא דהעובר, ועוד יותר שבאמת להלכה אין איסור רציחה נדחית מפני פיקוח נפש

לאו

לאו מטעמא דמאי חזית, אלא שהלכה היא שכל איסורין נדחין מפני פיקוח נפש, חוץ מאיסור רציחה, ועי"ל מאחר שגם על עובר יש איסור רציחה אלא שאין עונשין עליו, וכמו שאין עונשין על מי שהורג טריפה, אף שודאי יש עליו איסור רציחה כמו כן הוא בעובר, והרי הרמב"ם פוסק בפ"ה מהל' יסודי התורה הלכה ה' בזה"ל אם אמרו להם עכו"ם תנו לנו אחד מכם ונהרגנו ואם לאו נהרוג כולכם יהרגו כולם ואל ימסרו להם נפש אחת מישראל ואף אם יחדוהו אין מוסרין אותו אם לא שהוא מחויב כשבע בן בכרי יעוי"ש, ובאופן זה לית כאן הסברא דמאי חזית דהרי בין שימסרו אותו ובין שלא ימסרו אותו יהרגו, ויש כאן רק פיקוח נפש של האחר, ואפילו הכי אין מוסרין אותו, ואסור להם לעשות ולגרום למעשה רציחה ולסייע לזה, אף שיש פיקוח נפש, הרי מוכח מפורש שאין איסור רציחה נדחית מפני פיקוח נפש, וא"כ גם בעובר שיש עליו איסור רציחה אינו ניתר מפני פיקוח נפש של האם, וגם באם יעבה כבר על המעבר שלכל הראשונים נדחה איסורין מפני פיקוח נפש של העובר, פשיטא שאין להרוג העובר מפני פיקוח נפש האם וכמ"ש בספר חידושי רבינו חיים הלוי כאן, ובהכרח שמה שמותרין העובר הוא רק משום דין רודף, והא שאם הוציא ראשו אין הורגין ואין הוא רודף משום דמשמיא קא רדפי לה, נראה לפי מה שכתב כאן הרמב"ם וזהו טבעו של עולם, והביאור הוא, דהנה בירושלמי בסנהדרין פרק בן סורר ומורה הי"ט מקשה נ"כ מדוע בהוציא ראשו אין הורגין אותו והרי רודף הוא, ומשני ר"י בר' ר' בון בשם ר' חסדא שניא היא תמן שאין את יודע מי הורג את מי, והכוונה שכמו שהוא נחשב לרודף עליה כך היא נחשבת לרודף על העובר, וזהו ביאור מה שכתב הרמב"ם וזהו טבעו של עולם שהוא הולך לפי טבעו ודרכו והיא הרודפת עליו, וזהו משמיא קא רדפי לה, וא"כ אין לקבוע שהוא רודף עליה שכמו כן היא רודפת עליו דהעובר, ומאחר ששניהם רודפין אחד על השני, אין להרוג את האחד להציל השני, שהרי גם השני רודף הוא ויש עליו חיוב מיתה, וכ"ז הוא כשהוציא ראשו שהוא הילוד וההורגו חייב מיתה, ומי שרודף אחריו מצילין אותו בנפשו של הרודף, משא"כ אם לא הוציא ראשו, שההורגו פטור ממיתה ודאי שאין עליו גם דין נרדף להציל בנפש הרודף, ופשוט שאם אחד רודף אחר הטריפה להרוג אותו שאין הורגין את הרודף, מאחר שאף אם הורג טריפה בידים פטור ממיתה, אין בזה דין רודף נ"כ וכן כתב נ"כ המנחת חנוך במצוה רצ"ו, וא"כ מי שרודף אחר העובר להרגו אין עליו דין רודף, והעובר כשלא הוציא ראשו יש לו דין רודף, ועפ"כ שפיר מצילין האשה בנפש העובר משום שרודף הוא, זהו ביאור דברי הרמב"ם ופשוט.

ולכאורה הי' אפשר לפרש שמה שאמרו משמיא הוא דקא רדפי לה, שהכוונה היא שזה כמו שזורקין אותו עליה, והרי כתבו התוס' בכמה מקומות שאם השליכו וזרקו אותו על תינוק ויתמעך התינוק, מאחר שאינו עושה מעשה אין כאן הדין דיהרג ואל יעבור משום דמאי חזית דדמא דחבריה סמוק טפי והדין דשב ואל תעשה, ומה"ט גם אינו נחשב לרודף על התינוק מאחר שפיקוח נפש הוא אצלו ומאי חזית דדמא דחבריה סמוק טפי, וזהו מה שאמרינן משמיא קא רדפי אותה שזורקין העובר עליה, ועי"ל אין נוגעין בו משום שאין דוחין נפש מפני נפש, מאחר שאינו עושה מעשה, וכ"ז הוא רק בהוציא ראשו שילוד הוא ונפש גמור הוא, ע"כ פיקוח נפשו דוחה את חיי של האם, אלא שאם הוא עושה מעשה יש כאן הסברא דמאי חזית דדמא דידך סומק טפי מדמא דאימא, אבל כאינו עושה מעשה יש הסברא דמאי חזית דדמא דאימא סומק טפי, ועפ"כ אין הורגין אותו, אבל בלא הוציא ראשו אין נפשו של העובר יכול לדחות נפש הגמור, ועפ"כ הוא רודף והותרין אותו, אולם אי אפשר לומר כן דא"כ לא צריך להטעם שהוא רודף, אלא בפשטות שנפש האם תדחה את נפש העובר, שפיקוח נפש הוא אצלה, ופיקוח נפשו של העובר אינו יכול לדחות את נפשה של האם משום שהיא נפש הגמור, ולמה צריך להטעם דרודף, ועוד שהרי מוכח משיטת הרמב"ם שאין איסור רציחה נדחית מפני פקוח נפש לאו מהטעם דמאי חזית, כמו שכתבנו למעלה מהא דיהרגו כולם ואל ימסרו נפש אחת אף ביחדוהו וא"כ אף באינו עושה מעשה, מ"מ אין פקוח נפש דוחה רציחה, ועפ"כ כמו שכתבנו, שהוא משום שנחשבין כל אחד רודף על השני ודוק היטב בזה.

ובספר חדושי רבינו חיים הלוי בהלכות יסודי התורה כתב להוכיח שאף באינו עושה מעשה נ"כ אין רציחה נדחית מפני פקוח נפש מהא דבן פתורא ור"ע שנחלקו בב"מ דס"ב בשנים שהיו מהלכין במדבר וביד אחד מהן קיתון של מים שבן פתורא סובר מוטב שישתו שניהם ואל יראה אחד במיתת חבירו ור"ע דורש מקרא וחי אחיך עמך חייך קודמים, הרי אפילו בהלכה סובר בן פתורא שאין פקוח נפש דוחה ור"ע סובר שבהלכה פקוח נפש דוחה, אבל ודאי נראיה פשיטא שאין דוחה פקוח נפשו אף בלא מעשה, ולי נ"ע ראייתו, שפשוט הדבר שאין מחלוקתם בזה ואין בן פתורא סובר שפקוח נפש אינו דוחה את חיוב הצלה של חבירו, שודאי פיקוח נפש דוחה כל האיסורים והמצות, גם מצות הצלה נדחית, אלא שהוא דורש מהקרא וחי אחיך עמך שלא יראה אחד במיתת חבירו כמבואר בתוי"ט פרשת במוקיתי שגם בן פתורא דורש מהאי קרא ע"ש, והרי כאן באמת לא יצא שום הצלה להשני ושניהם ימותו, אלא שזהו הדין דאל יראה אחד במיתת חבירו, וממילא יהי' הדין נ"כ שאין פקוח נפש דוחה רציחה, אבל הדין הוא לאו משום שאין פקוח נפש דוחה רציחה, וא"כ ר"ע שחולק ע"ז ודורש חייך קודמין אין דין זה שאל יראה אחד במיתת חבירו, ושוב אנו באים לדין דהוי אפשר שפקוח נפש דוחה רציחה במקום שאינו עושה מעשה דאין בי' הסברא דמאי חזית ודוק היטב.

ה פ"ד ה"ג המכה את חבירו באבן או באגרוף וכיוצא בהן אומדין אותו, אם אמדוהו לחיים נותן חמשה דברים ונפטר, ואפילו חלה המוכה והכביד ומת מחמת המכה ה"ז פטור ואם אמדוהו למיתה אוסרין את המכה בבית הסוהר מיד וממתינין לזה אם מת יהרג המכה, ואם הקל ונתרפא רפואה שלמה והלך בשוק על רגליו כשאר הבריאים משלם המכה ה' דברים ונפטר עכ"ל, יעויין בסנהדרין דף ע"ח ב' בתוס' בד"ה וחד אמדוהו לחיים ומת, שהקשו לפרש"י שם שמפרש שמשלם ממון אף שאח"כ מת, כיון שמקודם אמדוהו לחיים, ולהוי כחייבי מיתות שוגגין דפטורין דהא דפטור ממיתה לא מן הדין אלא משום דילא מב"ד זכאי ע"ש, והנה יעוי"ש בגמ' שאיתא שם הטעם הא דיצא זכאי מב"ד לר"נ שלא צריך קרא לאמדוהו לחיים ומת, שהרי יצא זכאי מב"ד, אבל לחכמים נדרש זה מקרא, אלא שמ"מ משמע להו להחר שגם לחכמים הפטור הוא מהאי טעמא, דאף שהדין דיצא זכאי מב"ד ילפינן מקרא אחר כמו שכתב שם רש"י מהקרא ונקי אל תהרוג כמבואר בגמ' שם בדל"ג ב', ואף אם עשו הדין בדבר שאין הנדוקין הדין נו ומפרוהו, אין חוזר דינו לחיוב מכ"מ, מ"מ כאן באמדוהו לחיים ומת אח"כ צריך ליסוד מקרא אחר, שגם זה אף שלא הי' הדין לענין מיתה כיון שאמדוהו לחיים, ועכשיו שמת, נידייעהו להריגה, מ"מ יש

בזה

Made in the USA
Middletown, DE
28 July 2024